泰州年鉴

2010

中共泰州市委
泰州市人民政府 主办

凤凰出版传媒集团
凤凰出版社

图书在版编目（CIP）数据

泰州年鉴. 2010 / 泰州市史志档案办公室编. --南京：凤凰出版社，2010.8
ISBN 978-7-80729-895-3

Ⅰ. ①泰… Ⅱ. ①泰… Ⅲ. ①泰州市—2010—年鉴
Ⅳ. ①Z525. 33

中国版本图书馆 CIP数据核字（2010）第163020号

书　　名	泰州年鉴（2010）
编　　者	泰州市史志档案办公室
策　　划	泰州凤凰文化发展有限公司
责任编辑	高思源
出版发行	凤凰出版传媒集团 凤凰出版社（原江苏古籍出版社） 南京市中央路165号　邮编 210009 发行部电话025-83223462
集团网址	凤凰出版传媒网　http://www.ppm.cn
印　　刷	泰州市隆泰文化传播有限公司 江苏省泰州市海陵区夹河路50号 独立车间:海陵区苏陈工业园区南园区　邮编:225300
开　　本	880×1230毫米　1/16
印　　张	41.5
字　　数	1594千字
版　　次	2010年8月第1版　2010年8月第1次印刷
标准书号	ISBN 978-7-80729-895-3
定　　价	200.00元

（本书凡印装错误可向承印厂调换,电话:0523-82225559）

《泰州年鉴》编辑部地址：泰州市凤凰东路58号（市政府大楼313室）
邮政编码：225300　电话：(0523)86839143　传真：(0523)86839146
电子邮箱：tznjbjb@163.com

泰州年鉴编纂委员会

《泰州年鉴》编辑部

泰州市政区图
图例
市(区)政府驻地
乡、镇政府驻地
铁路
高速公路
国道
省道
公路
江、河、湖、河道
省辖市界
县(市)界
兴化市
姜堰市
泰州市
海陵区
高港区
泰兴市
靖江市
东台市
海安县
如皋市
大丰市
扬中市
江阴市
盐城市
扬州市
镇江市
常州市
无锡市
苏州市
南通市

泰州市测绘院制作

2010年3月5日，中共中央总书记、国家主席、中央军委主席胡锦涛与出席十一届全国人大三次会议的代表、泰州市市长姚建华亲切握手。（泰州日报社供稿）

2010年3月3日，中组部部长李源潮与出席十一届全国人大三次会议的代表、泰州市市长姚建华亲切握手。（泰州日报社供稿）

2010年3月3日，在十一届全国人大三次会议期间，中组部部长李源潮与代表陈燕萍亲切握手。（泰州日报社供稿）

2009 年 10 月 21 日，全国人大常委会原副委员长成思危到泰州视察中国医药城。（顾祥忠 摄）

2009 年 6 月 18 日，国家交通运输部部长李盛霖到泰州考察铁路施工情况。（顾祥忠 摄）

2009年3月19日，省委书记梁保华到泰州考察经济运行情况。

（顾祥忠 摄）

2009年9月27日，省委书记梁保华参观建国60周年成就展泰州展厅。

（顾祥忠 摄）

2009年2月25日，省长罗志军到泰州考察泰州国家医药高新技术产业开发区。（顾祥忠 摄）

2009年7月7日，省长罗志军到泰州考察“园博园”筹备情况。（顾祥忠 摄）

2009年4月3日，全国文联主席铁凝到泰州考察。

（凤城河管委会供稿）

2009年4月7日，中国进出口银行行长李若谷到泰州考察。

（顾祥忠 摄）

2009年6月14日，省老领导在副省长黄莉新的陪同下，到泰州视察农业、农村发展情况。（顾祥忠 摄）

2009年7月11日，合肥市党政代表团到泰州学习考察。（顾祥忠 摄）

2009年7月13日，中共泰州市委三届七次全体会议召开。

（顾祥忠 摄）

2010年1月8日，中共泰州市委三届八次全体会议召开。

（顾祥忠 摄）

2010年1月19日，泰州市第三届人民代表大会第三次会议召开。

（人大办供稿）

2010年1月18日，中国人民政治协商会议泰州市第三届委员会第三次会议召开。

（政协办供稿）

在十一届全国人大第一次会议期间，中共中央总书记、国家主席、中央军委主席胡锦涛亲切接见陈燕萍。

陈燕萍受到中组部部长李源潮的亲切接见。

全国人大常委会副委员长蒋树声与陈燕萍合影。

（法院供稿）

陈燕萍同志先进事迹报告会在泰州召开。

在泰州市爱国主义教育巡回宣讲报告会上，陈燕萍介绍先进事迹。

市委书记张雷与陈燕萍亲切握手。

市委书记张雷、市长姚建华接见陈燕萍。

（法院供稿）

2009年9月28日，市委书记张雷在泰州市庆祝建国60周年大会上讲话。（顾祥忠 摄）

文昌水秀 祥泰之州

庆祝大会在庄严的国歌声中开幕。

学校合唱团演唱。

“祝贺伟大祖国，建设美好泰州”群众歌会，机关干部合唱团演唱。

省长罗志军讲话。

海军政治部主任徐建中讲话。

2009年4月29日，泰州市举行庆祝中国人民解放军海军成立60周年史料展览开幕仪式。市委书记张雷致辞。（顾祥忠 摄）

泰州市庆祝中国人民解放军海军成立60周年军民联欢文艺晚会在市体育场举行。

海军政治委员刘晓江、省委书记梁保华为庆祝海军成立60周年史料展览揭幕。

泰州市庆祝中国人民解放军海军成立60周年史料展览开幕仪式。

蜡像再现当年将军风采。

采用声、光、多媒体技术的海军展馆。

采用声、光、多媒体技术的海军展馆。

海军、省、市领导参观海军成立60周年史料展览。

海军、省、市领导参观海军成立60周年史料展览。

海军、省、市领导参观海军成立60周年史料展览。

参加泰州市庆祝中国人民解放军海军成立60周年活动的海军将军，在渡江战役指挥部旧址合影留念。

采用声、光、多媒体技术，动感展现百万雄师过大江景象。

1 歌舞《青春方阵》。

2 声、光、多媒体、动感军航。

3 著名歌唱家宋祖英，高亢激昂演唱《在光荣的旗帜下》。

4 歌舞《天涯男儿》。

泰州市庆祝中国人民解放军海军成立60周年军民联欢晚会
水兵母亲城
海军诞生地
1949 — 2009

南沙第一代高脚屋——茅草棚式高脚

2009年3月18日，国务院正式批复同意泰州医药高新技术产业开发区升级为国家高新技术产业开发区。这标志着我国第一家国家级医药高新区诞生。

2009年5月29日，泰州国家医药高新技术产业开发区成立大会隆重召开。

省长罗志军在成立大会上讲话。

科技部党组书记李学勇在成立大会上讲话。

省委书记梁保华、科技部党组书记李学勇为泰州国家医药高新技术产业开发区揭牌。　　（顾祥忠　摄）

科技部副部长杜占元宣读国务院批复。

市委书记张雷主持大会。

2009年4月7日，举行2009中国医药城项目推介暨签约仪式。　　（顾祥忠　摄）

2009年4月7日，中国医药城会展交易区一期工程举行奠基仪式。

2009年5月29日，与会领导为中国医药城疫苗产业化基地项目集中开工培土奠基。

（顾祥忠 摄）

2009年4月7日，干细胞与再生医学产业化项目举行奠基仪式。

2009年5月29日，泰州国家医药高新技术产业开发区与南京医科大学签订合作办学协议。（顾祥忠 摄）

省委书记梁保华在纬创资通（泰州）有限公司项目开工仪式上讲话。

市委书记张雷与纬创集团董事长林宪铭合影。

省、市领导与纬创集团负责人一起为项目开工奠基。

台湾纬创集团投资10亿美元在泰州设立笔记本电脑生产加工项目。2009年7月9日，在泰州宾馆举行签约仪式。

纬创集团董事长林宪铭与市领导在签约会场。

纬创资通（泰州）项目新闻发布会在泰州举行。

2009年7月21日，南京大学党委书记洪银兴到泰州考察中国医药城。

2009年8月11日，全国中小学生“中华诵”夏令营开营仪式在泰州举行。

2009年7月3日，市长姚建华代表泰州市人民政府与东南大学签订合作协议。（顾祥忠　摄）

2009年12月，市长姚建华向古建筑学家罗哲文先生颁发聘书。

2009年4月15日，国务院发展研究中心金融研究所副所长巴曙松为市机关干部作经济金融形势报告。

市委书记张雷在开幕式上致辞。

省长助理徐南平、国家科技部党组成员张景安、省政协副主席周建民、泰州市委书记张雷共同开启光电球系统，宣布第七届中国泰州科技洽谈会开幕。

2009年9月18日，第七届中国泰州科技洽谈会开幕式在市体育馆举行。

（顾祥忠　摄）

泰州科技洽谈会签约仪式暨新闻发布会会场。

在主展馆，市委书记张雷向参会领导和嘉宾介绍泰州市科技成果项目情况。　　（顾祥忠　摄）

高新技术发展趋势报告会召开。

机械科学研究总院与泰州市人民政府合作协议签字仪式。

科技展馆

机械科学研究总院两个“基地”落户泰州。

市委书记张雷讲话。

市委常委、常务副市长杨峰主持论坛。

原泰州市水利局局长董文虎在论坛上发言。

2009年4月6日，中国城河论坛在泰州召开。

与会专家、学者。

省旅游局副局长左一响向凤城河管委会主任刘宁授牌。

溱潼会船

第四届中国湿地生态旅游节
江苏国际生态旅游节
'2009中国泰州国际旅游节暨经贸洽谈会
'2009中国姜堰·溱潼会船节

编 辑 说 明

一、《泰州年鉴》是中共泰州市委、泰州市人民政府主持编纂的地方综合性年鉴。创刊于1998年，本卷为第13卷。

二、《泰州年鉴》（2010）以马克思列宁主义、毛泽东思想、邓小平理论和“三个代表”重要思想为指导，坚持科学发展观，全面、系统、翔实地记述2009年泰州境内的政治、经济、科技、文化、社会等方面的基本情况和发展态势，为认识泰州、研究泰州、发展泰州，提供全面、准确、实用的市情资料。

三、本年鉴采用分类法编辑，全书设栏目、分目（部分分目设副分目）和条目3个层次。栏目、分目用不同字体加以区别，栏目标于书眉，副分目以楷体字前后加•表示。条目为记述的基本单位，其标题采用黑体字并加【 】表示。大事记条目前有△者，表示该条目与前条目日期相同。

四、为便于检索，卷首配备详细目录和英文要目，卷末设有索引。索引采用主题分析法编制，款目按汉语拼音字母顺序（同音字按声调）排列。

五、书中所涉及机构名称大多采用规范化或习惯性简称，目录前备有部分组织机构全称、简称对照表。

六、本年鉴资料稿件由全市各有关部门、单位提供，并经领导人审核。统计数据以统计部门的资料为准。

七、撰稿人姓名加（ ）列于所写正文之后，同一栏目内相邻条目为同一撰稿人的，则列于末条正文之后。

八、《泰州年鉴》（2010）的编纂出版，得到全市各级领导机关、各有关单位的大力支持和协助，在此深表谢意，并热忱欢迎各界人士多提改进意见，以不断提高今后年鉴的编纂质量。

部分组织机构全称、简称对照表

全　称	简　称	全　称	简　称
中国共产党泰州市委员会	市委	江苏泰州质量技术监督局	泰州质监局
泰州市人民代表大会常务委员会	市人大常委会	泰州市国土资源局	市国土局
泰州市人民政府	市政府	泰州市广播电视局	市广电局
中国人民政治协商会议泰州市委员会	市政协	泰州市人民防空办公室	市人防办
中国共产党泰州市纪律检查委员会	市纪委	泰州市建筑工程局	市建工局
江苏省泰州市中级人民法院	市法院	泰州市盐务管理局	市盐务局
江苏省泰州市人民检察院	市检察院	泰州市供销合作总社	市供销社
中国共产党泰州市委员会办公室	市委办	泰州市国家税务局	市国税局
泰州市人民政府办公室	市府办	泰州市地方税务局	市地税局
中国共产党泰州市委员会统一战线工作部	市委统战部	中华人民共和国泰州出入境检验检疫局	泰州国检局
中国共产党泰州市委员会农村工作办公室	市委农工办	中华人民共和国泰州海关	泰州海关
中国共产党泰州市委员会政法工作委员会	市委政法委	中国人民银行泰州市中心支行	市人行
中国共产党泰州市委员会市级机关工作委员会	市委机关工委	中国农业发展银行泰州市分行	市农发行
中国共产党泰州市委员会台湾工作办公室	市台办	中国农业银行泰州市分行	市农行
中国共产党泰州市委保密委员会办公室	市委保密办	中国工商银行泰州分行	泰州工行
泰州市外事办公室	市外办	中国建设银行泰州分行	泰州建行
泰州市人民政府侨务办公室	市侨办	中国银行泰州分行	泰州中行
泰州市关心下一代工作委员会	市关工委	交通银行泰州分行	泰州交行
泰州市劳动和社会保障局	市劳保局	中国国民党革命委员会泰州市委员会	民革市委
泰州市民族宗教事务局	市民宗局	中国民主同盟泰州市委员会	民盟市委
泰州市老龄工作委员会	市老龄委	中国民主建国会泰州市委员会	民建市委
泰州市机构编制委员会办公室	市编办	中国农工民主党泰州市委员会	农工市委
泰州市市级机关事务管理局	市机关事务局	九三学社泰州市委员会	九三市委
泰州市经济贸易委员会	市经贸委	泰州市工商业联合会	市工商联
泰州市对外贸易经济合作局	市外经贸局	中国共产主义青年团泰州市委员会	团市委
泰州市发展和改革委员会	市发改委	泰州市妇女联合会	市妇联
泰州市科学技术局	市科技局	泰州市残疾人联合会	市残联
泰州市人口和计划生育委员会	市计生委	泰州市归国华侨联合会	市侨联
泰州市社会治安综合治理委员会办公室	市综治办	泰州市文学艺术界联合会	市文联
泰州市爱国卫生运动委员会	市爱卫会	泰州市哲学社会科学联合会	市社科联
泰州市经济技术协作办公室	市经协办	泰州市科学技术协会	市科协
泰州市农业委员会	市农委	泰州市个体劳动者协会	市个协
泰州市绿化委员会办公室	市绿化办	中国人民解放军江苏省泰州军分区	泰州军分区
泰州市无线电管理办公室	市无管办	中国人民武装警察部队泰州市支队	市武警支队
泰州市环境保护局	市环保局	中国人民武装警察部队泰州市消防支队	市消防支队
江苏省泰州工商行政管理局	泰州工商局	中国人民解放军江苏陆军预备役高炮第一师第三团	预备役三团

目 录

特 载

全国模范法官陈燕萍

大 事 记

泰 州 概 貌

中国共产党泰州市委员会

泰州市人大常委会

泰州市人民政府

政协泰州市委员会

民主党派·工商联

人 民 团 体

政　法

国防与国家安全

外事·侨务

城乡建设与管理

环 境 保 护

信息化建设

水　　利

交通·电力

建 筑 业

农　业

工　业

民 营 经 济

对外经济贸易

沿江开发

开　发　区

口 岸 管 理

旅游·园林·绿化

邮政·通信

商贸·物流

综合经济管理

财政・税务・审计

金　　融

教　　育

科 学

文化・新闻

卫生

体　　育

社　会　生　活

区、市（县）概貌

学习实践科学发展观活动

先进集体·先进个人

重要文件题录

统 计 资 料

附 录

索 引

望海楼

MAIN CONTENTS

SPECIAL RECORD

CHEN YANPING, THE NATIONAL MODEL JUDGE

MEMORABILIA

TAIZHOU PROFILE

CPC TAIZHOU MUNICIPAL COMMITTEE

STANDING COMMITTEE OF TAIZHOU MUNICIPAL PEOPLE'S CONGRESS

TAIZHOU MUNICIPAL PEOPLE'S GOVERNMENT

CPPCC TAIZHOU MUNICIPAL COMMITTEE

DEMOCRATIC PARTIES AND THE FEDERATIONS OF INDUSTRY AND COMMERCE

PEOPLE'S ORGANIZATIONS

POLITICS & LAW

NATIONAL DEFENSE & NATIONAL SECURITY

FOREIGN AFFAIRS & OVERSEAS CHINESE AFFAIRS

URBAN & RURAL CONSTRUCTION & MANAGEMENT

ENVIRONMENT PROTECTION

INFORMATIONIZATION CONSTRUCTION

WATER RESOURCES

TRANSPORTATION & POWER

CONSTRUCTION INDUSTRY

AGRICULTURE

INDUSTRY

PRIVATE ECONOMY

FOREIGN ECONOMY & TRADE

RIVERINE DEVELOPMENT

ECONOMIC DEVELOPMENT ZONE

PORT ADMINISTRATION

TOURISM GARDENS & PLANTATION

POST & COMMUNICATION

COMMERCE & LOGISTICS

COMPREHENSIVE ECONOMIC ADMINISTRATION

FINANCE TAXATION AUDIT

FINANCIALS

EDUCATION

SCIENCE

CULTURE NEWS

PUBLIC HEALTH

SPORTS

SOCIAL LIFE

PROFILE OF THE DISTRICTS & CITIES (COUNTIES)

STUDY SCIENTIFIC CONCEPT OF DEVELOPMENT

MODEL ORGANIZATIONS & INDIVIDUALS

LISTS OF THE TITLES OF IMPORTANT DOCUMENTS

STATISTICAL DATA

APPENDIX

INDEX

Translated By Zhang Jianyu

文会堂

特 载

克难奋进 加快发展 为圆满完成全年目标任务而努力奋斗

——2009年7月13日在中共泰州市委三届七次全会上的讲话

市委书记 张 雷

同志们：

这次市委全会的主要任务是，深入学习贯彻省委工作会议精神，回顾总结上半年工作，分析当前经济形势，研究部署今后一段时期的工作，动员全市上下深入学习实践科学发展观，进一步解放思想，振奋精神，抢抓机遇，危中求进，着力抓好保增长保民生保稳定各项工作，确保完成全年目标任务。下面，我根据市委常委会讨论的意见，讲四个问题。

一、正确分析形势，始终保持清醒头脑，切实增强加快发展的紧迫感和责任感

今年以来，面对国际金融危机持续蔓延带来的冲击，全市广大干部群众深入学习实践科学发展观，全面落实中央和省扩内需保增长的决策部署，紧紧围绕市委三届六次全会提出的“十个重点”，协调推进各方面工作，全市经济平稳较快增长，社会保持和谐稳定。一是在复杂多变的宏观形势下，经济运行出现积极变化。预计上半年实现地区生产总值850亿元，同比增长13%；完成财政收入149.9亿元、地方一般预算收入60.1亿元，分别增长8.2%和15.1%。全市规模以上工业产值增长24.2%，其中6月份增长26.1%。6月份工业用电量扭转下滑势头，同比增长9.02%。服务业增加值增长13.5%，社会消费品零售总额增长17.1%，商品房销售逐步回暖。农业生产形势较好，夏熟作物再获丰收，新增高效农业面积1.53万公顷。二是在经济下行压力较大的形势下，经济结构调整取得新进展。工业主导产业支撑作用更加明显，医药、机电（船舶）、化工产业产值增幅高于全市平均水平6.1个百分点，其中船舶产业产值、利税分别增长96.8%和48%，医药产业产值、利税分别增长22.3%和33%；经济运行质态保持稳定，1月～5月工业经济综合效益指数绝对值和增幅均列全省第一；服务业保持较快发展，上半年服务业增加值增幅高于地区生产总值0.5个百分点，三次产业结构进一步优化。三是在外部投资意愿减弱的形势下，项目建设扎实推进。上半年完成全社会固定资产投资582.88亿元，同比增长30.9%。完成工业技改财务发生数398.13亿元，增长30.6%，实施工业技改亿元以上项目120个。协议利用外资11.3亿美元，增长13.4%，实际到帐外资4.99亿美元，总投资10亿美元的纬创资通项目已正式签约，一批重大项目可望近期落户。城市建设“十大重点工程”有序推进，周山河街区、园博园、凤城河综合整治、稻河古街区保护等工程顺利实施，泰州大剧院建成投入使用；城北地区旧城改造、滨江港城区建设力度加大，取得新的成效；引江河疏港公路、328国道改线、南通路和泰九路改造等一批重点项目启动实施，城乡水利、区域供水、污水处理等基础设施项目加快推进。四是在财政并不宽裕的形势下，民生得到持续改善。上半年用于改善民生的财政支出增长26.5%，解决了一批事关人民群众切身利益的实际问题。就业形势总体平稳，城镇登记失业率控制在3.06%。预计城镇居民人均可支配收入和农民人均现金收入分别增长12.1%和12%。社会保持和谐稳定，信访总批次和总人次同比下降16.2%和18.5%。此外，党的建设、精神文明建设和各项社会事业都取得了新的进展。

上半年经济社会发展取得新成绩，实属来之不易。全市各地认真组织开展学习实践科学发展观和主题教育活动，紧密结合自身实际，着力解决突出问题，在应对危机中经受了新考验、实现了新发展；机关各部门以发展为己任，积极开展“三服务”活动，在与企业共渡难关中不断提升工作能力，机关作风有了新改进；各级基层组织始终保持奋发有为的精神状态，团结带领广大干部群众坚定信心、扎实工作，形成了应对挑战、共保增长的强大合力和动力。所有这些，都为我们应对复杂局面、保持平稳较快发展创造了良好条件。

当前，泰州正处于加快发展的关键时期，面对的发展形势仍然严峻，我们必须始终保持清醒的认识。去年市委三届五次全会提出“三年再来一个大变化”，不仅指经济数据的变化，而且要在科学发展、城市建设、改善民生等方面有实实在在的变化。因此，做好今后一个时期的工作，必须有一种“等不起”的紧迫感、“慢不得”的危机感、“坐不住”的责任感。第一，绝不能因为当前的好转，而忽视潜在的经济下行风险。从国际形势看，金融危机对实体经济的冲击还在加深，不确定因素仍然很多，国际经济走势还不明朗，贸易保护主义加剧，外需明显下降。从国内形势看，今年以来经济指标的回升，主要得益于经济刺激政策的累积效应，距离经济内生的市场型回升还很远，严峻的考验可能还在后面。对目前的好转，我们绝不能盲目乐观，必须做好较长时间内应对各种困难和复杂局面的充分准备。第二，绝不能因为发展好于预期，而忽视更加激烈的区域竞争形势。应当看到，我们目前的经济回升，是在国内宏观形势普遍趋好这一大背景之下的回升，并不是泰州经济的独立走势。目前，苏南发达地区正以空前的力度，加快推进经济结构调整，促进产业升级，为下一轮经济发展增创新优势；南通、盐城、连云港等沿海地区，紧紧抓住江苏沿海开发升级为国家战略的机遇，着力布局临港和新能源产业，重大项目建设不断取得突破；苏北地区把自身资源优势和国家特殊政策优势转化为现实的发展优势，经济增长速度领先全省，快速崛起之势十分明显。金融危机必将改写经济版图，重构区域发展新格局。面对区域之间咄咄逼人的竞争态势，我们必须有强烈的紧迫感、责任感和危机感，认认真真把泰州的事情干好，努力在经济重新“洗牌”中实现跨越发展。第三，绝不能因为总体势头较好，而忽视自身存在的问题。全市经济虽然呈现回升态势，但市（区）之间、行业之间、企业之间的不平衡性更加突出。1月～6月，规模以上工业产值增速最高与最低的市（区）间相差38个百分点。船舶、医药等产业的较快增长掩盖了家电、机械、纺织、服装等行业的不景气，目前仍有不少行业负增长。少数大企业的快速发展掩盖了大量中小企业的运行困难，50强企业中仍有29家产值个位数增长或负增长。第四，绝不能因为强调全力以赴保增长保发展，而忽视保民生保稳定面临的压力。经济发展的困难时期，也是民生问题多发时期。当前比较突出的是，由于一些劳动密集型企业运行艰难，就业形势十分严峻；农村劳动力转移形势没有根本好转，加之部分农副产品价格持续走低，农民增收难度进一步加大。同时，下半年维护社会稳定的压力也比较大。对此，我们必须高度重视。一方面要看到成绩，坚定加快发展的信心，另一方面又要把困难考虑得更加充分，把自身问题看得更加透彻，把对策措施准备得更加周全，做到认清大势、把握全局，科学应对、争取主动，不自满、不悲观、不松劲、不懈怠，一着不让地把保增长保民生保稳定的各项举措落到实处。

二、咬定发展目标，始终把“保增长、促发展”放在首要位置，千方百计保持经济平稳较快发展

发展是第一要务，加快发展、跨越发展是泰州的首要任务。当前，经济运行出现积极变化，我们要乘势而上，更加深入地贯彻落实好中央扩内需保增长的一系列政策措施，更大力度地推动政策集成和配套衔接，更加有效地解决经济运行中的矛盾和问题，全力促进经济持续稳定回升，确保完成全年目标任务，并为长远发展积蓄后劲、打好基础。今后要突出抓好以下几个方面：

*1.坚持不懈抓有效投入，不断增强工业经济发展后劲。*加大有效投入，既是保增长的现实需要，也是增强发展后劲的重要举措。要坚定不移地把重大项目作为主攻方向，毫不动摇地坚持“一把手”抓项目投入、抓招商引资，广泛吸纳外资、台资、国资、民资等各类投资，努力掀起新一轮投入建设的高潮。一是要在全方位招引项目的同时，更加突出台资和央企的招引。尽管下半年招商引资

压力很大，但越是困难，越是要迎难而上，越是要强化目标必成意识。现在看来，我们最有可能取得历史性突破的就是台资和央企。要紧紧抓住台商产业转型、基地转移的机遇，进一步加大上门招商、专题招商和产业招商的力度，推动一批成熟度较高的项目尽快落户。随着国家一系列产业振兴规划的出台，央企的发展战略和投资动态正在发生新的变化，主攻央企项目已经成为目前区域之间竞争的焦点。各地各部门要抢抓宏观政策的机遇，进一步加大上争力度，力争全市在央企研发机构布点、产业基地布局、区域中心设置上取得新的突破。二是要鼓励现有企业扩大投资。要加大政策宣传力度，鼓励企业利用目前引进技术设备政策最好、成本较低的有利时机，大规模开展技术改造，大幅度提升技术和装备水平，增强核心竞争力。要进一步完善配套政策，发挥政府贴息、担保、补贴等间接投入的"乘数效应"，引导和带动更多的社会资本、民间资本投资产业项目，加快民营经济发展。三是要加快在建项目的实施进度。进一步完善市领导和部门挂钩联系重大项目制度，及时协调解决各类矛盾和问题，保证项目顺利实施。要明确重大项目建设主体责任，定期督查通报进展情况，落实跟踪推进措施。下半年，全市要确保新开工亿元项目36个以上，竣工投产亿元项目23个以上。

*2.举全市之力建好国家高新区，加快打造泰州新的经济增长极。*泰州医药高新技术产业开发区正式升级为国家级高新区，成为中国唯一的国家级医药高新区，标志着中国医药城纳入了国家科技创新体系，迈上了发展的新起点。下一步，就是要继续举全市之力建好国家高新区，打造"中国第一、世界有名"的医药城。一是要以更高的起点推进医药城规划建设。医药城既是医药高新区，也是泰州新城区，要始终站在参与国际竞争、展示泰州新形象的高度来打造。要大手笔规划，着眼于现代化新城的建设，在总体规划、空间布局、功能创新和完善等方面瞄准国际一流水平。要大手笔建设，把东方小镇、东部新城区、中试区三期、研发二期等项目建成精品工程，让创业者有更高更新的发展平台和更加宜居的生活环境。要抓好南京医科大学康达学院、南京中医药大学翰林学院和南京工业大学泰州校区的落户工作，力争早日开工建设。二是要以更快的速度推进医药人才和产业集聚。要抢抓国际医药人才"回流"、国际医药产业转移和国家医改新政出台的机遇，用足用好国际国内两种资源、两个市场，加快人才集聚、产业集聚，争取在引进更多的高端人才和研发机构上取得新突破，在疫苗产业、高端医疗器械、中药现代化等产业项目的招引上取得新突破。对前期洽谈签约项目，要抓好跟踪落实，推动葛兰素史克、中农发、中生集团等重大产业化项目的实施，确保项目早开工、早投产、早见效。三是要以更大的胆识创新发展机制。医药城是泰州的"特区"，在发展模式、集约开发、管理服务、人才引进等各个方面，要勇于创新、大胆实践，始终保持创新活力和创业激情。要深入研究国家高新区的相关优惠政策和国家支持医药产业发展的相关政策，在更高的平台上争取政策和项目倾斜。要积极探索各种新型融资方式，形成以政府资金为引导、企业资金为主体、金融资本为支撑和风险投资为补充，符合高新技术产业发展趋势的投融资体系。要进一步深化"举全市之力"的内涵，研究出台相应政策，引导各地依托医药高新区，在产业链上做文章，在产业配套上下功夫，推进医药产业又好又快发展。各部门要真正把医药城的事当成自己的事来办，帮助医药城向上争取各种发展资源，提供全方位优质高效的服务。

*3.全面提升产业发展层次，促进经济转型升级。*要继续大力推进经济结构调整，把保增长与调结构、促转型结合起来，既形成现实增长点，又抢占未来制高点。一是要进一步明确泰州未来产业振兴发展方向。目前，国家、省已经出台了一系列产业振兴规划。我们要结合泰州实际，积极策应、主动作为，按照"加快提升机电（船舶）产业、重点推进生物医药产业、科学发展化工产业、大力培育新能源和IT产业"的总体要求，及时出台泰州的产业振兴发展规划，致力打造一批千亿级产业，全面提升产业发展层次。二是要提高企业自主创新能力。在危机和挑战面前，创新发展是唯一出路。要牢固树立开放式创新的理念，鼓励有条件的企业自主创新，鼓励企业与国内外同行业先进企业、科研机构合作搞集成创新，鼓励中小企业和民营科技企业引进消化吸收再创新，让更多的创新要素、创新成果在泰州落地生根，开花结果。下半年，要办好第七届科技洽谈会。年内争取新建产学研联合体100个，建成省以上认定企业技术中心4家、工程技术研究中心20家。要大力培育具有自主知识产权的高新技术企业。我市新税制下认定的高新技术企业户数仅占全省的1/40，远远落后于我市经济总量在全省的比重。各地各有关部门要选择有较好基础和潜力的成长型企业，制定一对一帮扶培育计划，加快培植泰州的高新技术企业群。年内要确保新认定国家高新技术企业35家以上。要加大知识产权工作力度，力争在全省率先建成国家知识产权工作示范市。三是要大力发展现代服务业。要以推进服务业"833工程"为抓手，加快提升传统服务业，着力发展生产服务业，大力培育新兴服务业，促进服务业发展提速、比重提高、结构提升。当前跨国公司为应对金融危机，降低生产成本，加速把服务环节从制造业中剥离，非核心业务实行外包，各地各部门要抢抓机遇，迅速启动发展服务外包相关工作。要大力发展旅游业，加快各类旅游项目建设，努力提升旅游业发展层次。

*4.以提高农民收入为核心，切实做好农业农村工作。*扩内需的最大潜力在农村，保民生的重点难点在农民。在部分农产品价格下降、农民增收制约因素明显增多的情况下，要采取更加有力的措施促进农民增收。一是要大力发展高效农业。近年来，泰州大力实施现代农业"5218"工程，高效农业取得了较快进展。要认真总结推广基层的好做法、好经验，切实加强各类农业园区建设，充分发挥典

型示范带动作用。要加强优势资源整合，探索跨村、跨乡镇统筹发展高效农业的新路子，不断提高农业适度规模经营比重。加强农产品质量建设，多措并举开拓农产品市场，不断提高泰州农产品知名度，扩大市场份额。要加快全市农业科技研究和推广机构的整合，促进产学研、农科教相结合，形成完整的现代农业研发推广体系。二是要拓展农民增收渠道和就业空间。切实加强农民转移就业和返乡就业创业的指导服务，加大技能培训力度，提高农民就业创业能力。要适应重大项目落户的需求，在抓好农民技能常规培训的同时，更有针对性地组织专业技能培训。要积极发展各类农民合作经济组织，增加农民经营性收入。三是要加快推进农村各项建设。继续推进农村新“5+1”实事工程和“十百千”小康工程，大力开展农村环境综合整治，不断改善农民的生产生活条件。四是要加强农村基层组织建设。农村发展，关键在基层组织，尤其要有一个好的带头人。要继续深入实施“强基工程”，加大联建党组织力度，加强“能人型”村干部队伍建设，切实关心“大学生村官”的培养成长，积极稳妥地做好选派机关干部到村担任党组织书记工作，不断探索加强村级组织建设的新经验，为农业发展、农村繁荣、农民致富提供有力保证。

5.推进区域经济协调发展，努力提升泰州的综合竞争力。当前县域经济之间、县域经济与市区经济之间发展不平衡性比较突出，要切实加强分类指导，统筹推进区域经济发展。一是要进一步明确目标、理清思路。各市（区）去年都确定了追赶先进的目标，现在要重新审视一下自己，在全市的位次如何，在全省的位次如何，进一步明确发展的标杆，在对比中发现优势、排找差距，从而更好地理清发展思路，选准跨越追赶的路径。产业特色不明显、集中度不高、结构不合理、层次偏低是制约各市（区）经济发展的关键因素。各地要对现有产业进行认真分析，着眼于长远发展，加强新兴产业发展战略研究，制定中长期的产业发展规划，力争经过几年努力，形成更加合理的产业体系。靖江、泰兴、高港在沿江开发、发展临江产业方面要形成完整思路，力争新的突破。姜堰、兴化、海陵要发挥好自身优势，选准突破口，尽快形成自己的产业特色。二是要加快提升开发区发展水平。各个省级开发区要加快功能创新创优，努力构建综合环境优势，着力打造产业发展高地。市经济开发区要重点加快出口加工区、产业配套区和各项功能配套设施的建设，尤其要加快出口加工区筹建工作，争取早日获批，尽快满足重大项目的落户需要。三是要着力构建加快市区经济发展的新机制。市区经济活不活、发展得快不快，关键靠体制机制创新。要加强市区经济发展的专题研究，着力破解事关市区经济长远发展的重大问题，在工作机制、政策措施、发展载体等方面创新突破。海陵区、高港区要积极呼应医药高新区和市开发区的发展，进一步形成市区一体、相互补充、共同发展的新格局。

三、更加关注民生，协调推进各项社会事业发展，努力营造安定和谐的社会环境

这次金融危机对经济影响很大，由此带来许多社会和民生问题，并可能引发一系列影响社会稳定的问题。因此，在致力保增长的同时，必须切实抓好保民生保稳定的各项工作。

1.着力实施一批人民群众关注的重点工程。今年各项工程建设任务比以往更重，这既是贯彻落实中央扩内需保增长的必然要求，也是顺应群众呼声、改善生产生活环境的重要举措。一是要加快实施一批提升城市功能的重点工程。扎实推进园博园、稻河古街区改造、周山河整治等重点工程，加快图书馆、博物馆、规划展示馆等重点文化设施项目实施进度。要精心组织，高水平承办好园博会，积极做好国家园林城市创建工作。同时，要尽快完成城市总体规划的报批工作，及时做好市区行政区划调整后控制性详细规划的编制。要加快完善覆盖城乡的规划体系，统筹协调推进县城、区域中心城镇以及其他重点城镇建设。二是要加快实施一批构建大交通格局的重点工程。积极做好泰州大桥、江海高速、苏中机场等重点工程的相关工作，加快泰州大桥北接线、引江河疏港公路、南通路和泰九路改造、兴泰路改扩建等工程建设，扎实推进永安核心港区规划建设。三是要加快实施一批改善民生的重点工程。进一步健全和完善廉租房、租售并举经济适用房制度，多渠道增加房源，使符合条件的低收入家庭买得到、租得到经济适用房。各部门、各方面都要关注民生工作，齐心协力办好改善民生的实事工程，确保取信于民。

2.着力抓好一批社会事业发展的重点工作。统筹兼顾是科学发展的根本方法，在保增长促发展的同时，必须协调推进各项社会事业发展。一是要突出抓好社会就业。就业是民生之本，创业是民富之源。要认真组织实施创建国家级创业型城市三年行动计划，深入贯彻落实中央、省、市有关促进创业就业政策，加快构建城乡一体化的公共创业就业服务体系。要切实做好特殊人群的就业援助工作，进一步加大就业扶持和技能培训力度，使更多的困难群体实现就业。要大力实施创业带动就业战略，坚持从提高创业意识、增强创业能力、优化创业环境入手，不断激发劳动者的创业热情，努力提高创业的成功率。二是要提高社会保障水平。社会保障是“安全网”。要着眼于构建全民保障体系，继续将各类人员纳入社会保障范围，加大社保投入，提高保障标准，确保困难群体基本生活有保障，城乡居民生活有新改善。要完善基本医疗保障制度，整合医疗卫生资源，健全基层公共卫生服务体系，为人民群众提供更好的医疗卫生服务。三是要扎实推进文化泰州建设。认真贯彻落实省文化建设工作会议精神，按照年初文化泰州建设工作会议的总体要求，稳步实施加快文化泰州建设的《意见》和《行动计划》，创新体制机制，创新工作举措，全力推动文化建设的大发展快发展。要以申报国家历史文化名城为抓手，重新修编《泰州历史文化名城保护规划》，抓好重点文物修缮工程，扎实做好文物保护基础工作。要围绕庆祝新中国成立60周年，精心筹划一批贴近时代、贴近生活、贴近群众的文化活动，打造一批扩大泰州知名度和影响力的文艺精品。四是要优先发展教育事业。着力推进区域教育现代化建设，促进义务教育均衡发展，不断提升素质教育实施水平。要高度重视新城区教育功能的完善和提升，加快培植新城区优质教育资源。筹建泰州大学是全市人民的殷切期盼，也是市委、市政府的一项重点工作，要在前期取得较好进展的基础上，继续加大上争力度，力争早日获得国家教育部筹建计划的批文。

3.着力解决一批影响社会稳定的突出问题。今年敏感时间节点比较多，经济困难引发的社会矛盾比较多，维护社会稳定的任务十分繁重。各地各部门要牢固树立"发展是第一要务，稳定是第一责任"的思想，充分认识当前维稳形势的严峻性和复杂性，高度重视并切实加强维护社会稳定的各项工作。一是要认真开展矛盾纠纷排查活动。各地各部门要密切关注社会动态，及时搜集、掌握可能影响社会稳定的信息，积极做好防范和处置应对工作，防止矛盾聚合激化。要重点排查重大项目、重点企业存在的矛盾纠纷，帮助企业克服困难，维护企业和职工的合法权益，保障企业正常生产经营、重大项目顺利推进。二是要加强基层基础工作。维稳工作的重点在基层，难点也在基层。各地各部门要扎实开展好"五星级"平安村（社区）创建活动，进一步把领导精力、力量资源、经费保障向基层一线倾斜，不断提高矛盾纠纷排查调处、社会治安防范控制、重点人群服务管理的能力和水平。三是要深入开展专项整治活动。要按照中央深入推进打黑除恶专项斗争的总体部署，坚持"打小、打早、露头就打"的方针，全面整治治安混乱地区，不断增强人民群众的安全感。要加强工程建设领域的专项整治，切实净化建设施工环境。要把做好建国60周年庆祝活动安全保卫工作作为当前一项突出的政治任务，认真借鉴奥运期间的工作经验，进一步落实领导责任，加强信访、社会治安、安全生产等方面工作，全力维护社会和谐稳定。

四、深入推进学习实践和主题教育活动，切实加强领导干部队伍建设，以优良作风带领群众攻坚克难

以深入推进学习实践和主题教育活动为契机，紧紧围绕"党员干部受教育、科学发展上水平、人民群众得实惠"的总体要求，切实加强领导干部队伍建设，以优良作风带领群众迎难而上、加快发展。

1.切实抓好整改落实，以实际成效取信于民。学习实践活动已经进入整改落实阶段，要把整改落实与当前工作统筹安排、有机结合，把保增长保民生保稳定作为学习实践活动的最大实践，把学习靖江等地先进经验作为学习实践活动的一项具体行动，真正使整改落实的过程变成破解难题、推动工作的过程，变成促进科学发展上水平的过程。衡量学习实践活动是否取得实实在在成效，归根到底要看群众满意不满意。要紧紧围绕群众最关心最直接最现实的利益问题，为群众诚心诚意办实事，尽心竭力解难事，坚持不懈做好事，使人民群众真正感受到学习实践活动带来的新变化新气象。按照中央和省委部署，第二批学习实践活动结束后，将以乡镇为重点开展第三批学习实践活动。要结合深化"践行科学发展观 我为泰州作贡献"主题教育活动，及早谋划推进，着力在加强基层组织建设、提高农村党员思想水平、改善农村生产生活环境、拓宽农民增收致富路子等方面取得突破。

2.全面提升领导干部能力和水平，为全市经济社会发展提供组织保障。这次应对国际金融危机挑战中，既暴露出泰州经济社会发展中的一些深层次矛盾和问题，也暴露出一些领导干部的能力和水平问题。要把能力和水平建设作为干部队伍建设的重中之重抓紧抓好。一是要努力增强驾驭复杂局面、领导经济发展的能力。发展中遇到难题和挫折是正常的，可怕的是领导干部缺少解决问题的思路和对策，担忧的是缺少工作的激情和信心。检验一个干部能力的高低，关键要看应对国际金融危机、保增长保民生保稳定的思路新不新，招数多不多；要看优化发展环境、支持企业发展的情感真不真，工作细不细；要看抓重大工程推进、重大项目招引的力度大不大，效果好不好；要看面对困难推进工作的激情高不高，信心足不足。各级领导干部要认真审视自我，比以往任何时候都更加重视提升领导经济工作的水平。二是要努力增强正确面对媒体、有效引导舆论的能力。现在，以互联网为代表的新兴媒体已成为思想文化信息的集散地和社会舆论的放大器。各级领导干部既要关注网络舆情，又要加强网络宣传，主动适应新的形势，做到认真研究、正确面对，主动应对、恰当处置，有效引导、严防炒作。三是要努力增强抵制诱惑、防腐拒变的能力。我们正处于大干快上的重要时期，政府投资项目开工建设多，资金量大，但也是容易滋生腐败的特别时期。各级领导干部不仅要想干事、会干事、干成事，还要自觉抵制各种诱惑，不为私心所扰，不为名利所累，不为物欲所惑，始终筑牢拒腐防变的防线，确保干干净净不出事。

3.继续深化"三服务"活动和机关作风建设，进一步营造加快发展的良好环境。特殊时期考验人，首先考验的是作风。有好的作风，才能主动作为，抢抓机遇，攻坚克难。一是要推进"三服务"活动深化、细化、常态化。前期我市保增长促发展的各项举措发挥了重大作用，"三服务"活动取得了阶段性成效，要深入向前推进，确保各项工作的延续性。要重点围绕构建企业难题会办、千企挂钩服务、要素协调保障、政策扶持落实、审批流程再造、工作督查考核等"六大机制"，不断丰富"三服务"内涵，提升"三服务"水平。要突出抓好政策落实，帮助企业解读政策、树立信心、克服困难，特别是中央、省和市出台的一系列政策，要确保不折不扣地尽快落实到位，为企业发展创造宽松的政策环境。做好"三服务"工作，关键在领导干部。要超前服务，在项目进来之前、在企业困难和问题出现之前，及早做好各项工作，切实提高服务的前瞻性和主动性。要靠前服务，在工作的第一线、最前沿为企业和投资者及时解决实际问题。二是要大力弘扬敢想敢干、无私无畏的实干精神。现在，全市干部队伍建设状况总体是好的，但也存在一些“只当官、不干事”和“置身局外、指手划脚”的不良现象。目标思路确定后，剩下的就是一个字:干！各级干部要大干快干、真抓实干，做到今天的事情今天办，明确的事情立即办，能合办的事情统筹办；要敢于触及矛盾，敢于承担风险，敢于承担责任，敢于打硬仗、啃硬骨头；要脚踏实地，一步一个脚印地干，实实在在地做，杜绝形式主义，反对表面文章。要进一步形成正确的用人导向，绝不能让干事创业的人吃亏，绝不能让投机钻营者得利。三是要用铁的手腕维护泰州的发展环境。环境是泰州发展的“生命线”，越是在困难的时候，越是要狠抓环境建设。当前要做到四个坚决防止，即：坚决防止借用各种名义干扰企业正常生产经营，坚决防止因行政效率低下而使企业丧失发展机遇，坚决防止因政策落实不到位而使企业陷入困境，坚决防止因机关作风问题而影响招商引资。总之，各部门各单位要用科学发展的“硬道理”来统领部门发展的“小道理”，共同营造泰州良好的发展环境。

同志们，确保今年目标任务的圆满完成，走好“三年再来一个大变化”的关键一步，至关重要。只要我们真正做好打硬仗、吃大苦、受大累的思想准备和工作准备，以一抓到底的狠劲、一以贯之的韧劲、一鼓作气的拼劲，去推动各项工作的落实，就一定能够带领全市人民实现既定的目标任务，以优异的成绩向建国60周年献礼！

坚持开放创新　加快转型升级
为实现“三年再来一个大变化”而团结奋斗

——2010年1月8日在中共泰州市委三届八次全会上的讲话

市委书记　张　雷

同志们：

这次市委全会的主要任务是，认真学习贯彻党的十七届四中全会、中央和省经济工作会议精神，回顾总结2009年工作，研究部署2010年各项工作任务，动员全市上下为实现经济社会发展“三年再来一个大变化”而团结奋斗。下面，我根据市委常委会讨论的意见，讲四个问题。

一、迎难而上，砥砺奋进，在科学发展的道路上迈出了坚实步伐

刚刚过去的一年，世界经济形势复杂多变，国际金融危机扩散蔓延，经济社会发展充满挑战。在省委省政府的正确领导下，我们紧紧围绕保增长保民生保稳定大局，着力推进“十个方面的重点工作”，不仅在应对挑战中完成了保增长目标，而且在克服困难中增强了发展后劲，全市经济社会发展和党的建设等各项工作取得了可喜成绩。经济运行质态好于预期，好于全省平均水平。预计全年实现地区生产总值1650亿元，可比增长14%左右。完成财政收入343.8亿元，地方一般预算收入138.6亿元，分别增长31.1%和37.1%。全市新增高效农业面积2万公顷，占比提高到30%，新增农村“三大合作”组织314家。规模以上工业实现产值3723亿元，增长27.9%；预计实现利税410亿元、利润232亿元，分别增长45%和55%，增幅位居全省前列。泰州市成为全省唯一的国家知识产权工作示范市，高新技术产业产值突破1000亿元，9家企业成为省首批创新型企业。私营个体经济注册资本突破1000亿元。服务业占三次产业比重提高1个百分点。新增各项贷款403亿元，增长50%，增幅列全省第一，贷款总量突破1000亿元，贷存比提高近7个百分点。市区经济发展出现多年来难得的拐点迹象，财政收入、一般预算收入增幅高于全市平均水平，发展后劲明显增强。医药高新区建设和重大项目招引取得历史性突破。医药园区升格为国家级医药高新区，全球最大的疫苗企业葛兰素史克、总投资22亿元的中农发动物疫苗项目成功落户。去年医药园区新签约落户项目150个，48家企业建成投产。成功引进总投资10亿美元的纬创资通项目及30多家配套企业，全年引进注册资本超1亿美元项目2个。出口加工区、核心港区建设有力推进，开发区配套功能加快完善，产业承载能力进一步增强，泰州市被台湾电电公会评为“值得推荐城市”。城乡建设扎实推进，城市功能和形象得到新的提升。中心城市“十大重点工程”全面实施，全年城建投入超过120亿元。园博园建成开放，并成功承办省第六届园博会；泰州大剧院竣工投入运营；稻河古街区改造、三水湾、博物馆、图书馆等工程有序推进；泰九路、南通路拓宽改造进展顺利；宁启铁路复线电气化改造项目正式开工，兴泰公路全线通车；全国文明城市、国家生态市和园林城市等创建工作深入开展。各辖市城区以及重点镇、中心城镇和新农村建设都取得新的进展。各项社会事业加快发展，人民群众生活水平持续改善。各级财政对民生事业的投入明显加大，认真办好一批事关人民群众生活的实事。预计城镇居民人均可支配收入、农民人均纯收入分别增长11%和12%。净增城镇就业5.4万人、失业再就业2.2万人、农民创业就业5.35万人，城镇登记失业率控制在3%以内。“五大保险”覆盖率实现稳中有升，新增脱贫人口5.7万人。慈善事业发展加快，慈善资金总额扩大到6000万元。社会保持和谐稳定，社会公众安全感认可度达98.6%，集访案件同比下降24.3%。教育、卫生、文化、体育等各项社会事业协调发展，泰州大学筹建工作取得积极进展。坚持两手抓、两促进，学习实践科学发展观活动取得实实在在的成效。先后解决了一批制约和影响泰州发展、人民群众反映强烈的突出问题，形成了一批保障科学发展的制度成果，涌现了一批科学发展、跨越发展的先进典型，分类指导的农村工作方法、直评村官的做法得到了中央领导同志的批示肯定，陈燕萍同志成为全国重大典型。干部作风有了明显好转，党员干部整体素质有了新的提升，在加强宣传思想工作、干部教育培训、推进干部人事制度改革、创新基层党组织、加强党风廉政建设等方面有了新的积极探索。

过去一年的实践告诉我们：发展成就未来，任何时候都必须保持务求必成的信心、攻坚克难的决心、一抓到底的恒心。2009年是新世纪以来经济发展最为困难的一年，我们坚信办法总比困难多、越是困难越向前，不仅扭转了经济快速下滑势头，实现逆势上扬，而且办成了一批看似“不可能、不现实”的事。这是战胜困难和挑战的宝贵精神财富。创新才有出路，任何时候都必须创造性地开展工作，努力探索有泰州特色的发展新路。我们坚持解放思想，创新发展理念，创新发展思路，创新发展举措，正在形成一条科学发展、加快发展的新路，特别是新兴产业发展初见端倪，经济发展的特色和优势逐步显现。这是战胜困难和挑战的有力举措。环境就是竞争力，任何时候都必须充分发挥政府的推动作用，努力为经济发展创造有利的发展环境。我们狠抓机关作风建设，深入开展“三服务”活动，有针对性地出台了一系列的政策措施，帮助企业解决实际问题、增强发展能力，创造了推进重大项目建设的新经验。这是战胜困难和挑战的内在优势。群众是事业之本，任何时候都必须心系群众、依靠群众、引导群众，凝聚我们攻坚克难、推进发展的强大合力。我们高度关注和改善民生，最大限度地减轻金融危机对群众生活带来的影响。人民群众关注关心全市经济社会发展，特别是在一些重点工作、重点项目上积极配合，大力支持，全市上下形成了众志成城、克难奋进的良好氛围。这是战胜困难和挑战的坚强保证。成绩来之不易，这是全市上下团结一心、奋力拼搏的结果。在此，我代表市委向全市广大干部群众表示亲切的慰问和衷心的感谢！

在充分肯定成绩的同时，也要清醒地看到经济社会发展中还存在一些不容忽视的矛盾和问题：一是推进经济转型升级和节能减排的任务仍然艰巨，部分传统产业发展趋缓、难度加大。二是推进城市建设、提升功能环境的任务仍然艰巨。项目实施的标准、品位还要进一步提升，进度还要进一步加快，协调处理好各方利益也面临新的课题。三是统筹城乡发展的任务仍然艰巨。城镇化步伐还不快，农民持续增收基础有待加强，农村社会事业发展相对滞后。四是领导经济工作的能力水平仍要加快提升。相对于发展的新形势新要求，我们发展的理念思路、工作的方式方法，特别在抓落实和执行上还要狠下功夫。五是部分领导干部的工作作风仍需进一步改进。一些领导干部思想还不够解放，思想境界不高，工作标准不高，不同程度地存在着按部就班的工作习惯和悠然自得的生活习惯，缺乏危机感和紧迫感，等等。这些都要在今后工作中切实加以解决。

二、着眼长远，把握全局，用更高更新的要求谋划新一年工作

做好今年各项工作，对于泰州抢抓新一轮发展机遇、把握未来发展主动权至关重要。当前，发展形势依然十分复杂，积极变化和不利影响同时显现，短期问题和长期问题相互交织，国内因素和国际因素相互影响。对此，我们要有清醒的认识和充分的估计，更加扎实、更加主动、更加有效地抓好各项工作。今年全市工作的总体要求是：全面贯彻省委省政府决策部署，深入贯彻落实科学发展观，立足经济社会发展“三年再来一个大变化”，坚持开放型经济和创新型经济双轮驱动，以大干促大变，以转型促发展，抢抓发展机遇，丰富发展内涵，彰显发展特色，更加注重发展新兴产业，更加注重增强中心城市功能，更加注重推进城乡统筹发展，更加注重提高人民群众生活水平，奋力构筑泰州科学发展新优势。今年经济增长预期目标为12%；一般预算收入增长15%；城镇居民人均可支配收入、农民人均纯收入分别增长10%和9%。做好今年工作，要把握好以下几条：

——*准确把握世界经济步入“后危机时代”，并进入新一轮增长周期这一重大判断，始终保持强烈的发展意识*。世界经济向好和国家稳定的政策，为我们保持平稳较快发展创造了良好的环境。可以预见，一个“后危机时代”已经来临。这是一个推进产业转型升级、发展创新型经济的重要机遇期，更是对一个地区发展能力和水平的重大挑战期。新一轮增长周期的发展，关键要抢先发展，抢占制高点。对泰州来说，就是要牢牢抓住全球经济大调整、大变革、大重组的机遇，抢占培育战略性新兴产业的制高点；牢牢抓住国际贸易和投资呈现恢复性增长的机遇，抢占新一轮对外开放的制高点；牢牢抓住重大项目建设取得突破的机遇，全力构筑产业发展特色和优势，抢占未来区域竞争的制高点。

——*准确把握泰州正处在工业化中期，并向开放型经济和创新型经济转型这一发展要求，坚持开放和创新双轮驱动*。苏南积极推进产业转型升级，在开放型经济充分发展的基础上，正全面向创新型经济转变；沿海地区抓住国家实施沿海开发战略的机遇，呈现出强劲发展势头；苏北地区正在把资源和政策优势转化为发展优势。泰州处在工业化中期，发展阶段虽难以逾越，但发展开放型经济与创新型经济可以“两步并作一步走”。唯有这样，才能在前有标兵、后有追兵的竞争格局中闯出一条跨越发展的新路。

——*准确把握今年作为实现“三年再来一个大变化”，并努力完成第三次党代会各项任务的冲刺之年这一关键节点，坚持大干苦干快干*。“三年再来一个大变化”成效看今年，全面完成第三次党代会确定的任务，关键也看今年。经过近年来的艰苦努力，我们已经具备了发展和变化的基础，到了必须大见效、快发展的时候。要按照第三次党代会和市委三届五次全会提出的要求，加快推进各项工作。确定下来的事，快一点干；迟早要做的事，早一点干，努力使泰州的发展变化经得起社会评价、得到人民群众肯定。

——*准确把握加快转变经济发展方式，并把发展新兴产业作为长期坚持的重大任务这一战略取向，努力构筑发展特色和优势*。转变发展方式，既是今年工作的重中之重，也是决定泰州未来发展的关键所在。今后的发展取决于我们转变发展方式的力度和速度。要毫不动摇地把发展新兴产业、促进转型升级作为主要着力点，把产业发展和培育与发展低碳经济、建设生态文明相结合，坚定不移调结构，更大力度抓创新，脚踏实地促转变，通过3–5年努力，形成生物医药、电子信息、新能源和装备制造等4个左右千亿级产业群，形成结构合理、特色鲜明、极具潜力的产业发展新格局。

——*准确把握经济社会发展进入闯关攻坚阶段，并面临更深层次矛盾和问题这一基本特征，全面推进体制机制创新*。发展中遇到的矛盾和问题，很大程度上是体制机制改革不到位造成的；区域经济的竞争，很大程度上就是体制机制的竞争。对泰州来说，抓改革就是抓发展；抓体制机制创新，就抓住了破解发展难题的关键。要进一步解放思想，创新思路，全面推进新一轮政府机构改革、财税体制改革、市区体制机制调整以及社会领域改革，下决心消除影响和制约发展的体制机制性障碍，激活发展的内在动力。

——*准确把握统筹发展这一基本要求，并突出改善民生这一重点，全面提升发展水平*。要统筹区域发展，优化生产力布局，形成错位发展、优势互补的产业发展新格局。要统筹城乡发展，在增强城镇综合承载能力、发展现代高效农业、提升基层组织战斗力等方面大胆突破，创造经验。要统筹物质文明、精神文明建设和党的建设，确保各项工作全面推进，把“三年再来一个大变化”体现到发展的各个领域、各条战线。要把改善民生作为发展的最终目的，更加扎实地抓好创业就业和完善社会保障体系，更大力度地推动公共资源向民生领域倾斜，让人民群众更充分地享受到改革发展的成果。

——*准确把握当前正处于承前启后的关键时期，并将开启基本实现现代化新征程这一新的历史任务，高起点谋划“十二五”发展*。“十二五”时期，泰州将全面建设更高水平小康社会、向基本实现现代化迈进。要认真总结“十一五”发展的基本经验，分析研究发展阶段变化带来的新课题新挑战，提出“十二五”发展的新思路新目标新任务。要着力研究医药高新区发展、中心城市建设、县域经济协调发展、加快城镇化进程以及培育新兴产业、发展低碳经济、建设文化泰州、改善民生等事关全局的重大问题，确定重大战略、提出重大举措、布局重大项目，使“十二五”规划成为激励全市人民建设更加美好新泰州的宏伟蓝图。

三、突出重点，大干苦干，全力冲刺“三年再来一个大变化”的奋斗目标

*1.着力推进经济转型升级，在构筑发展特色和优势上大见效、快见效。*要坚持在开放中高起点创新，集聚力量培育新兴产业；在创新中高起点开放，加快提升传统产业，努力在转变发展方式上取得实质性进展。一是要大力发展新兴产业。继续毫不动摇地举全市之力建设中国医药城。瞄准“中国第一、世界有名”的目标定位，放大国家高新区的效应，重点抓好领军人才、研发机构的引进和科研成果的产业化，加快一批龙头型产业项目的建设，加快建设从新药研发到生产制造的全过程、全覆盖的支撑平台，扎实推进教育教学区、会展中心、康健医疗区等一批基础设施建设，确保医药城更快更好地发展。要加快发展电子信息产业，突出抓好纬创项目的实施，确保今年下半年项目一期竣工投产，同时抓紧落实配套项目建设。积极引进其它高端产品，争取尽快形成电子信息产业集群。要加快培育新能源产业，培育新的重要增长点。要主攻太阳能发电系统及配套产品，核电、风电配套产品和新型电池等，加快引进实施一批重点项目。对新材料、新型环保设备、智能电网等一批新兴产业发展亮点，要科学规划，开展高端招商，拉长产业链，促进规模化。二是要大力推进科技创新。坚持开放式创新和自主创新并举，用高新技术和先进适用技术加快改造提升传统支柱产业，不断增强产业竞争力。更高层次引进创新成果，鼓励有条件的企业直接购买先进技术、并购企业，走一条引进吸收再创新之路；更大力度推进骨干企业与世界知名企业的高端合作，走一条与国际先进产业、技术实现高位嫁接的创新之路；更高起点推进企业创新体系建设，加大科技投入，推进产学研深度合作，走一条企业自主创新之路。要重点建设100个产学研联合体，跟踪20个重大科技专项，形成一批具有带动性的重大科技成果，力争高新技术产业产值突破1400亿元。三是要着力发展现代服务业。大力发展面向生产、面向民生、面向农村的服务业，加快发展现代服务业集聚区，扎实推进以CRO为重点的国际服务外包，集中力量培育壮大凤城河创意产业园、泰州医药卫生科技创业园、江苏三江物流中心等一批省级集聚区，努力打造一批百亿级发展载体。要发挥沿江优势，加大招商引资和项目开发力度，积极引进一批大型现代物流企业，组织实施一批十亿级重点项目。要继续抓好工业企业分离发展服务业工作，进一步扩大范围，大胆实践，推动这项工作深入展开。四是要全面推进载体建设。围绕支撑千亿级产业发展的要求，高起点推进核心港区、出口加工区建设，加快高新区和开发区的基础设施建设。同时，加强规划和引导，强化开发区产业特色，着力打造海陵电子信息产业园、姜堰新能源产业园、泰兴节能环保设备产业园、靖江核电配套产业园等一批特色园区。

*2.着力巩固经济向好的势头，在提升区域经济发展水平上大见效、快见效。*一是要放大靖江经验。要把“学习靖江经验、推动科学发展”活动进一步引向深入，提升县域经济整体发展水平，努力形成各具特色、充满活力、奋勇争先的生动局面。学靖江，关键是要学习靖江的争先意识、创新精神和务实作风。要把自身的发展放到区域发展的大背景中考量，不为退步找理由，只为进位想办法，高标准、大手笔推进各项工作。要敢于跳出传统发展模式，打破常规发展思路，在转型升级中大胆创新，特别是在发展新兴产业、培植规模企业上多做一些“无中生有”、“高位嫁接”的文章。要更加注重工作的针对性和实效性，突出项目招引和载体建设，突出产业特色和产业集聚，突出扶优扶强和优化环境，力争县域经济整体进步。二是要加快市区经济发展。要在去年呈现“拐点迹象”的基础上，一手抓总量扩张，一手抓质态提升，力争市区经济占全市经济的比重逐步提升，使今年成为发展的转折点。要进一步明确海陵、高港、高新区之间产业定位、发展方向，加快推进城市功能区的建设，实现资源共享、优势互补。要全面理顺市区发展体制，构建新型市区机制，不断激发市区发展活力。进一步增强对产业发展和提升的政策支撑，集聚资源振兴市区经济。三是要以抓增量来稳增长促发展。要着眼于培植更多的经济增长点，继续狠抓招商引资工作，主攻超1亿美元、10亿元以上重大内外资项目和央企项目，努力在项目招引上取得更大突破。全力推进项目建设，完善项目领导机制、服务机制和考核机制，力争实施亿元以上工业项目超过180个，其中突出抓好8个10亿元以上重大项目，努力使项目早投产、早达产。四是要加强经济运行调节和服务。要把稳定增长作为抓手，保证经济平稳较快发展。随着经济回升向好，生产要素可能成为新的制约。要加强经济运行监测分析，强化服务保障，确保重点地区、重点行业、重点企业的要素供应。要切实防止政策收缩、税费加重和服务弱化现象，帮助基层和企业争取政策和资金支持，深化“三服务”活动内涵，务实推进并掀起新一轮服务热潮。五是要进一步发展壮大民营经济。在新的起点上继续加大对民营企业扶持力度，为推进转型升级、培植千亿级产业集群提供有力支撑。鼓励以镇为单位，在省级经济开发区和重点工业集中区“飞地”开发，积极发展民营经济。要努力为民营企业创业发展办实事，建立融资担保体系，健全技术创新、检验检测、人力资源等公共服务平台，为民营经济发展营造更为宽松的发展环境。大力实施“百企上市培育工程”，引导民营企业通过资本经营实现裂变式发展，确保新增5家以上企业进入上市辅导期，新增3家企业在境内外上

市。要坚持培育百亿级企业、高成长性企业和创新型中小企业并举，建设更高层次的企业梯队，特别在百亿级企业培育上力争更大突破。

3.*着力推进农业农村又好又快发展，在提升城乡统筹发展水平上大见效、快见效*。在近年来“三农”工作全面向好的基础上，进一步理清发展思路，创新发展模式，尤其要在普惠群众上下功夫。一是要创新发展传统农业。加快高标准农田建设，推进高产技术普及化，建立30个万亩粮油高产增效示范片，推广面积2.67万公顷以上。提高畜禽生产规模化、标准化、集约化、产业化水平，生猪、家禽规模养殖比重再提高5个百分点，让更多群众从传统农业转型升级中得到实惠。二是要大力发展高效农业。进一步提升“5218”工程的辐射功能，积极推进农业适度规模经营，在全市培育一批十亿级的优势特色产业。加快建设现代农业园区、农产品精深加工集中区和农产品市场体系，提高农业产业化经营水平，提高农产品附加值。三是要抓好农产品市场营销和质量建设。超前破解卖难和准入难题，进一步深化“农产品营销促销年”活动，抓住上海世博会契机，站稳国内市场，拓展国际市场。开展“农产品质量建设推进年”活动，用质量扩市场。要把大基地、大企业、大经纪人、大市场联接起来，抓龙头企业带动、龙头老大拉动，形成规模，打造知名品牌。四是要推进农村经营体制创新。进一步加大农业的多元化投入，用优惠的政策鼓励农民自主创业。“三大合作”组织要在规范管理、壮大规模、增强带动力上下功夫，力争年内新增300家左右。同时，在金融支持上要有新的突破。五是要全面加快城镇化建设步伐。更大力度地推进城乡交通、水利等基础设施建设，在推进城区建设的同时，加快黄桥、戴南、溱潼和新桥向小城市方向发展，加快培育一批基础较好、潜力较大、特色明显的重点中心镇。积极推进户籍制度改革，放宽城镇落户条件，有序引导农民融入城镇。市区范围内要全面推行村组（社区）股份制改革和社区建设工作，加快撤镇设街、撤村改居，加快园中村、城郊村改造，加快推进“三集中”。各级党委政府要高度重视新形势下的农业农村工作，在工作安排、制度建设、财力支持、干部配备上进一步向农村倾斜，特别是要继续重点关心支持经济薄弱乡镇、纯农贫困户的生产发展、生活保障，使强农惠农政策真正惠及到每家每户。镇、村干部要集中主要精力，切实承担起致富农民、发展农业、稳定农村的直接责任，因地制宜，走出一条富有特色、群众认可、成效显著的农村发展新路。

4.*着力推进城市建设，在增强中心城市的竞争力和影响力上大见效、快见效*。围绕南进东扩、组团发展、功能互补、生态宜居的总体目标和思路，强化市区一体，坚持多点并进，精心打造新城区、着力改造老城区、加快发展港城区。一是要更加注重规划建设的高起点高品位。按照定位准确、方向明晰、展示愿景、体现特色的要求，抓紧修编完成新一轮城市总体规划，同时，要科学、前瞻地编制各类分区规划和控制性详细规划。重要区域和关键节点，要及早组织进行高水平城市设计。坚持精益求精，认真负责地抓好每一个工程项目、每一个建筑单体、每一个局部细节，力求不留遗憾。二是要更加注重城市功能的完善。城市建设要与改善民生相结合，在基本解决了泰九路“太久”、南通路“难通”的问题后，要着力再解决一些群众反映强烈的“断头路”问题，包括迎春路、迎宾路东延等；完善城市交通骨架体系，加快推进328国道改线、引江河大道、大桥北接线、231省道泰高段建设，着力解决出行道路单一不畅的问题；拓展城市发展空间，实施海陵路、鼓楼路、东风路南延和海军大道东延工程。高度重视城市商贸、文化、教育、卫生等生活服务设施的布局，启动新区医院、学校、体育场馆等一批重点项目，继续抓好坡子街商圈的提升、完善和繁荣，规划建设周山河街区城市商贸中心，积极推动济川路城市综合体建设。三是要更加注重生态环境建设。做好“绿”的文章，深入开展全民义务植树运动，广泛建绿、扩绿、透绿、补绿，进一步提高绿化覆盖率，充分重视植物的多样性、乡土性，不断提升园林绿化水平，努力创成国家园林城市。做好“水”的文章，突出抓好凤城河景区建设，组织开展全面整治大会战，彻底改变脏乱差状况，真正让凤城河畅起来、靓起来，打响泰州的“水品牌”。高港区要精心规划、大力推进大桥风景区、人工湖景区建设，进一步凸显滨江优势，努力打造泰州“外滩”。四是要更加注重文化内涵的提升。文化是城市的灵魂和生命。城市建设工作，既要挖掘和传承历史文化，又要创造和丰富具有时代特征、地方特色的城市文化。要继续抓好稻河古街区改造复兴工程，认真做好城中、渔行等历史文化街区的保护开发利用规划并着手启动。实施俞氏、戈氏、宫氏等古民居保护；抓好光孝寺、北山寺、南山寺、岳庙、天主教堂、基督教堂等宗教场所的修缮、改造，切实保护宗教文化；认真做好国家历史文化名城迎检工作，着力提高城市文化的影响力；举办好第二届泰州国际旅游节，全力支持泰州华侨城的建设和开发，着力培育一批新的旅游增长点；加快推进博物馆、图书馆、美术馆、规划展示馆、青少年活动中心等场馆设施的建设。五是要更加注重城市管理工作。加强数字城管工作，全面落实违法建设属地管理责任制。充分发挥街道、居委会和基层社区的重要作用，深入推进城管重心下移。

做好今年的城市建设工作，还要积极创新思路，着力解决好“两大难题”。一是着力破解“资金难”。今年中心城市建设将投入150亿元左右，资金需求量大，融资压力非常沉重。要提高融资能力和运作水平，紧紧抓住当前有利时机，充分发挥各类融资平台的作用，进一步丰富融资手段，想方设法筹措城建资金。在统一规划设计的前提下，积极探索和企业联合开发以及街道、村（居）委会自主开发的多种城建路子，调动各方面积极性，加快城建步伐。二是着力破解“拆迁难”。海陵、高港和新区的党政组织要高度重视，摆上位置，落实责任，精心组织。要全面推行阳光拆迁，坚持公平、公正、公开，切实维护好拆迁户的合法权益。要坚持高标准规划建设安置区，以优美的小区环境和一流的建筑质量赢得人民群众对拆迁工作的支持，确保拆迁工作平稳有序快速推进。

*5.着力加强社会建设和管理，在提高人民群众生活水平、促进社会和谐稳定上大见效、快见效。*要把有限财力更多地用于民生发展和社会建设，确保人民群众生活水平、社会和谐发展水平与经济建设同步提升。一是要切实解决好事关群众切身利益的现实问题。把扩大就业作为保障和改善民生的头等大事，以创建创业型城市为抓手，实施更加积极的创业就业政策，完善创业平台，支持企业尽可能多地增加就业岗位，确保新增创业5万人，带动就业15万人以上。在企业职工、城镇居民应保尽保的基础上，加快推进新型农村养老保险全覆盖，确保参保农民达到120万人，并逐步提高各项社会保险待遇水平。扎实抓好与人民群众生产生活密切相关的10件实事项目，大力推进老城区污水管网全覆盖、城中村改造、老小区和无物管小区环境综合整治，切实加快农贸市场和停车场建设；着力构建多层次住房保障体系，妥善解决困难群众的住房保障问题；优先发展城市公共交通，在回购公交股权的基础上，务求实现根本性改善。要积极开展扶贫救助工作，大力发展慈善事业和老年福利事业。二是要推进各项社会事业协调发展。进一步优化教育资源配置，推进区域教育现代化创建，大力发展职业教育，促进优质教育均衡发展，继续推进泰州大学筹建工作。要完善公共卫生服务体系，落实基本药物制度，开展公立医院改革试点，推进卫生资源整合。其他各项社会事业也要全面加快发展。三是要加强社会管理创新。强化政府服务职能，加快由重管理轻服务向寓管理于服务之中转变，由社会控制为主向公共管理转变，由政府管理为主向社会力量广泛参与转变。要着力加强社会管理的重点环节，更加重视基层基础建设，健全新型社区管理和服务体制；更加重视发展社会组织，支持社会组织参与社会管理；更加重视流动人口管理和服务，实现社会化服务和属地化管理；更加重视完善应急管理机制，提高公共卫生等突发事件的预防预警、应急处置和应急保障能力；更加注重新闻舆论调控，牢牢把握舆论话语权，积极营造奋发向上的舆论氛围。四是要切实抓好维护社会稳定工作。各级党委和政府要更加自觉、更加主动地落实稳定是硬任务、是第一责任的要求，切实抓好维护社会大局稳定工作。要着力完善群众利益诉求表达机制、完善重大决策和重大项目社会稳定风险评估机制、党和政府主导的维护群众权益机制，深入开展领导干部大接访、党政干部大下访、社会矛盾纠纷大调处活动，把解决矛盾的关口前移，坚决防止信访突出问题和群体性事件发生，坚决防止各类矛盾叠加升级。

四、全面落实党的十七届四中全会精神，加强和改进新形势下党的建设

党的十七届四中全会通过的《决定》，是指导当前和今后一个时期党的建设的纲领性文件。全市各级党组织要围绕提高党的建设科学化水平这一目标，全面推进思想、组织、作风、制度、反腐倡廉和党内民主建设，把党的建设各项任务真正落到实处。当前，重点抓好以下几个方面：

*1.深化干部人事制度改革，加快建设能够引领开放和创新的干部队伍。*要始终把深化干部人事制度改革，作为激发干部队伍活力、促进优秀人才脱颖而出的根本途径。一是要形成更加鲜明的用人导向。坚持德才兼备、以德为先，加快启用改革创新有思路、科学发展有本事的干部，让率先科学发展、和谐发展的地方率先出干部。树立重视基层的用人导向，优先提拔具有实践工作经验的干部，推动优秀干部资源向发展前沿和基层一线集聚。注重在实践中考察识别干部，把完成重大任务、推进重点工程、解决复杂矛盾，作为考察识别干部的良好契机，对那些经受住考验、表现突出的优秀干部，及时提拔重用。二是要不断推进干部选任制度改革。规范干部选拔任用提名制度，重点规范领导干部特别是“一把手”的提名行为。完善差额选拔干部办法，加大公开选拔、公推公选、竞争上岗力度，逐步提高竞争性选拔干部在新提拔干部总数中的比例。三是要加快集聚各类优秀人才。深入推进“311高层次人才培养工程”，强化本土人才的培养提高。启动实施“凤城千人计划”，面向海内外引进新兴产业急需的高层次创新创业人才。

*2.做好抓基层打基础工作，增强基层党组织的创造力凝聚力战斗力。*要进一步大胆探索、扎实推进，努力把基层组织建设抓得更加富有时代气息，更加符合发展要求，更加具有实际成效。一是要继续深化“能人型”基层干部队伍建设。对已经到村任职的机关干部，加大跟踪管理力度，并继续选派一批优秀机关干部到村任职；选派一批专业技术人才到村担任“科技副职”，帮助基层解决发展难题；选派一批机关干部到重点镇村、街区担任“专职调解员”，促进基层稳定；培养选拔一批大学生“村官”担任村主要负责人，为农村发展积聚更多的优秀人才。二是要进一步加大基层党组织设置的探索创新。继续加大村村、

村居、村企联建党组织的力度，更大范围整合资源。全面推行村“两委”主要负责人“一肩挑”。加强非公有制经济组织和新社会组织党建工作，努力实现党组织和党的工作全覆盖。三是要进一步加强乡镇党委建设。深入研究和探索乡镇党委的运行机制、领导体制和领导班子产生办法，逐步推行乡镇党政正职“一肩挑”。要打破资历、学历和年龄的限制，进一步选优配强乡镇党委书记。对长期在艰苦地区、群众公认的优秀乡镇党委书记，要采取提拔不挪位等办法，加大激励力度。四是要全面落实党员的民主权利。深入推进党务公开，探索建立党委新闻发言人制度，建立健全党内情况通报和情况反映制度，增强党的工作透明度。建立健全党内事务听证咨询、党员定期评议基层党组织领导班子成员等制度，拓宽党内意见表达渠道。认真推行党代表大会代表任期制度，定期向党代表通报党委工作情况，建立各级党代表提案制度，以及党代表参与重大决策、参加重要干部推荐和民主评议、列席党委有关会议的制度和规定，保证党代表各项权利得到有效行使。

3.加快构建惩治和预防腐败体系，深入推进反腐倡廉建设。要坚持标本兼治、综合治理、惩防并举、注重预防的方针，加快构建具有泰州特色的惩防体系。一是要严格教育管理。深入开展党性党风党纪教育，把反腐败教育贯穿于干部培养、使用、管理各个环节，坚持经常性教育和专题教育、正面典型教育和警示教育、廉政文化建设和教育阵地建设、思想教育和解决突出问题相结合，筑牢反腐倡廉的思想道德防线。二是要突出制度建设。坚持用制度管权管事管人，深化重要领域和关键环节改革，最大限度减少体制性的制度漏洞。要完善重大决策听证、重要事项公示、重点工作通报、政务信息查询制度，推进权力运行程序化和公开透明。要健全完善各级领导干部述职述廉、勤廉公示、谈话诫勉、民主评议、信访监督、党代表监督、三责联审等制度。三是要强化责任落实。各级党委要严格执行党风廉政建设责任制，切实肩负起抓班子带队伍的政治责任。要从严要求、从严管理，坚决防止在干部管理上失之于宽、失之于软，防止小毛病演变成大问题、小事酿成大事。要加大违纪违法案件查办力度，始终保持惩治腐败的高压态势。

4.向陈燕萍同志学习，把学习实践科学发展观活动进一步引向深入。陈燕萍同志是泰州市涌现的又一全国重大典型，全市各级党组织要广泛开展向陈燕萍同志学习活动。要学习陈燕萍同志坚定信念、敬业奉献的理想追求，更加自觉地践行科学发展观，对事业充满激情，努力在推动泰州科学发展的实践中创造不平凡的业绩。要学习陈燕萍同志心系群众、贴近群众的公仆情怀，更加自觉地为群众排忧解难，增强做好群众工作的本领，努力使我们的工作更多地赢得群众理解、支持和信任。要学习陈燕萍同志不畏矛盾、迎难而上的优良作风，更加自觉地围绕中心、服务大局，不怕受气，不厌其烦，努力做一名合格的矛盾化解员、社会和谐的促进者。要学习陈燕萍同志严于律己、永葆本色的高尚品质，更加自觉地加强自身建设，树立勤政廉政的良好形象。当前，全市第三批学习实践活动已转入整改落实阶段，各地各部门要把向陈燕萍同志学习活动与学习实践和主题教育活动结合起来，运用多种生动有效的方式和载体，扩大先进典型的示范效应，在全社会营造崇尚先进、学习先进、争当先进的浓厚氛围，使学习实践活动取得实实在在的效果。

同志们，做好新一年工作，任务艰巨，责任重大，必须有硬朗的作风、强有力的执行作为保证。各级干部都要在执行力上比精神，在执行力上见高低，在执行力上看水平。要大力倡导一抓到底的执着精神。对确定的目标任务，要咬定青山不放松；对作出的战略部署，要全力以赴强推进；对市委市政府的工作要求，要持之以恒抓落实，一切围绕发展，一切服从大局，在大干苦干快干中干出一番事业发展新天地。要大力倡导敢于碰硬的认真态度。在发展的道路上，不怕有矛盾，就怕回避矛盾。我们抓工作的过程，就是不断应对挑战、化解矛盾、突破困局的过程。各级领导干部要以知难而上不言难、克难而上不畏难的勇气，迎着困难上，顶着压力冲，放开手脚干，干一批有影响、牵全局的大项目，啃一批瓶颈制约、久拖未办的硬骨头，办一批群众看得见、摸得着、急办难办的实事情，不断实现各项工作的新突破。要大力倡导身先士卒的表率风范。各级领导干部要“领”字当头，“干”字在先，一级带着一级干，一级盯着一级办，不能仅满足于一般号召和部署，而要加强具体指导；不能仅关注开局，而要始终盯住具体工作不放；不能仅是下管一级，而要突出重点，抓到一线，真正做到领导指挥在一线，情况掌握在一线，措施落实在一线，问题解决在一线，成效取得在一线。

同志们，刚刚过去的2009年，是我们经受考验、各项工作取得显著成绩的一年；已经开始的2010年，是充满希望、大有可为的一年。让我们以更加积极的姿态、创新的思维、科学的方法、务实的作风，投入到建设美好新泰州的宏伟事业中去，全面完成和超额完成“十一五”的既定任务，奋力冲刺“三年再来一个大变化”的各项目标，奠定“十二五”发展的良好基础，以优异的成绩向全市人民交上一份满意答卷！

泰州市人民代表大会常务委员会工作报告

——2010年1月20日在泰州市第三届人民代表大会第三次会议上

市人大常委会副主任 王振南

各位代表：

我受市人大常委会委托，向大会报告工作，请予审议。

2009年工作情况

2009年是全市积极应对国际金融危机挑战，解放思想，开拓奋进，各项工作不断取得重要成效的一年。市人大常委会在中共泰州市委领导下，坚持以科学发展观统揽全局，积极贯彻落实中央保增长、扩内需、调结构、重民生的政策措施，依法行使职权，较好地完成了各项任务。

一、围绕全市大局，积极促进经济社会平稳较快发展

推进经济结构调整。面对金融危机持续蔓延带来的冲击，常委会把经济工作监督放到更加突出的位置，通过认真审议国民经济和社会发展计划、财政预算执行情况、外向型经济和审计工作等报告，围绕发展现代服务业等方面的工作组织代表视察，积极推进经济结构调整。常委会要求市政府尽快编制出台产业振兴规划，提高机电（船舶）、化工、医药等主导产业的集聚度，促进电子信息、新能源、新材料等新兴产业的发展，推进产业优化升级；加强载体建设，全力推进医药高新区和省级开发区发展，打造产业发展高地；切实加大招引重大项目的力度，积极推进外向型经济发展；进一步优化服务环境，扎实开展“三服务”活动，认真落实鼓励企业发展的各项优惠政策；大力发展现代商贸业，加快现代服务业集聚区建设。常委会还通过听取市政府减排工作专题汇报，跟踪督查《节约能源法》执法检查审议意见落实情况等活动，建议市政府在保增长中促转型，在抓调整中求发展。

推进农村改革和发展。做好农业、农村、农民工作，事关发展大局。常委会已连续多年对“三农”工作跟踪监督，取得了一定的成效。去年，又围绕全市发展农民专业合作经济组织这项议题开展调研，听取和审议政府专项工作报告。要求市政府加大行政推动力度，建立完善发展规划和工作目标；加大财政扶持力度，着力破解贷款难；加大规范化建设力度，增强农民合作经济组织与农户间的利益联结。市政府认真落实审议意见，专题研究了加快推进农民专业合作经济组织发展的措施和办法，重新确定发展规划和目标，增加了财政投入，出台了《关于农民专业合作经济组织“融资通达工程”实施意见》，开展“四有合作社”创建和“示范社建设行动”，努力营造良好的发展环境。

推进文化泰州建设。市三届人大二次会议期间，部分市人大代表联名提出了“大力推进文化泰州建设、着力提升泰州软实力”的议案。根据大会主席团授权，常委会组织了认真调研，充分听取了社会各界的意见，并及时作出了决议。要求全市上下进一步坚持以人为本，营造文化泰州建设的良好社会环境；完善文化泰州发展规划，为全面提升城市文化软实力提供科学依据；持续推进文化载体和传播能力建设，着力营造“文昌水秀”的城市形象；加快改革创新，解放文化生产力，激发文化创造力。决议同时明确，各级政府要加强对文化泰州建设的组织领导，将其列入国民经济和社会发展年度计划，为文化泰州健康发展提供必要的财政保障。加强文化娱乐市场管理，是推进文化泰州建设的重要内容。针对文化娱乐市场管理工作中存在的问题，常委会要求市政府认真制定我市文化市场发展规划，切实强化文化市场管理，加强文化执法队伍建设，努力保障文化娱乐市场的健康发展。

推进社会事业发展。常委会关注计划生育工作，听取和审议了市政府关于《江苏省人口与计划生育条例》贯彻实施情况的报告，要求市政府严格考核奖惩措施，切实加强流动人口计生管理、男女性别比例失衡等重点问题的整治，促进人口与经济、社会、资源的协调发展；积极推进高等职业教育的发展，主任会议对常委会《关于进一步加快高等职业教育发展的决议》贯彻落实情况进行了跟踪督查，建议市政府进一步加强和改进对高职院校的管理和服务，逐步提高职业教育在财政专项经费安排中的比例，积极整合资源，创造条件，努力使我市有关院校创建成省级示范性高等职业院校。

二、坚持以人为本，切实维护人民群众根本利益

关注就业和再就业工作。就业是民生之本。常委会及时听取和审议了市政府贯彻实施《就业促进法》情况的报告，要求市政府以创建“国家级创业型城市”为契机，建立健全城乡一体的鼓励创业政策体系、服务体系和工作体制，加强创业载体建设，促进以创业带动就业；充分发挥就业服务中心在技能培训中的主导作用，增强培训的针对性；加强基层劳动保障机构建设，着力构建城乡就业平台服务机制；充分发挥政府各职能部门和工会、共青团、妇联、残联以及其他社会组织的协同作用，努力形成促进就业的工作合力。

促进农产品质量安全管理。农产品质量安全事关人们的身心健康。常委会组织有关工委和人大代表对农产品质量安全工作进行了调研，走访了部分种养殖业生产基地、农贸市场、农药经营企业，听取和审议了市政府贯彻实施《农产品质量安全法》情况的报告，要求市政府进一步健全农产品质量安全工作组织领导体制，注重源头管理，扎实推进农产品生产基地建设，加强农业投入品管理，积极执行好农产品质量安全市场准入制度，建立健全质量追溯等配套制度，加快建设市级农产品批发市场。同时要继续加大对农产品质量安全管理工作的投入，增强部门监管合力，深入开展农产品安全专项整治，确保老百姓买得放心、吃得安全。

推进改善市区人居环境。围绕把泰州建设得更加美好、更适宜人居的目标，常委会听取和审议了城市管理工作的报告，要求市政府继续整合城管执法力量，理顺管理体制；深入开展专项整治，坚持建管并重，努力实现城市的长效管理；加强执法队伍建设，推行人性化执法和管理，构建和谐文明的城管执法环境。市政府十分重视审议意见的落实，相继实施了“数字城管”二期工程、“民生摊点”工程以及专项整治等一系列措施，促进了城市管理水平的提高。

督促民生实事工程落实。常委会始终关注民生，通过跟踪督查、组织代表视察等形式，督促有关方面认真做好2009年改善市区民生10件实事，切实解决公共交通、旧城改造、社区建设、保障性住房和农村社会养老保险等重点难点问题，把各项惠民政策落到实处。对《物业管理条例》贯彻落实工作的审议意见进行了专题跟踪督查，督促有关方面开展专项维修资金审计，进一步规范资金的收集、使用和管理，确保专款专用。

三、加大法律监督力度，努力营造文明法治的社会环境

开展《道路交通安全法》执法检查。常委会组成执法检查组，重点对各级政府在制订道路交通安全规划、实施道路交通基础设施建设、开展《道路交通安全法》宣传和加强执法队伍建设等方面的工作进行了集中执法检查。执法检查组深入到四市二区，听取汇报，实地查看。常委会听取和审议了执法检查报告，要求市政府进一步深化宣传活动，提高全民交通安全意识；科学制定道路交通安全规划，同步配套建设好交通标志标识和盲道等基础设施；加强市区停车场的规划建设和配套管理，清理部分地段被挪用占用的停车（库）场；加强交通安全隐患的排查整治，预防和减少事故发生；加强执法队伍的教育培训，努力树立良好的执法形象。

跟踪检查《防洪法》执法检查意见落实情况。主任会议对常委会2008年《防洪法》执法检查审议意见落实情况进行了专题跟踪督查，听取了市政府有关工作情况汇报，组织代表对部分重点整改工作进行了视察。在各级政府努力下，泰兴市七圩段、海陵区东北片等防洪工程得到了较好的整治。针对整改工作中的不足，建议市政府及有关责任部门继续加强各项制度建设，建立和完善《防洪法》、《江苏省防洪条例》的各项配套制度，切实提高工程建设质量，增加工程管护投入；继续加大整改工作力度，加快工程立项和建设，确保把各项具体措施落到实处。

重视加强司法监督。深入开展反贪污贿赂，认真处理好涉法涉诉信访，是人民群众关注的热点问题，也是加快法治泰州建设的重要内容。常委会听取和审议了市人民检察院关于反贪污贿赂工作情况的报告，要求市检察院进一步重视源头预防工作，加强对新时期贪污贿赂犯罪特点规律的分析研究，建立完善职务犯罪危险源点防控机制，努力提高工作实效。主任会议听取了市中级人民法院关于处理涉法涉诉信访工作情况的汇报，建议加强源头管理，做好初信初访工作，进一步完善工作机制，突出工作重点，加大工作力度，维护群众合法权益，促进社会和谐稳定。

四、突出代表主体地位，充分发挥代表作用

积极搭建代表履职平台。进一步强化为代表服务意识。制定下发年度代表活动意见，组织指导代表小组活动。坚持常委会组成人员联系代表、代表联系原选举单位和人民群众的制度，密切常委会与代表和人民群众的联系。坚持主任、副主任接待日制度，全年组织主任接待日活动5次，接待代表35人，梳理交办代表意见和建议40多条，进一步推动了各有关部门的工作。坚持把扩大代表的参与作为常委会工作的重要环节，全年邀请80多人次的代表列席常委会会议，150多人次的代表参与了常委会组织的执法检查和视察活动，为代表知情知政、履行职权搭建好平台。

不断拓展代表履职途径。组织代表开展年中专题调研、会前集中视察，为代表审议人代会报告、提出高质量议案和建议创造条件。去年组织省、市两级人大代表小组开展专题调研活动5次，形成调研报告26篇。组织全国人大代表南京、泰州组在泰开展了关于“文化旅游资源保护开发建设情况”的专题调研活动，并形成调研成果上报。此外，还组织代表听取“两院”有关专题工作汇报，旁听庭审及参与其他相关活动，进一步促进司法公正。

努力提高建议办理质量。高度重视代表建议办理工作，及时召开交办会，明确督办重点，切实提高办理的质量与效果，办成率比往年有新的提高。为进一步提高代表议案和建议的质量，举办了市三届人大代表专题培训班，邀请专家授课，并组织部分市人大代表就如何提好议案、建议作了经验交流。继续坚持常委会主任会议成员牵头督办重点建议制度，对“落实持《独生子女父母光荣证》退休的企业职工实现一次性奖励”等8件重点建议，由常委会主任会议成员牵头督办，取得了较好的效果。开通了泰州市人大代表议案建议网上办理系统，进一步提高办理工作效率。

切实加强对基层人大工作的联系和指导。会同各市（区）人大常委会积极推进乡镇（街道）“一个载体两项制度”建设，截至去年底，全市“人大代表之家”建成479个，基本实现了“代表之家”在县乡人大代表小组的全覆盖。以“代表之家”为依据，积极推进县乡人大代表接待选民和向选民述职活动，全市共有2500多人次的县乡人大代表参加了述职活动。通过接待选民活动，县乡人大代表接待选民3万多人次，解决实际问题4500多个。深入开展乡镇（街道）人大工作情况调研，召开了乡镇（街道）人大联系点工作会议，有针对性地提出加强改进乡镇（街道）人大工作的意见，进一步发挥了基层人大在全市民主政治建设中的积极作用。

此外，常委会坚持党管干部和依法任免的有机统一，积极行使人事任免权。一年来，共任免地方国家机关工作人员31人次。

五、加强常委会自身建设，为依法履职提供有力保障

深入开展学习实践科学发展观活动。根据市委部署，认真组织开展学习实践科学发展观活动，坚持把学习作为实践活动的一项基础性工作，坚持并完善中心组学习制度，加强理论学习，注重理论联系实际。重点学习党的十七大、十七届三中、四中全会精神，学习中央、省市委重大决策部署，学习法律法规、人大业务知识。深刻剖析检查，着力查找人大工作中不适应、不符合科学发展观的问题，制定整改方案，着力构建人大工作的长效机制。

切实加强制度建设。修订了《关于讨论决定重大事项的规定》，依法对讨论决定重大事项的内容、程序等进行了明确。制定了《专项工作评议办法》，依照《监督法》的要求对专项工作评议进行规范和完善。修订了《市人大代表建议、批评和意见处理办法》，进一步规范代表建议的交办、承办和督办工作。修订了《关于处理人民群众来信来访的办法》，明确了受理信访的范围、处理的原则、程序和要求。根据规范性文件备案审查制度，对市政府提交的关于义务教育均衡发展、农业保险等12件规范性文件进行了审查，切实维护法制统一。

不断加强作风建设。常委会组成人员带头践行执政为民宗旨，把深入基层、深入实际调查研究作为开展工作的基础和前提，使依法行使职权的过程成为调查研究、集中民智的过程。去年形成专题调研报告30多篇。常委会着力转变监督思路，改进会议形式，提高常委会审议质量。规范审议意见办理程序，着力健全反馈监督机制，确保审议意见的落实。加强和改进人大信访工作，坚持常委会负责同志批阅重要来信和接待重要来访制度，督促有关方面切实解决群众来信来访所反映的问题；定期分析人民群众来信来访情况，针对苗头性或倾向性问题，提出建议和意见。

开展纪念地方人大设立常委会30周年活动。去年是地方人大设立常委会30周年。常委会以此为契机，切实加大人民代表大会制度的宣传，在报刊、人大网站开设专栏，组织撰写纪念文章，开展专题理论研讨活动，回顾总结地方人大常委会30年来的工作成就和历史经验，为做好新时期人大工作奠定坚实的基础。

各位代表，过去一年常委会工作所取得的成绩，是在中共泰州市委的正确领导下，市人民政府、市中级人民法院、市人民检察院密切配合，人大代表积极发挥作用，人民群众大力支持，全体组成人员共同努力的结果。我谨代表市人大常委会，向大家表示衷心的感谢和崇高的敬意！

回顾一年来的工作，我们清醒地认识到，市人大常委会的工作与人民的期望、代表的要求还有一定的差距，主要是：监督工作的针对性和实效性需进一步增强；代表作用的发挥需进一步加强；常委会议事水平和机关服务质量还需进一步提高。对此，我们将在今后的工作中加以改进。

2010年工作设想

2010年是实施“十一五”规划的最后一年，也是泰州市实现“三年再来一个大变化”目标的决战之年。新的一年，常委会将认真贯彻中央和省市委的重大决策部署，进一步围绕中心，服务大局，依法履行职责，推动人大各项工作再上新水平。

一、以全省人大工作会议精神为指导，不断开创人大工作新局面

去年12月，省委召开了全省人大工作会议，对进一步加强和改善党对人大工作的领导，深入贯彻实践科学发展观，努力构建和谐社会，积极支持人大及其常委会依法履行职责等方面提出了明确要求，为做好当前和今后的地方人大工作指明了方向。市委召开的三届八次全会对我市今年经济社会发展提出了目标和要求，我们将按照省委、市委的决策部署，进一步增强使命感和责任感，不断强化政治意识、发展意识、法治意识和民本意识，着力健全保障科学发展的监督机制，着力拓宽密切联系群众的民意渠道，努力在促进我市科学发展、推进经济转型升级、切实改善民生上下功夫，在深入实际、调查研究、探索创新、力求实效上下功夫，在服务代表、完善制度、提升素质上下功夫。

二、以增强监督实效为重点，不断加强和改进监督工作

紧紧把握全市改革发展稳定中的重大问题和关系人民群众切身利益的热点难点问题，有计划、有重点地开展监督工作。听取和审议“十二五”规划编制情况及城市总体规划修编情况的报告，审查“十二五”规划和城市总体规划。听取和审议国民经济和社会发展计划执行情况的报告，加强预决算审查监督。听取和审议市政府关于转变经济发展方式、加快经济结构调整、农业科技创新和推广应用、供销社改革和发展等专项工作报告，推动相关工作进一步深入开展。组织开展《食品安全法》执法检查，进一步强化法律法规的贯彻实施。深入开展城乡低保工作的专项评议，推进全市城乡低保工作的深入开展。听取市中级人民法院关于规范量刑工作情况的报告和市人民检察院关于加强诉讼监督情况的报告，积极推进公正司法。围绕常委会决议及审议意见的落实，继续对加快农村社会养老保险制度建设、环城河风景名胜区建设、区域供水和文化泰州建设等决议落实情况，以及道路交通安全、农产品质量安全、节能减排等工作进行跟踪监督，推动常委会审议意见落到实处。按照《监督法》的要求，建立健全审议意见督办机制，不断增强监督实效。继续重视做好规范性文件备案审查和人大信访工作。

三、以发挥代表主体作用为基础，不断提高代表工作水平

继续加强和改进代表工作。加大对代表建议办理的督办力度，完善建议办理工作奖惩机制，进一步提高建议办理质量；搞好闭会期间的代表小组活动，进一步创新活动形式，丰富活动内容，提高活动实效；坚持邀请代表列席常委会会议制度，组织代表开展各种专题视察、执法检查、调查研究，提高代表对人大工作的参与度；坚持和完善主任、副主任接待日制度、常委会组成人员联系代表、代表联系原选举单位等制度，进一步增强代表的责任意识；加强代表培训工作，努力拓宽代表知情知政的渠道。

四、以提高履职能力为关键，不断加强常委会自身建设

巩固和提高学习实践科学发展观活动成果，切实增强以科学发展观统领人大各项工作的自觉性。坚持法制讲座制度，认真学习法律法规和其他相关知识，提高依法履职能力。围绕全市大局，科学确定调研课题，深入实际开展调查研究，努力提出更多有针对性、可操作性的意见建议，提高人大常委会的审议质量。邀请公民旁听常委会会议，积极推进公民有序的政治参与。加强常委会机关建设，不断健全制度、完善机制，保证常委会各项工作高效有序运行。重视人大宣传工作，办好“泰州市人大网”和《泰州人大》，加大对人大制度、人大工作、代表风采的宣传力度。开展人大工作理论研究，推进民主法制建设不断发展。

各位代表，在新的一年，让我们高举中国特色社会主义伟大旗帜，在中共泰州市委的领导下，深入贯彻科学发展观，认真落实全省人大工作会议精神，切实履行好人大常委会各项职责，突出重点，扎实工作，增强实效，充分调动全市人大代表和人民群众的凝聚力和创造力，为把泰州建设得更加和谐美好作出新的更大的贡献！

政府工作报告

——2010年1月19日在泰州市第三届人民代表大会第三次会议上

市长　　姚建华

各位代表：

现在，我代表市人民政府向大会作工作报告，请予审议，并请市政协委员和其他列席人员提出意见。

一

过去的一年是极不平凡的一年。面对国际金融危机给经济社会发展带来的前所未有的困难和挑战，我们在中共泰州市委领导下，深入贯彻落实科学发展观，紧紧依靠全市人民，提振信心、攻坚克难，扎实工作、拼搏进取，较好地完成了市三届人大二次会议确定的目标任务。

着力化解金融危机影响，国民经济保持平稳较快发展。面对全球性金融危机，及时制定和采取一系列保增长促发展的政策措施，促进经济全面回升。预计全年实现地区生产总值1650亿元，可比增长14%。其中，第一产业增加值125亿元，增长4.8%；第二产业增加值945亿元，增长14%；服务业增加值580亿元，增长14.8%。预计全市财政总收入343.8亿元，一般预算收入138.6亿元，分别增长31.1%、37.1%，增幅分别列全省第4位、第2位；市区财税增速进一步加快，比重明显提高。全社会固定资产投资突破千亿元，达1166.2亿元，增长29.6%。继续实施“5218工程”，全市粮食总产达310.2万吨，连续6年创新高，新增高效农业面积2万公顷。加快推进农业产业化、市场化进程，新增龙头企业10家、农村三大合作组织314家，农业利用“三资”40亿元。强化优质农产品基地建设，新增国家级农业标准化示范区1个、国家级无公害农产品、绿色食品和有机食品共50个。泰兴农产品加工园被授予国家级农产品加工创业基地称号。建立市级农业巨灾风险准备金，高效设施农业保险覆盖面进一步扩大。扎实抓好绿化造林工作，新增造林面积0.82万公顷，森林覆盖率达17.5%。全力以赴抓运行监控、结构优化、项目实施和要素协调，工业经济回升向好。全市规模以上工业实现产值3723亿元，增加值突破千亿元；预计实现利税410亿元、利润232亿元，分别增长45%、55%，增幅均居全省前列。组织实施产业振兴计划，着力推动产业转型升级。生物医药技术、船舶及配套、不锈钢制品等产业基地被授予江苏省首批特色产业基地称号。引导企业抢抓“谷底投入”机遇，加大项目开发实施力度。扬子江地佐幸注射液、兴达子午轮胎钢帘线、新源电工高压绝缘纸板等项目列入国家重点产业振兴和技术改造投资计划，安泰动力、申视塑料等一批高新项目竣工投产，中海油润滑油等一批重、特大项目成功获批。全年工业技改财务发生数737.6亿元，实施亿元以上重大技改项目145个，比上年增加25个。开展政银企融资洽谈活动，加强信用担保体系建设，设立企业应急周转金财政专户，力保企业资金链不断。积极实施品牌战略，新增中国驰名商标3个，靖江、泰兴、姜堰跻身中国商标百强县。春兰股份复牌上市。大力发展民营经济，新增私营企业7472家、个体工商户2.9万户，私营个体经济注册资本总额突破千亿元。建筑业发展势头良好，总产值达1100亿元，增长15.3%。江苏一建完成改制，江苏骏龙建设等6家公司晋升为一级资质企业。深入推进“833工程”，服务业发展速度进一步加快，占GDP的比重比上年提高1个百分点。完善政策措施，全市140家企业实现工贸分离。积极落实各项刺激消费政策，发放家电、汽车摩托车下乡补贴，减免购房契税，消费需求进一步扩大。全市社会消费品零售总额469.9亿元，增长18.7%。举办中国泰州国际旅游节，成功承办省第六届园博会，全年接待游客突破1000万人次，旅游业总收入突破100亿元。泰州华侨城一期顺利实施。金融业加快发展。浦发银行和长江商业银行泰州分行获准筹建，苏中首家村镇银行-靖江润丰村镇银行开业。年末全市各项存款余额1916.3亿元，比年初增长35.2%；贷款余额1205亿元，增长50.3%，增幅居全省第1位，其中当年新增贷款403.4亿元；全市发放小额担保贷款1.76亿元，规模居全省首位。

大力实施开放、创新双轮驱动，发展动力进一步增强。更加注重以开放促进创新、以创新带动开放，努力为经济社会发展提供强大引擎。精心组织境内外招商活动，台资、央企重大项目招引取得新突破，总投资10亿美元的纬创资通项目、总投资22亿元的中农发动物疫苗项目成功落户并开工建设。全年注册协议外资27亿美元，实际利用外资10.5亿美元，完成自营出口42.2亿美元，新签外经合同额3.85亿美元，实现外经营业额4.5亿美元。举全市之力推进医药城建设，医药园区升格为国家级医药高新技术开发区。全球最大的疫苗企业葛兰素史克等200个产业项目签约落户，150家公司注册成立，美时医疗等48家企业建成投产，分子平台、中试二期等研发平台建成运营，金迪克、疫苗中心等重点工程加快建设。省级开发区产业承载能力进一步增强，出口加工区建设有力推进。跨江联动开发取得新成效，江阴-靖江工业园区实现营业收入308亿元，增长69.3%。沿江基础设施建设加快推进，新增万吨级码头9个，靖江港区4个万吨级码头实现对外开放，高港永安港区二期顺利实施。全市港口货物吞吐量突破1亿吨。海关、国检、海事、边检等口岸查验机构为开放型经济发展作出新贡献。外事、侨务和港澳台事务工作取得新成绩，与美国威廉斯波特市结成国际友好交流城市。我市被台湾电电公会评为“值得推荐城市”，与台湾工业总会、制药同业公会签订长期战略合作协议。积极推动创新型经济加快发展。全年高新技术产业产值突破千亿元，达1137.5亿元。首批16家市级企业院士工作站成立，中科院泰州中心新入驻4家研发分中心，省级科技孵化器新增3家。春兰动力镍氢电源系统入选国家首批自主创新产品，泰州供电网无功电压优化运行集中控制系统等3个项目获得国家科技进步奖二等奖，9家企业成为全省首批创新型企业，我市成为全省唯一的国家知识产权工作示范市，并再次被评为国家科技进步先进市。成功举办第七届科技洽谈会。

强力推进中心城市建设，城乡面貌发生较大变化。2009年是城建项目最多、体量最大、投资最强的一年。紧紧抓住国家扩内需、保增长政策机遇，强化资金筹措，推进阳光拆迁，加快项目实施，全年市区城建投资达120亿元。“十大重点工程”全面实施，园博园按期开园，泰九路改造基本完工，稻河古街区改造、凤城河风景区三水湾建设、南通路改造、328国道泰姜段改线有序推进，泰州博物馆、图书馆、美术馆开工建设；鼓楼南路、海陵南路和扬子江路南延等一批路桥工程如期竣工，新老城区交叉道口改造24处，鼓楼路、税东街沿街小区环境整治基本结束。组织开展全国文明城市创建工作先进市、国家历史文化名城、国家级节水型社会建设试点市、国家生态市创建活动，中国宜居城市创建达标，国家园林城市创建通过专家组现场考核和遥感测试。数字化城管平台建设取得新成效，泰州市获得中国城市管理进步奖。各市加大城建力度，城区形象得到进一步提升。靖江滨江新城核心区加快建设，泰兴北部片区改造力度加大，姜堰创建国家卫生城市通过省级考核，兴化历史文化建筑保护和修缮成效明显。继续推进全面小康“十百千”工程，新创市级全面小康先行村250个；认真办好农村新“5+1”实事，新（改）建农村公路800千米，改造农村桥梁460座，改厕7.7万座，疏浚河道3923万方，泰兴、姜堰、海陵农村河道疏浚通过省级验收。城乡基础设施进一步完善，泰州长江大桥及北接线建设进展顺利，全长76千米的兴泰公路改（扩）建工程提前建成通车，宁启铁路复线及电气化改造、引江河疏港大道等重点项目相继开工建设；周山河和老通扬运河整治一期如期完成，各市城区防洪工程加快推进；500千伏凤城变等一批重点电力设施建成投运，邮政、通信等基础设施建设取得新进展。

努力促进社会全面进步，各项社会事业加快发展。贯彻教育优先方针，稳步推进区域教育现代化创建，姜堰、海陵通过省级验收；重视义务教育均衡发展，着力提升基础教育教学质量，全市高考成绩继续位居全省前列；加快高等教育发展步伐，泰州大学筹建工作取得积极进展，南京医科大学康达学院等3所高校药城校区启动建设；调整和完善市区中小学中长期布局规划。加快文化泰州建设，《泰州市历史文化名城保护规划》修编完成，非物质文化遗产名录体系建立，12部古籍入选国家级古籍保护名录；泰州大剧院建成运营，海纪馆重新布展开馆，省泰中旧址保护性改造一期、北山寺大殿和岳武穆祠修缮进展顺利，市歌舞剧院组建；隆重举行庆祝建国60周年、纪念改革开放30周年、纪念海军诞生60周年等系列文化和庆祝活动。全市有线电视用户总量突破120万户，市区有线电视数字化转换率达95%。举办第三届少儿艺术节、第五届全民健身节和老年艺术节，承办全国乒乓球超级联赛、全国男子排球联赛。在第十一届全运会上，我市运动员获得3金3银1铜的历史最好成绩。兴化被授予国际象棋之乡称号。强化基层卫生资源布局调整和卫生服务网络建设，全市建成省级示范卫生院10个、标准化卫生院88个，市区建成社区卫生服务中心26个、卫生服务站80个；加强卫生应急能力建设，有效应对甲型H1N1流感疫情。人口出生性别比例保持在正常值范围内，计生优质服务体系实现全覆盖，我市被列为全国人口和计划生育队伍职业化建设试点市。加强生态环境保护，秸秆烟害防控、企业违法排污整治等专项整治行动取得新成效。兴化戴南中日合作农村分散型污水处理示范项目如期建成。组织开展“大爱倾城、情满泰州”等慈善活动，市慈善资金规模扩大到6000万元。完成第二次全国经济普查，并获国家先进集体称号。史志档案、社会科学、新闻、物价、统计、气象、防震和民族宗教、妇女儿童等工作继续加强，质监、药监、工商管理为地方经济发展作出了新贡献，国防教育、国防动员、民兵预备役、双拥工作和人民防空事业取得新成绩。

全力保障和改善民生，人民生活水平有了新的提高。坚持把保民生作为保增长的出发点和落脚点，认真为民办好实事，努力让改革发展成果更多地惠及民众。预计全年城镇居民人均可支配收入19090元，农民人均纯收入8220元，分别增长11%、12%；城乡居民储蓄存款余额突破千亿元，达1002亿元，增长21%。积极创建国家级创业型城市，大力实施创业带动就业行动计划，鼓励和支持返乡农民工、高校毕业生以及失业人员创业，全年实施各类培训40万人次，净增城镇就业人员5.4万人、失业人员再就业2.2万人、农民创业5.35万人，城镇登记失业率控制在3%以内。出台城乡居民社会养老保险实施办法，进一步扩大社会保障受益面。降低市区职工医疗保险起付段标准，完善门诊统筹和二次救助办法，建立退休人员个人账户与养老金同步增长机制，在全省率先启动异地就医实时结算试点；提高新型农村合作医疗住院报销比例和补偿封顶线标准，新增参保人员5万人，参保率达98%。高度重视社会困难群体生活，提高城乡居民最低生活保障标准、退职老职工定补标准，及时发放老复员军人和老残疾军人遗孀生活补助，与1.6万名农村重点优抚对象签订住院医保协议，对市区939户低保家庭实行免费医保，将18809名重残无业人员全部纳入低保范围，基本实现市区有劳动能力并有就业意愿的残疾人“零待业”。市社会福利中心、市救助管理站、市残疾人综合服务中心建成启用。千方百计保障困难家庭住房需求，全市新建经济适用房58.2万平方米，市区新建经济适用房30万平方米，落实租售并举保障房源350套、廉租房源272套。积极发展市区公共交通，新开辟线路7条，火车站公交停车场基本建成，实现公交股权回购。区域供水工程扎实推进，农村饮用水安全工程新增受益人口45万人。抓好农村扶贫帮困工作，新增脱贫人口5.7万人。高度重视食品、药品安全，放心消费工作取得新成效。群众性精神文明创建活动深入开展，组织泰州市“突出贡献人物”评选，定期开展“百姓系列”市民素质教育活动。“百姓信服的好法官”陈燕萍成为全国重大典型。

致力加强自身建设，施政能力和水平继续提升。注重研究和分析宏观经济形势，抢抓积极财政政策和适度宽松货币政策机遇，适时出台政策性措施、指导性意见，着力化解发展中遇到的矛盾和制约。大力推进政府管理、服务创新，有序推进新一轮政府机构改革，进一步理顺和完善市区行政、财政管理体制，取消和停止行政事业性收费、政府性基金46项；深入推进“三服务”活动，完善重大项目推进机制，政府效能进一步提高。始终坚持依法行政，及时清理政府规范性文件，开展行政复议委员会试点。自觉接受市人大及其常委会的法律监督、工作监督和市政协的民主监督，重视和发挥各民主党派、工商联、无党派人士和各人民团体的参政议政作用；认真办理人大代表建议和政协提案，综合满意率达99.8%。加强基层民主法制建设和社区建设，“村民直评村官”做法得到推广，建成国家级民主法治示范村5个、全国和谐社区示范区1个。组织开展“信访积案化解年”、“大接访、大下访、大排查、大调处”等活动，各类矛盾纠纷和信访案件得到妥善处置。推进“平安泰州”建设，组织开展打击“两抢”、传销、电信短信诈骗和假币犯罪等专项行动，圆满完成大型活动安全保卫工作。社会公众安全感认可度达98.6%。高港区被评为全国平安建设先进区。建立健全各类应急预案，完善应急体制和机制，应对突发事件能力不断增强。苏中区域消防中心一期竣工。扎实推进对口援建工作，援建四川绵竹拱星镇项目全面推进，部分工程竣工交付使用。进一步深化政务公开，建成行政权力网上公开透明运行系统；着力办好政府网站，丰富和完善在线访谈等栏目，“网上政府”建设取得新成效。认真接处市长公开电话、市长信箱和行风热线，及时为群众解决实际困难和问题。落实廉政建设和反腐败工作责任制，出台公开监察新增投资项目实施意见，加大执纪执法和纠风治乱工作力度。机关公有资产管理进一步加强，节约型机关建设取得积极进展。

各位代表，过去一年政府各项工作取得的成绩，是在中共泰州市委的正确领导下，在市人大、市政协的监督和支持下，全市人民团结拼搏、共同努力的结果。在此，我代表市人民政府，向辛勤工作在全市各行各业的广大干部群众，向给予政府工作热情支持和有力监督的全体人大代表、政协委员，向市各民主党派、工商联、各人民团体和各界人士，向各驻泰机构以及驻泰部队指战员、武警官兵和公安干警，向所有关心支持泰州现代化建设的海内外朋友，表示衷心的感谢！

在充分肯定成绩的同时，我们也清醒地看到，全市经济社会发展中还存在一些问题和不足，主要是：经济回升的基础还不稳固，部分企业运营较为困难；转型升级的任务还非常艰巨，经济结构偏重、发展方式粗放、创新能力不强等都不同程度地存在；经济国际化水平有待进一步提高，利用外资规模还不够大，重大储备项目还相对较少，外贸出口增速回落；中心城市功能不够完善，集聚和辐射带动作用还不够强，社会建设、文化建设也存在不少薄弱环节；改善民生面临一些新的问题，就业形势依然严峻，农民持续增收难度还较大；政府自身建设有待进一步加强，尤其需要加快提升服务发展的能力和水平、切实提高执行力和落实力。对上述问题，我们一定高度重视，采取切实有效措施，在今后的工作中努力克服和解决。

二、2010年工作任务

各位代表，今年是实施“十一五”规划的最后一年，也是确保经济社会发展“三年再来一个大变化”的决战冲刺之年。做好今年的政府工作，具有十分重要的意义。综合分析国内外形势，总体上继续向好，但不确定、不可预料的因素依然较多。我们要辨证分析和正确把握发展形势，坚定信心、克难奋进，努力在应对挑战中抢抓机遇，在开拓进取中增创优势，确保经济社会平稳较快发展，加快走出一条具有泰州特色的创新发展之路。

今年政府工作的总体要求是：全面贯彻党的十七届四中全会、中央和省经济工作会议精神，认真落实市委三届七次、八次全会决策部署，以科学发展观统揽全局，紧紧围绕“三年再来一个大变化”，坚持开放创新双轮驱动，进一步加快经济转型升级、增强中心城市功能、推进城乡统筹发展、提高人民生活水平，奋力开创泰州科学发展新局面。

今年全市国民经济和社会发展主要调控目标为：地区生产总值可比增长12%；财政总收入增长15%，一般预算收入增长15%；全社会固定资产投资增长20%；社会消费品零售总额增长16%；自营出口额增长5%；实际利用外资增长10%；城镇居民人均可支配收入增长10%，农民人均纯收入增长9%；居民消费价格涨幅不高于全省平均水平；城镇登记失业率控制在3.5%以内；研发投入占地区生产总值比重1.8%，高新技术产业产值占规模以上工业比重30%以上；万元GDP能耗下降5%。

今年将重点做好五个方面的工作：

1. *推进转型升级，力促经济又好又快发展。*在巩固和发展经济回升向好势头的同时，把调结构、促转型摆上突出位置，努力在转变经济发展方式、促进区域共同发展上取得更大进展。

大力发展新兴产业。加快医药产业发展，突出抓好医药高新区领军人才、研发机构引进和科技成果产业化，加快龙头型产业项目、研发制造支撑平台和基础设施建设，力争早日实现“双千目标”。加快电子信息产业发展，着力抓好纬创资通项目实施，积极引进相关企业和高端产品，打造电子信息产业集群。加快新能源产业发展，重点实施一批太阳能发电系统及配套产品、核电风电配套产品和新型电池等重点项目，形成新的重要增长点。科学规划和加快培育新材料、新型环保设备、智能电网等产业，拉长产业链，促进规模化。高度重视低碳经济、绿色经济和循环经济发展，坚决淘汰落后产能，积极推广高效节能技术和产品，努力完成“十一五”节能减排任务。大力发展现代物流、金融保险、服务外包、软件开发等生产性服务业，为新兴产业发展提供有力支持。年内新增省级现代服务业集聚区1～2家，力争把医药高新区打造成国家级服务外包示范区。

切实增强创新能力。坚持开放式创新与自主创新并举，用高新技术和先进适用技术加快改造、提升传统支柱产业，不断增强产业竞争力。鼓励和支持企业引进科技成果、开展技术合作、推进创新体系建设，努力突破一批关键技术、转化一批重大科技成果、培育壮大一批创新型龙头企业。年内，全市重点建设100个产学研联合体，跟踪实施20个重大科技专项，上争和组织实施国家、省级各类科技项目100个以上，引进一批高层次创新创业人才，市及各市（区）均成立风险投资公司或创业投资公司。全年高新技术产业产值力争突破1400亿元。认真落实《关于进一步促进中小企业发展的若干意见》，切实改善创新创业环境，培育一批创新型中小企业；实施百企上市培育计划，新增一批企业进入上市辅导期或实现上市。

加快发展县域经济。坚持分类指导，强化服务支持，提升县域经济整体发展水平，努力形成各具特色、充满活力、奋勇争先的生动局面。引导各市发挥自身优势，找准目标定位，加快转型升级，进一步做大做强主导产业和特色产业。促进工业集中区集约、集群发展，突出抓好项目招引和产业集聚，着力打造一批有影响、有特色的经济板块。全力支持各市上争项目，高效做好协调、服务工作，积极帮助化解发展难题。认真落实帮扶政策措施，推动黄桥老区和里下河地区加快发展。

着力壮大市区经济。按照市区经济率先转型升级、加快发展的要求，坚持一手抓总量扩张、一手抓质态提升，推动市区经济发展壮大，切实提高占全市经济比重。调整优化市区产业发展格局，进一步明晰产业定位和发展方向。强化市区新兴产业功能区建设，更好地集聚高新项目和高端人才。完善市区管理体制机制，合理划分事权和财权，激发市区发展活力。进一步增强对市区产业发展的政策支撑，不断提升市区经济综合竞争力。

2. 抓好“三农”工作，推动农村经济社会全面发展。坚持以提高农民收入为核心，大力发展农村经济，加快推进新农村建设。

积极发展现代农业。继续实施“5218”工程，推进农业适度规模经营，着力打造一批特色农业园区和规模基地。开展高产增效创建示范活动，新增万亩粮油高产增效示范片30个、高效农业面积1.4万公顷。整合农业科技推广资源，加快构建种养业良种繁育体系，促进先进适用技术落地应用。开展“农产品质量建设推进年”活动，建设优质农产品生产基地。加大高效设施农业保险推进力度，规模种养业项目保险实现全覆盖。抓好以绿色通道建设为重点的林业绿化工作，新增造林面积0.8万公顷以上。完善动植物疫病防控体系，保证农产品质量安全。

继续推进新农村建设。认真办好农村新一轮实事，不断改善农村生产生活条件。抓好农村道路建设，新（改）建农村公路500千米。按照“全国亿万农民健康促进行动”部署，广泛开展农村健康知识普及，建成1～2个省级示范县（市）。继续实施农村饮水安全工程，新增受益人口18.8万人。加强农村环境综合整治，加快秸秆能源化利用，整治疏浚农村河道，推进农村户厕无害化改造，完善城乡垃圾收运、处理体系。深入开展环境优美乡镇争创活动，全面完成“十百千”工程建设任务，新创成国家级环境优美乡镇3个、市级全面小康先行村200个以上。加大扶贫帮困力度，确保完成脱贫攻坚目标任务。

努力促进农民增收。围绕提高农民种养业收入，积极推广种养新模式、新品种；大力发展订单农业，支持农业产业化龙头企业加快发展；继续组织好农产品营销工作，进一步扩大市场份额，促进农民增收。围绕提高农民经营性收入，大力发展农村三大合作组织，年内新增300家；强化农民创业培训，扩大农村小额贷款规模，扶持农民创业。围绕提高农民工资性收入，适应重大项目建设用工需求，抓好专业技能培训，促进农民本地转移就业。全年组织农民实用技术培训15万人、创业培训8000人，新增创业农民5万人、创业带动就业15万人。

3. 扩大对外开放，提高开放型经济发展水平。认真研究新形势下境外资本转移规律、贸易发展动态，努力在更广领域、更高层次上参与国际竞争与合作。

更大力度推进招商引资。进一步加大行政推动力度，切实提高招商活动实效。继续突出抓好台资和央企招引，放大纬创资通落户的集聚效应，组织高密度的赴台招商，加快打造台商投资集聚区；强化央企投资信息追踪，组织好各类推介活动，力争获得更多的央企研发机构和产业基地布点。着力加强产业链招商，重点围绕医药高新区和纬创资通项目建设，强化上下游产业和关联产业项目的招引，加快形成医药和IT产业集群。加强引资载体建设，引导医药高新区和各省级开发区做好新一轮规划修编，培育特色园区。深入推进沿江开发，积极做好沿海开发策应工作。

保持外贸出口稳定增长。抢抓全球经济逐步复苏有利时机，转变外贸增长方式，积极发展对外贸易。进一步优化出口结构，力争机电和高新技术产品的占比达65%以上；健全自主出口品牌促进机制，培大育强骨干企业，新增一批出口超3000万美元企业。加快出口产业集聚区建设，力争获批国家级出口加工区。深化出口企业服务，落实国家信用保险政策措施，打造“贸银信”合作平台；支持企业参加各类会展，积极开拓国际市场。指导和服务企业有效应对贸易摩擦。

加快“走出去”步伐。支持有实力的企业到境外投资、兴办实业，在更高层次上利用“两种资源”、“两个市场”，提升国际竞争力。鼓励有条件的企业与跨国公司、知名企业高端合作，在战略性合作并购重组中实现高位嫁接。积极推进重点企业开展境外资本运营，实现境外上市。支持企业承揽总承包业务，着力提高对外承包工程和劳务合作水平；规范外派劳务，加强境外劳务纠纷和突发事件的应急处置工作。重视和加强外事、侨务工作，促进对外交流合作。

4. 加快城市建设，提升中心城市集聚和辐射能力。按照南进东扩、组团发展、功能互补、生态宜居的要求，坚持市区一体、多点并进，强力推进大项目建设，加快拉开大城市框架，全面掀起大推进热潮。

进一步优化城市布局。强化规划引领，注重形态设计，完善空间架构。完成新一轮城市总体规划修编和各类分区规划、控制性详细规划编制，组织进行重要区域和关键节点的城市设计。加快城市交通骨架体系建设，启动231省道泰高路改线和站前路建设，推进引江河疏港大道、泰州大桥北接线工程，建成328国道泰姜段改线。统筹推进南部新城区规划建设，重点实施海军大道东延和东风路、鼓楼路、海陵路南延等“四路七桥”工程，启动建设新区高级中学、市人民医院新院，建成医药高新区会展中心。有序推进北部老城区建设，突出抓好东、西大门和青年路两侧改造，实施迎春路、迎宾路东延等老城区道路畅通工程，着力解决“断头路”问题。积极推进滨江港城区建设，实施春港路、迎江路、环港大道等路桥项目，加快打造泰州“外滩”。

进一步完善城市功能。围绕加快集聚人气、商气，着力繁荣坡子街商圈，规划建设周山河街区城市商贸中心。积极引进新型流通业态、大型商贸企业，实施济川路城市综合体、华钜金海广场、大润发超市、红星美凯龙等重点项目，推进市区农贸市场建设和升级改造，建设东风路农产品批发等特色市场。加快博物馆、图书馆、美术馆、文化馆、规划展示馆、青少年活动中心、未成年人社会实践基地等场馆设施建设，启动新体育中心规划设计；继续推进市区长江水通乡达镇和燃气进老小区，确保城南污水处理厂二期竣工、市区污水管网实现全覆盖；大力发展城市公交，加大投入、强化管理，突出抓好公交车辆更新、线路优化和公交站场建设，确保市区公交服务水平得到显著提升。继续完善数字化城管二期工程，综合整治无物管小区环境，切实加强公共停车场建设。

进一步提升城市品位。坚持走内涵发展之路，加快塑造和展现城市个性、品质。着力彰显历史文化底蕴，扎实抓好历史遗存保护、修复，改造复兴稻河古街区，启动建设城中、渔行等历史文化街区，完成北山寺、岳武穆祠修缮和俞氏等古民居保护工程。致力打造城河文化精品，围绕“水位可亲、水体流畅、水质优良”目标，实施城市水生态环境建设工程，完成周山河、老通扬运河二期整治；加快凤城河沿河景观带建设，扩建柳敬亭公园，繁荣三水湾时尚休闲街区。大力发展旅游文化，规划建设滨江生态湿地旅游度假区，启动建设大桥生态景观公园，支持泰州华侨城建设和开发，举办第二届中国泰州国际旅游节，打造长三角旅游目的地。深入推进全国文明城市创建工作先进市创建活动，认真做好国家历史文化名城创建迎检工作，组织实施生态市建设行动计划，确保通过国家环保模范城市复查，创成国家园林城市和江苏省节水型城市。

进一步加快城乡重大基础设施建设。积极配合和服务泰州长江大桥、苏中机场、宁启铁路复线及电气化改造、江海高速泰州段、泰镇高速泰州段、宁通高速泰州段扩容等重点项目建设，规划建设泰州港核心港区，建成京泰汽车客运站。实施引江河二期、卤汀河拓浚和城郊水资源保护，深入推进区域供水工程。加快实施500千伏泰兴变扩建、220千伏洋桥变等输变电项目，确保年内建成投运。继续完善通信等基础设施。

进一步推进城乡一体化发展。统筹抓好各市城区和镇村建设，引导各市加快城区建设步伐，推动黄桥、戴南、溱潼、新桥等中心城镇加快向小城市方向发展，培育一批特色明显的中小城镇。着力抓好市区村组（社区）股份制改革和社区建设工作，加快撤镇设街、撤村设居和城中村、园中村、城郊村改造步伐。积极推进户籍制度改革，放宽城镇落户条件，引导农民逐步、有序融入城镇。继续推动城市生产要素向农村流动、基础设施向农村延伸、公共服务向农村覆盖，有效扩大城乡消费需求。

5. 保障改善民生，促进社会和谐稳定。在保增长促发展的同时，更加关注民生福祉，加强社会建设与管理，构建和谐泰州。

突出抓好就业和社会保障工作。扎实推进国家级创业型城市创建工作，确保通过国家验收；整合各类就业创业扶持政策，建立面向城乡的普惠化政策体系，行政村全部建成村级创业就业服务平台，促进民营经济加快发展；实施就业再就业援助，动态消除“零就业”家庭，全年净增城镇就业人员4万人。完善城乡居民养老保险办法，建立农村基本养老保险金、老年农民养老补贴调整机制，确保新农保实现全覆盖、参保农民达120万人；调整医疗保险政策，提高参保人员保险待遇，新型农村合作医疗保险参保率稳定在98%以上，全市人均筹资标准不低于150元、市区达180元；推进养老和工伤保险统筹，不断提高基金支付能力。进一步完善被征地农民社会保障制度，确保参保率达90%。加强劳保监察和劳动争议调处工作，维护企业职工和进城务工农民合法权益，构建和谐稳定劳动关系。促进房地产业稳定健康发展，突出抓好保障性住房建设，着力解决低收入家庭住房困难，市区新开工建设经济适用房5万平方米，新增租售并举经济适用房350套和廉租房源、公共租屋各50套。完善城乡低保分类救助和特困救助制度，对中等职业学校家庭经济困难学生和涉农专业学生免收学费，对农村义务教育公办学校寄宿生免收住宿费，对残疾人实施生活救助和就业安置。

繁荣各项社会事业。加快教育现代化步伐，靖江、泰兴和高港区域教育现代化创建通过省级验收；促进义务教育均衡发展，恢复义务教育阶段“公有民营”学校公办性质，均衡配置优质教育资源；启动全市中小学校舍安全工程，迁建市区康和学校；大力发展职业教育，增强服务地方经济发展的能力；继续推进泰州大学筹建工作。加快发展文化事业和文化产业，鼓励文艺创作，办好第二届梅兰芳艺术节等重大文化节庆活动；加大文化体制改革力度，完成市淮剧团改制工作；继续加强乡镇（街道）宣传文化中心和村文化室建设，力争实现“农家书屋”全覆盖。推进各市有线电视数字化整体转换，建设泰州地面数字电视传输平台。深化医药卫生体制改革，开展公立医院改革试点和基本药物制度试点；完善公共卫生服务体系，市区重点建设10个社区卫生服务中心、40个服务站。积极申办重大体育赛事，做好省第十七届运动会参赛工作。落实计生保障优惠政策，积极创建“全省人口协调发展先进县（市、区）”。扎实做好第六次全国人口普查工作。完善社会福利服务体系，大力发展慈善事业。加快养老服务社会化步伐，开工建设海陵区养老院、高港区养护院。继续推进人民防空与防灾一体化建设。积极发展史志档案、社会科学、新闻、物价、统计、气象、防震等事业，认真做好民族宗教和妇女儿童等工作。

加强精神文明和民主法制建设。贯彻落实《公民道德建设实施纲要》，深入实施“市民文明素质提升工程”。以文明行业（单位）、社区、村镇创建为重点，推进城乡文明和谐共建活动。组织开展“百万市民学礼仪”、“文明交通”、志愿者服务等道德实践活动，努力放大“百姓系列”、“爱心”品牌效应。大力宣传陈燕萍等先进典型，充分发挥示范引领作用。完善学校、家庭、社会“三结合”网络，进一步加强和改进未成年人思想道德建设。深入开展双拥共建活动，做好国防教育、国防动员、民兵预备役和兵员征集工作。大力推进村（居）民自治，认真组织村（居）委会换届选举。继续抓好“五五”普法，增强全体公民法律意识。加强社会管理创新，维护社会和谐稳定。完善群众利益诉求协调机制，落实信访工作领导责任制，坚持领导干部定期接访和下访，切实解决一批疑难信访案件；加强调解工作制度化、规范化建设，积极调处、化解社会矛盾纠纷；落实重大决策、重大项目社会稳定风险评估制度，从源头上预防和减少社会矛盾。开展第三轮“平安泰州”建设，深化社会治安综合治理，推进信息化、立体化社会治安防控体系建设，抓好社会闲散青少年教育、流动人口管理、刑释解教人员帮教安置工作；开展“五星级”村（社区）创建活动，综合整治城中村、城郊村等治安复杂地区，大力推进外来人口“新市民工程”。进一步强化应急机构和救援队伍建设，积极预防和妥善处置突发性公共事件。加强安全生产监督检查，严防重特大事故发生。实施食品、药品放心工程，保障人民群众生命健康安全。

三、加强政府自身建设

各位代表，科学应对当前宏观经济形势，加快推进“三年再来一个大变化”，全面完成“十一五”规划任务，都对政府工作提出了新的、更高的要求。我们将以打造实干政府、阳光政府、法治政府、廉洁政府为主线，进一步加强政府自身建设，更好地肩负起建设和谐美好新泰州的重任。

1. *着力打造实干政府*。坚持大干快干、苦干实干，促进各项工作大见效、快见效。大力倡导雷厉风行的工作作风，立说立行、紧张快干，确保既定工作快速上手，工程项目强力推进，各项目标早日完成。大力倡导敢于碰硬的认真态度，知难而进、迎难而上，以改革创新的思路化解矛盾、突破困局，下决心消除影响和制约发展的体制机制性障碍，解决一批群众关注的热点难点问题。大力倡导一抓到底的执着精神，把抓落实作为政府工作的生命线，紧紧围绕市委的各项决策部署，细化、实化操作性措施和办法，一件一件地落实，一项一项地推进，切实提高执行力和落实力。

2. *着力打造阳光政府*。坚持以公开为原则、不公开为例外，进一步推进政府信息公开，保障公众充分享有知情权；坚持问政于民、问需于民、问计于民，涉及群众切身利益的重大决策和相关措施出台前，主动听取人大代表、政协委员和群众的意见，保障公众行使参与权；坚持将权力运行全过程置于“阳光”之下，深化行政权力网上公开透明运行工作，保障公众行使监督权。把建设“网上政府”作为打造阳光政府的重要抓手，继续强化政民互动平台建设，切实办好“望海楼论坛”，认真接处市长信箱群众来信，高度重视政府新闻发布和网络舆情应对工作。

3. *着力打造法治政府*。按照法定权限和程序，行使权力、履行职责。建立规范性文件科学运行和定期审查机制，积极推行行政复议集中受理，强化行政执法行为监督，加大行政问责力度，严肃查处行政不作为和乱作为。自觉接受市人大及其常委会的法律监督和工作监督，积极支持政协履行政治协商、民主监督和参政议政职能，主动听取各民主党派、工商联、无党派人士和各人民团体的意见，继续办好人大代表建议和政协提案。进一步转变政府职能，深化行政管理体制改革，完成市及市（区）政府机构改革任务。切实做好“十二五”规划纲要编制工作。

4. *着力打造廉洁政府*。认真落实党风廉政建设责任制，加强教育、制度、监督并重的惩治和预防腐败体系建设，扎实推进反腐倡廉工作。深化廉政文化建设，引导公务员强化廉洁从政意识。积极构建政府投资项目监督管理制度体系，强化对重点领域、重点环节、重点项目的审计监督和行政监察，依法查办各类违纪、违法案件。深化纠风和工程建设领域专项治理工作，从严整治政风、行风。坚持艰苦奋斗、勤俭节约，压缩行政支出，把有限财力、物力用到发展经济与改善民生上，始终保持为民务实清廉的良好形象。

各位代表，泰州已经站在一个新的发展起点上，机遇与挑战并存，希望与困难同在。让我们紧密团结在以胡锦涛同志为总书记的党中央周围，在中共泰州市委的领导下，紧紧依靠全市人民，解放思想、锐意创新，抢抓机遇、拼搏进取，为全面完成今年经济社会发展和“十一五”规划各项目标任务，加快实现“三年再来一个大变化”而努力奋斗！

中国人民政治协商会议泰州市第三届委员会常务委员会工作报告

——2010年1月18日在政协泰州市第三届委员会第三次会议上

市政协主席　　陈克勤

各位委员：

我受政协泰州市第三届委员会常务委员会委托，向大会作工作报告，请予审议。

一

过去的一年，是新中国和人民政协成立60周年，是我们党和国家事业发展进程中十分重要的一年。面对严峻复杂的发展形势，市政协在中共泰州市委的正确领导下，团结和带领全体政协委员，深入贯彻科学发展观，按照市委三届六次全会的部署要求，紧紧围绕“保增长、保民生、保稳定”，认真履行政治协商、民主监督、参政议政职能，圆满完成了全年各项工作任务，为全市经济社会平稳较快发展作出了积极贡献。

一、服务全市工作大局，为保增长、促发展献计出力

努力促进中小企业加快发展。中小企业是泰州市经济的重要组成部分，也是受国际金融危机影响较大的经济板块。为此，我们组织委员深入调研，召开各类座谈会6次，实地走访了10多家企业，并赴浙江省温州、台州市学习考察，形成了调研报告和考察报告，经市政协三届八次常委会议协商讨论，向市政府提交了建议案。建议案从转变思想观念，健全工作机制，构筑社会化服务体系等方面，提出了进一步扶持中小企业发展的建议。市政府主要领导作了批示，充分肯定了政协的意见和建议，要求有关部门创造更有利于中小企业发展的条件。资金瓶颈是中小企业普遍遇到的、最为突出的问题。为帮助企业走出融资困境，我们组织委员专题视察金融服务中小企业工作，并召开了有11家金融单位参加的座谈会，就加强金融部门与中小企业的对口服务，简化贷款手续，创新信贷模式等提出了建议。为帮助企业准确把握经济发展走势，寻求化“危”为“机”的良策，我们举办了“企业家沙龙”， 11位企业家委员和8个部门的负责同志参加了活动。活动中，市政府分管领导作了“金融危机衍生发展情况与当前经济形势分析”的主题发言，企业家结合自身实际，就有关政策解读、迫切需要解决的问题，与相关部门负责同志开展面对面的交流。通过协商讨论，企业界人士进一步增强了战胜困难、抢抓机遇、加快发展的信心和决心。

推动全市“三服务”活动深入开展。“服务企业、服务投资者、服务项目”活动，是市委、市政府应对金融危机的重大举措，也是市政协服务大局的重要结合点。为把“三服务”活动推向深入，市政协主席会议专题听取了市政府关于全市“三服务”活动开展情况的通报，深入企业了解政府部门“三服务”情况，对进一步加强机关作风建设，建立“三服务”长效机制提出了建议。围绕“三服务”涉及到的一些热点部门，市政协主席会议就做好新形势下的金融、税收、工商工作以及中央新增投资项目上争情况开展协商，建议有关职能部门进一步把“三服务”落到实处，更多地关心、支持企业特别是困难企业的发展。在民主评议市科技局工作中，我们把科技部门“三服务”和组织实施科技发展、机关作风建设情况，作为民主评议的重点，实地走访有关企事业单位，并赴省科技厅征求意见，形成了4份调查报告。市政协三届九次常委会议进行了集中评议，建议市科技局进一步深化服务内容、拓展服务领域、落实优惠政策，不断提高“三服务”的针对性和有效性。市科技局高度重视政协的评议意见，研究制定了整改方案，认真落实整改措施。根据市委关于开展“三服务”活动的统一部署，市政协领导挂钩联系18家企业，他们及时深入企业了解生产经营状况，积极协调有关部门解决发展难题。我们还向全体委员发出《倡议书》，鼓励和引导社会各界坚定信心，共克时艰，为实现经济平稳较快发展作贡献。

二、推动中心城市加快发展，为生态泰州、文化泰州建设咨政建言

围绕生态泰州建设建言献策。生态泰州建设是全市落实科学发展观的重要载体，是经济社会发展中具有前瞻性的重大课题。围绕这一课题，我们在深入调研考察、形成调研报告的基础上，召开市政协三届七次常委会议协商讨论，组织全体政协常委赴苏州市新区参观学习，向市政府提交了建议案。建议案提出了加强组织领导、调整产业结构、治理农村面源污染等5个方面16条建议。市委、市政府充分采纳政协的建议，建立了生态市建设领导机构和办事机构，专题召开生态市建设工作领导小组会议，研究制定了《2010年至2012年泰州市生态市建设行动计划纲要》，对今后一个时期生态市建设工作作了全面部署。水环境是生态市建设的重要方面。围绕城区水环境整治工作，市政协主席会议进行了专题协商，建议市水利部门高起点制定整治规划，注重源头治理，着力打造“双水绕城、水城一体”的优美水环境。我们还就节能、秸秆禁烧两项工作组织委员视察，对切实抓好节能降耗关键环节、落实节能目标责任制和加大秸秆禁烧行政推动力度、积极探索秸秆综合利用等，提出了意见和建议。

围绕文化泰州建设建言献策。我们注意发挥文化教育人才比较集中的优势，努力在服务文化泰州建设方面多做工作。根据《文化泰州建设2009～2010年行动计划》，我们选择建设文化创意产业园这一课题进行调研，形成了调研报告，重点围绕产业园的组建、政策制定和产业发展方向提出了一些建议。市委主要领导对调查报告作了重要批示，《泰州内刊》作了转载。新的发展形势对文化体制改革工作提出了迫切要求。我们开展了专题调研，经市政协主席会议协商，向市政府提交了建议案。关于加强舆论引导、培育市场主体、创新运行机制、转换政府职能等建议，被吸纳到泰州市文化体制改革总体方案之中，为推动改革顺利进行发挥了积极作用。围绕塑造城市形象、提升城市品位，市政协主席会议对凤城河风景区、省泰中老校区和稻河古街区改造建设情况，进行了视察和协商。同时，组织委员视察了城建重点工程和旅游业发展情况，建议有关方面加强项目的规划建设与经营策划，明确功能定位，提高建设水准和文化品味。我们与泰州师专联合开展了泰州历史文化研究，形成了2万多字的《泰州历史文化概述》，在20多个部门和单位举办专题讲座，并在驻苏全国政协委员座谈会上做了讲解与演示，比较系统地宣传了泰州深厚的历史文化。

为推动城乡统筹发展，我们就“加强农村基础设施建设”这一议题举办了委员议政日活动，组织委员视察村镇规划建设，对实施城乡交通一体化建设、推进农村饮水安全、加快农村信息工程建设等提出了建议。有关建议在推进农村新“5+1”实事工程中得到采纳。市政协主席会议专题协商现代农业发展工作，建议市政府及有关职能部门进一步提升农产品竞争力，做大做强农产品加工龙头企业，努力提高农业的整体效益。

三、坚持为民服务宗旨，为保民生、保稳定贡献力量

围绕有关民生问题协商议政，推动民生改善。就业是民生之本。围绕高校毕业生、农民工和城镇困难群众“三大群体”的就业问题，我们组织委员在广泛调研的基础上开展了议政日活动。委员们从创业带动就业、完善就业服务体系、加大扶持政策落实力度等方面，提出了21条建议。这些建议得到了市政府和有关职能部门的高度重视，有些已转化为实施措施，为促进全市就业形势好转发挥了积极作用。为民办实事关系民心所向。围绕市区改善民生10件实事，我们召开市政协主席会议专题协商，建议市政府进一步创新实事项目的投入机制、工作协调机制和长效管理机制，在更高层次上推进为民办实事工程。民以食为天。围绕农产品质量安全工作，我们组织委员视察了部分农产品生产基地、批发市场、农贸市场，与市政府及市农委开展了协商。市政府已经确定用一年多的时间集中整顿食品安全工作，并建立了部门联席会议制度，把加强农贸市场建设列入市区为民办实事项目。

运用提案推动解决民生问题，促进社会和谐。市政协三届二次会议以来，政协委员、政协各参加单位共提交提案328件，立案324件，提案内容涉及泰州市经济社会发展各个方面，其中与民生紧密相关的提案有238件，占73%。我们把提案办理作为推动解决民生问题、促进社会和谐的重要渠道，通过主席和副主席分工督办、召开协商办理座谈会、提案办理“回头看”等形式，不断加大工作力度，取得了较好的社会效果。关于建立市区住房保障、扩大城市公交线路覆盖范围、扶持农村劳动力创业、撤销兴泰公路收费站等一批关系民生的热点问题，得到了较好解决，委员和群众都比较满意。截至去年底，所有提案全部办复，委员满意和基本满意率100%。提案已经落实、基本落实和列入计划逐步解决的312件，占提案总数的95%。

积极反映社情民意，维护社会稳定。我们注意发挥政协联系面广的优势，动员政协委员深入各界群众，及时了解和反映社情民意，协助党委、政府及早发现不稳定的苗头，做好矛盾纠纷排查化解工作。例如，“村级财务管理混乱导致群众上访、越访不断”、“拒办‘五小’车辆交强险业务可能引发不安定事件”、“不规范的土地流转侵害农民利益”、“征用集体土地补偿金偏低引起群众不满”等社情民意信息，反映了可能引发群体事件的一些倾向，为把矛盾纠纷化解在基层、解决在萌芽状态发挥了积极作用。一年来，我们向市委、市政府和省政协、全国政协编报《社情民意》简报280期，一些重要的社情民意引起了中央和省、市领导的重视，有的还被中央领导批示。司法机关是维护社会稳定的中坚力量。针对去年敏感期多、重大活动多的情况，我们开展了主席走访市公安局、市检察院活动，并视察了市区派出所、看守所、收容所，提出了深化平安泰州建设，推进打黑除恶斗争，增强人民群众安全感，全力保障发展大局的意见和建议。

四、以庆祝人民政协成立60周年为契机，切实加强自身建设

加强委员队伍建设。委员是人民政协履行职能的主体。年初，我们以学习贯彻中共十七届三中全会精神和科学发展观为重点内容，制定下发了学习计划，引导委员自学。中共十七届四中全会召开和中共中央总书记胡锦涛在庆祝人民政协成立60周年大会上发表重要讲话后，我们在市政协主席会议、常委会议上组织集中学习，并编印专题《学习资料》，供委员学习时参考。为了提高学习效果，我们召开了部分委员学习经验交流会，邀请有关专家以“人民政协的理论与实践”、“提高政协调研视察水平”为主题，举办委员学习报告会。通过学习，委员们的政治和业务素质有了新的提高，进一步增强了贯彻落实科学发展观、服务全市工作大局的自觉性和坚定性。为了更好地调动委员参政议政的积极性，我们制定了《关于充分发挥委员主体作用的意见》，开展了评选优秀委员、优秀提案活动，共评选出30名优秀委员和61件优秀提案。结合庆祝人民政协成立60周年，我们举办了书画摄影作品展，开展了征文活动，汇编出版了《在人民政协的舞台上》一书，并在泰州日报开辟专栏，宣传人民政协的光辉历程，展示我市政协履职成果和委员风采。组织力量创作了《和谐是金》歌舞曲目，参加省政协庆祝人民政协60周年文艺汇演。通过系列庆祝活动，进一步激发了委员的光荣感和责任感。

重视发挥界别作用。由界别组成是人民政协组织的显著特色。根据委员小组中界别委员相对集中的特点，加强了对界别活动的指导，初步形成了以委员小组为单位、以专委会为依托的工作机制。一年来，各委员小组开展学习、参观、考察、座谈等活动29次，参加委员500多人次。一些委员小组发挥界别优势开展视察活动，就利用台资工作、市区长江岸线开发利用、宗教文化及活动场所建设、产品质量检测、防控“甲流”等提出意见和建议，以界别名义反映社情民意信息38条（篇）。认真落实主席接待委员日制度，全年共接待委员12批50多人次。年底，市政协领导集中走访了驻各市（区）委员小组，并将委员们的意见和建议归纳整理，送交市委、市政府和有关部门。

积极发挥民主党派、工商联作用。各民主党派、工商联是人民政协的重要组成部分。我们认真贯彻落实中央和省、市委有关规定，加强与市各民主党派、工商联的团结合作，积极支持他们履行职责。坚持每半年召开一次负责人联席会议、每季度召开一次秘书长联席会议，交流情况，推动工作；联合开展学习座谈、调研视察、民主评议部门工作等活动，发挥政协作为统一战线组织的整体优势。一年来，市各民主党派、工商联以组织或个人名义提交大会发言和专题协商材料15篇；提出提案197件，报送社情民意信息152篇，分别占提案和信息总数的61%、28%。结合各自的工作实际，围绕改善民营企业发展环境、发展规模高效农业、加强城市长效管理等，积极参政议政，建言献策；发挥专业人才集中的优势，开展了“我为应对金融危机献一策”、“科技下乡”、“烛光行动”等社会咨询服务活动，为促进科学发展、构建和谐社会贡献了一份力量。

注重加强政协机关建设。我们把开展深入学习实践科学发展观活动作为加强机关建设的重要抓手，按照市委统一部署，认真组织实施，着力转变不适应、不符合科学发展的思想观念，着力提高服务科学发展的能力水平。活动期间，市政协领导和机关干部认真学习科学发展观和党的路线方针政策，围绕科学发展和政协工作中的一些热点问题开展调研，形成了学习成果和调研报告21篇。在广泛征求意见、召开专题民主生活会的基础上，形成了市政协

党组分析检查报告，从加强理论学习、提高调研和协商质量、完善工作机制等方面，明确了努力方向，落实了改进措施。市政协机关进一步完善了办公、例会制度，保证了机关工作规范有序；开展了优秀共产党员、文明单位创争活动，促进了机关作风进一步转变，服务意识进一步增强。

一年来，文史和宣传工作取得了新的成绩，出版了《文史资料》（1953～1956）、《泰州的老街老巷老镇》两本书，定期编辑《泰州政协》杂志，加强了泰州政协网站建设。注意发挥老委员的作用，召开了政协之友联谊会年会。

各位委员，过去一年，市政协各项工作进展顺利，成效较为明显。这些成绩的取得，是市委正确领导，市人大、市政府大力支持的结果，是市各民主党派、工商联、各人民团体和全体委员共同努力的结果，也是与市各有关部门和单位，各市（区）和社会各方面的积极支持分不开的。在此，我代表市政协常委会向大家表示衷心的感谢！

回顾去年的工作，存在的不足之处主要是：有的调查研究不够全面、深入，协商议政的水平需要进一步提高；民主评议和一些专题视察活动需要进一步完善机制，提高效果；在加强委员队伍建设和发挥党派作用方面，需要继续努力。真诚地希望委员们对常委会工作提出意见，推动政协工作不断取得新进展。

二

2010年是实施“十一五”规划的最后一年，也是实现“三年再来一个大变化”奋斗目标的决战之年。我们要在中共泰州市委的领导下，全面贯彻中共十七届三中、四中全会和胡锦涛同志在庆祝人民政协成立60周年大会上的重要讲话精神，紧紧围绕市委三届八次全会提出的目标要求，牢牢把握团结和民主两大主题，切实发挥协调关系、汇聚力量、建言献策、服务大局的作用，为全面推进我市政治、经济、文化、社会和生态文明建设，把泰州建设得更加美好作出新的贡献。

一、认真贯彻中共泰州市委三届八次全会精神，进一步统一思想认识

中共泰州市委三届八次全会，是市委贯彻中央、省有关重大决策部署，动员全市上下进一步解放思想、抢抓机遇、克难奋进，全力实现经济社会“三年再来一个大变化”奋斗目标的重要会议。认真贯彻市委三届八次全会精神，是今年市政协履行职能、做好工作的主要任务。我们要认真领会这次全会的精神实质，切实把思想统一到全会对经济形势的分析判断上来，准确把握开放与创新双轮驱动，“两步并作一步走”的发展要求，始终保持强烈的发展意识；统一到全会确定的全市工作总体要求、主要任务上来，把推动实现“三年再来一个大变化”目标作为政协工作的重中之重；统一到加强委员队伍作风建设、提高执行力上来，坚持大干苦干快干，积极参政议政、献计出力，推动各项重点工作大见效、快见效。

二、认真履行职能，为实现“三年再来一个大变化”目标建言献策

*围绕推进经济转型升级建言献策。*加快经济转型升级是决定泰州未来发展的关键所在。要根据构筑发展特色和优势的要求，就“十二五”规划编制、加快发展现代服务业以及医药城、核心港区、开发区各项基础设施建设等，在有关专题协商会议上开展协商讨论；积极推进科技创新，帮助企业引进资金、技术和人才，推动开放式创新和自主创新。

*围绕城乡统筹发展建言献策。*要根据推进农业农村又好又快发展，提升城乡统筹发展水平的要求，围绕农村基础设施建设、重点小城镇建设、农村商品流通等，开展专题调研，提出意见和建议。要紧扣促进农民增收这一核心任务，继续关注现代农业发展，推进农业发展方式的转变；通过专题视察，促进有关惠农政策的落实，提高农民就业创业能力。

*围绕加快中心城市建设建言献策。*要根据增强中心城市竞争力和影响力的要求，就道路交通、旧城改造、新城区建设以及市区绿化、数字化城管等工作，组织委员视察和议政活动，推进重大城建项目建设，提高城市管理水平；推动“文化泰州”建设，在历史文化研究、文明城市创建以及文化体制改革、文化产业发展等方面，继续发挥积极作用。

*围绕保障和改善民生建言献策。*越是困难时刻，越是要高度关注民生。要围绕人民群众关心的就业、就医、就学、住房等热点难点问题，通过提案办理、民主评议等，促进有关问题得到较好解决。要更多地关心城乡困难群众的生产生活，就发展养老服务事业、低收入家庭住房保障、加强社会救助工作等，开展调查研究，提出建议。

三、发挥政协优势，为经济社会又好又快发展营造良好环境

*加强团结合作，凝聚各方力量。*充分发挥人民政协包容各界、联系广泛的特点和优势，进一步加强与市各民主党派、工商联的团结合作，支持他们参与地方大政方针的协商讨论，支持他们在政协的各种会议上发表意见、提出建议。要加强同各方面人士包括新的社会阶层人士的联系，进一步促进政党关系、民族关系、宗教关系、阶层关系和海内外同胞关系的和谐，不断巩固壮大爱国统一战线，努力营造凝心聚力谋科学发展的生动局面。

*积极了解和反映社情民意。*充分运用界别渠道广开

言路、广集民智，把蕴藏于基层的真知灼见和各界群众的呼声要求及时反映上来，协助党委、政府准确把握社会脉搏，优化政策措施。继续办好《社情民意》简报，注重反映不同利益群体的声音，为党政决策提供参考。

认真做好维护社会稳定工作。要更加主动地协助党委、政府做好协调关系、化解矛盾、理顺情绪的工作，妥善处理好各方面的利益关系。要认真做好下访工作，及时排查发现、妥善化解不稳定因素。要就深化矛盾纠纷大调解工作，组织委员视察和议政，推动有关方面把解决矛盾的关口前移，切实维护社会大局的稳定。

四、以创新的精神加强自身建设，不断提高政协工作水平

认真学习贯彻胡锦涛同志重要讲话精神。胡锦涛同志在庆祝人民政协成立60周年大会上的重要讲话，是指导政协事业发展的纲领性文献。要把学习贯彻胡锦涛同志重要讲话精神作为一项重大政治任务抓紧抓好。通过学习贯彻，进一步坚定政协工作的正确方向，坚定不移地走中国特色社会主义政治发展道路；进一步找准政协工作的着力点，为促进经济社会又好又快发展作出新贡献；进一步提高履行职能的科学化水平，扎实推进理论创新、制度创新、工作创新，努力开创政协工作新局面。

更好地发挥政协委员的主体作用。要认真搞好学习培训工作，不断提高委员议政建言的水平。要创新学习形式，提高学习效果，努力建设学习型组织。要精心搭建委员活动平台，拓宽委员参政议政领域，为委员履行职责提供更加有利的条件。认真落实加强与委员联系的有关规定，鼓励委员通过调研视察、提案、反映社情民意等形式，履行职责，发挥作用。

进一步加强政协机关作风建设。要把提高执行力作为今年政协机关作风建设的重点，建立健全机关内部运行机制，努力形成协调统一、规范有序、密切配合、灵活高效的工作格局。要加强机关党的建设和学习培训，努力提高机关干部服务大局、谋划发展的能力，调查研究、参政议政的能力，增进团结、合作共事的能力，协调关系、促进发展的能力，为履行好政协职能提供重要保障。

各位委员，我们的任务繁重艰巨，我们的前途充满光明。让我们更加紧密地团结在以胡锦涛同志为总书记的中共中央周围，在中共泰州市委的领导下，深入贯彻落实科学发展观，坚定信心，和衷共济，扎实工作，为把泰州的明天建设得更加美好而努力奋斗！

全国政协信息联系点第十次会议在泰州召开

全国模范法官陈燕萍

编者按：靖江市人民法院江阴园区人民法庭副庭长陈燕萍同志对人民有着厚重质朴的情感，心中时刻装着人民法官为人民的信念，始终把对党和人民的爱铸就在平凡的审判事业中。她在法院工作21年，在基层人民法庭工作14年，始终坚持党的事业至上，时刻牢记自己是一名共产党员，忠实履行人民法官为人民职责，爱岗敬业、勤奋工作，悉心办案，刻苦钻研审判业务。她坚持人民利益至上，情系百姓，真情调解，被誉为党群关系的“连心桥”。她关注民生，关爱百姓，长期帮助残疾儿童，被人们亲切地称为“法官妈妈”。她的先进事迹，感人至深，令人振奋，受到社会各界的广泛关注和高度评价。2003年，江苏省纪委将她作为勤政廉政典型进行宣传。2007年，她被中宣部确定为“道德楷模，文明风尚”全国重大宣传典型，十多家中央媒体对其先进事迹进行了集中宣传报道。她先后多次荣立三等功、二等功、一等功，并获得“先进工作者”、“优秀共产党员”、“江苏省十佳法官”、“江苏省十大女杰”、“全国人民法庭优秀法官”、“全国优秀女法官”、“全国三八红旗手”、“全国巾帼建功标兵”、“江苏省人民满意公务员”、“全国模范法官”、“50位新中国成立以来感动江苏人物”等荣誉称号。靖江市委、泰州市中级人民法院、泰州市委政法委、泰州市委、江苏省高级人民法院、江苏省委政法委先后发出通知，号召开展向陈燕萍同志学习活动。中共中央政治局常委、政法委书记周永康作出批示，要求进一步大力宣传陈燕萍先进事迹。

学习决定

中央政法委员会
关于开展向陈燕萍同志学习活动的通知

各省、自治区、直辖市党委政法委，新疆生产建设兵团党委政法委，中央政法各部门党组（党委）：

陈燕萍同志是江苏省靖江市人民法院江阴园区人民法庭副庭长。她扎根在基层人民法庭14年，情系百姓，无私奉献，模范履行人民法官的职责，共审理3000多起案件，无一错案，无一投诉，无一引发上访，为维护社会稳定、促进社会和谐，作出了积极贡献，被誉为“真情为百姓、公正建和谐的基层好法官”。她曾荣立一等功，被评为全国三八红旗手、全国优秀女法官、江苏省人民满意的公务员、江苏省十大女杰。2007年，中央宣传部将陈燕萍同志作为“道德楷模、文明风尚”典型进行广泛宣传。目前，最高人民法院授予陈燕萍同志“全国模范法官”荣誉称号，并在全国法院系统组织开展向陈燕萍同志学习的活动。陈燕萍同志的先进事迹，充分体现了共产党员的优良传统和作风，集中展现了当代政法干警服务大局、执法为民的精神风貌，是新时期政法干警学习实践科学发展观的优秀代表，是践行“三个至上”和社会主义法治理念的杰出楷模，是全体政法干警的学习榜样。中央政法委员会号召，各级政法机关和全体政法干警，迅速开展向陈燕萍同志学习的活动。

一、学习陈燕萍同志扎根基层、无私奉献的高尚品质。陈燕萍同志对人民司法事业无限热爱，无怨无悔投身审判工作，十几年如一日，兢兢业业、默默奉献。她说：“作为一名人民法官，在事业和家庭面前，我应该选择事业；在吃苦和享受面前，我应该选择吃苦；在奉献和索取面前，我应该选择奉献。扎根基层为当事人排忧解难，是我义不容辞的责任，人民群众对法院和法官工作的认可，是我至高无上的光荣！”她主动要求到任务繁重、条件艰苦的基层人民法庭工作，满腔热情地办好每一起案件，妥善解决每一个纠纷。她经常加班加点，忘我工作，年均审理200多起案件， 是公认的“办案标兵”。学习陈燕萍同志，就是要以她为榜样，牢固树立正确的世界观、人生观、价值观，真正做到“党在心中、人民在心中、法律在心中、正义在心中”，勤奋工作，甘于奉献，以实际行动履行好“人民法官为人民”的神圣职责。

二、学习陈燕萍同志公正司法、一心为民的职业操守。陈燕萍同志以维护社会公平正义为己任，情系百姓，处处为当事人着想。她常说：“我审理的案件虽不是什么大案，但一个人也许一生就打一次官司，我要让老百姓体会到法律的公平与正义。”在一起没有借条的借款纠纷中，出借人抱着试试看的心理将借款人诉至法庭，陈燕萍认真查明事实后，在开庭时连续追问案件细节，使得被告前后矛盾，破绽百出，不得不承认欠钱的事实。原告激动地说：“是陈法官给了我公正。”2002年8月，7岁的患病女孩何小敏生活无依，将离家出走的母亲告上法庭。陈燕萍在多次为小敏寻找妈妈无果的情况下，主动担负起照顾小敏的责任 。

为了医治小敏脸上两个小碗大的肿瘤，陈燕萍多方筹措资金、联系医院为小敏治病。她坚持7年关爱未成年人小敏的感人事迹，在社会上引起了强烈反响，被人民群众由衷地称赞为“法官妈妈”。学习陈燕萍同志，就是要以她为榜样，切实增强同人民群众的真挚感情，不断提高执法能力，严格执法、秉公办案，满腔热情地为人民群众服务，实实在在地维护好群众的切身利益。

三、学习陈燕萍同志调解为先、和谐执法的科学方法。陈燕萍同志始终把化解矛盾纠纷、促进社会和谐稳定，作为自己的神圣使命。面对各种纷繁复杂的民事纠纷，陈燕萍以法官的公心、真心、诚心和耐心，在法、理、情中寻找结合点，努力化干戈为玉帛，真正做到案结、事了、人和。14年来，她共调解结案近2000件，被誉为“调解能手”、党群关系的“连心桥”。2007年，陈燕萍审理一起拆迁案件，涉及一所新建学校和30多户村民。陈燕萍走村入户，挨家挨户地做工作，认真听取群众意见，耐心讲解法律法规。一个星期下来，终于做通了当事人工作，双方就补偿方案达成一致，使学校能够按时开学，也避免了可能引发的群体性上访。学习陈燕萍同志，就是要以她为榜样将促进和谐的理念和调解为先的方法，贯穿于执法办案的各个环节，努力提高做群众工作的能力，实现法律效果与社会效果的统一。

四、学习陈燕萍同志秉公执法、清正廉洁的优良作风。陈燕萍同志始终坚定地保持人民法官的清正廉洁本色，面对时常受到的亲情挑战和金钱诱惑，她认法不认情，认理不认钱。当事人由衷赞叹：“案件到了陈法官手里，我们心里踏实。”陈燕萍在审理一起离婚案件时，女方的父母通过熟人找到陈燕萍，顺手递给她一个装有千元的红包，陈燕萍当即婉言拒绝。女方父母以为她嫌钱少，又从口袋里掏出一叠钞票，陈燕萍严肃制止并劝解他们不要强迫女儿离婚。一起借贷纠纷案件的原告听说被告是一名农村干部，与承办案件的陈燕萍的丈夫关系要好，担心案子得不到公正处理。没多久，案子判下来，被告败诉并主动履行了法院判决。原告感慨地说：“这样的法官，我佩服。”学习陈燕萍同志，就是要以她为榜样，严格遵守政法干警的职业道德，在法律与金钱、人情等的诸多较量和考验面前，立场坚定、头脑清醒，不负重托，不辱使命。

各级政法机关要把开展向陈燕萍同志学习活动，作为加强政法队伍建设的一项重要内容，认真组织学习、宣讲《社会主义法治理念教育读本》，不断深化社会主义法治理念教育活动，努力建设政治坚定、业务精通、作风优良、执法公正的高素质政法队伍，为促进科学发展、维护和谐稳定、保障公平正义，作出新的更大的贡献。

2009年10月10日

泰州市委关于在全市开展向陈燕萍同志学习活动的决定

各市（区）委，市委各部委办，市各委办局党组（党委），市各直属单位党组织：

靖江市人民法院江阴园区人民法庭副庭长陈燕萍同志，从事法院工作20年，扎根基层人民法庭14年，始终坚持“三个至上”指导思想，勤奋工作，公正司法，真情调解，关爱群众，在平凡的工作岗位上作出了突出贡献，先后被授予“全国人民法庭优秀法官”、“江苏省人民满意公务员”、“全国模范法官”、“50位新中国成立以来感动江苏人物”等荣誉称号，是全市党员干部的先进典型。为了进一步推动当前正在开展的深入学习实践科学发展观活动，市委决定，在全市广大党员干部中开展向陈燕萍同志学习活动。

一、学习陈燕萍同志扎根基层、爱岗敬业的奉献精神。陈燕萍同志作为一名基层法院法官和一名普通共产党员，始终怀着对党和人民的无限忠诚，怀着对人民司法事业的无限热爱，牢记党的宗旨、把“为党分忧、为民解难、公正司法”作为自己的人生追求，主动要求到工作条件差、任务重、矛盾多、待遇低的基层人民法庭工作，一干就是14年，是目前靖江法院在基层法庭工作时间最长的女法官。她立足本职，勤奋工作，乐于奉献，审结案件3000多件，无一差错。向陈燕萍同志学习，就是要立足本职，扎根基层，吃苦耐劳，甘于奉献，锐意进取，勤勉敬业，干一行，爱一行，专一行，成为本职工作的行家里手，在本职岗位上兢兢业业、建功立业，为建设美好新泰州争做贡献。

二、学习陈燕萍同志心系群众、关爱百姓的公仆情怀。陈燕萍同志深怀爱民之心，恪守为民之责，具有强烈的社会责任感，在人民法官岗位上实实在在地践行“人民法官为人民”司法本质。她面对群众各种纷繁复杂的矛盾纠纷，总是想群众所想，急群众所急，视群众为亲人，公正司法，真情调解，最大限度的化解群众矛盾。她关注民生，关爱百姓，经常帮助困难群众和弱势群体，她帮助残疾儿童何小敏的故事在泰州已家喻户晓。向陈燕萍同志学习，就是要牢固树立群众观念，努力做党和政府与人民群众的“连心桥”，在工作中真心、真情帮助群众解决困难，以实实在在的行动建设和谐泰州。

三、学习陈燕萍同志刚直不阿、秉公执法的职业操守。作为一名法官，陈燕萍同志始终保持对公平正义的信仰和追求。十四年来，她坚持堂堂正正做人，踏踏实实做事，公公正正司法，坚持以事实为依据，以法律为准绳，惩恶扬善，匡扶正义，审理了大量的疑难复杂案件，让公平正义在法庭得到了实现，是广大老百姓心中的好法官。向陈燕萍同志学习，就是要在工作和生活中始终遵守职业操守和社会道德，始终把人民群众合法权益作为工作的最高追求，正直做人，公道办事，全力维护社会公平正义，真正赢得广大人民群众的信任和拥护。

四、学习陈燕萍同志严于律己、清正廉洁的优良作风。陈燕萍同志始终恪守人民法官和共产党员的高尚品格，不为金钱、权力和人情所动，忠于职守，廉洁办案，认法不认钱，论法不论情，多次拒绝各种礼贿和说情，树立了人民法官和共产党员的良好形象。向陈燕萍同志学习，就是要牢记党的宗旨，甘于清贫，坚持操守，一身正气，两袖清风，模范遵守党的纪律，自觉抵制拜金主义、享乐主义的侵蚀，永远保持共产党员的优秀本色。

全市各级党组织要把开展学习陈燕萍同志的活动与当前正在进行的深入学习实践科学发展观活动紧密结合起来，认真组织广大党员干部学习陈燕萍同志的先进事迹，并结合实际开展讨论，从思想上、工作上和作风上进行认真对照，查找差距，牢固树立立党为公、执政为民的宗旨，不断增强学习实践科学发展观的主动性和自觉性。各级领导干部，特别是党员领导干部，要在学习中以身作则，当好表率。各级组织、宣传部门，要通过行之有效的形式，大力宣传陈燕萍同志的先进事迹，并及时发现和培育更多的先进典型，不断把学习实践活动引向深入。

2009年11月

典型事迹

真情真心为百姓　公平公正促和谐

以坚定的信念，践行着人民法官为人民的诺言

陈燕萍同志作为一名基层法院的女法官和一名普通共产党员，没有轰轰烈烈的壮举，也没有气壮山河的豪言，但她有着崇高的理想信念，有着共产党人特有的精神支柱，有着正确的世界观、人生观、价值观。她主动到条件艰苦的农村基层法庭工作,而且一干就是14年,把最美好、最宝贵的青春年华奉献给了党的审判事业，奉献给了她深爱着的人民群众。她长期在农村法庭工作，深切的体会到人民群众的疾苦，对老百姓有一种发自内心的朴素感情。她始终牢记着人民法官的责任与使命，尽自己所能帮助当事人，用自己的无私爱心，树立起人民法官亲民、爱民、为民的良好形象。

八旬老人孙广福育有一子一女，早年丧偶，由于年迈体弱无收入，生活无着落，儿子不尽赡养义务，无奈的他只能将儿子告上法庭。每次到法庭来，陈燕萍知道他没钱，总是自费给他买饭、买车票。一次，还悄悄在他裤兜里塞了200元，意思是如儿子不给吃，让他先自己买点东西吃，没想到第三天，孙老汉起早花了3个小时骑车赶到法庭等陈燕萍，用颤抖的手把200元钱还给了陈燕萍，说，“我是昨天晚上换衣服才发现的，就想到一定是你给的，你帮我打官司，我不能要你的钱。”看着老人脸上的汗水和憨厚的脸庞，陈燕萍的眼睛湿润了，“多么好的老人呀，我一定要帮他过上幸福的晚年。”但其子很不配合，多次做工作不但受冷落，甚至被拒之门外。于是陈燕萍就地开庭，邀请村干部和村民旁听，用法律、社会公德和公众舆论多重手段对其感召，最终唤醒了孙老汉儿子的良知，承担起赡养老人的义务。孙老汉逢人就讲：“陈法官真好，比我的亲闺女还要亲。”

对于陈燕萍来说，践行党的宗旨，全心全意为人民服务是她的唯一。2002年，7岁残疾女孩何小敏，在爸爸癌症去世，妈妈离家出走，爷爷、奶奶年迈，无法生活的情况下，不得已把妈妈告上了法庭。承办此案的陈燕萍，虽经想方设法，但最终小敏还是被亲生妈妈无情地抛弃了。看着小敏那张被肿瘤挤压变形的脸，听着小敏“我要妈妈”撕心裂肺的呼喊，陈燕萍的心都要碎了。小敏不能没有妈妈，作为一名人民法官，一名共产党员，对此不能置若罔闻，无动于衷。她搂着小敏对她说:“孩子不要哭，以后阿姨就是你的妈妈，法院就是你的家。”从此，陈燕萍数年如一日地照顾着小敏，把一个被亲生母亲抛弃了与自己毫不相干的“丑姑娘”，当作自己的亲生女儿来养，定期为她送来衣服、学习用品和生活费用，中秋节一起吃月饼，春节给她买来和自己女儿一样的新衣服，带上自己的丈夫、女儿和小敏的爷爷奶奶一起吃年夜饭，忠实地履行着一名共产党员对党的承诺。为了早日医好小敏的病，陈燕萍多方筹措资金，在网上找遍了全国各大医院，最终在全社会的共同关心和资助下，为小敏成功摘除了面部的全部肿瘤，经面部整容后，她将成为一个全新的人。现如今懂事的小敏在她的作文中这样写道：“是党和法官陈妈妈给了我新生，长大后一定好好工作，报答社会和陈妈妈。”

关爱小敏只是陈燕萍心系百姓，关爱民生的一个缩影。有多少失去生活信心的当事人，在她的鼓励、教育、帮助下重新扬起了生活的风帆；有多少老人在她千方百计的努力下重新有了生活的着落；有多少不孝之子在她的感召下，唤醒了良知。对于许多身处逆境的当事人来说，陈燕萍对他们就是一盏明灯、一杆旗帜、一份依靠。一位离了婚的女当事人对今后的生活失去信心，陈燕萍鼓励她自强自立，并帮她办证、选址、筹资，成功地开起了家美容店；一位因自身生活无着而失去孩子监护权的当事人，在要走向绝路的时候，陈燕萍及时的制止了她，“不要做蠢事，要相信政府和我们这个社会。”在陈燕萍的劝导和帮助下她学会了裁缝，现如今还当上了老板，重新得到了孩子的监护权。为了给家境贫寒，伤残五级的车祸当事人拿到救命的钱，她日夜兼程不远千里，从靖江赶往吉林辽源，一路上，住小店，坐大车，吃方便面，不用当事人的人一分钱。一位下肢瘫痪的离婚案件当事人，因自闭而对社会产生抵触情绪，不管什么人说什么都不听。陈燕萍接案后，坐在当事人的床前，与他拉起了家常，问起了冷暖，慢慢他的态度有了很大的转变，自愿在离婚调解协议上签字。事后有人问他为什么，他说他瘫痪这么长时间，从来没有外人像陈法官这样，不嫌他身上的异味，与他谈这么长的时间，这样平易近人的法官，说话他信。

14年风雨兼程，14年默默奉献，陈燕萍把对党的忠诚体现在所办的每一件案件上，把党的关怀传送到千家万户，时时刻刻用自己的一言一行建树着党的形象，让人民群众更加热爱我们的党，更加信任我们的政府。现如今张家长、李家短，乡亲们有什么烦心事，总爱和陈燕萍唠叨。“即使问题解决不了，听陈法官开导开导，心里也就舒坦了。”为了方便群众，法庭设立了人大代表工作室，开通了陈燕萍电子信箱、便民联系卡和热线电话。陈燕萍在为基层百姓排忧解难的同时，老百姓也把她当成了自家的“好女儿”、“好姐妹”、“好阿姨”。在陈燕萍和她的同事们的共同努力下，辖区内的诉讼案件变少了，群众之间的关系更融洽了。

以不懈的追求，守护着社会的公平正义

农村法庭审理的案件,大部分是家庭纠纷、邻里纷争类的鸡毛蒜皮小案，但案件的处理结果是否公正，直接影响到当事人的家庭和睦、社会和谐，乃至全社会的公平与正义。陈燕萍常说：对普通百姓来说，他们也许一生就打一次官司，件件都是大案要案。作为基层法庭的人民法官，就要审理好每一件案件，通过个案昭示司法公正，把司法为民落实到每一个具体案件之中。

城南村的卞某一直对陈燕萍心怀感激之情，是因为陈燕萍的公正执法帮他解决了诉讼之苦。2006年，李某得知卞某需要一批货，就联系某公司向卞某提供了20多万元的货，当即，卞某向李某出具了收条。因是某公司直接供货，卞某几天后将货款支付给了供货方。事后，李某以收条为据向法院起诉，要求卞某支付20多万的货款,并为此双方大打出手。起诉到法院后，原告认为白纸黑字，官司一定赢。而被告表示，自己钱已经给了，如果输了官司，他将与法院拼个你死我活。陈燕萍受理后，对案件事实进行了认真调查，经传唤多方证人，查阅相关的账目，最终弄清了案件的原由。虽然被告在支付程序上有瑕疵，基于其已经支付了货款，经陈燕萍反复调解,原告最终撤回了诉讼。

处理疑难案件，还事物的本来面貌，不仅要精通法律知识，还要炼就一双火眼金睛。2007年，陈燕萍接手了一个装卸机交通肇事赔偿案。肇事车既没登记也没有保险。驾驶员孙某无钱赔偿，车主王某辩称，车是丁某买的，后丁某又将此车转让给孙某，孙某又卖给了一个外地人，且都有转让协议为证。而王某的装卸机，现停在自己家中。因此，他不是肇事车主。面对扑朔迷离的案件，律师提出对“车辆转让协议”的笔迹形成时间进行鉴定。通常根据鉴定结论判案，没有风险，大多数法官都乐于接受。但陈燕萍没有轻易接受委托鉴定，她认为鉴定时间长,花费高，受各种干扰因素多,受害者的合法权利难以尽快实现。于是陈燕萍主动查证，她从孙某、丁某证言相互矛盾，排除了丁某将车卖给孙某的可能；她又到装卸机的生产厂家，查清肇事车确实是以丁某的名义购买的。开庭时，陈法官围绕肇事车的实际车主究竟是谁，向两被告连续发问。她的问话虽不多，声音也很轻，但句句击中要害。两被告招架不住，肇事车的实际车主终于浮出水面。原来，王某在买了一台装卸机从事营运后，不够用，又怕露富，遂以姐夫丁某的名义买了一台，王某就是肇事车的实际车主。事后，王某感叹道：“我们自以为事情做得天衣无缝。没想到陈法官居然亲自把事实查得清清楚楚，虽然我们败诉了，但这样的判决我服。”

针对当事人中很多是农民，能主张难举证的现状，她灵活运用证据规则，主动帮助当事人查找证据。八圩镇北六村村民施桂英被一辆电瓶车撞了，到医院拍片检查未发现大碍，双方以800元私了。4日后，施桂英仍疼痛不止，到医院复诊发现骨折，并要求电瓶车车主赔偿，对方不认，施桂英将对方告上法庭。陈燕萍受理此案后，没有按照已有物证、书证草率结案，而是与双方当事人坐下来仔细分析，发现第一次在医院的拍片成了解决矛盾的关键，陈燕萍决定请专家重新读片。时值炎热盛夏，陈燕萍在医院楼上楼下来回多次，累得满头大汗，终于查明原告为骨折，第一次未发现系医生读片不准确所致。双方当事人被她真心实意的行动所感动，当场达成了赔偿协议。

维护社会的公平与正义,有时也是需要胆识和勇气的。在一起诉讼保全过程中，由于被告已察觉，扬言原告一分钱都不会拿到，并与相关银行打招呼拒付，组织有关人员企图阻止保全。陈燕萍得知这一情况后，顾不上天气炎热和交通不便，冒着危险，排除阻挠，及时查封了被告的财产，保护了原告的合法权益。在一次庭审过程中，一当事人突然从胸前拿出一把剪刀，在其他人还没有察觉时，她冒着危险，已经冲上前去抱住了当事人，阻止了一场流血事件的发生，用她瘦弱的双肩担负起了维护社会公平与正义的重任。

陈燕萍就是这样，秉承办好一个案件,救活一个企业,挽救一个家庭,稳定一方社会,发展一方经济的工作思路,在司法活动中处处体现人文关怀、平等护民、正义为民的司法理念。

以娴熟的技能，维护着社会的和谐安定

在靖江法院，陈燕萍办案的效率高、质量好是全院有名的。别人难以调解的案件，到了她手上很快就能调结。当同事问到陈燕萍办案高效的诀窍时，她总是笑着说，只要用心、多学、多动脑筋就能想出办法。为了适应新时期新类型案件不断增多的需要，陈燕萍具有极强的学习精神，在床头边、办公桌上、皮包里到处都放有法律法规、案例选集等读本，不管夜里何时到家，都要看上一会儿。她随身总是带着个笔记本，随时把办案的感受、同事的经验、群众的意见、领导的指示记下来，反复琢磨提炼，总结经验。她对案件处理常常有独到的见解，多篇案例在省级刊物上发表，在全国还没有精神赔偿之说时，她就首度在泰州地区尝试使用，并取得了良好的效果。2002年她承办的一起保险理赔案曾被制作成电视节目在中央电视台“今日说法”栏目播出。

陈燕萍在审案中，十分注意细心观察，善于把握当事人在诉讼中表现出不同的心理状态和神情的变化，就连当事人脸红、气粗等微妙变化都逃不过她那双明察秋毫的慧

眼。在处理一起借款纠纷时，由于没有借条，就连当事人都没有把握打赢官司。陈燕萍通过认真听取原被告双方的诉辩和认真审查有关材料后，看出了案件背后的真相，法庭上她运用娴熟的审判技巧，通过相关细节的连续追问，使得赖账的丁某前后自相矛盾，破绽百出，不得不承认了欠钱的事实。事后，被告佩服地说“陈法官真是火眼金睛，在她面前说不了谎。”

每个案件尤其是农村发生的案件，都必须到现场亲自查看，这是陈燕萍多年来为自己定下的一条规矩。在处理相邻关系、建房纠纷、农村承包合同纠纷、道路交通事故损害赔偿等案件，陈燕萍更是坚持现场必去、四邻必访。在处理一起“树患”纠纷案时，陈燕萍就是数次察看现场，了解树叶遮阳，树根破墙，毛毛虫刺人，但有几十年树龄的实情后，才做出让被告砍树，原告补钱的正确判决，使一对亲戚重归于好的。

“有话慢慢说”，这是陈燕萍常挂在嘴边的一句话。陈燕萍说，当事人来到法庭往往难以理性对待，需要一个情感宣泄的过程，作为法官一定要不怕受气，耐住性子，听当事人把话讲完，通过倾听的过程建立起法官与当事人之间的情感交流和相互信任，减轻当事人对法院、法官的消极抵触情绪，拉近当事人与法官的感情距离，为顺利化解纠纷奠定基础。一次，一位当事人来回十几遍反复阐述自己的理由，旁边的人都打起了瞌睡。而陈燕萍却是静静地、耐心地听着当事人诉说，暗自思忖矛盾的症结和根源，很少打断当事人的讲话。直到他没有新的理由需要说明时，陈燕萍才向他讲起法律的规定和处理的方案，没等陈燕萍讲完，他突然出人意料地说：“陈法官，你怎么说怎么好，你是第一个完完整整听完我的理由的人，你尊重我，我信任你。”

在办案中，陈燕萍总是以特有的细心、耐心和同情心，在法、理、情之间寻找结合点，准确切入案件，把握案件的走向，对症下药，真正做到案结、事了、人和。2007年，陈燕萍审理了一起夫妻离婚后的财产纠纷案，双方情绪非常对立，继子扬言要杀掉继父朱某。陈燕萍在了解了案情后，发现朱某系上门女婿，离婚后一直无家可归。如果简单判决，双方矛盾将会更加激化。为了让双方彻底化解矛盾，平息纷争，陈燕萍把办案重点放在促使双方重归于好上。通过与三人的多次交谈，走访左邻右舍，陈燕萍了解到他们三人的结合点就在一个“情”字上。陈某与朱某做了20多年的夫妻，有夫妻之情。老朱与陈某结婚后无其他子女，是老朱把继子养大的，他们有父子感情。陈燕萍从“情”字入手做工作，很快一切迎刃而解，陈燕萍的真情打动了老朱一家，老朱主动申请撤诉，陈某及儿子同意接纳老朱，一个死了的婚姻在陈燕萍精心调解下又复活了，社会又增添了一份和谐。

常和陈燕萍打交道的季律师说：“陈燕萍办案有一秘诀，就是她的笑。”一张笑脸相迎，是多年来她“攻心为上”的法宝。在平时繁忙的工作中，陈燕萍再苦再累，脸上却总洋溢着春天般甜美的微笑，她用这真诚会心的微笑，送给当事人问候、鼓励和祝福，架起与当事人心灵之间的桥梁，唤起当事人内心的真情与良知。因此，陈燕萍特别地强调微笑服务，将微笑办案理念融入司法活动中，尤其在接待环节，总以和善的微笑为当事人奉献真诚，播撒人民司法的亲和力，像春风一样送给当事人温暖。季律师说：不管当事人到法庭带有多大的怨气、怒气甚至是火气，总能在陈燕萍的微笑中消化，她的微笑有着“四两拨千斤”的功效，这既是一种办案方法，更是法官难得的修养。

陈燕萍把自己的办案方法，总结为“真心贴近群众、深入调查研究、注重释法析理、真情化解纠纷”24字的工作法。说到底，就是用群众认同的态度倾听诉求；用群众认可的方式查清事实；用群众接受的语言诠释法理；用群众信服的方法化解纠纷。想人民群众之所想，急人民群众之所急，帮人民群众之所需，把人民群众的满意作为办案的评判标准。

以高尚的情操，弘扬着社会主义的文明风尚

熟悉陈燕萍的人都知道，她爱岗敬业，有着强烈的事业心和使命感。她每年办案200多件,是全院多年的办案状元。所审理的3000多件案件无一错案，无一投诉，无一上访。组织上曾多次考虑到她一个女同志，长期在农村工作，照顾不到家庭，让她回院机关工作，但她总是难舍与农村法庭的感情，说在哪里办案都一样。就这样，她在法庭一干就是14年，爱人生病住院她不能陪，女儿上幼儿园她不能接，年迈的父亲从生病到过世她都没能很好地伺候过。她工作从来就没有8小时的概念，加班熬夜那是常有的事。她常说“宁让人等案件，不让案等人”。有人问陈燕萍，这么拼命到底是为了什么？她笑着说：“我牵挂的事情太多，每当翻开卷宗，想起当事人，想起老百姓，就会觉得心里沉甸甸的，不把这些事情处理好，我放心不下，想偷懒也没办法。”用她爱人的话说，“她是一个劳碌的命。”在和陈燕萍的接触中，大家总能感受到她对案件当事人、对急需帮助的求助者，以及对千千万万普通群众的那种牵挂。这种把普通的群众当成自己的亲人，这是一种境界，是一名优秀的基层干部、一名优秀法官、一名优秀的共产党员才可能拥有的境界。当地群众无不赞叹地说：陈燕萍才是咱百姓真正的贴心人。

陈燕萍常说，法官不是官！只是受民所托、为民解忧的人民公仆。2007年上半年，辖区发生一起因新建学校涉及30多户村民的拆迁案件，因部分村民对补偿方案不满意，出现了集体阻工和聚众上访的征兆，如果不迅速妥善处理，不仅学校建设无法按期完成，而且还可能会引发群体性事件，影响社会稳定和党群关系。陈燕萍接手案件后，从服务大局出发,带领合议庭的同志，立即挨家挨户没日没夜做工作，认真听取群众意见，安抚群众情绪，耐心讲解法律法规，协调解决群众困难，争取拆迁村民的合法权利，在党与人民群众之间架起了一座连心桥。一个星期下来，陈燕萍人瘦了一圈，满嘴起了血泡，家人和同事见了都十分心痛，而陈燕萍表示："只要能顺利完成拆迁任务，为经济建设社会发展做点事，自己苦点累点无所谓。"最终案件全部协调解决，有效地避免了一场群体性事件的发生，为学校建设按期完成创造了条件，受到了市委领导的表彰。

在陈燕萍所办案件中，有70%以上是调解结案的，婚姻家庭类案件的调解率更达到了90%以上。农村有句俗话叫"一代官司三代仇"。很多案件如果当庭依法判决，对法官来说倒是省心省力，但乡亲们抬头不见低头见，可能就因为一件小事埋下心结，从此老死不相往来，甚至反目成仇。调解能消除当事人心理上的对抗，实现社会的和谐和稳定。因此，陈燕萍始终用百分之百的努力，去实现哪怕百分之一的调解可能。有的时候为了调解一件案件，要花上几倍于判决案件的精力。在一起房屋确权纠纷案中，经过多次开庭调解，原被告和律师都认为调解无望了，但陈燕萍还是坚持要调到底，最终在她执着的坚持和反复努力下，原被告双方握手言和。在一起因通道引发的案件中，原被告是亲兄弟，因琐事两家伤了和气，弟媳还打了大伯一个耳光。哥哥便在弟弟家外出路道上挖了一道沟，要求弟弟用农村所迷信的"六眼"打招呼以驱晦气，亲友、村干部多次调解未能见效。陈燕萍接手案件后，先后十多次进村，请来了村干部和村里德高望众的老者一道参与调解，讲情、讲法、讲理多管齐下，最后以弟媳端茶给大伯的方式打招呼解决，成就了一段地方佳话。在陈燕萍的努力下，有多少剑拔弩张的邻里一笑泯恩仇，有多少对簿公堂的夫妻破镜重圆，已记不清了。

陈燕萍有着甘守清贫、一尘不染的高风亮节。作为一名长期在基层法庭工作的法官，陈燕萍也时常会受到亲情的挑战、金钱的诱惑。但是，陈燕萍在人情面前她认法不认情，在金钱面前她认理不认钱，她用自己的一言一行赢得了人民群众对法律的信仰和对法官的敬重。2007年，陈燕萍在审理一起离婚案件时，女方的父母鼓动女儿闹离婚，并通过熟人找到陈燕萍，请求她帮忙，并顺手递给她一个装有千元的红包，被陈燕萍当即婉言拒绝。女方父母以为她嫌钱少，又从口袋里掏出一叠钞票。陈燕萍板起面孔进行制止，并严肃地批评他们不要强迫女儿离婚。通过细心调解，小俩口和好了。女方父母感慨地说："陈法官认法不认钱，只怪我们一时糊涂，以后再也不干涉小俩口的婚姻了。"一次，陈燕萍在审理一起借贷纠纷案件时，被告是一名农村干部，与她丈夫关系非常要好。被告就请她丈夫吹吹"枕边风"，请陈燕萍关照一下，原告听到风声后非常担心。但陈燕萍在查明事实，分清是非的基础上，依法判决被告败诉。被告接到判决书后非常服气地说："陈法官只认法不认人，这样的法官，我佩服"，并很快主动履行了法院判决。

14年来，陈燕萍一身正气，两袖清风，无数次拒礼、拒贿、拒吃，无一违法违纪，无一投诉举报。正是由于她的公正，赢得了广大群众对她的信赖和尊敬。不少当事人说："案件到了陈法官手里，我们放心，心里踏实。"

媒体报道

用心审案　播撒和谐

《人民日报》

一缕冬日的阳光穿过窗户，落在身穿法袍的陈燕萍侧脸上，庄严，安详。

法庭正在审理的是一起工伤损害赔偿，经过陈燕萍的调解，被告答应当场拿出赔偿款。"今天算是比较顺利的"，宣布休庭后的陈燕萍一边把现金拿给右手缠满绷带的原告，一边扭头笑着对旁听的记者说。

自1996年扎根基层法庭以来，江苏靖江市人民法院园区法庭副庭长陈燕萍以"让原告放心，让被告心服，让群众满意"为目标，14年累计办案3000多件，无一例错案、无一例上访、无一例投诉，被群众戏称为"三无法官"，他们说："案子到陈法官手里，我们放心，心里踏实。"

用真心贴近群众

"多走几步，多说几句，让法律更贴近民心"

"我要陈法官审我的案子。"

"对不起，案件分配有专门规定，没有指派法官的先例。更何况，陈法官的案子已经排满了。"

"别人我不晓得，我只晓得陈法官。她审，输了我也服。"靖江市人民法院园区法庭，一位前来打官司的老大爷只认陈燕萍。类似的情况，经常发生。

说起陈燕萍，同事们都说"不容易"：她是在靖江农村法庭干得时间最长的女法官。到法庭第一年，她骑自行车走遍辖区所有乡村，办案102件，是当年全院两位办案超百件法官之一。如今，陈燕萍年均办案200件以上。

“2008年，陈法官当选全国人大代表，变得更忙了。一个星期要处理四五起诉讼，还要接待一些群众来访，整天不停地说。她有咽喉炎，说得多了会干呕。”在陈燕萍身边当了9年书记员的王丽君说。

“别人都心平气和了，我受点累，算什么呢？”陈燕萍说。

在常和陈法官打交道的包利群律师看来，法庭之上的陈燕萍不但明察秋毫，而且“喜欢揽事情，办案往往比别人多走几步，多说几句。”正是这多走的几步、多说的几句，让法律更贴近民心。

泰州市中级人民法院院长张培成介绍，在“陈燕萍工作法”里有一个很重要的术语，叫“出现场”。一些农村群众文化素质不高，法律知识比较欠缺，无法完成对自己主张事实的举证义务。基层法官需要适度深入现场，调查取证。

陈燕萍一直坚持“现场必去，群众必访”的原则，尤其在处理邻里关系、农村房屋买卖纠纷等案件时，她总要带着原告来到现场，实地勘查。“基层的案子比较小，但矛盾并不简单，深入到群众中进行走访，不‘坐堂问案’，这样既方便群众又能充分了解案情，通过走访群众甚至还能更加充分了解案件背后的隐情，找到化解矛盾纠纷的切入点。”陈燕萍说。

用耐心建立信任

“法官不能简单地一判了之，要让人信服而不是屈服”

让法律贴近民心，陈燕萍付出最多的是耐心。

当事人朱某在法庭上一遍遍地陈述着自己的理由。他不善言辞，口音又重，旁边的人已经感到不耐烦，有的甚至打起了瞌睡，但陈燕萍依然不动声色地听着。

终于，朱某说完了。

“你还有什么要补充的吗？”陈燕萍问。

朱某回答，没有了。还没等陈燕萍开口，朱某突然出人意料地说，“陈法官，这个案子你怎么判我都服！你是第一个听我完完整整说完的人。”

“当事人来到法庭，往往难以理性自持，需要一个感情宣泄的过程。”回顾起这个案子，陈燕萍说，倾听就是很重要的一部分，法官要付出耐心，“好了好了，晓得了晓得了”是说不得的。倾听的过程也是消气的过程，有利于建立法官与当事人之间的信任，消除当事人的抵触情绪，为顺利化解纠纷奠定基础。

书记员王丽君说，无论办什么案子，当事人带着多大的怨气，陈法官都会给对方倒上一杯茶，并且脸上始终洋溢着微笑。这种耐心与和善让每位接触过陈法官的当事人和律师都印象深刻。

“基层的很多案子，案情并不复杂，但往往和赡养、离婚等涉及家庭关系的纠纷有关。”陈燕萍说，“在审理这些案子时，不但要做到于法有据，还要化解当事人心里的气，做到法、理、情的统一，才能排除隐患，真正实现案结事了。”

但也并不是所有的耐心都能得到理解。在陈燕萍到当事人家中了解案情，或者执行判决时，也遇到过当事人的冷言冷语，有的当事人往她身上泼水，甚至以拳脚相威胁。“我可以动用法警把他们拘起来，但我没有那么做。”陈燕萍解释，“那样虽然能让他们一时服软，但会造成更大的隐患。法官不能简单地一判了之，要让人信服而不是屈服。”

用细心释法析理

“用百姓听得懂的语言审案，用百姓信服的方式化解纠纷”

1996年，刚到基层法庭工作的陈燕萍第一次审案，用普通话和“法言法语”与当事人交流，对方回答：“你不要用京腔洋调和我说话，我听不懂。”这无疑让刚刚接触基层工作的陈燕萍挨了当头一棒。

陈燕萍不是靖江本地人，而靖江本地有五六种方言，即使本地人也不一定全能听懂，更何况很多“法言法语”对当地群众来说过于陌生。面对这一现实陈燕萍开始考虑。

2008年，靖江市东兴镇村民张某在郭某的个体作坊打工筛铁屑时，被飞出的铁屑击伤了左眼，造成8级伤残。张某把郭某告上法庭，但郭某以没签协议为由，拒绝赔偿。陈燕萍经过现场勘察和调查研究，认为如何让郭某明白“雇佣关系”是问题的关键。

“老郭，你是厂子的老板，张某到你这里打工，和你是雇主与雇员的关系，你承认吗？”陈燕萍找来郭某，平心静气和他讲。

“什么雇主与雇员？我们又没签雇佣协议！”郭某矢口否认。

“老郭，你这样想就不对了。打个比方，我今天喊一个三轮车夫帮我拉水泥，我们之间就是法律上的雇佣关系，跟签不签协议没关系。人家张某在你厂子里筛铁屑，是你让她干的，她在给你工作的过程中发生事故，这难道不是事实吗？”

郭某一时无语。陈燕萍接着说，你的厂子还在开工，钱总会赚回来的；但张某的眼睛坏了，是一生一世的事情。大家乡里乡亲，你应该将心比心。

通过这番入情入理的谈话，郭某明白了自己的法律责任。在陈燕萍主持的调解中，双方顺利达成了协议。

“这个案子最重要的就是‘释法’。”陈燕萍说，“很多时候老百姓不是蛮不讲理，而是不了解法律。一旦法官用他们的语言把法律解释清楚，知晓了法律规定，问题就迎刃而解了。”

“她以维护群众的合法权益为依归，严格公正地办好每一个案件。她身体力行，以个案的公正裁决来实现普遍的司法公正，把普遍公正寓于个案的公正裁决之中。”江苏省高级人民法院院长公丕祥评价陈燕萍。

用爱心牢记“人民”

“我审的不是大案要案，但对很多老百姓来说，官司一生一次，影响一生一世。”陈燕萍说。当初，是做医生的父亲替她选择了法官的职业，父亲告诉她，医生救死扶伤，法官主持正义；一个治疗肉体的病痛，一个调整社会关系的症结，都和老百姓的生活密切相关。“你要牢记法官前面的‘人民’两个字。”这句话让陈燕萍铭记终生。

“人民法官要把人民满意作为评价标准。江苏靖江市法官陈燕萍扎根法庭14年，群众评价‘案子到陈法官手里，我们放心，心里踏实。’这种朴素的语言，就是对她的最高评价，说明她真正成了一名‘人民法官’。”最高人民法院院长王胜俊如此评价陈燕萍。

陈燕萍忘我的工作也离不开家人的鼎力支持。“她是个很好的人，做法官是个成功的法官，做妻子也不错。她不容易，我也不苛求。”丈夫邵柏青非常体贴。渐渐长大的女儿也理解妈妈的辛苦，还学着妈妈的样子在家里组成“合议庭”，以少数服从多数的方式“审理”家庭事务。陈燕萍的法官职业影响着小小的家庭，更影响着千千万万的基层群众。

对于比较激化的群众矛盾，单靠法官自己的努力往往难以化解，陈燕萍充分发挥党委和政府的合力，并调动其他人民调解组织协力解决。例如在一起拆迁纠纷中，双方签订拆迁协议后，被告拒绝腾房，并用煤气罐相威胁。陈燕萍经走访后得知，这一家四口中三位残疾、一位没有工作，她几番奔走，与党委、政府沟通，为该住户办了低保，当兵致残的儿子还得到了转业安置。

“当我看到一对闹离婚的夫妻吵着进来，笑着出去；当一个案子村里所有人都调解不了，我能调解的时候，有一种很强的成就感和幸福感。”陈燕萍说，“我最大的愿望，就是‘天下无讼’。”

心系百姓 坚守正义

《人民法院报》

这是一位平凡朴实的中年女性，给人印象最为深刻的是她那双明亮的眼睛和春天般温暖的微笑。

只有至真至纯的人，才会在经历40多载人生风雨之后还有这样纯净的眼神。只有内心充满阳光的人，才能面对满心烦恼满脸怨气的人们保持这样灿烂的笑容。

这双眼睛，看着失去女儿的妈妈欲哭无泪，听着失去母爱的幼女呼唤妈妈，望着孤苦老人的佝偻背影时，总是情不自禁地泪流满面；这份笑容始终挂在脸上，无论面对的是衣衫褴褛的老大爷，满脸愁苦的老大妈,还是怨气冲天的老大伯。

这是一位普普通通的基层女法官。虽然她不在高位，没有很高的学历，也没办过大案要案，更没有著书立说，但是，她14年如一日，不为名驱，不为利动，以她那纯朴的为民情怀，笑对村民百姓,甘处家长里短，审理的3000多件案件无一错案、无一投诉、无一上访，做到案结、事了、人和。

她以对待亲人一样的感情、一样的方式、一样的态度对待打官司的老百姓，把公平正义和党的温暖送到千家万户，赢得当地人民群众的真诚爱戴。老人们叫她“闺女”，同龄人称她“大姐”，孩子们呼她“阿姨”、“法官妈妈”。

2009年8月，最高人民法院院长王胜俊在一次会议上动情地向在座的全国大法官介绍了陈燕萍。王胜俊说：“群众都说‘案子到陈法官手里，我们放心，心里踏实。’这种朴素的语言，就是对她的最高评价，说明她真正成了一名‘人民法官’。”

（一）

面对孤苦少女，她是慈祥的母亲

2002年8月29日下午，一位60多岁的老奶奶找到陈燕萍办公室，她要帮9岁的孙女起诉亲生母亲，请求给付生活费、医疗费和学费。

陈燕萍像往常一样耐心倾听老奶奶的倾诉：小敏4岁起，爸爸因鼻癌住进医院，3年后去世了，留下5万多元债务。爸爸走后一个多月，妈妈也悄悄地跟了邻村的男人，再也没回来。7岁的小敏失去父母的爱，只好跟着奶奶艰难度日。最可悲的是，小敏1岁多时，左眼上方长了个瘤，后来右下巴又长出一个肿块。

现在，家里生活实在困难，小敏病情又在不断恶化，奶奶不得不带小敏去找妈妈，狠心的生母却拒而不见。因此只好到法庭求助。

谈话间，办公室的门轻轻推开了一条缝，露出了半张怪脸，陈燕萍一惊：“谁？”门又轻轻地关上了。奶奶说：“是那孩子。”陈燕萍把小敏喊进来，看着她低着头，猫着腰，藏在奶奶的身后，陈燕萍一阵心酸。小敏低声说："阿姨，帮我找妈妈……"陈燕萍一下涌出眼泪：孩子要的不仅仅是每月一百元的抚育费，她要的是母爱啊！她摸着小敏的头说："阿姨一定为你找妈妈。"

陈燕萍一次次上门去找小敏妈妈，但她始终不肯露面。多次通知她到庭应诉，都被拒绝。2003年2月，法庭依法判决：被告每月给付原告生活费100元，承担医疗费、教育费。判决后，邮寄出的判决书因"查无此人"被退回。陈燕萍四处打听小敏妈妈的下落，拉着小敏的手十几次去寻找，但始终不见此人踪影。

陈燕萍当起小敏的"代理妈妈"。每逢节假日，陈燕萍总是带着大包小包的东西来到小敏家。小敏开学了，她送去学生用品，学杂费、伙食费；儿童节，她带去她爱看的书和爱吃的小吃；春节到了，她给小敏添置新衣。邻居们看到陈燕萍来了，老远就会喊：小敏，你的"法官妈妈"来了。小敏穿上了新衣服，背上了新书包，终于能和别的小朋友一样，安心坐在教室里上课了。

小敏一天天长大，缺少父母关爱的她整日郁郁寡欢。最煎熬她的是脸上的两个肿瘤。她难以承受周围异样的目光，总是把头埋得很低。每次去探望小敏，看着她小兔子般怕见人的可怜模样、沉默寡言的自闭状态，陈燕萍总是一阵心痛。

从此陈燕萍暗下决心：一定要帮小敏走出心理阴影，昂然面对生活。她用点点滴滴真诚的关怀，让小敏觉着自己也是有人疼的孩子。小敏每次过生日，陈燕萍都带上蛋糕在教室里和同学们一起祝贺她的生日。在陈燕萍的感染下，同学们不再嫌弃和取笑小敏了。看到小敏变得开朗起来，陈燕萍感觉自己真的就像她的亲生母亲。

为给面部严重畸形的小敏治病，陈燕萍四处募捐筹款。5年来，她带着小敏到靖江、南通、南京、上海等地多家医院求医，一次次满怀希望而去，又一次次满心失望而归。

2009年夏天，上海一家医院终于答应为小敏做手术，陈燕萍喜极而泣。在动第一次手术前，陈燕萍紧张得两夜都没睡得着觉。医生告诉她，手术难度和风险很大，下不了手术台也是可能的，签字时她的手一直在发抖。

小敏进入检查室前，一把搂住陈燕萍："妈妈，我怕！"听着这突如其来的称呼，陈燕萍泪如泉涌，她抱住小敏："不用怕，妈妈知道小敏很坚强，妈妈在外面等你。"

终于，小敏额部左侧一个足有2公斤重的肿瘤被摘除。等待了11个小时的陈燕萍一把抱住了主刀大夫，不知说了多少个"谢谢"！

面对委屈的老人，她是孝顺的女儿

2006年9月的一天晌午，陈燕萍刚结束庭审走出法庭，一位白发苍苍的驼背老人颤颤巍巍跪到面前，浑浊的眼里含着泪花："老爷，老爷，你一定要帮我争个理啊！让我儿子给我一口饭吃。"

孙大爷81岁了，早年丧妻。凭着一手理发手艺，把一双儿女拉扯大。1999年，孙大爷跟儿子儿媳闹了别扭，一气之下住到邻村的女儿家里，这一住就是7年。这7年里，儿子似乎忘记世上还有这样一位老父亲。那天，老人早早就起了床，骑了20多里三轮车来到法庭，就是想见一见"老爷"，让"老爷"主持公道。

陈燕萍赶紧扶起老人。她搀着老人到食堂，给他打了一份饭菜，让他边吃边讲。听了事情经过，陈燕萍辛酸不已：这个憨厚的老人，是因为伤心透顶才把亲生儿子告上法庭的。她决心不让老人再受伤害。

第二天，陈燕萍就到老人的儿子孙某家做调解。见了面，孙某夫妻俩就数落起老人的种种不是："这个老头子脾气太大了，跟谁都过不下去。""这些年老头子私房钱都给了女儿，凭什么要我们养他。"

陈燕萍像大姐一样厉声责问："是谁辛辛苦苦把你养大的？你多少年没有见过父亲了？要不是把你告到法庭，你是不是永远不见这个爹了？"她语重心长地劝导："老人这么大年纪了，做儿子的应该多包容。不管怎么样，他始终是你的父亲，尽孝心是天经地义的。"

陈燕萍的话让孙某羞愧难当。一个星期后，双方达成协议：尊重老人意愿，孙大爷还住在女儿家，孙某每月提供100元生活费、30斤大米。

孙大爷感激得老泪纵横，要给陈燕萍下跪："法师，法师，你真是我的大恩人！"

陈燕萍赶紧扶住老人，对着耳背的他大声说："大爷啊，我不是老爷，也不是法师，我是法官。您就把我当女儿吧，有什么难处跟我说，我会帮您的。"

办案过程中，看着80多岁的老人每次都骑20多里的车来法庭，陈燕萍心疼不已，她嘱咐老人有事打电话，不用亲自来。

有一次，陈燕萍塞给老人200元钱，再三叮咛他不要骑车，这些钱就当路费。孙大爷无论如何不肯要。趁老人不注意，陈燕萍还是将200元钱塞进他的口袋。孙大爷回家后发现了200元钱，第二天又骑车给陈燕萍送过来。陈燕萍又心疼又内疚，责怪自己害得老人又跑一趟。

之后，陈燕萍经常看望老人，不时塞点钱给他，但老人怎么也不肯收。提起陈燕萍，孙大爷就会很开心："好闺女啊！"

面对烦恼的当事人，她是真诚的姐妹

2009年5月的一天，陈燕萍打电话给一起离婚案的被告张强，通知开庭时间。得知张强腿伤，她以为只是普通的扭伤，就将开庭日期延迟了20多天。开庭那天，陈燕萍因为出差委托同事审理。

原来张强不是一般的腿伤，而是因为车祸下肢瘫痪。

陈燕萍得知后心里极为不安，后悔当初电话里没有多问几句。如果事先了解张强的身体情况，自己一定会去现场进行调处，就不会让他受这份折腾。几天后，她来到张强家中表示歉意。

推开新桥镇张强家的门，黑乎乎的屋里，一股令人作呕的臭味迎面而来。而陈燕萍却若无其事地进了屋。屋内窗户上透进来的光线，照见张强躺在床上，胡子拉碴，精神萎靡，手里拿着一根竹棍，面对着开得山响的电视机，盯着屏幕上那只奔逃的羚羊。善解人意的陈燕萍知道，看电视是张强平日的精神依赖，没去关电视，而是走到窗口，准备打开窗户。这时张强大声地说："不要开，待会儿没人关的。"陈燕萍说："没事的，走的时候我会关上的。多换换气，对你身体有好处。"张强这才把目光转向了眼前的这位女法官。

陈燕萍坐到张强的床边，满怀歉意地说："我真的不知道你伤成这样，那天不应该传唤你到法庭去，我向你道歉！"接着她试了试床上方的吊环，勉励张强要努力锻炼，争取早日能够生活自理。"有什么想法提出来，我来解决，你要相信我。"

张强断断续续地讲了自己的想法和要求。不知不觉一个小时过去了，看到陈燕萍要走，张强撑起身子，拿起竹棍关掉了电视。他声音哽咽："每次一有人来，都捂着鼻子离我远远的，从不正眼看我，你是第一个不嫌我脏、不嫌我臭，还这么近的和我谈心的人，今后我都听你的！"

不久前记者到张强家采访，看到这个曾经精神崩溃的中年男子，已经摆脱了车祸、离婚的阴影，如今神情愉快、一身整洁地坐在轮椅上正和邻居下棋娱乐，再也不是整天窝在床上，不敢见人了。他告诉记者，后来陈燕萍多次做工作，让他们夫妻和好，但妻子就是不肯，强扭的瓜不甜，离就离吧，现在天天锻炼身体，生活也能自理了。他说，是陈燕萍的温情重燃他生活的信心，人生的路还有很长，自己要过好每一天。

一个人做一件好事并不难，难的是一辈子做好事。在靖江采访，记者听到许许多多关于陈燕萍的这类故事。

15岁的张虎在为小作坊做工时手指被压断，拉着孩子断指的小手，陈燕萍感觉到母亲一样的心疼，忍不住热泪盈眶。经过不懈的努力，她为小张虎主持了公道。

为了帮助遭受不孝子虐待的老人，她一次次上门，像大姐一样耐心地教育、开导，终于驯服了脾气暴躁的儿子。老人说："您这是救了我们一家子！"

一位因失去孩子监护权的当事人，在要走向绝路的时候，是陈燕萍及时制止、劝导，帮助她学会了裁缝手艺，如今还当上了老板，重新得到了孩子的监护权。

一位离了婚的女当事人对生活失去信心，陈燕萍鼓励她自强自立，并帮她办证、选址、筹资，成功地开了家美容店。

为了给家境贫寒、五级伤残的车祸当事人拿到救命的钱，她日夜兼程不远千里，从靖江赶往吉林辽源，一路上，住小店，坐大车，吃方便面，不用当事人的一分钱。

多少失去生活信心的当事人，在她的鼓励、教育、帮助下重新扬起了生活的风帆；多少老人在她千方百计的努力下重新有了生活的着落；多少不孝之子在她的感召下，唤醒了良知。

对于许多身处逆境的当事人来说，陈燕萍就是最亲的亲人。

（二）

因为把人民群众当亲人，她才能14年如一日扎根基层，用全部身心守护公平正义，践行人民法官为人民的诺言

"我要陈法官审我的案子。她审，输了我也服。"在靖江法院园区法庭，经常有当事人提出这样的要求。

在当地，陈燕萍已经成为群众最为信服的法官。从事法院工作的同志最清楚"信服"二字的分量。对于身处矛盾复杂、纠纷频出的农村法庭，要让百姓信服，需要付出多少心血和汗水。

1996年春天，在靖江法院机关工作的陈燕萍，主动要求到基层人民法庭工作。农村法庭环境艰苦，人少案多，交通不便。陈燕萍很快就适应了新的环境，把全部精力投入到办案中去。白天忙着发传票、调解、开庭，晚上忙着写判决书、查阅案卷等，经常忙得晕头转向，累得腰酸背痛。下班以后，总是在同事们的一再催促下，她才放下手中的案卷，踏上回家的路。一年下来，陈燕萍成为全院办案"状元"，以勤奋、坚韧的作风赢得了同事的敬佩。

日复一日，年复一年。旧的案件还没处理完，新的案件又来了，年均办案200件以上，最忙的时候一天开3个庭，连水都不敢喝——怕上厕所。忙狠了，头痛得要用力敲打。3年前，女儿中考没考好，陈燕萍自责了好一阵，并且萌发了"调上去"的念头，但最终没有开口。

农村法庭的艰苦条件，对一位女同志来说尤其艰辛。而对她这种凡事认真的人，更要付出加倍的心血和汗水。为了利用送达的机会了解案情、争取调解，她总是尽可能亲自送达传票。到法庭半年后的一天，因案子的被告白天在外打工，传票只能在晚上送达。陈燕萍下班后骑着自行车来到被告家，一直坐在他家门口等到晚上8点多钟才见到当事人。在回来的路上，突然一阵狂风暴雨，路上泥泞难行，陈燕萍艰难地推着自行车，由于天黑看不清道路，她一头跌进沟里，自行车整个压在她身上。陈燕萍哭了，泪水和着雨水顺着她的脸流下来。后来，在一位村民的帮助下，她才安全回到了家。

泰州市中级人民法院院长张培成形象地概括："陈燕萍办案有'三多'：走路多，说话多，流泪多。"她工作的园区法庭所辖20多平方公里，人们经常见到陈燕萍走访当事人家庭、深入田间地头的身影。

陈燕萍告诉记者："我审的不是什么大案要案，但一

个农民一生也许就打一次官司，对他们来说，他们的案子就是大案要案。做法官的，就要用心去做，让原告放心、被告心服。”

同事们说，陈燕萍有“道德洁癖”。在21年的法官生涯中，没有收过当事人一件礼品，没有办过一件人情案。只要提起陈燕萍，老百姓都会异口同声地说：“这个人，硬气！”

2007年5月，陈燕萍审理一起离婚案件。判决的前一天，女方父亲将一个红包送到陈燕萍办公室，请求她帮忙。陈燕萍婉言拒绝，并劝告不要干涉女儿的婚姻。女方父亲以为她嫌钱少，又从口袋里摸出一沓钞票。陈燕萍板起面孔，对他进行了严厉地批评。

在一起借贷纠纷中，被告是陈燕萍爱人一个情同手足的朋友，他托陈燕萍爱人为其说情。丈夫明知陈燕萍不会答应，但拗不过面子，还是破例向她开了口。但陈燕萍并没有因此而网开一面，而是在查明事实、分清是非的基础上，依法判决被告败诉。被告接到判决书后感叹：“陈燕萍真是认法不认人。”

靖江律师季冬说：“我们当地同仁都知道，如果案子在陈燕萍手上，你不用去做工作，也不用担心她被对方做了工作。在法庭上我们打过无数交道，平时若偶然相遇，只会相视一笑，打个招呼。我想，这种相视一笑，也许就是法官与律师关系的最佳诠释吧。”

因为把人民群众当亲人，她才能把对党的忠诚体现在调处每一个案件上，把党的温暖传送到千家万户

农村法庭审理的案件，大部分是家长里短、邻里纷争的小案，但案件的处理结果却直接影响到当事人的家庭和睦、社会和谐。一个邻里纠纷没处理好，说不定能闹出人命官司。

陈燕萍从来不以审结案件为目标，而是自觉地以化解矛盾、构建和谐为己任，努力做到审结一件案件，温暖一方民心，促进一方和谐。她秉持调解优先的原则，用一片真情去努力解开当事人的心结，化干戈为玉帛，真正做到案结、事了、人和。

这是一起债务纠纷。一家渔轮厂急需资金而以高利方式向农民集资，在没有及时还款的情况下被6位农民告上了法庭。陈燕萍想，企业发展不容易，农民的钱来得更不容易。她没有简单地按有关法律规定驳回原告的起诉，而是开始了艰苦的调解。时值隆冬季节，陈燕萍十多次地往返企业和农民家中。最后双方达成协议，渔轮厂变卖钢板，归还了100多万元的集资款。企业厂长也被陈燕萍的精神感动：“陈法官吃了这么多的苦，于情于理于法，我们也不能让她再跑了。”

这是一起离婚案。被告樊某刑满刚刚出狱就接到离婚起诉书。他长跪在地，请求法官不要判决离婚，表示愿意痛改前非，重新做人。陈燕萍了解到，樊某夫妇有一定的感情基础，离婚将对孩子的心灵造成伤害，便努力进行调解。经过一次次耐心沟通，陈燕萍的真情打动了原告及其父母，女方主动申请撤诉。一个家保住了，樊某重新树立了生活的信心。

这是一起房屋确权纠纷。经过多次开庭调解，原、被告和律师都认为调解无望了，但陈燕萍还是坚持要调到底，在她执著坚持和反复努力下，最终原、被告握手言和。

这是一起亲兄弟因琐事引起的纠纷，在亲友、村干部多次调解未能见效之后闹上法庭。陈燕萍先后十多次进村，请来了村干部和德高望重的老人一道调解，讲情、讲法、讲理多管齐下，最后是兄弟俩尽释前嫌。

在陈燕萍的努力下，多少剑拔弩张的邻里一笑泯恩仇，多少濒临破裂的家庭破镜重圆，多少曾经对簿公堂的伙伴重新合作……

陈燕萍认为，作为一名法官，要有大局意识和强烈的社会责任感。

2008年下半年，某民营企业的13名员工为养老保险把企业主告上了法庭。陈燕萍担心此案急于处理，会引发群体性事件，她和同事们多次到这家企业调研，查明是非，安排企业领导跟这13名员工分别对话。调解那一天，从早上8点谈到晚上8点。陈燕萍本来就感冒发烧，扁桃体发炎，最后连话都说不出来了，只得用打手势来处理矛盾，直到最后一名职工算完账签上字才离开。该企业根据法庭提出的司法建议，对同类职工也进行了补偿，从而避免了一起群体事件。由于对员工的补偿分期兑现，又给了这个企业生产自救的条件，如今这个民营企业更加兴旺了。

泰州市委常委、政法委书记高纪明说：“陈燕萍不仅努力做好审理案件的工作，而且做了大量社会工作，及时化解了许多矛盾纠纷。她不仅是模范的司法工作者，也是优秀的党的基层工作者。”

离开靖江时，记者在留言簿上留下这样的评价：真善美的化身。无论作为一个人，还是作为一个法官，陈燕萍在工作和生活中处处体现着真诚、善良和美好的人格特质。这样的为人肯定不是偶然的，我们从她的成长经历中找到了答案。

陈燕萍的父亲陈广从小参加新四军。解放后，父母都成为苏北一所麻风医院的医生。为了隔绝传染，从小镇到麻风医院，架了3座吊桥。20多年里，父母风雨无阻，每天穿梭其间。有两件事深深刻在陈燕萍的脑海里：一次，一位老人被浓痰哽住了，随时都有窒息的可能，父亲当即口对口给老人吸痰；一次，病人给母亲送了自己一针一线缝好的鞋底，尽管这鞋底有可能是传染源，但母亲还是用消毒水泡了一个星期以后，让女儿穿上了。

父母视病人为亲人，尊重他人的生命与人格，关心弱者、同情弱者的品格，深深地留在了陈燕萍幼小的心灵里。她告诉记者：“父亲常教导我，当法官跟做医生一样，首先要立德，要有体恤之心。有一颗善良的心，才会有一颗公正的心。”

父母的影响熏陶，党和人民的培养教育，基层工作的刻苦磨练，对群众疾苦的深刻体恤，造就了一位始终把人民群众当亲人的模范法官和优秀共产党员。

在公正执法中添加和谐美

新华社

对普通百姓而言，也许一生就打一次官司，所以件件都是大案要案。”这是陈燕萍说的。

陈燕萍是江苏省靖江市人民法院园区法庭副庭长。她在法院工作22年，扎根基层15年，累计办案3100多件，没有一件算得上大案要案，多是家庭琐事、邻里矛盾或婚嫁纠纷。在旁观者眼里，这些家长里短、鸡毛蒜皮的小事，是“清官”也很难断的家务事。

老百姓的案件，件件都是大案要案

46岁的陈燕萍深知，案件处理是否公正，将直接影响到当事人的家庭和睦，进而影响社会的和谐，乃至全社会的公平和正义。

靖江市新桥镇新四圩西村的严乐其与邻居严乐生，因小小的刺毛虫闹上了公堂。原来，严乐生家贴着围墙有一排10多米高的槐杨树，繁茂的树枝斜着身子探进了严乐其家。每到夏秋季节，严乐其的院子里便到处爬着刺毛虫，不小心被刺一下，身上又痛又痒。

严乐生一家都在外打工，家中只有老奶奶看门。为了刺毛虫的事，村干部做过多次工作，但因为联系沟通不便，都没能成功。严乐其于是告上法庭，要求严乐生家立即停止侵害，消除危险，并赔偿其损失500元。

陈燕萍决定从原告身上寻找突破口。她劝严乐其：“如果判处对方锯树赔钱，两家人很可能就此成陌路。为这点事闹得老死不相往来，不值得。不如缩小矛盾，只要对方锯了树，你就不要再计较了，再贴点工钱，让对方心里也舒服点。”严乐其接受建议后，陈燕萍又及时给严乐生打电话，讲述了有关法理，并将严乐其的想法与他交流。法官的诚恳、邻居的退让，也感动了严乐生。没过多久，惹事的槐杨树被锯掉了。

“村民的感情都很淳朴，但有时难免也会抬杠。你如果一本正经和他说理说法，他也未必把你当回事；如果你敬他一尺，他会敬你一丈。尊重他们多做调解，双方都有台阶可下，问题就容易解决。”陈燕萍说。

卞大贵曾坐过7年牢，出狱后决定重新做人，并与人合伙做建材生意，一心想多挣钱回报妻女。没料到，两年前的一场货款纠纷，差点让他家破人亡——卞大贵付了钱却忘了向对方要收条，对方凭供货合同将他告上法庭，要他“付清拖欠的10多万元货款”。

苦等7年后的妻子看着丈夫又惹上这身官司，开始心灰意冷，说他不诚实，闹着与他离婚。

陈燕萍对案件事实进行了认真调查，经传唤多方证人，查阅相关账目，最终弄清了案件原由。经反复调解，原告最终撤回诉讼。

如今，卞大贵已是江苏首尔特钢有限公司的副总经理。现在一拿起笔，他就想起陈燕萍对他说的话：只要牵涉到经济往来，就一定要手续齐全，以白纸黑字为准。卞大贵虔诚地说：“她不仅是我的救命恩人，也是我全家的救命恩人。”

一个普通的案件，的确能影响当事人的一生。所以陈燕萍常说：“老百姓的案件，件件都是大案要案。”

调解优于判决，信服胜过屈服

在陈燕萍所办的案件中，有70%是调解结案的，婚姻家庭类案件的调解率超过90%。陈燕萍常说，赡养案件还会有亲情，离婚案件还会有旧情，邻里纠纷还会有乡情，欠款纠纷还会有友情，交通事故还会有同情。这些“情”，就是她坚持调解的基础所在，她认为，只要能唤起人间真情，很多恩恩怨怨都会烟消云散。

农村有句俗话“一代官司三代仇”，很多案件如果当庭依法判决，对法官来说既省心又省力，但乡亲们抬头不见低头见，可能会因此埋下心结，甚至反目成仇。调解则容易消除双方心理上的对抗。陈燕萍坚信：调解优于判决，信服胜过屈服。

东兴镇陈某的前夫去世后，留下一儿一女。1983年，朱某入赘到陈某家，对两个孩子倾注了全部的父爱。可儿子长大后混迹社会并犯罪入狱。老朱恨铁不成钢，在儿子出狱时不愿接儿子回家。小朱回家后就把老朱赶出家门，并扬言要杀掉继父，村组干部亲戚朋友也无能为力。有家不敢回的老朱只能起诉离婚，陈某迫于儿子的压力，也怕闹出人命，只好违心地同意。

由于家庭财产在离婚案中没有分割，老朱依然流浪在外，万般无奈下，他只能继续打财产官司。案件转到了陈燕萍手上，陈燕萍陷入沉思：如果对案件简单处理，很可能就酿成一起家庭悲剧。

陈燕萍多次与小朱接触后，感受到其对母亲深深的爱，便上门开导他说：“如果你与继父白刀子进红刀子出，你妈妈就同时失去了两个她最爱的男人。你妈妈就算不死掉也会疯掉，你忍心这样做吗？你这样也算爱你妈妈吗？更何况你继父为这个家庭辛苦了20多年，你不懂得报恩，因为几句气话就要和他拼个你死我活，还算个男人吗？”一席话说得小朱默默地低下了头。

陈燕萍又多次找陈某的表妹、小朱的女朋友以及邻居做工作。小朱定亲那天，陈燕萍鼓励朱某主动帮助儿子张罗亲事，并给准儿媳妇送了个大红包。通过多方努力，终于拉近了他们的距离。如今，小朱已经结婚生子，对两位老人也很孝顺。朱某逢人便说：“我们家能有今天，多亏了陈法官。”

律师季冬经手的一起房屋确权案，让她领教到陈燕萍对调解的执著。

年近七旬的吴老汉被侄女告上法庭。原告认为，吴老汉所住的房屋是原告父母的遗产；吴老汉却认为房屋是自己出钱盖的，自己扒心扒肺地为哥嫂养老送终，可侄女却让他落了个霸占房屋的恶名。双方在起诉前已闹得不可开交，矛盾愈积愈深。

作为吴老汉的代理人，通过调查取证和庭审，律师季冬认为案件事实非常明朗，房屋确实是由吴老汉出钱所盖，原告的诉讼请求应该驳回。由于原被告矛盾激烈，见面就吵个不停，所以季冬盼望着赶紧结案，对大家都是个解脱。

但陈燕萍迟迟没判。她多次召集双方调解遭到拒绝后，仍不厌其烦地分别找吴老汉和他侄女谈心拉家常，聊他们的叔侄关系，说他们的血缘亲情，直谈得叔侄二人从剑拔弩张，到泪流满面、握手言和。

季冬事后不解地问陈燕萍：这案子本来很好判，为什么一定要调？陈燕萍说，如果省事下判，案子结了，矛盾依然存在，纠纷还会再起。“如果积小怨成大仇，后果就严重了。这个案子，我只不过多费了些时间和口舌而已。”

季冬因此深受启发，在以后的办案中，她在为当事人提供专业意见时，总是以低成本的矛盾解决方式为优先；在维护当事人合法利益的前提下，积极居间斡旋，尽量避免双方的对抗和对立。“我想，这就是和谐司法，也是我们法律人都应该追求的执业境界。”

法官伸张正义需要智慧更需要“能动”

作为中国农村经济发展转型期的缩影，靖江同样浓缩了改革开放进程中的“头疼脑热”，法院案件数量近几年来以年均20%的幅度递增。案多人少，一些法官常采取就案办案机械司法的工作方式，尽管在事实认定和法律适用等方面都没问题，判案的效果往往得不到百姓认可，也无法达到良好的社会效果。陈燕萍说，只有坚持能动司法，在法律允许范围内深入查访事实，尽最大努力追求法律事实与客观事实的统一，才能得到群众认可。

2007年，靖江园区法庭辖区内发生一起恶性交通事故，少女小兰葬身车轮。死者家属索赔无果，将肇事司机告上法庭。但在确定车主时，肇事车竟然冒出四个“车主”。驾驶员孙某称，车主是王某；王某说，车辆已经转卖给丁某；找到丁某后，丁某说车辆已转让给五保户张某。

小兰的父母失望至极：如果法庭判定五保户是车主，这个官司打了还有什么意义呢？总不能让五保户赔偿吧？小兰的母亲有了撤诉的念头。

依据证据规则，谁主张谁举证，法官轻易不会主动查证。但陈燕萍安慰小兰的父母：“我会给你们一个满意的答复。”陈燕萍走访五保户张某时发现，张某家几乎没有值钱的东西，面对质询，张某只是机械地重复着案情，对自己的过失并不抵赖。

“他说话像背书，而且，五保户哪来的钱买车？”细心的陈燕萍随即询问张某买车付钱时的细节，又分别与其他3名“车主”谈话，找到了与张某买车付钱的细节自相矛盾的地方。

重新开庭后，陈燕萍宣读了询问笔录，句句发问击中要害，4名“车主”乱了阵脚。最终王某当庭承认：“我是车主。”拿到赔偿款后，小兰的母亲痛哭失声：“丫头啊，你可以闭眼了。”在场的村民无不动容。陈燕萍的积极查访，让这名农村妇女在最无助和最彷徨的时候，感受到法律的温暖。

江苏飞跃机泵制造有限公司2007年刚刚改制，资金周转非常紧张，湖北钟祥市的一家企业却拖欠42万元货款迟迟不还，还扬言“如果走司法程序，一分钱都别想得到”。当飞跃公司总经理王道红看到接手此案的陈燕萍是个柔弱女法官时，已经不抱什么希望了。但陈燕萍给了他一个惊喜。

根据原告的申请，陈燕萍迅速作出财产保全裁定书，并带一名法警远赴湖北钟祥。此时，陈燕萍手中仅掌握被告的一个银行账户，当办理好企业资金冻结手续时，账户上只有2000多元。随即，陈燕萍跑遍钟祥市各家银行，对被告企业的账户进行冻结，但这些账户上，只有很少一部分资金。

陪同前往的飞跃机泵公司委托代理人徐生荣说，按照法律程序，法官到这一步已经尽职尽责了。他手足无措时，陈燕萍开始打听该企业所在地，得知企业有老厂和新厂之分，由兄弟俩共同经营。他们奔波了50多千米山路，发现老厂已全部停产，供货被新厂用掉了。交税清单显示这家企业完全有能力偿还债务，但企业负责人就是不愿意出来商谈。

搜集了充分证据的陈燕萍回到靖江，宣判被告必须偿还所有欠款。2007年10月，拿着法院判决，飞跃机泵公司到法院申请执行，顺利拿回了欠款。“这笔钱虽然不是很多，但在公司一分钱想掰成两半花的时候，真的非常关键。”王道红感慨地说：“没想到陈法官能急企业之所急，而且很智慧。当初真小看陈法官了。”

献给百姓的大爱、公正与和谐

《光明日报》

泪水又一次从陈燕萍的眼中潸然而下。

2009年12月25日下午，陈燕萍见到了两年前在车祸中失去爱女的可怜母亲莫纪云。

虽然官司早已打赢了，但是丧女之痛依然埋藏在莫纪云心的最深处，也埋藏在法官陈燕萍心的深处。“我最怕见到她了……”陈燕萍哽咽着对记者说，刚开口已是眼含热泪。

几个小时前，与陈燕萍刚一见面，众记者就目睹了陈燕萍的泪流满面。

“夜里，我常常会梦见妈妈，我会上前拉着她的手:妈妈，别丢下我哎……可是，妈妈看着我，却离我越来越远……我哭着醒来，四周一片黑暗。‘妈妈哎，你在哪里啊?’”

演讲台上，是一个中学生如诉如泣的讲述，她讲述的是“我的法官妈妈”——一个残疾女孩何小敏被生母遗弃、被法官妈妈救助7年的感人故事。

大爱之心、慈母之情。演讲台前，这位动人故事的主人公——法官妈妈陈燕萍早已热泪满襟。

聆听演讲的记者们也无不为之动容……

1.大爱至诚，大爱无边。在法官陈燕萍的心中，每一个百姓都是自己的亲人。

你的眼中为何常含泪水，因为你对这片土地爱得深沉;

你的眼中为何常含泪水，因为你对黎民百姓大爱无边。——记者手记

“陈燕萍身材娇小，长发垂肩，平时是笑容常挂在脸上，可若一遇到可怜的人、感动的事，又总爱淌眼泪。”在女律师季冬的眼里，这样一个“小女人”对困难群体和弱势群众总是充满大爱和深情。

2002年8月的一天，下班前夕，一位老奶奶带着9岁的孙女何小敏到法庭来找陈燕萍，要帮小敏起诉生母，讨要抚养费。

小敏1岁多的时候，额头和下巴先后长了两个很大的瘤。7岁时，爸爸得了癌症，为了治病，花光了家里的钱，还欠了好多债。最后，爸爸还是离开了她。

一个多月以后，一天下午放学回到家里。一进家门，奶奶就拉住小敏的手说:“小敏啊，你妈妈她走了。”

“走了?”“她不要这个家了。”小敏不相信，发了疯似地找遍了屋里屋外，都找不到妈妈。日子一天天过去，妈妈始终没有回来。

从此，小敏跟爷爷奶奶相依为命。爷爷，白天种地，晚上打工，奶奶有高血压，有时奶奶生病了，小敏不但要做家务，还要照顾她。

脸上的肿块在和小敏一起长大，把她的脸拼命向两边拉扯。小敏的五官变得不成人形。在学校里，同学们总是躲着小敏，还骂她丑八怪、独眼龙，每一天，她总是孤零零的一个人上学、回家。

那天在法院，小敏鼓足勇气，低着头，轻轻地说:“阿姨，我要妈妈!”

陈燕萍走到小敏身边，摸着她的头，问长问短。陈燕萍眼里含着泪说:“阿姨一定会帮你找妈妈!”

此时的小敏觉得自己好像在做梦，这位法官阿姨居然没有嫌弃她!

陈燕萍一次又一次上门去找小敏的妈妈，但对方始终不肯露面。

从此，陈燕萍成了小敏的妈妈。每逢节假日，陈燕萍总是带着大包小包去小敏家。邻居们看到陈燕萍来了，老远就喊:小敏，你的“法官妈妈”来了。

从2002 年到2007 年，陈燕萍一有时间就带小敏求医问药。

有一次在医院，医生要小敏做CT。小敏走到CT室门口，里面黑咕隆冬，她不敢进去，转过头，见陈燕萍微笑着抬手对她说:“宝宝，人家叔叔在等你呢。”

“宝宝”，多么熟悉的声音啊，小时候，妈妈都是这么叫她的。小敏一下子扑过去抱住陈燕萍，叫了声:“妈……”

2007年3月的一天，在一家医院检查后，医生跟陈燕萍谈话的时候，小敏在门外偷听。医生说，小敏脸上的两个瘤是神经性纤维瘤，已经长进了颅腔，再不治疗，就活不了多久了。但是，手术复杂，弄不好，会下不了手术台。

从医院回来的路上，陈燕萍心事重重，什么话也不说。小敏轻轻对她说:“妈妈，就是死在手术台上，这手术，我也要做，您就再帮我一次吧!”

陈燕萍的眼泪“唰”地流了下来，她说:“宝宝啊，可妈妈也不能亲手把你送上手术台，让你下不来啊……”

后来，陈燕萍在网上了解到，一个跟小敏病情相似的患者，在上海第九人民医院成功进行了整形。这个消息给小敏带来了手术的莫大希望。

而与此同时，“法官妈妈”的故事感动了泰州，社会各界共为小敏捐款20多万元。去上海手术之前，上百名市民自发为这对母女送行。

2007年8月10日早晨，小敏被推进手术室。进手术室之前，她心里非常紧张，泪水怎么也止不住。“我才14岁，我不想死呀!”

陈燕萍拉住小敏的手说：“宝宝，不要怕，有妈妈在!”小敏看着她面带微笑，可眼里却含着泪水，在被推进手术室的那一刹那，她俩拼命拽着手，谁也不肯松开…

手术持续了11个小时。下午6点40分，当主刀的林医生走出手术室，告诉大家手术成功时，陈燕萍一下子抱住他，泪流满面……

大爱至诚，大爱无边。

陈燕萍说，一生中给她影响最大的是父亲。“1988年我去法院报到的第一天，父亲就对我说，我国法官前面冠以‘人民’二字。当人民法官，跟做医生一样，首先要立德，要有爱心、体恤之心、仁德之心。”

陈燕萍父亲陈广曾是当地一所麻风医院的医生。

“当时，为了隔绝传染，从小镇到麻风医院，架了3座吊桥。20多年，父亲风雨无阻，每天穿梭其间。一次，一位老人被浓痰哽住了，随时都有窒息的可能，父亲当即口对口给老人吸痰。”陈燕萍说，“这件事深深地刻在我的脑海里。”

患有“老烂腿”的老李只能无奈地接受离婚的现实。做了20年入赘女婿，最终，不得不带着9.8万元补偿款黯然离开。

天色昏暗，飘起了细雨。曾经恩爱的前妻，要求老李连夜搬家。陈燕萍阻止了女方。“就让他再住一个晚上吧，明天到法庭办理交接。”

“这9万多块钱，你要存到银行，不能随便动用。”“你的腿病，要到正规医疗机构治疗，不能上当受骗。”“不要在外面租房，先到兄弟家暂住一段时间，抓紧时间找点事做。”

陈燕萍一遍遍叮嘱老李。打了几年官司没掉一滴泪的老李，在陈燕萍面前泪如雨下。

“在民法慈母般的眼神中，每个人就是整个国家。”在法官陈燕萍的心中，每一个百姓都是自己的亲人。

1989年春节前的一个早晨，大雪纷飞，一个男子身裹破棉袄，腰扎粗布带，蜷缩在接待室门口。

陈燕萍忙把他扶到屋里，递上一杯热茶：“你慢慢说。”那男子双手颤抖着接过茶杯：“我是山东的，来了十几趟，那姓杨的就是不给欠的建材钱!”

陈燕萍和另一名法官当场立案，和这位山东汉子一起找到了被告，被告当天下午就付给他7万多元材料款。

当天傍晚，雪还在下，那位山东汉子又回来了，他从破棉袄里摸出一把雪亮的尖刀摆在桌上：“原打算，再要不到钱就不活了!……多亏你们救了我。”

这一幕，永远铭刻在陈燕萍的记忆里。

人民法院之所以叫人民的法院，人民法官之所以叫人民的法官，这“人民”两字早已习以为常，但其中的真义究竟是什么?

这是陈燕萍的回答，这是从她心底里流淌出来的话：“人民法官不是官!只是受民所托、为民解忧的人民公仆!”

“正是怀有这样的崇高理想，陈燕萍深深地爱上了这片土地，爱上了这里的每一个百姓，扎根在条件艰苦的农村基层法庭，一干就是14年，办案3000多件，无一例错案、无一例上访、无一例投诉。”江苏省高级人民法院副院长周继业说，“陈燕萍没有气壮山河的豪言，也没有轰轰烈烈的壮举，有的只是默默奉献，无怨无悔……她是平凡的英雄。”

“在中国的司法地图上，如果把司法的人民性比作长江，能动司法就是一条主要支流，而我们靖江法院的辖区就是长江下游灌溉的万顷良田。”靖江市人民法院院长何能感慨深长：“陈燕萍就是在这片良田上，秉持‘司法权来源于人民，能动地服务于人民’的朴素理念，自觉践行了14年，作出了为党分忧、为民解难的不平凡的业绩。”

是的。14个寒来暑往，14载风雨征程。陈燕萍把对党的忠诚体现在所办的每一件案件上;

她把党的关怀传送到千家万户;

她把法律的光芒照射到了百姓心中最无助最彷徨的地方;

她奉献给百姓的是大爱、公正与和谐。

2.大爱至正，大爱至信。陈燕萍是百姓信服的法官，“案子到陈法官手里，我们放心，心里踏实”。

在靖江市人民法院园区法庭，这样的场景经常发生：

“我要陈法官审我的案子。”

“对不起，案件分配有专门规定，没有指派法官的先例。更何况，陈法官的案子已经排满了。”

“别人我不晓得，我只晓得陈法官。她审，输了我也服。”许多当事人不依不饶。

最高人民法院院长王胜俊曾赴靖江市实地了解陈燕萍的事迹，他听到的群众评价是：“案子到陈法官手里，我们放心，心里踏实。”

“‘把案子交到陈法官手上，我们放心’，这是园区法庭辖区老百姓常说的，这话虽然不‘雷’人，却很动人，很感人。”靖江市人民法院院长何能说。“这是老百姓给予陈燕萍法官的最高奖赏。”

“暖心的微笑;耐心的倾听;贴心的话语”，陈燕萍把人民群众当亲人，她对百姓的爱发自内心，出自真情，沁人心脾。

法庭上，当事人朱某在阐述自己的理由。朱某不善言辞，反反复复讲了好几遍，旁边的人都已不耐烦，只有陈燕萍微笑着静静地听着。

终于，朱某说完了。笑容依旧挂在陈燕萍的脸上："还有什么需要说明吗?"朱某说："没有了"。

陈燕萍刚要开口，朱某突然出人意料地说："陈法官，你是第一个完完整整听完我的理由的人，你怎么说怎么好。"

"老百姓到法院打官司，是穷尽其他救济手段后的最后选择。"这是陈燕萍长期在基层法庭工作的感同身受。"我审的不是什么大案要案，但一个农民一生也许就打一次官司，对他们来说，他们的案子就是大案要案。我要让他们体会到法律的公平与正义。"

那是2007年初冬的一个傍晚，农村妇女莫纪云用电动自行车载着她20岁的女儿往家赶路，在超越一辆重型装卸车时忽然跌倒了，装卸车从她女儿身上压过去了，花季少女朱艳当场身亡。

面对突如其来的灾祸，莫纪云全家陷入了极度的悲痛之中。死者家属索赔无果，把肇事司机告上了法庭。

"我的心在痛。"第一次翻开案卷时，陈燕萍就深深感受到莫纪云夫妻的悲哀。面对首次打官司的莫纪云，陈燕萍说，"我也是做母亲的，出了这件事情，我很同情你，你放心，法律会给你个说法。"

一句安慰和一句承诺，让莫纪云的冰凉的心温暖了。可这个案件看似简单，其复杂性却出乎常人想象，在确认车主时，出现了意想不到的情况:该车竟然冒出了四个"主"。

肇事司机孙某称:车主是王某。王某称:车辆已转卖给了丁某。找到丁某后，丁某说:车辆已转让给了五保户老人孙某。

谁是真正的"车主"呢?陈燕萍的承诺变得沉重了。

莫纪云失望至极:如果法庭判定五保户是车主，这个官司打了又有什么用?莫纪云的丈夫终日借酒消愁，麻醉自己，莫纪云更有了一死了之的念头。

陈燕萍决意查明真相，她选择的突破口是五保户孙某。

"这个一贫如洗的孤寡老人哪里来的钱买车?"陈燕萍仔细询问了孙某买车付钱时的细节，并做了笔录。

这份笔录成了揭开此案真相的关键。经与其他三名"车主"分别谈话，陈燕萍找到了与五保户买车付钱的细节自相矛盾的地方。

重新开庭，陈燕萍宣读了询问笔录，句句发问击中要害，"车主"们乱了阵脚。最终，王某当庭承认："我是车主。"

历经艰难，陈燕萍给出了一个公正的判决，莫纪云失声痛哭："丫头啊，你闭眼吧"。

在场的村民都泪水涟涟。

几张简单的桌椅，围成了晒谷场法庭。就在这里，陈燕萍审理着一件赡养纠纷案。

听说陈法官要来开庭，乡亲们就像赶集一样，一传十、十传百，里三层、外三层，围满了法庭周围。

卢老太有三个儿子，都已成家立业，老大和老三出去当了上门女婿。1997年三个儿子订立养老协议，由老二继承父母财产，承担老人生活费用并料理百年后事。

去年卢老太的老伴临终前，老大将父亲接回家中并办了丧事。老二认为，既然老大争着为父亲办丧事，那么母亲也由他养老送终好了。老大则认为，作为长子，为父亲办丧事理所当然，至于母亲仍然由老二赡养。

"老大已经为老二减轻了为父亲送终的负担，他为什么还会有意见呢?"这时，陈燕萍宣布开庭，在场的群众立即安静下来，都想看看陈法官是怎样来断好这桩家务事的。

陈燕萍说："老大，你父亲在的时候不去赡养，死后你争着开丧，现在又不赡养你母亲，你到底什么意思?我知道你并不是为了孝敬父亲，你们这里有老人的丧事由谁办，就保佑谁子孙兴旺的说法，是不是？"

乡亲们你一言我一语的议论起来，纷纷指责老大不地道。只见刚才还脸红脖子粗的老大，低下了头。

此时，陈燕萍话锋一转："老二，现在党的惠农政策多好，你不去勤劳致富，光指望着祖先保佑?为了所谓的开丧，连老母亲都不要了?"乡亲们也开始埋怨老二得理不让人，拿母亲当枪使。

这时陈燕萍对乡亲们说："乡亲们哪，我们的一些旧思想、老习惯真的要改改了。现在大家生活条件都好了，三个儿子还能养不好一个老母亲?我们都有老的时候，将来子孙这样对待你，你们又会怎样呢?"

一席话讲得现场群众纷纷议论起来。就在这个时候，只看见三个儿子走过去搀扶着老人悄悄地走了，此时的晒谷场上响起了群众热烈的掌声。

掌声阵阵，献给弘扬中华传统美德、传播公平正义的使者。

在陈燕萍接手的案子中，不少农民当事人直到走上法庭才知道手中没有证据。很多当事人不仅缺少法律知识，而且经济困难。想举证，但请不起律师。

"如果因为程序上的原因让享有权利的当事人败诉，当事人会认为法院没有查清事实，不仅会对判决不信服，而且会对法律产生不信任。"陈燕萍的解决之道是:要用群众认可的方式查清事实，用群众接受的语言诠释法理，用群众信服的方法化解纠纷。

2004年5月2日，丁某向贩卖猪崽为生的陈桂芳借了8万元钱，并打了张借条。2007年7月18日，丁某还了5万元，要走了那张8万元的借条，同时让老人打了份"今已收到5万元整"的收条，随后丁某又补写了一张"共计欠3万元整"的借条。

之后，老人向丁某要钱，丁某避而不见，最后，扔出一句话："你去告我。"

法庭上，老人出示了证据——3万元的借条。

按照老人的回忆，借条是2007年7月18日写的，但落款时间却是2004年5月2日。丁某出示的5万元收条的落款时间倒是2007年7月18日。

依照证据，丁某不欠钱。

陈桂芳老人直跺脚："我浑身长嘴也说不清了。"

凭着多年的办案经验，陈燕萍心里早已有了底。但是，法律只相信证据。

3万元，对于一个靠贩卖猪崽为生的花甲老人而言，可不是个小数目。陈燕萍不动声色地对丁某说:现在有种仪器，可以从笔迹测算出书写年份。

陈燕萍看了一眼丁某，继续说:检测费4000元，由说谎的一方支付。

丁某思虑再三，最后，主动要求调解，说，愿意补偿老人3万元。

钱，讨到了。陈桂芳逢人便夸陈燕萍，没事也到法院找陈燕萍拉家常。家里盖房子，也找陈燕萍商量。陈燕萍忙的时候，老人就在旁边坐着。老人说："常来看看她，心里舒坦。"

爱让法徽更闪亮　法让社会更和谐

中国共产党新闻网

有这样一位女法官，她用公平和责任托起法律的尊严，用真诚和爱心呵护一方的和谐；她没有审理过大案要案，没有轰轰烈烈的事迹，却在百姓心中树起了一个人民满意好法官的光辉形象！

她，就是江苏省靖江市人民法院江阴园区人民法庭副庭长，共产党员陈燕萍，人们亲切地称她为"法官妈妈"。

能动司法，调出和谐一片天

作为一名法官，陈燕萍手中的法槌一个月敲不了几下。

陈燕萍的同事、靖江市人民法院江阴园区法庭庭长王新妹告诉记者，陈燕萍审理案件有一个最大的特点，不是简单地去宣判，而是尽力进行调解。

陈燕萍是院里有名的"调解高手"。她经办的案件70%以上最终接受调解或经调解撤诉，婚姻家庭案件的调解率更是在90%以上，取得了良好的法律效果和社会效果。

但是，调解需要丰富的经验和高超的技巧，并要花费大量的时间和精力。为此，陈燕萍总是全身心地投入，常常忘了下班时间，只要有百分之一的可能，她就会付出百分之百的努力。

2007年，陈燕萍审理了一起夫妻离婚后的财产纠纷案，双方情绪非常对立，继子扬言要杀掉继父朱某。陈燕萍在了解了案情后，发现朱某系上门女婿，离婚后一直无家可归。如果简单判决，双方矛盾将会更加激化。为了让双方彻底化解矛盾，平息纷争，陈燕萍把办案重点放在促使双方重归于好上。通过与三人的多次交谈，走访左邻右舍，陈燕萍了解到他们三人的结合点就在一"情"字上。陈某与朱某做了20多年的夫妻，有夫妻之情。老朱与陈某结婚后无其他子女，是老朱把继子养大的，他们有父子感情。陈燕萍从"情"字入手做工作，很快一切迎刃而解，陈燕萍的真情打动了老朱一家，老朱主动申请撤诉，陈某及儿子同意接纳老朱，一个死了的婚姻在陈燕萍精心调解下又复活了，社会又增添了一份和谐。

常和陈燕萍打交道的季律师说：陈燕萍办案有一秘诀，就是她的笑。一张笑脸相迎，是多年来她"攻心为上"的法宝。在平时繁忙的工作中，陈燕萍再苦再累，脸上却总洋溢着春天般甜美的微笑，她用这真诚会心的微笑，送给当事人问候、鼓励和祝福，架起与当事人心灵之间的桥梁，唤起当事人内心的真情与良知。

她图什么呢？陈燕萍的这番话或许能告诉我们答案："打民事官司为了什么？就是化解人的矛盾。农村有句俗话，一代官司三代仇。很多案件，一判了之对法官来说是省心省力，可却因为一件小事埋下心结，从此老死不相往来，甚至反目成仇，案结事不结，官了民不了。把大事化小，小事化了，调解成功了就是双赢。案结事了人和，是我追求的最高境界。"

采访中记者还听说这样一件事情。两兄弟闹纠纷，弟媳打了大伯子一个耳光。大伯子要求弟媳以猪、牛、羊"六眼"敬菩萨的方式驱其晦气。弟媳不同意，大伯子就在对方一家必经的通道上挖了一个大坑。官司到了法庭，陈燕萍并没有急于开庭，她找来村里德高望重的老人参与调解。"弟媳打大伯子的行为肯定不对，但是不能用迷信的方式解决问题。"陈燕萍的态度得到双方认可。在几位长辈的建议下，弟媳用端茶赔礼的方式向大伯子道歉，两兄弟握手言和。

陈燕萍化干戈为玉帛的秘诀，是情、理、法的结合。她自己也说："赡养案件还会有亲情，离婚案件还会有旧情，邻里纠纷还会有乡情，欠款纠纷还会有友情，交通事故还会有同情。只要唤起当事人的人间真情，恩恩怨怨都可能烟消云散。

陈燕萍总是用心去感知，用心去办案，贴着当事人的心去想案件，争取案件的最终妥善解决，化解纠纷，维护一方和谐。

追求公正，让胜败双方皆心服口服

有人说，做法官难，做女法官更难，而做一个能让当事人“胜败皆服”的好法官更是难上加难。

而这一切在陈燕萍那里都被迎刃而解。在当事人眼中，陈燕萍这个名字，就意味着司法的公正。

陈燕萍在人情面前她认法不认情，在金钱面前她认理不认钱，她用自己的一言一行赢得了人民群众对法律的信任和对法官的敬重。

2007年，陈燕萍在审理一起离婚案件时遇到这样的事，女方的父母鼓动女儿闹离婚，并通过熟人找到陈燕萍，请求她帮忙，还顺手递给她一个装有千元的红包。看到红包，刚才还笑脸相迎的陈燕萍当即板起面孔说：“公正执法是我的职责。你把钱收起来吧，拿了你的钱，我的良心会受到谴责的。”并严肃地批评他们不要强迫女儿离婚。通过细心调解，小俩口和好了。女方父母感慨地说：“陈法官认法不认钱，只怪我们一时糊涂，以后再也不干涉小俩口的婚姻了。” 就这样，陈燕萍一次又一次拒绝了当事人表示的“好处”

不仅是当事人，就连陈燕萍的亲戚朋友也别想沾她一点光。一次，陈燕萍在审理一起借贷纠纷案件时，被告是一名农村干部，与她丈夫关系非常要好，就请她丈夫吹吹“枕边风”，关照一下。陈燕萍就对丈夫说：“我给了他面子，谁给我面子？法律是不会给我面子的。”陈燕萍在查明事实、分清是非的基础上，依法判决被告败诉。被告接到判决书后非常服气地说：“陈法官只认法不认人，这样的法官，我佩服”，并很快主动履行了法院判决。

陈燕萍常说：“你收了人家哪怕一包烟，当事人的想法就会不一样。”

正是由于她的公正，赢得了广大群众对她的信赖和尊敬。不少当事人说：“案件到了陈法官手里，我们放心，心里踏实。”

“我审理的虽不是什么大案，但一个人一生也许就打一次官司，我要让老百姓体会到法律的公平与正义。”在陈燕萍身上，法律的天平从未倾斜过。

她每年办案200多件,是全院多年的办案状元。所审理的3000多件案件无一错案，无一投诉，无一上访。

壁立千仞，无欲则刚。在21年的法官生涯中，陈燕萍没有收过当事人一件礼品、没有办过一件人情案。只要提起陈法官，老百姓都会异口同声地说：“这个人，硬气！”

陈燕萍说，官司一生一次，影响一生一世。作为一名法官，如果不能公正司法，上对不起头顶的庄严国徽，下对不起求助法律的普通百姓。

心系百姓，扎根基层14年无怨无悔

同事给陈燕萍起了个绰号叫“陈三多”，是说她走路多，说话多，流泪多。

1996年春天，在法院机关工作的陈燕萍，主动要求到条件艰苦基层法庭工作。这一干，就是14年。

农村法庭审理的案件，大部分是家庭纠纷等鸡毛蒜皮小案。下地头，上渔船，进工厂……14年来，陈燕萍跑遍了辖区的所有乡镇，以女性特有的细腻与执着，成为村民的“贴心人”。

在靖江，提起残疾女孩小敏和她的“法官妈妈”无人不晓。

2002年，靖江市新桥镇9岁残疾女孩何小敏，在爸爸去世后，妈妈离家出走，爷爷奶奶又年迈，无法生活的小敏在奶奶的带领下将亲生妈妈告上了法庭。当时承办该案的陈燕萍初见小敏时，被她那张因巨型肿瘤挤压变形的脸惊呆了。

“阿姨，我要妈妈，我要妈妈……”听着小敏撕心裂肺的呼喊，她的心都碎了，眼泪情不自禁地流了下来。

“孩子不要哭，我给你找妈妈”，陈燕萍接下案子后，开始四处寻找小敏离家出走的妈妈。让她没有想到的是，小敏妈妈并不买她的账，不但拒绝到庭，还用水泼她，用扫帚赶她。事情陷入僵局后，陈燕萍陷入沉思：“或许，看好小敏的病，她妈妈就会回心转意了。”于是，她劝小敏的奶奶不妨把案子放一放，先医治小敏脸上的肿瘤。

陈燕萍望着可怜的小敏心疼不已，感觉上天对这个女孩太不公平了，没了爸爸，走了妈妈，还生了一脸的肿瘤，几乎没有“人形”。最后，下定决心的她，搂着小敏说：“孩子不要担心，找不回妈妈，我现在就是你的妈妈。”从此，陈燕萍拉着残疾的小敏，四处寻医问药。

陈燕萍无私关爱小敏的事迹引起了社会的普遍关注，在全社会的共同关心和资助下，2007年8月，上海市第九人民医院成功切除了小敏左额部的肿瘤。

8年来，每逢开学和过年过节，陈燕萍就会给小敏送去学习用品和礼品，并为她添置新衣。每当陈燕萍出现时，邻居们都会喊着说：“小敏，你的法官妈妈又来看你了！”

陈燕萍的爱心不仅仅给予了何小敏一个人，面对前来诉讼的群众，她总是以女性特有的细心、耐心和同情心给予关照。

陈燕萍常说，法官不是官！只是受民所托、为民解忧的人民公仆。

八旬孙老汉育有一子，早年丧偶，由于年迈体弱无收入，生活无着落，儿子又不尽赡养义务，无奈的他只能将儿子告上法庭。

老人每次到法庭来，陈燕萍总是问寒问暖，让他放心，一定会替他讨回公道。知道他没钱，还多次自费给他买饭、买车票。

一次，还悄悄在他裤兜里塞了200元，意思是如儿子不给吃，让他先自己买点东西充充饥，没想到第三天，孙老汉起早赶到法庭等陈燕萍，用颤抖的手把200元钱还给了陈燕萍，说，“我是昨天晚上换衣服才发现的，就想到一定是你给的，你帮我打官司，我怎能要你的钱。”

看着老人脸上的汗水和憨厚的脸庞，陈燕萍的眼睛湿润了，“多么好的老人呀，我一定要帮他过上幸福的晚年。”但其子很不配合，多次做工作不但受冷落，甚至被拒之门外。

于是陈燕萍就地开庭，邀请村干部和村民旁听，用法律、社会公德和公众舆论多重手段对其感召，最终唤醒了其子的良知，承担起了赡养老人的责任。

事后，陈燕萍多次回访，看看老人生活得怎样，还需要什么。现如今，安享晚年的孙老汉逢人就讲：“陈法官真好，比我的亲闺女还要亲。”

法律是严肃的，但在陈燕萍身上，法律也有了温度，有了感情。陈燕萍在审理案件过程中，始终保持着微笑和耐心，以法律的尊严和理智说服人，以自己的热情和真诚打动人。

“即使问题解决不了，听陈法官开导开导，心里也就舒坦了。” 采访中，不时听到这样的声音。为了方便群众，法庭设立了人大代表工作室，开通了陈燕萍电子信箱、便民联系卡和热线电话。陈燕萍在为基层百姓排忧解难的同时，老百姓也把她当成了自家的“好女儿”、“好姐妹”、“好阿姨”。

组织上曾多次考虑到她一个女同志，长期在农村工作，照顾不到家庭，让她回院机关工作。她却说：“我难舍与农村法庭那份深情，在哪里办案都一样！”

在纷繁复杂的基层审判工作中，找到化解矛盾的最佳途径，切中法理和情理的最佳结合点，体现了陈燕萍优秀的职业素养和敬业精神；在普通的审判岗位上，回答了什么是司法为民这一重要课题，为党赢得了人民群众的无限信赖，也实践了一名人民法官对审判事业的庄严承诺；十多年如一日时刻不忘保护群众利益、维护社会稳定，更体现了她作为一名共产党员的百姓情怀和大局意识。她用爱让法徽更闪亮，依法让社会更和谐，以实际行动践行着在党旗下的庄严宣誓，谱写了一曲平凡但隽永的人生之歌。

从“刀马旦”到女法官

《江苏法制报》

陈燕萍，靖江一名普通的基层法庭法官，没审过什么大案要案，却成为全国33万法官学习的榜样。法庭上，她明辨是非、言辞犀利、一身正气。让人难以想象，30年前，她还曾是一名淮剧演员，能在160厘米高的舞台上，连翻50多个跟头，踢16杆花枪。是怎样的人生契机，使她由一个“刀马旦”成为一名“女法官”？在靖江采访的半月里，陈燕萍向记者讲述了她早年那段难忘的经历。

1979年，陈燕萍考入江苏建湖艺校，开始学习淮剧，当时学的是刀马旦。这是一个比较辛苦的角色，它非同于花旦、青衣、老旦，要求基本功扎实，唱念做打样样精通。陈燕萍回忆说，4年艺校学习过程，练功吃了不少苦。那时候，每天早晨4点钟就起来练功，练到7点钟，先是练武功，然后形体、音乐，然后练唱腔，一整套下来还有文化课。

“刀马旦的练习经历，磨炼了我的韧劲、冷静和敏锐的判断力。”陈燕萍笑着回忆说，当时练功最高峰的时候，她可以在160厘米的高台上原地翻50个跟头。练习“接花枪”时，8个人要从8个方向扔16根枪给她。“最初，一根枪打过来，我急忙的就去接，却不能冷静地判断其他方向来的枪，以至于每天从上到下，身上经常是没有一块不青的地方。后来老师就教我，要根据枪扔过来的方向判辨每根枪接应的时机，一定要冷静。”

书香门第出身的陈燕萍，从小还被父母要求学习琴棋书画。陈燕萍会弹琵琶，也学过素描、国画、书法等。她告诉记者：“小时候的绘画老师，对我也很有影响。他告诫说：你不能心浮气躁，在任何时候都要冷静，做一个理智的人。”

这些经历对陈燕萍后来的审判工作，都有着极大的影响。陈燕萍说：“无论当事人再急躁、再闹，我都能保持一个很冷静的态度，会想办法用什么语言、什么方法来控制住局面，让当事人冷静下来听我说，而不是用法警、或者是法槌来对待当事人。”

1983年，陈燕萍艺校毕业后在淮剧团里干了两年，1985年她考入电大，学习图书管理学专业。3年电大毕业后，正逢那一年江苏省统一招干考试。陈燕萍回忆说，当时有公检法、银行、税务、工商六家机关招干，她的父母亲帮她报了考法院，所以，“是我的父母给我选择了法官职业”。

陈燕萍的父母都是医生。对法官这个职业，当年的陈燕萍只觉得很神圣、很威严。那个时候的法官戴着大盖帽、戴着肩章，在陈燕萍看来也很漂亮，很神气。直到上班第一天，父亲的一番谈话让陈燕萍从此对法官有了新的认识。

陈燕萍15岁就参加革命的父亲，终身保持着共产党员的高尚品格和理想信念，对孩子们的要求也非常严格。陈燕萍当年考入法院，第二天要去报到的时候，父亲跟她谈了一次话。父亲对她说，“知道为什么要给你选择法官这个职业吗？医生救死扶伤，法官主持正义；一个治疗肉体的病痛，一个调整社会关系的症结，都和老百姓的生活密切相关。你要牢记法官前面的‘人民’两个字。”这席话让陈燕萍终身难忘。

21年法院工作的学习和历练，陈燕萍已经从当年的法律“门外汉”成长为今天的“办案能手”。现在，陈燕萍办公室的墙上，挂着一句她最喜欢的格言，这是英国法学家柯克的一句话：“法律是一门艺术，在能够获得对它的认识之前，需要长期学习和实践。”

正如陈燕萍曾经的学艺生涯，法律也给了她一个展现艺术才华的舞台，不过这个艺术不是戏曲展现的美的艺术，而是追求公正与爱的善的艺术。

温馨司法感动群众

《法制日报》

陈燕萍这一典型的出现绝非偶然。

当前，我国正经历着剧烈的社会转型，利益格局调整碰撞，矛盾错综复杂，尤其是广大农村地区所经历的冲击更为猛烈。大量利益冲突以诉讼的方式进入人民法院。新时期人民司法如何回应时代呼唤？陈燕萍就是答案，就是榜样！

陈燕萍扎根人民法庭14年，在长期的基层审判实践中，总结出了以“真心贴近群众，深入调查研究，注重释法析理，真情化解纠纷”为核心内容的“陈燕萍工作法”，帮助人民群众“既解法结，又解心结”。

近年来，由于案件数量猛增，人民法院案多人少的矛盾日益突出，一些法官喜欢“坐堂问案”，这样虽能节省一点办案时间，但办案效果不是太好。

亲近未必没有权威，主动未必造成偏向。陈燕萍不喜欢“坐堂问案”，她喜欢“出现场”调查取证，与群众打成一片，这非但没有带来所谓的“司法不公”，反而取得了群众的信任。陈燕萍认为，当前群众法律知识比较匮乏，因此要坚持能动司法的指导思想，在法律允许的范围内深入查访事实，尽最大努力追求法律事实与客观事实的统一，才能得到群众的认可。

“将群众语言融入司法，将普法融入司法，将情理风俗融入司法”，是陈燕萍适用法律的三大亮点。在基层司法服务和诉讼活动中，陈燕萍总是尽量避免使用生涩的法言法语，尽量把法律语言转换成符合法律精神的群众语言，让老百姓听得清、听得懂、听得明。陈燕萍坚持巡回审判，并且邀请群众参加旁听，达到审结一案、教育一片、促进一方和谐的效果。陈燕萍在向群众讲解法律的同时，注重以地方公序良俗对群众进行说服教育，用百姓心中的一杆秤来阐释公平正义。

陈燕萍经常换位思考，感受群众的疾苦，她用对群众最深情的爱，用对法律的深刻理解，让群众感受到司法的温馨，让群众真正成为司法工作真正的主人，这是陈燕萍扎根基层14年的动力，同时也是她作出让群众满意的司法业绩的根本原因。

“三无”女法官的大爱情怀

《中国妇女报》

她，14年扎根基层法庭，让法律的光芒普照农村大地；她，办案3000余件，无一例错案、无一例上访、无一例投诉，被誉为“三无”法官；她，情系百姓，真情调解，成为党群关系的“连心桥”；她，柔情似水，大爱无边，长期关爱残疾儿童，演绎出“法官妈妈”的挚爱情怀。她就是江苏靖江市人民法院园区法庭副庭长陈燕萍，她的感人故事在靖江这片充满生机与活力的滨江沃土上每天都在上演。

法官上门给当事人道歉

不久前，记者来到家住靖江市新桥镇四墩子的崔德胜家中，崔德胜的妈妈高兴地上前迎接，而崔德胜则娴熟地推着轮椅从卧室来到大厅，神情自若。然而就在今年5月份，他遭遇了离婚和车祸两大人生中的坎儿，如今可以这样坚强地面对生活，崔德胜感激地说："多亏了陈法官。"

今年5月份，陈燕萍承办了仲某诉崔德胜离婚案，她按办案程序向原被告发送了开庭传票。当陈燕萍打电话给崔德胜通知开庭时间时，崔德胜却说："我不能来，我腿不好。"陈燕萍赶紧追问怎么回事，什么时候方便，崔德胜却只讲："摔的，不晓得。"陈燕萍以为崔德胜只是普通的脚扭伤，暂时不能走路而已，就将传票邮寄给崔德胜，专门将开庭日期延迟了20多天。

到了开庭那天，陈燕萍因为要出差，便委托同事郭满秋开庭审理案件。开庭时，郭法官发现，崔德胜是一个下肢瘫痪的残疾人，是由家人背着赶了20多公里路到法庭的。在庭上，崔德胜的妻子坚决要与其离婚，并不愿意承担对崔德胜的扶助义务，导致已经瘫痪的崔德胜在法庭情绪失控，要一头撞向审判庭的台阶，审判无法继续。

第二天，郭满秋将开庭的情况跟陈燕萍说了后，陈燕萍心中非常不安："我当时要多问他几句，他也不会受这么多罪了。"于是，陈燕萍决定和郭满秋一块儿到崔德胜家走一趟。

5月27日，冒着大雨，陈燕萍和郭满秋敲开了崔德胜家的门。"小崔。"陈燕萍在门外喊。"谁啊？"崔德胜不耐烦地答。陈燕萍耐心地回道："我是靖江园区法庭的陈燕萍啊，我和郭法官来看你了！"崔德胜慌忙说："不要进来，我没穿衣服。"说着，他赶紧拿了一件衬衫披上，崔德胜怎么也想不到，法官竟然会亲自上门来看望自己这样的残疾人。

进了门，陈燕萍看到崔德胜蜷缩在床上，瘦得可怜，神态颓废，屋里只有一张床、一张桌子，以及桌子上一台闪着雪花的电视机。天气炎热，身上长了褥疮的崔德胜只能躺在棉垫单上，屋里散发着一股难闻的味道。陈燕萍麻利地收拾了桌上的碗筷，打开所有的窗户。"别开，我够不着关。"崔德胜露出有点为难的神色。"你放心，我会帮你关起来的。"说着，陈燕萍就坐到崔德胜的床头，崔德胜赶忙说："别，别坐这儿，臭呢。"陈燕萍并没有介意，满含歉意地说："如果早知道你身体不便，我们会到你家现场开庭，让你赶那么远的路到法庭，我们应该向你道歉。"听了陈燕萍一番暖心的话，40多岁的男子汉像个孩子般地哭了。崔德胜动情地说："我这腿伤是在诉讼期间出车祸搞的，和你们无关，你不嫌弃我身上的异味，是唯一真正尊重我的人，这个官司，我听你的。"

在尊重中化解矛盾，用爱心融化坚冰，陈燕萍总是不厌其烦，不怕其难，跟随了陈燕萍8年的书记员王丽君不得不佩服地说："再难解的结，陈法官都有办法化解。"但陈燕萍却将这种能力归结于父亲的教诲："当法官，跟做医生一样，首先要立德，要有体恤之心。"

"法官妈妈"就是我的亲妈妈

陈燕萍的父母都是医务工作者，良好的家庭熏陶让她拥有了一颗高尚纯洁的爱心，这颗爱心不仅播撒给自己的至爱亲人，更传播到与她交往的每个人身边，就连到法院状告生母的不幸女孩小敏，也因此获得了一份意外的"母爱"，"赢"来了一位"法官妈妈"。

12月26日，站在靖江市新桥镇益民村小敏家的院子里，小敏略带腼腆地说："陈妈妈带我看病花了好多心血，明年我中考完，她再带我去做最后一次手术，就彻底好了，现在，我一定要好好学习，将来才能回报她。"

说起小敏，她是个不幸的孩子。7岁时，她的父亲因鼻癌去世欠下5万多元的债，她的母亲随后改嫁，不再认女儿小敏，任凭小敏怎么千呼万唤，她的妈妈却铁了心似的不再回头。可怜的爷孙俩相依为命，凄苦难当，倔强的小敏一纸诉状把生母告上了法庭追讨抚养费。

案件交到陈燕萍手上，当时她是靖江市人民法院八圩法庭的审判员。站在她面前的是一个黑瘦矮小的女孩，从头到尾没说一句话，临走前小敏拉着陈燕萍的衣角，蚊子般地说："阿姨，帮我找妈妈。"陈燕萍的心一下子被揪紧了，这个孩子不仅仅是要每月100元的抚育费，她还需要得到母爱。陈燕萍当即对小敏说："阿姨一定为你找妈妈。"之后，陈燕萍三次通知小敏的妈妈到庭应诉都被拒绝，她干脆开着车子找上门去，但小敏的妈妈要么置若罔闻，要么避而不见。从那以后，陈燕萍就担负起了照顾小敏生活和学习的责任。

小敏穿上了新的衣服，背上了新的书包，又开始坐在教室里上课了。每逢节假日，陈燕萍总是带着大包小包的东西来到小敏家，有小敏爱看的书和一些小吃，有小敏奶奶治疗高血压的药，甚至连夏天用的蚊香都买好了带过去。渐渐地小敏看见陈阿姨时不再低头了，她跟着陈阿姨跑前跑后，跟陈阿姨讲学校里的趣事。邻居们看到陈燕萍来了，老远就会喊："小敏，你的法官妈妈来了。"

但苦难与小敏总是如影随形，小敏2岁时左眼上方长了一个瘤，6岁时，她的右下巴又出现了一个小肿瘤，随着小敏长大，肿块也跟着她一块儿长，这样的拉扯把原本秀气的小脸折腾得不成样子，小伙伴们也时常嘲笑她的容貌。陈燕萍觉得只有治好小敏的病，才能让她和同龄的孩子一样拥有幸福的生活。

从2003年开始，陈燕萍就带着小敏去南通、上南京、到上海，四处求医问药、咨询专家，直到2007年，陈燕萍偶然在网上得知上海九院成功治愈了国内多个与小敏类似的病例后，她看到了希望，朴素地想："要让小敏活得开心、自在、自信，只有把她的病治好，说不定那时她的亲生妈妈就要她了。”陈燕萍把这个好消息告诉小敏后，小敏高兴得跳起来。

经过陈燕萍的联系，上海九院愿意为小敏做手术，手术分五次进行，费用25万元。这个数字对于小敏一家来说绝对是个天文数字，但陈燕萍暗想：一定会有人帮小敏的。为了给小敏筹措医疗费，从不肯求人的陈燕萍，利用休息时间四处募捐。一时间，“法官妈妈”筹款救残疾女孩的故事经媒体报道后，来自靖江、泰州、南京的许多好心人伸出了援助之手，仅用了3个月就筹足了手术费。

小敏的奶奶由衷地说：“陈法官比小敏的亲妈妈对她要亲得多啊！”

讲起泰州政法战线的模范典型陈燕萍，泰州市委常委、政法委书记高纪明感慨万千：“陈燕萍对群众怀有深厚的感情，她用爱打动当事人，打动原告、被告，包括案外的人，她不仅努力做好案件方面的工作，而且做了大量社会工作，把许多社会问题、不稳定因素成功地消灭在萌芽状态。她不仅是个法律工作者，而且是一个党的基层工作者。”

一位胜败皆服的农村基层法官

《中国青年报》

她工作的法庭，就在长江边上。

14年来，她所审理的3000多件案件，无一错案，无一投诉，无一上访。

组织上曾多次考虑：一个女同志，40多岁了，长期在农村工作，照顾不到家庭，还是调回院机关工作为好。

可她总是难舍与农村法庭的那份情感：“在哪里办案都一样。身为一名法官，我愿把矛盾化解在乡村，化解在基层。我愿天下无讼。”

她，就是江苏省靖江市人民法院园区人民法庭副庭长陈燕萍。

“驯服”忤逆子

农村法庭审理的案件，大部分是赡养老人、夫妻离婚、家庭矛盾、邻里纷争类的鸡毛蒜皮小案。

在当地，有关陈燕萍驯服诸多“忤逆子”的故事广为流传。

2006年9月的一天，刚庭审完案子的陈燕萍从法庭里出来，抬头看到一位白发苍苍的驼背老人站在过道里。当老人得知，自己的案子就是眼前这个人在“审判”时，“扑通”一声跪到地上，眼里含着泪花，嘴里喊着：“老爷，你一定要帮我争个理啊！让我儿子给我一口饭吃！”

这名81岁的老人叫孙广福，家住靖江市东兴镇旺稼村，早年丧妻。年轻时，孙广福是个理发匠，凭着这门手艺，他将儿子孙纪良拉扯大。但如今由于年迈体弱无收入，儿子又不尽赡养义务，孙广福无奈将不孝之子告上法庭。

孙广福老人每次到法庭来，陈燕萍总是嘘寒问暖。知道老人没钱，陈燕萍多次给老人买饭、买车票。

一次，她还悄悄在老人裤兜里塞了200元。没想到第三天，孙老汉起早赶到法庭等陈燕萍，用颤抖的手把200元钱还给了陈燕萍：“我是昨天晚上换衣服才发现的，就想到一定是你给的，帮我打官司，我怎能要你的钱。”

看着老人饱经风霜的脸上满是汗水，陈燕萍的眼睛湿润了：“多么好的老人呀，我一定要让他过上幸福的晚年。”

可老人的儿子孙纪良很不配合，陈燕萍多次给他做工作，都受冷落。

陈燕萍决定就地开庭。开庭时，她邀请了当地的村干部和村民来旁听，用法律、社会公德和公众舆论对孙纪良进行感召。

在陈燕萍的感召下，孙纪良的良知终被唤醒。从此，他开始承担起对老父亲孙广福的赡养之责。

事后，陈燕萍多次回访，看看老人生活得怎样，还需要什么。如今，在家颐养天年的孙广福逢人就讲：“陈法官真好，比我的亲闺女还要亲。”

不坐堂问案的乡村女法官

近年来，由于社会矛盾纠纷增多，人民法院案多人少的压力较大。一些法官“坐堂问案”现象比较突出，这样虽能节省一点办案时间，但并不受人民群众欢迎，办案效果也不好。

陈燕萍办案可不是这样。

靖江市法院园区法庭庭长王新妹说，陈燕萍办案往往巡回审理多、就地办案多，很少坐堂问案。“农村法庭，当事人大多数来自农村，是难以适应现行的举证方式和规则的。人民法院有能动司法的职责。不通过诉讼能化解矛盾，这是一个更好的解决问题之道。”

对审理的每起案子尤其是来自乡村的案子，陈燕萍必到现场调查。不坐堂问案，用群众认可的方式查清事实是陈燕萍多年来为自己定下的办案“铁规”。

2007年9月1日，当地居民林华娟在骑电动车下班途中，撞倒了横过马路的施桂英，林华娟当即把施桂英送到靖江市第四人民医院，拍X光片进行检查。医生的结论是：施桂英身体无异常。双方也认为没有大碍，当即以800元了结此事。

但施桂英回到家中后，一连几天感觉身体疼痛不已。9月5日，她再次到医院拍X光片检查，发现骨折现象。于是，施桂英向林华娟提出赔偿。

林华娟则认为：事故发生当天，施桂英已拍过X光片，当时并没有发现骨折。现在施桂英的骨折不能排除是那次事故之后的其他行为导致的，因此拒绝施桂英提出的赔偿要求。

在家人的鼓励下，施桂英抱着试试看的心理，提起诉讼。陈燕萍接了案。她仔细研究案卷后，认为该案中原告前后两次拍摄的X光片是处理案件的关键。

为尽快查明真相，白天，陈燕萍带着书记员和施桂英的女儿跑医院，请骨科专家对两张X光片进行鉴定；晚上，陈燕萍自己查阅有关骨科方面的医学书籍和资料。

经专家认真鉴定，终于发现9月1日的X光片上存在骨折现象。“既然两张片子都出现骨折，为什么医生的读片结果不一样呢？”陈燕萍找到了第一次给施桂英读片的医生，面对陈燕萍，医生羞愧地低下了头。原来是医生在读片时粗心和草率，作出了“施桂英身体无异常”的结论。

案件终于水落石出：施桂英的骨折确是林华娟事故所致。施桂英最终获得3万元的赔偿。

“她判的案子，胜败皆服！”

“作为法官，我一辈子要办很多案子，但一个当事人可能一辈子只打一场官司。他对法院的认识，可能也就是通过打这一场官司形成。”陈燕萍说。

“谁主张、谁举证”是民事审判的一项基本规则，强调当事人的举证责任，也是民事法官分配举证责任的基本原则。但在陈燕萍看来，农村群众之间的民事纠纷案情并不复杂，由于农村群众相对缺乏法律知识，证据意识不强，大多数村民往往没有达到对自己主张的事实能自行完成举证义务的水平，甚至有打官司的村民跑到法庭对法官说：“我自己就是证人！”

此时，一个法官如果简单判决其败诉，会让当事人难以服判。

靖江市法院园区法庭原书记员王丽君曾在陈燕萍身边做了9年的书记员。她说，对赡养老人、邻里纠纷、离婚等案件的审理，陈燕萍倾注了许多心血，而非“一判了之”。在靖江法院院长何能眼里，陈燕萍判的案子，胜败皆服。

一个普通的案件，能影响当事人的一生，所以陈燕萍常说：“老百姓的案件，件件都是大案要案。”14年来，陈燕萍所审理的3000多件案件无一错案，无一投诉，无一上访。她每年办案200多件，曾是全院多年的办案状元。“其实法官是一个杂家，需要对每一个细节都做好。”陈燕萍说，“乡村百姓，你敬他一尺，他敬你一丈。一个案子如果处理不公，老百姓会抬杠子、认死理。”

“一个案子这么做容易，但上千个案子都这么做，就不容易了。”泰州市中级人民法院院长张培成说。但陈燕萍觉得：“我只是一个善良的人，法官应是人类善举的使者。”

和谐判案的完美诠释

《工人日报》

作为一名法官，她从不简单判案，而是通过调解营造案结事了的和谐境界；日复一日地处理家长里短，小事蕴藏大爱，她用柔情演绎法律的公平和生动……

她叫陈燕萍，第十一届全国人大代表，江苏省靖江市人民法院园区法庭副庭长。

70%的调解率

陈燕萍所在的园区法庭，是一个面对乡村的基层法庭，每天面对的大多是些家长里短、邻里纠纷的民事官司。尽管案多人少，几乎每天都要处理案件，但作为一名法官，陈燕萍却从不轻易判案，而总是“偏好”采取调解的方式处理案件。

那是一起房屋确权案件。年近七旬的吴老汉被侄女告上法庭。原告认为，吴老汉所住的房屋是其父母的遗产；吴老汉却认为房屋是自己出钱盖的，双方闹得不可开交。

陈燕萍接手案件后发现，房屋确实是由吴老汉出钱所盖，原告的诉讼请求应该驳回。按说立马可以了结案件，可陈燕萍却迟迟不判。她分别找来双方，聊他们的叔侄血缘亲情，直聊得叔侄二人泪流满面，握手言和。

“很多案件，如果一判了之，对法官来说倒是省心省事，但乡亲们抬头不见低头见，可能就因为一件小事埋下心结，从此老死不相往来，甚至反目成仇。”陈燕萍说，原告父母早逝，只有这一个叔叔，虽然他们积怨已深，但只要用心寻找出他们结怨的症结，唤回亲情，矛盾就会迎刃而解。

调解意味着给自己添麻烦，但陈燕萍说，我只不过多费了一些时间和口舌而已。审案中，陈燕萍始终用百分之百的努力，去实现哪怕百分之一的调解可能。

靖江位于长江三角洲，是苏中经济发展的领头羊，群众维权意识强，劳动争议、房地产案件相对较多。陈燕萍说，作为一名法官，要有大局意识和强烈的社会责任感，在维护当事人合法利益的前提下，积极居中斡旋，尽量避免双方的对抗和对立，实现和谐司法。

去年下半年，靖江某民营企业的13名员工，为养老保险把企业主告上了法庭。尽管事实清楚，但陈燕萍并没有急于判案。陈燕萍了解到，如果完全按照职工的主张判案，一方面会引起连锁反应，涉及几百名职工，而更大的问题是，企业会因此垮台。这样一来，即使职工胜诉，企业没了，大家的饭碗也随之丧失。

陈燕萍决定还是采取调解的方式处理案件。一方面对企业负责人说，企业存在问题，职工权益必须维护；一方面对职工说，企业存在困难，一步到位解决问题，企业这个“锅”没了，大家也吃不上饭。结果，该企业在陈燕萍的建议下，对同类职工也进行了补偿，从而避免了一起群访事件。同时，采取分期兑现补偿，又给了这个企业生产自救的余地和条件。如今，这家民营企业渡过难关，越办越兴旺了。

“打民事官司为了什么？就是化解人的矛盾。只有让矛盾化解得更彻底、更完善、更和谐，才能体现社会主义的和谐司法精神。”15年来，陈燕萍受理的3000多起案件，70%是通过调解解决的，而离婚案件的调解率更高达90%。

寻找情与法的结合点

“好多当事人我不让你们去采访，怕揭伤疤，再让他们伤心。”

为当事人着想，寻找情与法的结合点，陈燕萍不放过任何细节。

“我真的不知道你伤成这样，那天不应该传唤你到法庭去，我向你道歉！”新桥镇的张强在妻子提起离婚诉讼期间遭遇车祸，瘫痪在床，妻子要离婚，而张强死活不同意。看到瘫痪的张强被亲友们抬进法庭，陈燕萍深感内疚，于是专程到张强家里看望他。

推开张强家的门，一股令人作呕的臭味迎面而来，陈燕萍若无其事地进了屋。从窗户透进的光线，照见张强躺在床上，手里拿着一根竹棍，面对着墙边开得山响的电视机。陈燕萍意识到，看电视是张强平日的精神依赖，她没去理会电视机，而是跨过竹棍，想去打开窗户。这时，张强大声地说：“不要开，待会儿没人关的。”陈燕萍微笑着说：“没事的，走的时候我会关上。多换换气，对你身体有好处。”

张强的目光从电视屏幕转向了眼前的这位女法官。

“你是第一个不嫌我脏，还那么近地和我谈心的人，今后我都听你的！”

张强心里原本紧闭的窗户终于打开了。强扭的瓜不甜，离就离吧。张强现在天天锻炼身体，生活也能自理了。

情与法常常是冲突的，然而也常常是密不可分的。在陈燕萍看来，调解有多种方法，但总离不开一个“情”字。

每当拿到案子，陈燕萍总是想方设法找到情与法的结合点。“因为我相信，赡养案件会有亲情，离婚案件会有旧情，邻里纠纷还会有乡情，欠款纠纷还会有友情，交通事故还会有同情。”

当事人老朱与陈嫂就是她反复调解破镜重圆的。

原来，20多年前，老朱上门与带有一儿一女的陈嫂结了婚。没想到前不久，老两口因琐事离了婚，进而向法院提出了分割房产的诉讼。陈燕萍上门了解情况， 陈嫂儿子威胁说，假如这房子分给姓朱的，我就与他白刀子进，红刀子出。陈燕萍慢慢了解到，老朱夫妻两人的感情并没有真正破裂，离婚只是一时之气，老朱有主动和好的意思。因此，陈燕萍没有急着开庭，而是做起了“和”的工作，先后多次找陈嫂和她的儿子谈心，找来陈嫂表妹、儿子的对象和邻居帮助做工作。陈嫂儿子定亲那天，陈燕萍出主意，叫老朱主动帮助儿子张罗亲事，并给准儿媳妇送了个红包。通过多方努力，终于拉近了他们的距离。再后来，陈燕萍又帮老朱向有关方面反映，解决了他家的住房困难，使一家人又重归于好。

有个债务纠纷，被告长期在外打工，有意拖欠还款。一天，原告急匆匆地找到陈燕萍，说被告回家了。陈燕萍立即开着警车前往被告住地，当她来到村口，只见被告家门口爆竹声声，热热闹闹，原来这里正在办喜事。见此情景，陈燕萍立马调转车头，放弃了这次机会。

第二天一早，被告就主动来到陈燕萍办公室，把全部欠款都带来了。被告说，昨天，我看到你们站在村口，心想肯定要来抓我，这下可丢尽了脸。但你给我留了天大的面子，我不能不识抬举。

一位职业女法官的追求

《科技日报》

她是一位职业法官，至今，已在紧邻长江边的一个农村法庭工作了14个年头。在她经手审理的3100余起案件中无一错案、无一投诉、无一上访，真正做到了“案结事了”。

为此，在当地有人称她为“大法官”，有人称她为“好法官”，更有人亲切地称她为“三无法官”……她就是今年45岁的靖江市人民法院园区人民法庭副庭长陈燕萍。

2009年的年末，记者随同中央新闻单位陈燕萍事迹采访团，来到了江苏省靖江市，采访了这位先后获得“优秀共产党员”、“全国人民法庭优秀法官”、“全国模范法官”、“50位新中国成立以来感动江苏人物”等荣誉称号的陈燕萍以及她的领导与同事。

她实现了“角色”的精彩转换

在靖江城乡，当地的老百姓都知道有个女法官陈燕萍，更有不少人前去找她要求审自己的案子。“陈法官审案子，公正。她审，输了心里也服！”开出租车的黄师傅对记者说。

记者在采访陈燕萍时，她是这样回答的：“我审过的案子，都不是大案要案。但是，一个农民一生也许就打一次官司，对于他来说，他的案子，就是大案要案。案情不彻底弄清楚，就判决，往往会影响他的一生。因此，没有百分之百的把握，我是决不会判的。”

在法院岗位上，陈燕萍依靠孜孜以求的精神和开拓创新的办案理念，不仅成为一名出色的法官，更是用创新的理念将党的群众路线落实到具体的审判实践中，创出了“真心贴近群众：用群众认同的态度倾听诉求；深入调查研究：用群众认可的方式查清事实；注重释法析理：用群众接受的语言诠释法理；真情化解纠纷：用群众信服的方法化解纠纷”的作法。

然而，也许大家不了解，这位创出工作法的女法官，并不是“科班”出身，而是一位“半途而成”的法官。

“我是靠夜大、函授系统学完了法律专业的大专和法学本科的。我曾是江苏省建湖县淮剧团的一名演员，1988年12月，通过盐城市城区人民法院公开招干进入法院工作的，开始担任的是书记员。”陈燕萍说。

2001年9月，陈燕萍从靖江市人民法院园区人民法庭的一名助理审判员提拔为审判员后，为了加强法律专业知识学习，她参加了中央广播电视大学、中国政法大学函授法学本科专业学习，为以后的发展打下了扎实的理论基础。

在农村，相隔几里地，就是一种方言，外来者根本听不明白，常常会闹出误会。

有一次，因陈燕萍没有听明白当事人的意思，就给对方讲起理来。对方一听，便上了火。让原来满脸笑容的陈燕萍，不知如何是好。事后，当别人给双方解释清是语言上造成相互之间误会后，陈燕萍主动向当事人赔礼道歉，还帮当事人调解好了家庭纠纷。

现在，陈燕萍只要接手当地的百姓案子，无论是外出取证调查，还是做双方当事人的调解工作，她说的都是当地的不同方言，从而加强了与当事人的交流沟通，增进了群众对案件裁判的认同度。

30年来，陈燕萍无论是从学员到演员，再到“名角”；从书记员到助审员、审判员，直到副庭长。她的每一次“角色”转换，都是那么精彩。

她寻求法情理的最佳结合

“法官要走进当事人的心里，让其信服法律，而不是屈服于法律。”这是陈燕萍常说的一句话。

在工作中，将情理风俗融入司法，寻求法情理的最佳结合，成为了她办案的独特风格。

“我国自古以来的法律文化传统就是以情、理、法的融合来规范人民群众的行为。对于人民群众来讲，法院最直白的话就是‘法院不仅是讲法，也是讲理的地方’。”陈燕萍说。

在靖江市人民法院园区人民法庭，记者听到了陈燕萍以“情理法融合”来办案的几件事：

有一天，陈燕萍刚上班，有个村民跑到法庭找她说，“他家要盖新房，隔壁邻居就是不让他家盖。为此，双方还打了起来”。

当天，陈燕萍就赶到村里，结果向村民一了解，原来当地有个习惯，一个村子人在一起盖房，每家每户都必须盖得一样整齐，任何一家都不能比其他人家盖长或盖高。长或高于其他人家，当地人认为是坏了别家“风水”。

了解清楚后，陈燕萍一方面当场就对村民们进行移风易俗教育，另一方面考虑到这的确是当地的一种情理风俗。于是，陈燕萍多次与那位当事人解释沟通。“盖房是喜事，何必要为长一点、高一点与邻居闹翻呢？更何况，你在那儿盖好了房，大家天天要见面，一辈子相处下去的，值得吗？”

几番苦口婆心下来，当事人觉得陈燕萍说得在理，表示接受当地的风俗，愿意与周围邻居盖整齐，形成一个格局。

家住东兴镇惠圣村11组的李洪根和李洪军是亲兄弟。多年来，兄弟间因赡养母亲等琐事频繁拌嘴。

有一次，兄弟俩又因赡养母亲之事，从斗嘴吵架演变为互相殴打。在殴打中，弟媳误打了大伯李洪根一个耳光。在当地农村，男人被女人打耳光，那是不得了的事，被认为是一件“触霉头”的事情。

随后，双方矛盾进一步激化。没过多久，李洪军一纸诉状将大哥告上法庭。

陈燕萍接案后，得知原被告是亲兄弟，她没有简单地采取先予执行的强制措施，而是来到村里走访，查看现场，并千方百计找准矛盾症结耐心地做双方工作。

陈燕萍明白，兄弟矛盾激化的根源是“男人被女人打耳光晦气”的迷信思想在作怪。这个案件虽小，但办好这个案件对破除迷信、摒弃陋俗、倡导新风更有益处。可真正要让双方讲和，难度很大，仅靠自己不行。

为此，陈燕萍找来村干部一起商量，寻找解决办法。

最后，陈燕萍和村干部请出了该村几位德高望重的老人，共同去做李家兄弟工作。经过无数个来回，李洪军的思想工作首先突破，愿意给哥哥赔礼道歉。

陈燕萍一看有了松动，和村干部以及几名德高望重的老人迅速带着李洪军，一起来到李洪根家。

“洪根，我们跟洪军谈过，他觉得自己做得不对，洪军是特地来向你赔礼道歉的。兄弟间的事情没必要闹到法庭，让人家看笑话。你就不要拘泥那些礼数了，你提的那些要求我们已经不提倡了。今天，村里的干部在这里，几个长辈也都来了，你不看僧面看佛面，让洪军给你斟杯茶，向你赔个不是，你看呢？”陈燕萍劝说着。

此时，村里的老人们也在一旁帮腔：“洪根啊，我觉得这法官说得有理，那老一套早就不时兴了，我们就简单一点，关键是道歉的心意！”

这样一来，李洪根看到村里的“大家伙”都来了，自己的弟弟又亲自端茶赔罪，心里的气顿时就消了大半。

“哎，不是什么大事，看‘大家伙’说的。”兄弟俩和解了。

陈燕萍就是这样怀着对群众深厚的感情，她一次次地以法治人、以理服人、以情动人，把许多社会问题、不稳定因素消灭在萌芽状态，她不仅是名法律工作者，更是个有社会责任感的人。

良知与智慧铸就正义防线

《农民日报》

陈燕萍，江苏省靖江市人民法院园区人民法庭副庭长。一个典型娇小的南方女人，乍一看去，柔弱、单薄、手无缚鸡之力，声音温柔、含蓄、有礼貌。但她做事却是如此干练、执著。她主动到条件艰苦的农村基层法庭工作，一干就是14年；她关注弱势群体，“能动司法”，维护农民权益，审理3000多件案件，无一错案、无一投诉、无一上访。

有百分之一调解的可能，就会付出百分之百的努力

用百分之百的努力去实现百分之一的调解可能，用最大的耐心去为百姓排忧解难，而不是一判了之，这就是陈燕萍的办案之道。

陈燕萍说：“城市人可能认为是不足挂齿的小事，但对农民来说也许就是大事，他们也许一生就打一次官司，但却能影响他们一辈子，所以在基层不能简单的追求依法断案，还要注重案件处理的社会效果，达到法律效果和社会效果的双赢。”

采访中，一位叫叶爱平的老人告诉记者，以前她的儿子对她和老伴拳脚相加，很不孝。忍无可忍，彻底心凉的她把儿子告上了法庭。陈燕萍说：“如果按照法律判，这个案子再简单不过。如果儿子不赡养就判他给付赡养费，如果有虐待情形就要赔偿，甚至要负刑事责任。如果我这样判了，可以肯定，她和她儿子永无和解的可能，那样可真就变成彻底的悲剧了。”陈燕萍接过案子后，没有一味地审判，而是先了解情况，然后在当事人的住地开庭，邀请村干部和村民旁听，用法律、社会公德和公众舆论等多种手段对她的儿子进行感召，多次进行调解，最终唤醒当事人的良知，使这个远近闻名的“忤逆子”改邪归正，承担起了该承担的责任。叶爱平说：“陈法官不但没惩罚我儿子，还让他变好了，我真是感谢陈法官啊。”

“人与人，心是相通的，只要做到公平与真诚，就没有化解不开的疙瘩。”在陈燕萍所办案件中，70%以上是调解结案，婚姻家庭类案件的调解率更达到了90%以上。

“坐堂审判”省了法官的力，“能动司法”得了百姓的心

陈燕萍办案，很少单纯坐在法庭里断案，每个案件尤其是农村发生的案件，她都坚持现场必去、四邻必访，即所谓的“能动司法”。

2007年9月的一天，林华娟骑电瓶车撞了农民施桂英，两人当即去了医院，拍X光片进行检查。医生的结论是，施桂英身体无异常。双方当时以800元了结此事。但施桂英回到家中，一连几天感觉身体疼痛不已。她再次到医院拍片检查，发现右股骨颈骨折。于是她向林华娟提出赔偿。但林华娟认为，事故当天，施桂英没有骨折，现在骨折不能排除事故之后造成的，因此拒绝赔偿。

当时正值“秋老虎”天气，炎热难挡，但陈燕萍带着X光片去医院跑上跑下，请骨科专家进行鉴定，自己还查阅有关骨科方面的医学书籍和资料，最终由专家鉴定，两个光片都存在股骨颈骨折现象。“既然两张片子都出现骨折，为什么医生的读片结果不一样呢？”陈燕萍又找到了第一次给施桂英读片的医生，原来是医生读片时粗心和草率所致。有了证据，施桂英最终获得了3万元的赔偿费。

“我们要向陈燕萍学习司法审判经验，努力掌握案件处理的主动性，准确把握‘能动司法’的要求，积极主动回应司法的社会需求，充分发挥司法保障人民权益、维护社会稳定、服务经济发展、化解社会矛盾、引领社会风尚的能动作用。”江苏省高级人民法院院长公丕祥说。

农民最需要有耐心的法官

长期在农村法庭工作，陈燕萍对农民有一种发自内心的朴素感情。“有话慢慢说”，是陈燕萍常挂在嘴边的一句话。她说，当事人来到法庭往往难以理性对待，需要一个情感宣泄的过程，作为法官一定要不怕受气，耐着性子，听当事人把话讲完，通过倾听过程建立起法官与当事人之间的情感交流和相互信任，减轻当事人对法院、法官的消极抵触情绪，拉近当事人与法官的感情距离，为顺利化解纠纷奠定基础。

对于陈法官的耐心，靖江市法院园区法庭原书记员王丽君深有感触。一次，一位当事人来回十几遍反复说着自己的理由，旁边的人都听得打起了瞌睡，而陈燕萍却静静地、耐心地听着当事人的诉说。直到他没有新的理由需要说明时，陈燕萍才向他讲起法律的规定和处理方案，没等陈燕萍说完，他突然说：“陈法官，你怎么说怎么好，你是第一个完完整整听完我理由的人，我信任你。”

在一般人眼中，法官素来一副“铁面”。但在老百姓眼里，陈燕萍总是洋溢着微笑。“以前我没打过官司，怕法官，他们都很威严。”新桥镇三兴村的老人沈仁义说，“但见到陈法官，完全不是我想象中的样子。她亲切、朴实、平易近人。”陈燕萍将微笑办案理念融入司法活动中，尤其在接待环节，总以和善的微笑为当事人奉献真诚，播撒人民司法的亲和力。

法官陈燕萍的和谐追求

《泰州日报》

铁面无情的法官形象被这个柔弱女性颠覆了。

身着法官服的陈燕萍没有太多威严，她总是耐心倾听当事人的各种辩解，即使对方有些胡搅蛮缠，她也不轻易喝斥。怀着忿恨、委屈、苦恼等不快情绪的原告和被告，见到的都是一张带着微笑的法官的脸。

“法庭不要成为积怨的地方，要成为营造和谐的港湾。”法官陈燕萍说。

怀着这样的信念，陈燕萍在农村法庭工作14年，累计办案3100多件，无一例错案、无一例上访、无一例投诉，连续多年成为毫无争议的“办案状元”，成为老百姓心中的“和谐法官”。

是的，在陈燕萍的法律天平面前，分清是非不是终极目标，而是调解的基点，她更为看重的是和解，是和解基础上的和谐。

“对民事法官来说，和谐就是化干戈为玉帛”

法官手中的法槌显示一种权威。

陈燕萍手中的法槌一个月也敲不了几下。她接手的案件70%以上最终接受调解或经调解撤诉，婚姻家庭案件的调解率更是在90%以上。

现任靖江市人民法院江阴园区人民法庭副庭长的陈燕萍，接触的多是经济纠纷和婚姻家事纠纷案件。

许多事件通常都经过基层组织的几轮调解，原、被告双方都希望法庭给个权威的判决。“不用判决，让原、被告都能接受一个满意的结果，比撕破脸皮、嫌隙终身更好。”陈燕萍却对所有案件抱同样态度。

两兄弟闹纠纷，弟媳打了大伯一个耳光。遭女人打耳光在当地被认为是极其晦气的事，大伯要求弟媳以猪、牛、羊六眼敬菩萨的方式驱其晦气。弟媳不同意，大伯就在对方一家必经的通道上挖了一个大坑。

官司到了法庭，陈燕萍并没有急于开庭，她找来村里德高望重的老人参与调解。“弟媳打大伯的行为肯定不对，但是不能用迷信的方式解决问题。”陈燕萍的态度得到双方认可。在几位长辈的建议下，弟媳用端茶赔礼的方式向大伯道歉，两兄弟联手把通道上的大坑填平。

“文明司法的终极目标就是营造和谐，对民事法官来说，‘和谐’就是化干戈为玉帛。”陈燕萍说，法官一味强调判决，那只能在法律层面上结案，但有时矛盾并未真正解决，要让双方当事人都达到心理平衡，调解是寻求安宁和谐的最好办法。

2007年，在靖江上海城做服装生意的严浩惹了麻烦。未经房东同意，严浩将承租店面房转租给别人，成了被告。当时，靖江各个商业区转租现象普遍，多数人此前不知这种行为有违《合同法》。严浩一案引起众商家关注。

此案将成为众多转租纠纷的样本，处理不好极有可能引发群体性事件，影响一方经济。陈燕萍多次找到双方当事人，反复劝解，最后双方达成谅解，以调解结案。

“她很神奇，别人无法调解的案件，她能轻易化解开。”靖江市人民法院江阴园区人民法庭庭长高玉军说。

“方法只有一个，让当事人信任你。”陈燕萍说，法官的一个细微动作会影响当事人的情绪，并影响案件的最终走向。

张强在离婚案诉讼期间遭遇车祸，双腿瘫痪。

失去行动自由的张强不肯接受调解，把自己关在屋里，每天把电视声音调到最大。陈燕萍走进小屋，坐在张强的床头，“我不知道你伤成这样，不应该传唤你到法庭去。今后有事，我到你家里来。”

张强失声痛哭。瘫痪卧床以来，所有走进这个屋子的人，总是先关电视，然后远远地站着说话。“你不嫌弃我身上的异味，是唯一真正尊重我的人。这个官司我听你的，怎么判我都服贴。”

2008年11月，陈燕萍应邀赴法国参加司法交流活动。

法国司法界一位官员不理解中国司法过程中的调解，称之为“和稀泥”。

“西方人‘得理不饶人’，中国的传统文化心理是‘和为贵’、‘得饶人处且饶人’。”陈燕萍强调，中国的司法调解是在分清责任是非的前提下进行的。

然而，面对大量民事纠纷，有时责任是非却并不那么容易分清。

“你这杀千刀的，借钱不还，叫我老婆子怎么活？”法庭上，60多岁的陈桂芳情绪激动。陈桂芳称丁某欠其3万元钱，并提供了一份落款日期为2004年5月2日的欠条。丁某表示自己于2007年7月18日付给陈桂芳5万元钱，并出示陈桂芳签写的收条。

按照现有证据推断，陈桂芳应该欠丁某2万元钱。“此类民事案件以证据为重。”有律师对陈桂芳说，这官司恐怕难赢。

陈桂芳称自己手中的3万元欠条是丁某于2007年7月18日签写的，与落款日期不一致。丁某对此予以否认。

陈燕萍没有轻易判决，她详细询问原、被告双方借、还款细节，终于发现丁某有诈。“我们可以通过科学鉴定，验证欠条实际签写日期与落款日期是否吻合。”陈燕萍正告丁某。

丁某终于承认，自己借款8万，只还款5万，并故意将3万元欠条落款日期提前的事实。

有时侯，经验比逻辑推理更重要，良知比法律知识更重要。一名优秀法官不仅要精通法律知识，还要练就一双“火眼金睛”。

一起打架纠纷中，双方当事人为医药费用多少争执不休。陈燕萍从长长的药费清单中看出端倪，“这里边怎么有治疗糖尿病的药，打架会打出糖尿病来？”

一次庭审，弟弟称20年前借给姐姐2000元钱。

“20年前，你多大？”

“22岁。”

“干什么职业？”

“裁缝。”

“你干多久才能攒到2000元？”

陈燕萍问得轻描淡写，对方额上却渗出汗珠。

“陈法官太厉害了，谁也糊弄不了她。”不少当事人事后评价。

“法庭内外，都需要道德良知”

1988年，从学校毕业的陈燕萍面临多种选择。通过盐城市法院招干考试，她成了一名女法官。

“当法官跟做医生一样，首先要立德，要有体恤之心。”做了几十年军医的父亲对陈燕萍说。

陈燕萍有一个严厉的父亲。“在家里，不许高声讲话”、“说事情，想清楚再讲”、“坐下来，不许翘腿、晃腿”，父亲对陈燕萍和其他兄妹的要求近乎苛刻。但父亲是陈燕萍一生中最崇拜的人。

法官陈燕萍一直遵循父亲的教导。

烈日下，70多岁的孙老汉赤膊走进法庭。父子闹矛盾，儿子把他赶出家门。“呀！”陈燕萍拉着老人枯瘦的手惊叹。

“鸟都知道反哺，你连动物都不如!”陈燕萍对孙老汉的儿子发火。跟在身边的书记员说，从来没有见她这么“凶”过。

孙老汉离开法庭时，陈燕萍塞给他200元钱，“买点东西补补身子，有什么难处还来找我。”

老人嚎啕大哭，没想到法官比亲生女儿还亲！

这是一个巨变的时代，人们的心灵秩序很容易被打乱，由此带来许多矛盾。“法庭内外，都需要道德良知。这样许多矛盾就不易激化，社会也就会多一份和谐。”陈燕萍深有感慨。

血气方刚的小朱结交了几个游手好闲的青年，一次盗窃让他沦为囚犯。继父恨铁不成钢，言语失当。小朱刑满后要求母亲跟继父离婚，并扬言要杀了继父。

陈燕萍得知，小朱的继父婚后未生育子女，几十年来含辛茹苦将一对并非亲生的儿女抚养成人。

“你爱自己的母亲吗？”陈燕萍问。

小朱点头。

“你和继父是母亲一生中最爱的两个男人，失去任何一个，她都会痛苦一辈子。你忍心？”

小朱不语。

“继父这么多年的辛劳，就抵不过几句气话？不懂得报恩的人，算不得男人。”

小朱控制不住了，拉着陈燕萍的手，哽咽着唤了声“阿姨”。他后悔了！

“陈燕萍成了一个坐标。”靖江市人民法院院长何能说，一些案件当事人会不自觉地把其他法官跟陈燕萍作比较，这让法官们都不敢懈怠。

不少人点名要求陈燕萍审理自己的案件。不过，陈燕萍也遭遇过不信任。

村民施桂英被一辆电瓶车撞上，到医院拍片未发现大碍，双方以800元私了。几天后，施桂英仍疼痛不止，到医院复诊发现骨折。施桂英要求电瓶车主赔偿，对方不认。第一次在医院的拍片成为最重要的物证，陈燕萍打算请专家重新读片。

施桂英的女儿不肯把片子交给陈燕萍，她担心片子被掉包。为防意外，她还用细线在片子左上方缝了个记号。在靖江人民医院，陈燕萍楼上楼下来回跑了四次找医生，累得满头大汗。施桂英的女儿忍不住了，“你是真心帮我们的，我不该不信任你。”

“法官有时会遭遇误解，但是法官绝不能伤害一个当事人，这是职业道德的底线。”陈燕萍说。

“护佑弱者，就护佑了社会和谐”

当了10多年的民事法官，陈燕萍处理得最多的是离婚类纠纷。婚姻失败者，常会陷入种种困境，陈燕萍总试图给受伤者一丝慰藉。

患有“老烂腿”疾病的李明灯不得不接受离婚的残酷现实。做了20年的入赘女婿，李明灯带着9.8万元补偿款黯然离开。

天色昏暗，空中飘起了细雨。曾经恩爱的前妻，要求李明灯连夜搬家。

陈燕萍阻止了女方，“就让他再住一个晚上吧，明天到法庭办理交接。”

“这9万多块钱，你要存到银行，不能随便动用。”“你的腿病，要到正规医疗机构治疗，不能上当受骗。”“不要在外面租房，先到兄弟家暂住一段时间，抓紧时间找点事做。”陈燕萍一遍遍叮嘱李明灯。

折腾多年没掉一滴泪的大男人，在女法官面前哭得一塌糊涂。

“吵闹的，谩骂的，自戕的，扬言要杀人的。长期面对那么多情绪失控的人，换了我，恐怕早就疯了。”律师倪玲燕对陈燕萍佩服得不行。

2005年，倪玲燕接手一桩离婚案。倪的当事人严敏没有经济能力，却拼命想要儿子的监护权。男方当然不依。法庭把孩子判随男方生活，允许严敏每周探视一次。

“男方死死护着孩子不让探望，严敏见不着儿子就像掉了魂。”倪玲燕说，双方常在孩子就读的学校门前开战，娇小柔弱的严敏常被打得披头散发，不成人样。想起那阵势，倪玲燕至今紧张。

严敏找陈燕萍哭诉。“这样对孩子也没有好处。”陈燕萍劝她忍一段时间，暂不要去看孩子，“最重要的是要有经济能力，你才有可能变更孩子的监护权。”

严敏听从陈燕萍的建议，开了一家服装店。在众人帮助下，严敏的服装店生意越来越好，这个娇小柔弱的女人变得坚强自信起来。

前夫对严敏也渐渐放弃了敌意，他甚至主动把儿子送到严敏身边。

“谁主张，谁举证”是现行民事诉讼的原则，陈燕萍却经常帮助无法举证的当事人取证。

丈夫在一家企业承包装潢工程期间意外死亡，朱明华母女向企业讨要工程款，只知道有这么个工程，却不知道任何具体事项。陈燕萍直接到企业封存账目，对方不敢隐瞒事实，最后当庭支付工程款。

1999年，陈燕萍接手一起未成年人伤残赔偿案。16岁的少年在企业打工时，左手三根手指折断，少年提起赔偿精神抚慰金的诉讼请求。当时国家还没有明确法律条文，陈燕萍大胆地按照司法精神，作出了靖江市首例精神抚慰金判例。此后不久，国家有关精神抚慰金的法律实施细则出台。

“保护弱者权益，是建设和谐社会的必要条件，也是司法文明的核心价值，法官应该把这种价值导向惠及每一个当事人。”陈燕萍说。

16岁的小敏，不再是那个整天低着头、猫着腰，不敢见人的“丑小鸭”。

2007年8月，在众多好心人的帮助下，小敏额上重达2公斤的肿瘤被成功摘除。

陈燕萍是在7年前受理一起法律援助案时认识小敏的。可怜的小女孩1岁多时左眼上方就开始长瘤。父亲在她7岁的时候患癌症去世，一个多月后妈妈离开了家。

陈燕萍成了小敏的“法官妈妈”，她决定帮孩子治病。在靖江及泰州社会各界援助下，陈燕萍筹得23万元手术费。

陈燕萍在手术室前守了11个多小时。手术成功！满脸泪水的她，一把抱住主持手术的外科医学博士林晓曦。

有媒体记者问，为什么对一个本来跟自己毫无关系的女孩倾注这么多的关爱?

“我不能对受困者无动于衷。尽我所能，不把矛盾推向社会。”陈燕萍说。

“她做了自己应该做的事，法官护佑弱者，就护佑了社会和谐。”陈燕萍的父亲在病榻上接受媒体采访时说。老人收集了许多关于“法官妈妈”的报道，并把它们寄给自己的老战友，他为女儿自豪。

“既要依法办案，又要能善解人意”

爱美、爱哭、爱笑，是女人的天性，陈燕萍也一样。

身材娇小的陈燕萍留着一头飘逸长发，她喜欢穿裙子，喜欢练瑜伽，喜欢练书法。陈燕萍还喜欢看韩剧，手边放一沓面巾纸，边看边抹眼泪，一集看完，纸篓里一堆面巾纸。

女人嘛，都有软弱的地方。陈燕萍怕走夜路，怕乡村里的狗，却时常无法避开。许多案件当事人家住农村，白天要出门干活，只有晚上才遇到。陈燕萍不得已晚上送传票。一次回家的路上，突然下起暴雨，陈燕萍摔倒在泥泞中，自行车压在身上。在一位村民帮助下，她才安全到家。

读大学前，陈燕萍做过淮剧演员，练过刀马旦。不足2米长的舞台上，她连翻几十个筋斗，还能踢16根花枪。直到现在，她还能随时随地倒立。

谁能想到，这娇小身躯柔中带韧。

有律师戏称，陈燕萍的微笑最迷人，也最有“杀伤力”，再难解的结也会被她的微笑给化解。

一位老上访户找陈燕萍解决纠纷。“许多人都说我不讲理、难对付。在这里，闭着眼睛，我也能听出来，你不是在敷衍我。冲着这点，今后我不再上访了，听你为我做主。”

法官最怕碰上各种人情关系，陈燕萍却能以柔制柔。

2007年，靖江一家企业开除一名长期旷工的职工，职工不服提起诉讼。陈燕萍丈夫的大哥在这家企业担任中层干部，企业负责人让他跟弟媳说个情。陈燕萍最终判企业未履行告知义务，程序违法。大哥感觉没有面子，有些不开心。陈燕萍装作若无其事，回家后亲亲热热地跟大哥、大嫂唠家常，唠着唠着，大哥也就想开了。

一边是刚性的法律条文，一边是复杂的人情社会。“追求和谐，法官既要坚持依法办案，又要能善解人意。”

陈燕萍讨厌请吃送礼，她从来没有受过一次吃请和礼金。面对送礼者，她有自己的一套办法。

一位农民与邻里发生纠纷，全家人唯一的出行通道受阻。担心法官偏袒，他把装有500元钱现金的红包塞进陈燕萍的办公桌抽屉。陈燕萍没有当场拒绝，解决了当事人的通行权后，陈燕萍把红包还给对方。

有一件事让陈燕萍很有感触，父亲行医一辈子没有受过别人一个红包，晚年自己生病住院却坚持要给医生送红包。“许多当事人觉得，送过礼法官就会公正些。我暂且收下，可以让他们在庭审时心里踏实些。”

一些涉及经济纠纷的案件中，当事人送来的礼金最后总是成为受害方补偿金的一部分。

陈燕萍至今收下案件当事人的唯一礼品是一盒粽子。那是离婚不久的严敏原本打算送给儿子的，却被粗暴地推了出来。“如果坚持让严敏把粽子带回去，她会更伤心。”陈燕萍说。

“许多时候，法官不能把自己当成普通人”

去年，陈燕萍当选为全国人大代表。此后，她更忙了。一个工作日，陈燕萍最多要处理四五起诉讼，还要接待一些群众来访。

陈燕萍的工作节奏不断加快，讲话的语速也越来越快。她恨不得一下子办结所有的案子。

法官不是特殊材料铸成的，他们的身体零件与常人没什么两样。

陈燕萍太累了。超负荷的工作会让她头疼、呕吐。

书记员王丽君跟随陈燕萍已有8年。“她不仅教我如何做案卷，还教我如何做人。”王丽君说，陈燕萍总是喊她“宝宝”或“丫头”，“我不知道，该把她当做老师还是大姐。”

女孩子最私密的话题，王丽君可以不告诉父母，但一定会告诉陈燕萍。陈燕萍工作疲劳的时候，王丽君会帮她揉揉肩、捶捶背，“那个时候，我感觉自己就是她的女儿。”说这话时，王丽君流泪了，她心疼陈燕萍。

跟陈燕萍打过交道的案件当事人，不管原告被告，多数会成为她的朋友。在陈燕萍帮助下讨回欠款的陈桂芳老人，没事爱到陈燕萍办公室坐会儿，“我拿不出什么东西谢她，常来看看她，心里舒坦。”

时常有人送来一袋水果，说是顺路看望一下陈法官。一位案件当事人，为感谢陈燕萍，给小敏治病捐赠了1万元。

“法官都是普通人，但老百姓看你的眼光却不一样。所以，很多时候，法官不能把自己当成普通人。”陈燕萍说。

陈燕萍不仅想做一名好法官，她还想做一个好妻子、好母亲、好儿媳。为了弥补自己对家庭的一份愧疚，她坚持不请保姆，独自包揽所有家务活。无论工作到多晚，她总是把家里料理得干干净净。丈夫邵柏青心疼妻子，但他拗不过妻子，“家里的事都听她的，只希望她每天开心点。”

女儿有时抱怨妈妈对自己不够关心。

高考前，女儿赌气声称罢考。陈燕萍歪在沙发上，“不要说了，妈妈头疼。”

女儿上前，捧着妈妈的脸，两眼含泪，“妈，我想报考法律专业，将来接您的班……”

（文中严浩、张强、沈放、严敏均为化名）

荣誉档案

1997年~2000年，陈燕萍连续4年被靖江法院表彰为“办案能手”；

2001年~2003年，陈燕萍连续3年被靖江法院表彰为“先进工作者”；

2001年、2003年，陈燕萍2次被泰州中院表彰为“人民满意法官”；

2003年1月，陈燕萍被靖江市委、市政府表彰为“人民调解工作先进个人”；

2003年10月，陈燕萍被泰州市委、市政府表彰为“人民满意政法干警”；

2004年1月，陈燕萍被泰州中院荣记个人三等功；

2004年至2005年，陈燕萍先后3次被靖江法院、靖江市委机关工作委员会表彰为“优秀共产党员”；

2004年至2007年，陈燕萍连续4年被靖江法院表彰为“优秀法官”；

2004年3月，陈燕萍被靖江市妇联表彰为“三八红旗手”；

2004年4月，陈燕萍被江苏省高院表彰为“人民满意法官”；

2004年7月，陈燕萍被泰州市广播电视局、泰州电视台评为“公民道德故事十佳主人公”；

2005年4月，陈燕萍被最高法院表彰为“全国人民法庭优秀法官”；

2005年5月，陈燕萍被江苏省高院荣记个人二等功；

2006年9月，陈燕萍被靖江市巾帼建功活动领导小组表彰为“巾帼标兵”；

2007年1月，陈燕萍被江苏省高院表彰为“十佳法官”；

2007年1月，陈燕萍被江苏省高院荣记“个人二等功”；

2007年3月，陈燕萍被靖江市委、市政府授予第九届“十佳精神文明新人新事”荣誉称号；

2007年4月，陈燕萍当选泰州市第三届党代会代表；

2007年9月，陈燕萍被江苏省高院表彰为“指导人民调解工作先进个人”；

2007年9月，陈燕萍被中宣部确定为“道德楷模 文明风尚”重大宣传典型；

2007年10月，陈燕萍被江苏省高院荣记个人一等功；

2007年12月，陈燕萍被江苏省政法委、江苏省高院、江苏省妇联表彰为“十佳女法官”、“三八红旗手”；

2008年1月，陈燕萍当选为第十一届全国人民代表大会代表；

2008年2月，陈燕萍泰州市巾帼建功活动领导小组授予泰州市“十大女杰”；

2008年2月，陈燕萍荣获“江苏省道德模范”提名奖；

2008年2月，陈燕萍被最高法院、全国妇联表彰为“全国优秀女法官”、“全国三八红旗手”；

2008年3月，陈燕萍被靖江市委、市政府授予“2007年感动靖江十大新闻人物”、第十届“十佳精神文明新人新事”荣誉称号；

2008年3月，陈燕萍被江苏省妇联表彰为第五届十大女杰；

2008年6月，陈燕萍当选为泰州市“我最喜爱的共产党员”；

2008年7月，陈燕萍被泰州市委表彰为“共产党员标兵”；

2008年11月，陈燕萍被泰州市委宣传部授予“感动泰州（2006~2008）十大人物”称号；

2008年11月，陈燕萍被江苏省委组织部、人事厅表彰为“人民满意公务员”；

2008年12月，陈燕萍被江苏省高院表彰为“全省法院改革开放三十年英模个人；

2009年6月，陈燕萍被最高人民法院表彰为“全国模范法官”。

（市中级法院）

大 事 记

2009年度泰州十大新闻

1.泰州市积极应对国际金融危机，经济发展取得可喜成绩。面对国际金融危机，全市及时制定和采取一系列保增长促发展的政策措施，促进经济全面回升。全年实现地区生产总值1651亿元，增长13.8%，增幅居全省第4。完成财政收入343.8亿元，地方一般预算收入138.6亿元，分别增长31.1%和37.1%，其中地方一般预算收入增幅居全省第2。

2.泰州医药高新技术产业开发区升级为国家高新技术产业开发区。3月18日，国务院正式批复同意泰州医药高新技术产业开发区升级为国家高新技术产业开发区，这是全国唯一一家国家级医药高新区。园区的升级吸引全球最大的疫苗企业葛兰素史克、总投资22亿元的中农发动物疫苗项目落户。

3.陈燕萍成为泰州市又一全国重大典型。11月，中共中央政法委员会下发《关于开展向陈燕萍同志学习活动的通知》。此后，中宣部、中央学习实践科学发展观活动领导小组办公室组织中央23家重点媒体记者团对陈燕萍先进事迹进行集中采访。2010年1月19日，陈燕萍先进事迹报告会在人民大会堂举行。20日，中共中央政治局常委、中央政法委书记周永康接见报告团成员。

4.纬创笔记本电脑项目落户泰州。7月9日，纬创资通（泰州）项目签约仪式在泰州宾馆举行，台湾纬创集团将在泰州市投资10亿美元设立笔记本电脑生产加工项目。这是全市首次招引的10亿美元以上重大项目。9月26日，纬创资通（泰州）有限公司项目正式开工。

5.第六届江苏省园艺博览会在泰举行。9月26日，第六届江苏省园艺博览会在泰州开幕。本届园艺博览会以“水韵绿城·印象苏中”为主题，突出“现代、生态、科技、节约”理念，历时1个月，共接待各类游客100多万人次，为历届园博会参观人数最多的一次。

6.泰州市建设十大公共文化设施工程。2月28日，全市召开文化泰州建设工作会议，出台《2009～2010年文化泰州建设行动计划》，明确实施十大公共文化设施工程，建立泰州地标式文化名片。十大公共文化设施工程是：博物馆、图书馆、美术馆、青少年活动中心、规划展示馆、大剧院、文化馆、五巷等特色文化街区工程、泰州中学旧址保护工程、中国人民解放军海军诞生地博览园（泰州国防园）。其中，泰州大剧院9月1日顺利开业。

7.111名机关干部赴村担任党组织书记。8月25日，全市选派的111名机关干部开始到村担任村党组织书记。如此大规模地选派机关干部到村任职，在全省首创，全国也不多见，对推进新一轮“强基工程”，助推社会主义新农村建设，将产生积极而长远的影响。

8.全市养老保险制度覆盖法定所有人群。1月1日，全市实施《泰州市城乡居民社会基本养老保险办法（试行）》，在全省率先建立城乡一体化养老保险制度体系，保障城乡居民年老后的基本生活。同时，全市还降低市区职工医疗保险起付段标准，在全省率先启动异地就医实时结算试点。

9.“村民直评村官”获中央领导肯定。经过泰兴的成功试点，去年，泰州市在各市（区）推开“村民直评村官”工作，并在全国引起广泛关注。11月18日，中共中央政治局委员、中央书记处书记、中央组织部部长李源潮对此作出重要批示。《人民日报》、中央电视台、新华社、《光明日报》、《中国纪检监察报》、中国新闻社、《农民日报》、《新华日报》、江苏卫视等媒体分别到泰进行专题采访。

10.全市启动重点城镇建设。4月20日，全市召开推进重点城镇建设会议，确定新桥、黄桥、溱潼、戴南4镇为城镇化及新农村建设重点镇。重点城镇建设旨在进一步完善市域城镇体系，加快培育新的经济增长极。

1　月

7日　市委决定:建立中共泰州市委周山河街区工作委员会，为市委派出机构，机构规格为正处级；建立中共泰州市纪委周山河街区工作委员会，为市纪委派出机构，机构规格为副处级。

10日　省委常委、省纪委书记冯敏刚走访慰问泰州部分困难群众。市领导张雷、姚建华、李国华、陈国华等陪同。

10日～13日　市政协三届二次会议召开。市委书记张雷出席并讲话。委员们听取和讨论张雷的讲话；听取和审议市政协三届委员会常委会工作报告和市政协三届一次会议以来提案工作情况的报告；列席市三届人大二次会议，听取和讨论市长姚建华所作的政府工作报告和其他报告；通过大会决议。

11日～14日 市第三届人民代表大会第二次会议召开。会议审议并通过《泰州市人大常委会工作报告》、《政府工作报告》、《泰州市中级人民法院工作报告》、《泰州市人民检察院工作报告》、《关于泰州市2008年国民经济、社会发展计划执行情况和2009年计划草案的报告》和《关于泰州市2008年财政预算预计执行情况和2009年财政预算草案的报告》。会议决定批准这6个报告。大会选举张雷为泰州市第三届人民代表大会常务委员会主任和江苏省第十一届人民代表大会代表。

12日 市政府根据《省政府关于将泰兴市部分区域划归泰州市高港区管辖的批复》精神，将泰兴市胡庄镇划归高港区管辖；将泰兴市宣堡镇的赵王、乔杨、明河、钱赵、管营、孔桥、蔡庄等7个村划归高港区许庄街道管理；将泰兴市第二捕捞公司管理的区域划归高港区永安洲镇管辖。

△ 市政府根据《省政府关于调整泰州市区部分行政区划的批复》精神，将姜堰市苏陈镇划归海陵区管辖；将姜堰市苏陈镇的西査、东査、唐宁、杏林、军铺、三舍、小冯甸等7个村划归姜堰市姜堰镇管辖。

13日 泰州市获“江苏省社会治安综合治理先进市”称号。

16日 市委书记张雷在中国共产党泰州军分区三届党委一次全会上当选为泰州军分区新一届党委第一书记。

15日～16日 泰州军分区第三次党代会召开。市委书记张雷要求，牢固确定科学发展观的指导地位，提高应对多种安全威胁、完成多样化军事任务的能力，有效履行好军队新世纪新阶段的历史使命，不断开创军分区部队和民兵预备役建设新局面。会议由市委常委、军分区司令员张本印主持。泰州军分区党委书记、政治委员庄义春，泰州军分区纪委书记、政治部主任刘益民分别作工作报告。

19日 市委举行常委议军会议。市领导张雷、姚建华、陈克勤、王守法、李国华、陈国华、刘建国、高纪明、缪志红、杨峰、何榕、王振南、丁士宏等参加。市委常委、军分区司令员张本印汇报2008年全市军事工作主要任务完成情况和2009年军事工作安排。

△ 省道兴泰公路扩建工程银团贷款签字仪式举行，工程将获3.5亿元银团贷款。兴泰公路扩建工程项目全长76.14千米，其中新建路线长31.36千米、拓宽改建段44.78千米，新建桥梁33座、拓宽改建桥梁25座，改造收费站1处，设服务区1处，投资估算16.5亿元。市委常委、常务副市长杨峰，市人大常委会副主任王泓卫，副市长张爱平出席仪式。

20日 中共泰州市第三届纪律检查委员会第四次全体会议召开，学习十七届中纪委三次全会、十一届省纪委四次全会精神和中共中央总书记胡锦涛、省委书记梁保华分别在中纪委全会、省纪委全会上的重要讲话，回顾总结2008年全市党风廉政建设和反腐败工作情况，研究部署2009年工作任务。市委常委、纪委书记陈国华作题为《服务发展保增长，关注民生促稳定，以反腐倡廉建设新成效为泰州新一轮发展提供坚强政治保证》的工作报告。会议通过全会工作报告和全会《决议》，表彰2008年度全市纪检监察工作创新成果，“编制村务公开目录推进基层民主管理”等13项成果获奖。市领导张雷、姚建华、陈克勤、王守法、李国华、陈国华、刘建国、高纪明、缪志红、杨峰、何榕、戴胜利等出席。

2　月

1日 市委召开市四套班子领导会议，传达中共中央政治局委员、中央书记处书记、中央组织部部长李源潮1月28日视察泰州时的重要讲话精神。

△ 市委、市政府召开市级机关作风建设大会。市委书记张雷要求市级机关广大党员干部大力弘扬特别顾大局、特别重实干、特别能创新、特别讲奉献四种作风，以更优的作风迎接挑战，克难奋进。会议由市长姚建华主持。会议表彰2008年度十佳人民满意机关、十佳服务地方发展单位及作风先进单位。市四套班子领导出席。

4日 市委书记、市人大常委会主任张雷率泰州代表团参加省十一届人大二次会议。

8日 市政府与南京银行股份有限公司签订全面战略合作协议，南京银行将向全市提供100亿元信贷综合授信。市政协主席陈克勤、副市长卢佩民出席签字仪式。

11日 市长姚建华主持召开市政府第14次常务会议，讨论并通过《关于进一步加强涉及企业收费管理的意见》、《泰州市节约用水管理办法》、《2008年度全市开放型经济工作考核情况及2009年度考核办法》。会议还听取2008年度泰州市有突出贡献的中青年专家选拔工作情况和2008年度泰州市科技进步奖评审情况汇报。

12日 市委书记张雷、副市长卢佩民走访海军总部。海军副司令员顾文根中将、海军副政治委员邬华扬中将、海军政治部主任徐建中中将、海军政治部副主任刘纪林少将等会见张雷一行。

13日 市委、市政府召开全市开放型经济工作会议。市委书记张雷要求，全面辨证把握开放型经济发展态势，切实增强“喜”中见“忧”的忧患意识、“危”中抢“机”的机遇意识、“难”中快“进”的责任意识，坚定信心，克难奋进，实现泰州对外开放新突破。会议由市委副书记王守法主持，市委副书记、市长姚建华作工作报告，市领导陈克勤、陈国华、刘建国、何榕、王振南、卢佩民出席。

17日 全市政法工作会议召开。市委书记张雷要求各级政法机关进一步认清形势、明确责任，服务发展、关注民生，创新工作、营造环境，重视基层、严管队伍，为推动经济社会又好又快发展多作贡献。会议由市长姚建华主持，市委常委、政法委书记高纪明作工作报告，市领导陈克勤、王振南、张正方、丁士宏、戴胜利、殷美娟等出席。会议表彰2008年全市政法工作先进单位。

△ 市委召开干部选拔任用工作"一报告两评议"专题会议。市委书记张雷主持会议，市委常委、组织部长李国华作情况汇报。市委委员、候补委员参加会议，省委组织部派员出席。

17日～18日 省建设厅组织专家组论证并原则通过《泰州市城市总体规划纲要（2008～2030）》。市领导张雷、姚建华、杨峰、王泓卫、周书国出席论证会。

19日 副省长曹卫星考察泰州文化、科技工作，市委副书记、市长姚建华，副市长曹玉梅等陪同。

△ 全市人口和计划生育工作会议召开。市委副书记、市长姚建华要求各地各部门突出重点和难点，扎实推进，实现人口计生工作新突破。市领导曹玉梅、王泓卫、殷美娟出席。

20日 江苏省·中央企业合作发展恳谈会在京召开。中国海洋石油总公司、中国农业发展集团总公司、中国生物技术集团公司、中国医药集团总公司、华侨城集团公司等10家中央企业分别与泰州中农发集团、中海油总公司、华侨城集团签订项目合作协议，3大项目总投资87亿元。市领导张雷、何榕、卢佩民出席。

△ 全市国土资源管理工作会议召开。会议提出全市建设用地向重大项目、重点区域倾斜。市长姚建华批示：全市国土资源系统要坚持以科学发展观为指导，积极争取和科学安排土地利用计划，严格依法管地和节约用地，着力构建土地调控机制。市委常委、常务副市长杨峰出席并讲话，要求做到"四保四促"，即保增长，促发展；保供应，促调整；保重点，促提升；保底线，促平衡。

23日 泰州历史文化研究所挂牌成立。市政协主席陈克勤、市人大常委会副主任王泓卫为研究所揭牌。市领导缪志红、曹玉梅、殷美娟出席。

24日 泰州市举行"国际金融危机与泰州发展"高层论坛暨2008年社科课题成果发布会。市委书记张雷出席并讲话，市委常委、宣传部长缪志红主持发布会，市领导曹玉梅、殷美娟出席。

△ 南京中医药大学与泰州医药高新技术产业园区正式签约，联合建设"南京中医药大学—中国医药城中医药研究院"。市委书记张雷会见南京中医药大学党委书记黄成惠一行，市委常委、泰州医药高新区党工委书记何榕，副市长曹玉梅参加会见。

△ 兴泰公路扩建工程先导段暨兴化城区东绕城段建成通车。兴泰公路先导段全长5.84千米，工程投资1.8亿元，设计时速80千米/小时。

25日 全省新能源医药生物技术产业重点企业座谈会在泰召开。会议了解各企业生产运行情况和应对国际金融危机的做法，听取企业对下一步发展的政策建议及对制定《全省新能源、医药、生物技术产业调整振兴规划纲要》的意见。市委书记张雷出席。市长姚建华汇报全市工业经济运行情况。市委常委、泰州医药高新技术产业园区党工委书记何榕参加。

△ 中国残联党组成员、副理事长孙先德率国务院残工委检查组，检查泰州残疾人事业"十一五"规划执行情况。副市长曹玉梅陪同。

26日 最高人民法院副院长熊选国专题调研泰州量刑规范化试点工作。市委常委、政法委书记高纪明陪同。

△ 市委书记张雷、市长姚建华率泰州党政代表团学习考察沭阳加快城市发展的思路和做法。市委常委、常务副市长杨峰及各市（区）党政主要负责人、市直有关部门主要负责人参加。

27日 全市工业经济和科技工作大会召开。会议提出实施产业振兴"1223"计划，即力促医药产业裂变式发展，提升装备制造和化工两大主体产业发展水平，培育新能源和电子信息两大新兴产业规模，稳住冶金及金属制品、纺织服装、电气制造等三大传统产业，努力促进工业经济转型升级。市委书记张雷出席并讲话，市长姚建华作工作报告。会议由市委副书记王守法主持，市领导缪志红、王振南、卢佩民、王东出席。

△ 周山河整治工程开工。周山河河道全长38.6千米（其中城区段13.6千米），工程总投资2.88亿元。

28日 市委、市政府召开文化泰州建设工作会议。市委书记张雷指出，要坚持以科学发展观为指导，确立和落实先进文化发展理念，激发文化创造活力，提升文化竞争力、影响力，发挥文化对经济社会发展的重要支撑、引领和促进作用，开创文化泰州建设新局面。会议由市委副书记、市长姚建华主持。会议出台《关于加快推进文化泰州建设的意见》和《2009～2010年文化泰州建设行动计划》。市领导王守法、李国华、陈国华、刘建国、高纪明、缪志红、杨峰、何榕等出席。

本月 苏中江都机场项目通过国家预可行性研究评估。工程占地131.13公顷，总投资约10亿元，由泰州市和扬州市共同投资建设，系国内直线机场。

3 月

4日 姚建华、徐镜人、刘锦兰、蒋建华、陈燕萍、何健忠参加第十一届全国人民代表大会第二次会议。

△ 市政府与招商银行南京分行签订战略合作协议，招商银行南京分行未来两年内将提供综合授信50亿元。副市长卢佩民出席签约仪式。

△ 全国人大代表、市长姚建华接受《21世纪经济报

道》专访。

4日～5日 副省长史和平带队调研市工业经济情况。市委书记张雷，市委常委、泰州医药高新技术产业园区党工委书记何榕，副市长卢佩民等陪同。

9日 盐城市市委书记赵鹏率党政代表团考察市经济发展情况。市领导张雷、李国华、刘建国、缪志红、杨峰、何榕、陶幸蓉、王东等陪同。

17日 市委常委会召开会议，传达学习全国两会精神。市委书记、市人大常委会主任张雷要求，紧密联系泰州实际，深入学习贯彻全国两会精神，扎实抓好当前各项工作，推动全市经济社会平稳较快发展。全国人大代表、市长姚建华介绍全国两会概况及政府工作报告、全国人大常委会工作报告、最高人民法院和最高人民检察院工作报告主要内容，传达中共中央总书记胡锦涛参加江苏代表团审议政府工作报告时的讲话精神。

18日 稻河古街区改造复兴工程建设动员大会暨银企签约仪式举行。市委常委、常务副市长杨峰参加。

△ 国务院批复，泰州医药高新技术产业开发区正式成为全国第56个国家高新区，成为全国第2家具有专业特色的国家高新区，省第5家国家高新区。

18日～19日 省委书记梁保华到泰考察企业经济运行情况，要求坚持保增长与调结构相结合，坚定不移地加快结构调整和发展方式转变，大力提高企业自主创新能力，推动产业优化升级。市领导张雷、姚建华、卢佩民等陪同。

23日 泰九路拓宽改造工程正式开工。市委常委、常务副市长杨峰出席仪式。该工程东起江州路，西至新328国道，全长2100米，规划红线宽40米，项目预计总投资3亿元。

24日 南通路改造建设工程正式开工。该工程东起东升桥，西至江州路，全长2530米，道路红线宽40米，总投资3.8亿元。市委副书记、市长姚建华出席仪式，市委常委、常务副市长杨峰主持，市人大常委会副主任王泓卫及市政协副主席周书国出席。

26日 省发改委主任毛伟明到泰调研中盛光电集团发展情况。市委常委、常务副市长杨峰陪同调研。

26日～27日 国务院国资委监事会主席季晓南带队到泰调研市经济和社会发展情况。市领导张雷、何榕、卢佩民陪同。

27日 市委书记、市人大常委会主任张雷专题调研高港区永安洲镇滨江新城和核心港区的规划建设情况。

27日～28日 国家工商总局局长周伯华到泰调研市经济、社会发展情况和泰州工商部门服务地方经济发展情况。副省长李小敏、省工商局局长佘义和，市领导张雷、刘建国、何榕、卢佩民等陪同。

30日～31日 市三届人大常委会举行第八次会议。会议听取全国人大代表、省泰州中学校长蒋建华传达的十一届全国人大二次会议精神，听取并审议市人民政府关于《就业促进法》贯彻实施情况的报告、市人大常委会教工委关于“大力推进文化泰州建设 提升泰州软实力”议案处理意见的报告，还听取并审议泰州市人大常委会讨论、决定重大事项规定的修订说明。会议通过大力推进文化泰州建设和讨论、决定重大事项的决议及市人大常委会人事任免名单。市委书记、市人大常委会主任张雷要求，坚持党的领导，围绕发展大局，依法履行工作职责，充分发挥人大职能，凝心聚力建设美好新泰州。市人大常委会副主任王振南、陶幸蓉、张正方、戈丽和、王泓卫及秘书长王厚贵出席，副市长张爱平列席。

31日 国家统计局局长马建堂到泰考察调研金融危机下企业的生产和运行情况。省委常委、常务副省长赵克志，省统计局局长张卫东，国家统计局江苏调查总队总队长樊燕超，市领导姚建华、刘建国、卢佩民等陪同。

△ 中国工程院院士、省长助理徐南平带队调研中国医药城建设情况。市委书记张雷，市长姚建华陪同，市委常委、泰州医药高新技术产业园区党工委书记何榕汇报情况。

本月 泰州医药高新技术产业开发区被授予国家级“国际科技合作基地”称号。

4　月

5日 原全国政协常委、江苏旅港同乡联合会会长张永珍一行到泰参加2009中国泰州国际旅游节。市领导张雷、姚建华、刘励会见访问团一行。

6日 第四届中国湿地生态旅游节、江苏国际生态旅游节、2009中国泰州国际旅游节暨经贸洽谈会、2009中国姜堰溱潼会船节举行。副省长张卫国宣布开幕。国家旅游局局长祝善忠、市长姚建华分别致辞。市四套班子领导张雷、陈克勤、王守法、李国华、陈国华、张本印、缪志红、杨峰、何榕等出席。

6日～7日 中国城河论坛在泰举行。全国政协委员、省社科院院长宋林飞，市领导张雷、缪志红、杨峰、王泓卫、周书国等出席开幕式。

17日～18日 省委常委、省纪委书记冯敏刚到泰调研反腐倡廉工作，市领导张雷、陈国华、何榕陪同。

18日 拉萨市党政代表团到泰考察经济社会发展情况。市领导张雷、姚建华、王守法、李国华、杨峰、何榕等陪同。

19日 省委常委、常务副省长赵克志视察泰州长江大桥建设情况。市委常委、常务副市长杨峰陪同。

23日 省委常委、苏州市委书记王荣一行到泰考察医药产业发展情况。市领导张雷、姚建华、陈克勤、杨峰、何榕、王振南等陪同。

29日 庆祝中国人民解放军海军成立60周年史料展览

在泰举行。海军政委刘晓江，省委书记梁保华为史料展揭幕。省长罗志军，市委书记张雷，市长姚建华等出席开幕式。

5 月

6日 泰州亲和力生物技术有限公司自主研发的流感病毒检测芯片在泰州医药城诞生，该芯片可在6小时内对甲型H1N1流感疑似病例进行确诊。

7日 淮安市党政代表团到泰考察沿江开发、医药产业发展和城市建设情况。市领导张雷、姚建华、陈克勤、刘建国、高纪明、缪志红、杨峰、何榕、王振南等陪同。

△ 全国部分省市医疗保险支付稽核工作研讨会在泰召开。国家人力资源和社会保障部社会保险事业管理中心副主任徐延君出席并讲话。副市长张爱平致辞。

△ 泰州医药高新区被授予“江苏省生物医药高技术特色产业基地”称号。

8日 市长姚建华主持召开市政府第18次常务会议。会议讨论并通过《泰州市2009¯2011年创建国家级创业型城市行动计划》、《关于贯彻落实〈江苏省实施中华人民共和国就业促进法办法〉的实施意见》。会议还讨论了《关于加强地方税收征管保障工作的意见》及市区财政体制调整方案。

10日 省牧院“动物专用抗生素硫酸头孢喹肟研发项目”获2008年度省“金桥工程”优秀项目。

11日 市委常委会召开专题会议，研究深化文明城市创建工作。市委书记张雷要求，全面贯彻落实科学发展观，进一步明确目标，落实措施，努力实现2011年创建成全国文明城市工作先进市的奋斗目标。

12日 市政府决定，将高港区许庄街道的唐家、老庄2个村划归野徐镇代管，将调整后的野徐镇划归泰州经济开发区代管；将高港区刁铺街道界牌村的5至10组划归二桥村管理，同时将刁铺街道的屠桥、二桥2个村划归泰州经济开发区寺巷镇代管。将隶属泰州经济开发区管理的响林村（春兰工业园所在地）划归海陵区京泰路街道管理；将泰州经济开发区寺巷镇城南村的1至3组划归海陵区城东街道高桥村代管。

13日 市政协召开三届十五次主席会议，专题协商城区重点工程建设工作。市委常委、常务副市长杨峰到会通报情况。

△ 市委书记张雷调研全市工业重大项目建设情况，要求强化服务快推进，积蓄后劲促发展。市领导何榕、卢佩民等参加。

14日 意大利ROTTA制药公司考察团到泰考察经济社会发展情况。市委书记张雷会见考察团一行，市委常委、泰州医药高新技术产业园区党工委书记何榕参加会见。

△ 大型淮剧《生死诺言》获第7届江苏省戏剧文学奖三等奖。

△ “中国姜堰·溱潼会船节”获“大世界基尼斯之最——规模最大的船会活动”称号。

15日 市特殊教育学校新校落成仪式举行。市长姚建华揭牌，副市长曹玉梅致辞。

△ 市政府根据《省政府关于调整泰州市部分行政区划的批复》精神，将姜堰市罡杨镇划归海陵区管辖。

19日 以色列驻上海总领事艾雅克到泰考察经济社会发展情况。副市长刘励会见艾雅克一行。

21日 中国人民解放军海军诞生地纪念馆被评为全国爱国主义教育示范基地。

21日～22日 市创建国家园林城市工作通过省级考核验收。

22日 市委书记张雷调研交通重点工程建设情况。副市长张爱平参加。

△ 市召开工业项目银企融资洽谈会暨签约仪式。150个项目获贷款授信额度63.85亿元，其中合同性贷款22.3亿元，意向性贷款41.55亿元。30个项目现场签约，共融资30.96亿元。副市长卢佩民出席。

△ 第一届泰州高校“4·23”世界读书日征文颁奖典礼举行。市委常委、宣传部长缪志红，副市长曹玉梅出席。

29日 省交通厅厅长游庆仲一行考察靖江市农民集中居住点道路建设、公交站场建设及乡镇交管所建设等情况。市委常委、靖江市委书记刘建国，副市长张爱平等陪同。

△ 泰州国家医药高新技术产业开发区成立大会召开。中共中央政治局委员、书记处书记、中央组织部部长李源潮作出批示，希望泰州市委、市政府以改革创新的精神建设好泰州医药高新技术产业开发区，在科学发展观的指导下，艰苦奋斗，努力把泰州建成“中国第一、世界有名”的医药城。省委书记、省人大常委会主任梁保华，科技部党组书记、副部长李学勇为泰州国家医药高新技术产业开发区揭牌。省委副书记、省长罗志军讲话。科技部副部长杜占元宣读《国务院关于同意泰州医药高新技术产业开发区升级为国家高新技术产业开发区的批复》。卫生部副部长刘谦，国家食品药品监督管理局副局长李继平，副省长曹卫星等出席。成立大会由市委书记、市人大常委会主任张雷主持。市委常委、泰州国家医药高新技术产业开发区党工委书记何榕作表态发言。泰州医药高新技术产业开发区分别与南京医科大学、南京中医药大学签订合作办学协议。国家科技部、卫生部、药监局等部委相关司局负责人，省有关部门负责人，有关高等院校、科研院所和金融机构负责人，市四套班子全体负责人出席。

6　月

1日　市社会福利中心落成典礼举行。市长姚建华剪彩并讲话。市委常委、政法委书记高纪明出席。

1日～4日　青海省高级人民法院、内蒙古高级人民法院分别组团到泰考察两级法院量刑规范化改革成果。市委常委、政法委书记高纪明陪同。

2日　四川省绵竹市党政代表团到泰考察对口援建、招商引资等情况。市领导张雷、姚建华、张爱平会见代表团一行。

4日　省劳动和社会保障厅厅长陈震宁到泰调研靖江市劳动保障城乡统筹工作。副市长张爱平陪同。

6日　市委书记张雷调研姜堰市溱潼镇小城市建设情况。市委副书记王守法，市委常委、常务副市长杨峰参加。

7日　扬子江药业集团、正太集团、江苏新时代造船有限公司、江苏一建获“2008年江苏营业收入百强企业”称号。

8日　台湾工业总会经贸考察团到泰考察经济社会发展情况。市领导张雷、何榕、卢佩民等陪同。

△　南京名人艺术研究院苏中工作站在泰举行揭牌仪式。市领导陈克勤、张本印、王泓卫、曹玉梅、殷美娟等出席。

9日　省人大常委会副主任丁解民一行到泰视察农作物秸秆综合利用情况。市领导王守法、王振南、张正方、刘励陪同。

△　国务院参事、国家减灾委员会专家委员会副主任、国务院应急管理专家组组长闪淳昌教授，到泰作“坚持以人为本和安全发展，提高应对危机和风险能力”的报告。副市长张爱平主持报告会。

10日　省委常委、常务副省长赵克志一行到泰调研农村环境保护工作。市领导张雷、刘励陪同。

△　第六届省园艺博览会组委会第一次会议在泰召开。副省长、组委会主任何权出席并讲话。市委书记张雷出席。市委常委、常务副市长杨峰汇报筹备情况。

11日　市委、市政府召开全市对台工作座谈会。市委副书记王守法要求，以深化泰台经贸合作为重点，创造对台工作新局面。

△　市委书记张雷会见中国工程院院士、南京工业大学校长欧阳平凯，并向其颁发中国医药城科学顾问聘书。

13日　国土资源部执法监察局局长李建勤一行到泰调研基层联系点创建工作，并组织召开国土资源部执法监察联系点座谈会。市委常委、常务副市长杨峰参加。

14日～15日　省老领导曹鸿鸣一行到泰视察农业农村发展情况。省委常委、副省长黄莉新及市领导张雷、姚建华、王守法等陪同。

15日　市人大常委会组成《道路交通安全法》执法检查组，并召开动员大会。市人大常委会副主任王振南出席并讲话，副市长戴胜利汇报全市贯彻实施《道路交通安全法》相关情况。

△　德国施瓦本哈尔地区代理市长瓦尔一行到泰考察经济社会发展情况。市长姚建华会见瓦尔一行。

16日　市政府召开第19次常务会议，市长姚建华主持会议。会议决定，建立市政府投资项目监督管理制度体系，提高工程质量和资金使用效率，促进公共权力阳光运行。会议讨论通过《泰州市区域供水水源和供水设施管理暂行办法》、《泰州市历史文化名城保护办法》，讨论创建全国科技进步先进市、国家知识产权示范市等问题。

△　市委书记张雷调研靖江市新桥镇小城市建设情况。市委副书记王守法，市委常委、靖江市委书记刘建国参加。

17日　市长姚建华视察泰州实验中学初中宿舍楼、九龙污水处理厂、京泰路街道社区卫生服务中心康复病房楼等3个市区中央新增投资项目，并听取市发改委和海陵区对项目情况的汇报。

17日～18日　省政协副主席陈宝田一行到泰督办省政协重点提案。市领导姚建华、陈克勤、曹玉梅、周书国等陪同。

18日　交通运输部部长李盛霖视察泰州长江大桥工程建设情况。市领导张雷、姚建华、张爱平等陪同。

△　省交通厅党组书记刘大旺一行到泰调研交通系统工作情况。市领导刘建国、张爱平陪同。

△　省公安系统廉政文化交流会在泰举行。市领导陈国华、戴胜利等出席。

18日～19日　省人大常委会副主任朱龙生到泰调研经济社会发展情况。市委常委、靖江市委书记刘建国，市人大常委会副主任王振南等陪同。

19日　市召开机关干部动员大会，部署百名机关干部任村党组织书记选派工作。市委常委、组织部长李国华出席并讲话，副市长丁士宏主持。

△　香港晨兴集团主席陈乐宗一行到泰考察医药高新区发展情况并洽谈合作项目。市委书记张雷会见陈乐宗一行。

△　中国科学院生物物理研究所所长徐涛到泰考察医药高新区发展情况。市委书记张雷会见徐涛。

19日～20日　台湾南良集团总裁萧登波一行到泰考察医药高新区等地的发展状况。市领导何榕、刘励陪同。

20日　市委书记张雷检查兴化市、靖江市防汛工作。市委副书记王守法，市委常委、靖江市委书记刘建国，市委常委、军分区司令员张本印等陪同。

22日～25日　市委副书记王守法率市党政代表团赴浙江省绍兴市、杭州市、嘉兴市乌镇及苏州吴江市盛泽镇，学习考察城镇建设和管理等方面的先进经验。

23日 位于兴化市戴南镇的中日合作农村分散型生活污水处理示范项目竣工仪式举行。国家环境保护部部长周生贤，副部长张力军，省委常委、常务副省长赵克志，市领导张雷、姚建华、刘励等出席。

24日 南师大泰州学院医药法研究所举行揭牌仪式暨“民生·医药与法制”研讨会。市委常委、泰州医药高新技术产业开发区党工委书记何榕出席。

25日 市政协召开三届八次常委会议，协商通过《关于促进我市中小企业发展的建议案》。会议听取市科技局关于科技创新工作情况报告，协商通过有关人事事项。副市长卢佩民通报上半年经济工作情况。市政协主席陈克勤，副主席周书国、王东、殷美娟、姚社成、黄立红出席。

26日～27日 2009国际生物经济大会在天津召开。市委书记张雷率市医药代表团参加并出席开幕式。开幕式上，沪京泰生物产业基地战略合作等6个项目成功签约。在大会举办的政府高层论坛上，张雷作题为《建设国家级医药高新区的实践与思考》的演讲。大会期间，中共中央政治局委员、国务委员刘延东，中共中央政治局委员、天津市委书记张高丽，全国人大常委会副委员长桑国卫等一行考察泰州医药高新区展厅。张雷向刘延东一行介绍泰州医药产业特别是泰州医药高新区的发展情况。刘延东对泰州医药高新区的发展给予充分肯定。市委常委、泰州医药高新区党工委书记何榕参加上述活动。

27日 南京军区党委常委、联勤部部长顾守成少将到泰调研泰州军分区建设情况。省军区党委常委、后勤部部长常高潮，市委常委、泰州军分区司令员张本印，政委庄义春陪同。

27日～28日 台湾高雄市总工会理事长林明章一行到泰参观访问。市委常委、组织部长、市总工会主席李国华出席欢迎仪式。

30日 市委、市政府举行仪式，欢迎461名大学生“村官”任职。市委常委、组织部长李国华出席并讲话。

本月 中国医药城新生源公司的“新药研发PCR链式公共服务平台”，被列入国家促进服务业发展2009年第3批扩大内需中央预算内投资计划，并获250万元专项资金支持。

7　月

2日～3日 全国人大代表南京、泰州代表小组在泰调研文化资源保护开发建设情况。全国人大代表、南京市人大常委会主任、党组书记陈家宝，全国人大代表、市委副书记、市长姚建华参加。市人大常委会副主任王振南、戈丽和陪同。

3日 泰兴市残联理事长、全国自强模范封红年出席第4次全国自强模范暨扶残助残表彰大会并受到胡锦涛总书记慰问。

△ 市政府与东南大学全面合作协议签订仪式举行。市委书记张雷致辞。市委副书记、市长姚建华与东南大学代表签订协议。市委常委、宣传部长缪志红为东南大学科技成果转化中心泰州工作站揭牌。

6日 泰州生物医药高新技术产业出口创新基地二期工程银团贷款签约仪式举行。中国进出口银行南京分行等9家银行业金融机构将向泰州医药高新区提供20亿元贷款。副省长张卫国，市领导张雷、姚建华、缪志红、何榕等出席。

7日 苏中片经济工作座谈会在泰召开，会议分析当前经济发展形势，部署下一阶段经济工作。南通、扬州、泰州及部分县（市）作上半年经济运行情况汇报。省长罗志军要求苏中地区围绕保增长，狠抓关键措施落实，确保经济平稳较快发展。市领导张雷、姚建华、卢佩民等出席。

△ 省长罗志军到泰州园博园建设工地实地考察江苏省第六届园艺博览会筹备情况。

9日 市10亿美元重大项目招引首次成功。台湾纬创集团纬创资通（泰州）项目签约仪式举行，纬创资通（泰州）项目正式落户泰州经济开发区出口加工区。副省长张卫国出席仪式并讲话，市委书记张雷致辞，市长姚建华主持签约仪式。市领导陈克勤、王守法、杨峰、何榕、王振南、刘励、卢佩民等出席。市委常委、泰州经济开发区党工委书记、管委会主任何榕与纬创集团负责人代表双方签约。

△ 市召开历史文化名城保护工作领导小组会议，正式启动国家历史文化名城创建工作，并确定申报方案。市委常委、常务副市长杨峰，副市长刘励、曹玉梅出席。

△ 国家知识产权局专利管理司司长马维野率工作组到泰考核验收国家知识产权示范城市创建工作。市委副书记、市长姚建华，副市长卢佩民出席示范创建工作汇报会。

10日 扬子江药业集团被评为“全国医药行业质量管理小组活动优秀企业”，获47项QC成果一等奖，连续5年蝉联质量“金牌”第一，并有30个课题获最佳发表奖。董事长徐镜人获“全国医药行业质量管理小组活动卓越领导者”称号。

11日～12日 安徽省委常委、合肥市委书记孙金龙率合肥市党政代表团到泰考察经济社会、产业发展及中国医药城、城市和文化建设情况。市领导张雷、姚建华、陈克勤、王守法、李国华、刘建国、何榕、王振南等陪同。

13日 市政府召开第20次常务会议，市长姚建华主持会议。会议讨论《泰州市高层次创新创业人才引进计划实施办法》和《泰州市海外优秀人才引进计划实施意见》等事项，并讨论通过《市区农贸市场建设和升级改造工作实施意见》、《泰州市规范生产安全事故报告和调查处理工作的意见》和《泰州市生产经营单位安全生产主体责任规定》等文件。

14日　宁启铁路复线电气化工程建设动员大会暨开工仪式在泰举行。铁道部部长刘志军，省委书记梁保华，省委副书记、省长罗志军，省委常委、常务副省长赵克志，市领导张雷、姚建华、陈克勤、杨峰、王振南、王泓卫、张爱平、周书国出席。铁道部副部长卢春房主持开工仪式。梁保华宣布宁启铁路复线电气化工程开工，并和与会相关领导一起为工程奠基石挥锹培土。刘志军和罗志军分别讲话。市委副书记、市长姚建华代表宁启铁路沿线地方政府发言。

16日　中国医药城与复旦大学联合举办“分子流行病学与队列研究高层论坛”。市委书记张雷致辞并颁发国际顾问聘书。副市长曹玉梅主持论坛开幕式。

18日　辽宁省本溪市政府代表团到泰考察开发区建设情况。市委常委、常务副市长杨峰等陪同。

20日　美国康奈尔大学副校长阿兰·坡一行到泰洽谈有关中国医药城的合作事宜。市委书记张雷会见阿兰·坡一行并向阿兰·坡颁发中国医药城科学顾问聘书。

21日　泰州市单声教育奖学金首届颁奖大会举行。著名爱国侨领、法学博士单声携夫人向获奖学生颁奖，副市长刘励参加。会后，市委书记张雷会见单声夫妇一行。

△　省人大常委会副主任丁解民一行到泰调研电力保护工作并召开座谈会，市人大常委会副主任王振南、张正方出席。

23日　中国刑警学院泰州市公安局教学实习基地成立仪式举行。副市长、市公安局局长戴胜利出席并讲话。

26日　泰兴、靖江、兴化、姜堰入选全国县域经济基本竞争力百强县（市）。

28日　中国科学院院士沈岩、饶子和，中国工程院院士王红阳被聘为中国医药城科学顾问。市长姚建华会见3名院士，并颁发聘书。

29日　市委常委、市纪委书记陈国华，市政府副市长曹玉梅率市党政代表团赴西藏自治区拉萨市曲水县，考察市对口支援工作，慰问援藏干部，并提供市政府援助资金100万元。

29日～30日　第6届中国蛋白质组学大会在泰召开。600多名国内外蛋白质组学及相关领域的专家和教授，围绕蛋白质组学“注释基因组”和“发现疾病标志物”两大主题展开研讨。副省长曹卫星出席开幕式并讲话。市长姚建华在开幕式致辞。市领导张雷、何榕等出席开幕式。国家科技部、国家自然科学基金委员会、总后勤部卫生部、军事医学科学院、省科技厅、北京蛋白质组研究中心、复旦大学、南开大学等部门和单位相关负责人出席开幕式。

本月　春兰清洁能源研究院有限公司研发的“动力镍氢电源系统”入选首批国家自主创新产品名单，研发的混合电动客车动力电源系统被列入2009年度江苏省自主创新标准化试点项目。

△　中国医药城康正生物技术有限公司开发的高特异性艾滋病诊断技术，被列入国家重大传染病防治重大专项。

8　月

1日　市委书记张雷赴双登集团、陵光集团及中海油气（泰州）石化有限公司调研，了解企业生产和发展情况。副市长卢佩民参加。

5日　扬州市委书记季建业率扬州市代表团到泰考察经济社会发展情况。代表团重点参观考察中国医药城部分企业，观摩医药城整体规划模型。市领导张雷、姚建华、何榕等陪同。

7日　中国医药城与泰凌医药集团签订战略合作协议。市委书记张雷出席签约仪式。市委常委、泰州医药高新区党工委书记何榕与泰凌医药（集团）有限公司董事长吴铁在合作协议书上签字。根据协议，泰凌医药集团在医药园区设立投资性公司，作为中国内地总部，控股内地子公司。投资公司注册资本1亿美元，投资总额3亿美元。世界三大私募基金之一的美国德太集团与泰凌同步进驻园区，为中国医药城重大科技成果和项目的实施提供重要资金支持。

7日～15日　市委书记张雷率市经贸考察团赴美国进行经贸考察。在美期间，考察团开展引资、引智活动，重点推介中国医药城。

16日～17日　市委书记张雷率市经贸考察团赴韩国进行经贸考察。在韩期间，考察团访问LG公司总部，考察LG公司昌原一厂、二厂及协作企业。双方围绕进一步拓展合作领域进行商洽。

18日　市政府与江苏联通公司签订战略合作协议。市长姚建华出席签约仪式，副市长刘励代表市政府签订协议。根据协议，从2009年至2013年，江苏联通公司在泰投资12亿推进信息化基础设施建设，市政府支持江苏联通加快战略转型和业务发展。

22日　国家经济动员办公室正式批复，同意依托中国医药城—泰州国家医药高新区成立国家医药动员中心，以确保国家应急需要。

24日　中国医药城与江苏力联集团在医药城举行合作协议签约暨揭牌仪式，同时，总占地2公顷，总建筑面积5.5万平方米，总投资3亿元的中国医药城—力联集团综合大楼正式奠基。市领导张雷、杨峰、何榕，力联集团董事局主席官翟韶均、名誉主席刘吉出席活动。签约暨揭牌仪式上，双方共同签署合作建设综合大楼、康居社区及力联集团总部基地、投资公司和研发二期项目合作协议，双方领导分别为江苏中广房地产开发有限公司、江苏百富投资担保服务有限公司揭牌。

25日 机关干部到村任职欢送仪式举行。市委常委、组织部长李国华主持欢送仪式。市领导张雷、王振南、张爱平、周书国出席。

26日 中国医药城江苏莱芙时代生物科技有限公司开业剪彩仪式举行。市委书记张雷，市委常委、泰州医药高新区党工委书记何榕参加剪彩。

27日 市政协召开三届十八次主席会议，专题协商金融工作。会议听取市人行、银监分局负责人关于近年来工作情况的汇报，并开展协商。会议讨论通过《政协泰州市委员会优秀提案评选表彰办法》和《关于推进我市文化体制改革工作的建议案》。市政协主席陈克勤，副主席周书国、金文鸾、马云、王东、殷美娟、胡冬生、黄立红出席。

29日 最高人民法院院长、首席大法官王胜俊一行到泰调研法院工作。在泰期间，王胜俊一行听取市中级人民法院工作介绍，参观考察医药城、省泰中等地，并专程赴靖江法院江阴园区法庭，详细了解江阴园区法庭民事审判工作机制和调解工作开展情况，并看望"法官妈妈"陈燕萍。省委常委、政法委书记林祥国和市领导张雷、姚建华、刘建国、高纪明、丁士宏等陪同。

9 月

1日 国家人口计生委副主任江帆一行到泰考察计划生育服务体系建设。江帆一行先后到城南街道锦绣社区、海陵区计划生育指导站、市计划生育指导所考察，了解服务体系的基础设施建设，人员、设备配备和优质服务工作开展情况。副市长曹玉梅陪同。

△ 市援建四川省绵竹市拱星镇项目—拱星小学工程竣工交付仪式举行。市委书记张雷，市委常委、泰州医药高新技术产业开发区党工委书记何榕，副市长张爱平，江苏省援建指挥部总指挥长梁学忠及四川省德阳市、绵竹市的有关领导参加仪式。

1日～2日 省直泰州组省人大代表到泰调研产业结构调整情况。省人大常委会副主任朱龙生，省政协原副主席吴瑞林，省委统战部副部长、省工商联党组书记邵军参加。市领导张雷、姚建华、王振南、戈丽和、卢佩民陪同。

6日 大型现代淮剧《诺言》获2009江苏省优秀新剧目评比展演二等奖。

10日 市召开进一步做好甲型流感防控工作电视电话会议。市长姚建华要求各地、各有关部门严防疫情扩散蔓延。副市长曹玉梅出席。

13日 省委常委、常务副省长赵克志到泰视察姜堰溱湖风景区泰州华侨城建设工作情况。市领导张雷、杨峰陪同。

△ 台湾区制药工业同业公会理事长黄柏熊一行到泰考察医药高新区发展状况。市委书记张雷，市委常委、泰州医药高新区党工委书记何榕会见黄柏熊一行。

△ 市委书记张雷，市委常委、泰州医药高新区党工委书记何榕会见中国医药城以叶援赞为首的小分子药物研发平台海外高层次运营管理专家团队。

14日 全市信访维稳工作会议召开。市委书记张雷要求，进一步提高认识，明确目标，确保全市社会和谐稳定。市委副书记、市长姚建华主持会议。姚建华要求，努力形成科学的决策机制和快速处理机制，确保各类矛盾和突发事件得到及时有效解决。市领导刘建国、高纪明、陶幸蓉、戴胜利、殷美娟等出席。

16日 市政府召开第21次常务会议，传达全省沿海地区发展工作会议精神。会议讨论海陵区全面建设小康社会达标认定问题，《泰州市市直行政单位国有资产管理实施办法》，《泰州市市直事业单位国有资产管理实施办法》，《泰州市人民政府行政复议委员会试点工作实施方案》，《泰州市规范性文件制定与备案管理办法》等事项。市长姚建华主持会议。

17日～18日 四川省德阳市市委常委、绵竹市市委书记兰开驰率绵竹市党政代表团到泰考察经济社会发展情况。市委书记张雷，副市长张爱平会见代表团一行。代表团随后考察了省园博园、中国医药城、扬子江药业集团和光芒集团。

18日 市政府与机械研究总院全面合作协议签字仪式举行。市领导张雷、姚建华、卢佩民，机械科学研究总院院长李新亚等参加。市委常委、宣传部长缪志红主持签字仪式。

△ 副省长史和平赴泰州长江大桥建设工地和江海高速桥头枢纽建设工地，实地视察市交通重点工程建设情况。市领导张雷、张爱平陪同。史和平要求各施工单位加强规范管理，确保安全生产，对国庆期间安全生产工作责任到位。

△ 第七届中国泰州科技洽谈会开幕。市委书记张雷致欢迎辞。市委副书记、市长姚建华主持开幕式。省长助理徐南平代表省政府、国家科技部党组成员、《科技日报》社社长张景安代表科技部对第七届中国泰州科技洽谈会开幕表示祝贺。省政协副主席、中国科学院南京分院院长周建民，机械科学研究总院院长李新亚，国防科工局科技成果推广转化研究中心主任孟冲云，省科技厅厅长朱克江，中国科学院院地合作局副局长孙殿义，泰州市委、市人大、市政府、市政协的有关领导，泰州市所辖各市（区）政府负责人，市各有关部门（单位）负责人，国内有关高等院校、科研院所的负责人和专家教授，市部分企业负责人出席开幕式。开幕式结束后，与会领导和嘉宾参观科技成果展厅。

△ 第七届中国泰州科技洽谈会项目签约仪式暨新闻发布会举行。市领导姚建华、缪志红、王泓卫、卢佩民、

王东，中科院院地合作局副局长孙殿义，国防科工局科技成果推广转化中心副主任张志明出席签约仪式。洽谈会共签订科技合作项目370项，共建产学研联合体118个，为企业解决重大技术难题48项。

19日 市委书记张雷会见美国生物技术产业组织（BIO）国际事务副总裁西恩·达拉赫一行。

21日 市举行“祝福伟大祖国 建设美好泰州”庆祝中华人民共和国成立60周年群众歌会比赛。全市25支代表队、2000多人参加。市委常委、宣传部长缪志红，市政府副市长曹玉梅，市政协副主席殷美娟出席歌会并为获奖代表队颁奖。

21日～22日 市三届人大常委会举行第十一次会议，会议原则通过《泰州市人大常委会专项工作评议办法》。会议听取和审议市政府关于全市开放型经济工作情况的汇报，市政府关于《农产品质量安全法》贯彻实施情况的报告，市政府关于代表建议办理工作情况的报告。市人大常委会副主任王振南、陶幸蓉、张正方、戈丽和、王泓卫出席。副市长卢佩民列席。

22日 泰州市歌舞剧院暨南师大泰州学院歌舞剧院揭牌仪式举行。市委副书记、市长姚建华，南京师范大学副校长兼泰州学院院长潘百齐为歌舞剧院揭牌。市委常委、宣传部长缪志红致辞，副市长曹玉梅出席。

△ 张云泉当选“时代领跑者—新中国成立以来最具影响的劳动模范”。

22日～23日 全国畜禽标准化规模养殖暨良种繁育体系建设现场会在泰召开。农业部副部长高鸿宾，省委常委、副省长黄莉新，省农委主任吴沛良，市委副书记、市长姚建华等出席。

26日 第六届江苏省园艺博览会在泰开幕。省委书记梁保华参观园博园。省人大常委会副主任朱龙生、副省长徐鸣及市四套班子领导出席开幕式。开幕式由省住房和城乡建设厅厅长周岚主持。市委书记、市人大常委会主任张雷致辞。

△ 总投资10亿美元的纬创资通（泰州）有限公司项目和总投资22亿元的中国医药城动物生物医药园项目开工仪式先后举行。省委书记梁保华，省人大常委会副主任朱龙生，副省长徐鸣，市领导张雷、姚建华、陈克勤、王守法等出席开工仪式并为项目奠基培土，市领导陈国华、缪志红、王振南参加，市委常委、泰州医药高新区、经济开发区党工委书记何榕主持开工仪式。

△ 泰州医药高新区、经济开发区40个项目正式签约，并有15家企业项目竣工投产。中国医药城东部开发建设5个项目集中开工，包括由江苏美时医疗科技有限公司投资建设的亚洲最大的核磁共振基地。副省长徐鸣，市四套班子领导张雷、姚建华、陈克勤、王守法等，及400多名海内外嘉宾先后出席相关活动。

27日 “奋进的江苏—庆祝新中国成立60周年大型成就展”在南京开幕。省委书记梁保华参观泰州展厅。市委常委、宣传部长缪志红陪同。

28日 副省长何权到泰参观园博园及“圆明园国宝兽首走进泰州大型展览”。市委副书记、市长姚建华，市委常委、常务副市长杨峰陪同。

10　月

2日 美国杜克大学副校长罗伯特·泰伯一行到泰洽谈在中国医药城建设一期临床试验中心和建立杜克大学医院意向。市委书记张雷会见罗伯特·泰伯一行，市委常委、泰州医药高新区党工委书记何榕参加会见。

5日 全球最大的疫苗企业葛兰素史克公司与中国医药城入驻企业江苏沃森生物技术有限公司签约。按照协议，双方将在中国医药城疫苗产业化基地设立合资企业，从事疫苗的研发和生产制造。市委常委、泰州医药高新区党工委书记何榕参加签约仪式。

14日 市委书记张雷会见来访的美国旧金山市政府代表团，双方就共同推进生物医药产业发展进行友好交流。市委常委、组织部长李国华，市委常委、泰州国家医药高新技术产业园区党工委书记何榕参加会见。

15日 市生态市建设工作领导小组会议召开。会议讨论研究2010年至2012年市生态市建设行动计划纲要，对近几年市生态市建设工作作动员部署。市委副书记、市长姚建华要求全市上下切实增强生态市建设的责任感和紧迫感，把环境保护和生态市建设工作摆上更加突出位置，扎实向前推进。

△ 市委书记张雷、市长姚建华会见来访的葛兰素史克国际营运副总裁依曼纽·阿莫里，就深入推进合作，做大做强葛兰素史克泰州疫苗项目进行友好交流。市委常委、泰州医药高新区党工委书记何榕参加会见。

17日 中国医药城与南京工业大学签订合作协议，共建南工大泰州医药工业研究院。市委书记张雷，市委常委、泰州医药高新区党工委书记何榕出席签约仪式。

△ 最高人民法院党组成员、政治部主任周泽民，省高级人民法院院长公丕祥一行专程到泰看望靖江法院江阴园区法庭副庭长陈燕萍。市委常委、政法委书记高纪明陪同。

19日 全国农业科技创新与推广现场会在泰召开。农业部副部长张桃林，省委常委、副省长黄莉新参加会议并赴市农业开发区参观考察。市领导张雷、姚建华、王守法、丁士宏陪同。

20日～21日 全国人大常委会原副委员长、著名经济学家成思危到泰考察市经济发展情况。市领导张雷、何榕、王振南、卢佩民陪同。

22日 市政府召开第22次常务会议，市长姚建华主持。会议讨论并原则通过《泰州市沿江开发总体规划

（修编）》、《泰州市市区2009年¯2015年服务业发展规划》、《关于进一步做好驻泰部队干部随军家属子女就业就学工作的意见》。会议还讨论了建市以来市政府规范性文件清理问题。市政府决定宣布《市政府关于加强煤炭市场整顿 进一步做好民用煤供应工作的通知》等8件规范性文件失效；决定废止《泰州市新区建设房屋拆迁实施暂行办法》等76件规范性文件；决定确认《泰州市建设工程招投标管理实施办法》等155件规范性文件继续有效。

26日 《泰州市土地利用总体规划（2006¯2020年）大纲（送审稿）》审查会召开，并通过省国土资源厅专家审查，要求今后全市土地管理制度都将依据《大纲》来制订。市委常委、常务副市长杨峰出席。

△ 第六届江苏省园艺博览会闭幕式在泰举行。副省长何权，市领导张雷、姚建华、陈克勤、王泓卫、周书国出席。

26日～27日 中央扩大内需检查组到泰检查贯彻落实国家扩大内需促进经济增长政策情况。省委常委、常务副省长赵克志，市领导张雷、姚建华、杨峰、何榕、刘励等陪同。

30日 市长姚建华会见日本安斯泰来制药株式会社董事长、日本制药团体联合会会长竹中登一。市委常委、泰州医药高新区党工委书记何榕参加会见。

30日～31日 全省促进农民创业现场交流会在泰召开。省委常委、副省长黄莉新，市委副书记、市长姚建华，副市长张爱平等出席。

11　月

1日～2日 市委书记张雷，市长姚建华分别会见来访的美国德克萨斯大学休斯敦健康科学中心校长拉里·凯泽。市长姚建华向拉里·凯泽颁发中国医药城科学顾问聘书。

2日 由中国医药城与美国德克萨斯大学休斯敦健康科学中心合作建设的心血管和肺部疾病诊疗中心在普济医院挂牌。市委书记张雷与德克萨斯大学休斯敦健康科学中心校长拉里·凯泽共同为中心揭牌。市领导何榕、曹玉梅出席揭牌仪式。

△ 市召开深化文明城市创建工作会议，启动新一轮创建全国文明城市工作。市委书记张雷出席并讲话，市长姚建华作工作报告，市领导陈克勤、李国华、陈国华、高纪明、张本印等出席，市委常委、宣传部长缪志红主持会议。

11日 台苏生物医药健康产业合作研讨会在台举行。省委常委、常务副省长赵克志，海峡交流基金会董事长江丙坤，市委书记张雷出席并讲话。市领导刘建国等出席。市委常委、泰州医药高新区党工委书记何榕作《中国医药城，两岸生物医药健康产业合作的最佳平台》专题推介。

16日 第三届中国生态河蟹文化节、第九届中国·兴化郑板桥艺术节开幕。市委副书记、市长姚建华，副市长丁士宏出席开幕式。中国渔业协会会长齐景发，省有关部门负责人参加节庆活动。

19日 2010年市区改善民生实事项目网民座谈会召开。市委副书记、市长姚建华出席，听取网民代表的意见和建议，并与网民代表进行交流。

22日 泰州凤凰文化发展有限公司揭牌仪式举行。市委书记张雷，省凤凰出版传媒集团董事长谭跃为公司揭牌。市委常委、宣传部长缪志红出席并讲话。市领导戈丽和、姚社成等出席。副市长曹玉梅主持揭牌仪式。

23日～24日 市第三届人民代表大会常务委员会第十二次会议举行。市人大常委会副主任王振南、陶幸蓉、张正方、戈丽和、王泓卫出席，副市长曹玉梅列席。会议听取并审议市政府关于贯彻落实《江苏省人口与计划生育条例》情况的报告。会议通过《泰州市人民代表大会代表建议、批评和意见处理办法》和《泰州市人民代表大会常务委员会关于处理人民群众来信来访办法》。会议通过人事任免名单。

24日 水利部党组副书记、副部长鄂竟平视察靖江农村河道疏浚整治及城市水利建设情况。省委常委、副省长黄莉新，省水利厅厅长吕振霖，市委副书记、市长姚建华，市委常委、靖江市委书记刘建国，副市长丁士宏陪同。

25日 省长罗志军到泰考察经济发展情况，先后赴中国医药城、园博园和海陵区企业进行实地调研。

△ 苏中片经济工作座谈会在泰召开，省长罗志军主持。市领导姚建华、何榕、卢佩民等参加。座谈会上，罗志军听取南通、扬州、泰州三市及部分县（市）、企业2009年以来经济运行情况和2010年经济工作规划的汇报，并就做好明年经济工作提出相关要求。

27日 宿迁市委书记张新实、市长缪瑞林率宿迁市党政代表团到泰考察高新技术产业发展和城市建设情况。代表团一行先后参观考察中国医药城、园博园、凤城河风景区、江阴靖江工业园区和靖江经济开发区。市领导张雷、姚建华、陈克勤、刘建国、何榕、张正方等陪同。

△ 连云港市委书记王建华率连云港市考察团到泰考察高新技术产业发展和城市建设情况。市领导张雷、姚建华、缪志红、何榕、卢佩民等陪同。

△ 市政府第23次常务会议召开，讨论通过《泰州市区 “十一五”水价改革方案》，对居民生活用水实行阶梯式水价制度。会议还讨论通过《泰州市政府机构改革方案》、《关于在泰州市区限制燃放烟花爆竹的公告》、《关于在全市重点河流建立河长制的实施办法》。市长姚建华主持会议。

30日 省双拥模范城（县）创建工作检查考核组到泰检查创建工作。副市长、市双拥工作领导小组副组长丁士宏出席情况汇报会。

12　月

3日 南京海关关长李多宽一行到泰调研出口加工区筹备情况，市领导何榕、卢佩民陪同。

4日 市召开全市违法用地查处整改推进会。市委副书记、市长姚建华与各市（区）政府、有关园区管委会签订《土地违法行为查处整改责任书》，并要求各市（区）政府、管委会对需要组织拆除的违法用地必须在本月15日前完成拆除退耕工作，本月底前完成完善项目用地手续整改任务。市委常委、常务副市长杨峰主持。

△ 市召开“双百企双百亿”银企洽谈暨项目融资签约仪式，204家企业、234个重点项目获授信221.77亿元，这是地级泰州市成立以来，规模最大、涉及企业项目和信贷资金最多的一次高层次银企合作活动。市领导姚建华、王振南、卢佩民、殷美娟出席。

△ 在由全国普法办和中央电视台联合举办的《法治的力量2009—年度十大法治人物评选》中，靖江市人民法院江阴园区法庭副庭长陈燕萍当选。

5日 中国医药城教育教学区一期工程开工。省教育厅厅长沈健，南京中医药大学党委书记黄成惠，南京工业大学党委书记王德明，南京医科大学康达学院院长徐济达，市领导张雷、姚建华、李国华、何榕、曹玉梅等出席开工仪式并为项目培土奠基。张雷宣布项目开工。沈健、姚建华分别讲话，黄成惠、王德明分别代表两所高校致辞。

14日 市政府召开第24次常务会议，讨论并原则通过《泰州市行政权力网上运行管理办法》和泰州市装备制造业、新能源产业调整、生物医药产业、电子信息产业振兴等4个规划纲要，以及《泰州市区公交优先发展近期实施方案》、《政府工作报告》（送审稿）、《泰州市知识产权战略纲要》等9个议题。市领导姚建华、杨峰、丁士宏、张爱平、曹玉梅、卢佩民、戴胜利等出席。

16日～17日 市委书记张雷、市长姚建华率市党政代表团赴南通、盐城、连云港和淮安等地考察学习先进发展理念和经验。

18日 省委副书记、省委组织部长王国生率省委检查组，到泰检查考核落实党风廉政建设责任制情况。市委书记张雷代表泰州市委向检查组汇报落实党风廉政建设责任制情况。

19日 市史志档案办公室编纂出版的《泰州年鉴（2009）》获第四届全国年鉴编纂出版质量评比综合一等奖、框架设计一等奖、条目编写一等奖、装帧设计一等奖。

25日 市政府第25次常务会议召开，市长姚建华主持。会议讨论并原则通过《2010市区改善民生实事项目》、《关于市本级2009年财政预算执行和2010年财政预算初步安排情况的报告》、《关于泰州市2009年国民经济社会发展计划执行情况和2010年计划初步安排意见的报告》等。

△ 陈燕萍先进事迹汇报会暨报告会召开。中宣部新闻协调小组负责人陈建奇，最高人民法院办公厅副主任孙军工，省委宣传部副部长周琪，市委常委、靖江市委书记刘建国参加。市委常委、政法委书记高纪明主持报告会。

26日 省委副书记、组织部长王国生赴靖江看望陈燕萍，并慰问中央新闻单位陈燕萍事迹采访团成员。省高院院长公丕祥、市委书记张雷陪同。省高院副院长周继业、省委宣传部副部长周琪，市领导李国华、刘建国、高纪明参加。

28日 市第1条数字化公路、兴化市第1条全线一级公路——S231省道兴泰公路通车典礼举行。市领导张雷、姚建华、杨峰、王泓卫、张爱平、周书国等参加。

28日～29日 扬州市委常委卜宇、副市长闻道才率扬州市各开发园区负责人到泰考察泰州国家医药高新区发展情况。考察团参观了美时医疗、万全、北科等部分园区企业，并详细了解了高新区发展现状和未来规划。市委常委、泰州国家医药高新区党工委书记何榕，副市长曹玉梅陪同。

30日 市委常委扩大会议召开，市委书记张雷主持。会议传达学习全省经济工作会议精神。市委副书记、市长姚建华传达省委书记梁保华、省长罗志军的重要讲话精神。

△ 市政府召开市区村组（社区）股份合作制改革暨社区建设工作会议。会议下发《关于加快推进市区村组（社区）股份合作制改革和加强社区建设的工作意见》。市委副书记、市长姚建华出席并讲话，副市长丁士宏主持会议。

△ 普济医院党委成立大会召开，市委常委、泰州医药高新区党工委书记何榕出席并讲话。

31日 市直工贸企业管理服务体制调整会议召开。会议要求，从2010年1月1日起，所有的原市直企业将实行属地管理。市委常委、常务副市长杨峰出席并讲话。

本月 泰州市获2007～2008年度“全国科技进步先进市”称号。

（耿　维）

泰州概貌

地理历史

【位置面积】泰州地处江苏中部，位于北纬32°01′57″～33°10′59″、东经119°38′21″～120°32′20″。南部濒临长江，北部与盐城毗邻，东临南通，西接扬州。全市除靖江有一独立山丘外，其余均为江淮两大水系冲积平原。地势呈中间高、南北低走向，南边沿江地区真高一般为2米～5米，中部高沙地区真高一般为5米～7米，北边里下河地区真高为1.5米～5米。全市总面积5787平方千米，其中陆地面积占77.85%，水域面积占22.15%。市区面积639.6平方千米。

【人口】2009年末，全市户籍总人口为503.98万人，比上年增长6.2‰。其中，市区82.08万人。全市城镇人口比重达51.0%，比上年提高1.9个百分点。全年新出生人口4.28万人，出生率8.52‰；死亡人口3.25万人，死亡率6.47‰，人口自然增长率2.05‰。年末常住人口为466.61万人，增长0.2%。按常住人口计算的出生率为9.18‰，死亡率为7.79‰。

【行政区划】2009年末，全市行政区划设4市2区，81个镇，6个乡，13个街道办事处。兴化、靖江、泰兴、姜堰4市下辖72个镇，6个乡，1个街道办事处，227个居民委员会和1384个村民委员会；海陵区（含泰州经济开发区）和高港区下辖9个镇，12个街道办事处，88个居民委员会和190个村民委员会。

【民族】全市少数民族50个，人口1万多人，其中土家族、苗族、回族人口较多。少数民族人口占全市总人口0.2%。

2009年泰州市行政区划一览表

表1

地　区	土地面积（平方千米）	人口（万人）	镇（个）	乡（个）	街道（个）	居民委员会（个）	村民委员会（个）
全市	5787.26	503.98	81	6	13	315	1574
市区	639.61	82.08	9	—	12	88	190
海陵区（含开发区）	337.91	55.94	5	—	9	64	115
高港区	301.70	26.14	4	—	3	24	75
兴化市	2395	155.94	29	5	—	70	614
靖江市	655.58	66.71	8	—	1	58	188
泰兴市	1169.55	119.71	20	1	—	61	320
姜堰市	927.52	79.54	15	—	—	38	262

（统计局）

【气候】2009年，全市年平均气温正常偏高，降水量正常偏多，日照正常。年内出现的连阴雨、暴雨、强对流、台风、高温、大雾、寒潮等灾害性天气给全市的经济建设和人民生活造成一定的损失。

气温。全市年平均气温15.8℃～16.7℃，比常年偏高0.8℃～1.6℃。其中，泰州市区16.5℃，比常年偏高

1.6℃。1月平均气温正常略高，2月比常年明显偏高，3月～6月正常偏高，7月～9月与常年基本持平，10月正常偏高，11月和12月正常略低。全年日最高气温≥35℃的高温天数市区12天、靖江14天、泰兴17天、姜堰6天、兴化5天，其中泰州市区出现连续5天的高温。

降水。全市年降水量1072.3毫米～1357.9毫米，较常年正常或正常偏多。全市年雨日在127天～157天，市区有143天；年雪日在4天～10天，市区有9天。全市6月27日入梅（常年6月18日～20日），7月15日出梅（常年7月10日），梅长19天，入梅偏迟，出梅正常，梅期较短。梅雨量比常年偏少2成～6成，各地分布不均。梅雨期内以过程性降水为主，主要降水过程出现在6月29日～30日、7月6日～7日，7月14日～15日。其中6月29日靖江出现暴雨，6月30日靖江、泰兴分别出现暴雨、大暴雨。

日照。全市年日照1720.2小时～2006.0小时，比常年正常略偏少。

主要气候事件（灾害）及其影响。

（1）连阴雨。2月13日～27日为连阴雨天气，雨量较常年同期明显偏多，连阴雨时间之长为冬季罕见。由于长时间阴雨寡照，部分低洼地区出现不同程度的渍害，影响在田作物正常生长。连阴雨给交通、人体健康等方面带来一定程度的影响。

（2）暴雨。全市共有8次暴雨过程，其中泰州市区4天、靖江7天、泰兴5天、姜堰5天、兴化3天。6月29日靖江日雨量达61毫米，靖江工商银行下水排水不畅，损失约8万元。6月30日靖江降水量96.4毫米，30多户民房受损，市内4条道路积水，短时影响交通；泰兴日降水量100.4毫米，达到大暴雨，1小时最大降水量24.7毫米，受强降水天气影响，沿江各乡镇及东部地势低洼地区田间积水普遍在10厘米～20厘米，受淹面积达3300公顷，城区公园新村、同舟新村等10多个小区和单位积水，倒房危房14户，8间损坏2户4间。7月21日～23日，受冷暖空气的共同影响，全市大部分地区出现暴雨，其中22日泰兴降水量73.6毫米，23日泰州市区降水量55.0毫米、姜堰75.6毫米、兴化111.3毫米。7月28日受低空切变和地面气旋的共同影响，泰州市中南部地区出现暴雨，泰兴降水量103.6毫米、靖江60.1毫米，大暴雨导致泰兴倒房、损坏房屋37户76间，11个养鸡场受淹，死鸡7.2万只，部分农田受淹。9月17日受台风减弱的高空倒槽云系和低空切变影响，全市出现暴雨，17日05时～18日05时靖江降水量达71.5毫米，并伴有雷暴。25日凌晨受中气旋影响，全市出现大范围雷暴，泰州市区和姜堰分别出现大暴雨和暴雨，12小时降水量市区106.0毫米、姜堰95.4毫米，两地出现不同程度积水。

（3）强对流。年内，全市强对流天气频发，各地雷暴日数分别为：泰州市区30天、靖江34天、泰兴32天、姜堰26天、兴化22天。全年因雷击死亡4人。2月出现4次雷暴天气过程，分别出现在16日、22日、24日、25日。其中24日中午泰兴市姚王镇陆庄村1人遭雷击死亡。雷击强度为历史罕见。3月21日受强冷空气前锋和高空西南急流的共同影响，全市出现强雷暴天气，部分地区出现大风，兴化北部中堡（日降水量53.2毫米）出现暴雨。6月受东北冷涡影响，有4次影响较大的强对流天气过程。6月3日～5日全市出现雷雨大风、冰雹等强对流天气，其中5日灾情严重，兴化茅山镇孙王村1人被雷击身亡；靖江东方重工400平方米屋顶损坏；泰兴市蒋华镇新市村宏明蔬菜生产基地遭雷雨、大风和冰雹袭击。6月14日下午到夜里全市出现雷雨大风天气，各地均出现不同程度的灾情，高港区极大风力达29.1米/秒，造成大面积停水、停电。6月21日受高空槽影响，全市再次出现雷雨大风天气。泰州市区观测站极大风力达21.2米/秒，6小时内降水量达35.4毫米。泰州开发区寺巷镇1人遭雷击身亡。6月27日泰兴出现雷雨大风天气，倒塌危房15间，损坏房屋8间。由于副热带高压减弱，北方冷空气向南渗透，同时气温高，8月26日下午6时～7时，全市出现强雷暴天气。兴化西郊镇南沙村1人被雷击身亡。

（4）台风。年内，8号台风“莫拉克”对全市影响较大。“莫拉克”8月9日在福建省霞浦县登陆。11日凌晨2时进入江苏，12小时后进入黄海，对全市的影响主要从9日夜里至11日中午。全市出现区域性大暴雨天气，过程雨量分别为：泰州市区126.2毫米，靖江121.8毫米，泰兴142.1毫米，兴化139.3毫米，姜堰148.2毫米；全市有75个自动站站点过程雨量大于50毫米，52个站点大于100毫米，最大为姜堰王石188.3毫米。全市出现6～8级的大风，暴雨造成部分地区河流超过警戒水位。全市受灾较重，姜堰受灾人口27万人，紧急转移安置人口159人，其中投亲靠友124人、借住房屋人口35人，2237人需要救济；损坏房屋237间，倒塌房屋90户226间，均为居民住房；农作物受灾面积23944.3公顷，其中成灾面积23395.7公顷、绝收面积548.6公顷。泰兴市受灾人口17人,紧急转移安置17人，倒塌房屋74户115间，损坏房屋15户36间，倒塌电灌站4座，倒塌硬质渠道7500米，1.6万公顷农田受灾，0.89万公顷农田成灾，泰兴城区4个小区积水严重，元竹养鸡场淹死5000多只鸡。靖江市受灾人口110人，倒塌居民住房16户36间，损坏房屋26户52间。

（5）高温。泰州地区各地高温天数分别为：泰州市区15天，靖江15天，泰兴20天，姜堰6天，兴化5天。市区7月17日～21日出现连续5天高于35℃的高温天气。

（6）大雾。全市共出现大雾15天～29天，其中市区最多，为29天。5月各地均出现不同程度的大雾天气，分别出现在4日、5日、27日。大雾影响部分道路交通，部分高速公路关闭，班车延误。10月各地出现2天～5天的能见度低于1000米的大雾。26日凌晨全市出现浓雾，能见度在50米～200米，局部地区能见度低于50米，造成部分客车晚点，高速大队及时启动恶劣天气特级管制，封闭泰州辖区收费站。11月多次出现大雾天气，8日全市出现浓雾、局部强浓雾，26日、27日除兴化外各地均出现大雾到浓雾。12月1日～2日全市普遍出现大雾，2日泰州市区、靖江最小能见度40米，对交通产生严重影响，8日、10日和11日部分地区又出现大雾，对交通有一定的影响。

（7）寒潮。全市共出现3次寒潮天气。1月22日～24日寒潮天气过程持续时间长，全市出现6级阵风和7～8级的大风，最低气温降至-7.5℃～-8℃，降温幅度为11.1℃～12.2℃。此次寒潮天气过程具有：范围广、降温幅度大、风力强的特点。11月2日～3日受冷空气影响，全市出现寒潮天气，过程最低气温的降幅达9℃～10℃。12月26日～27日受北方强冷空气的影响，靖江和泰兴48小时内最低气温的降幅均在8℃以上，出现寒潮过程。

（气象局）

【水文水情】 2009年汛期（5月1日～9月30日）全市降雨量750.2毫米，较常年675毫米偏多约一成，其中，泰州城区687.4毫米（常年汛期670.8毫米）、兴化624.2毫米、黄桥702.7毫米、夏仕港725.9毫米。6月28日入梅，7月15日出梅，梅雨特征不明显，以间隙性、过程性降雨为主。各地梅雨量分别为：泰州城区96.8毫米、兴化102.4毫米、黄桥152.6毫米、夏仕港190.3毫米，比常年梅雨量232毫米分别偏少二至六成。出梅后晴热高温天气维持6天，从7月22日～8月12日，由于副热带高压减弱南落，全市持续22天的低温阴雨天气，特别是8月10日～8月12日，受8号台风“莫拉克”影响，8月10日清晨至8月11日8时，全市普降大暴雨，产生内河水位年最高值。

汛期长江大通流量25100立方米/秒～44800立方米/秒，属平水年，全年最小来量10600立方米/秒（2月6、7日）。汛期沿江四大闸仅夏仕港潮位有4次超4.04米警戒线，分别是4.05米（7月25日、8月8日）、4.06米（8月22日）和4.04米（8月23日）。全年最高潮位：口岸4.48米（8月9日），马甸4.56米（8月22日），过船港4.35米（8月22日）。

汛期全市出现4次强降水天气，由于在时间分布上呈间隙性，为水利工程科学调控提供时间。全市内河水位总体上波动平稳。通南地区因强降水影响，6月29日、8月11日～14日有5天普遍超3.00米水位，但低于3.80米警戒线；里下河地区受8号台风“莫拉克”强降水和前期连续阴雨天气共同影响，8月11日～17日连续7天超1.80米警戒线。溱潼站7月24日～26日局部出现超1.80米水位。泰州（下）因高港枢纽引水作用，6月9日～11日有3天超1.80米水位。

汛期里下河兴化、溱潼、泰州（下）最高水位分别为2.21米（8月12日）、2.24米（8月12日）、1.99米（8月11日），最低水位分别为1.15米（7月6日）、1.20米（6月28日）、1.23米（5月19日）。全年最低水位兴化0.98米（1月29日）、溱潼0.94米（1月28日）、泰州（下）0.92米（1月28日）。

汛期主城区城河水位泰州（通）处于2.50米～3.00米（含）最理想水位有55天，处于2.00米以下需生态补水不理想水位1天，没有超3.80米警戒不安全水位。泰州（通）全年最高水位3.53米（8月12日），最低水位1.71米（1月23日）。

汛期通南地区姜堰、黄桥水位最高分别为3.62米（8月12日）、3.30米（8月12日），最低水位分别为1.81米（6月21日）、2.00米（6月21日）。全年最低水位姜堰站1.77米（6月21日），黄桥站1.75米（1月25日）。

（戚根华 孙海燕）

【矿产资源】 全市境内有石油、二氧化碳、氦气、地热、矿泉水、煤、泥碳、砖瓦用粘土等矿产资源。油、气、地热开发价值高、潜力大。石油主要分布在姜堰、兴化两市，经华东石油局和江苏石油勘探局石油地质普查勘探，发现淤溪、储家楼、边城、俞垛、周庄、茅山、刘陆等断块油田，中国石油勘探局在兴化境内开展新一轮石油详查和钻探工作。2009年全市石油产量约45万吨。兴化市陈堡地区探明的石油地质储量约1800万吨，年产石油能力达40万吨。

黄桥地区二氧化碳气田面积52.2平方千米，气田埋深1800米～2650米，产气层岩性主要为碳酸盐岩。探明可控面积二氧化碳地质储量261.48亿立方米，可采储量65亿立方米，二氧化碳纯度99%以上，伴生少量凝析油。2009年二氧化碳气开采量约3亿立方米，产量56.3万吨，工业产值11181万元。主要用于食品、保护焊接和化工等领域。储量综合评定为中深度，高产能大型二氧化碳气田，居全国之首。与二氧化碳伴生的少量氦气，浅层地质储量估算约1200万立方米，具有一定的开发利用价值。

境内地热资源丰富。地热田控制面积200多平方千米，其中海陵区地热资源丰富，地热水埋藏较浅，为650米～1800米，水温38℃～70℃，含有对人体有益的偏硅酸、碘、溴、锶等微量元素。据专家初步预测，全市地热资源储量超过1000亿立方米。“泰热1井”为钻探成功的苏中第一井，井深750米，井口水温45℃，日出水量768立方米，证明泰州玄武岩上部地热田的存在，结束泰州无热泉水的历史。“泰热2井”勘探成功，证明中深部地热资源水量更大，日出水量达4000立方米，温度70℃左右，具有广阔的开发利用前景。现姜堰溱湖、兴化戴南、靖江马洲岛、兴化乌巾荡公园、泰州碧桂园大酒店经科学勘查，已成功钻探出热水，水质优良，含有丰富的对人体有益元素，开发前景广阔。

矿泉水资源。全市境内5处地下水通过原省地矿厅进行矿泉水鉴定评价，命名为含锶、溴、偏硅酸复合型饮用天然矿泉水和含锶、偏硅酸饮用水，品味独特，对人体保健有益，资源储量丰富，水质较好。

全市砖瓦用粘土生产企业132家，工业产总值36385万元。

靖江孤山煤矿地质储量800万吨，产煤层位为上古生界二叠系龙潭组，煤质好，因地下水量大，开采成本高，现未开发。（王国强 王 伟）

【交通格局】 2009年，泰州市基本形成一个由“一纵一横”铁路主动脉、“三纵八横”公路主骨架、“四纵五横”水运主通道和“一港两站”（泰州港和火车站、汽车客运总站）运输主枢纽组成的立体交通网络。

全市公路总体呈“三纵八横”的路网格局，“三纵”分别为S202宁靖盐高速公路—广靖高速公路、S231兴泰公路—G328国道泰州南绕城—泰高公路、S229宁盐公路靖江八圩—兴化安丰；“八横”分别为S332大丰港至金湖线兴化大营—缸顾段、S333高兴东公路、江海高速、G328海（安）宁公路泰州段、S103宁通高速、S334如（东）泰（兴）公路、S336江平公路、沿江一级公路。2009年全市公路总里程8205.76千米，其中国道136.35千米、省道 658.13千米、县道1520.49千米、乡道及乡道以下公路5886.35千米；按技术等级划分：高速公路201.77千米、一级公路666.52千米、二级公路1221.55千米、三级公路876千米、四级5203.31千米、等外公路36.62千米，路网密度平均为141.58千米/百平方千米。全市行政村通公路率和通乡公路灰黑化率均达100%。公路桥梁499座/18720.8延米。其中江阴长江大桥是国家沿海公路主骨架—同江至三亚国道主干线的过江通道。该桥为中国跨度最大的6车道高速公路悬索在桥，它使泰州和苏、锡、常地区连为一体。宁通公路引江河大桥跨越三级航道-泰州引江河，全长338.16米，是宁通公路上一座重要的公路大桥。穿越兴化、姜堰、泰兴、靖江的新长铁路和穿越海陵、姜堰的宁启铁路形成“一纵一横”的十字形铁路构架。

泰州水运发达，形成“三纵三横”的干线航道网，三纵即盐邵线、引江河—泰东线、兴姜线—姜十线；三横即兴东线、通扬线、如泰运河。全市共有内河航道 200 条，总里程2567.53 千米，占全省航道的10.7 %，占全国航道的 2 %。其中，等级航道 1227.41 千米，六级以上航道13条，总里程 574.93 千米。

泰州境内长江岸线总长96.3千米，占江苏长江主江岸线的1/8，其中宜港岸线80.5千米。泰州港作为覆盖境内全部沿江岸线、跨长江A、B级航区的沿江港口集群，是国家一类开放口岸。全港由高港、泰兴、靖江三大港区组成，分为杨湾、高港、永安、过船、七圩、夹港、八圩、新港八大作业区。至年末，全港共拥有万吨级以上生产性泊位34个，拥有各类装卸机械345台（套），码头前沿最大起重能力达40吨。泰州港已发展成为通用码头与专用码头相结合、公用码头与货主码头相结合，内贸与外贸相结合，集装卸、仓储、中转运输、船舶代理、货物代理、理货于一体的地区性重要港口集群。

【建置沿革】 周秦时代，今泰州即称海阳。汉武帝元狩六年（公元前117年）置海陵县，东晋设海陵郡，时与金陵、广陵、兰陵齐名华夏。南唐建州，取“国泰民安”之义，因名“泰州”，沿袭至今。宋熙宁五年（1072年），泰州属淮南东路。元初领海陵、如皋两县，隶扬州路。明洪武初，省海陵县入泰州，领如皋县，属扬州府。清雍正三年（1725年），如皋归属通州，泰州遂为散州。民国元年（1912年）废州为县，泰州改称泰县。民国38年（1949年）1月21日，泰州城区解放，次日划城区设置泰州市，乡村设置泰县。同年4月21日，苏北行政公署成立，行署驻泰州，下辖泰州、扬州、盐城、淮阴、南通5个行政区，41个县（市）。同年5月1日，原华中第一行政区改称苏北泰州行政区。泰州行政区辖泰州市、泰兴县、靖江县、泰县、海安县、如皋县、东台县、台北县等县（市）。1950年1月，泰州行政区与扬州行政区合并为泰州行政区，地专机关驻泰州，下辖泰州市、扬州市、泰县、泰兴县、靖江县、江都县、兴化县、高邮县、宝应县、仪征县、六合县（1953年1月1日又从皖北滁县地区划进江浦县）等县（市），后扬州市直属苏北行政区。1953年2月，苏北泰州专署改名为江苏省扬州行政公署（行署机关迁扬州）。1950年5月至10月、1959年1月至1962年5月，泰州市与泰县几度划并。1996年8月，撤销县级泰州市，设立地级泰州市，辖海陵区、泰兴市、姜堰市、靖江市、兴化市。1997年4月设高港区。

境内各辖地大多历史悠久，汉置海陵县，五代设泰兴、兴化县。明置靖江县。

【历史文化】 泰州是江苏省首批公布的省级历史文化名城，文物古迹众多。境内有距今4000多年的龙山文化遗址，有新石器时代晚期至商、周的古文化遗址，西汉初开凿的古运盐河遗址，战国时期的昭阳墓，《水浒传》作者施耐庵墓，扬州八怪之一的郑板桥墓，南京吏部左侍郎储巏墓等亦在泰州。此外还有始建于东晋的江淮名刹光孝寺、唐建明修的南山寺大雄宝殿和城隍庙，明建清修的庆云寺、东岳庙、胡安定祠堂、岳飞生祠、崇儒祠、胡公书院、马洲书院、襟江书院和扬郡试院。古典园林有日涉园和李园。另有郑板桥、刘熙载、刘国钧等故居。泰州的风景名胜颇具特色，有垛田风光、溱湖风景区、孤山风景区、泰山公园、梅兰芳公园、凤城河风景区等。

泰州历史上名贤辈出。唐代有书法评论家张怀瓘，著有《书断》、《书议》、《书估》等，擅长正、行、草书，书法“正、行可比虞、褚，草欲独步于数百年间”。宋代有著名教育家胡瑗，元末明初有文学家施耐庵创作古典文学名著《水浒传》。至明代，哲学家王艮阐发以尊身立本为内涵的“格物说”与具有社会改良思想的“王道论”，逐渐形成“泰州学派”。清代有著名天文历算家陈厚耀，评话宗师柳敬亭，扬州八怪之一郑板桥，“扬州学派”先驱任大椿，著名文艺评论家刘熙载。围棋棋圣黄龙士，太谷学派集大成者黄葆年。近现代有著名地质学家丁文江，著名爱国实业家刘国钧，杰出女教育家吴贻芳，著名剧作家丁西林，京剧表演艺术家梅兰芳，著名文学史家、传记文学家朱东润等。泰州又是具有光荣革命斗争传统的城市。南宋抗金、明代抗倭、鸦片战争期间群众抗英、抗日战争和解放战争期间陈毅三进泰州、新四军黄桥决战、苏中七战七捷、中国人民解放军海军诞生地等重大历史事件也都发生在泰州。中安轮遇难烈士纪念馆、杨根思烈士陵园、七战七捷纪念碑、中共江浙区委泰兴独立支部旧址、新四军东进泰州谈判处旧址、黄桥战役纪念馆、中国人民解放军海军诞生旧址等都是爱国主义和革命传统教育的基地。泰州和各市（区）文物单位征集收藏从新石器时代，历商、周、汉、六朝、宋、元至明、清的珍贵陶瓷，明代服饰，明、清字画，故宫档案等文物1.3万多件。国家级珍贵文物达千件以上。还有数百件革命文物收藏在各有关纪念馆。各级政府十分重视文物工作，修缮大批文物保护单位。2006年，海军诞生地旧址等3处文物晋升为全国文物保护单位。全市有省级文物保护单位27处，市县级文物保护单位214处，文物管理机构5个，各类博物馆、纪念馆30多家，馆藏文物3万多件。（史 综）

国民经济和社会发展

【概况】 国民经济平稳增长。全市完成地区生产总值1660.92亿元，比上年增长13.8%。第一产业增加值133.7亿元，增长4.6%；第二产业增加值943.07亿元，增长14.4%，其中工业增加值825.35亿元，增长14.7%；第三产业增加值584.15亿元，增长15%。三次产业结构调整为：8.0 : 56.8 : 35.2。按常住人口计算，全市人均地区生产总值35711元，按当年汇率折算达5228美元。

地方财力明显增强。全市实现财政总收入343.84亿元，比上年增长31.1%。地方一般预算收入138.62亿元，增长36.9%，其中增值税、营业税、企业所得税比上年分别增长11.4% 、41.9%和23%。财政总支出262.06亿元，增长36.9%。地方一般预算支出172.93亿元，增长37.9%。财政支出结构不断优化，对城乡社区事务、环境保护、文化体育与传媒等领域的资金保障力度加大，分别增长77.8%、52.5%和86.1%。

物价水平稳中有降。全年居民消费价格累计下降0.3%，八大类商品和服务价格5升3降，食品类、烟酒及用品类、衣着类、家庭设备用品及维修服务类、医疗保健和个人用品类比上年分别增长0.5%、0.6%、0.4%、0.5%和0.7%，交通及通讯类、娱乐教育文化用品及服务类、居住类分别下降1%、0.4%和2.8%。

就业形势基本稳定。实行积极的就业政策，继续加强就业再就业工作，多形式促进充分就业，积极推进城乡统筹就业，着力解决困难群众就业问题。全年实施各类培训40万人次，净增城镇就业人员5.4万人、失业人员再就业2.2万人，年末全市城镇登记失业率2.9%，比上年下降0.3个百分点。

【农业和新农村建设】 农业生产平稳向好。全年粮食播种面积42.9万公顷，比上年增加1.01万公顷。粮食总产量310.22万吨，增长3.2%。其中夏粮112.18万吨，增长6.4%；秋粮198.04万吨，增长1.5%。棉花总产量1.60万吨，油料总产量11.73万吨。强化优质农产品基地建设，新增国家级农业标准化示范区1个，新增高效农业面积2万公顷，新增国家级无公害农产品、绿色食品和有机食品50个。加快推进农业产业化、市场化进程，新增龙头企业10家，农业利用“三资”40亿元。

林牧渔业稳定增长。全市新增植树造林面积0.82万公顷，年末森林覆盖率16.2%，比上年提高2.1个百分点。主要畜产品中，肉类总产量22.31万吨，增长5.3%；禽蛋总产量9.29万吨，增长0.2%；牛奶总产量3.21万吨，增长10.3%。全市水产养殖面积4.14万公顷，增长5.6%。水产品产量28.63万吨，增长18.9%；其中淡水产品28.55万吨，海水产品0.08万吨。

社会主义新农村建设步伐加快。全市新（改）建农村公路800千米，改造农村桥梁460座，改厕7.7万座，疏浚河道3923万立方米。继续推进全面小康“十百千”工程，新创市级全面小康先行村250个。农村生产生活条件进一步改善，全市行政村基本实现通电、通公路、通公交、通自来水、通电话、通有线电视、通宽带网。

【工业和建筑业】 工业经济快速增长。全年工业技改财务发生数737.6亿元，实施亿元以上重大技改项目145个。全市规模以上工业实现总产值3769.46亿元，比上年增长27.9%。其中轻工业989.75亿元，增长24.1%；重工业2779.71亿元，增长29.3%。工业出口平稳增长，全年规模以上工业出口交货值556.04亿元，增长16.5%。

企业效益逐步回升。规模以上工业产品销售率98%，比上年提高0.1个百分点。实现销售收入3622.23亿元，增长29%；利税总额429.55亿元，增长43.7%；利润总额251.73亿元，增长60.3%。全市有亏损企业279家，比上年下降4.1%；亏损企业亏损总额3.48亿元，下降12.4%。工业经济效益综合指数290.8%，比上年提高43.3个百分点。

支柱产业发展势头良好。三大支柱产业实现产值2360.42亿元、销售收入2270.81亿元、利税286.99亿元，比上年分别增长28.4%、30.3%和46.9%。其中，机电产业产值1554.06亿元，增长37.4%；化工产业产值536.03亿元，增长11.1%；医药产业产值270.33亿元，增长20.2%；机电产业中船舶产业产值522.93亿元，增长46.2%。

建筑业蓬勃发展。年末全市有建筑施工企业604家，从业人员56.02万人。全年完成建筑业总产值1094.74亿元，增长16.7%；承接房屋建筑施工面积12741万平方米，增长10%。

【固定资产投资和房地产】 固定资产投资增速较快。全社会完成固定资产投资1166.2亿元，比上年增长29.5%。其中城镇集体以上固定资产投资564.2亿元，增长28.9%。第一、二、三产业分别投资21.26亿元、652.03亿元和492.9亿元，分别增长28.6%、28.9%和30.4%。民间投资857.96亿元，占全社会固定资产投资73.6%。

房地产开发稳步发展。全市房地产开发投资123.88亿元，增长10.8%；商品房施工面积1091万平方米，与上年基本持平；商品房销售面积407万平方米，增长34.5%；商品房销售额159.94亿元，增长43%。市区新建经济适用房30万平方米，落实租售并举保障房源350套、廉租房源272套。

【国内贸易】 消费市场繁荣兴旺。全市社会消费品零售总额469.89亿元，比上年增长18.7%。其中住宿和餐饮业零售额82.14亿元，增长25.9%；批发和零售业零售额385.22亿元，增长17.4%；其他行业零售额2.53亿元，增长3%。城乡市场协调发展。城市市场零售额344.67亿元，增长20.1%；县以下市场零售额125.22亿元，增长15.2%。

消费结构调整升级。全市限额以上批发零售中，化妆品类、中西药品类、汽车类商品零售额分别增长21.1%、22.5%和26.8%。市区居民消费支出12163元，增长10.7%，其中居住类、交通和通讯类、医疗保健类分别增长18.8%、19.6%和22.1%。农村居民生活消费支出5657元，增长11.5%，其中家庭设备用品类、居住类、文化教育娱乐类分别增长23.8%、28%和35.7%。

【开放型经济】 对外贸易有所下降。受国际金融危机影响，全年完成进出口总额58.20亿美元，比上年下降8.2%。其中出口总额42.15亿美元，下降13.7%；进口总额16.04亿美元，增长10.3%。一般贸易和加工贸易仍然是对外贸易的主要方式，其中一般贸易完成进出口总额27.55亿元，加工贸易完成进出口总额30.08亿元，分别比上年下降2.9%和10.5%。

开放型经济平稳发展。全市新增私营企业7472家、个体工商户2.9万户。年末私营企业从业人员37.12万人，个体户从业人员17.68万人，私营个体经济注册资本1000.46亿元，增长24.2%。利用外资取得新进展。全年注册协议外资27.15亿美元，实际利用外资10.56亿美元，分别增长46%和0.6%。全市新签外经合同额3.85亿美元，实现外经营业额4.46亿美元，分别增长6.4%和7.7%。

【交通、邮电和旅游】 交通运输能力进一步提高。全年公路客运量7384万人，公路客运周转量521630万人千米，比上年分别增长9%和9.1%。公路货运量3148万吨，增长7.2%；货运周转量289944万吨千米，增长6.9%。水路货运量6650万吨，增长4.1%；货运周转量2156033万吨千米，增长13.3%。港口货物吞吐量10697万吨，增长48.4%，其中外贸吞吐量463万吨，增长52.3%。年末全市民用汽车拥有量17.42万辆，增长26.0%，其中私人汽车拥有量12.19万辆，增长36.8%。

邮电通讯能力进一步增强。全市实现邮电业务收入33.15亿元，比上年增长14.4%。其中，邮政业务收入4.54亿元，增长32.5%，电信业务收入28.61亿元，增长12.6%。年末全市宽带网用户48.02万户，增长45.5%；移动电话用户300.63万户，增长28.3%。

旅游业发展取得新突破。年末全市有星级饭店27家，客房总数2716间，拥有床位4664张。成功举办中国泰州国际旅游节，顺利承办江苏省第六届园博会。全年接待国内外旅客940.06万人次，实现旅游总收入99.59亿元，比上年分别增长18.7%和24.8%；其中境外游客6.82万人次，实现旅游外汇收入6872万美元，分别增长13.4%和12.6%。

【金融、保险和证券】 金融市场高位运行。年末全市金融机构人民币各项存款余额1885.39亿元，比年初增加483.29亿元，其中企业存款571.94亿元，增加204.89亿元。人民币各项贷款余额1160.37亿元，比年初增加368.98亿元。其中，短期贷款623.87亿元，增加150.78亿元；中长期贷款448.86亿元，增加204.05亿元。全年现金净投放30.66亿元，增长28.0%。

保险事业发展稳步。全年实现保险业务收入49.21亿元，比上年增长22.3%。其中财产保险收入9.8亿元，增长33.2%；人寿保险收入39.41亿元，增长19.9%。保险业务支出13.07亿元，增长16.1%。其中财产保险支出4.76亿元，增长6.3%；人寿保险支出8.31亿元，增长13.8%。

证券市场持续升温。年末全市上市有公司5家、证券公司营业部10家。全年累计开户数200110户，比上年增长20.8%。客户保证金余额19.50亿元，增长80.7%。证券交易总额2380.55亿元，增长23.0%。实现利税2.17亿元。

【教育和科学技术】 教育事业协调发展。年末全市有普通小学166所，在校学生22.66万人，小学毕业生升学率100%；普通中学217所，在校学生25.82万人，初中毕业生升学率98.4%，高中阶段教育毛入学率90.8%，比上年提高5.1个百分点；普通高等学校5所，在校学生4.38万人，比上年增加10.1%。

科技事业稳步提高。首批16家市级企业院士工作站成立，4家研发分中心新入驻中科院泰州中心，新增3家省级科技孵化器单位，9家企业被评为全省首批创新型企业。全年专利申请受理量6265件，比上年增加34%；专利申请授权量2785件，增加83%；全年获省级以上科技进步奖10项，其中国家级科技进步奖3项。

高新技术产业加快发展。全市高新技术产业实现产值1155.55亿元，比上年增长27.8%。其中航空航天制造业产值0.83亿元，增长12.9%；计算机及办公设备制造业产值2.7亿元，增长104.7%；生物医药制造业产值275.97亿元，增长20.2%，电子及通讯设备制造业产值114.02亿元，增长53.5%，仪器仪表及专用设备制造业产值72.21亿元，增长34%，电气设备制造业产值392.78亿元，增长27.7%，新材料制造业产值297.04亿元，增长26%。高新技术产业产值占全市规模以上工业产值30.7%，比上年提高1.8个百分点。

【文化、卫生和体育】 *文化事业繁荣发展*。加快文化泰州建设，建成泰州非物质文化遗产名录体系，12部古籍入选国家级古籍保护名录。全市有各类艺术馆106家，博物馆8家，公共图书馆6家，剧场、影剧院4家。公共图书馆藏书总量1472千册，比上年增加15.4%。全市电视综合人口覆盖率、广播综合人口覆盖率100%，有线电视用户122.42万户，有线电视入户率72.8%，比上年提高6.7个百分点。

卫生事业加快发展。强化基层卫生资源布局调整和卫生服务网络建设，全市建成省级示范卫生院10个、标准化卫生院88个，卫生服务体系健全率99.4%，新型农村合作医疗覆盖率99.7%，比上年分别提高0.4和1.6个百分点。年末全市有医疗卫生机构597家，其中医院、卫生院174家；专业卫生技术人员17482人，其中执业医师7949人，注册护士5557人；卫生机构医疗床位14219张。

体育事业蓬勃发展。成功举办第3届少儿艺术节、第5届全民健身节和老年艺术节，承办全国乒乓球超级联赛、全国男子排球联赛。2009年，泰州健儿在省级以上各类比赛中获金牌23枚、银牌30枚、铜牌39枚，其中在第11届全运会上获3金3银1铜的历史最好成绩。

【人口、人民生活和社会保障】 *人口平稳增长*。年末全市总户数172.34万户，户籍总人口503.98万人。其中男性256.48万人，女性247.5万人。当年新出生人口4.28万人，人口出生率8.52‰；当年净增人口1.03万人，人口自然增长率2.05‰。年末全市常住人口466.61万人，比上年增加0.7%；城市化水平51%，比上年提高1.9个百分点。

居民生活改善。全市城镇居民人均可支配收入18079元（市区19143元），比上年增长11.8%（市区11.3%）；城镇在岗职工平均工资29807元，增长15.8%；农民人均纯收入8180元，增长11.5%。城乡居民储蓄存款997.87亿元，比年初增加173亿元。城乡居民恩格尔系数36.5%，比上年回落2.2个百分点。城镇人均住房建筑面积36.8平方米，农村人均钢筋、砖木结构住房面积50.01平方米。城乡居民文教娱乐服务支出占家庭消费支出17.7%，比上年提高3.1个百分点。

保障水平提高。城镇企业职工基本养老保险参保人数63.35万人，基本医疗保险参保人数92.59万人，失业保险参保人数40.93万人，分别增加9.1%、2%和2.3%，城镇劳动保障三大保险覆盖率98%，比上年提高0.6个百分点。新型农村社会养老保险参保人数83.25万人。全市各类福利收养性单位床位数1.8万张，收养各类人员1.4万人，分别增长8.5%和6.6%。低保标准进一步提高，最低生活保障救济人数11.29万人，增加4.2%；累计发放低保金额1.42亿元，增长36.5%。

【安全生产和民主法制】 *安全生产形势稳定*。安全生产事故起数和死亡人数连续8年保持“双下降”，全年各类安全生产事故1330起，死亡435人，分别下降14.3%和1.8%。亿元GDP生产安全事故死亡率0.26，下降16.1%。

民主法制建设加强。加强“平安泰州”、“法治泰州”建设，人民群众对社会治安满意率97.0%。开展民主法治示范村（社区）创建，建成国家级民主法治示范村5个、全国和谐社区示范区1个，城镇社区居委会依法自治达标率96%，农村村委会依法自治达标率99%。

【资源与环境】 *环境治理继续加强*。全年实施1121个减排项目，关闭小火电组687.6万千瓦，淘汰落后炼铁能力245万吨、落后炼钢能力547万吨。工业废水排放达标率97.7%；工业烟尘排放达标率97.2%；工业固体废物综合利用率99.7%；三废综合利用产品产值5.37亿元。污水集中处理率37.5%，生活垃圾无害化处理率86.8%。

环境质量持续改善。全市水资源总量13.97亿立方米，集中式引用水水源地水质达标率100%。市区年平均气温16.5℃，年平均降水量1225毫米，年日照1720小时，全年空气质量达标天数324天。城市建成区绿化覆盖面积6258公顷，城市绿化覆盖率40.3%。全市环境质量综合评价指数85.9分。

（统计局）

体 制 改 革

【概况】 2009年，全市按照完善社会主义市场经济总体目标要求，围绕转变经济增长方式、扩内需保增长、健全改善民生机制,推进各项改革。

【行政审批制度改革】 “两集中、两到位”工作取得成效。市级机关34个部门，430项事关全市社会经济发展和市民生活的行政许可项目，已全部进驻行政（市民）服务中心办理，并基本实现上网运行。建立和完善统一开放的招投标交易平台。至年末，市政府采购中心、药品（耗材）招标采购中心已入驻服务中心办公，市工程交易中心在服务中心分别设立远程网络评标室和招标室，市土地交易中心在窗口设立招拍挂报名处。年内，市政府出台《泰州市政府投资项目招投标监督管理暂行办法》，以规范政府投资项目的招投标行为。推动建立电子监察监控系统，基本实现网上审批。“外网受理、内网（专网）办理、外网反馈”审批格局已形成。

【国有企业改革和非公有制经济发展】推动国有企业改制工作。以“三置换一保障”为主要内容的“江苏一建”改制工作年内完成；泰兴市完成江苏中兴建设有限公司国有股权转让调整工作、泰兴黎明发电设备厂改制工作和金凤商场资产清算工作；姜堰市对扬动股份有限公司实施破产重整；兴化市启动兴化市热电厂、兴化冷冻厂的资产重组工作，实施兴化兽药厂的破产程序。企业上市步伐加快。海陵区中盛光电已进入辅导期，明星减震器集团等已列入上市后备企业。

【农村改革】年内，三大合作组织新增314家。农村金融体制不断创新。市政府出台《金融支持“三农”发展考核管理暂行办法》，至年末，全市已设立6家农村小额贷款公司，组建农民资金互助合作社2家，注册资金5.4亿元。完善农业保险制度。年内新增规模养殖育肥猪、肉鸡及农机等保险，加大高效农业保险推进力度。推动国家改革发展试点镇试点工作，黄桥镇完成发展试点方案初稿。

【财政管理体制改革】推进市区财政管理体制改革。市委、市政府决定对现行市区财政管理体制作重大调整，实行属地征管，非税收入分别处理，构建市区财政收入共享机制。推进市本级国库集中支付改革，进一步深化和完善国库集中支付制度，提高财政直接支付比重；为实现“预算、结算、核算、决算”四个统一，细化部门预算单位会计核算大平台实施方案，推进会计核算和往来款管理改革。深化非税收入收缴管理制度改革，对市级行政事业单位的非税收入项目进行全面清理，将86个主管部门、200多家单位，共713项非税收入项目、收费标准及代码录入到非税收入征收系统。完善政府采购制度改革，加强政府采购预算执行、采购方式和操作流程、评审专家管理使用、供应商诚信履约等方面的制度建设，采购管理更加科学化、精细化。开展财政支出绩效评价改革。对泰州机电高等职业技术学校实训基地建设等财政支出项目进行绩效评价，提高财政支出决策水平和财政资金使用效益，提升财政管理效率。

【完善地方金融服务机制】推广“阳光信贷”，完善操作流程和相关制度，将“阳光信贷”操作模式推广到全市农村金融服务领域。构建农户贷款风险担保机制，在全省率先提出鼓励发展农户专业担保公司，按照“政府入股、民资参加、市场运作”的模式，设立农户贷款担保公司。推进中小企业金融服务工作。建行和中行泰州分行小企业中心挂牌运营，江苏长江商业银行和海阳农合行开展设立小企业专营支行试点工作。加强农村金融网点建设。江苏银行和南京银行泰州分行分别在4个县级市和戴南、黄桥等重点中心镇设立分支机构。全市第一家村镇银行——靖江润丰村镇银行挂牌营业。推动建立产业创投基金。泰州市融众创业投资有限公司揭牌成立，初期筹资规模3亿元。

【城乡统筹就业】出台多项新政，促进城乡统筹就业。一是城乡共享公共就业服务，打造城乡一体的公共就业服务体系。二是增强就业援助力度。明确10类就业困难群体，让援助政策惠及更多人群；实施政府差额购买就业岗位，重点安置就业困难人员；出台《关于进一步加强城镇零就业家庭和农村零转移就业家庭就业援助工作的意见》，动态消除“双零”家庭。三是开展就业见习培训。高校毕业生见习期间，相关部门每月将按当地最低工资标准的50%发放生活费，并形成正常增长机制。

【社会保障体制机制创新】制定医疗保险门诊统筹办法，取消医疗保险责任补偿金，降低医疗保险起付段标准，建立退休人员个人帐户划入基数与养老金同步增长机制。医疗保险实现全市范围内异地就医实时结算，与南京异地就医实时结算成为省试点。制定城乡居民养老保险实施细则。完善社会保险管理服务平台，经办网络、信息网络覆盖到街道、社区和乡镇，实现业务经办向基层延伸。

【教育体制改革】区域教育现代化稳步推进。姜堰市、海陵区顺利通过教育现代化先进县（市、区）省级现场评估验收。优质教育资源进一步放大，全市有1所职教中心校建成四星级职校,2所职教中心校通过四星级职校评估验收，泰州机电高职校通过五年制高职专业水平评估，22所幼儿园接受省优质园的现场评估。义务教育均衡发展初见成效。市政府出台《关于进一步推进义务教育均衡发展的意见》，明确全市推进义务教育均衡发展的目标和措施；进一步完善义务教育经费保障机制，年生均公用经费标准达到小学350元、初中550元；全面启动“千师百校”结对帮扶工程，明确三年的帮扶任务。增强职业教育服务地方经济的能力。积极开展退役士兵中高级技能学历教育；开展创业教育进校园活动,6所重点职校建立学生创业园；启动教育系统免费创业教育培训工程。

【医药卫生体制改革】按照国家和省“人人享有医疗保健”的目标要求，全市加快推进城乡一体化基本医疗保障体系建设，基本实现城乡医疗保险“政策接轨、管理并轨”。进一步健全基层医疗卫生服务体系。在基层医疗卫生机构建设方面，全市获中央扩大内需（国债）投资项目31个，总投资额3亿元；在基层医疗卫生队伍建设方面，全市采用定点招生、定向培养、协议就业的方式，为农村基层定向培养一批适宜卫生人才。促进基本公共卫生服务均等化。根据各地财政预算项目经费安排，确保当年人均基本公共卫生服务经费不低于15元。

【完善社会救助体系】全市所有符合条件的贫困人口全部进入低保。高港区在全省率先出台《低保边缘户救助实施办法》，对低保边缘户家庭实施救助。五保供养标准自然增长机制逐步建立，靖江市将分散供养与集中供养统一标准。医疗救助与城镇医保、新农合同步结算平台基本建立，提高救助效率。建立健全防灾减灾及应急反应机制，市、市（区）、乡镇（街道）、村（社区）四级自然灾害救助应急预案修订和制定工作全部完成。（发改委）

对口支援与区域经济协作

【对口支援】贯彻中央关于“坚决支持，优势互补，互惠互利，长期合作，共同发展”、“着力改善民生，构建和谐社会”的对口支援工作要求，结合对口地区经济和社会发展实际，组织实施四川绵竹市拱星镇、西藏曲水县、狭西汉中市、三峡库区湖北秭归县等对口地区的援建项目，为对口协作地区群众办实事，服务国家区域协调发展战略。

对口援建绵竹市拱星镇。第一批援建项目——拱星镇卫生院新门诊楼工程，第二批援建项目——拱星镇中心小学及幼儿园、桑绵路兴隆绵远河大桥工程相继竣工交付使用；第三批援建项目——江苏工业园迎竹路、廉租住房、拱星镇学校配套道路等工程大部分工作量完成，拱星镇工业干道延伸段、汉拱路改建、镇区河道除涝、村道建设、农贸市场、农田水利设施恢复等工程年内全部开工建设。第四批援建项目——玉马安置点安置房及基础设施建设、拱星镇廉租房红线外小区配套道路等工程进入开工前期准备阶段。累计到位援建项目资金6600万元，民房重建补助和贷款担保资金、农民过冬保障资金共9242.12万元，捐赠物资1000多万元。

对口支援西藏曲水县。无偿援助资金180万元，帮助曲水县新建政府会议中心工程。引导社会力量支持援藏工作，鼓励卫生系统在选派医疗技术骨干赴对口地区开展医疗服务，帮助对口地区更新医疗设备。全市社会各界年内提供援藏资金物资近200万元。

与陕西汉中市挂钩协作。以建设基础设施项目、提高办学水平、改善办医条件为主，帮助汉中市解决与人民群众生产生活密切相关的问题。年内实施无偿援助项目5个，帮助改扩建希望小学2所、乡镇卫生院3所。其中，市直提供无偿援助资金50万元，援建希望小学1所、乡镇卫生院1所；县（市、区）提供无偿援助资金60万元，援建希望小学1所、乡镇卫生院2所，并分别对口挂钩协作县。组团参加2009年中国东西部合作与投资贸易洽谈会，组织企业到西部开拓市场、考察项目，参与挂钩协作。洽谈会期间，与西部地区达成各类合作项目33个,其中投资项目5个、贸易成交项目23个，协议总金额近20亿元。

对口支援三峡工程库区湖北省秭归县。筹集项目资金50万元，参加省政府援建项目—秭归县医疗中心外科综合楼项目建设，帮助秭归县政府有关部门联系销售农产品近40吨。组织安排秭归县党政干部科学发展观泰州培训班相关教学、考察活动，培训党政管理干部42人次。

【区域经济协作】密切泰州与长三角、长江沿岸中心城市、南京区域等区域性经济合作组织的联系，组织参加长三角协调会第9次会议、南京区域经济协调会第15届市长联席会议、全国重点城市经济合作工作研讨会等区域经济协作活动，推进政府间高层次对话与沟通协商机制的建立，扩大城市间经济合作与交流空间。组织参加长三角“世博主题体验之旅深化合作”、“协调会自身建设”、“长三角金融合作”、“长三角医疗保险合作”等专题合作和“长三角会展合作”课题调研。“水乡之珠·生态之州”入选世博主题体验之旅示范点，东方湿地之都生态风光游、里下河水乡风情游、四大名著访古探迹游、京昆曲韵游等成为省旅游局主推世博主题旅游线路。深入开展医疗保险合作，与南京五家医院联网、实施异地就医实时结算。（经协办）

精神文明建设

【概况】2009年，全市精神文明建设工作以建设社会主义核心价值体系为主线，启动新一轮文明城市创建工作，开展群众性精神文明创建活动，推进公民思想道德建设和未成年人思想道德建设，促进城乡文明程度和市民文明素质的提高。

启动新一轮文明城市创建。市委、市政府召开全市深化文明城市创建工作会议，制定《泰州市深化文明城市创建工作的意见》，明确新一轮（2009年～2011年）深化文明城市创建工作的指导思想、总体要求、目标任务和工作重点，推进创建全国文明城市工作先进市、国家园林城市、国家历史文化名城、中国宜居城市、国家节水型城市的新一轮“五城同创”和“四市联创”、“城乡共创”。

拓展群众性精神文明创建工作。围绕“文明行业（单位）创建抓品牌，文明村镇创建抓提升，文明社区创建抓实效”的工作思路，深化文明行业、文明单位（机关）、文明村镇、文明社区和文明家庭、十星文明户、文明职工等创建工作。

提升市民文明素质。组织实施《泰州市市民文明素质提升计划》，加强理想信念教育，加强社会公德、职业道德、家庭美德、个人品德建设。

推进未成年人思想道德建设。加强未成年人思想道德主题教育和创新品牌工作为抓手，以未成年人社会实践阵地建设和承办全国、全省重要活动为契机，推进全市未成年人思想道德建设。

【文明城市创建】 加强创建目标项目化管理。制定《泰州市创建全国文明城市责任分解表》，把“八大环境”建设和基础创建工作与市领导挂钩联系，细化、分解、落实到各职能工作部门。对深化文明城市创建年度重点实行项目化管理，加强部门履职和项目进展督查考核。完善市文明委工作制度，建立市文明委成员单位履职述职制度，强化创建合力。

组织开展公共文明指数测评试点工作。主动适应“一年一测试、三年一总评”的全国文明城市评选方式，组织开展公共文明指数测评试点工作，推动创建工作常态化。市文明委召开专门会议动员部署，按照省规定的测评操作方法和工作流程，组织公共文明指数预测评和正式测评，重点排查全市公共场所道德、生活环境、交通行为、公益活动、精神面貌、人际互助和未成年人成长环境等方面存在的问题，并将测评结果通报相关部门，督促整改。

深化“四市联创”工作。全市文明城市群建设进展态势良好，创建基础不断巩固。靖江市积极破除城乡二元结构，推进城乡经济社会一体化发展，构建以工促农、以城带乡的长效机制。泰兴市强化基础设施建设，理顺管理体制，创设创建载体，提升文明城市创建水平，打造“生态、文明、大气、宜居”城市新形象。姜堰市巩固和扩大省级文明城市创建成果，加大城市改造力度，落实城区长效管理各项措施，推进城市绿化美化净化工程，创建国家卫生城市、国家环保模范城市通过省级调研考核。兴化市加强文化兴化建设，打造人文兴化品牌，做大做靓文化名城看点，努力积聚文化兴化人气，推进文化与经济的交融互动。

【文明城市创建工作先进单位评选】 经文明城市创建各责任部门和市创建办各工作组推荐，海陵区、高港区、市开发区、经贸委、公安局、城管局、建设局、交通局、环保局、工商局、财政局、卫生局、泰州日报社、广电局（台）、水利局等15家单位被市委、市政府表彰为市文明城市创建工作先进单位。

【文明行业（单位）创建】 组织各行业以“服务人民、奉献社会”为宗旨，创建带有首创性、实效性、可操作性，为群众欢迎、主管部门认可、享有较高知名度，并具有推广价值的服务品牌。召开“十佳”文明优质服务品牌评审推介会和服务品牌创建工作协调会，制定下发《泰州市文明优质服务品牌创建管理办法》，表彰并推介首届“十佳”文明优质服务品牌，发挥品牌效应。在全市窗口行业组织开展“迎国庆讲文明树新风”活动，提升行业文明程度和从业人员文明素养。各行业结合实际，开展各具特色的创建活动，推行科学管理、规范经营、文明服务。组织省级行业文明服务公众满意度测评试点工作，组织开展2009年市级行业文明指数测评活动。加强文明单位规范化管理，推广国税系统文明创建规范化管理电子系统。

【文明村镇创建】 组织农村精神文明建设调研，在全面开展“1+1”城乡文明共建活动的基础上，组织各地、各行业（单位）总结经验，按照建设社会主义新农村的新形势、新要求，进一步探索市场经济条件下开展城乡共建活动的新机制、新途径，发挥全社会力量，整合资源，推动结对共建活动的开展。做好“新农村新家庭”工作，深化十星文明户、五好文明家庭创建活动。

【文明社区创建】 建立健全新型社区管理和服务体制，加强文明市民学校建设，推进全市文明社区创建。组织机关、行业（单位）与社区结对共创，突出破解重点难点问题，强化社区图书室、文体活动室、卫生室等社区设施建设，推进资源共享。开展“科教进社区”和科普示范社区、家庭创建活动，提升社区居民的科学素质。总结推广“社区论坛”、“社区民主恳谈”等社区居民议事制度，推广“爱心超市”等扶贫帮困做法，开展社区群众性自助和互助活动。

【精神文明创建工作先进单位评选】 为发挥文明创建先进单位典型示范引领作用，全市组织开展2007～2008年度泰州市文明行业、村镇、社区和单位评选工作，由各地、各部门评选推荐，市文明委组织调研式考核验收，由市委、市政府及市文明委分标兵、文明、先进三个层次命名表彰。泰州供电公司等96家行业被命名为泰州市级文明行业，扬子江药业集团等810家单位被命名为泰州市级文明单位，兴化市戴南镇等30个乡镇被命名为泰州市级文明乡镇，靖江市新桥镇孝化村等129个村命名为泰州市级文明村，海陵区工人社区等59个社区被命名为泰州市级文明社区。

【主题活动促创建】 在全市客运行业中开展“服务企业促发展”、“服务司机促规范”、“服务乘客促和谐”系列活动，提升全市客运行业文明程度和从业人员素质。组织开展“围绕保增长、保民生、保稳定大局，深化文明行业创建”活动。开展“春联送村镇，文明进万家”活动，组织“三下乡”专题活动，在农村营造欢乐喜庆、文明祥和的春节氛围。会同市公安局等部开展文明交通示范路（街）和示范路口创建活动，深化文明交通工程建设。会同市工商局等部门组织评选市级星级文明市场（集市），促进市场规范、健康发展，为人民群众营造良好的消费环境。

【“迎国庆、讲文明、树新风”活动】 以庆祝新中国成立60周年为契机，开展形式多样的爱国主义教育实践活动。组织开展“祝福伟大祖国，建设美好泰州”群众歌会，组织广大干部群众，学唱、传唱爱国歌曲；组织专业和业余文艺工作者深入基层进行辅导，选拔12支优秀代表队参加全市优秀节目展演。成立由各级领导干部、专家学者、先进模范人物、“百姓名嘴”等组成的爱国主义教育宣讲团，以党的创新理论、民族精神、时代精神和新中国成立60周年、改革开放30年所取得的伟大成就为主题，开展爱国主义宣讲活动，累计宣讲1000多场，受众超过20万人次。

【爱心志愿者服务活动】 整合各类志愿者资源，加大泰州市爱心志愿者总队各支队组建力度，成立市爱心志愿者总队红十字应急救援支队、献血捐髓支队、消防支队等志愿者队伍。召开爱心志愿服务工作座谈会，统一爱心志愿者服装，做好志愿者数据库基础建设。项目化招聘志愿者，重点服务省园艺博览会、科技洽谈会、国庆60周年等活动。组织志愿者深入社区、学校、企业、农村，开展文明交通、扶贫帮困、助残助学、平安交通、社区服务、环境保护等城乡爱心志愿活动。举行“博爱万人捐”暨深化爱心系列活动启动仪式，命名首届爱心形象大使，打造“爱心品牌”，培育“爱心文化”，掀起爱心活动新热潮。

【选树典型】 召开道德模范选树工作座谈会，做好第二届全国、省道德模范评选推荐和投票工作，共计完成书面选票40万份、网络选票20多万份。何健忠获全国道德模范提名奖并当选江苏省道德模范，李子红获江苏省道德模范提名奖，泰州市获全省道德模范组织奖。以“新人新事”（道德模范）评选表彰制度化为重点，推动各地、各部门做好选树身边道德先进典型工作，发挥道德模范的示范带动作用。开展泰州市突出贡献人物评选表彰活动，放大张云泉、刘绍安、陈燕萍、何健忠等道德模范的示范效应。

【第13届精神文明建设“新人新事”评选活动】 2008年年底，市委宣传部、市文明办、泰州日报社、市广电局、泰州邮政局等5家单位联合开展全市第13届精神文明建设“新人新事”评选活动。各地、各部门根据评选条件，推荐60名候选者。市“新人新事”评选组委会择优遴选出20名正式侯选者，《泰州日报》、《泰州晚报》和“泰州网”刊登事迹简介。组织广大干部、群众学习侯选者的先进事迹，发动广大群众进行投票，组委会共收到纸制选票近20万张，网络点击近10万次。丁雪其、李子红、江国辉、张金文、郑美琴、翟桂传、樊才林、王国强兄弟、陶杰、周伟、罡杨镇家庭诚信档案等10人（事）当选，王兴华等10人（事）获提名奖。

【公民道德建设月】 9月20日～10月20日，市文明委在全市开展“2009公民道德建设月活动。活动紧密联系新中国成立60年来的光辉历程，以“树立社会主义核心价值观、全面加强公民道德建设”为主题，以建设和谐美好新泰州为主旋律，开展公民道德建设集中宣传、“迎国庆、讲文明、树新风”礼仪教育实践、“爱国歌曲大家唱”、“传诵中华经典，做一个有道德的人”、家规家训和道德建设公益广告创意征集、组建市民文明观察团、文明交通工程建设、“倡导文明出行，共享文明之旅”、文明优质服务品牌推介、深化“1＋1”城乡文明共建等15项系列活动，动员社会各界关心、支持和参与道德建设，着力构建社会主义核心价值体系，培育文明道德新风尚。

【爱心系列活动】 举行深化爱心系列活动启动仪式，表彰泰州市首届爱心形象大使，推进爱心系列活动。强化爱心资金募集，培育爱心文化，组织开展扶危济困、慈善捐助、希望工程、幸福工程、春蕾计划、爱心奶奶、爱心志愿服务、献血捐髓等一系列爱心活动，打造爱心品牌，掀起爱心活动的热潮。

【净化社会文化环境】 以净化网络网吧、荧屏声频、校园周边环境等为重点，加大执法检查和工作督查力度，继续开展社会文化环境六大专项综合整治工作。加强未成年人文化产品供给和文化服务工作，建立“市阳光艺术”指导服务中心，引导青少年开展“阳光艺术”活动，提升文化艺术素养和文化自觉程度。组织开展“红歌唱响新泰州”、“京剧进校园”、“高雅艺术进课堂”、“做一个有道德的人”主题征文、青少年“快乐之夏”暑期活动、“知我中华，爱我家乡”家规家训吟诵活动、“阳光网络伴我成长”、青少年戒网瘾行动、泰州非物质文化遗产巡回展示、主题绘画（漫画）展等活动，优化文化环境，丰富青少年文化生活。构建以“百姓阳光屋”心理健康服务中心为核心，以城市社区、农村乡镇心理健康服务站点为支撑的心理健康教育、咨询、救助等服务体系，促进未成年人和广大市民的心理和谐，营造有利于未成年人健康成长的良好社会氛围。

【首届全国中小学生“中华诵”夏令营活动】 8月10日～15日，由中央文明办调研组、教育部语言文字应用管理司主办，泰州市委宣传部、市文明办、市教育局、市语委承办的首届全国中小学生“中华诵”夏令营活动在泰州举行。来自全国30个省（自治区、直辖市）的97名中小学生参加经典诵读、辅导讲座、才艺展示、参观游览等18项夏令营活动。

【“做一个有道德的人”主题教育实践活动】 围绕“在家庭孝敬父母，在学校尊敬师长，在社会奉献他人”的要求，建立健全工作运行机制，在全市各中小学校推进“做一个有道德的人”主题教育实践活动的常态化和长效化，并逐步向社区拓展。建立活动联系点制度，江苏省泰州中学、泰州市大浦中心小学、泰兴市蒋华镇中心小学等3所学校成功申报为国家级联系点学校，江苏省靖江中学、泰州市寺巷中心小学等13所学校成功申报为省级联系点学校，近100所中小学校成为市和市（区）级联系点。通过发挥各级联系点学校的作用，在全市兴起争做一个有道德的人的热潮。国家级联系点学校在中宣部、中央文明办主办的中国文明网上开通专题活动网页，部分国家级和省级联系点在南京图书馆成功举行展览活动，引起社会广泛关注。“六一”期间，江苏省“向国旗敬礼、做一个有道德的人”网上签名寄语活动启动仪式在泰州举行。推介创新案例，打造活动品牌。市文明办、教育局联合编辑发行《泰州市未成年人思想道德建设工作创新案例》；泰兴市“一校一品”学校德育工作经验在全省推广；泰州师专“戒网瘾行动”、泰州市大浦中心小学“知行弟子规”等5个工作案例被评为省级创新案例；泰兴市蒋华中心小学“刘绍安中队”、泰州市寺巷中心小学“宝钢中队”建设等品牌工作进一步放大效应。开展“美德少年”和“十佳大学生”标准评议活动，评选表彰100名“美德少年”、“十佳美德少年”和“十佳大学生”，用先进典型引导未成年人健康成长。（文明办）

机关作风和软环境建设

【概况】 2009年，市级机关各部门深入开展学习实践和主题教育活动，推进机关作风建设，提高工作效能，强化监督检查，市级机关作风明显好转，社会各界对市级机关作风建设的满意率和基本满意率达96.7%，高于上年，其中满意率上升5.2个百分点。

【“万人评议机关”集中整改】 市作风办将2008年底开展的“万人评议机关”活动中，评议反映出的市级机关作风方面存在的444条问题向相关部门进行转发，并要求限期完成整改。各相关部门将评议意见进行梳理归类分解，制定整改措施、明确责任，限期整改。将近2年人民评议机关中的群众意见和建议进行比照，把重复出现的问题、上年未解决好的问题、虽已解决但群众仍有意见的问题作为整改重点。经市作风办跟踪督查，所提意见和建议全部整改到位。

【机关服务创新创优】 市级机关部门开展“走近你我他”专项服务月活动，共推出新的服务企业、服务民生项目128项。机关服务品牌创建取得进展，市作风办专题召开创建机关服务品牌交流会，组织有关部门赴外地学习考察，形成的考察报告在市委《泰州通讯》上刊载。市级机关作风建设领导小组与市文明委联合制定下发《泰州市文明优质服务品牌创建管理办法》。至年末，有23个机关部门推出各自的服务品牌，其中“行风热线”、“一号窗口”等7家服务品牌创建经验在全国推广介绍。把绩效管理和企业质量管理体系引入到机关作风建设中，为机关服务创新创优增加新的载体和手段。

【“三服务”活动】 开展“服务企业、服务项目、服务投资者”活动，形成常态化、制度化的服务机制。开展涉企收费专项治理活动，市各相关部门主动削减收费项目17项，降低收费标准58项，企业负担明显减轻，192项重点疑难问题基本得到解决，企业满意率94%。制定出台“三服务活动”长效机制的工作意见，建立健全企业难题会办、千企挂钩服务、要素协调保障、政策扶持落实、审批流程再造、工作督查考核等“六大机制”。结合各自实际，细化服务内容，分解落实任务，确保做到工作全员化、服务系列化、措施具体化。市作风办会同“三服务活动”办公室加大督查考核力度，重点对活动的组织推进、项目服务、承办效率、挂钩绩效、政策落实、创新举措和绿色通道建设等进行跟踪督查，并组织开展“百家外企评机关”活动。在市级机关挂钩服务企业部门中组织开展“比服务，看难题调处；比贡献，看上争成效；比绩效，看运行质态；比后劲，看创新投入”竞赛活动，并评选出先进单位和先进个人。将机关部门“三服务”活动成效列为市级机关作风建设考核的内容。

【作风建设监督检查】 按照“近期治标、长远治本”的原则，围绕制约和影响作风建设的关键环节，解决各种难题顽症。组织对2009年市（区）城市建设十大重点工程建设和市区工业重大项目建设软环境进行明查，并形成专项报告。专题组织对市级机关服务“纬创资通”重点项目情况进行督查并印发专刊3期。对市委书记信箱交办的25件信件逐件进行调查处理，共办结20件。组织7次暗访，重点对公务人员遵守交通法规和执行工作纪律情况进行专项检查。运用工作简报、专题报道、明查暗访实录等方式，通报、曝光机关部门中影响机关作风和经济发展环境的人和事。整合部门资源，拓展投诉监督手段，设立“9688909”投诉监督“一号通”电话和信箱，保证投诉监督快捷办理。全年共接处来电、来信、来访88件，做到事事有交代、件件有回音。全年共查处作风不实、工作不作为、乱作为以及违纪违规的案件28起，其中辞退1人、撤职1人、记大过2人、警告4人、诫勉谈话5人、经济处罚或批评教育15人。（邵晓峰）

组织机构及负责人

中国共产党泰州市委员会

书　记　张　雷

副书记　姚建华　王守法

常　委　张　雷

姚建华
王守法
李国华
陈国华
刘建国
高纪明
张本印
缪志红(女)
杨　峰
何　榕

委　员(按姓氏笔画为序)

丁士宏　王　东　王　建　王　群
王仁政　王守法　王振南　王继武
孔德平　卢佩民　田宏胜　仲建生
刘　励　刘建国　许书平　孙耀灿
李国华　杨　杰　杨　峰　杨寅生
杨锁如　吴　跃　何　榕　宋吕银
张　雷　张文彬　张本印　张余松
张爱平　张培成　陈　勤　陈国华
陈明冠　周书国　周绍泉　居锦杰
胡冬生　钟　鸣　姚建华　贾春林
顾国祥　殷美娟(女)　高天蔚　高亚梓
高纪明　唐龙珍(女)　陶建幸　焦建华
缪志红(女)　戴胜利　赵国平

候补委员（按得票多少排序）：

刘秋平(女)　陈　社　赵留贯　王明根
徐保国　苏　勤(女)

秘书长　仲建生（2009-09-08任）
副秘书长　顾维中
陆晓声
沈明刚（2009-11-28任）
王海波
陈正泉（至2009-11-28）

办公室[挂“研究室”牌子]

主　任　仲建生（至2009-11-28）
沈明刚（2009-11-28任）
副主任　王　龙（2009-11-28任）
周　进（2009-02-03任）
陈锋剑（2009-11-28任）
研究室主任　顾维中
副主任　王　龙（至2009-11-28）
薛永忠（2009-11-28任）
机要局局长　高　斌

组织部［“非公有制经济组织工作委员会”与其合署］

部　长　李国华
副部长　王继武
程秋喜
刘　刚
非公经济组织工委书记　程秋喜（2009-11-21任）
副书记　程秋喜（至2009-11-21）

宣传部［挂“精神文明建设指导委员会办公室”、“中国共产党泰州市委员会对外宣传办公室”、“泰州市人民政府新闻办公室”牌子］

部　长　缪志红(女)
副部长　陈　社（正处级）
张宏伟（至2009-11-21）
黄林华
曹茂良
葛志晖（2009-11-21任）
调研员　张宏伟（2009-11-21任）
文明办主任：张宏伟（至2009-11-21）
葛志晖（2009-11-21任）
副主任　徐春洪
外宣办主任：曹茂良（2009-11-21任）

统一战线工作部

部　长　胡冬生
副部长　王　考
杨余德(正处级)
马　林

政法委员会［“社会治安综合治理委员会办公室”与其合署]

书　记　高纪明
副书记　丁士宏
邹祥凤(女)
黄书华
副处级　晏　埝
潘江东
综治委办主任：邹祥凤(女)
副主任　吉敏成
王文扣

农村工作办公室

主　任　陆晓声
副主任　姚灿华
蔡先锋
曲　波

台湾工作办公室[挂“市人民政府台湾事务办公室”牌子]

主　任　朱广联
副主任　姚鹤逵
朱红灿
史庆胜（2009-12-15任）
台事办主任　朱广联
副主任　姚鹤逵
朱红灿
史庆胜（2009-12-18任）

机构编制委员会办公室［挂“事业单位登记管理局”牌子］

主　任　杨寅生(至2009-11-21)
副主任　任国平

市级机关工作委员会

书　记　冯健华
副书记　朱桂林
　　　　夏红鑫
纪工委书记　殷宏俊

老干部局

局　长　王继武
副局长　毛振宏
　　　　吉淦章

610办公室［挂“市人民政府防范和处理邪教问题办公室”牌子］

主　任　张鹏义
副主任　刘一峰
　　　　周爱萍
　　　　何银海（2009-04-10任）

史志档案办公室［挂“档案局”、“档案馆”牌子］

主　任　查桂山
副主任　陈　维
　　　　李寿根

党　校[挂“行政学院”、“社会主义学院”牌子]

校　长　王守法(兼)
副校长　陈方根(正处级)
　　　　张树俊
调研员　周惠山
副调研员　顾庭祥
行政学院院长　杨　峰(兼)
副院长　陈方根(正处级)
　　　　张树俊
社会主义学院院长　金文鸾(兼)
副院长　杨余德(正处级)
　　　　陈方根(正处级)

泰州日报社

党委书记　陈　社（至2009-12-21）
　　　　　陈正泉（2009-11-28任）
社　长　陈　社（至2009-12-21）
　　　　陈正泉（2009-11-28任）
总编辑　成爱君
副社长　成爱君
　　　　倪郭明
　　　　刘仁前
　　　　刘国铭
副总编辑　倪郭明
　　　　　刘仁前
　　　　　杨　勇
　　　　　张建兰（2009-11-28任）
纪委书记　金如旺

讲师团

（负责人空缺）

▲保密委员会办公室[挂“国家保密工作局”牌子]

主　　任　王　进
副调研员　张礼安
保密局局长　王　进

▲泰州晚报社

总编辑　倪郭明

泰州市人民代表大会常务委员会

主　任　张　雷(2009-01-14任)
代理主任　王振南（至2009-01-14）
副主任　王振南
　　　　陶幸蓉(女)
　　　　张正方
　　　　戈丽和(女)
　　　　王泓卫
委员(按姓氏笔画为序)

马元连	王秀荣	王建宁	王厚乐
王爱平(女)	王继武	邓庆璋	冯健华
乔　霞(女)	朱民生	庄义春	孙宝泉
杨　扬	杨锁如	芦玲芳(女)	苏　勤(女)
李桂勤	张光荣	张宏伟	张承源
陈扣喜	陈学东	武　进(女)	周亚文
高军业	栾爱东	唐龙珍(女)	臧大存
颜忠林	鞠建中	戴月华	

秘书长　王厚贵
副秘书长　杨锁如
　　　　　邓庆璋
　　　　　苏　勤(女)
　　　　　颜忠林

办公室

主　任　杨锁如
副主任　孙少为
　　　　马　伟(女)
　　　　薛　敏
调研员　王富兴(至2009-11-28)
研究室主任　陈扣喜
调研员　常永安(至2009-11-28)

人事代表联络工作委员会

主 任　邓庆璋

内务司法工作委员会

主　任　陈学东
副主任　华锦余
调研员　蔡锦云

财经工作委员会

主　任　张承源

副主任 谢顺红(女，兼)
魏国俭（2009-12-01任）

教科文卫工作委员会

主 任 张光荣
副主任 徐国平
调研员 叶德明(至2009-11-28)

民族宗教侨务工作委员会

主 任 张光荣
副主任 徐国平
调研员 叶德明(至2009-11-28)

农村工作委员会

主 任 朱民生
副主任 江 波
李 跃

环境资源城乡建设工作委员会

主 任 颜忠林
调研员 储新泉(至2009-11-28)

信访室

主 任 钱泽华（2009-12-01任）
专职常委 王厚乐
周亚文

泰州市人民政府

市 长 姚建华
副市长 杨 峰
丁士宏
刘 励
张爱平
曹玉梅(女)
卢佩民
戴胜利
秘书长 王 群
副秘书长 李志高
时蛇宝
吴 健
毛正球
束小林（兼)
袁 星（女，兼)
徐克俭
刘 宁（兼)
王明根（兼)
孔德平（兼)
钱 忠
李龙根
王宏玖
张长平
赵培庆（挂职)
王学功（兼，2009-04-16任）
费振钟（挂职，2009-11-29任）

办公室[挂“研究室”、“口岸管理委员会”牌子]

主 任 李志高
副主任 刘宏鸣
孙 琦
钱建网
张永生（2009-11-29任）
副调研员 管凤英(女)
研究室主任 吴 健
口岸委副主任 缪俊豪
应急办主任 徐友宏（2009-04-16任）

发展和改革委员会

主 任 周绍泉
副主任 朱明亚(正处级，至2009-04-16)
栾钉锁(正处级)
何新国
朱建华
孙正龙
王洪兴（2009-04-16任）
纪检组长 吴余泉
调研员 朱明亚(2009-04-16任)
副调研员 王佩兰(女)
黄世巧(女，至2009-11-29)

经济贸易委员会［“市人民政府国有资产监督管理委员会”、“市委经贸委(政府国资委)工作委员会”与其合署，挂“乡镇企业管理局”、“中小企业局”牌子］

主 任 高天蔚
工委书记 高天蔚
副主任 杨 阳
竺大明
李留根(兼)
纪工委书记 查长法
调研员 蔡解民
副调研员 殷国信
国资委主任 高天蔚
副主任 李留根
乡企局副局长 钱国银

教育局［“市委教育工作委员会”、“市人民政府教育督导室”与其合署］

局 长 宋吕银
工委书记 宋吕银
副局长 万 琳(女)
奚爱国
孙晓龙（2009-11-29任）
董 健（2009-02-10任）
工委副书记 孙 平
纪工委书记 管文华

副主任督学　孙晓龙（至2009-11-29）
冯　明（2009-11-29任）
调研员　张舜琴(女)

科学技术局

局　长　许书平
副局长　许志广
王晓梅(女)
顾建忠
纪检组长　葛树义

公安局

局　长　戴胜利
党委书记　戴胜利
副局长　张鹏义
曹伯平（至2009-04-16）
纪阿林（2009-04-16明确正处级）
孙建友（2009-04-16明确正处级）
肖天奉（2009-04-16任）
董维华（2009-04-16任）
党委副书记　张鹏义（2009-04-10任）
曹伯平（2009-04-16明确正处级）
纪委书记　李凤娟(女)
政治部主任　肖天奉（至2009-04-10）
张卫东（2009-04-10任）
调研员　郭正山（至2009-11-29）
副调研员　顾龙秀（2009-11-29任）
局长助理　丁红军（副处级，2009-04-10任）
维稳办专职副主任　顾龙秀（至2009-11-29）
指挥中心主任　周京祥
政　委　夏伯华
国内安全保卫支队支队长　刘一峰
政委　余金秀
治安支队支队长　唐永银
政　委　曹本宽
副处级　万　俊（2009-12-18任）
交巡警支队支队长　丁红军（至2009-04-16）
陈　浩（2009-04-16任）
政　委　陈　浩（至2009-04-16）
刑警支队副调研员　宋仁坤
经侦支队支队长　耿建忠
政　委　吴国华
水警支队支队长　陈继红
政　委　陈　森（至2009-04-16）
副调研员　陈　森（2009-04-16任）
副处级　许建平
赵旭晴
季　静
万　俊（2009-12-18明确）

民政局

局　长　钟　鸣（至2009-12-01）
叶海波（2009-12-01任）
党委书记　钟　鸣
副局长　宫元圣（至2009-04-16）
周晓明(女)
张翼飞
张文荣
纪委书记　宫元圣（至2009-04-10）
副调研员　宫元圣（2009-04-16任）

司法局

局　长　赵晓玲(女)
副局长　丁建军
陈建章
孔德明
蒋仲伟
丁正林
纪检组长　张建国

财政局[挂“财政监督稽查局”牌子]

局　长　吴　跃
副局长　傅　升
潘晓鸥(女)
王根余
朱建和
李金鸿（2009—04-16任）
纪检组长　潘晓鸥(女)
稽查局局长　傅　升

人事局[“机构编制委员会办公室”与其合署]

局　长　杨寅生（至2009-12-01）
党组书记　杨寅生（至2009-11-21）
刘时根（2009-11-21任）
副局长　侯荣绶
刘建邦
调研员　杨寅生（2009-11-29任）
副调研员　仲召和

劳动和社会保障局

局　长　刘时根
党委书记　刘时根
副局长　盛　钢(正处级)
朱　敏
叶跃华
党委副书记　盛　钢
纪委书记　杨　零
调研员　王加祥（至2009-11-29）

国土资源局

局　长　张文彬
党委书记　张文彬
副局长　李兴国
何文忠

潘金华
纪委书记 刘银发
副调研员 刘建平
王宏喜

建设局

局 长 孔德平
党委书记 孔德平
副局长 葛新民
袁彩根
范克永
陈小平
党委副书记 陈 林
纪委书记 葛银余
总工程师 孙建华（女，2009-11-29任）

规划局

局 长 丁 亚
副局长 吴昌成
邢秀华（2009-11-29任）
张 纯（2009-02-10任）
纪检组长 吴昌成
总规划师 邢秀华

城市管理行政执法局［“城市管理局”与其合署］

局 长 祝 光
党委书记 祝 光
副局长 常剑忠
蔡吉圣
薛利民(女)
张珠连
纪委书记 张国武

交通局［挂“港口管理局”牌子］

局 长 居锦杰
党委书记 居锦杰
副局长 潘 俊
马庆生
胡宁生
党委副书记 潘 俊
葛立网
纪委书记 刘亚明
副调研员 丁克云
港口局局长 潘 俊
副局长 刘广宏

水利局

局 长 唐勇兵
副局长 胡正平
龚荣山
厉传进
田 波
纪检组长 陆铁宏
总工程师 钱卫清
副调研员 宦胜华

农业委员会［挂“农业局”、“林业局”“水产局”、“农业机械管理局”、“农业资源开发局”、“畜牧兽医局”牌子］

主 任 赵留贯
党委书记 赵留贯
副主任 樊宝洪
邱 江
张国祥
陶进春
徐晓芳(女)
纪委书记 赵继年
首席兽医官 彭德旺
副调研员 康霞泉
农业局局长 赵留贯
副局长 樊宝洪

对外贸易经济合作局

局 长 赵国平
党委书记 赵国平
副局长 邹 晶
李来熹
尤正才
蔡迎春
纪委书记 田 宏

文化局［挂“新闻出版局”、“版权局”、“文物局”牌子］

局 长 何建平（至2009-12-01）
党委书记 何建平（至2009-11-21）
陈士宏（2009-11-21任）
副局长 曹学赋
冯广振
杨延慧（女）
张 莹（女，2009-02-10任）
纪委书记 周桂森

卫生局

局 长 顾弘庆
党委书记 顾弘庆
副局长 徐洪涛
孙善山
黄立红(女)
党委副书记 周 平
纪委书记 樊明书
副调研员 陈鼎荣

人口和计划生育委员会

主 任 王新华（女）
副主任 谢留荣
瞿德祥

纪检组长　李　洪
副调研员　吴克服
　　　　　张永富（至2009-11-29）

审计局

局　长　唐志林
副局长　陆啸峰
　　　　徐正荣
　　　　戴伟明
　　　　刘汉秋(女)
纪检组长　刘卫国
副调研员　苏桂发

环境保护局

局　长　顾国祥
副局长　田　军(正处级)
　　　　陈建国
　　　　徐　兵
　　　　黄卫东
纪检组长　何如松
总工程师　吴建伟（2009-04-16任）
副调研员　汤文奎

广播电视局[“广播电视台”与其合署]

局　长　田宏胜
党委书记　田宏胜
副局长　陈德年(至2009-11-02)
　　　　陈　兵
　　　　骆崇武(至2009-11-29)
　　　　臧道光
　　　　杨富年
党委副书记　陈德年(至2009-11-02)
纪委书记　刘金发
副调研员　骆崇武(2009-11-29任)
　　　　　徐勤生

体育局

局　长　刘秋平(女)
副局长　潘　强
　　　　徐　刚
　　　　樊　蓉(女)
纪检组长　曹家为

统计局

局　长　杨　勇
副局长　钱跃明
纪检组长　裴家泰
副调研员　高正贵

安全生产监督管理局

局　长　赵昶东
副局长　尤启明
　　　　周广智(正处级，援藏)
　　　　陈忙耕
　　　　张连华
纪检组长　吴卫宁

物价局

局　长　丁海宝（至2009-12-01）
党组书记：宗长银（2009-11-21任）
副局长：孙建国（至2009-11-29）
　　　　王京校
　　　　杨建国
纪检组长　朱　进
调研员　丁海宝（2009-12-29任）

粮食局

局　长　宗长银（至2009-12-01）
　　　　刘金山（2009-12-01任）
党委书记　宗长银（至2009-11-21）
　　　　　刘金山（2009-11-21任）
副局长　周书清
　　　　胡志鸿
　　　　陈志明
纪委书记　王金明
副调研员　窦盛余

信访局[“市企业军队转业干部专门工作领导小组办公室”与其合署，挂“人民建议征集办公室”牌子]

局　长　王学功
副局长　李洪喜
　　　　王　平
　　　　马新亮
　　　　王长龙
副调研员　李　薇(女)
专门办副主任　马新亮
专门办副调研员　姚家进（2009-11-29任）

民族宗教事务局

局　长　马　林
副局长　李景宽
　　　　张卫平
　　　　殷荣领（2009-12-18任）
调研员　赵克俭

信息产业局

局　长　葛崇烈
副局长　蔡勇根
　　　　王建华（2009-04-16任）

市级机关事务管理局

局　长　王明根
副局长　唐国强
　　　　王　群
　　　　曾正尧
纪检组长　郏日鹏

市人民政府法制局

局　长　顾宁成

党组书记　柳生荣
副局长　柳生荣
　　　　杨　歆
　　　　施志斌
副调研员　卞传真

外事办公室[“侨务办公室”与其合署]
主　任　徐保国
副主任　杨明良
　　　　吴建华
　　　　王　强
纪检组长　华生新

人民防空办公室[挂“民防局”牌子]
主　任　周兆明
副主任　李东升
　　　　戈　琦
　　　　马生荣(2009-12-18任)
纪检组长　马生荣（至2009-12-15）
　　　　　杨宝龙（2009-12-15任）
副调研员　陈志农
民防局局长　周兆明
副局长　李东升
　　　　戈　琦
　　　　马生荣(2009-12-18任)

▲建筑工程局
局　长　陈小平（至2009-04-16）
　　　　李　向（2009-04-16任）
党委书记　陈小平（至2009-04-10）
　　　　　李　向（2009-04-10任）
副处级　张照平

行政服务中心
主　任　时蛇宝
副主任　金步高
　　　　钱　刚
　　　　陈海俊

江苏省泰州经济开发区管理委员会[“市委经济开发区工作委员会”与其合署]
工委书记　何　榕
主　任　何　榕
副主任　唐文奇(正处级)
　　　　任志强
　　　　刘正源
　　　　刘玉平
　　　　潘爱民(女)
　　　　王昌林
　　　　张爱华
　　　　赵旭晴（2009-04-16任）
工委副书记　唐文奇(正处级)
纪工委书记　霍雨霞

江苏省现代农业综合开发示范区管理委员会[“市委现代农业综合开发示范区工作委员会”、“红旗良种场”与其合署]
主　任　申泰州
工委书记　申泰州
副主任　申俊才(正处级)
　　　　姜文盛
　　　　周天云
工委副书记　申俊才(正处级)
纪工委书记　王根林

高等教育园区管理委员会
主　任　严晓明
副主任　包晓敏
　　　　左有民

医药高新技术产业园区管理委员会[“市委医药高新技术产业园区工作委员会”与其合署]
工委书记　何　榕
主　任　何　榕（至2009-04-16）
　　　　钱　玲（女，2009-04-16任）
副主任　王建华（至2009-04-16）
　　　　吴　诗
　　　　王京苏（至2009-11-29）
　　　　郑玉果（挂职）
　　　　王晓梅（女，挂职）
　　　　王昌林（挂职）
　　　　刘　露（挂职）
　　　　赵云燕（女，2009-02-10任）
　　　　施劲华（2009-02-10任）
　　　　朱凤才（挂职，2009-08-07任）
　　　　章　立（挂职，2009-08-07任）
工委副书记　钱　玲（2009-04-10任）
　　　　　　王本富

凤城河风景区管理委员会
主　任　刘　宁
副主任　高　健
　　　　赵幼林
纪检组长　薛如耀

周山河街区管理委员会
主　任　孔德平
副主任　方　针(兼)
　　　　许立新
　　　　丁银存
　　　　张　涛（2009-04-16任）

对口援建绵竹市拱星镇指挥部
总指挥　张长平
党委书记　张长平
副总指挥　孙正龙
党委副书记　孙正龙

供销合作总社
主　任　刘金山（至2009-12-25）
　　　　孙建国（2009-12-25任）
副主任　顾建基
　　　　赵宏勋
　　　　顾　建（2009-12-25任）
地震局
局　长　钱　鸣
副局长　吴泰中
　　　　陈靖云
　　　　刘秀泰（2009-12-18任）
拥军优属、拥政爱民工作领导小组办公室
主　任　钟　鸣（至2009-11-29）
市政府驻北京办事处
主　任　袁　星(女)
副主任　刘广宏(兼，至2009-04-16)
　　　　陈忙耕(兼，2009-04-16任)
　　　　许荣祥（2009-11-29任）
省社科院泰州分院
名誉院长　宋林飞(聘)
　　　　　姚建华(聘)
院　长　葛守昆(兼)
党组书记　黄林华
副院长　潘时常(兼)
　　　　张　卫(兼)
　　　　黄林华(兼)
广播电视台
台　长　田宏胜
党委书记　田宏胜
副台长　陈德年(至2009-11-02)
　　　　陈　兵
　　　　骆崇武(至2009-11-29)
　　　　臧道光
　　　　杨富年
党委副书记　陈德年(至2009-11-02)
纪委书记　刘金发
副调研员　骆崇武(2009-11-29任)
　　　　　徐勤生
旅游局
局　长　陈士宏（至2009-11-29）
　　　　刘　宁（2009-11-29任）
副局长　季　彬
　　　　申　强（2009-02-10任）
数字化城市管理监督指挥中心
主　任　常剑忠
副主任　纪广田（2009-12-18任）
人民医院
院　长　徐洪涛
党委书记　徐洪涛
副院长　商继华
　　　　黄俊星
　　　　秦晓虹(女)
　　　　孔旭辉
　　　　王　华
　　　　朱　莉（女，2009-11-29任）
党委副书记　商继华
纪委书记　陈宇清（女，2009-11-28任）
副调研员　季拜华
　　　　　汤晓怀
▲接待办
主　任　沈明刚（至2009-11-29）
　　　　张玉萍（2009-11-29任）
▲知识产权局
局　长　杨国华
▲爱国卫生运动委员会办公室
主　任　周卫兵
▲物价局检查分局
局　长　乔志林
▲住房公积金管理中心
主　任　李龙根（至2009-04-16）
　　　　徐兴海（2009-04-16任）
▲证券监管办公室
主　任　徐克俭
▲无线电管理办公室
主　任　王建华（2009-04-16任）
副调研员　刘伶俐
▲集资办公室[挂“能源交通投资公司”牌子]
（负责人空缺）
▲物资总会
（负责人空缺）
▲经济技术协作办公室
（主要负责人空缺）
▲国际贸易促进委员会泰州市支会［挂“中国国际商会泰州商会”牌子］
会　长　金子明
▲老龄工作委员会办公室
主　任　钟　鸣（至2009-11-29）
▲市政府驻上海办事处
主　任　夏栋基
▲市政府驻南京办事处
（主要负责人空缺）
▲信息中心
主　任　栾钉锁
▲生产力促进中心
主　任　季开桢
▲国库集中收付中心［挂“国债服务部”牌子］

(主要负责人空缺)
▲人才服务中心
主　任　陆　玲(女)
▲技师学院
院　长　谷少平
▲劳动就业管理中心
主　任　韩金虎
▲房产管理局［挂“住房制度改革领导小组办公室”牌子］
局　长　陈松林
党总支书记　封伯平
▲园林绿化管理局
局　长　叶冬华（2009-02-10任）
党总支书记　王文官
▲市政公用事业管理局
局　长　范克永（兼，2009-04-16任）
党总支书记　夏建洲（2009-11-28任）
▲城市管理行政执法支队
支队长　万文来
政　委　孙荣贵
▲公路管理处［挂“公路路政支队”牌子］
处　长　黄金荣
党总支书记　陈国寿
路政支队队长　黄金荣
路政支队政委　陈国寿
▲航道管理处
处　长　徐朝铭
党总支书记　李扣其
副处级　陆华庆（2009-12-18明确）
▲ 地方海事局
局　长　马庆生
党总支书记　郑龙奇（至2009-11-28）
副处级　张华清
副调研员　郑龙奇（2009-11-29任）
▲运输管理处
处　长　陈荣林（至2009-11-29）
　　　　申元昌（2009-11-29任）
党总支书记　陈荣林
▲水利工程建设处
主　任　胡正平
▲疾病预防控制中心
主　任　杨建国
▲卫生监督所
所　长　孙正太
▲中医院
院　长　陈园桃
党委书记　陈园桃
▲环境监察局［挂“省环境监察局苏中分局”牌子］
局　长　徐　兵（至2009-04-16）
　　　　陈玉琴（2009-04-16任）
▲安全监察支队
支队长　赵建忠（2009-04-16任）
城市建设投资集团有限公司
总经理　吴　跃
副总经理　蒋爱民
　　　　　程小平
江苏省第一建筑安装有限公司
总经理　鞠建中
党委书记　鞠建中
泰政交通投资有限公司（2009-03-18成立）
董事长　居锦杰（2009-04-16任）
总经理　居锦杰（2009-04-16任）
副总经理　王有广（2009-04-16任）
　　　　　顾　军（女，2009-04-16任）

地方协管部门（单位）

泰州市国家安全局
局　长　束小林
党委书记　束小林
副局长　沙　滨
　　　　滕　岗（至2009-05-07)
　　　　周广泰（2009-05-07任）
纪委书记　吴高龙(2009-05-07任)
政治部主任　吴高龙(2009-05-07任)
江苏省泰州工商行政管理局
局　长　唐齐鲁
副局长　季海波(正处级)
　　　　霍成生
　　　　李友胜
　　　　许德和
纪检组长　蒋卫东
调研员　韩之斌
副调研员　姚庆成
江苏省泰州市国家税务局
局　长　李兆贵
副局长　王明新（至2009-03-10）
　　　　王昌银
　　　　彭祖光
　　　　邱俊华
纪检组长　孔燕云(女)
调研员　王明新
副调研员　李　克
　　　　　王鸿虎
　　　　　张新华
　　　　　陈金琪

王申筛（2009-10-01任）

泰州市地方税务局

局　长　朱向荣

副局长　严德军

马文龙

毛祥林

纪检组长　严粉山

总经济师　李　璐(女)

中华人民共和国泰州出入境检验检疫局

局　长　朱伟光

副局长　朱　平

鞠德群（至2009-10-26）

董贤忠（2009-11-16任）

纪检组长　章　俊

江苏省泰州质量技术监督局

局　长　苏国峰

副局长　张志刚（正处级）

江　峰

王安民

纪检组长　于坚强

副处级　卢　飞

副调研员　俞宛生（至2009-08-03）

金　波(女)

江苏省泰州食品药品监督管理局

局　长　陈关华

副局长　季金波

祝纪文（至2009-07-26）

许爱庆

刘　露

翟耀华

纪检组长　李　萍(女)

中国人民银行泰州市中心支行

行　长　贾　拓

党委书记　贾　拓

副行长　顾玉清

褚应前(女)

姚金楼

纪委书记　沙益群（至2009-03-19）

夏伟民（2009-03-19任）

夏伟民（至2009-09-23）

工会主任　张国建

中国银行业监督管理委员会泰州监管分局

局　长　戴玉明

党委书记　戴玉明

副局长　陈惠莲(女)

纪委书记　陈惠莲(女)

监管副调研员　邵新国

中国工商银行股份有限公司泰州分行

行　长　周汇林

党委书记　周汇林

副行长　王春荣

王　蔚

苏敬工

周　明(至2009-09-29)

纪委书记　周　明(至2009-09-29)

副调研员　徐金林

陆洪泽

中国建设银行股份有限公司泰州分行

行　长　沈　康

党委书记　沈　康

副行长　阎道祥

翁　颖

纪委书记　许大才

风险主管　李长旺

行长助理　田振林（2009-11-13任）

张　晶（2009-11-13任）

中国银行股份有限公司泰州分行

行　长　刘乐浩

党委书记　刘乐浩

副行长　姚恭华

邵永平

许荣飞（2009-02-19任）

纪委书记　徐海东

省行合规内控督导　程昌林

中国农业银行股份有限公司泰州市分行

行　长　王春林（至2009-04-30）

党委书记　王春林（至2009-04-30）

副行长（主持工作）　陈杏梅（女，2009-06-15任）

党委副书记（主持工作）　陈杏梅（女，2009-05-13任）

李　华

副行长　李　华

李　平

孙　建

黄翔林

纪委书记　李　华

调研员　顾臻祺（至2009-09-22）

中国农业发展银行泰州市分行

行　长　孟凡庭

党委书记　孟凡庭

副行长　高文杰

陈履庭

交通银行股份有限公司泰州分行

行　长　姚　桢

党委书记　姚　桢

副行长　叶齐芝(女)

王　飚

孙　亮
纪委书记　叶齐芝(女)
中信银行股份有限公司泰州分行
行　长　宋建中
副行长　丁峥嵘
冒晓玲（2009-10-27任）
行长助理　季　方(2009-10-27任)
中国人民财产保险股份有限公司泰州市分公司
总经理　石卫星
党委书记　石卫星
副总经理　夏中淮
赵彩明
王晓文
丁　波
中国人寿保险股份有限公司泰州市分公司
总经理　盛尔群
党委书记　盛尔群
副总经理　朱　彤(女)
范刘月(女)
郑杰民(2009-02-26任)
纪委书记　郑杰民
中国太平洋财产保险股份有限公司泰州中心支公司
总经理　吴　熊
党委书记　吴　熊
副总经理　吴塞雁
郝忠云
高级咨询　王在军（至2009-10-01）
总经理助理　黄德禄
张志斌
中国太平洋人寿保险股份有限公司泰州中心支公司
总经理　谈　健
党委书记　谈　健
副总经理　张玉梅(女)
中国平安财产保险股份有限公司泰州中心支公司
总经理　裴晓明（2009-02-24任）
副总经理　江正林
中国平安人寿保险股份有限公司泰州中心支公司
总经理　冯　波（至2009-12-31）
后援总经理　袁启红(女)
泰州电信局(公司)
局　长　赵进声
总经理　赵进声
党委书记　赵进声
副局长　王晓亮
陈　晴(女)
姜　辉
副总经理　王晓亮
陈　晴(女)
姜　辉
纪委书记　王晓亮
工会主席　陈　晴(女)
泰州邮政局
局　长　张　健
党委书记　张　健
副局长　周小龙
刘文骏（2009-09-29任）
纪委书记　周小龙
工会主席　周小龙
邮政速递物流公司
常务副总经理　刘文骏（2009-09-29任）
邮政储蓄银行泰州分行行长　唐安乐
中国移动通信集团江苏有限公司泰州分公司
总经理　姜　峰
党委书记　吴建明（至2009-11-17）
姜　峰（2009-11-17任）
党委副书记　吴建明（2009-11-17任）
副总经理　邓　丁
杨　琴(女)
纪委书记　邓　丁
工会主席　杨　琴(女)
中国联通有限公司泰州分公司
总经理　陈庆荣
党委书记　陈庆荣
副总经理　陆　伟（2009-03-25任）
王宁生
丁　静（2009-03-25任）
杨　帆
党委副书记　陆　伟（2009-03-25任）
工会主席　王宁生
江苏省电力公司泰州供电公司
党委书记　费建法
总经理　姜志军（至2009-10-28）
宋建华（2009-10-28任）
副总经理　费建法
李为中（2009-08-11任）
吕晓峰（至2009-08-11）
蔡　榕
吴洪振（至2009-08-17）
仇新宇（2009-12-15任）
黄　清
杨善高
党委副书记　姜志军（至2009-10-28）
宋建华（2009-10-28任）
纪委书记　金根生（至2009-12-15）
袁惠先（2009-12-15任）
工会主席　吴建华

总工程师　恽瑞金
总会计师　潘明喜（至2009-11-16）

泰州市气象局

局　长　刘　方
副局长　夏金元
　　　　严迎春
纪检组长　秦士春

江苏省泰州市烟草专卖局（公司）

局　长　刘培峰
经　理　刘培峰
副局长　朱　毅
副经理　赵宏贵
纪检组长　朱　毅

泰州市盐务管理局（盐业公司）

局　长　陈庆宏
总经理　陈庆宏
党委书记　罗海宏
副局长　王银柱（2009-01-15任）
党委副书记　陈庆宏
纪委书记　仇学峰
工会主席　仇学峰

中华人民共和国泰州海关

关　长　谢谷景
党组书记　谢谷景
副关长　张玉泉
　　　　周　斌
缉私分局副局长　洪　峰
南京海关驻泰州海关纪检特派员：徐忠建

中华人民共和国江苏泰州海事处

处　长　李　生
党委书记　韦庆才
副处长　印祝林
　　　　刘　春

江苏省泰州引江河管理处

主　任　王积生
党委书记　王积生
副主任　徐铁涛
　　　　钱福军
纪委书记　史建华

江苏林海动力机械集团公司(林海股份有限公司、苏美达林海有限公司)

董事长　陆海民
总经理　陆海民
党委书记　周光军
常务副总经理　张景春
副总经理　孙　峰
　　　　潘国庆
　　　　韩献忠
党委副书记　陆海民
　　　　韩献忠
纪委书记　韩献忠
林海股份公司董事长　孙　峰（2009-06-30任）
林海股份公司总经理　王三太
林海股份公司副总经理　卢中华

林海集团联海公司

常务副总经理　黄文军（2009-06-30任）

中国石油化工股份有限公司江苏泰州石油分公司

经　理　付建军
党委书记　孙　剑
副经理　高杰礼
　　　　薛　卫
　　　　余桂林
纪委书记　孙　剑
工会主席　孙　剑

泰州石油化工总厂

总经理　胡传清
党委书记　曹汉中
副总经理　王亚明
　　　　曹汉中
　　　　赵志远
　　　　沈　艺
总会计师　王安宁
工会主席　林华光
顾　问　张锦华

国电泰州发电有限公司

总经理　唐正华
党委书记　唐正华
副总经理　侯海宏
　　　　朱永超
　　　　李彩云
总工程师　杨宏强
纪委书记　蒋启红
工会主席　王　强

国家统计局泰州调查队

党组书记　杨　勇
队　长　丁卫平
副队长　申炳龙
　　　　李　越(女)

泰州海阳农村合作银行

董事长　陈　飞
行　长　陈志龙
党委书记　陈　飞
监事长　刘秀成
副行长　吴亚平
　　　　丁建山
　　　　崔步成（2009-12-14任）

党委副书记 童粉根（至2009-10-16）
纪委书记 童粉根（至2009-10-16）

中国人民政治协商会议泰州市委员会

主 席 陈克勤
副主席 周书国
金文骞
马 云
王 东
殷美娟(女)
胡冬生
姚社成
黄立红(女)
常 委(按姓氏笔画为序)

丁 南(女)	丁 鑫	王 考	王丹妮(女)
王临生	王晓洪(女)	毛雨华	卞新峰
尹愚夫	叶章华	冯太勤	朱明亚
朱德华	刘汉秋(女)	刘金桂	孙佳玲(女)
李相林	吴江泽	吴建华	何 杰
何志芳	何建平	沈伟勇	张 勤(女)
张进华	张余松	张明燕(女)	陆中一
陆丽华(女)	陈来新	季春芳(女)	周 林
周虎宏	周彩敏(女)	封立群	俞新农
姜建国	顾宁成	顾永伯	徐晓芳(女)
奚爱国	黄红华(女)	曹宏源	常 康
韩之斌	彭国良	葛志晖	董 勤(女)
蒋建林	蒋跃东	褚平忠	潘培时

秘书长 焦建华
办公室
主 任 焦建华
副主任 王 林
李 濮
调研员 袁益群(至2009-11-28)
沈 毅(至2009-11-28)
研究室副主任 王春满
提案委员会
主 任 沈伟勇
副主任 李祥宏
调研员 黄匡东
学习文史委员会
主 任 尹愚夫
经济科技委员会
主 任 王丹妮(女)
调研员 黄顺基
文教卫体委员会
主 任 季春芳(女)
调研员 李湘子
社会法制委员会
主 任 季春芳(女)
副主任 顾宁成(兼)
调研员 李湘子
城乡建设委员会
主 任 蒋建林
调研员 黄玉龙
港澳台侨委员会
副主任 施安泰

中国共产党泰州市纪律检查委员会

书 记 陈国华
副书记 张余松
徐立俊
缪云忠
常 委 陈国华
张余松
徐立俊
缪云忠
许年喜(正处级)
孔爱平
姚庆德
郝建祥（挂职，2009-08-06任）
副处级 丁亚明
刘金祥
孙建兴
丁 斌
何 军
监察局
局 长 张余松
副局长 马 云
许年喜（正处级）

泰州市中级人民法院

院 长 张培成
副院长 陈有红（正处级)
冯 毅（2009-04-10明确正处级）
徐生炉（2009-04-10明确正处级）
夏正芳（挂职，至2009-11-25）
纪检组长 张金富
政治部主任 生建华
审判委员会专职委员 徐 林
副处级 孙江宁
周秉荣
严长春
黄金富

张谦恒
任晓龙
沈开宏
姜传纲
李建民（2009-01-06任）
戚广银（2009-04-10任）
张鸿顺（2009-04-10任）
何　鸣（2009-04-10任）

泰州市人民检察院

检察长　陈　勤
副检察长　周宏进（正处级）
刘金华（正处级）
何国祥（正处级）
李作斌
（2009-05-20任，2009-04-10明确正处级）
苍月岚（2009-05-20任）
纪检组长　杨文宇（2009-04-10明确正处级）
检查委员会专职委员　陈书华
副处级　陈正义
曹文光（至2009-03-30）
胡景新
王洪明
孙志江
朱德富
孙爱民
顾传华
李文喜（2009-04-10任）
王太宁（2009-04-10任）
丁军青（2009-04-10任）
反贪局局长　李作斌

民主党派

中国国民党革命委员会泰州市委员会
主任委员　奚爱国
副主任委员　丁春华(兼)
丁　南(女)
中国民主同盟泰州市委员会
主任委员　董　勤(女)
副主任委员　臧大存(兼)
王晓洪(女，兼)
中国民主建国会泰州市委员会
主任委员　金文鸾
副主任委员　顾宁成(兼)
杨　达(兼)
邢秀华(兼)
中国农工民主党泰州市委员会
主任委员　黄立红(女)
副主任委员　王　涓(女，兼)
高军业(兼)
汪正九(兼)
九三学社泰州市委员会
主任委员　马　云
副主任委员　陈　鼎(兼)
俞新农(兼)
潘林元(兼)
洪　澄(兼)

社会团体

总工会
主　席　李国华
党组书记　王爱平（女）
副主席　王爱平（女）
吴江泽
杨世民（2009-12-22任）
栾　斌
纪检组长　杨世民（至2009-12-15）
汤日宏（2009-12-15任）
副调研员　祁　进（至2009-04-10）
张如麟(女)
共青团泰州市委员会
书　记　葛志晖（至2009-11-21）
张　坤（2009-11-28任）
副书记　张　坤（至2009-11-28）
孙靓靓（女，2009-02-03任）
刘剑波（2009-02-03任）
妇女联合会
主　席　唐龙珍(女)
副主席　陆丽华(女)
黄海燕(女)
副调研员　吴秋娣(女)
文学艺术界联合会
主　席　陈　社（至2009-12-14）
何建平（2009-12-14任）
党组书记　曹茂良（至2009-11-21）
何建平（2009-11-21任）
副主席　许时阳
副主席　万　琳(女，兼)
曹学赋(兼)
陈　兵(兼)
刘仁前(兼)
翟宝昌(兼)
科学技术协会

主　席　潘培时
副主席　柏长春
姚洪生
杨　阳(兼)
王晓梅(女，兼)
樊宝洪(兼)
郭冬梅(女，兼)
帅荣俊(兼)
孙田江(兼)
张景春(兼)

哲学社会科学界联合会

主　席　潘时常
副主席　吴　健(兼)
陈方根(兼)
贾　拓(兼)
郭宁生(兼)
王　龙(兼)
魏桂军(兼)
副调研员　汤卫国

归国华侨联合会

主　席　顾永伯
副主席　陈　妍(女，兼)
吉江平(女，2009-04-10兼)

残疾人联合会

名誉主席　王守法
主　席　丁士宏
副主席　毛正球
蔡友本
宋吕银
钟　鸣
顾弘庆
朱向荣
邹　晶
封红年
理事长　蔡友本
副理事长　蒋金林
丁正明（至2009-02-10）
唐　驰（2009-04-09任）
调研员　张　顺（至2009-04-10）

红十字会

名誉会长　朱龙生（至2009-03-24）
张　雷（2009-03-24任）
会　长　曹玉梅(女)
副会长　吴　健
顾弘庆
钟　鸣
冯健华
王　考
马　林
潘晓鸥(女)
肖天奉
毛卫平
孙晓龙（2009-03-24任）
专职副会长　徐志明(女)
梅有宏（2009-03-24任）

工商业联合会[挂“泰州商会”牌子]

主　席　姚社成
党组书记　王　考
副主席　王　考(兼)
赵尚双
徐　盟(女)
霍成生(兼)
夏振宇(兼)
王秀荣(兼)
陈文涛(兼)
丁　鑫(兼)
刘士钢(兼)
李　书(兼)
陆　军(兼)
刘荣富(兼)

人民解放军、武警部队

中国人民解放军江苏省泰州军分区

司令员　张本印
政　委　庄义春
副司令员　张颖峰
参谋长　王　元
政治部主任　刘益民
后勤部部长　毛卫平
中国人民解放军江苏省军区教导大队
大队长　严文忠
政　委　胡旭辉
办公室主任　毛智勇
副主任　樊启辉

中国人民解放军江苏陆军预备役高炮第一师第三团

团　长　华　明（至2009-03-01）
王贵绪（2009-03-01任）
政　委　李相权
参谋长　魏　潇
政治处主任　费国斌（至2009-03-10）
穆金忠（2009-04-01任）
后勤和装备处处长：潘绍明

中国人民武装警察部队泰州市支队

支队长　孙健康
第一政委　戴胜利

政　委　杨　忠
副支队长　黄　玮
参谋长　瞿鸿俊
政治处主任　梅启军
后勤处处长　杨小敏

中国人民警察部队泰州市消防支队

支队长　赵洪海
政　委　周国兴
党委书记　赵洪海
党委副书记　周国兴
副支队长　周　刚
　　　　　朱　晖

学　　校

泰州职业技术学院

党委书记　刘富文
院　长　潘立本
党委副书记　潘立本
　　　　　　唐靖辉（2009-11-28任）
副院长　刘康平
　　　　郭冬梅（女，2009-11-29任）
　　　　钟文乐（2009-11-29任）
　　　　陈宜刚（2009-11-29任）
纪委书记　唐靖辉
党委组织部部长　郭冬梅(女)
院长助理　钟文乐（至2009-11-29）

泰州师范高等专科学校［挂“广播电视大学”牌子］

党委书记　徐金城
校　长　徐金城
党委副书记　徐庆国（2009-11-28任）
副校长　徐庆国
　　　　邓友祥
　　　　王美林（2009-11-29任）
　　　　杨淑娟（女，2009-11-29任）
纪委副书记　魏桂军
副调研员　冒天章
　　　　　吴寅生
电大校长　张曙光（2009-11-29任）

江苏畜牧兽医职业技术学院

党委书记　吉文林
院　长　徐向明
党委副书记　徐向明
　　　　　　周新民
　　　　　　杨廷桂
副院长　周新民
　　　　臧大存
　　　　葛兆宏
　　　　孙　玲(女)
纪委书记　杨廷桂

江苏省泰州中学

校　长　蒋建华
副校长　张　文
　　　　季新明
　　　　夏淑萍（女，2009-11-29任）
　　　　蔡长春（2009-11-29任）
　　　　王俊鹏（2009-11-29任）
党委书记　蒋建华
党委副书记　张　文

▲江苏省口岸中学

校　长　封留才（2009-04-16任）

▲泰州机电高等职业技术学校

校　长　钱　澄（女，2009-04-16任）

（注：加“▲”的为副处级机构。）

（组织部）

中国共产党泰州市委员会

综　　述

【概况】全年实现地区生产总值1660.92亿元，比上年增长13.8%。完成财政收入343.8亿元，地方一般预算收入138.6亿元，比上年分别增长31.1%和37.1%。全市新增高效农业面积2万公顷，占比提高到30%，新增农村“三大合作”组织314家。规模以上工业实现产值3769.46亿元，增长27.9%；实现利税429.55亿元、利润251.73亿元，分别增长43.7%和60.3%，增幅居全省前列。泰州市成为全省唯一的国家知识产权工作示范市，高新技术产业产值突破1000亿元，9家企业成为省首批创新型企业。私营个体经济注册资本突破1000亿元。服务业占三次产业比重提高1个百分点。新增各项贷款403亿元，增长50%，增幅居全省第1，贷款总量突破1000亿元，贷存比提高近7个百分点。

医药高新区建设和重大项目招引取得历史性突破。医药园区升格为国家高新区，全球最大的疫苗企业葛兰素史克、总投资22亿元的中农发动物疫苗项目成功落户。2009年，医药园区新签约落户项目150个，48家企业建成投产。成功引进总投资10亿美元的纬创资通项目及30多家配套企业，全年引进注册资本超1亿美元项目2个。出口加工区、核心港区建设有力推进，开发区配套功能加快完善，产业承载能力进一步增强，泰州市被台湾电电公会评为“值得推荐城市”。

推进城乡建设，城市功能和形象得到提升。中心城市“十大重点工程”全面实施，全年城建投入超过120亿元。园博园建成开放，并成功承办省第6届园博会；泰州大剧院竣工投入运营；稻河古街区改造、三水湾、博物馆、图书馆等工程有序推进；泰九路、南通路拓宽改造进展顺利；宁启铁路复线电气化改造项目正式开工，兴泰公路全线通车；全国文明城市、国家生态市和园林城市等创建工作深入开展。各辖市城区以及重点镇、中心城镇和新农村建设都取得新的进展。

各项社会事业加快发展，人民群众生活水平持续改善。各级财政对民生事业的投入明显加大，办好一批事关人民群众生活的实事。城镇居民人均可支配收入、农民人均纯收入比上年分别增长11%和12%。净增城镇就业5.4万人、失业再就业2.2万人、农民创业就业5.35万人，城镇登记失业率控制在3%以内。“五大保险”覆盖率实现稳中有升，新增脱贫人口5.7万人。慈善事业发展加快，慈善资金总额扩大到6000万元。社会保持和谐稳定，社会公众安全感认可度达98.6%，集访案件比上年下降24.3%。教育、卫生、文化、体育等各项社会事业协调发展，泰州大学筹建工作取得积极进展。

坚持两手抓、两促进，学习实践科学发展观活动取得成效。解决一批制约和影响泰州发展、人民群众反映强烈的突出问题，形成一批保障科学发展的制度成果，涌现一批科学发展、跨越发展的先进典型。分类指导的农村工作方法、直评村官的做法得到中央领导同志的批示肯定，陈燕萍成为全国重大典型。干部作风明显好转，党员干部整体素质显著提升。

【信息工作】及时组织信息上报。全年共向省委报送信息近3000条，采用180多条，省用《专刊》、《重要信息专报》、《社情民意》等单篇调研材料采用10多篇，报省信息考核居苏中第一，报中办信息进入全省前四。市内信息方面，对各信息点报送的信息进行筛选、综合、挖掘后，及时向市委领导提供各阶段的重要项目进展、重要决策实施、重要部署落实情况，使市委领导能够在第一时间掌握准确、真实的情况。围绕“保增长促发展”先后组织各地各部门开展调研活动，形成一批经验类调研信息，并选择其中具有较高质量和典型意义的10多篇材料，以“保增长促发展践行科学发展观”为题在《快报专刊》专题刊发；围绕“冲刺四季度确保完成全年目标任务”开展专题调研，先后刊发6个重点经济部门的专题调研信息。

打造信息品牌。创办《信息专报》栏目，并不断丰富和完善。全年共编发66期，市领导批示50多件次，批示率75%。其中市委、市政府主要领导批示47件，占比近90%。66期专报中，问题建议类专报信息占近50%，自主调研综合类专报是上年总和的2倍。《信息专报》较好发挥了参谋助手作用，为领导决策提供重要参考，直接影响并促成一批重大政策的出台，促进全市经济社会发展的一些重大问题的解决，信息服务的“品牌效应”初步显现。

“信息调研年”活动。2009年，全市信息工作围绕“信息调研年”主题，先后开展一系列自主和联合调研，涌现出一批优秀信息调研成果。一是围绕重点开展信息调研。如围绕医药城建设、克服金融危机影响等方面，形成《泰州市围绕“中国第一、世界有名”奋斗目标举全市之力推进中国医药城建设》、《泰州市政银企三方合作主要做法及成效》、《坚定信心克难奋进全力保持经济社会平稳较快发展》等近10篇调研材料，并被省委办公厅专刊采用。二是围绕热点开展信息调研。针对市民、网民普遍关注的西站整治改造问题，联合市规划局、建设局等部门开展专题调研，形成调研信息《建议尽快启动西转盘广场地段改造建设》，市委、市政府主要领导及分管领导分别作出批示。三是围绕难点开展调研。围绕全市重点调研课题之一——“国际金融危机背景下，我市就业存在哪些矛盾和问题以及如何做好全市的促进就业工作”，开展为期半个多月的专题调研，完成的《用创新理念打造创业型城市——对我市促进就业的调查与思考》调研报告发表在省《调查与研究》刊物上。

【督查工作】 重要决策督查。做好督查反馈工作，围绕市委六次和七次全会精神贯彻落实等开展重点督查，推动领导重要决策的贯彻落实。对市区城市建设“十大重点工程”开展跟踪督查，并就“有关责任项目进度、存在问题及具体困难”形成督查专报。

专题督查。配合省委督查室完成中办联合督查组赴泰进行的农民工返乡安置问题实地督查、年底“保民生、促稳定”情况等专题督查，完成全省经济工作会议精神贯彻落实情况督查以及积极应对金融危机等方面的专题督查，及时准确地反映泰州市在贯彻上级党委、政府决策部署中的做法和经验。

完善督查机制。以“书记信箱”为工作重点，对领导批办事项，按照“一事一办、专人负责、严格把关”的原则，及时做好分办、转办、催办及核查、通报工作，做到件件有单位承办、事事有专人负责，发挥领导批办件指导工作、推动落实的作用。根据“书记信箱”网民来信情况，重点围绕一些涉及面广、群众反映强烈的热点、难点问题，创新督查工作“再督查”机制，由“一次性”督查变为全程协调跟踪督查。协调处理春兰路路灯亮化工程、高教园区公交路线设置、人民医院南院西大门道路维修等一批民生问题；协调市法制局牵头起草《关于在泰州市区限制燃放烟花爆竹的公告》并获市政府常务会议通过；推动泰山岳庙全面修复、园博园实行永久免费开放、城市公交回购等网民关注热点事项的落实。重点围绕《答复满意情况征询函》，针对来信人在回执中反映的对答复意见不满意的情况，督促相关部门对来信反映的问题再梳理、再深化，力争问题的圆满解决。

【政策研究工作】 2009年，市委办公室、研究室围绕市委工作中心和全市经济社会发展的热点、难点问题，加强政策研究工作，全年共组织各类调研活动60多次，形成60多项调研成果，为市委和市政府正确决策部署提供理论支撑和智力支持。

提高调研工作组织程度。年初，在市四套班子领导和市级机关各部门中广泛征集调研课题，在征求市委领导意见的基础上，确定全年15个重点调研课题，以文件下发，明确牵头单位、参与单位和完成时间，并加强与相关单位的沟通联络。

认真组织重大调研活动。围绕重点城镇、核心港区、市区经济、教育资源等事关泰州发展的长远问题进行调查研究，形成《加快建设一批集聚带动力强的现代城镇》、《关于加快打造泰州港核心港区的思考》、《优先发展市区、发挥引领作用》、《关于整合和优化市区教育资源的思考与建议》等调研成果。对科学发展典型进行分析解剖、提炼经验启示，对重点工作的进展进行情况调查、问题分析并提出对策建议，形成《“戴南现象”新解读》、《关于提升泰州影响力的调查与思考》、《关于加快发展泰州服务外包产业的思考》、《创新经营城市理念，推进泰州城市发展》、《关于加强城乡社会保障工作的调查》、《用创新的理念打造创业型城市》、《积极应对，化“危”为“机”，抢占未来船舶产业发展的制高点》、《关于加快发展高效农业的思考》、《让更多的“能人”为新农村建设挑大梁》、《强化激励规范管理，进一步加强社区工作者队伍建设》、《关于我市加强农村基层党组织建设的调查与思考》、《让文化之花开满田野乡间》等一批调研成果。就高新区建设、外来人员管理等学习发达地区的先进理念和成功经验，形成《关于苏州无锡常州三市国家高新区发展情况的调查》、《共同营造新市民和谐家园》等调研成果。

加强调研成果转化。做好《泰州内参》的编发工作，全年共编发38期，近40万字。广泛收集全市优秀调研成果，编印出版《泰州发展路径研究2——2009年全市重点调研文集》。关于文化建设的系列调研成功转化为市委主要领导在文化泰州建设工作会议上的主题讲话《坚持以科学发展观为指导，奋力开创文化泰州建设新局面》和《关于加快推进文化泰州建设的意见》等重要文件。坚持把调研成果的市外转化作为展示泰州、宣传泰州的重要举措。全年在省级以上刊物发表调研文章50多篇。市委书记张雷的署名文章《关于文化泰州建设的几点思考》，先后刊发在《新华日报》、《群众》和《调查与研究》等重点刊物上；《泰州市重点城镇建设步伐快、集聚力强》、《泰州市探索选培“能人型”村支书，强力打造新农村建设“领头雁”工程》、《“戴南现象”新解读》等分别在《调查与研究》、《情况与建议》等发表。在市级机关调查研究技能竞赛中，《“戴南现象”新解读》、《关于提升泰州影响力的调查与思考》、《关于加快发展泰州文化旅游的调查与思考》、《用创新的理念打造创业型城市》分获特、二、三等和优秀奖。

重要决策和会议

【全市开放型经济工作会议】 2月13日，全市开放型经济工作会议召开。会议围绕“保增长，促发展，抓转型，增后劲”的发展要求，回顾总结2008年全市开放型经济工作，分析当前宏观经济形势，研究部署2009年外向型经济工作。会议表彰2008年度全市开放型经济工作先进市（区）和先进开发园区，市政府与各市（区）签订工作目标责任状。会议由市委副书记王守法主持，市长姚建华作工作报告，市委书记张雷作讲话。

【文化泰州建设工作会议】 2月28日，召开文化泰州建设工作会议。市委常委，市政府副市长，市人大、市政协主要领导、分管领导，市级机关各部门主要负责人及各市(区)相关部门负责人参会。会上，市委书记张雷就加快推进文化泰州建设提出5点意见：加快文化泰州建设，基础在于增强文化意识；重点在于营造文化环境；活力在于推进文化创新；根本在于发展文化服务；关键在于加强文化领导。

【市级机关作风建设大会】 3月14日，市委、市政府召开市级机关作风建设大会，市四套班子全体领导，市法院院长、检察院检察长，市四套班子秘书长、副秘书长，市纪委副书记，市级机关各部门主要负责人和分管领导，市级机关各部门其他领导干部及科级干部代表参会。会上，市委书记张雷作题为《以更优的作风迎接挑战 克难奋进 为经济社会平稳较快发展提供有力保证》的讲话。市委常委、市纪委书记陈国华宣读表彰决定，总结表彰上年度人民满意机关，作风建设先进单位和市级机关工作先进单位。

【全市三级干部大会】 3月23日，市委、市政府召开全市三级干部大会，市四套班子领导，各市（区）党委、政府主要负责人，分管农业农村工作负责人，农办主任，农业局局长，全市各乡镇党委书记，市级机关有关部门（单位）主要负责人参加会议。市委书记张雷作题为《坚持以科学发展观统揽全局 奋力开创泰州科学发展跨越发展新局面》的讲话。会议回顾总结2008年以来全市“践行科学发展观 我为泰州作贡献”主题教育活动情况，根据中央和省委关于第二批深入学习实践科学发展观活动的要求，研究部署泰州市学习实践活动的目标任务。会上，市委、市政府表彰上年度工作目标考核先进市（区）、经济工作“十强乡镇（街道）”、争创经济工作“十强乡镇（街道）”活动先进单位、全面小康建设“十强村”，并与各市（区）、泰州开发区签订工作目标责任书。

【市委三届七次全会】 7月13日，中共泰州市委三届七次全体会议召开。市委书记张雷作题为《克难奋进 加快发展 为圆满完成全年目标任务而努力奋斗》的讲话。会议的主题是，学习贯彻省委工作会议精神，回顾总结上半年工作，分析当前经济形势，研究部署今后一段时期的工作。动员全市上下深入学习实践科学发展观，进一步解放思想，理清思路，抢抓机遇，危中求进，全力做好保增长保民生保稳定各项工作，确保完成全年目标任务。

【第4届中国湿地生态旅游节、江苏国际生态旅游节、2009中国泰州国际旅游节暨经贸洽谈会、2009中国姜堰·溱潼会船节】 4月5日～7日，第4届中国湿地生态旅游节、江苏国际生态旅游节、2009中国泰州国际旅游节暨经贸洽谈会、2009中国姜堰·溱潼会船节开幕。国家旅游局副局长祝善忠、副省长张卫国、国家林业局湿地保护中心主任马广仁、省旅游局局长周乃翔、市领导张雷、姚建华、陈克勤、王守法、李国华、陈国华、张本印、缪志红、杨峰、何榕以及俄罗斯、德国、波兰驻上海总领事和夫人，加拿大、以色列驻上海副总领事和夫人，国家能源专家咨询委员会、国家工商总局、国家气象局、清华大学、江苏旅港同乡联合会、中国作协、中华全国新闻工作者协会等单位负责人，省、上海市相关部门负责人出席开幕式并参加有关活动。

【庆祝人民海军成立60周年大会】 4月28日～30日，泰州市召开庆祝中国人民解放军海军成立60周年大会。海军政委刘晓江、省委书记梁保华、省长罗志军、南京军区副司令员王洪光、海军副司令员顾文根、海军政治部主任徐建中、省委副书记王国生、副省长曹卫星、省军区副政委杨森及海军有关部门负责人参加。市领导张雷、姚建华、王守法、丁士宏、曹玉梅陪同。

【第7届中国泰州科技洽谈会】 9月17日～19日，第7届中国泰州科技洽谈会举行。省长助理徐南平，国家科技部党组成员、《科技日报》社社长张景安，省政协副主席、中国科学院南京分院院长周建民，机械科学研究总院院长李新亚，国防科工局科技成果推广转化研究中心主任孟冲云，省科技厅厅长朱克江，中国科学院院地合作局副局长孙殿义；国内有关高等院校、科研院所的负责人和专家教授，泰州市四套班子有关领导，各市（区）政府负责人，市各有关部门（单位）负责人，部分企业负责人等出席开幕式。

【第6届江苏省园艺博览会】 9月25日～26日，第6届江苏省园艺博览会开幕。省委书记梁保华参观泰州园博园。省人大常委会副主任朱龙生、副省长徐鸣、省级机关有关负责人、省辖市各分管负责人及在泰四套班子领导张雷、姚建华等出席开幕式。

10月26日，第6届江苏省园艺博览会闭幕式在泰举行。副省长何权，省住房和城乡建设厅厅长周岚，市领导张雷、姚建华、陈克勤、王泓卫、周书国出席闭幕式。

【庆祝中华人民共和国成立60周年大会】 9月28日，在泰州大剧院召开庆祝大会，会议表彰“突出贡献人物”并进行颁奖，市四套班子领导，驻泰单位负责人，机关干部代表，各民主党派和群众团体代表，各界群众代表等共1140人出席。会后观看泰州市“祝福伟大祖国，建设美好泰州”群众歌会展演。

【全国农业科技创新与推广现场会】 10月19日，全国农业科技创新与推广现场会在泰州召开。农业部副部长张桃林，省委常委、副省长黄莉新,全国各省(市)农业厅、70多所农业科研院校代表共350多人参加会议。市领导张雷、姚建华、王守法、丁士宏陪同参加考察。

【江苏省促进农民创业现场交流会】 10月30日～31日，江苏省促进农民创业现场交流会在泰召开。省委常委、副省长黄莉新，省委副秘书长胥爱贵，省人力资源和社会保障厅厅长徐郭平，市长姚建华，副市长张爱平出席会议。

【党政代表团赴沭阳学习考察】 2月26日，市委书记张雷、市长姚建华率泰州市党政代表团一行23人赴沭阳考察。代表团听取沭阳县情况介绍，参观考察苏北花卉有限公司、古栗林公园、城建规划展览馆、图书馆、沭阳软件产业园。

【党政代表团赴南通、盐城、连云港、淮安学习考察】 12月16日，市委书记张雷、市长姚建华率泰州市党政代表团一行50多人赴南通、盐城考察。代表团在南通参观考察南通中远船务工程有限公司、中远川崎船舶工程有限公司、富士通微电子股份有限公司、振华重型装备制造有限公司，在盐城参观考察悦达汽车二厂、马恒达悦达（盐城）拖拉机有限公司、城南新区、规划展览馆、水街、海盐博物馆。17日上午，党政代表团赴连云港港区参观考察集装箱码头、连云新城、临港产业区（临港产业区现场情况介绍、国电联合动力技术有限公司、中复神鹰碳纤维有限公司、中复连众复合材料集团万指风力叶片项目）、市规划展示中心；下午赴淮安市考察淮安经济开发区（淮安出口加工区、富士康科技城、达方电子、仕泰隆国际机电模具城、中国淮安留学人员创业园淮安高教园区）。

（沈 静）

组 织 工 作

【概况】 2009年，全市组织部门和组工干部围绕保增长保民生保稳定大局，努力把党的组织优势转化为危中奋进、共克时艰的发展优势，组织工作的整体水平实现新的提升。

加强教育培训。统筹做好党员干部的教育培训工作，圆满完成第二、第三批学习实践科学发展观活动，总结推出分类指导的农村工作方法，得到中央领导的批示肯定。强化对干部的经常性教育管理，通过开展部领导班子集体调研、分层分类进行谈心谈话、适度调整充实领导班子等途径，进一步调优干部精神状态，增强班子整体功能。落实大规模培训干部各项任务，实施“543教学改革计划”，全年共举办各类主体班次30期；赴美国举办首期领导干部公共管理高级研究班，赴新加坡举办园区建设与管理、医药园区规划建设培训班；选派第6批14名干部赴国家13个部委“上挂”，组织第5批7名干部到上海浦东等地“外挂”，在实践中拓宽眼界、提升能力。

注重改革创新。加大竞争性选拔干部力度，面向全省公开选拔14名领导干部。完善人才到基层去、干部从一线来的培养选拔链，采取分层次、分类别推荐的新方式，建立新一轮241名县（处）级副职后备干部名单，并选调62名中青年干部，到全市重点园区、重大项目建设一线进行锻炼；面向市（区）和乡镇，公开选调一批公务员充实到市级党政机关。落实考核评价机制，在市管领导班子和领导干部中全面实行年度工作目标责任考核。开展干部监督工作创新年活动，推行“一报告两评议”和党政正职“三责联审”等工作，形成考察人选报告个人有关情况等一批制度成果。创新人才工作机制，设立每年2000万元的人才专项资金，全年有2人入选国家“千人计划”，18人入选省“高层次创业创新人才引进计划”。

深化基层党建。加强“能人型”基层干部队伍建设，从市及市（区）选派111名机关干部担任村支书，该项工作被评为“2009年全省市县组织工作十佳创新创优成果”；采取“量化积分”的办法，选聘第二批465名大学

生“村官”，形成“差别化培养、多元化成才”的培养新模式；实行市及市（区）联动，面向全市2900名村主要负责人和所有大学生“村官”，滚动举办9期“科学发展能力”专题培训班；招收293名学员，举办首期村干部农业经济管理远程教育大专班。针对农村、社区、“两新”党组织的不同特点，开展“双学”、远程教育助推“一村一品”、党建工作“四进社区”、国企民企党组织统筹共建等活动，形成一批各具特色、富有实效的党建活动品牌。实施党员关爱工程，至年末，全市共筹集关爱资金671.6万元，先后向5100多名困难党员发放救助资金199.3万元。

坚持从严治部。注重把开展学习实践活动与深化拓展“讲党性、重品行、作表率”活动结合起来，开展“组织部长下基层”活动，树立组工干部良好形象。加强和改进组工宣传和信息公开，在《泰州日报》刊发组工言论，产生了良好的社会反响；注重加强对热点难点问题的调查研究，《提高组织工作科学化水平研究》获中组部年度重点调研课题一等奖；宣传信息工作连续3年在全省组织系统评比中居首位。连续6年开展组织工作创新创优成果评选活动，营造求真务实、争先创优的良好氛围。市委组织部连续7年在“人民满意机关”评比中居前列。

【“组织部长下基层”活动】5月，全市组织系统开展以“三走进三访谈三结对”为主要内容的“组织部长下基层”活动，通过走进农村（社区）、走进园区、走进企业调研，访谈工作对象、信访接待、走访英模，结对帮扶困难党员、结对培养大学生“村官”和选调生、结对联系高层次人才等方式，深入基层开展调研，帮助基层解决实际问题。活动中，坚持市及市（区）两级组织部门联动，把参与面由部务会成员向全体组工干部拓展，全市共有316名组工干部参与下基层活动。市委组织部机关全体党员，以支部为单位，分8个调研小组赴8个乡镇开展调查研究，共走访192个村（社区）、企业、园区和站所，召开座谈会66个，参加座谈的各级干部、党员和群众550多人，梳理各类意见、建议56条。两级组织部门先后为特困党员送去慰问金69.8万元，协调扶植创业项目25个，帮助解决实际问题425件。

【选派机关干部到村担任党组织书记】6月，启动实施选派百名机关干部到村担任党组织书记工作，经过报名、考察、筛选、面谈、体检等程序，最终从479名符合条件的报名人员中遴选出111名机关干部到村担任党组织书记，其中，处级3人、科级38人、科员及以下70人。该项工作实现“四个突破”：一是突破传统的“挂职锻炼”、“对口扶贫”的选派思路，让机关干部到村担任支部书记“一把手”实职，有效杜绝“镀金思想”和“做客心理”；二是突破区域、年龄、身份等限制，选派干部包含地市干部、市（区）干部，处级干部、科级及以下干部，在职、“退二线”干部、退休干部；三是突破“以考试定高下”的固有选拔方式，采取以“适岗性”为主要标准的选拔模式，经过部门（单位）排序推荐、邀请农口专家筛选、个别面谈、双向选择等选拔程序，逐层逐级进行遴选；四是突破传统的干部选用模式，选派干部除原单位原岗位职务及各项待遇不变外，同时享受当地村支书的报酬，且3年期满后，经组织考核优秀的，行政级别原则上提高一级，开辟了凭实绩用干部的新渠道。

【争创“党员先锋岗”活动】组织实施争创“党员先锋岗”活动，发挥广大党员的先锋模范作用，彰显党员先进性。在农村，围绕深化无职党员设岗定责和“双创一建”实践活动，为农村党员发挥表率和示范作用搭建平台。在企业，开展劳动竞赛、技术革新、项目攻关、提合理化建议等活动，使每个党员责任区成为推动企业发展的“先锋站点”。在社区，开展“共产党员户（楼道）”挂牌活动，引导党员参与社区建设。在机关事业单位，以改进工作作风，提高工作效能，争创“服务先锋”为重点，开展和深化“一岗双责三服务”活动。年内，全市有81561名党员参加“党员先锋岗”争创活动。

【远程教育千名村官大学生培养计划】4月，泰州市与中央电大联办的“农业经济管理”村干部大专班开班，首批有293名村干部参加，标志着泰州市“远程教育千名村官大学生培养计划”正式启动。计划将用3年～5年时间，在全市范围内将1000名村干部培养成大学生。村干部大专班在学习内容上，选择科学发展观、农村经济管理、农村财政金融、农村环境保护等必修课程，同时增加农村政策法规、社交礼仪、村干部工作实务等选修课程，着力提升本土村干部的政策理论水平、科学发展能力和民主管理能力。在培养计划实施过程中，发挥远程教育优势，结合农村实际，采取灵活有效的教学模式，除每月集中授课外，还采取远程自学、建立远程教育学用示范基地、加强实践教学等形式，努力实现学以致用、学用相长的良好效果。

【量化积分考察大学生“村官”】年内，在选聘465名高校毕业生到村（社区）任职过程中，探索实行量化积分考察办法，提高考察工作的科学性，增强选聘工作的公信力。在考察要素设置方面，将考察内容分为政治面貌、担任学生干部、获得奖学金、获得表彰奖励以及学校综合评价5项；每项要素分别按不同的等次赋予一定的分值，然后根据各项积分之和来反映考生的综合素质。在信息采集方面，严格规范程序，把好"关口"，确保考察积分准确真实。考生各项考察要素信息采集由学校在进行个别谈话、查阅档案的基础上完成，考生相关信息在学校公示。在积分计算方面，严格把好积分关，确保考生积分计算的准确无误；积分累计时，实行双岗制和责任追究制，由初审和复核者签名确认，明确责任。

【领导干部考察人选报告个人有关事项】 年内，对领导干部报告个人有关事项的主体、内容、方式、方法等进行积极探索，确定在后备干部、拟提拔干部中率先进行的思路，出台《领导干部考察人选报告个人有关情况试行办法》，《办法》将报告的对象由任后前移到任前，突出源头监督，即凡经市委组织部部务会研究确定的，经过联合预审，拟提拔为正县（处）级和副县（处）级领导干部考察人选，必须在考察前向组织如实报告个人有关情况。报告的内容，在原来报告本人婚姻变化，持有因私出国（境）证件及因私出国（境），子女与外国人、港澳台居民通婚等有关情况的基础上，增加配偶及子女的工作职务等情况，将家庭年总收入、家庭资金总额、私有房产、私有汽车、合计3万元以上债权或债务、配偶及由其抚养的子女经商办企业或从事其他经营性活动的投资或股份等家庭财产情况纳入报告范围，进一步拓宽监督面。《办法》还明确在考察期间，考察组可视情况对报告内容进行适当了解，发现有瞒报、伪报或其他廉洁自律方面问题的，要认真查核，对瞒报、伪报的，终止其考察对象资格。《办法》出台后，全市有37名领导干部考察对象根据规定填写《报告书》，主动申报家庭财产等22项个人有关情况。

【探索实施"543项目"教学改革】 针对传统培训中培训资源匮乏、干部投入程度不高、学用结合不紧等问题，在县处级干部进修班等主体班次中积极探索"543"研修模式。一是遴选5个重点课题进入课堂。确定中国医药城创新模式研究、关于打造泰州核心港区的思考等5个重点课题作为必训内容，开展"研究式"培训。二是开辟4类现场教学点。分类确定新农村建设、园区建设、科技创新、党性锻炼等4类现场教学点，采取"一对一"挂钩联系的方式，组织党校部分教师深入现场教学点进行调研，帮助总结成功经验，建立现场教学"案例库"。三是聘请3类社会兼职教员。建立社会兼职教员"师资库"，面向社会聘请20多名党政干部、优秀企业家、先进模范人物等3类社会兼职教员进入主体班次课堂，现身说法、言传身教，与学员们开展探讨互动，实现"学员得教益、教员受启发、工作有促进"的组合效应。同时，通过学习课堂的"媒介"，学员与社会兼职教员建立长期的"师生关系"和合作关系，将学习培训的链条向日常工作延伸，将培训效益向实践领域释放。

【凤城千人计划】 制定出台《高层次创新创业人才引进计划实施办法》和《海外优秀人才引进计划实施意见》，以高层次创新创业人才和海外优秀人才引进为核心，全面启动实施"凤城千人计划"。计划围绕泰州市优势产业和新兴产业，力争在5年时间内，引进100名高层次创新创业人才（团队）和800右海外优秀人才，形成引领泰州跨越发展的高层次人才链。市本级财政设立每年2000万元的专项资金，用于高层次创新创业人才和海外优秀人才引进。引进人才的创新创业项目可获40万元～200万元的资金资助，享受营业税、企业所得税、个人所得税奖励及8万元～14万元安家补贴，优先推荐申报各类国家、省、市评选表彰和资助扶持计划。引进人才在人事管理、社会保障、家属子女就业就学等方面享受优先待遇。年内，全市共引进各类高层次人才770名，其中海外优秀人才146名。

（沈炳华　韩　兵）

纪检监察工作

【概况】 2009年，全市各级纪检监察机关围绕"三年再来一个大变化"奋斗目标，推进党风廉政建设和反腐败各项工作的深入开展。加大监督检查力度，确保中央和省、市重大决策部署贯彻落实；开展纠风治乱，解决一批损害群众利益的突出问题；严格依纪依法办案，揭露和惩处一批违纪违法案件；加强宣传教育，增强党员领导干部廉洁自律意识；深化制度改革创新，强化和巩固治本抓源头工作；完善监督制约机制，促进权力规范运行；推进基层民主，构建农村基层党风廉政建设体系；加强自身建设，提升纪检监察干部队伍综合素质。完成三届市纪委四次全会确定的各项目标任务，为实现经济社会平稳较快发展提供政治保证。

【三届市纪委四次全会】 1月20日，中国共产党泰州市第三届纪律检查委员会第四次全体会议在泰州举行。市委书记张雷出席会议并讲话。会议传达贯彻中共十七届中央纪委三次全会、中共十一届省纪委四次全会精神和中共中央总书记胡锦涛、省委书记梁保华的重要讲话，审议通过市纪委书记陈国华代表市纪委常委会所作的《服务发展保增长，关注民生促稳定，以反腐倡廉建设新成效为泰州新一轮发展提供坚强政治保证》的工作报告和全会《决议》。

【党风廉政宣传教育】 会同有关部门制定下发《关于在全市党员干部中开展“加强党性修养，坚持廉洁从政”教育活动的实施意见》，先后部署开展22项教育活动。开展党性党风党纪和权力观教育，组织全市200名青年干部进行廉洁从政知识测试。组织开展“深入学习实践科学发展观，扎实推进惩治和预防腐败体系建设”征文活动，营造廉洁从政、服务发展良好氛围。组织召开“践行科学发展观、我为泰州作贡献”专题报告会，市委书记张雷到会讲话，市委常委、靖江市委书记刘建国和泰兴市新街镇党委书记黄宗岳作勤廉报告，全市1100多名党员领导干部参加。推进廉政文化建设，组织召开全市廉政文化进家庭现场推进会，举办泰州市廉政文化图片展。会同市委组织部、市妇联举办一期县（处）级领导干部家属“贤内助”培训班，近200名新任县（处）级干部家属参加培训。组织开展向王瑛同志学习活动，配合做好“红叶旅途”全国巡演工作，发挥正面典型示范作用。通过案例剖析、旁听案件庭审、观看警示教育片等形式，加强对党员干部的警示教育，筑牢拒腐防变的思想道德防线和法纪防线。提升“廉政广角”、“泰州廉政”内刊、“廉政视线”、“泰州廉政网”、“泰州廉政博客”运转的规范化水平，发挥反腐倡廉宣传教育主阵地作用。

【领导干部廉洁自律】 落实党政主要负责人勤政廉政当面报告、廉政谈话、诫勉谈话等制度，对领导干部进行廉政谈话523人次、诫勉谈话46人次，组织全市3679名领导干部进行述职述廉，195个部门、单位的主要负责人分别向两级纪委常委会当面报告勤政廉政情况，督促各级领导干部制定落实整改措施147项。开展领导干部经济责任审计工作，对95名领导干部进行任期和离任经济责任审计。执行对拟选拔任用考察人选联合预审制度，对108名考察人选进行预审。加强对领导干部廉洁自律情况的监督检查，全市共查处26人违规收受礼金208万元。开展党政机关事业单位厉行节约、清理“小金库”、制止公款出国（境）旅游、改进公务接待等专项工作，全市共清理“小金库”45个，涉及金额1613.6万元；压缩出国（境）费用、车辆购置及运行费用、公务接待费用2886万元。

【纠正不正之风和专项治理】 通过纠正部门和行业不正之风、开展专项治理工作，解决损害群众切身利益的突出问题。推进“无红包医院”创建，加强对医用耗材网上集中采购行为监管，推进全市医疗卫生系统行风建设，缓解群众看病难、看病贵问题；年内，撤除违规备案采购药品37种，全市网上采购药品总金额5.95亿元。巩固治理教育乱收费工作成果，开展“四无学校”创建工作，推行教育收费阳光制度，坚决查处乱收费行为；加强对义务教育经费保障机制落实情况的督查检查，规范办学和招生工作。开展第二轮基层站所作风建设活动，改进服务态度，提升服务质量。采取电台直播、举办户外直播活动、加强与相关媒体联动等方式，办好“行风热线”节目，并不断强化其功效和影响力，提升和改善部门和行业作风，强化宗旨和服务意识，帮助群众解决实际问题。继续开展整治企业违法排污专项行动，全市共挂牌督办涉及企业突出环境污染问题64件，对淮河流域13项重点治污工程强化督查，排查和整改全市饮用水源地区域污染隐患，维护群众利益。会同有关部门加强对社保资金管理、医保卡使用、低保优抚救助资金管理使用情况的监督检查，确保各项资金基金安全运行。加强对惠农政策落实情况的监督检查，减轻农民负担，维护农村稳定。开展清理评比达标表彰工作，减轻基层和企业负担，全市共清理上报项目646项，撤销203项。加大涉及机关、部门、行业作风方面的明查暗访力度，推进“三服务”活动深入开展，全年共受理查处各类投诉212件，追究责任71人，进一步优化发展软环境。

【查办违纪违法案件】 年内，全市各级纪检监察机关共接受来信来访和电话举报2616件次，立案806件。其中，1万元以上案件185件，10万元以上案件103件，100万元以上案件8件；县处级干部案件7件，乡科级干部案件58件。处分违纪党员干部763人，移送司法机关追究刑事责任69人。通过办案，挽回直接经济损失2.08亿元。突出查处领导干部违纪违法案件，重点查处兴化市政府原副市长陈东义，市广电局（台）原副局（台）长陈德年，市粮食局原财务处处长吴坚等案件。在市公安局党委支持配合下，集中查办少数民警与“黄牛”勾结、滥用职权案件。坚持惩处与保护并重，及时为74名党员干部澄清事实。加强办案协调机制建设，发挥市和市（区）反腐败协调小组作用，召开协调会议14次，有效整合办案资源。加强案件审理和案件监督管理工作，建立纪检监察机关与司法行政机关和律师沟通联系制度，提高依纪依法、安全文明办案水平和案件质量。发挥查办案件的治本功能，编发各类案件通报35份，制发《纪律检查建议书》26份。

【治本抓源头工作】 建立全市反腐倡廉基本制度目录，共收录各项制度164篇1895项，其中修订251项，废止24项。围绕增强制度执行力，将制度建设和执行情况纳入党风廉政建设责任制检查考核范围，由市委常委、副市长带队开展检查考核，推动反腐倡廉制度的落实。深化从源头上防治腐败的各项改革，推进财税、投资、国有资产管理和金融体制改革，行政审批制度改革取得进展。制定出台《泰州市市级政府投资项目管理暂行办法》，全面构建政府投资项目监管“1＋16”制度体系。推行工程建设廉政保证金制度，在540个政府投资工程建设项目中预留保证金1510万元，有效预防违纪违规问题发生。

【纪检监察队伍建设】 开展“做党的忠诚卫士、当群众的贴心人”主题实践活动，组织全市纪检监察干部按照“四个对”的要求，分析查找思想和工作中存在的问题和不足，共征求意见172条，查摆问题146个，制定整改措施115项，并明确整改责任、整改时限，保证各项整改措施落实到位。推进县级纪检监察机关建设和农村纪检监察工作室规范化建设。健全完善考核激励机制，开展逐级点评活动，激发纪检监察干部争先进位意识。泰州市加强纪检监察干部考核激励的做法在全省纪检监察干部工作会议上作专题经验介绍。开展“转变作风、提升能力、服务发展”和“向基层学习，向基层问计”等主题学教活动，增强纪检监察干部能力素质。开展扶贫帮困和“献爱心、送温暖”活动，全市纪检监察机关筹集帮扶资金286万元，向困难群众捐赠款物34万元，常年资助贫困学生52名，结对帮扶贫困家庭43户。

【村民直评村官工作】 9月9日，转发泰兴市开展“村民直评村官”的经验做法，并召开现场会向全市推广。明确“直评”对象为任职满半年以上的在职在编村干部。参加“直评”人员以所在村村民为主，人数不得少于常住户数的90%，并邀请村域范围内的党政机关、企事业单位、个体工商户以及常住外来人员代表参加。严格按照“示”、“访”、“述”、“询”、“评”、“改”6个程序公开进行“直评”。“直评”结果存入“直评”对象组织人事档案和廉政档案，作为日常考评、评优评先、提拔使用的重要依据。年内，全市400多个行政村，3000多名村干部接受“直评”，其中53名村干部因评议满意率低于80%被调整。各行政村先后为群众办实事8100多件，村民对村干部的满意度比上年提升10%，反映村干部问题的信访量下降50%以上。10月，中央电视台第七套节目“聚集三农”栏目以“村民直评村官，听民意得民心”为题，对泰兴市开展“村民直评村官”的做法进行报道；《新华每日电讯》以“干部好与孬，村民当面评”为题对靖江市“村民直评村官”工作进行报道。11月6日，中央电视台、中国新闻社、《农民日报》、《中国纪检监察报》、江苏卫视、《新华日报》、江苏广播电台、《扬子晚报》、《泰州日报》、泰州电视台等中央和省市新闻媒体齐聚兴化市陈堡镇蒋庄村“村民直评村官”活动现场，进行专题采访报道。11月15日，新华社《国内动态清样》介绍泰州市开展“村民直评村官”的经验做法，引起中央和省领导的重视，中共中央政治局委员、书记处书记、中组部部长李源潮与省委常委、省纪委书记冯敏刚先后作出批示。

【推动中央和省、市重大决策部署的贯彻落实】 各级纪检监察机关主动策应中央和省、市扩大内需促进经济增长一系列重大决策部署，开展“服务发展保增长、关注民生促稳定”主题监察活动，采取公开监察、挂牌监察、菜单式督查等方式，重点对全市四批100个新增投资项目进行全面监督检查，确保开工率、地方资金配套率和发现问题整改率基本实现三个“百分之百”。加强对园博园、兴泰公路改造工程、文化中心建设等一批市级重点工程的监督检查，市纪委常委集体巡查17次，发现各类问题65个，提出建议38条，督促落实整改措施42项，保证各项工程顺利实施。加强对纬创资通等重大投资项目的监督检查，制定出台《关于纪检监察机关服务纬创资通项目建设的实施意见》，并牵头成立专项督查组，深入建设现场跟踪督查，确保项目顺利推进。会同有关部门加强对社保资金、抗震救灾资金等管理使用的监督检查。

【基层站所作风建设】 开展以“为发展服务，让群众满意”为主题的第二轮基层站所作风建设活动，注重引导全市各基层站所深入开展“三服务”活动，共走访企业、服务对象18300多户，帮助解决实际困难1350个，减免各类费用7000多万元。制定出台《基层站所工作人员十项禁令》、《基层站所执法管理人员行为规范》、《基层站所服务岗位行为规范》等制度，解决基层站所中存在的办事拖拉、故意刁难等现象，以及一线执法人员自由裁量权过大的问题。开展“百佳基层站所”纠风评议活动，调整优化评选程序，增加群众评议得分权重，减少部门和乡镇的考核分值权重。经群众测评、组织考核、党委票决、媒体公示、交叉查访等程序，靖江市供电公司马桥供电所、泰兴市泰兴镇财政所、姜堰市国土资源局六分局、兴化市国税局第一分局、海陵公安分局新区派出所、高港区口岸街道财政所等100家基层站所获“2008年度百佳基层站所”称号。同时，对群众测评满意率低于75%的25家基层站所下发整改通知书，逐一落实整改方案和挂钩帮扶负责人，年内，25家基层站所全部整改到位。

【行风热线】 健全完善“行风热线”办理机制，调整充实节目部工作人员，严格实行“一把手”上线、投诉件办理结果与当事人见面、签名征求意见以及市纪委书记、常委监听节目等制度。围绕党委、政府中心工作和群众关注的热点问题，开设“关注民生”、“食品安全”等9档部门联合上线节目，促进部门协作解决群众难题。年内，全市两级“行风热线”共播出463期，受理群众咨询投诉3960多件次，办结率和反馈率均为100%。为扩大“行风热线”影响，发挥“行风热线”效应，6月12日，市纪委监察局在市区设立主会场，在靖江、泰兴、姜堰、兴化四市设立分会场，组织市、县两级近500名纪检干部，开展以“服务发展保增长，关注民生促稳定”为主题的纪检监察干部下访行风热线户外直播活动，接待群众3200多人次，受理群众咨询投诉529件，现场解决问题117件，清退款项5.1万元。加强媒体联动，在《泰州日报》、《泰州晚报》开设追踪板块，在泰州电视台新闻综合频道“泰州新闻”和法制教育频道开设追踪栏目，刊播行风热线追踪报道，推进群众投诉问题的解决。

【整治企业违法排污专项行动】 2月27日，组织召开全市整治企业违法排污专项行动工作会议，对2009年专项行动进行动员部署，明确全市10个重点挂牌督办的环境问题；各市（区）根据各自情况，确定49件挂牌督办案件。4月，召开市级挂牌督办案件整治方案过堂会，对各地制定的整治方案，逐一审核、逐一过堂，细化整改方案，明确整治要求、时限和责任，同时在新闻媒体上公示，接受社会监督。组织领导小组成员单位分组对市级挂牌督办案件整治情况进行监督检查，并对近年来挂牌督办的75件案件组织复查，巩固整治成果。年末，对各市（区）专项行动和挂牌督办案件进行考核验收。年内，全市共关停取缔企业34家，立案查处159家，投入整治资金2.7亿元，市级挂牌督办的10件案件和市（区）挂牌督办的49件案件基本整治到位。

【党风廉政建设责任制】 按照“谁主管、谁负责”的原则，及时将年度党风廉政建设和反腐败工作任务，分解落实到市委、市政府的分管领导和党委、政府的职能部门，并以市委、市政府文件下发执行，形成一级抓一级，一级对一级负责的责任机制。2月，由13名市委常委、党员副市长带队，组织10个检查组，对四市二区及市经济开发区、公安局等20个单位党政领导班子2008年落实党风廉政建设责任制情况进行检查考核。严格责任追究，重点针对泰兴市人民法院近5年来先后有11人受到党纪政纪处分，并有2人被判刑的问题，及时发出责任追究函，建议有关方面对该院党组班子成员特别是主要负责人进行调整并得到落实。对民主测评满意度不高的2名县处级领导干部进行诫勉谈话，维护党风廉政建设责任制的权威性和严肃性。

【行政权力网上公开透明运行】 3月9日，在市环保局、规划局两家试点单位实现行政权力网上公开透明运行的基础上，召开全市行政权力网上公开透明运行工作推进会，推动行政权力网上公开透明运行工作顺利开展。各市（区）及市级机关按照建立“外网受理、内网办理、外网反馈”工作模式的要求，加快单位内网改造，深化电子政务应用，推进统一、规范、互通的行政权力网上公开透明运行系统建设，加快实现行政权力“阳光”运行。8月26日，举行泰州市行政权力网上公开透明运行系统启动仪式和新闻发布会，在全省率先启动网上运行系统和电子监察系统，市级机关44个部门的4115项行政权力全部实现网上公开透明运行。省纪委副书记、省监察厅厅长谢秀兰参加启动仪式。全市共受理各类事项11429件，办结11125件，提前办结率82.9%，办结时间平均提前4.5天。制定出台《行政权力网上公开透明运行管理办法》，加强长效管理。

【陈国华博文入选人民网“全国十大最强音”】 12月，市委常委、市纪委书记陈国华的博文《百姓骂娘是还把你当“娘”》在“责任中国——人民网2009年年度系列评选”中，入选“全国十大最强音”。

【“小金库”专项治理】 协助市委、市政府制定出台《关于在党政机关和事业单位开展“小金库”治理工作的实施意见》，组织召开动员会议，启动专项治理工作。成立专项治理工作领导小组和工作机构，加强组织领导。在《泰州日报》、泰州新闻网、泰州廉政网等媒体集中宣传报道，向社会公布举报电话、邮箱及奖励措施。市委、市政府先后两次召开专题会议，推动治理工作有序开展。全市从纪委、财政局、审计局抽调人员会同专业技术人员，组成22个联合检查组，对重点领域、重点部门和重点单位开展监督检查。年内，全市共查处存在“小金库”单位35家，查处“小金库”45个，查处涉及问题金额1613.6万元，查处涉及其他违规违纪问题金额1015.54万元，有4人被移送司法机关处理，22人受到党纪政纪处分。

【开通信访举报“绿色邮政”通道】 8月11日，制定出台《关于在全市开通信访举报“绿色邮政”通道的实施意见》，畅通信访渠道，规范信访秩序，鼓励和引导群众通过写信的方式投诉举报。《意见》明确，从8月20日起，凡是寄给市和市（区）纪委的本地信件，只要在信封上注明“群众来信”、“人民来信”、“举报”、“投诉”等字样，一律免资邮寄，所需邮资由收信单位按期支付。《意见》要求，对“绿色邮政”信件要及时投递，确保畅通无阻，对影响信访举报“绿色邮政”顺利实施的行为严格责任追究。利用泰州电视台、《泰州日报》、泰州廉政网等媒体开展宣传活动，做到家喻户晓、人人皆知。信访举报“绿色邮政”通道开通后，群众通过信件方式投诉举报逐渐成为首选，年内到纪检监察机关的上访量下降26.6%。

【构建党风廉政建设“三级联建”机制】 按照“目标共创、机制共建、资源共享、责任共担”的思路，构建党风廉政建设市（区）、乡镇、村“三级联建”工作机制，拓展党风廉政建设新格局。在市（区）层面，制定本地农村党风廉政建设总体目标、年度任务，并进行责任分解，实施督促检查、考核评估及责任追究，研究制定重要制度和措施，解决工作中的重大具体问题。在乡镇层面，制定相应党风廉政建设工作规划，推进农村民主政治建设，加强干部队伍作风建设，强化农村“三资”管理，解决群众合理诉求，纠正损害群众利益的突出问题，促进农村基层干部勤政廉政。在行政村层面，做好党风廉政建设各项工作，重点做好村级事务“五议三公开”、村干部述职述廉、村民直评村官等制度的落实。

【开展党风廉政建设合格、示范乡镇（街道）、村（社区）创建活动】 通过明确创建目标、创建内容、评选程序等，开展党风廉政建设合格、示范乡镇（街道）、村（社区）创建活动，提升农村基层党风廉政建设整体水平。召开推进全市农村党风廉政建设电视电话会议，对逐级评审推荐产生的靖江市新桥镇等10个“农村党风廉政建设示范乡（镇、涉农街道）”，泰兴市泰兴镇商井村等102个“农村党风廉政建设示范村”进行命名表彰。创建活动开展后，全市涉及农村党员干部的信访举报比上年减少25.1%，查处农村党员干部违纪违法案件比上年减少17.4%，农村群众对基层干部的测评满意率比上年提高6.2个百分点。

【案件审理“三推一改”】 通过推进案件协审、推进审理助辩、推进申诉案件听证，深化审理文书改革等4项工作，提升办案水平和案件审理质量。年内，全市共协审案件596件，案件协审率100%，协审意见采纳数951条，其中市纪委审理室协助市公安局、市级机关纪工委等部门（单位）审理案件21件，提出改进意见建议15条，帮助完善调查和审理文书26件（次），改变定性意见2件，开展审理助辩案件88件，提出意见188条，被采纳95条。注重增强审理报告的说理性，提高审理文书的说服力。

【建立纪检监察机关与律师沟通联系机制】 8月27日，会同市司法局召开纪检监察机关与部分律师代表反腐败工作座谈会，省纪委常委顾星，市委常委、市纪委书记、市反腐败协调小组组长陈国华出席会议并讲话。会议就建立健全纪检监察机关与律师沟通联系机制达成共识。纪检监察机关将尽可能地为律师依法执业创造环境；对纪委移送司法机关处理的案件，律师在参与刑事诉讼中需了解案件最初查办情况或调阅相关资料时，纪检监察机关提供便利和支持。会后，会同司法机关制定出台《关于建立纪检监察机关与司法行政机关反腐败工作联席会议制度的意见》，通过健全完善信息交流沟通、理论研究、征求意见、监督评价、咨询服务等5项工作机制，加强纪检监察机关与律师之间开展的沟通联系。市司法局同时出台《律师办理职务犯罪案件八条禁令》等相关文件，对律师办理此类案件作限制性规定。

【“无红包医院”创建】 全面推行“三级承诺”、“医德医风监督卡”、双向承诺、无红包告知、无红包零报告等制度，深化医德医风考评，完善奖惩机制，发挥“医德考评档案”的作用，推进“无红包医院”创建工作的开展。4月2日，召开全市创建“无红包医院”推进会，命名表彰泰州市人民医院等28家医院为首批“无红包医院”，市委常委、市纪委书记陈国华，副市长曹玉梅为“无红包医院”授牌。对命名授牌单位，由卫生主管部门加强督查，对一年内发生一例查实的收受“红包”事件，或复查综合成绩低于90分的“无红包医院”实行“摘牌”制，并追究医院主要负责人和分管领导的责任。12月，会同市卫生局对已命名授牌的28家无红包医院进行复核，对新申报的7家二级医院和71家一级医院进行考核验收。围绕“无红包医院”创建活动，推进卫生系统行风建设，先后组织3次明查暗访，对存在问题的31家医院进行通报，对17名责任人作出处理。

【党政干部下访】 5月5日，召开全市党政干部下访工作会议。年内，全市各级领导干部下访15820人次，走访群众43600户，收集处理各类问题11120件，为群众解难题、办实事8326件，筹集帮扶资金160多万元。开展市、县两级纪检监察机关领导班子联动大接访活动，受理群众反映问题290件次，现场答复、解决65件；未能当场答复、解决的，交相关部门限时办理。通过推行党政干部下访工作制度，有效遏制越级访、集体访、重复访。

【反腐倡廉网络舆论宣传引导】 发挥《泰州廉政网》反腐倡廉网络舆论宣传引导主阵地作用，全年处置网络舆情210条，总点击率达100万次。建立由125名纪检监察干部组成的网络评论员队伍，并从社会各界聘请10名反腐倡廉特约评论员，围绕反腐倡廉重大事件、人民群众关注的热点以及关系社会稳定的焦点问题，及时发表评论员文章，正确引导网上舆论。全市180多名纪检监察干部在“泰州廉政博客”开通个人博客，共发表反腐倡廉博文900多篇。“泰州廉政博客”与人民网“官员博客”实现良性互动，市委常委、市纪委书记陈国华应邀在人民网开通实名博客，发表博文144篇。5月19日，陈国华应邀赴人民网围绕“以改革创新精神推进反腐倡廉建设”主题接受网络访谈。

【治理教育乱收费】 年初，会同市教育局等部门对各市（区）2008年教育工作进行督导评估，加强对国家义务教育阶段各项政策措施落实情况的监督检查，全市公用经费拨付达到小学每生每年300元、初中每生每年500元的标准。会同教育部门先后对全市中小学2009年春、秋学期的收费情况，以及义务教育阶段学校教辅用书征订情况进行专项督查，规范教辅用书征订，严禁统一购买教辅资料，对随机抽查的27所学校存在的问题进行纠正。组织对中小学校服务性收费代收情况进行专项检查，严禁强制或变相强制向学生收取服务性收费和代收费。控制减少教育乱收费越级信访数，教育行政主管部门设立“为民教育热线”，全天接受群众投诉、咨询。在全市中小学建立“校长接待日”制度，明确每周四下午为校长接待群众来访时间，把信访问题解决在基层，解决在学校。加大教育乱收费行为的惩治力度，全年共查处教育乱收费信访举报15件，清退款项29.58万元，处理责任人3名。

【构建预防和治理商业贿赂长效机制】会同市信用办等部门，将律师、保险、会计师、医生等社会关注度高的相关行业从业人员，优先纳入社会征信体系，年内共为全市2.6万多户企业、220万自然人建立信用档案，质监、工商、税务等部门对服务对象的诚信记录进行登记。市建设局等部门先后制定出台《建筑市场不良行为记录和公示暂行办法》、《建筑业企业诚信行业评价试行办法》和《政府采购供应商诚信建设与处罚管理办法》等制度。引导行业协会通过自律公约规范会员单位生产经营行为。银行业协会组织签订《关于实施银团贷款的约定》，对辖内银团贷款业务推行标准化、规范化管理，先后为中国医药城、兴达钢帘线、陵光集团等重点项目提供近60亿元的银团贷款；保险协会组织各财险公司签署《机动车辆保险行业自律公约》，对费率折扣、代理费用、违规处罚等做出明确规定，合理控制各保险公司的成本支出，使7家产险保险公司在年内扭亏为盈。开展清理规范行业协会、市场中介组织服务和收费行为活动，将财会、工程建设、法律和垄断型行业协会、中介组织作为重点，放大行业自律社会效果，提升自律机制建设实效，并将各类行业协会、中介组织及其从业人员纳入社会征信体系，深化和巩固治理成果。强化结果运用，对拒不参与或工作走过场、整改不到位的行业协会和中介组织，实行“黑名单”制，一律不得参与政府投资项目的招投标和代建服务。

【工程建设领域突出问题专项治理】制定出台《关于开展工程建设领域突出问题专项治理工作的实施意见》，成立由市委常委、市纪委书记陈国华任组长，市委常委、常务副市长杨峰和市纪委副书记、市监察局局长张余松任副组长，19家成员单位组成的专项治理工作领导小组。组建9个专项工作组，将专项治理工作任务细化分解为9大项36小项，形成责任分解表，明确牵头部门。开展全市工程建设领域突出问题排查工作，对全市2008年以来立项、在建、竣工的500万元以上所有政府投资工程和3000万元以上非政府投资工程进行排查，共排查工程639项。同时，对2006年～2009年主城区99个建设路段进行排查，对排查中发现的问题，下发整改建议书，督促整改到位，推动专项治理工作的顺利开展。

【制止党政干部公款出国（境）旅游】联合市委组织部、市外办、市公安局等9部门发出《关于开展制止党政干部公款出国（境）旅游专项工作的通知》，成立专项工作联席会议及工作机构，将该项工作作为2009年反腐倡廉建设重点，利用《泰州日报》、《泰州廉政》、泰州廉政网等媒体进行广泛宣传，通过举办专题党课、警示教育等形式加强教育，提高党员干部的思想认识。推行党政干部因公出国（境）审（报）批管理制度，严格把好审核审批关，从团组的出访任务、人员构成、邀请函、行程安排、经费管理等各个环节严格把关，并在出访结束后及时对团组出访情况进行跟踪。年内，共否决9批 26 人次出国（境）申请，对 8 批人员结构不合理团组进行调整，压减出访人员 12 名，对17 批出访时间、行程安排不合理团组进行调整，压缩出访时间51 天，对1名出国（境）超时处级领导干部进行诫勉谈话，并责成作出深刻检查。

（董建国 陈炜炜）

宣传思想工作

【概况】2009年，全市宣传思想文化工作按照“高举旗帜、围绕大局、服务人民、改革创新”总要求，围绕“三年再来一个大变化”奋斗目标，紧扣“保增长、保民生、保稳定”工作重点，深入贯彻落实科学发展观，唱响主旋律、打好主动仗，各方面工作扎实推进、富有成效，为泰州市经济社会发展作出重要贡献。

【庆祝建国60周年系列宣传活动】组织庆祝大会、成就展、群众歌会等活动，走访慰问老干部、老党员和先进模范人物。举办以“祝福伟大祖国，建设美好泰州”为主题的群众歌会，近万名各界群众参与，25支代表队进入决赛，14支代表队集中展演。参加“奋进的江苏——庆祝新中国成立60年大型成就展”，围绕“文昌水秀、祥泰之州”主题，展示泰州60年来特别是地级泰州市组建以来取得的辉煌成就，被省展组委会授予优秀创意设计奖和优秀组织工作奖。市文艺界举办“庆祝新中国成立60周年文学艺术展示月活动”，组织征文、书法美术等8项展（赛）事。开展群众性爱国主义教育活动，组织全国“双百”、江苏省“双50”人物评选，群众参与投票近65万张。张云泉、杨根思入选全国“双百”人物，张云泉、杨根思、陈燕萍等7人入选江苏省“双50”人物，两项活动分别被省“双评”活动组委会授予优秀组织奖。开展泰州市“突出贡献人物”推荐评选活动，共收到各类投票近70万张，30人获泰州市“突出贡献人物”奖，10人获泰州市“突出贡献人物”提名奖。举办人民海军诞生60周年纪念活动，海军诞生地纪念馆被命名为第四批全国爱国主义教育示范基地。开展“百人千场”爱国主义教育宣讲活动，受众超过20万人次。由领导干部、专家学者、先进模范和“百姓名嘴”组成的市爱国主义教育巡回报告团赴各市（区）作巡回报告。全市各媒体单位开辟系列专题专栏，刊播公益广告，集中报道重大庆祝活动。《泰州日报》举行庆祝国庆60周年有奖征文活动，参加省市党报联动摄影特别报道；

《泰州晚报》组织“迎国庆、看泰州”活动；泰州广播新闻中心与泰州网联合组织“辉煌60年，泰州新跨越”大型新闻行动。组织一批爱国主义题材的广播电视作品展播，举办丰富多彩的群众性文艺活动。

【理论武装】 制定下发《关于2009年全市党员干部理论教育与轮训的意见》，组织党员干部参加党委中心组学习、基层党校轮训和农村党员冬训，完善对全体党员分级轮训的教育体系。市委中心组在集中学习基础上，举办领导干部学习会、专题交流和报告会等，围绕深入学习贯彻科学发展观、网络时代对领导干部的新要求等主题开展集中研讨活动。推动各级党委中心组学习制度化、规范化建设，确保学习质量和效果。加强基层党校规范化建设，为党员理论学习提供良好条件。推进当代中国马克思主义大众化，组织各级宣讲团，面向基层开展宣讲活动，推动十七届四中全会精神深入群众、深入人心。举办农村党员干部冬训骨干培训班，下发《工作意见》，突出十七届四中全会精神、爱国主义教育、国情市情等重点培训内容。制定《关于进一步加强讲坛、论坛管理的办法》，对各类学堂、讲坛、报告厅进行整合升级，形成“文化泰州系列讲坛”公益性教育体系。全年举办“百姓大学堂”活动12期。开展第二届“百姓名嘴”选拔活动，壮大百姓理论宣讲员队伍。市第六届社科普及宣传周期间，约7000人次参与社科讲座等活动。加强应用对策研究，《加快提升泰州中心城市综合竞争力研究》、《中国医药城创新模式研究》等4项重点课题和13项一般课题通过结题评审。创办《决策咨询》内刊，发挥决策的思想库和智囊团作用。确定《当代中国城市发展丛书（泰州卷）》提纲并着手编撰。组织申报省社会科学基金项目课题4项。召开高校思想政治工作研讨会。

【舆论引导】 各新闻媒体做好学习实践科学发展观活动宣传报道，推出专栏、专题、言论和深度报道等。服务“三保”首要任务，宣传市委、市政府推进自主创新、发展优势产业、实施重大项目的重大举措以及全市上下加快发展的做法和成效。对国家医药高新区、纬创资通等重大项目进行重点宣传报道。关注文化泰州建设，推出江浙先进城市“文化兴市”系列报道、“聚焦文化泰州建设”、“文化泰州建设进行时”、“文化泰州建设大家谈”等栏目。围绕机关作风建设、“三服务”活动、“提振精神，提高执行力”等主题开展集中宣传报道，强化积极正面的舆论引导。在庆祝建国60周年、纪念人民海军诞生60周年、“中华诵”夏令营、国际旅游节、第七届科技洽谈会等重大活动中，各媒体推出专题报道，开辟专栏专版报道。围绕市“两会”、市委三届七次全会、省园博会、泰州国家医药高新区成立、宁启铁路复线电气化工程建设等进行立体化报道。实施新闻宏观管理，坚持和完善新闻通气会制度，建立健全新闻阅评制度。实施政府新闻发布制度，围绕市“两会”、泰州国际旅游节、泰州大剧院合作经营等工作召开新闻发布会。健全突发事件采访报道制度，与新闻发布会、新闻通气会、新闻协调会等制度有机衔接。制定出台《关于做好新闻舆论工作的意见》等规范性意见。加大网上舆论引导和管理力度，组织市级重点新闻网站围绕“保增长、保稳定、保民生”、国庆60周年、学习实践科学发展观、文化泰州建设等全市性重大主题活动、重大项目，开展网上宣传。泰州网牵头组织“信心2009”网络媒体大型联合采访活动，开展“深入学习实践科学发展观基层行”网络采访活动。建立网络新闻发言人制度，加强与网民的沟通。及时处置不良信息，对论坛、博客网站加强管理，开展整治互联网低俗之风专项行动。

【文化泰州建设】 加快公共文化服务体系建设步伐。泰州大剧院建成并与保利集团合作市场化运营。推进有线电视数字化转换，市区整转率达96%，通过国家广电总局验收。省数字电视备份中心工程落户泰州，年初完成一期工程建设。推进乡镇宣传文化中心建设。实施“文化惠民”工程，组织送科技图书12.4万册、送戏下乡912场、送电影下乡20568场，村文化室建成率达90%，建成“农家书屋”1438家。市区建成十大市民文化广场。相继举办“光辉航程从这里启航”军民联欢晚会、国际旅游节、园博会专题文艺晚会，“欢乐中国行”走进靖江、兴化大型演出等重大文化活动，高港区承办“长三角”民乐展演活动。全年“百姓大舞台”演出12场，其中3场深入黄桥老区和里下河地区乡镇。启动国家历史文化名城申报工作，加大非物质文化遗产、文物古迹、古籍等保护力度。开展“我们的节日”系列主题活动，弘扬传统优秀文化和地域特色节庆文化。加强文化市场管理，“扫黄打非”工作被评为全省年度“优秀”。打造文化精品力作，与省文化产业集团共同投资拍摄电视连续剧《风雨泰州城》（暂定名），与八一电影制片厂等联合拍摄大型文献纪录片《五星红旗》并在央视播出，淮剧《诺言》入围省“五个一工程”奖和省舞台剧精品工程。邀请著名词曲家采风创作歌曲《我的水乡你的梦》。推进文化体制改革，成立市文化体制改革领导小组，提出市文化体制改革总体方案及市文化广电新闻出版局组建方案，报市委常委会讨论并原则通过。市淮剧团转企改制方案初步形成。整合社会资源，成立泰州市歌舞剧院。与人民文学出版社联合主办《中国文学选刊》，与江苏凤凰出版社联合创办出版股份公司。

【精神文明建设】 制定《关于进一步深化文明城市创建工作的意见》，推进文明城市创建工作。加强年度目标项目化管理，制定《泰州市创建全国文明城市责任分解表》，实行“八大环境”建设和基础创建工作与市领导挂钩联系制度，并把相关任务细化、分解、落实到各职能工作部门，加强部门履职和项目进展情况的督查考核。开展公共文明指数测评试点工作，排查突出问题，及时督促整改。建立文明城市创建长效管理机制，针对重点难点问题，组织开展违法建设拆除、马路市场整治、农贸市场改造等10大行动，环境综合整治取得成效。组织“2009公民道德建设月”活动，开展爱国歌曲大家唱、家规家训评选等15项重点活动。开展“2009细节文明推进年”活动，以开展“迎国庆、讲文明、树新风”活动为契机，提升市民文明素质。评选表彰年度精神文明建设“新人新事”，推荐第二届全国、省道德模范。整合各类志愿者资源，加快泰州市爱心志愿者总队各支队组建步伐，项目化招聘志愿者，以社区、学校、农村、行业为志愿服务重点，围绕市民教育、平安家园、文明交通、生态环保等主题开展志愿服务。举行“博爱万人捐”暨深化“爱心”系列活动启动仪式，命名首届爱心形象大使，掀起爱心活动的热潮。开展群众性精神文明创建活动，评选表彰2007～2008年度市级文明创建先进单位。组织省级行业文明服务公众满意度测评试点工作和市级行业文明指数测评。开展文明优质服务品牌创建活动，推广首届“十佳”文明优质服务品牌。以“新农民、新生活、新家园”为主题开展文明村镇创建活动。建立健全新型社区管理和服务体制，加强文明市民学校建设。开展“科教进社区”和科普示范社区、家庭创建活动，提升市民科学素质。组织“快乐之夏”青少年暑期系列活动，设计6大主题79个项目。加强“百姓阳光屋”、“四位一体”关爱留守子女、“爱心奶奶”、“一校一品”、“阳光伙伴”等品牌工作，编发《泰州市未成年人思想道德建设工作创新案例》，推广创新创优成果。评选表彰“美德少年”、“十佳大学生”。深化社会文化环境综合整治专项行动，会同有关部门开展“红歌唱响新泰州”、“阳光网络伴我成长”、“泰州非物质文化遗产巡回展”、戒除网瘾行动等活动，净化社会文化环境。加强校外活动场所的建设、使用和管理工作，规划论证江苏省泰州未成年人社会实践基地。推进“阳光基地”示范点建设工作，全市70%的农村社区建成未成年人校外教育辅导站（点）。

【思想政治工作】 深化“践行科学发展观我为泰州作贡献”主题教育活动。拓展思想政治工作途径，举办第25期《百姓议事园》——“文化泰州建设大家谈”。组织开展“《百姓议事园》——践行科学发展观 我为泰州作贡献”市（区）篇展示活动，扩大活动的参与面和影响力。开展文化科技卫生“三下乡”活动，市服务慰问团赴高港区胡庄镇开展讲座、讲学、义诊、文艺演出等服务，捐赠物质，提供就业岗位和创业项目。典型宣传有新突破，陈燕萍成功申报为全国重大典型。市委下发《关于在全市开展向陈燕萍学习活动的通知》。召开学习宣传陈燕萍事迹研讨会；抽调泰州市、靖江市两级媒体30多名记者深入采访典型事迹，编辑陈燕萍先进事迹新闻线索；制订宣传报道计划，开设专题、专栏，实施动态宣传；由《新华日报》、江苏卫视、江苏电台等10多家媒体组成的省新闻采访团和中宣部、中央学习实践活动小组办公室、最高人民法院联合组织的23家中央新闻单位采访团相继到泰州、靖江进行集中采访。“百姓新事”评选、宣传贯穿全年，推出凡人善举120件(人)。组织开展各类专项社会宣传，配合市司法局开展“五五”普法法制宣传；配合市综治办、市委610办公室开展平安创建和反邪教宣传活动；联合市科技局、科协开展“科普宣传周”活动。做好禁毒、党风廉政建设、社会治安综合治理、维稳等方面的宣传教育工作。

【对外宣传】 在市外重要媒体刊播各类重点稿件1000多篇。其中在新华社、中新社、《光明日报》、《经济日报》、央视“新闻联播”等发稿量稳中有升。化危为机加快产业转型、“春风行动”缓解返乡农民工就业压力等做法引起新华社、人民网等重点媒体关注。《光明日报》头版头条推出长篇通讯《文化惠民激活文化泰州建设》，《农民日报》头版头条推出报道《田头创业拓展就业新空间——江苏省泰州市农村全民创业纪闻》，《新华日报》头版头条推出报道《泰州：产业转型改变城市转型路径》。以“中华诵”夏令营、国际旅游节、科技洽谈会、纪念海军诞生60周年、省园博会等重大活动为契机，组织市内外媒体集中采访报道、进行专版专题宣传，新华社、《人民日报》、央视“新闻联播”、新浪网、搜狐网等推出一大批重点稿件。加大境外媒体宣传推介力度，加强对香港《大公报》、香港《文汇报》、美国《侨报》、韩国《全北道民日报》等境外媒体的发稿，推出各类报道近20篇，突出宣传全局工作中的亮点和特色，推出中国医药城、民主评议村官等外宣典型。泰州国家高新技术产业开发区成立后，《人民日报》、新华社、中新社、《光明日报》、《经济日报》、《农民日报》等中央重点媒体对高新区成立以及泰州医药产业发展作了大量报道。民主评议村官作为基层民主政治建设的新探索，引发媒体关注，新华社刊发通稿，“新华视频”播发长达10分钟的深度报道，各大网站纷纷转载。与央视联合主办“祥泰之州·同一首歌”大型晚会，继续在央视重点栏目开辟宣传泰州的气象标牌，在沪宁线公交车等开设流动广告，在宁通高速、宁靖盐高速等立交口设置大型户外广告。（宣传部）

统 战 工 作

【概况】 2009年，全市统一战线围绕市委中心工作，积极建言献策，开展以“保增长、保民生、保稳定”为主题的“三服务”活动，支持非公经济健康发展。加强制度建设，多党合作事业稳步推进。做好新形势下的民族宗教工作，促进民族宗教关系的和谐。年内，市委统战部被评为市“十佳人民满意机关”。

【协助民主党派加强自身建设】 协助民主党派组织学习中共十七届四中全会精神，及市委、市政府重要会议和重要文件精神，协助开展深入学习贯彻科学发展观活动，加强各民主党派自身建设，提高参政议政、民主监督能力。举办党外人士学习研讨班，民主党派、工商联领导班子及无党派代表人士30多人参加学习。组织民主党派、工商联负责人赴重庆特园等地进行学习考察；推动民主党派贯彻《进一步做好民主党派组织发展工作座谈会纪要》精神，开展民主党派组织成员发展工作调研，就加强泰州市民主党派组织建设工作提出建议和设想。引导民主党派做好成员发展工作，规范组织建设。协助民主党派举办新成员、骨干成员培训班。协助民进、致公党省委建立民进泰州总支、致公党泰州支部，推进全市民主党派组织建设工作。

【推进多党合作制】 加强与民主党派、工商联的联系、服务和指导，健全和完善泰州市多党合作工作机制。根据人事变化，协助调整市委领导与党外人士联系交友名单，推进联系交友工作；协助市政府办公室，对近年来市政府与民主党派、工商联联系工作进行总结，修订出台《关于进一步加强政府与民主党派、工商联联系工作的意见》，召开政府部门与民主党派、工商联对口联系工作座谈会，政府相关部门及民主党派、工商联进行交流，推动多党合作工作的制度化、规范化、程序化和政府工作的民主决策、科学决策。

【市委民族宗教工作领导小组会议】 1月22日，召开2009年第一次民族宗教工作领导小组会议。会议传达国务院办公厅《关于严格执行党和国家民族政策有关问题的通知》和贯彻上级有关会议精神；总结2008年度民族工作情况，研究解决相关问题,部署2009年工作。会议由副市长刘励主持，市委副书记王守法，市政协副主席出席、市委统战部部长胡东生出席会议并讲话。

6月30日，召开2009年第二次民族宗教工作领导小组会议。会议通报全市近年来民族工作情况，通过国务院第5次全国民族团结进步表彰大会模范集体、模范个人上报人选,同意推荐省口岸中学为模范集体，兴化市少数民族生产示范基地沙福祯为模范个人。

【接待江苏旅港同乡会访问团】 4月6日，以原全国政协常委、江苏旅港同乡会会长张永珍为团长的江苏旅港同乡会访问团一行22人访问泰州，市政协副主席、市委统战部部长胡冬生，副部长王考、杨余德等会见并宴请代表团一行。泰州市旅港同乡会会长姚茂龙和市委统战部部长胡冬生互赠纪念品。

【全市经济统战工作会议】 4月15日，全市经济统战工作会议在姜堰市召开，各市（区）委统战部分管经济统战的副部长、职能科室负责人参加会议。市政协副主席、市委统战部部长胡冬生出席会议并对形势分析、调查研究、典型引路、服务平台、自身建设等工作提出要求。会议由市委统战部常务副部长、市工商联党组书记王考主持。

【全国政协常委王钦敏到泰调研】 4月16日，全国政协常委、致公党中央常务副主席王钦敏带领调研组到泰，就“推进长三角科技合作，增强区域科技创新能力”主题开展调研。王钦敏一行考察泰州医药高新技术产业开发区，并听取中国医药城建设情况汇报。市委副书记王守法，市政协副主席、市委统战部部长胡冬生，市委统战部常务副部长、市工商联党组书记王考陪同调研。

【省委统战部副部长邵军到泰调研】 5月12日，省委统战部副部长、省工商联党组书记邵军到泰调研当前危机下的企业发展情况。邵军先后考察梅兰集团、雪梅集团和申视塑料公司，了解企业发展状况以及企业克服金融危机所采取的措施。市政协副主席、市委统战部部长胡冬生，市委统战部常务副部长、市工商联党组书记王考陪同调研。

【25家企业分获2008年度江苏省民营企业纳税大户和就业先进单位称号】 5月12日，省委统战部、省经济和信息化委员会、省国税局、省地税局、省工商联联合发布2008年度江苏省民营企业纳税大户、就业先进单位排行榜。泰州市25家企业入选。扬子江药业集团、江苏新世纪造船有限公司、江苏江山制药有限公司、江苏兴达钢帘线股份有限公司、江苏曙光集团有限公司、江苏亚星锚链股份有限公司、江苏梅兰化工集团、泰州口岸船舶有限公司、泰州市鹏欣房地产开发有限公司、江苏苏中药业集团股份有限公司、泰州市碧桂园房地产开发有限公司、江苏飞船股份有限公司、江苏裕纶纺织集团有限公司、泰州市高伟化工有限公司、江苏宝骊集团有限公司等15家企业为2008年度江苏省民营企业纳税大户；江苏兴达钢帘线股份有限公司、扬子江药业集团、泰州口岸船舶有限公司、江苏源丰建设有限公司、江苏海阳化纤有限公司、江苏双登集团有限公司、江苏新世纪造船有限公司、江苏梅兰化工集团、江苏江山制药有限公司、江苏大中电机股份有限公司10家企业为2008年度江苏省民营企业就业先进单位。

【泰州市道教协会第一次代表大会】 6月9日～10日，泰州市道教协会第一次代表大会召开。会议选举张葛珊为副会长兼秘书长，选举张云贯、黄少坤、沈宏发、陈纪礼、何淑霞、李维中、沈马林、陈峰等人为常务理事。市政协副主席、市委统战部长胡冬生出席会议并讲话。

【省委统战部、省工商联联合调研组到泰调研】 8月20日～21日，省工商联副主席姜成林率省委统战部、省工商联联合调研组到泰调研。调研组就泰州市非公有制企业党组织结构及作用发挥情况、非公有制企业党组织如何组织好学习实践活动等内容召开非公有制企业负责人和党组织负责人座谈会，并赴泰州海恒建材机械有限公司、江苏雪梅制冷设备有限公司考察，了解企业生产经营情况和积极落实科学发展观、应对金融危机的举措，听取企业党组织负责人汇报。市政协副主席、工商联主席姚社成，市委统战部常务副部长、市工商联党组书记王考等陪同调研。

【农工党中央文化工作委员会课题组到泰调研幼教工作】 9月1日～2日，农工党中央文化工作委员会《推进我国城乡幼儿教育优质模式建议》课题组一行3人，到泰开展幼儿教育调研活动。课题组一行听取市幼儿教育工作发展情况汇报，并先后赴姜堰市和海陵区实地考察，走访泰州市幼儿园、姜堰市幼教中心、溱潼镇和桥头乡幼儿园，了解市区、城乡幼儿教育情况，并与当地教育部门负责人和部分园长进行座谈。市政协副主席、农工党市委主委黄立红，市委统战部常务副部长王考，市教育局以及姜堰市、海陵区有关部门负责人陪同调研。

【举办党外人士学习研讨班】 9月16日，市委统战部举办党外人士学习研讨班，市委副书记王守法看望出席学习研讨班的党外人士并讲话。市政协副主席、市委统战部部长胡冬生主持会议。市各民主党派主委、副主委，市工商联主席、党外副主席，民进支部、致公党小组负责人，无党派代表人士参加学习和研讨。

【中国致公党江苏省委员会直属泰州支部成立】 10月22日，中国致公党江苏省委员会直属泰州支部成立大会召开。经过选举并报致公党省委批准，潘林元任支部主委，李卫星、周小慧任支部委员。致公党省委、市各民主党派、工商联负责人，市政府办、牧院、泰职院党组织负责人，致公党泰州成员参加成立大会。

【中国民主促进会泰州市总支部委员会成立】 10月26日，中国民主促进会泰州市总支部委员会成立大会召开。经过选举并报民进省委批准，吴建华、常康、徐清、刘婷、胡唐明5人组成总支部委员会，吴建华为总支主任，常康、徐清为总支副主任。市各民主党派、工商联负责人，市外办、教育局、司法局、交通局、师专党组织负责人，民进泰州成员参加成立大会。

【举办第11期党外中青年干部培训班】 11月2日～8日，市委统战部、组织部在市委党校联合举办第11期党外中青年干部培训班，来自各市（区）、市直各有关单位党外中青年干部50多人参加培训。本次培训班列入市委组织部全市干部培训主体班次年度计划。市委统战部常务副部长、市工商联党组书记王考出席开班仪式并对培训班学员提出要求。

【学习党的十七届四中全会精神专题报告会】 11月3日，市委统战部举行党的十七届四中全会精神专题报告会，市各民主党派、工商联领导班子成员，民主党派基层支部主任，部分非公经济代表人士，统战干部，以及市第11期党外中青年干部培训班全体学员共120多人出席报告会。市委统战部常务副部长王考主持报告会并讲话。

【靖江籍爱国实业家刘国钧入围“感动江苏”候选人物】 2009年，“50位为新中国成立作出突出贡献的江苏英雄模范人物”和“50位新中国成立以来感动江苏人物”候选人名单揭晓，中国现代杰出的实业家、著名的爱国民族工商业者、靖江籍实业家刘国钧先生，入围“新中国成立以来感动江苏人物”候选人名单。（刘国钧被誉为“中国纺织大王”，1936年创办常州大成三厂。抗美援朝期间，大成公司共捐献50亿元，刘国钧个人捐献2.65亿元，并将留存上海、香港的毛纺工业献给国家。1954年起，刘国钧先后当选第一至五届全国人大代表，第五届全国政协委员，江苏省副省长，第一至五届江苏省人大代表，江苏省政协第一、二、三届常委和第四届副主席，民建江苏省委主委，全国工商联副主任委员。）

（王广华）

农 村 工 作

【概况】 2009年，市委农工办以促进农民增收为核心，深化农经管理体制改革，强化为农服务和管理水平，加快新农村建设步伐，为实现全市经济社会又好又快发展提供有力支撑。年内，被省农委表彰为“农村财务信息化管理”先进市，获全省农工办工作创新奖；市扶贫办被省扶贫办表彰为年度工作“优秀奖”；被市委、市政府授予市级“文明机关”称号。

【农民增收】 2009年，全市实现农民人均纯收入8180元，比上年增长11.5%，增幅居全省第3，绝对值首次超过全省平均水平，提前一年以市为单位达到全面小康指标值。

【农村合作经济组织】 以促进农民增收为核心，积极发展各种类型的合作经济组织，农业适度规模经营面积不断扩大。全市新增农业适度规模经营面积1.33万公顷，超额完成省下达的1.03万公顷目标任务。新增各类合作经济组织463家，其中，农民专业合作社321家、农村土地股份合作社52家、农村社区股份合作社90家。各类农村合作经济组织达1413家，成员总数达25.56万人（土地股份合作组织以入股农户计数），提前一年实现市委市政府下达的总数1000家的目标。合作经济组织发展质态得到提升，新创一批省、市级农民合作经济组织示范社，合作经济组织对农民增收的贡献份额不断扩大。

【农村小额贷款公司】 引导组建适合农村特点和贴近农村发展需求的农村小额贷款公司。全市新增农村小额贷款公司6家，总数达10家，注册资金总额12.4亿元。开展资金互助组织试点，全市新组建农民资金互助合作社3家，累计投放资金1500多万元。

【农民负担管理】 全市农民合同内负担预算总额5224.41万元，人均负担13.4元 。“一事一议”筹劳工日580.74万个，劳均承担2.9个工日，比上年均有所下降。农村“一事一议”财政奖补试点工作有序推进。

【土地承包及流转管理】 做好土地承包完善工作，鼓励农民流转土地承包经营权。新增土地流转面积0.81万公顷，累计流转面积达3.66万公顷。加快推进市（区）土地承包经营权流转服务机构建设和信息化管理，所有乡镇均建立土地流转交易中心，90%的乡镇实行土地承包与流转资料的信息化管理。落实《农村土地承包仲裁法》，加强仲裁庭建设，依法及时调解处理农村土地方面的矛盾和纠纷，连续4年实现涉农信访去省进京“零”上访的目标。

【农村财务管理和农经综合服务】 严格规范村级财务管理，强化民主和审计监督，财务管理薄弱村整治取得初步成效。稳妥化解乡村债务，全年新化解村级债务2.46亿元。按照“五有”目标的要求，推进乡镇农经综合服务。全市101个乡镇（涉农街道）均开展农经服务， 96个乡镇开展农经一站式“窗口”服务，50个乡镇开展农经综合服务。

【农业保险】 全市水稻、小麦、油菜等常规种养项目承保面继续保持100%，保费收入1.45 亿元。高效设施和规模养殖育肥猪、肉鸡保险规模不断扩大，全市设施农业保险保费金额达83.87万元。

【小康村建设】 全市新创市级“全面小康先行村”280个，总数达700个，占全市行政村总数的43%；创建“全面小康十强村”10个。

【新“5+1”实事】 全市共完成投资4.1亿元，实施农村公路项目372个，建成农村公路800千米；完成投资2.7亿元，建成农村公路桥梁343座。整治村庄环境，建设污水处理设施。其中，省级环境整治村新建道路58.9千米、排水管网61.75千米、生活垃圾箱942个、公厕80座，新增村庄绿化21万平方米，清理露天粪坑4437个。有5个村庄创成省级“康居示范村”，26个村庄创成市级“康居示范村”。疏浚整治县乡村三级河道土方3924.5万立方米。新增农村无害化卫生户厕7.07万座。新建“一池三改”户用沼气池2200座、各类沼气工程44座，各类秸秆气化工程3座。农村劳动力培训、农业实用技术培训和农民创业就业培训分别完成6.09万人、16.4万人和6999人。推进义务教育阶段学校“两免一补”，对贫困寄宿生按不低于省标准发放生活费补助；资助职教贫困家庭学生职教助学金共3338.03万元；采取“县乡共建，以乡为主”的方法建设社区教育中心，共创建省级示范专业4个、省高水平示范性中等职业学校1所。组织送图书下乡17万册，送戏下乡1234场，送电影下乡15574场。全市有线电视综合行政入户率72.29%，其中农村行政入户率68.36%；新增有线电视用户10.26万户，其中农村新增用户9.28万户。农村新型合作医疗参合率99.37%，农民养老保险参保缴费人数达94.38万人。全市有1579个村启动新农保工作，参保缴费人数达94.38万人。已享受新农保养老待遇人数为13.25万人，平均养老金水平达162元/月，已领取高龄养老补贴人数为5.87万人。

【农村扶贫】 实施脱贫攻坚工程，建立健全帮扶工作机制，落实产业发展、培训就业、公共财政扶持、社会救助等各项帮扶措施，全年新增农村脱贫人口5.9万人，超额完成省市下达的5.7万人目标任务。 （王圣华）

市级机关党建工作

【概况】 2009年，市级机关工委围绕服务中心、建设队伍两大任务，推进机关党的建设，发挥党组织的战斗堡垒作用和共产党员的先锋模范作用，为市级机关各项工作任务的完成，提供思想、组织和作风保证。至年末，市级机关工委辖党组织64个，其中机关党委12个，总支部18个，支部34个。党员3487人，其中女党员955人，具有大专以上学历党员3007人，35岁以下党员1163人。年内发展党员83人，预备党员转正129人。

【加强理论武装】 坚持把推动机关党员干部积极投身学习实践科学发展观活动作为机关党的思想政治建设的一项重要工作任务。各机关党组织充分发挥引导和推动作用，协助党组（党委）加强理论学习，开展大讨论活动，做好民主生活会服务工作，组织党员开好组织生活会，查找解决影响和制约发展的突出问题，建立健全贯彻落实科学发展观的长效机制。8月，市级机关工委与市发改委联合编印《泰州科学发展读本》，免费下发给市级机关全体党员、干部，市人事局将《泰州科学发展读本》列为当年公务员初任培训教材。第二批深入学习实践科学发展观活动结束后，会同学习实践活动领导小组办公室出台《关于组织市直部门（单位）协力推进社区学习实践科学发展观活动的通知》，引导市级机关（部门）党组织和广大党员在协力推进社区学习实践活动过程中巩固自身学习实践活动成果。通过印发学习资料、专家授课、举办培训班等多种形式，重点组织党员干部学习党的十七届四中全会精神，学习全国、全省机关党建工作会议精神和市委三届六次、七次全会精神，将《党的十七届四中全会精神辅导》电教片上传到《泰州机关党建网》，供机关党员干部下载收看或在线观看，为机关党组织和党员干部学习提供便利。先后编印《市委三届六次全会汇编》、《市委三届七次全会汇编》，发到每个市级机关党员干部手中。定期将支部党课教材《党员新视野》和中央文献音像出版社的《党委中心组学习90分》光盘刻录下发给各部门党组织。

【开展读书活动】 2月，下发《关于在市级机关继续开展读书学习活动的通知》，要求机关每个工作人员全年至少精读3本书：机关工委统一下发1本书，推荐《国史十六讲》、《中国文化十六讲》、《感恩的心》等3本书籍，供市级机关党员干部选择并确定其中1本。各部门（单位）根据业务工作需要，确定和组织购买旨在提高党员干部业务水平的专业书籍。个人根据自身发展需要选择1本以市场经济知识、法律法规知识、行政管理知识以及自然科学、文学、艺术、历史等为内容的书籍。4月，召开读书学习活动推进会、表彰2008年优秀读书征文。与泰州日报社联合举办市级机关读书学习征文活动。

【举办学习型机关报告会】 会同银监局、发改委、体育局、文化局邀请高层次的领导和专家作理论辅导和学术、形势报告。全年举办4场报告会，分别请国务院发展研究中心金融研究所、国家发改委、国家级社会体育指导员、中央电视台二套“健康之路”主讲嘉宾、南京陆军指挥学院的专家、教授作关于“经济金融形势”、“金融危机下的拉动内需对策分析”、“健身与健康”、“中国周边形势”报告，参加报告会的党员干部近2000人次。

【音像资料服务站】 充实音像资料服务站内的资料，向机关党组织和干部职工提供免费服务。至年末，站内资料拥有10大类、3614部、12651盘，内容涉及政治、经济、军事、管理、文化、生活等方面。资料站自对外开放以来，为机关95个部门提供借阅服务17905人次，共借出音像资料101179片次。

【建立泰州机关党建网】 年内，建设运行泰州机关党建网。网站由前台网站和后台系统两部分组成。前台网站对外开放，设有“走进工委”等6个主栏目，以及“综合信息”等9个辅助栏目。后台系统仅对管理员和联络员开放，主要 “公文流转”、“会议管理”等栏目。网站的建立适应党的十七届四中全会提出的“推进基层党组织工作信息化”的新要求，努力提高机关党建工作科学化水平，网站发挥宣传教育、交流信息、提供服务等功能，提高机关党建工作科学化水平。网站日点击量超过1000次。

【基层组织建设】 推行选举制度改革，制定下发《市级机关基层党支部换届选举“公推直选”暂行办法》，指导基层党组织进行换届选举。民宗局等15个党支部实行直接选举，擢升财政局党总支为机关党委、体育局和凤城河管委会两个党支部为党总支，成立中油泰州销售分公司、侨联和统计调查队3个党支部，指导工商局等7家单位调整党组织设置和成员。试行党组织主要负责人（书记）述职制度，按照30%的比例，在质监局等20个单位（部门）开展党组织主要负责人（书记）书面述职活动。开展机关党建工作“创新创优”活动，引导机关党组织围绕学习实践科学发展观、落实“务实亲民”要求、加强作风建设、加强自身建设、加强群团组织建设等方面开展创新创优活动。开展机关党建工作联系片活动，全年共召开党建工作联系片会4次。开展党建工作“四进社区”活动，与市委组织部、市民政局联合下发《关于进一步开展市直部门（单位）党建工作“四进社区”活动的通知》，收集整理108个部门（单位）2009年党建工作“四进社区”活动计划；与市委组织部、市民政局组成调研组，到6个街道社区进行调研，并形成情况通报。制定《市级机关党建工作考核意见》，加大对机关党建工作的考核力度。

【党员发展和管理工作】 年初对上报的发展党员工作计划进行审核，制定全年发展党员目标任务。举办市级机关第13期入党积极分子培训班，市级机关和垂直部门（单位）265名入党积极分子参加培训。建立健全市级机关党组织信息库管理系统，举办1期党内统计年报新版软件培训班。做好党工委会议讨论党员发展、转正等工作，制定下发《关于规范津贴补贴后党费缴纳的说明》。

【党务干部队伍建设】 举办市级机关党务干部培训班，邀请省级机关工委原副巡视员陈启直，围绕“目前机关党的工作所面临的形势”和“怎样充分发挥机关党务干部作用”两个方面进行授课；组织学员参观凤城河景区、园博园、医药园区等市重点建设项目。开展双创争活动，与市委组织部一起联合评选表彰2007～2008年度市级机关先进基层党组织40个、优秀共产党员110名、优秀党务工作者23名。加强对市区机关工（党）委的指导，增进相互交流，先后召开座谈会两次。年内出刊《他山之石》6期。

【党员义工服务活动】 深化党员义工服务活动，收集整理89个党员义工服务站（队）工作计划，编制2009年党员义工服务项目总表，并上网公布。新成立侨联、统计调查队2个党员义工服务队，新注册登记党员义工34名，党员义工总人数达5368名。组织开展以“为党旗增辉、树公仆形象”为主题的党员义工集中服务活动。组织42家单位170多名党员义工参与道路交通秩序集中整治活动。组织

258名党员义工参与义务献血活动。做好市级机关党员义工网站的更新维护工作，通过网络宣传党员义工服务活动。

【党员先锋工程活动】 在调研的基础上，制定下发《关于在市级机关实施“党员先锋工程”的意见》，召开党员先锋工程推进会，转发工商局机关党委开展争创党员先锋岗实施意见，引导其他单位制定切实可行的工作计划。

【市级机关党风廉政建设宣传教育】 在市级机关全体党员干部中开展“加强党性修养，坚持廉洁从政”主题教育活动。组织开展“党风廉政电教月”活动，为各部门精选一批电教片，其中有近年来全国查处的大要案实例、各条战线涌现出的先进典型以及党纪条规知识等，在为期一个月的集中活动中，有近7000人次观看，其中处级以上领导干部500多人次。完善各项内部管理制度、工作人员行为规范及科级干部廉政档案制度，推行党务公开、行政权力网上公开透明运行。

【督查和案件查处】 全年立案查处党员干部违纪违法案件4件，涉及4人，处分4人，分别给予开除党籍、留党察看处分。办理解除行政处分1人，协助市纪委办理党纪处分手续2人。在查处党员违纪案件的过程中，注重发挥机关纪检案件联审小组的作用，先后组织4次审议和研讨，确保案件的正确定性和恰当处分，所有立案案件均在短期内办结。

【市级机关作风建设】 会同作风办开展“走近你我他”专项服务月活动，推动机关服务品牌建设。参与对市级机关90多个部门（单位）的公车私用、酒后驾车、午间饮酒、上班纪律以及工作态度等情况进行明查暗访，发现问题的，一律通报，严肃处理。参与市委书记信箱交办件的调查答复，及时将调查情况回复相关部门和反馈人，畅通民意。参与人民满意机关评选工作，形成《2009年度人民满意机关评选——市级机关综合考核工作实施方案》，将以往登门考核的方式，改为分组集中考核，提高工作效率，减轻被考核部门的负担。

【市级机关工会工作】 组织会员学习全总十五大精神和新修改的中国工会章程，把工会十五大精神传达到每个工会干部和会员。组织开展“二争二赛”和“创建工人先锋号”活动，参与组织环保局、国税局、国检局3家单位参加十大工种技能竞赛。指导3个部门（单位）成立工会组织，指导市纪委、国税局等11家单位进行换届改选。发挥工会工委委员联系片制度的作用。定期组织开展活动，及时了解和掌握基层工会工作情况。选派2名新任工会主席参加省总工会举办的机关事业单位工会主席培训班。配合市总工会完成对机关基层工会财务工作的检查和竞赛评比活动。组织慰问38名省、市劳模，组织部分劳模、五一劳动奖章获得者参加市总工会组织的夜游凤城河活动，推荐11名劳模、五一劳动奖章获得者参加省总工会组织的出境交流活动。组织40名机关干部参加全民健身日“畅游凤城河”游泳活动。做好互济会会员证的发放工作，28家单位的1518人加入互济会。组织400人方阵参加迎新春自行车健身活动。组织6名机关干部参加省体育局举办的篮球、乒乓球、羽毛球技能培训。组织 市级机关“南京银行杯”羽毛球比赛和第三届“政务通杯”乒乓球比赛，分别有42家单位235人和31家单位176人次参赛。

【市级机关共青团工作】 组织80多名团员青年赴上海开展为期两天的“红色之旅”活动，参观中共“一大”会址纪念馆、团中央机关旧址、上海博物馆，所属的35家青年文明号集体与企业开展“一助一”定点挂钩服务。开展机关青年“三服务”大讨论活动。组织30多名青年志愿者家庭走进特殊教育学校，与特校师生开展联谊活动，义买3000多元学生制作的手工艺品。组织10多名青年志愿者走进莲花社区4户空巢老人家中，开展敬老活动。组织机关青年志愿者两次赴高港区白马镇开展扶贫帮困活动，慰问3户贫困家庭，资助6名贫困大学生。9月，召开泰州市市级机关青年联合会成立大会暨一届一次全委会，通过《泰州市市级机关青年联合会章程》，选举产生市级机关青联第一届委员会主席、副主席、常委。建立青联QQ群，成立青联羽毛球队、乒乓球队、篮球队等8支文体活动队伍，并多次组织相关队伍开展活动。指导机关团组织开展“五四红旗团委”、“五四红旗团支部”创建活动，药监局团支部被表彰为“泰州市五四红旗团支部”，陆梅被表彰为“泰州市优秀团干”，潘智民、李艳等4人获“泰州市青年岗位能手”称号。

【市级机关妇女工作】 召开妇工委委员学习会，传达学习省第十一次妇代会精神。组织10名女工干部参加法律知识培训班；组织6名妇女干部赴南京参加泰州市第五期妇女干部岗位培训班；组织80名机关女干部开展义务植树活动，共种植树木180多棵；组织机关女干部参加“巾帼牵手·姐妹同行”创业就业报告会和“双争活动”表彰大会，听取8名创业女性的先进事迹报告。组织参与“平安·健康家庭大行动”，4721人次参加。组织19名争创岗负责人参加“巾帼文明岗”创争升级培训班。会同市体育局举办市级机关家庭趣味体育比赛，30多个家庭报名参加。邀请解放军第四军医大学妇产科副主任医师贺黎霞教授，作“女职工保健知识”专题讲座，120多人参加。组织100多名机关女干部、女职工收看“女性大讲坛”。组织所属妇女组织参加“时代女性·美好未来”论坛，共收到征文19篇，其中张静、周桂女等2人在大会上作重点发言。举办“与美丽同行”市级机关女性仪容仪表专题讲座，讲授日常的化妆、着装和保持良好姿态等仪容仪表方面的知识，并邀请模特进行现场示范；年内，有19个岗位（处室）分别申报国家、省、市级“巾帼文明岗”17个岗位（处室）申报市级“五一巾帼标兵岗”。（朱 佩）

台湾事务工作

【概况】 2009年，全市对台工作尤其是泰台经贸交流合作呈现良好发展态势。

泰台经贸合作快速发展。全市新批台资项目总投资6.89亿美元，协议利用台资6.5亿美元，实际利用台资2.04亿美元，比上年增长107.2%，其中，总投资1000万美元以上项目15个，纬创资通和纬立、纬成以及在医药城投资的塞亚基因等重大项目相继落户泰州。做好“台湾江苏周”泰州分团赴台考察工作，成功承办台苏生物医药健康产业合作研讨会。全年邀请接待台湾工业总会、制药同业公会、生物产业协会、生达科技、南良集团、纬创集团等重点经贸团组35批290人次。

台商投资环境不断优化。深化“三服务”活动，会同相关部门对台商进行政策辅导，指导转型升级。针对台商普遍反映投资环境、产业配套等方面问题，专题向市政府和“三服务活动”领导小组办公室报告并提出建议。加大台商权益保障工作力度，协调解决台商诉求和为台商、台企办实事80多件。在2009年台湾电电公会年度投资环境与风险调查评估中，泰州市进入“值得推荐城市”行列，比上年提升49位，创历年新高。

泰台交流交往进一步深化。全市组织赴台经贸文化考察交流团组41批297人次，涉及经贸、科技、农业、文化、教育、新闻、公共事业等领域。第3届苏台高等职业教育研讨会在泰州举办；台湾东吴大学法学院与南师大泰州法学院在教学领域交流合作顺利开展，师生互派工作取得良好效果。台湾高雄市总工会考察团到泰参观考察，为台湾地区总工会首次组团到泰。

新闻交流与互动取得新突破。以泰州国际经贸旅游节为契机，台湾岛内3家媒体到泰采访，重点宣传泰州医药支柱产业和投资环境。配合“台湾江苏周”经贸活动，协调医药城等单位开展岛内推介策划、组织工作。岛内多家媒体对台苏生物医药健康产业研讨会及泰州分团相关活动进行专题报道。泰州新闻媒体组团赴台，与东森电视台、TVBS电视台、中国时报等岛内主流媒体进行参访交流，为泰台两地新闻交流合作奠定基础。

【“台湾江苏周”活动】 11月3日～13日，泰州市组团赴台参加省委、省政府在台举办的“台湾江苏周”活动。市台办为泰州分团80多名成员做好报批服务，与台湾工业总会、电电公会、制药同业公会等知名行业公会对接联络。协助医药城在台北成功举办台苏生物医药健康产业合作研讨会，省委常委、常务副省长赵克志，海基会董事长江丙坤到会并致辞，市委书记张雷、市委常委何榕先后讲话和推介，中科院院士侯云德等一批知名专家和学者先后发表演讲，两岸生物医药健康产业界产、学、研、管方面人士和部分政要500多人出席会议。活动期间，赛亚生物、南良实业、佳生科技等企业签约落户医药城，市政府与台湾工业总会、电电公会签订长期战略合作协议，台湾制药同业公会、台北生物产业协会等3家行业协会与医药城顺利签约。靖江分团通过举办经贸洽谈会，现场签约3个项目，总投资达2亿美元。创新电子公司经批准到台北设立办事处，成为全省首家入岛投资企业。4家企业赴台采购1.63亿美元，超额完成省下达任务。

【全市对台工作座谈会】 6月11日，市委、市政府召开全市对台工作座谈会，深入学习中共中央总书记胡锦涛在纪念《告台湾同胞书》发表30周年座谈会上重要讲话，贯彻上级对台工作会议精神，对全市当前和下一步对台工作进行总结部署。市委副书记王守法出席会议并讲话，市政府副市长刘励主持会议，市人大常委会副主任陶幸蓉、市政协副主席姚社成等出席会议。市台办主任朱广联作工作报告，靖江市等3个市（区）党委负责同志作交流发言。

【苏中对台经贸工作座谈会】 6月22日，省台办在泰州召开苏中对台经贸工作座谈会，探讨交流苏中三市如何在新的发展时期，充分利用自身优势，加强对台经贸合作，实现对台经济工作新跨越。苏中三市及所辖市（区）台办主任出席会议。会上苏中三市及相关市（区）台办主任及经济开发区负责人作交流发言。省台办副主任申晓健就如何进一步做好对台经济工作提出指导意见和工作要求。

【纬创资通项目落户泰州】 7月9日，纬创资通项目签约落户泰州经济开发区，项目总投资10亿美元，协议台资2.55亿美元，注册资金9800万美元。这是泰州市境内招引规模最大、产业带动最强、关联度最密集的电子信息产业项目。9月26日，省委书记梁保华到泰参加项目开工典礼。纬立、纬成等一批纬创配套项目相继落户，标志着泰州市在招引重大台资项目、推动配套建设方面取得新突破。

【台湾工业总会到泰考察】 6月8日，台湾工业总会理事长、台湾和桐集团总裁陈武雄率台湾工业总会经贸考察团到泰考察访问，市领导张雷、何榕、卢佩民等陪同。在泰期间，代表团一行参观考察泰兴经济开发区、国家医药高新区、泰州经济开发区、园博园和凤城河风景区等地。

【台湾制药工业同业公会组团考察医药城】 8月31日和12月5日，台湾制药工业同业公会理事长黄柏熊先后两次率医药企业代表团到泰考察洽谈。市领导张雷、姚建华、何榕参加会见。在泰期间，代表团先后考察美时医疗、万全药业、北科生物、贝今等企业，了解医药高新区发展规划，以及医药企业注册手续、流程等方面政策，并分组对投资合作项目进行具体对接。与台湾生达科技等多家制药企业达成合作意向。

【第3届苏台高等职业教育研讨会】 11月18日～21日，江苏畜牧兽医学院成功承办第3届苏台高等职业教育研讨会。台湾11所高等职业院校与江苏省40多家高职院校院（校）长参会，共同研讨苏台两地高等职业教育合作与发展。省农委、省台办、省教育厅等省级部门和市政府领导应邀出席研讨会。此次研讨活动是泰州市首次承办省级对台交流项目，会议达成多项交流共识，为推动泰台高等职业教育交流与合作提供宝贵经验。

【台湾高雄市总工会考察团到泰考察】 台湾高雄市总工会理事长林明章率高雄市总工会考察团一行15人到泰参观考察，这是继市总工会多次组团赴台后，台湾地区总工会首次组团到泰回访，为今后两地工会组织互动交流向更深层次发展打下基础。

【台湾媒体聚焦泰州国际旅游节】 4月6日，以2009中国泰州国际旅游节暨经贸洽谈会为契机，市台办邀请台湾《联合报》、《工商时报》、年代新闻台3家媒体5名记者到泰采访。期间，媒体记者先后参加中国医药城新闻发布会、中国城河论坛等活动，采访拍摄梅兰芳纪念馆及梅派京剧艺术、桃园、老街和风城河夜景以及泰州非物质文化遗产叶雕等，并与泰州市电视台等本地媒体进行沟通交流。

【“三服务”活动】 市台办深化“服务台企、服务台商、服务台资项目”的“三服务”活动，落实完善“24小时服务直通车”和挂钩走访联系制度，畅通与台商、台属、台胞联系沟通渠道。明确专人负责办理市委书记信箱、市长公开电话及“行风热线”等信访处理工作，并加强督查。积极向台商宣传国家、省、市稳定台企健康平稳发展和加快转型升级的一系列政策意见，会同国税、地税、物价、社保和供电等部门对台商进行政策辅导，指导转型升级。发挥市台商权益保障工作联席会议平台作用，商请公安、教育、供电、国税部门妥善解决部分台商换领驾照、子女入学、企业用电、出口退税等问题。全年，市两级台办累计走访联系挂钩台企120多家（次），开展走访调研、专题座谈会30多次，协调解决台商诉求和为台商、台企办实事80多件。

【台商新春团拜联欢会】 2月11日，市政府举办台商新春团拜联欢会，副市长刘励、市级机关相关部门和市台企协会负责人及在泰台商代表参加。刘励代表市委、市政府向在泰台商表示新春问候，祝福在泰台商事业兴隆。

【向台湾台风灾区捐款】 年内，“莫拉克”台风侵袭台湾，泰州市各界积极捐款，奉献爱心。由市财政出资，向台湾台风灾区捐款100万元，并参加“跨越海峡的爱心”大型电视直播赈灾晚会现场举牌认捐活动。市台办会同市红十字会向各市（区）、市属重点企业发出认捐倡议，全市各界累计捐款312万元。中台办、国台办专门发来感谢函和捐赠证书。

【泰州首艘货轮直航台湾】 11月3日，泰州港海螺码头载运3万多吨水泥的“嘉新1号”从泰州出发，驶向台湾基隆港，这是自2008年实施《海峡两岸直航船舶监督管理暂行办法》以来，泰州港首条货轮直航台湾。

【台属联谊会工作】 引导全市台属开展“我为富民强市、祖国统一作贡献”主题活动，鼓励和支持台属创业置业，引导台属宣传泰州，引荐项目。引导全市台属开展联谊活动,市台谊会组织理事会成员赴环渤海经济区参观学习，兴化台谊会组织台属开展“看变化、议发展、争贡献”活动，海陵台谊会将形势报告和台情教育活动制度化，每个季度邀请区台办负责人为全区台属代表作形势报告。春节期间，市及市（区）台胞、台谊会开展对重点台属和贫困台属走访慰问活动。发挥台谊会联系台胞广泛的优势，保持与岛内同乡会的联络沟通。全市重点团组赴台期间，均与各旅台同乡会保持联系、联络。靖江同乡会理事长宋铁生、名誉理事长刘剑寒等重点台胞年内先后回乡探亲寻根。（金　涛　刘　松）

史志档案工作

【概况】 2009年，泰州市史志档案办公室深入学习实践科学发展观，围绕中心，做好党史、地方志、档案各项工作，实现史志档案事业健康发展。

【史志档案工作先进表彰】 为弘扬先进，树立典型，调动和激发全市广大史志档案工作者的积极性和创造性，市人事局、市史志档案办公室联合对2007～2009年度史志档案工作中做出显著成绩的52个先进集体和60名先进工作者予以表彰。

【史志档案编纂】 与市外（侨）办共同编辑出版《海外泰州人》，书内收录57位海外泰州籍人士，形成正式文稿55篇，共计31万字，全面展示海外泰州优秀儿女在世界各地的风采和业绩。完成《建国后海陵区党史大事记（1949～1996）》送审稿，全面启动《泰州市委工作纪实》（暂定名）的编纂工作。编纂《泰州年鉴2009》，全书共设置41个栏目、298个分目、3106个条目，计132万字，插图280张。在第4届全国年鉴编纂出版质量评比中，该年鉴获综合一等奖、框架设计一等奖、条目编写一等奖、装帧设计一等奖共4个奖项。编印《泰州大事记》12期，计15万字。

【党史宣传教育】 做好新四军东进泰州谈判纪念馆和泰州市革命历史纪念馆有关工作。成立专门工作领导小组，做好布展文字脚本的修改、完善和文字资料、实物资料征集等工作。年内，新四军东进泰州谈判纪念馆布展工作已完成征集资料、修改脚本和招投标等前期工作；泰州市革命历史纪念馆的脚本工作已基本完成。与泰州日报社共同完成《江苏60年成就展·泰州篇》脚本撰写。参与新中国成立60周年“双百”英模和“60位为新中国成立做出突出贡献的江苏英模人物”资料报送工作，报送的沈毅、高凤英最终入选“为新中国成立做出突出贡献的50名英模”。与市电视台“凤城河讲坛”联合录制8集讲座《红色记忆》，讲述泰州地方党史，撰写泰州解放60周年纪念文章4篇。

【修志工作】 7个修志指导小组对市级机关144家单位《泰州市志》分纂工作进行上门指导，从体裁、志用语言、篇目设置、记述内容和范围等方面，帮助编修单位把好志书质量关。全年累计修改初稿300多万字，成稿17篇，计153万字，完成率28%。以全省“县（市、区）志优秀志稿评读活动”为契机，对各市（区）新一轮修志做好指导服务工作，按时完成对兴化市、泰兴市所选优秀志稿的评读、推荐工作。全年编印《修志工作简报》3期。

【档案指导工作】 民生档案工作，重点加强对劳动社保、人才交流中心、民政、卫生、教育等方面档案的指导。市劳动社保局档案实行“五保合一”的大集中、大管理、大服务管理模式，10月25日～27日，国家人力资源和社会保障部、国家档案局联合在泰州召开全国社保档案现场会。经济领域档案工作方面，加强企业档案工作的宏观管理，开展对泰州长江公路大桥、泰州电厂等重点建设项目、各类经济组织档案工作的指导。社会主义新农村档案工作方面，开展农村建档工作情况调研，实地查看全市24个小康村建档情况和档案保管现状。重点加强5个示范镇、20个示范村档案规范化管理的创建工作。

【档案馆功能建设】 编印《档案馆指南》、《民生文件摘编》，优化档案窗口服务，免费为群众提供查档服务，全年共接待市民免费查档928人次，调阅档案4009卷，复印2302页，提供翻拍照片665张。加强馆藏民生档案信息开发利用工作，完成到期66个全宗798卷档案划控、鉴定工作，形成民生档案专题检索目录。与《泰州晚报》合作，为“泰州历史上的今天”提供稿件136条。

【档案法制化】 贯彻实施《档案法》，加大档案执法力度，对近200家单位的档案工作进行年检，并对52个先进集体和31名先进个人予以表彰。对市直和海陵区、高港区机关、团体单位进行档案行政执法检查，共抽查15家单位，对3家档案管理存在隐患的单位发出限期整改通知书。对市劳保局、市人民银行、海陵工业园区等28家单位进行上门指导，通过星级测评的单位20家，其中市人行、市劳保局达到5星级标准，市海阳农村合作银行10家网点达市级标准。

【档案专业职称评审和档案教育培训】 召开泰州市档案专业中级资格评审委员会评审会议，评审通过档案中级职称42人，档案初级职称19人。年内，全市有12人申报档案专业副研究馆员资格，9人通过。举办3期档案人员业务培训班，受训人员600多人次。系统讲授档案基本知识、档案信息化、档案保护技术等专业知识，提升档案人员的专业素养。

【史志档案信息化建设】 完善现行文件利用中心的功能，做好泰州史志档案信息网的维护、更新工作。将馆藏33个全宗开放档案目录和电子图书12000册在网上发布，供广大市民免费阅览。指导市直机关108家单位完成永乐方正档案管理软件的升级安装工作，对33家单位的档案数据和档案馆馆藏档案数据进行转换并导入，已导入系统数据150多万条，全文5万条，计100多万页。建立泰州市旧志信息库，集中四市二区旧志档案，复印并全部扫描，共计18150页。

【机关作风建设】 把作风建设与党史、地方志、档案各项工作相结合，将党政干部下访与“党员义工服务”、“社区结对共建”活动相结合，提升服务水平。7月1日，在市彩衣社区滨河广场开展党员义工服务活动，向市民发放《现行文件查阅指南》、《档案馆查档指南》、《如何建立家庭档案》等宣传材料1000多份，制作档案工作成果展板8块，现场解答群众咨询的问题。（徐 强）

保密工作

【概况】全市保密部门围绕解决当前保密工作中存在的突出问题，强化领导责任、教育培训、技术防范、监督管理、查处追究。市委保密委制定并组织实施《中共泰州市委保密委员会2009年工作要点》；根据人事变动情况，及时调整市委保密委员会；定期召开市级机关保密工作协作组组长单位会议和市（区）保密局长会议。全年共召开市级机关保密协作组组长单位会议4次，召开全市保密局长会议3次。

【保密警示教育和签订保密承诺书活动】市保密局会同市委组织部、市人事局及劳动和社会保障局在全市范围内组织实施保密承诺书签订工作。全市党政机关单位普遍开展以“坚决防止网上泄密文件继续发生”为主题的保密警示教育活动。市保密局共组织发放《社会信息化保密警示教育普法读本》、《党政机关工作人员保密须知》等学习材料3245份，组织观看《历史的使命、庄严的承诺》、《社会信息化泄密案例选编》等保密警示教育片12场次，到市级机关部门宣讲保密常识14场次。全市共有480个党政机关部门组织开展保密警示教育活动和保密承诺书签订工作，有33671名党政机关工作人员签订保密承诺书。其中，市级机关有119个部门组织开展保密警示教育活动和保密承诺书签订工作，有7597名机关工作人员接受保密警示教育，签订保密承诺书。

【保密大检查】市委保密委在全市党政机关和军品生产单位开展保密大检查。市保密局组织技术人员自行集成保密检查工具，并免费发放使用。为确保检查工具的有效运用，市保密局专门举办保密检查培训班2期，177名保密技术检查人员参加培训，推动各单位自查工作的开展。在各单位自查的基础上，市委保密委组织保密检查组对市级机关34家重点涉密单位和20家军品生产企业进行检查，共检查计算机520台，移动存储介质89只，其中涉密计算机（含笔记本电脑）130台，非涉密计算机（含笔记本电脑）390台；涉密U盘42只，涉密移动硬盘2只，非涉密U盘45只。对存在问题的单位，逐一发出整改建议，并限期上报整改情况。8月24日～28日，省保密委检查组对泰州市国土、水利、卫生等3个部门进行保密抽查，未发现重大违规现象。

【保密服务】市保密局组织辖区内各军品生产企业保密干部参加省保密局的保密业务培训，经考试，65名参培保密干部全部获得资格证书。加强对军工企业保密工作的指导，为6家军品生产企业提供保密资格认证指导服务。经省认证委现场评审，有3家军工企业通过省保密资格认证，顺利进入军工市场。加强对申报国家涉密载体复制定点单位的服务指导工作，帮助4家企业通过省保密局的审查认定，成为泰州市10年来首批获省定点资格的国家秘密载体复制定点单位。

【保密监管和责任追究】市保密局组织对政府网站、网页登陆检查，全年共登陆检查政府网站、网页734个。配合市有关部门做好高考工作方案的制定和试卷存放点的保密检查，督促落实保密措施，确保万无一失。配合市纪委对全市纪检系统的7个机要室进行专项保密检查。参与地理信息市场专项整治工作，配合市国土部门对全市国土系统以及规划、测绘、供电、新华书店等单位进行专项保密检查。做好组工专网建设方案审批工作，指导并参与组工专网的建设方案论证和评审工作。年内查处2起涉嫌泄密事件，督促并帮助相关部门堵塞漏洞。

党校工作

【干部培训】2009年，市委党校共举办各类培训班18期，培训干部1470人次。其中，举办泰州市村主要负责人科学发展能力专题培训班2期，培训学员353人；泰州市第5批赴京、第4批赴沪挂职干部培训班1期，培训学员19人；泰州市第6批赴京、第5批赴沪挂职干部培训班1期，培训学员19人；泰州交通工程专业技术人员继续教育培训班1期，培训学员137人；泰州市第8期科级干部进修班1期，培训学员50人；泰州市第3期处级干部进修班1期，培训学员44人；泰州市第7期青年干部培训班1期，培训学员29人；泰州经济开发区2009年度党的知识集中培训班1期，培训学员133人；泰州市市级机关入党积极分子培训班2期，培训学员272人；泰州市第7期中青妇女干部培训班1期，培训学员54人；泰州市第8期青年干部培训班1期，培训学员31人；泰州市首期领导干部公共管理高级研究班1期，培训学员25人；泰州市第11期党外中青年干部培训班1期，培训学员50人；湖北省秭归县党政干部科学发展观（泰州）培训班1期，培训学员43人；泰州市地税局第1期科级后备干部培训班1期，培训学员20人；泰州市县（处）级干部“贤内助”培训班1期，培训191人。

【学历教育】年内，市委党校共开办研究生、本科、大专三个层次的学历班20个。至年末，在籍学员964人。年内有541人在市委党校学完规定课程，经考试合格予以毕业。其中，有122人获省委党校颁发的研究生毕业证书；104人获中央党校干部函授学院颁发的本科毕业证书；79人获省委党校颁发的本科毕业证书；107人获省委党校颁发的大专毕业证书；129人获市委党校颁发的大专毕业证书。

【科研工作】 全年，市委党校共发表科研成果133项，其中，省级以上成果64项，著作4部，为地方经济社会发展服务的调研报告27篇。年内，有11项课题获准立项，其中，省社科课题1项，省委党校课题5项，市重点课题2项，校级课题3项。

【党校评估工作】 根据江苏省省辖市市委党校评估工作会议的精神，做好党校迎评工作。成立迎评工作办公室，组织专职人员负责评估资料的收集、整理、汇总、立卷等工作；对照评估标准，对2003年以来市委党校各方面的工作情况进行自评，至年末，评估准备工作基本完成。

老干部工作

【概况】 2009年，市委老干部局围绕“全面达小康、建设新泰州”奋斗目标，贯彻落实老干部工作方针政策，创新创优，推动全市老干部工作的健康发展。年内，市离休干部刘绍安先后获全国道德模范提名奖、江苏省道德模范奖，并受到中共中央总书记胡锦涛的亲切接见。市老干部局连续5年被评为市“十佳人民满意机关”。

【落实老干部生活待遇】 积极探索老干部医疗管理服务工作，会同有关部门下发《关于完善市本级离休干部医药费统筹管理的通知》，对市本级离休干部医药费实行以市直医疗机构为主的管理体制，在保证离休干部医疗待遇不变的前提下，由市人医、市中医院按定点医疗的离休干部人数实行总额包干，一定两年。在包干总额内结余部分80%奖励给定点医院，超支部分定点医疗机构承担50%，市财政承担50%，实现老干部医疗保障与经费管理的双赢。认真做好老干部津贴补贴规范发放工作，在机关规范津贴补贴工作开始之前，坚持与有关部门保持沟通联系，提供相关政策规定，使离休干部的利益不受影响，共享改革发展的成果。

【全市老干部工作会议】 3月，泰州市召开全市老干部工作会议，各市（区）委组织部分管部长、老干部局长和办公室主任，以及市级机关各部门分管领导和处（室）负责人共100多人参加会议。市委常委、组织部长李国华到会讲话。

【退休干部管理】 3月，召开由各市（区）委组织部分管部长和老干部局长、市直各有关单位领导参加的工作会议，专题研究退休干部服务管理工作。老干部局联合组织部、人事局、财政局、劳动和社会保障局、卫生局印发《关于进一步加强市管退休干部管理服务意见》。《意见》明确组织、人事部门制定市管退休干部管理服务工作的相关政策，研究解决市管退休干部管理服务工作中的重要问题。

【庆祝建国60周年系列活动】 组织老干部开展“五个一”系列活动纪念庆祝建国60周年。围绕“颂伟大祖国、忆峥嵘岁月、话辉煌成就”主题，将老同志征文编印成册；将“红歌颂祖国”、送文艺下乡和送文艺进社区等老同志自编自演文艺演出节目录制成光盘送给老干部观赏；以庆祝建国60周年为主题，举办全市老干部演讲比赛；举办全市老干部“庆祝建国60周年文艺汇演”；组织300多名老同志开展“游新泰州”活动。

【老干部先进典型】 2009年，国家关工委主任顾秀莲对泰州市离休干部叶秀芳的事迹材料作出重要批示：“感谢热心爱孩子的叶妈妈，是我们学习的榜样。请《火炬》刊登，以宣传她的事迹。”离休干部叶秀芳，1988年从泰州妇联主任岗位上离休。21年来，为下一代事业尽心尽责，帮助失足青年寻找就业岗位，帮失学青少年圆成材之梦，帮失业青年找出路，先后帮教、帮扶200多名青少年，努力当好“热心妈妈”。

【创新创优老干部工作】 12月，泰州市召开创新创优老干部工作会议，推选出各地老干部工作优秀创新创优成果，交流总结各城区创新创优工作经验。（老干部局）

泰州市人大常委会

综　　述

【概况】2009年，市人大常委会积极贯彻落实中央保增长、扩内需、调结构、重民生的政策措施，围绕全市大局，积极促进经济社会平稳较快发展。坚持以人为本，切实维护人民群众根本利益。加大法律监督力度，营造文明法治的社会环境。突出代表主体地位，充分发挥代表作用。依法行使职权，较好完成各项任务。

【经济工作监督】认真审议国民经济和社会发展计划、财政预算执行情况、外向型经济和审计工作等报告，围绕发展现代服务业等方面的工作组织代表视察，推进经济结构调整。年内,人大常委会要求市政府尽快编制出台产业振兴规划，促进电子信息、新能源、新材料等新兴产业的发展；加强载体建设，推进医药高新区和省级开发区发展;加大招引重大项目的力度，推进外向型经济发展；发展现代商贸业，加快现代服务业集聚区建设。通过听取市政府减排工作专题汇报，跟踪督查《节约能源法》执法检查审议意见落实情况等活动。

【跟踪监督“三农”工作】积极开展调研，听取和审议市政府《关于全市发展农民专业合作经济组织工作情况的报告》。要求市政府加大行政推动力度、财政扶持力度和规范化建设力度，进一步推进农民专业合作经济组织建设。市政府专题研究加快推进农民专业合作经济组织发展的措施和办法，重新确定发展规划和目标，出台《关于农民专业合作经济组织“融资通达工程”实施意见》，开展“四有合作社”创建和“示范社建设行动”。

【文化泰州建设】市三届人大二次会议期间，部分市人大代表联合签署《关于大力推进文化泰州建设，提升泰州软实力的议案》。根据大会主席团的授权，人大常委会积极组织走访调研，召开座谈会及专家咨询会，听取各相关部门及社会各界的意见，并出台《关于大力推进文化泰州建设的决议》。

【民生监督】关注就业和再就业工作,听取和审议市政府贯彻实施《就业促进法》情况的报告。组织有关工委和人大代表对农产品质量安全工作进行调研，走访部分种养殖业生产基地、农贸市场、农药经营企业，听取和审议市政府贯彻实施《农产品质量安全法》情况的报告，促进农产品质量管理。听取和审议市政府《关于城市管理工作情况的报告》，促进市区人居环境的改善。关注民生，通过跟踪督查、组织代表视察等形式，督促做好2009年改善市区民生10件实事，解决公共交通、旧城改造、社区建设、保障性住房和农村社会养老保险等重点难点问题，落实各项惠民政策。

【信访工作】坚持人大常委会负责同志批阅重要来信和接待重要来访制度，督促解决群众来信来访反映的问题。全年共受理群众来信来访案件933件（批）1181人次，其中受理群众来信516件；接待群众来访417批1181人次；办理上级人大和本级主任会议交办的群众来信21件，交办回函16件。全年信访总结案率90%以上。

【代表履职服务】强化为代表服务意识,拓宽代表知情知政、履行职权渠道。制定年度代表活动意见，组织代表小组活动;坚持人大常委会组成人员联系代表、代表联系原选举单位和人民群众的制度，密切人大常委会与代表和人民群众的联系;坚持主任、副主任接待日制度，全年组织主任接待日活动5次，接待代表35人，梳理交办代表意见和建议40多条;扩大代表对人大常委会工作的参与度，全年邀请80多人次的代表列席人大常委会会议，150多人次的代表参与人大常委会组织的执法检查和视察活动；拓展代表履职途径,全年组织省、市两级人大代表小组开展专题调研活动5次，形成调研报告26篇;组织全国人大代表南京、泰州组在泰州开展关于“文化旅游资源保护开发建设情况”的专题调研活动，形成调研成果并上报;组织代表听取“两院”有关专题工作汇报，旁听庭审及参与其他相关活动。

【基层人大工作】积极推进乡镇（街道）人大“一个载体两项制度”建设，至年末，全市“人大代表之家”建成479个，基本实现 “代表之家”在县乡人大代表小组的全覆盖。推进县乡人大代表接待选民和向选民述职活动，全市共有2500多人次的县乡人大代表参加述职活动。县乡人大代表接待选民3万多人次，解决实际问题4500多个。

重要会议和工作

【市三届人大二次会议】 1月11日～14日，市三届人大二次会议在泰州召开。应到代表434名，实到代表415名，列席代表110名，会议组成7个代表团、19个代表小组。市政府组成人员和有关方面负责人列席会议。会议举行3次全体会议、6次主席团会议。会议听取并审议市人民政府工作报告，审查并批准泰州市2008年国民经济、社会发展计划执行情况和2009年国民经济、社会发展计划草案的报告，审查泰州市2008年财政预算执行情况和2009年财政预算草案的报告，批准2008年市本级财政预算执行情况的报告和2009年市本级财政预算，听取和审议泰州市人大常委会工作报告，听取和审议泰州市中级人民法院工作报告，听取和审议泰州市人民检察院工作报告。会议就上述报告作出相关决议。会议选举张雷为第三届人民代表大会常务委员会主任和江苏省第十一届人民代表大会代表。

【市三届人大常委会会议】 3月30日～31日，召开市三届人大常委会第八次会议。会议听取全国人大代表传达十一届全国人大二次会议精神，听取和审议市人民政府关于《就业促进法》贯彻实施情况报告，听取和审议市三届人大二次会议主席团交办的代表所提"关于大力推进文化泰州建设，提升泰州软实力"的议案，审议通过市人大常委会关于讨论、决定重大事项的规定，通过市人大常委会关于大力推进文化泰州建设的决议。会议决定任命李建民为泰州市中级人民法院审判委员会委员、行政审判庭庭长、审判员；免去黄金富的泰州市中级人民法院行政审判庭庭长职务。

5月19日～20日，召开市三届人大常委会第九次会议。会议审议市人民政府关于发展农民专业合作经济组织情况的报告、市人民政府关于城市管理工作情况的报告、市人民检察院关于反贪污贿赂工作情况的报告。会议决定任命李作斌为泰州市人民检察院副检察长、苍月岚为泰州市人民检察院副检察长，检察委员会委员；免去莫继美、曹文光的泰州市人民检察院检察员职务。

7月20日～21日，召开市三届人大常委会第十次会议。会议听取并审议市人民政府关于2009年上半年国民经济和社会发展计划执行情况的报告、市人民政府关于2008年市本级财政决算和2009年上半年财政预算执行情况及2009年支出预算变更的报告，作出关于批准2008年市本级财政决算的决议。作出关于批准2009年省转贷国债及市本级财政预算变更方案的决议。会议审议市人民政府关于2008年市本级财政预算执行和其他财政收支情况的审议工作报告。听取市人大常委会执法检查组关于《道路交通安全法》执法检查情况的报告，听取市人民政府关于文化市场管理工作情况的报告。

9月21日～22日，召开市三届人大常委会第十一次会议。会议听取并审议市人民政府关于全市开放型经济工作情况的报告、市人民政府关于《农产品质量安全法》贯彻实施情况的报告、市人民政府关于代表建议办理工作情况的报告。审议并通过泰州市人民代表大会常务委员会专项工作评议暂行办法。

11月23日～24日，召开市三届人大常委会第十二次会议。会议听取并审议市人民政府关于贯彻落实《江苏省人口与计划生育条例》情况的报告。审议和通过市人大常委会关于召开市三届人大三次会议的决定、《泰州市人民代表大会代表建议、批评和意见处理办法》、《泰州市人民代表大会常务委员会关于处理人民群众来信来访办法》。会议决定任命陈杰为泰州市中级人民法院民事审判第一庭副庭长、审判员，周正青为泰州市中级人民法院刑事审判第一庭副庭长，全俊为泰州市中级人民法院刑事审判第二庭副庭长，孙金录为泰州市中级人民法院审判监督庭副庭长；免去夏正芳的泰州市中级人民法院副院长、审判委员会委员、审判员职务。

12月1日，召开市三届人大常委会第十三次会议。会议审议人事任免议案，决定免去杨寅生的市人事局局长职务，免去钟鸣的市民政局局长职务，免去何建平的市文化局局长职务，免去丁海宝的市物价局局长职务，免去宗长银的市粮食局局长职务；决定任命叶海波为市民政局局长、刘金山为市粮食局局长，任命魏国俭为市人大常委会财经工作委员会副主任，任命钱泽华为市人大常委会信访室主任。

【人大常委会主任会议】 4月21日，召开第六次主任会议，听取市中级人民法院关于处理涉法涉诉信访工作情况的汇报。4月22日，召开第七次主任会议，听取市人民政府有关项目借款的情况汇报。6月22日，召开第八次主任会议，听取市人民政府关于《防洪法》、《江苏省防洪条例》执法检查审议意见落实情况及市本级防洪资金和水利建设基金征收使用审计情况的汇报。8月24日，召开第九次主任会议，听取市人民政府关于落实市三届人大常委会第二次会议《关于进一步加快高等职业教育发展的决议》情况的汇报。10月20日，召开第十次主任会议，听取市人民政府关于减排工作情况的汇报。

【人大代表视察】 3月24日，组织部分市人大代表视察《残疾人保障法》贯彻落实情况，形成《关于市人大代表视察〈残疾人保障法〉贯彻落实情况的纪要》。4月16日～17日，组织部分市人大代表视察市区中小学素质教育工作，形成《市人大代表视察市区中小学素质教育工作的纪要》。7月2日，组织部分市人大代表视察市区保障性住房建设情况，形成《市人大代表视察市区保障性住房建设情况的纪要》。8月28日，组织部分市人大代表视察环城河风景区和园博园建设情况，形成《市人大代表视察园博园和环城河风景区建设情况的纪要》。9月9日，组织有关市人大代表对市代表建议办理工作进行视察，形成《市人大代表视察建议办理工作情况纪要》。10月28日，组织部分市人大代表视察市区为民办实事工程完成情况，形成《市人大代表视察市区为民办实事工程完成情况纪要》。11月18日，组织部分市人大代表视察现代服务业重点工程建设情况，形成《市人大代表视察现代服务业重点工程建设情况纪要》。

【执法检查】 5月～7月，市人大常委会对《道路交通安全法》实施情况进行执法检查。6月15日～18日，市人大常委会副主任王振南、陶幸蓉，秘书长王厚贵以及部分市人大常委会组成人员和市人大代表组成执法检查组，重点对各级政府在制订道路交通安全规划、实施道路交通基础设施建设、开展《道路交通安全法》宣传和加强执法队伍建设等方面的工作进行了集中执法检查，并形成关于《道路交通安全法》执法检查情况的报告；7月20日～21日，市三届人大常委会第十次会议听取和审议执法检查情况的报告。年内，市人大常委会主任会议对人大常委会2008年《防洪法》执法检查审议意见落实情况进行专题跟踪督查，听取市政府有关工作情况汇报，组织代表对部分重点整改工作进行视察。

【代表建议办理】 市三届人大二次会议期间，共收到代表建议、批评和意见149件。其中，交由政府系统办理的135件，占办理总数的90%。至9月底，代表建议已全部按时办结。其中满意或基本满意的148件，满意率（含基本满意率）99.3%，见面率、答复率均为100%。已经解决、基本解决及正在解决或措施基本落实的建议79件，占办理总数的53%；正在解决或列入计划逐步解决的建议66件，占办理总数的44.3%；暂时难以解决的建议4件，占办理总数的2.7%。

议案和重要建议

【关于大力推进文化泰州建设，提升泰州软实力的议案】 市三届人大二次会议期间，代表建议：一、进一步增强文化自觉，把文化泰州建设摆上重要位置；二、高度重视《全国文明城市测评体系》，实现文明城市创建与文化泰州建设融会贯通；三、积极申报国家历史文化名城，优化整合优秀历史文化资源；四、抓特色、树品牌、显活力，推进文化事业和文化产业全面发展；五、加强文化队伍建设，促进优秀文化人才脱颖而出。

【关于加强对市区环境综合治理、长效管理的建议】 市三届人大二次会议期间，代表建议：一、政府相关部门要进一步理清职责，加强互相协调，形成整体工作机制；二、加强公民的法制教育和道德教育，提高市民整体素质；三、聘用社会下岗、失业人员，组成社会志愿者，强化对社会市容环境、道路交通秩序的宣传及维持；四、加强对流动商贩的管理，划定专门区域，实施规划化经营管理；五、坚决取缔存在重大安全隐患的电动三轮车，落实对相关从业人员的妥善安置；六、对汽车南站、西站、火车站、坡子街、西坝口等重要安全区域进行重点管理，防患于未然。

【关于解决秸秆焚烧问题的建议】 针对泰州市夏秋两季焚烧秸秆，严重影响居民的生活和环境质量，影响泰州市城市形象的问题，代表建议：政府在禁止焚烧秸秆方面要有政策、有措施，出台激励与处罚并举相关文件；采用科学利用秸秆的办法，帮助农民解决储存及合理利用秸秆问题；有效遏制焚烧秸秆现象的发生，实现建成蓝天泰州的目标。

【关于加强对学校校舍质量的督查并设置建筑标牌的建议】 市三届人大二次会议期间，代表建议：一、在学校每一处建筑外墙设置专门标牌，标注建筑物详细建设施工的相关内容；二、定期公示建筑物质检结果；三、倡导师生员工和学生家长协同监管；四、发现问题，责成相关责任方限期处理。

【关于扶持和发展中医药事业的建议】 市三届人大二次会议期间，针对中医药工作与经济社会发展的水平和人民群众对中医药的需求还有差距，全市的中医药事业有待扶持和发展的问题，代表建议扶持和发展中医药事业。一、各级财政设有专门资金用于扶持和发展中医药事业；二、在全市范围内对中医人员进行摸底排查，建立中医人才档案；三、确立全市中医药事业发展的总体规划，通过整合中医药卫生资源，全面提升中医药服务能力、创新能力和竞争能力；四、利用各种新闻媒体宣传中医中药；五、培育中医特色重点专科，鼓励西医人员学习中医；六、基层卫生保健站配备专职中医人员、加强业务培训，制定优惠政策，鼓励中医药大、中专毕业生到基层卫生室工作；七、积极推进中医“治未病”工程，建立健全中医药工作组织协调机制。

【关于让民办养老机构走民办公助之路的建议】 市三届人大二次会议期间，针对泰州由于老年人口的增长速度不断加快，子女负担越来越重，对养老机构的需求越来越多，要求也越来越高的问题，代表建议让民办养老机构走民办公助之路。一、政府要在政策上、用地指标及收费上加以扶持，积极改变现有民办养老机构住房条件；二、政策要在开办资金及床位补贴上尽快发放落实到位；三、要积极借鉴发达地区民办养老机构的经验，加强养老服务人员的职业培训，提高管理和服务水平。

【关于尽快落实持独生子女证父母光荣退休的企业职工实行一次性奖励的建议】 市三届人大二次会议期间，代表建议：一、尽快明确奖励标准，出台奖励办法；二、市（区）财政按照五五比例筹措资金，确保群众能真正得到实惠；三、资金筹措确有困难，可分步到位（分3～5年），但要加大宣传力度，确保群众看得见、等得到。

【关于建议市政府重新制定和完善全市发展工业的鼓励措施和优惠政策的建议】 市三届人大二次会议期间，代表建议：一、要牢固树立“工业立市”、“工业优先”的观念，增强加快工业经济发展的使命感和紧迫感，把以工业强市摆在整个经济工作的突出位置；二、要坚持招商引资，发展个体私营经济，创办大批非公有制工业企业；三、要对全市过去制定的发展工业的规定和优惠政策进行清理，对照国家宏观经济形势和发展政策，结合泰州市实际，重新制定和完善全市发展工业的鼓励措施和优惠政策；四、新制定的鼓励措施和优惠政策要围绕泰州市发展主题和实际，敢于突破，敢于超前，有力度，能实施，真正发挥出激励的源动力。

【关于城市社区卫生服务亟待再推进的建议】 市三届人大二次会议期间，代表建议：一、强化政府主导地位，进一步明确政府发展社区卫生服务的责任；二、加强社区卫生人才队伍建设，全面提高社区卫生服务水平；三、改革创新运行机制，增强社区卫生服务的公益性；四、加强协调形成合力，确保社区卫生服务各项工作落到实处。 （吴文斌）

泰州市第三届人民代表大会第三次会议召开

泰州市人民政府

综　述

【概况】2009年，全市实现地区生产总值1660.92亿元，比上年增长13.8%。其中，第一产业增加值133.7亿元，增长4.6%；第二产业增加值943.07亿元，增长14.4%；服务业增加值584.15亿元，增长15%。全市财政总收入343.8亿元，一般预算收入138.6亿元，比上年分别增长31.1%、37.1%，增幅分别居全省第4、第2；市区财税增速加快，比重明显提高。全社会固定资产投资突破1000亿元，达1166.2亿元，增长29.6%。继续实施“5218”工程，全市粮食总产310.2万吨，连续6年创新高，新增高效农业面积2万公顷。加快推进农业产业化、市场化进程，新增龙头企业10家、农村三大合作组织314家，农业利用“三资”40亿元。强化优质农产品基地建设，新增国家级农业标准化示范区1个、国家级无公害农产品、绿色食品和有机食品共50个。全市规模以上工业实现产值3769.46亿元，增加值突破1000亿元；实现利税429.55亿元、利润251.73亿元，比上年分别增长43.7%、60.3%，增幅列全省前列。全年工业技改财务发生数737.6亿元，实施1亿元以上重大技改项目145个，比上年增加25个。新增私营企业7472家、个体工商户2.9万户，私营个体经济注册资本总额突破1000亿元。建筑业实现总产值1100亿元，增长15.3%。江苏一建完成改制，江苏骏龙建设等6家公司晋升为一级资质企业。全市社会消费品零售总额469.9亿元，增长18.7%。举办中国泰州国际旅游节，成功承办省第六届园博会，全年接待游客突破1000万人次，旅游业总收入突破100亿元。

【开放创新】组织境内外招商活动，台资、央企重大项目招引取得新突破，总投资10亿美元的纬创资通项目、总投资22亿元的中农发动物疫苗项目成功落户并开工建设。全年注册协议外资27亿美元，实际利用外资10.5亿美元，完成自营出口42.2亿美元，新签外经合同额3.85亿美元，实现外经营业额4.5亿美元。举全市之力推进医药城建设，医药园区升格为国家级高新技术开发区。全球最大的疫苗企业——葛兰素史克等200个产业项目签约落户，150家公司注册成立，美时医疗等48家企业建成投产，分子平台、中试二期等研发平台建成运营，金迪克、疫苗中心等重点工程加快建设。全年高新技术产业产值突破1000亿元，达1155.55亿元。首批16家市级企业院士工作站成立，中科院泰州中心新入驻4家研发分中心，省级科技孵化器新增3家。春兰动力镍氢电源系统入选国家首批自主创新产品，泰州供电网无功电压优化运行集中控制系统等3个项目获国家科技进步奖二等奖，9家企业成为全省首批创新型企业。泰州市成为全省唯一的国家知识产权工作示范市，并再次被评为国家科技进步先进市。成功举办第七届科技洽谈会。

【城乡建设】全年市区城建投资120亿元。“十大重点工程”全面实施，园博园按期开园，泰九路改造基本完工，稻河古街区改造、凤城河风景区三水湾建设、南通路改造、328国道泰姜段改线有序推进，泰州博物馆、图书馆、美术馆开工建设；鼓楼南路、海陵南路和扬子江路南延等一批路桥工程如期竣工，新老城区交叉道口改造24处，鼓楼路、税东街沿街小区环境整治基本结束。组织开展全国文明城市创建工作先进市、国家历史文化名城、国家级节水型社会建设试点市、国家生态市创建活动，中国宜居城市创建达标，国家园林城市创建通过专家组现场考核和遥感测试。数字化城管平台建设取得新成效，泰州市获中国城市管理进步奖。继续推进全面小康“十百千”工程，新创市级全面小康先行村250个；办好农村新“5+1”实事，新（改）建农村公路800千米，改造农村桥梁460座，改厕7.7万座，疏浚河道3923万立方米。

【社会事业】加快高等教育发展步伐，泰州大学筹建工作取得进展，启动南京医科大学康达学院等3所高校药城校区建设；加快文化泰州建设，举行庆祝建国60周年、纪念改革开放30周年、纪念海军诞生60周年等系列文化和庆祝活动。全市有线电视用户总量突破120万户，市区有线电视数字化转换率达95%。加强生态环境保护，开展秸秆烟害防控、企业违法排污整治等专项整治行动。兴化戴南中日合作农村分散型污水处理示范项目如期建成。

【人民生活】全年城镇居民人均可支配收入18079元，农民人均纯收入8180元，比上年分别增长11.8%、11.5%；城乡居民储蓄存款余额突破1000亿元，达1002亿元，增长21%。实施创业带动就业行动计划，全年实施各类培训40

万人次，净增城镇就业人员5.4万人、失业人员再就业2.2万人、农民创业5.35万人，城镇登记失业率控制在3%以内。在全省率先启动异地就医实时结算试点；提高新型农村合作医疗住院报销比例和补偿封顶线标准，新增参保人员5万人，参保率98%。对市区939户低保家庭实行免费医保，将18809名重残无业人员全部纳入低保范围，基本实现市区有劳动能力并有就业意愿的残疾人“零待业”。全市新建经济适用房58.2万平方米，市区新建经济适用房30万平方米，落实租售并举保障房源350套、廉租房源272套。发展市区公共交通，新开辟线路7条，火车站公交停车场基本建成，实现公交股权回购。推进区域供水工程，农村饮用水安全工程新增受益人口45万人。

重要会议和政务

【全体（扩大）会议】 9月24日，市政府召开第二次全体（扩大）会议，市长姚建华作讲话。会议主要内容：进一步动员政府各组成部门以“三年再来一个大变化”为目标，以重大项目建设为抓手，以完善项目建设工作机制为着力点，解放思想，深化认识，开拓创新，扎实工作，努力以项目建设的大突破促进全市经济社会的大发展。

【市政府常务会议】 2月11日，市长姚建华主持召开市政府第14次常务会议，讨论确定2008年度泰州市有突出贡献的中青年专家人选和2008年度泰州市科技进步奖获奖项目；讨论通过《关于进一步加强涉及企业收费管理的意见》、《泰州市节约用水管理办法》、讨论2008年全市开放型经济工作考核情况、2009年工作目标任务分解情况、2009年全市开放型经济考核办法。

2月24日，市长姚建华主持召开市政府第15次常务会议，研究2008年全市工业经济和科技工作大会表彰奖励事项。

3月24日，市长姚建华主持召开市政府第16次常务会议，研究市政府2009年40项目标任务及分解落实方案。

4月16日，市长姚建华主持召开市政府第17次常务会议，分析研究一季度全市经济发展形势，讨论公务人员记功奖励问题。

5月8日，市长姚建华主持召开市政府第18次常务会议，讨论《泰州市2009年～2011年创建国家级创业型城市行动计划》、《关于贯彻落实江苏省实施中华人民共和国就业促进法办法的实施意见》、《关于加强地方税收征管保障工作的意见》、《泰州市市区财政管理体制调整意见》及《市区部分行政区划调整建议方案》。

6月16日，市长姚建华主持召开市政府第19次常务会议，讨论泰州市政府投资项目监督管理制度体系建设问题、《泰州市区域供水水源和供水设施管理暂行办法》、泰州大剧院委托合作经营问题、泰州市五星级大酒店招商事宜、《泰州市历史文化名城保护办法》及泰州市创建全国科技进步先进市和国家知识产权示范市问题。

7月13日，市长姚建华主持召开市政府第20次常务会议，听取春兰重组工作情况汇报，讨论《泰州市高层次创新创业人才引进计划实施办法》、《泰州市海外优秀人才引进计划实施意见》、《市区农贸市场规划、建设和升级改造工作实施意见》、泰州市规范生产安全事故报告和调查处理工作的意见》、《泰州市生产经营单位安全生产主体责任规定》、《江苏一建改制方案》及《江苏一建职工身份置换实施方案》。

10月22日，市长姚建华主持召开市政府第22次常务会议，讨论《泰州市沿江开发总体规划（修编）》、《泰州市市区服务业发展规划（2009～2015）》、《关于进一步做好驻泰部队干部随军随调家属子女就业就学工作的意见》、建市以来市政府规范性文件清理问题、陈东义行政处分问题及市政府2010年重点工作打算。

11月27日，市长姚建华主持召开市政府第23次常务会议，讨论《泰州市政府机构改革方案》、《泰州市“十一五”水价改革方案》、《关于在泰州市区限制燃放烟花爆竹的公告》及《关于在全市重点河流建立河长制的实施办法》。

12月14日，市长姚建华主持召开市政府第24次常务会议，讨论《泰州市装备制造业振兴规划纲要》、《泰州市新能源产业调整振兴规划纲要》、《泰州市生物医药产业振兴规划纲要》、《泰州市电子信息产业振兴规划纲要》、《泰州市区公交优先发展近期实施方案》、市直工贸企业管理体制调整问题、《泰州市工伤保险市级统筹暂行办法》、《泰州市医药高新区、经济开发区、周山河街区中小学布局调整实施方案》、《加快推进市区村组（社区）股份合作制改革和加强社区建设的工作意见》、《政府工作报告》（送审稿）和《2010年全市国民经济和社会发展主要指标安排建议方案》、《泰州市知识产权战略纲要》、《泰州市行政权力网上运行管理办法》及陈德年行政处分问题。

12月25日，市长姚建华主持召开市政府第25次常务会议，讨论《关于市本级2009年财政预算执行和2010年财政预算初步安排情况》、《泰州市市区城镇垃圾处理费征收办法》、《关于泰州市2009年国民经济社会发展计划执行情况和2010年计划初步安排意见》及《2010年市区改善民生实事项目》。

【市长办公会议】 2月12日，市长姚建华主持召开会议，专题研究328国道泰州至姜堰段改线工程有关问题。常务副市长杨峰，副市长张爱平出席会议。

2月28日，市长姚建华主持召开会议，专题研究组建泰州市交通投资有限公司有关问题。常务副市长杨峰，副市长张爱平，秘书长王群出席会议。

3月27日，市长姚建华主持召开会议，专题研究省政府对持《独生子女父母光荣证》退休的企业职工（以下简称持证退休职工）实行一次性奖励政策贯彻落实问题。副市长曹玉梅出席会议。

4月9日，市长姚建华主持召开会议，专题协调泰州宇宙焊接材料有限公司资产转让涉及的相关问题。副市长卢佩民出席会议。

4月27日，市长姚建华主持召开会议，专题研究创业服务中心发展问题。副市长卢佩民、秘书长王群出席会议。

4月30日，市长姚建华主持召开会议，专题研究贯彻《国务院办公厅关于加强甲型H1N1流感防控工作的通知》和省委书记梁保华的批示精神，落实全市甲型H1N1流感防控工作相关措施。副市长曹玉梅出席会议。

4月30日，市长姚建华主持召开会议，专题研究泰州经济开发区、周山河街区相关问题。副市长丁士宏，市政府秘书长王群出席会议。

6月17日，常务副市长杨峰、副市长刘励召开会议，协调市区城镇生活垃圾处置费征收问题。

6月22日，市长姚建华主持召开会议，专题研究明确城建交通项目投融资主体及责任等问题。常务副市长杨峰、副市长张爱平出席会议。

7月1日，市长姚建华主持召开会议，研究引江河疏港公路建设有关问题。副市长张爱平，秘书长王群出席会议。

10月29日，市长姚建华主持召开市生活垃圾焚烧发电项目专题协调会，常务副市长杨峰、副市长刘励出席会议。

【市政府专题会议】 1月5日，常务副市长杨峰主持召开会议，专题研究部署五巷—涵西街历史文化街区启动建设有关工作。

1月8日，副市长丁士宏主持召开会议，专题研究凤凰街道行政区划调整有关交接工作。

1月8日，受市政府常务副市长杨峰委托，副秘书长徐克俭主持召开会议，就会宾楼宾馆南侧、凤凰河西侧地块上市有关问题进行协调。

1月14日，受常务副市长杨峰委托，副秘书长徐克俭主持召开会议，就苏中环境督查中心及江苏省环境监察局苏中分局业务用房规费减免有关问题进行协调。

1月19日，受常务副市长杨峰委托，副秘书长徐克俭主持召开会议，就香江菜场信访结案问题进行协调。

1月21日，市长姚建华主持召开1月份财税工作例会。常务副市长杨峰、市政府秘书长王群出席会议。

2月6日，副市长刘励主持召开会议，专题协调市生活垃圾焚烧发电厂工程项目有关问题。

2月16日，市长姚建华率队赴泰州医药高新技术产业园区专题调研，视察泰州生物医药高新技术产业出口创新基地一期工程的建设情况，走访相关企业，听取泰州生物医药高新技术产业出口创新基地二期工程规划情况的汇报，对泰州生物医药高新技术产业出口创新基地二期工程规划建设有关问题进行专题研究。市委常委、泰州医药高新技术产业园区党工委书记、管委会主任何榕，市政府秘书长王群出席会议。

3月16日，受常务副市长杨峰委托，副秘书长徐克俭主持召开会议，就园博园、稻河工程建设相关问题进行专题协调。

3月16日，副市长卢佩民主持召开会议，专题协调泰州出口加工区申报工作。

3月24日，副市长刘励主持召开会议，专题研究东风北路、鼓楼南路等新增道路的保洁问题。

4月16日，受常务副市长杨峰委托，副秘书长徐克俭主持召开会议，就高教园区拆迁安置相关问题进行专题协调。

4月27日，常务副市长杨峰主持召开会议，研究部署泰州市保障性安居工程工作有关问题。

4月27日，常务副市长杨峰主持召开会议，就民兴中学西侧地块竞得人姜堰市花园房地产开发有限公司要求退地的有关事项进行专题协调。

4月28日，副市长刘励主持召开会议，专题研究协调数字化城管二期工程建设相关问题。

5月6日，受常务副市长杨峰委托，副秘书长徐克俭主持召开会议，就泰州规划展示馆等四馆工程建设管理有关问题进行专题协调。

5月7日，受副市长丁士宏委托，副秘书长毛正球主持召开市革命历史纪念馆布展脚本评审会。

6月3日，受常务副市长杨峰委托，副秘书长徐克俭主持召开会议，专题协调航海电器厂职工宿舍楼危房改造、海陵区拆迁安置区沿街商业用房用地性质变更等问题。

6月15日，副秘书长徐克俭主持召开会议，专题协调南通路改造有关公厕拆建问题。

6月16日，市长姚建华主持召开6月份财税工作例会。

6月16日，副市长卢佩民主持召开会议，专题协调泰州市当前食品安全监管工作。

6月18日，常务副市长杨峰主持召开会议，就市广电局与北京保利剧院管理有限公司合作运营泰州大剧院有关问题进行专题研究和协调。

6月25日，受副市长曹玉梅委托，副秘书长吴健主持召开会议，专题研究贯彻省有关会议精神、部署全市药品招标采购工作。

7月1日，副秘书长徐克俭主持召开会议，专题协调海陵区响林村土地征用有关问题。

7月7日，副秘书长徐克俭主持召开会议，专题协调文化中心地块供用电设施整治问题。

7月20日，副秘书长徐克俭主持召开会议，专题协调莲花二区西侧地块拆迁有关问题。

8月12日，副市长刘励主持召开会议，研究市高教园区数字化城管工作有关问题。

8月12日，副市长曹玉梅主持召开会议，明确市、区两级文化市场（新闻出版）行政执法管理职能。

8月25日，副市长刘励主持召开泰州市生活垃圾焚烧发电项目领导小组会议。

9月9日，受常务副市长杨峰委托，副秘书长徐克俭主持召开会议，就市区有关地块拆迁问题进行专题研究。

9月15日，常务副市长杨峰主持召开会议，专题协调区域供水姜堰供净水工程有关问题。

9月21日，市长姚建华主持召开9月份财税工作例会。秘书长王群出席会议。

9月29日，受常务副市长杨峰委托，副秘书长徐克俭主持召开会议，就盛唐花苑拆迁安置户办理房产证、土地证问题进行专题协调。

10月15日，副市长丁士宏主持召开协调会议，研究解决泰州市农副产品批发市场项目建设有关问题。

10月20日，副市长卢佩民主持召开会议，专题协调泰州石油化工有限责任公司技改项目审批的相关问题。

11月4日，副市长张爱平主持召开会议，研究撤除兴泰公路陈堡收费站有关问题。

11月12日，副市长刘励主持召开会议，专题协调凯发新泉水务（泰州）有限公司落实国家环保部整改要求的相关问题。

11月18日，常务副市长杨峰主持召开会议，专题协调江苏牧院迎宾路校区东侧部分地块上市有关问题。

11月20日，受副市长卢佩民委托，副秘书长李龙根主持召开会议，专题研究市区移动通信基站规划建设工作。

11月23日，按照市长姚建华的批示要求，副秘书长、建设局局长孔德平主持召开会议，专题协调园博园工程竣工决算审计有关问题。

11月25日，副市长卢佩民主持召开会议，专题协调上海浦东发展银行在泰州设立分行有关事项。

12月3日，副市长丁士宏主持召开会议，专题研究原328国道沿线绿色通道实行属地管理等问题。

12月8日，受常务副市长杨峰委托，副秘书长徐克俭主持召开会议，就中石化江州路加油站异址新建问题进行专题协调。

12月11日，受常务副市长杨峰委托，副秘书长徐克俭主持召开会议，就海陵工业园区及京泰路街道拆迁安置区办理产权手续问题进行专题协调。

12月22日，市长姚建华主持召开12月份财税工作例会。

【重点事项督查】 围绕全市经济社会发展各项中心工作，开展政务督查，突出做好重大决策部署、重要改善民生项目、重点建设工程和市领导批示交办事项的及时督办和跟踪督查。全年共办理省、市领导批示件20多件，推动市区改善民生10件实事和市政府40项目标的完成。

【建议提案办理】 全年共办理省人大代表建议政协提案3件、市人大常委会主任接待日代表建议5件共计46个问题，办理市人大代表建议138件、市政协提案294件，见面率、办复率均达100%，满意率达99%。

【市长公开电话、省长信箱、市长信箱的办理】 全年市长公开电话室直接受理群众来电4357个，网络单位分项电话共受理群众来电145559个，比上年增长11%，综合办理反馈率96%。处理市长信箱来信7208件，比上年增长26%，办理反馈率100%。办理省长信箱来信176件，办理反馈率100%。

人 事 编 制

【人才环境建设】 出台《高层次创新创业人才引进计划实施办法》和《海外优秀人才引进计划实施意见》两个政策文件，计划在2009年～2013年，围绕生物医药、电子信息、新能源等新兴产业和新材料、高效农业、现代服务业等产业，重点引进高层次创新创业人才（团队）100名和海外优秀人才800名，构建引领跨越发展的高层次人才政策环境。做好优秀人才优惠政策的宣传和待遇兑现工作，组织优秀人才中秋联谊、专家休养、知识分子健康体检等活动，营造宽松和谐的人文环境、健康向上的社会环境。

【引才引智】 围绕经济发展急需人才，组团赴美国、加拿大等国家招揽海外人才，达成初步意向20多人。在西安、武汉等高校和科研院所相对集中的城市举办人才招聘活动30场次，引进优秀人才230人。成功举办“百名海外博士江苏行泰州洽谈会”，150多名海外博士与全市70家企事业单位进行项目对接，达成初步合作意向项目75个，现场签约项目6个，签约率列全省第一。全年共引进硕士以上学历或副高职称以上优秀人才770人，其中引进海外人才146人，超额完成市政府下达的“引进优秀人才660人，其中引进海外人才140人”的“411工程”目标任务。组织实施兴达钢帘线等单位引智项目，全年从美、日、德、法、以色列等13个国家引进外国专家44人次，执行引智项目32项，比上年增长50%，帮助全市企事业单位解决一批科技难题。加强外国文教专家的服务与管理，并在全省率先启用外国专家来华工作证件管理系统。

【人才培养】 18人获“省高层次创新创业人才引进计划”资助，每个项目获省财政100万元资金资助。坚持以能力和业绩为评价导向，推进专业技术人员网上培训工程，全市1208人取得高级职称、2212人取得中级职称、6249人取得初级职称。加强高技能人才队伍建设，选拔推荐83名高级工参加省组织的培训考核，做好市级机关事业单位工人技术等级岗位升级考核工作。加强人才载体建设，帮助春兰集团、江苏一建等博士后科研工作站招收博士后，并组织指导14家企业申报省级博士后科研工作站，推进泰州市博士后工作站建设。组织留学生创业园参加南京国际人才交流大会、中国（深圳）国际人才交流大会，15家企业入驻泰州留学人员创业园，注册资本3050万元。

【市政府机构改革】 年底，省委、省政府正式批复泰州市政府机构改革方案。实施机构改革后，市政府工作部门由38个精简为35个；按照省委、省政府“履行行政职能的政府直属事业单位应整合进相应的政府工作部门”的要求，对9个履行行政职能的政府直属事业进行清理归并，其中撤销2个，改为部门下属事业单位的5个，改为政府工作部门的1个，改为市委直属机构的1个；按照“精简和规范各类议事协调机构及其办事机构”的要求，撤销议事协调机构的办事机构4个。通过改革，努力实现政府运行高效和组织结构优化，解决职责分工过细、职能交叉重叠、协调与制约机制不健全等影响政府运转效能的问题。

【市（区）政府机构改革】 市（区）政府实施机构改革后，靖江、姜堰、兴化政府工作部门由29个精简为24个，泰兴市政府工作部门为29个，海陵区、高港区政府工作部门分别为19个、20个；四市二区均全面清理履行行政职能的政府直属事业单位，均不再保留政府议事协调机构的常设办事机构或牌子。

【机构编制日常管理】 坚持以促进地方经济发展、规范党政机关运行为目标，围绕政府中心工作，不断对市和市（区）有关机构体制进行完善和创新。为泰州国家医药高新区发展提供体制机制支持。会同有关部门按时保质完成涉及泰兴、姜堰、海陵、高港四地区划调整的相关划转工作。做好核销市级机关使用的自定编制工作。完成市建工局事业单位和市、区广播电视信息网络机构整合和人员分流工作。推进基层国土管理机构资源整合工作。对市（区）红十字会机关机构体制建设进行督查。加强《机构编制实名制库》的建设和管理。进一步规范市级机关、事业单位空编计划使用意见和运转流程，完善机构编制管理与组织人事管理、财政管理相配套的综合约束机制，制定下发《关于规范市级机关事业单位空编使用计划的通知》。加强事业单位登记管理工作，事业单位网上登记率为100%，并取消登记收费。推进机关、事业单位网站中文域名注册工作。做好“12310”举报受理和专项查办工作。研究推进全市党政领导干部“三责联审”工作。

【公务员队伍建设】 实施公务员法，开展参照管理单位审核报批工作。组织2009年度公务员招考工作，招录公务员361人，从基层选调8名公务员进入市级党政机关。加强公务员能力建设，实施以公共管理核心知识为主要内容的公务员能力培训工程，1.2万名公务员参加网上学习；连续4年选派乡镇干部赴苏州参加对口培训，全年有30名大学生村官参加培训；开展公务员“五五”法制宣传教育工作，组织199名新任科级干部法律知识考试，在市级机关营造良好的学法用法氛围。进一步培育和弘扬公务员精神，开展做人民满意的公务员活动，做好“全国人民满意公务员”和“全国人民满意公务员集体”的推荐工作。

【人事制度改革】 开展事业单位岗位设置的调研、信息采集等各项准备工作，起草《泰州市事业单位岗位设置管理工作办法》，为实施事业单位人员岗位设置工作打好基础。推进事业单位公开招聘制度，全市事业单位通过公开招聘新进人员1000多人。深化职称制度改革，首次运行在泰设立的医药石化工程高评委，评审医药石化高级工程师49人；突出能力业绩导向，打破学历、资历、论文等限制，98人破格认定为工程师；在中小学教师的评审中推行“考评结合”方式，探索和创新教师职称评审办法。在全省率先组织实施义务教育学校绩效工资，并加强对市区的指导。

【高校毕业生就业工作】 落实促进就业的各项政策。研究出台高校毕业生就业工作意见，确保就业促进政策和措施落实到位；组织实施“一村一社区一大学生”计划，选拔462名大学生到村任职；增加事业单位面向高校应届毕业生招聘的人数。多种形式拓宽就业渠道。开展高校毕业生就业服务百日行动、毕业生公益性专场招聘会、高校毕业生校园招聘会等活动，组织用人单位参加“江苏·清华园毕业生人才招聘会”、“江苏省研究生专场招聘会”等活动，赴西安、成都等地招聘优秀毕业生；实施毕业生就业见习计划，确定44家省级见习基地、163家市（县）级见习基地，243人通过见习实现就业；鼓励毕业生自主创业，帮助指导143 人成功创业。加强就业指导服务力度，组织就业指导团进校园活动，做好未就业毕业生的登记、推荐就业工作，开展特困家庭和零就业家庭毕业生保底就业，帮扶72名特困毕业生就业。年内高校毕业生就业率92.8%。

【人才服务】挂钩联系企业，组织实施以“解难题、办实事、促发展”为主题的“三服务”活动。开展“职称工作宣传月”活动，深入30多家重点成长型企业，加强职称工作宣传和指导，开设专题讲座20多场，发放职称工作宣传资料近1万册，促进企业人才管理水平的提升。全力支持医药城发展，设立专门人才机构入驻医药园，提供全方位、贴近式人才服务，帮助医药园引进各类高层次人才171人。主动加强与纬创资通、可成科技等重点企业联系，围绕企业需求，提供人才引进、培养等多方位的人才服务。

【人才交流活动】多层次、全方位举办人才交流活动，每月举办人才集市8次，着力构筑供用人单位招贤纳才、各类人才求职择业的人才市场平台。加大对用人单位资质审查力度，确保用人单位提供的信息真实有效；简化招聘程序，建立企业回访制度，提升服务质量，提高人才市场的社会认同度，全年举办各类人才招聘活动95场，其中大型集市27场、各类专场招聘会28场、小型集市40场，有4232家单位进场招聘，提供岗位76224个，近60万人次进场求职。先后为纬创资通、可成科技、华侨城、易买得超市等大企业、大项目入驻泰州举办专场招聘活动。建成并升级改版泰州人才网、泰州毕业生就业网、中国医药人才网、泰州猎头网等公益性人才网站群。其中，泰州人才网有注册个人用户11.52万名，会员单位1.48万家，年总访问量达1988万人次，日平均点击率18939人次，最高日访问量8.3万人次，比上年增长1.5倍。

【军转干部安置】落实中央、省、市关于做好军转安置工作的一系列方针政策，妥善安置军队转业干部，科学编制军转安置计划，全年接收安置军转干部145人，并安置随调家属39人；会同相关部门做好部分企业军转干部解困和稳定政策的落实。

【人事依法行政】落实《人事争议处理规定》的相关要求，建立健全人事争议仲裁组织机构，加强仲裁业务研讨，妥善处理人事争议仲裁。组织各类人事考试，全年完成各类人事考试34项，考生累计达3.5万人次。加强人事依法行政工作，进一步推进人事行政权力网上规范运行。

（夏永祥）

政府法制

【概况】2009年,市政府法制局围绕“保增长、保民生、保稳定”决策部署，以全面推进依法行政为重点，以全市依法行政暨政府法制工作会议的召开为契机，全面推进政府法制工作，进一步加快法治政府建设。

【依法行政】主办全市依法行政暨政府法制工作会议。精选40幅照片分类为组织篇、执法篇、监督篇、服务篇共4篇，选送省法制办参加江苏省依法行政成果展。编辑政府法制简报，开展信息交流工作。总结依法行政经验，汇编政府法制论文集。加强依法行政示范点推进工作。

【行政执法监督】推进行政权力网上运行透明公开，编制公开行政职权目录，制定行政权力运行流程。推行说理式行政执法文书。严格规范行政处罚自由裁量权。加大规范性文件备案审查力度。做好行政执法证件的管理工作。组织全市综合性的行政执法监督检查，进一步规范行政机关行政执法行为。

【规范性文件制发】建立规范性文件科学运行和动态审查机制，完善规范性文件审查程序，确立规范性文件立项审查、草案三审和实施情况年审的完整管理链条体系，提高制发质量。编制规范性文件制定计划，跟踪督查计划完成情况。清理市政府制定的规范性文件239件，宣布失效8件，废止76件，确认继续有效155件。全年对15件省法规及省政府规章草案征求意见稿提出修改意见。

【行政复议和应诉】全年共受理行政复议申请78件，维持34件，调解3件，撤销4件，终止17件，以其他方式结案20件。推行调查取证制度、复议听证制度、案件集体讨论制度、案件证据交换制度。运用协调、调解机制化解行政争议。完成以市政府为被告的13起行政诉讼案件应诉和以市政府为被申请人的2起行政复议案件答复工作。广泛宣传行政复议法及实施条例。正式启动行政复议委员会试点工作。

【处理涉法事务】全年共受理强制拆迁申请31件，在查明事实，对相关法律、法规、政策进行研究基础上拟定行政强制拆迁决定书30件，协调土地补偿安置争议8起，维护拆迁秩序稳定有效进行。完成市政府交办的其他涉法事务10多件。办结信访复核事项29件，处理群众来信来访和网上反映情况33件。

（季　翁）

应急管理

【概况】2009年，全市应急管理工作坚持以人为本的理念，以保障公众生命财产安全为根本，以落实和完善应急预案为基础，以提高预防和处置突发事件能力为重点，有效防范和处置各类突发公共事件，最大限度地减轻和消除突发公共事件造成的社会危害和影响，为全市经济社会又好又快发展提供良好环境。

【预案编制和应急演练】增补应急预案，组织制订《泰州市防范应对雨雪冰冻等灾害性天气工作方案》、《泰州市甲型H1N1流感防治工作预案》、《泰州市重大动物疫情防治工作预案》等一批专项预案。对近年来发布的市级总体应急预案、市级专项应急预案及部分市级部门预案进行分类、汇编，形成《泰州市突发公共事件应急预案汇编》。制订下发加强应急演练工作的通知和指导意见，市应急办协调组织开展应急演练30多次，各市（区）、市各有关部门（单位）组织开展各级各类应急演练580多次。通过演练，检验和完善应急预案，锻炼应急队伍，积累处置经验。

【体制机制建设】根据相关专项应急预案的规定，结合泰州市实际，明确市政府领导参与处置突发事件的分工，形成市政府领导应急管理工作分工表，提高突发公共事件应急处置工作效率。健全工作网络，明确各市（区）、各有关部门（单位）主要领导、分管领导、责任处室和应急管理工作联络员在应急管理工作中的责任，定期召开全市应急管理工作例会，交流应急管理工作经验，强化基层应急管理工作责任和要求，提升应急管理工作水平和合力。围绕应急值守、应急演练、信息报送、队伍建设等方面制订下发有关制度规范，进一步完善应急管理制度体系。加强预测预警和应急指挥系统建设，依托气象等专业部门建立健全突发事件预测预警机制，及时向社会发布突发事件预测预警信息；在调研和考察学习省政府及兄弟城市应急指挥平台的基础上，制订泰州市应急指挥平台建设的初步方案。加大风险隐患排查治理力度，会同市安监、公安、消防等部门，对基层单位开展风险隐患排查，发现风险隐患由相关职能部门依法责令责任单位及时进行整改。建立完善应急保障体系，会同市发改委等部门，结合国防经济动员工作，对全市重要物资、装备和技术、能力的储备情况进行调查摸底。开展突发事件应对工作评估分析，对年度全市各类突发事件基本情况和应对工作进行总结评估，对今后突发事件发生趋势进行分析。

【信息报送和宣教培训】畅通应急信息报送渠道，明确各市（区）和相关部门应急管理负责人和联络员，构建应急联动网络，加强应急信息报送工作，为突发事件的预防、处置和领导决策提供详尽的第一手资料。全年共收集基层各类应急信息近200条，上报省应急办信息40多条、《泰州值班专报》25份，编发《泰州应急工作简报》30期。将《突发事件应对法》纳入“五五”普法的重要内容，加强对党员干部和职工群众突发事件应对知识的宣传推广。在“防灾减灾宣传周”期间，通过广电、报纸、板报等媒介和方式，对《突发事件应对法》的立法意图、主要内容、保障措施等进行集中宣传。开展应急管理常识的日常宣传。利用各种媒体和场所，广泛开展应急管理常识普及教育；会同安监、公安、消防、环保、地震等职能部门，结合相关专项宣传活动，加强对应急管理常识的宣传普及；协调指导教育部门开设中小学校公共安全课程，增强学生的公共安全意识。强化对应急管理从业人员的业务培训，邀请国务院应急管理专家组组长闪淳昌等知名专家到泰授课，市应急办及有关职能部门组织举办突发事件应对专题讲座10多次。

【突发事件应对处置】加强应急值守工作，制订下发《关于进一步加强值班工作的意见》，强调应急值守工作的有关要求；明确各类突发事件信息的报送时限、格式要求、处理流程，确保突发事件信息流转的畅通；加强对各市（区）、市各有关部门（单位）应急值守情况的监督检查，保证应急值守工作不断线、不脱档。建立健全协同配合机制，加强纵向和横向的协同配合工作，明确各有关方面在突发事件应对处置工作中的职责，确保发生突发事件时能够快速反应、高效运转、各司其职、协调配合。快速高效处置各类突发事件。年内，面对先后发生的甲型H1N1流感疫情、靖江8·13化工厂爆炸事故、高港11·26长江取水口油船泄漏事故、入冬后的低温雨雪天气等突发公共事件，各级应急办和相关职能部门工作人员迅速反应、高效处置、及时善后，保障人民群众正常的生产生活秩序。 （应急办）

信访工作

【概况】2009年，泰州市及市（区）两级信访部门受理群众来信4364件，比上年下降18.2%，其中重复信877件，重信率20.1%；联名信345件，占来信总数的7.9%。接待群众来访5134批28581人次，分别下降7.5%和9.3%，其中集体访925批23172人次，分别下降8.9%和13.8%。市信访局直接受理群众来信2121件，下降21.6%，其中重复信502件，重信率23.7%；联名信144件，占来信总数的8.9%。接待群众来访1742批10664人次，分别下降10.9%和14.6%，其中集体访350批8327人次，分别下降13.5%和

16.8%。征集办理人民建议80件140条。

【信访积案化解】 市信访局组织各地各部门对本地区、本系统的突出问题和矛盾纠纷进行全面排查，特别是对近两年进京上访、去省集访、来市缠访且至今未停诉息访的信访老案进行重点排查。市联席办根据各地上报的排查情况，共梳理出信访积案122件，按照“属地管理、分级负责”，“谁主管、谁负责”和“事要解决”的原则，对相关要素进行登记建档，并全部落实由各市（区）和市直有关单位领导包案。同时向每位包案领导下发《关于落实领导包案切实做好信访积案化解工作的通知》，实行“五包五定”责任制，即包掌握情况、包解决困难、包教育转化、包稳控管理、包依法处置；定牵头负责人、定承办单位、定具体责任人、定目标要求、定办结时限。包案领导通过调查研究，提出解决办法，并签名确认化解方案。

【“大接访、大下访、大排查、大调处”活动】 年内，在全市开展“大接访、大下访、大排查、大调处”活动，下发《关于认真贯彻落实中央联席会议〈关于领导干部定期接待群众来访的意见〉等三个文件的通知》，对各级领导干部定期接访、下访的方式、时间次数安排和矛盾纠纷排查方法、措施作出具体明确。市和各市（区）领导坚持每月安排一天时间接待群众来访。从8月起，市及各市（区）信访接待中心每天有一名领导接待群众来访，及时处理群众反映的问题。全市每月开展一次大下访、大排查、大调处活动，市纪委下发《关于组织泰州市党政干部集中下访的通知》，各市（区）、乡镇（街道）实行每周滚动排查。从9月起，实行每日滚动排查、每日逐级实行“零报告”，全市每日实行快报通报制。全年全市各级党政领导采取带案下访、带着问题下访、定点接访等形式，深入到乡镇（街道）、社区、村组接待群众21580人次，为群众解决各类问题12069件，办实事9000多件，及时化解和控制越级集访37起，确保国庆等重大敏感时期的信访稳定。

【“三无”县（市、区）创建活动】 按照省“三无”县（市、区）创建工作的要求（无进京非正常上访、无去省集访、无重大影响群体事件），泰州市强化工作责任，全面提高基层解决信访问题和化解矛盾纠纷的能力，将矛盾纠纷和信访问题解决在第一时间、第一地点。自2007年5月市“两办”下发《关于在全市开展信访工作“四无”乡镇（街道）创建活动的意见》以来，各市（区）、各乡镇（街道）按照《意见》的要求，每年制订方案，并组织实施。年内，在全市各村（社区）中开展无越访、无犯罪、无安全事故、无邪教、无涉毒“五无”村（社区）创建活动，要求各村（社区）每15户中要推选一户为中心户长，具体负责15户的各类矛盾纠纷、信息收集上报和调处工作，力求从源头上预防和减少矛盾，确保“小事不出村、大事不出镇”，以“五无”村（社区）创建活动推动“四无”乡镇（街道）创建活动的开展，以“四无”乡镇（街道）创建活动的达标来确保“三无”县（市、区）创建活动目标的实现。

【"四部门四联合“】 市纪委、组织部、政法委和信访局四部门联合发文，向各市（区）和市直有关部分单位领导交办各类信访案件和疑难信访案件，并及时跟踪督办。组织市纪委、组织、政法、信访、公安等部门人员组成3个信访督查组，分别由各部门主要负责人带队对各市（区）、有关镇（街道）、村（社区）信访事项解决、重点人员管控措施落实情况进行联合督查和联合通报，对工作失职行为实行联合问责和责任追究，确保泰州市无一包案对象进京上访。“四部门四联合”创新做法得到国家、省局的充分肯定。《纪检、组织、政法、信访“四联合”，推动疑难信访问题解决》一文被《人民信访》刊发，在全国推广。

【信访案件终结工作】 全市各级职能部门在信访案件终结工作中，立足于查清事实、解决问题，立足于“案结事了”、停诉息访，不断提高案件办理质量，维护人民群众的合法权益。年内，全市两级信访部门共受理群众信访事项复查复核案件195件，其中，复查137件、复核58件。上报省终结认定信访事项42件。在复查复核过程中，坚持深入基层，调查核实，察看现场，查阅原始资料和政策依据，同时加强与信访人、有关组织和人员的沟通联系，查明事实真相。对一般的信访事项，尽可能通过协调处理；对重大、复杂、疑难的信访事项，通过举行公开听证，最大限度地保证复查复核意见的客观公正，做到作出的复查复核意见既有事实依据、又有法律和政策依据。全年通过协调化解信访案件125件，举行听证46件。 （信访局）

行政服务

【概况】 2009年，市行政（市民）服务中心，坚持以服务经济、服务社会、服务群众为主线，实现由单一审批型中心向综合服务型中心的转变，打造集行政审批、招投标交易和便民服务“三位一体”的新中心，圆满完成市政府交办的目标任务。全年共接待咨询办事群众100多万人次，受理各类审批和服务事项137万件，办结率100%，群众满意率99%。

【“两集中、两到位”工作】 至年末，市级机关34个部门，430项事关全市社会经济发展和市民生活的行政许可项目，全部进驻行政（市民）服务中心及其分中心办理，分别占市级机关具有行政许可项目部门的71%和市级机关行政许可项目的90.5%。经过试点先行，34个部门和单位400多项行政许可事项基本实现上网运行。为提升效能，中心组织开展“百日提效、流程再造”活动，使审批环节减少29.6%，申报材料减少20.9%，承诺时限压缩50.1%。

【招投标交易平台】为加快泰州市招投标管理体制改革，建立集中、统一、开放、竞争、有序的招投标大市场，市建设局、国土资源局、财政局、卫生局等部门所属建设工程交易中心、土地交易中心、政府采购中心和药品（耗材）招投标采购中心全部分离交由市行政（市民）服务中心统一管理，初步实现政府管理部门与有形市场脱钩、管理机构与执行机构分设。年内，中心承担市政府411工程项目中第40项“政府自身建设”中的一个子项目“着力规范公共资源交易行为，完善土地招拍挂、政府采购、工程建设招投标等制度”的任务。7月，行政服务中心代市政府起草的《泰州市政府投资项目招投标监督管理暂行办法》通过审查，内容包括泰州市政府采购制度、工程招投标交易制度、土地交易管理制度和药品（耗材）采购制度4部分29章245条，提前半年完成目标任务，进一步规范政府投资项目的招投标行为，保证项目质量，提高投资效益，促进政府资金廉洁和安全使用。对各招投标中心的管理制度进行修改完善，汇编成册，强化网上报名、网上评标，实现招投标工作的公开、公平、公正。年内，4个招投标中心共完成招投标项目778项，其中，建设工程招投标中心完成项目571项，政府采购中心完成项目188项，节约资金3.2亿元；土地拍卖19宗，拍卖金额24.6亿元；药品（耗材）中心完成药品采购6.56亿元，耗材采购7950万元。

【公共服务】行政（市民）服务中心专门设立“86897000”便民服务电话，为市民提供咨询服务。便民服务电话由常用115个便民电话和103个常用投诉电话两部分组成。在服务大厅设立“办难事”窗口，指定专人负责收集、整理申请者在办件中遇到的难题，由中心牵头受理协调解决有关疑难审批事项，并限时给申办者明确答复。强化投诉查处，专门设立效能投诉中心，明确投诉内容及投诉办理时限。规定投诉中心自受理投诉后，自办件一般在3个工作日内办结，转办件在15个工作日内办结；对署名投诉的及时给予答复。汇编《民生文件摘编》，免费发放到社区和街道。

【电子监察监控系统】新中心启用第二代窗口审批系统，形成“外网受理、内网（专网）办理、外网反馈”的审批格局，即办件、承诺件、上报件、退回件、补办件等不同办件类别的处理过程设置更加科学合理，并与市监察网进行合理分工，市中心侧重对即办件的监控和统计，市监察网侧重对承诺件的监控和预警。强化网上审批系统，增设“网上自助申报区”，网上受理、预审和咨询的部门覆盖到所有窗口。增设审批公告公示系统，服务对象可随时了解到自己报批事项完成办理的情况。增设对办件质量、服务态度的“一事一评”系统，满足管理层收集办事群众对窗口工作人员的服务满意度的调查了解。公布涉企收费目录，规范收费操作方式，并与财政专户联接，强化绩效评估和投诉处理工作。

【作风建设】开展“效能建设在窗口，我为小康作贡献”主题教育活动、“建设一流软环境”作风建设活动及“走进你我他”服务月活动，出台中心建设“二十点”；在党员骨干中开展“学习十七大、学习新党章”主题教育活动和“坚定理想信念、坚持廉洁从政”主题教育活动，对中心党员提出“五带头五自觉”。向各服务窗口提出“五办”措施，即对群众反映的亟待解决的问题，要坚持高效快捷“立即办”；对群众反映的一些老大难问题，要坚持迎难而上“主动办”；对基层反映的重大问题或带有普遍性问题，要坚持深入基层“上门办”；对一些条件暂不具备或一时难以解决的问题，要坚持创新思维“变通办”；对一些涉及面较广、政策性较强的问题，要坚持不遮不掩“公开办”，真正做到办一件、成一件，让基层、企业、群众满意。举办“效能建设在窗口”演讲比赛。创新服务载体，改革服务方式，提出“四诊式一爱护”服务方式，即强化窗口受理，提供“门诊式”服务，做到即办件立即办、承诺件限时办、补办件一次告知办。建立绿色通道，提供“急诊式”服务。建立中心领办、窗口直办、代办员代办三位一体的服务模式，形成三位一体共同参与办件的快速通道。实行预约办理，提供“出诊式”服务。对急需办理的事项，实行登门服务，现场审批。完善联办制度，提供“会诊式”服务，强化服务要素的有机整合和服务窗口的有机联动，缩短内部审批的流转周期，提供快捷服务。一爱护，就是把爱护企业，亲近投资者，帮助企业发展作为一切工作的重心。年内，中心被评为2009年度人民满意机关。（冯小娟）

住房公积金管理

【概况】2009年，市公积金中心围绕市住房公积金管委会第七次全体会议确定的工作目标，加大政策宣传和归集扩面工作力度，加强监督检查，服务住房保障，各项业务指标全面超额完成，全市住房公积金制度保持稳步发展势头。

【归集工作】全市新增开户单位367个，新增开户人数26951人；期末缴存人数26.21万人，覆盖率82%。全年归集住房公积金12亿元，比上年增长16%。至年末，全市累计归集住房公积金60.91亿元，归集余额35.7亿元，比上年净增5亿元。

【提取工作】 全年职工因购建房、退休、还贷等提取使用住房公积金6.96亿元，占当年住房公积金归集额的58%，比上年增长79%。

【贷款工作】 全年为7720户职工发放个人住房公积金贷款16.13亿元，占当年住房公积金归集额的140%，比上年增长108%。全市当年回收个人住房贷款6.55亿元。至年末，全市累计发放公积金贷款58.27亿元，个人贷款余额32.48亿元，占归集余额的91%，个人住房公积金贷款逾期率为0.05‰，创历史新低。

【廉租房资金】 年内，中心向市政府提供廉租住房建设补充资金168万元，向有关市（县）政府提供廉租住房建设补充资金210万元。 （景忠）

机关事务管理

【概况】 2009年，市级机关事务管理局坚持“三服务”方向，积极履行部门职能，发展后勤经济，优化运行机制，细化工作标准，落实工作措施，完成各项目标任务，被评为泰州市“作风建设先进单位”。

【机关国有资产管理】 配合市纪检、监察、财政部门对市级行政事业单位房地产情况进行清理，推进市级行政事业单位房地产权证办理工作。制定《市级机关公有周转住房管理办法》，登记、核查公有周转住房使用情况，收回空关周转房7套，维修、出新周转房12套，追缴租金6.7万元。

【机关财会管理】 坚持“无预算无计划不开支，有预算有计划不超支”的原则，65个归口管理单位无一超预算开支。与归口单位实行双向监管制度，坚决杜绝“小金库”和“账外账”。全年结算1.6万笔2.4亿元，审核原始凭证20多万张，录入记帐凭证3万多张，财务账务无一差错，服务满意率100%，被表彰为“预算编制工作先进单位”和“决算编制工作先进单位”。

【机关公务用车管理】 及时核定调整车辆编制数，严把车辆更新、报废、维修鉴定关，全年鉴定车辆220多台次，审核820辆公务车维修费用，核减维修资金近180万元。加强对公务车驾驶员的管理，出台《泰州市市级机关驾驶员管理规定》，开展“红旗车驾驶员”评比活动，及时奖励红旗车驾驶员，通报违规情况，全年无违章无事故的驾驶员达65%，比上年增加17个百分点。

【机关后勤服务保障】 完成人代会、科治会等全市重大活动的后勤服务保障工作，实现零失误。放大“全国物业管理示范大厦”的示范效应，机关综合办公楼实现常管常新。全年为机关各单位提供维修服务3600多次，完成率100%，实现300多台（套）设备设施运行、网络维护零故障。近200万份的报刊分发、文件交换、文档存阅报送实现零差错。安全保卫和车辆服务实现零事故。全年投入185万元实施改造和维保项目33个。自主开发会议登记和门卫接待服务软件，提高服务效率。物业服务贴近业主，不断完善“一站式”综合服务和个性化服务功能，增设便民服务中心，受到业主欢迎。府园公司优化营养菜谱，开发菜肴新品，增设80多个餐位，缓解餐位紧张的矛盾，全年提供就餐服务40多万人次，洗浴、美发、健身等服务近7万人次。机关食堂先后获“全国十佳诚信餐饮企业”、“江苏省餐饮名店”、“市食品卫生A级单位”等称号。

【机关生活服务】 提高食堂前台服务水平，提供优美舒适的就餐环境；提高菜肴制作水平，合理制订菜谱，增加菜肴品种，加大新菜开发力度，全年共接待早餐68640人次、中餐352176万人次、晚餐65472万人次；克服副食品价格持续上涨的困难，降低服务成本，努力维持原有菜价。加强对公务接待前台服务员的培训，合理制订菜谱，努力发掘新菜。加强重要接待工作，全年共接待宾客2.66万人。为市委、市政府重大会议、活动及市级机关各部门提供礼仪服务，全年共服务会议35场次，其中重要的服务有市人代会、市“双治会”、省园博会等。美容美发根据顾客的不同需要，提供个性化服务，共接待美发人数6400人次；浴室利用停业期间进行系统维修，全年共接待洗浴人数5.6万人次；健身区继续实施免费服务，并提供健身指导。

【机关幼教】 加强教师队伍素质建设，实施“教师专业成长工程”，多名教师在省、市各类教学比赛中获奖，20多篇教学科研论文在核心期刊上发表。机关幼儿园“半日开放”活动吸引全市50多所幼儿园的200多名园长和骨干教师前来观摩学习，放大“省优质幼儿园”的优质效应。

【机关公共机构节能】 全面贯彻《公共机构节能条例》，组织开展节能宣传、调研、能源统计、用能设备检测、节能产品展示推广等工作，在全省率先制定市级公共机构节能规划和考评办法，并申请将节能工作纳入市级机关年终考评的汇报内容；积极申报省级节能建筑改造专项引导资金，投入30多万元改造机关综合办公楼中央空调末端控制开关，节能管理成效明显。机关事务局被表彰为“全市节能工作先进单位”。在省政府对各市政府节能工作考核中，泰州市市级公共机构节能工作项目获满分，居

13个地级市前列。

【重点工程建设】 加强建筑材料、现场组织、施工工艺等方面的管理，有序推进工程项目建设。在建筑面积1.6万平方米的AB楼建设中，克服因功能调整导致的项目变更多、工程量加大、资金不足等诸多困难，确保工程竣工交付，缓解机关办公用房紧张的矛盾；在建筑面积5.3万平方米的溢景园项目建设中，克服降水量多、入冬早等不利条件的影响，140天完成主体结构封顶，并通过“市级文明工地”验收。

【行业指导】 加强与市区机关事务管理部门的沟通联系，开展业务交流指导活动。开展市区公共机构节能调研，推动全市的公共机构节能工作。高港区事务管理局实施茶水炉电改汽、中央空调制暖改造，有效促进节能降耗，在全市考核中获满分。姜堰市事务管理局协调国土、教育、卫生、交通等部门，对办公楼电梯、空调、照明、办公能耗实行分类计量。靖江市事务管理局开展调研论证，做好前期准备工作，确保市行政中心顺利搬迁和有序运转。泰兴市事务管理局完成市人代会、银杏艺术节等重大接待保障任务。兴化市事务管理局加大对涉改车辆的管理力度，认真审核交通补贴发放，严格公务车报废、报修和维修费用审核，节约财政开支。海陵区政府办行政科对区级机关大院的卫生状况、停车秩序进行集中整治。

【信息工作】 年内，机关事务理论工作文章、信息被各级各类报刊、网站采用100多篇，比上年增长近20%，信息采用量居全省同行第一。《泰州机关事务管理》刊物被评为市档案精品文化一等奖。

【爱心公益活动】 开展社区共建、扶贫济困、爱心捐助等活动，全年共捐款55万多元，好人好事入选“泰州百姓新事”。 （攀 峰）

机关事务管理局党组中心组学习交流会

政协泰州市委员会

综　　述

【概况】2009年，市政协按照市委三届六次全会的部署要求，紧紧围绕“保增长、保民生、保稳定”，认真履行政治协商、民主监督、参政议政职能，圆满完成全年各项工作任务。

【促进中小企业加快发展】为促进中小企业加快发展，市政协组织委员深入调研，形成调研报告和考察报告，向市政府提交《关于促进中小企业发展的建议案》。组织委员对全市金融机构服务中小企业工作进行视察，并召开由市人行、银监分局、农行、中行等11家金融单位参加的座谈会。举办“企业家沙龙”。

【为文化泰州、生态泰州建设建言献策】围绕文化泰州建设建言献策。选择“建设文化创意产业园”课题进行调研，形成调研报告；针对文化体制改革工作开展专题调研，并向市政府提交建议案；市政协主席会议对凤城河风景区、稻河古街区和省泰中老校区改造建设情况，进行视察和协商；与泰州师专联合开展泰州历史文化研究，完成《泰州历史文化概述》课题调研。围绕生态泰州建设开展调研考察，形成调研报告，并召开市政协三届七次常委会议协商讨论，向市政府提交建议案；市政协主席会议就城区水环境整治工作进行专题协商，组织委员视察节能、秸秆禁烧两项工作。

【关注民生】围绕高校毕业生、农民工和城镇困难群众“三大群体”的就业问题，组织开展议政日活动。围绕市区改善民生10件实事，召开市政协主席会议专题协商。围绕农产品质量安全工作，组织委员视察部分农产品生产基地、批发市场、农贸市场，与市政府及市农委开展协商。全体政协委员、政协各参加单位共提交提案328件，其中与民生紧密相关的提案有238件，占73%。通过主席和副主席分工督办、召开协商办理座谈会、提案办理“回头看”等形式，加大提案办理力度。所有提案全部办复，委员满意和基本满意率100%。提案已经落实、基本落实和列入计划逐步解决的312件，占提案总数的95%。

重要会议和工作

【市政协三届二次会议】1月10日～13日召开。会议应到委员351名，实到委员339名。会议分组学习市委书记张雷在开幕式上的讲话；审议通过市政协主席陈克勤所作的常务委员会工作报告和市政协副主席周书国所作的提案工作情况的报告；听取和讨论市长姚建华所作的政府工作报告和其他报告。大会收到网上和书面提案291件。其中，市各民主党派、工商联、人民团体以及市政协专门委员会提出集体提案23件，委员和委员联名提案268件。按提案内容分：经济科技类76件，占26%；城乡建设类89件，占31%；文教卫体类63件，占22%；政法劳动人事类51件，占17%；政协统战类12件，占4%。会议审议通过关于市政协三届二次会议提案初审情况的报告和会议决议。在泰省政协委员以及有关方面负责同志应邀列席会议。

【政协常委会议】市政协三届五次常委会议。1月9日召开。会上，市政协秘书长焦建华作市政协三届二次会议筹备工作报告。会议通过市政协三届二次会议日程、大会秘书长和副秘书长名单、大会执行主席分工名单以及决议起草委员会名单。市政协主席陈克勤主持会议并讲话。

市政协三届六次常委会议。1月12日召开。会议协商通过市政协三届二次会议《决议》（草案）。市政协主席陈克勤主持会议。

市政协三届七次常委会议。3月20～21日召开。围绕加快推进生态泰州建设议题开展协商讨论，并赴苏州市参观学习，通过《关于加快推进生态泰州建设的建议案》。会议审议通过《关于充分发挥政协委员主体作用的意见》。

市政协三届八次常委会议。6月25日召开。会议听取副市长卢佩民所作的关于全市上半年经济工作情况的通报，听取市科技局近年来工作情况汇报；协商通过《关于促进我市中小企业发展的建议案》。会议决定撤销张进华政协泰州市第三届委员会委员资格，其常务委员资格自然终止。

市政协三届九次常委会议。9月24日召开。会议听取市政府关于2009年以来政协提案办理工作情况的通报，听取市政协民主评议市科技局工作综合报告，并进行协商讨论；对市科技局工作进行民主测评。

市政协三届十次常委会议。12月22日～23日召开。会议决定，市政协三届三次会议于2010年1月18日至21日召开。会议听取市委常委、市纪委书记陈国华，副市长、公安局长戴胜利，市中级人民法院院长张培成，市人民检察院检察长陈勤所作的工作情况通报，并分组进行讨论。会议审议通过市三届政协《常委会工作报告》和《提案工作报告》及报告人名单；审议通过关于召开市政协三届三次会议的《决定》；协商通过优秀政协委员名单及有关人事事项。

【政协主席会议】 2009年，市政协召开11次主席会议。

2月20日，召开市政协三届十二次主席会议，专题协商全市电信通讯事业发展工作，听取泰州电信公司、泰州移动公司的工作汇报，并开展协商。会议审议通过2009年市政协工作要点。

3月16日，召开市政协三届十三次主席会议，专题讨论城区水环境整治工作，听取市水利局有关工作情况汇报并开展讨论。

4月28日，召开市政协三届十四次主席会议，就全市开展“三服务”活动情况开展专题协商。主席会议成员视察江苏泰事达电气有限公司、泰州新源电工器材有限公司等2家企业，听取企业生产经营、应对危机情况介绍，了解市政府及相关部门在“三服务”活动中帮助企业协调解决问题的相关情况。副市长卢佩民到会通报情况并听取意见。

5月13日，召开市政协三届十五次主席会议，专题讨论城区重点工程建设工作。市委常委、常务副市长杨峰到会通报情况并听取意见。

6月23日，召开市政协三届十六次主席会议，就国税、地税工作进行专题协商，听取市国税局、市地税局相关工作情况汇报并开展讨论。

7月23日，召开市政协三届十七次主席会议，就全市重点项目建设及中央新增投资项目上争情况开展专题协商，听取市发改委相关工作情况汇报并开展讨论。

8月27日，召开市政协三届十八次主席会议，听取市人行、银监分局近年来工作情况的汇报并开展协商讨论。

9月25日，召开市政协三届十九次主席会议，就现代农业发展情况开展专题协商。主席会议成员视察泰州市绿色宝贝有机蔬菜有限公司、姜堰市溱湖龙虾养殖示范基地、泰州市中艺农业生态园和姜堰市之春养殖专业合作社等4个现代农业现场，听取市农委有关情况汇报并开展协商讨论。

10月27日，召开市政协三届二十次主席会议，专题协商保障和改善民生工作。副市长曹玉梅到会通报2009年市区改善民生10件实事进展情况并听取意见。

11月25日，召开市政协三届二十一次主席会议，听取市财政局关于全市财政工作情况的汇报并开展协商讨论。

12月21日，召开市政协三届二十二次主席会议。会议讨论并原则通过《中国人民政治协商会议泰州市第三届委员会常务委员会工作报告》（讨论稿）、《中国人民政治协商会议泰州市第三届委员会常务委员会关于二次会议以来提案工作情况的报告》（讨论稿）、市政协三届三次会议有关事项、优秀提案建议名单及市政协三届十次常委会议议程、日程。会议还讨论有关人事事项。

【驻苏全国政协委员座谈会】 4月24日～25日，驻苏全国政协委员座谈会在泰州召开，29名驻江苏全国政协委员围绕“建设创新型省份”主题举行座谈。省政协主席、党组书记张连珍主持座谈会，全国政协常委、社会和法制委员会副主任许仲林，省政协副主席周珉、陈凌孚、陈宝田、包国新、程崇庆、周健民等参加。市领导张雷、姚建华、陈克勤、何榕等陪同调研或参会。省有关部门领导、全省各市政协主席、市政协副主席周书国、马云、王东、殷美娟、胡冬生、姚社成、黄立红及秘书长焦建华出席会议。座谈会上，全国政协委员宋余庆、言恭达、邢定钰、周岚等先后发言。与会人员听取了泰州师范高等专科学校校长、教授徐金城所作的泰州历史文化概述讲座。

【全国政协信息联系点会议】 5月20日，全国政协信息联系点第十次会议在泰州召开。泰州市政协、北京海淀区政协、内蒙古赤峰市政协等全国10个信息联系点参加会议，交流和探讨社情民意信息工作。全国政协信息局副巡视员贾燕赓，省政协副秘书长、研究室主任丁泽生，市领导陈克勤、王守法、周书国、殷美娟出席会议。

【委员学习报告会】 11月9日，市政协举办委员学习报告会。会议邀请省政协副秘书长、研究室主任丁泽生就政协委员如何开展调研和视察作专题辅导，邀请省政协学习委员会主任、《群众》杂志社主编周毅之就人民政协基本理论作专题辅导。全体政协委员、市各党派和工商联全体人员出席会议。 驻泰省政协委员和市政协联谊会全体会员应邀参加报告会。

2009年泰州市政协主席走访活动一览表

表2

时 间	走访部门
4月13日	泰州市电信局
4月14日	泰州市粮食局
7月16日	泰州市公安局
8月13日	泰州市检察院
10月20日	泰州工商局

2009年泰州市政协委员视察活动一览表

表3

时 间	视察内容	参加领导
2月26日	视察金融服务中小企业工作	政协副主席王东、姚社成
3月26日	视察对台招商引资工作	政协副主席王东
3月31日	视察农产品质量安全工作	政协副主席殷美娟、黄立红
5月7日	视察节能工作	政协副主席王东、姚社成
5月12日	赴镇江市学习考察宗教文化建设工作	政协副主席姚社成
5月21日	视察村镇规划建设管理工作	政协副主席周书国、胡冬生
6月3日	视察秸秆禁烧工作	政协副主席周书国、胡冬生
7月30日	视察交通重点工程	政协主席陈克勤，副市长张爱平，政协副主席周书国、金文鸾、殷美娟、胡冬生、姚社成、黄立红，
9月16日	视察泰州长江公路大桥建设工地	政协副主席王东
10月21日	视察旅游工作	政协副主席王东
11月25日	视察市区城建重点工程	政协副主席周书国、胡冬生
11月26日	视察市看守所	政协副主席殷美娟
12月28日	视察数字城管工作	政协副主席周书国、胡冬生

【反映社情民意】 加强社情民意信息工作指导。年初，全国政协信息联系点第十次会议在泰州召开。做好会议材料准备及会务安排工作，积极参加会议讨论交流；组织召开全市政协社情民意信息工作会议，传达全国政协信息联系点会议精神，表彰信息工作先进集体、先进个人，对做好2009年度的信息工作提出明确要求。定期向委员发放有关学习参考资料，帮助委员提高信息工作水平。结合形势发展要求，分阶段下发2000多份社情民意征集要点，帮助委员了解中央的大政方针，掌握党政工作动态，有针对性地反映情况，提出意见和建议。及时寄发用稿情况通报，调动各方面做好信息工作的积极性、主动性。

拓宽社情民意信息渠道。坚持把反映社情民意信息与政协例会、调研、视察、政情通报、民主评议等有机结合起来，发挥政协的整体优势，广辟信息来源。积极发挥市各民主党派、工商联的作用，加强沟通联系，及时反映社会各界的呼声和要求。主动走访政协委员，召开社情民意恳谈会，听取各方面的意见和建议，进一步畅通社情民意信息渠道。

做好社情民意信息整理编报工作。对每一份社情民意信息坚持严格把关，认真审核，保证上报送给领导审签的社情民意信息及时准确，严谨真实。年内，编报《社情民意》内刊280期，其中被全国政协信息局采用15期，省政协采用11期，市领导批示12期。“建议国家降低高效农业保险门槛”、“加大废钢市场控制力度”、“药企GMP认证标准急需更新”等社情民意引起中央和省、市领导的重视。市政协连续12年被全国政协办公厅评为信息工作先进单位。

【提案办理】 全体政协委员、各民主党派、工商联和有关人民团体，围绕市委、市政府中心工作，关注社会热点难点问题，积极运用提案形式建言献策，在“保增长、保民生、保稳定”，推进全市经济社会协调可持续发展中发挥积极作用。全年共征集提案328件，经审查立案324件。其中集体提案26件，委员个人和联名提案298件。关注应对金融危机方面的提案82件，占提案总数的25%；关注文教卫体社会事业方面提案77件，占提案总数的24%；关注中心城市建设、城乡协调发展方面提案96件，占提案总数的30%;关注社会保障和民主法制方面的提案69件，占提案总数的21%。经过承办单位办理，提案已经解决、基本解决或措施已经落实的125件，占39 %；已列入计划逐步解决的183件，占56% ；因条件限制，目前无法解决的16件，占5 %。委员反馈意见满意的295件，占91% ；基本满意的29件，占9%。

【民主评议市科技局】 6月～9月，市政协组织20多名委员和机关部分人员，分科技创新、科技管理与政策、“三服务”及机关作风建设三个评议小组，对市科技局工作开展评议调查。各评议小组听取市科技局总体工作情况及三个受评小组报告，查阅台账资料，召开相关部门和企事业单位负责人座谈会，实地走访靖江市、兴化市、海陵区科技局，发放征求意见表300多份，赴省科技厅征求了解对泰州市科技局工作的意见，形成4份调查报告。市政协常委会进行集中评议，通过《民主评议市科技局工作综合报告》。市政府高度重视市政协的民主评议工作，分管副市长参加有关重要活动。市科技局积极配合评议调查活动，坚持以评促建，边评边改，推动民主评议取得实效。

重要建议和重点提案

【关于加快推进生态泰州建设的建议】 1月～3月，市政协对推进生态泰州建设工作进行专题调研，形成调查报告，经过市政协三届七次常委会议审议，形成《关于加快推进生态泰州建设的建议案》，报送市委、市政府。建议：一、加强组织领导，健全生态市建设工作机制。建立健全组织领导机制；建立健全规划引导机制；建立健全目标责任考核机制。二、加大宣传力度，营造全社会支持、参与生态建设的浓厚氛围。加强对各级领导干部生态环保理念的宣传；强化对企业法人环保法律法规和生态环保知识的宣传，加大对环保违法企业的曝光力度，推进企业清洁生产、集约发展；加强对社会公众的宣传。三、突出结构调整，加快构建节能环保型产业体系。加快调整优化工业结构；大力发展循环经济；加快发展现代服务业，高水平推进现代物流业。四、结合社会主义新农村建设，推进农村环境不断改善。尽快编制泰州市生态农业发展规划；加强农村生活污染防治工作；高度重视农村饮用水安全问题；提高秸秆综合利用水平；强化畜禽养殖污染防治。五、推进中心城市环境工程建设，促进城市品位不断提高。加快创建国家园林城市建设步伐，全面提升城市绿化水平；加快活水工程建设步伐，尽快改善市区河道水质状况；完善污水截流管网系统，提高污水收集和处理能力。

【关于促进中小企业发展的建议】 3月～5月，市政协对全市中小企业发展情况进行专题调研。经过市政协三届八次常委会议协商讨论，形成《关于促进我市中小企业发展的建议案》，报送市委、市政府。建议：一、转变思想观念，健全工作机制，形成促进中小企业发展的工作合力。二、充分发挥政府的引导、扶持和推动作用，促进中小企业健康发展。引导中小企业转变发展方式；落实相关资金扶持政策；加大科技支持力度，促进企业提高自主创新能力。三、加大金融支持力度，缓解中小企业融资难。转变服务观念；创新服务品牌；建立灵活审慎的信贷服务模式。四、构筑中小企业社会化服务体系，促进企业提高管理水平；加快推进中小企业服务中心建设；建立培训平台；建立完善信息服务平台；建设公共技术服务平台。

【关于推进文化体制改革工作的建议】 5月～8月，市政协围绕推进泰州市文化体制改革课题进行调研，形成调查报告。市政协三届十八次主席会议对调查报告进行协商讨论，通过《关于推进我市文化体制改革工作的建议案》。建议：一、加强舆论引导，夯实文化体制改革工作的思想基础。二、培育市场主体，推进国有经营性文化事业单位转企改制。从有利于增强活力的角度全面推进剧团改制工作；从有利于发展新兴文化产业的角度有序推进“剥离”工作；从有利于发展泰州文化旅游业的角度组团开发文化资源。三、创新运行机制，提高公益性文化事业单位服务水平。实现激励机制的转变；实现投入方式的转变；实现工作重点的转变。四、转换政府职能，创新文化管理体制。调整文化行政管理机构；重新核定文化行政管理部门职能；组建文化市场综合执法支队；设立国有文化资产监督管理办公室。五、强化组织领导，完善有关配套政策。强化组织领导；落实推进改革的各项优惠政策；研究出台财政保障措施；鼓励社会资本参与文化建设。

2009年泰州市政协主席、副主席督办重点提案一览表

表4

提案人	重点提案	领导分工	主办单位	会办单位
民　盟	关于周山河街区失地农民保障问题的建议	胡冬生	周山河街区	劳保局 国土局
民　建	关于市区住房保障工作的几点建议	金文鸾	建设局	
农工党	关于在主城区建立规范农产品批发市场的建议	黄立红	发改委	农　委 工商局 规划局
经科委	“堵、疏、用、补”四着并举 大力推进秸秆禁烧工作	王　东	农　委	财政局
丁　南	关于加强职业培训，提高我市返乡农民工素质的建议	陈克勤	劳保局	财政局
潘林元	发展养老服务，应对银发浪潮	马　云	民政局	
钮晓东	关于加快我市中小企业信用担保行业发展的建议	姚社成	经贸委	人　行 财政局 银监局
商翠云	科学合理地规划布局临街、临路商品房底层商铺	周书国	规划局	
胥利民	应对金融危机，简化办证程序、规范收费标准，增强企业抗风险能力	殷美娟	国土局	建设局 物价局

（周　云）

民主党派·工商联

民革泰州市委员会

【参政议政】 在市政协三届二次会议上，民革市委作《落实管理，加大力度，进一步推进义务教育均衡发展》大会发言，提交《关于尽快落实土地出让金政策，加快泰州市耕地质量建设的建议》、《关于泰州市政策性农业保险的建议》、《关于泰州市新农村建设的几点建议》、《关于促进义务教育均衡发展的建议》、《关于加快推进“文化泰州”建设的建议》计5件集体提案，民革成员提交市政协委员提案22件，海陵区、高港区政协委员提案12件，市人大代表议案2件，省政协委员提案1件。市政协委员提案《关于加强职业培训，提高泰州市返乡农民工素质的建议》被列为主席督办的重点提案，人大代表建议案《社区医疗服务亟需再推进》得到人大主任督办。10件优秀提案入选《群英风采—江苏民革优秀提案选集》。全年民革成员共上报社情民意40条，其中，全国政协采用2条，民革中央采用9条，《通扬线航道建设迫在眉睫》信息得到副省长史和平批示。民革市委连续7年被市政协表彰为信息工作先进单位，获省民革信息工作先进集体一等奖。

【组织建设】 年初举行新春团拜会暨表彰大会，表彰2008年度“创优争先”活动中的7个先进支部和15名优秀党员，市委副书记王守法到会讲话。召开支部工作研讨会，支部主委围绕“怎样成为一名称职的支部主委”、“如何创造性地开展支部工作”，进行深入探讨。举办党员培训班，听取和观看“泰州文化建设讲座”、“台海形势报告”和“科学发展观报告会录像”。2009年，泰州民革发展新党员12人，至年末累计有民革党员168人。年内，民革机关增设“组织宣传调研处”。

【思想建设】 转发省民革《关于各民主党派深化坚持走中国特色社会主义道路学习教育活动的意见》，要求基层支部开展学习教育活动。组织市委委员、支部委员参加“全市统一战线学习中共十七届四中全会精神报告会”，组织新党员集中收看《民革中央学习贯彻科学发展观讲座》，提高广大党员思想政治素质。积极参加年内各项主题纪念活动，推进思想建设。年内，泰州民革成员2幅书画作品入选上报民革中央“盛世风采——庆祝中华人民共和国成立60周年民革全国书画展览”。为纪念人民政协成立60周年以及多党合作制度确立60周年，泰州民革党员共上报25篇文章，其中3篇入选参加省社会主义学院、省政协学习委员会、省各民主党派联合编纂的《携手共进》论文集。组织参加民革江苏省委举办的“祖国颂”文艺汇演，获优秀表演奖。

【心系台湾台风捐款】 8月，台湾高雄遭遇“莫拉克”台风，台湾同胞生命、财产遭受重大损失。民革市委及时召开“心系台湾受灾同胞”捐款大会，各支部及党员共捐款2万元，成为泰州红十字会接受的第一笔对台捐款。

【党员风采】 3月，市政府表彰2008年度科学技术进步奖，民革党员何瑾、顾莉、冯亚明3人获二等奖。10月，民革党员朱玉荣获市政协“庆祝人民政府成立60周年”书画展优秀奖三等奖。10月，台湾国民党主席换任，民革党员黄太生以树叶雕刻作品寄送吴伯雄、马英九以示祝贺。11月上旬，收到台湾国民党主席办公室致谢函和吴伯雄亲笔信。

【交流交往】 6月～7月，上海浦东民革建平中学支部和浦东民革区委会分别到泰考察交流，参观大浦中心小学、省泰中旧校址以及五巷古民居保护区和溱湖湿地风景区，并与民革市委交流支部班子建设情况，浦东民革区委主委、浦东人大常委会副主任蒋健参加考察交流。8月，镇江民革机关在镇江民革主委、镇江政协副主席宋余庆的带领下到泰交流民革自身建设情况。9月，民革市委主委奚爱国带队赴镇江民革学习考察中山学校办学情况。

（陈亚明）

民盟泰州市委员会

【参政议政】 2009年，民盟市委领导参加市委、市政府召开的座谈会，列席市政府全会，就泰州市文化建设、技能人才培养和对市政府工作报告的修改提出意见。参加市委和市委统战部学习贯彻科学发展观征求意见座谈会以及党外人士学习研讨班，听取情况介绍，开展交流，建言献策。调研报告《大力推进污染减排，建设绿色生态家园》被民盟省委采用为省政协十届二次全会大会书面发言。在市政协三届二次全会上，提交《关于进一步加强全市自主创新的思考与对策》等4件集体提案和18件个人提案；会议期间的“切实加强城市长效管理”专题协商会上，民盟3位委员作现场发言；集体提案《关于周山河街区失地农民保障问题的建议》被列为主席督办重点提案，市委书记张雷、常务副市长杨峰先后作出批示，市长姚建华主持召开协调会议，使提案建议得到落实。年底报送民盟省委调研报告4份。在县（市、区）政协全会上，靖江市、海陵区、高港区的盟内委员共提交提案38件，靖江总支在靖江市政协全会上就和谐文化建设作大会发言。开展“我为应对国际金融危机影响献一策”活动，向新社会阶层人士发放倡议书和征求意见表，民盟市委主委董勤在市政协委员议政日活动中，就做好困难群体就业工作提出建议。全年共编报社情民意40多条，12条被市政协采用，10条被民盟省委采用、2条被民盟中央采用。盟员戴金龙的社情民意《关于加快推进江苏港澳个人游全面开放的建议》被省政协采用。戴金龙被民盟省委表彰为2009年信息工作先进个人。加强和改善对专委会工作的领导，强化对专委会学习、调研的指导，提高参政议政工作水平；增设新社会阶层人士专委会，专委会数量达8个；各专委会全年完成7篇调研报告和一批社情民意。参加市政协和政府部门组织的民主评议、行风监督活动，全年有20多人次被聘为各行业的行风监督员，其中省级部门行风监督员2人次。

【社会服务】发挥优势、突出特色，探索和完善社会服务工作模式。年内，正式启动民盟泰州市委“农村教育烛光行动”，由民盟市委牵头，以民盟海陵区实小支部为主体、海陵区实验小学为基础，以顶岗交流为活动亮点，在教育教学、学校管理等方面，对兴化市城东镇中心小学开展为期3年的教育教学培训、指导、帮扶工作。开展多种形式的服务活动。春节前，组织盟内专家、艺术家赴海陵区朱庄乡，参与市委统战部举办的“走近你我他”服务活动，为当地村民开展义诊，提供健康、农技咨询，书写春联，走访慰问福利院孤寡老人。中医院支部与中医院心血管内科联合举办“全国高血压日”活动，以专题健康讲座、义诊咨询和健康知识互动等多种形式，提高公众健康意识。组织盟内医疗专家赴海陵区九龙镇开展“三下乡”义诊活动，为附近居民和学校教师提供服务。教工支部老盟员组织为台湾台风灾害捐款活动。

【组织建设】开展机关内设机构的职能梳理，增设组织宣传调研处，完善机构设置。经基层民主推荐和考核评比，民盟市委对4个先进支部和32名优秀盟员进行表彰。根据民盟省委新修订的基层组织考评标准和程序，在2009年度考评工作中将基层组织自评与民盟市委测评相结合，推动基层组织工作自我完善。年内，综合一支部和中医院支部被民盟省委表彰为基层组织工作先进集体。继续办好春节、妇女节、教师节、敬老节期间的慰问、庆祝活动。接待民盟省委专委会考察团，参加第23次苏鲁豫皖四省部分城市盟务会议、苏中苏北6市盟务工作会议和苏南四市县级市盟务交流会。与民盟常州市委就基层组织、专委会工作的主题开展交流。参加市教育局情况通报会，开展对口交流。结合建国60周年、人民政协成立60周年、多党合作制度确立60周年等重要纪念活动，做好宣传工作。开展征文和参与书画展活动，在网站和盟讯上开辟专栏、提供资料。全年编辑《泰州盟讯》4期，更新网站新闻和各类信息66条。年内，共发展新盟员23人，其中博士1人、硕士3人、高级职称7人，平均年龄38.4岁。安排6位盟员参加党外干部培训班和民盟省委的基层组织干部培训班。盟市委副主委、中医院大内科主任王晓洪被全国妇联表彰为“全国三八红旗手”，民盟中央向她发来贺信；残奥世界冠军、市体校副校长薛兰梅入选建国60周年泰州市“突出贡献人物”30人名单。（赵筛扣）

民建泰州市委员会

【参政议政】年内，民建泰州市委参加市委、市政府、市委统战部召开的情况通报会、座谈会，列席市政府组成人员会议，并就商谈的内容提出意见和建议。围绕市委、市政府的中心工作，开展调查研究，反映社情民意，积极建言献策。在市政协三届二次会议上作《防治违法建设的思考与建议》的大会发言，并提交《关于市区住房保障工作的几点建议》、《关于新农村下建立社会养老保障的建议》、《关于在泰州市设立农业机械化发展基金推广高性能联合收割机的建议》、《关于新形势下积极推进档案开放工作的建议》等4件集体提案，其中《关于市区住房保障工作的几点建议》被列为主席督办重点提案。民建界别的委员、代表们利用“两会”平台，围绕文化建设、社会保障、城市管理、企业减负等方面的问题积极建言献策，全年共提交提案、议案65件。顾宁成、杨达、袁进、徐明撰写的提案被市政协表彰为优秀提案。民建市委被民建省委评为参政议政成果先进单位。会员缪庆阳、景兵获市政协2008年度信息工作先进个人称号。

【思想建设】加强理论学习，通过主委会、市委会、中心组学习及机关学习、支部学习等形式，提高思想认识，增强接受中国共产党领导的自觉性，坚定走中国特色社会主义政治发展道路的理想信念。参加深入学习贯彻科学发展观活动。以各项主题活动为载体，推进思想建设深入开展。结合新形势加强信息宣传工作，在各级媒体上发表理论文章、会务消息、会员风采、图片新闻等。按照民建省委的要求，及时完成省委统战部牵头组织的历届领导者和有关人物体志材料的撰写。主委金文鸾撰写的《坚持党的领导 发扬优良传统》在民建中央开展的纪念各民主党派响应中共‘五一口号’60周年”的征文活动中被评为优秀征文；民建市委撰写的《三十而立看巨变 和衷共济谱新篇》在民建中央开展的“与改革同行，为民建增光——纪念改革开放成立30周年”主题征文活动中获优秀作品奖。为庆祝新中国和人民政协成立60周年，中国共产党领导的多党合作和政治协商制度确立60周年，主委金文鸾撰写的《始终坚持党的领导 不断发展多党合作》相继在民建中央网站、《江苏民建》等刊物上发表，并获民建中央“与祖国同呼吸，与民建共奋进”主题征文活动优秀作品奖和民建省委年度新闻宣传工作优秀作品奖。民建市委在全省新闻宣传工作评比中获三等奖，并在全市统战宣传信息工作评比中获二等奖。姚如玲撰写的《浅谈科学发展进程中的民主党派的作用定位》被民建省委评为优秀论文。

【组织建设】 加强领导干部队伍建设。完善民主集中制，定期召开主委会、市委会、民主生活会。注重加强基层组织负责人队伍建设，先后组织3批8名支部主任到省社院参加为期一周的培训班，交流如何做好支部负责人的体会，学习借鉴兄弟市好的工作理念和方法，增强基层组织活力。民建高港区支部根据章程，进行支部换届选举，选举产生支部正副主任，支部的凝聚力得到提升。基层支部活动坚持“发扬传统、发挥特色、创新务实、因地制宜，在活动中求发展”的工作思路，用丰富的活动内容和方式来活跃支部生活。轻化工支部到会员所在企业参观调研；综合一支部、二支部举行座谈会，交流工作学习心得；食品支部定期以早茶会的方式进行学习交流；综合三支部利用支部活动进行投资风险教育；综合四支部组织成员调研泰州市旅游业发展。严格遵守《关于进一步做好民主党派组织发展工作座谈会纪要》精神，按照“三为主”方针，注重质量和数量，突出民建特色，规范发展程序，严把入口关，全年发展新会员10名，平均年龄36.2岁，都具有本科以上学历，会员结构得到优化。

【社会服务】 把社会服务作为履行参政党地方组织职能的重要实践活动，积极倡导广大会员奉献爱心、回报社会。主委金文鸾挂钩服务江苏宇成动力集团有限公司和江苏飞船股份有限公司2家企业。响应民建中央“思源工程”活动号召，结对帮扶计划生育困难户，继续资助郭慧琳完成九年义务教育。组织部分会员参加市委统战部开展的科技、文化、卫生“三下乡”服务活动，为群众提供法律、农业技术咨询、健康检查等服务，并慰问农村五保户。组织会员参加与城中街道办事处十社区联合举行的“学雷锋义工服务日”活动。组织捐款资助残疾人就业工作，参加市红十字会组织的“博爱万人捐” 和“慈善一日捐”活动。会员王友吾出资18万元开展尊师重教、扶贫济困等社会服务项目；会员张国兴积极参与扶贫活动，全年扶贫金额达3.9万元。 （姚如玲）

农工党泰州市委员会

【思想建设】 年内召开市委（扩大）会议、基层组织负责人会议8次，举办参政议政工作培训班和第六期骨干党员培训班。组织担任政协委员的党员和机关干部参加市政协举办的学习报告会。编印和下发学习资料，撰写、上报理论文章4篇，组织领导班子成员和骨干党员学习《六个“为什么”——对几个重大问题的回答》。组织基层骨干、机关干部参观内蒙古“农工党世纪林”、井冈山革命根据地等教育基地，开展拜访老领导、慰问祝寿、走访基层、考察座谈等活动，在全体党员中开展社会主义和爱国主义教育。以庆祝“三个60周年”为契机，开展主题征文、书画摄影作品展、文艺汇演等活动，基层共上报征文14篇、书画摄影作品30多件，农工市委民主评选出6件优秀作品奖。主委黄立红撰写的纪念文章《人民政协大舞台 民主党派展风采》在市政协编印的《人民政协大舞台》和《泰州日报》发表。在农工党全省机关党务工作会议上，1人获演讲三等奖，2件摄影作品获优秀奖。

【参政议政】 *建言献策*。主委黄立红积极协调，帮助挂钩企业泰州市梅兰春酒厂和江苏南山重工股份有限公司解决生产和经营中遇到的矛盾和困难。关心中国医药城建设，以帮助筹办健康咨询、学术讲座、实地参观等活动为载体，主动为药城企业安泰生物医药有限公司提供推介平台；邀请农工党省委《加快科技成果转化，推动我省生物制药创新》课题组专家学者来医药城开展调研。参加市政协民主评议科技局活动并负责撰写评议报告，帮助政府部门改进工作。发挥民营经济界党员在经济社会发展中的作用，推荐1人参加省委举办的民营经济界人士座谈会。参加农工党省委和市委统战部开展的“我为应对金融危机献一策”活动，报送一批有价值的信息，其中，《关于加强对中小企业纳税服务的建议》、《关于加强泰州市旅游从业人员队伍建设的建议》、《关于做好学校甲型H1N1流感防控工作的几点建议》、《关于加强秸秆焚烧长效管理的建议》、《关于泰州主城区医疗资源合理布局的思考及建议》等信息被市政协社情民意信息专报采用。

提案与调研。担任市人大代表和政协委员的16名党员共向市政协提交集体提案4篇、个人提案23件。“两会”期间，有4名党员的提案被《泰州日报》等媒体集中报道，1名党员走进广播电台参加 “两会直通车”。在市政协三届二次全会上，农工市委作《关于保障泰州市农产品食用安全的建议》大会发言，提交的《关于在泰州市主城区建立规范的农产品批发市场的建议》集体提案，被市政协确立为专题视察课题和主席督办重点提案。专题就乡

村医生养老保障问题开展调研，市政府办转发由市社保、财政和卫生三部门联合制定的《关于切实解决乡村医生养老保障问题的实施意见》，推动保障措施的落实。《人民政协报》以《农工党提案得落实，泰州市千名村医从此无后顾之忧》为题进行报道，人民网政协新闻版、人民政协网作转载。协助农工党中央文化工作委员会课题组到泰开展《推进我国城乡幼儿教育优质模式建议》调研，被农工党中央作为"极具推广价值的泰州模式"纳入课题报告。组织骨干党员就健康产业和健康保健服务业市场状况等开展调研，为促进全市健康保健服务市场发展、构建与中国医药城发展相呼应的全民健康文化提出具体意见和建议。撰写《加大引导力度，促进我市健康产业发展》和《促进健康保健服务业产业发展》2篇调研报告分别报送市政协和农工省委，被农工党江苏省委列为全省重点课题加以采用。

反映社情民意。加强与市卫生局、药监局、环保局等对口联系单位和基层中共党组织的联系，做到知情参政。发挥各级人大代表、政协委员、特约员等骨干党员的带头作用，利用专委会等工作平台，专题召开专门工作委员会会议，通过以会代训等形式，培养骨干人才。各专委会参与市委调研课题的申报，部分承担3个课题的调研工作。先后就有效应对全球金融危机扩内需保增长、加强泰州市服务环境建设、积极防治甲型H1N1流感等方面的工作建言献策，全年向市政协报送社情民意信息20多条，采用9条。杨芙蓉被市政协表彰为年度社情民意信息工作先进个人。

【组织建设】 主委黄立红、副主委汪正九参加农工省委召开的全省特约员工作会议，并作为4个地方代表之一做《充分发挥特约员作用，切实履行民主监督职能》的交流发言。先后选送1人参加农工省委在中央社会主义学院举办的领导干部培训班、1人参加农工省委举办的基层干部培训班、3人参加市委组织部、统战部组织的第11期党外干部培训班。年初召开迎春茶话会暨表彰大会，对政治交接学习教育活动5个先进基层组织、2008年度3个先进基层组织和35名优秀党员进行表彰。市委副书记、市长姚建华到会并讲话。在5月召开的农工党全国组织工作会议上，泰州高等职业技术学院支部获全国组织工作先进基层组织，黄红华、杨芙蓉、浦东3名党员获中央表彰。主动加强与有关部门联系，在中国医药城等经济发展前沿领域吸纳、培养高层次人才，全年发展新党员12人。以倡导建设学习、快乐、和谐型机关为主题，强化主动服务意识，改进机关工作作风。建立与基层联系、新老班子联系和走访慰问等制度，构建政治交接长效机制。组织收集、整理、编写解放前和过渡时期泰州农工党党史资料，填补解放战争时期农工党在泰州开展活动的空白。参与编纂泰州市《汶川特大地震抗震救灾志》，编辑双月党刊《泰州农工》5期，编发学习资料6篇，选登基层支部征文等交流材料9篇，先后在《人民政协报》、《前进论坛》、《挚友》、《农工苏讯》、人民网政协新闻版、人民政协网、农工党中央和省委网站、《泰州日报》、《泰州政协》、《泰州统战》等媒体发表文章、通讯32篇。

【社会服务】 定期做好帮扶定点乡镇卫生院的技术指导工作，为当地卫生局长和乡镇卫生院长争取免费到北京学习培训的机会。组织部分医疗专家和机关干部参加市委统战部组织的迎新春"三下乡"服务活动，开展义务咨询服务。慰问朱庄敬老院孤寡老人，在第二届"中国环境与健康宣传周"和"国际科学与和平周"期间，在市中医院举办"乙型肝炎免疫治疗新进展"专题讲座。发动各基层组织开展健康宣传和义诊活动，张贴宣传广告，到社区、街头开展宣教。在春节、高考和甲型H1N1流感等高峰期间，协助做好卫生安全工作。组织"农工党健康服务行"系列活动。（孟　军）

九三学社泰州市委员会

【参政议政】 在市政协三届二次全会上，九三学社市委共提交集体提案3篇、个人提案21篇，其中副主委潘林元的个人提案《发展养老服务，应对银发浪潮》被列为主席督办提案，《抢抓大桥发展机遇，实现路桥园同步发展》、《中小企业应依靠科技创新提升档次，提高应变能力》等2篇集体提案和《适时调整沿江地区规划，放大沿江开发效应》、《关于加大义务教育阶段孤儿社会救助力度的建议》、《发展养老服务，应对银发浪潮》等3篇个人提案被市政协表彰为优秀提案。《关于加强农村低保工作的几点建议》被省政协表彰为优秀提案。市人大代表、副主委陈鼎提出的《关于加强市区环境综合整治、长效管理的建议》被市人大常委会确定为重点建议，由市人大副主任王振南牵头督办。全年共上报信息36篇，其中被社省委采用6篇、市政协采用16篇；《有关甲流疫苗的网络舆情应予以高度重视》被全国政协采用，《建议建国60周年阅兵式中成立老兵方队》等4篇被社中央采用，《完善医药城法律保障体系，积极回应外商对知识产权保护的法律需求》被市委书记张雷批示，《关于重视真空气调保鲜项目引进的建议》被市长姚建华批示。在社省委六届五次全会上，社市委被表彰为参政议政工作先进集体，邹云翔被评为参政议政工作先进个人。俞新农、徐晓芳、邹云翔、魏友圣等4人被市政协评为优秀政协委员。

【思想建设】 组织各基层支社通过座谈会、学习会、参观等方式，深入开展学习贯彻科学发展观活动，提高履行职能的能力和水平。社市委主要领导积极参加中共泰州市委和市委统战部召开的深入学习实践科学发展观意见征求会，提出意见和建议。组织社员学习《六个“为什么”》，将其作为深化坚持走中国特色社会主义道路学习教育活动的重要内容，引导广大社员进一步增强接受中国共产党领导的自觉性和走中国特色社会主义道路的坚定性。通过网站、社刊等媒介，组织征文，开辟专栏，加强宣传报道工作。在社省委六届五次全会上，电子支社被评为思想宣传工作先进集体。

【组织建设】 全年发展新社员7人，其中高级职称2人、硕士研究生1人，平均年龄34岁。继续开展基层支社“创优争先”活动，经过交流评比，综合二支社、林海支社、电子支社被评为先进支社，医卫专委会和农林专委会被评为先进专委会，孙荣、马仁泰等22人被评为先进个人。5月，淮安市委会的基层负责人在主委李冰的带领下，到泰州就基层组织工作进行交流探讨，并考察参观林海支社“三、二、三”的基层管理体系。

【社务活动】 3月20日，社市委联合中科院南京土壤研究所的10名九三学社专家，在海陵区农业科技示范园正式启动“百名专家进乡村行动”，专家们对园区建设更加符合农业标准化操作规程方面进行指导。11月27日，在海陵区农业科技示范园举行 “九三学社专家工作站”揭牌仪式。年内，九三学社专家们免费对园区进行技术指导，其中，副教授王辉为园区做有机肥的规划，教授段增强为园区做设施栽培的指导，教授董元华为园区做土壤改良的指导。鼓励社员爱岗敬业，为推动地方经济建设多做贡献。邹云翔履行参政议政职能的经验被省检察院批转全省检察系统交流学习，同时被推举为建国60周年“泰州市有突出贡献”人物评选的候选人之一；龚为的摄影作品集《老行当》获联合国教科文组织颁发的“人类贡献奖”，同时获香港国际摄影节“金龙奖”；洪澄获市级经济普查工作先进个人称号；张荣山主持开发设计的IP65F汽油机获第三届梁希林业科技三等奖。高职院支社的成员积极开展科研工作，以主持人或主要参加人身份获省级教科研项目2项、市级科研项目1项，编写出版教材1部，通过省教育厅鉴定结题的教科研项目1项，王建、单嵩麟、刘满华、陈美珠等在国内外学术刊物上发表科研论文累计12篇。季冬被推荐为泰州市参加“江苏省优秀律师”评选活动的3名候选人之一，同时入选中央宣传部全国重大典型——法官妈妈陈燕萍先进事迹报告团，在北京人民大会堂以律师身份发言，并受到中共中央政治局常委周永康的接见。

（翟敏华）

民进泰州市总支部委员会

【民进泰州总支成立大会】 10月26日，中国民主促进会泰州市总支部委员会召开成立大会。经全体会员民主选举，吴建华当选为总支主委，常康、徐清为副主委，刘婷、胡唐明为委员。下设综合和普教两个支部，刘婷任综合支部主任委员，杨林、陆剑云为副主任委员；胡唐明任普教支部主任委员，葛士才、包继林任副主任委员。民进江苏省委副主委徐菊英、市委统战部常务副部长王考、泰州市各民主党派和工商联负责人以及会员所在单位的中共党组织负责人到会祝贺。民进省委组织处处长胡彦宁宣读民进江苏省委“关于同意民进泰州市总支部委员会组成人员选举结果的批复”；民进省委副主委徐菊英代表民进省委向民进泰州市总支授予“中国民主促进会泰州市总支部委员会”公章。泰州市兄弟民主党派代表致贺词。

【组织建设】 民进组织1996年开始在泰州市发展会员，1999年6月成立民进泰州临时小组，2003年5月成立民进泰州市小组，2005年12月成立民进泰州市支部。至年末，有会员40人，主要分布在高教界、普教界、科技界等。会员均具有大学以上文化程度，其中高级职称人员占66%，有市政协委员5名、区政协委员3名。7月21日， 师专青年教师刁龙、杨翔，实验中学教师孙卫国、钱秀珠，智堡中学教师王巧凤，凯达工程管理服务有限公司周斌等6名新会员参加省直工委在省社会主义学院举行的新会员培训班。建立组织以来，会员中的专家学者先后主持省部级、市厅级科研课题12项，开设各类讲座、主持或参与国家级、省市级业务性比赛活动达20多项。

【会务活动】 7月27日～30日，总支副主委常康参加民进省委举办的基层组织负责人研讨班。12月10日，民进泰州市普教支部和中共泰州实验中学党总支共同举办 “新时期基层教育统战工作研讨暨民进会员课改成果汇报会”。通过组织从事基础教育工作的全体会员在泰州实验中学观摩民进会员课改成果汇报和讲评及泰州实验中学统战工作经验介绍，引导会员积极投身教学改革创新，争做学科教学改革的带头人和示范者。 （民 进）

泰州市工商业联合会

【三届三次执委会】 2月27日，泰州市工商联三届三次执委会召开。市政协副主席、市工商联主席姚社成，市委统战部常务副部长、市工商联党组书记王考，市工商联副主席赵尚双、徐盟、霍成生、夏振宇、丁鑫、刘士钢、李书、刘荣富及常执委近80人出席会议。10多位市政府部门负责人作为市工商联的工作顾问应邀列席会议。姚社成代表常委会作题为《正确认清形势 坚定发展信心 为保持全市经济社会平稳较快发展做贡献》的报告，王考就泰州市民营企业如何应对金融危机作讲话。会议增（替）补李家生、孙佳玲、汪怀阳、朱于才等人为执行委员会委员、常务委员，增补葛忠为执行委员会委员。朱于才当选为市工商联秘书长。

【三届五次主席会议】 4月3日，泰州市工商联三届五次主席会议在靖江市召开。会议由市政协副主席、市工商联主席姚社成主持，市委统战部常务副部长、市工商联党组书记王考，市工商联副主席赵尚双、徐盟、霍成生、王秀荣、刘士钢、陆军、刘荣富，秘书长朱于才等出席会议。与会企业家副主席分别就所在企业当前的形势、今后的发展策略做全面系统的分析和探讨；王考对会议作总结性讲话。

【组织工作会议】 6月16日，泰州市工商联组织工作座谈会在姜堰市召开。会议由市政协副主席、市工商联主席姚社成主持，市委统战部常务副部长、市工商联党组书记王考，市工商联副主席徐盟、陆军，秘书长朱于才，四市二区工商联主席、党组书记、分管副主席和职能科室负责人参加会议。各市(区)工商联围绕会员发展、行业组织和镇(乡、街道、园区)商会建设及作用发挥等方面的做法和经验进行交流。

【三届五次常委会暨全市工商联工作会议】 7月24日，泰州市工商联召开三届五次常委会暨全市工商联工作会议，市政协副主席、工商联主席姚社成主持会议。会议的议题是贯彻落实市委三届七次全委会精神，总结交流工商联在引导民营企业应对金融危机方面的做法和体会及企业应对危机的典型经验，研究部署下半年的重点工作。市工商联副主席赵尚双、徐盟、霍成生、夏振宇、王秀荣、丁鑫、李书、陆军、刘荣富出席会议，市工商联三届常委、各市区工商联主席、党组书记参加会议。

【省工商联到泰调研考察】 2月24日，省工商联副主席桂德祥带队调研姜堰市工商联组织建设情况。市政协副主席、工商联主席姚社成及姜堰市领导戴庆柳、周林、陈文亚等参加调研活动。4月1日，省政协副秘书长、工商联副主席陆群带队到兴化调研民营不锈钢企业应对金融危机和企业发展情况，调研组一行对江苏申源特钢有限公司、江苏天华不锈钢有限公司等企业进行实地考察，并与戴南镇政府、不锈钢行业协会及10多名企业家代表开展座谈交流。市政协副主席、工商联主席姚社成，兴化市政协副主席、工商联主席余建年陪同调研。4月14日～15日，省工商联副主席庞辉一行4人到泰调研船舶制造业。14日，调研组在高港区区长张小兵陪同下，走访三福造船和口岸船舶两家企业，并与有关企业和区政府相关部门负责人座谈。15日，调研组赴靖江走访考察新世纪造船和新扬子船舶集团，并召开企业家座谈会，靖江市政协副主席、工商联主席毛雨华陪同调研。

【培训工作】 9月17日～18日，省档案局、省中小企业局和省工商联在泰州专场举办民营企业档案业务技能培训班，全市200多名民营企业档案工作管理人员参加培训。培训班还组织参观扬子江药业集团档案室等民营企业档案工作先进典型。11月28日，市工商联邀请全国著名品牌传播、危机公关资深专家、金陵商会副会长、新华社《江苏内参》副总编郭明全到泰作《企业家如何管控经营风险》专题报告。来自四市二区的200多家民营企业的董事长、总经理等高层管理人员参加报告会。

【联络工作】 5月18日～19日，市工商联组织5家企业参加在湖州举行的长三角十五城市民营经济和商会工作合作与交流机制第七次年会。围绕“加强交流合作、促进转型升级”主题，共同探讨新形势下长三角地区民营经济发展和商会工作的思路和举措。8月下旬～9月上旬，组织企业家参加延吉——图门江招商洽谈会，寻求合作机遇。11月，市工商联组团赴成都遂宁参加“第四届泛成渝经济商会合作峰会”。

【纳税人维权服务中心成立】 5月7日，市工商联与市地税局、有关行业商会（协会）共同组建的“纳税人维权服务中心”举行揭牌仪式。维权中心将为广大企业做好服务，加强与各部门的联系沟通工作，宣传税收政策，维护纳税人的合法权益。

【行业商会建设】 12月18日，泰州市工商联钢材贸易商会召开二届三次会员代表大会暨2009年度诚信企业表彰大会。市政协副主席、市工商联主席姚社成，市委统战部常务副部长、市工商联党组书记王考，市工商联副主席赵尚双、徐盟出席会议，市工商联副主席、钢材贸易商会会长丁鑫对商会2009年度工作进行总结，明确2010年度商会的工作重点。大会对泰州市金鑫物资有限公司、泰州市铭缘物资有限公司等18家2009年度“诚信企业”进行表彰。泰州市福建闽南商会（筹）召开第一次会员大会。12月12日，泰州市福建闽南商会（筹）召开第一次会员大会，通过商会章程（草案），选举商会第一届理事会，泰州鑫石方石业有限公司董事长傅培锋当选商会第一届理事会会长。

【民营企业家健康检查】 12月18日，市工商联组织企业家副主席赴上海瑞金医院进行高标准、安全无创伤PET/CT健康检查，并建立个人健康档案。（殷小将）

人民团体

泰州市总工会

【概况】 2009年，全市各级工会深入开展服务职工、服务基层、服务企业的“三服务”行动，以创建“工人先锋号”为载体，广泛开展“我为泰州作贡献”和“我为节能减排献一计”立功竞赛活动，引领广大职工建功立业。实施“双保共约”行动，推动企业保增长、保稳定，推动职工群众保岗位、保薪酬。以泰州市困难职工帮扶中心为平台，努力为职工群众办实事做好事解难事。开展“五星企业工会”争创活动，加强工会自身建设。

【职工技术创新工程】 实施职工技术创新工程，全市职工群众共提合理化建议8万多条，开展技术创新5000多项，创经济效益3亿多元。

【职工技能竞赛】 组织全市3万多名职工参加各类技能培训，5000多名职工提高技术等级。会同相关部门开展园林插花、环境监测、建筑架子工、造船电焊工、卫生检测、交通驾驶等十大工种职业技能大赛，市总工会直接牵头组织数控车工技能比赛。

【选树劳模先进】 全市共培植选树劳模创新工作室30多家，市总工会集中命名20家市级“劳模创新工作室”。泰州供电公司职工许杏桃及其劳模创新工作室自主开发的“供电网无功电压优化运行集中控制系统”获“全国科技进步二等奖”；授予50名先进职工“泰州市五一劳动奖章”称号。提高各级劳模补助标准，劳模待遇落实工作全省领先。

【建设“职工书屋”】 召开“职工书屋”建设现场会，分解目标任务、明确建设标准，全市建成市级示范性“职工书屋”120家。

【职工业余文化活动】 建立泰州市职工艺术团，举办市直全民健身排舞培训班，开展“我与祖国同行”职工文化系列活动，举行庆祝建国60周年“我为祖国歌唱”职工歌会。

【职工素质提升工程】 评选表彰市级“五一文明班组”47个、市级“五一文明示范岗”45个、市级“文明职工”91人。

【企业民主管理】 贯彻落实《江苏省企业民主管理条例》，编印《泰州市企业民主管理手册》，建立厂务公开合格单位考核验收制度，规范厂务公开程序。劳动争议调处融入全市社会矛盾大调解机制，建成泰州市工会劳动争议调处中心，落实诉（裁）前调解制度，成功调处60多起劳资纠纷。

【和谐劳动关系创建活动】 制定下发《关于开展企业与职工“双保共约”行动的意见》，召开构建和谐劳动关系、推进“双保共约”行动现场会，推进企业与职工签订《“双保共约”行动协约书》，共签订《协约书》5500多份。全市新增23家5A级、35家4A级“和谐劳动关系企业”，全市劳资纠纷比上年下降10%。

【工资集体协商工作】 制定下发金融危机形势下企业工资协商意见，全市各类企业共签订工资专项协议6500多份，占全市建会企业总数的98%，其中职工100人以上的企业签订工资协议3700多份，全面完成工资协商三年规划性目标。江苏省深化工资集体协商推进会在泰州召开，中央媒体、省劳动关系三方领导及业内专家到泰研讨工资协商“泰州经验”。编制完成《泰州市2010年-2012年推进企业工资集体协商工作规划》。全市工资协商建制企业职工年工资平均增长率达15%。

【职工安全生产工作】 健全工会劳动保护工作网络，开展群众性安全隐患排查治理工作，开展创建劳动保护合格（示范）工会活动，全市有4家企业工会获全省“劳动保护示范工会”称号。举办全市企业职工“安康杯”竞赛活动，全市共有1100多家企业、2600多个班组、40多万职工参加竞赛。开展职工安全生产知识培训，全年各级工会共培训职工10万多人，其中农民工4万多人。

【“公惠”助业行动】 提供无息借款18万元支持“公惠”放心早餐扩大再生产，帮助选定新厂址、配置流水线。举行“公惠”放心早餐创业6周年暨扩容工程竣工庆典仪式。扶持下岗职工创办“公惠”红麦饼屋。市区6个以“公惠”命名的创业基地共吸纳600多名职工就业。全市选树“五一创业岗”26个，带动1000多人就业。

【家政服务培训】成立工会家政服务培训中心，全市3家省总工会定点培训机构共培训符合行业标准的家政服务人员500多人。

【“阳光快车”服务品牌】实施助医、助学、助业、助困、维权5项行动，全年共开展“阳光快车”行动6次，帮扶困难职工1000多人次，发放慰问金近100万元。联合绿源电动车公司，举行电动车义卖活动，募集34000元救助金捐赠给12名重病职工。开展“阳光助学”活动，发动各级工会干部与困难职工签订《爱心助学结对自愿书》，通过实施政策性助学、帮扶式助学、集中式助学，共筹集资金490多万元，发放助学款430多万元，资助困难职工子女就学近1万名。江苏公共频道“职工知音”栏目对“阳光快车”行动作专题报道。

【工会帮扶工作】规范工会困难职工帮扶中心建设，推动帮扶专项资金纳入本级财政预算，实现地方帮扶专项资金与中央财政、省财政拨付资金1：1比例配套。年内，全市各级工会共筹集慰问款578万元，慰问困难企业近500个，慰问困难职工1万多户。建立健全市、市（区）、系统三级困难职工档案，全市建立困难职工档案近4000份，核发《特困证》700份。市直78户特困职工每月可凭证免费领取价值200元的米、油及日常生活用品，另可享受水、电、燃气、有线电视费等补贴。推动特困职工享受廉租房和经济适用房政策，帮助20多名特困职工解决住房问题。

【“农民工援助行动”】实现农民工的组织建设、技能培训、职业介绍、依法维权、困难救助“五到位”。全年共帮助农民工实现就业11200人次，提供维权服务、生活帮扶18750人次。开展农民工技能培训、组织农业开发区电脑技能培训、经济开发区建筑工培训，依托泰州技师学院开设机床操作工、无线电装接工等培训班，共培训农民工700多人。联合相关部门开展农民工欠薪大检查，保障农民工及时足额领取工资。

【工会基层组织建设】至9月底，全市共有工会会员84万多人、独立基层工会7420个，基层工会涵盖单位2万多个。先后解决泰兴、姜堰、兴化和海陵区总工会主席职务高配问题。市区从业人数较多的服装、建筑、出租车等行业均已建立行业工会。全市新增“工会工作模范乡镇（街道）”10家。开展“五星企业工会”、“双十佳”和“先进职工之家”的争创活动。

【工会基础工作】开展女职工“双争”、“爱心社”和专项集体合同工作。健全完善工会经费税务代征、财政代扣、审查审计制度，先后对高港、泰兴、兴化三个市（区）工会和部分市直工会开展下审一级工作。

【“九城市友好工会工作”论坛】9月9日～12日，“九城市友好工会工作”论坛在泰州召开，来自辽阳、伊犁、桂林、绍兴、嘉兴、无锡、南通、扬州和泰州的工会工作者就“金融危机与工会工作”进行交流，市委常委、组织部长、市总工会主席李国华出席论坛。

【工会对外交往】年内，与意大利皮斯托亚市总工会结成友好工会，泰州市工会友好代表团实现首次组团出访；接待台湾省工会大陆参访团两批。（万　进）

共青团泰州市委员会

【概况】2009年，全市各级团组织积极实施三项计划（青年创业伙伴计划、青年技能提升计划、青年人才集聚计划），加强五大建设（青少年舆情监测体系建设、青少年无形阵地建设、青少年文化建设、12355青少年服务台建设、共青团的自身建设），重点推进基层基础工作和青年就业创业工作。年内，团市委被省文明委表彰为全省未成年人思想道德建设先进集体。

【网络建团】以市内主要门户网站——泰无聊网站为依托，承担团中央网络团建试点工作。开展网络团委征名。网络征名共历时1周，网民跟帖139个，征集名称306个。在广泛征求民意的基础上，最终确定名称为e网青声。网络团委的工作目标是网聚青年心声、服务青年发展，根据泰无聊网站的现有结构，确定网络团委组织架构，设置激情创业团总支、东城河边团总支、网络传媒团总支、西坝口团总支、俱乐部团总支、健康生活团总支。开通“e网青声”网络团员注册通道，引导2200多名青年网民注册登记。开展网络团委班子直选，择优挑选8名年龄在35周岁以下、有正义感、热心社会公益事业、在网民中有一定影响力的青年网民作为网络团委候选人；各候选人在网上提交个人资料，发表竞选宣言，731名网络团员通过网络投票空间进行网络直选；根据得票数差额选举产生书记1名、副书记2名、委员7名。积极开展各项活动。西坝口团总支建立“e网青声”爱心基金，东城河边团总支组织100名网络团员到姜堰敬老院开展志愿服务，健康生活团总支组织泰州5大COSPLAY社团举办首届COSPLAY动漫秀，俱乐部团总支在高港区举办网络团员与机关团员乒乓球友谊赛。将网络青年自组织纳入团建格局，积极引导自组织向共青团靠拢，已建成12个自组织团支部，形成网络团委——团总支——自组织团支部的三级组织格局。泰州市网络建团工作得到团中央的充分肯定，拍摄专题片，作为典型教学案例在全国推广，并被评为2009年度全省共青团工作创新创优成果奖三等奖。

【青年淘宝创业大赛】 6月，启动泰州青年淘宝创业大赛。邀请淘宝大学教师到泰开办青年创业培训班。举办淘宝创业大赛进校园活动，将活动推向全市各高等院校及职业技术学校。邀请淘宝大学讲师举办8场电子商务讲座，1000多名青年学生参加培训。举办网络创业进阶培训班，300多名青年淘宝卖家参加培训，成功开设淘宝店铺200多个，经营状态良好。《中国青年报》于7月14日对活动进行专题报道。泰州青年淘宝创业大赛被评为2009年度全省共青团工作创新创优成果奖二等奖。

【大学生村官工作】 加强组织保障，制定下发《关于团组织进一步参与推进大学生村官工作的意见》，重点围绕大学生村官能力素质提升、创业致富、交流服务等方面，进一步明确团组织参与做好大学生村官工作的目标任务和具体措施。多次与各级组织部门交流沟通，“三个百分百”的目标全部完成。在市级层面建立大学生村官联谊会，各市（区）建立大学生村官联谊分会。组织大学生村官参加SYB青年创业培训班，启动“引贷富农直通车”和大学生村官创业贷款直通车项目，举办大学生村官创业方案设计大赛和“我心中的新农村”PPT作品大赛，举办“村官的成长之道——农村基层工作能力提升”讲座，成立大学生村官创业基金，服务大学生村官干事创业，助推大学生村官成长成才。坚持信息服务为本，启动“信息服务大学生村官”活动，帮助大学生村官建立QQ群、飞信群、村官网络论坛等，打造村官信息交流平台。向大学生村官赠送乡情网集团、新闻早晚报、农信通等实用信息，及时掌握各种工作和生活信息。

【青年就业创业工作】 加强基地建设，全面推进青年就业创业见习工作。成立青年就业创业见习基地工作协调小组，联系各类工业园区、创业园、科技孵化基地、经济合作组织和青商会员企业，建立各级青年就业创业见习基地126家，其中国家级基地15家、省级基地12家，提供见习岗位3342个。组织见习基地进高校、入农村，举办青年就业创业见习洽谈会7场。协调人事、劳动部门，对高校毕业生见习提供专项资金补贴，为见习青年解决后顾之忧，营造良好的就业创业见习环境。深化“泰州青年创业小额贷款绿色通道”项目，加强与海阳农合行的合作，全年新增放贷260笔，放贷金额2200万元。建立并完善“泰州青年创业项目库”，面向全市征集投资小、风险低、回收快的创业项目，全年收集并发布创业项目140个。

【青少年舆情监测体系建设】 成立领导小组，出台工作意见，按照分类试点、全面推开、调整改进等3个步骤，通过青少年舆情监测直报员、青少年网友俱乐部、青少年舆情QQ群等方式，建立起全市范围的青少年舆情监测体系。至年末，首批428名青少年舆情监测直报员已布点到位，并编印《泰州市青少年舆情信息》1期。

【团队一体化分层教育体系】 遵循不同年龄段青少年的身心特点和成长规律，科学划分不同阶段学校团、队工作的目标、内容和方法，纵向衔接、横向贯通，实现团队活动内容互补、形式分层、共同提高。围绕庆祝建国60周年、少先队建队60周年、纪念五四运动90周年重要纪念日，在全市少先队组织中开展“红歌唱响新泰州”红歌热唱活动、“红领巾与新泰州共成长”主题实践活动、“红领巾寻访共和国英模”小记者寻访活动、“民族精神代代传”等主题意识教育活动。协助举办首届全国中小学生“中华诵”夏令营，开展“泰州市十佳美德少年”评选表彰活动，培养少年儿童良好道德行为习惯。开展“大手小手相牵、团旗领巾同耀”、“缤纷社团、青春舞台”社团巡礼、“七彩青春、快乐校园”主题团日活动展示，教育引导中学生坚定理想信念，养成良好思想道德品质。组织举办节能环保我争先——“动感地带校园行”泰州市中小学生节约发明创意大赛，促进中小学科技创新活动的进一步开展。在全市高校中，组织“我爱我的祖国”大学生暑期社会实践、“志愿泰州、精彩2009”志愿服务、“赢在大学”大学生创意创业设计大赛、2009年大学生就业见习推荐会、“泰州市十佳大学生”评比等活动，开展自信心、责任感、专业性、成才力等4个方面的教育，引导大学生成为感恩、责任、忠诚、勤奋、奉献的新一代。

【青少年权益保护】 大力整治影响青少年健康成长的社会环境。积极参与以取缔“黑网吧”、查处接纳青少年上网行为和严厉打击利用网络传播有害信息等违法经营活动为主要内容的专项整治工作。通过集中专项整治，各类违法、违规经营行为得到有效控制，校园周边上网环境得到极大改善。对困难青少年群体进行帮扶，联合市电视台“小范帮你忙”栏目制作专题片4期，募集希望工程助学款120万元，发放“圆梦大学行动”助学金92.8万元，先后为282名大、中、小学生解决上学难问题。

【基层组织建设】 实施“青春燎原计划”，在全市10类团组织中选取30%作为首批实施单位，研究制定实施方案，明确创新思路和推进措施，做好工作落实。加强非公团建规范化建设，在实现组织存在的基础上加强规范化建设，按照“有班子、有台帐、有活动、有制度、有阵地、有经费”的要求，提升非公团组织自运转能力，做到“地位有保障、作用能发挥”。探索区域化团建工作。姜堰市作为团中央区域化团建首批联系点，按照有利于加强交流开展工作、有利于整合资源增强活力、有利于联系青年服务社会的“三个有利于”原则，打破原有隶属关系，按区域组建共青团共建委员会。凡在同一区域内的机关、企事业单位、学校、村、社区团组织不分隶属关系，均为共建委员会成员。做好挂钩联系工作。承办“市级团委与县级团委结对共建工作泰州推进会”，10家省属团组织与泰州6个市区进行项目结对，现场签订11个共建项目。指导乡镇（街道）组织格局创新工作。通过积极上争，姜堰市白米镇、高港区口岸街道列被为团中央试点单位；坚持靠前指导，细化组织格局创新工作方案，顺利完成团委工作班子的配备。开展团队干部培训工作，举办市直团委书记培训班和全市少先队骨干辅导员培训班，提升团队干部的业务水平和工作能力。

【团的外围组织建设】 青联评选表彰第六届“泰州市十大杰出青年”。邀请北京大学教授杨壮举办“金融危机下的领导力”报告会。首次承办青年外事友好交流活动，成功接待南亚党政青年干部代表团。推进青年商会工作。邀请著名金融专家郎咸平到泰作题为《金融危机下的中国、中国企业家思维》讲座；联合河海大学商学院专家到商会会员单位开展为期7天的管理诊断，举办商会企业家管理提升专题沙龙；召开商会会长办公会和理事会，增补副会长1名、会员11名，通过轮值会长提案。召开泰州市第三次少代会，全面回顾五年来的全市少先队工作，选举产生新一届少工委班子。不断深化青年志愿服务。以“志愿泰州、精彩2009”为主题，推出城市魅力志愿者计划、城市文明志愿者计划、城市和谐志愿者计划3大类别9个专项志愿者项目。坚持项目化推进志愿服务建设，开展帮忙志愿者乡村行、文明交通志愿者劝导行动、“火红青春辉映金色夕阳 志愿泰州共建和谐家园”等主题活动。积极参与第六届江苏省园艺博览会、全国首届“中华诵”夏令营等重大活动。全年新增国土资源保护、消防、税法宣传等各类注册志愿者8656名，招募和派遣西部计划、苏北计划、绵竹计划志愿者43名。（窦新平）

泰州市妇女联合会

【概况】 2009年，全市各级妇联，开展“六展风采”主题活动，统筹城乡妇女发展，带领妇女创业就业，推进妇女素质工程，圆满完成年度各项工作目标。年内，获江苏省五好文明家庭创建活动市级先进协调组织、省“三八”红旗集体、2009年度全省妇联重点工作考核优秀奖和2009年度全省妇联创新工作二等奖，获市级“十佳人民满意机关”、市级机关“先进基层党组织”、市档案工作先进集体等称号。

【规范扶贫帮困机制】 规范扶贫帮困工作管理机制，通过发挥组织、阵地、社会“三大优势”，集中各级妇联组织、巾帼文明岗、巾帼团队、女企业家、社会热心人士“五股主要力量”，筹措资金，重点扶助贫困女大学生、贫困单亲母亲、社区贫困家庭、孤残儿童、外来贫困打工妹“五类特困群体”。在巾帼文明岗中组织开展“一岗扶一人众岗助一群”活动，募集爱心款8万元用于帮扶活动。

【妇女创业就业】 组织调研全市企业用工需求情况，对适合女性就业的岗位进行全面登记；依托村居妇女组织，进村入户，了解农村妇女状况，了解妇女就业意向，建立明细台帐；市区联动举办“携手共进，助您就业”女性就业再就业援助招聘活动，为妇女创业就业提供服务，全市共有近649家用人单位提供岗位13836个，有近1万人进场洽谈，初步达成就业意向6220人。全年共输出或安置妇女劳动力3万多人次。组织开展“巾帼牵手姐妹同行”创业就业巡回报告会，6名女企业家的8场巡回报告会在全市掀起“创业光荣、创业有道”的热潮。举办“南京银行杯”“高歌颂祖国·激情迎未来”演唱会，并表彰10位“与共和国一起走过——泰州市巾帼英杰”，激发广大妇女激情创业的梦想。市妇联牵头召开“巾帼同心·创业致富”新农村建设现场观摩会，采取外出参观与本地现场观摩相结合、幻灯资料片交流与文字材料交流相结合的方式，总结、交流、部署全市“巾帼示范村”创建、城乡共建、岗村结对等工作。与泰州市LG电子冷机有限公司联合召开“共话建功·共谋发展”座谈会。

【女性素质工程】 与市区联动、与高校联手，组织开展各类劳动技能培训班。举办SYB创业培训，优选14名创业成功、乐于奉献的女企业家与70名有创业愿望的女大学生进行面对面的指导。制定《泰州市妇联干部教育培训五年规划》，组织开展“时代女性、美好未来”各界妇女论坛活动，举办全市第5期妇女干部岗位培训班和第7期中青年女干部培训班。

【妇联关爱品牌】 社会妈妈拱星行。发动社会力量，通过冠名“春蕾班”的形式，筹集爱心资金16万元，投入到四川省绵竹市拱星镇中心小学创办的8个春蕾班中。市妇联艺术幼儿园结对资助拱星镇金太阳幼儿园，扶持资金2万元。带领“社会妈妈”们前往灾区举行“泰州市‘社会妈妈拱星行，真情传递献爱心’春蕾班捐赠、授牌仪式”。

感恩行动高校行。协同泰州职业技术学院召开“大爱育桃李·七一感党恩”汇报会，为企业家、巾帼文明岗、受市妇联“圆梦行动”、“SYB导师行动”等资助的学生提供交流机会。

女性健康社区行。为把“女性健康”工程落到实处，市、区妇联联合市广电局、市妇幼保健院，集中开展“欢乐社区行”活动。启动仪式上，现场向社区发放价值400万元的健康体检券和100万元的医疗救助券。社区妇女持券可在市妇幼保健院免费接受常规妇科检查等8个体检项目，体检中查出患有疾病并需要手术治疗者，如家庭经济困难的，可向社区居委会申请领取医疗救助券。

困境儿童快乐行。组织开展“移动杯”庆“六一”“社会妈妈”关爱困境儿童快乐活动。50名“社会妈妈”分10组分别带领50名优秀春蕾儿童、留守儿童、孤儿，以参观、娱乐、游园等形式开展快乐活动，增进亲情。各级妇联联合相关部门继续实施“爱心助孤”慈善救助项目，全市40名特困孤儿继续享受省儿基会和省慈善总会每年1000元的资助。

幸福人生圆梦行。为了替未婚人士解忧愁，帮大龄青年觅知音，为单身家庭寻配偶，市妇联联合市日报社举办“牵手今世缘——2009泰州第四届万人相亲会”。

【优化儿童成长环境】 以“快乐之夏”、“家庭道德建设实践月”以及传统节日等为载体，开展小公民道德建设实践活动。配合有关部门共同承办江苏省泰州市“向国旗敬礼、做一个有道德的人”网上签名寄语活动，增强未成年人道德意识，培养高尚品质。与市委宣传部、市文明办等部门联合开展“庆六一，迎国庆”优秀儿童歌曲大传唱活动；组织全市少年儿童积极参加江苏省“庆六一，迎国庆”少年儿童书画大赛，评选上报书画作品近200幅。结合“做一个有道德的人”主题教育实践活动,联合市委宣传部、市文明办等部门在全市逐级推荐评选出泰州市级美德少年100名，其中10名为“十佳美德少年”、10名为“十佳美德少年”提名奖获得者。针对农村留守流动儿童存在学业缺教、生活缺助、亲情缺失、心理缺衡、安全缺保等问题，推进“社会妈妈”结队帮扶活动，评选表彰“十佳社会妈妈”；根据省妇联的统一部署，在姜堰市俞垛镇开展“儿童快乐家园”试点工作，并适时进行推广。

【家庭文化建设】 举办“改革开放30周年与我家”摄影图片征集、“节能减排·巾帼行动”、巾帼团队迎国庆“高歌颂祖国·激情迎未来”演唱会等主题活动。以和谐家庭、平安家庭创建为载体，开展“五好文明家庭”、“十星文明户”、“绿色家庭”、“平安家庭”等创建活动，引导广大家庭成员积极参与节能减排，追求健康科学的生活方式，全市文明家庭创建活动面达95%以上。

【构建普法维权网络】 全市各级妇女组织牢固树立大维权工作理念，加大源头维权、社会化维权和实事化维权力度，维护妇女儿童合法权益。市妇联维权中心联手基层巾帼维权投诉站、家庭暴力投诉点、110妇女维权投诉中心，妥善处理和化解妇女群众中存在的矛盾和问题。年内，市妇联组织召开基层妇女干部反家暴交流会、组织纪念“11·25”国际反家庭暴力日广场宣传、举办婚姻家庭知识讲座等，全市近1万名妇女参加“亿万妇女学法律家庭平安促和谐”法律知识学习，近1000名女职工参与有奖知识竞赛活动，提升全市妇女知法、懂法、用法能力。发挥中心窗口服务职能，受理群众来电、来信、来访186件，处结率100%；挂牌成立泰州市家庭暴力庇护中心，实现从受理到调解到救助的“一条龙”服务工作模式。为维护儿童合法权益，各级妇联配合有关部门净化儿童成长环境，营造儿童健康成长的良好环境。

【推动妇儿规划实施】 宣传男女平等基本国策，加大宣传教育进党校、进高校、进机关和进社区的力度。参与全市妇女儿童发展“十一五”规划市级监测统计工作会议、专题协调会。推进8项实事工作取得实效。与有关部门联合下发《关于为特困家庭妇女按标准进行免费妇科疾病检查工作的实施意见》，完成对全市应检特困妇女的摸底调查工作。与市教育局、卫生局联合下发《泰州市关于推进0～3岁婴幼儿早期教育工作的实施意见》，确立到2010年在全市建立以农村乡镇和城市社区为依托，以优质园为骨干、灵活多样的早期教育服务网络的目标。 （徐 莹）

泰州市台湾同胞投资企业协会

【概况】 2009年，协会秉承 “团结、交流、服务、发展”的宗旨，充分发挥桥梁纽带作用，团结务实、开拓创新，沟通联谊、共谋发展，促进会员企业与政府各部门沟通联系，热心参与社会慈善公益事业，开展各项联谊交流活动，壮大协会力量，及时聆听企业心声，帮助企业解决生产与生活中的实际问题，积极维护台商合法权益，提升协会形象和社会影响力，促进泰台两地经贸合作，推动两岸经贸文化交流，为促进两岸和平统一和繁荣泰州经济作出贡献。

【三届五次理监事会】 1月5日，市台企协会召开第三届五次理监事会议。会议提议并全票通过吴天白先生为第三届代理会长，讨论通过春节前后协会有关活动安排：1.由海陵区、高港区、开发区的理、监事人员参加，协会出资6000元去泰州市孤儿院看望孤残儿童；2.在正月十八举办全市台商新春团拜会。

【三届六次理监事会】 3月20日，市台企协会召开第三届六次理监事会。会议邀请泰州市物价局处长曹旭东宣讲省政府关于取消和停止征收部分行政事业性收费和政府性基本项目的通知以及市物价局、市监察局、市作风办、市治理三乱减轻企业负担办公室联合发放关于全面推行企业付费登记反馈制度的通知精神；邀请协会法律顾问魏正龙律师宣讲关于泰州市中小企业法律团免费为中小企业进行法律服务方案。会议全体通过魏正龙律师继续担任台企协会第三届的法律顾问；通过秘书长陈晋禄关于泰州市台企协会会员企业与泰州普济医院健康医疗保障合作协议方案的报告；通过三届四次理监事会以来的工作情况及财务情况报告。

【三届七次理监事会】 6月23日，市台企协会召开第三届七次理监事会。会议由会长吴天白主持。秘书长陈晋禄作三届六次理监事会以来的工作情况报告，理事黄美慧作近期财务情况报告。会议全票通过增补理事陈昌盟和理事黄美慧为副会长的提议。会议听取秘书长陈晋禄关于江苏省人民政府办公厅文件、中共泰州市委办公室泰办发[2009]39号文件《关于支持台资企业健康平稳发展和加快转型升级的若干政策意见》及市政府开展“外资企业服务月活动”情况报告；听取常务副会长黄福源6月1日～2日参加台湾海峡两岸基金会举办的端午节联谊活动情况的报告；会议最后邀请泰兴经济开发区副主任顾鹏作园区介绍，全体理监事参观泰兴经济开发区。

【联谊活动】 1月16日，市委、市政府召开全市外资、台资企业负责人迎新春茶话会；2月28日，协会常务副会长王坤荣代表泰州台协参加常熟市台协第三届理监事就职庆典；3月13日，无锡市台协盛邀江苏省各地台商协会会长参加2009春季联谊活动，会长吴天白，副秘书长张文进代表泰州台协参加此次活动；4月20日，会长吴天白参加全国台湾投资企业联谊会第一届第三次会员代表大会暨两周年庆典活动；5月7日～12日，会长吴天白参加“第六届湖北·武汉台湾周”暨“黄冈市台资企业协会成立庆典”；6月1日～2日，常务副会长黄福源代表泰州市台协参加财团法人海峡交流基金会举办的“2009大陆台商端午联谊活动”；6月12日，会长吴天白参加山东省日照市台湾同胞投资企业协会成立庆典；6月27日，会长吴天白参加台湾联强在上海市浦东新区航头镇投资建厂庆典活动；7月7日，会长吴天白参加上海“相聚宝山、共谋发展——台商宝山经贸洽谈会”；7月25日，会长吴天白赴浙江省桐乡市参加江浙沪台商协会会长举行的“投资环境和产业合作研讨会”；8月28日，会长吴天白参加江苏涟水商务会所开工暨涟水台商工业园开园庆典活动；9月18日，会长吴天白、秘书长陈晋禄、副秘书长张文进参加“嘉兴市台湾同胞投资企业协会成立六周年庆典暨第四届理、监事就职典礼”；9月23日，组织协会领导及重要台商参加市政府中秋国庆招待会；9月27日，协会组织全市台商举办“迎中秋、庆国庆、游览园博园”活动；10月4日，常务副会长黄福源参加台湾财团法人海峡交流基金会举办的“2009大陆台商中秋节联谊活动”；11月27日，会长吴天白参加东莞市台商投资企业协会举行的以“两岸同心，共克逆境，希望相随并打拼”为主题的十六周年庆典活动；12月15日，会长吴天白、副秘书长张文进参加昆山市台湾同胞投资企业协会举办的第九届会员大会暨第八届、第九届会长交接典礼；12月18日，会长吴天白、常务副会长王坤荣、副会长陈昌盟、理事张博钧参加省台办、省发改委在泰州召开的“进一步发挥台资经济在江苏省经济社会发展中的作用，促进江苏省产业转型升级，实现江苏省经济又好又快发展”的专题调研座谈会。

【社会慈善公益活动】积极开展社会公益慈善活动，树立在泰台商良好形象、营造奉献爱心、关怀社会弱势群体的良好氛围。1月15日，协会一行11人去泰州市福利中心慰问看望孤儿院的孤残儿童并捐赠6000元；2月2日，台商资助贫困生野徐镇学生褚俊晶1000元、寺巷镇学生刘丹500元、袁凯500元、泰州市区学生陈达君1000元； 8月9日“莫拉克”台风开始肆虐台湾，给岛内乡亲生命及财产造成重大损失，全体协会会员积极关注，祈愿乡亲早日渡过灾难，恢复生产，重建家园，回归安宁，共捐赠人民币67200元、新台币70000元。

【参加“苏台淮安经贸论坛”】9月28日，由淮安市委、淮安市政府、台湾工业总会、清华大学台研所共同举办的“第四届台商淮安论坛”在淮安隆重举行。泰州市台协组团7人在会长吴天白的带领下参加此次活动。

【服务台资企业】关心台资企业，服务会员单位，为台资企业排忧解难是协会的宗旨和目标。年内，协会领导层、协会秘书处经常走访台资企业，深入工厂企业了解情况，协助企业解决生产及生活上的困难和问题，及时处理各种纠纷和意外，帮助台资企业应对全球金融危机献计献策。从2008年开始专为台商设计 “24小时服务直通车”，一直秉承关心台商、服务台商、为台资企业排忧解难这一服务宗旨，积极、及时、想方设法地为会员企业办事，有效协助台商解决卫星电视安装、子女就学、申请换领大陆机动车驾照、企业矛盾纠纷调解等生产生活中的问题和困难。

【参加全国台湾同胞投资企业协会会长座谈会】由国务院台湾事务办公室主办的“2009年台湾同胞投资企业协会会长座谈会”于11月13日在安徽省合肥市召开，国务院台办、国家发改委、工信部、商务部相关业务司局负责人，全国台企联和来自大陆各地市109家台资企业协会的现任会长、部分荣誉会长以及30个省、市台办相关负责人共160余人参加座谈会，会长吴天白代表泰州台企协参加此次会议。 （李 俐）

泰州市浙江商会

【概况】2009年，泰州市浙江商会积极响应市委、市政府提出的“保增长、保民生、保稳定”的号召，发扬与企业家同甘苦、共患难、心连心和解难题、办实事的浙商精神，加强经营管理和科技创新增强抗御风险的能力。

【投资泰州创业】年内，商会组织所有会员加大招商引资力度，加大技改投入，提高产品档次，开拓国际市场。至年末，在泰州地区发展的浙商达6万多人，投资总额500亿元，涉足各类专业市场、房地产、五金、建材、餐饮、物流、零售业等。其中各类专业市场迅速发展，在全市20多个亿元以上的专业市场中，80%以上为浙商开办。新开业的中嘉国际装饰城成熟后，年销售额将达50亿元，在服务居民生活，推进服务业发展，繁荣城东商圈等方面将发挥重要作用。新成立的年产10万吨的浙商企业——永庆船舶公司，为泰州市造船产业增加新的活力。

【服务浙商】2009年，市浙江商会参加中嘉国际装饰城和浙江宁波在泰创业的天河办公家具有限公司的开业庆典活动、举办国庆中秋茶话会，组织参加浙商永嘉花坦超市在泰发展的有关开张剪彩活动。积极参与浙泰经济建设和苏浙两省多方面的有效交流合作。接待秦皇岛市市长朱浩文一行，陪同参观中嘉国际装饰城，并举行欢迎晚宴和经验交流座谈会。《泰州浙商》杂志遵循“宣传泰州，服务泰州，服务浙商”的宗旨，宣传泰州的投资环境，展示会员企业的风采和新人新事，吸引更多的浙商到泰投资。泰兴商会连续多年开展文明浙商评选活动，积极传播泰州的先进文化理念，营造宽松、优越、便利的发展环境。加强与全国兄弟商会的交流和沟通，提升泰州市浙商的文化底蕴和“三个文明建设”的精神风貌。

【社会公益事业】树立“群众利益无小事，民生问题大于天”的理念，发扬“心系民生，情牵弱势群体”的精神， 2009年，在中嘉国际装饰城开业之际，赞助泰州首届国际旅游节，并现场捐赠慈善基金150万元。组织对老弱病残、孤寡老人及弱势群体走访慰问活动。年内，商会会长王小荣被市委组织部、宣传部、文明办等11个部委办局评为“泰州市突出贡献人物”。

【维护浙商合法权益】积极为会员提供各类法律服务，解决生产经营和生活中的各种矛盾和纠纷，全年为会员排忧解难52人次，挽回经济损失500多万元，维护商会会员的正当利益和合法权益，增强商会的凝聚力和向心力。 （陈建生 陈 玮）

政　法

综　述

【维护社会稳定】 2009年，市委、市政府高度重视社会稳定面临的挑战，巩固深化奥运安保成功经验，探索建立起维稳工作新机制。

*层层落实维稳领导责任制。*建立党政领导干部抓综治维稳工作实绩档案，对各地各部门维稳工作绩效进行专项检查考核。逢双月10日召开全市维稳工作形势分析联席会议，听取市公、检、法、发改委、经贸委等14个部门和各地党委、政府情况汇报，研究、交办、会办一大批重大矛盾纠纷。制定《泰州市社会稳定风险评估工作意见》，组织开展各类风险评估89次，有效预防和减少了源头性不稳定因素的出现。

*深化“大接访、大下访、大调处”。*党委、政府和政法部门开门接访，领导班子带案下访、重点约访，组织开展突出信访问题集中大调处行动，信访部门梳理，市委政法委交办，政法委书记和政法部门一把手带头包案，127件重点案件全部得到有效解决，并带动各地化解各类涉法案件1200多件，群体性事件比上年下降6.1%。

*完成国庆安保任务。*市委、市政府先后召开5次会议，研究部署国庆维稳工作。9月14日，市委书记张雷主持召开维稳工作会议，进行再动员、再部署。从8月开始，全市实行“日汇总研判、周总结预警、月排查分析”，滚动排查，超前处置，圆满完成国庆安保任务。

*高度重视网络舆情的引导和控制。*市委常委、政法委书记高纪明组织“网络舆情的引导和控制”专题调研，调研成果被中央政法委采用。召开“预防和处置突发性事件暨全市政法宣传工作会议”，对信息时代的维稳工作进行研究部署。

【服务经济发展】 市委政法委、市法治办牵头制定《关于进一步加强法治服务农村改革发展的意见》和《关于为促进经济平稳较快发展提供坚强政法保障的意见》等一系列文件，从全局高度对政法工作服务经济社会发展进行研究部署。8月底，市政法部门集中整治医药高新区和市经济开发区周边治安环境，对恶意阻挠拆迁和施工的行为进行打击，追究有关犯罪分子的刑事责任。围绕做大做强企业，市委政法委组织市政法部门与高港区三福船舶工程有限公司开展“法企共建”活动，建立常态化工作机制。市和各市（区）政法部门主要负责人亲自带队，深入市重点企业、高成长性企业，开展“三服务”活动，了解服务需求，听取意见建议，帮助企业解难题、办实事、渡难关。开展经济领域不安定因素排查活动，研究工作措施。

【社会治安综合治理和平安泰州建设】 市委、市政府明确提出，要把综治工作和平安创建作为泰州城市形象的新品牌、科学发展的新优势、社会和谐的新动力，继续加强组织领导和工作推进。以开展“双基建设提升年”为重点，加强和改进基层基础工作，平安泰州建设迈上新台阶。年内，四市二区平安创建工作取得新进展，高港区获全国平安建设先进县（市、区）称号。

*社会治安大局平稳可控。*持续推进严打整治斗争，始终保持严打整治的高压态势，命案全破，“八类”案件破案率达99%。加强警务信息系统建设，通过源头信息的分析研判、比对，破获各类案件1600多件，整体破案率提升4个百分点。深化县区、城镇、村居“三级巡防”体系建设，城区组建巡防大队，派出所派驻巡防中队，社区组织治安志愿者巡逻，交通要道设置治安岗亭，重大活动、节日和敏感时期，组织“军警民大巡防”活动，社会见警率、有警率全面提升。全面推进技防、物防设施建设，全市治安监控点达5万多个，新建住宅小区技防、物防设施实行综治、公安、建设等四部门联合验收制度，52个老小区全面完成防范设施改装，1万多户家庭安装 “小技防”设施。

*开展治安重点问题排查整治活动。*开展“三项排查”活动，先后排查矛盾纠纷13000多起，调处化解12600多起；排查整治突出治安混乱地区8个、突出治安问题7个，排查管控重点人口1600多人。从6月起，市综治委部署在全市开展“网吧经营管理、道路交通秩序、建设施工环境”三项重点整治活动，进一步优化社会治安环境。

*完善大调解工作网络。*加强两级调处服务中心建设，6个市（区）、100个乡镇（街道）全部建立矛盾纠纷调处中心，1751个村（社区）成立调委会，428个大中型企事业单位设立调解站。建立健全公调、检调、诉调、访调、纪调“五调”对接机制，医患纠纷、劳动争议纠纷等专业调解全面启动。围绕“乡有专职、村有兼职”的要求，由政府发放一定补助，从退休退职的老干部、老教师、老司

法工作者中，招聘100名人民调解员，充实基层人民调解力量。制定《大调解工作激励实施办法》，对调解工作成效突出的单位和个人加大奖励力度。市法院系统将善良民俗引入司法实践，开展诉前调解、诉讼调解和执行和解，实现法律效果和社会效果的有机统一。

三级联动工作格局初步形成。坚持典型引路，构建镇、村、户“三级联动”，打、防、控“三位一体”的基层工作格局。按照“办公场所集中化、硬件建设标准化、组织建设网络化、制度建设科学化、日常管理规范化”的要求，打造高标准的乡镇（街道）政法综治工作中心，建成“大集中”政法综治工作中心30个。把解决群众反映强烈、社会普遍关注、影响社会稳定的5个方面突出问题作为基层创建重点，围绕实现无邪教活动、无涉毒人员、无越级上访、无安全事故、无刑事犯罪，开展基层整体联创活动，并将创建工作绩效与村（社区）干部报酬挂钩，对创建达标的村（社区）实行以奖代补，调动基层干部的积极性和主动性，年内，全市有608个村（社区）创建达标。在农村地区以居住区域为依托设立中心户长，按15户～20户的标准划分为一个治安片区，每个治安片区推选一个治安中心户长。治安中心户长由村综治办聘任，并颁发聘书，担任法制宣传员、治安巡逻员、纠纷调解员、维稳信息员和帮教管理员。

平安创建工作合力进一步增强。市综治委5个专项领导小组全部设立办公室，42个成员单位全部明确专职委员和工作联络员，每季度召开成员单位会议，每半年组织述职活动，综治和平安创建工作组织体系进一步完善。推进系列平安创建活动，年内，16个系列平安创建活动全部召开了现场会，培植各类典型80多个。深化综治挂钩共建活动，市政法部门挂钩各市区、市综治委成员单位挂钩乡镇（街道）、各市（区）委政法委挂钩村（社区），全年市政法部门到共建地区指导工作90多次，落实扶持工作经费200多万，解决问题62个。

【法治泰州建设】 2009年，市委常委会两次专题听取法治泰州建设情况汇报，市依法治市领导小组召开法治泰州建设推进大会，明确提出，法治创建要在全国领先、在全省率先的目标。

加强组织领导。建立领导干部述法考评制度，把领导干部学法、用法、守法情况纳入年终考评。及时调整充实市依法治市领导小组组成人员，健全完善法治泰州建设6个协调指导分支机构，全市形成市委总揽全局，依法治市领导小组及办公室组织实施，依法行政、公正司法等6个协调指导分支机构分工负责，各部门单位相互配合、上下联动、协调一致的工作局面。

打造法治政府。市政府积极推行“阳光行政”，出台《关于推进重大决策科学化民主化的实施意见》，成立由18名法律专家组成的法律专家咨询论证委员会。全面启动行政处罚自由裁量权规范化管理工作，建立和完善执法公开、行政处罚案件集体会审、公开听证、调查与审核裁决相分离以及行政执法错案责任追究等多项配套制度。强化行政监督，行政复议案件实行集体讨论制度，受理、审查、决定执行等程序进一步规范化。行政首长出庭率不断提高，四市二区均出台“行政首长出庭应诉办法”。

促进公正司法。制定《进一步深化执法评议工作意见》，将执法评议的范围从基层站所扩大到所有具有执法权单位。将定期开展的执法评议与日常性的执法监督工作结合，把解决执法倾向性问题与解决群众反映强烈的突出案件结合，市委政法委组织在全市开展执法巡视活动，巡查办案场所36处，抽查案件卷宗301件，走访人大代表、政协委员、律师、案件当事人74名，推进司法公正。解决群众反映强烈的执行难问题，建立执行工作威慑机制，集中清理执行积案活动，当事人有履行能力的执行案件执结率达85%以上，实际到位率达70%以上。积极办理各类法律援助案件，做到应援尽援，年内，办理各类法律援助案件3076件，比上年增长42%。做好涉法重点信访案件处理工作，中联办和省委政法委交办的案件全部办结。

深化基层依法治理工作。建成国家级“民主法治示范村”5个、省级“民主法治示范村（社区）”168个，居全省前列。全市居民自治率95%，村民自治率99%，村务公开率100%。

营造学法用法社会氛围。制定下发《关于完善泰州市党委（党组）中心组学法制度建设工作的意见》、《关于进一步加强全市党政领导干部、公务员学法用法工作意见》，参训人员超1万人次。实施法律“六进”工程，筹建法治文化广场、法治宣传一条街15个，各类法制学校、法制教育基地2836个；制作法制宣传固定橱窗1925个，安装大型户外电子显示屏66个；举办法律咨询活动近1500场次，法制讲座、法制图片展览、法制文艺演出480多场次。市各媒体制作一系列公益宣传广告，通过消息、通讯、述评、专题、专访等各种体裁推出大量相关报道，兴起法治新闻宣传热潮。

【政法队伍建设】 开展学习实践科学发展观活动，发挥正面典型的示范引导作用，政法队伍建设展示新形象，法官陈燕萍被确定为全国重大学习宣传典型，民警张金文成为全省政法系统学习宣传重大典型。提拔任用了一批政法干部担任部门处级（副处级）领导职务，加强政法部门领导班子建设，优化各级政法领导班子结构。各级政法部门坚持民主、公开、竞争、择优原则，推行干部聘任、竞争上岗等干部选拔任用机制，选派年轻干部到基层挂职锻炼。全面推进业务素质和业务能力建设。市委常委、政法委书记高纪明为广大干警做《关于公共事件的应对和处置》等重点课题讲座和辅导报告，市委政法委和政法部门主要领导多次为干警集中上党课，开展形势政策教育。各级政法部门成立干部教育培训工作领导小组，注重加强执法能力和实战技能教育培训，形成系列化、经常化、规范化的教育培训新格局。组织开展全国重大典型陈燕萍先进事迹的挖掘工作，全面展示她“真情真意为百姓，公平公正促和谐”的高尚品德和职业操守。部署开展向靖江市公安局社区民警张金文学习的活动。市委政法委会同市委组织部、市人事局联合开展“泰州市十佳政法干警”评选活动。经过层层民主推荐、审核，产生候选人20名，经公众投票和评选领导小组审定，评出“泰州市十佳政法干警”和10名优秀政法干警。加强政法宣传工作，建立宣传教育专门机构，市和各市（区）政法机关建立新闻发言人制度。市公安局副局长纪阿林在泰州政府网开辟个人专辑，成为泰州网络媒体研讨和群众点击的热点，被称为“纪阿林现象”。（蒋昊）

审判

【概况】2009年，全市法院按照年初确定的“保大局、上质效、创品牌、争一流”工作思路，各项工作取得新进展。全年全市法院受理各类案件49831件，审结47028件，比上年上升10.45%和15.02%。其中，市中院受理案件3764件，审结3653件，比上年上升2.51%和4.31%。

【刑事审判】坚持“严打”方针，从重从快惩处涉黑、涉毒、涉枪等严重暴力犯罪和抢劫、抢夺、盗窃等多发性侵财犯罪，绑架犯万桂春等一批案犯受到严惩，维护了社会稳定。2009年，全市法院受理各类刑事案件2565件，审结2528件，比上年下降4.47%和3.99%，判处罪犯3705人，其中被判处10年以上有期徒刑、无期徒刑和死刑152件188人。“国际禁毒日”前，对涉及10名被告人的贩卖、运输毒品案和非法买卖、运输枪支案进行集中公开宣判。依法审理贪污、贿赂、渎职等犯罪案件，泰州市城投地产开发公司原总经理陈晓东等一批职务犯罪受到惩处，推动反腐败斗争的深入开展。贯彻宽严相济的刑事政策，通过推行人性化庭审模式，寓教于审，惩教结合，强化未成年被告人转化工作。积极参与社会治安综合治理，开展挂钩共建活动，推进平安泰州建设。

【民事商事审判】增强民商事审判调节经济社会生活的作用，努力化解纠纷，做到案结事了。全市法院受理各类民商事案件31364件，审结29366件，比上年上升10.29%和12.65%；收结案比103.3%，居全省第1。其中，市中院受理2492件，审结2410件，比上年上升12.4%和15.37%，解决争议标的额16.82亿元。依法审理拖欠农民工工资、农村土地承包、流转纠纷案件，保障农民合法权益。妥善审理婚姻家庭、损害赔偿、劳动争议、物权纠纷等与群众生产、生活密切相关的案件，促进社会和谐。加强对买卖合同、金融债权、企业破产等案件的审理，运用重整、和解等法律措施，妥善处理江苏宝都房地产开发有限公司等一批企业破产案件，尽可能降低宏观经济形势变化带来的不利影响，促进市场秩序平稳运行。加大对知识产权司法保护力度，市中院审结涉及商标权、著作权侵权等纠纷案件111件，营造全社会尊重知识、尊重创造的良好氛围。

【行政审判】发挥行政审判在依法化解行政争议、促进依法行政方面的重要作用，加强对涉及土地征用、房屋拆迁和劳动保障等矛盾最为集中的行政案件审理，监督与支持行政机关依法行政，保护具体行政行为相对人的合法权益。支持重点项目、重点工程建设，依法妥善破解拆迁难题，保证中国医药城、泰州园博园、纬创资通（泰州）集团公司和海陵城北旧城改造等重点建设项目顺利进行。全年全市法院共受理各类行政诉讼案件872件，审结841件，比上年上升10.24%和11.54%。其中，市中院受理203件，审结201件，比上年上升32.68%和37.67%。

【执行工作】加大执行工作力度，完善财产查明、变现制度，努力实现债权受偿最大化。全年全市法院受理执行案件13460件，执结12761件，比上年上升17.4%和31.15%；执结率94.57%，执行到位标的额9.23亿元，比上年上升10.17%和58.86%。其中，市中院受理282件，执结269件；执结率96.06%，执行标的额到位率91.93%，两项指标分列全省第1、第2。为推进执行难问题的解决，市中院积极争取相关部门支持，建立健全执行联动工作机制和执行威慑机制，以“拒不执行判决裁定罪”追究5名被告人的刑事责任。推出人民陪审员参加执行和市民参与体验、监督执行两项举措，增强执行工作的公开性和民主性。与市财政局联合下发《泰州市市级执行专项救助资金管理办法》，全市法院落实执行救助资金150万元，对符合救助条件的困难债权人给予资金救助，做到人性化执行。落实中央和省委政法委集中清理执行积案会议精神，全市法院从2007年底前积存的16636件执行案中，清理出427件有财产执行积案，已全部执行完毕。

【服务大局】市中院密切关注国内外经济环境和宏观经济政策出现的新变化，超前谋划，适时调整工作思路和服务重点，先后成立宏观经济形势变化司法应对和法企共建工作领导小组，加强对服务“三保”工作的组织和督促检查，细化目标任务，明确工作标准，对服务经济发展的各项工作统一部署、协调推进。组织审判人员深入企业调查研究，制定《关于积极应对当前宏观经济环境变化为促进我市经济社会又好又快发展提供司法保障的意见》、《关于保稳定保发展保增长的民商事审判应对意见》等一系列司法指导性文件，从维护金融安全、服务企业发展、鼓励自主创新等方面，提出强化调处民商事纠纷等28项司法应对措施，依法满足企业对司法的新需求，促进全市经济社会平稳较快发展。

【能动司法】针对立案、审判、执行工作中出现的问题，建立风险预警机制，及早提醒企业做好防范工作；建立定期分析和大要案报告制度，确保重点敏感案件妥善处理；建立应急处理和案件审理协调机制，确保对弃企逃债、群体性纠纷案件及时果断处理。主动延伸司法服务职能，制定《关于在当前宏观经济形势下开展人民法院联系企业活动的实施方案》，建立院庭领导及审判人员挂钩企业联系制度，采取定期走访与应邀随访、个别联系与组织座谈相结合等多种方式，深入企业排查风险。通过走访春兰（集团）公司、江苏林海动力机械集团公司、扬子江药业集团公司、江苏兴达钢帘线股份有限公司等200多家重点骨干企业，形成12篇对企业发展有指导实用价值的调研报告；向江苏省畜牧兽医局等部门和企业提出选准优质交易对象、规范签订履行合同、协商解决退单纠纷、主动诉讼维护权利等39项司法建议。年内，市中院民二庭被评为全省法院能动司法服务“三保”工作先进集体。

【服务企业】增强企业依法经营、依法管理、依法维权的意识和能力，开设与企业生产经营活动密切相关的法律培训讲座30场次，编写和发放《企业经营风险提示案例》、《金融危机形势下企业经营的八项注意》、《企业防范经营风险六十项提示》2360份，为金融、保险等企业解决26个经营纠纷涉法难题。慎重审理执行因企业资金链断裂引发的债务纠纷，特别是对资金短缺但有发展前景的负债企业，慎用财产保全等司法强制措施，灵活运用设置担保、分期还款、延长还款期限、“活查封”等柔性司法手段，帮助企业走出困境。受金融危机影响，处于停产状态的泰州宇宙焊接材料有限公司，无法偿还银行2000多万元借款，市中院未采取查封冻结措施，而是主动争取债权人和第三方支持，依法妥善盘活公司资产，既恢复公司正常生产经营，又督促公司偿还银行债务。年内，市中院为企业防范风险、挽回损失4.32亿元。

【司法便民】推广巡回审判，在乡镇建立巡回审判点，实现就地立案、就地开庭、就地调解。全年，全市法院共巡回审理案件2893件，占法庭审理案件总数的21.3%，有效解决群众诉讼难问题。开展诉前鉴定工作，节约诉讼成本，做到便民利民。对追索赡养费、抚育费、劳动报酬及经济上确有困难的老年人、残疾人、下岗职工、农民工等案件当事人，开辟诉讼“绿色通道”，做到快立快审，并实行诉讼费减、缓、免，确保弱势群体及时充分得到司法救助。全年市中院共减、缓、免诉讼费218.5万元。

【诉调对接】坚持“调解优先、调判结合”原则，把调解作为服务群众、化解矛盾的首选方式，贯穿于立案、审判、执行全过程，拓展调解领域，注重调解质量，提高调解效率，努力实现法律效果与社会效果的有机统一。加强对人民调解工作的指导，强化诉讼与非诉讼纠纷解决机制有机衔接，促进多元化纠纷解决机制进一步完善。全市法院均已建立立案调解中心，主动与司法、工会、妇联、消协等11个部门开展协助、委托调解等工作。2009年，全市法院民商事案件调解撤诉率达52.68%，比上年上升2.05%。市中院民商事案件调解撤诉率37.98%，比上年上升4%，创历史最好水平。

【涉诉信访】按照“有访必接、有信必复、有诉必理、有查必果”的要求，落实院庭长接待、预约接访、主动回访、申诉听证和“四定一包”制度。坚持实事求是、依法纠错原则，加大审判监督力度，引导群众依照法定程序表达合理诉求，确保申诉渠道畅通。开展“一案一下访”活动，通过发送下访意见函和个案下访、集中下访等形式，广泛征求当事人对法院工作的意见和建议，主动接受群众监督。2009年，市中院共接待来访978人次，处理来信1016件。其中，全国人大、中央政法委、省联席办交办的28件重点信访案件全部息访，实现全国“两会”和建国60周年庆典等重大活动期间进京上访“零登记”，信访工作各项指标位居全省各中院前列。

【司法改革】2009年，市中院和姜堰法院被列为全国量刑规范化改革试点法院，结合最高法院改革试点工作要求和泰州实际，进一步扩大规范量刑适用范围，适用罪名由30个增至35个，案件审理适用率由91%扩大到96%。创新制定《量刑程序指导意见》，全面构建实体与程序并重的量刑规范化体系，实现量刑过程公开、量刑依据精确、量刑结果公正，量刑不均衡现象得到根本改变。全市法院量刑规范化改革模式和成效，受到最高法院的充分肯定和高度评价，全国30多家省、市法院到泰州学习交流量刑规范化改革成果。扩大善良风俗在民商事、执行等领域的运用范围，探索善良风俗司法运用的标准、程序和方式，为有效化解案件纠纷提供新的方法和途径。

【诉讼服务】市中院设立诉讼服务中心，强化诉讼服务、纠纷化解和案件分流三大职能，开展诉讼指导、风险提示、法律咨询、约见法官、判后答疑等活动。对外服务于群众，主动提供诉前、诉中、诉后全方位、多层次服务；对内服务于审判执行工作，集约式管理审判辅助事务，优化配置司法资源。建立健全《诉讼服务中心工作职责》、《约见法官细则》、《法官判后答疑工作实施细则》等相关制度及考核办法，定岗定责定人，确保诉讼服务中心成为公正高效的司法工作新机制、能动司法新载体。至年末，全市法院均已建立诉讼服务中心，共接待当事人2033人次。

【接受监督】始终把接受监督作为依法独立审判的根本保证，增强接受监督的自觉性、主动性和实效性。对全局性工作、重大决策和部署、重要活动，坚持向市委、市人大常委会请示报告，主动邀请市领导和人大代表视察、指导、监督法院工作。落实专人办理市委、人大督办案件和人大代表建议意见，做到事事有交待、件件有落实，并及时报告结果。加强与人大代表的沟通联络，通过走访和致函人大代表、召开座谈会、定期报送法院工作情况，以及邀请人大代表旁听、评议庭审等方式，听取各方意见和建议，改进法院工作。全年全市法院共走访人大代表498人次，邀请人大代表视察座谈202人次、旁听庭审案件513人次，向人大代表寄送《法院工作通报》1700份；办理市委书记信箱交办事项40件、省市人大代表建议意见7件，办结率、回复率均达100%。

【审判管理】以提升质效、社会认同为目标，以程序管理为中心，以监督制约为保障，质量管理与流程管理并重，构建科学的审判质效管理体制。做好案件质量评查工作，坚持定期评查、重点评查和专项评查相结合，促进案件质量和效率的提高。建立健全审判绩效综合考评体系，推行案件质量监管责任问责制、重大改判发回案件责任制，把审判绩效作为评先评优、晋级晋职的重要依据，全市法院形成普遍重视、上下协力、全员参与的责任分解机制、压力传递机制和奖惩激励机制。2009年，市中院案件发改率0.46%，为全省最低。

【队伍建设】开展“规范司法行为，促进司法公正”、“人民法官为人民”等主题教育活动。通过专题调研、理论考试、心得交流、评查考核等形式，加强教育活动的实效性，增强全体干警的大局意识、公正意识和司法为民宗旨意识。积极实施人才兴院战略，根据《全市法院系统2008～2012年人才队伍建设发展规划》，组织开展“开拓杯”法律知识竞赛、基层法官巡回培训和邀请法学专家进行专题讲座等活动，举办各类业务培训班38期，参培900人次，提升干警的业务素质和办案技能。鼓励在职干警进入高校学习深造，至年末，全市法院在编干警本科以上学历达72.7%，其中研究生72名，占法官总数的22.75%。

【先进典型】发挥全国人大代表、全国重大先进典型、全国模范法官陈燕萍的引领示范和带动作用，通过举办陈燕萍同志先进事迹报告会、主题演讲会和“十佳法官”评选等活动，营造学先进、赶先进、争先进的氛围。2009年，市中院审判监督庭被最高法院评为全国“审判监督先进集体”，靖江法院及其刑庭分获集体一等功和全国“巾帼示范岗”称号。全市860名干警中，有306人次受到各级表彰。其中1人当选为“中国十大法治人物”、全省“杰出政法干警”，1人被评为江苏省“优秀法官”、泰州市“第十二届精神文明建设十佳新人新事”，3人获泰州市“十佳政法干警”和“优秀政法干警”称号。（郑　兴）

检　　察

【概况】2009年，全市检察机关依法履行各项检察职能。全年共批准和决定逮捕1349件1925人，提起公诉2458件4248人；立案查处贪污贿赂犯罪案件78件102人，查处渎职侵权犯罪案件22件24人；办理刑事立案监督案件80件101人，纠正漏捕94件131人，纠正漏诉26件44人；提出和提请刑事抗诉11件；提出和提请民事、行政抗诉27件，再审改变率61.5%；发出再审检察建议11件，法院采纳率81.8%。开通12309全国统一举报电话，受理控申举报1644件次。

【刑事检察】积极参与打黑除恶等专项斗争，从重从快打击暴力犯罪、聚众型犯罪、侵财型犯罪等严重危害社会安定和人民群众切身利益的刑事犯罪。全年共批准和决定逮捕1349件1925人，提起公诉2458件4248人。其中，提起公诉涉黑涉恶、暴力犯罪案件929件1482人，破坏市场经济秩序犯罪案件104件203人。坚持依法严打方针，建立办案质量和效率预警机制，实行诉讼程序繁简分流，缩短办案周期，保持对严重刑事犯罪的高压态势。

【职务犯罪查办】贯彻落实中央关于反腐倡廉建设的总体部署，推动职务犯罪侦查工作健康稳步发展，立案总数、大案率、侦查终结率继续保持较高水平。全年共立案查处贪污贿赂犯罪78件102人，渎职侵权犯罪22件24人，大案率为89%，其中科级以上干部29人，为国家挽回直接经济损失1800多万元。成功查处被最高人民检察院挂牌督办的4名镇村干部挪用850多万元征地补偿款案及某镇党委副书记滥用职权、受贿案。

【职务犯罪预防】坚持标本兼治、惩防一体，积极推进系统预防、个案预防、专项预防和社会化预防。联合市纪委、市建设局等单位在540个工程建设项目中实行廉政保证金制度，对18个5000万元以上的重点工程开展专项预防，提供行贿犯罪档案查询服务745批次。市检察院开展的工程建设领域贿赂犯罪预防调查，被评为全省检察机关“十佳预防调查”,并被最高人民检察院转发推广。

【执法监督】 强化立案监督和侦查活动监督，共办理立案监督案件80件101人，纠正漏捕94件131人，纠正漏诉26件44人。制订《刑事审判监督指导意见》，提出和提请刑事抗诉11件。加大民事审判行政诉讼活动监督力度，提出和提请民事行政抗诉27件，再审改变率61.5%；发出再审检察建议11件，法院采纳率81.8%。开展“民事执行监督推进年”活动，发出书面监督意见9份，促成执行和解3件，民事执行监督的做法被最高人民检察院转发。开展强化监管执法和法律监督专项活动，加强社区矫正法律监督，发现刑罚执行和监管活动中的违法违规情况186件次，监外执行违法违规情况27人，提出书面纠正意见58件次，均被执行机关采纳。

【社会治安综合治理】 积极参与社会治安综合治理，制订《关于加强“检务三进”向农村延伸检察触角的实施意见》，在全市建立17个乡镇检察室、检务工作站，聘请127名检察工作联络员。开通12309全国统一举报电话，受理控申举报1644件次，办理上级检察机关和党委、人大交办案件60件，做到案结事了，全年未发生进京上访的涉检案件。市检察院启动检察官救助基金，对生活确有困难的刑事被害人或其家属进行司法救助。

【保障经济发展】 市检察院制订《关于服务和保障经济社会发展的意见》，明确9条措施，为经济发展营造良好的法治环境。两级检察院分别召开企业界代表座谈会8次，向企业发放检务联系卡455张，收集和征求各类建议136条。服务重点领域、重点企业和重点项目，对涉企职务犯罪案件做到“五个正确区分”，对涉企刑事案件明确“四慎捕”的办案要求，明确在法律政策许可的范围内从宽处理，保障企业生产经营不受影响。

【创新创优工作】 完善一体化办案机制，建立健全反贪污贿赂、反渎职侵权、预防职务犯罪“三位一体”的侦防一体化机制，和民事行政申诉案件一体化办理机制，增强案件突破能力。建立风险排查研判机制，对影响经济发展、社会稳定等问题进行风险排查研判，研究防范建议和整治对策。全年形成22份风险研判报告，其中1份被全国政协采用并报送中央领导，6份被市政府相关部门采纳，推动有关部门开展3个专项整治活动。年内，通过类案分析，发现工程项目中存在建材以次充好的现象，及时形成风险研判报告，推动相关职能部门开展为期4个月的专项整治活动，立案查处行政处罚案件100件，涉案金额1033万元。

【内外部监督】 自觉接受人大及社会各界的监督，实行代表、委员挂钩联系制度。定期向人大代表、政协委员以及市检察院人民监督员、特约检察员、专家咨询委员会委员、检风检纪监督员寄送《检察工作情况通报》。组织视察活动8次，召开座谈会18次,发放征求意见函520多份，广泛听取人大代表及社会各界对检察工作的意见和建议。深化检务公开，实行检察开放日制度，增强检察工作透明度。强化对领导班子和领导干部的监督，修订《关于进一步加强对领导班子及其成员监督工作的意见》，落实民主集中制，修订党组会、检察长办公会和检察委员会议事规则，对民主决策事项的范围、程序等作出明确规定。全面巡视基层检察院领导班子建设，并由市检察院班子成员集体向地方党委反馈巡视意见。强化对执法办案的监督，制订《关于进一步加强执法办案内部监督的意见》，实行统一“进口”的案件监督管理模式。规范适用监视居住强制措施，严格执行讯问职务犯罪嫌疑人全程录音录像制度，市检察院全年录音录像时间7000多小时。

【检察文化建设】 注重挖掘检察文化的精神内涵，开展解读、弘扬“忠诚公正、尚法亲民”泰州检察精神活动。两级检察院分别组织红歌大合唱、爱国诗词朗诵比赛、干警书画展览等系列文化活动，营造有利于干警成长进步的文化氛围。市检察院建成院史陈列室、检察文化墙、检察文化走廊，编印《情系检察》画册。参加全省检察机关庆祝建国60周年爱国歌曲合唱比赛，并获全省第2名。

【基层院建设】 认真分析基层院建设面临的突出问题和困难，谋划推进基层院健康稳步发展的思路和措施，提出“大院争先进，小院创特色，家家有亮点”的总体规划，推动基层院建设全面发展。市检察院被市委、市政府表彰为机关作风建设先进单位；姜堰、海陵、高港等3个基层院在机关作风建设、人民满意机关评比中，进入当地“十佳”行列；两级检察院均被评为市级以上文明单位（行业）。全市检察干警受上级表彰、记功152人次，集体受上级表彰、记功116次。

【常维国受贿案】 常维国，男，汉族，1948年4月5日出生，江苏省泰兴市人，副处级，大专文化，原系泰兴市人大常委会副调研员。1994年至2008年间，常维国利用担任泰兴市人民政府副市长、人大常委会副主任、人大常委会副调研员的职务之便，在拆迁安置、规费减免、工程承接等方面，为他人谋取利益，先后非法收受相关人所送人民币64.9万元。2008年6月30日，泰州市人民检察院依法对犯罪嫌疑人常维国以受贿罪立案侦查；2008年7月8日，经泰兴市人大常委会许可对常维国采取强制措施；2008年7月23日决定对其逮捕。2009年1月4日，泰州市人民检察院向泰州市中级人民法院提起公诉。2009年2月12日，泰州市中级人民法院依法判处常维国犯受贿罪，判处有期徒刑12年，并处没收财产人民币20万元。　（程　瑜）

公　安

【概况】 2009年，全市公安机关以国庆60周年安保工作为主线，以信息化、执法规范化、和谐警民关系“三项建设”为重点，认真组织维护稳定各项工作，圆满完成国宝展览、省园艺博览会等一系列重大安保任务，为全市经济社会发展营造良好的治安环境。

【维护政治稳定】 开展新一轮平安创建，增强政权意识和忧患意识，严密防范和打击敌对势力和敌对分子的捣乱破坏活动，进一步健全完善不稳定因素滚动排查、分级稳控机制，加强社会矛盾排查处置等各项维稳工作。围绕“7・5”事件以及国庆60周年庆典等重要时期，全面加强应急反恐各项工作，健全完善反恐工作机构，组织开展反恐实战演练。年内，全市未发生影响政治稳定的重大、敏感事件。

【惩治刑事犯罪】 组织开展为期6个月的社会治安集中整治活动，围绕严重影响社会治安和群众安全感的大要案件和多发性案件，不间断地组织各个专项行动。成功侦破“5・5”兴化绑架杀人分尸案、“6・7”靖江抢劫杀人案等一批大要案件。全市共破获各类刑事案件11132起，打击处理各类犯罪团伙213个，抓获各类刑事案件作案成员13198人。始终保持对毒品犯罪严打严惩的高压态势，全年共破获毒品犯罪案件266起，摧毁涉毒犯罪团伙15个，抓获毒品犯罪嫌疑人181人，缴获海洛因、冰毒等各类毒品1.25万克。成功侦破开发区“5・27”涉枪贩毒案、靖江“6・19”王氏姐妹贩毒案等在省内有一定影响的毒品大要案件。落实“破案追逃”工作新机制，全年共抓获网上在逃人员3321人，其中外省逃犯1082人，本省外市逃犯948人。

【治安整治】 开展社会治安突出问题整治专项行动，集中力量强化破案、整治突出治安问题、严密社会面管控。根据部分地区以及场所行业内涉娼涉赌违法犯罪日趋突出的问题，先后组织开展打击组织强迫卖淫犯罪专项行动、“旋风行动”、“净风行动”等系列行动，整肃治安秩序，净化社会风气。全市捣毁卖淫团伙24个，抓获组织容留卖淫犯罪嫌疑人167人。捣毁聚众赌博窝点20多个，查处利用游戏机进行赌博案件261起，取缔违法场所139家，收缴赌博机2138台，抓获涉赌人员850多人。全年共查处各类治安案件117745起，治安处罚72529人，治安拘留9694人。

【打击经济犯罪】 整治经济领域违法犯罪问题，组织开展打击假币“09”行动、打击传销百日行动、打击制售假发票犯罪“端点”行动等专项行动，整顿和规范市场经济秩序。年内，先后成功侦破案值2.5亿元的“2・18”非法经营案、案值1.9亿元的王某挪用资金案、案值1128万的公司企业人员滥用职权案等一批有影响的大要案件。在打击假币“09”行动中，共破获假币犯罪案件18起，抓获犯罪嫌疑人22人，缴获假币近80万元；在打击传销百日行动中，全市共排查取缔传销窝点77处，查获传销人员1018人，解救陷入传销组织人员256人，查处传销骨干分子40人。全市共受理各类经济犯罪案件427起，立案375起，破案336起，抓获犯罪嫌疑人417人，挽回经济损失3.69亿元。

【安全监督管理】 开展城区道路交通秩序综合整治和高速公路、国、省道专项整治等活动。发动整合社会各方资源，全面开展闯红灯、逆向行驶、乱停乱放等交通文明整治以及电动三轮车、马自达专项整治和酒后驾驶专项整治。市区和公路交通秩序明显好转，交通违法行为大幅减少，醉驾现象基本消除。全年全市共接报道路交通事故892起，死亡388人，伤823人，比上年分别下降6.3%、0.8%、10.2%、直接经济损失388万元，比上年上升93.6%。以公众聚集场所、公交车、加油站等重要部位为重点，开展消防安全整治。强化重点单位防控，推行重点单位消防保安派驻制度，在火灾危险性较大的场所设立警示标牌。对全市12个重大火灾隐患进行督办和指导，消除安全隐患。年内，全市共发各类火灾事故416起，死亡3

人，伤4人，直接经济损失303万元。组织开展危险物品管控夏季会战，会同安监部门落实高温季节危险物品管控各项措施，全市累计检查涉危单位1.7万家次，发现整改隐患1794处，有效预防重大安全事故的发生。

【出入境管理】 全市共受理、审批出国境申请3.85万人次，比上年增长11.5%。其中受理审批出国申请1.69万人次，比上年减少5.93%（其中探亲访友809人次、劳务3500人次、就业293人次、个人旅游5870人次、商务1600人次、自费留学382人次、定居4人次、其他923人次、批准团队出国旅游449人次、补发护照401人次、换发护照919人次、重领213人次、变更加注719人次、不予签发9人次）。受理审批出境申请2.24万人次，比上年增长28.38%（其中去港探亲628人次、去港商务376人次、去港团队旅游10218人次、去港逗留27人次、去港定居25人次、其他5人次，去澳门探亲14人次、去澳门商务5人次、去澳门旅游9301人次、去澳门逗留17人次、其他1人次，去台探亲104人次、应邀赴台288人次、居留25人次、去台定居5人次、商务28人次、旅游1336人次、其他4人次）。

【公安行政管理】 推出二代证上门服务、流动车管所、网上车管服务、下放车辆驾驶人业务、重点企业设立交通管理服务站等新举措，制定《服务企业服务民生十五项措施》、《全市公安机关"三服务"活动长效机制工作意见》，打造服务性公安机关。完善警企挂钩联系制度，建立120多个重点企业服务站、警务室，有效打防经济犯罪，服务企业发展。与三福船厂联合开展"法企共建"活动，在三福船厂建立驻厂警务室，专门抽调5名警力，招聘保安50名，协助企业开展法制宣传、巡逻防范和治安整治，推进"三服务"各项工作。

【执法规范化建设】 开展说理执法，制定《泰州市公安局说理执法工作办法（试行）》，建立"执法告知"、"听取辩解"、"说明理由"3项基本制度，对涉及基层常见执法工作、执法问题等140多项规范、程序进行整编，引导民警规范执法。强化执法问题整改，将网上办案信息录入不规范确定为重点整改的执法问题，全面规范信息录入及法律手续呈报的及时率，全市公安机关执法办案信息录入率超过省厅要求的95%。规范办案场所硬件设备，落实办案保障措施，全市有89个办案场所设置达到省厅要求，占总数的91.7%。市局拨专款40多万元，自建泰州市公安局行政权利网上公开透明运行系统。对涉及多个部门的职权重新加以明晰，共核定保留行政权力800多项。首批15项公安机关行政许可权力实现公开透明运行。

【警民关系建设】 强化与群众的互动交流，加强和谐警民关系建设。积极推进"大走访"和"全警进社区"活动，组织局领导及部门警种走进社区收集民意、了解民情，出台全市公安民警走访群众工作长效机制考核办法。局党委委员及相关警种开展网上在线交流活动13次，主动听取群众对社会治安和公安工作的意见，现场解决网民投诉、建议66件。深化"开门接访"，化解影响和谐警民关系建设的矛盾和问题，全年共接待群众来访1223起。推进"平安民声服务台"工作规范运行，共接收、处理平安举报信件277件、平安监督信件97件、平安意见和建议信件46件。开展爱民实践活动，为群众排忧解难，全年共捐资160多万元，慰问困难群众和学生5600多人。

【素质强警工程】 把学法律、学科技、学做群众工作作为民警必训、必考内容，举行全市公安民警网上法律知识中级资格考试，全市有3407人次通过相应类别的中级资格考试。开展"大平台"应用操作"小教员"培训，对500多名"小教员"进行强化培训，提升全警信息化应用水平。深化全警岗位练兵，提升单警执行能力，突出应急拉动演练，先后开展3次多警种紧急集合、合成处置突发事件演练以及"大练兵"汇报表演，提升队伍的快速反应、整体作战能力。

【"一滴水"品牌】 2009年，市公安局组织开展以"每天节省一块钱，每周资助一名贫困大学生"为主题的"一滴水"捐款助学活动，进一步深化"春风行动"，促进和谐社会建设，密切警民关系，打造爱心品牌。全年共募集款项30多万元，资助贫困大学生119名，资助金额达23.8万元。《人民公安报》、江苏交广网、泰州电视台、《泰州日报》、《泰州晚报》等对活动进行报道。市精神文明建设指导委员会进一步宣传、推广，放大"一滴水"效应。

【学习张金文活动】 张金文，男，中共党员，1967年6月出生，1985年10月入伍，2002年10月参加公安工作，生前任靖江市公安局西来派出所社区民警，一级警司警衔。2009年9月29日清晨，张金文因连续超负荷工作，在审查犯罪嫌疑人过程中突发脑溢血，经抢救无效，于10月8日不幸因公殉职，时年42岁。张金文累倒在工作岗位上的消息，在全社会引起强烈反响和新闻媒体的高度关注。张金文病危期间，数百名群众前往医院探望、陪护，在他的遗体告别仪式上，社会各界人士5000多人自发前来为他送行。新华社江苏分社、《人民公安报》、《新华日报》、江苏人民广播电台、江苏电视台、《江苏法制报》、《现代快报》等中央、省级主要媒体，集中采访报道张金文的先进事迹。省公安厅下发通知，决定在全省公安机关组织开展向张金文同志学习活动。（翟高鸣 王春朋）

司法行政

【概况】 2009年，全市司法行政系统主动服务“保增长、保民生、保稳定”工作大局，围绕“争当全省排头兵”各项工作部署，创新工作思路，拓展工作新领域，开创各项工作新局面，圆满完成各项目标任务，为推进民主法治建设作出贡献。全系统共有57个集体、65人次受到市级以上表彰、奖励，市司法局连续6年被评为市机关作风建设先进单位，连续五届十年被表彰为泰州市文明单位（机关）。3月，被中央宣传部、司法部、全国普法办联合授予“全国‘五五’普法中期先进集体”称号。在2009年度争当“全省司法行政系统排头兵”综合考核中，列全省第4名。

【“双百千企先锋行”活动】 1月8日，出台《关于在全市司法行政系统开展“应对金融危机、维护社会稳定”系列活动的意见》，开展6项专题活动。2月27日，市局在全系统组织开展“双百千企法律服务先锋行”专项行动，组织100名以上司法所长、调处中心主任，100名以上律师、公证员为企业开展法律保障和法律服务。开展“双百千企大走访”活动，了解企业法律需求；开展“百所千企、百日会战”涉企矛盾纠纷集中排查调处，建立“挂钩服务”、“法企共建”制度，开通“企业有需求，法律来帮忙”网络平台，协助企业依法维权，应对金融危机。成立法律顾问团7个，走访企业2929家，出具法律风险提示、法律建议2563份，调处各类涉企纠纷1665起，帮助企业挽回经济损失近10亿元。

【律师服务】 组织律师服务企业应对国际金融危机。6月，全市律师联动开展“百名律师法律咨询”活动，组织送法进企小分队13个，223名律师参与法律咨询、送法进企和农民工维权行动，现场接待咨询3200人次，走访企业43家，开展法制讲座和专题咨询33场次，发放宣传资料5000多份，赠送法律书籍资料800册，为特困群体捐款捐物3.5万元。推进律师服务新农村建设“十、百、千、万工程”，全市60家律师事务所312名律师参与工程，组建涉农法律顾问团7个，挂钩乡镇106个，挂钩工业园区8家，挂钩村民委员会495个，结对帮扶农户936户。

【律师调解工作】 积极参与社会矛盾纠纷化解和信访接待工作，在全省率先出台《关于加强律师调解工作的实施意见》，印制《泰州市律师调解工作手册》，指导全市律师参与矛盾纠纷调处工作，全年全市共有律师283人次参与324个信访接待日工作，接待上访群众2386人次（批），提供法律咨询3400多人次，参与信访调解379件，成功化解或避免重大群体性纠纷87件。参与党政领导干部下访54人次，参与领导信访接待日86人次，参与党政机关大接访112人次。年内，律师“信访服务台”被评为泰州首届“十佳”文明优质服务品牌。

【律师管理】 出台《泰州市诚信律师行业标准》，组织开展行业诚信创建。推进行业党建工作，成立中共泰州市律师协会委员会，市律协会长陈建章担任党委书记，市律协秘书长杜爱军担任副书记。开展“做中国特色社会主义法律工作者”主题教育实践活动。至年末，全市6家律协分会成立党总支委员会5家、支部委员会1家。全市60家律师事务所共成立独立党支部5家、联合支部8家，向17家无党员律师事务所指派党建工作指导员，全市73名专职律师党员和4名行辅人员党员组织关系全部实现归口管理，实现党建工作在律师行业的全覆盖。举办全市新设合伙律师事务所合伙人、个人律师事务所主任培训班，就加强新设律师事务所的规范化建设作专题培训。联合市纪委、监察局建立律师参与反腐败工作五大机制。加强行业理论建设，举办首届泰州律师论坛，收到论文80多篇。至年末，全市共有律师事务所60家，其中合伙所45家、个人所15家。执业律师380人，其中专职律师370人，兼职律师10人。全市律师代理民商事案件11904件、刑事辩护及代理658件、行政案件239件、非诉讼法律事务2478件，担任法律顾问2064家。参与各项公益法律服务1836人次，办理法律援助案件1482件。

【公证管理】 3月10日，出台意见建立和完善公证质量防控体系，深化“公证质量建设年”活动。2009年，全市7家公证机构共办理公证16765件，比上年增加15%。全市新增公证员5名。加强公证质量管理，各公证处签订《公证质量责任书》。9月，开展“千人评公证”服务质量大回访，随机选择1000名（家）公证业务单位和公证当事人回访，有效回访944人(家)，其中公证业务单位60家、当事人884名，回访满意率98.3%。强化公证服务实体经济能力，走访企业275家，办理涉企公证3112件，涉及标的近100亿元，为困难企业减免公证费用30多万元。靖江市公证处利用公证成功破解一起以码头使用权为抵押的贷款难题，帮助企业融资16.1亿元，主动服务园博园、数据园（纬创）、凤城河风景区等重点工程，办理各类招标公证

873件，涉及标的额314.8亿元。开展“公证服务民生月”活动，推行“五便民三减免”系列惠民措施，为弱势群体提供上门办证130多次，减免相关费用近40万元。结合公证卷宗质量抽查，出台公证卷宗质量管理相关7项新标准，完善调查取证责任制和出证审批制。全年自查、抽查各类卷宗3523份，占全年办证总量21%，未发生假证、错证。出台《泰州市公证事业发展三年规划》，推进公证事业科学发展。年内，泰州市天依公证处公证员徐晶被评为“全国优秀公证员”，成为全市首位获此荣誉的公证员。

【法制宣传教育】 落实“五五”普法规划，全面实施法制宣传教育。加强重点对象普法，推进“法律六进”。协调将法律知识培训纳入公务员培训内容，落实党委中心组集体学法、公务员学法考试等制度，市法宣办和市人事局联合对第二批202名拟任科级干部进行学法考试，组织市级机关公务员学法测试。完善学校、家庭、社会三位一体工作格局，开展青少年法制宣传教育，以农村“两委”成员、外来和外出务工人员为重点人群开展农村法制宣传教育，加大对十七届三中全会关于土地流转新政的宣传讲解，市法宣办组织发放50000本《社会主义新农村法律知识读本》，结合新农村“农家书屋”建设，建立完善法律图书角（柜）。围绕维护社会稳定，促进经济发展，进一步推进“送法进企业”，开设“法律大讲堂”，组织知名律师和300多名企业负责人互动，解答法律咨询。市法宣办联合市委宣传部、政法委出台意见，积极加强法治文化建设，推出法治文化“六个一”工程。加强法制新闻宣传，开展法制宣传教育活动，推进法制宣传教育进机关、进单位、进乡村、进社区、进学校、进企业。全市“法律六进”活动共举办法制图片展90场次，悬挂横幅4500多条，开展咨询活动380场。继续开通法制宣传“每月班车”，市法宣办牵头组织地税、水利等23个部门单位每月承办一次部门专业法制宣传活动。10月12日，召开全市“五五”普法暨平安创建工作推进会，总结全市“五五”普法规划实施三年工作情况，部署推进下阶段普法工作。全市80家 “五五”普法中期先进集体和85名“五五”普法中期先进个人受到表彰。年内，市司法局被中央宣传部、司法部、全国普法办联合授予“全国‘五五’普法中期先进集体”称号。

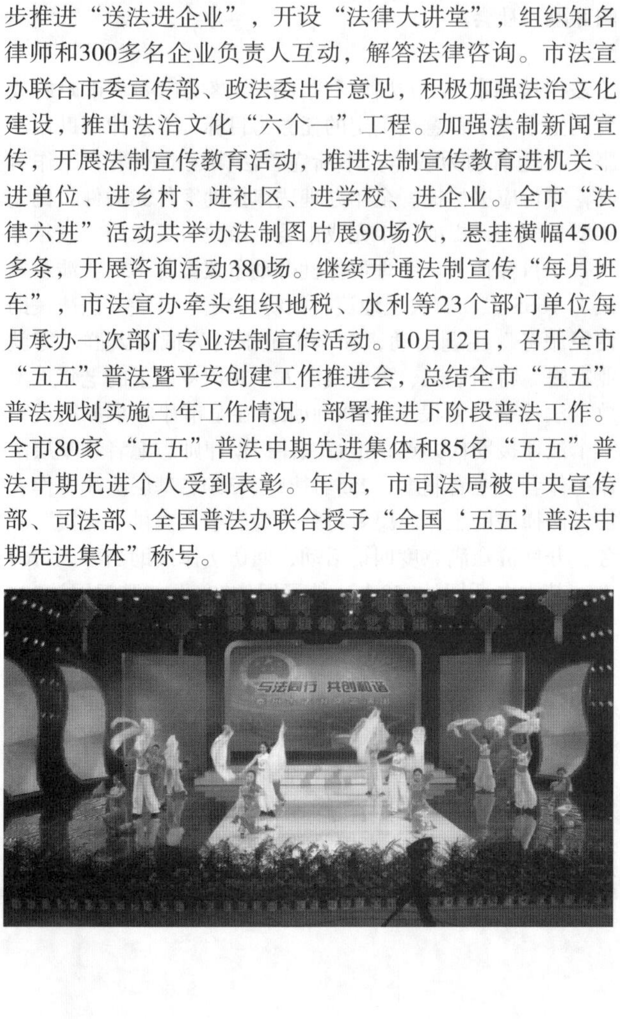

【“12·4”全国法制宣传日活动】 从11月起，各地围绕“加强法制宣传教育，服务经济社会发展”主题，开展形式多样、内容丰富的“12·4”法制宣传活动。12月3日，市法制宣传教育领导小组联合司法、政法等部门在市电视台演播大厅举办 “与法同行 共创和谐”主题法制文艺演出。12月4日，市法制宣传领导小组联合司法、建设、统计等部门在人民公园开展大型专题法制宣传活动，律师和公证员及各机关工作人员为现场群众解答相关法律咨询。《泰州日报》开辟 “12·4”法制宣传专版，市领导发表署名普法文章。开展机关和领导干部学法用法成果展，全面展示“五五”普法教育成果。

【民主法治建设】 以“四民主”、“两公开”为目标，推进民主法治创建工作。3月，市法宣办联合市委组织部对全市2779名村党支部书记、村委会主任和112名省选聘下派到泰州市的大学生村官开展法制宣传教育。配合开展村民直评村官工作,推动基层民主法治建设。至年末，全市建成国家级民主法治示范村5个、省级民主法治示范村（社区）168个，民主法治村（社区）建成率达92%。

【矛盾纠纷调解】 强化“调解优先”理念，落实“五调对接”机制，加强“大调解”工作。加强民生类纠纷调解机制建设，出台《关于开展平安医院创建活动的实施意见》，开展主城区医患纠纷调处中心组建工作。7月31日，海陵区医患纠纷调处中心正式挂牌运行。9月29日召开现场会，推进全市医患纠纷调解工作。至年末，全市调处各类医患纠纷253起。8月25日召开现场会，推进和规范“公调对接”工作，探索开展道路交通事故人民调解试点工作。加强机构规范化建设和人员调解能力建设，提高调处中心处置复杂疑难纠纷的能力。全市调处中心办公用房面积近20000平方米，基本健全 “一处五室”，配备相应办公设施。至年末，全市乡镇（街道）调处中心2名专职调解员全部配齐。建立完善调处中心岗位责任制度和考核评价机制。建立人民调解员分级培训体系，加强教育培训。年内，共举办各级各类调解员培训班435场，培训近1万人次。加快人民调解员专业化建设。全市乡镇（街道）设1～2名、村设1名首席调解员，调解辖区内重大疑难纠纷，涌现出一批拆迁类矛盾纠纷、医患纠纷、突发事件伤亡赔偿纠纷等专业化调解能手。完善矛盾纠纷排查预警，加强“两节”、“两会”、国庆60周年期间矛盾纠纷集中排查调处工作。2009年，全市各级各类调解组织共调处各类纠纷12515件，调解成功率保持在96%以上，防止“民转刑”245件，防止矛盾纠纷激化896件，劝阻群体性上访事件637起，涉及16850人次。

【基层司法所建设】 出台《关于加强司法所管理的暂行办法》，开展“省优秀司法局、省优秀司法所”争创活动。推行司法所导视认别系统，推进司法所规范化建设。

发挥基层司法所服务基层政府、基层群众、基层社会稳定“第一道防线”的职能作用，加强典型示范作用，评选出靖江司法局新桥司法所等9家“优秀示范司法所”，全市17家司法所通过首批省级优秀司法所创建验收，创优率达16.8%，高于全省15%的平均水平。加强司法所的长效管理，提升司法所人员素质。举办全市司法所长（调处中心主任）培训班，局领导班子成员集体和参训人员开展“面对面”交流。全年共组织司法所人员培训80次，1000多人次参加培训。年内，泰兴市黄桥司法所所长万红当选“全国十佳人民调解员”，泰兴市滨江司法所所长张红星和海陵区京泰路司法所所长夏长来被省政法委表彰为“全省十佳杰出人民调解员”，张红星被省厅记个人二等功。

【基层法律服务】 加强基层法律服务执业管理和执业纪律监督，构建行政、行业、自律相结合的管理体制。9月16日，召开泰州市第二次基层法律服务工作者代表大会，推荐产生第二届泰州市基层法律服务工作者协会理事34人、常务理事11人，泰州市司法局副局长孔德明当选协会会长，徐永清、李沪麟当选副会长，贾翠山当选秘书长。至年末，全市共有基层法律服务所109个，注册法律工作者420人。全市基层法律工作者共担任2375家单位的法律顾问，代理诉讼事务8248件，代理非诉讼事务2526件，办理法律援助案件1195 件。

【社区矫正】 坚持“重在矫正”，全力控减矫正对象重新犯罪，提升社区矫正监管工作质量。举行泰州市首例社区矫正对象减刑听证会和矫正对象集中奖惩活动，对矫正对象许某减刑案件举行听证会。开展 “社区矫正监管安全年”活动和社区矫正对象“零重新犯罪乡镇（街道）”创建活动。召开现场会在全市推进“社区矫正之家”建设工作。至年末,全市80%的司法所已成立“社区矫正之家”。全面推进社区矫正心理矫治工作。推广建立社区矫正解矫对象回访制度。组织对全市审前调查案件进行专项检查，至年末，全市共办理审前调查案件1207件，采信率95.8%。加强社区矫正信息化管理，推进社区矫正监管方法的创新，开展社区矫正风险评估，至年末，全市有2051名社区矫正对象进入风险评估系统，确定严管对象264人、宽管对象171人、普管对象1616人，确立矫正对象风险等级，实施分级管理。开展假释罪犯专项回访活动，全市在册的152名假释对象逐一落实到司法所，逐人进行见面、谈话和走访。做好矫正对象的管控帮扶工作，“两节”期间走访帮扶困难矫正对象，国庆期间开展矫正对象爱国主义主题教育活动，确保重大节庆和敏感时期矫正对象安全平稳，未发生一起刑事和治安案件。2009年，全市累计新接收社区矫正对象1908人，解矫1820人，在册管理3100人，其中，管制90人，缓刑2374人，假释218人，剥夺政治权利351人，暂予监外执行67人，因违法违规被收监执行8 人，无一重新犯罪。推进县（市、区）社区矫正教育矫正中心（基地）建设工作。按照1：30的比例在全市乡镇（街道）招录配备112名社区矫正专职工作者。完成社区矫正志愿者重新招募登记工作，按照矫正对象人数1:1比例重新招募登记社区矫正志愿者。至年末，全市有社区矫正执法人员232人、社区专职工作者112人、社区志愿者3002人。

【安置帮教工作】 年内，全市共接收刑释解教人员1373人，帮教率99.9%，安置率98.6%，衔接管理率99.3%，当年回归人员的重新犯罪率0.36%。3月，对2008年度回归社会的刑释解教人员进行全面排查，防止脱管、漏管现象发生；5月，对2004年～2008年回归社会刑释解教人员的重新犯罪情况进行调查；9月，对2004年以来回归的刑释解教人员进行全面的排查走访，对重点对象落实重点管控。国庆期间，全市5年跟踪帮教的近6000名刑释解教人员未发生一例重新违法犯罪和治安案件。推行使用安置帮教工作软件，规范刑释解教人员的衔接登记工作。做好刑释解教人员帮教安置工作。制定帮扶、鼓励刑释解教人员再就业和自主创业的优惠政策。年内，2名持再就业优惠证的刑释解教人员享受再就业税收优惠扶持政策，享受税费减免共16000元。协助符合条件的回归人员落实基本生活保障。继续推进过渡性安置基地建设，促进刑释解教人员回归并融入社会。

【法律援助】 全市法律援助工作以落实市委、市政府改善民生十大工程意见确定的任务为目标，以法律援助便民服务主题活动为载体，不断完善法律援助网络和工作机制，实行应援尽援。全年办理法律援助案件3862件，比上年增长64%，提前一年完成市委、市政府要求的“三年翻两番”目标任务。受理群体性劳动争议案件 63 起,涉及农民工 1665 人，解决土地流转纠纷103起。开展“法律援助便民服务”主题活动，在全市范围内为低保人群、零就业家庭、特困职工、重度残疾人、70周岁以上的老年人发放“法律援助便民卡”10000张，在全市律师事务所设立34个法律援助代办点，推行法律援助律师志愿者和基层法律工作者志愿者制度，255名律师、360名基层法律工作者加入法律援助工作志愿者行列，为当事人提供“点援”服务。开展群众满意度回访活动，回访法律援助当事人1767人，其中电话回访859人，信函回访704人，登门回访204人，当事人满意率98%。

【司法鉴定】 按照“科学有序、合理发展”的原则，推进司法鉴定省级资质认定，加强司法鉴定机构、司法鉴定人职业道德、执业纪律教育，督促司法鉴定机构、司法鉴定人严格按照法律法规和管理制度，规范操作，自律管理，强化与公、检、法相关部门业务联系，全市司法鉴定工作实现健康发展。至年末，全市共有司法鉴定机构7家、法医临床类鉴定机构6家，全年办理法医临床类鉴定案件1476件，比上年增长5.5%；办理司法鉴定援助事项153件，减免收费68720元。

【司法考试】调整国家司法考试泰州考点，经省厅审核同意，泰州考区2009年启用江苏省泰州第二职业中学为国家司法考试泰州考点。落实报名现场和考场甲型H1N1流感防控，全市993人报名参加考试，有787人通过省厅复审取得考试资格。9月19日～20日，653名考生参加2009年国家司法考试，参考率83.1%。司法考试组织实施工作连续8年实现“零失误、无差错”的目标。2009年，全市通过国家司法考试合格分数线124人，合格率18.98%。

【法学研究】7月，《泰州法学参考》正式创刊并发行。9月17日，召开“百名法学家百场报告会”泰州专场报告会，中国政法大学法学院院长、博士生导师薛钢凌应邀作题为《推进依法行政 建设法治政府》的报告，市委书记张雷主持报告会并讲话，市四套班子领导、检法两长等600多人参加报告会。

【作风建设】开展科学发展观学习实践活动，发放调查问卷和征求意见函239份，收回218份，满意率98.2%，建立评估考核体系，签订责任书，制定双月分析会制度、亮点特色工作评比制度，开展首届“全市司法行政系统十大特色亮点工作网络评选”活动。建立局领导及中层干部联系点制度和处长讲坛制度，全年举办处长讲坛9期。开展中层干部公推竞岗，组织开展“加强党性修养，坚持廉洁从政”主题教育活动，在全省率先建立律师参与反腐败工作机制，信访举报案件按期办结率100%。强化信息宣传工作，至年末，全系统在省级以上媒体刊登稿件1100多篇。市局信息工作连续3年居全省前列。加强依法行政工作，出台《泰州市司法局行政处罚自由裁量权工作实施意见》、《泰州市司法局行政处罚自由裁量执行标准明细表》等一系列工作制度。推进政务公开，行政许可、行政处罚全部实行网络公开运行。加强执法规范化建设，市及市（区）两级司法局全部通过省司法厅考核验收。加强律师、公证、基层法律服务、司法鉴定等法律服务行业的行风建设。年内，全系统有57个集体、65人次受到市以上表彰、奖励。（栾伟杰）

仲 裁

【概况】2009年，泰州仲裁委坚持“公正、快捷、便民”的仲裁工作方针，共受理仲裁案件276件，比上一年增长0.8%；涉案标的额2.05亿元，审理结案246件，结案率89%。受案范围涉及房地产、土地、建设、金融、保险、电信、物管、工商、贸易、建筑工程等领域。

【仲裁网络建设】通过强化办事处建设，指导办事处仲裁工作。泰州仲裁委兴化、海陵办事处自设立以来，仲裁工作开展顺利。年内着手筹建泰州仲裁委靖江、姜堰办事处工作。通过召开兴化现场会议，促进各基层法制部门对仲裁委办事处建设的协助。

【创办泰州仲裁网站】为打造仲裁与社会各界沟通的便捷通道，方便仲裁当事人，拓宽仲裁服务面，泰州仲裁委网站（http://www.tzac.org.cn）正式开通运行。网站共分为机构简介、新闻中心、仲裁资料、仲裁员、仲裁指南、下载中心、在线咨询反馈7个版块，还包括多层子栏目。可查阅与仲裁相关的各类新闻报道，仲裁规则及仲裁制度和各类合同范本，为解决企业和个人经济纠纷提供便捷的咨询和服务。

【非公企业仲裁员选聘】为推动全市非公有制企业民商事纠纷仲裁工作的开展，更好地服务于非公有制企业，根据泰州市工商联的推荐，泰州仲裁委依法选聘部分在行业中有实力、有影响、懂法律的知名企业家担任仲裁员，更好地维护企业合法权益，促进非公有制经济健康发展。（刘 珩）

市委书记张雷、市长姚建华接见泰州市“十佳”政法干警，并合影留念。

国防与国家安全

泰州军分区

【**概况**】2009年，泰州军分区围绕学习实践科学发展观、做好军事斗争准备和部队安全稳定，加强各项工作的落实。按纲施训先行、党委班子岗位练兵试点任务取得成效，军分区本级组织开展民兵组织调整改革、防汛救灾等大项工作，为全区军事斗争准备奠定坚实基础。

【**思想政治建设**】以开展学习实践活动为重点，各级领导带头学习，做好督导检查，在政工网上开设学习实践活动专题页面，营造学习实践活动的浓厚氛围。组织党员干部研读理论书籍和观看授课录像，组织官兵到中国医药城和昆山、太仓市进行参观学习。开展“三个带头”和当代革命军人核心价值观专题教育活动，广泛开展讨论辨析，进行批评与自我批评。组织参与海军建军60周年和建国60周年系列庆典活动，邀请抗美援朝老英雄等先进典型作事迹报告，增强教育的针对性和实效性。

【**军事斗争准备**】完成军区、省军区赋予的按纲施训先行任务，探索适合军分区、人武部的组训方法，总结出的专业训练“七步法”被军区推广，并在《人民前线报》登载。参与“平安泰州”创建活动，组织民兵分队参加军警民大巡防、溱潼会船节安保任务和防化救援演练。采取现地勘察、现地部署任务的形式，进行防汛勘察，组织抗洪抢险实兵检验性演练。提高民兵遂行多样化任务能力和应急分队常态化建设做法分别在《人民前线报》、《国防动员工作通讯》刊载。新调整的民兵重点建设型、登记储备型队伍整合到位，依托医药城申报组建国家级药品动员储备中心，高标准完成征兵任务，参谋长王元被国防部表彰为“全国征兵工作先进个人”。

【**部队安全管理**】针对年内重大活动、敏感节点多的特点，强化安全形势分析评估，持续加大以“人、车、枪、弹、密”为重点的安全工作力度。在人员管理上，开展“反思当天，抓好明天”和“四责”活动，及时组织“三防四反”警示教育，严格落实《南京军区车辆安全管理规定（试行）》，及时掌握驾驶员安全行车和遵章守纪的情况。在武器弹药管理上，严格落实干部24小时住库值班、枪弹请领审批等安全管理制度，科学组织“三实”训练和“军事日”活动。在安全保密上，进一步加强涉密文件和移动存储介质的管理。完善技术防范手段，实现实时视频监控。

【**双拥共建**】组织驻泰部队官兵和民兵预备役参与“全面达小康，建设新泰州”创建活动。组织驻泰部队官兵参加迎新春长跑、义务植树、烈士陵园打扫卫生等活动。协调泰州市高职院，对退役士兵开办职业技能培训。加强与地方党委、政府的协调配合，提高军转干部及随调随迁家属安置质量，2009年度10名正团职转业干部全部安排公务员副处职岗位。7月，在省军区召开的军转安置工作会议上介绍经验做法，军分区和市委组织部分别被表彰为军转安置工作先进单位。筹划部署第三轮“双带双扶”工作，制订下发《关于组织部队和民兵预备役开展深化“双带双扶”共建美好泰州的意见》和军分区本级帮扶实施计划。10月，牵头组织驻泰部队开展“慈善一日捐”活动，共募集资金58850元，捐赠给市慈善总会。

【**后勤保障**】加强基础设施建设和营房改造，进行教导队配电房建设和军分区机关配电房扩容升级，完成民兵武器装备仓库配套设施建设；对军分区招待所和征兵办进行改造。加强职工队伍的管理，做好以甲型H1N1流感为主的疾病防控工作。

【**按纲施训先行**】对按纲施训先行训练内容、组训方式、考核方法、训练管理、训练保障、阶段划分、预期成果和落实措施等进行集中攻关，拟制按纲施训先行方案和年度、阶段、月训练计划，并上报省军区审查。在全面学习新大纲的基础上，召开按纲施训开训动员大会，省军区副司令员刘华建与会并进行指导，驻泰官兵和专武干部参加会议。会上，组织新大纲知识竞赛、表彰2008年度军事训练先进单位和个人，部署按纲施训先行任务，进行训练动员。根据训练计划，采取聘请军队院校教授举办讲座、专题辅导和专家任教的方法，组织指导军分区、人武部两级首长机关完成所有课目的训练，提高训练层次和质量。2月18日，组织军分区、人武部官兵在军分区教导队进行“三实”训练考核。

【民兵组织调整改革】 按照省军区新一轮民兵组织建设调整部署，军分区本级召开常委会专题学习省军区会议精神，召开各人武部主官参加的民兵组织整顿工作业务会议。利用10天时间深入市（区）人武部、有关乡镇（企业、街道）进行整组工作调研，拟制本级调整方案，与人武部进行逐个对接，采取常委挂钩的方法对各人武部组织整顿进行帮带指导。3月在海陵人武部召开民兵组织建设调整改革任务部署暨应急分队常态化建设试点观摩会。

【参谋业务比武】 3月17日，在各人武部组织集训的基础上，组织全区17名参谋进行业务技能比武考核，选拔出5名选手。从4月7日起，在省军区教导大队进行1个月封闭式强化训练，并参加省军区比武竞赛，取得1个个人综合第6，1个单项第1，1个单项第2，2个单项第3，1个单项第4，共6个名次。

【抗洪抢险综合演练】 7月16日，军分区和泰州市防指在靖江市西来镇永济港易坍江段组织抗洪抢险综合演练，靖江市民兵抗洪抢险专业分队、医疗救护分队、水利工程机械专业分队、运输、后勤保障分队、灾场管制警戒分队参演。市、县两级防指指挥长、副指挥长，成员单位领导以及人武部、武警、消防、预备役团军事主官、军分区机关和靖江市基层专武干部参加观摩，省防办领导率机关现场指导。 （李苏华）

【征兵工作】 完成新兵征集任务，征兵合格率49.1%。入伍新兵中，党、团员占征集总数的81.8%，高中以上文化程度占征集总数的85%，其中大专以上文化占征集总数的22.16%，各项质量指标均超过省政府、省军区规定的要求，参检人数与任务数的比例为2.9∶1。优抚金实行城乡统一标准，按不低于当地上年度城镇居民平均可支配收入的30%发放优待金，年内发放优待金5159元，比上年提高16%。在校大学生给予保留学籍至退役后1年，并优先推荐就业；立功受奖者免除复学后全部学费。加大征兵纪检工作力度。组织学习解放军总政下发的征接兵工作“八条要求”和《泰州市廉洁征兵实施细则》，并向社会公开举报信箱和举报电话；对女兵征集工作，公开程序方法、公开积分排名，联合地方纪检部门全程跟踪督查。加大征兵宣传力度，以10月为征兵宣传月，利用广播、电台、电视、报刊、橱窗，采取定点宣传与流动宣传相结合的方法，在学校、乡镇街道、社区设立征兵咨询站121个，开动征兵宣传车104辆，以答记者问的形式在《泰州日报》开展征兵工作宣传。严格落实国防部征兵办《关于进一步严格征兵纪律的通知》、军区汇编的廉洁征兵有关制度规定和省纪委、省军区纪委联合下发的[2008]5号文件精神，做到“依法征兵、优质征兵、廉洁征兵、安全征兵”。

【“学、训、整”活动】 2月2日～8日，军分区组织“学、训、整”活动，军分区部门以上首长和全体干部、战士、职工参加。活动以开展“学法规、用法规、守法规”为主线，以正规部队“四个秩序”为目的，以作风纪律建设为核心，以领导机关和小散远直单位为重点，加强各类人员职责、制度的学习，单个军人徒手队列动作训练及作风纪律整顿，强化官兵、职工条令法规意识和作风养成，提高全区部队正规化建设水平。 （苏冠军）

【市委常委议军会】 1月19日，市委书记、市人大常委会主任张雷主持召开市委常委议军会，听取和审议军分区司令员张本印关于2008年军事工作情况汇报，明确2009年全市军事工作的主要任务，审阅各市（区）人武部党委第一书记的书面述职报告，研究当前武装工作需要解决的有关问题。会议研究了市民兵训练基地升级改造、武警支队作战指挥中心建设、人防指挥所与各应急指挥平台数据链接以及组织市（区）人武部党委第一书记履行党管武装述职等问题。

【党委班子岗位练兵】 军分区人武部进一步完善奖惩机制，激发岗位练兵动力，依据《军事训练与考核大纲》和《指挥军官考评标准》，细化考核内容标准；结合工作阶段进行考核，采取基础训练阶段集中考、民兵整组阶段交叉考、演练阶段专家考、年终总结阶段综合考，对岗位练兵成绩突出、综合素质好的班子成员推荐使用，对年度考核不合格的，进行诫勉谈话。岗位练兵做法被南京军区推广，并在《人民前线报》头版头条上刊登。6月14日～15日，省军区副司令员刘长意率工作组对军分区党委班子岗位练兵情况进行考核，各项成绩均为优秀。

【申领发放驻泰部队人员居民身份证工作】 上半年，根据《现役军人和人民武装警察部队居民身份证申领发放办法》和全省会议要求，及时与市公安局进行联系，多次会商，制定出台《泰州市现役军人和人民武装警察居民身份证申领发放工作实施方案》，并共同召开驻泰部队人员居民身份证发放动员部署会议。驻泰部队各单位严格按照《实施方案》要求，有序推进调查摸底、代码申请、信息采集、信息报送等工作。6月底，军分区机关举办居民身份证首发仪式。

【指挥军官考评活动】 7月6日～10日，军分区对各人武部党委班子成员和正营职军官进行指挥军官考评活动。按照德、能、勤、绩、体5个方面14项考评指标，每项考评指标分别设置考评要点，并区分团级、营级2个层级，着重考察政治思想、工作态度、工作作风、工作实绩、群众公论和身体状况，探索科学落实考评体系的方法路子。

【军分区党委书记座谈会】 9月23日,军分区召开党委书记座谈会，传达学习中央军委主席胡锦涛关于加强基层建设的重要指示和军区、省军区党委书记座谈会议精神，军分区司令员张本印、政委庄义春对2009年以来的工作情况和下一阶段工作重点分别进行讲评部署。（葛涛）

【全军保障社会化试点工作】 10月24日～25日，军分区司令员张本印、后勤部部长毛卫平等到北京参加全军保障社会化工作座谈会暨整体推进保障社会化工作部署会，会议明确泰州军分区作为全军试点单位之一，于2010年6月底前，全面完成保障社会化“七化一改”任务。12月30日，市政府办下发《关于调整泰州市驻军保障社会化工作领导小组成员的通知》。12月31日，泰州市召开驻军整体推进保障社会化工作部署会，市委常委、军分区司令员张本印，副市长丁士宏作讲话。（张建文）

武警泰州市支队

【概况】 2009年，武警泰州市支队坚持“观念为先、能力为上、团结为重、作风为实、绩效为本”，有序推进年度各项工作。支队连续12年实现安全发展，被武警总部表彰为“预防事故案件工作先进单位”，兴化市中队被总队评为“基层建设标兵中队”，直属中队、靖江市中队被总队评为“基层建设先进中队”。支队长孙健康、政委杨忠被总队表彰为“一对好主官”，靖江市中队政治指导员朱培六被总队表彰为“优秀带兵干部”并记三等功，后勤处副处长李代明、司令部作训股股长周金华各记三等功，政治处主任梅启军被江苏省委、省政府、省军区表彰为“双拥先进个人”。

【思想政治建设】 把学习实践科学发展观作为重大政治任务贯穿全年，紧扣发展主题，突出实践特色，有效解决基层建设发展不平衡、执勤隐患整治不彻底和官兵普遍关注的热点难点问题。围绕“三个确保”时代课题，开展培育当代革命军人核心价值观主题教育和“学习江鹰事迹，争当忠诚卫士”主题实践活动，邀请全国国防教育先进个人、志愿军老战士讲革命传统课，组织参观海军诞生地、中国医药城、扬子江药业集团等活动，坚定广大官兵的政治信念。开展“深知兵、真爱兵”和“记录成长历程”活动，做好预防犯罪工作和一人一事思想工作。突出先进文化建队育人功能，开展歌咏、演讲、体育、摄影等竞赛活动，丰富官兵业余文化生活。优化营区政治环境，开发支队政工网，完成“干部远程信息中心”和“网络到班、信息到兵”工程建设。支队被总部表彰为“影视发行放映工作先进单位”，被总队表彰为“建言献策先进单位”。

【执勤处突】 落实“三员一兵一组”组勤模式，改造基层备勤室，规范勤务设置，严格落实执勤八项制度，开展新兵岗前培训，集中组织2批勤训轮换。深化“三共”活动，先后2次联合监管支队排查治理隐患58处，推进“四防一体化”建设。组织各类临时勤务，先后出动兵力4059人次，完成押解勤务70起，城市武装巡逻、夜间重要路口设卡191批次，节日期间火车站、汽车站执勤26批次，担负溱潼会船节、“欢乐中国行”和“庆祝海军建军60周年文艺晚会”以及圆明园国宝展等大型活动安保任务6起。密切关注社会动向，修订完善处突预案，加强国庆60周年庆典安保及重大节日战备值班，组织开展应急力量训练，3次组织参与地方政府以处置大规模群体性事件为背景的拉动演练，提升部队在近似实战条件下作战能力。做好营区“三防”工作，投入5万多元，升级改造营区外围监控系统，建立警地协同防范机制，提高机动备勤能力，有效保证营区安全。加强教导队功能建设，组织各类集训6期，培训300多人次。

【安全管理】 消除内部安全隐患，确保部队安全稳定。逐级签订安全目标责任书，严格落实安全工作责任制。开展“条令学习月”、“安全宣传教育月”和安全隐患排查治理活动，消除各类安全隐患87处。突出防范影响安全稳定的10个方面重大问题，坚持把“八个过一遍”活动贯穿在日常工作中，防范重大安全问题发生。开展“迎大庆、树形象、保安全”作风纪律整顿，加大外出人员管控和探亲休假跟踪管理。组织学习《人民武装警察法》，集中开展士官队伍作风纪律整顿，对3名违纪士官作出处理，对10名表现突出的士官进行表彰。落实《机关（基层）正规化管理规定》，提高部队管理水平。重视安全保密工作，定期开展保密教育，强化保密观念，更新技防措施，加大检查力度，杜绝失泄密问题发生。

【基层建设】坚持依靠制度抓基层，落实考察帮建、形势分析、季度考核、双向讲评、半年初评、年终总评等制度。提高基层素质，定期召开军事行政工作及政治工作例会，落实后勤业务集体办公制度，采取难题会诊、疑难解答、经验交流等方法开展经常性培训。组织开展干部骨干《纲要》集训，注重运用“三会一线”做好每周、每月和阶段性重点工作。研究制定《按纲帮建实施计划》，落实党委成员结对、股室挂钩帮建基层机制，全年党委成员带领机关干部下基层蹲点13次70天，加大对基础相对薄弱和多年未进入先进行列中队的重点帮建力度，提高基层全面建设水平。坚持发扬民主，落实“四公开”和“四民主”制度，突出士兵在基层建设中的主体作用。开展岗位练兵活动，参加总队12类岗位练兵考核，12名战士被评为“优秀四会教练员”、“优秀司务长”等8类岗位能手，政治处组织干部股干事刘张春获机关政工类个人第1，司令部警务装备股股长方纪获参谋类个人第8，姜堰市中队政治指导员王立军获政治指导员类个人第4，参谋业务竞赛获团体第5。

【综合保障】加强后勤应急战备训练，落实后勤战备物资储备，加强应急保障能力。推进资产管理和公务卡结算改革，规范提升后勤管理水平，采取抓点示范、现场观摩、推广落实的方法，强化精细管理。加强后勤安全管理，开展打击票据违法犯罪活动，组织开展“百日安全行车”竞赛活动，落实“五位一体”车辆联管责任制和车场日制度，升级改造军械库（室）联管联控系统。做好甲流感防控工作，投入3万元购置红外电子体温计及相关药品下发到基层，制作甲流感防范常识展板，落实体温检测、营区消毒等制度，积极与地方医疗系统互通疫情信息，及时注射甲流感疫苗，甲流感防控有力。督导各单位进行浴室改造，实现冬季洗澡不出营区。公寓房和姜堰市中队新营房建设按计划有序推进。

【班子建设】加强党委（支部）班子能力建设和先进性建设，组织“加强党性修养，振奋革命精神”教育活动，4次组织党委成员带领机关干部进行学习交流，2次邀请地方学者教授进行理论辅导，党委中心组共完成36个理论学习日。1篇建言献策获全军政工网用稿通知，被总队评为建言献策“金质奖”；8篇建言献策被武警政工网采用。建立健全干部考核选拔任用机制，制定完善《干部目标量化管理实施办法》，对3名履职不作为干部实施相应处罚；采取选送培训、岗位锻炼、考核选拔等措施提高能力素质，选送8名干部参加上级培训，5人被评为优秀学员。做好解困暖心工作，全年干部福利平均增加2600元，给6名特困党员、干部发放生活补助19000元；给5名患病干部和干部家属送去慰问金或慰问品。积极营造清风正气，开展“读书思廉”和系列廉政文化活动，提高风气建设质量。在干部调整配备、大项工程招标、大宗物资采购、大额经费开支等敏感问题上，未发生违纪违规问题。

【警嫂团拜会】2月7日，举办新年警嫂团拜会，全体机关干部家属出席团拜会。会上，支队政委杨忠致新年贺词，3名警嫂代表作发言讲话，支队给每名警嫂发放慰问金。

【流动书柜进警营】4月，支队与驻地院校、图书馆鉴定协议，每月为基层中队更换图书200册。

【联合办学】7月、11月，支队与泰州职业技术学院、劳动保障、交通、交警等部门联合办学，举办2期职业技能培训，160名官兵获等级证书。

【交通法规进警营】8月7日，支队在所属车勤人员中开展“交通法规进警营”活动，邀请泰州市交警支队优秀交警进行授课辅导，讲解泰州地区交通现状及军车和军人常见交通违规行为。组织观看2009年泰州地区重大交通事故录像和交通法规宣传图片展。

【庆祝建国60周年活动】国庆期间，支队与团市委、地方院校共同举办“歌颂伟大祖国，唱响时代赞歌”警民联谊晚会。参加泰州市“祝福伟大祖国，建设美好泰州”大型群众歌会，获优秀组织奖，《江苏法制报》、《泰州日报》头版头条进行报道。

【基础设施建设】年内，投入20多万元，对机关亮化工程进行修缮，对基层7个单位浴室进行改造，保证官兵洗澡不出营区。投入75万元新建教导队配电房，保证公寓房施工和教导队正常电力供应。

【营区政治环境建设】年内，投入46万元，为所属基层单位统一制作安装警营文化灯箱，装修改造6个单位荣誉室，对基层会议室、图书阅览室、网络学习室、哨所岗楼等库室场所进行规范。做好水杯文化、哨所文化、操场文化建设，在泰兴市中队等单位营区设置励志景观石，营造良好的营区政治环境。（宋扣勤 王 晔）

武警泰州市消防支队

【概况】2009年，武警泰州市消防支队全面贯彻“忠诚可靠、服务人民，竭诚奉献”总要求，围绕公安部部长孟建柱提出的“三项建设”，坚持实际、实用、实效的原则，全面加强消防工作和队伍建设，保持全市火灾形势平稳和队伍安全稳定，为建设“平安泰州”创造良好的消防安全环境。

【灭火救援】 全市消防部队立足于实战、岗位和现有装备，突出全员、科学、质量和实战练兵。修订完善灭火救援行动、预案制订、战评总结和执勤器材装备管理、交接班等执勤制度。编写道路水源、重点单位、装备、化危品处置等手册，制作“六熟悉”、执勤实力、装备资料、重点单位资料及危化品处置卡片。全年，共接警出动1725次，出动消防车2955辆次、消防官兵14975人次，成功扑救火灾416起，参加抢险救援296次、社会救助86次，抢救被困人员198人，疏散人员387人，抢救保护财产价值近1亿元，灭火救援实战能力进一步提升。成功处置“8·26”泰兴市润鹏化工有限公司二甲苯泄漏爆炸事故。

【消防队伍建设】 按照“现役部队为主、多种力量为辅”的思路，探索新时期多种形式消防队伍建设之路，逐步构建城乡自防自救网络体系。加强消防力量建设，增加现役消防人员编制200名，合同制消防员总数212人。

【政治建设】 坚持实际、实用、实效的原则，重点做好各级党组织规范化建设、部队思想政治教育及心理工作、“双培双带”工程、干部双考、干部队伍能力素质建设、先进典型培养宣传、廉洁警队建设、和谐警营及和谐警民关系建设，努力实现基层党建标准化、政治教育实效化、干部队伍活力化、表彰奖励规范化、典型培养科学化、警营警民关系和谐化，确保部队安全稳定和高度集中统一。年内，全市有1个基层单位被评为省级青年文明号，8个基层单位全部被评为市级文明单位和青年文明号。3人获二等功，3人获三等功，特勤中队战士杜朋朋被评为“全国公安现役部队优秀士官”。

【后勤建设】 加强经费的争取和区域性灭火救援应急中心工程建设。全年共争取正常经费2247万元，比上年增长18.4%。2009年正常经费指标，各大队均超过100万元，大队正常经费平均增长16.4%。年内，总投资2400万元，建筑面积8760平方米的省级泰州区域性灭火救援应急中心一期工程执勤楼装修完毕，即可投入使用；二期工程已启动。开发区大队投资1100万元完成滨江消防站建设和搬迁，同时投入1800万元用于指挥中心及特勤站建设。高港大队投资1200万元建设的永安洲消防站已进入装修阶段。支队投资190万元完成心理训练设施建设、指挥中心改造、绿色车库建设、营区绿化等，先后投资521万元购置多功能抢险救援车2辆、大吨位泡沫水罐车1辆、压缩空气泡沫车1辆和一批抢险救援器材、个人防护装备、常规器材。（吴　伟）

江苏省军区教导大队

【概况】 2009年，省军区教导大队依据《基层建设纲要》，以教学办队为重点，狠抓思想政治建设、教学办队能力建设、正规化建设以及基础设施建设，顺利完成各项工作任务。全年安全无事故，大队全面建设保持良好势头。

【思想政治建设】 先后开展新兵入伍教育、党委机关“三个带头”教育、法制教育、当代革命军人核心价值观教育、第二批学习实践科学发展观活动、第三批学习实践科学发展观活动等7个专题的教育。

【军事训练】 始终以军事训练为中心，做好官兵军事训练工作，推进教学保障能力建设，提升教员队伍培养及授课水平，提高教学办队质量。完成军事训练和教学保障任务，全年共完成省军区师团干部理论集训暨新任主官集训、交流干部集训、人武参谋和专武干部集训、参谋骨干集训、后勤部（处、科）长集训、新兵集训等军队内部集训办队保障任务17期、204天、1463人次。被上级机关抽调帮助工作及到师、旅级单位授课辅导132天，5人参加总部赋予的省军区系统按纲施训教材编写工作。

【部队安全管理】 坚持贯彻“从严治队、正规办学”方针，严格落实条令条例学习、定期形势分析等各项制度，发挥全体官兵在安全管理工作中的主体作用。严格执行大队制定的《目标管理考核办法》和《节能降耗管理规定》，进一步规范“四个秩序”，杜绝“三个不正常”现象，突出突发事件的防范和处置，进一步修订完善各类战备方案，并进行演练。坚持值班执勤和昼夜巡逻制度，确保营区安全。

【后勤建设】 做好新营区基础设施建设，改建作业室18个，对各类库室、教室的门框进行更换，安装防盗门52套；对综合大楼多处破损部位进行维修，对办公楼和招待所部分电网线路进行全面改造。注重后勤技术人才培养，先后选送1名战士参加直属队驾驶员培训、2名战士参加省军区烹饪技术培训、1名战士参加地方等级厨师培训，壮大后勤保障人才队伍，提高后勤保障能力。

【双拥工作】 全年共承办海陵城管分局、泰州市体校等单位封闭式集训、军训3期，派出官兵81人次为江苏省畜牧兽医职业技术学院、泰州市实验学校、扬子江技术学校、泰州市车管所等单位军训学生、员工5010人。为推进纬创资通（泰州）项目尽快落户，应开发区要求，大队腾出服务中心和10套公寓住房，供开发区纬创服务中心前期工作使用。将北大门两侧房屋提供给施工单位作办公用房，为泰州市328国道西延改造提供便利。在泰州市开展的"慈善一日捐"活动中，大队全体官兵捐款近4000元。

（李锋剑）

预备役高炮三团

【概况】 2009年，江苏陆军预备役高射炮兵第一师第三团，以预备役新大纲为依据，提高部队战斗力，按照"平时应急，战时应战"的原则，加强军事训练，重点完成省军区赋予的高炮专业"网络化、基地化、模拟化"训练试点任务，创新预备役部队高炮专业训练的方法。年内，团先后被省军区表彰为团党委岗位练兵先进单位、先进旅团，部队全面建设呈现健康发展的良好势头。

【思想政治建设】 坚持把学习贯彻科学发展观作为贯彻落实十七大精神、推进团队和谐发展的实际举措，积极开展 "深入学习实践科学发展观，以改革创新精神加强部队党的建设"教育活动， 3月～11月，组织开展第二批、第三批科学发展观学习实践活动，通过收听收看理论宣讲报告，增强官兵学习贯彻科学发展观的自觉性坚定性。开展 "讲党性，重品行，做表率" 、"当代革命军人核心价值观"等系列教育活动，注重发挥社会课堂作用，组织官兵参观沭阳小城镇建设、周恩来故居、苏北解放战争纪念馆等。开展启发式、互动式和自主式教育，通过更换营区灯箱、张贴当代革命军人核心价值观宣传画，增强官兵践行当代革命军人核心价值观的自觉性。

【战备训练】 加强"三实"训练和直属队训练工作。1月，组织全团现役官兵共51人进行"三实训练",参训率100%，考核成绩合格率100%。1月～6月，团结合整组时机，组织团、营两级对《防空作战方案》、《调服现役方案》和《抗洪抢险方案》等20多份方案进行修定和完善。为遂行非战争军事行动，团购置警棍、盾牌、绝缘手套等应急器材和锹、镐、蛇皮袋、木桩、雨鞋等装具400多件。57高炮2营积极筹建防化应急分队，协调经费10多万元，完善战备设施，加强连部规范化建设。5月，按入队训练、专业训练、汇报演练、总结回撤四个阶段，落实直属队训练，组织防护、卫生、驾驶、侦察、勤务等10多个专业、共118名预任官兵的训练；并对直属分队和57高炮2营4连、双37高炮营3连进行快速拉动，检验快速动员能力。9月，为提高现役官兵的组织指挥能力，在全团范围内开展 "四会"教学评比竞赛活动，按照"红、活、硬、细、实"的要求，开展教学竞赛，41名参训官兵编写教案60多份、课件20多份，经考核，优秀率达82%，全年，共组织45名现役及预备役官兵参加上级组织的民兵预备役高炮团（群）指挥干部射击指挥、参谋骨干、工兵、一米测手、通信、侦察、防化专业集训，提高官兵的专业技能和业务水平，为团队发展储备大批的骨干和专业技术力量。

【后装保障】 以"成建制、成系统，形成作战能力、形成保障能力"为目标，推进后装保障能力建设，确立"打牢基础、突出重点、讲究效益"的整体思路，全面提高后装建设水平和综合保障能力。落实物资集中采购，大项工程建设招投标等制度，年度物资集中采购率达95%以上。加大财经和审计监督力度，严把审核关、报销关，坚持做到财务保障"四个一"和双主官联签制度，提高经费使用效益，堵住管理上的漏洞。修订完善应急作战装备保障方案和配套计划。按照战备要求，加紧完善战备设施建设。坚持按纲施训，以军事斗争准备为重点，深化保障理论成果，搞好科研创新，结合试点任务，申报两项科研成果。坚持以装备"三化"管理达标细则为依据，加大建设力度，提高软、硬件建设，完善各类设施。提高后装干部能力素质，后装处多次组织基层现役和预任军官参加上级组织各的类集训，通过观摩交流，提高后装干部的业务素质。2009年，团被评为后勤管理先进单位。针对甲流疫情，团积极应对，成立组织，完善预案，发放板蓝根、抗病毒颗粒等预防流感的药品，做好甲型H1N1流感的预防工作。

【干部队伍建设】 对现役干部坚持正确引导，常教常带。针对预备役部队特点，落实换岗轮训，搞好业务技能培训，加强军事技能的训练，利用"四会教练员"考核及大项活动培养干部。先后组织多名预任军官参加上级单位组织的培训学习。10月～11月，团党委联合泰州市委组织部对全团172名副营职以下预备役军官进行工作考核，对预任军官任职以来履职尽责、个人政治理论学习等全面考评，促进预任军官能力素质提高。

【"三化"试点工作】 4月～7月，团组织高炮专业"基地化、网络化、模拟化"强化训练，现役官兵40人及泰兴57高炮二营和靖江双37高炮营各一个连参加训练，共动用火炮13门，相关的模拟训练器材装备10多套。构建以"四网一中心"为依托，集作战、训练、指挥功能于一体的防空作战信息网络平台。引进和研发"火炮实装模拟训练系统"、"高炮连小型无人机模拟对抗训练系统"、"要地防空作战指挥与训练系统"等多种模拟训练器材，解决靠自身训不了、训不起、训不好的困境。7月9日，省军区在泰州预备役团召开"基地化、网络化、模拟化"训练试点现场会，师第一政委、江苏省副省长何权，省军区副司令员刘长意亲临现场观摩。

【双拥共建】 继续开展"双带双扶"工作，支援地方经济建设。在市委办和泰州军分区组织的"慈善一日捐"的活动中，全团干部共募捐8100元。与泰州明珠实验中学10名贫困学生保持联系，利用节假日。走访慰问老红军、孤寡老人。9月、10月，承担泰州市张甸中学、二附中、职业技师学院等3所院校的军训任务，军训学生1700多人。在省军区组织的庆祝中华人民共和国成立60周年晚会上，团编排的歌舞节目《在海军诞生的地方》，代表师参演。（王雁冰）

人民防空

【概况】 2009年，市人防办以"战时能力强、平时作为大"为主线，围绕"建一流队伍、创一流业绩、树一流形象"的总目标，实现人防事业又好又快地向前发展。先后获省五五普法中期先进单位,市文明机关、学法用法先进单位、保密工作先进集体、档案信息化先进集体等称号。"2345"真情服务品牌被表彰为泰州市首届"十佳"文明优质服务品牌。

【指挥信息化建设】 市、县两级制订完善人民防空应急行动方案，以实名制形式成立战时人民防空指挥所。全年新增防空警报器22台，全市警报音响覆盖率、完好率均达100%，空情接收系统工作正常。落实战备值班制度，与省和县级人防办同步保持24小时战备值班。市本级7支人防专业队共计450人，结合民兵组织调整改革进行实名制整组。依托电子政务平台，办公自动化系统初步形成。

【防护体系建设】 全年全市新立项人防工程完成省年度任务的145%，新开工人防工程完成省年度任务的139.4%，竣工人防工程面积完成省年度任务。市区人防工程人均占有率达0.56平方米，人防工程建设与缴纳易地建设费用比例进一步合理，人防工程综合结建率达95%以上。人防专业队和医疗救护工程均超额完成省下达的立项比例指标，全省第一家人防核生化监测中心工程——苏中环境督查中心人防工程完成土建施工。

【建设资金筹集】 贯彻落实中共中央、国务院《关于进一步加快人民防空事业建设的若干意见》和《江苏省人防建设经费筹集管理规定》，用好用足政策，严格规范管理，确保人防易地建设费的足额收取和企事业单位、个体工商户应缴纳人防经费的征收到位。全年全市共筹集人防建设资金1.09亿元，完成省下达指标的160%。其中市区筹集人防建设资金5300万元，完成年度任务的153%，增幅居全省前列。开展"小金库"专项治理清查工作，严格落实公务接待、差旅费、会议费使用的有关规定，加强内部审计，各项费用得到压减。

【平战结合】 投资8000多万元建设市重点基础设施项目——铁塔广场工程，年内完成桩基和基坑支护深层搅拌桩施工。启动集多种经营、旅游观光、经济林果建设于一体的城市防空林和人口疏散基地建设。人防工程平战结合利用率保持稳定，市区人防自建工程开发利用率达100%，为社会提供就业岗位1000多个，停车泊位6000多个（其中2009年新增1600个），实现战备、经济和社会效益的共赢。

【法制建设】 市政府出台《关于进一步推进人防工程建设和使用管理的意见》。建立覆盖全部行政事项的权力公开透明运行机制，将行政职权规范缩减到19项。开展行政执法工作，全年市本级组织执法检查45次，查处违法、违规行为10起，追缴人防易地建设经费200万元，补建人防工程6000平方米，做到认定事实清楚、执法程序合法、运用法条准确，确保无错案、无行政复议、无行政诉讼案件。

【人防宣传】 围绕建国60周年和《人民防空法》颁布13周年等重要活动，利用大众媒体广泛开展宣传，做到电台有声、电视有影、报刊网络有文章。年内，被省、市各类刊物等用稿和信息160多篇，编制各种宣传资料1万多份，组织人防知识讲座、法制培训、广场咨询等专题宣传活动6 次。开展民防知识宣传教育，市区有31所初级中学、7550名学生接受民防知识教育，开课率达100%。5月12日全国首个“防灾减灾日”，在多个居民社区组织开展防空防灾应急知识咨询，并与泰州师专300多名师生一起进行人口疏散演练。

【县（市）人防工作】县（市）人防工作进入全省先进行列。在靖江、泰兴通过省民防局“准军事化”机关建设达标验收的基础上，年内姜堰、兴化顺利通过验收，综合成绩居全省前列。泰兴人防指挥所进一步完善相关设备设施和防护措施，靖江完成人防指挥所的选址和征地工作，姜堰、兴化完成人防地面指挥中心建设，实现省、市、县三级语音、视频、图像的互联互通。全年县（市）新立项人防工程完成省年度任务的223%，新开工人防工程完成省年度任务的213%，竣工人防工程完成省年度任务的105%。人防建设经费筹集总额5600万元，完成省年度任务的148%。

【省人大执法检查】8月26日，省人大常委会环资城建委主任陶培荣带领部分省人大代表对泰州市贯彻执行人民防空法律法规情况进行检查和视察，对泰州市利用人防工程有效地为经济建设和人民群众提供服务的情况给予肯定。

【“人防杯”国防知识竞赛和征文、摄影比赛】9月～12月，市委宣传部、泰州军分区政治部、泰州日报社、市人防办联合组织开展纪念建国60周年“人防杯”国防知识竞赛和征文、摄影比赛。活动期间，共收到国防知识竞赛答题卡7556份、征文102篇、摄影作品351幅。《泰州日报》刊发3个专版，制作3000本作品画册，在全社会营造良好的人防氛围。（朱君贤）

边防检查

【通关服务】2009年，泰州边防检查站积极推行“边检辅导员”进企业服务，成立口岸巡查服务队。拓展“便民服务直通车”的功能，安装无线验放系统。简化办事程序，免除办证费用，优化通关环境。全年检查出入境船舶855艘次、人员16505人次，比上年分别增长52%和42%。提前介入、跟进服务待开放码头，先后指导海企、三木、盈利国际、扬子江4家企业顺利通过对外开放验收。总结规范10个执勤常用工作规范和服务流程，定期开展巡回演示，促进服务定式的养成。

【勤务改革】调整勤务模式，成立检查、调研、办证3个小组，实行科队联动联勤，检查员驻点一线，与监护中队捆绑上勤，形成分级分类、规范科学的勤务安排模式，盘活警力。建设海螺、泰兴执勤点，筹建靖江边检分站，继续推行后勤保障社会化，将充足的警力部署执勤一线。泰州边检站驻靖江办事组获2009年度靖江口岸“优胜单位”先进称号。

【国庆安保】制定下发国庆安保工作方案、应急处突预案，编印《国庆安保工作措施汇编》，健全安全形势评估、船情风险评估、巡查巡视等稳控机制。加强与公安、口岸查验机构、涉检企业的联勤、联防、联动，开展口岸安全隐患大排查、大整改和整治货郎船等专项行动11次，组织21次应急演练和6次联合处突演练，提高口岸管控能力。

【拥政爱民】开展“托起一片蓝天”爱心助学活动，结对帮扶的22名口岸中学新疆班学生，全部被本科院校录取，其中毛安娜以634分被北京大学提前录取，成为全国内地新疆班文科状元。开展大走访活动，主动纳入泰州市作风建设和人民满意创建活动，共走访党委政府和口岸企事业单位102家（次），船员和涉外人员385人次，梳理收集有效建议26条次，服务满意度不断提升。年内，被泰州市委、市政府评为文明单位。

【信息化建设】建设完善指挥中心、多功能会议室和码头监控系统，执勤现场视频监控覆盖率达90%。投入35万元，改扩建多功能会议室，建成高清视频会议系统，并延伸到执勤一线。严格落实每日视频督察、每月现场督察、重大节日必查制度，实名通报督察情况，提升部队管理和边检工作的科技含量。

【部队管理教育】建立以制度管人、管事、管车、管装备的长效机制，编制出台《部队管理规章制度汇编》。落实单身干部外出请假、查铺、点名和驾驶员每月技能竞赛和考核等制度。签定《文明带兵责任状》、《文明服役责任状》，建立部队和家庭双向稳控机制。为基层官兵添置执勤五小件，组织干部驾驶技术培训，聘请专业人员传授职业技能，培养警地两用人才，建立警营党校、练兵夜校、文化学校，推行干部军政业务月考制度，开办战士考生文化补习班，营造和谐的警营氛围。（黄晓文）

国家安全

（略）

外事·侨务

外　事

【概况】2009年，市外办围绕泰州“三年再来一个大变化”的奋斗目标，积极开展领导干部下访和“走进你我他”、“三服务”、“外资外贸企业服务月”活动。围绕全市中心工作和市政府“411工程”目标任务，加强干部队伍建设，推行行政权力公开和政府信息公开，加强机关作风建设和行政效能监察，进一步强化服务和管理意识，在巩固已有友好交往关系和交流成果基础上，拓展新的交往渠道和交流领域，落实实质性项目交流合作。利用独特工作资源，为泰州国家医药高新技术产业开发区介绍医药高新项目10多个。稳步推进外事、港澳等各项工作，提前并超额完成全年工作任务。全年共组织实施20多项交流项目，在经贸、科技、文化、教育、医药、卫生、城建、环保等领域进行实质性友好交流，被省外办授予“国际交流成就奖”。全年共组织10多批市领导团组赴友好城市、友好交流城市进行友好访问。办理因公出国（境）审核、审批手续227批740人次，办理邀请外国人到华签证通知(函)手续81批174人次，办理因私签证代办手续148批192人次。

【拜访驻沪使领馆】2月28日～29日，市外办专程赴上海拜会西班牙、挪威、俄罗斯、匈牙利、法国、泰国、爱尔兰、加拿大、巴西、丹麦、巴基斯坦等11国驻沪总领馆，宣传推介泰州改革开放和对外友好交流及经贸合作成就，详细了解和收集最新对华经贸合作信息，商谈经贸合作事宜，开辟泰州市团组今后出访签证工作良好沟通平台。

【驻沪领事官员应邀出席泰州国际旅游节】4月5日～7日，应市政府邀请，俄罗斯、波兰、以色列、德国、加拿大驻沪总领事馆总领事和美国北卡州驻沪办事处官员一行22人，到泰出席“2009年中国泰州国际旅游节暨经贸洽谈会”。5日，市长姚建华会见俄罗斯、波兰、以色列驻沪总领事。

【江苏省旅港同乡联合会到访】4月5日～8日，应市政府邀请，江苏省旅港同乡联合会会长张永珍一行40人到泰出席“2009年中国泰州国际旅游节暨经贸洽谈会”，并参观考察医药高新区和农业开发区等相关单位，与有关部门达成项目投资初步意向。市委书记张雷、市长姚建华分别会见考察团。

【以色列驻沪总领事到访】5月19日，以色列驻上海总领事艾雅克先生到泰访问考察。访问期间，艾雅克先生考察泰州国家医药高新技术产业开发区，与有关单位商谈在医药领域合作情况。副市长刘励会见艾雅克一行。

【德国施瓦本哈尔地区官员到访】6月16日，德国施瓦本哈尔地区代市长瓦尔先生到泰访问，市长姚建华会见瓦尔先生。双方商定，建立长期互动交流机制，定期开展高层会晤，进一步加深了解，增进友谊，扩大交流合作渠道。

【市医药化工代表团访问俄罗斯、波兰】7月15日～24日，市长姚建华率市医药化工代表团赴俄罗斯、波兰访问。访问俄罗斯期间，代表团拜访中国驻俄罗斯联邦大使馆、俄罗斯基洛夫州驻莫斯科代表处负责人、俄罗斯国家化学及有机化合物工艺研究所、圣彼得堡ЭПК股份有限公司。访问波兰期间，代表团拜访中国驻波兰大使馆、波兰商会、波兰医药和医疗器械行业协会。

【市经贸考察团访问美国、韩国】8月7日～15日，市委书记张雷率市经贸考察团赴美国、韩国考察。市委常委、泰州医药高新区党工委书记何榕参加考察。访问美国期间，医药高新区与德州休斯敦健康医学中心所属研究机构布朗基金会分子医学研究所达成联合培养博士后合作协议，与休斯敦健康医学中心就共建高血压、心脏病、睡眠等3个诊疗中心签订正式合作协议，与北卡希洛斯公司签订共建符合美国CGMP标准的公共平台合作协议。考察团先后在新泽西、休斯敦、罗利、旧金山等地举行投资说明暨项目对接会6场。走访康奈尔大学、杜克大学、哈姆纳研究院、纳斯达克、美中药协、北美华人生物协会、北核生物协会，会见美国纽约州副州长等官员，接受《世界日报》专访。访问韩国期间，考察团考察LG公司总部，昌原一厂、二厂及协作企业。

【市教育代表团访问加拿大、美国】8月11日～20日，市政协副主席马云率市教育代表团访问加拿大、美国。访问加拿大期间，代表团拜访旅加江苏同乡会、参观友城巴里市乔治学院，详细了解加拿大教育体制，与加方洽谈教育合作和交流措施。访问美国期间，代表团访问友城纽波特纽市，与该市姐妹城市协会和友好人士进行交流。

【澳大利亚拉特罗布市代表团到访】 9月25日，澳大利亚拉特罗布市代表团到泰出席第六届江苏省园艺博览会开幕仪式。市委书记张雷、市长姚建华分别会见拉特罗布市市长丽莎·普锐斯和首席执行官鲍尔·巴克利一行。访问期间，与澳方达成在园博园兴建永久性纪念物意向，以纪念两市10多年友好交往交流的成果。副市长刘励参加会见。

【市友好代表团访问美国、加拿大】 10月17日~27日，市委常委、组织部长李国华率市友好代表团访问美国、加拿大。访美期间，李国华与美国威廉斯波特市市长加百利J·堪帕纳共同签署建立国际友好交流关系协议书。代表团参观考察美国国家医学研究院，与美国华裔科学家协会医学专家交流，拜访美国华商总会、美国江浙总商会、美中药协、加拿大华人企业家协会。李国华看望泰州首期领导干部公共管理高级研究班学员。

【市经贸代表团访问南非、纳米比亚】 11月7日~17日，副市长刘励率市经贸代表团访问南非、纳米比亚。访问南非期间，星火特钢有限公司与外方洽谈购买铬矿、锰矿等事宜。访问纳米比亚期间，梅兰化工集团与外方达成进口海盐初步意向，海建公司与外方达成出口建材初步意向。

【李肇星到泰视察】 12月20日，全国人大常委会外事委员会主任李肇星到泰视察。先后参观江苏省泰州中学初中部、梅兰芳史料陈列馆和泰州国家医药高新技术产业开发区。

（徐保国　王　强　夏永宏）

侨　　务

【概况】 2009年，市侨办贯彻落实国侨办和省侨办有关会议精神，以江苏经验为重点，以服务大局为主旨，开拓创新，推进侨务工作又好又快发展。

【侨界新春茶话会】 1月17日，泰州侨界召开新春茶话会，来自市区各行各业的归侨侨眷代表30多人参加会议。会上，市侨办向归侨侨眷介绍2008年全市侨务工作情况和2009年工作打算。

【2009海外高层次（生物医药）人才江苏行】 7月6日~8日，"2009海外高层次（生物医药）人才江苏行"活动在泰州举办。100多名海外生物医药博士先后考察中国医药城、扬子江药业、济川药业等单位和企业，洽谈生物医药项目100多项，达成合作投资意向46项。至年末，落户16项，引进合同外资2.2亿美元。

【侨务调研】 4月17日，省委巡视组张明亚一行在省侨办党组成员、纪检组组长侯永兰等人陪同下到泰调研。7月30日，省侨办副主任季俊秋到泰调研。

【编写《海外泰州人》】 4月9日，市外事、侨务办公室和市史志档案办公室联合编写的《海外泰州人》一书由江苏人民出版社正式出版发行。海外泰州人中的代表、爱国促统侨领单声及副市长刘励出席发行仪式。《海外泰州人》收录爱国促统侨领单声、国际著名图书馆专家钱存训、应用数学家鄂维南、世界知名物理学家张鸿吉等57位海外泰州籍人士的奋斗历程。

【侨务外联】 3月16日，德国亚琛工业大学数学系教授、德中合作汤若望协会副主席郭余宝先生回泰。4月5日~7日，美国亚洲贸易促进协会名誉会长朱元忠、上海侨商方鸿飞一行7人到泰参加泰州国际旅游节。4月7日~10日,以著名爱国侨领单声为团长、闻颖女士为会长的英国大地社访问团一行22人到泰进行考察访问。访问团出席市现代农业科技示范园开幕式和《海外泰州人》发行仪式。市领导张雷、姚建华、王守法、陈国华、何榕、刘励等会见和宴请访问团一行。5月7日，澳大利亚华侨王耀博士回泰。10月6日，温州侨办副主任周顺来一行到泰联谊。

【服务侨胞】 1月15日，副市长刘励带领市侨办、市侨联人员慰问王叔平、陈德龙等侨眷，发放慰问品和慰问金，送去党和政府的关怀。3月15日，市侨办和侨联共同推荐江苏南山电站设备有限公司董事长宗义正作为全国归侨侨眷先进个人候选人。

【服务经济】 7月28日、10月7日、10月20日，法国浙江商会名誉会长吴志平一行到泰考察投资环境。7月30日、8月13日、8月29日，方兴集团董事长方鸿飞到泰考察投资环境。8月10日，美国亚洲贸易促进会朱元忠一行到泰考察。11月25日~26日，上海中大国际投资集团董事局主席周海敏博士一行到泰参观考察，副市长刘励会见考察团一行；考察团与海陵区泰山街道办、苏陈镇召开项目座谈会，达成初步共识，拟在海陵区投资新建五星级酒店等项目。

(徐保国　杨明良　王德华　邵宝顺)

·泰州市归国华侨联合会·

【概况】 2009年，市侨联在江苏省侨联的指导下，围绕市委、市政府的中心工作，切实履行侨联组织的各项职能，团结和带领全市归侨侨眷，广泛联系海外侨胞，凝聚侨心，发挥侨力，主动为促进地方经济建设和社会事业的发展牵线搭桥、献计出力。

【学习贯彻全国侨代会精神】 7月14日～17日，市侨联主席顾永伯出席第八次全国归侨侨眷代表大会，获“全国侨联先进工作者”称号，侨眷宗义正获“全国归侨侨眷先进个人”称号。会后，市侨联全体委员、侨联工作人员及归侨侨眷学习宣传会议精神，结合泰州实际深入贯彻落实全国侨代会精神，更好地推动侨联工作创新发展。

【侨界活动】 市侨联按照“组织起来，活跃起来”的要求，结合泰州实际，利用国庆、中秋、重阳、春节等传统节日，广泛开展侨界群众文化活动。组织归侨侨眷参观泰州城市数字化管理模式，普及城市数字化管理知识。组织侨联委员、归侨侨眷代表赴安徽绩溪参观考察。开展“喜迎国庆60周年，侨界群众看泰州”联谊活动，组织全市归侨侨眷、留学生眷属代表参观泰州医药城和园博园等，让侨界群众亲身感受泰州的发展变化，并号召他们向海外亲友宣传家乡，并邀请他们常回家乡参观考察。

【信访维权】 年内，全市各级侨联接待侨务信访51件、123人次；走访慰问归侨侨眷320人次，发放慰问金额8.42万元;为归侨侨眷解决实际问题35件，协助解决侨资、侨属企业经济纠纷6起，内容涉及人身财产权益、房屋拆迁、侨资企业经济纠纷等问题。

【服务经济社会发展】 年内，市侨联发出“我为保增长促发展献计出力”倡议书，得到全市各级侨联、广大归侨侨眷和侨商的积极响应。组织开展“保增长、促发展，我为侨企解难题”主题活动，了解在泰侨企生产经营状况，积极向各级地方政府反映侨资侨属企业的诉求，为企业解难题、办实事。年内，全市各级侨联接待海外侨胞和华商35批177人次，引进或协助引进经济、科技、教育等项目4个。密切关注中国医药城的发展，抓住一切有利时机邀请接待海外医药专家及重要客商到泰参观考察医药城。3月，省侨商总会会长庄启程等一行10人到泰考察医药城，市委书记张雷、市委副书记王守法会见并陪同考察。市侨联先后邀请来自美国、英国、瑞典等国家和地区的医学专家到泰州考察医药城。

【服务侨商】 市侨联发挥侨商会的平台作用，指导帮助侨商会组织开展各项活动，为会员企业服务。多次组织侨商参加考察、座谈、交流、联谊活动，积极为侨商企业协调解决经营中的困难和问题。由省外经贸厅、省侨联、省贸促会和省侨商总会联合主办的江苏省优秀侨资企业颁奖仪式在南京隆重举行，泰州市推荐的新浦化学(泰兴)有限公司、江苏新时代造船有限公司、泰州德通电气有限公司3家侨资企业获表彰。省侨商总会在泰召开侨商企业代表座谈会，副市长刘励参加座谈，听取泰州侨资企业代表的情况介绍和建议意见，详细了解新浦化学、德通电气、江苏南山重工等10多家在泰侨企生产经营状况，共商应对危机之策。市侨联组织侨商会会员赴台湾参观考察；组织侨商会会员赴广西参加中国侨联、广西壮族自治区政府联合主办的以“机遇共享，合作共赢”为主题的“走进北部湾——2009年海外华商合作开发广西北部湾经济区大型活动”；组织侨商代表团赴菲律宾参加第10届世界华商大会，扩大侨商会的海外联谊和合作交流。

【爱心公益事业】 市侨商会会长单位新浦化学（泰兴）有限公司配合地方政府开展“百村千户”帮扶活动，为贫困村投资建设乡村道路1200米。泰州市红十字会召开表彰会，市侨商会副会长冬云、何秋华、宗义正及侨商会常务理事黄艳等4人获表彰。10月30日，“大爱倾城·情满泰州”首届大型慈善晚会在市广电局演播大厅举办，市侨商会副会长冬云出席慈善晚会，并现场认捐30万元，表达泰州侨界人士的真挚爱心。

【参政议政】 年内，全市各级侨联和侨界人大代表、政协委员共提出议案和提案28件、社情民意15条、调研报告3篇。市侨联围绕“关于进一步加强引进海外高层次人才工作”的调研课题，深入市人事、科技等相关部门及医药城、经济开发区等单位开展调研，向市政协三届三次会议提出侨联团体提案，并作为大会书面交流材料印发全体与会委员。市侨联获省侨联“2009年度侨联参政议政工作先进单位”，获市政协优秀提案奖。

【联谊宣传】 年内，市侨联在加强海内外联络联谊的同时，继续加强与其他省市侨联的工作联系，树立“大侨务”观念，实行资源共享。应邀赴广西南宁出席全国省会城市暨部分大中城市侨联工作经验交流会，应邀赴辽宁省沈阳市出席全国中小城市侨联工作交流暨侨商论坛活动，与兄弟城市侨联探讨侨联工作的新经验和新方法。充分利用自办侨刊侨网，做好对外宣传工作。《泰州侨联》累计发行26期，共印发1200多份。“泰州侨联侨商网”点击率持续上升，已超7万次。（屠双挺）

城乡建设与管理

综　述

【概况】 2009年，泰州城乡建设抓住国家扩内需、保增长政策机遇，强化资金筹措，推进阳光拆迁，加快项目实施，全年市区城建投资120亿元。全面实施“十大重点工程”，园博园按期开园，成功组办江苏省第六届园博会，泰九路改造基本完工，稻河古街区改造、凤城河风景区三水湾建设、南通路改造、328国道泰姜段改线有序推进，泰州博物馆、图书馆、美术馆开工建设；鼓楼南路、海陵南路和扬子江路南延等一批路桥工程按期竣工，新老城区交叉道口改造24处，鼓楼路、税东街沿街小区环境整治基本结束。组织开展全国文明城市创建工作先进市、国家历史文化名城、国家级节水型社会建设试点市、国家生态市等创建活动，中国宜居城市创建达标，国家园林城市创建通过专家组现场考核和遥感测试。数字化城管平台建设取得新成效，泰州市获中国城市管理进步奖。各市（区）加大城建力度，提升城区形象。靖江滨江新城核心区加快建设，泰兴北部片区改造力度加大，姜堰创建国家卫生城市通过省级考核，兴化历史文化建筑保护和修缮成效明显。继续推进全面小康“十百千”工程，新创市级全面小康先行村250个。办好农村新“5+1”实事，新（改）建农村公路800千米，改造农村桥梁460座，改厕7.7万座，疏浚河道3923万立方米，泰兴、姜堰、海陵农村河道疏浚通过省级验收。进一步完善城乡基础设施，泰州长江大桥及北接线建设进展顺利，全长76千米的兴泰公路改（扩）建工程提前建成通车，宁启铁路复线及电气化改造、引江河疏港大道等重点项目相继开工建设；周山河和老通扬运河整治一期按期完成，各市城区防洪工程加快推进；500千伏凤城变等一批重点电力设施建成投运，邮政、通信等基础设施建设取得新进展。

城市规划

【城市总体规划修编】 年初，提请省建设厅组织专家对泰州市第三轮城市总体规划修编纲要进行论证。纲要通过论证后，市规划局协同规划编制单位就总体规划有关问题与海陵、高港、开发区及相关部门进行对接，广泛征求社会意见，并分别向市人大常委会主任会议、市政协主席会议作专题汇报。由于国务院发文调整城市总体规划的审批权限，总体规划编制的规划期限、目标要求、审批程序等皆发生较大变化，市规划局领导及时赴国家住房和城乡建设部了解情况，研究对策，并会同总规编制单位对总规内容进行相应调整。市规划局承担的市“十二五”规划前期重点课题——“三泰一体”城市发展战略与城市功能提升课题研究，已形成正式成果。组织苏陈、白马、罡杨等集镇总体规划的编制工作。

【控制性详细规划和专项规划编制】 编制高港区滨江新城控制性详细规划、临湖新区控制性详细规划，对周山河街区等控制性详细规划进行调整。完成火车站及城际轨道交通站综合枢纽控制性详细规划编制，经省住房和城乡建设厅组织专家评审通过。历史文化街区保护规划编制工作有序推进，五巷-涵西街、城中历史文化街区保护规划获市政府批准，渔行水村、涵东街历史文化街区保护规划均通过省住建厅组织的专家论证。会同教育、工商部门编制完成泰州市中小学和幼儿园布局规划及泰州市农贸市场布局规划。先后组织泰州西转盘广场、文化中心南侧地块、药城会展区、刁铺立交功能区等12个街景设计和城市设计，基本完成城市设计成果6个，设计面积254公顷，实现城市设计“零”的突破，

【申报国家历史文化名城】 年内，按照全市文化泰州工作会议提出的申报国家历史文化名城的目标要求，市规划局启动申报程序。结合泰州实际，重新修订《泰州历史文

化名城保护规划》，编写《泰州市申报国家历史文化名城简本》，起草《泰州市历史文化名城保护办法》，以市政府名义下发，8月，申报资料经省政府报送国务院。负责起草《泰州市申报国家历史文化名城工作方案》，对各区、各有关部门的工作职责进行分解，会同市文物局制定《泰州市省级以上文物保护单位保护范围及建设控制地带图录》。

【规划地理信息系统建设】 通过招标程序完成“泰州市规划综合信息系统”的开发，组织对基础地形数据和部分规划数据进行加工与整理入库，完成系统机房建设和软硬件安装，会同开发单位对相关人员进行多种类、多批次的培训，系统于9月进入试运行阶段。

【规划决策机制建设】 修订出台《泰州市城乡规划委员会议事规则》，明确议事范围和决策程序；制定《关于进一步明确分局职权的意见》，划清权力边界，推进简政放权。对发布的规范性文件进行清理，对其中不符合《城乡规划法》条款的内容进行修订、完善。按照市行政权力网上公开运行试点单位的标准、要求，配齐硬件设施，完善行政许可流程，在市级机关中率先步入常态化轨道。在日常规划审批管理工作中，严格把好规划条件提供关，对每一个上市地块坚持到现场踏勘，及时提出上市范围及相关技术指标和文字说明，保障拍卖地块按时上市。方案审查中做到内容审查细致，过程透明公开。对于初审同意的，提交局技术审查会讨论后作出决定。涉及重要公共利益或相邻权益的，及时进行批前公示。对审查后不予同意的方案，书面告知报建单位修改补充事项。针对技术力量薄弱的实际，定期邀请先进城市规划局领导、大学知名教授和规划（建筑）设计院院长等专家，参与重要的规划建筑方案咨询和审查，全年邀请专家17人次，组织咨询活动4次，咨询项目37个，提高城市规划水平。

【打造“阳光规划”】 创造性推出市民规划师制度。面向社会公开征聘20名市民规划师，发放聘书，制定市民规划师活动组织办法。全年共邀请市民规划师参加规划委员会会议、参加市规划局业务项目会办会和技术方案审查会，参与规划条件核实和项目巡查等活动计56人次。继续推行公示听证制度，及时修订出台《泰州市<江苏省城市规划公示制度（2009）>实施细则》，并制定城乡规划网上公示公告制度，对需要进行批前公示和批后公布的规划项目，实现网站和现场同步公示公布。全年共组织网上（现场）批前公示185次（85次）、批后公布110次（21次）。召开泰州市中医院工程项目规划行政许可听证会。全年共依法处理行政复议6起，办理行政诉讼应诉案件2起。

【规划服务】 进一步划清市局、分局职权，将符合条件的项目授权分局直接办理，畅通规划服务“绿色通道”，完善代理报建、特事特办、预约代理、协调服务、上门服务、限时办结等“绿色通道”服务机制， 全年通过“绿色通道”办理项目共57件。采取定期走访、召开联席会议等方式，为市、区两级重大工程项目提供规划服务。对需要上争的项目，实行义务报建。注重简化环节，对市重点工程项目、民生项目、上报项目，特别是上争资金的项目做到特事特办，超常规审批，实行专人专件办理。主动服务纬创资通项目，确定出口加工区范围，落实配套企业、生活区和拆迁安置区规划。开展“三服务”活动，加大服务经济发展力度，对符合规划用地性质、满足消防要求的未批先建项目，简化程序补办手续，累计对符合规划用地性质、法定前置手续完备的149个项目补办建设工程规划许可手续，补办建筑面积117.1万平方米，解决中小企业的融资瓶颈；对不符合规划条件的项目，区别不同情况，加强指导，妥善处理。结合规划工作实际,更加有效地服务企业、服务项目、服务投资者。集中开展“五走进”（走进园区、走进企业、走进社区、走进项目、走进农村）服务月活动，将服务的重心进一步下移，先后走进泰山、城西、城中、城东等街道社区和梅香食品有限公司等单位现场办公；对涉及面广、情况复杂、带有普遍性的服务事项，采取集中调研、集中会办方式；对各类园区、企业、乡镇、街道的服务需求，结合局领导班子成员联系挂钩园区乡镇街道及挂钩联系企业的责任分工，及时上门服务；对个案问题、具体项目，由有关业务处室、分局明确专人负责，全程跟踪服务。全年共受理报建申请1013件，发放选址意见书94份；发放用地许可证158份，用地面积1330万平方米；发放工程许可证320份，总建筑面积464万平方米。

【批后监管】 制定建设工程规划批后巡查、建设项目跟踪服务等制度，通过加强与市建设、房管等部门的沟通协调，严格实行规划条件核实制度，将规划管理由源头管理、审批管理延伸至项目建设的全过程，做到在项目施工前派专人到现场放线验线，项目施工中严格监督建设单位按照规划条件和建设工程规划许可证进行施工，项目竣工后及时对施工建设是否符合建设工程规划许可证核准的内容予以核实。全年共对市区在建的26个项目进行验灰线和验±0.00线，对市区在建项目进行现场巡查158次，对市区49个房地产项目进行规划条件核实。组织对市区所有在建房地产项目的规划执行情况进行一次拉网式清查。

【房地产专项治理】 联合市监察局对房地产开发中违规变更规划、调整容积率问题开展专项治理。在组织自查自纠、专项督查工作中，对2007年以来全市237个房地产开发项目进行全面梳理排查，对涉及变更规划、调整容积率以及人民来信反映超容积率的26个项目进行重点核查，指出问题，落实整改，督促有关方面健全制度、规范管理。加强市本级规划管理，发挥监管职能，加大规划批后监管力度，对所有在建项目进行梳理、列表挂牌，分工负责，跟踪巡查，促进城乡规划依法实施和房地产市场的健康发展。

【规划设计】 市规划设计院先后完成市区中小学布局规划、台商工业园规划、医药园控制性详细规划、生态保障园规划、姜堰开发区规划、高港科创园规划等市区重大城建项目和一批住宅小区的规划设计。参加全省村庄建筑设计方案竞赛获三等奖。先后被评为全省建设系统精神文明建设先进单位、全省建筑节能工作先进集体。全年实现经营收入718万元。

【测绘工作】 市测绘院先后完成1：500竣工图229幅，完成各类1：500、1：1000地形图189幅，完成道路、桥梁及建筑物放样180件，完成断面、房产测量和沉降观测20件。其中影响较大的有泰州出口加工区、医药园区、罡扬垃圾焚烧厂等地形图测量，以及园博园及其配套工程、纬创资通、力联集团等重大项目的放、验线等。完成规划地理信息系统地形与规划数据整理入库工作。全年实现经营收入513万元。　　（卞为民）

市政公用事业

【概况】 2009年，市政公用事业立足改善民生，突出完善城市框架，改善出行环境，提升生活质量，实施区域供水、文化中心、周山河街区道路、污水管网覆盖、老小区整治等一批民生工程。

【区域供水】 推进区域供水工程和长江水达镇工程，区域供水实现向姜堰通水目标，姜堰供水工程投资超3亿元，在泰州市区取水长江制成清水，途经高港、泰兴、姜堰二市一区沿线8个乡镇，远距离输水直供姜堰市。

【文化中心工程】 建筑面积4.2万平方米的泰州大剧院工程全面完工并投入使用。规划展示馆工程完成基础施工，博物馆工程开工建设。

【稻河古街区风貌保护工程】 稻河古街区改造复兴项目是城市建设“十大重点工程”和文化泰州建设“十大重点工程”之一。街区规划范围内共有建筑面积14.18万平方米，其中列入街区保护范围内建筑3.58万平方米，列入街区建设控制范围内建筑2.37万平方米，列入街区风貌协调范围内建筑6.74万平方米。规划进行修缮、修复、整治的建筑2.97万平方米，规划进行改造的建筑6.05万平方米，规划拆除建筑3.67万平方米，规划新建建筑1.5万平方米。年内，周氏、戈氏、钱氏住宅三处文保单位修缮工程全面实施，稻河古街区改造完成年度建设目标。

【省泰中老校区保护性改造工程】 省泰中附中保护性改造一期工程实施的主要内容包括：更新加固1号楼,整修2、3号楼，大修安定书院旧址（蝴蝶厅）,维修西山寺（新四军东进泰州谈判旧址）,改、扩建胡公祠,落架大修华佗庙,校园环境设施整治,华佗庙东侧西玉带河路拓宽改造。年内一期工程完成改造。国家邮政总局、中国书院特种纪念邮票首发式在老校区安定书院举行，著名画家范曾特为书院作画并题词一首。

【道路建设与改造】 基本完成南通路（青年路至鼓楼路段）主体工程施工。鼓楼南路南延、海陵南路南延、新建东路以及跨周山河两座大桥工程全部完成。新老城区24处交叉道口改造全部完工。完成孙家桥改造。

【老小区整治】 年内完成鼓楼路、税东街沿街等小区环境整治工程，整治面积8万平方米。整治工作以改善居民的生活环境和居住条件为重点，有计划、按步骤地进行综合改造，突出围绕下水疏通与翻做、道路改造、绿化调整出新、内墙、外墙铲粉出新、拆除违章、车棚修缮出新、车库电路改造等，完善公建配套设施建设。

【城市供水】 城市供水保障充分，水质综合合格率和水压合格率达100%，水公司水质检测中心成为省一级水质检测实验室。

【污水处理】 实施污水管网工程，污水管网继续向周山河街区覆盖，凤城河污水管网全覆盖工程完成阶段目标。

【燃气工程】 “西气东输”天然气利用工程取得进展，泰州天然气门站开工建设，老小区管道燃气改造工程取得实效，天德、迎春路、古邑三个老小区完成改造，新建燃气管网77千米。

村镇建设

【概况】 以改善农村人居环境为重点，推进城乡规划全覆盖、小城镇建设、村庄环境整治等工作。在第一批全国特色景观旅游名镇中，溱潼镇榜上有名。

【村镇规划】 做好乡镇规划编制，溱潼镇、白米镇修改后的控规通过评审，一般乡镇总规修编全面完成，乡镇控规基本实现近期建设范围全覆盖。编制镇村布局规划和村庄规划，在前两年完成268个村庄建设规划和920个村庄平面布局规划的基础上，年内，完成120个村庄规划和1400个村庄平面规划，村庄规划全覆盖目标基本实现。做好规划实施工作，村庄规划进村部行动在试点的基础上全面推开。

【重点小城镇建设】 出台推进新桥、黄桥、溱潼、戴南等重点小城镇建设的有关政策，四镇的辐射和带动作用初步显现。

【村庄环境整治】 全市17个村的省级村庄环境综合整治试点通过省建设厅组织的调研验收，戴南镇、张郭镇通过省建设厅组织的省园林小城镇调研验收，5个村通过省建设厅组织的省康居示范村创建验收。

建设管理

【概况】 强化依法行政工作，全面推进招投标管理、建设行政监管和行业作风建设工作，建设管理对城乡建设的促进作用更加突出。

【依法行政】 推进建设行政权力公开透明运行，清理规范性文件35件，其中废止16件；梳理出92项权力上网运行，网上运行权力数243件，均在规定期限内办结。办理行政应诉案件19件，受理行政复议案件4件。依法查处工程建设中各类违法违规案件110起，立案查处36起，处罚9起，案件的发现率、受理率、查处率高于上年。

【工程管理】 开展专项治理，规范招投标行为，推行阳光交易，构建人性化智能化服务体系，全年审核发包方式82件，完成建设工程承发包交易574项，交易额39.15亿元，平均下浮7.86%，节省造价3.08亿元。完善工程量清单计价体系，对工程造价实施全过程监管，核减造价1.4亿元，核减率9.15%。加强施工许可和竣工验收备案管理，发放施工许可证191份，许可面积261万平方米，办理竣工验收备案87项。强化工程质量管理。强化监理管理，定期组织工程监理和检测考核专家库成员进行检查、考核。加强勘察设计市场管理，组织对全市勘察市场的专项检查。做好初步设计审查，严格对设计方案的合理性、科学性、经济性进行把关。严格抗震设计和施工图设计审查，全年累计完成初步设计抗震审查14项、面积90万平方米，完成施工图审查项目217项、面积256万平方米。配合教育主管部门做好中小学校舍安全普查、鉴定加固工作。加强城建档案管理，市城建档案馆被评为“全省建设档案薄弱馆（室）业务建设指导工作成绩突出单位”。开展建筑节能管理工作，太阳能光电项目在园博园建设中得到应用。省泰中、市预备役团、市政府办公楼等7个项目获国家、省建筑节能示范项目补助资金879万元。非粘土墙材推广应用、建筑节能强制性标准执行及低耗能绿色建筑的推广工作取得进展，在全省率先实行建筑节能链条式闭合管理，墙改与节能办被省建设厅评为“节能工作先进集体”。推进省节水型城市创建，认真执行排水许可政策。落实安全管理责任，开展隐患排查和应急演练，组织7次安全生产大检查，全年未发生一起重大安全生产事故。

【城建政风行风建设】 组织开展“走进你我他”服务月活动，服务企业、服务客商、服务投资者的绿色通道进一步畅通。办好“12319”城建热线，累计受理群众各类投诉、咨询、求助、建议电话11500多次，为群众办实事7200多件，“12319”城建热线被评为泰州市“十佳”首届文明优质服务品牌和优秀服务单位。妥善做好清欠工作，全年接待处理农民工群访事件50多起，涉及农民工人数1300多人，解决拖欠金额近1000万元。（唐卫华）

城市管理

【概况】 2009年，城管系统全面实施行政权力网上公开透明运行工作，优化工作流程，形成“一个窗口对外，一个领导主抓，一个流程到底，多个职能部门配合”的行政许可服务机制。全年共受理行政许可项目3382件，办结率100%，办理量和办结率居市民服务中心各部门之首，城管窗口在年终综合考评中被评为先进集体。加强党风廉政建设，建立健全风险防控机制。加大作风建设督查考核力度，推行作风建设保证金制度。组织全系统国庆60周年文艺汇演。2009年，市城管局被评为全省建设系统精神文明建设先进单位。

【市容环境整治】 重点开展青年南路立面环境整治工作，共拆除楼宇广告、墙体广告、落地广告设施21处、2000多平方米，拆除违规设置或不符合规划要求的门店招牌800多处，其他不符合城市容貌标准的建筑物、构筑物或设施300多处，粉刷、出新沿街立面15000多平方米，修缮破损房屋60处、1800平方米，上移、隐蔽空调室外机组150台，督促沿街责任单位、较大经营单位完成整改任务1500多项。完成人力三轮车减量更型工作。全面落实城区街道、中队管理责任区制度，强化长效管理制度和责任，市区市容市貌进一步改观。

【环境卫生管理】 按照国家卫生城市长效管理要求，以提升清扫保洁质量为重点，改革和完善环卫作业制度，对实行市场化运作的9条新建道路，加强业务指导和督查考核，确保作业质量。生活垃圾做到日产日清，无害化处理率85%以上。实行超前介入，强化源头管控，市区建筑工地出入口硬质化率、冲洗装置设置率95%。坚持日巡夜查，及时查处各类违章行为，泼洒滴漏和带泥上路现象进一步减少。注重河道保洁，市区水域环境基本达到常态整洁。

【数字城管建设】 推进二期工程建设。海陵区分中心建立健全三级、四级平台，将触角延伸到最基层，实现主城区68平方千米的全覆盖。完善运行模式，加强与38个专业部门的联系、沟通、协调，进一步强化齐抓共管的大城管格局。实行保证金制度，建立月度公示和定期点评制度，推动数字化城管工作的顺利开展。全年共立案91024件，平均每天近250件，处理率、及时处理率分别达96.51%和92.66%。2009年，全国8个省、40多个城市到泰州参观考察；在北京举办的中国城市论坛大会上，市城管局数字化城管建设的做法和经验获"2009年度中国城市管理进步奖"。

【中国宜居城市创建】 为进一步提高管理水平，提升城市形象，打造城市品牌，年初，市城管局主动与国家住房和城乡建设部政策研究中心联系，启动中国宜居城市的创建测评工作。7月，国家住房和城乡建设部课题组专程到泰州进行实地考察，经专家组综合评估，泰州市综合得分83.99分，达到中国宜居城市标准。

【垃圾焚烧发电项目】 垃圾焚烧发电项目为2009年市区城市建设"十大重点工程之一"。市城管局组建专门工作班子，全面推进项目实施，先后完成规划设计、环境评估、投资主体确定等工作，项目中标单位—绿色动力集团公司已完成主要设备的选型定购及开工前的各项准备工作。

【依法行政】 组织召开全市城管系统行政执法队伍规范化建设工作推进会，按照全省执法队伍规范化建设三年规划的要求，对照星级单位创建标准，围绕"执法行为规范年"主题开展活动，着力在人性化执法、精细化管理、规范化建队等方面积极探索，建成"数字执法"平台并投入试运行，开展法律知识和执法实务学习竞赛、"三规范"互查工作会等活动，对执法卷宗进行大评查。全年共办理简易程序行政处罚案件1393件、一般程序案件528件；审查复议案1件，答辩5件，应诉4件行政诉讼案，无一起败诉。被评为"江苏省行政执法示范单位"。

【流动摊点疏导】 根据泰州经济社会发展的阶段性特征，结合经济减速带来的严峻就业形势，妥善处理市容环境、社会就业与生活便利之间的辩证关系，确立"疏堵结合，以疏为主"的工作理念，按照"统一、规范、便民"的总体思路，选择适当区域，集中安置摊点，实行统一装具、统一外观、统一管理，定人、定点、定时经营，共设置商贩疏导区12处，设置商位85个，疏导流动商贩150多个，规范设置自行车修理和织补等便民服务点50多个。

（城管局）

房地产管理

【概况】 面临国内宏观调控和国际金融危机，全市房地产市场逐渐步入调整时期。2009年，房地产市场运行平稳，房地产投资规模与结构趋向合理，房地产市场保持理性稳健的发展态势。全年市区房地产开发投资65.72亿元，商品房施工面积461.42万平方米，新开工面积108.6万平方米，竣工面积126.3万平方米。

【楼盘品质】 年内，泰州市房地产业经济指标保持高位运行，住宅品质得到提高。"同济家园"、"美好上郡"、"碧桂园"等一批房产项目相继开工，城市形象进一步提升。住宅品质得到提高，市区"盛和·东方名邸"通过"国家AA级住宅小区性能认定"终审。在江苏省第六届"江苏优秀住宅"评选活动中，靖江的"御水湾花园"获"江苏优秀住宅·金奖"，泰州市区的"恒景国际花园"和泰兴的"吉润花苑"获"江苏优秀住宅奖"。

【房产管理】 全年共办理开发项目预售许可事项41件，批准预售面积146.21万平方米，其中住宅121.78万平方米，非住宅24.43万平方米。完成商品房合同网上备案17526套、193.53万平方米，总成交金额91.19亿元，成交套数比上年增长140.74%，成交总额比上年增长188.02%。举办“泰州之春”、“泰州金秋”两届房地产博览会,共成交各类住房941套，成交面积113.33万平方米，总成交金额5.28亿元。

【住房保障】 2009年，市区将人均住房建筑面积18平方米以下，人均月收入600元以下的低收入家庭纳入廉租房保障。至年末，已累计保障户数1250户，其中2009年租赁补贴561户，实物配租276户。全年落实租售并举经济适用房350套，市区提前两年实现省政府确定的保障目标。全年共审批发放老职工一次性住房补贴624人次，补贴金额1320.36万元，出售公有住房29套、1475.44平方米，审核新、老职工和离退休人员住房补贴和租金补贴15431人，月补贴总额455.74万元。

【拆迁管理】 2009年，市区共许可19个城市房屋拆迁项目，拆迁户数2760户，其中住宅2210户、非住宅552户，拆迁房屋建筑总面积36.42万平方米。批准实施28个集体土地所有房屋拆迁项目，拆迁户数5915户，其中住宅5651户、非住宅264户，拆除建筑总面积153.54万平方米。全年受理裁决244件，组织调解244场，下达裁决书157件。办理拆迁应诉案件40起。 （房管局）

周山河街区建设

【概况】 周山河街区是适应泰州中心城市“重点向南，适度向东”规划发展的南部新城区，位于海陵区、高港区和泰州经济开发区的结合部，总面积32平方千米，总人口3.1万人。下辖1个街道办事处、4个社区、1个居委会、13个行政村。街区西至泰高路，北临凤凰路，南到规划的香椿路，东至凤凰街道管理的行政村。随着园博园、泰州大剧院、三路（海陵南路、鼓楼南路、新建东路）两桥（海陵南路大桥、鼓楼南路大桥）等重大项目的建设，街区的区位优势日益凸显。

【街区建设】 2009年，建成园博园主题公园，并于9月26日～10月26日成功举办江苏省第六届园艺博览会。完成海陵路、鼓楼路南延、新建东路和街区核心区内的通路、通电、通水、通信等工程。全面完成辖区内县道冯塘路的修建改造工程。市属重点工程泰州大剧院全面建成并启用，328国道改线工程全面施工，永达汽车城开工建设。全年共完成1200多户、近40万平方米的房屋拆迁任务，建设安置房13.52万平方米。 （周山河管委会）

泰州滨河绿地广场

环境保护

综 述

【概况】2009年，全市环保系统以环境质量持续改善为目标，以实施主要污染物总量减排、开展环保专项行动为重点，积极上争环保专项资金，推动环境基础设施建设，开展城乡环境综合整治，加强生态保护与建设，全市生态环境状况总体保持良好。重点流域污染防治取得成效，城市河道水质状况有所好转，集中式饮用水源地水质达标率为100%。大气环境质量保持稳定，空气质量优良天数325天，占全年的89%。城市交通、区域环境噪声、各功能区环境噪声年平均值均控制在国家规定的范围之内。化学需氧量（COD）和二氧化硫（SO_2）等主要污染物排放总量持续下降。

环境质量

【概况】年内，全市城区饮用水源水质达标率总体保持稳定，主要河流水质状况较上年有所好转，农村地表水环境质量达到相应考核要求。环境空气质量有所改善，各市环境空气质量优良率均在85%以上。区域环境噪声总体较好，道路交通噪声基本保持稳定，但部分路段超标严重。全市生态环境状况处于良好状态，无明显变化。

【水环境质量】全市集中式饮用水源地水质达标率为100%，饮用水源水质状况总体保持稳定。全市主要河流水质状况总体较上年有所好转，30条主要河流的57个断面中，优于Ⅲ类水断面占72%，比上年上升6个百分点。其中达Ⅱ类水标准的断面有11个，占19.3%；达Ⅲ类水标准的断面有30个，占52.6%；属Ⅳ类水标准的断面有14个，占24.6%；水质为Ⅴ类和劣Ⅴ类水质的断面各1个，分别为靖江市横港大东桥断面和市区卤汀河渔业社断面。全市水质达Ⅱ类水标准的断面主要位于长江（泰州段）和泰州引江河。全市长江流域6个考核断面均达到相应考核要求，达标率为100%，淮河流域5个国家考核断面达标率为80%，与上年持平。年内两次对全市农村地表水功能区、农村乡镇及以上河流、行政村水环境水质进行监测，全市农村地表水环境质量达标率为88.1%，较上年有所上升，高于67%的年度目标值。

【环境空气质量】各市（区）空气质量达到国家二级标准的天数占全年天数比例分别为：兴化市94%，靖江市86.3%，泰兴市94.2%，姜堰市88.2%，海陵区88.5%，高港区86%。全市环境空气质量总体有所改善，靖江市、泰兴市、姜堰市、兴化市和高港区环境空气质量达到国家空气质量二级标准。全市二氧化硫年均值为0.021毫克/立方米～0.048毫克/立方米，低于国家二级标准0.06毫克/立方米的限值；二氧化氮年日均值为0.013毫克/立方米～0.026毫克/立方米，符合国家二级标准0.08毫克/立方米的要求；可吸入颗粒物浓度为0.072毫克/立方米～0.105毫克/立方米，除海陵区超过国家二级标准外，其他各市（区）均达标；各市可吸入颗粒物日均值超标率为5.8%～13.7%。全市酸雨发生率为16.5%。与上年相比，除泰州市区酸雨发生率有所上升外，其他各市均有不同程度的下降。全市降水pH均值为6.44～6.78。各市区pH均值均大于5.6。降水酸性程度有所减轻。

【声环境质量】全市城市区域环境噪声平均等效声级为51.4分贝～56.0分贝，其中靖江市和高港区处于"轻度污染"级别，其他各市（区）处于"较好"级别。与上年相比，兴化市区域环境噪声污染程度减轻，其他各市（区）基本稳定。全市城市道路交通噪声平均等效声级为66.2分贝～69.5分贝，其中高港区道路交通噪声值最高，接近标准限值，其他各市（区）处于"好"级别。与上年相比，泰兴市和高港区交通噪声污染程度有所加重，其他各市

（区）基本稳定。按路段超标率统计，各市区路段超标率由高到低依次为：泰兴市44.7%、高港区44.1%、兴化市21.9%、靖江市5%、姜堰市1.3%，部分路段存在超标现象。

【生态环境质量】 全市生态环境状况指数为66.01，生态环境状况均处于良好状态。下辖各市（区）的生态环境状况指数分布范围在58.90～67.57之间，各市（区）的生态环境状况均处于良好状态，其中兴化生态环境状况指数最高，为67.57；泰兴生态环境状况指数最低，为58.90。与上年相比，全市生态环境状况指数上升0.53，生态环境状况总体无明显变化。下辖各市的变化值在0.08～2.44之间，其中市区变化值为2.44，生态环境状况略微变好，其他各市生态环境状况均无明显变化。（黄 辉）

污 染 防 治

【淮河流域水污染防治】 2009年，出台《关于建立河长制加强重点流域和河道治理实施办法》，把淮河流域水污染防治情况纳入各地社会经济发展和领导干部政绩考核中。实施淮河流域“十一五”计划重点工程月度报告制度，推动重点治污工程建设。至年末，列入淮河流域“十一五”污染防治规划的13个治污工程项目中，兴化市城南污水处理厂和海陵区九龙镇污水处理厂即将投入正式运营，3个项目基本建成，3个项目开工建设，2个项目完成前期准备工作。（何 峰）

【危险废物管理】 年内，全市集中安全处置工业危险废物4225吨。其中，海陵区（含泰州经济开发区）717吨，高港区19吨，靖江市22吨，泰兴市3112吨，姜堰市307吨，兴化市48吨。全市综合利用工业危险废物44936吨。其中，海陵区（含泰州经济开发区）15050吨，泰兴市28865吨，姜堰市781吨，兴化市240吨。全市无害化集中处置医疗废物710吨。共审批（审核）工业危险废物转移申请表123份、医疗废物转移申请表12份，审核进口废物申请书、表9份，其中拆船企业3份、第七类企业1份、废不锈钢企业5份。

【中日合作示范项目】 根据国家环保部与日本环境省签署的《关于合作实施小城镇分散型污水处理示范项目的备忘录》，兴化市戴南镇董北村和赵家村被选为分散型污水处理试点地区。4月，戴南镇董北村和赵家村分散型污水处理示范项目建成投入试运行；6月23日，国家环保部部长周生贤、副部长张力军等领导到泰参加示范项目竣工仪式。（洪建明）

污染物排放总量控制

【主要污染物总量减排】 2009年，通过结构减排、工程减排和管理减排“三管齐下”，全市共实施化学需氧量（COD）减排项目44个，其中城镇污水处理厂及配套管网项目9个、工业企业工程治理项目13个、结构调整项目22个；实施二氧化硫（SO_2）减排项目12个，其中电力行业工程减排项目1个、电力行业管理减排项目8个、非电行业结构调整项目1个、非电行业工程减排项目2个。

【排污许可证制度】 全市换发排污许可证136份。根据《江苏省建设项目主要污染物排放总量平衡方案审核管理办法》，制定泰州市建设项目总量核定程序和办法，严格新建项目的总量核定工作。研究制定《泰州市排污权交易有偿使用管理办法》，积极探索排污权交易。益海（泰州）粮油有限公司、泰州祥晟石化公司、泰州顺利成混凝土有限公司等3家企业新增加SO_2指标通过排污权交易获得，泰州市排污权交易试点工作取得实质性进展。（周爱玲）

生态建设与保护

【生态市创建】9月，成立泰州市生态市建设工作领导小组，市长姚建华任组长。10月15日，召开生态市建设工作领导小组成员会议，市政府印发《2010年～2012年生态市建设行动计划纲要》和《关于明确各地各有关部门生态市建设工作职责任务的通知》。年内，泰兴市建成市级环境优美乡镇2个，姜堰市建成省级环境优美乡镇2个、市级环境优美乡镇3个，兴化市建成市级环境优美乡镇4个，海陵区建成省级环境优美乡镇1个，高港区建成市级环境优美乡镇1个。高港区永安洲镇、兴化市张郭镇成功创建国家级环境优美乡镇。

【农村环境综合整治】至年末，全市共完成1587个村庄的环境综合整治工作，疏浚县乡河道764条，疏浚县乡河道淤积土方5110.46万立方米，疏浚整治村庄河塘土方5976.18万立方米，完成改厕21.33万座，建成农村公路2460.84千米，新增绿化造林9.7万公顷，编制完成649个村庄建设规划，建成一批垃圾箱、公共厕所、排水管道等农村环境基础设施，乡镇工业污染源监管得到加强，农村环境面貌得到较大改观。（刘朝霞）

【生态工业园区创建】生态工业园区是依据循环经济理念、工业生态学原理和清洁生产要求而设计建立的一种新型工业园区。12月4日，全市生态工业园区建设工作会议召开，泰州生态工业园区建设工作全面启动。泰兴经济开发区生态工业园区建设规划通过省环保厅批准，海陵工业园区、江阴—靖江工业园区生态工业园区建设规划编制完成，并通过省环保厅组织的专家审查。（徐 峰）

环境保护规划与发展

【建设项目管理】规范建设项目环境管理程序，坚持有保有压的环评政策，对国家明令淘汰、禁止建设、不符合国家产业政策的项目一律不批，对环境污染严重，高能耗、高物耗、污染物不能达标排放的项目一律不批，对环境质量不能满足环境功能区要求、没有总量指标的项目一律不批。2009年，全市各级环保部门共劝退或否决各类不符合环境准入条件的项目84个，拒批和劝退投资总额39亿元。

【服务重大项目】推行重大项目现场办公制度，开辟环保绿色通道，主动在技术、政策上提供服务、咨询和指导，简化手续、加快评估、缩短时限。走访以医药高新技术产业开发区和泰州经济开发区为代表的重点开发区9家，为中海油气（泰州）有限公司沥青润滑油生产项目、纬创资通（泰州）有限公司电脑生产、泰州市生活垃圾焚烧发电等37个重大项目，提供现场办公和全程跟踪服务。市环保局行政许可处被评为市“十佳红旗窗口”单位。

【环保资金上争】年内，全市环保部门共上争国家和省级各类环保专项资金11589万元，上争资金数额居全省第4。其中，市本级上争环保专项资金7207万元，比上年增加3200万，为2007年与上年泰州市上争环保专项资金总额之和，环保专项资金上争额度创历史新高。（钱国娟）

环境监察

【概况】开展省、市级文明行业（单位）、机关作风建设等系列创建活动，连续10年获“泰州市文明单位”称号，连续6年获“江苏省文明单位”称号，连续5年在全市环境监察系统中组织开展“做好环境保护卫士，争当专项行动标兵”活动。围绕“精通法规、依法行政、作风深入、爱岗敬业、廉洁奉公”的建队目标，严格依法办事，加强执法监管，开展现场监察、专项整治、信访处理、排污收费、应急处置等工作，提升“环保卫士，执法为民”的服务品牌。

【环保专项行动】为巩固和扩大环保专项行动工作成果，连续5年在全国、全省率先启动环保专项行动。列出10个重点环境问题作为整治重点，制订工作方案，明确整治要求、责任和措施；及时筹备环保专项行动领导小组会议、全市环保专项行动工作会议、挂牌督办案件整治方案过堂会、阶段性督查、整治验收暗访和考核验收的各项基础工作。发挥部门联动、合力整治的优势，与市纪委监察局、建设局以及高港区加强协调，推动三水厂保护区封闭式管理工程实施进度；与工商部门加强联动，对全市挂牌督办企业暂缓工商年检。在加强对各市（区）专项整治工作指导的同时，坚持每月不少于1次的现场检查，加强对主城区两级挂牌督办案件的督查督办，并组织对九龙镇酸洗行业进行复查，遏制污染反弹。全年全市共出动检查人员20928人次，检查企业11266厂次，查处企业159家，关停取缔污染严重、治理无望企业34家，投入整治资金2.7亿元，新上或完善治污设施90台（套），削减COD年排放量2548吨。通过强化领导、部门联动、方案过堂、现场督办、督查推进、考核验收等工作措施，市级挂牌督办涉及40家企业的10件重点案件按要求进行全面整治。以靖江市江苏江山制药有限公司为代表的大型污染治理工程、以兴化市张郭镇不锈钢酸洗企业为代表的区域性环境污染问题、以泰兴市兴汉染化厂为代表的废水塘历史遗留的污染问题均得到有效解决。各市（区）挂牌督办的49件案件均完成整治任务。

【现场监察】坚持重点污染源每月1次、一般污染源每季

1次、污水处理厂每旬1次的现场监管机制和例行监察与突击抽查、明查与暗访、白天监察与节假日、夜间检查相结合的监察工作制度，加大对排污企业的现场监管力度和频次，增强打击环境违法行为的针对性和有效性。组织开展6项系列执法行动，提升环境监察效能。一是开展钢铁行业和重金属行业专项整治。对全市4家重点钢铁企业进行全面核查，督促违规的小钢铁加工点关停到位，规范规模化钢铁和重金属企业的环境行为。二是开展畜禽养殖行业专项调查。对全市94家规模化养殖场进行全面调查、分类指导、规范要求，并对5家存在违法行为的业主实施立案查处。三是开展化工生产企业专项检查。组织对市区70多家化工生产企业进行全面检查，督促存在环境问题的企业按要求整治到位；按照省环保厅统一部署，组织全市环境监察骨干力量先后对通州、江阴、如东、武进四市（区）近800家化工生产企业开展五轮专项执法检查。四是推行建筑施工环保公示制度。组织对市区所有建筑施工场地进行全面调查摸底，建立动态管理台帐。积极探索长效管理措施，协同公安、建设、城管部门落实建筑施工场地环保公示制度。建设单位统一悬挂《环境保护公示栏》，公告基本情况、环保要求、行政许可事项及监督部门的举报电话；明确防治污染、防尘监管、防噪监管责任主体，主动接受监督，有效解决市区建筑施工场地噪声扰民问题。五是开展建设项目“三同时”现场核查。对4年多来审批的633个建设项目组织现场核查，分类落实工作要求。六是开展九龙酸洗企业污水接管。督促九龙镇排污企业完成接管工作，17家重点污染源企业建成标准监控房，安装污染源在线监控仪、管道自动控制流量计。

【创建环保示范企业】 组织对全市范围内的重点行业、重点企业进行全面排查梳理，将化工、热电、表面处理和污水处理企业作为环境保护示范创建的重点。通过推荐、核实、评比、确认，分别于9月和11月召开两次全市环境保护示范企业现场会，全面推广12家企业的经验做法。

【信访处理】 全市共受理环境信访1886件，其中办理向省环保厅投诉的信访74件、向市委书记信箱投诉的信访24件和向市长信箱、市长公开电话投诉的信访104件，按时上报调查处理结果并回复信访人。信访总量比上年下降3.6%，信访办结率和回复率均为100%。主城区信访总量629件，比上年下降10%；越级信访23件，比上年下降40%。年内，市环保局被表彰为全国环境信访优秀集体。

【排污收费】 加强对排污收费工作的组织领导，规范排污收费行为，强化排污收费核查核算，严格依法足额全面征收。实行公开收费制度，利用各种媒体公开收费政策和收费情况，提高透明度，接收社会监督。全市共征收排污费11915.59万元，比上年上升107%。

【水源地保护】 加强对全市5个日供水万吨以上饮用水源地的执法监管，针对存在的6个问题，协同市建设、水利、工商、农委等部门解决码头、砂石场、围网养殖、船舶停靠点等问题。组织开展长江环保执法行动，联合所辖市（区）环保部门、海事及新闻单位组成100多人的检查组，分水、陆两路对长江泰州段100千米岸线所有入江排污口进行现场检查，确保饮水安全。　（李俊芳）

环 境 监 测

【例行监测】 2009年，共完成市区地表水主要河流水质监测断面14个（其中长江流域2个、淮河流域考核断面4个）、城市集中式饮用水源地1个、地下水源测点4个、农村地表水断面126个、城市河道断面13个、降尘测点6个、降水测点的例行监测工作3个。开展功能区噪声6个测点、主要道路交通噪声38个测点、区域环境噪声154个测点的例行监测。开展长江、溱湖水体两菌、底栖生物等生物和生态遥感监测工作。做好市区3个大气自动监测站和2个水质自动监测站的运行管理和维护工作。对全市22个废水污染源、13个废气污染源和6个污水处理厂每季度开展一次监督监测，对污染源自动监控设施开展比对监测，建立完善全市重点污染源监督监测数据库。全年共获得监测数据28万多个，编制各类监测报告200多份。

【环境监测技能竞赛】 年内，市环保局联合市总工会、市级机关工委、市人事局、市劳动和社会保障局、市科技局联合举办泰州市环境监测系统技能竞赛。在江苏省环境监测技能竞赛中，泰州代表队获团体一等奖，1人获“五一创新能手”称号，2人获“省监测技术能手”称号。

【环境应急监测】 投资400多万元建成全国领先的西北工业区突发性环境污染事故应急预警监测系统。全年共出动应急监测10多次，成功处置2月17日口岸船厂氰化氢中毒事故、5月12日靖江生祠废旧槽罐氰化氢中毒事故、8月13

日靖江市凡友精细化工厂爆炸事故、11月26日长江油船泄漏事故等多起污染事故，为事故的处理提供技术支撑，妥善处置灾后的环境影响。

【环境监测质量管理】年内，全市两级5个环境监测站均顺利通过国家认可委和省实验室资质认定的复评审和监督评审。共有52人参加13个专业类别142项次的环境监测上岗理论考试，99人参加276项次的上岗操作考核，考核内容涉及水质采样、废气和环境空气采样、噪声监测、实验室基本操作、各类大型仪器的操作等。市环境监测中心站、泰兴市环境监测站、姜堰市环境监测站、靖江市环境监测站共有40人参加56项次的标准样品的考核，考核合格率96%。

【环境监测科研】全年有31篇论文在核心及省级以上期刊公开发表。市环境监测中心站承担多项国家、省、市级科研项目任务。《水质— 丙烯酰胺、松节油、苦味酸、内吸磷、百菌清、溴氰菊酯、阿特拉津的测定气相色谱法》、《水质— 杀菌剂苯菌灵和多菌灵的测定高效液相色谱法》、《水质—多氯联苯混合物的测定气相色谱法》和《水质—有机氯农药和有机卤化物的测定液液萃取或固相萃取/气相色谱—质谱法》等4个国家环境保护标准制修订项目课题，均通过国家环保部组织的专题报告专家论证。《泰州市主要入江河流及排江工程污染控制对策研究》获泰州市科学技术进步二等奖，报告并获得第四届全国环境保护优秀调研报告二等奖。江苏省环境监测科研基金项目课题《泰州引江河流域特征有机污染调查研究》，专家评审一致认为研究成果达国内领先水平。（黄　辉）

环境宣传教育

【宣教活动】围绕2009年世界环境日的主题“减少污染—行动起来”，在普及环保法律法规、方针政策，提高广大市民的环保理念、生态意识和环境素质，推进公众参与环境保护等方面，组织开展系列宣传活动。在《泰州日报》开辟专版发表《一场新的“黄桥决战”—我市整治企业违法排污专项行动报道》，在电视台播放环保专题片、环保公益广告，举办环保法律法规知识竞赛，在泰州环保网上发布2008年度环境质量公报，公布1500多家企业环境行为信息。全市共举办各类广场宣传8场,环保知识竞赛、有奖竞猜4场,文艺晚会、演唱会15场,送环保法律法规下乡、进社区、进学校、进企业等11场；制作宣传展板120多块,发放宣传画、环保书籍1500多套(本)，发放宣传单80000份。

【低碳行动】10月15日，“穿越长三角—环保出行看世博”联合行动泰州站特别节目在长江三角洲8城市及中央人民广播电台等直播。12月，市环保局、市教育局、市机关事务局、市总工会、团市委、市妇联、市环境科学学会、泰州市律师协会共同组织的联合环保行动—“减少污染，珍爱家园”主题系列活动正式启动。

【绿色创建】以推进“绿色社区”、“绿色学校”等绿色单位创建工作为载体，以普及环境保护科学知识，动员全社会关心支持和积极参与环境保护事业为主要内容，加快建设绿色泰州步伐。年内，全市建成省级“绿色学校”11所、市级“绿色学校”14所、省级“绿色社区”6个、市级“绿色社区”15个。（陈丽雅）

泰州市举行第三十八个世界环境日宣传活动

信息化建设

综 述

【概况】 2009年，市信息产业局全面推进全市国民经济和社会信息化进程，信息产业和信息化建设取得新发展。制定《泰州市电子信息产业振兴规划纲要》，加快电子信息产业培育进程；开展“双软认证”，提升全市软件产业整体水平；加大应用信息技术改造传统产业、建设农村综合信息服务示范镇村、“和谐海陵”城乡统筹综合信息服务平台力度，推进信息化与工业化融合。开展“三服务”活动和创建人民满意机关活动，加强调查研究，提升服务水平，提高服务效率，帮助基层、企业解决信息产业发展和信息化建设过程中遇到的困难和问题。

【“三服务”活动】 结合部门工作职能，专门制定《泰州市信息产业局“三服务活动”方案》，明确服务范围、服务内容及工作机制。市信息产业局除完成市交办的挂钩企业的服务外，还选择7家具有一定规模的软件企业作为挂钩服务对象，明确挂钩处室及责任人。局领导及各处室负责人深入挂钩企业宣传国家、省、市有关政策，引导软件企业用好用足国家鼓励软件产业发展的相关政策，提高企业抗风险能力。全市电子信息产业顺利摆脱国际金融危机带来的冲击，保持平稳较快的发展势头。

【编制《电子信息产业振兴规划纲要》】 组织编制《泰州市电子信息产业振兴规划纲要（2009～2011）》，谋划全市电子信息产业布局。为使规划纲要贴近实际，市信息产业局多次召开专题调研会议，发放专题调研表格，深入各市区进行调研，全面掌握电子信息制造企业和软件企业的生产经营情况。《纲要》明确今后三年全市电子信息产业发展思路及目标、重点任务、政策措施。年内，《规划纲要》通过市政府常务会议的审查正式颁发。

【申报国家电子发展基金项目】 按照工信部电子发展基金项目申报要求，上报扬阳化工的“8英寸高效太阳能级硅单晶炉”、双登集团的“磷酸铁锂动力电池”、华聘公司的“汽车车载安全系统产品研发与产业化”3个项目的可行性研究报告。通过工信部评标，双登集团的“磷酸铁锂动力电池”项目获400万元的资助，成为全市第一个获工信部电子发展基金资助的招标项目。

【信息化发展资金项目管理】 充分发挥信发资金功能，创新信发资金管理工作，做到提前调研，提前印发项目指南，提前做好评审准备，提前拨付资助。3月完成相关调研准备工作；4月，将信发资金资助项目指南印发到相关企业，鼓励企业申报项目；5月，组织专家组进行评审、答辩，与市财政局联合复审；6月，报市政府批准，对冬庆数控机床有限公司的“WEDM智能控制系统软件开发”等8个项目给予市信息化发展资金资助。

【信息化发展资金项目成果】 10月，组织专家对2008年度7个信发资金支持项目进行验收，项目实施进展顺利，并取得了较好的经济效益和社会效益。80万元信发资金实际拉动投资5400多万元，取得10项专利，发表省级以上论文2篇，获国家计算机软件著作权证书3个。“二轴追日型并网光伏发电系统”项目顺利实现产业化，实现销售收入4.4亿元，创汇6500万美元；“微机（CT）过电压保护装置”项目新增销售收入1028万元，实现利税500多万元；“水电气热远程抄表控制系统”在省内部分城市得到推广应用；“智源业务费结算软件”项目得到市各重点医药企业认可，本土市场占有率90%以上。

【“十二五”两化融合规划课题研究】 按照市政府的部署，承担市“十二五”规划前期信息化与工业化融合发展课题研究任务，专门成立课题领导小组、工作班子和专家咨询组，制定工作方案，编写调研提纲，广泛听取有关部门、单位的意见。按照序时进度要求，完成《泰州市推进信息化和工业化融合发展思路研究》征求意见稿，已通过市政府中期成果验收，为编制“十二五”专项规划打好基础。

软 件 业

【软协一届二次理事会】 3月3日，市软件行业协会召开一届二次理事会，审议通过葛崇烈代表第一届理事会所作的题为《坚定信心，克难奋进，努力推动我市软件产业又好又快发展》年度工作报告，增补江苏瑞源电力科技有限公司、泰州市海陵区众成电子仪表厂、泰州市海陵区乐信网络信息有限公司、靖江龙源电力滤波设备有限公司、靖江市希望软件技术有限公司等5家企业为协会理事单位，增选江苏华骋科技有限公司董事长张冬华为协会副会长。

【上争省软件专项资金项目】 为推动全市软件产品创新，积极组织企业上争省软件专项引导资金项目。通过调研，召开专题会议，进行业务辅导，帮助企业准确理解申报要求及注意事项，组织技术、财务专家对申报材料逐个审查指导，最终华骋科技公司的“基于LIN总线高精度传感器”、苏中天线集团的“鲨鱼鳍分集式组合天线系统汽车电子集成电路”、宏泰智能公司的“实时控制嵌入式指纹识别管理系统”等3个项目获省软件专项引导资金490万元。

【组织国家软考】 年内，组织两次全国计算机专业技术与软件专业技术资格（水平）考试，参考人数251人，其中46人通过国家线，31人取得中级以上资格。至年末，全市有434人取得工信部颁发的专业资格证书，其中195人取得中级以上资格。

【软件企业年审】 为使软件企业顺利通过年审，市信息产业局积极采取措施，提前部署年审相关工作，相关处室指导需要年审的软件企业对照要求进行整改，指导企业填报年审材料。24家软件企业全部顺利通过省软件行业协会的年审，实现企业满意、年审主管部门满意、地方产业主管部门满意的目标，为全市软件产业创造较好的发展环境。

【申报省级软件产业人才培训基地】 为加速推动软件人才培育，积极做好省软件人才培训基地申报工作，通过对全市培训机构的调查摸底，从中筛选出南师大泰州学院进行重点指导。经过省统一检查验收，南京师范大学泰州学院成为全省第一批通过认定的江苏省软件产业人才培训基地，泰州市成为长江以北拥有培训基地的四个城市之一。

【“双软认定”工作】 年内，组织20多批企业、产品申报软件企业、软件产品。最终江苏圣蓝科技有限公司等13家企业通过国家软件企业认定，冬庆数控线切割机床控制系统软件等29个产品列入国家软件产品目录，医用分子筛制氧机控制软件等31个软件获国家著作权证书，东华测试信号测试分析系统软件等4个软件通过国家软件产品延续登记，创造全年通过“双软认定”的企业和产品数量最好成绩。至年末，全市共有39家企业通过国家软件企业认定，87个软件产品列入国家软件产品目录，90个软件产品获国家软件著作权证书。本土软件企业培育明显加快，提前并超额完成“十一五”软件产业“双软认定”的目标任务。

2009年泰州市通过认定的软件企业名录

表5

序 号	认 定 号	企 业 名 称
1	苏R-2009-9201	泰州中智华网信息技术有限公司
2	苏R-2009-9202	泰州市海陵区乐信网络信息有限公司
3	苏R-2009-9203	江苏圣蓝科技有限公司
4	苏R-2009-9204	泰州市科锐信息技术有限公司
5	苏R-2009-9205	靖江市希望软件技术有限公司
6	苏R-2009-9206	江苏永安控制设备有限公司
7	苏R-2009-9207	姜堰市华晨仪器有限公司
8	苏R-2009-9208	姜堰市科苑电子仪器有限公司
9	苏R-2009-9209	泰兴市航联电器制造有限公司
10	苏R-2009-9210	泰州拓普分析仪器有限公司
11	苏R-2009-9211	泰州祥云软件开发有限公司
12	苏R-2009-9212	靖江市托日自动化设备有限公司
13	苏R-2009-9213	泰州市海陵区双宇电子有限公司

2009年泰州市通过登记的软件产品名录

表6

序 号	认 定 号	产 品 名 称
1	苏DGY-2009-9201	乐信机电行业B2B公共服务平台软件
2	苏DGY-2009-9202	冬庆数控线切割机床控制系统软件
3	苏DGY-2009-9203	圣蓝SY600条干均匀度测试分析仪监控软件

续表6

序 号	认 定 号	产 品 名 称
4	苏DGY-2009-9204	圣蓝SY300沙疵分级仪软件
5	苏DGY-2009-9205	圣蓝SY200沙线毛羽测试仪监控软件
6	苏DGY-2009-9206	圣蓝YC系列清疵监控系统软件
7	苏DGY-2009-9207	科锐国税普通发票管理系统软件
8	苏DGY-2009-9208	凯泰RY麻醉呼吸机控制软件
9	苏DGY-2009-9209	凯泰HVJ呼吸机控制软件
10	苏DGY-2009-9210	凯泰HJ监测仪控制软件
11	苏DGY-2009-9211	HC智能灯光控制系统软件
12	苏DGY-2009-9212	春兰25/32BPWa直流变频室外控制软件
13	苏DGY-2009-9213	东华测试旋转机械状态监测与故障诊断管理分析软件
14	苏DGY-2009-9214	东华测试WinCE版现场动平衡分析软件
15	苏DGY-2009-9215	东华测试WinCE版阶次分析软件
16	苏DGY-2009-9216	东华测试WinCE版设备巡检系统软件
17	苏DGY-2009-9217	东华测试WinCE版信号测试分析软件
18	苏DGY-2009-9218	东华测试DHMA模态分析软件
19	苏DGY-2009-9219	安方电压质量远程监测与分析系统软件
20	苏DGY-2009-9220	永安JFC柴油机监控软件
21	苏DGY-2009-9221	科苑硫氮测定仪操作软件
22	苏DGY-2009-9222	TSTDAS信号测试分析系统软件
23	苏DGY-2009-9223	托日全氢罩式炉控制系统软件
24	苏DGY-2009-9224	HL-I型医用分子筛制氧机控制软件
25	苏DGY-2009-9225	东信办公自动化系统软件
26	苏DGY-2009-9226	东信网站发布平台系统软件
27	苏DGY-2009-9227	远东Mini模拟量控制软件
28	苏DGY-2009-9228	拓普微库仑分析系统软件
29	苏DGY-2009-9229	祥云人力资源管理系统软件
30	苏DGY-2009-9230	祥云数切文件转换软件
31	苏DGY-2009-9231	众成车用电子仪表软件

2009年泰州市延续登记的软件产品名录

表7

序 号	认 定 号	产 品 名 称
1	苏DGY-2009-9201	智源业务费结算软件V9.0
2	苏DGY-2004-9202	维思特小学教学积件资源软件V3.0
3	苏DGY-2004-9203	维思特数字校园平台软件V1.0
4	苏DGY-2004-9205	东华测试DHDAS信号测试分析系统软件V4.0

信息化推进

【应用信息技术改造传统产业】推动第三轮应用改造工作，促进企业技术创新、管理创新和产品创新，加速工业化与信息化的融合进程。制造业企业通过应用CAD、CAM、CAPP、CAE、CAT等技术提升产品制造精度，降低企业生产成本；石油化工企业通过应用DCS技术，确保生产装置长周期安全运行,实现节能降耗,稳定产品质量,提高经济效益。ERP在企业中的推广应用已经过导入期，进入发展期的后期，开始向普及期过渡。全市软件企业重视应用电子商务技术，运用互联网开展网上交易活动。传统产品通过应用电路控制技术、应用嵌入式软件，促进产品的数字化和智能化。OA系统、财务管理软件、销售管理软件、物流管理技术和质量管理系统也在企业中得到广泛应用。经过组织验收，并报市政府批准，泰州三福船舶工程有限公司等7家企业被命名为示范企业，159家企业被命名为应用企业，泰兴市、靖江市应用改造办公室被评为2008年度应用改造工作先进单位。

2009年度泰州市应用信息技术改造传统产业示范企业名录

江苏宇成动力集团有限公司
泰州三福船舶工程有限公司
兴化锁龙消防药剂有限公司
江苏皓月汽车锁股份有限公司
江苏赛德力制药机械制造有限公司
江苏波瑞电气有限公司
江苏太平洋精密锻造有限公司

【申报国家应用信息技术“倍增计划”项目】 对照国家应用信息技术倍增计划项目申报条件，指导企业撰写申报材料。江苏太平洋精密锻造有限公司的“综合信息管理系统”、泰州中航船舶重工有限公司的“数字化造船信息工程”、兴化市米业有限公司的“物流信息平台”等3家单位的信息化项目通过省经信委的审核，并上报工信部。至年末，全市共有19个项目列入国家信息技术应用“倍增计划”，总投入3.87亿元，自筹资金1.63亿元，获贷款2.25亿元。其中扬子江药业、姜堰化肥厂等6家单位获国家“倍增计划”贴息补助资金290万元，推动了市重点企业信息化工程建设。

【“和谐海陵”综合信息平台一期工程】继续推进国家试点项目“和谐海陵”综合信息服务平台项目建设，项目一期工程进展顺利，基本建成覆盖区、镇（街）、村居的三级服务体系，城西、城南两个试点街道的13个管理系统和39个子系统实现互通，共录入15万人、300多万条数据信息，41个社区、42个村可享受“一站服务、一网受理”。“和谐海陵”综合信息服务平台项目实施以来，已为1326名高龄老人和10000多个上网家庭提供全方位服务，帮助141名农村劳动力实现转移就业、73名农民实现自主创业、147名市民实现再就业，为17个困难家庭提供法律援助，成功实现48名突发疾病老人的救治响应。6月，在全省召开的社区信息化工作会议上，海陵区就“和谐海陵建”设情况专题作经验介绍，海陵区城西街道被命名为“江苏省社区信息化示范点”。7月，“和谐海陵”城乡统筹综合信息服务平台被列入国家高新技术产业发展项目。“和谐海陵”二期项目“公共服务信息亭”建设，顺利通过前期调研、论证、规划，进入实施阶段。

【第二轮农村综合信息示范镇村建设】按照示范镇村考核验收标准，做好第二轮示范镇村建设的组织验收工作。经市政府批准，靖江市马桥镇等13个镇被命名为示范镇，靖江市铭坤村等127个村被命名为示范村。高港区蔡滩村建成农村综合信息示范点，并开通村公共服务网，深受广大村民欢迎。

2008～2009年度泰州市农村综合信息服务示范镇名单

靖江市：马桥镇、季市镇
泰兴市：蒋华镇、滨江镇、溪桥镇
姜堰市：溱潼镇、兴泰镇
兴化市：张郭镇、戴窑镇、城东镇
海陵区：九龙镇、城西街道办事处、城东街道办事处

2008～2009年度泰州市农村综合信息服务示范村名单

靖江市：马桥镇铭坤村、正北村、马桥村、徐周村、白衣村、朝西村、九一村、横港村；季市镇井圩村、季西村、季新村、裕福村、季市村、季东村、曙光村。

泰兴市：滨江镇洋思村、三联村、五洋村、天星村；溪桥镇华庄村、翁庄村、野向村；黄桥镇东场村、太平村；马甸镇马甸村、双彭村；古溪镇溪北村；分界镇分界村；横垛镇刁网村；元竹镇申庄村；刘陈镇东顾村；河失镇殷石村；新街镇倪浒村；姚王镇石桥村；珊瑚镇左庄村；广陵镇联匡村；曲霞镇曲霞村；张桥镇汤庄村；宣堡镇宣堡村；根思乡根思村。

姜堰市：姜堰镇曹家村；溱潼镇洲城村；张甸镇葛庄村；梁徐镇梁徐村、林野村、前时村；白米镇曹新村；娄庄镇先进村、放牛村；华港镇里华村、葛舍村、李农庄村。

兴化市：张郭镇赵万村、蒋庄村、五星村、刘纪村、罗么村、欧家村、同济村、葛尤村、唐南村、南桥村；戴窑镇东三村、元友村、窑东村、居家村、恒和村、联葛村、洪亮村、韩窑村、新花元村；城东镇东南村、东北

村、联发村、恒刘村、沈沟村、孙唐村、东西村、新南村、跃进村、钱戴村。

海陵区：九龙镇府前村、九龙村、张坝村、界沟村、引东村、五厦村、振东村、雨声村、姚家村；苏陈镇苏陈村、西石羊村；城东街道办事处丁冯村、斜桥村、高桥村、鲍坝村、智堡村、花园村、魏徐村、朱东村、窑头村、孙金村、唐甸村、莲花村、忠南村；城西街道办事处九里村、头营村、唐楼村、招贤村、森南村、森森村、麒麟村、朱庄村；京泰路街道办事处许郑村、东唐村、宫涵村、朱塘村、十里铺村。

高港区：许庄街道办事处曹官营村、许庄村、马厂村；刁铺街道办事处万庄村、大丰村、界牌村；口岸街道办事处朱营村、大石村、张马村。

【网络与信息安全】 年初，召开协调小组工作会议，部署全市网络与信息安全工作，对25家重点部门建立完善责任管理体系。8月，在全市范围内检查网络信息安全工作。市级机关各部门、四市二区政府以及重要行业对各自网站按照要求进行自查，市信息安全办委托省信息安全测评中心进行攻击测试，并将测试结果及时通知相关职能部门，下发整改通知书，督促主管部门限期整改。按照GB/T20984和江苏省《重要信息系统风险自评估实施指南》标准，对4家单位的重要信息系统实施风险评估，针对风险评估发现的系统安全问题提出相应的解决措施和建议，提高实施单位信息系统防范系统风险的能力。为保障国庆60周年系列庆祝活动期间网络与信息安全，专门制定网络与信息安全保障应急预案，明确应急处置流程、处置权限、通信联络渠道，落实应急技术支撑队伍和应急保障条件，并实行每日“零事件”报告制度。针对“飞客”蠕虫病毒的入侵，及时下发《关于处理网络安全事件的紧急通知》，17家单位受入侵信息系统得到处置。市信息产业局专题调研全市信息安全产业发展情况，检查IC卡安全漏洞，开展信息安全体系建设，提升了全市网络与信息安全保障工作水平，全面增强网络与信息安全事件的处置能力。

无线电管理

【概况】 2009年，市无线电管理办公室坚持“加强管理，保护资源，保障安全，健康发展”的方针，创新思路，积极推进相关工作，全面完成上级布置的各项目标任务。市无管办被省无管局表彰为全省先进单位，被市委、市政府表彰为市文明单位。

【重大活动保障】 开展无线电管理“三服务”活动，贴近政府重大活动安排，做好中国曲艺家协会大型慰问演出、国庆60周年等重点时期的无线电通信保障工作。做好市气象局新一代多普勒气象雷达选址的电磁环境测试工作，为科学选址提供重要参考和依据。按时完成市政府交办的凤凰河西侧地块移动、联通公司基站搬迁工作。配合市教育、人事、卫生、公安等部门，完成研究生入学考试、执业医师资格考试、高考等10次重大考试期间的反无线电作弊任务，发现并查处4起利用无线电手段考试作弊案件，查获作弊无线电设备4套。

【监测检测】 全年共监测5193小时，重点频率保护性监测1130小时。积极开展干扰查处、设备检测等工作，共查明标注不明信号39个，查处13个，及时排查兴化市广播电视局等11家设台单位的干扰投诉。检测各类专业无线电发射设备386部、公众网基站53个，共检测合格412部，合格率93.8%。完成省局下达的镇江海事局、江苏油田电磁环境测试及沿江固定站调试等专项任务。

【频率台站管理】 严格按照规定的许可项目、程序和时间实施行政许可，共受理并办结行政许可101项，指配频率111个，办理船舶电台84个。开展电信重组后的基站重新登记工作，共登记基站2931个。联合市体育局以及部分无线电爱好者，筹备成立市无线电运动协会，制定泰州市个人业余无线电台审批流程，办理业余电台执照100多份。协调移动公司开展EGSM（GSM-R）频段清频，按时完成铁路沿线E频点清退和全网所有E频点清退工作。开展调频广播专项整治活动，共清理调频广播台站13个，核查登记数据150条，现场检查50人次，迁回违章设置调频广播1个，健全台站资料4个，下发整改告知书1份。

【执法监管】 联合长江泰州通信管理处、公安、水警支队等部门对长江船舶电台进行专项执法检查。开展“联合行政执法月”活动，重点对娱乐场所、对讲机销售市场等行业进行整治。全年共开展各类执法检查46次，查获违规使用现象14起，进一步规范市场秩序，净化空中电磁环境。报送的“泰州市金泰船务有限公司设置无线电台（站）许可案卷”被评为“全市优秀行政执法案卷”，并在全市推广交流。市无管办被表彰为“2008年度法治泰州建设依法行政先进单位”和“五五”普法先进单位。

【公用移动通信基站管理】 开展“基站规划建设管理服务月”活动，调研电信运营企业、市相关部门及通信行业协会，查找基站规划建设存在问题，提出有针对性的意见和建议。调研报告《关于我市公用移动通信基站规划建设的调查和思考》被《政府工作》刊用。市长、常务副市长先后作出批示予以肯定。市政府成立市基站规划建设工作协调小组，牵头召开公用移动通信基站规划建设座谈会，协调解决基站项目规划建设中的有关问题，启动公用移动通信基站的规划编制工作，并形成工作大纲。（夏加云）

水 利

综 述

【概况】 2009年，全市水利系统大力发展以“安全水利、资源水利、环境水利、民生水利”为主要内容的现代水利，在水利建设、防汛防旱、水务水资源等方面取得显著成绩，全面完成年度各项工作任务。市水利局被省水利厅表彰为全省水利目标管理先进单位、全省水利工程管理先进集体、江苏省水利新闻宣传工作先进单位、全省水利工程水费工作先进单位，被市委、市政府表彰为文明城市创建工作先进单位，获市首届“十佳”文明优质服务品牌提名奖。

水利建设

【概况】 市水利部门按照年初确定的水利工作意见，继续推进城市水利建设，大力实施农村饮水安全工程，全年共完成投资8.1亿元。超过计划任务1000万元。

【水利重点基建工程】 泰东河沈马大桥工程和新通扬运河段工程通过省水利厅组织的竣工验收。完成整治兴化市上官河城区段，完成防洪堤1.42千米，新建防洪闸1座。启动溱湖水系整治工程，疏浚姜溱河等5条进出口河道，完成土方187万立方米，新建跨河桥梁2座，完成投资4000万元。启动靖江市夏仕港治理工程。

【城区水利建设】 主城区全年完成水利投资1.8亿元。周山河整治一期（泰高路段至凤凰河段）完成河道挡墙4400米，完成土方56万立方米，新增绿化面积10万平方米，累计完成投资5000万元。老通扬运河整治一期工程（引江河至二水厂段）疏浚整治河道1760米，累计完成投资3929万元。启动实施老通扬运河整治二期工程（二水厂至南官河段）1800米。鸭子河整治工程医药园区段1800米，将河口宽由20米拓宽至50米，完成工程量的40%。城区东北片城市防洪工程一期工程共新建闸站两座、接通整治河道1条。启动城区水生态环境整治工程，城区生态调水泵站完成水下部分工程。

【农村水利】 全年共解决农村饮水不安全人口45万人。新建改造圩口闸165座，新建改造机电泵站550座，配套小沟以上建筑物1963座；疏浚县乡河道369条，完成土方1992.4万立方米；疏浚整治村庄河道503个村，完成土方1960.5万立方米；复垦土地86.67公顷，植树造林97.2万株，打捞清理水花生及水面漂浮物129万平方米。靖江、高港、泰兴、姜堰、海陵县乡村河道疏浚通过省级验收。

防汛防旱

【汛前准备】 按照省市防汛责任状的要求，做好全年防汛抗旱工作，落实防汛抗旱各项责任制，完成省防汛指挥部下达的防汛物资储备任务，共储备“三袋”77万只、木材180.7立方米、树棍3.15万根、块石4.5万吨、土工布3.5万平方米。修编《泰州市抗旱预案》、《泰州市防御台风预案》、《城市防洪预案》、《泰州市长江堤防溃口性抢险预案》等应急预案。按照查全、查细、查实的要求，开展汛前、汛后大检查，测量长江水下地形，对沿江地区重点病险涵闸站、里下河地区病险圩口闸及险工患段组织实施岁修。

【抗洪抗台】 7月28日，泰州市通南和沿江地区普降暴雨到大暴雨，其中马甸、过船港、倪浒庄三站12小时降雨量达到特大暴雨。27日8时～28日8时，泰兴马甸雨量157.4毫米，过船达155.9毫米，黄桥达121.9毫米，通南和沿江地区6600多公顷农田受淹、14间房屋受损、近300座下水设施和涵闸被冲毁，市防指迅速组织排清涝水。8月8日～10日，台风“莫拉克”影响泰州，市防指启动防台三级应级响应，迅速抢排城区涝水和农田积水，最大限度降低灾害损失。

【水源调度】 根据《泰州市水利工程调度运行方案》，科学调度水利工程。2009年春季全市降水比常年同期偏少两成，市防指请求省防指开启高港枢纽抽水站向通南补水，高港抽水站开机8天，共抽引江水4843万立方米，有效缓解全市旱情，泰州（通）最高水位达2.19米。5月22

日～6月17日，沿江口岸闸、马甸闸、过船港闸、夏仕港闸四大闸，共抢潮引水168潮次，引水量2.32亿立方米，保证了农业及生态用水需求。全年沿江各口门共计引水约38亿立方米，保障全市工农业生产、人民生活和生态环境用水。

水政水资源

【行政执法】 全市共查处水事案件28起，上缴财政罚没款118万元，清理网簖115处，清理违章搭建2万多平方米，清理非法种植4.67公顷，组织长江执法巡查110多次，集中打击长江非法采砂25次。

【行政许可】 按照便民高效的原则，制定出台《泰州市水利局行政许可工作制度》、《泰州市水利局重大具体行政行为报告制度》、《泰州市水利局决策评估制度》。全年共受理行政许可事项49件，办结47件。推进行政权力网上公开透明运行工作，对市水利局现有行政权力进行再清理，共梳理行政处罚50项、行政许可14项、行政强制18项、行政征收5项，其他权力8项。制作行政许可权力的动静态流程图，完善权力相关内容及格式文书，做到权力公开、岗位明确、责任到人，审核各单位报送的行政权力流程。加强规范性文件清理，废止过时文件6件。

【水资源管理】 全年共征收水资源费1900万元、水利工程水费2500万元、南水北调工程基金293.07万元。全市地下水开采量控制在4300万立方米以内。启动水资源管理信息系统建设。全面监测38个重点水功能区的水质情况，对5个集中供水水源地水质实施旬测旬报。成功处置春节期间兴化城区水污染事件和11月26日长江泰州段水污染事件。

【节水型社会建设】 市政府出台《泰州市节约用水管理办法》。《泰州市节水型社会建设规划》获省政府批准实施。市政府成立泰州市国家级节水型社会建设领导小组，启动国家级节水型社会试点市建设。对市区68家市级机关事业单位开展用水定额管理，创建节水型载体9个，完成8大行业和节水减排示范项目10个。姜堰市节水型社会建设试点工作通过省水利厅的中期评估。

水利管理

【农村河道管理】 农村河道管理推广靖江、高港管护经验，对疏浚整治过的农村河道，落实专门经费，建立管护队伍，出台农村河道长效管理意见，明确各级农村河道长效管理的责任主体、管理范围及权属。开展河道保洁与长效管理工作，做到河面清洁、水体干净、河坡整洁、绿化完好。

【城区河道管理】 加强引江河、凤凰河国家水利风景区的管理，绿化、闸站、码头管理成效明显。全年共审批城区涉河项目50多项。城区56条120千米长的骨干河道巡查工作实行市场化招标管护，确保每周对所用河道巡查两次，一经发生违法违章行为，水政监察人员在2小时内赶到现场查处。科学调度运行城区23座闸、涵、泵站工程，全年调水30亿立方米改良城区水质。

【湖泊管理】 里下河省管湖泊管理进入正常轨道，各地用好省级湖泊管理经费，做好市级配套。溱湖、乌市荡等湖泊设立专门管理机构，每月定期开展湖泊巡查一次，发现涉湖违章行为立即处理，杜绝新的圈围发生。按照一图、一表、一照、一证、一费制度完善湖荡基础资料。做好省管湖泊勘界设桩工作共设桩629根，通过省水利厅验收。

【建设管理】 严格水利建设管理，全面深化业主责任制。对50万元以上工程全部纳入招标范围，并按招投标管理程序进行。50万元以下的小型水利工程采取邀请招标的方式。对1000万元以上的工程项目，成立专门工程建设领导小组，并落实项目法人。严格执行各项基本建设程序，建立健全质量监督体系，加强财务管理，规范资金拨付程序，保证专款专用。加强水利工程安全检查，维修养护水毁工程，防治长江堤防白蚁。年内，各类水利工程均未发生安全生产事故。

【水利科技】 积极与高校、科研院所开展合作，开展水利科技工作，做好项目的立项、推进、评审、报奖等相关工作。《水土混凝土结构钢筋锈蚀智能监测技术研究》通过评审并获省水利优秀科技成果三等奖；《改善泰州市城市环境的水利工程优化调度技术研究》已形成初步的文本；《城市水利可持续发展战略及技术支持系统研究》正在申请评审；城市水资源实时监控与管理系统项目已启动实施。全年共完成水利论文65扁，出刊《泰州水利》杂志4期。

（张 剑　王连民）

泰州引江河建设与管理

【概况】 2009年，江苏省泰州引江河管理处强化水利工程管理工作，切实履行里下河湖区监管职能，积极推进水利经营发展。年内，通过“全国水利系统文明单位”、“全省水利系统文明单位”复查，被评为“江苏省精神文明建设工作先进单位”。下属高港泵站管理所被评为“全国学习型先进班组”，高港水闸管理所被授予“江苏省工人先锋号”称号。

【防汛检查】 组织开展水利工程汛前、汛后检查，对工程机电设备进行逐一检查、保养和维护，完成抽水站维修项目、防汛岁修项目及维修养护项目，保证所有设备的安全完好。年内，高港泵站管理所通过省一级水利工程管理单位复查，高港水闸管理所通过省一级水利工程管理单位评审。

【完善防汛抗旱预案】 修订完善防汛抗旱预案，认真落实防汛责任制，将防汛责任真正落实到岗位、落实到人、落实到每座工程和每个环节。强化对防汛责任制的监督考核，形成人人为防汛、人人有责任、人人听指挥的群防体系。

【效益发挥】 高港枢纽全年向苏北、里下河及东部沿海地区引水21.5亿立方米，为泰州城区改善水环境开机抽水0.5亿立方米，为里下河地区排涝0.8亿立方米。拉马河闸为如皋高沙土地区引水0.26亿立方米。

【河道管理】 加强泰州引江河河道行业管理，多次召集泰州市水利局、江都市水务局及两市河道管理处，对引江河沿线24千米河道进行巡查。创新河道管理评比机制，对照《泰州引江河河道工程管理考核实施细则》，对两市河道管理工作进行考核打分，并按照考核情况，发放河道工程维修养护补助经费。

【湖泊管理】 以勘界设桩和百湖执法大检查为重点，开展里下河腹部地区湖泊湖荡管理工作。完成里下河湖区勘界设桩，共埋设界桩1593根，并通过省水利厅组织的验收。推进里下河湖区规范化管理，参与“百湖执法大检查”，督查淮安楚州流均镇严百村非法加圩情况的调查处理，审查《盐城市盐都区大纵湖湖区2009年～2014年渔业养殖规划》。组织里下河湖区资料整编工作，并完成里下河湖区八个县（市、区）湖泊管理工作的年度考核。

【引江河工程建成10周年座谈会】 9月28日，泰州引江河工程建成10周年座谈会在高港枢纽召开。会议肯定泰州引江河工程在洪涝防治、水资源供给、水生态优化等方面作出的积极贡献。省水利厅厅长吕振霖要求各方加倍努力，更高标准、更高水平地完成引江河二期工程和泰州引江河大道工程，把泰州引江河工程建成江苏水利现代化精品工程。

（引江河管理处）

高港船闸

交通·电力

交　通

·交通基础设施建设·

【概况】2009年，全市交通基础设施计划投资50 亿元，实际完成投资52 亿元，占年度计划的 103.9 %。目前,泰州已基本形成一个由“一纵一横”铁路主动脉、“三纵三横”公路主骨架、“四纵五横”水运主通道和“一港两站”（泰州港和火车站、汽车客运总站）运输主枢纽共同编织的四通八达的立体交通网络。

【公路建设】全年公路建设计划投资42.66亿元，实际完成投资44.63亿元，占年度计划的 104.6 %，创历史新高。其中，国省干线公路建设工程完成投资35.41亿元,占年度计划的 105.6%。328国道泰姜段改线工程完成投资1.8亿元；大桥北接线工程完成投资3亿元；兴泰公路投资16.5亿元，于年末通车，实现“两年任务、一年完成”的奋斗目标；336省道靖江段工程完成投资3.4亿元;334省道改建工程泰兴滨江段完成投资8000万元。全年，新改建农村公路800千米，改造桥梁343座，完成投资6亿元，全面完成年度计划。泰兴建成农村四级公路会车区550个，基本解决会车难问题。姜堰开展党员干部“联路结桥”志愿服务活动，农村公路管养水平明显提升。全市农村公路路网密度、通达深度、通畅程度进一步提高。

【航道、港口、站场建设】全年完成港口投资7亿元，比上年增长29%；全年建成万吨级以上码头泊位9个，全市拥有万吨级以上码头泊位34个。航道船闸建设完成投资8396万元，焦港船闸引航道工程完成盐邵线、姜十线和如泰运河等骨干航道的整治工作。站场建设完成投资1.7 亿元，京泰路汽车客运站开工建设，姜堰城西、兴化戴南、泰兴3座市（区）客运主枢纽建设完成。

·交通运输生产·

【客、货运输量】全年境内完成公路客运量 7384万人次，客运周转量521630万人千米；货运量3148万吨，货运周转量28.99亿吨千米。水路货物运输量6650万吨，货运周转量215.6亿吨千米。

【运力结构调整】深化水陆运力结构调整，全年高级客车拥有量新增超过31%，厢式货车拥有量新增超过 75%，专用货车拥有量新增超过 13%。沿江港口吞吐量完成7400万吨，比上年增长 29 %，内河港口吞吐量完成3200万吨，港口吞吐总量首次突破1亿吨。完成集装箱运输8万标箱，比上年增长20%。

·交通行业管理·

【路政管理】高标准整治国省干线公路病害，全年国省干线优良路率99.8%。完成国省干道大中修工程87千米，完成投资1亿元。建成安保工程60千米，文明样板路60千米。清除违法建筑3292平方米、障碍物1.5万立方米、摊点546个、非标悬挂物1300块。

【航政管理】配合做好宁启铁路等省、市重点工程跨越航道的行政许可服务工作。开展船舶超限航行治理工作，清除干线航道网簖等障碍48处。加强巡航执法，辖区干线航道通航保证率90%以上，船闸通航保证率95%以上，航标正常率99%以上。

【地方海事管理】 围绕“三保一防”海事工作中心，主动服务重点工程建设、服务重点骨干企业物资运输、服务群众方便出行、服务造船产业发展，强化现场监管、提高船检质量，保持辖区水上交通安全形势持续稳定。全年完成建造检验船舶1053艘、67万总吨;营运检验船舶8301艘、182万总吨；检验船用产品1万台套，培训船员4353人次，办理船舶登记5076艘次。水上搜救接警160起，挽回经济损失160多万元。

【路航养护】 做好干线公路路面早期病害预防性养护，加大桥梁管理和危桥改造力度，有效提升干线公路路况。全年国省干线公路MQI值93.1，优良路率99.8%,创历史最高水平。加大依法治路力度，完善路网指路标志，推进治超长效管理。公路超限率始终低于3%。全年完成航道疏浚35.3万立方米，护岸建设和维护6278米，工程质量优良率100%。加强重要干线航道和船闸的维护保障，航标正常率100%，航道通航保证率95%以上，全年未出现因航道部门管理不善导致的航闸严重堵塞或重大安全责任事件。

【港口管理】 全面启动港口规划体系建设。《泰州港总体规划》获正式批文，《内河港口总体规划》完成初稿。开展港口管理规范年和港口工程建设专项治理工作，港口建设基本程序进一步规范。创新港口安全监管工作新机制，建立码头安全预警机制。积极探索发展电子政务，对港口行政权力进行梳理，设定行政权力运行流程，构建网上运行系统，使港口管理部门效能建设取得新突破。

【安全监管】 年内，开展“深化平安交通建设”、“安全管理推进年”和“安全生产年”3项活动，全系统交通行业安全形势持续平稳。重点开展水上辖区、道路运输、港口装卸等6个方面隐患排查治理工作，先后整改事故隐患632处，取缔无证吊机船172艘，消除公路“黑点”34处，拆除危桥4座，建造钢质化渡船42艘，港口危险品作业全部实现网上申报和审批。

【工程监管】 全面推行质量终身追究制和工程招投标制，加强监管，确保工程优质高效。完成90个项目的招投标，合同金额32亿元。在监重大项目16个，工程总投资33亿元。交通工程招投标率、质量监督覆盖率均达100%，工程质量稳步提高。

【法制建设】 组织开展执法人员业务培训，实施执法队伍素质提升工程，加强交通执法队伍建设。加强交通法制基础工作和法制宣传活动，制定实施《行政处罚自由裁量权适用规定》和《行政权力网上公开运行实施规定》，开展交通执法回访和执法督察活动，加大执法监督力度，提高执法规范化建设水平。2009年被省政府确定为“省级依法行政示范点”。

·交通企业·

【概况】 2009年，市直8家交通企业累计实现主营收入42685万元，比上年增长12%;实现利润2237万元，比上年减亏2162万元。泰州长运公司、泰州港务集团实现盈利，完成利润2688万元。泰州雅高公交有限公司、海阳公司、泰轮公司、造船厂、日松快运公司、汽运公司等6家企业产生亏损，累计亏损451万元。 （张新民）

·泰州火车站·

【概况】 2009年，泰州火车站以开展“优质服务质量年”和科学发展观教育活动为重点，以建设“安全屏障工程”和争创“五好”支部活动为目标，贯彻落实全国铁路运输安全工作座谈会提出的“高标准、讲科学、不懈怠”的要求，确保春节、“十一”黄金周期间的行车安全和旅客运输安全，安全运输生产得到有序可控。

【安全基础建设】 坚持“规范管理、强基达标”的工作标准，逐步完善安全管理制度。按照铁道部《铁路旅客运输服务质量标准》制定车站客运各岗位作业标准，细化作业流程，实行岗位责任制、服务达标上等级等各项管理办法。年内，车站结合各个时期的重点工作，先后制定车站治安管理办法、车站通道人员、车辆进出管理办法等制度，强化对重点部位的管理，逐步制定和完善商业网点管理办法、贵宾室使用管理办法和工作人员进出票房规定。建立健全各类客运台帐，在日常工作中坚持动态管理，实施分层分级监控，按照“机制促控制，过程保结果”的要求，强化客运标准化作业，确保车站安全生产有序可控和职工队伍持续稳定。

【服务质量】 贯彻落实《铁路路风管理办法》，开展规范货场和货运代理经营行为专项整治活动，加强管理客票代售点。以客票代售点、粮食化肥重点物资运输收费、货运计划审批管理为重点，做好规范收费工作，开展路风自查自纠活动。营造良好服务环境，确保路风持续稳定，“青年文明号”等优质服务品牌不断延伸和拓展。提高客货服务满意度，在上海铁路局组织的年度客运服务满意度二等客运站评比中，泰州站获第一名。

【运输收入】 在运输需求大幅增长、运力紧张的情况下，泰州火车站积极挖潜扩能，实施内涵扩大再生产。全年实现运输收入15640.36万元、货运收入2462.52万元。

【客、货运量】研究客流动态，加强售票组织，提高服务质量，满足社会需求。克服货运去向限制、车种不足的困难，强化货运营销，挖掘货运增量，强化运输服务、运输质量。全年完成客运发送170.74万人，货运发送16.5万吨。

【服务春运】春运期间，泰州火车站克服“学生流”、“民工流”、“探亲流”、“旅游流”等困难以及方向性、时段性运能的不足，安全发送旅客22.58人次，实现运输收入1900.52万元。客运服务组共收到锦旗9面、感谢信8封，受电台、电视台等媒体表扬28次，被省春运办评为先进集体。（罗跃华）

电　　力

·泰州供电公司·

【概况】2009年，泰州供电公司坚持主动作为，抢抓机遇，企业保持稳定有序的发展局面，实现预期目标。全年实现全社会用电量155.43亿千瓦小时，完成供电量142.12亿千瓦小时、售电量130.32亿千瓦小时，比上年分别增长6.78%、6.97%和6.99%；实现线损率8.30%，比上年下降0.02%；电费回收率100%。至年末，公司实现连续安全运行4008天。全年完成固定资产投资总额12.35亿元；销售收入50.12亿元，比上年增长7.58%。完成省电力公司下达的可控管理费用总额比上年下降5%、车辆运维费用下降15%、业务招待费和会议费下降10%、差旅费和办公费及水电费下降5%的费用压降目标；全员劳动生产率（本部）1684885元/人·年，超额完成省电力公司计划。至年末，泰州电网拥有35千伏～500千伏变电所131座、主变压器239台、容量1506.01万千伏安，其中500千伏变电所2座、主变压器4台、容量350万千伏安；220千伏变电所19座、主变压器34台、容量540万千伏安；输电线路330条4091千米；在册正式员工（本部）763人，农电人员（本部）491人。

【安全生产】坚持“安全第一、预防为主、综合治理”的安全生产方针，全面落实安全管理措施，实现十个“不发生”的安全目标，被省电力公司表彰为2009年度安全生产先进单位。继续修订各级人员安全职责规范，细化岗位安全责任及考核标准；建立调度系统安全监督网络，明确工作职责和重点任务，强化电网安全的专业管理。坚持月度安全分析和周生产例会制度，定期总结分析安全生产状况，把握安全生产的运行质态；企业各级负责人重视并加强安全工作的研究部署和检查指导，共主持召开安全专题会议153次，参加安全监督检查1200多人次；结合“安全生产月”，组织一系列安全文化活动，营造良好的安全氛围。开展本质安全“槽刻”教育，对新版《安规》进行宣传学习，组织普考和调考；年内公司各级共组织工作票“三种人”以及紧急救护、风险管理等专题培训班66个，员工参培近7000人次；开展安全生产“反违章”活动，组织《安全生产典型违章100条》的专题学习，对典型违章进行集中专项整治，提高员工的反违章能力；实施安全风险预警制度，执行特殊运方、恶劣天气等风险预警单113份，使用“作业安全风险分析预控卡”18000多次。召开安全措施标准化专题宣贯会和示范化现场推进会，对各单位“两票”执行情况进行专项检查，出台《外来厂家人员进入变电所安全管理规定》，促进现场作业环节的规范化。深化应急管理，制定《生产应急抢修管理实施细则》、《配电网应急抢修管理规定》，充实应急抢修专业队伍，组织专项应急演练18次，参与人数877人，安全生产应急处置能力进一步提升；强化电网运行管理，实施调度操作标准化，及时做好电网风险的分析预控，开展调度系统安全性评价的自评价。按期完成28项迎峰度夏保供电措施项目，制定并落实有序用电方案，保证高温高负荷时段的安全供电。加强国庆期间保电工作，重要无人值班变电所恢复有人值班，针对重点设备和薄弱环节，适当缩短巡视周期，加大运行维护工作力度；深化设备状态检修工作，制定并实施状态检修技术标准和管理制度，完成班组、工区、公司的输变电设备三级评价。开展设备隐患排查治理，共排查设备隐患1159处，整改927处，处置断路器、隔离开关家族性缺陷50项。认真执行验收管理标准，严格把关，实现设备“零缺陷”入网。强化配网建设与管理，完成配网工程168项，加强线路的联络和分段，对部分超负荷的设备进行改造，完善优化配电网络；加强电力设施保护，组织专题宣传141次，培训社会特种车辆驾驶员350多人；开展电力设施保护区专项整治，签订安全协议122份，砍伐超高树木49000多株，处理违章建筑59起。重视高危客户安全管理，重新明确113家重要（高危）客户，并督促整改用电安全隐患33项。完成安装变电所防入侵系统12套，推广应用信息终端和移动存储介质管理系统，定期分析入侵检测、防火墙等运行日志，保障信息网络安全。认真宣传贯彻新《消防法》，组织消防安全检查72次，整改消防隐患35处，确保消防安全。坚持车辆日常维护检查，持续强化机驾人员安全意识培育，交通安全形势良好。

【生产技术】在企业生产系统开展以“夯实基础，规范执行，精益管理，进位争先”为主题的“三比一促”（比基础、比管理、比成效、促指标）活动，推动运用生产PMS（生产管理）系统、配电MIS（配电管理）系统、新版供电可靠性系统、线损综合分析系统为基础管理平台，提高生产基础管理水平。结合企业生产实际，及时完成设备集中检修、调控一体化和配网管理模式调整方案的编制，并组织实施集中检修；建立状态检修工作机制，完成输变电设备三级（班组、工区、管理部门）评价，全面推进状态检修工作，提高设备的可用系数；加强设备管理，开展设备隐患排查和有序推进隐患设备的治理整改工作。全年通过排查，发现设备隐患1181件，其中重大隐患61件，占总数的5.17%；已完成设备隐患治理整改694件，整改率58.76%，其中重大隐患整改39件，整改率63.93%。按时完成110千伏及以上断路器、隔离开关、避雷器等设备家族性缺陷的消缺处理工作，提高设备的健康水平。开展设计监理，推行基建工程设备验收专业责任制度，全年集中办理15项新建工程的设计监理合同，针对500千伏泰北（后更名为凤城）变电所的500千伏断路器、平高隔离开关和500千伏盐（城）兴（泰兴）线环入凤城变送电线路及220千伏如高GW22、GW23型隔离开关等重点工程设备，强化工程验收管理，确保基建工程设备质量合格。加大配网建设与改造力度，进一步完善优化配电网络结构，增强互联互供的能力，不断提高配网供电能力和可靠性。城市和农村供电可靠率99.92%和99.77%。加强专业技术分析，提升专业管理水平，针对全年245次10千伏配电、35起输电线路、18起变电类雷击跳闸故障进行分析，并编制《2009年雷击跳闸分析报告》，归纳出泰州市雷击跳闸发生的主要原因并提出预防意见。组织对500千伏泰兴变电所和凤城变电所接地网进行热稳定核算，发现500千伏泰兴变电所3号主变扩建后，系统短路容量超过现有地网所能承受的热稳定极限，及时向省电力公司报告安排大修计划；采用新技术，并对其培训，进行20千伏与10千伏系统联络方案的研究等科技项目的实施，推广实施徐州220伏蓄电池测试系统、无锡的电缆管道探测仪、盐城的劣化钢筋混凝土电杆表层修复、南京的10千伏配电线路故障定位系统、江苏安方配电网无功电压优化运行集中控制系统。邀请北京ABB公司技术人员对全市24名检修骨干进行ABB开关理论及实际操作培训，并由厂家提供BLK222及BLG1002A两种弹簧操作机构在现场进行练习。

【调度管理】 泰州电网调度中心结合泰州500千伏凤城、220千伏寺巷输变电工程及110千伏新建、扩建等一批工程的投产，及时调整区域供电方案，强化设备停电检修调电，实施特殊运方预警制度。完善迎峰度夏保供电预案，针对电网运行特点和电网运行中可能出现的供电瓶颈，加强风险预控分析和负荷分析，采取有针对性的演练，落实应对限电准备措施。进一步规范调度管理，实现调度操作标准化，强化对重要用户、电厂的涉网调度管理，完成对重要用户及电厂相关人员的持证上网工作。制定并实施二次设备运行维护管理相关制度，做好二次安全防护，确保二次系统安全稳定。推进调度自动化基础数据质量综合整治工作，完成泰州调度自动化系统OPEN3000的更新改造工程。

【科技与信息化】 坚持科技兴企，加大科技开发和专利申报工作的力度。全年申报专利21项，其中《供电网无功电压优化运行集中控制系统》获"2009年度国家科学技术进步奖二等奖"，至年末，江苏电网已全部使用这项科技成果，并推向上海、福建等19个省、市的电力市场。改造县乡供电系统信息网，优化调整网络结构，通过升级改造、县乡供电系统信息网，优化调整网络结构，解决县乡网络可靠差、传输性能低下的问题，为信息化发展提供必要支撑。推广应用桌面管理系统，提高终端安全防护能力，截至2009年11月20日，泰州供电公司及各市（县）供电公司桌面计算机已全部安装注册"国家电网公司桌面终端管理系统"，保障新版营销系统和生产系统的推广应用。进行信息安全加固，做好国庆信息安全保障工作；开展信息运行维护竞赛活动，完善信息设备台帐，提高人员技术水平。

【电网建设】 配合省电力公司，主动对接1000千伏输变电工程泰州项目，并开展用地预审、环评、水保等项目前期相关工作。贯彻落实省电力公司电网规划建设思路，谋划泰州电网发展，促进电网发展方式转变。完成"泰州电网'十二五'及远景规划"的编制及各市（县）电网规划、市区配电网络规划等专业规划的滚动修编。加强220千伏、110千伏变电所布局和建设；进行2011年220千伏电网项目包和2011年110千伏及以下电网项目包的可研、规划报批、环评、用地预审等工作。配合省电力公司完成泰州500千伏泰兴变电所3号主变压器扩建工程可行性研究审查，为提高沿江500千伏降压能力创造有利条件。年内，新建投运的泰州500千伏凤城等输变电工程，使泰州电网北部和中、南部电源得到合理配备，满足泰州及邻近地区电力增长的需求，摆脱泰州电网电源输入长期依赖扬州电网供电的局面。新建和扩建投运220千伏同济和沈星等输变电工程7项、110千伏孤山等输变电工程9项，新增变电容量413.90万千伏安、输电线路446.90千米。开工建设220千伏项目11项、110千伏项目26项。配电网络进一步加强，调整制定20千伏专供区方案，实施低压台区的电网改造，解决海陵区朱庄和高港区天雨村用电负荷增长供电矛盾。

【财务、审计管理】 强化预算执行的刚性，实现对企业重大资金收付活动的事前、事中控制，降低经营风险。全面实施“大成本”管理，重视基建、生产和财务之间的协调工作，强化工程结算，加速工程固定资产建卡入账工作。开展“三节约”活动，加强水、电和办公用品管理，在会务费、办公费、招待费、运输费等方面挖掘降本潜力。强化财务基础管理，组织财务集中管理账套专项稽查，开展资金安全风险评估，落实资金安全责任，全面堵塞资金安全管理漏洞。加强固定资产管理，组织开展电网和客户资产的清查工作，明晰资产界面；加大财务稽核力度，建立常态稽核机制，加强审计监督，建立县级供电公司年度经济责任审计等审计工作常态机制，对农电公司组织进行模拟外审。2009年泰州供电公司被省电力公司表彰为财务工作先进单位、财务调考先进单位一等奖、会计报表竞赛优秀单位、工程决算增资先进单位、审计工作先进单位。

【依法治企】 加强企业法制化建设，组织开展调度法律风险防范课题调研，进一步规范合同管理。泰州供电公司被选为全省率先开展供电服务监管试点单位之一，接受南京电监办承装（修、试）电力设施许可证许可制度执行情况检查，做好《江苏省电力用户受电工程信息反馈表》的跟踪落实工作。年内，泰州供电公司获江苏省依法治企、诚信经营先进单位，江苏省AAA级重合同守信用企业，江苏省“五五”普法中期先进集体，法治泰州学法用法示范单位等称号。

【企业基础管理】 强化2009年综合计划执行情况的检查和考核，完成2010年综合计划的编制上报工作。建立一流县供电企业建设常效机制。兴化市供电公司通过省电力公司组织的一流县供电企业的复验收抽查。巩固“全面找差”活动成果，推进“闭环管理”。深化创一流同业对标工作，完善同业对标网络建设，建立指标的日常分析制度，加强落后指标的分析和关键指标的跟踪。组织开展供电所各类“违章”行为集中排查整治活动。靖江市供电公司作为国家电网公司挂钩试点单位，接受国家电网公司调研组的检查。加强班组建设，重视开展“一流班组”创建工作，打实企业管理基础。注重企业档案管理工作，靖江、兴化市供电公司档案工作通过五星级目标认定，泰州供电公司档案管理被市人事局、市史志档案办公室表彰为“2007～2009年度全市档案工作先进集体”。《泰州市电力工业志（1997年～2002年）》通过江苏省电力公司编委会组织的评审验收，靖江市、泰兴市、兴化市电力工业志续志先后通过泰州供电公司编委会组织的评审验收。

【营销服务】 加强电力营销工作开展优质服务主题活动，主动呼应泰州新一轮跨越式发展对电力的需求，以“服务企业、服务投资者、服务项目”活动为重点，不断创新服务方式和方法。制定并落实26项贴近企业的个性化服务举措，完善大客户经理制，常态性开展客户走访、上门服务工作。建立“社区经理制”，设立供电服务社区示范点。重视“国家电网”品牌塑造，具有泰州供电特色的“心桥”服务品牌被评为“泰州十佳服务品牌”。履行社会责任，推进节能减排工作，组织开展电炊具推广应用潜力调查分析、热电厂供热区域外锅炉使用情况调查分析；加强电力需求侧管理，完成电力替代潜力容量15577千瓦，建成16个能效电厂项目。全年投入12991.28万元进行新农村电气化建设和改造，建成泰兴“新农村电气化县”和10个电气化镇以及159个电气化村。年内，积极服务泰州经济建设和城市建设，得到社会各界的好评，泰州供电公司被中国质量协会和全国用户委员会表彰为“全国用户满意工程企业”，获泰州市“2009年度十佳服务地方发展单位”、2009年度“消费者满意度”问卷调查先进单位等称号。分解传递电费回收工作责任，制定实施《提升电费预收水平专项考核办法》、《专变客户电费回收责任分解表》等办法，加强客户电费回收动态分析，建立缴费信用分析评价体系，采取提高分次化拨预结算比例的针对性措施，确保电费回收工作可控、再控，圆满完成电费回收工作，被省电力公司表彰为“地级市供电公司电费回收先进单位”。

【计量工作】 加强计量工作的规范管理。10台单相、9台三相电能表标准检定装置均通过江苏省质检局的考核，设备周检率100%，出具证书正确率100%。对全市1561家I、II、III类客户进行电能表误差、电压互感器二次回路压降、计量用互感器二次负荷、计量用互感器误差测试，保持全面了解大客户电能装置的现状。全面完成49516万户“三代一”（一只三相换三只单相）计量装置改造，并轮换运行7年以上电能表2085只，确保运行计量装置的准确性、稳定性和可靠性。做好国电泰州电厂上网关口计量装置关口电能表的改造以及互感器的现场检验；做好计量检定配送，确保各单位正常用表，19台电能表标准装置首检率100%、检定合格率100%，累计检定电能表133026只、电流互感器15048只、电压互感器230只、标准表16只，验收表计201120只、故障表处理865只。全年累计向4个市（县）供电公司二级表库配送单相表89656只、三相表75262只、电流互感器16185只，为依法精确、可靠检定电能、正确计费及准确计算线损率、保护国家和电力客户合法权益提供保证。

【人力资源管理】 加强员工队伍建设，严格绩效考核，理顺和规范农电人员薪酬分配关系，并建立执行以基本工资为主、考核工资为辅、业绩和能力为导向的农电人员工资分配制度，稳定农电队伍。坚持“技能优先”的人才培养方针，加大人才培养力度，全年举办各类培训班256期，参培学员7669人次。组织开展员工技能竞赛活动，提高生产技能人员素质。2009年组织1人参加高级技师技能鉴定、46人参加技师技能鉴定、45人参加高级工技能鉴定。至年末，共有高级技师49人、技师373人、高级工574人、双师型人才81人。组织2批计1327名农电人员参加省电力行业中级工鉴定理论考试，考试合格703人，合格率53%。在农电队伍中，有高级技师1人、技师2人、高级工191人、中级工2213人、初级工948人，农电人员持证率100%。

【精神文明建设】 继续深化“六个一”系列创建活动，严格落实精神文明建设考核办法和责任追究，在加强外部创建的同时，强化内部管理，策划组织泰州市窗口行业满意度测评工作，泰州供电公司连续第3次被中央文明委、中央文明办表彰为“全国精神文明建设工作先进单位”，被市委、市政府及市文明委表彰为“市文明行业标兵”和“市文明单位”。 （许永良）

·国电泰州发电有限公司·

【概况】 2009年，国电泰州发电有限公司（以下简称“泰州公司”）落实“转型企业、挖掘潜力、提高质量、创造一流”的中心任务，围绕年初制订的工作目标，各项工作均取得较好成绩。全年安全生产形势稳定，两台机组累计发电119.78亿千瓦小时，占江苏统调发电量的4.56%，比上年增加24.39亿千瓦小时；平均发电利用小时5989小时，超过区域平均水平575小时；平均电价399.68元/千千瓦小时（含税），比上年提高3.49元/千千瓦小时，电价政策执行到位，电费回收率实现100%；完成综合标煤单价655.49元/吨(不含税)，比上年下降193.62元/吨；完成综合厂用电率4.61%，比上年下降0.67%，供电煤耗完成296.76克/千瓦小时，比上年下降2.1克/千瓦小时；实现售电收入39.03亿元、其他业务收入2006万元，利润总额7.02亿元，完成年度预算目标的139.22%。#1机组大修后，连续运行192天无非停，实现大修全优目标。全年无违法违纪行为，未收到任何投诉和举报。1月，泰州公司被中国国电集团公司（以下简称“集团公司”）精神文明建设小组授予“2008年度文明单位”称号；3月，被省安监局、省煤矿安全监察局联合授予“2008年度安全生产诚信企业”称号；6月，被市委、市政府命名为“2007～2008年度文明单位标兵”；同月，集控运行二值被中华全国总工会授予“全国工人先锋号”称号，一期工程获中国电力建设企业协会“2009年度中国电力优质工程奖”；7月，被集团公司党组授予“先进基层党组织”称号，获“国电一级红旗奖状”；11月，被市预防职务犯罪工作领导小组授予“2008～2009年度预防职务犯罪工作十佳先进集体”称号；同月，一期工程获中国建筑业协会“2009年度中国建设工程鲁班奖（国家优质工程）”称号。

【安全生产】 坚持以建设“平安和谐”工程和“本质安全型”企业为目标，强化各级人员安全生产责任制，完善安全管理规章制度，开展“安全生产年”活动，贯彻安全生产三项行动有关要求，加强安全隐患排查和治理力度，完成国庆保电和安全稳定任务。健全应急保障体系，提高处置各类突发事件应急能力。全年与各委外单位签订安全协议31份，组织专题安全培训11次，参培人员581人次。排查各类安全隐患160条，完成整改155条。全年未发生一起一般设备事故和人身轻伤及以上事故，实现连续安全生产586天。

【节能减排】 开展科技创新活动，加大设备技术改造力度，积极实施脱硫系统增容改造，提高机组脱硫效率。通过#2炉电除尘节电改造，除尘器效率达99.44%，电晕功率降低到78.7%，厂用电率下降0.17%；通过#2脱硫系统GGH改造，厂用电率下降0.2%，供电煤耗下降0.61克/千瓦小时；通过优化脱硫浆液系统，厂用电率下降0.15%；通过#2机组大修，厂用电率下降0.3%，供电煤耗下降10克/千瓦小时。全年发电厂用电率完成4.14%，比上年下降0.59%；综合厂用电率完成4.61%，比上年下降0.67%；脱硫系统投用率95%以上，脱硫效率94.9%，比上年提高7.9%，各项环保指标均低于规定标准。

【经营管理】 坚持以经济效益为中心，围绕燃料、电力、金融三个市场，开展对标管理，超额完成集团公司下达的年度利润考核目标5.1亿元。拓宽燃煤供应渠道，寻找性价比较高的煤炭，落实重点煤炭合同量，准确把握煤炭市场低迷的有利时机，有效降低燃料成本。全年共采购煤炭485万吨，入厂煤检斤、检质率100%，入炉综合标煤单价655.49元/吨（不含税）。准确分析和判断电力市场，提高机组负荷率。全年多争取100小时的基数发电利用小时，并争取一定数量的、价格合理的替代电量。年发电量完成119.78亿千瓦小时，其中基数电量98.13亿千瓦小时，超额完成省经贸委下达的年度基数发电计划98亿千瓦小时，外部替代电量21.65亿千瓦小时；机组运行负荷率78.78%（扣除检修小时）；年累计平均上网电价为399.68元/千千瓦小时（含税）。开展低成本资金置换，扩大票据结算规模，开展二次贴现，控制和减少财务费用。全年票据结算30.4亿元，融资加权平均利率从年初的5.79%下降至3.73%，节约财务费用4600多万元。实现售电收入39.03亿元，其他业务收入2006万元，利润总额7.02亿元。

【2号机组首次A级检修】 2号机组首次A级检修于10月1日开始，12月1日结束，历时61天。为安全、优质、高效地修好2号机组，泰州公司专门制定18项大修管理规定，建立大修领导小组和安全、现场管理等7个专业组，做到制度、人员、措施三落实。检修管理中，推行专业项目经理制，明确专业人员为相关项目的第一责任人，各专业人

员对检修现场全过程的安全、质量、进度协调负责，要求监理加强对现场的管理，对检修过程中暴露的安全、质量问题及时组织原因分析，并进行追溯和纠正，确保大修工作的顺利实施。共检修项目634 项，其中标准项目475项，非标准项目159项（包括重大非标准项目15项检修）。大修过程中，重点进行汽机高中低压缸汽封的改造和通流间隙的调整、脱硫增压风机和锅炉引风机合并等重大节能技改项目，发现并解决锅炉末过、末再联箱等10条制造厂焊缝、发电机定子引出线压板松动、九瓦轴颈磨损等重大隐患。

【组织机构】 年内，为适应发电生产和经营管理的需要，成立燃料管理部，增设后的机构为总经理工作部、政治工作部、人力资源部、财务产权部、经营计划部、二期筹建办公室、燃料管理部、安全监察部、运行部、设备管理部共10个部门。泰州公司注册成立全资燃料公司—泰州锦宏电力燃料有限公司注册资本1000万元，许可经营范围为煤炭批发经营，一般经营项目包括金属材料、润滑油、化工原料（不含危险品）的销售、自营和代理各类商品的进出口业务。锦宏燃料公司下设经营部、财务部、综合部三个部门。根据部门机构和职责的调整，修订了部门职责和岗位工作标准以及相关的管理制度，使内部管理工作更加细化和规范化。

【依法治企】 坚持依法治企，健全民主管理制度，推行厂务公开，召开一届三次职工（会员）代表大会。进一步完善内部控制制度，开展法律宣传、审计、监督、效能监察工作，全年审签经济合同426份，完成阀门、轴承和2008年技改项目两项效能监察工作，并针对过程中发现的问题提出6条监察建议，督促责任部门制定1项管理制度，完善技改工作的管理流程。在#2机组大修阶段，对引风机、增压风机合一改造项目和捞渣机改造项目进行专项效能监察。加强对物资采购、燃煤采购、招标项目等采购项目的过程监管，防止招投标工作中的违规行为。深化“四化”领导班子创建活动，开展“党员责任区”活动，建立党员“政治生日”活动制度，成立思想政治工作研究会，实施“党员先锋”工程，开展以“提高管理水平、提高经济效益、节能减排降成本”为主题的合理化建议活动和“明目标、强措施、保利润、争奉献”主题大讨论活动。

【领导视察调研】 1月6日，全国能源化学工会主席张萌萌一行视察泰州公司。1月22日，市长姚建华、副市长张爱萍慰问泰州公司生产一线员工。5月20日，集团公司副总经理杨海滨一行调研公司市场营销工作。10月14日，省人大常委会委员、内务司法委副主任委员柏志英，省检察院副检察长方晓林一行视察泰州公司。10月20日，集团公司总工程师张宗富视察泰州公司。

【泰州公司股东会暨二届一次董事会、监事会】 4月15日，泰州公司2009年第一次股东会暨二届一次董事会、监事会在苏州召开。各股东方代表、董事会、监事会以及秘书组成员参加会议。股东会讨论泰州公司股权转让事宜，同意中国国电集团公司将所持的泰州公司40%的股权全部无偿转让给国电江苏电力有限公司。听取并审议董事会和监事会工作报告、2008年度财务决算和2009年财务预算方案，并按照公司章程对董事会和监事会进行换届，同意陶建华、孙劲飚、唐正华、徐祖坚、尹友胜、张大林、孙宏宁、张登楼、周晓霞、王强等10人为第二届董事会成员；江南、蒋启红、解华、潘春大、史凯忠、朱永超等6人为第二届监事会成员。董事会上，选举陶建华为第二届董事会董事长，徐祖坚为副董事长。听取并审议总经理工作报告和财务报告，同意公司成立全资燃料公司，注册资本1000万元。会议要求公司围绕经济效益这个中心，确保安全生产，进一步加强燃料、电力营销和金融三个市场的分析和预测，采取应对市场突然变化的各项措施，确保年度目标顺利实现，为股东方创造最大的投资回报。

【泰州公司股东会暨二届二次董事会、监事会】 7月9日，泰州公司2009年第二次股东会暨二届二次董事会、监事会在南京召开。各股东方代表、董事会成员出席会议，监事会、秘书组成员以及相关人员列席会议。股东会讨论并通过2009年财务预算和上半年利润预分配方案。董事会听取并审议2009年上半年总经理工作报告和财务报告，认为公司经营班子能坚持以科学发展观为指导，以经济效益为中心，牢牢把握煤炭、金融、电力三个市场，大力开展对标管理，上半年安全生产形势稳定，机组技术经济指标明显提高，对标管理成效显著，取得良好的经济效益。董事会对公司经营班子和全体员工的工作表示满意，同意对上半年所取得的成绩进行奖励。会议对提交董事会审议的具体事项进行讨论，明确2009年利润目标力争完成7亿元。

【 管理体系通过再认证审核】 1月12日～14日，北京中电联认证中心组织专家对公司“三标一体”管理体系进行再认证审核。专家认为，公司体系自我完善机制发挥正常，管理层重视企业基础管理的建设，重视管理体系文件制度的健全和自身管理实际的结合，PDCA、闭环管理、科学策划、数据分析等理念能成功应用于管理实践。管理人员来自于生产一线，能将专业与管理很好地结合，推动企业管理体系更好地服务于生产。根据对现场审核情况的综合分析，审核组决定通过现场审核，建议中心批准泰州公司质量、环境、职业健康安全管理体系范围增加，继续保持认证注册资格，更换新证书，继续使用认证证书和认证标志。

【一期工程获“中国建设工程鲁班奖”】 年内，泰州公司围绕一期工程争创鲁班奖的目标，加强现场工艺的整改和完善，组织好工程创优的各项工作。分别于3月19日和6月11日邀请中国电力建设企业协会专家对工程现场进行创优咨询检查，针对专家提出的问题和建议，分门别类，全部落实整改，为实现工程创优奠定良好基础。5月11日，国电泰州电厂一期工程顺利通过中国电力企业建设协会组织的创优质工程现场复查；6月，国电泰州电厂一期（2×1000MW）工程获中国电力建设企业协会颁发的“2009年度中国电力优质工程奖”；11月，一期工程被中国建筑业协会授予“2009年度中国建设工程鲁班奖（国家优质工程）”称号。

【一期工程码头工程通过竣工验收】 8月12日，市安监局召开泰州公司一期2×1000MW机组码头工程安全设施验收会，认为安全设施符合国家有关法律法规及标准的规定，同意通过验收。8月14日，省交通厅组织召开一期工程码头工程档案验收会，认为案卷目录整理符合验收要求，同意通过档案专项验收。10月16日，受交通运输部委托，省交通厅组织召开一期工程码头工程竣工验收会，专家组认为，码头工程是按批准的建设规模和标准建成的，质量等级经相关质量监督站的核定为优良；码头水工、房屋附属设施及装卸设备均通过交工验收或检验合格，并分别通过消防、环保、劳动安全卫生、档案等专项验收；工程竣工财务决算已经审计，工程经过试生产运行，满足设计和规范要求，已具备运营条件。同意码头工程通过竣工验收，并颁发港口工程竣工验收鉴定书。

【二期工程初步可行性研究通过审查】 5月27日，受省发改委委托，华东电网有限公司在泰州主持召开国电泰州电厂二期工程初步可行性研究报告审查会议。中国国际工程咨询公司、省发改委、华东电网有限公司、市政府及相关省市级单位、各股东方、华东电力设计院、泰州公司共31家单位代表出席。会议审查华东电力设计院编制的《国电泰州电厂二期工程初步可行性研究报告》，对二期工程在建设的必要性、建厂条件等方面给予肯定，认为二期工程的建设可适应泰州地区负荷增长的需要，能提高泰州电网及江苏电网的供电可靠性，具有较好的经济和社会效益；二期工程厂址的区域地质条件稳定、河段河势稳定，具备涉水工程建设的陆域及水域条件，建厂条件优越，适宜扩建电厂。会议要求下阶段应本着合理布局、节约用地的原则，发挥扩建工程的有利条件，进一步优化总平面布置，优化相关设计方案，为整个二期工程的顺利开展奠定基础。6月11日，华东电网有限公司发出《关于国电泰州电厂二期工程初步可行性研究报告审查意见的通知》，原则同意华东电力设计院编制的初步可行性研究报告。

【一届三次职工(会员)代表大会】 3月3日，泰州公司召开一届三次职工(会员)代表大会，65名职工代表和6名列席代表参加。会议听取行政工作报告和工会工作报告，回顾2008年工作，确定2009年工作目标和重点工作。会上，职工代表审议2008年度的公司业务招待费使用情况报告、公司福利费收支情况报告、工会经费审查工作报告，听取2008年度的集体合同执行情况报告、审计工作报告。公司领导班子成员从思想、工作、学习等方面进行述职述廉，并组织测评。签订2009年综合目标责任书，表彰2008年度先进集体、先进个人、文明部室、文明职工和工会先进集体、工会先进个人。（韩 燕）

供电公司申报的《供电网无功电压优化运行集中控制系统》荣获国家科学技术进步奖二等奖。

建 筑 业

综 述

【概况】2009年，全市建工系统围绕发展主题，创新工作思路，积极应对宏观经济形势影响，开展调研活动，研究制定对策措施，拓展建筑市场，加快推进科技进步，加强质量安全管理，深化企业改革改制，全市建筑业呈现良好发展态势。全年完成建筑业总产值首次突破1000亿元，达1118.39亿元，比上年增长17.22%；完成建筑业增加值279.69亿元，增长24.72%；承接房屋建筑施工面积12756万平方米，竣工面积5870万平方米，分别增长9.46%和8.46%；实现利润总额29.11亿元，利税总额61.78亿元，分别增长30.36%和23.71%。建筑业为全市农村人口提供人均收入4103元，人均增加699元。年内，市建工局被省建设厅评为全省教育培训工作先进集体，被市政府评为市安全生产先进集体；市建筑安全监督站获2009年度江苏省建筑业安全管理先进单位称号；市建工局企管处被省建管局和省建筑业统计研究会评为先进集体。

【综合实力】正太集团有限公司、江苏中兴建设有限公司、锦宸集团有限公司被省统计局和省建管局联合评为2009年度江苏省建筑业综合实力30强企业。江苏中泰钢结构有限责任公司、江苏庆泰钢结构有限公司被评为省建筑业钢结构10强企业。正太集团有限公司被评为省建筑外经10强企业。江苏省第一建筑安装有限公司、正太集团有限公司分列中国建筑承包商60强的第19位和第33位。

【企业改制】重点做好特级资质企业改制工作，以产权制度改革为核心，推进企业股份制改造，加快国有股权转让步伐，顺利完成江苏一建改制工作。加大改制行政推动力度，成立泰州直属企业改制领导小组以及3个工作小组，定期召开专题会议，分析存在问题，研究对策措施，主动与市社保、人事、财政等部门联系，加快推进泰州直属企业改制步伐。年内，泰州安装公司和四建公司改制进入扫尾阶段，泰州一建、二建公司财务审计和资产评估工作全面启动。

建 筑 管 理

【资质管理】贯彻执行国家住建部和省住建厅、省建管局规定，做好三级资质的审批核准。根据《泰州市建筑业企业资质管理规定实施办法》，进一步明确申报材料的要求，规定各市（区）申报程序和方法。实行序时分级管理，申报材料随时受理，对申报材料不够完善或不符合要求的，在5个工作日内一次性告知补正要求。资质许可过程实行市区申报二级及以上资质的，在核对后及时网上报送省主管部门；申报三级资质及劳务分包资质的，受理后，按时段分批上网公示，社会各方无异议后，进行审批。通过初审、复审、复核，报局领导审定核准，经核准后的企业名单在网上公告。阳光运行。引导企业调整产业结构，向高、特、新领域拓展；引导低资质企业组建集团公司，做大做强。对申报非传统产业资质的企业，设立绿色审批通道，加快审批程序，跟踪服务。

【质量管理】严格执行国家规范标准，坚持高标准严要求，强化过程控制及科学手法，帮助企业解决技术问题。在企业质量技术管理体系的基础上，建立全市建筑施工企业技术质量管理网络，落实各项质量管理制度。坚持“谁施工谁负责”原则，严格执行自检、互检和专检的“三检制”，重点加强对关键工序及特殊工序的控制，确保工程质量。

【市场管理】推行工程项目实名制管理，加强对建筑施工队伍和人员的管理。贯彻落实劳务分包管理有关文件精神，规范建筑市场总包与分包各方关系。根据省物价、建设等部门的部署，组织召开建筑业座谈会，传达苏价报〔2009〕91号、苏财综〔2009〕10号文件精神，听取征求相关部门的意见和建议，制定印发泰州市《建筑安全监督管理费征收管理办法》，有效规范建筑安全监督管理费的征收和管理。依据建筑市场监管相关法律法规和文件，研究制定《建筑业企业暨项目经理信用等级评定办法》，建立健全信用等级综合评价平台。

【安全管理】年初，召开全市建筑安全生产工作会议，与各市、区主管部门签定安全生产目标责任状，将全年各项安全控制指标、管理创优指标进行分解，层层落实安全生产责任。坚持安全例会制度，每季度召开四市二区安全站长会议，总结交流经验，分析安全生产形势，促进安全生产工作。市区联动，全面落实安全监管责任。由市安监局牵头，印发《泰州市区建筑施工安全监管工作意见》，明确市建工局与海陵区、高港区、经济开发区主管部门对市区工程项目安全监管责任，理顺安全监管责职，消除安全监管盲区，形成市区联动齐抓共管格局。以隐患治理为主线，组织开展安全生产大检查和专项安全检查。加强春节后复工、“两会”期间、建筑安全专项治理、重大节日、夏季、冬季等重点时段和重要时期的安全生产管理，集中开展排查建筑安全隐患治理工作，有针对性地督促各方责任主体履行安全生产责任，保证必要安全生产投入，改善生产条件。开展三项行动，全年共监督在建工程283项，施工面积324.2万平方米；开展集中执法行动23次，打击违法和非法建设45个，发出各类检查意见书和整改意见书394份、停工通知书29份，现场封停各类建筑起重机械12台次，排查并治理隐患1181处。年内，隐患整改率、安全监督覆盖率均达100%。

【建筑安全专项治理】 下发《2009年泰州市建筑施工安全专项整治方案》，确定专项治理的工作重点为脚手架和模板支撑、起重机械、深基坑、临建设施、临时用电等5个方面。组织开展起重机械安全生产专项整治，共检查起重安装单位15家，清理不合格起重安装单位1家，检查起重设备232台，发出限期拆除通知4份，限期整改通知18份，现场查封12台次不合格起重设备。开展施工现场临时设施专项检查，共检查35家施工单位、51项工程，查出临时设施安全隐患73个，拆除不合格临时设施5处，整改加固53处。开展高支模、深基坑、超高脚手架等危险性较大工程专项治理，建立危险性较大工程的申报和专家论证制度，从方案设计和论证、实施、结束等各个阶段进行全程监管，消除事故隐患。组织危险性较大分部分项工程专家论证15个，提出改进措施48处，确保重大危险源处于受控状态，避免重大安全事故发生。邀请市检察院和市法院领导进行安全生产法律法规讲座，增强安全执法人员的法制意识和抵御安全监管风险能力。

【文明施工】 按照部、省关于开展建设工程安全质量标准化工作的实施意见，在全市范围开展建筑施工安全质量标准化工作。组织各类培训，宣传建筑施工安全质量标准化达标标准，强化安全质量标准化意识。开展文明工地、平安工地创建活动，树立典型，举办两次安全质量标准化观摩会、两次平安工地推进会，推广先进单位开展安全质量标准化和文明工地、平安工地创建经验。结合平时安全监督工作，加强对安全质量标准化工作的指导验收，提高施工现场安全和文明施工水平。年内，全市建筑业共创省级文明工地30项、市级文明工地78项，开展安全质量标准化创建企业85家，达标65家。

建筑施工

【概况】 行业规模不断增强。2009年，全市实现建筑业总产值1118.39亿元，比上年增长17.22%。其中，188家企业实现产值超1亿元，113家企业产值超2亿元，66家企业产值超3亿元，44家企业产值超4亿元，27家企业产值超5亿元，分别增长11.8%、26.97%、26.92%、46.67%、42.1%。

规模工程特色显现。全市承建规模工程3761项，面积8636.81万平方米，比上年分别增长10.33%和8.32%。其中，10层以上建筑2180项，面积5617.75万平方米，分别增长4.46%和7.01%；10000平方米以上建筑2660项，面积7479.94万平方米，分别增长10.83%和8.42%；造价1000万元以上建筑3087项，面积7663.64万平方米，分别增长8.47%和13. 2%。

经营结构有所调整。完成建筑工程产值956.07亿元，比上年增长14.99%，低于全市平均增幅2.23个百分点；完成安装工程产值49.93亿元，增长31.71%，高于全市平均增幅14.5个百分点；完成装饰工程产值10.78亿元，增长30.19%，高于全市平均增幅12.97个百分点；完成其他产值101.6亿元，增长32.86%，高于全市平均增幅15.64个百分点。

专业结构得到优化。施工总承包企业完成产值1047.66亿元，比上年增长16.13%，占产值总量的93.68%；专业承包企业完成产值70.67亿元，增长32.79%，占产值总量的6.32%。总承包和专业承包企业产值完成的比例为9.4 : 0.6。

外埠市场稳步提升。全市建筑施工队伍分布全国31个省、市、自治区，外出施工人数36.92万人，占全市建筑施工总人数的65.8%。完成外出施工产值811.46亿元，比上年增长16.5%，占全市建筑业总产值的72.6%。出国施工人数7529人，完成境外营业额5.64亿美元，比上年增长14.6%。

建筑科技

【概况】 引导企业开展科技创新工作，积极推广节能保温新技术，鼓励企业创建资源节约型及环保型工地。年内，全市建筑企业共获国优工程2个、省优工程84个、市优工程180个，省级QC成果奖8项，省级科技示范工程9项。成功申报国家级工法4项，省级工法10项。主编国家行业标准3部、省标准2部，获国家专利16项、省级建筑科技成果1项，创建省级技术中心2家，29篇施工学术论文获省级优秀学术论文奖。

【建筑科技示范工程】 由江苏一建承建的泰州市文化中心一期工程——会议中心及五星级酒店等9项工程获省级科技进步示范工程。泰兴一建的提高剪力墙混凝土成型质量、江苏中兴的确保轻质砂加气块墙体质量一次成优等8项成果获江苏省QC成果奖。

【施工工法申报】 由江苏中兴创建的幕墙槽式埋件免焊接预埋施工工法、高层建筑结构转换层叠合施工工法、悬空式塔吊基础施工工法，正太集团创建的模板支撑体系蓄水预压施工工法等4项新型施工工法被评为2007～2008年度国家级工法。江苏一建创建的混凝土聚苯乙烯复合保温板保温系统施工工法、正太集团创建的预应力穹顶钢结构安装施工工法等10项新型施工工法被评为2009年省级施工工法。

2009年度泰州市建筑业“十强企业”名录

江苏省第一建筑安装有限公司
正太集团有限公司
江苏中兴建设有限公司
锦宸集团有限公司
江苏广宇建设集团有限公司
泰兴市第一建筑安装工程有限公司
江苏万邦建设集团有限公司
江苏苏兴建设工程有限公司
泰州市高港建筑安装工程有限公司
江苏正飞建设有限公司

2009年度泰州市建筑业“明星企业”名录

泰州市建设工程有限公司
江苏中程建筑有限公司
江苏永泰建造工程有限公司
江苏神龙海洋工程有限公司
江苏源丰建设有限公司
中建钢构江苏有限公司
泰州市口岸建筑安装工程有限公司
江苏省国裕建设有限公司
江苏祥云建设集团有限公司
江苏鸿佳建设有限公司

2009年度泰州市获江苏省“扬子杯”优质工程名录

表8

工程名称	施工单位	项目经理
淮阴工学院新校区南园图书馆	江苏中兴建设有限公司	杨　剑
徐州工业职业技术学院新校区图书馆	锦宸集团有限公司	沈春秋
泰兴市泰兴镇政府办公楼	江苏源丰建设有限公司	周忠义
兴化市公安指挥大楼	江苏苏兴建设工程有限公司	柯存龙
泰州市现代教育技术培训中心	江苏省第一建筑安装有限公司	赵国庆
国际村夏都家园南区9#楼	江苏省第一建筑安装有限公司	陈荣富
湛江华德力雍景城1#、7#、8#楼	江苏省第一建筑安装有限公司	吴安国
益阳深国投商业中心工程	江苏省第一建筑安装有限公司	王宝健
重庆荣鼎新苑B、C栋	江苏省第一建筑安装有限公司	杨建明
简阳市党政机关综合办公楼	江苏省第一建筑安装有限公司	袁顺根
中梁山危旧房改造安置房B3标段工程	江苏省第一建筑安装有限公司	叶　羿
互助宣传文化活动中心广场工程	江苏省第一建筑安装有限公司	樊国圣
多晶硅项目厂前区办公楼	江苏省第一建筑安装有限公司	王　有
兰州总医院科技办公楼	江苏省第一建筑安装有限公司	毛庆珊
北京世纪华侨城A2-7#住宅楼	江苏中兴建设有限公司	孙继海
金茂广场3#楼	江苏中兴建设有限公司	严传忠
金茂广场5#楼	江苏中兴建设有限公司	严传忠
加州国宾城一期山顶道壹号工程A栋	江苏中兴建设有限公司	姚建国

续表8

工程名称	施工单位	项目经理
华润星地·翡翠城四期二标段B楼	江苏中兴建设有限公司	徐华荣
金马文华园小区10#楼	江苏中兴建设有限公司	钱 鑫
“又一村”住宅及办公项目2#、3#、4#楼	江苏中兴建设有限公司	朱启林
南荔苑	江苏中兴建设有限公司	苏登祥
天安高尔夫珑园4#、5#楼	江苏中兴建设有限公司	周庆痒
辽宁中医药大学附属医院病房楼	正太集团有限公司	陈 林
东北大学体育馆	正太集团有限公司	陈文进
西安上城美家公寓楼	正太集团有限公司	吴登才
东湖天下10#楼	正太集团有限公司	袁恒才
金地格林小城C地块HR-9#楼	正太集团有限公司	曹 军
昆明彼岸二期工程	锦宸集团有限公司	袁爱民
武汉光谷世界城A地块B1区工程	锦宸集团有限公司	马正明
华纺朝阳家园乙3#住宅楼	锦宸集团有限公司	李焕宝

2009年度泰州市获江苏省建筑施工“省级文明工地”名录

表9

工程名称	建筑面积（平方米）	施工单位	项目经理
泰兴市汽车站	24600	江苏鼎圣集团公司	郁建明
天成国际商务中心	12680	靖江市越江建设工程有限公司	朱先文
办公楼	8150	江苏锦城建设有限公司	张新华
金港嘉园4#、6#楼	7100	泰州市新润建筑安装工程有限公司（宁）	王小兵
泰州市机关后勤管理用房	9291	江苏省第一建筑安装有限公司（宁）	韩秋红
姜堰市金湖湾大厦工程	10000	江苏万邦建设集团有限公司	叶 晨
济川药厂双职工A栋、B栋公寓工程	7669	泰兴市华新建筑安装工程有限公司	张年祥
怡景花园二期	38723	江苏祥云建设集团有限公司	刘国凡
江苏省苏中环境督查中心及环境监察局苏中分局业务用房	24350	江苏第一建筑安装有限公司（苏州金螳螂建筑装饰股份有限公司参建）	赵英豪
石桥花园拆迁安置房1-11#楼	46510	江苏源丰建设有限公司	陈永忠
靖江市口岸联检服务中心	28963	江苏广宇建设集团有限公司	戴鲁新
华彩公寓	18650	靖江市苏民建设有限公司	孙国鸿
泰兴市嘉和花园7、8、车库	11131	泰兴市第一建筑安装工程有限公司	张 伟
泰州市口岸船舶有限公司科技办公楼	27000	泰州市口岸建筑安装工程有限公司	戚学明
靖江市土地储备中心交易大楼	16776	靖江市长里建筑安装工程有限公司	陈同兴
金水湾二期一标30#楼	9650	泰州市新都建设有限公司	周祥明
兴化市新区体育馆	11480	江苏苏兴建设工程有限公司	柯存龙
江苏职工医科大学专业实验楼	18510	江苏广宇建设集团有限公司	鞠少先

续表9

工程名称	建筑面积（平方米）	施工单位	项目经理
江苏经贸职业技术学院实训综合楼	50146	南京建工集团有限公司	林正山
徐州市儿童医院门诊病房综合楼	33513	江苏省第一建筑安装有限公司	韩秋宏
盐城工学院图书馆	38285	江苏省第一建筑安装有限公司	孟向阳
西郡188花园39#、41#住宅楼	17805	正太集团有限公司	孙宏军
扬州市竹西中学艺术教学楼工程	11704	正太集团有限公司	陆　泉
扬州大学新校区大学生食堂	21060	正太集团有限公司	许双泉
贵宇商业广场一期工程	10104	正太集团有限公司	陈　猛
西郡188花园二期19#、38#住宅楼	15920	正太集团有限公司	刘传宝
连运农贸市场及综合楼	57940	正太集团有限公司	江宝祥
江苏沭阳农村合作银行综合楼	17322	江苏省第一建筑安装有限公司	周　晖
新江浦中学北侧地块南片A组A-04、A-06幢	-	江苏双固建设有限公司	梅加双
旭日华庭B地块酒店式公寓（弘阳大厦）	-	江苏苏兴建设工程有限公司	戎元满
"汉之源"二期“尚东名庭”	-	锦辰集团有限公司	曹广平
江苏财经职业技术学院	-	江苏中兴建设有限公司	徐晓龙
高教公寓2#楼	-	江苏省第一建筑安装有限公司	曹　俊

（姜剑羽）

津湾广场

农 业

综 述

【概况】 2009年，全市农业系统克服秋熟台风暴雨、低温阴雨寡照、农产品价格异常波动、农业生产资料价格持续攀升等不利影响，以发展高效农业、促进农民增收为中心，创新发展模式，优化服务方式，推进“5218”工程建设与优势特色产业发展，全面超额完成市委、市政府确定的农业经济工作目标任务。

传统农业。粮棉油高产创建活动成效显著，共创建水稻、小麦、油菜、棉花等高产示范基地218个，其中万亩示范片28个，面积2.75万公顷。粮食总产量310万吨，实现连续6年增产。兴化市再获“全国粮食生产标兵县”称号，姜堰市首获“全国粮食生产先进县”称号。夏粮、小麦单产再创历史新高，连续3年列全省第1，兴化钓鱼水稻百亩攻关方单产刷新全国纪录。畜牧业生产保持平稳，全年生猪出栏量249.61万头、家禽饲养量4430万羽、奶牛存栏8000头，比上年分别增加7.35%、2.57%、13.62%。水产品产量28.62万吨，增加18.9%。完成造林面积0.82万公顷，姜堰、海陵、靖江森林覆盖率整体达标，新增森林覆盖率达标乡镇18个。

现代农业。全市新增现代高效农业面积1.4万公顷，高效农业面积占耕地面积比重达30%，提前1年完成“十一五”目标。新增设施农业面积0.77万公顷，达1.63万公顷。新增高效渔业面积0.81万公顷，高效渔业面积占水产养殖面积比重达43.2%，4.67万公顷河蟹亩平效益达3500元；小龙虾养殖面积超过2万公顷，产值近3亿元。新建规模农业园区15个，总数达108个。新建畜禽规模养殖场（区）20个，畜禽规模养殖比重平均提高5个百分点以上。农业利用“三资”45亿元，其中利用外资7511万美元。外向型农业取得突破，农产品出口额首次突破1亿美元，达1.29亿美元，比上年增长39.7%。

农产品市场营销。开展“农产品营销促销年”活动，组织上海各大超市采购负责人考察市农产品生产基地。举办泰州优质农产品（上海）产销洽谈会，签订农产品销售合同15个，销售额9.5亿元。组织企业参加中国农产品国际交易会、江苏农业国际合作洽谈会、江苏名特优农产品（上海）交易会等展会活动。积极培育龙头企业、专业合作组织、农民经纪人等主体，多渠道解决高效农业发展市场销售难的问题。全市销往“长三角”大中城市260万吨的农产品，占全市农产品生产总量的60%以上。

农业基础设施。农业资源综合开发总投资1.66亿元，比上年增长49.26%。改造中低产田1.2万公顷，修建排灌站178座，开挖疏浚渠道662.8千米，建成衬砌渠道161.4千米，项目区造林533公顷。实施国家标准粮田建设项目，总投资1500多万元，建设标准粮田0.34万公顷。推进标准化渔池建设，新建、改进标准化渔池0.34万公顷。加快农业新机具推广，新增高性能插秧机943台、大中型拖拉机610台。

【农业科技推广】 引进种养业新品种52个、推广新技术20项。开展动植物病虫害综合防治，推广生物农药面积5.67万公顷次。测土配方施肥新增3.33万公顷。加强良种繁育体系建设，“苏姜猪”培育取得重大进展，9个水产种苗良种场（繁育场）通过省级认定；秸秆能源化等综合利用技术实现新突破。科技入户工程稳步推进。举办农业实用技术培训班4654班次，培训农民40多万人次，组织农民创业培训6999人，落实科技示范户14181户。

【全国农业科技创新与推广工作会议】 10月19日～20日，全国农业科技创新与推广现场会在泰州召开，农业部副部长张桃林，省委常委、副省长黄莉新，全国各省（市）农业厅及70多所农业科研院校代表共350多人参加会议。与会代表参观江苏省现代农业综合开发示范区、泰州市乡土树种种质资源圃、秋雪湖现代渔业生态园、泰州市花卉和观赏植物高新技术示范基地、江苏红旗种业有限公司新品种推广示范基地、江苏畜牧现代科技示范园、泰州绿色宝贝有机蔬菜有限公司设施果蔬基地等现场。市领导张雷、姚建华、王守法、丁士宏陪同参观考察。

【农产品质量安全管理】 开展农畜产品质量安全例行监测，检测各类样品2000多批次。组织全市规模农产品生产基地（企业）制定规范化生产技术规程，全面推行标准化生产。加大“三品”认证力度，新通过认证无公害农产品77个、绿色食品64个、有机食品10个，“三品”总数居全省地级市第2位。加大品牌创建力度，创江苏省名牌农产品4个、中国地理标志农产品3个。“泓膏”、“膏满堂”、“金香来”3个品牌入选“中国十大名蟹”，新增部级水产健康养殖示范场7个。完成20个省级耕地质量监测点质量监测工作，启动实施农产品产地质量调查工作，全面完成农业污染源普查工作。

【农业管理服务】落实粮食、农资综合、良种、能繁母猪及奶牛、农机具购置和渔业油价补贴等强农惠农政策，全年未发生一起涉农集访事件。实施农业信息化“1519”工程，开展“农业信息乡村行”活动。加强与新闻媒体协作，强化农业宣传工作。开展农资打假专项治理行动，检查生产经营企业2986家次，受理各类投诉举报56件，立案查处228起。加强农业综合执法、种子管理、林政管理、动物卫生监督、渔政管理、农机监理等工作，市渔政站再获农业部“全国百佳渔业文明执法窗口单位”称号，泰兴市被农业部表彰为农业执法先进集体，靖江市创建为省农业行政综合执法规范化单位。积极进行农业行政调解，化解涉农矛盾纠纷50多起。

高效农业

【概况】全年新增现代高效农业面积1.4万公顷，高效农业面积占耕地面积比重达30%，提前一年完成“十一五”目标。新增设施农业面积0.77万公顷，达1.63万公顷。新增高效渔业面积0.81万公顷，高效渔业面积占水产养殖面积比重达43.2%，4.67万公顷河蟹亩平效益达3500元。小龙虾养殖面积2万多公顷，产值近3亿元。兴化、姜堰两市被省海洋与渔业局表彰为现代渔业建设先进市。新建规模农业园区15个，总数达108个。新建畜禽规模养殖场（区）20个，畜禽规模养殖比重平均提高超过5个百分点，泰州市被省农委表彰为畜禽标准化规模养殖先进市。

【“5218”工程】按照打造板块经济、做强产业集群的要求，形成泰州市现代农业“5218”工程。一是重点突破“五横两纵”。“五横”：沿江线（永安洲——西来）以休闲观光为重点的高效农业产业带、古高公路线（高港——古溪）以经济林果为重点的高效农业产业带、沈马公路线（华港——沈高）以设施农业为重点的高效农业产业带、高兴东公路线（昭阳——戴窑）以农产品加工为重点的高效农业产业带、332省道线（沙沟——大营）以高效渔业为重点的高效农业产业带。“两纵”：靖盐线特色畜禽产业带，泰高路、兴泰路高效园艺产业带。二是积极打造“一个板块”。以市农业开发区、海陵区、高港区、姜堰河横村及相邻地区为重点，以园区农业为主要载体，建设成全市现代农业发展的实验区、示范区、先导区。三是全面提升“八大产业链”，即优质稻米产业链、专用麦产业链、蔬菜种植加工产业链、畜禽养殖加工产业链、特色渔业产业链、银杏产业链、花卉苗木产业链、旅游休闲农业产业链。

【高效渔业】按照“稳定发展基础产业、做大做强主导产业、做优做精特色产业、积极开发新兴产业”的调整思路，加快发展高效渔业。全市新增高效渔业面积0.81万公顷，高效渔业总规模达2.78万公顷，占全市水产养殖面积的43.2%。强化规划引导，突出推进重点。年初，市农委制定下发《2009年全市高效渔业规模化建设工作意见》，把发展高效渔业特别是发展河蟹、龙虾、江鲜、观赏鱼四大产业作为高效农业的重要突破口。兴化市打造兴泰线、“332”省道线高效渔业产业带，姜堰市打造姜溱线高效渔业产业带，泰兴市、靖江市打造沿江特色渔业产业带。注重典型培育，强化示范引导。结合科技进村入户工程的实施，培育高效渔业典型示范户700多户，推动高效渔业发展。发挥财政投入的导向作用，引导“三资”投入发展高效渔业，兴建高效渔业项目，强化重点企业示范引导。兴化市依托江苏红膏大闸蟹有限公司，重点推进红膏生态园建设，园区规划建设面积333.4公顷，总投资5000万元；靖江市和江心洲生态工程发展有限公司共同投资9～10亿元开发江心洲，建成1000公顷长江水产种质资源保护与生态休闲渔业项目。出台扶持现代农业（渔业）发展政策，加大财政投入力度，调动基层发展积极性。强化考核督查，及时将省下达高效渔业发展目标任务，层层分解落实，并作为系统目标管理主要考核指标，形成发展合力。通过召开高效渔业现场观摩会，总结和推广不同层次、不同类型、不同形式的高效渔业结构调整典型经验；开展现代渔业发展“十佳现代渔业技术指导员、十佳现代渔业示范户（企业）”的评比活动，集中宣传高效渔业典型等措施，推进高效渔业规模化建设，形成分工明确、协同推进的现代渔业发展工作机制。（周　波）

种植业

【概况】全年种植业现价总产值104.81亿元，比上年增长10.8%，占农林牧渔总产值的49.16%。农作物总播种面积56.25万公顷。其中粮食面积42.9万公顷，总产量310万吨，比上年增加3%；棉花面积1.19万公顷，减少25%，总产量1.6万吨；油菜面积36.6万公顷，减少1.6%，总产量9.3万吨，减少0.6%；蔬菜（含瓜果）播种面积71.34万公顷，总产量212.4万吨，增加4.5%。

【惠农政策】全市落实粮食直补及农资综合直补面积43.23万公顷次,惠及114个乡镇（区）和场圃、1639个村、25758个组、108.34万农户，受益人数347.15万人，补贴资金2.97亿万元。其中水稻直补(每亩20元)面积20.58万公顷，补贴资金6172.8万元；农资综合补贴(每亩69元) 面积

22.68万公顷，补贴资金23449.17万元。落实水稻、小麦（秋播）、玉米、油菜、棉花5种作物良种补贴面积45.48万公顷，发放补贴资金8488.9万元。其中，水稻良种补贴面积20.48万公顷，补贴资金4608.56万元；小麦良种补贴面积19.8万公顷，补贴资金2969.51万元；玉米良种补贴面积0.74万公顷，补贴资金111.03万元；油菜良种补贴面积3.67万公顷，补贴资金554.95万元；棉花良种补贴面积1.09万公顷，补贴资金244.85万元。（孙敬东）

【水稻生产】 全市水稻面积20.44万公顷，与上年持平，其中，粳(糯)稻面积20.36万公顷，占水稻总面积的99.6%。平均每公顷产8980.5千克，比上年增加1.2%。总产量183.6万吨，增加2.3万吨，再创历史新高。产量结构表现为“三增一减”。每亩穗数、结实率和千粒重分别为23.74万穗、92.66%、26.7克,分别增加0.01穗、1.12个百分点和0.1克；每穗总粒数为111.2粒，减少0.6粒。不同稻作方式中，手工移栽稻实收每公顷9590千克，机插稻9546千克，抛栽稻9501千克，直播稻9019千克。水稻种植效益显著提高。稻谷市场收购价格平均为2.06元/千克，增加0.22元/千克，平均公顷产值18500元，增加13.5%。公顷物化成本6676.5元，减少1117元。不同的栽培方式成本比较,由高到低表现为手工移栽稻、机插稻、直播稻、抛栽稻。加上各项惠农政策补贴，公顷平均净收益（不扣除用工）为12865.8元，增长33.2%。品种结构得到优化。早熟晚粳以南粳44号、宁粳3号、扬粳4038 为主，替代生育期相对较迟的宁粳1号，面积7.88万公顷;迟熟中粳以淮稻5号、9号、10号为主，面积7.88万公顷；中熟中粳以徐稻3、4、5号，武运粳21号，连粳6号为主，面积7.09万公顷。国标三级以上的优质品种面积19.67万公顷，品种优质化率达95%以上。创建万亩高产示范片部级4个，省级6个，平均单产达682.8千克，超过目标任务5%，其中，经省创建办组织专家验收，兴化钓鱼镇的万亩示范片平均单产745.6千克，姜堰沈高镇的万亩示范片平均单产723.4千克，分别被评为A级。（孙敬东 黄秀芳）

【夏粮生产】 全市夏粮面积19.09万公顷，比上年增长4.3%；平均每公顷产5877千克，增加2%；总产量112.18万吨，增加6.4%。其中，小麦面积12.58万公顷，增长3.9%；平均每公顷产5977.5千克，增加2%；总产量105.06万吨，增加6%。大麦面积9450公顷，平均每公顷产5502千克，总产量5.2万吨，分别增加7.3%、6%和13.7%。小麦产量结构中，平均每穗36.2粒，增加0.9%；亩有效穗29.81万穗，减少2.8%；千粒重40.03克，减少2.7%。全市弱筋小麦面积7.13万公顷，占小麦面积的36.9%，主体品种为扬麦13号、扬麦15号和宁麦13号。优质中筋小麦扬麦16号、扬麦11号和扬麦14号的种植面积达9.48万公顷，占全市中筋小麦面积的77.6%。建立专用小麦生产基地11.47万公顷，占全市小麦面积的59.3%，其中，弱筋小麦生产基地5.67万公顷。落实专用小麦订单生产面积6.47万公顷。创建部级小麦万亩高产示范片6个，建设面积0.41万公顷，涉及29个村、17786户。小麦种植效益增加，全市小麦平均每公顷纯效益为5212.5元，比上年增加31.1%,为2001年以来最高的一年。（陈俊才）

【油菜生产】 全市油菜面积3.66万公顷，总产9.3万吨，比上年分别减少1.64%、1.52%，平均每公顷产2540千克，与上年基本持平。产量结构总体表现为“三减一增”，平均亩实收株数11027株，比上年减少0.39%；每角粒数17.45粒，千粒重3.51克，分别减少4.3%和2.6%；单株有效角果数282.9个，增加2.2%。油菜籽平均销售价格3.41元/千克，下降28.4%；平均每公顷产值8659.65元，减少28.3%；每公顷生产成本5497.5元，增加7.4%，其中，物化成本和用工成本分别增加3.95%和10.2%，公顷纯收入3162.15元，减少54.6%。创建部级油菜万亩高产示范片3个，其中兴化、姜堰和泰兴各1个。

【旱杂粮生产】 全市旱粮面积3.37万公顷，比上年增加7.3%；总产量14.46万吨，增加4.6%；平均每公顷产4296千克，减少2.5%。其中，玉米面积、总产量分别为0.74万公顷、5.4万吨，分别增加12.9%、9.6%；平均每公顷产量7240千克，减少3.7%。大豆面积、总产量分别为1.93万公顷、5.5万吨，分别增加8.5%、4.8%；每公顷产量5752千克，减少3.2%。薯类面积0.54万公顷，平均每公顷产5747千克，总产量3.1万吨，分别减少2.5%、1.2%、3.7%。花生面积为6980公顷，平均每公顷产3185千克，总产量2.22万吨，分别减少1.4%、3.1%和4.4%。（黄秀芳）

【棉花生产】 全市棉花面积1.19万公顷,比上年减少25.2%；平均每公顷产1348千克，增加1.4%；皮棉总产量1.6万吨，减少24.3%。产量结构中每平均公顷实收24615株，减少0.9%,平均单株成铃31.5个，减少1.7%；单铃重4.92克,增加4.5%,衣分36.44%，增加0.9个百分点。年内平均单株成铃31.5个，其中，伏前桃、伏桃、早秋桃分别占总成铃数的11.7%、49.9%、21%，分别增加2.2个百分点、5.8个百分点、2.3个百分点，优质桃比例占70.9%，增加8.1个百分点。植棉收益高于上年，全市平均籽棉收购价格为6.36元/千克，提高1.52元/千克，提高31.4%。公顷平均产值24163.5元，增长27.2%；公顷平物化成本4384.5元，减少14.3%；公顷平均纯收入7323元,是上年的5.1倍。创建部级万亩高产示范片1个。（陈俊才）

【蔬菜生产】 全市蔬菜播种面积7.13万公顷，比上年增加5.5%。虽然遭遇低温暴雪寒流等恶劣天气影响，但总体产量仍表现较高，全年蔬菜生产总产量212.4万吨，增加4.6%；平均公顷产29772千克，减少0.8%。全年除二季度部分蔬菜价格较低外，其他季度蔬菜价格均比上年有所上升。蔬菜总产值31.98亿元，增加5.25亿元，增长19.64%。新建“三资”投资蔬菜项目101个，合同利用“三资”11.5亿元，建成各类蔬菜科技示范园及示范种植基地30多个。新建蔬菜产销合作社33家，实现销售总量42.7万吨、销售额3.26亿元、销售利润6582万元。全市加工蔬菜企业164家，增加14家，年加工能力150万吨，年加工总产值12.6亿元，出口创汇8650万美元。（孙敬东 冒维维）

林 业

【概况】全年林业现价总产值3.56亿元，占农林牧渔总产值1.67%。完成造林面积0.82万公顷，其中成片造林0.71万公顷，四旁植树325.2万株，完成省下达年度造林目标任务的102.3%。

【乡镇森林覆盖率达标建设】全市小康社会森林覆盖率达标乡镇建设验收有18个乡镇通过，达标乡镇总数达66个。靖江、海陵、姜堰实现森林覆盖率整体达标，加上已通过达标的泰兴和高港，共5个市（区）实现整体达标。

【林政管理】年内，全市共发生林政案件34起，查处34起，其中滥伐林木案件8起，毁坏林木、苗木案件14起，违法征、占用林地案件1起、违法运输木材4起，乱捕滥猎野生动物4起，非法收购、出售、运输、携带野生动物及其产品2起，损失林木29.64立方米，罚款金额2.66万元，没收违法所得金额0.3万元，补种树木155株。

【野生动物保护】6月15日～8月31日，开展以打击破坏森林资源和野生动物资源违法犯罪活动为目标的“绿盾三号行动”，以打击破坏鸟类资源违法犯罪为目标的强化鸟类保护管理和野生动物疫源疫病监测防控的行动，以野生动物保护宣传和违法行为专项打击为重点，组织开展专项行动。1月16日，在宁通高速交巡警大队配合下，查获一批野生动物，其中包括国家一级保护动物蟒蛇1条、巨蜥2只。7月13日，靖江市林业执法大队联合公安机关查处一起特大违法运输国家珍稀濒危野生动物案，查获熊掌24只、巨蜥11只、大鲵7只、眼镜蛇6条、五步蛇2条，涉案人员被移交司法机关，活体送交有关部门进行救护。行动期间，共出动林业执法人员300多人次，出动车辆100多台，清查野生动物驯养繁殖场所5处，清查野生动物案件12处，检查鸟类活动区域10多处，查处野生动物案件12起，行政处罚9人（次），行政罚款2.66万元。

【林业绿化工作会议】12月25日，市委、市政府召开全市林业绿化工作会议，总结2009年度林业绿化工作，部署2010年绿色泰州建设各项工作。市长姚建华，市人大常委会副主任张正方，副市长丁士宏，市政协副主席殷美娟出席会议，各市（区）政府分管负责人，市发改委、财政局、建设局、交通局、水利局、林业局负责人，市经济开发区、农业开发区及市绿化委员会成员单位负责人，全市各乡镇及有关街道主要负责人共190多人参加会议。与会代表参观姜堰市328国道、海陵区东风北路、高港区塘许路泗白路、市农业开发区江海高速等绿色通道现场，表彰2009年度小康社会森林覆盖率达标市（区）和达标乡镇。

（叶 军）

畜 牧 业

【概况】全年畜牧业现价总产值56.53亿元，比上年增长24.3%，占林畜渔总产值58.1%。全年生猪饲养量384.9万头，家禽饲养量4430万羽，山羊饲养量31.27万只，分别增加6.8%、2.57%、3.3%；奶牛存栏8000头，增加13.62%。

【规模养殖】按照市政府发展高效农业的总体要求，年内进一步推进畜牧业规模养殖，全市生猪、肉禽、蛋禽、奶牛规模养殖比重分别达59%、83%、81%、100%。

【扶持畜牧业生产】经济危机对全市畜牧业造成一定影响，在调整畜牧业产业结构的同时，市各级畜牧兽医部门落实国家各项畜牧业扶持政策，积极争取国家和省、市畜牧业项目，引导设施畜牧业和高效畜牧业的发展。2009年，实施生猪标准化养殖项目25个，奶牛、生猪良补全覆盖，全市获各类畜牧业项目资金3000多万元。

【全国畜禽标准化规模养殖暨良种繁育体系建设现场会】9月21日～23日，农业部在泰州召开“全国畜禽标准化规模养殖暨良种繁育体系建设现场会”，来自全国各省、市、自治区以及新疆生产建设兵团主管畜牧工作的厅局长、畜牧处处长，农业部、财政部、国家发改委、中央新闻媒体计150多位代表出席会议。会议期间，与会人员参观考察畜牧科技示范园的国家水禽种资源基因库，姜曲海种猪场和宠物繁育中心。

【生态健康养殖】组织全市30家重点养殖企业负责人以及各地的畜牧技术骨干参加健康养殖培训，组织专业人员对各养殖场从完善基础设施建设，规范畜禽饲养管理，加强粪污综合利用等方面进行指导，按照生产标准化、产品优质化、生态优良化的要求进行生态健康养殖。通过整改和完善各项软硬件设施，至年末，全市共有55家养殖企业（场）成为省级畜牧生态健康养殖示范基地，全市畜牧业加速向现代畜牧业转型。

【重大动物疫病防控】组织做好春秋季集中免疫行动，开展畜牧兽医系统甲型H1N1流感防控、夏季消毒、补免行动和猪“高热病”的防控等工作。加强兽医实验室建设和生物安全管理，市级400平方米的实验室正式建成使用。全年使用各类重大动物疫病疫苗4200万毫升（头份、羽份），免疫畜禽6500多万头（羽）次，高致病性禽流感、口蹄疫等重大动物疫病免疫密度、免疫证持有率和牲畜挂标率均达100%，动物疫病防控工作取得明显成效，全年未发生重大动物疫情事故。

【畜产品安全监管】加强动物检疫监督工作。部署动物卫生监督三年“强基础抓规范促提高”行动，加强动物卫生监督执法体系建设。加强检疫工作的组织领导和责任落实，完善和规范检疫程序及检疫内容，明确动物检疫实行所长负责制，建立健全各项工作制度。各地严格执行报检制度和车辆运载前消毒制度，严格按《畜禽产地检疫规范》实施现场检疫，做到检疫仪器设备到位、人员素质到位、产地检疫到位。开展生鲜乳、兽药、饲料专项整治，全市共出动执法人员2200人次，检查学生奶生产企业5家，兽药饲料生产企业45家、经营企业280家，养殖场（户）620家，检查覆盖率100%。组织开展质量安全监测，其中兽药残留监控计划80批次，生猪违禁物残留例行监测30批次，生鲜乳监督抽检150批次，兽药监督抽检60批次，饲料例行监测120批次。全年无畜产品安全事件发生。（徐晓琴）

渔 业

【概况】全年实现水产品产量28.63万吨，渔业产值37.22亿元，渔业增加值20.75亿元,比上年分别增长9.9%、8.8%和10.3%。水产养殖面积4.15万公顷，增加0.23万公顷，增加5.84%。特种水产品养殖面积4.27万公顷（包括稻田养殖面积），产量10.86万吨。全市新增高效渔业面积0.81万公顷,高效渔业总规模达2.78万公顷，占全市水产养殖面积的43.2%。

【渔业三大工程建设】一是组织实施主导产业建设工程。继续加快推进河蟹、小龙虾两大主导产业和长江特色水产品、观赏鱼两大特色产业建设。二是组织实施现代高效渔业扩面建设工程。实施鱼虾池基础设施改造工程，提高渔业综合生产能力；推广应用先进增氧机、投饵机等机械设施，加快提高渔业机械化水平。三是组织实施渔业支撑体系建设工程。以实施省级水产良种工程项目为契机，加强省、市、县三级水产良种场建设；以实施农业部县级水生动物疫病防治站项目为契机，加快推进水生动物疫病防控体系建设。

【渔业科技创新】推进渔业科技三大创新。一是推进体制机制创新。吸引“三资”投资开发渔业，加快培育新兴龙头企业。总结和推广兴化市永丰镇发展河蟹合作社的成功经验，按照“五好”要求，提升合作组织发展层次。二是推进科技创新。以实施省水产“三项工程”为契机，加快开发小龙虾土池生态育苗、池塘主养、蟹池混养等标准化、模式化养殖技术，全面提升小龙虾产业的科技创新水平。加快刀鱼、鲥鱼、铜鱼、鲈鱼等长江名特水产品养殖与人工繁殖技术的研究与开发，培育渔业经济发展新的增长点，增强渔业发展后劲。三是推进服务创新。强化水产服务体系建设，稳定水产技术推广队伍。深化渔业科技入户工作，落实主推品种、主推技术，探索建立责任渔技推广制度和绩效考核机制，促进水产技术推广工作长效机制的建立和整体活力的提升。

【渔业水域环境综合整治】全市各地开展以清理水花生等水上漂浮物为主的水环境集中整治行动，清淤疏浚生产河道。兴化市彻底取缔25条主干河道上的639处非法捕捞渔具，打造良好的渔业生态环境。

【品牌渔业建设】强化水产品质量安全建设，将水产品营销促销贯穿全年工作的始终，推进高效农（渔）业发展。4月，兴化市政府邀请香港老三洋、成隆行、萧邦贸易有限公司等企业组成的香港河蟹经贸团到兴化考察，签订合作意向并建立长期的贸易合作关系。11月，第三届中国生态河蟹文化节在兴化市举行。文化节期间，来自全国各地的河蟹专家以及河蟹生产企业负责人参观考察兴化市河蟹养殖、加工骨干企业，举办第二届 “全国十大名蟹”评选活动。江苏红膏大闸蟹有限公司生产的“泓膏”牌大闸蟹、兴化市恒升水产品养殖有限公司生产的“天宝湖”牌大闸蟹、兴化市朋缘水产有限公司生产的“膏满堂”牌大闸蟹被评为“中国十大名蟹”。兴化市制作河蟹文化画册，发行以“中国河蟹第一县”为主题的个性化邮票1枚和以河蟹文化为主题的明信片。

【渔业执法】加大渔业安全专项整治力度，年内全市渔业安全等级事故为零。4月，在泰兴市第二捕捞公司年审渔业捕捞许可证的同时，举办渔业安全生产培训班，现场讲解渔业安全生产知识。7月底~8月初，在靖江连续举办3期职务船员培训班，现场为350多名渔民讲解有关法律法规及渔业生产作业时的注意事项。为推动全市渔船船东互保工作的开展，将渔船船东互保工作纳入年度工作目标进行考核，全市所有渔监机构渔船船东互保都已展业。10月9日，江苏省渔业互助保险协会泰州市办事处正式揭牌，成为全省渔业互助保险协会55个办事处中第一家正式挂牌机构。至10月底，全市有1万多名渔民参保，投保金额近2亿元，收取保费59.42万多元。参保人数、投保金额比上年增长3倍以上。坚持以服务渔民、维护渔民的合法权益为宗旨，调处渔业生产纠纷。全年成功调解沿江企业开发建设与渔民生产生活带来的各类纠纷5起，协助基层调处渔业污染事故11起，为渔民获取合法赔偿资金13.2万元，结案率100%，年内未发生一起因调处不力而造成渔民上访事件。

【长江禁渔】 4月1日～6月30日成功组织实施长江禁渔，组建长江禁渔执法检查组，做到宣传教育与严厉打击相结合、县（区）站检查与市站集中交叉检查相结合、江上检查与市场检查相结合、白天检查与夜间检查相结合、平时检查与节假日突击检查相结合、明查与暗访相结合。加强禁渔期间的前期、中期和后期的监督管理，邀请渔民担任长江禁渔志愿者，参与长江禁渔管理，加大管理力度，提高广大渔民群众维护长江禁渔的自觉性。

【机动渔船柴油补贴】 全市共核准机动渔船7490艘，发放补贴资金714.99万元。未发生一起违纪和因工作失误引起的上访事件，确保国家"惠渔"政策的落实。

农业机械化

【概况】 全市农机总动力220.96万千瓦，比上年增加1.16%，联合收割机拥有量6038台，增加4.66%。拥有插秧机3500台，实现机插作业面积3.79万公顷，占水稻总面积的18.6%。三麦机收率98%,水稻机收率95%。

【农机跨区作业】 利用全国机收网络，帮助机收服务队与外地农机部门联系作业，共签订跨区作业合同920份，向农机作业经纪人、机手发放信息资料共5000份，发放联合收割机跨区作业证4600份，发放插秧机跨区作业证420份。全年实现跨区收入3.5亿元。（黄毅成）

【农机职业技能鉴定工作】 坚持考核鉴定数量与质量并重,严格执行职业技能鉴定程序和考场规则,初步形成以1个鉴定工作站、5个培训基地为基础的培训鉴定体系。全年培训鉴定机手929人、其中鉴定联合收割机驾驶员396人，农机新机具推广鉴定231人。

【农机安全监理】 做好年审年检工作。全年共检验上道路拖拉机11579台，其中核换发农业行业标准号牌7849副；年检联合收割机3179台，完成省所下达任务的100%，其中核换发农业行业标准号牌2890副。检查各类拖拉机、联合收割机10879台次，纠正各类违法行为5632起，其中进入一般程序的违法案件4012件。开展创建"平安农机"示范镇活动，至年末，全部共创建"平安农机示范县"1个、"平安农机示范乡镇"37个、"平安农机示范村"185个、"平安农机示范户"1656户。（熊　伟）

【秸秆禁烧】 一是示范推广麦套稻新技术。按照麦套稻种植方式的技术要求，精选茬口布局，优选适宜品种，派出科技队伍，聘请知名专家教授开展麦套稻技术培训。二是加快秸秆利用能源化步伐。联系秸秆打捆收集利用企业，帮助农民收购秸秆，鼓励系统内经济实体示范、领办秸秆收集压块企业，开发秸秆能源化利用的新出路。三是开展秸秆机械化粉碎还田。继续利用国家的补助政策，推广大中型拖拉机和配套的秸秆还田机械。在沙土地区结合农民的旱直播习惯，推广秸秆切碎全量还田加水稻旱直播人工盖籽的新技术，将全量还田亩增加成本降至15元以下。在粘土地区结合水田耕整埋草机械的推广使用，推进秸秆全量还田，控制直播稻，推广机插秧。四是落实补贴措施。市财政根据以镇（街道）为单位实现全面禁烧的面积和每亩10元的标准结算到区。各区对禁烧考核过关的乡镇给予补贴。

农业综合开发

【概况】 全市国家农业综合开发土地治理任务为0.77万公顷，其中新农村示范项目900公顷，高标准农田示范项目700公顷；项目总投资9142万元，其中财政总投资7235万元。全市省级农业综合开发高沙土治理任务为0.43万公顷，总投资4096万元，其中财政投资3328万元。实施国家农业综合开发产业化经营项目22个，其中贴息项目16个；总投资3379.3万元，其中财政总投资1627万元。

【招商引资】 全市农业综合开发项目区引进"三资"项目29个，合同金额3.92亿元，实际到账2.89亿元。各市（区）开发局自主招商项目11个，合同金额5.6亿元，实际到账5.34亿元。（陆仁峥）

江苏省现代农业综合开发示范区

【概况】 江苏省现代农业综合开发示范区（以下简称园区）位于泰州市主城区东北部，南起新通扬运河，西毗泰东河，东至军民河，北与姜堰市淤溪镇为邻，规划总面积38.6平方千米，40%为国有农地。园区总体功能规划以站北路为主轴，形成既相对独立又有机结合的"五园三区一中心"的组团式布局结构。五园：生态渔业养殖园、花卉博览园、良种繁育示范园、生态林牧观光园、美好家园；三区：农副产品加工区、物流区、综合服务区；一中心：农业科技孵化中心。

2009年，园区坚持“产业兴区、办区兴业”的发展理念，坚持“特色为先、效益为本”的发展方式，以现代农业示范为主线，利用国有农地及华东地区少有的地热水资源优势，进行开发建设，形成以培育推广与示范为主的稻麦良种产业，以彩叶苗木和高档花卉新品种研发、生产和经营为主的花卉苗木产业，以特种淡水产品种苗繁育、高效养殖、休闲垂钓为主的淡水养殖产业，以水禽、宠物和地方种猪新品种繁育养殖推广为主的畜牧科技产业，以设施农业、生态林业、体验农业为主的生态旅游产业等5个产业特色。

围绕“三增一创”（即创建国家现代农业示范区和江苏省现代农业产业园区，增加职工农民收入、增加财税收入、增加园区亮点），以税源经济为核心，创新现代农业发展理念，提升发展水平，推动经济转型升级和改革创新，打造“全省一流、全国有影响”的现代农业综合开发示范区，推动园区“面貌大变化，效益上台阶”。

【农业旅游】 完成旅游产业发展规划编制，组织申报国家4A级旅游景区。现代渔业生态园一期工程基本建成，畜牧科技示范园二期工程启动建设，花卉博览园、防空林项目以及盆景、农展、水族、动物标本、气象科普等展馆工程正在推进，温泉开发利用与招商进入实质性运作。结合园区功能定位、产业结构调整和新场村建设，突出环境保护、绿色生态，整合园区农、林、牧、渔、游等多种资源，编制旅游产业发展规划，完善旅游配套设施，拓展旅游服务功能。现代渔业生态园保持原水产良种繁育场长江“四大家鱼”的繁育，又将淡水鱼种苗繁育养殖与服务业有机结合，开发“渔业休闲、生态旅游、度假观光、水上游览、农艺展示”等特色服务项目；推进建设投资3200万元、占地面积8公顷的一期工程。畜牧科技示范园依托现有的国家级水禽基因库、国家级保种场江苏姜曲海种猪场、水禽繁育推广中心、宠物繁育基地、农民培训中心和专家工作区等，启动建设以拓展活动中心和观光牧场为重点的二期工程，搭建产学研、育繁推一体化平台。花卉博览园项目、防空林项目，以及盆景馆、农展馆、水族馆、动物标本馆、气象科普馆等展馆工程有序推进，成为园区新的涉农旅游观光新景点。组建温泉开发公司，地热资源利用与招商进入实质性运作。3月19日，江苏省旅游局通告国家旅游局授予园区全国农业旅游示范点称号。

【稻麦良种】 年内，江苏红旗种业有限公司科学调配播种布局和品种结构，夏熟二麦单产创历史第二个高产水平。大麦亩产467.5千克，总产量108.5万千克，小麦亩产468千克，总产量155.5万千克；秋熟杂交水稻区内制种总产量92.3万千克，亩均效益超过2000元。推行“公司+农户”、“服务+示范”经营模式，实行小麦种源、技术服务、销售一体化，全年预订预售小麦良种200多万千克，销售量首次超过自主生产量。主动与国内大型种子企业挂钩联系，获500公顷的杂交稻制种生产订单（其中133.33公顷为外贸出口订单）；在江苏方强农场承租133.33公顷，建立外繁基地用于杂交稻制种。加强新品开发和引进力度，买断南京农业大学国审水稻新品种宁粳4号经营权，落实经销代理商30多个；竞标取得国审优质小麦新品种“生选6号”全国独占实施许可权并投入大面积生产，区内种植面积330多公顷，每公顷增收3000元。建成占地33.33公顷的新品种推广示范基地二期工程，并开始承担省、市下达的品种试验、示范任务。公司被省科技厅认定为“江苏省农业科技型企业”。9月21日，公司实施的国家级“优质杂交水稻制种生产标准化示范区”项目通过国家标准化管理委员会委托省质量技术监督局组织的现场验收。

【农业科技创新】 围绕“专、精、特、新”引导企业提高项目的科技含量。农科院花卉专家谭国华创办的春盛园艺有限公司，是全省唯一大面积的省花茉莉花及室内观叶植物研发生产基地，建成连栋双层日光温室、改良型钢结构日光温室87栋芳60000平方米，百米长大棚10栋6000平方米，填补江苏大面积选繁、专业化种植茉莉花和观叶植物的空白。奥林苗圃公司控根容器技术高档绿化苗木生产基地引进杨凌农业高新区先进技术，重点发展控根容器苗和槭树科类高档绿化苗木培植，现引繁各类控根容器苗、引种槭树科苗木新品种20多个3万多株。森禾花卉基地红叶石楠、金森女贞、弗森虎耳、小丑火棘、北美红枫、挪威槭等苗木全年生产量达729万株，花卉和观赏植物高新技术中心组培楼建成。

【招商引资】 生态有机农场、种苗科技、食用菌工厂化生产、秸秆气化、特种水产养殖等项目正式签约，完成市政府下达的“2009年新注册500万元以上的农业龙头企业5个”的任务。全年组织开展招商活动26次，招商“小分队”赴北京、上海、厦门、深圳、台湾、浙江、昆山等地进行点对点的招商，广建人脉资源。开展“三走进、三挂联”活动，将传统意义的招商引资与提升园区农业科技创新能力、拓宽合作联系渠道相结合，走访联系省内外农业科研院所、农业龙头企业和知名农业园区，建立交流合作关系。在市国际旅游节暨“‘农业开发区’2009农业生态旅游周”期间，邀请北京、上海、青岛、昆山、瑞典、美国等地40多名客商到园区考察。与市医药产业园、经济开发区等园区建立互动招商关系，实现资源共享。优化招商引资环境，全年完成签约、见证项目10个，协议投资总额4.66亿元，注册资本金1.42亿元。总投资2.6亿元的泰州农副产品批发市场以及总投资1.6亿元的水映蓝庭房地产项目年内奠基建设。

【农业项目上争】 全年共申报农业项目29个，获批22个，争取财政扶持资金2300万元。严格项目管理，确保专项资金按项目实施方案组织实施。成立花卉苗木、稻麦良种、水产种苗、设施蔬菜等4个农民专业合作社，与区内农业企业形成申报项目的合作联动机制。

【基础设施】 年内，完成中桥排涝站维修改造、红旗套闸维护、泰东河南舍闸站工程招投标和泰东河整治工程的前期拆迁调查及水系规划工作，中菱村圩口闸工程竣工，建成农桥5座。区内主次干道附属设施基本到位，站东路、站北路路灯工程全部结束。110KV双溱、双溪线“裁弯取直”改道工程完成总体进度的80%。中波发射台移建工程全部建成；市防空林建设选址、规划、施工方案设计与审图完成，进入工程招投标。省区域性消防应急指挥中心举行指挥楼实现封顶。

【社会事业】 全年为城乡居民保障、农业保险、农村改厕改水、良种及农资综合补贴等共投入资金644万元。区内农民人均纯收入9039元，比上年增长13.7%。美好家园集中居住区二期工程按期完成，良种场、中菱村、美好家园三期安居项目完成规划方案。坚持阳光拆迁，全程公开、全面公示，全年拆迁总面积 17630平方米。做好绿化和道路养护工作，新增绿化面积80公顷。江海高速4.6千米、面积33公顷的绿色通道，被作为全市林业绿化会议观摩现场；三号路、站北路东延段绿化全部完成，新增绿化面积13.53公顷。推进饮水安全工程，长江水入户1548户，完成年内长江水入户率80%的目标。制定并实施东庄台环境整治三年出新方案，启动工区、家前屋后与道路两侧的综合整治和河道“三清”，新建垃圾池37个，添置垃圾筒519个，中菱村改厕完成500户。改建社区文化活动中心，恢复扩大职工阅览室，新增棋牌室和体育健身等文体设施。全区“新农保”参保覆盖率达67.34%。建立全区特困群体生活保障长效机制，发放重残无业人员补助57人次，资助20户特困家庭子女就读高中大学；设立园区爱心基金，首次集中捐款达5.88万元；基本消除“双零家庭”。投入30多万元购置医疗设备、完成场医院翻新改造。扩建恢复工会阅览室，落实社区健身娱乐器材。

【领导视察】 4月3日，农业部副部长张桃林一行来园区视察指导，省委副秘书长胥爱贵，市领导张雷、姚建华、王守法、丁士宏等陪同视察。张桃林一行视察泰州春盛园艺有限公司省花茉莉花研发推广基地、奥林苗圃公司控根容器技术高档绿化苗木生产基地和江苏红旗种业公司稻麦新品种推广示范基地。6月14日，省委常委、副省长黄莉新，省人大常委会原副主任曹鸿鸣、凌启鸿、俞兴德、俞敬忠等，在市委书记张雷、市长姚建华、市委副书记王守法的陪同下到园区视察。

【德国驻沪总领事馆副总领事卜布博士考察园区】 9月9日，德国驻沪总领事馆副总领事卜布博士考察园区，了解园区的发展理念及产业特色，实地考察畜牧科技示范园、森禾花卉苗木基地和花卉博览园。

【泰州农副产品中心批发市场奠基】 11月8日，泰州农副产品中心批发市场举行开工奠基仪式。市政府副市长丁士宏、副秘书长毛正球，中国蔬菜流通协会会长戴中久，全国城市农贸中心联合会会长马增俊，上海市温州商会名誉会长刘际潘，上海市浙江商会名誉会长、上海市轻纺集团董事长蔡智平出席仪式。　（顾　伟）

工　业

综　述

【概况】2009年，全市经贸系统围绕“四保一促”（即保信心、保增长、保后劲、保稳定、促转型升级）做好各项关键措施的谋划和落实，工业运行出现良好发展态势，主要经济指标增速逐季走高，高于全省平均水平，企稳回升势头明显。

工业生产持续回暖，运行质态稳步提升。2009年,全市规模以上工业完成现价产值 3769.46亿元，比上年增长27.93%；完成增加值 1005.67亿元，增长16.50%，高于全省平均水平1.9个百分点；实现销售收入3622.23亿元，增长29%；实现利税429.55亿元，其中利润251.73亿元，比上年分别增长43.70%和60.30%，利税、利润增幅居全省第3；综合经济效益指数及其增幅居全省首位。

重点行业增势良好，骨干企业平稳运行。医药、机电（船舶）、化工等支柱产业全年完成产值2360.42亿元，比上年增长28.37%；实现销售收入2270.81亿元、利税286.99 亿元、利润 170.18亿元，比上年分别增长30.31%、46.88%和60.46%。全市工业50强重点企业运行平稳，全年完成产值1373.06亿元，实现销售收入1347.16亿元、利税254.06亿元、利润 148.94亿元，分别增长12.03%、15.20%、62.32%和68.76%。其中，益海粮油产值增长实现翻番，新扬子、泰事达、中盛光电等12家企业产值增幅超过40%，新世纪、新扬子、陵光等17家企业利润增幅超过60%。

重大项目进展顺利，转型升级步伐加快。抓住“谷底投入”机遇，加大项目开发、实施力度，积蓄发展后劲。全市实施技改项目3503个，计划总投资1177.58亿元，比上年增加245.73亿元，累计完成投资额910.56亿元，当年完成投资额737.56亿元，比上年增长30.05%；实施投资额3000万元以上重点项目 420个，比上年增加27个；实施投资额1亿元以上重大项目145个，比上年增加25个，平均单体规模4.04亿元，其中投资额10亿元以上的项目 8个；当年竣工投资额3000万元以上重点项目200个，其中1亿元以上项目45个。总投资10亿美元的纬创资通（泰州）项目和总投资22亿元的中国医药城动物生物医药园项目等2个重特大项目开工建设；总投资36亿元的安泰动力项目已成功交付首批4台MAN低速船用柴油机；兴达公司钢帘线技改、新源电工高压绝缘纸板技改等2个项目入围国家重点产业振兴和技术改造投资计划。加快提升企业自主创新能力。通过加强企业技术创新体系建设、加强政产学研金合作、加大人才引进力度等举措，帮助企业提高自主创新能力。全市有国家认定企业技术中心4家，省认定企业技术中心33家，其中省当年认定企业技术中心7家，国家、省认定企业技术中心数居全省第5。

节能降耗稳步推进，民营经济快速发展。坚持节能降耗与工业运行同部署、同落实、同检查，夯实工作基础，落实关键措施，通过宣传培训、源头控制、项目改造、淘汰落后产能等手段，加大节能降耗工作力度。加大节能项目改造力度，135家重点耗能企业实施 139个节能改造项目，共投资 21.21亿元，每年可节约标煤 25.37万吨。推广节能新产品，全年推广高效绿色照明产品31.65万只，每年可节约电量2000万千瓦小时。利用扶持激励政策，推进冶金、建材、化工等行业淘汰落后产能，加快淘汰落后耗能设备步伐。民营经济保持快速健康发展。继续大力推进“二次创业”，开展争创“六星企业”竞赛活动，加强融资担保、培训教育、信息服务、公共技术服务平台建设。全年新办私营企业7472家，比上年增加1795家；私营个体企业净增注册资本196.73亿元，增长16.5%。

【全市工业经济和科技工作会议】3月1日，市委、市政府召开全市工业经济和科技工作会议。市委书记张雷在会上要求，坚持开放创新双轮驱动，突破常规发展思路、传统工作套路和现有环境束缚，开创工业经济和科技工作新局面。市委副书记、市长姚建华要求突出转型升级，推动工业经济又好又快发展，要做好五个方面工作：一是以生产要素保障为重点，保持工业经济平稳较快增长。二是以发展新兴产业为重点，加快推进结构优化升级。三是以推进重大项目为重点，增强经济发展动力。四是以完善服务体系为重点，推进中小企业发展。五是以淘汰落后产能为重点，做好节能减排工作。（王 建）

【培大培强工作】 2009年，全市有2家企业年营业收入（销售收入）超过150亿元，44家企业超过10亿元，582家企业超过1亿元，年实现利税超过1亿元企业33家。全市工业50强重点企业累计完成现价产值1373.1亿元，比上年增长12.03%。其中，新扬子造船有限公司、中盛光电和苏源泰事达等13家企业的产值增幅均在40%以上；实现销售收入1347.2亿元、利税230.8亿元、利润158.9亿元，比上年分别增长15.2%、47.44%和80.09%。产值、销售收入、利税、利润占全市规模以上工业的比重分别达36.9%、37.7%、55.3%和65.1%。

【参加第13届“西洽会”】 第13届中国东西部合作与投资贸易洽谈会于4月5日～8日在陕西省西安市举行。泰州市共组织16家企业参展，参会人员53人。洽谈成交项目33个，签约总金额20.06亿元。其中投资类项目5个，签约金额4.51亿元；贸易类项目23个，签约金额15.52亿元；苏陕扶贫协作类项目5个，总投资350万元。（李 勇）

【中小企业信用担保】 至年末，全市40家列统中小企业信用担保机构累计为1.27万家企业提供担保2万笔，累计担保总额199亿元，其中当年为4217家企业提供担保4259笔，担保总额108.98亿元。单笔800万元以下的担保总额为53.83亿元，比上年增长156.34%，占当年担保总额的比重比上年提高1.18个百分点。全市中小企业信用担保机构净增注册资本金5.13亿元，注册资本金总额超过20亿元，比上年增长33.34%。其中注册资本超过1亿元的担保机构有8家。全市受保企业职工人数达20万人，其中新增就业1.97万人，受保企业实现销售508.6亿元，新增利税48亿元。全市担保行业全年实现收入、利税、利润分别为11079.7万元、4207万元、3367万元，比上年分别增长63.55%、69.58%和54.35%。（鞠建淮）

【海陵区加大重点企业政策扶持力度】 为进一步放大对重点企业的政策扶持力度，促进企业做大做强，海陵区对近年来的相关政策进行修订完善，形成更具激励作用的18条措施，出台《关于扶持激励重点和成长型企业加快发展的意见（试行）》。具体政策方面，在保留超基数税收地方留成部分适当返还、减免区级征收的政府性基金、技改贴息等条款的基础上，新设“入库税金上台阶奖”、“开票销售收入上台阶奖”、“增幅奖”、“引进人才”、“上市”等奖项；除正常技改贴息外，对设备投入1000万元以上重点技改项目1年内竣工投产的再另行奖励；提高科技创新、名牌产品等扶持奖励的幅度，本轮每年扶持奖励资金达2500万元，远超上轮每年1000万元的奖励额度。（陆 波）

【高港区启动“家电下乡”活动】 3月10日，高港区“家电下乡”活动启动仪式在高港文峰千家惠商场门前举行。区经贸委、电信分局和文峰千家惠商场负责人分别代表主管部门、中标企业和销售网点作发言，同时向5个贫困家庭赠送由高港移动分公司提供的“家电下乡”手机产品。

【汽摩零部件产业发展规划通过省评审】 10月31日，高港区经贸委邀请省市中小企业局领导、省内高校及高港汽摩龙头企业高级工程师，评审通过江苏大学交通学院编制的泰州市区汽摩零部件产业集群发展规划暨高港科创园汽摩零部件产业发展规划。

【2家企业通过钢质一般船舶生产企业生产条件评价】 年内，由省经信委、国防工办、省海事局专家组成评审专家组，根据CB/T3000-2007《船舶生产企业生产条件基本要求及评价方法》，对口岸船舶公司和中航船舶公司分别申报的一级Ⅱ类和一级Ⅰ类钢质一般船舶生产企业生产条件进行评审。2家企业分别顺利通过一级Ⅱ类和一级Ⅰ类钢质一般船舶生产企业生产条件的评价。（高港区经贸委）

【姜堰成立工业发展基金】 3月17日，姜堰市政府成立工业发展基金，基金总额1200万元，用于支持、鼓励工业企业加快发展。

【姜堰（深圳）投资说明会在深圳举行】 3月27日，姜堰（深圳）投资说明会在深圳举行。共成功签约项目4个，意向性总投资3200万美元。

【姜堰市汽车零部件、船舶配件产业招商推介会】 9月7日，姜堰市汽车零部件、船舶配件产业招商推介会在浙江宁波举行，共签约投资项目9个，意向性总投资4.26亿元。（姜堰市经发局）

【扶持不锈钢产业】 兴化市落实出台救助不锈钢产业发展五大措施：筹资5000万元设立不锈钢产业发展周转基金，帮助28家企业周转银行到期贷款；免征有关行政性收费，减轻企业负担；加大财税扶持力度，为19家企业兑现奖励扶持资金680.99万元；由市财政注资将燎原担保公司注册资本金增资为1亿元，为企业提供融资担保服务。

【不锈钢产业载体建设】 年内，兴化市获准筹建国家级不锈钢制品检测中心，总投资8000万元。推进不锈钢现代物流园建设，投资5亿元的钢城物流园初具规模，日吞吐量3000多吨，降低企业运输成本30%以上。推进

"十百千万"人才工程建设，全市不锈钢企业已引进各类本科以上优秀人才260名，其中博士2名、硕士200名。

【节能降耗】兴化市节能工作重点围绕国家发改委《"十一五"十大重点节能工程实施意见》确定的燃煤锅炉（窑炉）改造、余热余压利用、电机系统节能、能量系统优化、建筑节能、绿色照明、政府机构节能等内容，共梳理出节能项目26个，总投资3.24亿元。为兴达钢帘线电镀黄铜工艺系统优化、兴海特钢不锈钢连铸连轧、双乐化工含氨尾气吸收、申源特钢二次重熔炉淘汰、星火特钢电机系统改造等节能改造项目，申报国家及省节能专项资金。全年完成对兴海特钢、双蝶集团、星火特钢3家企业的能源审计工作和对8家重点耗能大户的节能监察工作，通过开展能源审计、监察工作，共淘汰落后用能设备155台（套）。（韦启江）

【5项目入围国家重点产业振兴和技改投资计划】年内，国家发改委和工信部联合下达国家重点产业振兴和技术改造2009年第二批新增中央预算内投资计划，全市共有5个项目入围，共获中央预算内投资补助资金2580万元。5个项目分别是：兴达钢帘线公司年产15万吨子午线轮胎用钢帘线技改项目、泰州新源电工有限公司高压绝缘纸板技改项目、泰州锋陵农业装备公司高性能半喂入稻麦联合收割机生产线扩建项目、扬子江药业集团年产1500万支地佐辛注射剂高技术产业化项目、姜堰市益众油脂公司日处理600吨油菜籽深加工扩产改造项目。

【亚洲最大核磁共振基地在医药城投产】年内，由江苏美时医疗科技有限公司投资建设的亚洲最大核磁共振基地，在泰州国家医药高新技术产业开发区正式投产。

【中盛光电签下印度最大光伏电站订单】中盛光电集团成功签下印度最大的光伏电站订单，将为印度一个大型地面太阳能电站工程提供1兆瓦太阳能组件。光伏电站项目位于印度旁遮普邦，是印度最大的并网太阳能电站项目。

【济川药业并购天际药业】年内，江苏济川药业集团整体并购江苏天际药业有限公司，实现资源优化配置，促进产业转型升级，为济川药业全年完成销售18亿元、力争2010年跻身全国医药企业20强打下了良好基础。

2009年泰州市利税上台阶企业名录

国电泰州发电有限公司
江苏新扬子造船有限公司
泰州口岸船舶有限公司
泰州三福船舶工程有限公司
益海（泰州）粮油工业有限公司
江苏圣奥化学科技有限公司

2009年泰州市销售上台阶企业名录

江苏双登集团

2009年泰州市国税开票销售前十强企业名录

江苏新世纪造船集团
江苏新扬子造船有限公司
江苏兴达钢帘线股份有限公司
江苏陵光集团
泰州口岸船舶有限公司
扬子江药业集团
江苏长强钢铁有限公司
益海（泰州）粮油工业有限公司
国电泰州发电有限公司
江苏双登集团

2009年泰州市十佳企业名录

扬子江药业集团
江苏林海动力机械集团公司
江苏新世纪造船集团
江苏江山制药有限公司
江苏济川药业集团
江苏双登集团
江苏兴达钢帘线股份有限公司
江苏海阳化纤有限公司
益海（泰州）粮油工业有限公司
江苏泰事达电气有限公司

2009年泰州市十佳工业先进乡镇名录

靖江市靖城街道办事处
靖江市东兴镇
泰兴市泰兴镇
泰兴市七圩镇
姜堰市姜堰镇
姜堰市梁徐镇
兴化市戴南镇
兴化市张郭镇
海陵区京泰路街道办事处
高港区永安洲镇

2009年泰州市十佳技改项目一览表

表10

完成单位	技改项目
泰州新源电工器材有限公司	特高压绝缘纸板项目
泰州市旺灵绝缘材料厂	覆铜箔板及高频线路板扩建项目
江苏沃森生物技术有限公司	流感裂解疫苗生产项目
江苏亚星锚链股份有限公司	超高强度R5系泊链项目
江苏新荣船舶修造有限公司	船舶修理（改装）项目

续表10

完成单位	技改项目
江苏济川药业集团	蒲地蓝消炎口服液生产线项目
江苏泰隆减速机股份有限公司	风力发电偏航变桨齿轮箱项目
江苏曙光集团有限公司	特种石油钻铤项目
江苏太平洋精密锻造有限公司	齿轮生产线项目
江苏博生医用新材料股份有限公司	5000吨/年多层挤输液用包装膜项目

2009年泰州市十佳企业经营者一览表

表11

姓　名	所在单位及职务
王亚明	中海沥青（泰州）有限责任公司总经理
宣白云	泰州浩普投资有限公司总经理
环一军	江苏三江电器集团有限公司董事长
印　辉	江苏上骐集团有限公司董事长
朱圣财	江苏宏大特种钢机械厂有限公司董事长
唐仁茂	江苏苏中药业集团股份有限公司董事长
杨汉洲	江苏双乐化工颜料有限公司董事长
王兴华	泰通（泰州）工业有限公司董事长
杨屹峰	泰州三福船舶工程有限公司董事长
夏强斌	中海油气（泰州）石化有限公司总经理

2009年泰州市十佳科技创新标兵一览表

表12

姓　名	所在单位及职务
陈　明	梅兰化工集团有限公司研究所所长
黄玉军	江苏林海动力机械集团公司技术中心二部副部长
沈家广	江苏海阳化纤有限公司总工程师
胡成刚	泰通（泰州）工业有限公司副总裁
曹先锋	泰州三福船舶工程有限公司技术中心主任
薛成阳	泰州神力车桥有限公司工程中心主任
叶圣勤	江苏省北科生物科技有限公司总经理
李应声	江苏恒力制动器制造有限公司技术质量总监
赵红军	江苏太平洋精密锻造有限公司技术中心主任
崔明生	江苏兴达钢帘线股份有限公司科技项目办主任

2009年泰州市十佳营销明星一览表

表13

姓　名	所在单位及职务
封留成	扬子江药业集团业务经理
何兆辉	中海沥青（泰州）有限责任公司营销部副经理
黄振东	江苏孝化集团有限公司营销部经理
魏红平	江苏恒力制动器制造有限公司营销部驻合肥办事处主任
李　华	江苏泰隆减速机股份有限公司唐山中心办事处主任
田国庆	江苏飞船股份有限公司地区销售经理
赵　衡	江苏申源特钢有限公司销售副总经理
潘炳新	泰州申视塑料有限公司商务中心副总经理
卞玉成	泰州市华强照明器材厂销售部长
陈学军	唐泽交通器材（泰州）有限公司副总经理

重点企业前三强

·扬子江药业集团·

【概况】 扬子江药业集团是一家集科工贸于一体，产学研相结合，跨地区的国家大型制药企业集团。2009年，集团拥有员工7784人，其中专业技术人员3000多人，总资产77.9亿元，主要产品中西药并举，形成10大系列、20多种剂型、200多个规格的多元化产品结构，全员劳动生产率234.6万元/人。全年实现产值182.6亿元、销售180.3亿元、利税22.06亿元，比上年分别增长15.38%、15.36%和18.58%；缴纳税收10.69亿元。各项主要经济技术指标创历史新高，继续居国内医药行业前列。

【胡锦涛总书记接见徐镜人】 3月5日，中共中央总书记胡锦涛参加全国人民代表大会江苏团讨论，听取全国人大代表、扬子江药业集团董事长徐镜人的发言，对企业引进高端人才、创新研发，尽快步入国际市场、做大做强寄予殷切期望。

【新药研发】 年内，集团研发部门对国内600多家重点研

究院所和院校进行跟踪调研、市场论证，确定对75个品种进行立项。在国家药监局限批仿制品种及重审过渡期品种、新药审批难度加大的情况下，全年共获12个新药生产批件，其中4个独家品种成功上市；获8个品种的临床批件。全年共申请各类科技计划项目近100项；申请发明专利43件、外观设计专利38件，获授权发明专利14件、外观设计专利29件，其中优克那非化合物专利获美国、加拿大等8个国家授权，经前平颗粒获江苏省发明专利优秀奖及国家发明专利优秀奖，百乐眠胶囊获中国国际专利与名牌博览会特别金奖。集团有限公司被评为中国商标十佳企业。

【市场营销】 年内，3个销售局以“成功招标，推广新品，提升质态，规避风险”为纲，全体营销人员明确目标自我加压，全年总公司任务完成率达112%，3个销售局均全面超额完成任务， 8个大公司、35个省公司任务完成率均超过100%，其中有12个省公司任务完成率超过120%。重视招标工作，全年共完成市场招标74项次。强化渠道建设和科室合作，加大新品推广力度，促使一批产品销售进入快速增长期。整合资源，拓展OTC市场，集团OTC零售比上年增长13.35%，占集团总毛利比例达15.13%，成为新的销售增长点。提升营销质态，资金回笼创历史最好。做好安全销售规避风险的工作，消除应回未回款，减少窜货现象。注重国际市场开拓，全年海外销售突破1000万元，比上年增长190%；新增注册产品29个，获10个品种的注册证书。非洲和香港市场成为主要增长点。

【药品质量】 借鉴国际先进管理理念，完善长效质量管理体系。改进、提升和优化产品质量。全年偏差、客户投诉和不良反应分别比上年下降13%和22%，保证市场上流通产品100%合格。顺利通过制剂10个剂型和原料药13个品种的GMP认证，以及“三标”一体认证和计量体系认证；在国家组织的2009年全国药品评价性抽样工作中，扬子江被抽检的141个批次产品全部符合国家标准。在7月召开的第30次全国医药行业QC成果发表大会上，获QC成果金奖47项，第5次蝉联全国冠军。围绕强化质量管理，继续优化管理体系架构，全面推行实施质量受权人制度。开展两次“质量月”活动，坚持从源头把好质量关，巩固与供应商战略合作关系，对关键原料供应商派专人常年进行现场监督。坚持做好质量标准研究和技术攻关工作，修订原辅料的内控标准，启动品种标准提升工作。至年末公司符合国外药典质量标准共21个品种、28个规格。推动实验室认可项目，顺利向国家认可委提出申请。欧盟GMP认证项目取得实质性进展，年底已具备接受欧盟检查的条件。

【人才梯队建设】 重视人力资源工作，加强人才的引进、培养和使用。全年共录用应届毕业生220名，其中中科院、985院校、211工程院校生占50%以上，博士15名、硕士88名。注重对人才的培养和竞聘任用。集团派遣大学生深入基层锻炼，掌握专业技能。建立后备人才培养机制，完善后备人才管理制度、引进专业人才和大学生的定期考核制度等。实施全员培训方案，开通网络学院平台供员工在线学习；开设药学专业学历班，鼓励在职干部及核心人才学习提升；对于部选拔任用实行竞聘上岗，为优秀人才成长开辟通道。

【中华医学科技奖(2008)颁奖大会在京举行】 1月9日，由中华医学会、吴阶平医学基金会主办，扬子江药业集团协办的2008年度中华医学科技奖颁奖大会在人民大会堂举行。全国人大常委会副委员长、中国科协主席韩启德，卫生部部长陈竺，中华医学会会长钟南山，扬子江药业集团董事长徐镜人等出席大会并颁奖。

【领导视察】 3月19日，省委书记梁保华视察扬子江药业集团。梁保华要求企业提高自主创新能力，以自主创新促进经济又好又快发展，努力把扬子江医药高科技园区建成国内一流的产业基地、创新基地和人才高地。3月31日，国家统计局局长马建堂一行到扬子江药业集团调研金融危机下企业的生产和运行情况。4月12日，招商银行行长马蔚华、招商银行南京分行行长金毅一行到扬子江药业集团考察，市委书记张雷、副市长卢佩民等陪同。10月31日，国家食品药品监督管理局副局长边振甲视察扬子江药业集团。

【古巴国务委员路易斯·赫雷拉·马蒂尼考察扬子江药业集团】 5月6日，古巴国务委员、古巴遗传工程和生物技术中心主任路易斯·赫雷拉·马蒂尼，到扬子江药业集团考察访问，洽谈合作事宜。

【集团蝉联QC成果一等奖总数“五连冠”】 7月10日，第30次全国医药行业质量管理（QC）小组成果发表交流会暨30周年表彰活动在扬子江药业集团举行。来自全国19个省、市的14个医药集团、80家医药企业、204个QC小组参加活动。大会共发表课题206个，评出一等奖103个。其中，扬子江药业集团获47项QC成果一等奖，并有30个课题获最佳发表奖。集团被评为“全国医药行业质量管理小组活动优秀企业”， 董事长徐镜人获“全国医药行业质量管理小组活动卓越领导者”称号。这是扬子江药业自2005年起，蝉联全国医药行业QC成果一等奖总数“五连冠”。

【扬子江19个品种进入国家基本药物目录】 8月18日，《国家基本药物目录（基层医疗卫生机构配备使用部分）》正式颁布，扬子江药业集团共有 19个品种进入目录。

【新药研究院二期规划通过专家论证】8月22日，江苏“十一五”重点布局和规划部署的生物医药领域重大研发机构——江苏省（扬子江）新药研究院的二期建设方案通过专家论证。

【扬子江98个品种入选医保目录】11月30日，《国家基本医疗保险、工伤保险和生育保险药品目录》（2009年版）发布，扬子江药业集团有98个品种入选。

【宋庆龄基金儿童药业有限公司奠基】12月26日，扬子江药业集团宋庆龄基金儿童药业有限公司奠基。

【企业荣誉】6月3日，2008年江苏百强企业和百强民营企业名单公布，扬子江药业集团双双入榜，分别居2008年江苏百强企业第47位和百强民营企业第14位。

9月5日，2009中国企业500强名单揭晓，扬子江药业集团居第346位，比2008年位次上升13位。

9月30日，江苏省发布2008年度全省民营企业纳税大户排行榜和就业先进排行榜，扬子江药业集团列全省民营企业纳税大户排行榜第五位，位次比上年度上升一位。集团同时获“全省民营企业就业先进单位”称号。

11月18日，江苏省科技厅、国资委、总工会、工商联联合公布首批“江苏省创新型企业”名单，扬子江药业集团入选。（李　江）

·江苏新世纪造船集团·

【概况】江苏新世纪造船集团创建于1971年（原靖江造船厂），下设江苏新世纪造船有限公司和江苏新时代造船有限公司。集团占地总面积162万平方米，固定资产近30亿元，拥有长江岸线3200多米。至年末，集团职工人数4800多人，其中设计研发人员320人，其他工程技术及管理人才1600多人，生产一线人员2800多人。投入产出效率为173%，人均年造船修正总吨为40.1，自主开发新产品能力为50%。拥有经江苏省认定的船舶设计研究所和企业技术中心。

2009年，企业实现完工交付船舶28艘计270万载重吨，实现产销170亿元、利税40.24亿元、利润33.02亿元。集团年生产能力达400万载重吨，在建船舶主要有73400吨油轮、30000吨散货轮、80000吨散货轮、114000吨油轮、115000吨散货轮、163000吨油轮、176000吨散货轮等。

年内，新世纪造船集团积极优化、开发新产品，具体有：大型20万吨散货船的设计开发，5万吨级装载Ⅲ类化学品的化学品船、FPSO储油船，30万吨级的VLCC和海洋工程，拓展产品空间和完善系列油轮，满足不同客户需求。在所有新建、改建、扩建基本建设、技术改造项目时，严格按照“三同时”制度的要求，对设备、设施的投入建设同时设计、同时施工、同时投产使用，建设项目总投资20亿元，其中环境保护投资项目1200万元。

·江苏新扬子造船有限公司·

【概况】江苏新扬子造船有限公司位于长江下游黄金水道沿岸，占地面积160万平方米，拥有长江深水岸线3000米，巨型干船坞一座，10万吨级船台两座，300吨～900吨大型龙门吊4座，现有在册职工1387人，其中工程技术人员136人。公司以建造大中型远洋集装箱船、多用途干货船及散货船为主，主要船型有1350TEU、2500TEU、4250TEU集装箱船，7600DWT散货船，12600DWT多用途船和92500DWT散货船等船型，具备年造船200万综合吨的生产能力，建造质量得到CCS、ABS、BV、GL、LR等国际知名船级社的认可。

2009年，公司实现产值80亿元、销售80亿元、利润28亿元、税金0.59亿元，比上年分别增加48.15%、280.95%、154.54%、63.89%。公司资产总额128.1亿元，其中负债总额87.5亿元，所有者权益40.54亿元；流动资产81.54亿元，长期资产13亿元。流动负债77.23亿元。（王　建）

机械冶金工业

【概况】2009年，全市机械冶金行业共有规模以上企业1612家，其中机械行业规模以上企业1173家，冶金行业规模以上企业439家。从业人员21.21万人，拥有固定资产1029.59亿元。全年共完成现价工业产值1417.78亿元，实现销售收入1323.65亿元、利税157.79亿元、利润95.28亿元，产销率达93.36%。其中，机械行业完成产值1097.65亿元，实现销售1014.13亿元、利税111.93亿元、利润68.67亿元，产销率92.39%；冶金行业完成产值320.13亿元，实现销售309.52亿元、利税45.86亿元、利润26.61亿元，产销率96.69%。（张　焱）

·江苏春兰（集团）公司·

【概况】 春兰（集团）公司是集制造、科研、投资、贸易于一体的多元化、高科技、国际化的大型现代公司。2009年，公司员工总数4627人，技术人员786人，实现营业收入13.45亿元。

家电、新能源和通用机械为公司三大支柱产业，主导产品包括空调器、洗衣机、除湿机、高能动力镍氢电池、空调压缩机等。年内，公司在保持矩阵式管理体制分权基本结构的基础上，集团总部对营业、新产品和资金流转等重要事项直接管控和指挥。在产品销售上，依据4P理论，确定以“三位一体”的售点战略，建立起规范、有序的营销体系。开发符合国家产业政策、适销对路的新产品，全年共开发新产品126个，其中，混合动力城市客车节能减排关键技术获国家科技进步二等奖。结合自身实际，公司采取物资“瘦身”、全面清理往来账务等多项措施，减轻企业包袱。春兰股票在停牌一年后，于10月13日实现恢复上市进行交易。

【春兰股份公司再获“高新技术企业”称号】 2月，江苏省科技厅、财政厅、国税局、地税局联合授予春兰制冷设备股份有限公司“高新技术企业”称号。自2002起，该公司已多次蝉联“高新技术企业”称号。

【春兰清洁能源公司获“泰州市产学研合作先进研发机构”称号】 5月，春兰清洁能源研究院有限公司因在“产学研”相结合的技术创新体系建设，充分发挥产学研合作的示范、引导和带动作用，进一步提高企业技术创新能力和核心竞争力，促进全市产学研合作工作的协调、健康发展”等方面成绩突出，被市政府授予“泰州市产学研合作先进研发机构”称号。

【春兰“围棋希望工程”资助小棋手】 6月，为纪念“5·12”汶川大地震一周年，体现对灾区建设的关注以及对灾区棋手的关爱，春兰集团在四川省成都市举行2009年度“春兰—中国‘围棋希望工程’基金”资助仪式，并将当年该项基金资助的名额全部给予地震灾区的小棋手，资助金额为历次资助之最。6月20日～26日第七届春兰杯世界职业围棋锦标赛在成都举行。

【春兰获中国500最具价值品牌】 6月，由世界品牌实验室和世界经理人周刊联合主办的第六届世界品牌大会公布2009年《中国500最具价值品牌》排行榜，春兰以160.13亿元的品牌价值连续五届入榜。

【春兰动力镍氢电源系统入选首批国家自主创新产品名单】 7月，国家科技部发布首批国家自主创新产品名单，春兰清洁能源研究院有限公司研发的“动力镍氢电源系统”入选。

【春兰股份公司通过香港品质保证局（HKQAA）审核】 10月，春兰制冷设备股份有限公司通过香港品质保证局（HKQAA）审核组对其进行的ISO9001:2008质量管理体系的转版监督审核，自1994年率先于国内同行首获ISO9001质量体系认证以来，春兰已连续16次通过香港品质保证局的监督性审核。

【陶建幸入选建国60年60位功勋品牌人物】 12月，由品牌中国、中国企业家、华夏时报、新浪网等6家单位共同举办的2009品牌中国年度人物“建国60年60位品牌功勋人物”评选活动颁奖晚会在北京电影学院大放映厅举行。春兰（集团）公司董事局主席、首席执行官陶建幸荣膺该奖项。

·江苏林海动力机械集团公司·

【概况】 2009年，林海集团注册资本12020万元，总资产226419万元，其中固定资产49144万元；在职员工1266人，其中技术人员324人。全年实现工业总产值36.97亿元，比上年增长8.22%；销售收入37.61亿元，增长7.19%；利税3.28亿元，增长5.86%，利润1.76亿元，增长4.19%。

【市场营销】 11月和12月，先后组织参加美国路易斯维尔国际园林机械展览会和第67届米兰摩托车国际展览会。加大与雅马哈在07C摩托车上的合作力度，通过开展“精品07C,创造新感动”、“F-one活动”等质量改善活动，07C整车一次装车合格率达90%，全年销售突破11万辆，创历史最高水平,在雅马哈中国市场单品种销售排名第一。

【新品开发】 实施“新三大板块”战略，通过产品结构调整，使公司从单一的小汽油机动力及配套机械制造企业发展为集汽油机、柴油机、清洁能源等多种动力产品及其配套机械为核心的机械装备制造企业。年内，成功开发第一台垂直轴双缸发动机—XCL120骑式割草机配套动力2P85动力。锂离子动力电池项目正式立项。公司积极引进专业人才，成立项目组，开展锂离子动力电池试验室的建设工作。

【技改与技术创新】加快新区林海工业园区的建设，苏美达林海公司完成设备改造和搬迁工作，新车间投入正常使用。开展林海雅马哈公司摩托车车间新场地的基建施工、设备安装以及流程改善等各项工作，新场地于2010年1月初投入使用。年内，公司先后获2008年度内燃机及配件制造行业效益十佳企业、省依法治企诚信经营先进单位、市十佳企业等称号。公司董事长陆海民当选为泰州市“突出贡献人物”。

·泰州浩普投资有限公司·

【概况】泰州浩普投资有限公司是一家集投资、科研和制造于一体的高科技民营企业集团，产品主要涉及汽车零部件、高压纸绝缘材料、特种纸、高分子材料、贸易等行业，现有6家控股、参股子公司，公司总资产10.9亿元，净资产5.9亿元，员工1200多人，其中各类工程技术人员276人，拥有省级技术中心1个。2009年公司实现主营业务收入79252万元、利税22178万元、利润17056万元，比上年分别增长14.2%、14.2%和15.7%。

公司围绕组织结构、产品结构优化调整，加大市场开拓力度，加快新品技改项目实施，加强企业内部管理。年内，绝缘材料产品重点发展超、特高压产品，实现产业升级，保持电工用纸绝缘产品在国内的领先地位；轿车饰件产品追踪和应用国际汽车内饰先进技术，加强对上汽集团、奇瑞等重点客户的新项目争取，开发上汽D162、BP12仪表盘、门板等价值量大、技术要求高的新产品；工程塑料产品向高强度、轻质化、复合型方向发展，重点研发高附加值的特色品种，稳步开拓市场，扩大产能；加大对薄型特种纸的技术开发和技术改造的资金投入，提高产品获利能力。面对金融危机和市场竞争的挑战，公司加强精细化管理，优化业务流程，完善管理制度，推进现代营销、精益生产、持续改进、节能减排和降本增效等先进管理手段，扩大管理信息系统的覆盖范围，提高企业综合竞争实力。

·泰星减速机股份有限公司·

【概况】泰星减速机股份有限公司占地面积7l万平方米，固定资产2.8亿元，有职工2500多人，其中工程技术人员586人，有省级技术中心1个。公司连续lO多年利税、规模居中国减速机行业的领先地位。2009年，公司完成产值8.88亿元，实现开票销售4.32亿元、利税1.32亿元。公司主要研制开发减速机系列产品，拥有国内领先的减速机加工核心技术及技术设备，引进欧美国家高精密磨齿机、镗铣加工中心以及克林贝克尔齿轮综合检查仪等先进设备近200台套，形成20大系列，上万种规格品种的减速机设计制造能力，年产“泰星牌“减速机20万台以上。围绕减速机产品创新，公司采用最新行星传动原理和最新设计理念，自主研制、自主开发9000系列摆线针轮减速机，自主开发的9000系列中硬齿面减速机采用超强度设计理论，齿轮采用创新的工艺方法生产；重点开发的双支承行星架行星齿轮减速器，为国内首创，产品各项性能指标均达到国际先进水平，新获专利5项。

2009年，公司通过建立成本效益分析模型，使营销成本、技术成本、制造成本、资金成本等得到有效控制，使总成本始终低于国内外同行企业，保持企业获利能力。公司连续多年被评为泰州市利税大户。

·江苏泰隆机械集团公司·

【概况】江苏泰隆机械集团公司总资产7.2亿元，固定资产4. 9亿元，占地面积60万平方米，有员工3162人，其中专业工程技术人员1106人。公司已形成以摆线针轮减速机、TL模块化减速机、TXP行星模块化减速机、重载模块化减速机、蜗轮蜗杆减速机、点线啮合减速机等为主的10多个系列的产品。公司拥有江苏省工程技术研究中心，建成以德国、美国、韩国、日本等国内外品牌加工中心为主的箱体自动化生产线4条；以德国纳维斯公司制造的磨齿加工生产线3条；以奥地利爱协林公司制造的多功能箱式炉和大型井式渗碳炉为主的热处理加工生产线5条。建有在全国同行业中检测仪器处于领先水平，检测功能最全的2000KW测试中心。公司先后获全国机械工业质量管理奖，获中国机械工业500强企业、全国机械工业质量效益型先进企业、全国先进科协企业、江苏省高新技术企业、全国守合同重信用企业等称号。“泰隆牌”产品获中国名牌产品，“泰隆”商标为中国驰名商标。

集团调整发展思路，优化内部管理结构，重新布置生产区域，形成南北两区，中低档产品集中在北区工业园区生产，南厂区集中研发、生产高端产品。2009年，实现工业现价产值13.2亿元、开票销售11.6亿元、利税1. 6亿元。在泰兴市30强企业中，泰隆集团的利税贡献继续居前列。公司投资1.5亿元的风电、核电产品项目已竣工投产。核电产品各项技术指标得到美国福斯公司认可，并签订1200万元的核电建设项目一期工程的配套合同。风力发电偏航变桨齿轮箱通过新疆金风科技有限公司的现场技术数据的测试。预计到2012年风力发电和核电两个产品将形成5亿元的销售。

·江苏飞船股份有限公司·

【概况】公司主要产品为汽车齿轮，国内市场占有率约3%。有职工人数1171人。2009年，公司完成工业现价产值7.3亿元，比上年减少3.3%；实现销售收入5.1亿元，减少5.5%；实现利税6527万元，其中利润4743万元，分别减少10.4%和4.7%。固定资产7.8亿元，其中净资产4亿元，资产负债率48%；两项资金合计1.4亿元，其中应收帐款1.1亿元。年内，公司投资1.5亿元引进的出口汽车齿轮生产线正式投产，并引进吸收出口齿轮国产化技术。

·江苏罡阳股份有限公司·

【概况】江苏罡阳股份有限公司是国家级重点高新技术企业、泰州市50强企业,现有职工2500人，其中工程技术人员356人。厂区面积24.8万平方米，建筑面积14.8万平方米。公司总资产8.56亿元，其中流动资产5.73亿元、固定资产2.43亿元、长期投资3800万元。下辖江苏罡阳动力转向器厂、泰州市苏中有色合金制造厂、泰州市喷灌机厂、海陵区重阳废旧回收利用有限公司、重庆罡阳机械制造有限公司5个子公司。

公司拥有精锻、热处理及国内外先进的机加工组合线50多条,主要生产摩托车曲轴总成、通用汽油机曲轴、舷外机曲轴、涡漩压缩机偏心轴、航空靶机曲轴、汽车动力转向器等汽车零部件。其中，摩托车曲轴产品国内市场占有率35%以上，连续13年产量、销售量居国内第一。公司是全球知名的轴类零部件生产基地，产品出口美国、日本、欧盟、韩国、东南亚等国家和地区。2009年实现产值10.59亿元、销售8.71亿元、利税1.36亿元，比上年分别增长12.27%、5.29%、12.53%。完成技改投入3254万元，开发轴类新品114种，开发转向器新产品56种。2010年力争实现工业总产值14亿元、销售收入11.5亿元、利税1.5亿元。

公司先后获全国重信用守合同企业、全国诚信守法乡镇企业、江苏省民营企业纳税大户、江苏省质量管理奖；“罡阳牌”商标被认定为中国驰名商标,摩托车曲轴、汽车动力转向器系列产品先后获国家级重点新产品、江苏省高新技术产品、江苏省名牌产品等称号。年内，公司机加工三车间新品开发组组长张柏和被中华全国总工会授予“全国五一劳动奖章”。

·江苏长强钢铁有限公司·

【概况】江苏长强钢铁有限公司由江苏新长江实业集团公司和香港长宏国际投资有限公司共同创办,总资产28.92亿元，其中固定资产投资15.09亿元，占52.2%；流动资产投资13.67亿元，占47.3%；负债1656万元，占0.5%。主要产品为连铸坯，规格有150*150、180*220、200*240、φ220，年产连铸钢坯152.2万吨，钢材70.4万吨（规格为φ50-φ150）。公司现有职工2643人，其中技术人员312人，全员劳动生产率为35.3万元/人。2009年公司实现产值45.33亿元、销售收入44.82亿元、利税5.15亿元。年内，总投资9169万元的全燃高炉转炉煤气热电联产项目于9月投产，预计年发电13160万千瓦小时，年节约4.7万吨标准煤。利用热风炉废气烘烤高炉原（燃）料项目于7月份投产，节约焦比6公斤/吨铁，预计年节约8000吨标准煤。公司通过中国船级社CCS产品认证，取得连铸方坯（球扁钢）及热轧圆管坯CCS工厂认可证书；通过美国船级社ABS认证，取得连铸方坯ABS认可证书。公司被靖江市政府评为2009年度“工业十佳企业”，被泰州市政府评为2009年度“国税开票销售前十强企业”，公司总经理李洪方被靖江市政府评为2009年度“功勋企业家”。

船舶工业

【概况】2009年，全市船舶行业主要经济指标增幅均居全市四大支柱产业之首。全年（列统）完成现价产值522.92亿元，实现销售511.26亿元、利税92.53亿元、利润77.4亿元，比上年分别增长46.15%、53.91%、101.72%和124.41%，比四大支柱产业平均增幅高出17.78、23.6、54.84和63.95个百分点。

·泰州口岸船舶有限公司·

【概况】2009年，受国际金融危机的影响，世界航运业遭受冲击，船东为转嫁危机，要求船厂降价、延期、撤单，甚至弃船，船厂普遍存在接单难、交船难等问题。泰州口岸船舶有限公司积极与船东沟通，主动让利于船东，取信于船东，得到船东的信任和肯定，全年未发生一例撤单和弃船。年内，公司共交付12艘船，其中，1100TEU集装箱船1艘、1800TEU集装箱船3艘、10000吨重吊船1艘、57000吨散货船4艘、27000吨多用途船1艘、36车客渡2艘，共40万载重吨。

至年末，公司在手船舶订单45艘，建造周期可排产到2012年上半年。2010年，公司新落实生效船舶订单18艘，共60万载重吨，合同金额34亿元。

·泰州三福船舶工程有限公司·

【概况】2009年公司交机动船11艘、驳船15艘，共38.6万载重吨。其中，机动船为8艘12000DWT多用途船、2艘16500DWT化学品船，1艘57000DWT多用途船。目前企业手持订单45艘船，165.72万载重吨，建造周期排到2012年上半年。

2009年，公司实现产值40.54亿元、销售39.73亿元、利税5.55亿元，比上年分别增长62.1%、62.1%、39.3%。

医 药 工 业

【概况】2009年，全市医药产业平稳较快增长，经济总量连续8年、经济效益连续12年居全省首位。2009年，全市规模以上医药企业累计完成现价产值270.33亿元，比上年增长20.15%，占全市规模以上工业总产值的7.26%；实现销售收入272.53亿元、利税35.36亿元、利润19.54亿元，分别增长22.23%、5.55%和13.28%，分别占全市规模以上工业总量的7.64%、8.47%和8%。

全市医药企业共有博士后工作站3个，药物研究机构7家，医药研发人员500多人。扬子江药业被国家科技部授予国家首批“创新型企业”称号，济川医药居全国医药工业创新百强企业第25名，中丹制药成为全市首家通过美国FDA认证的企业。医药高新区集聚美国哈佛大学、加州大学、中国科学院等国内外著名医药科研机构50多家，建设一批国内领先、国际先进的研发平台和公共服务平台。

2009年，全市医药产品中实现年销售收入超1亿元的品种达15个，10多个产品市场占有率居全国第一。心血管类药、消化系统类药、抗肿瘤类药、外用制剂原料药和中间体具有较强的竞争力，维生素C国际市场占有率居世界前3位。

泰州医药高新技术产业开发区作为全国唯一一家国家级医药高新区，集聚国内外著名医药研发机构50多家、医药生产、服务型企业200多家，申报医药研发成果200多项。重点工程全面推进，科技大厦、标准厂房区、QB3研发大楼、GSP仓库等一批公用性工程和基础性工程正在加快建设。　（张　焱）

·江苏济川医药集团·

【概况】江苏济川药业集团是一家以江苏济川制药有限公司为母企业组建，集药品研发、生产制造、商业流通为一体的高新技术企业集团，下辖济川制药、天济药业、济源医药、济仁中药饮片及华翔集团等子企业，资产总额8.76亿元。年内，集团加快济川药业园区建设进度，成功兼并江苏天济药业，提升企业核心竞争力。2009年，实现销售收入18.28亿元、利税3.6亿元，比上年分别增长51.8%和41.6%。集团连续7年被评为江苏省民营企业纳税大户和全国制药行业纳税百强企业。2009年，济川制药被授予中国医药质量管理“20年20星”企业明星、中国制药工业十佳最具潜力企业、全国AAA级诚信企业、江苏省医药行业诚信企业等称号，连续5年被评为泰州市“十佳企业”，蒲地蓝消炎口服液生产线技改项目被评为市“十佳技改项目”。集团董事长曹龙祥获中国改革十大杰出人物、泰州市突出贡献人物等称号。

【产品研发】济川药业现有消化类、抗感染类、心脑血管类、镇痛麻醉类、肌肉骨骼类、止血类、解毒类及营养类等9大系列170多种规格的国家准字号药品。济诺、济川泰利、同贝、抒罗康、源星、三拗片、碳卡等近50个产品被纳入国家医保目录；蒲地蓝、川芎、伊慷、黄虎喷雾剂、创喷咛、同笑等产品被各省市纳入地方医保目录。始终致力于具有高科技含量的独家产品和独家剂型产品的研究与开发，每年以销售收入5%以上的资金用于产品研发。年内，高薪引进药学领域的博导、博士、硕士10多人，形成较强的研发技术团队；坚持“仿创结合”、中西药并举的原则，投入资金5000多万元，在研的儿科、妇科、消化科及心脑血管类新产品30多个，获新产品生产批文3个，国家专利2个。

【质量管理】坚持“质量第一、客户至上”的质量管理理念，推行GMP、GSP常态管理。建立事前预防、事中控制、事后总结提高的质量管理模式，原辅料进厂、中间体检测、产品出厂三大过程稳定受控。应用新工艺、新技术，持续改进生产工艺，提高工艺质量管理水平，消除质量隐患，产品出厂合格率达100%。实施“质量零缺陷”工程，实行6S管理，创造“质量红灯”预警管理制度，提升企业质量管理水平，产品质量药监部门抽检合格率100%，并顺利通过国家的“飞行”检查。2009年，济川制药获江苏省优秀QC小组成果奖5个、国家优秀QC小组成果奖4个，被泰兴市政府授予2009年度“质量管理十佳企业”称号。

【济川药业园】济川药业以“培育百亿规模、争先百强企业、铸就百年品牌”为目标，投资10亿元、占地33.3公顷的“济川药业园”一期工程的生产区、生活区、办公区、景观区、接待区五大功能区已初步建成。2009年，园区新口服液车间顺利通过国家GMP认证投入生产，冻干粉针、头孢生产线正在安装调试之中。建筑面积2.3万平方米、年处理1万吨中药材的提取车间投入生产，园区景观工程进入扫尾阶段，国内一流水平的药品研发及检验中心大楼正在建设中。预计2010年底，济川药业园全部建成，建成后的济川药业园区将形成50亿元的年生产能力。

·江苏苏中药业股份集团·

【概况】江苏苏中药业股份集团拥有职工778人，主要产品为中成药，市场占有率约15%。2009年，集团完成工业现价产值7.2亿元，比上年增长6.3%；销售收入12.3亿元，增长24.8%；实现利税1.2亿元，其中利润5300万元，分别增长17.5%和29.9%。集团固定资产4.2亿元，其中净资产1.8亿元，资产负债率56.3%；两项资金合计9000万元，其中应收帐款7500万元。年内度集团实施技术改造，投资3330万元成立生物工程中心GMP，开发研制出新药蒲参胶囊。公司总经理唐仁茂被评为2009年度泰州市十佳经营者。

·江苏江山制药有限公司·

【概况】江苏江山制药有限公司创办于1990年，主要从事维生素C及其系列产品和营养保健品的开发、生产和销售，其中维生素C系列产品占国际市场近20%的份额，是中国西成药出口和西药原料出口五强企业之一。公司拥有员工2014人，其中专业技术人员533人。2009年完成现价总产值142188万元，比上年增长23.33%；销售收入152045万元，增长27.94%；利税81681万元，增长36.89%；利润61779万元，增长40.02%。企业发展战略转型取得突破，全年保健品产量超过20亿片，并销往欧美等20多个国家和地区。

化 学 工 业

【概况】2009年，全市化工行业列统企业412家，从业人数44800人。全年完成销售收入513.9亿元、利税66.98亿元、利润25.93亿元,运行质态进一步好转。市直化工企业主要经济指标继续居前列，泰兴市化工产业发展再上新台阶。全市农药、化肥等农用化工产业步入良性发展轨道。陵光、梅兰、中丹、新浦等日用、民用化工生产企业主要经济指标快速增长，对行业的支撑拉动作用增强。全市化工企业加大投入力度,增强发展后劲，重视做好安全生产、环境保护等工作，提高可持续发展能力。稳步推进沿江开发建设，化工产业集聚效应进一步显现。（高 茹）

·江苏双乐化工颜料有限公司·

【概况】江苏双乐化工颜料有限公司专业生产铬黄、酞菁系列颜料，是中国涂料工业协会铅铬颜料分会副主任单位、中国染料工业协会有机颜料委员会委员单位。公司固定资产2.4亿元，占地面积12万平方米，员工628人，其中工程技术人员286名，年生产能力1.6万吨，市场占有率列全国第一。“双乐”商标被认定为江苏省著名商标，“双乐”牌颜料获江苏名牌产品称号。公司被认定为江苏省民营科技企业，并在全国同行业率先通过ISO9001、ISO14001、OHSAS18001质量、环境和职业健康安全管理体系的认证。2009年，公司完成销售收入4.3亿元，实现利税4387万元。

【企业荣誉】公司多次获中国石油和化工行业先进集体、省科技先进企业、省安全生产管理先进单位、省环境保护先进集体、泰州市文明单位、泰州市明星企业、泰州市五星级安全文明单位、泰州市绿色等级企业等称号。

·江苏光明化工股份有限公司·

【概况】江苏光明化工股份有限公司为基础化工原料氢氧化钾全国最大生产企业，位于江苏泰兴热电开发区。公司固定资产近3亿元，占地面积20万平方米, 拥有年吞吐量50万吨的自备码头2个，水、电、汽全部由自备水厂、热电厂直供。公司采用离子膜生产工艺，国内首家引进世界最先进伍德公司电解槽装置，主要生产昊光牌工业氢氧化钾及其联产品液氯、盐酸、氯乙酸等，年产量10万吨，居全国首位。其中，高品质离子膜氢氧化钾在满足国内需求的同时，实现自营出口。2009年，公司共完成销售收入15.6亿元，实现利税1.68亿元。

·姜堰市化肥有限责任公司·

【概况】公司主要产品为农用化肥，市场占有率约1%。拥有职工864人。2009年，公司完成工业现价产值6亿元，实现销售收入5.9亿元，与上年基本持平；实现利税722万元，其中利润444万元，比上年分别减少85.65%和90.47%。公司固定资产3.1亿元，其中净资产2.3亿元，资产负债率26.1%；两项资金合计1824万元，其中应收帐款1777万元。年内，公司投资8000万元实施技改项目，引进年产6万吨的甲醇生产线。（张 焱）

·靖江市特种粘合剂有限公司·

【概况】靖江市特种粘合剂有限公司成立于2001年，是中国船舶工业物资公司、综合技术经济研究院的生产和技术紧密联合体，主要生产军用船、出口船、国内各类其他船舶专用系列胶粘剂。公司现有职工111人，占地面积6万平方米，设有研究所和新产品开发办。公司积极采用新工艺，推广和应用新技术，开发研制高科技产品，现已发展成产品系列化、规模化，拥有粘合剂、涂料及胶带三大系列近30多种产品，广泛应用于造船、航运、运输、电子、码头及民用建筑。2009年，完成销售收入6900万元，利税1100万元。公司于2008年创建省级博士后科研工作站，并先后获江苏省高新技术企业、江苏省民营科技企业、江苏省清洁文明生产企业、环保工作先进集体、重合同守信用企业、资信等级AAA级、执行标准优秀企业、科技进步先进企业等称号，先后通过ISO9001质量管理体系和ISO14001环境管理体系认证。公司商标获省著名商标称号。

【企业发展】年内，公司投资5000万元，新增5公顷土地，拟建成2栋大型标准化厂房，新厂区预计2年内完成，2010年公司制订的经济目标，完成销售收入9500万元，力争超1亿元，利税达2000万元。2010年，公司将与上海交大和上海某船舶研究所共同研制开发新一代船用车间底漆，用以替代老产品，可简化生产工艺（不需喷砂），降低生产成本，扩大市场份额。企业正在自主开发的水性无机涂料，为绿色环保产品，可避免挥发性有机化合物在使用过程中排放到大气中；正在研制的科技攻关项目—彩色喷墨打印纸施胶剂已获国家专利局发明专利受理，产品各项性能指标均达到国际先进水平，可以替代进口，填补国内空白，市场前景看好。

·泰州石油化工有限责任公司·

【概况】 泰州石油化工有限责任公司始建于1970年，为中石化扬子石化的全资子公司。公司拥有40年石油化工生产经营经验，具有良好的炼油专业基础和技术队伍。现设有10个管理机关、2个二级单位和8个生产车间，职工总数1273人，其中专业技术人员263人。公司拥有10套炼油化工装置，在滨江工业园区拥有3万吨级油品码头，自备库区总罐容21万立方米，在宁启铁路泰州西站建有泰州石化专用线。公司主要产品有：溶剂油、汽柴油、石蜡、液化气、燃料油；沥青、燃料油；利用C4资源生产MTBE、TBA、MEK、MIBK、环已烷，其中专用油墨溶剂油、A型蜡、仲丁醇、甲乙酮等产品填补国内空白，甲乙酮为江苏省高新技术产品、江苏省名牌产品，国家火炬计划项目。主要产品市场分布全国20多个省、市、自治区，甲乙酮、叔丁醇出口韩国、日本等东南亚市场。2009年，公司抓住国家成品油价理顺的有利时机，组织生产经营，尤其是在装置安全平稳运行、提升炼油达标指标、优化多油种加工方案等方面有较大突破，年内加工原油44.85万吨，原料总量49.25万吨，实现利润1.16亿元，上缴税收4.79亿元。

【技术创新】 近年来，公司重点发展特色产品，实施结构调整，逐步实现从小炼厂到具有特色的综合型石油化工企业的结构转型。开足一次加工装置，完善二次加工配套，突出泰州石化特色，提升企业竞争能力。逐步形成沥青系列、蜡系列、精细化工系列、环保特种油系列特色。组织实施酮苯装置节能降耗挖潜改造项目，积极争取环烷基侧线油产品升级项目，生产环保轮胎橡胶填充剂和高芳型橡胶填充剂，生产环保型SBS橡胶填充剂，加速科研成果的转化，完成乳化炸药蜡试生产组织准备。

电子信息制造业

【概况】 2009年，全市电子信息制造业共有规模以上企业63家，全年完成现价工业产值66.35亿元，实现销售收入65.13亿元，实现利税5.43亿元，其中利润2.52亿元。主要产品有高能镍氢电池、通信设备、家用电器、电子测量仪器、电子工业专用设备、电子元器件、电子信息产品、电子信息专用材料等。全市高能镍氢电池、家用电器等产品国内市场占有率处于同行业前列，有的产品已成功打入欧、美等国际市场。随着春兰集团高能镍氢电池的产业化，以及双登集团对阀控密封电池等产品的升级，全市电子信息制造业运行质态进一步改善。（张　焱）

·苏中天线集团有限公司·

【概况】 公司拥有年产1000万支汽车天线自动化生产线，主要生产汽车天线、天线放大器、汽车天线线束、通讯天线等系列数百个品种的产品，是国内规模最大、技术开发力量最强、自动化程度最高的汽车天线专业制造商。产品主要为一汽集团、一汽大众、上海大众、二汽集团、上汽集团、神龙富康、北京吉普、现代、美国通用、福特、克莱斯勒，德国大众、BENZ等各大汽车集团配套。国内市场占有率70%以上，国际市场占有率10%以上。2009年，公司实现产值1.1亿元、销售9834万元，比上年分别增长56.4%、97.4%；实现利税978万元、利润307万元；实现开票销售7560.40万元、净入库税金386.09万元，比上年分别增长69.91%、30.48%。

公司目前拥有授权专利42项，其中发明专利1项，已申报国际PCT发明专利2项、国家发明专利11项，国家级重点新产品1项、江苏省优秀专利2项,国家级高新技术认定产品2项。（高港区经贸委）

·泰州德通电气有限公司·

【概况】 泰州德通电气有限公司是以研究开发单晶硅棒、多晶硅碇、硅片为主的高新技术产业公司。公司位于江苏省泰州经济开发区高新技术园，占地面积为8.47公顷，其中，建筑面积64047平方米，绿化率21.2%。注册资金为6128万美元，投资总额14780万美元。公司的技术研发团队中，有博士2人、硕士5人、外籍专家级工程师3人。

公司一期工程于2006年11月开工建设，2007年10月试投产。2009年，公司实现总产值11.99亿元、销售收入9.46亿元，进出口总额1.29亿美元。

公司主要设备有DRF—85单晶炉、DSS450多晶炉、MWM442DM切片机等。与国内系统设计权威机构——北京自动化研究院合作，在系统技术的持续研发上、产品的成品率上以及成本上都具有优势。2008年12月，公司获江苏省优秀侨资企业称号。年内，公司获单晶硅举升机和油压硅料碾压机2项实用新型专利。（开发区经发局）

·江苏靖江互感器厂有限公司·

【概况】 江苏靖江互感器厂有限公司创建于1980年，主要从事互感器的制造与销售，现已成为集研发、生产、销售为一体的高新技术企业。产品涉及互感器、变压器、隔离开关、断路器等多个领域，品种规格3000多种。公司先后承担10项国家级、省级科技计划。“迎春牌”互感器商标被评为江苏省著名商标，产品被评为“江苏省名牌产品”、“江苏省高新技术产品”。公司先后获得“国家经贸委推荐的首批全国城乡电网改造所选互感器设备定点生产企业”、“全国重合同守信用企业”、“全国互感器产品质量保障诚信经营示范单位”、“AAA级资信企业”、“微特电机及控制产业基地重点骨干企业”、“江苏省高新技术企业”等称号。通过ISO9001质量管理体系认证和ISO14001环境管理体系。拥有靖江第一个博士后科研工作站、江苏省技术中心及互感器研究所等多个研发机构。2009年，公司总资产25338万元，净资产19387万元，资产负债率23%；实现产值14948万元、销售收入14728万元，上缴税金1480万元，实现净利润1650万元。

【产品研发】 以自我研发为主，注重与科研院所联合新产品开发，形成“储备一批、在研一批、投产一批”的良好研发循环。公司已开发150多个系列、3000多个规格品种的互感器，其中有150多种产品通过电力工业电气设备质量检验测试中心的型式试验，15种产品通过江苏省高新技术产品认定，39项产品获国家专利（目前授理10项）。公司生产的10kV互感器产销量连续多年居全国同行第一，是全国互感器行业五强之一。中压互感器产销量连续多年居全国同行前列，客户满意度为98.9 %，被美国GE公司评为“优秀供应商”，并获“全国互感器质量保障诚信单位”称号。

新能源工业

【概况】 2009年，全市新能源产业实现销售收入85亿元。新能源产业主要集中在中盛光电集团、双登集团有限公司和春兰集团等，主要产品包括单晶硅棒、多晶硅锭、晶体硅片、组件与系统集成，车用动力镍氢电池及电源系统总成，超级电容器、电动汽车用锂离子电池、胶体阀控蓄电池、大面积全固态染料敏化太阳电池、非晶硅微晶硅薄膜太阳电池、新型电池材料、风光互补系统，风电零部件、地源热泵，核电用齿轮箱、阀、管等，产品均具有较高的科技含量和广阔的市场前景。

·江苏双登集团·

【概况】 江苏双登集团主要产品为通讯、电力用电池，市场占有率约40%，企业拥有职工3030人。2009年，集团完成工业现价产值 46.2亿元，比上年增长41%；销售收入50.1亿元，增长92.7%；实现利税4.2亿元，其中利润3.1亿元，分别增长49.7%和74.8%。集团固定资产21.7亿元，其中净资产8.8亿元，资产负债率为59.27%，两项资金合计9.5亿元，其中应收账款6亿元。年内，集团投资6亿元的新型长寿圈绕式电池技改项目已投产。开发研制的新产品项目为风光互补新能源系统。集团被评为泰州市十佳工业企业。

（姜堰市经发局）

轻 工 业

【概况】 2009年，全市轻工业（统计口径：轻、重两大类）有规模以上列统企业579家，全部从业人员平均人数为95900人，资产总值166.55亿元。完成现价工业产值863.2亿元，实现利税27.3亿元，主要产品有家用电器、照明器具、金属制品、塑料制品、玻璃制品、白酒饮料、工艺美术品、文化体育用品、皮革及毛皮制品、造纸印刷等10大类。

（王庆和）

·江苏双蝶集团有限公司·

【概况】 公司创建于1980年，主要生产A、B级高强瓦楞纸、各类内、外销瓦楞纸箱、蜂窝纸板、纸护角、塑料、纸制品彩色印刷等产品。公司按ISO9001：2008标准建立质量管理体系并有效运行，通过CQC江苏评审中心注册审核。公司设有双蝶包装研究所和瓦楞纸箱、纸板全性能测试中心。瓦楞纸箱、瓦楞纸板获江苏省乡镇企业名牌产品，“双蝶”牌商标被评为泰州市知名商标。公司现有员工616人，其中高、中级专业技术人员40多人。拥有固定资产10600万元。先后获全国先进包装企业、全国五一劳动奖状单位、江苏省民营科技企业等称号，是苏北地区最大的纸制品包装生产基地。2009年实现销售3.6亿元，创利税3274万元。

【技改项目】 年内，利用国家淘汰落后产能、治理环境污染的契机，坚持增产不增污、新老并治的原则，投资6000万元，扩建8万吨A级高强瓦楞纸项目，现已正式投产运行，产品经检测达到国家质量标准，合格率为100%。预计项目达产后，将年新增销售2.2亿元，新增利税3800万元，实现集团公司跨越式发展。

纺织服装工业

【概况】 经过多年结构调整和资源整合，行业整体素质和企业综合实力进一步提高，全市现已形成纺、织、染、服装、针棉织品复制、纺器、毛纺、化纤等门类较为齐全的纺织工业体系。2009年，全市纺织服装工业有规模以上列统企业375家，全部从业人员平均人数67700人。资产总值92.8亿元，完成现价工业总产值201.98亿元，实现利税12.8亿元。（王庆和）

·江苏泰达纺织有限公司·

【概况】公司主要产品为棉纺纱，市场占有率约4%，公司拥有职工796人。2009年，企业完成工业现价产值6亿元，比上年增长12.6%；销售收入5.9亿元，增长12.7%；实现利税5837万元，其中利润1552万元，分别增长11.5%和12.8%。公司固定资产5.2亿元，其中净资产2.3亿元，资产负债率为56.36%，两项资金合计8485万元，其中应收帐款5182万元。2009年，公司总投资1.5亿元实施8万锭棉纺织纱锭技术改造。

·江苏汇丰羊绒有限公司·

【概况】公司主要产品为羊绒及羊绒制品，市场占有率约5%，拥有职工760人。2009年，完成工业现价产值5.8亿元，比上年减少9.8%；销售收入5.3亿元，减少9.83%；实现利税1777万元，其中利润1239万元，分别减少29.7%和25.9%。公司固定资产4.9亿元，其中净资产1.7亿元，资产负债率65.3%，两项资金合计1540万元，其中应收帐款200万元。

·兴化通裕纺织有限公司·

【概况】公司是经通裕集团购并改制后于2002年1月18日成立，厂区占地面积5.73公顷。公司先后先后投入9000多万元，引进德国特吕茨勒高速并条机、日本村田21C自动络筒机，及国内先进的高速精梳机和先进的纺织器材，使公司由原有1.6万枚规模的小厂发展成为年产环锭纺52000枚纱锭、转杯气流纺1000头，精梳机配套能力达60%以上的中型棉纺织企业。现主要产品品种有环纺纯棉普梳纱、纯棉精梳纱、涤棉纱、各类竹节纱、气纺纱以及赛络纺纱等，年生产中、高档棉纱1万吨以上。

公司通过ISO9000国际质量体系认证，列中国制造业1000家最具成长性中小企业，被兴化市政府评为“技术改造先进企业”、“纳税十强企业”、“创业模范企业”等，并成为当地工业重点骨干企业。2009年，公司完成产品产值2.07亿元，销售1.99亿元，入库税金近800万元，交纳社保近190万元，全面完成2009年各项经济技术指标。年内，为丰富兴化通裕的产品品种，增强企业的综合竞争力，公司筹借资金，投资实施三期工程。三期工程计划总投资约1.7亿元，用地2.33公顷，将引进进口气流纺、进口喷气纺机。

·江苏华燕集团有限公司·

【概况】江苏华燕集团有限公司系棉纱产品专业生产企业，占地面积17.5万平方米，建筑面积5万平方米。职工610人，其中工程技术人员65人。注册资本5275.77万元，资产总额16675万元。主要生产纯棉、涤棉、化纤、竹节四大系列纱线，年产量近1万吨。公司主导产品华燕牌棉本纱、普梳涤与棉本纱为国家免检产品。2009年，公司实现工业现价产值1.43亿元、利税909万元。被授予泰兴市20强工业企业、重合同守信用企业、诚信纳税企业等称号。

·江苏裕纶纺织集团有限公司·

【概况】江苏裕纶纺织集团是一家建厂66年的大型民营企业。集团建有4个纺纱分厂、1个织布分厂。集团总资产7.19亿元，净资产3.01亿元，有职工2009人，其中技术人员272人。集团拥有纱锭16万枚、气流纺2800头、喷气织机256台。主要产品为纯棉、纯化纤、混纺、气流纺4大系列60多个品种的纱线，以及各种细支高密府绸织物、高档混纺交织布、牛津纺和弹力布等坯布和面料。2009年，集团实现产值6.51亿元、销售收入6.66亿元、利税2999万元，全员劳动生产率53960万元/人年。公司连续9年被评为“全国棉纺织行业前50强排头兵企业（集团）”，并获“江苏省文明单位”、“江苏省民营企业纳税大户”等称号。

【实现产销平衡】2009年，公司顺利实现产销平衡，纱线产销率达103.2%，库存比上年降低570吨；坯布产销率达96.8%。公司围绕市场做好品种调整，竹节纱、反手纱、混纺纱等特色产品的比重达40%。统筹安排国内贸易和进出口贸易，开拓产品出口的核销渠道，全年核销进口棉1600吨。

【技术和管理创新】公司年初分别下达管理及技术创新项目、攻关课题，各分厂、有关部门组织技术和管理骨干进行攻关，每季度组织总结交流，年终进行评比表彰，促进创新活动的开展。纺一分厂构建市场跟踪预测机制，开发新品，扩大特色产品比重，增加盈利；裕丰、纺一分厂改造FA203盖板清洁辊，减少堵塞，消除火险隐患；裕富分厂浆纱机高温冷凝水的回收利用等创新、攻关成效明显。技发部做好技术开发申报工作，公司技术中心被认定为“江苏省级企业技术中心”。

·江苏海阳化纤有限公司·

【概况】公司创建于1970年，是专业从事锦纶6浸胶帘子布、锦纶6民用切片、丝、线等多个锦纶系列产品生产的化纤企业，有职工2450人。2009年，公司生产锦纶6帘子布2.45万吨，生产民用丝、线3665吨，锦纶6切片10979吨；实现工业总产值10.46亿元；完成销售收入 9.8亿元，实现利润6164万元、利税4653万元。公司连续3年被评为泰州市十佳企业、海陵区十佳企业，并获“全省依法治企诚信经营先进单位”、“泰州市绿色等级企业”称号。公司锦纶6浸胶帘子布已形成3.5万吨/年的生产能力，生产和销售规模连续5年在全国锦纶6浸胶帘子布行业中居第3，产品销往全国50多家轮胎生产企业及南亚、东南亚等国家和地区，出口量占总量的40%，产品国内市场占有率达15%以上。

2009年公司在原有两套聚合装置的基础上，自主设计，分别投资新建年产1.3万吨和2.3万吨两套锦纶6民用切片聚合装置。年产1.3万吨聚合装置已于7月顺利建成投产；年产2.3万吨聚合装置，已进入设备安装阶段，计划2010年4月建成投产。投资2.5亿元在泰州海陵工业园建设新厂区，新建年产3万吨锦纶6工业长丝及差别化纤维项目。一期工程于2010年5月建成投产，全部工程2012年前完成，将形成32000吨/年纺丝及10000吨/年的捻织生产能力，锦纶6工业长丝和一步法帘子布产品的产量将大幅增长。

食 品 工 业

【概况】2009年，全市食品工业有列统企业110家，资产总值47.36亿元，全部从业人员平均人数1.68万人。完成增加值29.33亿元，实现现价工业总产值122.31亿元，占全部工业比重3.28%；实现销售收入113.72亿元、利税7.26亿元。

·泰州市梅香食品有限公司·

【概况】泰州市梅香食品有限公司创建于1985年，前身为泰州市第二食品加工厂，是一家专业从事食品生产的食品加工企业，生产“梅香牌”食品有4大系列、80多个单品。公司占地面积1.2万平方米，现有职工近300人，其中专业技术人员40多人。2009年，公司实现销售2.8亿，实现利税5000多万元。公司主产品咸蛋、熟咸蛋、松花皮蛋等系列被评为江苏名牌、绿色食品。 （海陵区经贸委）

·江苏楚龙面粉有限公司·

【概况】江苏楚龙面粉有限公司是2002年4月组建的民营股份制企业，是全国农产品加工业示范基地，省级农业产业化重点龙头企业，江苏省民营科技企业。至年末，公司有职工180人，其中，企业管理人员11人，从事生产、研发的技术人员34人，具有大专学历以上人员35人，具有中级职称以上人员13人，公司资产总值15841万元，其中固定资产4704万元，流动资产11137万元。年加工、转化各类面粉达21万吨。2009年，实现产值48867万元，比上年增加10.3%；实现利税总额4365.2万元，比上年增加149.6%。

公司瞄准面粉高端市场，依托公司的规模优势和技术力量，加大新产品的研发力度，形成工业用粉、民用粉、高端专用粉3大系列32个品种，拥有“冠宇”、“楚盛”、“楚皇”、“民欣” 4大品牌。产品获国家“绿色食品”、“放心粮油”认证，获江苏省名牌产品、“江苏省质量信用产品”称号。 （兴化市经贸委）

·益海（泰州）粮油工业有限公司·

【概况】公司主要从事大豆、菜籽等农产品的生产加工、仓储及销售，是中国食用油市场畅销品牌 “金龙鱼”系列食用油的主要生产基地之一。企业通过ISO9001:2000质量管理体系认证、HACCP食品安全体系认证，并在业内率先通过IP（非转基因产品身份证）认证、HALAL（伊斯兰食品安全）认证、犹太民族的Koshier认证。2009年，公司实现产值32.19亿元、销售额42.12亿元，比上年分别增长148.8%、218.8%；实现利税3.06亿元、利润1.92亿元，比上年分别增长297.4%、521.4%；实现开票销售额44.6亿元、净入库税金3706.21万元，比上年分别增长223.12%、425.41%。 （高港区经贸委）

建材及非金属矿物制品工业

【概况】2009年，全市建材及非金属矿物制品工业有规模以上列统企业97家，资产总值26.48亿元，完成现价工业总产值44.86亿元，实现利税3.95亿元，全部从业人员平均人数10300人。

·泰州杨湾海螺水泥有限责任公司·

【概况】泰州杨湾海螺水泥有限责任公司是安徽海螺集团全额投资建设的子公司，是泰州市政府2002年招商引资项目，一期300万吨/年水泥粉磨项目于2003年建成投标达产，跨入泰州市销售收入前100强企业行列。随着“十一五”规划发展的实施，海螺集团于2006年3月15日和泰州市政府签署《二期工程投资协议书》，在公司现有年产300万吨水泥产能的基础上扩建二期工程。

二期工程总投资约8亿元，新增注册资本金1.2亿元，建设2条大型水泥粉磨生产线、4座水泥库和3座熟料库等设施，设计年产水泥300万吨，并配套建设1座5万吨级码头。工程于2008年11月开工建设，年内，厂区主体工程和码头主体工程已完成，并进入设备安装调试阶段，现已完成总投资的90%，预计2010年11月18日投入试运行。二期工程建成后，公司总产能将达600万吨/年，码头吞吐能力将达1000万吨/年，年产值将近20亿元，成为国内最大的水泥粉磨生产基地。

乡 镇 工 业

【概况】 2009年末，全市乡镇工业企业40262家，其中注册企业13327家，个体工商户26935家。按登记注册企业类型分组，民营企业13046家，其中集体企业22家、股份合作企业27家、联营企业1家、有限责任公司747家、股份有限公司16家、私营企业12233家；港、澳、台商投资企业97家，外商投资企业184家。

全市乡镇工业从业人员747510人，其中注册企业555800人、个体工商户191710人。注册企业中具有大专及以上学历人数71781人，比上年净增12289人；中专及技校文化程度人数130354人，增加26349人。具有高级技术职称7567人，净增3451人；中级技术职称18463人，净增5090人；初级技术职称44338人，净增12147人。按登记注册企业类型分组，民营企业从业人员483522人，其中集体企业1983人、股份合作企业952人、联营企业262人、有限责任公司72417人、股份有限公司17924人、私营企业389984人；外商及港澳台商投资企业72278人。

全市乡镇工业拥有总资产1523.24亿元，比上年增长43.9%，其中流动资产860.63亿元，增长35.9%。负债总额889.05亿元，资产负债率58.37%。年末企业资本金总额462.29亿元，比上年增长36.93 %；所有者权益634.19亿元，比上年增长48.47%。

【发展速度和运行质量】 全市乡镇工业实现工业增加值804.09亿元，比上年增长27.34%；完成现价工业总产值3872.35亿元，增长29%；实现销售收入3675.2亿元，增长29.6%；利税总额340.75亿元，增长37.13%，比上年提高3.08个百分点；利润总额180.88亿元，增长40.97%，比上年提高5.61个百分点；实现税金125.73亿元，增长24.68%。全员劳动生产率为51.8万元，比上年净增11.23万元。

【规模经济】 全市乡镇工业年销售收入500万元以上的规模企业2968家，比上年净增374家；完成产值2504.34亿元，占乡镇工业总量的64.67%，比上年提高6.25个百分点；销售收入2309.37亿元，占乡镇工业总量的62.84%，比上年提高4.94个百分点；利税总额217.06亿元，占乡镇工业总量的63.7%，比上年提高1.78个百分点。

年销售收入5000万元以上的企业923家，比上年净增306家。其中，年销售收入超1亿元企业411家，比上年净增116家；年销售收入超10亿元企业20家，比上年净增5家。年利税超10亿元企业1家：兴化兴达钢帘线股份有限公司10.07亿元；年利税2～9亿元的企业10家，分别是：姜堰曙光集团5.64亿元、高港三福船舶公司5.55亿元、泰兴新浦化学公司5.11亿元、姜堰双登集团4.61亿元、靖江三江电器集团3.81亿元、靖江亚星锚链公司3.75亿元、泰兴济川药业集团3.45亿元、高港益海粮油公司3.06亿元、泰兴汇源电器公司2.63亿元、泰兴中丹集团2.3亿元；年利税超1亿元企业35家，比上年净增21个。

年销售收入超100亿元的乡（镇）7个，比上年增加3个；50～100亿元的15个，比上年增加3个；20～50亿元的29个， 5～20亿元的43个。年销售收入超1亿元的村231个，比上年增加11个，其中超10亿元的村30个；5～10亿元的村41个。

【行业分布】 全市乡镇工业2968家规模以上企业分布在31个行业，居前5位的分别是：通用设备制造业670家、金属制品业400家、化学原料及化学制品制造业276家、纺织业188家、电气机械及器材制造业169家。规模以上工业企业从业人员326774人，其中通用设备制造业61626人、金属制品业44158人、化学原料及化学制品制造业28337人、纺织服装、鞋、帽制造业25905人。

各行业中产值超400亿元的行业2个：通用设备制造业（450.53亿元）、化学原料及化学制品制造业（423.49亿元）；产值超300亿元的行业1个：金属制品业（340.17亿元）；产值超100亿元的行业3个：电气机械及器材制造业（184.09亿元）、交通运输设备制造业（172.78亿元）、有色金属冶炼及压延加工业（140.47亿元）；产值超90亿元的行业1个：纺织业（92.37亿元）；产值超80亿元的行业1个：纺织服装、鞋、帽制造业（82.54亿元）。

【社会贡献】 乡镇工业规模以上企业达2968家，当年净增374家，占全市规模以上企业总数的85.1%。乡镇工业实交国家税金125.73亿元，比上年增长24.68%。全市乡镇工业企业转移劳动力74.75万人，比上年净增5.25万人，占全市农村劳动力的37.4%，比上年提高2.6个百分点，其中吸纳下岗失业人员36928人；职工收入达110.77亿元，净增23.25亿元，比上年增长26.6%；全市农民人均从乡镇工业企业获工资性收入达2915元，占人均农民收入的35.5%，比上年提高4.1个百分点；全市农民年净增收入中乡镇工业贡献率为69.4%。全市外出打工回乡创业人员7373人，创办企业1562家。

【工业集中区建设】 全市工业集中区入驻企业5526家，其中当年引进企业615家。完成营业收入1603.9亿元，实现利税145.4亿元。新建标准厂房165.9万平方米，其中单层标准厂房121.65万平方米、多层44.25万平方米。10家省重点产业集群内现有各类载体（园区）32家，建成各类服务平台42个，市场建设数33家，有6家集群成立行业协会组织。（叶成伟）

·江苏兴达钢帘线股份有限公司·

【概况】江苏兴达钢帘线股份有限公司总资产59.82亿元，注册资本13460万元。公司主导产品子午线轮胎用钢帘线年产量达28万吨，国内市场占有率30%，国际市场占有率9%，成为亚洲第一、全球第三的钢帘线生产和研发基地。2009年公司实现销售收入46亿元。

2009年公司加大科研开发力度，投入技术研发费用16133万元，占企业销售收入的3.4%。公司有研发技术人员597人，其中博士1人、硕士14人、高级职称人员29人、中级技术职称人员77人。公司顺利通过ISO/TS16949:2002质量体系认证和GB/T24001-2004/ISO14001：2004环境体系认证，是“子午线轮胎用钢帘线”国家标准制定单位。公司设有国家博士后科研工作站、国家认可实验室、省级技术开发中心及省特种合金制品工程技术研究中心。公司拥有授权专利116项（其中发明专利10项），是国家优秀重点高新技术企业、省百强高新技术企业、省首批创新型企业。2010年1月，“兴达”商标被认定为中国驰名商标。

·江苏中丹集团股份有限公司·

【概况】江苏中丹集团股份有限公司是江苏省百强企业、泰州市工业50强企业，产品涉及精细化工、医药、医疗领域，有子公司15家，产业地域分布在江苏、重庆、内蒙古3地，还原靛蓝、氨基苯醚、乙氧基喹啉3个主导产品国际市场占有率均居世界第一。2009年，集团实现工业现价产值17.3亿元、开票销售15.6亿元、利税2.3亿元。

集团建有中丹药物研究院、江苏省专用化学品工程技术研究中心、博士后科研工作站等科技创新载体，拥有哈佛大学、麻省理工学院、东京工业大学等国外高等学府归国博士8人，拥有国家级高新技术企业1家、省级高新技术企业4家，65%以上的产品出口到全球30多个国家和地区，精细化工产品均通过ISO9001、ISO14001、OHSAS18001质量体系认证。企业先后获全国出口创汇先进企业、江苏省管理示范企业、江苏省安全生产先进企业和江苏省环保先进企业等称号。（李 勇）

江苏兴达钢帘线股份有限公司

民营经济

综述

【概况】个私经济注册资本突破1000亿元。2009年，全市新办私营企业7472家，比上年增加1795家，其中新增注册资本500万元以上企业1036家；全市私营企业累计达37257家，比上年末净增4932家。新办个体工商户28951家，个体工商户累计153236户。全市私营个体经济注册资本突破1000亿元，达1000.46亿元，比上年末净增196.73亿元；其中私营企业累计注册资本813.56亿元，比上年末净增188.38亿元。全市新增民营企业纳税户数7108户，比上年增加1849户。全市民营企业共实施民资项目4343个，当年投入681.71亿元，比上年增长31.7%；实现技改投入549.11亿元，增长33.65%。全市私营个体企业共吸纳就业人数94.52万人，比上年净增加11.22万人。

中小企业企稳回升。全市规模以上中小工业企业实现销售收入3038.28亿元，利税357.37亿元，利润总额208.59亿元，比上年分别增长33%、55.8%和78.5%，分别比全市规模以上平均水平高3.99、12.08和18.16个百分点，增速居全省前三位。全市民营经济实现增加值占全市GDP比重为54%，比上年提高1个百分点。全市民营经济实现税收收入146.72亿元，增长26.8%。

集群经济总量突破1500亿元。年内，全市10家省重点产业集群聚集企业4000多家，其中规模企业约1500家，实现增加值423.85亿元，完成营业收入1501.5亿元，实现利税194.4亿元，比上年分别增长20.7%、34.8%和54.4%。10家省重点产业集群中，年销售收入10亿元以下的产业集群1个，10～50亿元的4个，50～100亿元的1个，100亿元以上的4个。推进规划编制工作。年内，靖江船舶产业集群规划、泰州市区汽摩零部件产业集群发展规划通过专家评审,全年累计有6个产业集群完成规划编制并通过评审。

【服务体系建设】市及各市（区）均成立中小企业服务中心；与泰州市管理咨询协会签订合作协议，整合社会服务机构资源，引导其为中小企业提供优质服务。担保体系建设不断完善。至年末，全市列统40家担保机构注册资本总额为20.52亿元，累计担保企业12653家，担保总额199.5亿元。其中当年净增注册资本5.13亿元，同比增长33.34%。当年担保企业4217家，担保额108.98亿元，当年担保额比历年担保总额多18亿元。加强中小企业培训体系建设，全年举办各类培训班9期，培训2200人次。加强网络信息平台建设，升级完善中小企业信息服务网，中小企业法律服务网、中小企业金融服务网开通运行。推进高港汽摩配件产业创新技术服务平台、泰州市特种加工机床公共技术服务平台等平台建设工作。至年末，全市有各类中小企业技术服务平台20个。

个体私营工业

【概况】全市规模以上民营工业实现产值2354.63亿元，比上年增长29.8%，占规模以上总量的63.2%。其中私营工业实现产值1293.5亿元，增长36.8%，实现增加值577.39亿元，增长17%，占规模以上总量的57.4%；实现销售收入2227.66亿元，增长29.4%，高于全市平均水平，占规模以上总量的62.4%；实现利税219亿元，增长33.8%，占规模以上总量的52.5%；利润总额109.73亿元，增长36.2%，占规模以上总量的45%。

·江苏申源特钢有限公司·

【概况】江苏申源特钢有限公司是一家集科研、开发、生产、销售、服务为一体的特钢专业制造企业，公司资产总额60657万元，固定资产37400万元、厂区占地面积20.38公顷，有职工1226人，其中，具有中、高级职称的52人，科技人员118人。公司投资3.4亿元新上2000万支气门生产线项目；投资1.5亿元，新上电炉冶炼、精炼、连铸三位一体项目；投资1500万元引进德国全自动涡流探伤设备。主要生产内燃机气阀用钢、轴承钢、耐热钢、轨道钢、模具钢等特殊合金钢，生产能力为10万吨/年。公司通过新加坡PSB认证公司的ISO/TS16949质量体系认证。2009年，完成销售5.78亿元，实现利税6089万元，比上年分别增长18.4%和23%。

公司成功研制开发的5Cr21Mn9Ni4N气阀钢棒获泰州市、省科技厅“高新技术产品”称号，被国家科技部认定为国家级火炬计划、国家重点火炬计划项目。1Cr25Ni20Si2、1Cr20Ni14Si2、1Cr18Ni9、1Cr6Si2Mo等耐热不锈钢扁钢、圆钢已成为各大锅炉厂指定配套材料，并先后被授予国家重点高新技术企业、国家火炬计划兴化特种合金材料及制品产业基地重点骨干企业、江苏省高新技术企业等称号，获国家专利1项，拥有自主知识产权。

·江苏兴海特钢有限公司·

【概况】 江苏兴海特钢有限公司位于兴化市戴南镇，为私营有限责任公司，现有员工近600人，其中技术人员89人。拥有总资产1.7亿元，资产负债率为35%。主导产品"兴海牌"焊接用不锈钢丝和内燃机气阀钢钢棒为江苏名牌产品。公司是全国最大的不锈钢焊丝生产基地，不锈钢焊丝国内市场占有率达70%以上。2009年实现产值32813万元、销售32753万元、利税5031万元。

公司在全国同行业率先通过ISO9001国际质量体系认证，年内顺利通过ISO/TS16949认证。公司是江苏省高新技术企业，国家火炬计划兴化特种合金材料及制品产业基地重点骨干企业，中国特钢企业协会不锈钢分会及中国金属流通协会不锈钢分会常务理事单位，兴化市重点规模企业、纳税前五强企业和先进工业企业。董事长刘庄明被评为全国钢铁系统劳动模范。

2009年，公司加大技改投入力度，实施特种焊接用不锈钢丝生产线技改项目。通过对不锈钢焊丝生产线进行改造，满足专利产品、高新产品等高性能不锈钢焊丝的生产，进一步提质降本。加快技术创新，调优产品结构。全年共开发新产品6个，申报国家重点新产品1个，实施国家火炬计划项目1个，获泰州、兴化市科技进步奖各1个。

·江苏光芒集团·

【概况】 江苏光芒集团是一家专业从事厨卫家电、新能源产品研发、生产、销售的企业集团，产品涉及太阳能、厨卫家电两大行业9大系列120多个品种。集团拥有国内最大的大立升水箱生产基地、集热管生产基地等具有国际水平的完整产业链，建有江苏省级工程技术研究中心。产品通过"CCC"认证、欧盟CE认证、德国TUV认证，光芒商标被评为中国驰名商标，产品被评为中国名牌产品、家电下乡中标产品等。公司是江苏省质量诚信企业和国家级火炬计划项目、国家双高一优项目承担单位。2009年，公司实现销售收入5.35亿元，实现利润1800万元。

年内，公司依托北京自动化研究所开发的"新型分体承压式高能效太阳能热水器"项目被列入2009年江苏省科技成果转化专项资金项目。光芒太阳能、燃气热水器、电热水器被列入"家电下乡产品"。至年末，光芒集团在全国设立20多个分销中心、1000多个服务网点及2000多个形象专柜，形成遍及全国的销售网络，产品远销欧、美、东南亚、非洲等国家和地区。2010年，公司将重点实施以"新农村、新能源、新生活"为主题的"农村屋顶阳光工程"和以"推动太阳能与建筑完美结合"为主题的"城市绿色建筑工程"。

·江苏大中电机股份有限公司·

【概况】 江苏大中电机股份有限公司创建于1968年，占地面积20.5万平方米，建筑面积17.5万平方米，资产总额46553万元。主要生产各类交、直流电动机，产品广泛应用于电站、冶金、煤矿、机械、石油、化工、船舶、交通、水利、造纸、环保等行业。年生产能力60万台/800万千瓦。2009年，实现销售9.5亿元、利税4300万元，企业规模及综合经济效益在全国同行业中居前三位。公司被国家经贸委认定为机电产品出口基地。被国家科技部评为国家微特电机及控制产业基地重点骨干企业。"大中"牌电动机被评为中国名牌产品。

公司现有职工1860人，具有大专以上学历的工程技术人员580人，其中从事高新技术研究开发的科技开发人员378人，分别占全厂职工的31.2%和20.3%。公司重视产学研合作，每年将不低于销售收入的5%用于新产品开发，先后与上海电器科学研究所、防爆电机研究所、清华大学、沈阳工业大学等科研院校协作，加强科技成果的转化，促进企业的持续发展。

服务与监管

【概况】 2009年，全市中小企业（民营经济）积极应对金融危机带来的不利影响，着力优化发展环境，努力提升发展水平，积极推进集约化发展，完善中小企业社会化服务体系，实现健康平稳发展。

开展"三服务"活动。以帮助企业解决实际问题为主线，建立千家企业挂钩联系、企业难题征集会办等机制，一批困扰企业多年或在其他地区难以解决的问题得到妥善落实。开展送政策服务，编印促进中小企业、民营经济发展政策文件汇编（四），免费赠送给全市中小企业、创业者和各有关部门。组织银企对接活动，会同市银监局举办全市银企对接暨泰州中小企业金融服务网改版推介会，192家企业通过活动获贷款资金7亿多元；开展企业、项目的筛选，向金融、担保机构筛选推荐市区中小企业106家，解决融资需求2.19亿元。推进担保机构建设。会同市人行、银监部门出台《关于进一步推动金融机构与信用担保机构合作的指导意见》；加强担保行业培训，分别组织重点担保机构负责人参加省中小企业担保再担保风险管理研讨培训班、国家工信部担保业务培训班；推进担保机构信用评级工作，11家担保机构参加担保机构评级，其中7家担保机构获A级以上信用评级。全市担保机构累计担保

企业1.27万家，提供担保199亿元，其中当年为4217家企业提供担保4259笔，担保总额108.98亿元。引导企业加快市场结构调整和产品适应性调整，帮助企业拓展市场空间。组织实施中小企业“百千万”电子商务推进工程，与阿里巴巴公司联合开展中小企业电子商务推进工程。全年全市共举办7期培训班，约500家企业参加培训，全市共新增“诚信通”用户111家、“出口通”用户51家。梳理国内外相关展销会、博览会、商品交易会信息，引导企业积极参与，拓展销售渠道，组织林海集团等15家企业参展2009中国（江苏）装备产业配套对接洽谈会，组织11家企业参展广州第六届中博会。加强中小企业运行监测,重点加强全市关（停）产中小企业的动态监测，实行周报、旬报、月报制度；及时对重点乡镇、重点行业进行专题调研，掌握实际情况，提出对策建议，为领导决策提供依据。

*组织“六星企业”争创活动，提升中小企业发展水平。*开展以“加快企业发展、改善运行质态、提升创新能力、加强品牌建设、推进节能减排、增加社会贡献”为主要内容的“六星企业”争创活动，出台《泰州市“六星企业”评比评选办法》，有计划、有步骤地开展争创工作。一是提升中小企业创新水平。加强中小企业知识产权的应用，组织企业争创省科技型中小企业、省知识产权应用示范企业、省中小企业专利新产品等。全市有19个产品被认定为2008年省中小企业专利新产品，16家企业被确认为第二批省科技型中小企业。推进“产学研”联合，组织30多个民营企业科技攻关项目参加第6届无锡民营企业高新技术洽谈会。二是鼓励企业做强做大。建立重点企业、高成长性中小企业及小企业上规模数据库，对入库企业开展政策扶持、业主培训、信息咨询、融资担保等服务。全市全年净增规模以上企业376家，累计达3225家。三是推进中小企业创业板上市。会同市证券办举办全市创业板上市高端讲座，开展2次全市创业板上市企业基本情况调查；组织专家与拟在创业板上市的企业进行洽谈，做好创业板上市后备企业的筛选、培育。四是积极实施品牌战略。组织实施质量兴市战略和企业品牌战略，全市中小企业新创中国驰名商标3个，新增省著名商标16件。五是推进中小企业信息化。坚持以信息化带动工业化，加快信息技术在传统产业特别是在中小企业中的应用。全市规模以上企业基本实施企业上网工程，有500多家企业开展电子商务活动，创建省级中小企业信息化应用示范企业30家。

*加强产业集群建设，引导中小企业集约发展。*一是坚持规划引导。按照区域内产业发展现状，推进产业集群科学编制发展规划，形成区域分工有序、相互协作、前后配套、链接紧密、各具特色的产业集群发展格局。全市10家省级产业集群中已有6家进行规划编制工作，分别是戴南不锈钢产业集群、泰州医药产业集群、姜堰石油钻具产业集群、靖江船舶产业集群、泰兴减速机产业集群、泰州市区汽车零部件产业集群。二是坚持龙头带动。培育和引进关联度大、带动性强的大企业、大集团，发挥其产品辐射、技术示范、信息扩散和销售网络的龙头带动作用。鼓励龙头企业采用多种方式，对其上下游企业进行重组、改造，形成一批专业化配套企业，提高产品本地化配套率。三是加强载体建设。围绕产业集群发展需要，高标准规划、建设功能完善的工业园区集群载体建设。组织召开全市产业集群和工业集中区建设座谈会。至年末，市级重点工业集中区累计入驻企业5526家，当年引进企业615家，资金投入178.86亿元，全年完成营业收入1603.9亿元，实现利税145.4亿元，新建标准厂房165.9万平方米，其中多层44.25万平方米。

*完善社会化服务体系，提升服务中小企业的水平。*围绕中小企业发展需求，加强公共服务体系建设，化解民营中小企业经营风险和竞争压力。一是加强中小企业服务中心建设。年内，泰兴、海陵、高港成立中小企业服务中心。至年末市及各市（区）均成立中小企业服务中心。整合法律、会计等社会服务机构资源，引导其为中小企业提供优质服务，其中有10家机构被评为省级中小企业社会化服务示范机构，3家服务机构、5家培训机构的工作计划纳入省中小企业2009年工作计划。建立与泰州市管理咨询协会等服务机构的长期协作关系，签订合作协议，开展系列现场法律咨询服务活动。二是加强中小企业培训体系建设。完善以5家市级中小企业培训基地为主导、社会性培训机构为补充的中小企业培训体系，开展系列培训活动。组织省第14期中小企业主管理研修班泰州班学习活动，共有75位企业家参加学习；举办当前宏观形势与政策、增值税转型专题讲座、出口加工型企业如何应对金融风暴、中小企业如何规避金融风险、创业辅导培训等培训班共9期，培训2200人次。三是加强中小企业技术服务平台建设。在重点产业集群和工业集中区开展中小企业公共技术服务平台建设，为中小企业开展技术创新、产品检测、信息咨询、成果鉴定等服务。开展全市中小企业技术服务平台建设情况调研，提出推进平台建设的对策措施，开展省第二批中小企业技术服务平台争创工作。至年末，全市已建研发、检测、产权交易及成果转化、咨询等中小企业技术服务平台20个，其中研发支持机构7个、检测服务平台5个、产权交易和科技成果转化平台2个、行业协会类咨询服务机构6个；其中医药高新区公共研发服务平台、泰兴乐器技术服务平台获省首批示范平台，医药平台纳入国家中小企业公共服务平台建设项目库。四是推进创业基地建设。开展创业基地建设情况调研；开展创业基地—专家巡诊“121计划”活动，邀请专家为全市企业创业进行诊断与辅导服务。至年末，全市有国家级小企业创业基地1家、省小企业创业基地16家，其中创业示范基地2家；市级小企业创业基地9个。

【泰州中小企业法律服务网建成开通】3月23日，由泰州市中小企业发展中心、泰州市管理咨询协会主办，江苏魏正龙律师事务所承办的泰州中小企业法律服务网建成开通。法律服务网汇集全市长期从事公司法、合同法和劳动法等涉及企业法律服务方面的资深律师，组成中小企业法律服务团队，同时联合会计师事务所、税务师事务所、知识产权事务所、产权交易所、拍卖行等专业机构，组成中小企业法律服务联盟。法律服务网围绕全市广大中小企业法律服务的需求，组织开展服务企业百日行活动，并制定“中小企业法律服务团免费法律服务方案”，为企业提供全方位、一站式的法律服务。

【举办创业板上市讲座】 9月5日，全市召开领导干部学习会，邀请深圳交易所副总经理陈鸿桥作“新兴产业、创业板与中小企业金融支持体系”专题演讲。市四套班子领导及全市市级机关各部门负责人，各市(区)分管领导、经贸委负责人、200家中小企业主要负责人约500人参加讲座。此次讲座由市政府主办，市经贸委(中小企业局)和市证券办承办。

【多家企业入选省民企纳税大户、民营企业就业先进单位】 9月30日，省委统战部、省经济和信息化委员会、省人力资源和社会保障厅、省工商业联合会联合发布2008年度江苏省民营企业纳税大户排行榜和就业先进排行榜。泰州市入选2008年度省民营企业纳税大户的12家企业分别是：扬子江药业、新世纪造船、江山制药、兴达钢帘线、曙光集团、亚星锚链、梅兰化工、口岸船舶、鹏欣房地产、苏中药业、碧桂园房地产、飞船股份。入选2008年度江苏省民营企业就业先进单位的9家企业分别是：兴达钢帘线、扬子江药业、口岸船舶、海阳化纤、双登集团、新世纪造船、梅兰化工、江山制药、大中电机。

【专家巡诊“121计划”走进泰州】 10月22日，由省中小企业局主办的省创业基地—专家巡诊“121计划”走进泰州，为全市的中小企业解答创业困惑。省专家实地考察走访了泰州科创锌业有限公司、江苏兴达电子线缆有限公司，与泰州市软件园20多家企业代表进行交流，围绕战略定位、商业模式、资源配置和企业管理4方面实施企业管理咨询诊断和辅导服务。

【市区汽摩零部件产业集群发展规划通过专家评审】 10月30日，市中小企业局主持召开《泰州市区汽摩零部件产业集群发展规划》评审会。由市发改委、市财政局、市委党校、泰州职业技术学院、南京航空航天大学、江苏贺尔碧格有限公司、江苏海博电子有限公司等有关单位和企业的专家组成评审小组，对江苏大学课题组编制的《泰州市区汽摩零部件产业集群发展规划》进行论证。与会专家听取规划编制情况的介绍，审查相关规划编制支撑文件，一致同意规划通过评审。

【2家产业集群入选中国百佳】 12月20日，中国社会科学联合研究中心公布“2009第三届中国百佳产业集群”获选名单。泰州市有2家产业集群入选，分别是中国姜堰能源装备产业集群、靖江船舶制造产业集群，其中靖江船舶制造产业集群第三次入选“中国百佳”。“第一届中国百佳产业集群名镇”也同时揭晓，泰州市有2家产业集群镇入选，分别是中国戴南不锈钢产业集群名镇、中国白米能源装备产业集群名镇。 （叶成伟）

江苏申源特钢有限公司厂景

对外经济贸易

综　述

【概况】2009年，全市开放型经济保持平稳发展，全年实际利用外资10.6亿美元，比上年增长0.6%。新批外商投资企业166家，增加27家，协议外资27.2亿美元，增长46%。新批外商投资项目平均规模超1600万美元，达1636万美元，增加582万美元。其中，总投资超1000万美元项目96个，增加27个；3000万美元以上项目18个，与上年持平；1亿美元左右项目3个。全市外商投资企业突破1000家。7个省级及以上开发区实际利用外资8.6亿美元，增长11.7%，占全市总量的81.3%，提升7.7个百分点。完成进出口总额58.2亿美元，下降8.2%，其中，累计进口16亿美元，增长10.3%；累计出口42.2亿美元，下降13.7%。全市完成外贸出口额居全省第6，与上年持平，出口额占全省外贸出口总额的2.11%，提升0.06个百分点。全市机电产品出口26.2亿美元，下降15.4%，占全市的62.1%，占比比上年提升3.6个百分点。其中，船舶出口14.2亿美元，下降0.7%，占机电产品出口总额的54.1%，占全市出口总额的33.6%。全年新签外经合同额3.85亿美元，增长21.1%，总额居全省第5位；实现外经营业额4.46亿美元，增长23.98%，完成营业额居全省第3。全年新派劳务人员4286人，下降4.8%。

利用外资

【外商投资项目】全年，全市引进超1亿美元投资项目2个，其中，纬创资通（泰州）项目总投资10亿美元，与之配套的30多家企业入驻泰州；泰凌（中国）医药投资有限公司落户医药高新区，注册资本1亿美元，为苏中首家投资性公司。全年累计新批（增资）投资总额1000万美元以上项目96个，比上年增长41.18%，协议外资22.31亿美元，比上年增长58.68%；投资总额3000万以上项目18个，协议外资6.6亿美元，比上年增长23%。全市新批项目协议外资平均规模1636万美元，比上年增长66.6%。大项目的增多和项目单体规模的提高为全市利用外资总量的扩张提供强有力的支撑。

【外商投资结构】全市招引的港台项目尤其是台资项目明显增加。2009年，全市新增港台资项目89个，协议外资14.49亿美元，比上年增长39.33%，占协议外资总量的53.4%；实际到帐外资4.72亿美元，比上年增长24.2%，占实际外资总量的44.7%。利用台资额明显增长，全年新批台资项目数、协议台资、实际台资分别比上年增长15.4%、44.8%和112.6%。新增欧美投资项目29个，协议外资2.75亿美元，比上年增长111.5%；实际到帐外资1.14亿美元，比上年下降32.34%。亚洲地区仍是全市外资主要来源地，其次为美洲、欧洲。

亚洲国家和地区在泰投资新增项目117个，协议外资18.99亿美元，实际外资6.66亿美元，占全市比重分别为70.5%、69.9%和63.1%。美洲在泰投资新增项目21个，协议外资2.16亿美元，实际外资7927万美元，占全市比重分别为12.7%、7.9%和7.5%。欧洲在泰投资新增项目8个，协议外资5936万美元，实际外资3442万美元，占全市比重分别为4.8%、2.2%和3.3%。

实际利用外资排名前五位的国家/地区分别是：香港（2.57亿美元）、台湾（2.15亿美元）、新加坡（1.27亿美元）、英属维尔京群岛（1.21亿美元）、加拿大（0.55亿美元）。前五位国家/地区的实际利用外资金额之和占总量的73.4%。

第二产业是外商投资的主要领域，利用外资所占比重超四分之三；第一产业利用外资比重较低，第三产业利用外资比重回落。全年一产新批项目11个，比上年增长120%，协议利用外资6024万美元，比上年增长685.4%，实际利用外资648万美元，比上年下降55.8%；二产新批项目111个，比上年增长7.8%，协议利用外资20.87亿美元，比上年增长54.18%，实际利用外资8.39亿美元，比上年增长7.8%；三产新批项目40个，比上年增长53.8%，协议利用外资4.34亿美元，比上年增长25.9%，实际利用外资1.03亿美元，比上年下降36.17%。

全年沿江地区协议外资22.4亿美元，实际外资8.7亿美元，分别是非沿江地区的4.8倍和4.6倍。新批和增资投资总额1000万美元以上的项目中，沿江地区占78.1%；18个投资总额3000万美元以上的项目全部落户在沿江地区，大项目向沿江集聚的速度加快。

【招商引资活动】 2009中国泰州投资说明会。4月7日，2009中国泰州投资说明会暨项目签约仪式举行。签约的18个内外资项目总投资达55.7亿元，市领导张雷、姚建华、张正方、卢佩民、王东出席签约仪式，来自世界30多个国家和地区的政界、商界人士200多人应邀出席仪式。市委书记、市人大常委会主任张雷致欢迎辞。市长姚建华从文化、工贸、区位、交通、投资环境等方面介绍了泰州的基本情况。当天现场签约的18个项目中，16个投资项目超1亿元。其中，外资项目11个，总投资4.63亿美元；内资项目7个，总投资24.1亿元。项目涉及物流、污水处理、机械、化工、农产品深加工、三产服务等领域，均具有单体投资规模大、市场前景广、带动性强的特点，许多项目拥有自主核心技术。台湾汇成投资管理有限公司投资4000万美元的大润发超市项目，位于南通路南侧、鼓楼北路东侧，预计2010年国庆期间开张营业。泰州城南污水处理厂二期改扩建工程总投资 1亿元。工程完工后，日污水处理能力将达8万吨，处理标准可从一级B提高到一级A。投资说明会还发布359个重点招商项目，其中40个投资额在1400万美元以上。

2010年上海世博会泰州宣传周活动。4月6日～12日，分别在溱湖国家湿地公园和市区滨河广场开展“2010年上海世博会泰州宣传周”活动。活动主办方——市外经贸局通过展板展示，媒体推广，派发世博知识读物、宣传海报和光盘等方式，加深市民对世博会的认识，激发社会各界参与世博、贡献世博的热情。宣传周期间累计有8万多市民观摩展览。4月12日，上海世博会事务协调局原副局长、上海世博会国内参展顾问、世博会宣讲团专家黄耀诚到泰，视察展览现场，并在泰州职业技术学院进行主题为“世博会：走向中国时代”的专题讲座，市政府副秘书长李龙根出席并主持讲座，来自社会各界听众近300人。

赴欧经贸促进和招商活动。为加强全市医药产业，以及造船、物流产业的国际经济交流与合作，加快在手项目的进度， 10月6日～10月15日，泰州市组团赴荷兰、瑞典等欧洲国家开展为期10天的经贸促进和招商活动。代表团在荷兰期间与马士基APM码头公司进行洽谈；在瑞典期间，代表团与全北欧最大的医药企业瑞典Recipharm公司进行交流，并在斯德哥尔摩世界贸易中心举办名为“中瑞生命科学研讨会，与中国第一生命科学谷的合作机遇”大型医药推介活动，瑞典医药界代表60多人出席推介活动。

台苏生物医药健康产业合作研讨会。11月11日，台湾、泰州两地的500多名专家学者、企业家在台北市，围绕促进两地生物医药健康产业交流与合作主题，举行台苏生物医药健康产业合作研讨会。省委常委、常务副省长赵克志，海峡交流基金会董事长江丙坤，台湾工业总会理事长陈武雄，泰州市市委书记张雷出席并讲话，省科技厅厅长朱克江、中国工程院院士侯云德、台湾区制药工业同业公会理事长黄柏熊、美中医药开发协会主席夏明德、台北市生物产业协会理事长陈益明、省科技厅副厅长王秦、台湾全球策略投资管理顾问公司董事长杨世缄、台湾民意代表潘维刚、廖国栋以及市领导刘建国、何榕等出席。台苏生物医药健康产业合作研讨会由苏台经贸文化交流促进会、工业总会主办，泰州国家医药高新区、台湾区制药工业同业公会、台北市生物产业协会为研讨会执行单位。研讨会上，泰州市政府以及泰州国家医药高新区、经济开发区与台湾工业总会和有关行业协会、企业签订10个项目合作协议，18名专家学者、企业家在技术交流、市场开发、产业政策等方面作主旨演讲，进行交流研讨。市委书记张雷介绍泰州生物医药健康产业的发展概况，市委常委、医药高新区党工委书记何榕作《中国医药城，两岸生物医药健康产业合作的最佳平台》的专题推介。

2009年泰州市外资工作目标完成情况表

表14　　　　单位：万美元

地区	实际利用外资				协议利用外资				
	年计划	本期累计	同比（%）	占全市比重（%）	年计划	新批项目数（个）	本期累计	同比（%）	占全市比重（%）
泰州开发区（含医药高新区）	28000	17449	-6.77	16.52	50000	31	52460	37.63	19.32
海陵	12600	11121	4.71	10.53	22500	20	24744	67.21	9.11
高港	14000	11066	0.07	10.48	25000	17	26431	34.86	9.74
泰兴	25200	15418	-12.37	14.60	45000	34	55607	57.03	20.48
姜堰	15400	11381	-6.84	10.77	27500	32	29506	55.00	10.87
靖江	36400	31483	13.48	29.81	65000	14	65007	39.14	23.94
其中：靖江园区	—	11070	16.29	—	—	4	13395	-4.72	—
兴化	8400	7706	23.61	7.30	15000	18	17747	53.23	6.54
合计	140000	105626	0.61	100.00	250000	166	271499	45.98	100.00

【招商引资培训】7月24日～27日，泰州市与昆山开发区合作，联合举办一期招商引资培训班，全市55名学员参加培训。培训班重点在招商项目选定和寻找招商项目来源、招商接待工作、招商谈判策略与技巧、招商礼节与利益，招商引资会议及活动的组织、招商项目跟踪及招商项目服务等方面进行系统学习。培训班全体学员参观昆山经济开发区，观摩昆山经济开发区改革开放30年成就展。

对外贸易

【出口商品结构】全年机电产品出口占62.1%，船舶出口占三分之一强。全市机电产品累计出口26.2亿美元，比上年下降15.4%，占全市出口总额的62.1%，比上年提升3.6个百分点。其中，船舶出口14.2亿美元，比上年下降0.7%，占机电产品出口总额的54.1%，占全市出口总额的33.6%；化工产品累计出口6.4亿美元，比上年下降16.6%，占全市出口总额的15.2%；纺织服装累计出口4.9亿美元，比上年下降8.9%，占全市出口总额的11.6%；高新技术产品出口3.3亿美元，占全市出口总额的7.8%，比上年提升1.5个百分点。全市有农产品出口实绩企业50家，累计出口9974万美元，比上年增长12.1%，高出全市外贸出口增幅25.8个百分点。

【出口贸易方式】2009年，全市加工贸易出口份额超过50%，加工贸易累计出口22.8亿美元，比上年下降10.5%，占全市出口总额的54.2%，比上年度提升2.1个百分点。一般贸易累计出口19.3亿美元，同比下降16.7%，占全市出口总额的45.7%，比上年下降1.3个百分点。2006年～2009年，全市加工贸易占比分别为45.45%、43.8%、52.1%和54.2%，总体呈现逐步提升态势。

【进出口企业】外商投资企业出口比重超70%，全市前30强企业出口比重超65%。2009年，全市外商投资企业累计出口29.6亿美元，比上年下降11.5%，占全市出口总额的70.4%；全市生产企业累计出口10.6亿美元，比上年下降18.9%，占全市出口总额的25.1%；全市外贸流通公司累计出口1.9亿美元，比上年下降17.2%，占全市出口总额的4.5%。全市出口前30强企业累计出口28.2亿美元，占全市出口总额的66.8%；其中出口超1亿美元企业5家，出口超1000万美元企业59家。江苏新时代造船公司为全市第一大出口企业，全年累计出口9.9亿美元，占全市出口总额的23.4%。

【出口市场】对亚洲出口保持小幅增长，对东盟出口迅速增长。2009年，全市对亚洲累计出口20.4亿美元，比上年增长9.2%，占全市出口总额的48.3%，其中对东盟累计出口6.9亿美元，比上年增长18.7%，占全市出口总额的16.4%。对欧洲出口13亿美元，比上年下降30.3%，占全市出口总额的30.8%，其中对欧盟累计出口10亿美元，比上年下降23.3%，占全市出口总额的23.7%。对北美洲出口5.4亿美元，比上年下降8.9%，占全市出口额的12.8%。对拉美地区出口1.3亿美元，比上年下降55.2%，占全市出口额的3.1%。全市出口市场共有174个国家和地区，与上年相比新增出口市场12个，且大部分为新兴市场。全市出口前十位市场分别为美国、新加坡、塞浦路斯、德国、日本、韩国、荷兰、瑞士、香港和印度。在出口国家和地区中，有119个国家和地区出口额下降。美国市场成为全市出口的第一大市场，共出口4.7亿美元，比上年下降7.4%，占全市出口总额的11.1%。对新加坡、塞浦路斯出口增幅超65%，对德国、印尼、巴西等出口下降均超30%。

2009年泰州市外贸工作目标完成情况表

表15　　单位：万美元

地　区	外贸自营出口				外贸公司		自营生产企业		三资企业	
	年计划	累计	同比（%）	占全市比重（%）	出口	同比（%）	出口	同比（%）	出口	同比（%）
市直	56100	34425	-32.8	8.20	—	—	4057	-50.32	30368	-29.5
海陵	52700	40123	-10.4	9.50	3316	-4.13	12085	-12.42	24722	-10.21
高港	48200	49532	28.7	11.80	205	-34.85	33777	49.17	15550	0.13
开发区	30800	29287	4.1	6.90	1085	-11.11	1081	0.39	27121	4.96
靖江	210600	165556	-11.2	39.30	6048	-8.95	23851	-44.14	135657	-1.03
泰兴	79600	49053	-27.8	11.60	4761	-21.66	14239	-24.76	30053	-30.08
姜堰	60100	35808	-31.2	8.50	2230	-30.01	9003	-34.91	24575	-29.85
兴化	23900	17756	-9.5	4.20	11191	-35.61	8195	-16.87	8370	5.9
合计	562000	421540	-13.74	100.00	18836	-17.21	106288	-18.87	296416	-11.51

对外投资和经济合作

【对外承包工程】2009年，全市外经企业新签对外承包劳务合同额3.85亿美元，比上年增长21.1%，占全年计划的101.3%，居全省第5；实现外经营业额4.46亿美元，比上年增长24%，占全年计划的103.8%，居全省第3。新签项目数量下降，在手项目进展顺利。受国际金融危机爆发影响，境外工程项目数量和规模减少，不少国家压缩和停止多个原计划实施项目，全市外经企业受到冲击，年内，共新签对外承包劳务项目51个，比上年减少14个。外经合作大项目增多，援外项目取得突破。全市新签超500万美元的项目24个，其中超1000万美元的境外项目11个，比上年增加7个。其中，江苏一建承建的泰国THE CIRCEL公寓海工程合同额4000万美元，正太集团在博茨瓦纳承建的马迪拉瑞中学项目合同额2225万美元，锦宸集团在乍得承接的石油开采配套工程合同额2160万美元，兴化苏兴建设公司首次签约1000万美元，承接塞内加尔体育场工程。有11家外经企业签定超500万美元的项目。随着大项目的实施和新签项目的增加，有6家外经企业实现营业额超2000万美元。正太集团中标几内亚比绍军队总医院援外工程项目，合同额755万美元，是全市外经企业首次通过招投标获得的国家援外工程项目；正太集团获国家优惠贷款承建纳米比亚医院改造工程项目，是全市外经企业首次利用政府优贷承建的境外工程。

【对外劳务合作】年内，全市有3家企业经商务部批准获对外劳务合作经营资格，全市对外经济合作企业总数达20家，其中对外劳务合作企业6家，获权队伍的壮大为全市对外承包劳务的市场开拓带来明显促动，全年全市新派劳务4286人次。对外承包劳务市场以亚洲、非洲地区为重点区域，新开辟赤道几内亚、几内亚比绍等市场。针对非洲传统市场，外经企业深入拓展业务领域，共新签项目合同额2.12亿美元，实现营业额2.49亿美元，比上年分别增长68.3%和69.4%，分别占全市总额的55.1%和55.7%。年内，江苏广宇集团首次成功签约日本研修生项目。

【境外投资】2009年，境外投资规模明显增长，投资方式和地区有所拓展。全年新批境外投资项目16个，中方协议总投资额953.5万美元。全市新批境外企业和机构16家，中方协议总投资953.5万美元，分别比上年增长166.7%、81.6%。兴化九寿堂成为全市第一家在美国设立生产企业的企业，中方协议投资300万美元。创新电子成为全省第一家在台湾设立机构的企业。长安汽车检测公司和外方以合资方式在印尼设立汽车检测设备制造公司，开拓印尼汽车设备、零配件市场。全年境外投资新增法国、印尼、毛里求斯、安哥拉、台湾等5个国家和地区，从投资项目分布情况看，行业以境外批发服务业为主，有8个项目；地区分布仍以亚洲为主，有9个项目，投资额占全市总额的85.8%。

2009年泰州市外经工作目标完成情况表

表16　　单位：万美元

地区	新签合同额				实现外经营业额			
	年计划	累计	同比（%）	占年计划（%）	年计划	累计	同比（%）	占年计划（%）
市直	7200	4714	-36.97	65.47	6700	5273	-13.90	78.70
开发区	2000	1435	610.40	71.75	2400	2084	883.02	86.83
海陵	7500	9587	53.29	127.83	13000	17015	31.24	130.88
高港	400	600	500.00	150.00	200	215	0.00	107.50
泰兴	6400	6529	22.13	102.02	6700	7020	46.04	104.78
靖江	7400	4290	-33.59	57.97	6800	4025	-29.36	59.19
姜堰	6400	9258	70.34	144.66	6700	7870	35.15	117.46
兴化	700	2080	307.84	297.14	500	1118	210.56	223.60
合计	38000	38493	21.10	101.30	43000	44620	23.98	103.77

（王　华）

国际贸易促进

【概况】 2009年，泰州市贸促会围绕全市经济工作大局，发挥贸促会的积极作用，加大法律服务力度，积极举办经贸活动。年内，获“2009年度江苏省贸促工作先进单位”称号。

【法律服务】 泰州市出口产品结构以机电为主，机电产品出口占全市出口总额的60%。年内，受国际金融危机的持续影响，全市机电产品出口下滑，LG、春兰、林海等企业出口均比上年下降近35%；上半年，一般原产地证书签证量比上年减少26%。为帮助企业扭转出口下滑势头，市贸促会积极开展贴近式服务，在对上年出认证业务逐月比较的基础上，对重点企业及时走访，对中小出口企业实行上门宣传和服务，特别是纺织品、化工等非机电类出口企业。在出证认证业务上，通过扩大国际商事证明书以丰补欠。上半年共签发国际商事证明书1183份，比上年增加58%。发挥在市行政审批中心设立的窗口优势，了解企业情况，掌握出口形势，做好服务工作，签证下滑的势头在下半年得到遏制，全年签发原产地证与上年基本持平；自办国际商事证明书1834份，比上年增加69.2%；代办使领馆认证663份，比上年略有下降。

【经贸活动】 年内，市贸促会分别举办“泰州—土耳其经贸洽谈会”和“荷兰商机 面向泰州”两场专题经贸研讨会，100多家企业参会。组织大型骨干企业分别参加省会举办的中国（江苏）企业跨国研讨会、台湾名品交易会、海峡两岸企业合作大会、第23届大连进出口商品交易会、第17届昆明交易会、西宁投资贸易洽谈会等重要经贸活动，为企业寻求合作、扩大出口成交提供有效载体。江苏省历史上规格最高的对外经贸活动——第五届中欧工商峰会，组织市医药园区、经济开发区及有关企业参加，听取了总理温家宝及欧盟领导人的演讲，增进与欧盟企业之间的交流。

【展览工作】 联合市发改委、经贸委、外经贸局等部门共同举办“2009中国泰州国际船舶工业展览会”。展出面积3000平方米，展位近150个，吸引包括全市重点船舶骨干企业和配套企业在内的国内外近百家企业参展。展会期间，组织船舶产业发展形势报告会，邀请中国船舶经济研究院首席研究员张长涛博士就国家振兴船舶产业规划出台，泰州船舶及船舶配套企业如何抓住机遇作主题演讲。在出展方面，年内组织企业参加西伯利亚体育用品展、纽伦堡地面材料展、越南空调展等12个国际展会，展出摊位20多个，使企业直接参与国际市场竞争，取得良好的参展效果。

【会员服务】 为会员企业提供有效信息，全年向会员企业寄送《贸促通讯》期刊4000份。为外经贸企业培训各类专业人才，全年累计开办培训9次，参培人数1000人。新发展的注册会员企业比上年增长35%。（肖　枫）

全市开放型经济工作会议召开

国电泰州电厂一期工程

江阴经济开发区靖江园区
揭牌暨项目签约仪式

靖江·江阴联动开发委员会第五次会议

江苏江阴－靖江工业园区投资说明会
Investment Promotion Symposium of Jiangyin-Jingjiang Industrial Park, Jiangsu Province
中国 江阴

引江河枢纽

黄金水道

城市干道

江边塔吊

沿江岸线成为招商引资的热土。

扬子江药业集团

泰州拥有销售过亿元的企业422家，其中销售过10亿元或利税过亿元的企业32家。生物医药、机电船舶、石油化工等三大优势产业，不锈钢、减速机、汽车零配件、数控机床、小提琴等十大特色产业集群发展迅猛。销售收入超过100亿元的春兰集团、扬子江药业集团、新世纪造船等大型企业集团享誉华夏。中成药、Vc、钢帘线、汽车零部件、离子膜烧碱等产量全国领先，空调、冰箱、微特电机、船舶成为全国重要的生产基地。泰州市委三届七次全会提出：按照“加快提升机电（船舶）产业、重点退出生物医药产业、科学发展化工产业、大力培育新能源和IT产业”的总体要求，及时出台泰州的产业振兴发展规划，致力于打造一批千亿级产业，全力提升产业发展层次。

LG集团

新浦化学（泰兴）有限公司

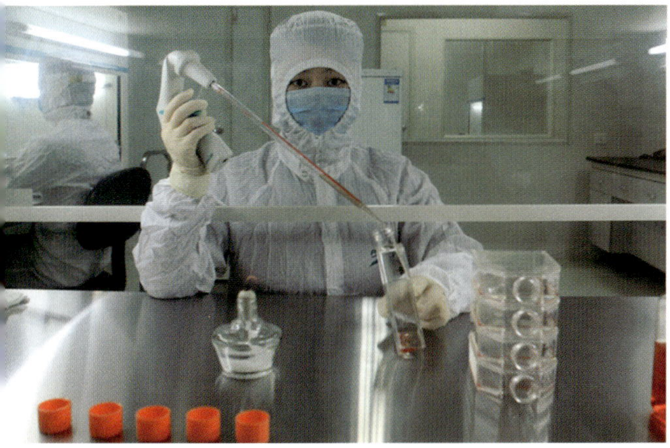

企业研发、生产线

陵光集团

即将起锚

林海集团

新时代造船厂

春兰集团

泰州素有“鱼米之乡”、“银杏之乡”、“水产之乡”的美誉，拥有耕地面积32.6万公顷，水面滩地11.3万公顷，是国家重点粮棉、蔬菜和水产品生产加工和出口基地。以无公害大米为主的河横绿色食品基地被联合国环境署认定为“全球环境500佳”，以香葱为代表的脱水蔬菜产量全国第一，银杏产量占全国的二分之一。泰兴“大佛指”银杏是昆明世博会指定的唯一无公害白果，“长江三鲜”刀鱼、鲥鱼、鮰鱼闻名遐迩。小磨麻油、中庄醉蟹、五福酱菜等名特产品驰名中外。2008年，全市完成农业现价总产值203亿元、农业增加值116.8亿元。为进一步推进现代农业蓬勃发展，泰州正全力实施“5218”工程，即5条横向高效农业产业带，2条纵向特色畜禽和园艺产业带，1个现代农业发展试验区，8大农业产业链。

黄—生态稻米香

农业生态园

绿—古银杏森林

蓝—蟹塘丰收

紫—高港花卉中心

现代农业生产基地

特种种养殖业

晚归

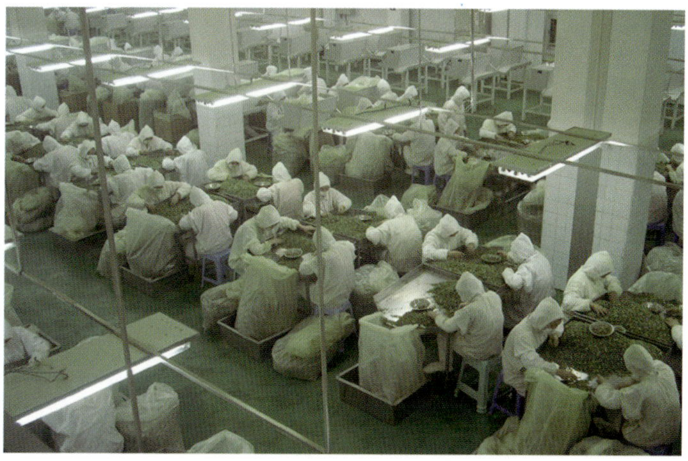

现代农业加工中心

汉唐古郡，淮海名区；儒风之盛，夙冠淮南。

宋代大教育家胡瑗留下这句名言：致天下之治者在人才，成天下之才者在教化，教化之本者在学校。

千年文脉，百年育人。今天的泰州依然是中国著名的教育之乡。江苏省泰州中学等数十所名校，新崛起的“泰州大学城”为促进泰州又好又快发展培养了大量高素质的人才。当今中国许多专家学者、名人政要从这里走出。

科教兴市，成绩斐然。泰州是国家科技进步先进市、国家知识产权示范创建市、全国技术创新试点城市，全市共设立国家博士后工作站14家。

教育事业蓬勃发展

南京理工大学泰州科技学院

南京师范大学泰州学院

江苏牧医学院

泰州职业技术学院

泰州师专举行荣获教育部人才培养工作水平评估“优秀”等级庆祝大会。

文化泰州建设吹响新一轮进军号角，一场声势浩大的文化建设攻坚战全面打响。短短半年时间，文化泰州建设高潮迭起、好戏连台。总投资4亿元的泰州大剧院委托北京保利剧院管理有限公司市场化运营。泰州博物馆、图书馆、美术馆、规划展示馆、五巷－涵西历史文化街区改造等重点文化工程开工建设，学政试院、梅兰芳纪念馆、人民海军诞生地纪念馆及一批历史文化古建筑得到重点修缮和保护，总投资数十亿元。文化惠民工程深入开展，各级政府送文化下基层蔚然成风，百姓大学堂、百姓议事园、百姓大舞台等“百姓”系列文化活动深受群众喜爱。文化品牌效应显现，成功举办梅兰芳艺术节、中国泰州国际旅游节，实现了文化与经济的同发展、共繁荣；“文昌水秀 祥泰之州”城市主题文化营销有力推进，提升了知名度、美誉度；文艺精品创作生产全面启动，一批有泰州特色的影视、歌曲、戏剧作品即将推出。

文化基地设施日益完善。

品牌文化活动影响力日益提升。

大型文化活动好戏连台。

古税务街

明清古民居群

盐税文化博物馆

民国中山纪念塔

税碑亭

两淮盐运史乔松年私家花园——泰州乔园

学政试院

高港雕花楼

柳敬亭公园

古都天行宫戏楼

明代蒋科进士府第

爱国侨领单声故居

桃园戏曲三家村

城隍庙

安定书院

梅兰芳纪念馆

崇儒祠

文昌阁

望海楼

水上森林 · 春

水上森林 · 夏

垛田风光

水上森林 · 秋

水上森林 · 冬

泰山公园

泰州凤凰河

泰州周桥游园

泰州凤城河

泰州桃园

春

晚归

泰州玉带河

滨河广场

泰州东城河

东进游园

凤凰游园

泰州稻河

泰州都天行宫小游园

凤城河桃园

泰州百水园

生活垃圾处理中心

拆除小土窑

运用新型墙体材料的泰州景泰园住宅楼

节能减排行动启动仪式

新型太阳能热水装置小区

州燃气中心气源厂

新墙材节能保温材料生产企业

泰州城南污水处理厂

凤城河夜景

绿化带

望海楼夜景

济川游园

桃园

凤城河望海楼全景

西仓游园

泰州新区

永泰游园

铁塔游园

中子河

大浦游园

古银杏

港城公园

鸿发游园

泰山公园一角

柳园

滨河广场

凤城河夜景

沿江开发

综　述

【概况】 2009年，全市沿江地区完成地区生产总值1160.03亿元，比上年增长17.8%（现价）；规模以上工业增加值737亿元，增长27.8%（现价）；全社会固定资产投资790.9亿元，增长25.1%；社会消费品零售总额319.66亿元，增长20.6%；地方财政一般预算收入108.4亿元，增长43.8%；协议利用外资22.42亿美元，增长44.3%；实际利用外资8.65亿美元，与上年基本持平；出口总额36.8亿美元，比上年下降11.7%。

【岸线资源】 全市有长江岸线96.3千米，至年末，已开发利用长江岸线50.66千米，占全市岸线资源的52.6%。除去河口、闸口和已用岸线外，可开发利用岸线40.16千米，占全市岸线资源的41.7%，其中一级宜港岸线12.72千米、二级宜港岸线7.86千米、三级宜港岸线19.58千米。

【规划修编】 为适应国内外发展的新形势和科学发展的新要求，根据市委、市政府的要求，市发改委委托中科院南京地理与湖泊研究所对沿江开发总体规划进行修编。修编工作从2009年初开始，在进行资料收集、实地调研的基础上，多次召开座谈会和讨论会，征求各方面意见，规划于8月20日通过专家评审，10月22日召开的市政府第22次常务会议讨论通过，并于11月由市政府下发执行。

【重要事件】 根据国家交通运输部第三次全国港口普查结果，从2009年4月起，泰州港靖江港区被列入全国规模以上港口统计范围，成为国家列统港区。4月19日，省委常委、常务副省长赵克志视察泰州长江大桥建设情况，并慰问大桥建设者。6月7日，泰州市在高港江段龙窝码头，举行以“增殖水生生物资源，促进生态文明建设”为主题的长江下游水生生物增殖放流活动暨泰州首届放鱼节。6月18日，交通运输部部长李盛霖视察泰州长江大桥。10月28日，第五届长三角地区船舶工业发展论坛在靖江举行，来自江苏、浙江、上海三地船舶工业领域的专家、学者共同商讨长三角船舶工业发展大计。11月3日，载运3万多吨水泥的“嘉新1号”从泰州港海螺码头出发，直接驶向台湾基隆港，这是自上年实施《海峡两岸直航船舶监督管理暂行办法》以来，泰州港首条货轮直航台湾。11月5日，靖江市举行沿江产业与港口物流发展投资说明会，共有20个项目集中签约，计划总投资85亿元。其中，外资类项目7个，协议利用外资5.37亿美元。

岸线资源管理

【岸线资源清理整合】 2009年，沿江各市（区）政府集中开展长江岸线资源清理整合工作。靖江市整合泰和拆船、渔轮二厂、永业修船3家小修造船企业和文博实业有限公司等近600米岸线；泰兴市通过改扩建、收购和搬迁等形式整合原太平洋液化气有限公司专用码头、沪鑫船舶公司、七圩砖瓦厂等使用的590米岸线；高港区对核心港区规划范围内所有业主码头进行全面清理，通过资源整合、资产重组、参股合作、租用岸线等形式，推进梅兰化工、太平洋钢管等项目的岸线退让工作，加快货主码头向公用码头转变，并整合振兴船舶有限公司使用的120米岸线。全年全市共清理整合岸线1718米，提高岸线使用效率。

【项目审查】 年内，市发改委会同市有关部门对使用长江岸线项目实行会办制度，把好项目审查关，多次召开项目审查会，对使用长江岸线项目进行现场踏勘和审查会办，全年共审查通过项目10个，暂缓实施项目2个。

基础设施建设

【重大基础设施】 沿江地区以基础设施为重点，进一步完善配套功能，增强承载能力。泰州长江大桥工程加紧实施，北引桥基础工程完工。沿江高等级公路靖江新桥段拆迁工作基本结束，焦港大桥正式合拢，靖江开发区新港园区铁路支线初步设计完成。

【港口码头】 全年新增万吨级泊位9个，总数34个；完成港口货物吞吐量7464.89万吨，比上年增长29.83%，增幅连续5年在长三角16个城市中居第1。新港作业区一期和二期码头、八圩作业区恒德通用码头1号泊位、永安作业区梅兰通用码头建成运营，靖江粮油公用码头、新港作业区三期工程等开工建设，永安作业区二期工程等正在建设。

【园区基础设施】 沿江开发园区新开工建设道路23条，总长24千米；建成通车道路19条，通车里程16千米。泰兴经济开发区北区公共管架等“八大重点工程”建设有序推进；海陵工业园区完成京泰市民广场、泰顺路主题公园等绿化工程；靖江开发区新港园区建成供热中心，正式向区内部分企业供气，口岸联检大楼和港区服务中心大厦正在建设。

重大产业项目的招引与实施

【重大项目招引】 全年沿江地区新签约总投资超1000万美元或1亿元的项目39个，其中投资约1亿美元或10亿元以上的项目18个。泰州医药高新区引进总投资22亿元的中农发动物疫苗等产业项目，泰州开发区引进总投资10亿美元的纬创电子及4.08亿美元的纬立资讯、1.2亿美元的纬成科技等配套项目；靖江市引进总投资10亿元的联合安能石化、13亿元的苏农物流、13亿元的重钢物流基地等项目；泰兴市引进总投资9998万美元的联成化学PVC、9600万美元的柔性太阳能电池、10亿元的首华仓储物流等项目。

【重大项目实施】 全年总投资超1000万美元或1亿元的竣工项目39个、新增在建项目23个，其中投资约1亿美元或10亿元以上的竣工项目7个、新增在建项目13个。格菱动力、安泰动力一期、森和船舶、海企化工仓储、中航船舶10万吨船舶生产线等项目顺利竣工，纬创电子、华菱锡钢、众达炭材、首华铝材仓储物流等项目开工建设，中海油、扬子江金属加工、新浦苯乙烯等在建项目正在推进。

联 动 开 发

【概况】 江阴—靖江工业园区完善管理体制，加快项目和配套基础设施建设，园区经济继续保持稳健快速发展态势。2009年实现地区生产总值65.5亿元，比上年增长101.4%(现价)；工商销售收入308亿元，增长53%；财政总收入7.3亿元，增长82.3%；完成工业投入20.09亿元、注册外资1.22亿美元、到帐外资1.07亿美元。园区全年新增签约项目13个，计划总投资8.8亿美元；建成投产产业项目2个,开工建设产业项目2个，总投资5.4亿美元。泰兴市与常州市钟楼区启动联动开发，泰兴拟在虹桥工业园区设立6平方千米的“区中园”，钟楼经济开发区将跨江转移机械、电子、新材料等高新技术产业项目，联动建设基础设施，为园区发展提供人才、科技、智力支持。

【联动动态】 5月22日，江苏江阴–靖江工业园区与中国风电有限公司（香港）签订投资协议，园区第二个风电配套项目正式落户。6月4日，省劳动和保障厅厅长陈震宁来江阴–靖江园区调研企业用工和社会保障情况。9月10日，江阴–靖江园区举行重点重大项目开竣工签约庆典。通用光伏能源等5个项目集中奠基和开工，总投资5.3亿美元；长阳金属材料市场二期工程等4项工程集中竣工，总投资1.6美元；津通工业地产等2个项目集中签约，总投资2.1美元。9月17日，泰兴市与常州市钟楼区 签订框架协议，在虹桥工业园区设立“区中园”，承接钟楼经济开发区产业项目转移。10月20日，江阴–靖江园区召开“2009国际钢结构暨工业房地产业论坛”。国家住房和城乡建设部党组成员、中国建筑金属结构协会会长姚兵作专题演讲。10月27日，省委巡视组张明亚一行来江阴–靖江园区视察开发建设情况。12月29日，江阴、靖江两市举行江阴–靖江联动开发委员会第六次会议，讨论和协调解决园区“十二五”期间的产业发展定位、口岸查验单位机构设置、事业单位法人登记等问题。

生态建设和保护

【环境管理】 严格执行保护性开发的原则，对入区项目实行环保“一票否决制”，从源头上控制新污染源的产生。泰兴开发区严把项目准入关，不断提高化工项目准入门槛，严控污染重、体量小、附加值低的项目入园，全年有20多个化工项目被拒绝入园；开展为期5个月的废气和危险固废专项整治行动，首家创设“国标”、“民标”同时验收的新模式，进一步提升开发区环境质量和环保管理水平。高港高新技术产业园加快淘汰落后工艺、技术和设备，不按期淘汰的企业，依法责令其停产或予以关闭；园区综合能耗比0.65，比上年下降1个百分点。

【生态工程建设】 泰兴开发区污水处理厂改扩建工程投入运营，靖江市城市污水处理厂二期、永安洲污水处理厂工程建设进展顺利，泰州开发区高新技术园污水处理厂正在进行施工前期工作。靖江市滨江生态园建设全面启动。高港区按照建设滨江花园式城市的要求，全力打造“绿色沿江”，加快大桥沿线绿化带、许庄农业生态公园工程；完成古马干河永安洲段整治，沿河102户近2万平方米违法建筑全部拆除，5家小造船企业和22个砂石码头全面整顿。

（沿江办）

开发区

综述

【概况】2009年，全市各类开发区（园）不断完善基础设施，提升承载能力。全年，省级以上经济开发区（不含江阴-靖江园区，下同）实现业务总收入2930.9亿元，比上年增长42.64%；工业产品销售收入2296.5亿元，比上年增长41.77%；地方一般预算收入49.5亿元，比上年增长121%。完成全社会固定资产投资447.3亿元。完成出口31亿美元、进口8.9亿美元，与上年基本持平，高于全市出口增幅13个百分点；实际到帐外资7.48亿美元，与上年持平。利用外资占全市（不含靖江园区）的79%，占比比上年提高5.4个百分点。靖江经济开发区发展迅速，共完成外贸进出口17.6亿美元，实际到资2亿美元，均居全市首位。省级经济开发园区已成为全市对外开放和各市区经济发展的重要增长极和重要推动力。

【园（区）建设再上台阶】2009年，泰州医药园区成功升格为国家级医药高新技术开发区，成为全国首家国家级医药高新区，并获批江苏省省级国际服务外包示范区。泰州市获批科技兴贸省级生物医药出口基地。兴化市再获批省级脱水蔬菜出口基地。靖江经济开发区粮食产业园被批准为省级特色粮食产业园，成为继姜堰五金机电特色产业园之后，全市第2家获批的省级特色园区。海陵工业园区、江阴-靖江生态工业园区建设规划通过专家评审，进入创建省级生态工业园区阶段。

表17

2009年泰州市各开发区主要经济指标完成情况表

名称	实际到帐外资额(万美元)			工业产品销售收入(亿元)			地方一般预算收入(万元)			进出口总额(万美元)			全社会固定资产投入(万元)	
	当年数	全省排名(位)	同比(%)	当年数	全省排名(位)	同比(%)	当年数	全省排名(位)	同比(%)	当年数	全省排名(位)	同比(%)	当年数	全省排名(位)
泰州医药高新技术产业开发区	14436	36	1.7	399.2	40	33.8	86226	39	105.8	74631	33	-23.1	1045480	25
靖江经济开发区	20425	26	12.3	810.3	22	47.8	80695	42	39.4	176155	21	2.3	890603	36
泰兴经济开发区	9966	44	-39.6	441.4	36	53.4	48121	66	23.7	64753	37	1.7	1278679	20
姜堰经济开发区	9852	47	-9.8	293.0	49	22.7	34912	83	26.2	22303	59	-13.6	190080	116
兴化经济开发区	4226	81	-28.6	129.6	87	35.7	36536	80	112.2	4156	109	-24.7	422266	91
泰州海陵工业园区	9855	46	63.5	86.2	108	91.0	19151	100	633.8	16415	66	-8.9	326144	106
泰州高港高新技术产业园区	6023	71	8.1	136.8	86	29.0	17482	113	23.3	45247	46	30.2	319656	107

江苏省泰州经济开发区

【概况】泰州经济开发区。致力于打造产业、营造环境、完善功能，承接国内外资本和项目落户，经济国际化水平连年攀升。3月，经国务院批准，升级为国家高新技术产业开发区，总面积110平方千米。2009年实现地区生产总值55.65亿元，比上年增长13%；财政总收入18.07亿元，增长66%，其中一般预算收入6.05亿元，增长50%。全区工业经济保持平稳较快增长，规模以上工业实现产值150.1亿元、利税20.1亿元、利润8.36亿元，分别增长20%、38.9%和81.7%；实现高新技术产业产值55.87亿元，增长58.4%。全年协议利用外资3.53亿美元，增长49%；实际利用外资1.63亿美元，增长10%。民营经济净增注册资本24.5亿元，新增注册资本超500万元民营企业69家，新增工业民营企业纳税户348家。

【基础设施建设】按照“边报批、边建设”的思路，推进出口加工区建设，加快主卡口、查验机构、监管平台、信息网络的设计进度，以及巡逻通道的建设进度，确保明年5月前建成，满足封关运作的要求。根据重大项目的生产配套需求，吸引配套企业和关联企业落户，依据远近结合、单体和整体结合设计方案，加快推进产业配套区的建设进度，确保与重大项目及配套企业投产进度相衔接。园区道路、水、电、污水处理等与项目开工同步推进，重点建设三个“10万平方米”工程，即10万平方米标准厂房、10万平方米打工人员宿舍、10万平方米高档公寓。

【产业定位】 根据现有产业基础和国内外企业战略布局，编制适应开发区未来发展的产业规划，进一步明确产业定位，围绕产业进行招商，努力形成产业特色。在产业发展上，加强新能源、新材料、新机电、新医药等主导产业的研究，紧盯世界500强和国内大型企业，研究其发展战略布局，加强沟通联系，争取龙头型、基地型项目落户。同时，强化产业延伸配套，形成完整的产业链，打造产业集群。

【重大项目推进】 年内，开发区招引和实施的重大项目有5个。由台湾纬创集团投资设立的纬创资通（泰州）有限公司，主要从事笔记本电脑生产及销售，项目总投资10亿美元，首期总投资2.88亿美元。项目一期主体厂房建筑面积20万平方米，计划于2010年9月底竣工投产，首期形成1000万台笔记本代加工能力，全部达产后将形成年户3000万台笔记本加工制造能力。项目建成后，可直接创造50000多个就业岗位，间接拉动20万个就业机会，全部达产后产值将突破1000亿元。

【优质服务】 强化零身份、零距离、零障碍的“三零”服务理念，坚持特事特办、急事急办、难事巧办、打破常规变通办，确保按照重大项目的时间要求办结各项审批手续，创造开发区一流的服务环境。坚持“亲商富商安商”的理念，通过定期走访和领导挂钩联系，帮助外资企业解决产前、产中、产后过程中出现的各种困难与问题，减轻外资企业的负担，积极构建吸引外商投资的综合竞争优势。（韩金津）

泰州医药高新技术产业园区

【概况】 2009年，园区围绕“中国第一、世界有名”的目标定位，落实市委、市政府“建好国家高新区，成为泰州经济新亮点”的战略部署，抓住国际医药产业东移、高端人才回国创业以及国家、省、市出台一系列“保增长、扩内需”政策的宏观机遇，积极开展各项园区建设，全年实现财政总收入5.78亿元。年内，园区升级为国家高新技术产业开发区，葛兰素史克、泰凌、亿腾、美时医疗等一批重大项目落户建设。

【引资引智】 园区按照“主攻美国、立足台湾、突破日韩新及欧洲”的招商引资思路，紧盯世界500强企业、中央企业、国内外知名医药企业和科研院所，招引带动性强的龙头项目、支撑性强的产业项目和创新性强的成果转化项目，全年共招引医药类项目近200个。其中世界500强企业项目2家，注册公司121家。通过项目引才、平台纳才、产业聚才、交流育才，先后聘请南京工业大学校长欧阳平凯，日本制药团体联合会会长、安斯泰来制药集团董事长竹中登一等担任园区科学发展顾问，园区科学发展顾问团队32人；全年共引进各类高层次人才500多人，其中刘钢成功申报入选国家2009年度“千人计划”，马启元等8人（团队）入选“省创业创新人才引进计划”。

【载体功能】 按照“产城一体、产城共荣”的建设思路，坚持规划引领，快速推进城市功能性设施和产业载体平台建设，功能承载日趋完善，综合配套能力明显提升。新建药城大道东延、园南路西延、海陵南路等11条道路12千米，同步实施水、电等管网建设和绿化、亮化工程。加快推进南官河大桥、鸭子河整治等工程。东方小镇一期11幢白领公寓竣工；东方小镇商业街部分封顶，教育教学区一期、会展中心一期、商务一号楼和二号楼、CMC综合服务楼等重点工程加快建设，在建工程面积80多万平方米。小分子平台、大分子平台、医疗器械公共消毒平台、动物实验中心等即将竣工，部分进入仪器设备安装调试阶段，国家疫苗工程中心、泰凌疫苗冷链物流基地加快建设，产业支撑能力明显提高。

【融资渠道】 拓宽融资渠道，融资方式日趋多元。拓展合作网络，合作银行20多家；中国医药城创新出口基地二期工程20亿元银团贷款落实到位，并获“全国优秀银团称号”。总额16亿元的企业债券进入申报待批程序。积极开展项目上争工作，全年有38个项目获国家、省级支持，累计上争资金1.1亿元。

【园区视察】 1月28日，中共中央政治局委员、书记处书记、中组部部长李源潮，在省委书记梁保华和省长罗志军的陪同下，专题视察中国医药城，慰问园区建设者。李源潮强调，中国医药城要抓住当前医药产业发展的机遇，加快体制机制创新，推进跨越发展，早日建成“中国第一，世界有名”的医药城。省委副书记、组织部长王国生，省委常委、秘书长李云峰，省人大常委会副主任丁解民，市委书记张雷，市长姚建华，市委副书记王守法陪同视察。市委常委、园区党工委书记何榕汇报园区规划建设情况。

【2009中国医药城项目推介暨签约仪式】 4月7日，2009中国医药城项目推介暨签约仪式在园区举行。副省长何权，国家科技部生物中心主任王宏广，市委书记张雷分别讲话。市长姚建华主持仪式。国家卫生部、药监局等有

关部委和省有关部门负责人，12所国内知名高校负责人，市四套班子领导以及来自16个国家和地区的400多名嘉宾出席。市委常委、园区党工委书记何榕作园区推介。仪式上，有80个项目成功签约，9家研发机构正式挂牌。

【国家医药高新区成立大会】 5月29日，举行泰州国家医药高新技术产业开发区成立大会。中共中央政治局委员、书记处书记、中组部部长李源潮作出批示。省委书记梁保华，科技部党组书记、副部长李学勇为泰州国家医药高新技术产业开发区揭牌。省委副书记、省长罗志军讲话。科技部副部长杜占元宣读《国务院关于同意泰州医药高新技术产业开发区升级为国家高新技术产业开发区的批复》。卫生部副部长刘谦、国家食品药品监督管理局副局长李继平、副省长曹卫星、省长助理徐南平等出席。成立大会由市委书记张雷主持。

【中农发项目开工】 9月26日，总投资22亿元的中国医药城动物生物医药园项目举行开工仪式。省委书记梁保华，省人大常委会副主任朱龙生，副省长徐鸣，国务院国资委监事会主席季晓南，国家首席兽医师于康震，中国农业发展集团总公司董事长刘身利，市领导张雷、姚建华、陈克勤、王守法等出席开工仪式并为项目奠基培土，市委常委、园区党工委书记何榕主持开工仪式。 （贲 腾）

江苏省泰州海陵工业园区

【概况】 2009年，海陵工业园区完成全部工业总产值73.69亿元，增长56.94%。规模以上工业完成产值56.07亿元、销售收入54.73亿元、利税总额3.7亿元，分别增长52.96%、50.41%、66.08%。全社会固定资产投资33亿元，增长37.49%。实现财政收入3.61亿元，增长28.63%。协议注册利用外资1.716亿美元，实际利用外资9855万美元，引进内资7.226亿元。

【招商引资】 全年引进项目63个，其中外资项目9个，总投资2.1亿美元；内资项目54个，总投资12亿元。东沪科技产业园、华龙电子等重大产业项目顺利推进。至年末，园区累计引进项目350多个，其中工业企业250多家、服务业企业100家，建成投产企业近260家，初步形成“三电”（电机、电子、电器）主导产业和外贸服装、特种机床、建筑材料、机电配套等传统产业以及新材料、微电子等新兴产业。

【项目建设】 2009年是园区项目建设推进之年，重点实施28个重点工业项目，11个服务业工程项目，12个基础设施项目。年内17个工业项目竣工投产，8个基础设施项目竣工。

【基础设施建设】 全年投入4.6亿元，建成6千米道路及配套工程，建设桥梁5座，整治河道3千米，建成标准厂房20万平方米。至年末，累计完成基础设施投入23亿元，建设40千米道路及附属工程，基本形成“六横六纵”的道路框架体系，建成桥梁15座，整治河道11.7千米，建成标准厂房30多万平方米。

【社会事业】 累计拆迁1855户、回迁1600多户，建成紫东花苑一期和二期、永吉路安置区、泰东商业广场、宫涵花园等拆迁安置房53.3万平方米。新型农村合作医疗参保率100%。投入1200万元，为13个行政村接引长江水。农民生活水平不断提高，年人均纯收入9986元。年内新增被征地农民基本生活保障3120人，累计参保农民10111人。 （顾晓梅 陈 晨 王顺国）

江苏省泰州高港高新技术产业园区

【概况】 2009年，高港高新技术产业园区，积极应对国际金融危机带来的各种挑战，推进园区项目建设，增强园区承载功能，创新体制机制，保持经济持续稳定增长。年内，完成工业总产值56亿元，其中列统工业总产值41.73亿元，比上年分别增长21.5%和22%；完成财政收入11267万元、一般预算收入5796万元，分别增长26.4%和25%；全社会固定资产投资24亿元，完成技改投入18亿元，分别增长20.3%和34.5%；新增私营企业72家，私营企业新增注册资本2.65亿元；完成服务业增加值3.3亿元，增长26.9%；农民人均纯收入9150元，增长13.6%。

【招商引资】 全年引进外资项目8个，协议利用外资1.25亿美元，实际到帐外资超6000万美元；引进民资项目16个，完成注册民资1.5亿元。神驰机电、华通消防、友润电子、海天半导体、飞龙彩印、德泰墙纸、美林居墙纸及红星美凯龙等一批项目相继落户。对外开放进一步扩大，全年实现自营出口5200万美元。

【项目建设】 投资建设重点项目19个，其中续建项目10个、新建项目9个，计划投资11.06亿元，至年末，诚德钢管一期、神驰机电、友润电子、光大零部件等项目竣工投产，连强食品、东田电子等项目有序推进。新签约的华通消防、德泰墙纸、美林居墙纸、奥鑫机械及鸿泰环保等项目开工建设，亚泰吊具项目投产。

【基础设施建设】 累计完成工程投入近4000万元，完成塘许路拓宽、创业大道东延、功能一条街及园区绿化等工程建设，启动兴园路北延、太平中沟道路拓宽改造工程，推进污水、燃气管网等项目，引进银行、酒店、超市及为企业服务的中介机构8家；建成人力资源市场，海洋特色银行竣工建成；4万平方米标准厂房交付使用，招引中小企业13家；全面实施拆迁安置工作，拆迁面积近11万平方米，已建成农民安置房16幢，面积近6万平方米，安置拆迁户400多户。

【社会事业】 计划生育率98%，性别比控制在正常值范围之内；育龄妇女知识普及率90%以上，办理流动人口400多例。落实征地农民保障工作，完成进保人数1407人，做到应保尽保。做好城市最低生活保障和农村社会救助工作，办理贫困低保433户、城市低保19户、重残低保184人。建成村级规范化卫生服务站3个；新型农村合作医疗及城市居民医疗保险参保率99%以上。推进饮用长江水达标工作，孔桥增压站选址方案已确定，完成改厕1650座。新增有线电视用户450户，有线电视入户率93%以上。

【政治文明协调推进】 推进文明创建工作，创成市级文明村1家、区级文明单位6家。群众文化丰富多彩，街道健身中心及部分村农家书屋相继建成开放，开展送戏、送电影进村（居）90多次，街道排演的歌曲在全区庆祝建国60周年歌咏大赛上获一等奖。加强平安创建，维护社会稳定。完善治安打防控疏体系，所有村（居）警区"三防"建设全面落实，刑事案发率下降7%，低于市、区平均数。建立大调解机制，健全矛盾纠纷预警网络，加大排查调处力度，巨龙农业、申工重机等重点矛盾得到有效化解。深化村务公开工作，建立民主决策机制，开展村民直评村官活动，密切党群干群关系。（高港开发区）

江苏省兴化经济开发区

【概况】 2009年，兴化经济开发区实现地区生产总值16.23亿元,比上年增长22.7%。其中实现农业增加值0.59亿元、工业增加值9.64亿元、建筑业增加值2.44亿元、服务业增加值3.56亿元。实现财政收入2.45亿元，一般预算收入1.15亿元，分别增长22%、42%。

【招商引资】 树立"招商为先、项目为王"的工作理念，把握招商形势，开展专职招商、全员招商，组织招商活动，探索利用网络招商，实施"飞地"招商。全年成功引进项目31个，其中投资超1亿元项目3个，协议利用资金8.6亿元，实际到位资金5.6亿元。

【项目建设】 招商引资优惠政策与项目建设周期挂钩，分批组织项目集中开工活动，严格执行项目建设八项制度，推进新项目早开工、快建设。年内，德创制管、新希望饲料、水冶机械、丰顺阻燃、味雅食品、科锋不锈钢、宏宇不锈钢制品等11个项目开工建设，五得利面粉、太子乳业、创新特钢、科峰不锈钢、顶康食品等16个项目竣工投产。

【工业经济】 定期召开经济形势分析会，加强经济运行监测。与金融、科技部门和市职教中心开展合作，帮助企业协调解决资金、技术和用工难题。制订出台扶持政策，鼓励企业做大做强。全区工业经济回暖向好，全年实现工业总产值61.51亿元，销售收入60.38亿元，利税4.3亿元，利润2.81亿元，比上年分别增长23.6%、24.2%、25.70%和20.14%。

【社会事业】 以增加农民收入、改善群众生产生活条件为重点，推进社会事业发展。新增高效农业面积186.67公顷，农民人均纯收入比上年增长13%。村庄环境整治、水环境整治通过市检查验收，闸站建设、圩堤加修和河道疏浚等水利工程项目如期完工，中心幼儿园、世代服务中心按期交付使用，中心敬老院完成基建工程，有线电视新增用户363户，新型农村养老保险新增扩面人数912人。

【队伍建设】 制订出台4大类、20项制度，组织开展学习竞赛活动，增强遵章守纪意识，促进全区各项工作规范有序运行。召开目标管理推进会、作风建设动员会，进一步转变工作作风，提高工作效能。（兴化开发区）

江苏省靖江经济开发区

【概况】 2009年，靖江经济开发区围绕"以港兴市，港城相依"主体战略和"二次跨越"发展目标，全面落实"保增长、保民生、保稳定"各项措施，加大固定资产投入，加快项目推进速度，加速发展方式转变，经济社会实现平稳较快发展。全年共完成地区生产总值203.54亿元，比上年增长38.6%；营业总收入首次突破1000亿元，达1067.89亿元，增长52.2%。实现工业总产值864.43亿元、销售收入795.78亿元、利税106.12亿元、利润87.99亿元，分别增长58.69%、54.72%、86.72%和123.6%；实际到账外资3.2亿美元（含江阴-靖江工业园区1.2亿美元），增长10%；实现财政收入32亿元，其中一般预算收入8.34亿元，分别增长28.78%和27%。

【招商引资】 全年新批进区项目58个，计划总投资106.03亿元。新签约项目49个，计划总投资250亿元，其中投资超5亿元或3000万美元的重大项目15个，主要包括：总投资10亿元的联合安能石化项目、总投资12.8亿元的苏农物流项目、总投资8亿元的秦皇岛港务煤炭物流基地项目、总投资7亿元的华菱集团物流项目、总投资13亿元的重钢物流基地项目等。正洽谈的项目18个，其中超10亿元或1亿美元的重大项目6个，主要包括：总投资3亿美元的金属资源再生项目、总投资15亿元的木材加工产业园项目、总投资2.25亿美元的格菱风力发电设备项目等。

【项目报批】 完成格菱动力股份公司的股份变更手续，龙威港务项目获国家交通运输部岸线合理性使用批文和省发改委核准批文，新华港务公用码头三期项目获国家交通运输部批文并报省发改委核准，公用码头五期项目上报国家交通运输部审批，安泰重件码头、建材码头项目、铁路专用线项目已收到省发改委开展前期工作意见函及泰州市沿江办批文，南洋船舶舾装码头技改扩建项目获泰州市沿江办批准。积极上争土地供应，全年有华菱锡钢、太和物流、众达炭材、污水处理厂、龙威港务等5个项目拿到点供指标，共计166.67公顷。

【产业项目】 全年新开工项目43个，计划总投资100.34亿元，重点加快扬子江港务、扬子江金属加工、龙威粮油、安泰动力、格菱动力、万林木业等重大项目建设，其中，格菱动力项目已全部建成投产；龙威粮油项目日产2000吨精炼车间、日产3600吨分提车间以及小包装生产线全部建成；安泰动力项目累计投入12.6亿元，一期工程已建成，已生产出4台样机，在国内同行业中创造建设速度最快、亩均投资最大的记录；华菱锡钢项目于5月份开工建设，已投入近20亿元，炼钢项目基础设施基本完成，炼钢电炉区、连铸主厂房加快建设；盈利公用码头二期项目于3月底正式对外开港，同时上海期货交割库正式挂牌并投入营运，实现当年投产当年盈利的目标；扬子江港务（公用码头一期）项目3个万吨级以上、6个千吨级码头泊位已建成，并于9月正式对外开港；江苏上骐集团年内时间，投入1.5亿元，建成新的现代化生产企业；城北园区的金卡汽配从开工到搬迁仅用6个月时间。

【基础设施】 全年累计投入10亿元，重点推进华菱锡钢、龙威粮油、三菱暖通、亚泰特种材料等一批项目所在地的房屋拆迁，共拆除房屋近3000户，搬迁企业2家，拆迁面积80万平方米。开工建设北六安置区、新纪元安置区三期、斜桥安置区五期、前进安置区三期等6个农民安置区，建成安置房面积45.72万平方米。建设旺桥港路、北六中路（南段）、下青龙港路等道路13条，总长14.36千米。七圩港西路、富阳东路、新三路、经一路等9条道路建成通车，通车里程7.1千米。开展人民南路立面改造工作，组织实施姜八路东侧、镇南路等路段的绿化工作，新增绿化面积24.1万平方米；同步完成康桥路、兴业路南段等道路亮化，全年新装路灯364盏。

【配套设施】 新港园区同时开工建设2个污水处理厂，污水处理池及配套设施基本建成，即将进行污水管网铺设；建成供热中心，并正式向区内部分企业供汽；完成铁路专用线初步设计，环评审批、土地勘测定界、地灾评估已结束，现进入土地预审及用地规划调整同步上报阶段。城南园区“城中村”改造项目；初步建成以鼎和庄为中心的标准化、现代化居民安置区，积极探索综合管理新模式，加大建成安置区的绿化、亮化、美化综合治理力度，实现社区管理的社会化、市场化、科学化。城北园区教育中心项目一期工程进展顺利，已建成教学及配套用房5.8万平方米，周边9万平方米商住房对外开盘销售；机电标准件市场、钢材市场等6大类服务业项目的规划基本完成，即将进入实施阶段；北二环加油站、渔婆北路东侧别克4S店建成营运。

【特色园区】 新港园区重点围绕拉长产业链目标，对钢管加工产业园、木材加工产业园、粮食产业园、游艇产业园、出口加工区等特色园区进行总体规划，推动主导产业的上下延伸；年内，粮食产业园被命名为省级特色产业园区，木材产业园、钢管加工产业园等已完成发展规划，并拉开建设框架，一批特色企业相继落户。城南园区重点启动建设装备制造产业园、新材料产业园、机电一体化产业园，形成一定规模的特色产业。城北园区重点加快培育光电信息产业园、光电动能产业园，发展壮大标准件产业园、通讯产业园、科技创业园，进一步凸显园区产业特色。

【新兴产业】 2009年，靖江经济开发区在加快做大做强沿江主导产业的同时，紧盯国家发展战略重点，研究“十大产业振兴规划”，综合分析有利条件和发展趋势，初步理清开发区新兴产业发展重点，即发展与高速铁路相关的轨道交通产业，与新能源相关的核电配套、风力发电设备制造产业，与节能减排相关的环保设备制造产业，与第三代无线通讯相关的3G设备、电子设备制造产业，与大飞机制造相配套的飞行控制系统、飞机电子系统、飞机发动机等产业。年内，已有部分企业涉足新兴产业，成为新兴产业重要的协作商和配套生产商。

【港口建设】 全年累计投入30亿元，开工和续建码头泊位计48个，其中新开工建设龙威粮油港务、恒德港务、华菱锡钢等25个泊位，续建扬子江港务、盈利港务等23个泊位，新增码头通过能力1723万吨。至年末，长江沿线已有泊位96个，其中万吨级以上泊位34个，在建泊位21个。加快推进口岸联检机构建设，3万平方米的口岸联检大楼土建已封顶，正进行室内外装潢。利用扬子江粮食物流中心被郑州粮食交易所指定为小麦交割库的机遇，开工建设南方小麦市场交易中心，建成盈利港务的钢材上海期货交割库。启动建设中阳现代物流商务中心，构建现代物流交易平台，吸引物流商贸企业集聚。新设17家与港口发展相关的航运、船代、货代等中介公司。

【新港城建设】加快推进新港城建设步伐，研究与清华紫光等国内知名大企业、大集团合作开发新港城有关事宜，探索形成多元化投入的开发建设新模式。着手设计锡钢等重大项目职工集中安置区、城市绿化广场等相关规划。进一步优化新港城中心区的商业街规划。启动建设斜桥小学扩建和东阜小区幼儿园建设，至年末，斜桥小学扩建工程已基本建成，东阜小区幼儿园2010年春节前完成室内外装潢。推进港区服务中心大厦、斜桥农贸市场扩建和新港城医院建设，其中港区服务中心大厦已封顶，斜桥农贸市场正实施土地平整工作，新港城医院正进行土建施工。

【社区建设】推进单一安置向综合现代化社区建设转变，在高标准规划建设的好鼎和新村、新一、柏一、新纪元、东阜小区等一批新型社区的基础上，有序推进一些老社区的改造，制定和完善社区物业管理、事务管理等相关制度。开展建成小区环境整治工作，加强对违章建筑的治理，加快社区事务受理服务中心、社区文化活动中心、社区卫生服务中心等公共设施建设，打造亲民、便民的新型现代化社区。

【资金保障】年内，靖江经济开发区利用自身优越的发展条件和良好的发展前景，在巩固原有银行关系的同时，积极拓宽融资渠道，新争苏州招商银行、苏州民生银行、江苏银行、扬州招商银行、浙商银行南京分行等外地银行的支持，为开发区建设提供资金保障。

【失地农民保障】为解决失地农民的后顾之忧，开展对已征地未纳入保障范围人员的情况调查，制订解决方案，积极筹措资金，共为21414名被征地农民办理城镇职工养老保险。强化就业培训，建立园区就业指导中心，加大对被征地农民的职业技能培训，使青年农民能更多地在园区企业就业，并择优将部分中年农民安排到各类配套公司，参加园区开发建设。全年共举办76批次专业技能培训，培训失地农民2473人次，就业率98%。

【社会事务】加强社会治安综合治理和信访工作，定期对企业、村埭、社区进行实地调研，及时排查隐患，对影响社会稳定的因素做到早发现、早介入、早解决。加大园区平安创建活动，依法打击强装强卸、阻挠施工等各类违法行为，做好社会治安秩序的整顿，确保社会安全，做到让投资者放心，让居民职工安心。加强安全生产，特别是对船舶、危化品等人员密集场所的安全监控，全年共排查整改安全隐患1980多处，安全事故起数、死亡人数比上年下降50%。

【靖江经济开发区获江苏省“五一劳动奖状”】2009年，靖江经济开发区以全市11.5%的土地面积，创造出全市68.2%的销售收入和74.5%的利税，环境建设评价居省级开发区首位，建设水平进入全省前列。年内，开发区被江苏省总工会授予省“五一劳动奖状”，是全市唯一获此荣誉的单位。（陈　伟）

江苏省泰兴经济开发区

【概况】2009年，泰兴开发区实现地区生产总值77.86亿元，比上年增长26%，其中实现农业增加值1.26亿元、工业增加值59.2亿元、建筑业增加值11.2亿元、服务业增加值6.2亿元。实现财政总收入9.84亿元、工商税收收入7.86亿元、一般预算收入3.08亿元，分别比上年增长25.9%、15.4%、20.3%，工商税收收入占全市总量的26%。农民人均纯收入10197元，增长12%。实现工业总产值281亿元、工业销售收入272亿元、利税30亿元、利润14.4亿元，分别增长43%、43%、66%、71%。工业国税开票销售收入139.4亿元，占全市总量的40.5%。产值规模超1亿元企业43家，净增22家，其中，超5亿元企业6家，超20亿元企业1家。

【招商引资】全年新引进联成PVC、沙桐煤焦油、振华油脂、新加坡裕廊化工丙烯酸、阿贝尔化学苯乙烯系列、新浦化学烧碱和VCM等10个超1亿美元或超8亿元的重大项目，总投资70亿元。完成注册协议利用外资2.27亿美元，实际利用外资8000万美元，分别占全市总量的71.3%和83.8%。

【项目建设】开展“重大项目推进年”活动，协联众达苯酐、斯比凯可CMC、常隆化工一期等6个重大项目竣工投产，新增年销售20亿元；新浦化学VCM和烧碱、振华油脂加工、盛嘉环氧树脂等10个重大项目开工建设，总投资30亿元，投产达效后，新增年销售72亿元；常隆化工农药二期、联成化学增塑剂、苯酐等在建的12个重大项目建设加快推进。区镇在建项目34个，总投入62亿元，预计建成后新增年销售收入151亿元。

【基础设施】全年基础设施建设投入11亿元。北区3.5万KV高压线全部完工，北区1700米钢架结构管廊工程在年内建成。拆迁安置楼一期工程主体施工完毕，闸南、闸北路改造工程竣工，朝阳路北端、文化路、团结河北路建设工程全力推进。污水处理二期工程建设进展顺利。北区常隆和联成3.5万伏供电专线实施到位。企业集中办公区综合楼实施内外装修，加快实施滨江新区学校、港口、仓储物流等工程。全年预征土地280公顷，拆迁近1000户。

【环境保护】严把项目准入关，提高化工项目准入门槛，严控污染重、体量小、附加值低的项目入园，全年有20多个化工项目被拒绝入园。加大环保管理力度，严格对现有企业的监管和执法，开展为期5个月的废气和危险固废专项整治行动，新、改建废气治理装置12台，首家创设“国标”、“民标”同时验收的新模式。落实企业的安全生产主体责任和安委会成员单位的安全监管主体责任，全年无较大安全事故发生。加大公共安全硬件设施投入，完成区镇区域安全评价、消防规划编制等工作，启动实施企业联合消防站建设。

【高新产业】推进“科教兴区（镇）”战略，全年实现高新技术产业产值86.56亿元，比上年增长123%，占全区总量的31%。6个项目被列入省级以上科技计划，完成专利申请40件，科技对区镇经济的贡献份额继续加大。

【社会事业】教育教学质量居全市先进行列，中招考试普通高中入学率75%，小学质量抽测优秀率80%以上。完成15个村“农家书屋”建设任务，并通过省、市两级验收。开展全民健身工作，举办滨江镇首届全民运动会。新建农村社区卫生服务站6个，新型合作医疗参保率达98.85%。计划生育率99.7%，综合避孕落实率100%，出生婴儿性别比在正常范围内。新增有线电视1032户，完成电脑入户1540户。实施劳动力转移培训480多人次，新增农村劳动力转移450人，带动农民增收220多万元。新增3209人参加城乡居民基本养老保险。加快民生改善，推进学校、社区卫生服务、农民安置区等公共社会事业工程。

（泰兴开发区）

江苏省姜堰经济开发区

【概况】2009年，姜堰经济开发区坚持把项目建设、招商引资作为实现跨越发展的重中之重，各项工作有序开展，全区经济呈现先抑后扬、稳步回升的发展势头。全年实现工业纳税销售32亿元、服务业增加值5.2亿元。实现财政收入3.2亿元，其中一般预算收入1.7亿元，分别比上年增长38%和40%。其他各项经济指标均完成和超额完成目标任务。国税、地税收入增幅均居全市首位。

【招商引资】积极开展招商活动，注重用大活动吸引大客商，以大客商吸引大项目。先后在深圳、宁波、上海等地，以及日本、新加坡等国，举行多场次招商推介会。全年共完成签约项目60个，完成协议利用外资1亿美元，实际利用外资6130万美元。其中超1亿元项目5个，5000万～1亿元项目5个；外资项目16个，其中超1000万美元项目6个。招引项目的数量质量、规模层次均创历史最好水平。加快推动项目建设进程，至年末，全区开工在建项目40个，其中年内新开工项目34个，待开工项目32个。年内，先后有圣得利石化装备、宏泰橡胶二期工程、鼎钢机械、欣鼎高科等20个工业项目投产运营，总投资5亿元的龙城钢材市开业，成为经济发展新的增长点。全区初步形成签约一批、开工一批、建设一批的发展格局。

【科技创新】加强人才引进和人才开发，全年先后招揽博士后4人、研究生6人，以及一批知名院校毕业生和高级工程师等。31家企业与国内外知名院校开展战略合作。加强技术开发和项目申报工作，全年申请国家专利31件，其中发明专利15件，比上年增加1倍。开发市级以上新产品92个，其中，高科分析仪器和中环分析仪器两家企业的两种分析仪器被省经贸委列为重点新产品，富朗特新能源的风力发电变泵用超级电容器储能系统和博立生物的β－淀粉酶两个产品被省科技厅确认为重点新产品。科思茂管材有限公司被认定为省高新技术企业，另有3家企业被认定为市高新技术企业。

【基础设施】年内，先后完成开发区西区规划的修编、西部七村村庄规划设计。围绕台湾纬创集团落户泰州，及时启动电子工业园规划建设。强化基础配套建设，全年先后有纬一路西延、纬六路许陆河桥、泰州路四支河桥、四支河西延、一支河护坡、四支河护坡、黄村河清淤护坡、经八路、马厂路马厂村庄段等一批重点路桥工程相继竣工，相关主次干道的水、电、汽等管网工程的建设、绿化、道路养护工作有序推进，园区配套功能得到提高。

【民生工程】持续开展村庄环境整治，投入资金360万元，改造农村公路6.3千米，对5个村的10个沟塘进行整治，完成3个村900户改厕任务，整治卫生死角130多处，清理垃圾8万多吨，农村人居环境得到极大改善。推进民生保障工程，新投入2400万元，解决失地农民的保险，新增陈庄村、新河村6个组土地换社保499人。全区大病合作医疗符合参保的38596人全部参保，参保率100%，8个村建成标准化卫生服务站。全区655名返乡农民工96%实现转移就业，完成劳动力转移输出622人，1350名失业人员实现再就业。全区农民人均收入9030元，比上年增长12.1%。完成五大社会保险扩面征缴任务。落实为民解困措施，定期组织开展五保户、孤儿、重点优抚对象、重病重灾户、农村低保户、重残无业人员、低保边缘户、城乡低保户等各类救助活动。开展为“三老”解“三难”活动，为78名重点优抚对象办理住院医疗保险，参保率100%；门诊医疗补助按规定足额兑现；开展拥军优属送温暖、残疾人社会保障、人口计划生育等工作，促进社会经济健康协调发展。

（姜堰开发区）

口岸管理

综 述

【概况】2009年，泰州口岸取得较快发展，口岸外贸运量快速增长。全年完成港口货物吞吐量7464.9万吨，比上年增长29.8%；外贸进出口货物462.84万吨，增长37.6%；集装箱82705标准箱，增长18.1%。年内,进出境国际航行船舶855艘次。

【口岸通关环境】各口岸查验单位以“有效监管、方便快捷”为目标，在严格“把关”的同时，把发展和服务放在首位，优化通关环境，提高工作效率，简化办事程序。泰州海关更新行政服务理念，优化口岸通关环境；坚持“保持原有模块、实行新的分工，两个改革互促互进”思路，推进综合业务改革；落实《海关总署关于促进经济增长的十项措施》及《南京海关关于印发支持促进江苏经济平稳发展九项措施》的通知，帮助企业解决实际困难；推出服务出口百强企业、服务台资企业、加强统计服务外贸等专题活动，进一步强化实行的“一站式服务”、“24小时预约加班”等措施；泰州海事处适时提出八项便利措施，服务企业发展；主动服务重点工程，打造绿色通道。泰州国检局在前期做好风险分析的基础上，对泰州口岸相关企业实行诚信体系下进口植物油脂的快速放行的模式，主动采取措施，服务重点企业，保证企业顺利进口。泰州边防检查站以勤务改革为牵引，积极提供优质服务；根据企业的需求，尝试开展“边检辅导员”进企业服务活动，将监管区域划分为3个服务区，选派优秀检查员进驻企业，为企业提供培训、涉法、维权和政策指导服务，尤其是对新开放码头，提前介入，当好企业的“高参”。针对码头发展迅猛、警力紧张、执勤任务重的实际，积极推行勤务改革，尽最大可能将警力调入一线，实行科队联勤，捆绑使用，强化激励和压力机制，提高一线执勤人员业务素质和工作效率，以素质弥补警力不足的困难。针对金融危机引发的劳资纠纷，对港口动态信息定期分析，建立预警调处机制。

【口岸综合管理】做好综合协调工作，注重协调解决好查验监管过程中发生的问题，在保证有效监管的前提下，确保用户货物、人员和交通工具的进出方便。完善口岸管理机制，初步形成市及沿江市（区）口岸管理工作网络，坚持口岸季度例会、查验单位联席会议、对外开放码头综合运行情况年度联检和口岸单位综合测评等工作制度。

【口岸开放】年内，有4座码头实现对外开放。3月，泰州港泰兴港区二期工程液体化工码头获省政府批准对外开放；9月，泰州港靖江港区新港作业区码头（二期）获省政府批准对外开放；10月，江苏中油石化有限公司液体化工码头经国务院批准、江苏海事局通告对外开放；12月，泰州港靖江港区新港作业区码头（一期）获省政府批准对外开放。泰州港口岸已兼具件杂货、散货、集装箱、化工品等多种货物的运输功能，服务面得到拓宽。

【完成口岸“十一五”规划编制】年内，在调查研究的基础上，完成泰州市口岸发展规划编制，并组织论证。

【口岸文明建设】在口岸系统开展文明共建和口岸工作考核奖励活动，优化口岸服务质量，做到让企业满意、群众满意。举办口岸系统第3届乒乓球比赛，组织赴先进口岸地区的考察学习活动，加强口岸单位之间的联系与协调，丰富口岸系统干部职工的文化生活。

出入境检验检疫

【概况】2009年，泰州国检局围绕省局“保质量、促增长、强素质、上水平”的目标要求，抓住泰州沿江大开发机遇，开展“百千万亿服务工程”、“春风行动”和“三服务”等活动，推进企业诚信建设、分类管理。结合泰州实际，以出口食品为重点，在推进“质量和安全年”、食品专项整治活动的基础上，探索出口产品检验检疫监管长效机制,创新出口宠物饲料、米制品检验检疫监管新模式。以服务泰州沿江开发、出口加工区建设和重点项目引进为中心，创新服务理念和工作方法帮助企业解决实际问题，应对金融危机;积极推行“5+2”、“白加黑”服务措施，超前谋划，靠前服务;实施“一企一策”、“一事一策”，最大限度地推出政策集成和配套举措，走访重点企业，提供门诊式服务，把能办的事办好，把难办的事办成。做好国外官方检查准备工作，扩大泰州出口产品在国际市场的影响，促进产品扩大出口。连续两年获泰州市“服务地方经济发展十佳单位”称号。

全年共检验检疫出入境货物4.2万批，货值30.8亿美元，比上年分别下降15.2%和15.28%；其中出境货物38696批,货值17.60亿美元，分别下降17.83%和40.86%；入境货物3248批，货值13.19亿美元，分别增长37.28%和100.5%。检验检疫出入境船舶844艘次，比上年增长59.85%，其中入境361艘次，增长54.94%,出境483艘次，增长63.73%；检验检疫进出境集装箱1.3万标箱，下降30.8%；检验检疫进境原木59.3万立方米，增长48.6%。进境木薯干39.8万吨，比上年增长229.5%；进境植物油43万吨，增长93.4%；进口废物原料28.3万吨，比上年增长16倍；进口煤47.6万吨，比上年增长13倍；新增大豆进口19.75万吨，菜籽进口75.72万吨，完成法定重量鉴定197万吨，比上年增加36.9%。

【“质量和安全年”活动】 根据总局、省局统一部署，结合泰州地区进出口产品质量与食品安全实际，泰州国检局研究制定《贯彻落实“质量和安全年”活动工作方案》，成立领导小组，并根据业务分工和对口原则分别成立10个专项工作小组，分别研究制定“质量和安全年”活动工作方案。一是做好宣传发动工作。利用触摸屏、电子显示屏以及各类新闻媒体等手段广泛宣传“质量和安全年”活动，领导小组专题向地方政府领导进行汇报。通过发放法律法规、宣传画册、集中培训等多种方式对全市232家进出口企业开展送法上门活动。二是做好质量安全监管工作。工作小组专题策划开展以进出口食品安全整顿为主要内容的“进出口食品质量安全服务年”活动，全面清查辖区内41家卫生注册企业和12家卫生登记企业，对检查中发现的问题均要求企业限期进行整改。推广出口产品关键点环节实施监管软件，引入GPS定位系统对全部36个备案基地进行规范管理。三是加强企业诚信建设。年内，与企业负责人签订《产品质量安全承诺书》300多份，建立出口企业质量管理档案350多份，明确企业主体责任意识。检查全市95家出口食品、农产品企业和41家出口食品备案基地，责令不符合要求的56家企业、25家基地限期整改。注销2家出口食品生产企业卫生注册资格，对暂不符合出口的2家企业作出不予推荐的决定。对全市20家进口食品收货人实施备案管理，保证法检入境货物报检率100%。四是加强对出口食品、添加剂的监管。根据江苏省“打击违法添加非食用物质和滥用食品添加剂专项整治工作方案”的要求，对全市食品生产、加工中所使用的原辅料、添加剂进行全面的梳理、自查，做好添加剂备案工作，对出口食品企业使用的原辅料、添加剂进行全面梳理，针对泰州地区实际情况，制定专项整治检查方案。对泰州辖区的13家相关企业进行清查，并按照规定频次对出口食品中的添加剂含量开展针对性的监督、抽样和检测。

【口岸把关】 以口岸甲型流感疫情防控为重点，加强检地合作，做好口岸疫情防控。成立泰州口岸卫生检疫核心能力建设工作领导小组，全面加强泰州口岸卫生检疫核心能力建设。成立泰州口岸疫情防控领导小组和联防联控技术小组，与泰州卫生、口岸委、口岸查验等部门联合下发《关于进一步完善应对口岸公共卫生事件合作机制的通知》，建立应对泰州口岸公共卫生事件合作机制，实行24小时值班制度和疫情信息每日零报告制度，强化疫情防控。开展外来有害生物监测，成立口岸外来有害生物监测工作小组，承担检疫性实蝇、有害杂草、舞毒蛾等检测和进境木薯干有毒有害物质等疫情监测。举行口岸疑似病例处置、防控甲型H1N1流感疫情模拟演练，处置一起外籍船员发热事件和两起外籍船员突然发病死亡事件。全年查验泰州口岸出入境人员1.62万人次，比上年增加57.72%。对来自疫区和发现疫情的201艘船舶实施卫生处理，其中来自检疫传染病疫区137艘次。实施船舶卫生监督844艘次，截获医学媒介生物共4种54批10280只。检验进口煤炭19批、47.58万吨，检出不合格10批，主要是发热量和水分不符合合同要求；检验进口铁矿15批、17.36万吨，发现不合格9批，主要是含铁量不符合合同要求；检验进口植物油161批、43万吨，发现52批短重超过5‰，最高短重率2.3%。发现72批油品卫生指标不合格，36批品质指标不符合合同要求。检出木质包装标识不符3批、有毒有害物质超标8批。截获各类有害生物207种、3684种次，比上年分别增加97.1%和177.6%，其中检疫性有害生物17种、383种次，分别增加1.8倍和10.6倍。象白蚁为全国口岸首次截获，谷拟叩甲、三裂叶豚草、齿裂大戟等8种检疫性有害生物为泰州口岸首次截获。

【创新出口米制品检验监管模式】 为进一步提高检验检疫的针对性和有效性，扶持企业做大做强，泰州国检局对泰兴马斯特华克食品有限公司的原料供应基地全面实施GAP认证，指导企业按照“出口米制品分段管理和溯源管理”方法建立“从农场到餐桌”全过程的自检自控体系和贯穿种植至成品全过程的溯源体系，对原料米的安全卫生控制从种植到成品进行全过程覆盖，通过风险评估，制定相应的检验检疫措施，探索出“以企业自检自控为基础、以官方监控为主、出口前有针对性的抽查为辅”的米制品检验检疫监管模式。10月，方案通过专家组论证、验收，马斯特华克公司成为省局牵头的江苏出口米制品监管、抽检模式改革试点企业。2009年，公司米制品出口3500万美元，比上年增长97%。

【探索出口宠物食品检验监管模式】 年内，启动宠物食品检验检疫监管模式改革试点工作，对出口宠物食品检验检疫监管模式进行探索和创新。通过调研、分析、评估，构建以“注册登记、自检自控、官方监控、监督管理、产品追溯、产品召回”为主要内容的“以企业自检自控为基础、以官方监控为主、出口前有针对性的抽查为辅”的检验检疫管理模式。3月，监管模式通过省局进出口饲料安全专家组评估和鉴定。5月1日，在江苏佩蒂宠物食品有限公司试运行。7月10日，国检质检总局组织全国系统观摩团来江苏佩蒂公司观摩宠物食品出口检验检疫岗位技能竞赛，专题召开出口宠物食品检验检疫监管模式改革研讨会。该模式增强企业产品质量的主体责任意识，降低企业检测成本，每年为企业节约检测成本50多万元。

【兴化出口蔬菜安全质量示范区建设】 兴化是全国脱水蔬菜出口基地之一，是全国最大的出口脱水香葱生产基地。为推进兴化香葱产业发展，泰州国检局以源头监控为突破口，积极推进兴化出口蔬菜安全示范区的建设。先后出台《建立兴化市出口蔬菜质量安全区域化管理体系》及与区域化管理配套的《政府、部门协调控制体系》、《追溯控制体系》、《农药控制体系》、《重大突发事件应急控制体系》。向市委、市政府专题上报《兴化出口蔬菜质量安全区域化管理的调研报告》。年初，副局长陆永贵专题调研兴化出口蔬菜示范区建设情况。2月，全省食品安全工作现场会在兴化召开。4月，泰州市委书记张雷、江苏国检局局长王伟等提出建设兴化出口蔬菜示范区的要求。在检、地共同推动下，10月14日，核心区面积867公顷、辐射区面积0.35万公顷的兴化出口蔬菜质量安全示范区顺利通过专家评审组现场考核验收。

【用好优惠政策帮助企业应对危机】 加强原产地政策研究，加大对产地证签证重点企业的现场调研和服务力度，随时关注企业经营动态，努力让签证企业用好用足优惠产地制度，提高产品国际市场竞争力。2009年，泰州地区签发普惠制原产地证书11027份、金额4.98亿美元；签发亚太贸易协定证书845份、金额2488.28万美元，比上年分别增长51.97%和12.79%；签发东盟证书1368份、金额7067.16万美元，分别增长46.46%和66.51%。签发中国—智利优惠产地证书348份、金额1088.78万美元，分别下降32.9%和44.71%。签发中国—巴基斯坦优惠产地证书127份、金额467.7万美元，分别增长568%和229%；签发中国—新加坡优惠原产地证37份、金额323.16万美元；签发中国—新西兰优惠原产地证32份、金额86万美元，分别增长357%和237%。

【韩国国立兽医科学检疫院考察凯利达食品有限公司】 4月22日，韩国国立兽医科学检疫院考察团一行对泰州凯利达食品有限公司出口肠衣卫生质量控制体系、现场卫生管理等进行考察。

【美国消费品安全委员会（CPSC）考察林海集团】 10月22日，美国消费品安全委员会主席伊内兹·特纳鲍姆率团考察林海集团全地形车(ATV)的生产、产品质量控制情况等。由于美国“ATV行动计划”的实施，从2008年下半年以来，林海全地形车在美销售严重受阻，为帮助企业应对日益加剧的国际贸易摩擦，泰州国检局将林海集团列为重点服务对象，指导企业做好迎接国外官方检查准备工作，分管局长带队驻点，指导企业力争通过考察赢得美国官方认可。12月，林海集团全地形车、摩托车等产品通过美国“ATV行动计划”审核，恢复对美出口。

【处置2例外籍船员发病死亡事件】 3月27日，一艘途经泰州长江航道的外轮上的一名船员突发疾病，在泰兴市人民医院抢救无效死亡。泰州国检局根据调查和汇总诊断情况分析，该船员发病突然，无发热等传染病潜伏症状，排除传染病和中毒情况。10月25日，泰州港靖江一码头发现一外籍船员突然死亡，泰州国检局检疫人员立即赶往现场进行调查、处置，与当地公安、边防、卫生部门配合，排除其感染传染病的可能。

【处置一起船员发热事件】 6月10日，泰州国检局检疫人员对来自日本的“鹤照2号”货轮在锚地实施体温检测时，发现一名菲律宾籍船员体温为38.3℃。因该轮来自疫区日本，不能排除感染甲型H1N1流感的可能。泰州国检局立即启动泰州口岸甲型H1N1流感检验检疫应急预案，迅速将疫情上报省局卫生监管处，并通报地方卫生行政主管部门。经泰州市疾控中心实验室甲型H1N1流感病毒初筛阴性，患者最终被排除感染甲型H1N1流感。

【实验室建设】 结合泰州进出口产品特点，加大实验室建设投入，推进科研工作的开展。投入700多万元，完成沥青、农畜食品和粮油检测实验室的装修改造、仪器配置，拥有国际最前沿的沥青评价方法——美国SHRP评级中的PG分级指标检测技术和最先进的粮油检测设备，新增检测项目20多种。至年末，有博士生1 人、硕士生3人、本科生9人，基本满足泰州地区进出口粮油、沥青、农产品等项目检测需求。承担的国家级项目《道路沥青安全项目的研究》和省级项目《沥青针入度指数检测方法研究》先后通过鉴定。

（李新华）

海　　关

【概况】 2009年，泰州海关履行《中华人民共和国海关法》赋予的进出境货物物品的监管职能，努力完善综合治税大格局，探索大监管体系建设，提高海关监管质量和服务水平。全年入库征收税款19.86亿元，其中征收关税5.20亿元，进口环节代征税14.66亿元。监管进出口货物690万吨，其中进口454万吨、出口236万吨；监管进出口集装箱25038标箱，监管进出境船舶998艘次，办理加工贸易合同备案1581份，累计备案金额12.8亿美元。

【**缉私分局业务概况**】贯彻两级关长会议、全国缉私工作会议和全国综合治税会议精神，转变执法理念，提高执法能力，正确处理打击和保护、管理和服务、局部和全局的关系，发挥保平安、保稳定、促发展、促和谐的作用。全年自侦并立案走私犯罪案件1起，案值946.9万元，涉嫌偷逃税款81.4万元，抓获犯罪嫌疑人3人，逮捕1人，移送检察机关审查起诉犯罪嫌疑人2人；立案调查行政案件15起，案值605.7万元，涉税45.97万元。

【**管理强关**】针对现场管理、人员配备和事权进行研究，下发指导文件，划分职责、理清事权。在电子政务平台增设职能管理和督办单，加强海关和各现场业务协调。制定职能管理网络运行规定，督促专兼职职能管理人员各司其职、各负其责，推进网络高效运行。将日常考核与统计执法评估系统、基层综合考评实施方案以及督察内控管理系统相关指标挂钩，完善日常考核规定。将关内专兼职网络纳入网页运行，对照运行情况进行考核。加强对权力运行过程的制约和监控，将日常管理与全面质量管理融为一体，加强考核执行力度，调节考核失衡。

【**综合治税**】注重施行量质并举，有效推进以管促税。通过适时走访调研，建立企业监控机制和价格资料库，做好税源企业管理。充实归类审价力量，完善业务台帐，重视原产理审核，实行征管交叉复核与季度自查，强化税收管理。注重减免税项目产品审核，强化政策过渡期间审批，关注企业经营状况，加强备案和后续配合，加强减免税管理。全年一般贸易进口价格指数稳定在绿区。审价补税218万元，比上年增长12.95%；网上支付税款7.2亿，占总税收的40.4%；减免税设备内销补税234.8万元，比上年增长20.5%。

【**建立“金钥匙”服务品牌**】对往年服务举措进行归纳总结，逐渐形成四大服务理念：企业到海关办理业务不跑空趟、企业到海关办理业务不用找关系、守法企业的合理需求努力做到有求必应、让诚信企业几乎感觉不到海关监管。为提升服务层次，形成服务文化，泰州海关将固有的服务理念实体化，建立起具有影响力的海关服务品牌。先后组织精神文明建设、人事政工、纪检检查、党建以及文秘等多条线人员召开研讨会，并在全关范围内由各部门分别组织进行讨论，关党组先后召开两次专题会议，确定寓意“释疑解惑、排忧解难”的泰州海关机关服务品牌——“金钥匙”。

【**共同愿景大讨论**】年内，为建设学习型机关，打造基层管理强关，开展泰州海关共同愿景大讨论活动，确定将“厚德、明法、和谐、争先”作为泰州海关共同愿景，营造泰州海关和谐向上的基层环境。

【**队伍建设**】开展“我与祖国共奋进、我为海关作贡献”系列主题教育活动，全年安排关内教育培训10多次、法制专题教育1次、内网发布教育培训课件9个。参与地方政府行政权力网上公开运行工作。组织开展泰州海关依法纳税主题教育宣传以及“知识产权保护周”等法制宣传日活动。制订泰州海关异常经营企业处置方案，全年协调处置经营异常企业3家。加强行风廉政教育，完善内外监督机制。开展廉政主题教育，加强对人财物管理使用、关键执法岗位和管理岗位的监督，探索纪检监察部门利用科技手段加强对执法过程监督的新途径。发挥社会行风监督员作用，形成上下内外齐抓廉政建设的合力。开展行风建设调查问卷活动，查找存在的问题并进行有效治理。

【**海关政策指导**】坚持新年政策宣讲会制度，举行3期政策宣讲会。开展4次加工贸易业务培训和1次报关员知识更新培训。积极参与“外资外贸企业服务月”活动。走访重点行业企业，听取意见建议，现场解决困难。开展出口加工区建设专题讲座，为泰州出口加工区的规划、建设、管理提供前瞻式服务。推动泰州市政府与南京海关建立合作共建机制，为泰州地方经济发展争取优厚的政策环境。配置安装STAL统计系统，服务地方对海关统计数据需要。

【**科技改造**】对电子政务内网系统各项功能进行适应改造，开发完善全面质量管理网页、门卫监控系统、订餐管理系统、信息共享平台、固定资产管理系统等。推进泰州口岸远程监控系统二、三期工程建设，将靖江口岸图像整体纳入系统框架。推进“一机两网”客户机资源整合，完成数据传输备份线路升级扩容。完成QP4.0版预录入系统切换工作。建立泰州海关互联网门户网站，开通网上服务大厅。开发建立出口加工区封关运作前期入区企业基建设备材料海关监管系统。（潘　越）

海　事

【概况】2009年，泰州海事处完成内河船舶安全检查187艘次，中国籍海船安全检查35艘次，PSC检查12艘，VTS中心接收船舶报告11.19万艘次，跟踪监控船舶5.68万艘次，提供信息服务5.47万条，提供助航服务886次，完成交通组织2352次，发布航行警告139次，接收险情报告60起，接警后30分钟内海巡艇均到达事故现场。实施船舶维护3491艘次，海巡艇巡航4062航次，巡航里程数10.2万海里。船舶签证6.66万艘次，国际航行船舶进出口查验856艘次，港口货物吞吐量3169.4万吨，国际航行船舶载货量413.7万吨，办理船舶载运危险货物申报5106份，危险品船舶载货量528.8万吨，港口作业报备426件，发布航行通告65份。

【专项整治】年内，持续开展各类隐患排查和专项整治活动。确定泰州大桥、危险品作业码头、客汽渡、两个叉河口附近水域为排查重点，认真调查研究，采集隐患信息，摸清违法、违规行为规律。先后开展"安全生产月"、安全生产大检查、吨位丈量、打击超载、打击私渡、打击渔船和非法采砂碍航等各类专项整治活动，深化饮用水水源地、黄砂临时过驳区、碍航船等隐患排查工作。完成"两会"、国庆等季节性水上安全监管工作。在隐患排查治理和安全大检查活动期间，共出动执法人员635人次、下发安全隐患整改通知书14份、安全管理建议书11份，排查出重大安全隐患26个、向政府专题报告4次。

【隐患治理】建立事故隐患排查、治理、举报奖励和重大隐患报告、评估、挂牌督办、公示的完整制度体系，促进事故隐患排查治理工作的规范化、制度化、长效化。强化辖区涉水企业安全生产和海事水上交通安全监管的主体责任机制，坚持政府依法监管、行业部门有效指导，督促指导辖区涉水企业、代理单位建立健全安全生产规章制度和操作规程，落实安全管理和隐患排查治理方面的责任。及时下发《隐患治理目标任务分解书》和《隐患排查治理实施细则》，建立隐患排查治理责任机制和考核机制，将隐患治理责任分解落实到部门，严格考核，防止隐患排查治理走过场和部门之间相互推诿的现象发生。

【联动执法】联合渔政、水利、公安等部门，开展联合执法，严厉打击非法采砂、渔船碍航等违法违规行为。完善与船闸、地方海事部门的水上交通联合管控机制，解决南官河、引江河口大量待闸船舶无序锚泊、占用航道等威胁长江干线通航安全的隐患。固化与镇常海事机构的水上联动执法机制，强化渡口渡船监管，协调雾控、风控、应急反应行动，确保巡检无缝隙、执法有合力。

【危险品监管】建立危险品码头船舶作业安全与防污染管理季度例会制度，及时总结经验，探讨和解决码头装卸作业安全和防污染管理中存在的薄弱环节和安全隐患。开展危管防污专项检查月、打击非法夹带危险品专项整治和集装箱运输安全管理专项检查活动，发现并督促整改各类安全隐患385项。

【大桥施工维护】建立完善海巡艇全天候现场巡航制度、月度安全例会制度、专题会议制度、桥区施工船舶准入制度、安全信息通报制度以及水上安全教育培训制度等6项制度，严格执行"全天候"监管模式，坚持对桥区水域实施长效监管。坚持"做精做细、万无一失、确保安全"的原则，完成大桥钢塔吊装的施工维护工作，实现"不封航、船舶通过桥区对吊装作业零影响"。推动大桥防撞体系建设。制定并落实"标识管理、带班乘坐、清点人数、上下登记、申请护航"等有针对性的措施，消除施工船舶可能存在的事故隐患。自大桥开工建设以来，投入桥区现场监督力量6495人次，发现并纠正违章6301次，海巡艇出艇3103航次，航行里程23万千米，维护特种船舶安全通过桥区1158艘次，实现173.1万艘船舶安全通过桥区"零险情、零碰撞、零事故"的安全监管目标。

【搜救应急】开展危险品泄漏、溢油演习。成功组织取水口防污染无预案应急演练。以及"莫拉克"台风和一、二号寒潮等恶劣天气的预防预控工作。组织实施水上救助行动60次，成功救助船舶269艘、人员391人次，成功率为99%。

（王能亮）

【推出八项便利措施】年内，为服务企业发展，泰州海事处适时推出八项便利措施：一是便利超大型船舶进出泰州港。不再把特殊维护保障措施作为超大型船舶进出泰州港的必备条件，优先安排进江超大型船舶锚泊。二是便利泰州港船舶停航锚泊。对位于泰州长江段的19号停泊区进行扩容，最大限度地安排本港船舶优先锚泊。三是进一步拓宽船舶"绿色通道"。将电煤运输船舶和更多的集装箱船纳入"绿色通道"，使电煤船、集装箱船更为便捷地进出泰州港。四是协助办理在建船舶抵押权登记。帮助船厂解决融资困难，促进泰州船舶工业健康、有序地发展。五是合理把握行政处罚尺度。对于未造成严重后果的一般性违法行为，依法尽量采取以警告和教育为主的处理方式。同时，简化违法行为和事故调查处理程序，尽可能减少违法和事故船舶在港接受调查时间。六是政务中心实行"5+2"工作制和24小时预约服务，保证国际航线船舶随时办理所有相关海事许可及报备手续。七是实施网上申报，缩减审批、许可流程，最大限度地减少企业审批成本。八是为进入泰州港的船舶全天候24小时免费提供有关航行安全信息，为船舶保驾护航。（陈菊芬）

【创新服务举措】将解决造船企业在金融危机中发展存在的难题作为服务重点，主动走访，协助船厂做好新船试航、大型拖带等许可、报备工作。实行“零待时、全天候”服务工作制，便利船舶进出港。全年共办理到港国际航行船舶进出口岸手续994艘次，办理船舶防污染作业审批148艘次，发放防污文书114份，船舶载运危险货物申报审批6749艘次，办理船舶作业报备487艘次。建立船舶、代理、引航、码头等单位的联系协调制度，制定、落实各项安全监管措施，营造超大型船舶进港绿色通道，提高泰州港口竞争力，全年共审批超大型船舶进港256艘次。支持泰州拆船业发展，指导企业积极做好环境评价和办理环保许可手续。压缩审批时限，及时提供锚位信息，缩短其在航时间，实行废钢船直接靠码头联检机制，全年为企业节约成本400万元。推进应急设备库建设，在海企码头初步建成应急设备库，提高突发事件应急能力。保障电煤运输，争取上级支持泰州电厂码头外轮临时靠泊，坚决做到“五个优先”，简化办事程序，打造电煤运输绿色通道，解决电厂用煤急需。

【规范管理】以体系运行为龙头，强化督察，严格考核，提高工作规范性。组织开展执法督察。将执法督察、职能督察与体系监控有效结合，提高督察效率，整合督察资源，对一些执法过程中存在的问题当场指正，规范海事行政执法行为。全年开展海事行政执法督察81次，发现不合规行为145个。组织开展内部审核，改进和完善海事管理体系文件，确保体系文件适宜性。（王能亮）

外轮理货

【概况】2009年，泰州中理外轮理货有限公司坚持精益管理的理念，提升企业内部流程效率，提高人员素质，提升管理，降本增效，全年受理国际航线件杂货船舶70艘次，完成理货量38万吨。主要货类为木材、水泥和化工品。受理国际集装箱内支船舶657艘次，完成理箱数2.89万标准箱。完成装拆箱理货1.41万标准箱。

【市场维护】按照诚信共赢的原则，与本口岸同业者签订业务发展备忘录，提高行业自律能力，规范业务操作，稳定和维护本口岸理货市场安全，确保理货业务可持续健康发展。

【优质服务】积极打造“诚信”理货品牌，不断提升服务水平，强化服务意识和服务技能，提高理货信息传递速率，创新服务机制，为用户提供个性化服务，满足客户各种不同需求。全年理货船舶到数率93%，理货数字准确率100%，客户满意率和制单达标率均为100%。发放征求意见书100多份，走访客户80多家。

【文明创建】开展企业精神文明建设和企业文化建设，确立企业理念和价值观，提高企业凝聚力和战斗力。不断挖掘文明创建新载体，开拓文明创建新思路。年内，泰州中理外轮理货有限公司件杂货班组被中国外轮理货总公司评为“安全优秀班组”，公司职工孙健被中国外轮理货总公司授予“优秀员工”称号。（丁　华）

泰州港口

旅游·园林·绿化

旅　　游

【概况】 2009年，全市接待入境旅游者68151人次，创汇6872.34万美元，比上年分别增长13.42%、12.63%；接待国内旅游者933.24万人次，国内旅游收入94.9亿元，分别增长18.72%、25.61%；接待国内外旅游者940.06万人次，实现旅游总收入99.59亿元，分别增长18.68%、24.77%。

【旅游项目建设】 年内，泰州园博园、兴化千岛菜花风景区建成并对外开放；三水湾时尚休闲街区、泰州华侨城等旅游项目完成主体工程；稻河历史文化街区、省泰中旧址修复改造工程、兴化金东门历史文化街区等文化旅游项目正在建设；溱湖风景区、乌巾荡风景区、靖江江心洲、泰兴古银杏森林公园等旅游景区建设规模不断扩大，基础设施不断完善。2009年，全市旅游景区提档升级步伐加快，全年获批国家AA级旅游景区2家（兴化板桥竹石园、兴化森林公园）、国家AAA级旅游景区1家（泰州光孝寺），姜堰市河横村获批江苏乡村旅游精品、江苏省四星级乡村旅游点，海陵现代农业科技示范园区获批江苏省三星级乡村旅游点，溱湖国家湿地公园获批江苏省首批自驾游基地。

【旅游专项资金上争】 为服务好重点旅游项目建设，市旅游局与市财政局积极上争旅游项目建设专项资金，年内共有8个项目列入江苏省旅游重点项目建设计划，泰州园博园、省泰中旧址修复改造工程等11个项目获省级现代服务业（旅游产业）发展专项引导资金总计450万元。五巷-涵西历史文化街区获200万元国家旅游发展基金地方项目补助经费，是地级泰州市组建以来获得的最大数额国家旅游发展基金补助。

【旅游行业管理】 全市新评旅游星级饭店4家，其中四星级2家（泰州嘉銮国际大酒店和泰兴银光宾馆）、三星级1家（兴化天宝大酒店）、二星级1家（姜堰市溱潼镇政府招待所）。新成立旅行社10家。开展新出台的《旅行社条例》的宣传贯彻工作并完成旅行社换证。在旅游行业内开展放心消费创建活动和诚信旅游建设，建立诚信旅行社评价体系，评选出泰州市光大国际旅行社、姜堰环球旅游服务公司等13家诚信旅行社。旅游行业被评为泰州市2009年度放心消费十大行业，凤城河风景区成为全市各行业唯一一家省级放心消费示范单位。

【旅游安全保障】 市旅游部门重新修订《泰州市旅游突发公共事件应急预案》和《旅游安全事故应急预案》，面向市民、游客举办多场旅游安全知识宣传活动，及时公布疫情信息。在行业内开展安全生产月各项活动，组织各类安全生产知识培训，全年开展各项安全执法检查6次，凤城河风景区等8家景区被评为平安景区。全年全市未发生一起重大旅游交通安全、重大旅游卫生安全、重大旅游投诉事件。

【旅游市场开拓与促销】 市旅游管理部门创新旅游宣传促销手段，拓展客源市场。全年参加中国国际旅游交易会、上海迎世博400天大型旅游产品推广活动等各类旅交会、旅游论坛近20场，全市旅游企事业单位500多人次参加，发放宣传品5万多份。组织旅游企业赴台湾、新加坡、菲律宾等地开展海外旅游宣传促销。开展旅游活动策划工作，完成首届泰州国际旅游节相关系列活动的承办工作，配合省第6届园博会的召开举办各类宣传促销活动。与国旅总社、旅游热线（上海）联盟、龙之旅全国旅游协作网等知名旅行社、旅行社联盟合作，相继开展国旅首发团系列活动、百家上海旅行社泰州世博之旅线路考察、苏锡常通泰扬盐七城互动游等多项活动，全市旅游市场逐渐拓宽至北京、广东等远程高端市场及海外客源市场。

【旅游形象宣传】先后在沪宁、雍六高速公路设置高炮广告，在上海、南京两地公交主干线设置3条线路公交车身广告，扩大宣传覆盖面。泰州旅游歌曲《故乡最吉祥》，在"祥泰之州·同一首歌"晚会上演唱，进一步提升泰州旅游的影响力。全年编发《泰州旅游》杂志3期、报纸4期，开通旅游英文网站，制作新的旅游宣传片，编制一批高水平的旅游宣传资料。先后接待台湾中天电视台、人民网等30多家海外、中央媒体到泰采访，全年撰写新闻通稿40多篇，市内各媒体刊登旅游报道近200篇，《中国旅游报》、《江苏旅游通讯》、《华东旅游报》用稿20多篇。

【旅游信息化建设】提高全市旅游信息化程度，完成泰州旅游网升级换代，网络服务功能进一步完善；新建泰州旅游英文网站，形成"一体两翼"的网络宣传平台；全市旅游企事业单位宣传网站（网页）达60多个，初步形成较完备的旅游网站集群。超额完成省局交办12301旅游热线基础信息采集工作，全市旅游信息基础数据库进一步完善。全年在市内累计派发5000多本宣传手册及地图、3块LED电子显示屏、60台泰州旅游点点通触摸屏，构建以泰州市旅游咨询服务中心、凤城河旅游咨询服务中心、溱湖旅游咨询服务中心"三平台一体"为主，以全市旅游景区（点）、星级饭店和商场等部分公共场所为辅的旅游咨询服务体系。

【旅游人才培养】为配合泰州国际旅游节和园博园开园，开展导游服务技能强化培训和讲解员培训，为泰州国际旅游节输送一批优秀导游员和讲解员；举办导游年审培训、新考导游员岗前培训、导游考试培训、饭店英语考试培训、旅行社管理人员法规知识培训等培训班，全年培训1500人次，提升旅游行业从业人员的业务素质和专业技能。

【走进"祥泰之州"——百家上海旅行商世博体验之旅线路考察活动】为进一步"接轨上海、对接世博"，加快泰州旅游与上海世博会的全面对接，利用世博机遇发展泰州旅游业，6月20日～21日，举办走进"祥泰之州"——百家上海旅行商世博体验之旅线路考察活动，邀请100多家上海旅行商，考察泰州世博线路。上海旅游文化协会会长姚昆田、上海世博局国内参展部助理部长庞学杰等出席欢迎仪式。旅游热线（上海）联盟90家旅行社总经理，上海风尚自驾游俱乐部联盟20家车友俱乐部负责人，上海及泰州多家媒体记者参加活动。活动推出一批品质休闲等泰州世博体验之旅新产品，寻访领袖足迹、京昆曲韵等8条跨地区串联线路。

【"百家旅行社万人看泰州"活动】为迎接国庆60周年，庆祝第六届省园博会的召开，9月26日，市旅游局、建设局、凤城河管委会等部门联合举办"百家旅行社万人看泰州"活动。活动为纯公益性活动，主要为服务市民，全市近百家旅行社接受市民报名，参加活动的市民免门票参观泰州园博园和凤城河风景区，旅行社仅收取导游服务、用车等成本费。

【"旅游新地标·精彩园博园"全省13城市主流网络媒体走进泰州活动】9月25日～26日，市旅游局、泰州日报社联合举办"旅游新地标·精彩园博园"全省13城市主流网络媒体走进泰州活动，邀请扬子晚报网、苏州新闻网、中国常州网、泰州新闻网等全省近20家网络媒体看泰州园博园、采访园博会。泰州新闻网开设为期一个月的园博园报道专题，外地网络媒体在首页开设专题图标链接，在人气板块将园博会采风帖置顶或总置顶。活动提升园博园的知名度，展示泰州的城市新名片。

【与中国国旅签订旅游战略合作框架协议】9月19日，"江苏泰州、中国国旅战略合作签约暨中国国旅京沪粤三地游客同游泰州首发团启动仪式"在北京举行，泰州市与中国国旅正式签订旅游战略合作框架协议，副市长刘励与国旅总社总裁童卫共同为"祥泰之旅，享誉神州"铭牌揭牌。市旅游局与国旅总社建立旅游市场营销战略合作伙伴关系，双方建立联席会议制度，强化合作成效。国旅总社将策划泰州旅游新线路，上线销售泰州旅游新产品；利用在海外主要客源国的促销活动，以及国内外知名国际旅游展览和交易会有针对性地宣传泰州旅游资源和旅游产品；邀请国外客源市场旅行商、销售代理商考察泰州旅游产品和线路，开发泰州旅游新产品、新线路。

【中国国旅"京·沪·粤"三地游客同游泰州首发团】9月21日，市政府举行中国国旅"京·沪·粤"三地游客同游泰州首发团欢迎仪式，副市长刘励、中国国旅副总裁陈月亮等参加欢迎仪式。根据泰州市旅游局和国旅总社签订的合作协议，国旅集团独家推出"湿地生态看泰州，江北更比江南美"、"江北明珠、璀璨泰州——一路自然美景，一方江北古城"线路，组织首发团游览泰州。首发团采取"京、沪、粤"三地联动模式，在北京、上海、广州三地分别招徕游客，同日到达泰州参观游玩。首发团名额300人，其中北京游客99人，在泰州逗留时间三天两夜。

【中国国旅入境游美国首发团】9月24日～25日，国旅总社泰州入境游美国首发团暨美国圣奥拉夫大学中国访问团一行15人到泰参观旅游。在两天的时间里，美国客人分别游览学政试院、梅兰芳纪念馆、凤城河风景区、溱湖国家湿地公园等旅游景区，参观访问中国医药城、江苏省泰州中学。国旅入境游美国首发团是泰州市第一个单纯以旅游为目的、而不是以公务、商务、教育、科技等为目的的外宾团组。

【参加第2届江苏省旅游商品博览会】 10月24日～26日，第2届江苏省旅游商品博览会在常州举办。泰州市组织27家企业300多种旅游商品参展，涵盖土特产、旅游工艺品、旅游食品、旅游装备品等各个方面，共获21项大奖。泰州凤灵提琴、世泽黄杨精雕工艺品、活性炭雕、兴化天泓画舫木船、靖江伊香牛车水肉脯、红五星金三麻礼盒获最佳产品奖，兴化大地蓝多功能被、华艺宫灯等6项旅游商品被评为优质产品奖，泰州风光漆器等9项旅游产品被评为特色产品奖。市旅游局获最佳组织奖。

【“龙之旅”全国旅游协作网泰州旅游专场推介会】 12月14日，泰州举办泰州旅游专场说明会，向“龙之旅”全国旅游协作网140多家成员单位推介泰州旅游。全市30多家主要旅游景区、旅行社、星级饭店及经济型酒店负责人参加推介会。泰州国际旅游节期间，“龙之旅”共组织40台车、外地游客2000多人次到泰旅游。

【入选“长三角世博主题体验之旅示范点”】 12月21日，由上海世博会事务协调局、上海市旅游局、上海市人民政府合作交流办公室等部门共同组织的“长三角世博主题体验之旅示范点”评选结果揭晓，泰州“马可·波罗的幸福生活”和“水乡之珠、生态之州”成功入选。“马可·波罗的幸福生活”示范点包括凤城河、梅兰芳纪念馆、桃园（老街）、望海楼等景点，“水乡之珠、生态之州”示范点包括溱湖湿地公园、溱潼古镇、泰州华侨城云海温泉等景点。同时，在江浙沪三省共同推荐的55条“世博之旅”精品线路中，涉及泰州的有5条，凤城河风景区等9家泰州景区入选。

【泰州旅游英文网开通】 泰州旅游英文网（http://brillianttaizhou.com/）于2009年底正式上线运行。英文网由世界知名旅游市场营销专家莫里森教授牵头负责开发设计。网站设“有关泰州”、“缤纷泰州”、“旅游者”、“长江专区”等6个栏目，详细介绍泰州的历史文化、民俗风情、旅游景点、知名酒店、传统美食特产以及节庆活动等信息。网站设计良好的互动功能，游客可在线下载泰州旅游歌曲和迷你旅游指南，可在线体验泰州图片之旅。泰州旅游英文网是泰州市第一家外文旅游网站，是重要的面向海外的城市宣传窗口。

·2009中国泰州国际旅游节暨经贸洽谈会·

【概况】 4月6日～5月3日，由国家旅游局、国家林业局和江苏省人民政府主办，江苏省旅游局、江苏省林业局和泰州市人民政府承办的第四届中国湿地生态旅游节、江苏国际生态旅游节、2009中国泰州国际旅游节暨经贸洽谈会、2009中国姜堰溱潼会船节在泰州举行。纳入旅游节的系列活动共19大项，其中，包括开幕式在内的旅游相关活动共15大项。旅游节期间，全市各主要旅游景区（点）筹备了30多个子活动。举办“沪苏携手迎世博”旅游合作签约仪式、苏锡常通泰扬盐七城互动游、长三角城市千家旅行社看泰州等大规模大活动；面向社会开展“全国百城旅游宣传周”江苏省内互动游现场推广、上海世博宣传周、“龙之旅”全国旅游协作网千人团游泰州、泰州江河湖鲜烹饪大赛暨美食月、市民免费游泰州等旅游惠民活动；围绕挖掘泰州旅游文化内涵，集中组织全国各地的专家、学者开展中国城河论坛、全国重点网络媒体看泰州、全国知名作家泰州行暨第四届海内外华语文学创作笔会等活动；围绕泰州经济发展，举办2009中国泰州投资说明会暨项目签约仪式、2009中国医药城投资说明会、2009中国（泰州）国际船舶工业展览会等经贸活动。

泰州国际旅游节暨经贸洽谈会的成功举办，使泰州旅游资源得到有效整合，刺激泰州旅游业的发展。旅游节期间，全市共接待游客160万人次，拉动地方旅游消费20亿元；全市旅行社接待外地旅游团队400多个，地接人数21000多人次，旅行社地接量是平时的5倍，全市有7个重大三产城建项目签约，其中外资项目3个，总投资1.05亿美元；内资项目4个，总投资6.1亿元。

【旅游节主题口号与形象标识】 为扩大旅游节影响，提升城市形象，提高泰州旅游的知名度，从2月20日～3月20日，泰州市面向全国公开征集旅游节主题口号与形象标识。征集活动共收到应征信件1300多封、应征口号1.26万条、形象标识55件，应征者范围涵盖全国大部分省、市、自治区，其中外省市应征者占七成以上。通过遴选和专家组评审，旅游节主题口号确定为“文昌水秀，祥泰之州”，形象标识确定为“泰”形标识。“文昌水秀，祥泰之州”被进一步确立为泰州城市旅游文化主题。

【旅游节宣传报道】 旅游节前，在《中国旅游报》、《新华日报》、《扬子晚报》、《泰州日报》、《泰州晚报》刊发旅游节7个整版宣传，在市内设置20多块高炮广告牌、重点路段大型户外广告和重要路段1000多面灯杆旗。旅游节期间，市电台、电视台、日报社以及泰州网、泰州新闻网、凤城泰州网等重点网站，跟踪报道系列活动情况和亮点，国内外20多家媒体到泰采访报道。省旅游局帮助邀请台湾及内地14家媒体到泰拍摄专题片和采访报道。近一个月内，宣传报道旅游节的信息有500多篇次。

【“沪苏携手迎世博”旅游合作签约仪式】 4月5日，上海市旅游局、江苏省旅游局联合在泰州举办“沪苏携手迎世博”地市区县旅游合作签约仪式，国家旅游局副局长祝善忠，江苏省副省长张卫国等出席签约仪式。来自上海市8个区县旅游局和江苏省13个省辖市旅游局代表、境外旅行商代表100多人参加签约仪式。签约仪式上，江苏省13个省辖市旅游局分别与上海8个区县旅游局签订旅游合作备忘录。根据备忘录要求，沪苏两地将建立旅游行业协会联谊制度，分享旅游信息资讯，加强双方旅游资源、节庆活动和特色旅游项目的宣传推介，互为旅游目的地和客源地。泰州市旅游局分别与上海静安区、黄浦区旅游局签订旅游合作备忘录。

【泰州江河湖鲜烹饪大赛暨美食月】 3月26日，由市旅游局、市经贸委、市劳动保障局、团市委、市烹饪协会共同主办的泰州江河湖鲜烹饪大赛在会宾楼宾馆举行。江河湖鲜烹饪大赛共有24家宾馆饭店、77名选手参赛，展示187道江河湖鲜精品菜肴，其中热菜99道、凉菜48道、点心40道。比赛评选出热菜26道、冷菜2道、点心2道共30道菜入选“泰州水席”名单。为期一个月的美食月，以独具地方特色的江河湖鲜美食为基础，策划包装推出“泰州水席”，打造出泰州旅游餐饮新品牌。

【“全国百城旅游宣传周”江苏省内互动游现场推广活动】 4月11日～17日，国家旅游局在全行业开展“全国百城旅游宣传周”大型宣传推广活动，营造国民旅游氛围，引导国民旅游消费，推动旅游业实现平稳较快发展。4月11日，“全国百城旅游宣传周”江苏省内互动游现场推广活动举行。活动采取省内城市“结对”、相互宣传、互换客源的形式，以实现区域旅游的共同繁荣。根据省局安排，泰州与苏州结对推广。在苏州观前街和泰州金鹰国际购物中心门前，泰州和苏州两地实现互动，双方互相推介。泰州市组织20多家景点、旅行社、宾馆到苏州推介，苏州市组织辖区内重点旅游企业组团到泰州推介。为配合活动，双方旅游企业均推出相应的优惠措施。

【“苏锡常通泰扬盐七城互动游暨龙之旅千家旅行社游泰州”活动】 年内，市旅游局与苏锡常扬通盐等省内六市旅游局，启动“七城旅游大互动”活动。通过整合资源、包装特惠线路、制定特惠门票政策等多种形式，组织市民互动、客源互送，带动城际旅游消费。活动期间，凤城河风景区、梅兰芳纪念馆、学政试院、乔园四个景区面向七城市市民实行联票让价、特价优惠，吸引周边城市市民到泰旅游消费。4月18日，举办“苏锡常通泰扬盐七城互动游暨龙之旅全国旅游协作网千人团游泰州欢迎仪式”，接待龙之旅全国旅游协作网输送到泰的六城游客1000多人，创市区单日接待外地组团人数之最。整个七城互动游期间，全市外输游客1868人，接待六市及龙之旅游客2499人，接待其他城市游客1426人。

【“长三角千家旅行社看泰州”活动】 年内，旅游宣传促销方式由以往着重“走出去”转变为“请进来”，邀请主要客源地旅行商、媒体集中到泰进行实地体验。在国际旅游节期间及其后，组织开展“长三角千家旅行社看泰州”活动，分批次邀请长三角地区旅行社到泰踩线。从3月24日～7月25日，共分5批次邀请江浙沪20多个城市的500多家旅行社及媒体参加活动。

2009年泰州市国际旅游接待一览表

表18　　　　单位：人次

项目	2008年	2009年	同比增减（%）
一、接待人数	60087	68151	13.42
外国人	37550	39662	5.62
香港同胞	3909	4961	26.91
澳门同胞	683	887	29.87
台湾同胞	17945	22641	26.17
二、接待人天数	470645	503989	7.08
外国人	291024	307972	5.82
香港同胞	43222	48294	11.73
澳门同胞	1660	2022	21.81
台湾同胞	134739	145701	8.14

2009年泰州市旅行社一览表

表19

序号	旅行社名称	地址	电话	传真	新许可证号
1	泰州市光大国际旅行社	泰州市青年南路429号	86611828	86611808	L-JS12001
2	泰州海中天国际旅行社	泰州市扬子江南路1号海燕大酒店内	86978628	86978699	L-JS12002
3	姜堰环球旅游服务公司	姜堰市通扬西路沈家舍1号楼	88270666	82075737	L-JS12003
4	泰兴市中国青年国际旅行社	泰兴市国庆西路32号	87623228	87625636	L-JS12004
5	靖江市中国旅行社	靖江市幸福路幸福公寓M-2号	84834074	84824279	L-JS12005
6	泰州市假日旅行社	泰州市鼓楼北路16-2号	86243309	86243312	L-JS12006
7	泰州市扬子江国际旅行社	泰州市鼓楼北路48-3号	86238688	86238618	L-JS12007
8	泰州市长运汽车运输有限公司旅行社	泰州市扬州路180号西车站内	86601155	86601152	L-JS12008
9	泰兴市欧亚旅行社	泰兴市国庆西路6号	87614719	87656654	L-JS12009
10	泰州市青年旅行社	泰州市鼓楼北路5-12号	86210400	86210700	L-JS12010
11	泰州市华夏国际旅行社	泰州市青年南路l45号	86311801	86311901	L-JS12011
12	靖江运输实业总公司交通旅行社	靖江市江平路232号	84810377	84850377	L-JS12012
13	靖江市假日旅行社	靖江市人民南路南园宾馆南首	84858108	84832080	L-JS12013
14	靖江市职工旅行社	靖江市人民南路60号	84853111	84859219	L-JS12014
15	姜堰市青年旅行社	姜堰市人民路5号	88232358	88232368	L-JS12015
16	靖江市长江旅行社	靖江市江平路208号（靖江宾馆向东200）	84827800	84825600	L-JS12016
17	泰州市中天国际旅行社	泰州市稻河路南东进游园2-3号	86335000	86336222	L-JS12017
18	泰州市国泰旅行社	泰州市迎春西路14号	86335222	86338336	L-JS12018
19	泰兴市春秋国际旅行社	泰兴市济川路56-13号	87613300	87654500	L-JS12019
20	靖江市马洲旅行社	靖江市胜利街81号	84897995	84892997	L-JS12020
21	泰州市海陵区程越旅行社	泰州市泰州日报社北大门	86899366	86899366	L-JS12021
22	姜堰市天马旅行社	姜堰大道380号（农工商A-15）	88234007	88234001	L-JS12022
23	靖江市新天地旅行社	靖江市骥江路1号	84895077	84823601	L-JS12023
24	靖江市青年旅行社	靖江市江平路上海城59号	84818737	84828747	L-JS12024
25	泰州市凤城国际旅行社	泰州市青年路91号	86225666	86225055	L-JS12025
26	泰州市伟业国际旅行社	高港区金港中路106号	86966996	86966988	L-JS12026
27	兴化市春秋旅行社	兴化市富安小区15-17号	83209989	83209989	L-JS12027
28	泰兴市银杏国际旅行社	泰兴市大庆西路39号	87615970	87652139	L-JS12028
29	姜堰市春秋国际旅行社	姜堰市姜堰镇香园1号楼104号	88224788	88857884	L-JS12029
30	姜堰市山水旅行社	姜堰市西大街127号	88221515	88221515	L-JS12030
31	靖江市大桥旅行社	靖江市幸福路18号	84828039	84832219	L-JS12031
32	泰州金辉国际旅行社	泰州市鼓楼北路36-17号	86229791	86228781	L-JS12032
33	泰州交运国际旅行社	泰州市鼓楼北路13-7	86365966	86365966	L-JS12033
34	泰州市海陵区九洲国际旅行社	泰州市迎春西路41-6号	82086303	86225612	L-JS12034
35	泰兴市环球国际旅行社	泰兴市国庆东路49－1号	87628885	87628776	L-JS12035
36	泰州市龙行天下国际旅行社	泰州市鼓楼南路638－2号	86361388	82086998	L-JS12036
37	泰州市鹤天达国际旅行社	泰州市税东街22号-1	82902666	82902999	L-JS12037
38	泰州市康辉国际旅行社	兴化市长安中路7号	83230800	83235669	L-JS12038
39	泰州市中原国际旅行社	泰州市迎春西路6号	86234333	86314669	L-JS12039
40	泰州市巾帼国际旅行社	泰州市海陵南路389号	86850192	86850038	L-JS12040
41	泰州市山水国际旅行社	泰州市迎春西路87-4号	86633511	82084311	L-JS12041
42	泰州市春秋旅行社	泰州市鼓楼路36-20号	86235633	86230664	L-JS12042
43	靖江市四季旅行社	靖江市江平路222号	84816800	84815099	L-JS12043

续表19

序号	旅行社名称	地　址	电话	传真	新许可证号
44	泰州市京泰旅行社	姜堰市姜堰大道振兴花园108号	88218444	88214788	L-JS12044
45	泰兴市华夏旅行社	泰兴市国庆西路8号	87633227	87637465	L-JS12045
46	泰州市滨江旅行社	泰州市济川路锦绣华庭14幢2528	86896123	86337718	L-JS12046
47	泰州市海陵区心连心旅行社	泰州市鼓楼北路50号	86213133	86213033	L-JS12047
48	泰州市海陵区舜天国际旅行社	泰州市青年北路13-7号	86566076	86223168	L-JS12048
49	泰兴市山水国际旅行社	泰兴市中兴大道30号	87763001	87663555	L-JS12049
50	泰州市希望旅行社	泰州市青年南路500号	86333200	86336500	L-JS12050
51	泰兴市康辉国际旅行社	泰兴市国庆东路8号	87616665	87618882	L-JS12051
52	泰州市神州国际旅行社	泰州市青年路477号-8	86314800	86314199	L-JS12052
53	泰兴市天天国际旅行社	泰兴市国庆西路12号	87657373	87657273	L-JS12053
54	泰州新华旅行社	泰州市青年南路97号	86219366	86222658	L-JS12054
55	泰州市天马国际旅行社	泰州市莲花八号区A2幢108室	86855591	86856319	L-JS12055
56	泰州市海陵区太平洋假期旅行社	泰州市青年南路76号	82380888	82081009	L-JS12056
57	泰州市阳光旅行社	泰州市海陵北路420号	82089688	82089370	L-JS12057
58	兴化市华夏国际旅行社	兴化市富康花园9＃－103室	82308688	83259002	L-JS12058
59	兴化市神州国际旅行社	兴化市长安中路13号102室	83204161	83204511	L-JS12059
60	兴化市金陵商务旅行社	兴化市长安中路79号	83200111	83200978	L-JS12060
61	泰州市高港区中山国际旅行社	高港区通扬路51号	86910600	86910600	L-JS12061
62	靖江市友好旅行社	靖江市人民南路98号	84910055	84910056	L-JS12062
63	兴化市华通旅行社	兴化市建设路172号	83300035	83252638	L-JS12063
64	靖江市康辉旅行社	靖江市江平路228号	84831222	84981988	L-JS12064
65	靖江市神州旅行社	靖江市人民北路56号	84816209	84899659	L-JS12065
66	泰州市天成国际旅行社	兴化市建设路72号	83209665	83209665	L-JS12066
67	泰州市海陵区江南旅行社	泰州市南通路东河花苑3幢114－314	82891111	82891309	L-JS12067
68	泰州市海陵区欢乐假期旅行社	泰州市海陵区鼓楼南路333号D-3幢一楼	82905886	82905889	L-JS12068
69	泰州走天下国际旅行社	高港港都花园102号	82988100	82988200	L-JS12069
70	靖江市康尔旅行社	靖江市人民中路173号-2第四中学南首	82661856	82661855	L-JS12070
71	泰州市海陵区凤凰旅行社	泰州市迎春西路59号	82082678	86334678	L-JS12071
72	兴化市中原旅行社	兴化市戴南镇戴泽路22号	83783141	83788776	L-JS12072
73	泰兴市金色假日旅行社	泰兴市中兴大道129-9号	87761170	87761171	L-JS12073
74	泰兴市长城国际旅行社	泰兴市大庆东路3号	87639887	87622239	L-JS12074
75	泰兴市中原旅行社	泰兴市国庆西路31号	87621188	87612011	L-JS12076
76	兴化市舜天旅行社	兴化市公园路32号	82290688	83222708	L-JS12077
77	靖江市华夏旅行社	靖江市人民南路144号-4	84866337	82858737	L-JS12078
78	姜堰市康辉旅行社	姜堰南大街44号	88760088	88223788	L-JS12079
79	泰州市永乐旅行社	泰州市高港区扬子江北路28号	86163789	86168199	L-JS12080
80	泰兴市舜天国际旅行社	泰兴市中兴大道120号	87768008	87771803	L-JS12081
81	泰兴市九洲旅行社	泰兴市国庆东路58-6号	87771518	87771511	L-JS12082
82	泰兴市阳光旅行社	泰兴市泰兴镇国庆东路49号	87633033	87633033	L-JS12083
83	泰州市中环旅行社	靖江市巧丽公寓B幢72-2号	84931112	84931115	L-JS12084
84	泰兴市恒通国际旅行社	泰兴市泰兴镇西房大厦12号营业房	87610001	87610001	L-JS12085
85	靖江市江南旅行社	靖江市工农路新江海花园1-105	80680999	80680988	L-JS12086
86	泰州市锦江旅行社	泰州市鼓楼北路215号	82088803	82088813	L-JS12087
87	泰州市海陵区东泰旅行社	海陵区税东街24号8栋	86238959	86238959	L-JS12088

续表19

序号	旅行社名称	地　　址	电 话	传 真	新许可证号
88	靖江市江山旅行社	靖江市康兴路新天地花园6号门面	84960988	84960987	L-JS12089
89	泰兴市大浪淘沙国际旅行社	泰兴市泰兴镇中华巷5号楼	87267777	87907777	L-JS12090
90	靖江市远大旅行社	靖江市南环路76号	84860066	84862770	L-JS12093
91	泰州市海峡旅行社	泰州市东进西路95号748室	86230522	86230722	L-JS12094
92	泰州市锦泰旅行社	泰州市海陵南路302号	86888200	86888166	L-JS12095
93	靖江市环宇旅行社	靖江市人民中路140-3号	84981222	84928066	L-JS12097
94	姜堰市溱潼旅行社	姜堰市溱潼镇东河边13号	88625888	88625888	L-JS12098
95	泰州市凤城河风景区旅行社	泰州市东南园10号	86369031	86363952	L-JS12099
96	靖江舜天旅行社	靖江市幸福南路C幢一底一层08室底楼	84858761	84858762	L-JS12100

泰州市星级饭店一览表

表20

序号	单 位	星级	地　　址	电 话	客房数（间）	床位数（张）
1	泰州宾馆	五	泰州市迎宾路88号	86669898	238	403
2	姜堰黄河大酒店	四	姜堰市人民中路100号	88298888	84	148
3	靖江国际大酒店	四	靖江市人民南路179号	84806888	208	380
4	靖江扬子江大酒店	四	靖江市中州路8号	84808000	148	226
5	泰州市美丽华大酒店	四	泰州市凤凰东路66号	86396666	126	203
6	泰州市嘉銮国际大酒店	四	泰州市鼓楼南路336号	86399999	165	235
7	泰兴市银光大酒店	四	泰兴市国庆东路91号	87999000	78	120
8	靖江世纪辉煌大酒店	三	靖江市人民南路	84877770	40	71
9	泰兴国际大酒店	三	泰兴市国庆东路8号	87993098	155	278
10	泰兴市桥缘宾馆	三	泰兴市黄桥镇永丰桥南侧	87121088	84	168
11	泰兴市泰通恺悦大酒店	三	泰兴市车站路1号	87726518	88	137
12	泰州开泰宾馆	三	泰州市青年南路19号	86895588	98	174
13	泰州沃特龙大酒店	三	泰州市高港区引江河枢纽	86988666	57	98
14	泰州新世纪大酒店	三	泰州市扬州路600号	86601049	67	129
15	泰州新银河宾馆	三	泰州市西仓路136号	86226688	86	140
16	泰州原野大酒店	三	泰州市南通路30号	82101888	252	486
17	泰州会宾楼宾馆	三	泰州市济川东路101号	86807888	110	168
18	泰州亚细亚大酒店	三	泰州市海陵南路389号	86398999	50	82
19	兴化喜来居大酒店	三	兴化市五里东路10号	83279999	51	72
20	兴化市水成大酒店	三	兴化市英武南路188号	83298888	88	157
21	兴化市天宝大酒店	三	戴南镇迎宾大道1号	83886888	79	137
22	靖江市南园樱花宾馆	三	靖江市人民南路40号	84832011	120	210
23	姜堰宾馆	二	姜堰市人民中路118号	88287777	56	101
24	姜堰花园大酒店	二	姜堰市人民南路	88260888	54	106
25	姜堰新康假日酒店	二	姜堰市沈高镇宁盐路88号	88650000	31	62
26	泰兴黄桥宾馆	二	泰兴市黄桥镇致富中路196号	87112177	84	138
27	泰州金汇宾馆	二	泰州市扬州路338-1号	86556666	66	94
28	靖江宾馆	二	靖江市人民中路75号	84806286	61	110
29	姜堰市溱潼镇人民政府招待所	二	泰州市姜堰市溱潼镇鹿鸣大街1号楼	88616559		

（李 华）

园 林 绿 化

【**概况**】2009年，市区建成区新增绿地104.12公顷，建成区绿地面积2226.18公顷，绿化覆盖面积2475.98公顷，绿地率36.61%，绿化覆盖率40.72%，公园绿地面积558.59公顷，人均公共绿地9.02平方米。年内，泰州市创建成国家园林城市。9月，第六届江苏省园艺博览会在泰州举办。

【**园艺博览园**】成立园博园建设指挥部，全面指挥协调工程建设工作。将整个园博园建设分成基础设施、园林绿化和展园建设三大块进行分类管理、统筹安排、责任分包，确保工程进度和施工质量。建成后的园博园体现“现代、科技、生态、节约”的设计理念。公园功能分区上采取动静分区，西侧主“静”，集中布置13个展园，统一确定各展园分主题，既分别展现13个城市不同的造园风格和造园水平，又注重整体和谐，与整个园博园主题相协调，形成 “园中园” 。东侧主“动”，强调民众参与，为进行深度开发、提升公园的互动性和趣味性奠定基础；植物造景材料注重乡土性、多样性，最大限度地保护原有200多棵银杏树、成片杨树林和东周港河等自然水面，原汁原味地展现“银杏之乡”的特殊风貌；利用新能源、新材料、新技术，其中主展馆顶部安装由泰州中盛光电公司生产的700平方米太阳能电池板，为主展馆提供供电需要，主展馆的空调系统利用地热循环，达到冬暖夏凉效果。园内的景观灯大量采用太阳能灯，并利用反光和荧光材料制作园林小品、指示牌等设施。硬质景观材料一方面优选生态混凝土、透水铺装等新材料、新技术，一方面注重耐久性，如仿木、塑木材料代替实木利用。公园停车场均为生态停车场，大量乔灌花草结合，上面为高大乔木遮阳蔽日，地面为承重绿荫草坪，给人以新颖别致的感受。园博园开园第1个月接待游客近100万人。

【**第6届江苏省园艺博览会筹备工作**】9月26日至10月26日，第6届江苏省园艺博览会在泰州召开。按照省政府提出的“一届比一届好”的办会要求，坚持统筹安排，策划，全面开展各项筹备工作。组织各项专题展览展品的征集和布展工作，安排体现园林特点和时代特征的园事花事活动。组织安排江苏省职业技能盆景插花竞赛以及插花、盆景、赏石、书画、摄影等往届园博会的常规活动，并结合泰州情况，专门安排盆景艺术大师王寿山先生诞辰100周年纪念活动和泰州画家画园林活动等，体现浓郁的地方特色；加强园艺博览会的宣传推介，与国家、省、市新闻媒体联系，采取新闻报道、制作画册、张贴海报、播放广告、印发会刊等形式，宣传江苏的园艺精粹、园博园的建设成就以及泰州人民热爱生活、建设美好家园的精神风貌；制定完整的接待工作方案和周密的安全保障方案，组织450名高校志愿者从事引导、讲解等服务工作，将主要活动场所的安全保卫、卫生防疫、环境美化、道路交通等工作责任层层下压、落实到人，确保各项活动安全有序进行。

【**创建国家园林城市**】年内，按照《国家园林城市标准》明确的考核指标，对照责任分解表，进一步明确目标任务，落实工作责任，强化创建措施。在绿化工程建设上，对城市道路、广场绿化不达标的绿地如泰高路、济川路、海陵路部分路段进行改造。对绿化层次不丰富、绿化效益不高的人民广场进行适当改造，增加大乔木、灌木，提升广场绿化品质和生态效益。强化对市区各类绿地的养护管理情况的检查和督查，发现问题及时整改。制作创园专题片和画册，做好遥感测试要求基础数据的收集整理和对接工作，对照《城市绿地系统规划》，编制全市《城市绿地系统防灾避险规划》。5月22日通过省建设厅的初检；10月18日通过建设部专家组的现场考核；12月通过建设部评审委员会综合评审。

【**小游园建设**】为缓解老城区公共绿地不足，增加市民休闲绿地，年内，规划建设东进路和东风路两个小游园。东进路小游园位于西仓路和东进路交叉口，占地约1000平方米，整体构造小巧别致，活动广场、园路、休闲亭等配套设施齐全，年内已全面竣工。东风路小游园位于凤凰东路和东风路西南交叉口，面积约10000平方米，规划设计以园林地形为基础、植物绿化为依托，以廉政文化为主题，以叠石理水造园手法，营造溪涧式水景为主的特色景观，东风路小游园于12月施工，预计2010年6月底建成开放。

【**全民义务植树**】3月11日，市四套班子领导、市级机关部门负责人及泰州国家医药高新技术产业开发区管委会等100多人在泰州医药城药城大道参加全民义务植树活动，共栽植15厘米栾树400多株，绿化面积1.8公顷。全民义务植树运动全面掀起。

【乡镇森林覆盖率达标建设】年内，全市有18个乡镇通过小康社会森林覆盖率达标乡镇建设验收，包括靖江市的孤山镇、季市镇、斜桥镇、马桥镇、新桥镇；泰兴市的马甸镇、蒋华镇；姜堰市的溱潼镇、兴泰镇、俞垛镇、桥头镇、淤溪镇、华港镇；兴化市的陈堡镇、竹泓镇、沙沟镇、中堡镇和海陵区的苏陈镇。全市达标乡镇总数增加至66个。继2007年高港区和2008泰兴市森林覆盖率以市（区）为单位整体达标后，2009年靖江市、姜堰市和海陵区实现整体达标。

【村庄绿化】根据《江苏省村庄绿化合格村、示范村及整体推进县（市、区）创建标准》，11月，省林业局组织人员对泰州市社会主义新农村村庄绿化项目进行全面检查验收。年内，全市人均植树10株以上的村庄771个，其中，绿化合格村551个、绿化示范村220个。高港区和泰兴市村庄绿化被省林业局列入整体推进县（区）。

【国债项目】2009年，全市上争防护林工程中央预算内投资项目780万元，其中兴化340万元、姜堰200万元、靖江160万元、海陵80万元。各市（区）贯彻落实中央和省扩大内需重要部署，把国债防护林工程项目建设作为林业建设中心工作。市林业部门及时将新增中央预算内投资计划下达给各市区，并完成各市区上报的项目作业设计书审核审批工作，同时将项目资金尽快下达给各项目建设主管单位，年内各项目进展顺利。争取江苏省长江中下游湿生树种良种繁育基地建设项目1个，总投资350万元，建设单位为姜堰市林业中心，建设内容及规模为湿生树种良种繁育基地30公顷及配套设施建设。项目建成后将提高全市里下河地区湿生树种的品种选择，为水网地区造林绿化提供苗木保障。

【森林资源二类调查工作】8月23日，泰州市森林资源二类调查工作数据汇审工作在句容农校展开，经过7天的汇审，森林资源二类调查数据顺利通过省林业资源监测中心专家汇审。全市森林资源二类调查内、外业工作基本结束。（卢红杰　徐莉　周波）

凤城河风景区

【景区建设】凤城河风景区范围包括泰州环城河及市区凤凰河部分。2009年，在全面完成凤城河二期桃园、望海楼、泰州老街建设的基础上，全面启动实施凤城河三期凤凰生态岛及三水湾时尚休闲街区工程建设。年内完成凤凰生态岛土方调整、驳岸、桥梁、长堤、绿化等景观施工和街区1.5万平方米12座民国式建筑群主体工程施工。按照凤城河环境综合整治工程要求，配合海陵区政府完成青年桥以西沿河2.4万平方米252户住户和企业拆迁工作。

【三水湾时尚休闲街区】三水湾时尚休闲街区位于凤城河风景区东南，项目占地面积13.8公顷。街区汇集娱乐、购物、餐饮、休闲四大元素为一体，“远山近水”的中式园林风貌与“天人合一”的建筑风水文化相融合。项目建成后，将成为中高端商务接待、中高层收入阶层“班后6小时”消费、城市时尚族群周末假日休闲、外地游客体验泰州城市夜游和泰州都市潮流精品消费的首选。年内已全面完成主体工程建设，项目招商进入全面意向确认及商务条款谈判阶段，预计2010年5月对外开放。

【中国首届城河论坛】4月6日～7日，由江苏省旅游局、泰州市人民政府联合主办，市凤城河风景区管委会、市旅游局、江苏省社科院泰州分院承办的中国首届城河论坛在泰州举行。此次论坛以“城河保护利用开发”为主题，全国政协委员、江苏省社科院院长宋林飞，省旅游局副局长左一响，中国旅游报副总编寇奉新等10多名业界顶尖专家出席论坛。同时来自中国社会科学院、南京大学、厦门大学、河海大学等10多所大学的专家学者，陕西西安、四川阆中、山东聊城、浙江绍兴等国内12个有城河的城市代表共70多人共同参加会议。中国水文化工作委员会专门为会议发来贺信，会议讨论并通过《泰州宣言》。《新华日报》、《中国旅游报》、《中国水利报》、《扬子晚报》等10多家国内主流媒体的40多名记者到会，对论坛举办盛况予以报道，在全国范围内形成较大的影响。

【创建省级现代服务业集聚区】凤城河风景区管委会按照“以旅促商、以商养旅”的总体思路，挖掘凤城河自然生态与历史人文资源，突出文化创意核心，策划建设集金融服务、创意产业和商务服务于一体的创意产业园区，发挥景区现代服务业集聚功能，园区现已建成的泰州老街、“三水湾”等特色街区以其独有的文化氛围，迅速成为带动市区服务业发展的新亮点和城市形象地标。10月，园区被评为泰州市市级现代服务业集聚区；11月，园区被评定为江苏省省级现代服务业集聚区。（刘文来　时晨）

邮政·通信

邮　　政

【概况】2009年，泰州邮政系统面对外部政策环境变化以及内部改革、发展的双重压力，实施“12124”工程，加快推进“三个转变”（思想观念、营销模式和业务结构转变），完成年初确定的各项工作目标。年内，全区邮政经济保持平稳较快增长，完成邮政总收入4.64亿元，比上年增长24.1%，其中，邮政实现业务收入3.032亿元，完成年计划的113.2%，较上年同期增长16.01%，实现收支差额627万元，完成年计划的100%；邮储银行实现业务收入9830万元，完成年计划的116%，比上年增长69%；速递物流实现业务收入6270万元，比上年增长15.02%。全市三大板块业务收入结构中，邮务类、速递物流类和金融类业务占邮政总收入的比重分别为25.6%、15.3%和59.1%。企业改革、管理、队伍、创建等工作同步推进。企业继续保持江苏省文明单位、江苏省文明行业称号，在全市服务地方发展“十佳”单位评比中获98.28分，居全市前列；泰兴邮政江平路支局长何健忠获“全国道德模范提名奖”、“江苏省道德模范”称号，当选“50位新中国成立以来感动江苏人物”；靖江邮政局“感动督导组长的投递员”被评为2009年度全省邮政企业精神文明“十佳”新事；泰州邮政局东进西路支局被评为2009年全省邮政营业优质服务示范窗口；姜堰邮政局投递班被评为2009年全省邮政投递优质服务示范窗口。

【金融类业务】2009年，邮、银双方以“明晰责任、双向考核、错位经营、融合发展”为原则，不断调整业务发展思路，共同推进邮政金融业务健康、快速发展。年初，面对付息成本的不断降低，邮、银双方树立“规模就是效益”的发展理念，实施“上规模、调结构、保增长”发展战略，15天净增邮储余额15亿元、活期余额8亿元；3月份起，全区金融业务收入自2008年以来首次实现正增长，在苏中地区率先扭负。在全省2008～2009邮储跨年度竞赛中，泰州邮政局获保险业务一等奖和综合三等奖，泰兴市邮政局获小组支付类业务、综合业务二等奖和保险单项三等奖，靖江市邮政局获保险单项小组二等奖；兴化支行获支付类业务二等奖，泰兴、靖江支行分获保险业务小组二等奖。调动各方面有效资源，挖掘金融业务发展潜力，合力推进邮政金融业务快速发展，邮、银双方联合开展公司业务“合作共赢”、“泰康人寿保险月”、“走千村贷万户”等劳动竞赛，各项金融业务健康发展。至年末，全区邮储余额148.96亿元，较年初增加6.11亿元，活期占比24.5%，比上年提高2.6个百分点。累计实现首期保费6.4亿元，比上年增加1.95亿元，增幅43%。累计销售基金、国债、理财产品3亿元，比上年增加1.2亿元；累计发放小额贷款6.7亿元，结余3.33亿元；公司业务账户日均余额10.31亿元。全年，全区累计实现金融业务收入2.74亿元，较上年增长34%。其中，邮政累计实现代理金融业务收入1.76亿元，较上年增长20.06%，完成年计划的127.97%。

【邮务类业务】函件业务。积极开展项目营销和主题营销活动，加快数据库商函、邮送广告、帐单业务发展。“家电下乡”项目在全省推广，累计寄发“家电下乡”商函广告292万件，实现收入131.2万元；针对高考经济，开发制作“金榜题名”高考大礼包，全区累计实现业务收入35万元；加强2010年贺卡销售，引入台历型贺卡产品，并为客户提供免费烫金个性化服务，全区共定制17.5万册，累计销售额429.3万元；至年末，全区实现邮政贺卡收入2085万元，收入绝对值居全省第4位。实现函件收入4713万元，完成年计划的100.38%，进度居全省第6；比上年增长15.67%，增幅居全省第7。

报刊业务。连续5年获省公司报刊大收订竞赛一等奖。在做好常年收订的基础上，以高费率、刊物类报刊为重点，强化校园市场和主题营销项目。首创“学生营销学生”思路，发展“学生邮政报刊征订员”58人，校园报刊征订量显著提升。全年新征订企业形象期刊3.8万册，实现流转额298万元，完成年计划的106.43%。组织开展报刊集中收订工作，至年末，全区完成报刊收订流转额9603万元，完成年计划的102.16%。报刊零售围绕产品、渠道、时限和服务四个环节，扩大零售批销和图书采购业务的规模，全年全区实现报刊收入3560万元，比上年增长11.84%。

集邮业务。围绕地方热点及活动主题，做大做强“首发式”经济。先后举办“4月23日海军诞辰60周年纪念邮资封首发式”及“1115《古代书院（二）》（安定书院）特种邮票暨《人文泰州》纪念邮册首发式”活动，累计实现收入550万元。创新“元旦、春节”邮品销售组织模式，全区联动、统一招标、统筹调度，成本降低15%，全区累计实现收入350万元。至年末，全区完成集邮收入2064万元，比上年下降9.6%。

电子商务业务。推动“新起点、新发展”邮政短信业务竞赛及电子商务航空客票业务等重点项目，全区发展月均有效在线短信用户63368户，计划完成率119.6%，进度居全省第2。全区累计销售航空客票5707张，计划完成率119.14%，协议客户数854户，计划完成率122%。至年末，全区累计实现电子商务收入981万元，比上年增长22.17%，增幅居全省第7。

分销业务。进一步理顺机构，明确职责，成立分销业务中心、农村邮政物流建设办公室，加快推进分销业务发展和邮政服务“三农”建设，逐步打造“以快消品的规模扩张为主流，以农资分销为补充”的泰州邮政分销业务发展模式。9月23日，思乡月项目在全省率先完成省定计划，获省公司贺电表彰。至年末，全区实现分销收入840万元，比上年增长21.9%，绝对值居全省第1。

包裹业务。开展专项营销竞赛，加强包裹业务的组织、管理和指导。以校园包裹、家乡包裹、军营包裹、爱心包裹为重点，开发包裹市场，其中，爱心包裹全区累计收寄2.27万件，并在全省率先完成目标计划，计划完成率居全省第1，收入绝对值居全省第2。至年末，全区累计实现包裹收入526万元，比上年增长24.3%，增幅居全省第1。其中国内包裹实现收入391万元，比上年增长27%，增幅居全省第1。

【速递物流类业务】 全区速递物流以市县一体化改革为契机，积极推进机制创新、资源整合、网络优化、市场开发，各项业务快速增长。其中，电子商务速递业务比上年增长223%，同城速递业务、国际速递业务、国内异地业务发展态势良好，一体化物流业务、中邮快货业务发展平稳，直递运输业务实现恢复性增长。其中，春节“回馈大客户，鲜花送情谊”同城营销活动实现收入68万元、利润35万元；票据箱业务全年签约客户收入40多万元；高考录取通知书全区收寄出口17480封，投递4000多封，实现收入30多万元。组织开展“创建学习型组织，争做知识型职工”活动，“揽投积分管理办法”和“团队建设管理办法”为抓手，推进营销体系建设，夯实经营发展基础。全年全区累计实现速递物流收入6270万元，比上年增长15.02%，增幅居全省第8。

【企业改革】 深化速递物流专业化经营改革。组建邮政速递物流分公司和各县（市）营业部。推进薪酬改革，实施“易岗易薪”管理办法，进一步完善宽带薪酬体系。完成邮储银行薪酬改革岗位套岗套级。全面实施薪酬制度，6月，完成机构改革，8月，全区机构设置编制调整工作全面完成，撤并职能部室，精简管理人员，完善扁平化管理模式。

【融合发展机制】 贯彻集团公司三大板块协调发展、融合发展、共同发展新机制。确立邮、银“明晰责任、双向考核、错位经营、融合发展”及邮政、速递物流“加强沟通、理顺关系、全力发展、强化管理、实现双赢”的融合发展机制。按月召开邮银联席会议，邮政、速递物流联席会议，形成会议纪要，协调解决改革发展中出现的新情况、新问题。利益分配机制逐步完善，全面实施产品资源整合、业务联动发展模式。

【企业精细化管理】 规范劳动用工管理，严格在岗聘用工录用制度。加大全区规范用工检查力度，完善各项制度建设，加强监督指导和规范整改。市局对不合格劳务人员退回劳务派遣中心，全年共处理劳动用工问题22人，其中，营业局减员10人，发投局减员6人，邮区中心局减员4人。进一步规范签订及依法参保工作，严格执行劳务工转在岗聘用工的各项制度和规定，加强和完善在岗聘用工管理及考核，制定《2009年全区在岗聘用工录用办法》。强化管理人员考核，实施管理人员绩效考核办法,实行管理人员履行岗位设计书、目标报告书制度，建立管理人员绩效档案袋，对绩效工资按月核发。提高管理人员的自我约束意识、工作主动意识和基层服务意识，建立“庸者下、能者上”的竞争淘汰机制。邮储银行修订绩效考核办法，制定县支行工效挂钩管理办法，汇编绩效考核实施细则，发挥薪酬分配的激励作用，推动管理团队素质提升。深化闭环管理理念，从讲求执行力向提升执行能力转变。实施车辆委托管理，制定出台《行政、生产辅助机动车辆托管办法》，委托国脉公司对行政、生产辅助车辆进行管理，进一步细化车辆使用损益核算，行政、强化生产辅助机动车辆管理，提高车辆综合利用率。加强生产安全管理，确保邮政通信生产安全畅通。建立完善邮银资金安全联席会议制度，加大检查整改的力度。年内，邮、银共开展网点常规检查780次，网点非常规检查298次，重岗常规检查180次，重岗非常规检查48次，全区邮政金融网点和重岗检查覆盖率均达100％。开展安全生产月活动和安全生产专项整治活动，组织全区邮政储蓄从业人员风险合规知识考试718人次，加强邮件验视以及各项安防措施的落实；加大车辆管理力度，参与“千万驾驶人再教育”活动驾驶员60多人次，组织开展“冬季暨春运期间安全行车竞赛”活动，车辆累计安全行驶102.21万千米，全年全区邮政机动车辆安全行驶，未发生一起重特大交通伤亡事故，车辆总体运行情况良好。

【管理团队建设】 以开展读书交流、述职考评、竞争上岗、挂职交流、拓展培训、作风整治为手段，先后组织开展管理人员述职考评活动15人次；民主推荐选配市、县局两级后备干部，实施多岗位锻炼，计划培养；组织管理人员大规模挂职交流活动19人次，组织管理人员（含支局长）拓展培训近300人次；速递物流公司加大管理团队培训力度，开展“创建学习型组织，争做知识型员工”主题活动；邮储银行组织县支行副行长全区挂职交流、市分行部室副职岗位公开招聘，加大人才培养和选拨力度。

【营销团队建设】 市、县（市）局均出台《营销体系建设办法》并全面实施，市局18名客户经理正式聘任上岗。完善营销培训机制，组织客户经理培训；组织首次大规模新业务电视电话培训，全区管理人员、城乡支局长近300人参加培训；激励措施增强，加大营销人员扶持力度；邮储银行公开招聘支行长助理兼客户经理3人，速递物流公司组建营销团队，实施积分管理。加强大客户开发管理工作，至年末，全区新增大客户466家，大客户用邮收入比上年增长1569万元，大客户收入贡献率67.49%，超省公司目标要求7.49个百分点。组织开发“五节联送”、“家电下乡”、“海军成立60周年纪念邮资封首发、销售”、“鱼水情深·泰州市青少年邮票设计大赛”及“爱心包裹”、《古代书院（二）》（安定书院）特种邮票首发等主体营销项目。

【投递体系建设】 改善生产作业环境，组织实施县（市）局农村投递网改造，全区农村投递网点改造11处，新增（自建）投递网点1处，租赁投递网点1处。加大投递人员管理力度，完善部门管理标准及生产奖金考核办法，加大新进局人员、检查人员、投递部主任及全区投递信息系统上线培训力度。调整撤并城区投递部及人员岗位，提交部门管理及投递队伍素质。优化流程，提升服务，印发段道变动《告客户书》，公布相关信息和承诺，提升投递质量和服务水平，城区各类邮件妥投率100%，用户投诉率下降45%，用户满意度95分。

【优化邮运网络】 优化网络结构，提高网运效率，减少区内邮路1条，调整区间邮路7条，增停常州局速递物流交接点，月减少邮件交接频次4次，日均邮运里程减少300多千米，年节省油耗费近8万元，加快邮件传递速度。撤并大冯、迎东、金港中路等低产网点3处。速递物流加大干线网、区内网、同城网衔接密度，优化邮路，降低成本，市区直投覆盖范围90%，区内网邮件有效率100%。优化生产作业流程，营业、投递生产岗位从业人员工作时间实行精细化管理。调整网点对外营业时间，推行累计工时法、梯形排班法，实行动态排班，城区投递“增量、增收、不增段”，缩减加班人员80%以上，节约加班费用近20万元。靖江局对大批量、时限紧的商函、贺卡设计、制作采用外包方式，降低人工成本，缩短交付时限。

【信息科技建设】 全年共完成能力工程建设项目8项，其中省级工程项目6项。OA系统网点延伸工程、网点监控联网工程建成使用，省市骨干网络改造工程、信息网运维管理系统上线工程、网运系统工程、投递信息系统工程、11185省集中工程、邮保通省集中工程投人运行。完成科技项目11项，其中省级科技项目3项，《函件综合信息平台》项目建设在市局应用试点，《泰州银企账单信息管理系统》实现数据信息化、作业流程化和监控全程化的目标。年内，全区共新增ATM 取款机18台，基本满足生产需要，为业务发展提供支撑。（姜桂玲）

通　信

·电信通信·

【概况】 2009年，中国电信股份有限公司泰州分公司进一步优化资源配置，努力探索全业务经营规律，加强市场营销、网络维护、内部控制等方面的精确管理，推进实施各项转型创新措施，全面完成年度既定的各项任务。

【推进全业务经营】 以加快发展为目标，服务客户需求，利用自身固网、宽带网以及3G移动网络的优势，融合网络、业务和服务，推进全业务经营工作。丰富“天翼”产品的套餐体系，全面满足各类客户群需求，实现

"天翼"快速切入移动市场。发挥中国电信宽带品牌优势，通过宽带、天翼融合促销，开展"电脑入户"活动，实现宽带规模发展。超前规划信息化框架，推进政务信息化、企业信息化、公共领域信息化和信息化新农村建设，实现信息运营渐进深入。

【通信建设】 加大通信基础设施投入，加快建设基于IP化、宽带化、无线化和融合化的信息通信网络，提供过硬的综合信息服务能力，持续提升基础通信网络的品质。全年共投资6.85亿元用于通信建设，开展春风行动、超越行动、卓越行动，优化移动网络，提升移动网络质量，推进移动网络基础建设，加大对基站建设和网络优化的投入，成为全省第2个C网全覆盖的地级市。全面推进"无线宽带城市"项目，进一步提升3G网络覆盖水平,加速WLAN建设步伐，11 月实现全区3G网络覆盖。加快传输和驻地网建设，全面推进接入网"光进铜退"建设进程，提升全市城乡的宽带网络质量。加强通信工程和物资精确化管理工作。

【自然村通宽带】 坚持通信基础设施建设适度超前，努力缩小城乡信息化差别，加大对信息化基础相对薄弱的农村地区的投入。年初组织开展自然村通宽带专项工作，借助EPON、无线、接入点（机柜）下移等技术或建设手段强化宽带网络的覆盖，同时积极引入宽带新技术，对原有宽带网络进行优化改造。至4月，实现每个聚居20户以上居民的自然村落都具备宽带上网能力，宽带网络的访问速度、稳定性、可靠性以及端口接入能力显著提升，宽带用户接入带宽可达4兆以上。

【运行维护】 加强对综合信息服务的运行维护支撑，重点开展客户响应管理、网络优化、线路整治、资源清查和提升客户满意度等方面工作，努力把网络维护优势转化为市场优势，为业务发展提供网络支撑保障。强化网络维护基础管理，确保网络安全，优化运行维护流程，提高网络质量和效率。响应市场需求，提升客户满意度，在有效拓展综合信息产品内涵的同时，有效支撑市场发展。

【服务信息化】 投资1106万元建设的数字城管系统，顺利通过国家建设部验收，并获2009年中国城市管理进步奖，开创数字城管的泰州速度和泰州模式，全国60多个城市到泰参观学习。投资8000多万元建设的平安监控系统，已建设4477个监控点。监控点覆盖4市2区城区的主要干道和重点场所以及乡镇的主要出入口。主动协助市政府推进无线城市建设，点线面结合，实现3G无线建设的全覆盖，实现WLAN对主要道路的线覆盖和重点场所的点覆盖。

【电信服务】 年内，公司建立健全服务质量管控体系、客户投诉闭环管理体系和内外部服务满意度评价体系。服务质量管控体系建立公司、部门、班组三级管控体系，落实公司、部门、班组、岗位四级责任制，明确质量目标、横向对比目标、自身提升目标三个维度的目标体系。客户投诉闭环管理体系重申首问负责制，加强初始投诉处理的管控，提高一次处理成功率，严格控制投诉处理时限。内外部服务满意度评价体系，建立以组织网络、管控职责、服务满意度评价项目目标及评价考核方法、持续改进制度等为重点的外部服务满意度评价体系；建立以内部满意度评价项目、满意度指标、管控网络及职责、评价方法、考核及持续改进制度为重点的内部满意度评价体系。

（蒋海峰 孙建华 彭 波）

·移动通信·

【概况】 2009年，中国移动通信集团江苏有限公司泰州分公司坚持深化管理，始终注重发展的均衡性，圆满完成各项工作任务。全年，实现运营收入15.59亿元，用户规模236万。自成立以来，公司累计上缴税费10亿元，先后获全国用户满意服务、全国巾帼文明岗、江苏省服务质量奖、江苏省五一劳动奖状、江苏省青年文明号、江苏省工人先锋号、江苏省诚信单位、江苏省安康杯竞赛优秀班组等各级荣誉150多项。

【网络支撑】 年内，继续扩大网络规模，全面实现投资2.81亿。新增基站221座、载频2630块，建设TD基站102座、TD分布系统180个，完成G12期基站扩容工程、TD三期网络建设工程、综合业务网二期工程、端局VOIP改造工程等工作。完成"校园行"WLAN建设和优化工作，实现牧校新老校区、泰州职大、机电学院等9所学校的无线宽带覆盖。开展"网络扫盲"专项工作，贯彻"网络质量是通信企业生命线"的理念，解决长期影响客户网络感知的盲点及弱覆盖点。推进TD-SCDMA中国自主知识产权的3G网络建设。3月，全面启动TD网络的建设工作；8月25日，成功打通泰州TD网络下的第1个电路域可视电话；10月，全面完成TD三期70个宏站和180个室内分布系统的建设与开通，并同步开展网络优化，提升3G网络质量。

【优质服务】 参与"3·15"和"5·17"广场活动，保护客户权益。推进满意度全程管理，完善分层分级服务体系。深化5S现场管理模式，梳理、改善多项服务短板。开展总经理接待日、评选服务明星、邀请客户走进移动等活动，让客户感受移动的优质服务。针对不同客户群体推出商旅、亲子、健康、电影和车主"五大关注计划"，打造全球通俱乐部尊贵服务活动。加快建设"沟通100"服务体系，开展"便捷服务、满意100"活动，推出"六项便捷"服务举措，进一步夯实服务基础，提升价值链整体服务水平。年内，公司客户满意度保持稳定，领先同行业18

个百分点。

【行业信息化】根据集团客户在管理、技术和服务等方面的实际需要，利用自身强大的网络资源和业务能力，推出移动信息化整体解决方案。年内，公司与泰州国家医药高新区签订信息化建设战略合作协议；启动姜堰市行政审批中心电子办公系统项目；与泰州交巡警支队合作开发“新警务通”系统；向物价局提供农产品价格网的手机与网站互动模式；承建农委综合智能化楼宇建设配套项目、全区范围内社会和卡口治安视频监控项目以及兴化OA教育系统办公自动化项目；参与园博园弱电项目工程建设，并与工行、建行、中行、农行、交行、邮政银行等金融机构展开全面合作，提升电子政务与电子商务的层次，实现以客户为中心的信息化水平。

【企业影响力】注重回报社会，陆续向4所学校捐赠各类科普读物5000多册，营造良好的读书环境。继“十百千万服务新农村”大行动、“感恩泰州”大型系列公益活动之后，公司再次启动“情满泰州”大型系列公益活动，先后开展“关爱留守儿童——爱心书屋情牵留守儿童”、“关心大学生——信息服务大学生就业、创业”、“关怀农民朋友——移动爱心机深情暖农户”、“关照孤寡老人——帮扶运河社区，共建美好家园”等活动。3月，在全市通信行业内率先向市政府递交《移动通信与地方经济发展关联性研究报告》和企业责任报告，努力为社会创造价值。（丁玲玲）

·联通通信·

【概况】2009年是泰州新联通成立、业务全面转型的第一年，公司加强品牌建设，不断提升服务质量，提高客户满意度，以服务求发展。推进3G业务拓展，积极探索营销新模式，完成各项既定工作目标。

【市场经营】推进全业务经营转型工作，以移动业务、家庭宽带、无线固话为重点，协调全业务均衡发展。在3G业务方面，按照“六统一”工作标准，做好规定动作，着重做好“六大渠道”、实施“三个领先”，积极探索、快速转变营销模式，确保3G成功商用及营销工作的稳步推进。开展季节性市场与假日营销活动，加强家庭宽带业务销售力量，创新客户维系手段，实现全网客户群全覆盖维系。优化考核细则，以全业务发展为中心，实施过程指标与发展业绩相结合考核模式，实行营业厅店长持证上岗制，推行储备店长定期培训制，强化渠道经理过程指标考核，规范营销标准动作，不断提升区局长、渠道经理、店长等各类销售队伍建设水平，保障经营发展需要。

【工程建设】全年共投资1.5亿元，新建通信基站374座、室内分布系统260个，新建各类传输设备469套、新敷设光缆1171千米。优化网络资源，投资300多万元开展网络优化工作，实施GSM网络翻频、天馈线整治、校园网络质量提升、整合网络资源等专项优化活动，提升网络通信质量，呼叫建立成功率、业务信道掉话率等通信关键指标居全省第1，网络质量投诉关键指标万人投诉率由万分之八降至万分之四。

【客户服务】年内，开展十项自查自纠、专项整治工作，严格推行话费误差双倍返还、短信差错先行赔付制度，维护客户合法权益。8月，江苏联通聘请第三方调查机构，开展全省客户满意度调查评比活动，泰州联通获全省第2名；11月市消协开展消费者满意度调查，泰州联通在“服务态度满意”考评项目上排名第1。（王江云）

商贸·物流

商　贸

【概况】 2009年，全市社会消费品零售额469.89亿元，比上年增长18.7%，继续保持高于GDP增长的态势；批发零售贸易额385.22亿元，增长17.4%；餐饮住宿业营业额82.14亿元，增长25.9%。商贸流通业对国民经济的贡献率持续上升，对经济发展的支撑作用持续增强。

【春节市场】 春节前10天，市区中百一店、金鹰国际、文峰千家惠等9家主要商贸企业共实现销售额2.17亿元，比上年增长11.18%。春节黄金周（除夕至初六）期间共实现销售额4627.64万元，比上年增长6.81%。泰州会宾楼宾馆有限公司、美丽华大酒店、靖江扬子江大酒店3家餐饮企业春节黄金周期间实现营业额380.12万元，比上年增长25.34%。

【万村千乡市场工程】 全年新建农家店295家，至年末全市农家店累计达1481家,其中，农资农家店275家、日用消费品农家店1206家。形成以城区为龙头、乡镇店为骨干、村级店为基础的农村消费经营网络，在扩大覆盖面、提高配送率、优化结构、争取政府的政策扶持等方面取得成果。

【生猪屠宰管理】 全年生猪进点屠宰量136.4万头，城乡生猪进点屠宰率分别达100%和96%以上。全年共查处案件246起，参与执法人数5531人次，没收非法肉及肉制品4666千克，罚款19.424万元；取缔私屠滥宰窝点7个，关闭小规模屠宰点20个。年内，举办培训班26期，参培1094人。

【家电下乡】 全市家电下乡活动于2月1日启动，至年末，共销售各类家电134720台，实现销售额超2.9亿元，发放补贴款3465.24万元。泰州市家电下乡产品销售排居全省第5。

【家电以旧换新】 全市家电以旧换新活动于9月8日启动，享受家电以旧换新补贴的家电是电视机、电冰箱(含冰柜)、洗衣机、空调、电脑。至年末，全市共回收旧家电68359台，销售新家电61833台，销售金额2.36亿元。其中，电视机回收58931台，销售23980台；冰箱回收1972台，销售7672台；洗衣机回收6424台，销售10709台；空调回收126台，销售11632台；电脑回收906台，销售7840台。

【泰州第一百货商店股份有限公司】 泰州一百现有营业面积4万多平方米，是泰州地区现代化商业旗舰店。公司秉承诚信经营的理念，恪守“为消费者着想，对消费者负责”的办店宗旨，打造“优质、名牌、丰富、新颖”的经营特色，发挥“名店卖名品”的品牌效应。公司先后获“全国用户满意企业”、“全国百城万店无假货示范店”、“全国诚信维权单位”、“全国商务系统先进集体”、“全国模范职工之家”等国家级称号，主要经营指标连续多年居泰州同行业前茅。10月10日,泰州一百被深圳茂业国际控股有限公司成功收购，经过短期系统地工作对接、梳理及组织架构调整，泰州一百迅速走上茂业快速发展的轨道，全年实现销售额6.06亿元。

【泰州金鹰商贸有限公司】 泰州金鹰是金鹰国际商贸集团全国第8家连锁店,总投资近4亿元，总面积6.5万平方米，员工总数1800多人，是拥有240个地下泊位的停车场、7部客梯、26部扶梯，以及2.8米主通道、3米层高、投资4500万内外装修和无障碍设计理念的智能大厦。

全年实现销售额5.06亿元，比上年增长50%；上缴国家税收3000万元，比上年增长56%。至年末，3年累计上缴国家税收5500万元。年内，公司积极配合海陵区政府服务业产业重点考核项目（金鹰天地项目之金鹰二期工程）的实施，扩大公司经营面积，调整商品结构。7月～10月，在未影响公司主体营业的前提下，完成所有的重装升级，新增柜位面积近6000平方米、品牌96个。商场的东西区域设有屈臣氏、肯德基、美容美发等特殊业态，成为集购物、休闲、餐饮等诸多服务功能于一体、品类业态组合最齐全的高级时尚百货店,进一步增强整个商圈在苏中地区的聚客能力。公司先后被授予“江苏省百城万店无假货示范店”、“商贸流通工作先进企业”、“江苏省价格诚信单位”“泰州市百城万店无假货活动示范店”、“泰州市城市物业管理优秀大厦”、“泰州市商品质量管理星级企业”等称号。

【时代超级购物中心九州店】时代超市九州店位于坡子街黄金商业圈，营业面积15000平方米，固定资产1100万元，流动资产2500万元，有职工300多人，其中中高级管理人员50多人。企业现经营生鲜、食杂、家用百货等几十个分类，3万多种商品，很大程度满足市民的购物需求。2009年，实现销售2亿多元,利税340万元。年内，为方便新区市民的购物需求。投资近2亿元在新区开设海陵南路店，企业实现全部利用电脑化数据管理，做好索票索证，为消费者严把货源关，保证商品的物美价廉。

【会宾楼宾馆】泰州会宾楼宾馆有限公司，是全国优秀餐饮企业、中华餐饮名店，是泰州市最大的民营酒店连锁企业。主要经营餐饮、宾馆、休闲、商品批发零售、飞机与火车票代售等业务。下设会宾楼迎春店（原会宾楼大酒店）、会宾楼鼓楼店（原新会宾楼大酒店）、会宾楼宾馆、会宾楼永泰酒店、三水湾1号会所等5家全资企业，总营业面积50000多平方米，企业总资产3亿元。有员工近1000人，其中中、高级专业技术人员占10%以上。2007年~2009年连续3年被市政府表彰为“利税过1000万元企业”和“泰州市服务业30强重点企业”。年内，获“全国餐饮行业企业信用评价AAA级信用企业”、“中华金厨奖”、“2008~2009年度江苏省价格诚信单位”等称号。

【美丽华大酒店】美丽华大酒店是一家集餐饮、服务、IT、通讯、销售为一体的大型连锁机构企业，总投资额1.5亿，注册资本5200万元，主要经营范围为餐饮和客房服务。2009年，实现营业收入3757.29万元，纳税367.08万元。至年末，酒店员工人数312人，技师80多人，其中获中国烹饪大师级别的厨师3人，中国烹饪名师级别的厨师4人，省级大师级别的厨师10多人，中级以上技师职称30多人。酒店坚持以“质量是基石，创新是动力”为创业基点，整合酒店资源和泰州美丽华餐饮管理集团公司的社会知名度，提升酒店影响力。（王　建）

供　销

【概况】2009年，全市供销合作社坚持为农服务，推进组织创新、经营创新和服务创新，全面实施“新网工程”，加快农村市场和农业服务体系建设。全年实现销售总额141.1亿元、消费品零售额44.5亿元、农资销售额20.3亿元、农副产品收购额32.3亿元、利润总额3634万元，主要经济指标均超额完成全年目标和省供销合作社下达目标任务。年内，泰州市供销合作总社获省供销合作总社综合业绩考评一等奖。

【社有企业建设】通过整合资源、开拓经营、项目投入、优化机制等举措，培养壮大一批骨干社有企业，增强社有经济发展实力。2009年，全系统规模超亿元的参控股企业17家，实现销售近50亿元，社有骨干企业群初步形成。骨干企业实现销售和利润占全系统的60%以上，对系统经济的支撑作用日益明显。

【新增长点培育】坚持开放办社，吸收社会上可利用要素、资源和力量，挖掘新的有发展潜力的经营项目，全年新建扩建项目10个，实现投资额1.38亿元。兴化市社组建的银桥信用担保公司与80多家农副产品企业和100多户工商户、种养专业户建立良好的合作服务关系，成立4年来累计提供贷款担保6.4亿元。兴化市社利用再生资源政策，改造重组2家再生资源公司，实现销售9亿元，预缴税金1.7亿元。靖江市供销房地产公司开发的盛世广场住房和商铺销售基本完成，第三个房产项目—盛世景城项目正在推进之中。年内，兴化市社的项目建设工作获“江苏省供销合作社优胜单位”称号 。

【基层供销合作社建设】围绕以打造中心基层社和民营基层社相结合的全覆盖新型基层社为目标，推进基层社建设，培育供销合作社参股的中心基层社10家，建成“三位一体”基层社47家，靖江市社基层社均建办专业合作社，提前实现省社提出的“一社＋一社”目标。靖江、兴化市社的基层社“三位一体”建设被评为“江苏省供销合作社优胜单位”。

【为农服务社建设】贯彻省社连云港会议精神，着力提升服务社的经营能力，结合实施“新网工程”，将服务社纳入到连锁经营体系，促进连锁网络发展，促进服务社自身发展。提升服务社的服务水平，发展三星级服务社，扩展功能，开展中介、文化、体育、娱乐等综合服务，对具备条件的积极创办社区服务中心。全年新建为农服务社382个，其中二星级社149家、三星级社70家，累计建办为农服务社1237家，覆盖率80%。兴化、泰兴市社的为农服务社建设被评为江苏省供销合作社优胜单位。

【专业合作社建设】围绕农业增效、农民增收的目标，培育骨干专业合作社，提升已建专业合作社，新建一批专业合作社。全年新建“四有”农民专业合作社33家，其中省级7家、市级10家。姜堰溱湖鸽业、泰兴天龙蔬菜、高港佴庄山羊养殖等专业合作社扩大品牌影响，靖江市红丰水稻、宝盛畜禽等专业合作社获专项扶持资金。

【“新网工程”建设】落实市委办、市政府办《泰州市加快新农村现代流通服务网络建设的意见》，按照《泰州市“新网工程”建设规划》要求，以农资、日用消费品为重点，全面推进农村流通网络建设，全系统已建有连锁龙头企业22家、连锁网点3490个，全年实现连锁销售28.4亿元。兴化市社已建办8家乡镇中心超市，并在城区建办中心超市，实行直营连锁，扩大品牌影响。争取各级党委、政府对“新网工程”的扶持，全年全系统争取利用“新网工程”专项扶持资金230万元。全系统农资、日用消费品、烟花爆竹连锁网络基本形成，再生资源、农副产品、非处方药品连锁网络建设有序推进。兴化市社、靖江市社“新网工程”建设获“江苏省供销合作社优胜单位”称号。

【再生资源网络体系建设】 市总社牵头制定实施工作方案和网络体系建设，指导海陵、高港区社在全省率先开展市区再生资源网点标准化建设工作，市区已建成标准化网点82家。海陵区社依托标准化网点引入中再生公司建立中再生泰州分公司，实现销售8亿多元，实现入库税收1.6亿元。

【银杏产业推进工作】 作为泰州银杏产业组的牵头单位，市总社与高港区社加大参股企业集泰农产品公司的投入，实现年收购银杏约5000吨，具备1800吨银杏储存能力，年加工银杏仁1000吨，成为国内最大的集银杏收购、储藏、加工和销售为一体的外贸加工企业。高港区社的创新创优工作获“江苏省供销合作社优胜单位”称号。

【农村放心消费工程】 市总社、靖江市社与中国医药城华为医药物流有限公司合作，在全省率先启动农村非处方药品连锁经营，靖江市社已组织配置65个非处方药品专柜。兴化市常客隆百惠公司建办的校园超市发展到97家（其中在宝应县建办10家），覆盖兴化全市80%的学校；兴化市百康豆制品公司生产的豆制品，市场份额超过50%。两项民生工程均受到党委、政府和省社的褒奖，《新华日报》予以专题报道。（钱　进）

粮油营销

【粮食购销】 2009年，全市国有粮食购销企业粮食购销总量612万吨，占全省总量18%，居全省第1。其中收购夏粮145万吨，收购本地农民小麦99万吨，促进农民增收1.8亿元。实现报表利润2848万元，居全省第1。

【粮油加工】 全市列统粮油工业企业实现销售收入116亿元、利税5.8亿元，比上年分别增长111%、307%。全市粮油精、深加工率分别为71%、8.6%。

【国有粮食企业改革】 年内，全市整合国有粮食企业25家。其中，主城区6家国有粮食企业整合为苏中粮食购储中心，高港区7家企业整合到高港粮食购销公司。17个国有粮食购销企业库点，投入仓储基础设施修建资金936万元，新增完好仓容9万吨，新添机械设备119台（套）。粮食购销企业普遍实行目标管理责任制和承包经营责任制，完善相关配套制度。

【流通管理】 开展粮食清仓查库工作，对全市89个库点、5家重点非国有粮食经营及转化用粮企业进行检查，清查各类性质粮食62.4万吨，帐实相符率99.6%。开展粮食流通监督检查239次，检查涉粮者2331家（次），实施行政处罚31起。开展夏秋粮收购、军粮购销、地方储备粮管理运作、“转圈粮”等专项监督检查。开展“成品粮油市场规范年”活动，整顿批发零售单位222家，纠正和整改违法违规经营问题404起。完善粮食流通执法体系和粮油质量监测体系，海陵区成立联合监督检查办公室，建立电子统计分帐信息系统；靖江市粮油质监所通过省级计量认证，市局质监所通过省级计量认证复查评审。

【放心粮油工程】 推进优质稻米产业工程，在13个乡镇建立生产基地0.41万公顷。新创“放心粮油合格店（柜）”63家，其中市级“放心粮油示范店（柜）”19家。“兴化大米”、“兴化面粉”集体商标成功注册；中国粮食行业协会授予江苏三零面粉公司、江苏楚龙面粉公司首批“全国粮油行业AAA级信用企业”称号。江苏楚龙面粉公司挂牌成立江苏省红皮小麦品种选育及新产品研发院士工作站。（李　勇　高华峰）

食盐专营

【概况】 2009年，泰州盐业正式加入苏盐连锁体制，泰州盐业有限公司更名为江苏省苏盐连锁有限公司泰州分公司，改制后仍然行使盐务管理局的政府职能。泰州市盐务管理局下辖泰兴市盐务管理局、靖江市盐务管理局、姜堰市盐务管理局、兴化市盐务管理局以及江苏省泰州盐业配送中心。江苏省苏盐连锁有限公司泰州分公司直管泰兴分公司和泰州盐业配送中心两家基层单位。年内，泰州市局（公司）围绕“保增长、保稳定、促发展”的大局和泰州公司二届五次职代会确定的目标，克服经济指标较高、小工业盐量降价跌、配送中心亏损运营、非盐市场开发难度较大等不利因素，优化品种结构，挖掘市场潜力，完成全年经营指标和工作任务。

【盐政执法】 开展“元旦、春节期间净化食盐市场专项行动”等6个专项行动，加强对重点区域、重点行业的市场监管，全年查处各类盐业违法案件104起，结案101起；查处没收非法盐产品44.9吨，罚没款66430元；开展“访万家行动”，走访居民灶台99528户。通过开展食盐放心消费创建、消除碘缺乏评估验收、农村食盐安全“三网”建设等活动，健全完善“政府领导，部门协作，社会参与”的市场管理机制。推进行政权力网上公开透明运行工作，加强效能监察，对盐政执法中的自由裁量权进行限制，对查处的盐政案件进行网上公示，全年无1起行政复议和诉讼案件。据2009年省疾控中心公布的结果，泰州碘盐覆盖率99.09%，碘盐合格率98.50%，合格碘盐食用率97.61%。

【营销渠道】 加快食盐流通现代化建设步伐，加强自建访销站、客户服务部建设，推行送销到户、直配直送的营销模式，逐步掌控终端、改进服务、提升竞争力，同时在消化社会库存、遏制内部侵销、价格执行到位等方面发挥积极作用。

【推进和谐】 开展“勇挑重担渡难关，争当先锋促发展”和“做廉洁表率，促科学发展”党内主题教育活动以及“四好”班子创建活动。加强和谐劳动关系建设，实施了职工带薪休假制度，制定和实施《劳务用工工资增长办法》，实现企业发展进步的同时所有职工收入同步增长。继续组织三产标兵、十佳员工及分公司管理人员外出学习考察。为职工办理企业年金，一线职工办理意外伤害保险，走访慰问困难、生病职工，进行职工生日祝福等活动，调动职工的工作积极性，增强企业的凝聚力和感召力。 （赵 亮）

烟草专卖

【概况】 2009年，泰州市烟草专卖局（公司）下辖靖江、泰兴、姜堰、兴化4个县级烟草专卖局（分公司），其中市局（公司）本级下设办公室、专卖监督管理处、财务管理处、审计处、安全保卫处、人力资源管理处、监察处、卷烟营销中心、卷烟物流配送中心、信息中心、企业管理处、基建办等12个职能部门。全市烟草系统有员工940人、其中营销队伍380人、专卖队伍270人。全市有卷烟零售户25575户、基层网点20个、稽查中（大）队24个、基层管理所19个。年内，泰州市烟草专卖局（公司）围绕“保增长、强基础、促发展、求和谐”目标任务，加快推进“三大战略”，各项工作，继续保持平稳发展态势。

【专卖执法】 年内，着力提升专卖管理水平，加强市场监管。市局（公司）被评为“泰州市依法行政先进单位”和“江苏省依法行政示范点”，驻市民服务中心烟草办证窗口连续5年获“红旗窗口”称号。全年共查处案件954起，其中，1万元以上111起、5万元以上24起；破获100万元以上网络型案件4起、在侦网络型案件3起； 35人因涉烟案件被判刑。其中，“12·7”案件为典型网络形态，案值2300多万，涉案人员10人被判刑，并被省公安厅挂牌督办，在全省具有较大影响。

【卷烟专营】 提升业务经营水平，经济运行保持平稳增长。完成各分库搬家以及撤并工作，实现全区大物流的“物理一库制”，制定完善大物流运行的工作流程以及相关制度体系框架,初步实现物流配送的机械化、科学化、流程化。全年销售卷烟16.38万箱，实现销售收入29.86亿元，实现税利8.73亿元。

【企业管理】 年内，加强企业管理，开展以对标和贯标为重点的“基础管理年”活动。组织开展优秀县级局和分公司的创建工作，进一步增强基层活力，初步实现基层单位建设的标准化、规范化和制度化，基层单位的基础管理水平得到提升。开展规章制度“废改立留”和“绩效管理体系建设”工作，探索具有特色的绩效管理体系。全面有序开展用工制度改革工作，完善绩效管理体系，初步实现由身份管理向岗位管理的转变，促进全员劳动生产率的提高。倡导“善待他人、超越自我、快乐工作”的员工行为准则，开展阳光文化建设，营造积极、健康、阳光、向上的企业文化氛围。落实党风廉政建设责任制和反腐败工作，注重廉政教育，增强党员干部的廉政意识，推进廉政文化建设。按照“好、快、省、廉”的要求，顺利完成物流配送中心和业务大楼两项基建工程，并通过各项验收，正式交付使用。

【公益事业】 与市委宣传部共同举办“百姓大舞台泰州烟草系统专场文艺演出”。赞助希望工程，开展“阳光学子”行动，帮助贫困大学生；赞助“百姓大学堂”，关心社会弱势群体，支持慈善福利事业。开展“金叶书屋”行动，为海陵区迎春、东风等12个社区购置图书8795册。积极参与社会主义新农村建设等。年内，累计捐赠181.5万元。 （常晓栋）

石油经营

【概况】2009年，中国石油化工股份有限公司江苏泰州石油分公司面对成品油消费需求萎缩，安全生产压力大等复杂形势，履行国有企业的“三大责任”，围绕“经营、发展、安全”三大主题，保障成品油市场供应，确保企业安全平稳运行，攻坚克难，全面完成年度各项工作任务。

【安全管理】根据“谁主管、谁负责”、“谁在岗、谁负责”的原则，逐级签定HSE（健康、环保、安全）责任书，建立责任事故问责机制。开展“我要安全”主题活动和“百日安全无事故”竞赛活动。全面开展危害识别、风险评估，突出管理缺陷和人的不安全行为，落实防范措施。组织开展消防灭火技能竞赛活动，提高全员安全应急处置能力。强化未遂事故管理，及时进行分析和处理，落实问题整改。进一步完善领导干部要害(重点)部位定点联系制度和管理人员值班制度。建设加油站视频监控系统，提升库、站安全技防水平。实现全年无安全生产责任事故。

【市场供应】在落实成品油资源保障和供应的基础上，不断在优化服务，全方位满足消费者需求。推进加油站规范化管理，开展加油站现场管理、服务“星级”、“达标”站培育，强化员工“八步法”服务培训、检查、考核、奖罚，建立“神秘访客”、现场激励、客服中心评价、客户问卷调查等多层面的服务评价体系。加强加油卡建设，采取增加加油卡发卡、充值网点和卡机联动站等一系列措施，有效缓解客户购卡、充值不方便问题。做好“三夏双优”服务，开展送油到田头的服务活动。开展加油站非油品经营，提升服务功能。

【内部管理】组织开展定岗位、定职责、定制度、定奖罚、排风险“四定一排”。规范关键环节的操作流程管理。加强油品数质量管理，建立加油机日常规范，准确校验，严格进库油品检验和加油站质量抽检制度，使油品进、存、销的全程受控，确保计、质量合格。开展业务经营全面整顿工作，进一步完善内部管理规定，确保经营管理工作的规范、有序运行。（顾　新）

物　流

【概况】2009年，全市经济的快速发展和交通基础设施建设的不断完善，为现代物流业的快速发展奠定坚实的基础。随着新长铁路、宁启铁路的开通，泰州长江大桥和扬泰苏中机场的开工建设，以及境内的长江黄金水道,形成日益发达立体式的综合运输网络。经济增长强劲，提供了快速增长的物流需求。2009年，全市规模以上工业实现产值3723.74亿元，比上年增长27.93%；实现销售收入3569.33亿元，比上年增长29%。在经济快速发展的同时，工业经济进一步向重化工发展，船舶工业、化工、机电成为主要支柱产业，经济布局进一步向沿江、重点地区、产业园区集中，全市现代物流业逐步驶入发展的快车道。

加快物流园区建设，推动现代物流业快速发展。年内全市新增1家江苏省重点物流基地，加快医药城物流基地建设。不断完善政策环境，引导、扶持现代物流业发展，出台物流企业的扶持政策，在电价、税收上给予优惠，出现一批优秀的现代物流企业，对全市现代物流业的发展产生良好的带动和示范效应。

【泰州港务集团有限公司】泰州港地处苏北沿江的中部，上溯长江至南京145千米，顺流而下至南通120千米，港口区位优势明显,是长江进入B级航区的第一个港口，港口岸线稳定，水域宽阔，常年可靠泊5万吨级海轮。年内，泰州港务集团有限公司有高港、杨湾和永安港区3个长江港区和海陵1个内河港区。港口有万吨级泊位7个。港口物流功能齐全，具备装卸、运输、仓储、代理、理货等现代物流的功能，港口主业装卸功能齐全，具备集装箱、件杂、散货、液体各形态货物的装卸能力。2009年实现货物吞吐量近2000万吨，接卸以木材、钢铁、原油、铁矿、煤炭为主的大宗外贸货种近20个,与40多个国家的港口有运输业务往来。（李　勇）

综合经济管理

发展规划管理

【“411”工程】2009年，全市“411”工程各项目标任务完成情况良好。市政府40项目标、市区城市建设10大重点工程、市区改善民生10件实事共计182个子项中，有174个子项完成目标任务，受国际金融危机及公交体制调整等因素影响，8个子项未完成目标任务。（邱宏武）

【农业产业化】2009，全市65家加工型龙头企业完成销售收入113亿元、利税7.6亿元、税金4.1亿元、出口创汇2亿美元，比上年分别增长18.7%、18.3%、15.3%、13.3%。其中，23家省级龙头企业完成销售收入90.4亿元、利税5.1亿元、利润2.4亿元、出口创汇1.4亿美元，比上年分别增长20%、16.6%、19.8%、10.2%。年内，面对国际金融危机的爆发，全市龙头企业加大投入，积极应对挑战，全年完成技术改造投入3.5亿元，比上年增长25%。苏三零、双蝶、益众油脂、梅香食品等重点骨干企业的投入均超5000万元，一批重点项目当年实施、当年投产，当年发挥效益。针对日本“肯定列表制度”的出台，欧盟等国也相继仿效日本的做法，将进口蔬菜检测指标提高近3倍，使企业对原料基地的依存度进一步提高等不利因素，龙头企业始终把强化基地建设作为应对危机的重要举措，不断加强和改善服务。全年市级龙头企业通过订单联结基地1.16万公顷，其中无公害、绿色食品、有机食品面积2580公顷，56家企业与科研、推广机构、专业合作社及种养大户签订新型、规范的合作协议（订单），18家企业通过二次返利，全年共向基地农户返利4129万元。面对日趋激烈的市场竞争，全市龙头企业不断调整产品结构，提升产品档次，研究开发新品，寻求产品的差异化；及时调整营销策略，稳定现有市场的同时不断开拓新市场，提高市场份额；积极创建国家级、省级名牌农产品，争创“生态品牌”、“原产地品牌”、“绿色和有机品牌”，提升品牌知名度。出口企业由欧美、日韩等市场逐步向俄罗斯、中东等市场拓展，并进一步开拓国内市场，扩大内销业务；内销企业由南方及大城市市场逐步向中西部、中小城市及农村市场拓展。一些企业在重点区域设立销售专柜、专营店，并入连锁超市及节日礼品市场。全市有46家龙头企业成立科研机构，投入科研经费6900万元，开发新品263个。（刁春宏）

【高新技术产业化】2009年，全市高新技术产业实现产值1155.55亿元，比上年增长27.8%，占规模以上工业产值的30.7%。加快结构调整，推动产业优化升级。全市医药、机电（船舶）、化工等三大支柱产业累计实现产值2360.42亿元，比上年增长28.4%，占规模以上工业产值的63.4%。其中，医药产业健康发展，实现产值270.33亿元，比上年增长20.2%；机电产业保持较快增速，实现产值1554.06亿元，比上年增长37.4%，（其中船舶产业增势强劲，实现产值522.93亿元，比上年增长46.2%）；化工产业平稳增长，实现产值536.03亿元，比上年增长11.1%。打实工作基础，提高项目成熟度，积极争取上级资金。年内，在生物医药、装备制造和重大产业技术开发等重点领域，重点选择一批具有自主知识产权和国际先进水平的高科技项目争取国家专项资金支持，同时在专项政策、引进人才、融资等方面给予企业重点扶持。扬子江药业集团年产1500万支地佐辛注射液高技术产业化等16个项目被列入国家、省高技术产业发展项目计划，获国家资金补助3380万元。加强组织领导，做好服务，促进项目顺利实施。对承担国家产业化专项的企业，进行项目管理的宣传和引导，督促企业抓紧项目建设，跟踪项目实施进度，帮助协调、解决实施过程中出现的问题，确保项目的顺利实施，争取早竣工、早投产、早见效。年内，全市在建的20个国家、省项目进展顺利，并按时上报项目进展情况；2个项目顺利通过国家验收。（顾博明）

【服务业】2009年，全市服务业经济发展势头良好，全年实现服务业增加值584.15亿元，比上年增长15.0%，高于GDP增幅1.2个百分点；服务业增加值占GDP比重35.2%，比上年提高1个百分点。服务业集聚发展效应明显，全年8大现代服务业集聚区入区企业数5226家，比上年末净增加529家；实现营业收入200亿元、税收8.9亿元，分别比上年增长51.5%和196%。消费市场持续旺盛，全年实现社会消费品零售总额467亿元，比上年增长18%，高于调控目标3个百分点。西坝口商圈辐射带动作用进一步增强，财富广场、世纪新城等项目加快建设，苏宁电器、韩国易买得等商贸企业入驻经营，金鹰天地二期扩建竣工营业，商圈业态更加丰富，多层次、复合性的综合商业中心逐步形成。全市完成服务业固定资产投资493亿元，比上年增长30.4%，占全社会固定资产投资比重42.3%，比上年提高0.3个百分点。全年30个投资1亿元以上重点考核项目进展顺利，共完成投资73.3亿元，完成年度投资计划的114.6%，码也通信、锦泰市场、扬子港务、龙城钢材、钢城物流等15个项目年内实现竣工营运。税收贡献持续加大，全市共实现服务业税收72.88亿元，比上年增长48.1%，高于上年25个百分点，创税收增长历史最高水平。其中，实现服务业国税收入33.11亿元，比上年增长75.9%，占全部国税总收入比重的22.8%，高于上年末6.7个百分点；实现服务业地税收入39.77亿元，比上年增长30.9%，对地方税收增量的贡献率为65%，占全部地税总收入比重的53.9%，高于上年末2.7个百分点。30强重点企业营利能力进一步增强，全年共实现利税9.3亿元，比上年增长98%，实现利税超1000万元以上企业19家，比上年末净增加7家。　（高　翔）

【固定资产投资】 2009年，全社会固定资产投资继续保持良好增长势头，全年累计完成投资1166.2亿元，比上年增长29.5%。其中，城乡规模以上完成投资738.92亿元，比上年增长29.7%。工业投资增速小幅回落，三产投资增速明显加快。其中，第一产业完成投资21.26亿元，比上年增长28.6%；第二产业完成投资652.03亿元，比上年增长28.9%，其中工业完成投资638.41亿元，比上年增长27.8%；第三产业完成投资492.9亿元，比上年增长30.4%。三次产业投资结构比为1.82：55.91：42.27。城乡规模以上项目建设情况良好，全年施工项目2674个，计划总投资1345.86亿元，单体项目投资规模5033万元。其中，新开工项目2073个，比上年增长63%；计划总投资602.72亿元，比上年增长120%，单体项目投资规模由上年的2153万元增加到2907万元。项目建设投资资金增长平稳，城乡规模以上项目到位资金772.51亿元，比上年增长33.6%。从结构来看，国家预算内资金3.88亿元，比上年增长73.2%；国内贷款32.26亿元，比上年增长61.3%；利用外资9.06亿元，比上年下降7.2%；自筹资金702.95亿元，比上年增长34.93%。房地产开发投资明显回落，全年房地产开发累计完成投资123.88亿元，比上年增长10.8%；房屋施工面积1090.83万平米，比上年下降0.45%，其中新开工面积348.88万平米，比上年下降30.04%；房屋竣工面积261.62万平米，比上年下降17.09%；商品房销售面积407.39万平米，比上年增长34.51%。全年完成土地开发面积41.61万平方米，比上年下降60.13%。　（季　鹏）

【社会事业】 全年城镇居民人均可支配收入18079元，比上年增长11.8%；农民人均纯收入8180元，比上年增长11.5%。全年居民消费价格指数累计为99.7%，高于全省0.1个百分点。全年培训城镇职工3万人，城镇净增就业人员5.4万人，城镇登记失业率控制在3%以内。城镇社会养老保险净增参保人员2.1万人，城镇职工基本医疗保险、城镇失业保险参保人数分别达93万人、40.9万人，城镇居民基本医疗保险参保率95%。建立低保边缘人群重病、灾害临时生活救助制度。为3869名残疾人参加意外伤害保险提供补助。姜堰市、海陵区创建成为全省教育现代化先进市（区）。完成市区中小学中长期布局规划编制，加快新区教育资源整合。积极推进泰州大学筹建工作。完成40个社区卫生服务中心、500个社区卫生服务站和69个计划生育服务站规范化建设。海纪馆布展改造工程建成开放。举办市第五届全民健身节。新建国家级民主法治示范村5个、全国和谐社区示范区1个。　（佘勇胜）

【重点项目】 2009年，全市列入省重点建设的项目共7项，总投资508亿元，年度计划投资60亿元，全年完成投资60.5亿元，顺利完成年度计划。泰州长江大桥：三塔两锚主体工程结束。泰州医药产业园区一期工程：产业基地一期建成使用，生活配套区一期、动物试验中心开工，施耐克疫苗中心完成主体工程。泰州中海油沥青润滑油一期工程：码头作业完成，厂区工程开工。泰州城北物流园：多式联运中心主体完工，硬件平台、门户网站、电子商务、电子政务、多式联运管理系统开发进入实施阶段。江海高速公路：泰州市境内段完成路基工程。苏中机场：国家发改委审查后报国务院、中央军委已批复同意，工可报告10个支撑性文件已委托相关单位编制，现场拆迁安置工作已启动。宁启铁路复线电气化改造工程：全面启动泰州市境内段征地拆迁工作，部分地段施工单位进场。　（窦网扣）

【市区城建10大重点工程】 2009年，市区城市建设10大重点工程分别是泰州博物馆工程、泰州图书馆（美术馆）工程、泰九路改造工程、南通路改造工程、G328国道泰姜段改线工程、周山河整治工程、泰州市生活垃圾焚烧发电厂工程、稻河古街区保护工程、凤城河凤凰岛工程、省第六届园艺博览会园区工程。10大工程总投资41.85亿元，年度计划投资17.75亿元，年内，完成投资14.45亿元，完成年度计划的81%。其中，省第六届园艺博览会园区竣工开园，凤城河凤凰岛、周山河整治、G328国道泰姜段改线、泰九路改造、南通路改造、稻河古街区保护等6项工程完成年度建设任务，博物馆、图书馆（美术馆）、生活垃圾焚烧发电厂等3项工程前期工作基本完成。　（张东波）

统　　计

【年定报工作】 年内，全市各级统计部门严格贯彻年定报制度，认真组织实施。制定年定报实施方案，对贯彻布置、调查方法、数据处理上报和质量控制等方面作具体规定和要求；对年报新增指标、重点指标及其指标口径，主动与基层企业（单位）联系，核实数据，并在报表上做出简要、合理的说明。加强对报表资料的评估和比对。与有关部门的年报资料进行比对，对相应行业资料进行评估；与历年数据（主要是上年数据）进行比对，看是否有发展异常的情况；与本地区发展水平相近的地区资料进行比对，看是否符合本地区发展的实际。

【服务业统计工作】 制定《泰州市服务业统计报表制度实施方案》，建立科学、统一、规范的服务业统计调查制度和信息搜集渠道，形成“统一制度、部门分工、各负其责、集中核算”的服务业统计工作体系；提请市政府办下发《关于建立市级部门服务业统计联席会议制度的通知》，召开部门服务业统计工作会议，要求各部门和单位及时报送统计报表和服务业核算基础资料。建立服务业统计数据共享制度，加强与各有关部门和单位的信息沟通与交流。指导、督促、检查各有关部门和单位的服务业统计工作，对部门服务业统计报表报送情况进行通报。

【全社会能源统计】 加强能源统计力量，泰州市局、高港区、靖江市、泰兴市设立能源统计专职机构，配备专职能源统计人员。加强基层调研，对各种能源消费主体特别是私营、个体、家庭（农户）进行调查，掌握第一手资料，为核算能源消耗提供基础依据。规范能源统计方法，对每个能源品种的购进方法、流通消费、消费主体及数据归口，均作出详细规定，对无法直接取得的数据通过多次个别调查制定科学的推算方法；加大培训和指导力度，组织各市（区）统计局和高能耗企业能源统计人员参加国家和省局举办的各种能源统计业务培训，对高能耗企业进行调研，指导企业建立能源消耗台帐。编制完成全市2008年地区能源平衡表，与有关部门联合发布《2008年各市（区）单位GDP能耗等指标公报》。

【经济普查年度工作】 年内，将经济普查作为全年统计工作的重点，着力开展入户登记、审核和评估工作。全市多次召开各市（区）统计局长和经普办主任会议，对做好经济普查阶段性工作进行具体部署并提出明确要求。各级普查机构和普查工作人员在登记阶段中，严格督查，确保普查登记任务按时保质完成；在审核阶段中，按照“程序合规、方法合法”的原则，认真核查普查表中数据修正的合法性和依据，确保做到“机表一致、表表一致、表账一致”。在评估阶段中，将手工快速汇总数据与专业年报数据、部门和行业资料、经济发展态势以及“一经普”数据进行比较，分析数据的合理性、结构和趋势等；在资料开发阶段中，各地成立经济普查资料开发应用小组，制定经济普查资料开发应用计划，确定多项研究课题，最大限度地发挥普查资料的使用价值。泰州市经济普查工作获国家级先进集体称号。

【服务中心工作】 一是围绕全市经济社会发展40项目标任务开展工作。年内，市政府对市局下达3项工作任务，其中作为主办单位的1项、协办单位的2项。二是为考核工作提供数据资料。年内，先后参与学习实践科学发展观、各市（区）经济工作目标、“十强乡镇”、全面小康建设“十强村”等考核，坚持从严把关，确保考核工作公平公正，考核结果符合地方经济发展的实际。三是加强全面小康建设进程监测。履行牵头单位义务，落实监测部门工作职责，加强业务指导和督促检查，配合省局对靖江市全面小康建设进行达标验收，组织对海陵区全面小康建设进行达标验收。

【服务党政领导决策】 市局坚持按月度、季度、年度对经济运行情况进行客观分析，做到月度有简析，季度有报告。及时为市委、市政府有关重要会议提供统计资料，在每季度召开的市政府经济形势分析会上发布分析报告；为市委召开的三届七次全会提供《上半年全市主要经济指标完成情况》的参阅资料，发挥统计部门在应对金融危机中的作用和责任。组织收集整理分析各类统计资料，为党政领导决策提供优质服务，全年市局共撰写《统计分析》75篇、《统计信息》265篇，分别被市委办、市政府办采用14篇、185篇；全市统计系统发送的分析、信息被省局网采用107篇、129篇。各市（区）统计局围绕经济社会发展中的重点、难点和热点问题，撰写一批选题精准、观点鲜明、分析深刻、量化特点突出的分析报告，为指导经济社会发展发挥作用。

【为部门团体提供服务】 为《政府工作报告》等“两会”文件提供数据，编印“两会”参阅材料，为“两会”代表提供决策和参政议政的依据。与相关部门开展专项调查。年内，与市政法委开展公众安全感调查，与市环保局开展公众环保满意度调查，与市文明办开展文明城市创建群众赞同度调查，与市作风办开展人民满意机关（单位）调查，与市地税局开展地税纳税人服务满意度调查，与市交通局开展公交车满意度和老年人乘车率调查等，并撰写相关调查报告。与相关部门开展统计监测评价。与市科技局开展科技进步监测评价，与市发改委开展社会事业发展评估，与市妇儿工委办开展妇女儿童发展监测，并撰写监测评价报告。与市发改委、经贸委、外经贸局、财政局、人行等经济金融部门协作，互通信息，实行资料共享。

【为社会公众及企业提供服务】 加强对泰州统计网站的建设，进一步丰富和完善网络版面和栏目，及时更新统计数据、统计信息和统计分析等有关内容，为社会公众及时了解全市经济社会发展提供信息平台。加强统计资料整理工作。在保证《统计月报》、《服务业统计资料》每月18日出版的基础上，进一步充实月报内容，共51个页面；及时发布《2008年泰州市国民经济和社会发展统计公报》；完成泰州市建国60年历史数据的收集、整理和上报工作，撰写《六十年沧桑巨变 耀辉煌汉唐古郡》分析资料；5月编辑发行《泰州统计概览》，10月编辑发行《泰州统计年鉴》。为企业提供专项统计服务。针对江苏省名牌、中国名牌、中国免检产品申报评比工作开展专项统计服务，对申报“江苏名牌产品”、“中国名牌产品”、“中国免检产品”的企业提供相应的数据资料解释，进行咨询答疑，提供关键数据核实证明。

【统计行政执法责任制】 建立健全各项执法制度，先后建立健全《统计执法公示制度》、《统计执法投诉举报制度》及《统计执法过错责任追究制度》，使全市统计法制工作逐步走向规范化。加大统计法制工作考核评比力度，修订完善《统计法制工作考核细则》，将统计法制工作纳入各市（区）和市局各专业处室业务考核之中，考核内容包括统计调查行为规范、统计监审、统计行政执法案卷整理和统计法制宣传等方面。

【统计法制宣传】 结合《泰州市统计“五五”普法实施方案》，制定《泰州市统计普法宣传工作计划》，开展统计法律法规的宣传工作，提高各级领导干部和社会各界的统计法律意识和统计法制观念。转发省政府办公厅《关于转发省统计局等部门关于认真贯彻落实<统计违法违纪行为处分规定>意见的通知》，邀请省局专家作统计法制专题讲座，举办《处分规定》专题辅导会并编印《处分规定》宣传读本，扩大《处分规定》的知晓面和社会影响力，推动《处分规定》的贯彻落实。结合统计业务工作开展统计普法宣传，利用年报会议和专业统计培训会议等时机，学习宣传统计法律法规；同时把好在岗统计人员的“普法”关，凡参加统计从业资格考试和职称考试的人员，都要求参加统计法律法规知识的考试。组织开展集中宣传活动。12月4日，市局联合泰州调查队组织开展广场宣传咨询活动；12月8日，市局联合泰州调查队和海陵区局开展送法下乡进企业活动。年内，市局获“市学法用法先进单位”称号。

【统计执法】 加强统计执法队伍建设，至年末，全市市、县两级统计局共156人持有统计执法检查证。市局有15人持有行政执法证，28人持有统计执法检查证，基本上做到人手一证。查处统计违法案件，全年市局共监审103家单位，立案查处28起，结案10起。对10家有严重统计违法行为的单位，除教育整改外，还分别给予警告行政处罚。

【基层统计人员培训】 各级统计部门充分利用年报会、各项工作会议等机会，强化对基层统计人员的业务知识培训，提高基层统计人员业务素质。定期组织专项业务培训与交流，采取学用结合、交流互动的形式，讲解统计调查原理，明确统计工作流程，确保基层统计人员及时准确地完成专项统计调查工作任务。泰兴市为提高乡镇统计人员的计算机操作技能，组织参加市英才计算机技能培训班，并从人力和财力等方面给予支持和保障。兴化市针对不同层次统计人员的学习要求，创新统计业务培训方式，除采用传统的集中教学方式外，还通过网上发布业务资料、编印下发学习教材、刻录下发学习光盘等多种方式，确保统计业务培训效果。

【指导基层统计工作】 坚持定期开展统计督查工作，加强对基层统计的业务指导和行政监督，强化基层统计人员的责任意识和法纪意识，减少对统计数据的各种人为干扰因素。组织完成全市乡（镇、街道）统计机构现状调查，撰写《泰州市乡（镇、街道）统计机构调查分析报告》。加强统计基层基础建设联系点工作，市局有关处室分别深入联系点了解和掌握统计基层基础建设实情，并对已调研情况进行分析，形成书面调研报告。针对部分行政区划的调整，全市各级统计部门组织开展协调和衔接工作，做好评估把关和跟踪服务。

【统计信息化建设】 先后完成华为路由器的调试、网络版瑞星杀毒软件的安装等工作。在清理行政权力，编制目录、流程图的基础上，建成行政权力网上公开网络平台，推进行政权力网上公开工作。做好基本单位名录库维护更新工作，通过省局组织的多次检查。配合省局做好经普数据处理设备的统一采购及下发，完成普查数据处理及上报工作。完成计算机、存储介质等保密安全自查，与计算机使用人员签定保密承诺书。做好政府网站的内容保障工作，及时报送工作动态和统计信息。继续推进劳动工资统计网上直报工作，基层单位使用网上直报系统上报工资报表的比例大幅提高。各市（区）加快统计信息网络向乡镇延伸进程，海陵区和泰兴市基本建立市、县、乡三级统计网络体系。

【统计业务建设】 全市各级统计部门结合本地实际，组织各种学习和培训，强化各级统计人员的业务技能。加大统计从业资格认定工作力度，全市共组织874人参加全国2009年统计从业资格考试，统计从业资格培训考试工作在省局评比中获先进。配合市人事考试中心做好统计专业技术资格考试的宣传和发动工作，完成教材征订与报考人员的材料审核工作。组织高级统计师职称材料的审核申报工作。

（张松才）

物价管理

【价格调控】积极应对居民消费价格居高不下的严峻形势，始终把保持价格总水平基本稳定放在工作首位，加大监测检查力度，采取综合有效措施，稳定市场价格水平。2009年，全市CPI比上年下降0.3 %，比全省平均涨幅高0.1个百分点。加强对宏观经济形势的分析，严格控制出台政府定价和指导价范围的提价项目，正确把握调价项目出台的时机，处理好疏导价格矛盾与保持市场价格总水平基本稳定的关系。落实国家、省、市关于扶持生产、促进流通、保供稳价的各项政策措施，明确城市特困家庭在水、电、气方面的优惠措施。

【市场价格监测】完善全市价格监测质量管理体系和监督考核工作机制，重新修订《泰州市价格监测工作考评办法》。加强对重要商品和服务价格的监测预警，提升应对甲型流感等突发事件的能力。全年监测商品和服务价格1.4万个，上报价格监测报表273份，6篇监测分析分别被国办采用和省、市领导批示。结合价格服务新农村建设，及时出台实施意见，加强对种子、化肥等生产资料价格的监测和监管。多渠道发布价格信息，适时开通移动“农信通”涉农价格信息频道，发展固定“农信通”价格频道用户6500多户，并通过“农信通”综合频道对8万个用户发送涉农价格信息。累计发送180期2000多个涉农价格信息和涉农政策。强化泰州价格信息网公共信息服务，及时发布价格政策调整、市场价格行情、价格工作动态等信息。累计发布政策文件134篇，更新各类价格信息2250条，网站点击53.2万次。做好《泰州医药价格》编辑发行，累计出刊22期，共刊登政府定价药品价格5200多条、政策理论性文章150多篇。

【服务新农村建设】开展价格服务新农村专题调研，并将家电下乡、农民增收、农村土地流转、涉农价格服务等20篇调研成果汇编成册。加强农业生产资料价格监管，努力降低农业生产成本。贯彻落实国家粮食收购保护价政策，促进农民增收。全面清理涉农收费项目和标准，公示涉及公安、民政、教育等18个系统的32类52项200多个收费标准。深入基层、进村入户宣传涉农、惠农价格政策，了解企业和农民需求。先后走访泰兴市、兴化市的7个乡镇6个村，以及农业龙头企业、家电下乡经销点，并对100户农户开展问卷调查。制定出台《价格认证工作服务新农村工作意见》。发挥“农民之友”价格热线的作用，定期向龙头企业、种养大户发布价格信息。

【热点价费监管】规范教育收费行为，从严控制幼儿园收费标准，严格核定代办费标准，减轻学生家长负担；开展价格服务进校园活动，现场接受学生和家长的咨询和投诉；市区教育收费实现“零举报”。规范涉房收费行为，制定并经市政府下发《关于正向公布涉房收费项目标准的通知》，将涉房收费项目、收费主体、收费标准进行正向公布；会同市房管局联合下发《关于服务商品房开发建设促进房地产业健康发展的通知》，确保全市房地产市场平稳健康发展；严格执行普通住宅商品房价格备报制度，做到应备尽备，确保商品房价格备案工作走上正轨；对国土、规划、建设、人防和供电等部门涉房乱收费、强制服务收费的行为开展专项检查，规范收费秩序；制定出台市区住宅小区停车服务收费的标准，规范小区停车收费行为。规范出租车运营秩序，开展出租车成本监审工作，清理和降低6项涉车收费项目，会同税务部门统一全市出租汽车公司的税收标准，减轻出租车企业的负担，并有效平息一起群体性事件；会同市交通局拟定《泰州市区出租车汽车运价与油价联动实施办法》，促进全市出租汽车行业的健康发展。

【服务地方经济】强化涉企收费监管，创优企业发展环境。出台《关于进一步加强涉及企业收费管理的意见》，对与企业生产经营密切相关的17项经营服务性收费项目分别实行暂停或减半收取等优惠政策，累计减轻企业负担7800万元；市物价局会同市作风办、三服务办和银监局等部门，对25家机关事业单位、经营服务性单位及垄断行业的价费政策执行情况开展专项检查，纠正和打击违规收费行为。强化优惠政策扶持，服务重点工程建设。市物价局先后5次到医药园区开展调研，与园区企业代表举行座谈，制定并由市政府转发《关于运用价格杠杆促进泰州国家医药高新技术产业开发区发展的意见》，从行政事业性收费、涉企经营服务性收费、公用事业价格以及提供优质服务等4个方面，明确14项价格优惠政策及措施，为园区创造具有竞争力的投资环境；会同市供电公司优化用电方案，解决生活与科研电价相统一的问题，同时对电热锅炉用电建议安装单独计量装置，执行二段制电价，为园区发展增添后劲。为改善城市生态环境，市物价局起草《泰州市区城镇垃圾处理费征收办法》，完善城镇生活垃圾处理收费制度，规范垃圾处理收费行为，为加强市容环境卫生管理奠定基础。

【整顿和规范市场价格秩序】加大市场监督检查力度，维护群众利益。全年共投入2760多人次，检查各类经营单位9460多家，检查商品标价签90000张，复秤6000笔，校验衡器608台。在市区中百一店、文峰千家惠、金鹰等4家大中型商场（超市）和黄金珠宝行业，统一制作“明码标价柜（组）”标牌，开展明码实价试点。将泰州“老街”创建成为价格诚信示范街，设立“老街”价格服务站，建立投诉快速处理机制和举报奖励创新机制，确保明码标价率100%。分行业对美容美发、黄金珠宝、建材装饰、家具、婚纱摄影、汽车维修、服装干洗等七大行业开展专项整治。对惠农价格、电力价格、涉房收费、涉企收费、医疗服务价格开展专项检查，从严查处价格违法案件，曝光一批群众反映强烈、性质较恶劣的典型案例。办理市委书记信箱、市长信箱、局长信箱。强化“12358”价格举报电话功能，推行免费拨打和24小时接听，对重要案件实行跟踪督办和上门反馈。全年全市共受理各类价格咨询、投诉1039件，办结率100%，回复率100%，满意率95%以上。价格举报工作连续12年获“市长公开电话先进办话单位”称号。

【价格服务】 开展“三服务”、价格服务“十百千”、干部下访、社区共建等活动。推进以企业物价联络员、社区价格监督员、农村价格协管员、行政事业性单位收费员为主体的“四员”网络建设，奠定价格服务基础。强化价格宣传，先后赴企业、进社区开展宣讲活动10场，发放《缴费指南》2万多册，帮助解决价费问题300多个。开展文艺宣传，通过小品、表演唱等群众喜闻乐见的节目和现场有奖价格知识竞答等活动，先后到农村、社区巡回演出10个场次，社会反响强烈。

【价格法制】 从机制创新入手，强化依法行政工作，提升依法治价水平，重新修订《泰州市价格听证制度》，严格规定市、县两级价格听证会参加人数，扩大消费者和群众的参与面。进一步完善定调价程序，修订出台《泰州市物价局规范定调价程序及文书格式规定》。建立价格决策跟踪监测制度，对价格执行情况进行跟踪落实和事后监管，重点把关系经济社会发展、惠及困难弱势群体的优惠政策落实到位。强化公共信息发布、行政权力公开、党务公开等工作，制定《泰州市物价局行政权力网上公开透明运行暂行规定》，使所涉价格行政权力全部实行网上运行、网上公开、网上监督。（阮文慧）

工商行政管理

【概况】 2009年，泰州工商局积极应对金融危机冲击、体制机制变革带来的挑战，全面履行工商行政管理职能，促进经济平稳较快发展。局机关先后获“泰州市十佳服务地方发展单位”、“社会治安综合治理先进部门”、“安全生产工作先进集体”、“泰州市文明行业”、“法治泰州建设依法行政先进单位”、“省级依法行政示范点”、“全市预防职务犯罪工作十佳先进集体”等称号；全系统7个直属局、分局中有5个局被评为地方作风建设“十佳先进单位”，48家基层工商分局（所）有11家被推荐申报全市“百佳基层站所”；11人次获国家级、省级和市级表彰。

【开展“红盾三服务”和“红盾保护促”活动】 为应对金融危机对全市企业、特别是对中小企业的冲击和影响，全市工商系统深入开展“红盾三服务”（服务企业、服务项目、服务投资者）和“红盾保民生护企业促发展”活动。为减轻市场主体的运行成本，在全市范围内暂停8项收费，为企业减负近6000万元。结合年检发放征求意见表2200多份，走访企业2047家，解决登记注册、品牌培育、融资等问题1300多个。联合江苏银行等商业银行搭建银企合作平台，利用股权出质登记、动产抵押等新途径拓宽融资担保渠道，办理抵押登记186件，帮助224家企业融活资金26.08亿元。为企业打假维权620人次，运用行政指导对380家轻微违法企业免于处罚，立案查处传销案件2起，捣毁传销窝点147个，遣散传销人员3100多人，解救被困人员33人。推荐泰州市医药产业集群和兴化市戴南不锈钢制品产业集群申报全省首批产业集群品牌培育基地。联合市教育局、民营经济协会举办“创业指导进高校巡回报告”5场次，吸引7000多名师生参加，现场发放创业优惠政策等资料5000多份。与市劳保局在全市联合举办“大学生就业和下岗失业人员再就业洽谈会”，组织354家民营企业进场招聘，帮助2157名大学生和下岗职工实现就业和再就业。协助市政府出台《市场升级改造实施意见》，推进市场建设和升级改造工作。年内，全系统一系列帮扶措施，受到企业群众的广泛好评，市委书记张雷先后两次作出批示，市级机关工委和市民服务中心先后发文推广学习，《中国工商报》、江苏卫视、《泰州日报》等新闻媒体予以报道。

【私营个体经济注册资本突破1000亿元】 2009年，全市新登记私营企业7472户，比上年增长31.62%，完成年度目标任务的186.8%。新登记个体工商户28981户，比上年减少13.26%，完成年度目标任务的115.92%。私营个体经济净增注册资本196.73亿元，完成年度目标任务的163.94%。至年末，全市私营个体经济注册资本超1000亿元，达1000.46亿元，其中私营企业813.56亿元、个体工商户186.9亿元，均创历史新高。

【制定实施《服务医药城发展二十条措施》】 针对年内泰州医药产业园升级为国家高新区，制定实施《服务医药城发展二十条措施》，加强对区域发展、产业升级、自主创新等方面的政策解读和措施扶持。市委书记张雷专题作出批示，并要求将之拓展至全市开发区。

【打造“红盾服务创业第一岗”品牌】 通过探索实施并联审批、优化登记注册流程，做好“纬创资通（泰州）”等重大项目服务工作，服务投资者和项目建设。全市新增各类企业7946户，注册资本209.3亿元；个体工商户28981户，资金总额45.8亿元；全市私营个体经济注册资本超1000亿元；新增外资企业148户、投资总额16.89亿美元、注册资本9.93亿美元、协议利用外资9.18亿美元。3月27日，国家工商总局局长周伯华到泰州视察，对“红盾服务创业第一岗”的优质服务和登记注册流程再造工作给予肯定；5月，被省局表彰为“依法行政文明服务”先进集体。

【实施商标战略】 组织开展“4·26”知识产权日、商标知识进高校等系列宣传活动，加强企业申请商标注册的分类指导，全市新增商标注册2200多件、江苏省著名商标16件，帮助“罡阳”、“光芒”、“亚星”三件商标创成中国驰名商标，指导 4家企业申报驰名商标，兴化戴南不锈钢和姜堰石油钻具被确认为全省首批产业集群品牌培育基地。至年末，全市注册商标总数突破10000件，所辖4个县级市中有3个进入中国商标百强县。

【食品安全监管】 加大流通环节食品安全监管力度，集中开展打击违法添加非食用物质和滥用食品添加剂专项整治工作，建立健全以食品流通追溯、质量监管、企业诚信机制等长效机制。全年全系统共开展各种专项检查109次，检查食品经营者11425户次，查扣假冒伪劣食品和不合格食品259公斤，组织监测重点食品185个批次，核发食品流通许可证1400多份。

【维权服务品牌创建】 进一步完善“12315”维权服务运行机制，建立“12315”联络站点1848个。制定《“12315”消费者申诉举报指挥中心工作规程》，实行限时办理服务，完善现场处置机制，全年办结消费者申诉举报2484件，调解消费申诉1914件，调解成功率85%，消费者满意率96%。加强消费领域动态和市场秩序状况的综合分析，成功举办“迎国庆、护权益、保安全”“12315”专题新闻发布会。

【市场经济秩序专项整治和社会治安综合治理】 针对政府重视、群众关注的社会热点、难点问题，先后组织开展“保健康、保安全”、“打假治劣”、“红盾护农”、“家电、汽车摩托车下乡”、“安全生产三项行动”、“对外劳务市场秩序”、“地理标志商标保护专项执法行动”、“取缔黑网吧”、非法“性药品”及医疗广告等专项执法行动，共立案查处各类经济违法案件2701件，查处取缔无照经营2100户。以商品房销售、农业订单合同为监管重点，检查格式合同366份。

【依法行政】 建立依法决策的工作机制，制发《江苏省泰州工商行政管理局重大行政决策审议规则》，成立泰州市级机关首家“专家咨询委员会”。开展依法行政示范点创建工作，加强执法监督，规范执法行为，被江苏省依法行政领导小组命名表彰为省级依法行政示范点。

【改革基层工商执法模式】 制定出台 “创新模式、务实培训、优化服务、尽责监管、规范执法、高效维权”的指导意见，实施基层执法模式改革，在各基层分局（所）设立经济监督检查中队，构建以经检大队和中队办案为主、岗区责任人提供案源为辅的执法办案新机制。

【推进“一市一所一基地”建设】 确定靖江局新桥分局为全系统的基层干部教育培训基地。以新出台的《食品安全法》等法律法规为重点，组织开展信息化测试、基层执法人员培训、经济户口管理知识竞赛等一系列岗位练兵和技能比武活动，提升基层干部的履职能力。全系统6个基层分局（所）被命名为“江苏省文明工商所”。

【廉政风险防范管理】 制定下发《泰州工商局廉政和监管风险点防范管理实施方案》，明确阶段工作任务、目标和要求。全系统组织干部职工采取“个人找、部门查、小组评”相结合的方式，根据部门职能，梳理和明确各工作岗位的职责及其权力行使的依据和界限、权力运行的流程和权限，突出行政审批权、行政执法权、干部管理权和财物管理权等重点，逐人、逐部门、逐条线地查找在履行岗位职责、行使权力过程中可能发生廉政和监管风险的部位

和环节。全系统共排查出69个风险点、188个风险点表现形式。根据排查出的风险点，整理汇总已有制度167项，制定防范措施223条。（沈云芳）

国土资源管理

【概况】 2009年，全市各级国土资源部门，把服务扩大内需、促进经济平稳较快发展作为工作的首要任务，开展“保增长、保红线”行动，做好保障发展、保护资源工作。年内，市局被国土资源部表彰为“保增长、保红线”先进单位，连续2年被市委、市政府评为“十佳服务地方发展单位”。

【服务经济】 保障重点工程建设用地需求，全年共向省报批87个批次城镇建设用地，总面积1533.33公顷，保证纬创资通（泰州）、泰州医药高新技术园区等一大批重点项目的用地需求。对关系全市经济发展的重大项目，积极争取独立选址和省“点供”计划指标，全年共争取超1亿美元投资的省“点供”项目9个、面积186.67公顷，独立选址项目16个、面积70公顷，“点供”项目用地指标为历年最多。在全市开展批而未供土地专项清理活动，共盘活存量闲置土地300多公顷。加大土地资产平台作用，全年代征土地出让金71亿元、耕地占用税1.9亿元、耕地开垦费1.3亿元。为各类企业办理抵押登记14000多宗，土地资产担保总额170多亿元。

【土地利用总体规划修编工作】 针对长期困扰全市发展的土地规划指标过紧问题，积极争取上级的支持，推进土地利用总体规划修编工作，合理确定规划指标。确定耕地保有量31.55万公顷，划定基本农田27.18万公顷。与上一轮规划相比，耕地保有率下降3.6%；基本农田数量核减3.06万公顷，下降10.1%，为全市下一轮大发展创造良好的资源空间。年内，土地利用总体规划（2006～2020年）大纲通过国土资源部审定，相关保护利用指标已下达。各市、区本级规划修编工作也在推进之中。

【耕地资源保护与开发】 落实耕地保护目标责任，市政府与各市（区）政府签订耕地保护目标责任状，组织开展耕地保护责任目标履行情况考核工作，并通过省考核验收。各地采取措施，将耕地保护责任逐级落实到乡（镇）、村组和农户。开展耕地占补平衡工作，完成年度耕地占补平衡项目库的实施，全年建库项目153个，实际完成146个,新增耕地672.13公顷。启动“万顷良田建设”工程。兴化市率先形成万顷良田建设工程试点方案并通过省厅批复，试点区建设规模2146.53公顷，工程总投资8989.6万元；靖江市、姜堰市根据自身特点，编制试点规划方案。

【土地执法监管】 开展执法模范市、土地管理模范镇、基本农田保护模范村“三模联创”活动。靖江市被省厅表彰为“土地执法模范市”，姜堰市被评为创建工作先进单位，并分别获20公顷、10公顷农用地转用指标奖励。高港区新增违法用地比例全市最低。做好国土资源部执法联系点工作，市局成立领导小组和工作班子，印发工作方案，做好各项工作任务的分解落实，联系点工作既定的各项任务全面完成。强化土地执法长效管理措施。加强土地动态巡查，将日常巡查和季度互查相结合、专业执法与联动执法相结合，做到土地巡查全覆盖；强化土地执法考核，落实土地执法监察责任。靖江市局监察科(监察大队)被表彰为全国国土资源执法监察工作先进集体。开展青年志愿者保护国土资源行动，通过招募大学生村官、青年团员为青年志愿者，充实社会宣传和监管力量。提高信访工作成效，全年共受理各类群众来信279 件，接待群众来访178起345人次，来信来访分别比上年下降64%、23%。靖江市局被省厅表彰为土地信访工作先进单位。开通“12336”违法举报电话，打造执法监管新平台。

【基础业务管理】 增强科技创新能力，组织实施“金土工程”，推进“数字泰州”建设。建立新的土地登记发证系统，实现城乡登记统一管理，每宗地登记信息全程查询。建立“泰州市城乡一体化地籍信息系统”，将勘测定界、土地登记规范在统一平台上进行管理。泰州国土资源门户网站在省厅测评中居第3，被表彰为全省优秀国土资源网站。地籍、测绘基础保障作用进一步显现。开展第二次土地调查工作，农村土地调查和基本农田调查全部完成，靖江、泰兴、海陵、高港、市经济开发区完成城镇土地外业调查，兴化正在试点。全市完成勘测定界298宗，面积1666.67公顷。

【党风廉政建设】 市局党委与各市（区）局（分局）签订目标责任状，市局机关中层干部作出廉政承诺。局纪委组织开展“加强党性修养、坚持廉洁从政”和“预防职务犯罪，你我共同参与”主题实践活动，对新任科级干部进行廉政谈话，召开全系统违法违纪案件检查工作分析会，加强对党员干部的警示教育。结合“金土工程”建设，推进行政权力网上公开透明运行；结合行政审批制度改革，进行行政权力事项和流程梳理；结合电子政务研发工作，加快行政权力监察系统开发利用。

【基层国土所建设】 落实市区国土所机构整合工作，将市区20个乡镇国土所合并为8个中心所集中管理，并报请市编委同意机构升格。靖江、泰兴、兴化、姜堰对现有的乡镇国土所进行整合，靖江、泰兴、兴化落实机构升格。做好基层国土所的达标升级工作，年内有6个国土所受到省厅表彰。

【作风建设】开展"阳光国土"优质服务品牌创争活动，提高行业服务质量。积极参加"行风热线"和户外直播活动。海陵、高港、市经济开发区开展"走近你我他"服务月活动，受到市作风建设领导小组的表彰。市局财务处被评为泰州市人民满意机关处室。加强宣教培训，做好国土资源法制教育培训工作，组织开展乡（镇）国土资源管理干部培训。围绕国土资源管理工作中心，开展新闻宣传和政务信息工作。加强财务监管，组织对全市土地出让金征收情况进行专项清查。"小金库"治理通过市纪委组织的验收。

【被征地农民基本生活保障】推进被征地农民基本生活保障工作，全年共落实征地补偿安置费用6.7亿元，被征地农民基本生活保障资金由市政府出资2.3亿元，纳入基本生活保障的被征地农民1.9万人。姜堰、海陵将城市规划区和省级经济开发区内被征地农民的保障，纳入到城镇职工养老保险范围。高港积极探索失地农民保险与城乡居民新型养老保障接轨，鼓励全员参保。各地严格执行征地告知、听证等有关程序，有效控减群众上访。

【建设用地管理】注重建设用地全程管理。执行《江苏省建设用地控制指标》，履行预审职责，对项目的投资强度、土地产出率等严格把关，对达不到规定要求的坚决核减其用地规模，完成11个省级建设项目用地预审初审，15个市级建设项目用地预审，预审涉及土地总面积296.8公顷。开展独立选址项目涉及的乡镇土地利用规划一般性修改、建设项目用地预审、建设项目规划和计划审查。全市有9个乡镇规划进行一般性修改并呈报省厅。

【土地招标、拍卖、挂牌出让】全年公开竞价出让经营性用地1184万平方米、总成交价73.3亿元；出让工业用地330宗、面积808.87公顷、总成交价17.8亿元。

【国土资源执法监察】组织开展全市2008年度卫星遥感执法检查工作。对违法用地及时查处，拆除1宗、面积4.07公顷，没收22宗、面积108.2公顷，责令限期纠正4宗、面积13.53公顷，罚款629万元，追究14名责任人的党纪、政纪责任。开展"十日清查"行动及"违法用地专项清理"工作。对新增违法用地通过非立案程序制止60宗、立案查处106宗，对40名违法用地责任人提出党纪政纪处分建议。

【基本农田保护】全面落实基本农田保护责任。市政府与各市（区）签订土地管理和耕地保护责任状，将耕地保有量及基本农田保护考核指标执行情况列为市（区）政府主要负责人业绩考核的重要内容。各地开展基本农田达标创先活动，制定完善基本农田保护责任目标考核办法。

【土地复垦开发】土地开发整理工作有序推进。完成兴化、泰兴、姜堰7个省级以上投资土地整理项目的实施，共计新增耕地561公顷。按照"独立建库、单列考核、封闭运行"的要求，完成全年城乡建设用地增减挂钩拆旧区复垦项目库建库、实施、验收、确认工作，共有入库项目77个，实际完成35个，新增耕地125.87公顷。

【地政地籍管理】全市初始登记发证32398本、变更登记发证17755本、集体建设用地使用权发证3086本。

【矿产资源管理】完成矿产资源总体规划修编工作，在全省率先通过听证程序。开展采矿企业年检，共年检矿山企业146家。完成矿业权实地核查工作。通过核查，全市现有采矿用地面积686.4公顷，采矿持证企业138家，矿产品销售收入5.3亿元（石油除外）。组织采矿权有偿出让，共挂牌出让粘土资源300万立方米，出让价款1081万元。市局先后被省厅表彰为全省整顿规范矿产资源开发秩序工作先进单位、矿补费征收先进单位。开展地热新能源勘查。兴化市乌巾荡公园地热勘查已成井，井深1600米，井口水温48℃，水量2500多立方米；市区碧桂园凤凰酒店地热勘查取得成功，井口水温42℃，水量2400多立方米，水质含有丰富的有益保健元素。

【地质环境管理】加强地质环境监察与管理，监测地下水957次，收集地下水数据1914个，汇总发布地质环境季度通报5次，开展长江大堤巡查8次。进一步规范建设用地地质灾害危险性评估监管工作，全市共完成评估级别核定336宗，办理评估备案手续297宗。

【依法行政】实施"五五"普法规划，被表彰为全省"五五"普法先进集体。以"4·22"地球日、"6·25"土地日为契机，开展国土资源法制宣传活动。组织行政权力清理工作，完善政务公开责任制度。全年受理行政复议6件，应诉案件3件，配合省、市政府和省厅做好复议应诉工作10件。

（范建国 王伟）

质量技术监督

【质量兴市】在全社会开展质量宣传活动，普及质量知识，提高全民质量意识。在开展"3·15"、质量月、计量日、标准日等活动期间，举办形式多样的质量宣传活动，举办"唐泽杯"质量安全知识电视大赛，开设"质量·品牌·效益"论坛。加强宏观质量状况研究，编制《泰州市产品质量状况分析报告》，全面分析评价全市质量运行情况，对省级以上名牌产品进行跟踪分析，为政府宏观决策提供依据。推进质量兴市。召开全市质量兴市工作会议，明确2年内泰州在全省首批地级市中创成全国质量兴市先进市的目标，为质量兴市活动在全市范围内有序开展奠定基础。召开质量兴市联席工作会议，加强对质量兴市工作的督查。海陵区、高港区通过省级质量兴市先进区验收。

【推进名牌战略】 运用质量、计量、认证认可等综合管理手段，帮助企业强化质量管理基础。加强中国名牌产品、地理标志保护产品以及江苏省名牌产品的培育、申报工作，促进企业产品质量升级，发挥名牌产品企业的带动作用，提高全市产品质量总体水平。兴化大米、兴化红皮小麦获国家地理标志保护产品称号，双乐化工、光芒集团获省质量管理奖称号，62个产品获江苏名牌称号。

【标准化工作】 鼓励企业参与国际标准化活动，引导企业采用国内外先进技术标准，帮助企业开展技术创新、参与国家标准制定工作，提升企业技术创新能力。年内，泰隆减速机牵头召开全国减速机标委会第一次年会，云马带业、金牛电信器材等2家国家标准制定企业分别召开了国家标准制定、审查会。春兰集团被评为自主创新标准化企业，唐泽交通器材、海恒建材、锦鸡染料等3个企业获国家标准化良好行为企业称号，靖江肉脯、通信钢管铁塔等9个标准获批列入制定国家标准、行业标准制修订项目计划。全市新增100个产品采用国际标准和国外先进标准，3404个新办企业领取产品标准执行证书，备案企业产品标准1456个。

【质量基础工作】 2009年，全市有2家企业通过计量体系确认， 25家企业通过计量保证确认，303家企业通过计量合格确认，8家企业通过定量包装商品生产企业计量保证能力确认。96家企业获工业产品生产许可证，组织开展认证产品、认证企业年度有效性监督检查，做好3C获证质量建档，新制修订15个省、市级农业地方标准，新通过验收的国家、省级农业标准示范区1个，新增国家、省级农业标准化示范区3个。继续推行行政审批、技术服务、创优创牌、打假维权4条“绿色通道”，实行局领导联系重大项目制度、督查和跟踪服务制度。全市54个重大工业项目都有指定的质监服务队，每月都有专人上门为企业服务，依法帮助其规范生产销售行为，帮助名优企业做大做强。根据生产许可证管理相关要求的变化，针对泰州地区等许可证区域集中的特点，及时通报泵产品、建筑外窗、特种防护用品等186家相关产品生产企业，对企业进行提示服务，使获证企业及时掌握国家政策。针对企业登记的产品及执行标准情况，发放《工业企业产品生产执行国家、行业强制性标准提示单》，明确提示企业产品标准所涉及的国家、行业强制性标准。印发《建设工程材料采购验收质量提示单》，帮助建设单位、施工单位、监理单位进行质量把关。

【食品安全监管】 加强食品生产企业监管，做好食品生产企业“四查、四建、四落实”，实行食品生产企业四级分类监管，制定《全市食品生产企业监管进程表》。全年巡查食品生产企业1224家次，完成回访340家，检查小作坊386家次，着力消除生产加工环节的食品质量安全隐患。开展食品安全系列专项整治。开展打击违法添加非食用物质和滥用食品添加剂专项整治，出动食品监管人员、执法检查人员1353人次，检查食品生产企业和小作坊共501家，抽查小麦粉中吊白块、辣椒粉中苏丹红、肉制品中亚硝酸盐、乳制品中三聚氢胺、糕点中铝等可能违法添加物208批次，合格率93%。开展淀粉制品、环已基氨基磺酸钠（甜蜜素）、柠檬酸和婴幼儿卫浴用品及水产品等专项检查。加强区域性风险食品监管。开展调查摸底，确定各市区的重点监管风险性食品。检查靖江肉脯、泰兴面粉、姜堰营养食品、兴化脱水蔬菜和调味品、海陵区麻油和豆制品等区域性风险食品生产企业215家，重点检查企业落实责任主体情况。

【特种设备安全监管】 开展冶金起重机械、压力管道元件专项整治。对在用的27台10吨以上冶金起重机械进行整改，并经检验机构检验合格。对160台10吨以下的冶金起重机械实施整改，对未能及时整改的，落实监控措施，确保安全使用。开展特种设备定期检验，完成7226台（套）特种设备的定期检验工作，定检率100%。开展特种设备现场监督检查，对295家使用单位、86家气瓶充装单位、9家制造安装单位进行现场监督检查。开展特种设备隐患整治，发现各类隐患200多处，完成整改183处。

【产品质量监管】 组织产品质量监督抽查，定期公布抽查结果。组织精细化工、电火花数控机床、牛仔布等3类区域性产品专项监督抽查，掌握行业质量状况。加强节日期间的食品专项监督抽查，以及甲流防控产品的专项监督抽查，共抽查工业产品1043批次，平均合格率89.74%；食品568批次，平均合格率89.08%。加大对假冒伪劣产品的打击力度，开展名酒、燃油助力车、可可制品、仿瓷餐具、食糖、家电下乡产品、校内小卖部食品、校舍工程等多个专项打假行动；加大农资产品、建筑材料等涉及民生产品的查处力度，共查办案件629起，其中5万元以上案件187起，查获假冒伪劣产品货值8153万元，捣毁制假窝点3个。加强定量包装商品、涉农产品等涉及民生产品的计量监督，共抽查923批次，合格率98.5%。对全市212个集贸市场的11390台电子秤和台(案) 秤、1417个村卫生室(站)的4114台血压计（表）实施免费检定和修理，集贸市场在用计量器具的受检率由95%提高到100%，合格率由96%提高到100%；村卫生室（站）的血压计（表）的受检率由

57.2%提高到100%，合格率由62.3%提高到98.4%，

【质检机构建设】 结合区域特色，坚持科技含量的高起点，确定拳头检测项目，加大技术机构建设力度，提高技术保障能力，不断改善全市检验检测环境，提高服务经济发展的能力和水平。至年末，全市建成7家省级检测中心，国家级不锈钢质检中心已获准筹建。兴化不锈钢质检中心新楼正在进行内部装潢，省级减速机质检中心大楼竣工，靖江综合所置换已搬迁，特检院泰州分院签订大楼购置协议。省级特种安全劳动防护产品检测中心通过国家实验室扩项验收现场评审，省测绘仪器计量中心GPS装置、手持激光测距仪标准长度基线已通过国测一大队的检测。初步与泰州医药城达成在医药城内共建国家精细化工产品监督检验中心的框架协议。

【队伍建设】 加强队伍建设，规范工作行为。年内，组织干部职工走进看守所接受警示教育、组织团员青年到黄桥革命老区接受传统教育。开展典型教育宣传，树立以孔春红为代表的典型人物，宣扬先进事迹。加强对质监工作者的业务知识和技能、法律法规知识、廉政纪律教育等方面的培训。邀请省局各业务条线的专家到泰授课，召开全市系统“省121人才培养工程”人员座谈会，积极参加省局组织的各类专业知识培训、技术比武，提高技术水平。制订《泰州质量技术监督系统优秀行政执法案卷评比办法》，规范工作行为，完善行政执法监督制度。开展行政权力网上公开透明运行，梳理出77项行政许可、行政处罚、行政强制方面的权力，实行网上运行。深化政府信息工作，主动公开各类信息39条、文件69份。加强对重点环节、重点部位权力运行情况的监督检查，对行政相对人处罚后进行回访，对全市系统质检机构工作质量暨服务协议履行情况进行检查。 （张吉祥）

食品药品监督管理

【概况】 2009年，全市食品药品监管系统主动适应经济社会发展变化和体制调整对食品药品监管工作提出的新要求、新任务，围绕“科学监管保安全，优质服务促发展”中心任务，以实施“百千万工程”为载体，运用现代化监管技术手段，提升服务医药经济发展能力，提高农村“三网”运行质态，为把泰州建设成“食品药品质量最优、市场秩序最好、人民群众饮食用药最安全”城市作出贡献。年内，泰州市创成全省食品安全优秀城市，全市药品行业被命名为“江苏省放心消费创建示范行业”，市局“健康1+1”服务品牌被评为全市首批“十佳”优质文明服务品牌，市民服务中心药监窗口获年度“十佳红旗窗口”，并被评为市级“青年文明号”，市局被评为泰州市文明单位，全系统被评为泰州市文明行业，市药检所中药室被评为省级“巾帼示范岗”。

【基础建设】 投资4800万元的食品药品检验检测中心大楼正式投入使用，为全面融入和参与中国医药城建设提供基础保障。新建6000平方米的实验室，在对原有检验检测仪器校验的基础上，新增一批仪器设备，药品监督的技术支撑能力得到增强。新建附属楼、图书室、智能化办公系统、文体中心等，改善学习工作环境。

【食品安全监督】 开展打击违法添加非食用物质和滥用食品添加剂专项整治行动和节日期间专项检查，实现全年全市无等级食品安全事故。调整充实食品安全专家队伍，新聘用专家5人；补充并新聘基层应急网络人员37人；举办应急培训班3批次、参培356人次。推进食品安全示范创建，靖江市、泰兴市、姜堰市先后创建成省级食品安全示范县（市），兴化市、海陵区启动省级示范创建工作，全市已建成86个食品安全示范乡（镇）、1374家食品安全示范店。“三网”建设成果得到进一步巩固，全市乡镇标准化农家店覆盖率100%，村级标准化农家店覆盖率100%，集中配送率86%。

【药品安全监督】 以消除安全隐患为目标，强化药品质量源头监管。年内，累计对济川制药等15家企业进行飞行检查34次，认证现场检查22次，帮助企业发现并整改缺陷项目290多项。加强特药监管、不良反应监测、药包材和医院制剂监管，累计开展各类检查156次。药品不良反应在线呈报单位发展到142家，全年呈报不良反应报告数2400多份，其中新的严重不良反应报告数占18.77%。对75个不符合要求的制剂品种进行注销。指导帮助11家企业的14个剂型通过GMP认证或再认证。新增药品生产企业3家、批发企业4家、零售企业118家，新增医疗器械生产企业27家、批发企业20家。全市11家药品生产企业的14个剂型通过GMP认证或再认证，321家零售药店、12家药品批发企业通过GSP认证或复认证。

【药品市场监督】 开展“飓风2009”专项行动，清理虚

假违法广告100多起，向工商部门移送86起，停止销售违法广告药品55种，依法查处3起，全市药品广告市场得到净化。强化药师管理工作，较好地保证了药师在岗率。在城区实行药品网格化监管，城区网格化管理框架已基本形成。开展药品从业人员培训，全年培训各类药品生产经营和质量管理从业人员4200多人次。继续深化“规范、合格药房”创建工作，全市146家乡镇卫生院全部创建为规范药房，99.3%的村卫生室创建成合格药房。开展诚信建设活动，制定实施《泰州市药品行业2009年度放心消费工作实施方案》，评选出13家放心消费示范单位和“诚信药房、药店”，扬子江药业集团被命名为“江苏省放心消费示范单位”。

【药品、医疗器械稽查】 全年组织开展打击制售假劣生物制品、血液制品、擅自添加药物活性成分药品、制售假冒国内外知名品牌药械产品、邮售假药、过期药品等12项专项整治活动，累计检查涉药单位2036家次，查处各类违法案件320起，发现假劣药品、医疗器械156批，捣毁、取缔无证经营和销售假劣药品窝点56个，移送司法机关刑事侦查案件1起。

【药品检验】 全年共完成各类检品1315批，其中监督性抽验855批，合格率83.04%；评价性抽样320批，合格率98.8%。完成快检2052批，建立应急模型23个、非法添加模型1个、品牌模型6个。研究制定的安乃近片补充检验方法被国家药监局正式批准确认，药品监督的技术支撑能力进一步增强。　　（孟　健　张美英）

安全生产监督管理

【概况】 2009年，全市安全生产监管工作围绕“安全生产年”活动，开展安全生产“三项行动”和“三项建设”，继续坚持一岗双责，推进安全生产各项工作，较好地完成省政府下达的安全生产任务和指标。年内，泰州市获全省2009年度安全生产工作优秀等次。

【安全生产形势】 保持稳定好转的态势，事故起数和死亡人数继续实现“双下降”。全年发生各类安全生产事故1330起，死亡435人，比上年分别下降14.25% 和1.81%。其中，发生工商贸企业事故29起，死亡32人，比上年分别下降3.33%、17.95%。

【落实安全生产责任】 *加强组织领导*。市委、市政府将安全生产工作放到重中之重的位置，强调“安全稳定是第一民生，安全发展是第一责任，安全生产是第一保障”。市政府常务会议定期研究安全生产工作，市政府年内召

开7次全市性安全生产会议，出台《泰州市生产经营单位安全生产主体责任规定》、《关于规范生产安全事故报告和调查处理工作的意见》等规范性文件，市领导在元旦、春节、国庆等重大节日前亲自带队开展安全大检查。针对行政区划调整、部门职责不清、市直企业安全监管权下放等情况，市安委办组织调研，及时予以理顺，消除安全监管盲点，落实安全监管职责。各级政府行政主管部门按照“谁主管，谁负责”、“谁审批，谁负责”的原则，各司其职，履行好主管范围内的安全生产工作，并加强配合协作，形成监管合力，提高监管效能，保证重点行业领域的安全稳定。

强化检查督促。年内先后组织对“两会”安全、“三项行动”、“安全生产月”、夏季安全生产、危化品废弃厂房、客运车辆、隐患排查治理等工作的专项督查，并将督查情况及时总结、通报，督促整改。每月印发《事故通报》和《安全生产手册》，对事故情况定期通报。对具有典型性的事故和有较大影响的事故，发生一起，通报一起。对重点地区、企业及其主要负责人实施安全生产提醒告知制度，增强企业和从业人员安全意识。

加强政策引导。在生产经营单位中开展安全诚信创建活动，在工商贸企业中实施安全生产“黑名单”制度、星级评定制度，在高危企业中推行主要负责人提醒、承诺和定期报告制度，推动落实企业主体责任。在乡镇、社区开展安全评定，至年末，全市有10家乡镇、街道申报创建全国安全乡镇、社区试点单位。

严格考核与责任追究。实行明确严格的工作导向，严格执行“一票否决制”、“一岗双责制”、“领导班子全员负责制”、“安全监管保证金制”、行政正职安全生产年度报告制度等责任制度，通过强化安全生产动态考核，推动落实各级政府和部门安全监管责任。制定生产经营单位安全生产重大违法行为责任追究、安全生产事故和重大违法行为通报、生产安全事故查处落实情况“回头看”等制度，进一步明确责任追究制。按照“四不放过”原则，及时查处安全事故，会同监察、检察、工会等部门对安全事故查处情况逐一进行“回头看”专项检查，严格执行安全生产事故责任追究。全年市政府批复结案安全生产事故

10起，追究责任单位18家、人员21人，事故结案率、责任追究到位率100%。

【安全标准化管理】在危化品、烟花爆竹、非煤矿山、冶金、机械等行业相继推行安全标准化。13家烟花爆竹批发仓库全部进行标准化改造，新建8500多平方米、改建4200多平方米。120家非煤矿山企业通过泰州市组织的标准化三级论证，多家危化品、冶金、机械企业通过国家、省标准化论证。

【安全生产条件审查】严格源头把关，开展安全生产许可和“三同时”审查。至年末，全市共有176家危化品生产企业、2240家危化品经营企业、14家危化品专业储存企业、13家烟花爆竹批发企业、2192家烟花爆竹零售企业、130家非煤矿山企业通过安全生产条件审核。全市安全生产许可证领证率、高危行业“三同时”执行率、乡镇（街道）安全生产达标率保持100%。

【安全生产执法行动】以预防事故为中心，组织成立15个专项指导组，突出道路交通、危化品、烟花爆竹等重点行业领域，开展安全生产执法行动，打击无证生产经营等非法违法行为。全市共打击各类非法违法行为117678起，其中“三无”生产1095起，其他非法违法行为116583起。

【隐患排查治理】组织排查。在全市组织对交通运输、危化品等重点行业领域、事故多发易发的重点企业、安全管理基础薄弱的中小企业、近年来发生过死亡事故的企业等逐一排查，及时分析重点行业领域存在的薄弱环节和突出问题。会同建工、交通、公安等部门，分别开展建筑施工塔吊、废弃停用厂房、客运车辆等有针对性的隐患排查治理行动。

限时整改。对排查出的一般隐患，要求立即整改；对重大隐患，要求明确整治责任，制定整治方案，落实安全监控措施和应急处置方案，限期整改到位。年内，全市参查企业22354家，查出隐患53316处，整改51016处，整改率95.69%。

挂牌督办。在近年来开展的市、县、乡三级分别挂牌督办10个、100个、1000个安全隐患的“十百千工程”基础上，将一年一次集中挂牌改为逐批挂牌。以市安委办名义发文，先后对7家重大火灾隐患单位、3个重大安全隐患、34个重大道路交通安全隐患点（段），分3批次进行市级挂牌督办。至年末，市级挂牌督办隐患中除一处正在按整治方案有序推进外，其余均整改到位。

实时跟踪督促。会同监察、公安、消防等部门，对重点隐患逐个督办，从隐患申报、评估、整改方案制定、整改落实到验收销号，进行全过程跟踪和严格把关，坚决取缔、整治泰山商场、高兴东公路垛田段等一批危险性大、群众反映强烈的安全隐患。

【加强重点监管】重点行业监管。在交通、消防、危险化学品、烟花爆竹、非煤矿山、建筑施工等事故多发易发、危险性大和安全生产工作薄弱的行业，组织开展安全生产专项整治,定期组织相关部门进行检查、交流，集中力量开展联合执法检查。对跨地区、跨部门的问题或整治过程中遇到的困难及时组织会商，纠正大量违法违章行为。

重点企业监管。集中力量对重点企业进行督查、指导，将危化品企业和使用危化品的非化工企业按照危险程度分为红橙蓝三个等级分类监管。对全市69家涉氯企业、67家高危工艺企业和梅兰、陵光、新浦等重点危化品企业组织互查、抽查和零点夜查等活动，重点时段派员蹲点，维护和保障安全。

重点环节监管。加强安全生产源头监管和设计、施工、生产阶段的安全生产“三同时”审查，对安全距离、生产工艺、自动化控制、从业人员素质、隐患排查整改等关键环节进行把关。在全市化工生产企业开展违章违纪为零、岗位安全隐患为零、各类事故为零的“三零”竞赛活动，以企业“一栏、二卡、反三违”（建立职业卫生公告栏，制作毒物周知卡、异常工况处置卡，防范违章指挥、违章操作、违反劳动纪律的行为）为主要任务，促进企业提高本质安全度。

重点时段监管。在春节、国庆等重大节日，高温、雨雪、大风等重要时段和“两会”等重要活动期间，有针对性地强化监管措施，严格应急值守，保证重点时段期间安全生产形势的稳定。

【安全生产宣传】采取丰富多样的形式，营造“关爱生命，关注安全”的安全文化氛围。市安监局被市政府评为“五五普法”中期先进集体。开展日常安全生产宣传，在《泰州日报》、《泰州晚报》和泰州电视台、泰州广播电台上设立专版、专栏，专题宣传安全生产法律法规、重大活动、典型经验和先进事迹。编辑并免费发放《泰州安全生产》杂志和《泰州安全生产年鉴》、《市民安全生产读本》、《企业员工安全生产知识读本》、《危化品安全生产读本》等安全生产读物。对泰州安全生产网站进行全面改版，加强安全宣传报道。开展“安全生产月”活动，组织安全宣传咨询日活动、安全生产文艺汇演、“安全伴我行”演讲比赛、安全生产图片展、安全生产知识竞赛、发送安全生产短信、向企业负责人致公开信等一系列宣传教育活动，增强广大群众的参与积极性，提高各类人群安全意识。选送的一个演讲节目在江苏省“安全伴我行”演讲比赛中获优秀奖；选送的两个文艺节目在江苏省职工安全文艺汇演中分获银奖、优秀节目奖，市安监局被评为江苏省职工安全文艺汇演活动优秀组织奖。

【技能培训】建立市、县、乡生产经营单位安全培训数据库，对特种作业人员和有关企业负责人、安全管理人员进行培训考核，确保安全生产法定持证上岗率100%。在全省率先实现特种作业培训考核的教学多媒体化、课件更新实时化、考试无纸化和发证一体化，全年共完成企业负责人、管理人员和特种作业人员培训372期、33893人次，增强从业人员的安全生产操作技能。

【专题教育】年内，针对不同人员举办专题教育，提高各类人员安全生产素质。以落实基层领导安全责任为专题，联合市委组织部举办乡镇长（街道办主任）安全生产培训班，市委常委、组织部长李国华和副市长张爱平作动员，提出“关注安全生产第一民生、履行安全生产第一责任人责任、筑牢基层安全生产第一防线”的要求。以提高各级领导和安全管理人员应急能力为专题，邀请国务院参事闪淳昌举办“坚持以人为本和安全发展，提高应对危机和风险的能力”的讲座。以危化品安全生产工作为专题，邀请国家氯碱协会副理事长伍华胜、国家安监总局危化司副司长刘强等专家进行涉氯企业安全管理、危化品安全监管等宣讲；以乡镇安全生产工作为专题，组织专家深入全市乡镇（街道）和园区，开展为期3个月的“安全生产巡回宣讲行动”，共举办宣讲55场次。以企业安全管理为专题，分别在陵光集团、国电泰州公司等企业举办各类安全生产专题辅导和讲座。特邀省安监局领导到泰州市举办学习贯彻总局24号令等多个专题讲座，深化全市安全文化建设。

【安全生产保障能力建设】加强政策保障。严格危化品、烟花爆竹等行业安全生产风险抵押金制度，按照“政策引导，政府推动，市场运作”的原则，逐步推行安全生产责任保险，由企业在缴纳风险抵押金和参加责任保险中自由选择，帮助企业分散事故风险，放大保障效果。加强科技保障。推行“科技兴安”，鼓励和引导企业依靠科技进步，采用新技术、新工艺和新材料，坚决淘汰危及安全生产的落后技术、工艺和设备，消除安全生产隐患，增强安全保障能力。推进高危工艺装置自动化控制改造。全市67家采用氯化、硝化、氟化等高危生产工艺的危化品企业和非化工企业中，有51家完成自动化改造，改造完成率76%，其他高危工艺企业正在进行自动化改造。加强应急保障。强化化工集中区危化品安全监管和应急救援体系建设，加强重要时段值班调度，制定多套应急方案，坚持24小时领导带班、专人值班，实行安全生产情况日报告制度，保持信息渠道畅通。

【执法监察】优化执法模式，推行“五心”执法模式，(对企业安全发展中遇到的各类问题“热心”服务和指导；对执法对象“耐心”讲解政策法规，讲清违法事实；严格行政处罚程序、标准，保持“公心”；建立行政执法反馈制度，“虚心”听取企业和社会各界意见；多层次、多渠道贴近企业、贴近群众、贴近实际，“尽心”履行职责)。每月制定执法计划，提前公示执法时间和内容，年底前进行行政执法自查自评，并对各市（区）安全生产行政执法情况进行考核，开展执法卷宗评审活动。严格行政处罚集体会审，执行行政处罚自由裁量明细标准，做到执法内容、执法行为、执法卷宗、执法监督“四规范”。邀请国家级、省级专家到梅兰集团等重点企业进行专题检查，对企业工艺系统、基础设施、技术装备、作业环境、防控手段以及体制机制、组织体系、劳动纪律、现场管理等软、硬件各个环节、各个层面进行严查，帮助企业发现问题，整改隐患。在执法检查中，实行执法回访制度，对所有被检查单位年内进行逐一回访；制定相关行业执法检查标准，细化检查内容；实行“说理式执法”，使用“便民服务卡”，保证科学执法、文明执法。做好信访接待工作。严格全天24小时专人值班，鼓励群众举报，对举报查实的给予奖励。及时做好信访答复和投诉、举报受理工作，信访按期答复率、办结率保持100%。全年共受理信访举报102项，根据信访条例的规定，全部逐一落实，立卷归档。对经核查全部或部分属实的91项信访举报，依法进行查处。

【廉政建设】组织签订党风廉政建设责任书、党员廉洁自律承诺书，严格落实“一岗双责”要求。举办预防职务犯罪专题讲座，采取典型学习、观看警示教育片等形式，提高党员干部廉洁从政的意识和严守纪律的自觉性。做好干部述职述廉和民主测评，参加“行风热线”栏目，组织召开行风监督员会议，通过发放征求意见表等形式经常听取社会各界意见。加强内控机制管理，制定完善人员任、免职，经费申请、支报，办公物品采购、领用，技术装备采购、领用，办公大楼后勤维修，食堂物品采购、领用等内控机制各环节流程和制度流程，做到用制度管人、管事。年内市安监局被评为泰州市预防职务犯罪十佳先进单位。

【作风建设】探索监管与服务相结合的新路子，在履行安全许可、执法检查等各项监管职责的同时，为企业、项目和投资者提供优质服务。针对安监部门在危化品企业许可中是最后一个审批部门的情况，主动提前介入,为大企业、大项目全力做好服务。对危化品换证企业提前半年书面提醒，保障企业正常生产经营。推行“三不罚”（企业轻微违法无严重后果不处罚、及时整改不处罚、按时整改不处罚）,坚持教育、指导、服务相结合的原则，帮助基层消除隐患，实现安全发展。将定点、定时“下访”与“随访”相结合，下访了解情况与带着问题下访相结合，不断改进工作作风，提高工作效率。走访医药园区、凤城河管委会等重点地区，梅兰集团、陵光集团等重点企业，泰州长江大桥建设工地等重大建设项目，现场听取意见、释疑解惑。做好与城北街道北山社区的结对共建工作，组织开展安全生产科普宣传周、送安全知识进社区、关心资助贫困儿童学习生活等活动。开展隐患诊断排查、安全生产技术指导等党员义工服务活动，增强党员服务社会、服务人民的意识。（柴锡陵　张丹）

财政·税务·审计

财 政

【概况】2009年，全市财政工作紧紧围绕服务改革发展稳定大局，充分发挥财政职能作用，强化财政收入征管，优化财政支出结构，全面落实积极财政政策各项措施，全力服务保增长保发展保民生保稳定这一中心，不断加强财政管理，进一步深化财政改革。全市财政一般预算收入完成138.6亿元，比上年增长37.1%，增幅高出全省平均水平19个百分点，居全省第2。财政总收入完成343.8亿元，比上年增长31.1%，增幅居全省第4。全市一般预算收入和财政总收入总量实现三年翻番，居全省第7，比上年上升1位。市区经济加快发展，市区财政收入保持较快增长态势，比上年增长31.9%，高出县市平均水平8.4个百分点，持续多年的县强市弱局面出现拐点迹象。

【积极财政政策】组织实施中央、省市各项财政政策措施，稳定生产，支持投资，扩大内需，努力平抑大环境波动对地方经济产生的不利影响。支持扩大内需新增投资项目建设，强化资金管理，加快资金落实进度，确保财政政策措施在最快时间内发挥效应，市区年内完成新增投资8.04亿元，占新增中央投资计划的82.9%，落实中央、省政府投资0.78亿元，地方政府配套投入0.8亿元，带动30个项目19.8亿元投资。快速推进增值税转型和成品油税费改革，全面清理行政事业性收费和政府性基金项目，降低企业和群众负担，优化经济发展环境，全年清理收费和基金项目71项。积极落实各项刺激消费政策，加快家电、汽车摩托车下乡工作，全市发放补贴资金近7000万元，销售额突破6.3亿元；支持房地产市场稳定健康发展，落实契税减免政策，预算安排购房财政补贴资金500万元，鼓励市场消费。稳定外贸经济发展，积极放大外经外贸政策力度，市本级安排各类外向型经济发展资金230多万元，上争省级相关资金540万元，努力化解外需不足对企业出口带来的不利影响。

【服务经济】以"三服务"活动为抓手，加快壮大优势产业和优化经济结构，增强经济发展后劲。一是稳定重点企业发展。适应重点企业发展和重点产业调整振兴需要，预算安排扶持重点企业发展专项资金1.27亿元，增强经济发展主体的竞争力；安排科技创新专项资金4500万元，支持企业提升创新能力；发挥重点企业保稳定应急周转资金和阳光投资担保公司的减震保护作用，缓解企业资金压力，稳定企业发展。二是推进经济结构优化升级。按照市委加快市区服务业发展政策的意见，全市财政安排服务业

2009年泰州市地方财政收支主要项目一览表

表21　　单位：万元

财政收入	实绩	比上年增减（%）	财政支出	实绩	比上年增减（%）
增值税(25%部分)	263924	11.4	基本公共管理与服务	256059	16.67
营业税	258207	41.87	公共安全	111824	15.51
企业所得税(40%部分)	143770	22.95	教育	293703	20.41
个人所得税（40%部分）	45677	13.84	社会保障和就业	122812	28.14
契税	81167	37.7	医疗卫生	90586	30.08
城建税	70062	20.34	城乡社区事务	204072	77.76
其他各项税收	155239	24.78	农林水事务	211670	46.47
非税收入	368199	90.52	采掘电力及金融等事务	235875	102.6
基金收入	864981	35.13	基金支出	891298	35.08

发展引导资金2500万元，向上争取专项资金2000万元，推进服务业集聚区的建设，加快工贸企业分离，鼓励旅游等第三产业扩容增量；适应中央、省产业政策，推动重点产业调整和振兴，市本级上争相关项目资金2000多万元，提升产业水平；加快提升产业科技含量，完善市级科技三项费用管理办法，重点支持市区符合产业升级和发展方向、有望形成新经济增长点的高新技术项目，并实行科技项目储备库管理；市本级投入资金3300多万元，上争8400多万元，用于环境污染治理，鼓励节能和循环经济发展，推动工业经济增长方式转变。三是加速重点区域成长壮大。抓住医药园区升级为国家高新区的契机，大力推动园区建设。全年安排园区建设资金1.7亿元，返还土地出让金2.5亿元，加快推进园区基础及配套设施建设；安排重点项目建设资金2780万元，鼓励企业研发创新和技术服务平台建设；争取省对泰州医药园区的财政扶持政策4年合计1.1亿元的补助，专项用于园区基础设施建设。

【平衡收支】 积极克服经济形势逆转的不利因素，落实年度收入计划，采取积极措施化解政策性减收因素，强化财源监测分析，拓展收入渠道，严格收入征管措施，财政收入成功扭转年初增幅下滑趋势，实现较快增长，超额完成年度预算任务。财政收入的平稳增长，为全市经济社会事业的发展提供可靠财力保障。全市财政总支出完成262.06亿元，比上年增长36.9%。各级财政部门按照公共财政要求，加大财政政策实施力度，科学安排财政支出，重点保障民生、保障“三农”，压缩一般性和行政性经费，优化支出结构，文化体育与传媒、环保、交通运输等支出增幅均高于一般预算支出增幅，同期一般公共服务支出增长16.7%，低于支出平均水平21个百分点。

【发展“三农”】 年内，市级财政整合财政支农专项资金9935万元，集中支持农业重点项目、产业发展，实现市级财政支农专项资金科学化精细化管理。推进新“5+1”实事工程和新农村建设，加快改善农业基础设施、生态环境，提升农民的生产、生活条件。围绕打造“区域高效农业先行区”的目标，支持农业主导产业和“5218”工程的发展，着力打造城郊高效、生态、休闲、观光农业。加强财政引导，推动现代农村金融体系建设，逐步形成符合“三农”特点的、满足农村各类有效金融需求的科学合理的、完备的、可持续的服务体系。完善农业保险制度，市本级投入2400多万元进一步扩大政策覆盖面，提高保障水平。全面落实各项涉农补贴政策，确保粮食直补、良种补贴、农资农机补贴等发放到位，全年累计兑付资金3900万元，努力构建财政服务“三农”的综合平台。

【公共事业发展】 加强教育文化事业发展，完善义务教育经费保障增长机制，加大扶困助学力度，有序推进中小学校舍安全改造工作，改善学生就学环境。积极支持义务教育学校教师绩效工资改革，全市受益教师4.67万人，增加工资收入6.8亿元。加大文化投入，筹资1亿元保障泰州大剧院等重点文化建设项目，并安排文化发展专项资金200万元，加快文化泰州建设。推进公共卫生服务体系建设，完善社区公共卫生服务投入机制，年内安排公共卫生服务补助经费1000万元。扩大医保政策覆盖面，进一步提高保障标准，年内安排退休人员、中小学生和新型农村合作医疗补助近1000万元。完善城市功能建设，年内安排5000万元对公交车辆、新增线路进行更新改造，方便群众出行。安排城市维护专项资金6000万元、数字化城管专项资金310万元，加快改善城市环境，树立中心城市良好形象。

【完善社保体系】 支持实施创业带动就业战略，通过采取阶段性降低社会保险费率、缓缴社会保险费、给予社会保险补贴或岗位补贴、开展待岗职工技能救助、加大劳动密集型企业和个体劳动者及小企业的资金扶持等措施，加快形成政策扶持、创业培训、创业服务“三位一体”的工作机制，积极稳定就业形势。市区安排再就业援助资金1800万元，落实困难企业岗位培训补贴资金780万元，减少企业社会保险费负担2800多万元，发放补贴1500多万元，发放小额担保贷款和小企业贷款3275万元。组织社会保险基金征管，促进基金收入稳步增长，市财政筹集职工基本养老保险基金7.82亿元，争取省级养老补助资金1.5亿元，保证企业离退休人员基本养老金按时足额发放；完善社会救助体系，建立城乡低保标准自然增长机制，落实医疗惠民政策，保障困难群众基本生活需要，全年安排低保资金1.3亿元；多渠道筹集落实廉租住房保障资金，创新管理方式，完善低收入家庭住房保障机制，落实为低收入家庭购买经济适应房担保事项，由市阳光投资担保公司提供按揭贷款担保。

【财政改革】 按照改革创效率的工作思路，推动财政改革工作的不断深入，提升财政体制机制效率。一是理顺市区财政管理体制。针对县强市弱的实际，从2009年起，对市区税收收入实行属地征管，对市区财力实行“保证存量、增量分享”，努力构建科学合理的利益分配机制，充分调动区级财政发展经济、培植财源、组织收入的积极性。新体制实行以来，市区一般预算收入增速持续保持领先态势。二是强化市区乡镇财政管理。建立市区乡镇财政收入“月报季评”制度，加强乡镇财政经济运行情况分析；建立市区乡镇财政所挂钩联系制度，制定市区乡镇财政收入增幅奖考核办法，调动乡镇调优产业结构、推进第三产业加快发展的积极性；建立市区乡镇财政改革和建设专项资金，加快推进市区乡镇财政国库集中收付制度改革；组织开展市区乡镇财政知识培训，提升队伍素质，优化财政发展环境。三是进一步完善政府非税收入收缴管理制度和征收网络平台。面对燃油税开征和取消、减免部分行政事业性收费等政策性减收因素的影响，全年通过非税收缴管理系统征收非税收入46.56亿元。四是加快推进国库集中支付制度的完善工作，拓展集中支付范畴，财政直接支付比重不断提升，2009年达82.8%，较上年提升6个百分点。五是继续深化政府采购管理制度改革，紧贴财政专项支出重点积极扩面增量，完善并严格执行过程管理制度，政府采购范围和规模进一步扩大，效率进一步提升。全年实现采购39.1亿元，资金节约率14.7%。六是健全市直行政事业单位国有资产管理制度，建立国有资产动态管理系统，探索市级机关公有房屋集中管理模式，规范国有资产运营管理。

【财政管理】 认真履行财政管理职责，注重内外监管，推动财经秩序的规范和财政管理效能的提升。创新财政内控制度管理，在局机关推行ISO 9001国际质量管理体系标准建设，以文件和制度规定为依托，构建职责明确、程序规范、流程顺畅、高效运行、全面受控的财政管理体系，使财政工作有章可循、过程清晰、环节明确，实现财政管理体系的有效运转，提高财政管理的标准化、科学化、精细化水平，年内一次申报成功并获授牌。加快推进行政权力公开透明网上运行工作，64项行政职权全部实现网上运行，创造优质快捷的效能环境。推进财政支出绩效评价工作，建立绩效评价专家库，促进工作规范化，评价项目范围进一步扩大，财政支出决策水平和财政资金使用效益稳步提高。加大财政监督检查力度，重点组织对医药园管委会等5个政府性建设平台进行专项检查，推动政府投资模式的优化、强化。组织开展“小金库”专项治理工作，推动政府收支管理的规范化、法治化。全年共查出“小金库”13个，涉及金额348万元。

【队伍建设】 围绕“保增长促发展，保民生促和谐”主题，开展学习实践科学发展观活动，做到规定动作四个到位，自选动作讲求实效，突出财政实践特色。在财政系统开展“科学理财，服务发展”主题教育活动，组织“责任、能力、形象”演讲比赛，参观中国医药城、泰州大桥建设工地等活动，增强财政干部促进泰州科学发展的责任感和使命感，更好履行财政职责；连续三年开展“新年学习周”活动，推动干部学习培训的制度化、长期化。推进单位服务效能建设，强化制度落实年各项管理，着力抓好五项制度的落实，积极实施党员先锋工程，并创新建立归口包干服务制度，成立市财政局服务纬创资通项目领导小组，理顺和完善财政内部管理机制，提高行政服务效率和质量。深入开展机关党风廉政建设，积极落实党风廉政建设责任制，推进部门惩治和预防腐败体系建设，惩防并举，注重预防，强化权力运行制约和监督。不断提高机关党建工作水平，成立局机关党委，推动党员下访工作，充分发挥党组织战斗堡垒作用。创新选人用人机制，扩大选拔任用干部民主参与度，鼓励青年干部勇挑重担。

（黄丽霞）

国家税务

【概况】 2009年，全市累计组织国税收入145.28亿元，比上年增收28.49亿元，增长24.40%。其中，增值税入库107.43亿元，比上年增收16.06亿元，增长17.57%；消费税入库9.91亿元，比上年增收7.32亿元，增长282.99%；企业所得税入库23.68亿元，比上年增收4.86亿元，增长25.84%。全市国税收入弹性系数继续保持大于1的较高水平，增幅居全省第3，绝对增收额居全省第2，税收总量居全省第7，税收增幅连续10年保持在20%以上，年内，全系统7家单位获全市创建文明单位工作先进单位称号，32家单位获市级文明单位、文明行业及标兵称号。市局机关和开发区国税局被评定为第3批省级廉政文化建设示范点，9家单位被授予泰州市百佳基层站所称号，8人次获省、市级以上荣誉称号。

【税收服务】 开展“千企百项”活动，组织干部深入企业送政策、解疑答难。推行“一窗通办”、“网上办税服务厅”、出口退税“无纸化退库”，缩短办税时限，提高办税效率。落实税收优惠政策，全市累计办理出口退税46.78亿元，办理民政福利企业即征即退、所得税减免、增值税转型等各类税收优惠15.37亿元。加强税收筹划，发挥再生资源税收政策作用，全年物回企业入库增值税12亿元。泰州国税“服务e站”和“网上办税服务厅”获省、市“十佳”优质服务创新品牌。

【依法治税】 运用执法管理信息系统，完善税收执法预警系统，推进执法检查常态化。创建规范执法示范点，启动执法外部评议，推进税收执法规范化管理。推行重大案件公开审理，审结涉税案件26件，审结涉案税款2793万元，罚款119万元。推行执法责任制，开展“五五”普法教育和法治泰州创建活动，市局机关获全市“五五”普法中期先进集体、“依法行政”和“学法用法”先进单位。

整顿和规范税收秩序，查处各类涉税违法案件745户次，查补税款、滞纳金和罚款计2.79亿元。其中，查处10万元以上大要案128件，查补收入6433.66万元，占稽查查补总额的83%。

【税收风险管理】 加强风险管理，依托联动机制，实施风险识别、风险排序、风险应对、风险排除等各项措施。依托基础管理平台、微观税源分析系统、执法风险预警系统实施宏观、微观、跨部门、跨税种风险分析，针对不同风险级别组织实施风险应对，初步建立市级风险特征库，定期发布风险预警信息。推进年度所得税汇算清缴和风险审核，汇缴面100%，全市涉外企业各项汇缴指标继续在全省保持领先地位。征收非居民税收1.58亿元，比上年增长263%。推进税收管理员制度改革，推行“双层架构”征管模式，逐步形成“闭环运行、前后台对接，前台受理和基础调查并入服务团队，风险识别和风险应对并入管理团队”新思路。

【税收信息化建设】 开发、完善网上办税服务厅，丰富网上办税功能。加强“网络监控管理平台”建设，确保各类信息系统平稳运行、网络畅通有序，被省局确定为“省级数据集中系统运维平台”试点单位。落实省局交办的金税三期、税收征管运行报告等软件项目开发任务。外网网站成功改版，强化税企互动功能。

【干部队伍建设】 深化科学发展观学习实践活动，组织部分干部到清华大学、湖南大学等高等院校进修学习。开展分层分类教育培训，先后举办税务稽查、财务会计、纳税评估、企业所得税管理等不同岗位培训37期，累计培训干部4671人次；提升干部岗位技能，专业等级考试中、高级通过率居全省前列，获“三师”资格38人。开展“五个十佳”竞赛活动。落实党风廉政建设责任制，进一步加强内控机制建设。开展干部“下访”和勤廉“双述”活动，人民来信数量显著下降。开展“小金库”治理，规范财务管理，实现收支平衡。加强机关事务保障，新建办公大楼，推进市区集中办公，营造优美的办税和办公环境。（陈　铭　商剑平）

地方税务

【概况】 2009年，全市地税系统共组织入库各项收入124.59亿元，比上年增收20.59亿元，增长19.80%。其中，入库地方税收73.77亿元，增收14.42亿元，增长24.30%。在入库的地方税收中，省级收入3.80亿元，比上年增收0.45亿元，增长13.56%，增幅居全省第5，完成省局下达年度收入任务的103.11%；市（县）级收入69.96亿元，比上年增收13.97亿元，增长24.94%，完成省局下达年度收入任务的111.56%。征收各项基金（费）50.82亿元，比上年增收6.17亿元，增长13.82%。其中，征收社会保险费42.58亿元，增收5.95亿元，增长16.24%。全年完成地税税收收入一般预算收入54.41亿元，比上年增长27.19%。地税一般预算收入占财政比重39.25%，全市地税系统年度收入增量连续3年超20亿元。年内，市局被中央文明委表彰为“全国文明单位”，被中共江苏省委宣传部、省司法厅、省人事厅、省法制宣传教育协调指导办公室联合表彰为“江苏省‘五五’普法中期先进单位”，被省总工会授予“江苏省五一劳动奖状”，被泰州市委、市政府表彰为“2008年度法治泰州建设依法行政先进单位”、“2005～2008年度全市政府法制工作先进集体”。

【税收管理】 开展税源调查，加强重点税源监控，进一步明确重点税源岗位管理职责，扩大重点税源监控面，把好TRAS监控报表数据质量关，严防重点税源疏于监控。全市有497户企业纳入重点税源监控，重点税源企业全年入库税收32.8亿元。强化征管基础建设，加强综合治税。在保证国家税款及时足额入库的同时，为帮助困难企业渡过难关，对19户纳税人审批延期缴纳税款4098.26万元。积极实施欠税公告，对欠税的纯营业税户加强评估和巡查。推广CA认证工作，为涉税资料的保密性、完整性、不可否认性提供可靠保障。认真贯彻省政府《关于加强地方税收征管保障工作的实施意见》，制定本市《地方税收征管保障办法》，明确各部门工作职责和信息报送内容及时限要求，增强征管保障合力。建立“规模分类、行业管理、区域责任、分析监控”的分类管理模式，逐步形成“企业行业化、建安房地产专业化、个体工商户社会化、网吧集中化、舞厅等级化管理”等一系列新管理格局，促进税收管理精细化迈上新台阶。注重征管质量，提升地方税收各税种管理水平。做好个人所得税自行申报和全员全额管理工作，全市共受理年所得12万元自行申报9995人，申报年所得额27.93亿元，补缴税款2277万元。进一步完善个人所得税全员全额管理办法，全面实现个人所得税汇总申报表和全员全额明细表两表合一。做好企业所得税和个人所得税新政策业务培训工作，确保政策落实到位。依法办理涉税审批事项，严格审批，接受监督，全年共征收入库企业所得税13.65亿元，比上年增收1.58亿元，增幅13.07%；征收个人所得税11.31亿元，比上年增收1.34亿元，增幅13.43%。加强建筑业和房地产业专项税收管理，在全省率先推出新的《建筑业和房地产业项目管理办法》。加强收入分析，及时解决税收征管中新情况、新问题。做好货运税收管理工作。做好自开票纳税人认定、年审工作，逐条审查，严格把关。认真分析运输业税源状况，动态核定税收开票限额。对挂外地牌照、在本地长期从事运输业务的个人，按《征管法》规定，督促其办理税务登记，纳入正常税收管理。对外地运输企业长期为本地

2004年～2009年泰州市经济、地税指标对比表

表22 单位：亿元

项 目	2004年	2005年	2006年	2007年	2008年	2009年
地区生产总值（GDP）	699.17	822.26	1002.28	1201.82	1394.20	1650
GDP增幅(%)(现价比)	21.80	17.61	21.89	19.91	16.00	18.35
地方税收收入	21.58	27.46	35.04	47.21	59.35	73.77
地方税收增幅(%)	31.29	27.26	27.59	34.74	25.71	24.3
地税宏观税负(%)	3.09	3.34	3.50	3.93	4.26	4.47
地方税收弹性系数	1.44	1.55	1.26	1.74	1.61	1.32

2006年～2009年泰州市地税、财政指标对比表

表23 单位：亿元

项 目	2006年	2007年	2008年	2009年
地方总收入	58.67	81.38	104.00	124.59
财政总收入	155.41	211.42	262.31	343.84
地税总收入占财政收入比重(%)	37.75	38.49	39.65	36.23
地税税收一般预算收入	24.5	34.11	42.78	54.41
财政一般预算收入	61.47	85.22	101.08	138.62
地税一般预算收入占财政比重(%)	39.86	40.03	42.32	39.25
地税提供可动用地方财力	48.13	68.28	87.43	105.23

2009年泰州市地方税务局税收（分税种、基金、费）收入情况表

表24 单位：万元

项 目 类型	2008年	2009年	增减（%）
总 计	1039983	1245874	19.8
一、税收合计	593460	737661	24.30
1. 营业税	212920	291972	37.13
2. 企业所得税	120741	136520	13.07
3. 个人所得税	99693	113083	13.43
4. 资源税	1121	1199	6.96
5. 土地使用税	39166	41413	5.74
6. 城市维护建设税	57596	74891	30.03
7. 印花税	14022	14618	4.25
8. 土地增值税	24060	37261	54.87
9. 房产税	19109	21703	13.57
10. 车船使用税	5032	5001	–0.62
二、教育费附加	26921	36001	33.73
三、文化事业建设费	740	906	22.43
四、社会保险费	366336	425843	16.24
五、其他政府基金	52526	45463	–13.45

2008年～2009年泰州市地方税务局各经济类型入库情况表

表25 单位：万元

类型＼年度	2008年	2009年	增减（%）
国有企业	59056	66253	12.19
集体企业	33705	38718	14.87
股份企业	302830	388839	28.40
私营企业	116254	150231	29.23
个体经济	27167	30831	13.49
涉外企业	54183	57568	6.25
其他企业	265	5221	1870.19
合　计	593460	737661	24.30

2008年～2009年泰州市地方税收各产业入库情况表

表26 单位：万元

产业＼年度	2008年	2009年	增减（%）
总 计	593460	737632	24.29
一、第二产业合计	289618	339937	17.37
采矿业	2915	3203	9.88
制造业	183115	204888	11.89
电子煤气及水生产供应业	7723	6785	–12.15
建筑业	95865	125061	30.46
二、第三产业合计	303842	397695	30.89
交通运输仓储及邮政业	21258	31784	49.52
批发和零售业	16016	27808	73.63
金融业	47988	55656	15.98
信息传输计算机服务业等	10144	9524	–6.11
住宿和餐馆业	11403	12477	9.42
文化、体育和娱乐业	1659	1923	15.91
租赁和商务服务业	33223	15913	–52.50
房地产业	114606	190460	66.19
其他行业	47545	52150	9.69

企业从事运输业务的，督促其在营业地设立分支机构，办理税务登记，就地缴纳营业税。积极辅导工业企业服务性项目分离，全市有118家企业实施分离，全年实现服务业营业收入15.13亿元，新增地税收入4500万元。加强小税种征收管理，提高土地增值税征管质量，根据不同房地产的特点，灵活运用土地增值税清算政策，使土地增值税税负更加合理。巩固城镇土地使用税税源清查成果，开展税收信息与国土部门传递数据比对、申报信息与登记信息比对、房产登记信息与土地登记信息比对。加强社会保险费征收管理，社会保险费与税收同步上线，市级集中与省级集中一步到位。所有社会保险费管户实现税库银联网征收，提高征管效率。将社会保险费全部纳入财政预算管理并进入国库，提高社会保险费的安全性。统一票证管理，所有社会保险费开票均使用税收票据。编写《省级大集中

系统社会保险费模块操作指南》，统一全市规范化操作。

【法制建设】开展创建依法治税示范单位工作。全面推广说理式税务行政执法文书，提高税务执法人员依法行政水平，提升税务行政执法卷宗质量。将适用文书的种类，从税务行政处罚决定书扩大到稽查报告、处罚事项告知书和处理决定书等范围，使用说理式文书的部门从稽查部门扩展到征管分局，明确说理式文书推广考核标准。制定《涉税审批制度改革工作意见》，22大类审批权限全部下放，将涉及纳税人申请办理的事项集中到纳税服务中心办理。制定《涉税审批工作后续监督管理办法》，对不涉及税基的审批项目，由管理分局限时巡查。对退税、备案类减免由管理分局限时进行评估，减免税由稽查局抽查。对提供虚假资料办理涉税审批的行为制定10条惩罚性措施，保证涉税审批公开、透明、平稳运行。重视规范和约束税务行政自由裁量权的行使，不断加强执法监督力度。严格执行标准，规范地税机关税务行政处罚自由裁量权行为。开展预防和化解税务行政争议工作，制定《泰州市地方税务局预防和化解税务行政争议实施办法》，明确预防和化解争议的组织形式、传递途径、岗位职责、工作时限以及执法责任，主动化解争议，避免争议扩大。开展税收执法检查，围绕税收优惠政策落实情况、税收执法资格、房产税和土地使用税征管情况、建筑安装业项目管理、新企业所得税法贯彻执行情况、代征代扣、门临发票、个人所得税全员全额管理、行政处罚自由裁量权执行情况等方面开展专项检查。加强税收稽查执法的外部监督，提高涉税案件审理质量，进一步完善稽查陪审员制度，修改和完善《涉税案件陪审员办法》。在案件审理中邀请社会陪审员参与案件审理，认真听取社会各界的意见和建议。市纪委专题宣传市局做法和经验，国家税务总局科研所将市局稽查陪审员制度编入《和谐社会与税务管理》丛书。严厉打击各类涉税违法行为，加大对税收违法案件的检查、处罚和执行力度。全市稽查系统共查补入库地方税收1.27亿元，查处涉税违法举报案件61件，查补税款650多万元；检查纳税人343户，选案准确率100%。开展税收专项检查，对建筑安装、大型连锁超市、电视购物、劳务中介、建筑规划设计、房地产代理、计算机网络、大型汇总企业及部分自收自支机关事业单位个人所得税开展专项检查，合计查补税款1181万元。开展货物运输发票专项整治，取消不合格代开发票企业12户。对29户大小非股票减持企业实施专项核查，补缴地方税收368万元。做好分级分类稽查工作，对全市20户A类纳税企业集中进行税收专项检查。与国税和公安部门联合查处利用发票违法犯罪案件，以建筑业发票为突破口，先后对7家机关、企事业单位接受发票情况进行检查，查出假发票110多份。捣毁犯罪团伙4个，缴获假发票3500多份，抓获犯罪嫌疑人17人，刑事拘留7人，被司法机关判处有期徒刑4人。加强税收法制宣传。年内，以庆祝国庆60周年、地税成立15周年为契机，对税收方针政策、地税对地方经济社会发展作出的贡献进行深入宣传。在宣传活动中，注重运用广场活动、公益广告等引起社会轰动效应的宣传方式，运用发放宣传资料和宣传品等群众易于接受的宣传手段，取得较好效果，中央电视台“新闻联播”栏目作专门报道。组织开办“税赋与泰州文明”展馆，中央电视台新闻节目进行报道。

【信息化建设】 按照省级大集中系统上线工程要求，制定大集中推广应用总体方案，细化硬件网络优化、数据迁移、系统代码、参数初始化、软件功能衔接等办法，率先在全省地税系统实现大集中系统成功上线。制定《省级大集中税收管理信息系统运维保障管理实施办法》，对运维组织、运维体系、运维流程作详细安排。做好大集中系统数据后续利用工作，在原数据综合管理平台的基础上，自行开发与大集中系统生产系统配套的综合查询系统，提供申报率（户数、户次）、个人所得税全员全额明细、全员全额已申报未申报清册查询等业务处室和税收管理员急需的功能30多个。完成税收分析平台（一期）和涉税审批后续管理平台需求。实施省市骨干网系统改造，做好实施各项前期准备工作，在网络改造期做好事前、事中、事后各项跟踪服务工作。与省局项目组合作，成功实现设备上线和割接工作，在全省首家开通MSTP 30M＋MSTP 10M线路。实现网络运行稳定，各项网络性能指标达到或超过预期要求，能承载省局3.0系统正常运行，为全省网络改造顺利进行提供成功范例。

【纳税服务】 创新服务理念，构筑纳税服务新框架。完善体系建设，制定22项规章制度，保证纳税服务有章可循、有序开展。以省级大集中系统成功上线为契机，从办税服务厅内部着手，在全省首家实现涉税业务“同城通办”，初步形成“办税在前台集中，信息在后台共享，绩效在内部提升，服务在外部拓展”的服务新格局。利用省级大集中系统，整合征管资源，统一办税流程，将“有区域管理、无区域服务”的先进理念贯穿于征管实践，丰富“亲民税务”内涵。制定一系列配套制度，逐步实现“一窗通办”、“网上通办”、“两局通办”。创新服务载体，建设“五型（规范型、服务型、开放型、效能型、和谐型）办税服务厅”。办好“网上办税服务厅”，以税收征管信息化为支撑，建设涵盖网上宣传、网上办税、网上咨询、征纳互动、投诉举报等多重功能的宣传服务平台。在省局网站成功建成泰州地税子站及4个县级市的网页，完善拓展门户网站功能，实现门户网站规范化、集中化管理，提升政务公开和网上办事实效，促进电子政务建设向标准化、便捷化、高效化和规范化发展。加强12366纳税服务体系建设，全年12366纳税服务热线接受咨询15055人次。建立健全纳税人权益保护体系，联合15家行业协会，聘请16名维权服务顾问，创立全市首家纳税人维权服务品牌—“维权360°”。制订《纳税服务需求调查工作方案》，征集纳税人意见和要求474条，及时进行整理、归类、总结，提出整改措施。落实各项税收优惠政策，重点对扶持中小企业发展、重点物流企业、经济适用房、下岗再就业、二手房交易等税收优惠政策及市委市政府关于进一步促进农民自主创业的政策意见等检查落实。整理下发特定对象的税收宣传资料，将促进外资外贸企业发展、促进医药产业发展、促进高新技术产业发展、促进现代服务业发展的税收优惠政策宣传资料送到纳税人手中。

【“三个一流”工程建设】 开展“三个一流”工程建设提升年活动，确立“六个新提升”（解放思想、建设目标、基础管理、工作业绩、创新氛围、干部队伍能力建设），构建“以工程建设目标为引领，以考核运行质效为保障，以争先创优为动力”新格局。根据江苏省地税系统“三个一流”工程考核办法，推进全系统“三个一流”工程建设，修订完善考核体系，调整工程建设方向和重点。坚持创新推动，组织开展“优秀创新项目评审推介”、开展“践行科学发展观，我为地税献一策”创新项目征集和“金点子”评选活动，共征集到5大类创新项目建议855条，评选出15个“金点子”奖。

【队伍建设】 推行干部交流轮岗制度，做好干部科学调配，优化人员结构，充实机关力量，提高工作效率。严格执行《科股级干部转任非领导职务暂行规定》，干部到龄即退居二线。开展干部教育培训，制发《2009年度公务员教育培训计划》，以大集中上线应用知识全员培训和考试为重点，实施新一轮“五员”培训，为全市地税系统顺利实现大集中提供人力保障。以税收和财务知识培训为重点，举办2期稽查业务骨干培训班，培训76人次。加大科股级干部培训力度，组织4期股级干部培训班，培训165人次。在清华大学开办2期科级干部培训班，68人受训，人均培训60学时以上。聘请中国注册税务师协会专家举办“三师”资格考试辅导班，培训950人次，全系统“三师”人员由年初70人提高到85人，人员占比由7.43%上升到8.95%。创新培训机制，运用网上税校平台，开展在线学习、岗位练兵、业务竞赛等活动，扩大教育培训覆盖面，提高培训实效。加强行政管理制度建设和工作效能的监督检查，逐步实现用制度管人、用制度管事。遵循现代人力资源管理规律，建立健全干部评价激励体系和科学的用人导向机制。强化“人本”意识，提升干部队伍建设水平。

【党风廉政建设】 开展“加强道德修养，坚持廉洁从税”主题教育活动，举办反腐倡廉形势报告会。增强“聚财为国、执法为民”的宗旨意识，增强保增长、保民生、保稳定的大局意识和廉洁从税意识。在元旦、春节、“五一”、国庆等重大节日期间，开展党风廉政宣传教育，组织收看专题教育片，印发加强节日期间党风廉

政建设的通知，组织明查暗访，防止不廉行为发生。以廉政教育读物为基本学习内容，开展以“爱岗敬业、公正执法、诚信服务、廉洁奉公”为主要内容的职业道德教育，增强敬业精神，激发工作活力。加强地税廉政文化建设，强化廉政文化建设领导机制、培训机制和保障机制。分析廉政文化建设现状，及时发现问题，解决问题。以惩治和预防腐败体系建设为重点，加强队伍作风建设，突出事前预防，关口前移，建立健全覆盖全员全过程的廉政安全网络。探索完善党风廉政建设新路数，建立有效的领导干部监督管理、违法违纪案件查处工作机制。加强税收执法权、行政管理权的防控管理，制定《“两权”运行风险防控办法》，全面解析权力行使过程和运行轨迹，排查风险源点163个，具体表现形式899项。对“两权”运行防控管理过程中发现的违纪违法问题，严格问责追究。

（严德军　徐生国）

审　计

【概况】 年内，全市审计机关共完成审计项目292个、审计调查项目25个，查出违规违纪问题金额6.27亿元，损失浪费金额870万元，审计后增收节支1.22亿元，移送司法、纪检检察机关和其他部门处理事项12件，提交审计专题、综合性报告和信息简报352篇，发挥审计工作在促进依法行政、维护财经秩序、推进廉政建设等方面的作用。

【财政审计】 坚持“揭露问题、规范管理、促进改革、提高绩效”的审计思路，在扩大一级预算单位审计覆盖面的基础上，加大对二、三级预算单位的审计力度。全市共审计44家一级预算执行单位，并对其下属单位进行延伸审计。加强对预算编制、管理、执行及结果的全过程审计，关注宏观财政政策的执行情况，查找影响公共财政体系建设的体制性、机制性问题并提出对策建议。注重审计资金运用的真实性、合法性和效益性，将财政审计与政府建设项目审计、专项资金审计相结合，促进预算管理更加规

范。加强对下级政府的财政决算审计。市本级对姜堰市、海陵区财政决算进行审计，全市对26个乡镇政府（街道、开发区）财政决算进行审计，提高各级政府财政资金使用绩效。

【专项资金审计】按时按质完成农村新五件实事、政府投资保障性住房建设、第七期农业综合开发资金、省扩大内需专项资金审计等省厅统一组织项目。市局在全省率先建立农业综合开发项目年度审计制度，并纳入年度审计计划，对项目资金的管理使用情况进行审计，对工程的质量和效益进行检查，避免每期一审“发现问题迟、整改落实难”的问题。年内，对涉及民生的专项资金进行审计，市局统一组织养老保险和失业保险基金、住房公积金、教育附加费和地方教育费附加、房屋公共维修基金等专项资金审计，姜堰市审计局对社会抚养费征收、使用和管理情况、高港区审计局对2003年以来开工建设的农村公路建设质量进行审计。靖江市审计局在经济适用房建设项目审计中，对土地补偿费用、房屋及配套工程造价严格把关，为困难群众减少购房支出300多万元。

【固定资产投资审计】以重大工程为重点，加强政府建设项目审计。全年共完成竣工决算审计项目64个、预算审计项目12个，审计资金33.26亿元，核减工程款3.34亿元。市局围绕项目的建设程序、工程招投标、合同管理、工程决（结）算和工程质量等关键环节，开展重点项目跟踪审计，做好汶川灾后重建项目、政府还贷二级收费公路里程和债务审计等省厅交办项目，促进建设单位内控制度的建立健全。探索和实践拆迁项目预算审计和跟踪审计的方法、程序，把握审计重点，规范审计程序。年内，市局调研起草的《政府投资项目审计管理办法》由市政府颁布施行，建设项目审计基本实现向全程跟踪审计的转变。

【经济责任审计】继续加强经济责任审计，促进权力规范运行。3月，经编制部门批准，市审计局经济责任审计和内部审计指导处更名为经济责任审计办公室，加强与联席会议成员单位的沟通、协调和配合。注重深化经济责任审计内容，实行账面审计与经济活动审查、部门经济职责履行与经济决策管理等行政活动检查相结合，发挥审计的监督、警示、促进作用。在海陵区政府原负责人经济责任审计中，市局通过对政府负债、国有资产管理、基础设施投入、社会保障、教育卫生等事关可持续发展和国计民生等重大政策落实情况、公共财政资金安排、使用、管理和效益情况，以及国有资产保值增值情况的审计，发现海陵区政府出台的个别文件的部分内容与国家现行的政策不相符、部分土地出让金征收管理和使用方面不够规范的问题，促进海陵区全面贯彻落实各项财经法律、法规和政策，提高资金的使用效益。同时，加强对经济责任审计意见、建议落实情况的跟踪检查，将以前年度审计中发现问题的整改情况在审计报告中加以披露，进一步规范财政财务收支和决策管理活动。

【审计成果】审计结果运用和整改工作得到普遍重视。市本级和各市（区）政府出台明确审计事项的有关意见，各级人大要求审计机关向其报告财政预算执行审计中发现问题的整改情况和审计建议的落实情况，党政领导经常听取审计结果汇报，要求被审计单位按照审计意见和建议进行整改。全市审计机关建立审计回访和跟踪检查制度，加强对整改情况的督促检查。各相关部门合力促进整改。年初，市局与市纪委、组织部联合对上年审计的3家单位整改情况进行跟踪检查，被审计单位能够正确对待审计建议和决定，积极整改自身存在的问题。审计决定、审计意见和审计建议基本得到落实。

【审计质量控制】完善审计项目计划制定机制。深入调研，形成审计计划初稿，召开人大代表、政协委员和行风监督员座谈会，了解社会关心的热点，增强审计的针对性；走访政府领导和经济主管部门，掌握政府对审计工作的需求，突出审计工作的重点。市局建立重要审计项目审计方案集体审定制度，姜堰市、海陵区建立局领导跟班审计制度，将审计查出的问题交局业务会议裁定，增强审计执法的严肃性，提高审计质量。全市建立审计执法责任和过错追究制度，对审计工作的全过程进行检查和考评，审计质量控制体系更加完备。加强审计质量的监督检查和交流。市局进一步修订完善审计质量考核办法，并将其纳入争先创优综合考核评比内容。年初，针对上年审计质量考核中发现的一些普遍性问题，进行总结和点评，各市（区）局和本局的业务处对照整改。在全市组织优秀审计项目巡展，加深审计人员对审计规范化、审计成果开发的理解，增强审计人员的审计质量意识。为提高审计工作效率，降低审计成本，市审计局积极推行审务公开，完成行政权利网上公开透明运行流程，制定《简易审计程序暂行办法》、《行使行政处罚自由裁量权实施办法（试行）》。注重坚持审计理论研究与审计实践的结合，组织召开全市审计理论研讨会，共收到论文31篇。

【信息化建设】年内，市局召开全市审计信息化工作会议，制定审计信息化专项考核办法。全面部署市（区）审计机关OA系统及其后续工作，加快推进实现审计管理系统和现场审计实施系统的交互应用，提升审计信息化建设的成效，提高审计效率、审计质量和办公效率。财政联网审计工作取得积极进展。加强对审计人员的信息化培训，年内安排25人参加审计署计算机中级培训，全市已有38人通过审计署计算机中级培训考试。分4批对144名一线审计人员进行AO认证考试培训，参考人员通过率100%。完成省厅下达的信息系统审计论文征集报送、信息系统审计案例上报和AO应用实例征集评选任务。（沈全勇）

金　融

银　　行

·中国人民银行泰州市中心支行·

【概况】 2009年，全市金融机构积极应对宏观形势的复杂变化和国际金融危机的不利影响，按照“保增长、促发展、调结构、惠民生”的要求，推进“金融三区”建设，全市呈现金融总量跨越发展的良好势头，信贷增长实现历史性突破，金融生态环境不断优化，金融服务水平显著提升。年末，全市金融机构本外币存贷款余额分别达1916.3亿元、1204.99亿元，较年初分别增加498.4亿元和403.4亿元，分别增长35.2%和50.3%。居民金融资产呈现多元化，其中，储蓄存款余额1001.9亿元，比年初新增173.54亿元；保险、股票、基金、国债等在居民个人金融资产中的占比继续上升，实现保费收入49.2亿元，比上年增加9.0亿元；累计实现证券交易2380.6亿元，增长444.8%；销售基金63亿元，减少9亿元；国债销售4.57亿元。累计签发银票156.5亿元，比上年增加6.5亿元；吸引外商直接投资6.8亿美元，增长13.5%；利用外债余额0.83亿美元，办理外债登记0.53亿美元，实际提款0.5亿美元。全市净投放发行基金30.66亿元，比上年增加8.96亿元。

【货币信贷】 面对国际金融危机的冲击，贯彻落实适度宽松货币政策，出台信贷工作、金融支持中小企业和三农、信贷结构调整等指导意见，引导金融机构加大有效信贷投放，努力使投入总量与经济发展需求相适应。搭建银企合作平台，组织“双百企双百亿”融资洽谈、工业重大项目推介、新型信贷产品推介等5场次对接活动，银企达成合作协议计449.77亿元。运用货币政策工具，对3家农合行实行区别存款准备金政策，完成泰兴农联社1.62亿元专项票据兑付工作，增强法人金融机构的信贷投放能力。加快发展民生金融，全面推广应收账款质押融资业务，形成“政府支持推动、人行牵头指导、银行积极实践、三库联建互动”的业务模式。至年末，应收账款质押融资余额22.7亿元，较年初增长167%。实施农民合作经济组织“融资通达”工程，建立专项信贷管理办法和贷款绿色通道，确保农民合作经济组织合理贷款需求得到有效满足。进一步放宽小额担保贷款政策，至年末，小额担保贷款余额2亿元，累计发放4.5亿元，占全省总量的20%以上，居全省第1位。全年贷款呈现出以下特点：地域分布方面，市区新增贷款最多，占全市新增贷款的28.7%；兴化市新增贷款最少，占9.5%；沿江地区新增贷款49.8亿元，占38.2%。机构分布方面，中行、建行、农行、交行、工行、南京银行、海阳农合行、江苏银行分别新增贷款74.7亿元、56.1亿元、53.7亿元、39.8亿元、37.8亿元、28.4亿元、17.4亿元、16.0亿元。贷款投向方面，基本建设、技术改造、道路改造等中长期项目新增贷款204.1亿元，比上年增加159.6亿元；工业流动资金贷款新增41.6亿元，增加2.2亿元；农业贷款新增25.5亿元，增加3.4亿元；个人消费贷款新增67.6亿元。

【金融稳定】 夯实金融稳定工作基础，完善金融稳定工作机制，为支持地方经济发展提供健康有序的金融环境。定期召开协调小组例会，进一步理顺与政府综合部门、金融监管部门的信息共享关系，完善金融稳定数据库，增强金融稳定协调成效和工作合力。建立统计报表、分析报告、风险监测点“三位一体”的监测预警机制，密切关注法人金融机构、民间借贷和新型金融组织的流动性状况，重点企业的资金链情况，典当行、担保公司的融资行为以及金融信息安全等，防范系统性、交叉性金融业务风险。国际金融危机爆发后，坚持每周按时报送金融风险分析报告，动态反应可能引发系统性金融风险的苗头性倾向性问题。加强法人金融机构流动性管理，探索借助现代化支付清算系统监测金融机构流动性状况的方法，对海阳银行以及兴化、姜堰农合行流动性管理问题实时进行风险提示。组织突发金融风险事件应急处置预案演练，提高各单位、各部门和应急人员应对金融机构突发事件的综合能力。

【金融服务】 资金清算安全便捷。进一步完善大小额支付、支票影像、账户管理、联网核查等系统，加速推广使用非现金支付结算工具，累计签发银行本票、华东三省一市银行汇票22.73万笔、金额1605.36亿元，比上年分别增长843%和901%。实施横向联网系统二期工程，实现社保基金直接征缴入库和纳税人异地联网缴税。全年通过横向联网扣缴预算外社保基金57.78万笔、金额10.95亿元。打造出口退税快速通道，实现出口退税业务无纸化处理和资金实时到账，办理无纸化退税业务812笔、金额6.99亿元。

现金供应科学合理。加强现金收支分析，科学测算并合理调拨发行基金，全年向各银行机构投放现金203亿元，回笼现金178亿元，其中投放小面额货币4480万元。组织反假货币“壁垒行动”，新建40个反假宣传服务站，破获涉案金额30万元的假币案件，进一步提高流通中人民币的整洁度。

快速发展银行卡市场。全市实现刷卡交易额75亿元，比上年增长17%，占社会消费品零售总额的比重约20%。推进农村支付结算“快通工程”建设，开展“一市一品”、“一市一区”创建活动，在县域加快推广手机银行、长江支付通、青年创业卡等业务，完善农村基础设施环境。至年末，手机银行用户4714户、交易金额2.2亿元，农民工银行卡发生交易额3000多万元。

进一步健全征信体系。完善企业和个人信用信息库，已收录3万户企业和220万自然人的信息。加快中小企业和农村信用体系建设，已征集1.8万户无信贷关系的中小企业信用信息，其中1000多户企业首次获40多亿元的银行贷款支持。发挥与全市17个政府综合部门信用信息采集与共享机制的作用，进一步扩大非银行信用信息采集范围，率先将纳税信息纳入征信系统，推进借款企业和大额授信企业外部评级试点，逐步扩大征信系统的社会辐射面。

改进外汇管理服务。推进贸易和投资便利化，对进出口核销、外债登记等实行一站式服务和当场办结，全年共办理进出口核销60.86亿美元；办理企业外债登记21笔、金额0.53亿美元；办理外商投资询证325笔、金额3.89亿美元；积极推动企业“走出去”，辖内企业境外投资总额达300万美元。推进新版国际收支网上申报系统试点工作，全年核查金额52亿美元。开展外汇管理专项查处工作，共对28家银行、10家企业实施专项检查，收缴罚款107万元，有效打击外汇违法违规行为。 （于雪刚）

·中国银行业监督管理委员会泰州监管分局·

【概况】 2009年，泰州银监分局科学应对金融危机，加强金融监管，不断提升金融服务水平、强化内部管理，圆满完成各项工作。年内，获“中国银监会系统2008～2009年度文明单位”称号，在江苏银监局2009年度综合考核中被评为“优秀分局”，获“泰州市文明单位”、“泰州市十佳服务地方发展单位”、“泰州市预防职务犯罪十佳单位”等称号；分局培育的“小企业融资推进器”获市文明委“全市首届十佳文明服务品牌提名奖”。

【信贷投入引领机制】 年内，引领银行业加大信贷投入力度。通过与银行业金融机构签订目标责任书，印发贯彻执行“银九条”实施细则、加强下半年信贷工作的通知，组织督查市政府“双保”工作会议精神落实情况，推动辖区银行业加大信贷投入力度，确保“保增长、促稳定”目标的实现。至年末，全市银行业贷款余额1205亿元，比年初增加403.46亿元，增幅50.3%，居全省第一，高于全省平均增幅15个百分点。引领银行业服务重大项目建设。出台《泰州市银行业银团贷款实施意见》，鼓励银行业金融机构通过银团贷款方式解决重大项目的资金需求，全年成功组建5个银团贷款项目，授信总额48.5亿元。其中，中国医药城二期工程银团获中国银行业协会“最佳项目银团”称号，受到中国银监会表彰。开展“三服务”活动，研究制定进一步改进金融服务、促进医药园区加快发展的政策意见，组织市区9家银行主要负责人上门服务，落实七项服务举措。出台《地方法人银行业金融机构建立小企业金融服务专营机构指导意见》，引导辖内各地方法人银行业金融机构建立小企业专营机构，全面提升小企业金融服务水平。建行泰州分行等3家大型银行成立小企业信贷中心，靖江农商行、海阳农合行在小企业集中园区成立小企业专业支行。

【完善金融机构体系】 年内，成功引进吴江农商行在靖江设立江苏靖江润丰村镇银行，并于12月18日挂牌开业，成为苏中地区第2家村镇银行；引进浦发行在泰州设立分行，推动江苏长江商业银行设立泰州分行，为全市经济建设开辟新的融资渠道。帮助靖江农联社成功组建农商行并于11月8日挂牌开业，成为苏中第一家农商行。协调泰兴农联社引入战略投资1.25亿元，完成1.67亿元央行票据兑付工作，提升农联社风险抵御能力和运行质态。

【金融创新】 强化金融创新，提升全市金融业服务水平。搭建银企融资平台，全年举办或会同有关部门承办5次中小企业银企融资专场洽谈会，现场签订授信协议360亿元；创新并开通全省第一家“189”中小企业网上申请贷款专用邮箱，使中小企业“足不出户”即可办理贷款申请。市区的9家商业银行均已开通“189”邮箱。年末全市小企业贷款余额283亿元，比年初增加101亿元，增幅55.3%，高于全部贷款增幅4.97个百分点。改进“三农”金融服务、制定《泰州市银行业“三农”金融服务指导意见》、《泰州市涉农机构信贷支农工作考核评价办法》，提升农村金融服务能力；制定推进农户贷款指导意见，专题召开“三农”金融服务工作会议，推动“三农”信贷投入。年末全市“三农”贷款余额232亿元，比年初增加60.4亿元，增幅35.2%，比上年提高4个百分点。推广新的信贷模式和产品。将阳光信贷模式植入“三农”领域，得到副省长赵克志的批示，要求在全省推广；总结推广长江商业银行50万元以内免担保贷款经验；进一步推进银保合作，年末全市由担保机构担保的小企业贷款余额达35.15亿元，比年初增加20.05亿元，增幅1.56倍。

【金融监管】 加大案件风险排查力度,组织银行业金融机构全面开展案件风险排查工作，建立滚动式风险排查机制，对重点业务、重点环节进行拉网式风险排查。开展银行业合规文化建设活动，编印《银行业合规文化学习手册》，组织全辖银行业会计、信贷条线1800多名从业人员参加合规文化大型培训及考试活动，通过培训考试、高层讲座、知识竞赛等方式，全面提升银行业从业人员的合规经营意识。创新推广顶岗式检查方法，推动农合机构全面建成三大中心，推进法人机构案防长效机制建设。加大授信风险化解力度，构建良好的金融环境。针对巧丽系等企业大额授信风险问题，与有关地方政府及债权银行进行10多次磋商，化解近15亿元银行贷款风险，促进企业重生。年末全市银行业不良贷款率2.94%，比年初下降1.59个百分点。积极开展现场检查工作，全年共开展现场检查36项，累计投入3734个工作日，发现问题504个，发出整改通知书40份，提出整改要求197条，责成被检查机构处理责任人73人次。严厉打击非法集资，召开全市打击非法集资工作会议，建立全市处置非法集资组织网络，制定《泰州市处置非法集资信息共享办法》，健全处置非法集资的工作机制，成功组织开展打击非法集资宣传周活动，重大案件督办工作取得明显成效。

【泰州银监分局获“中国银监会系统2008～2009年度文明单位”称号】 2009年,泰州银监分局在金融监管、金融服务、文明创建、内部管理等方面取得良好的工作业绩，以江苏银监局系统第一名获得“中国银监会系统2008～2009年度文明单位”称号，实现银监分局组建以来重大历史性跨越。2010年1月16日，局长戴玉明代表泰州银监分局专程赴北京出席“中国银监会系统2008～2009年度文明单位”授奖仪式。（张天海　郁云峰）

·中国农业发展银行泰州市分行·

【概况】 2009年，农发行泰州市分行通过“抓发展、抓基础、抓风险、抓和谐”，努力破解改革发展中的复杂难题，各项工作取得新进展。至年末，全行贷款余额267899万元，比年初增加49453万元，增幅22.64%；存款总额39495万元。全行不良贷款余额14978万元,比年初下降388万元；贷款占比5.59%,比年初下降1.44个百分点,不良贷款余额和占比实现双降。实现中间业务收入96.17万元，比上年增加16.67万元,增幅20.97%；实现账面利润4730万元。

【业务发展】 调整优化业务结构，提升支农水平。一是信贷总量有所上升，贷款结构不断优化。2009年，全行累放贷款29.31亿元，比上年增加2.3亿元，其中，新业务累放贷款6.33亿元，比上年多投放3.63亿元，占全部累放额的21.6%。年底各项贷款余额26.79亿元，比年初增加4.95亿元，其中，新业务贷款9.49亿元，比年初增加5.2亿元，占贷款总额的35.41%。支持农业农村基础设施中长期信贷业务，成功营销靖江万亩生态农业土地整治项目、姜堰市溱湖风景区拆迁整治及湿地保护项目、泰州高港农业生态园项目。年末，中长期项目贷款余额 5.54亿元，比年初增加4.19亿元。择优支持农业产业化经营。在坚持贷款条件的前提下积极营销竞争力强、辐射面广、经营优势明显的重点龙头企业。年末，农业产业化龙头企业和加工企业贷款余额 3.94亿元，比年初增加 1.13亿元。做大做强传统业务。积极开展夏粮收购，累计发放夏粮自主收购贷款13.07亿元，考虑小麦托市收购贷款3.5亿元在扬州投放的情况，支持企业收购小麦11.81亿千克。全年累放传统业务贷款23亿元，占全部累放额的78.4%。二是存款和中间业务较快发展，服务功能不断优化。树立存款立行理念，促进全员抓存款。利用社会资源，多方挖掘存款潜力。强调以贷引存和账户管理，做好货款回笼、贷款客户风险准备金、合同定金的管理，对项目贷款严格按政策制度要求用款，积极吸纳低成本同业存款。考核旬均存款余额11.35亿元，比上年增加5.89亿元，居全省第2。在巩固和扩大保险代理业务的同时，克服非国际业务结算代办行的困难，加强营销和服务，积极开拓国际结算业务。全年实现代理保险业务手续费收入71万元，累计办理国际业务结算额992.46万美元，实现国际业务结算手续费5万元，外汇汇兑收益6万元，位居全系统非国际业务结算行首位。全面开展网银、金山卡业务，推广收购资金非现金结算，全年网银付款额9322万元，金山卡收单POS回笼额13200万元。

【内控管理】 强化内控管理，提升发展质量。一是健全风险防控机制，改善资产质量。坚持把信贷资产安全作为加快有效发展的首要前提，落实各项风险管理措施。全面落实风险经理职责，加强贷款运行分析检查。按季开展重点客户分析，及时掌握重点企业的经营管理和贷款使用情况；督促支行把市分行重点客户情况作为业务经营分析的重要内容，按月监测分析。通过做好条线检查、资产安全检查、支行副行长兼主管履职检查、风险经理履职检查、内审督导检查等，将贷款运行和风险状况作为检查重点，建立起全方位、多角度的风险排查体系。建立贷款审查工作规则。针对个别企业贷款发放和管理中所暴露的问题，为规范贷款审查工作，提高办贷质量和效率，有效防控信贷风险，利用2个多月制定市分行贷款审查工作规则，对12个审查环节从真实性、合规性、完整性和风险性等方面逐一明确具体审查要求。做好不良贷款清降和逾期贷款的处置工作。通过制定落实工作方案，多方沟通协调，年内共收回老的不良贷款388万元，收回当年新发生不良贷款315万元，不良贷款余额及占比实现双降。二是健全精细化管理机制，提升基础管理水平。细化基础管理综合考评工作，建立起以操作员日常自我规范为基础，以支行序时检查为重点，以市分行条线辅导和审计督导检查为补充的检查机制。通过加强考核，强化业务主管在推进合规经营和基础管理中的核心作用；通过强化基础管理的督导职能，把有可能存在风险的业务环节作为重点，对督查出的问题按规定处罚，涉及市分行相关部门的挂钩处罚。优化绩效考核办法，加强行长责任目标考核，将利润、存款、中间业务等指标下达到各经营机构，与负责人签订目标责任书，每季公布考核得分与排名，将任务完成情况与支行行长绩效工资和年终考评挂钩。加强支行业务主管的专项考核和市分行专业条线的对口考核，促进各项工作任务的完成。（于　鑫）

·中国工商银行股份有限公司泰州分行·

【概况】 2009年，中国工商银行泰州分行积极应对宏观经济金融环境变化，适时调整完善经营策略，突出资产经营，优化服务品质，强化内部管理，各项工作稳定健康快速发展。年末，人民币各项存款新增44.52亿元，各项贷款新增34.11亿元，实现利润5.2亿元。

【资产业务】 围绕全市经济发展重点，加大信贷投放力度，支持地方经济建设。围绕纬创资通（泰州）有限公司到泰投资，制定金融服务方案，成功营销纬创在工行开立外汇资本金账户及人民币基本账户。拓展区域重点建设项目，支持泰州稻河古街区、深业投资、中泰城投、姜堰国投、兴化城投等项目，投放贷款33亿元。全年累计发放贷款125.48亿元，其中向A+级（含）以上客户发放贷款113.65亿元，占比为90.6%。加大对非生产流通领域和传统优势行业的贷款投放，向医药、化工、机电、船舶等四大产业板块累计发放贷款22.4亿元。推进小企业贷款业务发展，小企业有贷客户315户，比年初增加 50 户，净增97402.5万元。

【负债业务】 强化组织领导和营销考核。研究和把握个人金融业务市场的规律和特征，以全口径个人金融资产销售为工作主线挖掘客户资源，以理财产品销售维护客户拉动储蓄的增长，加强市场营销的组织领导工作，组织制定具体的营销方案和考核措施。强化渠道建设和项目实施，年内新建财富中心1家、贵宾理财中心3家，改造理财网点12家、自助银行6家。全行50个网点中，近三年累计已完成改造网点42个，网点改造率84%,形成贵宾理财中心、理财网点、金融便利店和自助银行四级服务渠道。加快高素质理财专家队伍培养建设，初步建立起一支拥有11名CFP和9名AFP的理财策划师队伍。强化交叉营销和销售创新。加强个金与公司、国际等部门间的协调配合和分支行间的上下互动，形成营销合力，发挥网点、人员和技术优势，组织开展多层次的联动营销、交叉营销和全员营销活动。全年新拓展代发工资单位278家，新增代发人数12000人，月增加代发3400万元。

【中间业务】 推进外汇重点客户发展战略，成功营销泰州市投资额最大的外商投资企业—纬创资通（泰州）有限公司开立资本金账户，总投资10亿美元，首期资本金2100万美元已到账。围绕"拓展发卡市场、体现规模效应、开展刷卡促销、推广联名项目、推动升级换卡"的思路，开展发卡促销活动，提升银行卡业务发展水平。2009年，实现牡丹灵通卡新增15.4万张，比上年增加47.5%。对辖内商户资源进行再次梳理和排队，加大对重点领域、重点商户的营销、维护力度，将优秀的特约商户升级为特惠商户，进一步提高网络覆盖面和服务质量，增强牡丹卡吸引力。提高电子银行发展质量。落实网银第一捆绑产品战略，发挥全行客户资源优势，在存量客户中梳理筛选目标客户，有计划、有针对性地落实营销措施，加大渗透力度，努力实现电子银行业务对传统业务的优势补充。全年电子银行中间业务实现收入1843万元，任务完成率154%。

【内控管理】 加大内控管理、案件防范力度，实现全年无案件、无重大违规操作、无重大安全事故。开展"过程管理达标年"活动，明确活动目标、计划和具体措施，通过宣传发动、教育传导，对全年内控管理工作进行系统部署，在全行营造稳定、健康的合规环境。加强风险点的排查和整改，研究确定重点防范的九大风险点，针对客户经理、信贷业务管理、理财业务管理、票据管理、电子银行管理等风险点，研究制定专项整治论证方案，明确责任，把每项工作明确到人，奖惩落实到位，加强对整治工作的跟踪检查。完善内控管理和案件防范工作机制，坚持"以防为主”，注重防范过程的细化延伸，落实内控管理案件防范的各项措施。2009年，全行“内控综合管理信息系统”共录入检查事项2310个，累计检查机构4021个，整改到位记录880条、涉及1616笔。

【改革创新】 全面推进网点主任坐堂制，严格网点服务的规范化、标准化管理。强化和巩固柜员和大堂经理规范服务的执行力，改进人员配置，实行弹性工作制，优化业务流程，加强分流引导，从根本上解决网点服务问题，提升网点服务效率。强制推行 “三声两站一微笑”服务活动，提升全行的服务质量和服务效率。组织员工学习中国银行业“柜面服务规范”、“网点服务突发事件应急处理工作指引”、“中国银行业文明规范服务示范单位管理办法”等，增强员工的规范意识、品牌意识和应急能力。针对 “人民满意机关（单位）”评选活动中群众提出的意见和建议，制定措施，突出重点、强抓弱项，推动全行服务水平上台阶。

【队伍建设】 加强队伍建设和业务培训。以轮训的方式举办支行行长及全辖基层网点柜面员工培训，大堂经理营销理念及服务能力培训等，全年共举办各类培训班116期，培训2738人次。组织开展二线为一线服务满意度测评活动。采取明查、暗访、走访基层单位、网上无记名投票打分等方式，从服务承诺落实情况、服务禁止性规定执行情况、首问负责制执行情况、业务指导培训情况、主动服务基层情况、服务礼仪环境等6个方面对市分行机关部室二线为一线服务满意度进行测评，并对存在问题部门的整改落实情况进行跟踪督查。强化干部问责和问责考核。结合省分行考核项目进行目标责任分解和传递，优化问责指标体系，注重实际业绩，加强干部的责任心和使命感。

（潘 杰）

·中国农业银行股份有限公司泰州分行·

【概况】 2009年，中国农业银行泰州分行围绕“发展、转型、提质、增效”八字方针和“主体业务三年翻番、再造一个泰州农行”的发展目标，抓住积极财政政策和适度宽松货币政策带来的发展机遇，紧贴市场和客户需求，强化营销拓展和服务维护工作，业务经营呈现良好发展态势。年末，各项存款余额341.7亿元，比年初增加85.4亿元，其中，储蓄存款比年初增加39.18亿元，对公存款比年初增加46.22亿元。各项存款总量、增量及储蓄存款增量市场份额均居同业第一。各项贷款余额175.07亿元，比年初新增53.72亿元，其中，法人客户贷款134.59亿元，比年初新增31.54亿元；个人客户贷款40.48亿元，比年初新增22.18亿元。各项主要业务指标均完成和超额完成省分行及市政府下达的目标任务。

增强服务“三农”能力、持续推进“三农”产品和服务的创新与推广——农行泰州分行陈杏梅同志介绍县域蓝海金融规划。

省行与泰州市政府签署战略合作协议，未来四年向泰州市提供总金额不低于400亿元德尔信用投放。

农行成为泰州地区首家存款超300亿元大关的金融机构。

在华丽辉煌的音乐旋律中，可曾听到农行人的心声？

【信贷支持】 坚持把加大信贷有效投入作为服务地方经济和拉动自身业务发展的关键，建立源头营销和分层营销机制，以及营销责任人、项目预审会和营销督办会制度，增强综合营销能力。加大对优质项目贷款、优质以上客户拓展力度，积极营销政府融资平台、基础设施和房地产开发贷款。拓展小优、贷捷通贷款，抢占中小企业信贷业务市场份额。拓展以个人住房贷款、个人生产经营贷款为主的个人信贷业务，推进惠农卡和农户小额贷款业务。年末，各项贷款余额175亿元，比年初增加53.7亿元，其中实体贷款比年初增加51亿元。法人优良客户及低风险贷款比年初增加32亿元，占新增贷款100.12%。个人购房贷款余额34.44亿元，比年初净增19亿元，增量市场份额30.52%，居四大行首位。个人生产经营贷款余额3.14亿元，比年初增长2.1亿元。发放惠农卡46741张，已激活46457张，激活率99.39%；发放小额农户贷款6169.9万元。

【资金组织】 在对公存款上，围绕信贷客户、财政系统、新拓展客户、或有资产业务和存款大户，挖掘其增存潜力；在储蓄存款上，依托庞大的借记卡客户资源，通过拓展维护个人星级客户、推进网点转型和规范化服务，以及开展“春天行动”、“激情仲夏”、“爱在金秋”等个人金融产品综合营销活动,提高市场竞争能力。年内，储蓄存款余额在金融同业中率先突破200亿元。

【中间业务】 把中间业务摆在战略地位，着眼价值创造，努力提升中间业务市场竞争力。继续做大人民币结算、代理保险、银行业务、国际业务等传统类中间业务，拓展投行、担保承诺、电子银行及理财等新兴中间业务。年末，完成国际结算量22.77亿美元，比上年增加3.6亿美元。借记卡发卡总量143.37万张，比年初增加36.23万张；卡存款余额68.13亿元，比年初增加18.21亿元；新发贷记卡33012张，新增有效商户491户。新注册电子银行客户22.96万户，其中，转账电话投放总量15949部，比年初新增投放4299部；新注册个人网银36765户、企业网银

891户；新注册个人电话银行77325户、企业电话银行1964户、手机银行9105户；新注册短信通客户103575户。代销开放式基金13.24亿元，理财产品销售额12.33亿元。全行实现中间业务收入1.94亿元，比上年增长57.7%。

【经营转型】积极推进业务结构、客户结构、收入结构和区域结构转型，按照“零售业务下沉，公司业务上收”原则加快完善营销体系的同时，推进网点转型。加强网点布局规划，聘请专业机构对海陵、高港及姜堰支行城区26个网点进行现场调查测评，制订全行网点建设及调整规划。新建和改造7个精品网点，建成3家离行式自助银行。推进规范化服务，通过外聘机构和组织本行内训师对32家网点进行规范化服务导入。分层次建立内训师、大堂经理、理财经理、个人客户经理等4支网点转型及营销专业队伍。实施高低柜分设和后台集中管理，优化业务流程，减轻网点负担。加大自助机具投放，发展网上银行、电话银行、转账电话等电子银行业务，年内新投放自助设备59台，年末自助设备保有量237台，业务离柜率67.66%。

【内控管理】开展信贷“三化三无”和会计“三化三铁”创建活动，提升基础管理精细化水平。2009年，全辖信贷“三化”达标率为100%；会计“三化三铁”创建成效明显，全辖“三铁”单位9个，新增1个，“三化”单位47个，新增11个，“三化三铁”单位占比由43.57%上升到57.15%。全面实施信贷审批体制和风险经理派驻制改革，推行客户名单制管理和法人客户信贷风险十二级分类管理，按计划实现法人信贷业务网上作业。组织开展会计集中监管、案件风险排查、整体移位监管等活动，有效堵塞漏洞，防控风险。推进案件专项治理活动，强化“四项制度”以及各类制度的执行，扎实开展飞行检查等各类检查活动，保持全行运营稳定。通过开展 内控精细化管理“九个三”创建活动，建立起“全行防、人人控”的内部防控体系和执行体系，保障全行业务经营稳健发展。

（许 华）

·中国银行股份有限公司泰州分行·

【概况】2009年，中国银行泰州分行围绕建设“区域主流银行”发展主题，抢抓机遇，加快发展，至年末，全辖本外币各项存款余额241.29亿元，比年初新增75亿元，增幅45.07%；本外币各项贷款余额180多亿元，比年初新增75亿元，增幅71.07%；实现中间业务收入2.18亿元，增幅42.44%，办理国际结算量30.2亿美元，实现帐面利润2.66亿元。全年实现营业利润4.97亿元，总资产回报率1.12%。

【战略推动】围绕“提高发展速度、加强风险防范、提高员工素质”三大核心问题提出针对性整改措施，按照“打造区域主流银行”的发展主题，把发展战略、机制建设、风险内控作为工作重点，从战略和意识形态上引领全行发展方向。修订2009年～2011年发展规划，提出“三年再造一个泰州分行”的战略目标；下半年，将发展战略转向“做客户”，并进一步上升为“3+3”发展战略，即“做市场、做客户、做渠道”+“产品创新、服务创新、风险控制手段创新”，夯实发展基础，提升可持续发展能力。

【资产业务】加大基础设施贷款投放力度，“国十条”措施出台后，对全市基础设施贷款进行全面分析梳理，启动授信程序，对泰州及各区市27个政府融资平台提供授信支持，新投放贷款29.08亿元。加大对工业企业贷款的投入，加大贷款结构调整力度，压缩贴现贷款，支持重点工业企业发展，先后投放人民币纯公司贷款36.87亿元，外币纯公司贷款2.69亿美元，合计55.24亿元，153家工业企业获贷款支持，其中新增企业110家。

【个金业务】强化渠道建设，全年搬迁网点5家，新改造网点9家，建设自助银行2家，实施分行营业部装修改造工程。至年末，全辖全功能型网点4家，比上年末增加3家；销售服务型网点18家，比上年末增加6家；交易型网点21家，比上年末减少9家，网点转型力得到体现。

【中小企业业务】成立中小企业业务中心，打造“快速贷”品牌，“分行自行审批，5个工作日内审批完毕”的“信贷工厂”优势得到体现。至年末，全行中小企业贷款余额12.28亿元，比年初新增6.92亿元，增幅129%；全行中小企业授信客户数212户，比年初新增117户，新增授信客户数贡献率达100%以上。

【内控管理】实施风险内控十项措施，对近两年入行的71名员工组织脱产培训，系统学习各类规章制度，进行上岗证考试。开展新“双十禁”、《合规问题80问》、《柜面业务法律常识问题解答》学习与测试。开展合规网点创建工作，做好后进网点转化，对2个合规先进网点进行全行经验交流。实施业务经理派驻制，派驻业务经理101名，实现全辖50个网点的足额覆盖，提升风险内控水平。监控中心对全辖50个网点定员、定量、定责、实时监控，全方位监督，每半月通报。实施全员、全面、全过程风险管理，对贷款发放进行全过程监控，严密资金流向的管理，强化贷后“三查”和责任追究制度，加强不良资产清收工作。组织开展“合规文化大家谈”全辖巡回演讲活动。

（杭林慧）

·中国建设银行股份有限公司泰州分行·

【概况】2009年，建行泰州分行强化风险管理，加快业务转型，深化结构调整，加强基础建设，完成各项经营目标。年末全行一般性存款余额317亿元,新增81.27亿元,四行新增份额28.34%；不良贷款余额2.064亿元，不良贷款率1.5%；处置回收不良贷款1.12亿元；不良资产现金回收6923万元。完成中间业务收入2.3亿元，比上年多增近5000万元。实现国际结算量24亿美元，比上年增长5.86亿美元；完成结售汇7.13亿美元。各项贷款余额196.12亿元，时点新增56.07亿元，四行新增占比25.22%,比上年多增38.93亿元。实现账面利润6.33亿元。

【资产业务】 发挥做大项目、建设项目的传统优势，创新贷款方式，推进贷款储备和投放工作。参与进出口银行组织的医药城二期工程银团贷款；联手驻泰各商业银行为泰州交通投资平台授信50亿元；牵头组建泰州凤城河环境整治项目银团贷款；参加泰州大桥、江海高速内部银团；成功拓展泰州市引入的重要项目靖江华菱锡钢。率先成立小企业中心，创新小企业服务手段，推广联贷联保业务、小额无抵押业务。小企业贷款网上申报，办理省内首笔网络银行 E 贷通业务。在全辖举办多场银企座谈会、产品推介会、项目对接会，促进中小企业业务做大做强，全年累计新发放小企业贷款30亿元，当年新增15亿元，小企业贷款占比达27%。

【负债业务】 加强个人存款的旺季营销，强化服务，抢占高端市场和客户，通过推行月头形势分析、月中市场剖析、月末差距透析的精细化管理，促进存款稳定增长，个人存款创历史新高，当年新增31亿元。对公存款把新开户作为营销重点，加大对机构存款客户的拓展力度，开展新开户竞赛，扭转对公存款不利局面，年内新拓展泰凌医药、华侨城、外汇结算50强等一批重点客户。

【中间业务】 推广新型中间业务产品，在银团贷款、城市基础实施项目、保理、交易资金托管、个人黄金业务、付汇通、汇贷宝、企业债等方面取得突破。先后发行城市基础设施股权投资类信托理财产品3.5亿元，指定发行16亿元企业债，营销“付汇通”业务和即期信用证业务，在帮助企业解决融资问题，引导客户规避本外币风险的同时，进一步拓宽中间业务收入来源。推进优势产品做强，重点强化战略性业务战略地位，把信用卡、个贷、电子银行等战略性业务总量做大、份额做大，提高中间业务贡献度。

【资产质量】 全面推进信贷结构的优化调整。在信贷规模控制的情况下，加快压缩票据贴现和客户退出，满足重点客户资金需求，促进客户质量提升和行业结构优化。完善项目直接经营机制、条线联动机制和行内外互动机制，突出对公不良贷款和市区直接经营，坚持“一户一策、一户多策”，加大不良贷款催收和处置力度。

【业务转型】 成立财富中心、理财中心，以提高财富中心专业化服务能力，满足高端客户群体理财需求，全行钻石级个人客户快速增加，客户增长率达64.5%。成立个贷中心、票据中心和放款中心，以及专业化、任务型的团队，优化业务流程，提高服务效能，推进网点二代转型。加强网点建设，纳入网点建设的项目22个，其中新购项目9个，原址改造或装修13个，新增离行式自助银行4家、自助设备7台。年内，被市政府评为“十佳服务地方发展单位”。

【内控管理】 推进合规经营、规范操作，组织对全行内控管理进行全面检查。开展技能培训和业务大比武，提高会计核算质量、管理监督水平和会计队伍整体素质。实施挂钩联系、柜面业务操作风险评价、会计工作定期分析通报等制度。建立问题整改及管理建议书机制，推行月度巡查“三统一”、“三平行”模式等，全年实现“无案件、无重大风险事件、无重大外部监管处罚、无客户有效投诉”的四无目标。推进稳健经营、坚守底线。严格信贷准入条件，严把客户准入关，定期从环保部门网站获取企业的环评结果，作为信贷管理重要依据；对重点信贷企业尤其是受宏观经济影响波动较大的制造业、房地产、建筑业客户逐户形成调查报告；开展行业性调研，针对金融危机对实体经济影响的情况，对船舶行业、自行车行业、钨钼行业进行专题调研，制订风险控制措施；强化贷后管理，前中后台齐抓共管，确保全行资产质量持续向好。年内，被银监局风险监管评级为综合等级2+级。

【文明优质服务】 将文明优质服务管理纳入长效管理，开展全行优质服务巡回演讲，开展投诉案例点评活动，出台文明优质服务考核办法，形成“外聘神秘人、后台监控、专职检查人员抽查”的密集型检查格局，全行服务水平显著提升。市分行在当地商业银行中率先创建成“江苏省文明行业创建先进单位”；被市委、市政府命名表彰为“泰州市文明行业标兵”。靖江支行被命名表彰为“2007～2008年度泰州市文明单位标兵”、“2007～2008年度泰州市文明行业”；泰兴支行、姜堰支行、兴化支行分别被命名表彰为“2007～2008年度泰州市文明行业”、“2007～2008年度泰州市文明单位”；高港支行被命名表彰为“2007～2008年度泰州市文明单位”。

【企业文化】 坚持行务公开，落实党风廉政和安全保卫责任，实行案件防范一票否决制，做到党风廉政建设与业务经营同布置、同落实、同检查、同考核。制订《2009年建行泰州分行员工培训积分管理办法》，开展“每周一课”学习活动，通过与建行常培中心和专业培训机构合作，组织各类业务培训，加大管理人员和业务骨干的培训力度；分14期组织全行员工进行轮训，培养员工良好的服务礼仪、团队意识，塑造阳光心态。组织开展优秀营销案例征集、职工合理化提议、金点子征集活动。开展新春联欢、第二届职工运动会、职工书法绘画摄影展等形式多样的文体活动，市分行被评为“全国群众体育先进集体”。创作具有泰州特色的节目京歌《敢创世界一流》，获省建行庆祝建国60年系统职工文艺演出优秀组织奖。关注困难职工，开展“倾听员工心声，感受关爱力量”问卷调查；组织市区全体干部职工和辖内的先进个人健康疗养。

【社会责任】 履行社会责任，组织开展“博爱万人捐”和“慈善一日捐”活动；组织市区员工义务献血；与海陵区试采居委会困难老党员结对帮扶；扶助兴化、姜堰等经济薄弱地区；组织职工互助基金募集活动。先后获省“三下乡”服务先进单位、市“关爱生命、奉献社会”先进集体等称号。（胡桃军、刘 艺）

·交通银行股份有限公司泰州分行·

【概况】 至2009年末，交行泰州分行人民币存款余额83.20亿元，比年初增加30.78亿元，比上年多增18.45亿元，增幅58.71%；人民币各项贷款余额80.01亿元，比年初增加39.67亿元，比上年多增27.9亿元，增幅98.37%，存贷款计划完成率均居省辖行首位。不良贷款余额0.077亿元，比年初减少0.1715亿元，占比0.1%。累计完成国际结算5.85亿美元，比年初增加2728万美元，增幅4.89%。实现经营利润2.18亿元，增幅57.10%。全年绩效考核连续四个季度居省辖行第一。

【资产业务】 适应形势变化，主动调整营销策略，支持地方经济发展。全年新增贷款投放39.67亿元，累计发放贷款86亿元。围绕沿江开发和泰州新型工业化进程，强化对全市重点项目、重点客户的营销和服务。先后对引江河大道、靖江华宇、华菱锡钢、中盛光电、华信药业、南通华艺等10多个全市重点项目提供信贷支持。积极参与金通公路、凤城河改造工程、引江河大道和华信药业银团贷款，并牵头组织引江河大道项目银团贷款，提升市场地位。加强对政府平台的支持，通过政府融资平台先后对泰州市金通公路、稻河古街区项目、凤城河建设项目和华信药业以及靖江、姜堰等县级融资平台新增贷款12.74亿元，促进资产业务的增长。发展中小企业信贷业务，运用“展业通”特色产品，为小企业提供金融支持，全年中小企业贷款比年初增加23.3亿元。

【负债业务】 按照“跑赢大市、争先进位”的发展要求，坚持“不唯指标唯目标、不唯目标唯市场”，加强对泰州经济金融形势分析，确定合理的发展目标，提高市场占比。年内，先后组织开展“开门红”竞赛、“金牛行动”、“腾飞计划”等竞赛活动，一季度主营业务快速增长，获全辖腾飞大奖。强化发展意识，结合业务发展实际自我加压，确立“存款超百亿”的奋斗目标，全面开展“携手百年交行、共创百亿辉煌”百亿工程竞赛活动，6月末人民币各项存款突破100亿元，全年新增存款30.78亿元。

【中间业务】 以战略转型业务为突破口，加快推进中间业务全面发展。公司条线以打造“蕴通财富”服务品牌为重点，有效整合优化蕴通账户功能，提高 现金管理服务能力。全年销售对公理财产品近1亿元；蕴通供应链和企业年金业务均实现较大突破；个金条线突出完善个人客户分层服务体系，丰富“沃德财富”、“交银理财”品牌服务内涵，提升销售服务能力。全年新增沃德客户252个、交银理财客户2353个、信用卡7504张、销售保险产品1.1亿元、销售基金4.5亿元；国际条线注重加强“融资快线”和“交银通汇”两大品牌建设，贸易融资、保理业务、对公外汇理财等重点业务快速发展，国际收支和结售汇业务市场占比稳中有升；电子银行条线着力推动“金融快线”品牌建设，拓展电子支付业务，电子银行分流率大幅提升。

【内控管理】 加强会计业务内控管理。坚持会计主管委派制度和会计人员轮岗轮调或强制休假制度。创建“会计示范行”，推进会计内控管理；强化贷后风险管理,细化各项贷后管理工作规范。针对贷后管理中存在的薄弱环节，加大考核处罚力度。建立规范化、精细化的贷后管理长效机制，提升贷后管理水平；加强与中介机构合作的管理，有效防范风险。先后与泰州10家会计师事务所和6家具有政府背景的担保机构签署合作协议，为防范中小企业信贷风险提供保障；重视反洗钱管理工作，定期召开反洗钱工作会议，检查部署反洗钱措施，提升反洗钱工作能力；强化案件防控管理，按照“一案四问责”的工作要求，加强检查监督力度。组织开展“平安交行”创建活动，强化制度执行，实现全年无案件、无安全保卫责任事故的目标。

【队伍建设】 坚持“四好班子”创建。加强员工队伍建设，重点加强公司客户经理、沃德客户经理、零贷客户经理、客户服务经理等专业人才队伍建设，通过公开竞聘选拔人才，充实到营销一线。对公业务客户经理人数由原来的19人增加到33人，占比达员工总数的10%以上，整体营销能力得到提升。开展“责任交行，责任人”主题教育活动，强化党风廉政建设，突出警示教育和提醒谈话活动，提高全行责任意识和工作执行力。（任厚广）

·中信银行股份有限公司泰州分行·

【概况】 2009年，中信银行泰州分行以“加速业务发展，打造精品银行”为目标，转变经营理念，积极开拓市场，强化内部管理，调整业务结构，推进企业文化的建设，各项业务发展再创历年最好水平。至年末，全行各项存款余额52.4亿元，比年初增加21.7亿元，增幅70.7%，其中一般性存款余额50.6亿元，比年初增加19.9亿元，增幅64.8%；各项贷款余额45.3亿元，比年初增加22.6亿元，增幅99.4%；不良贷款余额108.5万元，比年初减少4291.3万元，不良贷款率由年初的1.94%下降为0.02%；实现税前利润7570万元，比上年增加1870万元，增幅32.5%。全年综合计划考核得分112分，被中信银行南京分行评为优秀分行，并被表彰为“中信银行南京分行2009年度卓越进步奖”。

【资产业务】 贷款规模增长迅速，业务结构不断优化，市场开拓取得突破。加强对优质的政府重点项目授信的营销，强化与政府平台项目的良好合作关系，先后对泰州主城区、靖江、姜堰、泰兴、兴化各县（市）成功营销与政府平台相关的城市基础设施建设授信项目。围绕全市重大项目，以参加银团组团、独立开展营销的方式，先后在中国医药城、省级公路改造、自来水、污水处理等多个项目上取得突破。强化对优质企业、骨干企业的系统营销，一户一策，成功营销一批优质企业。贯彻落实“双优双主”的营销要求，认真选排战略合作客户并开展积极的营销，提升市场影响力与竞争力。

【零售业务】 全行零售业务实现快速发展。年末，储蓄存款余额9.1亿元，比年初增加3.1亿元，增长51.8%，完成南京分行下达计划的156%；个人贷款余额6.1亿元，比年初增加3.5亿元，增长130.8%，完成南京分行下达计划的232%，实现翻一番的目标。在零售业务经营管理中，突出贵宾服务体系与分行贵宾理财中心建设，努力为中高端零售客户提供专业高效的金融服务。强化服务品质管理，提升服务形象，继月城支行获“中国银行业文明规范服务示范单位”称号后，分行营业部、新区支行分别在南京分行组织的季度服务品质检查评比中居第1，分行营业部获南京分行服务品质管理标兵支行。

【内控管理】 明确合规经营与健康发展的管理工作要求，强化风险管理意识，努力构建“全员、全方位、全过程”风险管理体系。加强会计管理工作，进一步完善会计经理委派制度和重要岗位轮岗及强制休假制度，加强会计检查辅导培训，全面提高会计人员业务水平。开展多项内容的自查自纠和案件风险防范工作，建立完善各项内控管理制度，加强检查监督，有效防范内控风险。重视信贷资产质量，规范授信审批与业务操作流程，强化贷后管理工作。

【网点建设】 4月，分行本部迁至鼓楼路办公营业。10月，主城区青年路支行成功开业。（季　方）

·江苏银行股份有限公司泰州分行·

【概况】 2009年，江苏银行泰州分行坚持宽中求稳、宽中求质、宽中求效，积极开拓市场，加快发展步伐，各项业务实现跨越发展。年末，全行各项存款余额31.18亿元，比年初增加19.05亿元，比上年增长157.02%；各项贷款余额22亿元，比年初增加15.99亿元，比上年增长266.12%，存贷余额增幅均居全市各金融机构首位。实现拨备前利润4917万元，完成全年目标的156.25%。年内，分行获市金融统计工作先进集体、市货币监测与形势分析工作先进集体称号，分行营业部获市“青年文明号”称号。

【信贷支持】 围绕全市经济发展重点，加大信贷投放力度，支持地方经济建设。积极支持符合国家产业政策的优良客户和重点项目，培植优良客户群体。合理把握信贷节奏，有序安排贷款投放，加大对县域经济、中小企业、回报率高的项目的信贷倾斜，重点加大对实体经济尤其是小企业信贷投放，加强对泰州经济开发区和中国医药城的重点营销，组织对泰州50强重点工业企业及100家成长型企业的牵头营销和资源配置，优化对公客户结构。明确票据业务重点支持和需要控制的对象，合理控制票据规模，优化信贷结构。年末，全行各项贷款余额22亿元，比年初增加15.99亿元，其中，小企业贷款新增5.66亿元，零售贷款新增1.52亿元。

【优化负债结构】 强化“存款立行”理念，把组织资金工作放在突出位置，通过实施有效的市场营销策略，强化激励考核机制，挖掘营销潜能，推动负债业务规模扩大，提升市场占有份额。发挥资源组合优势，实现部门间、岗位间整体联动，实现产品交叉销售，不断优化负债结构。业务部门人员深入中小企业，拓展中高端客户市场；加强对睡眠户和空白户的利用，客户经理对无贷户的营销由“畏、难”变为“盼、追、抢”。结合网银业务的开通和拓展，提高已授信客户的资金归行率和企业结算资金回笼率。严格控制保证金存款比重，实现负债结构的不断优化。

【零售业务】 推进个人住房贷款业务营销，在循环贷款、经营性贷款、个人消费贷款等业务上取得突破。开拓海陵区房贷市场，改善个贷结构，提升个贷份额。创新服务，为个贷客户提供一站式服务。组织开展系列营销宣传活动，为全年零售业务指标的顺利完成营造良好的外部环境。

【渠道建设】 11月19日，江苏银行泰州分行首家县域支行——兴化戴南支行挂牌开业。江苏银行兴化戴南支行是泰州市银行业金融机构在乡镇设立的首家县级支行，也是江苏银行在乡镇设立的全国首家县级支行，对于提升泰州金融服务水平，丰富金融服务形式，延伸金融服务触角，将产生积极影响。在主城区加快自助银行建设，完善网点服务功能，提高网点对市场的辐射能力。

【内控管理】 开展各项业务日常巡查、重点检查、风险排查工作，排找存在的薄弱环节和风险隐患，研究预防和整改的措施。开展专项检查和专项治理，促进业务操作和内部管理规范，提高内控管理水平。开展“六查六看”和“五比”活动，对所有公司授信“三查”进行审计，规范业务操作，强化风险控制。修订完善各项管理制度，防范和化解柜面业务操作风险。启动法律审查工作，发挥法律对业务部门的支持保障作用。强化安全管理，把日常安全经营及案件防控工作列入重要工作议事日程，确保安全经营无事故。

（胡安平）

·南京银行股份有限公司泰州分行·

【概况】 2009年，南京银行泰州分行围绕“坚持科学发展、突出率先发展、确保稳健发展”的工作主线，积极创新创优，各项业务发展跃上新台阶。年末，各项存款余额53.67亿元，比年初增加30.54亿元；各项贷款余额51.47亿元，比年初增加 28.44亿元。存、贷款净增额在全市17家金融机构中居第5位和第6位。

【信贷支持】 结合区域经济特点，将信贷资源在不同的区域和业务领域进行差异化配置和管理，最大限度地实现优质资源与优势产业的最佳结合。加快发展新兴特色业务，注重与同业的差异经营和互补合作，发展船舶金融、工商银、融资理财和“房易贷”、“信易贷”等特色业务，增强为重大项目、企业经营和居民消费的服务能力。年末，全行各项贷款余额51.47亿元，比年初增加28.44亿元，增幅123.5%。年内，分行被市政府授予“金融工作先进单位”称号。

【特色业务】 将小企业和个人业务作为培育特色竞争能力，体现差异化竞争优势的战略性业务，重点加以推进。在营销组织、管理保障、风险制约和授信审批、薪酬绩效及费用考核等方面加强对小企业和个人业务发展的倾斜与支撑。立足优势产业中的中小企业群体，通过行业协会筛选、上下游企业梳理等途径，将一大批中小企业纳入储备客户库。通过强化公私联动和全员营销，拓展个人金融中高端客户群体。年末，小企业贷款余额 15.53亿元，比年初增加10.21亿元；个人贷款余额5.91亿元，比年初增加 4.07亿元。

【企业文化建设】 打造彰显时代特色、和谐奋进的先进企业文化。在总行成立13周年和分行成立2周年纪念日，举办由政府领导、客户代表、员工家属等共300多人参加的“梅绽凤城”新春联谊会。举办泰州市市级机关“南京银行杯”羽毛球比赛、泰州市高考经验交流会暨第三届“金梅花教育基金”颁发仪式、“南京银行·金梅花博爱助学行动”以及“南京银行杯”“高歌颂祖国·激情迎未来”演唱会。鼓励支持工、青、妇组织开展“文明行业”、“青年文明号”、“巾帼示范岗”等创建活动。组织员工参加“博爱万人捐”、资助病患儿童、捐助市福利院等公益活动，树立南京银行勇于担当、乐于奉献的社会品牌形象。（何晓燕）

·泰州海阳农村合作银行·

【概况】2009年，泰州海阳农村合作银行积极应对宏观经济环境变化，有效提升农村金融服务效能，完成全年各项目标任务。年末，各项存款净增22.66亿元，各项贷款净增17.34亿元，存、贷款增幅分别居全省同系统第1、第2；实现账面盈余1.4亿元，比上年多增加0.7亿元，首次突破1亿元。综合考核获省联社二等奖，6个单项在省联社获考核表彰，等级考核进入AAA级行列。年内，获市金融工作先进单位。

【资产业务】明确“牢固占领农村市场、积极拓展中小企业客户群，培植潜力客户网，有效参与重点骨干企业及市属重点工程项目建设”的市场定位。探索金融服务经济的新模式，先后推出6项特色信贷产品，其中，“‘发展不忘责任、引领百姓致富’221帮扶贷款”获市组织部组织工作创优成果奖，“小额农业机械贷款”获国家农业机械网推广。推行银团贷款，支持中小企业。全年累计发放各类特色贷款1.33亿元，累计投放“三农”贷款53.89亿元，“三农”贷款增幅达60.5%。投放小企业贷款29.99亿元，比年初增加11.58亿元。

【负债业务】确立“强发展、快发展”的经营理念，建立定期工作汇报机制和上下联动机制。分阶段推出首季开门红、争创“两个不低于排头兵”、争当“揽储能手、营销标兵”以及圆鼎卡、农民工卡百日竞赛等活动。建立干部任期目标考核机制，释放中层干部管理能量，建立内部员工、客户经理、机关员工考核激励机制，加大营销标兵、揽储能手奖励标准，形成竞争合力。全年存款增幅达55.3%，列省联社系统第1。

【内控管理】围绕“三年达到同期商业银行管控水平”的目标，强化内控管理，对全行管理制度、业务流程、岗位职责进行重新梳理与完善，全年修改完善相关规章制度289条，制度基本覆盖所有业务风险点和各岗位操作人员。先后上线指纹识别系统、事后监督系统、监控中心系统，案件防控由“治标”向“治本”转变。构建案件防范长效机制，开展案件专项治理工作，加大重要岗位人员交流力度，推行强制休假制度和委派风险管理员制度，加强合规文化培训，加大违规处罚力度，提升抗风险能力。

【品牌形象】围绕“内强素质，外树形象”目标要求，在统一规划、统一形象、统一对外标识的基础上，加强机关作风、行风建设、企业文化建设、文明规范服务，引进北京数字一百认证体系，建立完善事后监督中心，启动监控中心，规范对账中心，使企业进入品牌再造、管理流程再造的理性成长阶段。先后获中国最具成长力农村合作金融机构，市文明行业，市五星企业工会，并成为全市唯一一家获市公用服务企业“消费者满意度”调查商品质量好、服务态度满意排名均居前10位的地方性农村金融机构。

【队伍建设】启动全员培训工程，制定各条块人员分层培训与考核机制，全年组织各类培训30次，参培人员1645人次，参加考试人员705人次。推行效率与质量兼顾、业务数量与客户满意度挂钩、按季测评与绩效挂钩的客户经理、内部柜员、机关员工考核机制，发挥考核评价体系的激励约束作用，拉大不同岗位和同一岗位不同贡献之间的收入差距，调动员工工作积极性和主动性。确立优秀的企业文化和员工个人价值评估的标准，推行职业生涯规划，把员工的追求与全行发展结合起来，增强全行员工的责任感、使命感和归属感，培育审慎经营、持续发展的核心价值观。

【社会责任】关注社会弱势群体，建立爱心帮扶资金，推进“221”帮扶工程，参与“慈善一日捐”活动。全年累计捐款100万元，累计发放优惠贷款5961万元，让利118.5万元，帮扶特困户76户。（冒文彤）

保　险

·泰州市保险行业协会·

【概况】2009年，泰州市保险行会协会以“服务”为核心，重点做好“自律”工作，促进市场公平，维护消费公正，充分发挥“维权、协调、交流、宣传”等职能作用。

【保险业工作座谈会】 12月24日，市政府召开全市保险业工作座谈会，总结回顾2009年全市保险业工作，分析行业发展面临的形势和存在的问题，并对2010年全市保险业在规范经营、风险管控等方面提出具体要求。副市长卢佩民、江苏保监局副局长宋志华到会并讲话。

【保险行业自律】 *规范财产保险市场秩序*。为规范财产保险市场秩序，防范化解风险，协会及时传达学习《江苏省保险行业协会车险委员会会议纪要》、《江苏省2009年机动车辆保险行业自律细则》和《江苏省机动车辆保险多次出险业务行业自律实施细则》。在达成共识的基础上，组织全市财产保险公司总经理签约。

开展财产保险行业自律检查。先后两次组织开展车险自律检查，规范全市车险市场秩序。自律检查由协会牵头，引入会计师事务所独立第三方组成检查组，对各产险公司车险相关业务进行检查，并将检查结果和处罚情况书面报江苏保监局。

加强机动车辆交强险承保工作。年内，针对机动车辆交强险承保难的热点问题，协会召开各产险公司总经理紧急会议，组织签署《泰州市财产保险行业机动车辆交强险承保承诺书》，要求各产险公司将承诺书在各营业网点张贴，接受客户监督。11月2日，《承诺书》在《泰州晚报》上全文刊登，接受社会及媒体的监督。参与协调海陵区出租车交强险及商业险承保的有关事宜。

非车险行业自律。组织召开产险公司总经理高峰会，商讨制定全市非车险行业自律公约。在达成一致意见后，各产险公司总经理正式签署《泰州市非车险行业自律公约（2009版）》。

规范银行代理保险业务。先后召开寿险公司总经理联席会、银保负责人会议，传达学习江苏保监局《关于加强银行代理保险业务合规管理的通知》和《关于继续深入开展治理商业贿赂专项工作的通知》，研究讨论规范手续费支付的有关问题，并形成会议纪要。市保险行业协会与市银行业协会联合召开全市银保工作会议，学习由市保险协会与市银行业协会联合下发的《关于进一步规范银行代理保险业务的通知》，并对下阶段全市银保工作提出具体要求。江苏保监局、市银监分局有关领导出席会议并作指示。组织全市保险业行风监督员和秘书处工作人员对银保业务进行暗访。

财产险大型商业标的招标业务行业自律。参与协调市政府公务用车定点保险、市安监局企业安全生产责任保险、新浦化工财产和货运保险等招投标业务，严格行业自律有关要求，避免恶性竞争，规范市场行为。

【新《保险法》宣传活动】 5月，为提高全民法律意识，普及保险知识，协会组织全市35家保险公司在市区文峰千家惠广场开展新《保险法》宣传活动，向市民发放宣传手册，现场接受客户的咨询和投诉。各保险公司于“保险宣传周”期间在办公场所外悬挂标语、条幅；在协会期刊开设“学习贯彻新《保险法》”专栏。

【财产险业务手续费结算中心正式运行】 先后召开两次产险公司总经理高峰会，就成立全市财产险业务手续费结算中心征求意见，商讨有关事项。召开车险和财务负责人会议、业管部负责人，对手续费结算中心有关操作流程及操作中的注意事项提出具体要求。2010年1月1日，泰州市财产险业务手续费结算中心正式运行。

【考试中心】 为有效防止替考事件的发生，泰州市保险代理人电子化考试分中心考生影像采集系统于年初正式启用。4月，协会召开2008年度保险代理人电子化考试工作总结会，回顾总结2008年代理人考试工作，评比表彰2008年度送考先进单位和优秀送考老师，部署安排2009年有关工作。

【交通事故保险理赔服务中心】 年初，协会与市交巡警支队联合召开交通事故理赔服务中心工作座谈会。6月，召开产险公司总经理高峰会，通报交通事故保险理赔服务中心运行情况。为保证理赔服务中心工作的正常运作，与市交巡警支队联合出台《关于确保泰州市保险理赔服务中心正常运转的实施意见》。2010年1月，与市交巡警支队联合召开泰州保险理赔服务中心2009年度工作总结表彰大会，对获“优秀文明服务窗口先进单位”称号的4家产险公司进行表彰奖励。

【维护保险消费者合法权益】 及时处理保险信访投诉,全年共接到各类信访投诉157件，其中上门投诉28件、电话投诉118件、保监局转办投诉4件、市政府部门转办投诉4件、网上投诉3件。投诉内容主要涉及承保、理赔、业务员误导、人员不规范流动、无故扣压资格证书、不及时注销展业证号等方面。及时向有关公司了解情况、查清事实、作出处理，并将处理结果及时反馈投诉人。协助江苏保监局做好信访投诉的现场检查工作。年内，成立保险协会消费维权监督站，构建由工商管理、行业自律、社会监督、消费者参与的“四位一体”维权体系，为化解保险消费矛、盾加强与消费者的沟通联系提供平台。开展保险行业放心消费创建活动，召开保险行业放心消费创建工作会议，成立创建活动领导小组，并下设办公室，具体组织实施创建工作。组织10家保险公司代表参加“扬子江之春”泰州市3・15电视晚会，与会代表现场宣读《泰州市保险行业诚信服务十项承诺》，并在承诺书上签字。在协会期刊上增设“诚信3・15”专栏，报道各保险公司“3・15”消费咨询宣传活动。

【社会治安综合治理和平安建设】 加强综治工作组织领导，印发社会治安综合治理暨平安建设工作计划，积极参与“平安金融”创建活动。组织各保险公司签订2009年度社会治安综合治理平安建设目标责任状，对保险公司“平安金融”创建工作进行现场检查，督促保险公司做好安全防范工作，加强法制教育和道德建设，防止保险企业职务犯罪的发生。印发《重大突发事件应急处置工作预案》，加强组织领导，成立领导小组和工作小组，提高应急反应能力和处理突发事件的水平。

【保险机构预验收】 参加江苏保监局组织的保险机构预验收工作培训。对华鹏保险代理有限公司、恒泰保险经纪泰州分公司、大童保险代理泰州分公司、华邦保险代理泰州分公司和华鹏保险代理高港分公司等保险中介机构进行预验收，并将验收情况报省保监局。

【保险营销员管理】 年内，召开人寿险委员会会议，对3名违规保险营销员作出永久清除出保险行业的处理，并要求各公司严格执行离职证明三联单制度和人员流动自律公约。开展第二次保险营销员双证检查，加强营销员双证管理工作，并对发现的问题提出限期整改要求。

【协会理事会】 召开会员代表大会暨四届一次理事会，听取并审议《泰州市保险行业协会第三届理事会工作报告》、《泰州市保险行业协会章程》和《泰州市保险行业协会财务报告》，选举产生新一届理事会理事长、秘书长和常务理事会组成人员。召开三届四次理事会,讨论通过2008年度协会工作报告及2009年度工作要点，审议通过2008年度协会财务收支决算及2009年度财务预算；同意嘉禾人寿、国泰人寿、中银保险、华夏人寿、长安责任、阳光人寿、华泰人寿等7家公司加入协会，同时增补7家公司总经理为理事会理事。（于会武）

·中国人民财产保险股份有限公司泰州市分公司·

【概况】 2009年，全辖实现保费收入34846万元，比上年增长33%，实收保费36735万元，增长32%，完成全年任务的122%，其中，车险实收保费20172万元，增长35%；财产险实收保费 11351万元，增长9.5%；农险实收保费5212万元，增长104%。处理各类赔案27641件，直接赔款支出18440万元，比上年增加5516万元，直接赔款简单赔付率50.2%。全辖实现利润2746万元，完成省公司下达任务的120%。年末，未到期责任准备金净额13525万元，比年初增加2959万元；未决赔款准备金净额9692万元，比年初增加200万元。

【风险管控】 加强风险管控，坚持依法合规经营，力保违规行为不犯、管控能力不失、经营成果不丢。借助流程管理的建立，完善内部管理制度。结合总公司作业流程标准化系统的推广，对公司原有100多项规章制度进行梳理，修订、优化成302条新的规章制度并编入流程管理系统中，形成常态化的制度完善机制。发挥管委会职能，加强财产险业务风险管控。结合近几年财产险理赔案件的特点，制定“财产险防灾防损工作指南”，建立沿海船舶灾害性天气预警机制。市分公司财产险风险管理委员会每季度提前讨论确定企财险续保预案,并下发执行；对单一保险标的大、风险较集中的业务，坚持保前评估，对专业性较强的聘请相关专家或公估公司进行专业评估，同时对风险相对集中的船舶险业务出台新的核保细则和价格表并及时调整承保政策。

【农业保险】 全年承保水稻20.58万公顷，承保面100%；承保全市大棚作物保险面积52.13公顷，保险金额688万元；承保能繁母猪20多万头，承保奶牛1181头，做到应保尽保。及时履行赔偿责任，赔偿小麦冻害损失9800公顷，金额1327万元；能繁母猪1.62万头，支付赔款829万元；高效设施农业保险37.2万元。加快推进农村销售网点建设，促进涉农业务快速发展。创建25个“三农”保险服务标准站和100个“三农”保险服务标准点，通过农村网点的建设，加大农村家财险、企财险、责任险、意外险的营销力度，在服务三农的同时促进自身业务发展。

【社会服务】 开展 “客户服务年”活动，推广、运用服务流程的标准化建设，改善营销模式，增强服务理念，规范服务标准，完善服务机制，提升服务品质，积极探索客户价值管理的途径，提升社会服务水平。

【社会责任】 全年缴纳各种地方税收2300万元，参加各类社会公益活动，开展捐资助学、帮贫扶困、村企共建等活动，履行优秀企业公民责任。

【财务基础达标工作】 通过财务基础达标工作的开展，规避和降低财务风险。年初，将财务基础达标工作列入财务工作的重点内容，通过学习培训、严格考核、定期通报等方式，强化活动的开展，提高财务人员的业务素质。在全辖开展规范会计基础工作的巡回路演，普及财务知识，规范财务操作行为，提高全辖财务基础工作。年内，经省分公司验收，财务基础达标为2级水平，居全省系统前列。

【队伍建设】以全系统“培训年”为契机，加强人员培训，提升队伍素质。开展学习型组织建设活动，先后组织以新进员工为对象的《保险基础知识》、《员工行为准则》培训；以提高专业技能为目的的核保核赔知识的培训；以提高管理技能的网络培训等。全年共培训900多人次。积极推广网络培训，利用网络平台，组织适龄员工参与学习培训；制定网络培训方案和考核办法，及时通报网络学习进度。至年末，市分公司本部各职能部门有58人完成规定积分。为保证培训工作的常态化，从分公司部门、中心中选出8名业务骨干，组成培训师队伍。年内面向社会，择优录用27名新员工分别充实到技术、展业岗位。

【企业文化建设】围绕庆祝国庆、司庆活动，开展以“继往开来、再创辉煌”为主题的系统活动。促进公司品牌影响力的拓展和员工向心力的增强。开展“我心中的人保明天”演讲比赛和“共同愿景大讨论”活动。组织开展岗位技能大赛，激发员工“学习本领，提高技能”的热情。靖江支公司夏秋霞在“理赔技能”比赛中，获全省第2名和全国第7名。组织参加“全省系统2009年度经典案例竞赛”活动,参赛的5篇“经典案例”全部获奖，其中优胜奖2名、优秀奖3名，市分公司获组织奖。组织开展“‘说句心里话’——纪念中国人保成立60周年纪念感言”征集活动，全辖共征集纪念感言61篇，遴选出12篇优秀作品向省公司推荐。（吴晓平　朱跃清）

·中国人寿保险股份有限公司泰州市分公司·

【概况】2009年，全辖实现总保费收入21.2亿元，比上年增长8%。实现寿险首年期交保费收入3.06亿元，增长10.6%。其中，10年期及以上期交保费1.84亿元，增长25.3%；实现银保趸交保费7.97亿元，银保首年期交保费6770万元，增长127%。实现短险保费收入8740万元。总保费、首年保费、总期交收入增长速度均高于全省平均水平。全年两乡共实现10年期交业务11418万元，增长27%，绝对值首次突破1亿元，居全省首位。4家县支公司总保费收入均居全省前20位，3家支公司进入总公司百强县域公司前20强，其中靖江支公司总保费突破5亿元。

【内部管理】加强效益型业务发展和队伍建设，形成“结构优化、效益提高”的良好局面。加强业务管理，投保资料的填写录入质量居全省前列，生调质量居全省第2。在2009 年业务管理质量绩效考核中，泰州分公司居全省第1。积极打造 “国寿 1+N”服务品牌，以“国寿鹤卡”载体，结合销售部门开展各类专项推动活动，全辖举办10 多场 “国寿大讲堂之家庭教育知识讲座”，开展VIP 客户健康体检等活动，促进附加值服务内容与品质的提升。年内，市分公司客户服务中心被总公司授予“青年文明号”称号，公司获市消协 “消费者满意度调查先进单位”。加强内控合规建设，发挥监察、审计、内控、销售督察等职能作用，宣传贯彻新《保险法》，开展各种主题教育活动。推进治本抓源头责任制、治理商业贿赂、效能监察等工作，严厉打击“三假”、小金库等违法违规行为。履行反洗钱义务，被市人行评为反洗钱A级单位。

【文明创建】年内，与市慈善总会联合举办“手拉手传递真情，心连心延续关爱”5·12周年纪念大型慈善公益活动启动仪式。中国人寿集团公司在泰州市分公司召开中国人寿系统精神文明创建工作座谈会。举办“和谐泰州·人寿年丰”司庆文艺汇演活动，陶冶职工情操，增强公司凝聚力。年内，公司被中国保监会授予2008年度“中国保监会系统文明单位”称号，被市委、市政府授予泰州市文明单位、文明行业及金融工作先进单位称号。

【“手拉手传递真情，心连心延续关爱”5·12周年纪念大型慈善公益活动】5月9日，为纪念汶川地震一周年，人寿泰州市分公司与市慈善总会合作，在泰州市文峰千家惠广场举办 “手拉手传递真情，心连心延续关爱”5·12周年纪念大型慈善公益活动启动仪式。市慈善总会副会长常龙福、主任张明珍，人寿泰州市分公司副总经理朱彤参加启动仪式。5月9日～6月30日，公司组织爱心见证者与国寿志愿队，前往地震灾区绵阳市拱星镇开展帮扶活动，送去为灾区捐献的3750套爱心书包和各类文具。

【“和谐泰州·人寿年丰”司庆文艺汇演活动】11月18日，为庆祝中国人寿成立60周年暨泰州市分公司组建13周年，市分公司在泰州大剧院举办“和谐泰州·人寿年丰”司庆文艺汇演。汇演分“红歌演绎”和“国寿情怀”两个篇章。在红歌演绎篇，全市各经营单位以及市分公司本部共组成7支合唱队，共同唱响红色经典歌曲。在国寿情怀篇，来自全辖的员工及营销员通过音乐剧、舞蹈、口技等形式多样的表演，展示泰州国寿人的风采。市分公司本部音乐剧《国寿人生》获国寿情怀篇一等奖、市分公司营业部大合唱《在灿烂阳光下》获红歌演绎篇一等奖，市分公司营业部获最佳组织奖。江苏分公司总经理缪平、副市长卢佩民出席活动并讲话。

【中国人寿系统精神文明创建工作座谈会在泰州召开】 8月20日～21日，中国人寿系统精神文明创建工作座谈会在泰州召开，中国保监会有关领导、集团公司党委宣传部部长、各直属单位分管领导和党委宣传部部长以及10多家中国人寿系统内先进单位代表共40多人参加座谈会。副市长卢佩民到会并致欢迎辞，各先进单位总结开展精神文明建设的经验、做法以及创建体会，集团公司各直属公司对精神文明创建工作做系统规划和展望。与会代表实地参观泰州市分公司客服办公大厅、“双成之路”发展史展厅，听取公司精神文明创建工作经验介绍。 （赵桂根）

·中国平安人寿保险股份有限公司泰州中心支公司·

【概况】 2009年，中国平安人寿保险股份有限公司泰州中心支公司坚持以“防风险、调结构、稳增长”的经营理念，取得较好的经营业绩，全年实现保费收入4.55亿元。坚持以利润为导向的业务发展模式，以个险营销业务为主，银行代理业务为辅，个险营销保费收入占总保费收入的65%，银行代理业务收入占总保费收入的35 %。注重客户服务品质的提升，全年赔付金额1236.2万元，生存给付金额2004.45万元。坚持改革创新，加强公司经营管理的合规化建设，提升品牌形象。

【企业建设】 扩大乡镇网点的建设，年内新建姜堰、兴化、靖江等地的4个乡镇网点。为方便客户，保证客户资金安全，从3月起，公司全面实现收付费零现金服务，建立起覆盖银行转账、自助POS、电话、网络和手机的全方位电子化全新的收付费平台。加强公司合规建设，组织人员深入业务一线宣传新品质管理办法及行业规范要求，增强代理人的合规意识、诚信意识，改善业务品质，年内公司客户投诉案件较上年大幅下降。通过一系列的规章制度，促进公司守法经营和内控建设，有效防范公司经营风险。

【客户服务】 践行理赔服务承诺，达成一般案件10个工作日结案的承诺，1月～10月，10日结案率达成97.25%，理赔服务质量及服务时效的提升，带动理赔客户满意度的提升，2009年累计理赔服务满意度达成95.89%。（朱 伟）

·中国太平洋人寿保险股份有限公司泰州中心支公司·

【概况】 2009年，泰州中支坚持业务结构调整，提升服务品质，推进“两项改革”，继续推进基础建设、队伍建设和专业化提升工作。全年实现总保费收入3.06亿元，比上年增长 14 %；实现标准保费 2.46亿元,完成年度计划的108.75 %，比上年增长 13%，各项指标在全省都处于较好水平。

【机构建设】 公司有海陵、高港、兴化、泰兴、靖江、姜堰6个县级机构，43家乡镇营销服务部，有200多名员工和1200多名营销员，机构、网点遍布泰州四市二区，基本形成了覆盖泰州城乡、多层面的保险销售服务网络。完善发展营销、直销和银行代理三大渠道的销售体系，与一批专业、兼业代理机构建立良好的业务合作关系。开办的险种覆盖人寿保险、年金保险、分红万能保险、健康保险、意外伤害保险等多个领域。

【内部管理】 坚持“稳健经营，以效益为中心”的指导思想，加强经营管理制度的改革与创新。加强公司内部管理，严格执行全面预算管理，加大稽核力度，完善内控体系，强化收据、有价单证及档案和各类印章的管理。强化日常管理，加强岗位培训和PDCA训练，提高全辖柜员的服务技能，规范操作流程。年内，有5名员工获江苏分公司“服务明星、技术能手”称号。

【合规建设】 增强“主动规范、自觉规范、内部规范与外部规范相结合”的规范化发展意识，以完善公司内控制度建设为重点，推行业务流程的标准化管理，提升公司整体的风险管控能力。加强内控合规和内部审计力度，强化制度执行力；组织员工学习总公司编发的《合规手册》，提升员工的合规意识，推动公司培育良好的合规文化。

（石从东）

·泰康人寿保险股份有限公司泰州中心支公司·

【概况】 2009年，泰康人寿泰州中心支公司围绕“巩固、优化、提高、发展”八字方针，以优化销售渠道、合理配置资源为重点推进结构调整，发挥个人代理、团险、银保等不同销售渠道的优势，逐步形成不同渠道相互补充、共同发展的格局，在结构调整的过程中保持业务规模的增长。2009年，个险新契约实现承保价值保费2000万元；银行保险业务实现年度保费1.25亿元，年度计划达成率超过51%，比上年增长69.8%；总规模保费1.85亿元。

【内控建设】 坚持以合规为基础的经营管理模式，年内印发规范性文件11份，修改完善过时文件3份。根据人员流动重新设立内控建设领导小组与具体合规联系人，开展6次课堂式的合规培训。利用早会、干部会、内训等多种形式的学习，提升员工政治素质和业务技能。开展法律法规知识竞赛、行风热线等活动，建立员工学习与考试档案，强化理论知识，防范实践风险，提高管理干部依法合规经营意识及管理水平，提高业务人员行业道德及专业水平。

【信用体系建设】 重视防范金融风险，率先采用国际惯例进行信用评级，信用等级为AAA-级。率先采用国际标准的规范化管理，成为中国金融业第一家全系统全面通过ISO 9001:2000认证的全国性金融机构。推进诚信建设，达成“诚信光荣，失信可耻”的共识，提高公司服务质量和社会形象。

【队伍建设】 通过内部培养、外部引进、社会招聘等各种渠道选拔人才，举办一系列制式化和非制式化的培训，加强对新人培育和主管训练的新人123工程，提高队伍素质。实行赏罚分明政策，将短期激励制度与长期激励制度结合，在层级负责基础上，建立以KPI考核为核心的考评体系。积极参加社会公益活动，用于公益事业的款项累计达3000多万元，全方位提升企业文化层次，增强公司凝聚力。 （毛 燕）

·中国人民健康保险股份有限公司泰州中心支公司·

【概况】 中国人民健康保险股份有限公司是中国第一家专业健康保险公司， 2008年6月6日，泰州中心支公司正式成立。2009年，泰州中支实现保费收入3559.33万元，全面完成省分公司下达的各项经营目标，在2009年度绩效评比中居全省第一，先后获2009年江苏分公司“先进集体”、2008年度人保集团公司级“青年文明号”称号。

【业务发展】 把握新医改契机，积极寻求与政府合作的机会，参与社会医疗保障体系建设，加大结合市场开拓力度，宣传公司的经营理念和服务特色。2008年11月，与市残联沟通，中标残疾人意外伤害保险独家承保权。年内，先后成功承保泰州市直大病补充医疗合作项目和海陵区大病补充保险项目，实现保费收入1760.35万元，为20多万人提供了健康保障。公司明确“团险重点树品牌、做服务，个险重点打基础、做期缴，银保重点创规模，做市场”的业务发展思路，团险、个险、银保三条业务渠道均衡发展，个险渠道实现保费719.85万元，团险渠道实现保费2002.22万元，银保渠道实现保费837.26万元。

【基础管理】 围绕“降低赔付、提升服务”制订措施，加强理赔管理，坚持迅速有效、专业化和人性化的核保理赔的工作系统流程，提高理赔效率。年内，公司以快速、畅通的理赔工作效率，为泰州市区大病补充医疗保险提供465万元的理赔服务，圆满处理第一单1万元残疾人意外伤害保险理赔，树立“管理就是生产力”思想，加大内部管理力度，建立健全各项规章制度，认真执行各项政策法规和各项业务流程。 （人保健康）

·中华联合财产保险股份有限公司泰州中心支公司·

【概况】 2009年，中华保险泰州中心支公司以提高经营效益为目标，围绕业务结构调整，强化内部管控，增强自我约束、自我激励、自我发展能力。全年实现责任期保费收入保费收入6909万元，支出各类赔款5487万元，代收代缴车船使用税510万元。

【业务发展】 细化核保政策，淘汰部分赔付率高的车险业务，改善车险经营质态。加强与各专业银行、保险经纪人公司、代理人公司等中介渠道合作，采取专题劳动竞赛的方式推动和深化银保合作业务的广度和深度，全年非车险业务占比达27.39%，被江苏分公司授予“2009年银保业务百日竞赛活动先进单位”称号。在兴化市试办农村居民小额意外伤害保险业务。

【理赔工作】 落实双人查勘制度，要求查勘人员限时赶往第一现场查勘，为保户提供帮助。坚持未决案件回访制度，通过服务专线和理赔定损人员定期或不定期地回访客户，变被动服务为主动服务，结案率比上年提高11个百分点。开展“打三假”工作，通过借助公安经侦的力量，重点打击骗保、诈赔的不法行为，年内，制止和查处骗赔案件4起，涉案金额9万元，有效遏制理赔过程中的“跑、冒、滴、漏”现象。

【社会责任】 年内，在市人行牵头组织的“平安金融单位”创建活动中，被授予“平安金融”达标单位，公司总经理盛茂被市政府评为金融工作先进个人。在江苏省工商局牵头组织的“放心消费单位”创建活动中，公司顺利通过检查和验收，成为泰州市保险行业内唯一一家荣获“全省放心消费创建活动先进单位（第三批）”称号的保险公司。响应市政府扶助贫困群体的号召，组织参加“博爱万人捐”慈善活动。做好反洗钱工作，促进全员服务意识和技能的提升。 （吴阿林）

证 券

【概况】 2009年，全市新增2家证券营业部，其中东吴证券泰州营业部正式挂牌营业，国联证券泰州营业部正在筹建之中；原有的4家证券服务部均升级为营业部。全市现有11家证券营业部（其中1家正在筹建）、2家期货营业部，拥有证券从业人员172人,营业面积15550平方米。各证券营业网点推出沪深A股、B股、基金、权证、债券等交易品种，开设多品种期货交易，开通柜台委托、磁卡自助委托、热自助委托、电话委托、网上交易和银证转账等交易系统。

【交易投资】 投资者规模不断壮大，全市累计股民开户200110户，全年新开34516户，平均每月新开2876户。证券交易量大幅攀升，全市实现证券交易总量2380.55亿元，比上年增长22.98%，其中实现股票和基金交易1727.51亿元，增长86.19%；实现债券交易3.38亿元。股市资金流动性充裕，年末全市股市客户保证金余额19.50亿元，比年初增加8.71亿元，全年有16亿元资金流入股市，各驻泰证券营业网点均显示资金净流入。投资者客户资产大幅增长。至年末，全市证券投资者客户资产余额91.37亿元，剔除新增资金的因素，比上年末增长66.45%。

【规范经营】 各证券营业网点按照《证券法》、《证券公司监督管理条例》等法律法规，依法开展业务，自觉规范经营行为。一是落实中国证监会《关于做好证券公司客户交易结算资金第三方存管有关账户规范工作的通知》和中国证券登记结算公司《关于进一步规范账户管理工作的通知》要求，对投资者的证券账户和资金账户进行清理规范，严格执行现场开户。二是落实中国证监会和自律机构关于加强投资者教育工作的相关规定，做好投资者风险教育工作，针对开户、交易和资金存取等重要环节对客户进行风险提醒，通过“投资者园地”、“股民之友交流园地”和股评会等多种平台对客户进行投资教育，引导客户了解各类证券投资品种的特点和风险，树立正确的投资理念，增强风险防范意识。三是落实反洗钱相关规章制度，做好客户身份识别工作，了解实际控制客户的自然人和交易的实际受益人，严格要求机构客户按规定登记营业执照、税务登记证、组织机构代码证和法人、受托代理人的身份信息和有效期，及时提醒使用过期身份证件进行交易的客户做好身份资料的变更工作。

【平安创建】 市证券办落实市金融稳定协调小组、市处非联关于维护金融稳定和打击非法集资的工作要求，协助省证监局对全市证券市场实施监督管理，引导各驻泰证券营业部规范经营，加强风险防范。开展证券“打非”活动，严格执行非法集资信息共享月报和季报制度，加强“打非”工作调查研究，积极向市政府提出“打非”工作建议和思路，会同有关部门妥善处理非法吸收公众存款案件，努力平息事态、化解风险。开展“平安证券”创建活动，先后2次组织平安创建检查和业务指导活动，引导各证券经营网点健全应急预案、强化内控管理、完善硬件设施，加强开户、第三方存管、网上交易、通信、电力等系统的风险控制和安全保障措施，按照组织到位、台帐齐全、制度健全、硬件达标的要求督促各网点对照整改。

（证券办）

市委书记张雷、副市长卢佩民视察人民银行。

教 育

综 述

【概况】 至年末，全市共有各级各类学校622所，其中幼儿园204所、小学166所、初中170所、特殊教育学校6所、普通高中47所、中等职业学校24所、高等学校5所。民办学校74所，民办教育已涵盖幼儿园、小学、初中、普通高中、职业学校及非学历教育各个层次。共建成省优质幼儿园103所、四星级普通高中10所、三星级普通高中18所、四星级职业学校2所、三星级职业学校4所、国家级重点职业学校7所、省级重点职业学校3所。有在校生67万多人、教职员工51324人。全市小学、初中、普高、职高专任教师学历达标率分别为99.87%、98.48%、96.87%和90.12%，有教授级中学高级教师15人，在职特级教师57人，在职泰州市名教师48人、名校长10人。

市委书记张雷、市长姚建华接见优秀教师代表。

【区域教育现代化创建工作】 市教育局围绕创建目标开展专题调研，理清创建思路与重点。召开全市教育行政部门联席会议，研究交流区域教育现代化创建工作。主动开展指导服务，组织试评估活动，提升教育现代化水平。首批申报的姜堰市、海陵区顺利接受教育现代化建设水平省级现场考察评估。其他市（区）按照既定目标，细化目标，硬化措施，推进创建工作。出台《泰州市2009～2012年教育信息化发展规划》和实施方案。启动数字化校园建设，实施教育城域网专网建设，开通教育城域网教学资源共建共享网络平台，开展电子白板新技术应用推广活动。启动高中阶段学校中外合作办学项目，省泰州中学、省靖江中学成为首批中外合作办学学校。市教育局与澳大利亚新南威尔士州签订教育合作协议。全市5所职校与韩国骊州大学签订国际教育合作项目协议书，并开展师生互访交流活动。到泰就读留学生数量逐年上升。

【教育惠民工程】 为近40万名义务教育阶段学生免费提供教科书，为8058名家庭经济困难寄宿生发放生活费补助5822万元，为10597名普通高中学生发放政府助学金和3037名普通高中学生减免学费1528万元，为18261名中职学生发放国家助学金和1028名中职学生减免学费2681万元，为市区646名经济困难家庭子女接受教育减免费用68万元，为2109名大学生发放生源地信用助学贷款和255名高校新生发放困难补助费1160万元。全市43万多名学生受惠1.14亿元，无一名学生因贫失学。发动社会各界帮扶特困学生，先后组织LG圆梦大学、中国慈善总会向泰州市中小学捐赠视力保护器材、泰州军分区领导结对帮扶省泰州中学特困生等活动。关爱留守儿童，健全12万多名留守儿童亲情档案，2万多名教师与留守儿童结对帮扶。

【学校党建工作】 出台《关于进一步推进农村中小学党建工作管理体制改革的意见》和《关于加强民办学校党的建设工作的意见》，开展“三争三创三满意”系列活动。推进学校党建管理体制、工作制度和活动载体三大创新，在全市推行“条块结合、双重管理”的农村中小学党建管理模式，创建成全省党建工作示范区。省委教育工委在泰州召开现场会，推广泰州市学校党建工作新模式。

【机关作风建设】 修订机关内部管理制度，完善内控机制。按照“五型”机关的要求，实施全年工作目标责任分解，落实责任处室和责任人。推进办公自动化，建立网上阅、发文制度，基本实现无纸化办公，提高机关工作效率。梳理市局行政权力项目，全部上网发布,实行公开透明运行。办结人大代表和政协委员建议提案46件，按时办结率100%。办理市委书记、市长信箱等交办件322件，即办率和办结率均为100%。做好信访工作，办理各类来信375件，接待来访45批、120多人次。继续打造“教育为民热线”服务品牌，及时受理群众咨询、求助和投诉，按时办结率、回复率均为100%。举办高考志愿填报辅导会，指导高考志愿填报。组织推进义务教育均衡发展、教育现代化专题调研，形成一批高质量调研成果。组织开展创业教育进校园等活动，加强大学生创业就业指导。组织开展领导下访活动，走访泰州医药高新区和在泰高校，排出服务工作46项，完成情况良好。多次组织党员义工深入花园社区开展服务。年内，市教育局被市委、市政府表彰为文明单位。

【**平安校园创建**】开展“平安校园”创建活动，制定创建工作实施意见，召开全市“平安校园”创建工作会议、“平安校园”创建工作推进会议，开展学校周边环境专项整治，全市136所学校确认为“泰州市平安校园”，其中45所学校通过“江苏省平安校园”考核验收，超额完成省、市“平安校园”年度创建目标任务。指导全市学校甲型流感防控工作。推进校舍安全工程，下发全市中小学校舍安全工程实施意见，成立中小学校舍安全工程领导小组、专家组和督查组，对全市学校校舍进行安全排查鉴定。

【**市直学校管理**】建立市直学校统筹、指导、管理、督查机制，实行目标管理，对市直学校发展目标、校园建设规划、重大基建项目进行审核论证。定期召开市直学校校长例会，组织市直学校开学工作、实验室工作、档案管理及其他管理工作的专项督查和期中视导，强化情况反馈、整改提高和跟踪督查。专门召开市直学校工作会议，总结部署市直学校工作，注重市直学校干部队伍的思想作风建设、能力建设。按照“公平、公开、公正”的原则，完成市直学校新教师招聘工作。

【**教育考试组织工作**】精心组织中考命题，命题质量稳步提高。成功组织首次中考英语听力口语自动化考试，保证6万多名考生成绩的准确无误。首次实施全市中考网上阅卷，7门学科42万份试卷阅卷无一差错。加强规范考点建设，层层落实工作责任，圆满完成全市高考组织工作。争取江苏省首次在泰州设立硕士研究生报考点，结束泰州全市考生长期以来赴周边城市报名考试的历史，年内，全市有1000人通过网上报名确认参加2010年全国硕士研究生入学考试。组织完成高中学业水平测试、对口单招考试、成人高考、自学考试、网络教育公共课全国统一考试等各类考试。

【**语言文字工作**】承办首届全国中小学生“中华诵”夏令营活动，得到中央文明委、教育部领导的肯定。姜堰市、兴化市通过三类城市语言文字工作省级评估，全市城市语言文字工作全面达标。策划组织泰州市第二届中华经典诵读节系列活动，启动泰州方言语言资源有声数据库建设工作。培训并完成普通话测试1.2万人。

【**督查指导**】以义务教育阶段生均公用经费达标和“两费一金”征收使用管理为突破口，以义务教育均衡发展、规范中小学办学行为、师资队伍建设和前三年政府督导整改落实情况为关注重点，组织开展各市（区）政府教育工作督导评估，及时反馈意见，指出存在问题，提出整改建议。推进财务预算执行情况和年终决算审计，规范实施校长经济责任审计和基建审计。根据省规范办学行为文件要求，修订市（区）教育、普通高中教育和市直学校工作考评办法，强化素质教育在考核中的导向作用。加强民办学校管理，制定《泰州市民办学校评估办法》，组织专家组对全市9所民办高中进行评估，公开评估结果，促进民办学校进一步规范办学行为。

【**行风建设**】市教育局制定下发《关于2009年加强教育系统行风建设工作的意见》，确定2009年教育系统行风建设“四严格一提升”的工作目标。会同市纠风办对全市中小学2009年春学期开学收费和义务教育阶段学校教辅用书征订情况进行专项督查。组织开展泰州市第二届“局长（院校长）杯”乒乓球比赛活动，省牧院、兴化市教育局、南师大泰州学院、姜堰市教育局代表队分获一、二、三、四名。

【**兴化市开通“教育民生热线”**】3月12日，兴化市正式开通“教育民生热线”。畅通教育民意诉求渠道。“民生热线”工作设有专用办公设施设备，专门人员接听办理，专项制度规范。

【**“长三角”教育与文化发展研讨会**】3月21日，首届“长三角”教育与文化发展研讨会在泰兴市泰兴镇中心小学开幕。研讨会由江苏省教育学会主办，泰兴镇中心小学承办，会议主题是“中小学教育与文化价值体系的构建”。江苏省教育学会会长周德藩,江苏省少工委副主任、江苏省总辅导员华耀国,南京大学教授、博士生导师、国学大师李书友及来自“长三角”地区相关教育行政单位、学会及研究机构负责人和江苏省实验小学、省示范初中、三星级以上高中校长共400多人参加研讨会。

【**泰州师专泰州历史文化研究所成立**】2月23日，泰州师专泰州历史文化研究所在春晖校区成立。市政协主席陈克勤和市人大常委会副主任王泓卫共同为研究所揭牌，市委常委、宣传部长缪志红作讲话，副市长曹玉梅主持成立典礼，市相关单位领导到会庆贺。

【**领导视察**】4月6日，省教育厅厅长沈健视察姜堰市部分地处黄桥老区的学校。市教育局局长宋吕银，姜堰市委常委、宣传部长、政法委书记钱娟陪同考察。4月16日～17日，市人大常委会副主任王泓卫带领市人大常委会相关专职委员、部分人大代表视察泰州实验中学、泰州二职中、泰州二中附中、泰州实验学校、海陵实验小学、大浦小学等6所市区学校，听取副市长曹玉梅代表市政府所作的《关于市区全面实施素质教育的情况汇报》，就市区素质教育工作进行评议。市政府副秘书长、研究室主任吴健，市教育局局长宋吕银、市教育局副局长董健参加视察活动。4月21日，国家教育部关工委主任田淑兰、副主任郭振有一行专程到泰调研，听取市教育局局长、教育系统关工委主任宋吕银，盐城市教育系统关工委副主任高洪妹和靖江市教育局局长、关工委主任罗晓东的专题汇报，实地考察靖江外国语学校的关心下一代工作。

【市政府与南京航空航天大学签订全面合作协议】 9月19日，泰州市政府与南京航空航天大学签订全面合作协议，进一步深化双方在政、产、学、研等方面的合作，为泰州经济转型升级和创新型城市建设提供科技支撑。签约仪式上，市委书记张雷、南京航空航天大学党委书记崔锐捷、国防科工局科技成果推广转化研究中心副主任张志明先后致辞，市长姚建华与南京航空航天大学校长王福平签订合作协议。

【第3次学校党建工作会议】 10月21日，泰州市第3次学校党建工作会议召开。市委常委、宣传部长缪志红作讲话，市委教育工委书记、市教育局局长宋吕银作工作报告，会议由市委组织部副部长程秋喜主持，市委宣传部副部长曹茂良、市委教育工委副书记孙平等出席会议。会议表彰全市第三批学校党建工作先进集体、优秀共产党员、优秀党务工作者以及思想政治工作先进集体和先进个人，姜堰市教育局、兴化市委组织部、省牧院、泰州市民兴实验中学、泰兴市洋思中学作经验交流，各市（区）委负责人、各市（区）委组织部门分管负责同志，各市（区）教育部门党组织主要负责人和职能科室负责人，四星级普通高中、国家级职业学校以及民办学校党组织主要负责人；市属和省属驻泰高校党委书记、组织部长、宣传部长；市有关部门负责同志及受表彰的先进集体和先进个人代表等约120人参加会议。

【教育信息化工作推进会】 11月5日，泰州市教育信息化工作推进会召开。市委教育工委书记、市教育局局长宋吕银作《统一认识，奋力攻坚，加快推进全市教育信息化》的报告。会上，市教育局与各市（区）教育局签定2009～2012年教育信息化建设目标责任状，姜堰市政府、海陵区教育局和江苏省靖江高级中学在会上作交流发言，市教育局相关领导，各市（区）教育局局长、分管局长、各科室负责人，全市三星级以上高中、职中、部分学校校长，局机关处室负责人、市直学校校长、分管校长等近180人参加会议。

【江苏省中等职业学校和中小学学习实践科学发展观暨加强基层党组织建设、深化素质教育现场推进会】 12月4日，江苏省中等职业学校和中小学学习实践科学发展观暨加强基层党组织建设、深化素质教育现场推进会在泰州召开。省委常委、宣传部长杨新力出席会议并讲话，省教育厅厅长沈健，泰州市委书记张雷，省教育厅副厅长胡金波，省委教育工委副书记丛懋林，泰州市委副书记、市长姚建华，泰州市委常委、组织部长李国华等省市领导出席会议或参加相关活动。市委书记张雷在会上致辞，会议由省教育厅厅长沈健主持。市委教育工委书记、教育局局长宋吕银和泰兴市洋思中学校长秦培元在会上作专题发言。全省13个地级市的学习实践活动领导小组负责人、各市中职和中小学学习实践活动指导小组负责人、13个地级市教育工委、教育局负责人、各市(区、县)教育局负责人，共计180多人参加会议。

【中国医药城教育教学区一期工程开工】 12月5日，中国医药城教育教学区一期工程开工。省教育厅厅长沈健，南京中医药大学党委书记黄成惠、副校长黄桂成，南京工业大学党委书记王德明、副校长乔旭，南京医科大学康达学院院长徐济达，市领导张雷、姚建华、李国华、何榕、曹玉梅以及市委秘书长仲建生、市政府秘书长王群出席开工仪式并为项目培土奠基。 （陆秀勇）

高 等 教 育

·泰州市高教园区·

【概况】 泰州市高教园区总规划面积4.2平方千米，总建筑面积101.7万平方米，整个园区按33000名在校生规模设计，预计总投资32亿元，园区内设南师大泰州学院、南理工泰州科技学院、江苏畜牧业兽医职业技术学院3所院校。南师大、南理工泰州学院各按1万名在校生规模设计，牧院按1.3万名在校生规模设计。年内，确定筹建泰州大学的目标，对园区的全面建设提出新的更高的要求。

【高教办学】 按照市委、市政府举全市之力，加快医药城发展的要求，年内分别与南京医科大学、南京中医药大学、南京工业大学签订办学协议。确定医药高新区三所学院的规划方案，12月5日开工建设，力争2010年9月新生入住开学。

【规划建设】 年内，建成南师大泰州学院12、13号学生公寓，南理工泰州科技学院标准运动场，以及与之相配套的道路、桥梁、强弱电系统、教学生活设施。10月，开工建设育才路，完成两所学院图书馆、风雨操场的初步设计方案，根据工程及土地上市的序时进度，完成区内拆迁，启动宫涵花园二期工程。已建成47.9万平方米的教学用房及配套设施，两所学院校区环境与建设水准在全国同类高校中名列前茅。按照泰州大学筹建的要求，多次请专家、学者在了解园区建筑设计的理念和园区建设的实际情况的基础上，对园区的整体功能规划、设计进行论证，形成初步的规划调整方案。

【园区内部管理】 在全省率先实行廉政、诚信保证金制度，遏制职务犯罪。签订廉政、诚信合同54份，提留保证金660万元，央视“今日说法”栏目作专题报道。园区管委会被评为泰州市2008～2009年度预防职务犯罪工作“十佳先进集体”。加强制度建设，疏理排查已有的规章制度、意见办法，做好各项制度和重大事项的议事规则、执行流程的废、改、立工作，共废除制度6条，修订9条，完善9条。加强作风建设，围绕2009年机关作风建设会议的要求，通过加大考勤的力度，完善和建立各种会议制度，规范工作和办事程序，落实绩效考核制度等措施，促使园区作风建设工作上台阶，园区被市委、市政府表彰为“2009年度泰州市作风建设先进单位”。

【高教后勤服务】 继续对两所学院实行“委托管理”的后勤管理模式，在园区网络服务中心、校园一卡通建设、学生公寓维修服务等方面进行尝试。根据园区工作重点及人员结构，明确高教事业服务中心逐步介入学校后勤管理及维修服务等工作的渐进式思路。园区在学院设立的各种后勤服务设施基本满足师生需要，配套服务运行正常，秩序规范。拓宽高教后勤服务发展途径，创新后勤服务体系，科学引导周边村镇人力和财力投资园区后勤服务项目，拉动周边乡镇经济增长，居民收入增加，实现通过园区建设带动当地发展的初步设想。（许　伟）

·南京理工大学泰州科技学院·

【概况】 南京理工大学泰州科技学院是经教育部批准，由南京理工大学与泰州市政府合作举办的独立学院，是一所以工为主，理、经、管、文多学科综合配套、协调发展的全日制普通本科高校。学院占地68公顷，建筑面积33万平方米。学院立足长三角区域经济，结合泰州工业结构特点，以市场需求为依据、以就业为导向，科学设置专业，设有18个专业、32个专业方向，在校生8232人。年内，学院获省文明宿舍先进单位、省文明食堂先进单位、泰州市文明单位、泰州市饮食卫生笑脸单位、泰州市重点消防先进单位、泰州市首批“平安校园”等8项省市级表彰。

【人才培养】 围绕建设“具有鲜明特色的、高水平、地方性、应用型大学”的目标，致力于培养“理论扎实、专业突出、素质全面的应用型、创新型”人才。2009年，由机械工程学院2006级学生组成的“达芬奇密码队”在“2009年全国三维数字化创新设计大赛”决赛中，作品“跑车”获一等奖。2009届毕业生就业率97.61%，毕业生就业结果和满意度为95.21%，用人单位对学校工作满意度为97.48%。

【队伍建设】 学院依托母体校办学优势，从南京理工大学聘请资深专家教授组成学科专业带头人队伍。积极培育自有师资队伍，形成一支“学术型”、“工程型”的教师队伍。

【科学研究与社会服务】 主动拓展社会服务渠道，加强与地方企事业单位的联系，开展技术服务、人员培训和科研合作等工作。年内，学院与相关企业开展多项研发项目的合作，其中一项已投入试生产。全面启动产学研合作，发挥科研对教学的反哺作用，提升学院教学质量，推动地方经济发展。（毕文健）

·南京师范大学泰州学院·

【概况】 南京师范大学泰州学院培养以文、理、经、管、工、艺和教师教育为特色的本科应用型专门人才，设有健全的行政、党委机构，建有20个二级学院、系（部），有经教育部备案的37个本科专业和63个专业方向，覆盖本科专业除医学外的10大学科门类。面向全国除港、澳、台以外的31个省、市、自治区招生，在校学生9003人，教职工600多人（教师中硕士以上学历者占78.1%）。学院占地面积69公顷，规划建设教学、办公、活动及生活用房32万平方米，已建成和正在建设的工程25万平方米。

【专业建设】 构建多样化的人才培养模式。修订形成"素质高、基础宽、能力强、复合型"的2009版应用型人才培养方案。加强专业建设，进一步健全教学机构。根据市场需求和招生情况调整专业方向，新增电气工程及自动化、园艺、生物技术等3个本科专业并开始招生。成功申报制药工程、戏剧影视文学、应用化学3个本科专业。

【教学质量】 加快应用型人才培养教学成果建设。加大在课程设置、教学内容、教材建设、实验实训教学等方面的改革力度，制定出台《南京师范大学泰州学院精品课程建设管理办法》、《南京师范大学泰州学院精品教材建设管理办法》、《南京师范大学泰州学院品牌、特色专业建设管理办法》、《南京师范大学泰州学院实验教学示范中心建设管理办法》等一系列规章制度和教学成果3年建设规划，部分院系推出一批应用型教材、课件。强化教学督察，检查教学规范，重点考核新教师教学情况。完善院领导听课、教学视导员督察、二级学院院长（系主任）听评课制度。形成一套教师互听、评课，学生全员评课，信息员定期反馈的师生互动教学质量监控体系，提升青年教师的教学水平和教学质量。开展"青年教师教学十佳"大赛，通过公开课评比、同行评议、学生评议、教学汇报，教学文档评议、科研成果等6项对教师教学情况进行综合评价，历时一年，评选出10位"青年教师教学十佳"和13位优胜选手。营造校园文化学术氛围，邀请名师专家作报告，开设讲座144次，其中面向教师举办23场学术和教学交流报告。

【队伍建设】 改革和完善人才招聘程序，完善《南京师范大学泰州学院招聘办法》，提高引进质量。学院共有教职工600多人、专任教师464人，教师中具有硕士及以上学历者占78.1%。加大引进高层次人才力度，聘请张云泉、侯晶晶、方祖岐、林诚二为学院兼职教授；每学期从南京师范大学和其他知名高校聘任兼职教师70多人，其中高级职称者占61%以上。开展全员岗位培训，全面提升教工素质。制定《南京师范大学泰州学院全员岗位大培训计划》，对教师、行政、教辅人员实行不同层次的为期3年的培训，提高教职工的教学技能、管理能力、业务水平。实施教师学历学位进修计划，全面提高青年教师的学历层次。完成教师资格证认定和教职工职称评聘工作，提升不同工作类型人员的职称层次，学院首次有1名自聘教师取得副教授职称，在全省独立学院中属首例。完善学院干部任用办法，推进干部队伍建设。经过严格选拔、筛选，学院共有助理45人、助理培养人选4人，已派出17名助理前往南京师范大学挂职锻炼。修订干部任用办法，首次选拔优秀的助理担任副处职干部。

【招生就业】 2009年，学院共招收学生3091人，其中"专转本"招生770人，超计划90人，连续4年保持全省"专转本"录取人数最多的院校记录。普招生2321人，招生分数线高出省控线16分，录取线稳定在全省同类院校前列。全院在校生9003人。完善就业工作制度，确立"领导主抓、中心统筹、院（系、部）为主、全员参与"的就业工作机制，优化"就业分类管理模式"，规范就业进程管理，完善就业工作信息化建设，日均发布就业信息20多条，累计提供针对性就业岗位8000多个。至年末，2009届毕业生就业率97.99%。其中，39人考取研究生，84人被选聘为"村官"，录取人数在全省独立学院中居前列，10人考取公务员，20人参加西部计划、苏北计划，5人出国深造。

【学生工作】 开展"大学生涯规划"主题活动。通过组织讲座、师生座谈会、经验交流会、优秀校友报告会、主题班会、各类竞赛、社会实践、志愿活动、个性化指导等多种形式的活动及指导学生填写《南京师范大学泰州学院大学生涯规划书》，对学生的成长规划做出正确引导，提出有效建议，为学生搭建思想交流、成长体验、能力提升的平台。推进大学生心理健康教育和咨询工作,探索和完善惠及全体学生的心理干预机制。借助心理咨询网站、海报、宣传册、院报、团刊《昕苑》等多种载体大力宣传心理咨询工作。首次开展心理咨询师走进公寓活动，在每个公寓管理站安排1个心理老师，方便学生求助。对2009级新生开展心理普查，针对测查结果，心理老师有针对性地观察或辅导，做到防范于未然。开展"5·25中国大学生心理健康周"、"生命教育月"、首届阳光心理运动会、心理委员系列培训活动。加快各级团组织和学生组织的建设与发展，提高社会实践和青年志愿者服务水平，组织学生参加校外高水平竞赛。全面推进"双百工程"的创建，以团支部为单位，创建100个志愿者服务基地，建立更多、更规范的志愿服务项目。开展志愿服务活动100多次，"扶苗"义务家教行动累计为250多户贫困家庭服务，开展"院庆5周年暨青年志愿者协会成立5周年'橙色丝带'系列志愿服务活动"。学生综合素质显著提高，学院学生在全国青年组器乐、声乐大赛中获奖，在江苏省大学生辩论赛中获苏北赛区团体前6强，在江苏省"德加艺尚杯"手绘大赛中获金奖、铜奖和优秀奖，在第三届全国"IEEE"电脑鼠走迷宫大赛中获长三角赛区二等奖，闫丹丹、沈舒两名学生获泰州市"十佳大学生"称号。

【南京师范大学泰州学院歌舞剧院】 加强艺术教育，与市政府合作共建泰州市歌舞剧院（南京师范大学泰州学院歌舞剧院）。剧院以政、产、学、研、演五位一体的机制开展工作，将政府、高校、社会力量相结合，从事艺术文化的研究和表演，探索出演艺团体和高等学校艺术资源挂钩的文化体制改革新路。

【排演大型民族歌剧《江姐》】 在学院庆祝建院5周年之际和祖国60华诞的前夕，学院万名师生通过现场观看、电视直播等方式欣赏泰州学院暨泰州市歌舞剧院的首场汇报演出——大型民族歌剧《江姐》。这是学院师生排演的首部文艺作品，导演、演员、舞美、灯光、音响、效果、化妆、电视直播等工作全部由学院师生独立完成。歌剧《江姐》的演出得到《光明日报》、《新华日报》等媒体的广泛宣传。

【校园文化】 在庆祝建院5周年和建国60周年期间，开展教育活动、学术和教学交流活动、学生系列活动。举办院庆5周年音乐学院师生系列专场音乐会，展示艺术、体育教学成果，汇编建院五年来重要文献等；邀请著名小提琴演奏家吕思清来学院与师生交流；承办首届全国中小学生“中华诵”夏令营活动，组织“首届学生公寓文化节”、首届“联通新势力——优帕杯”大学生创意创业计划大赛、第五届“青春风采”辩论赛、“忆08中国·暖09校园”贺卡大赛、“朗阁雅思杯”男生宿舍楼道歌手选拔大赛等活动。组织参加由团市委与市水利局举办的以“落实科学发展观，节约保护水资源”为主题的征文活动。学院初步形成 “一体两翼”（即以应用型人才培养为主体，以泰州市歌舞剧院为载体的艺术教育特色建设和以泰州历史文化研究院为载体的大学文化建设为“两翼”）的发展格局。

【后勤保障】 完成17、18栋学生公寓（总建筑面积18000多平方米）、5片篮球场、3片排球场、朱新河上通北区学生公寓西桥建设；完成朱新河驳岸河道通水工程；完成摄影棚（建筑面积500多平方米）、模拟法庭（建筑面积700多平方米）建设。建成多媒体教室126间、琴房172间、画室10间和其他各类实验室123间。学院现有教学场所和教学实验设施能满足万人在校生规模的需求。积极组织收入，做好发展基金会工作，依法多渠道筹措办学资金，开源节流，科学理财，发挥资金使用效益。加大固定资产投入，教学仪器设备值4578.19万元，超过教育部规定的生均5000元标准。推进图书资料建设。完成55万册纸型图书的入藏；累积入藏随书光盘1.56万片和中文期刊合订本2.68万册；在原有CNKI、超星、维普等多种数字资源基础上，免费试用和宣传包含176万种图书的数字资源——读秀；新开辟外文原版书的捐赠渠道，获外文原版书6000多册；调整馆藏资源建设思路，大幅削减纸书购置费，顺应图书馆用户利用的新特点，在近3年内每年投入100万元建设馆藏电子资源。推进信息化建设。配合高教园区做好二期工程弱电后续建设；对宿舍区上网设备进行升级，改善上网条件；将学院网站由二层升级为三层，提高网络性能。学院网站首页有商学院等18个院（系、部）站点、院长办公室等8个部门站点以及图书馆等2个直属单位站点，其中已经运行的二级网站有11个。对有线电视系统进行数字化升级改造。学院电视台于12月28日正式开播。

【创建“平安校园”】 开展安全法制教育，增强师生员工安全防范意识，吸纳236名学生为“安全员”。开展安全隐患排查整治工作，全面整治校园交通安全秩序，制定《南京师范大学泰州学院校园车辆交通管理暂行规定》，采取 “五定、四加强、两落实、一取缔”等措施，提高校园交通安全秩序。接受市教育局、公安局、法制局等联合调查组到学院检查“创建平安校园”工作。年内，学院被评为2009年度“泰州市平安校园”。

【创建江苏省“文明食堂”和“文明宿舍”】 成立学院创建工作领导小组，出台相关创建实施方案，严格对照创建考核指标体系，开展各项工作。省教育厅专家组来学院检查评审，通过听取汇报、查阅台帐、查看现场、民意测评和召开座谈会等环节，对照考核标准，对学院一年来的“双文明”创建工作进行评审，一致认为达到江苏省教育厅“文明食堂”和“文明宿舍”创建工作的标准。学院一、二、三食堂被江苏省教育厅授予“江苏省高校文明食堂”称号、学院学生公寓2、3、4、5管理站被江苏省教育厅授予“江苏省高校文明宿舍”称号。

【党建工作】 结合学院工作实际，从“学习调研”、“分析检查”、“整改落实”三个阶段推进形式多样的学习实践科学发展观活动，活动满意度测评达95%。结合学院开展的全员岗位大培训，举办教工党支部书记培训班，邀请在南京师范大学长期从事党务工作和培训的专家进行专题辅导；组织教工党支部书记到江西师大科技学院对口交流和赴井冈山考察学习，提高教工党支部书记的理论水平和党务工作能力。健全党组织机构，做好党校培训及党员发展工作。成立纪检监察审计办公室，加强反腐倡廉工作。年内增设2个直属党支部，学院共设有10个党总支和

5个直属党支部。加强党校建设，建立“三级党校”培训体系，年内共组织6期中级党校培训班，培训学员1157人（其中学生学员1135人）；发展学生党员771人、教工党员10人，学院共有党员876人，开展多种形式的主题党日活动，获南师大党日主题评选二等奖。

【宣传工作】 利用院报、网络、宣传栏、电子屏等宣传载体加强内外宣传，学院网站发布新闻247篇，宣传栏展出“建国60周年”、“平安校园”建设、“五四标兵”表彰等8期大型图片展，悬挂横幅 400多条，利用电子屏200条次。改进院报编辑工作，定期召开院报学生记者例会，培训记者的新闻业务知识，规范新闻写作，提高采写水平；实现内部排版，提高出版效率；全年出版13期院报，并与全国近200家兄弟院校交流。学院电视台正式启用，初步建立一支采编、主持、制作队伍。加大对外宣传力度，在市级以上新闻媒体发表报道约30篇，其中在《光明日报》连续报道3篇、在《新华日报》报道1篇。3月，在由中国校友会网评选的“2009年中国最受媒体关注的独立学院排行榜”上，学院以社会媒体报道篇数567篇居全国独立学院第13名，居江苏省独立学院第1名。学院获泰州市“文明单位”、“报送信息先进单位”、“第五届社科普及宣传周先进单位”等称号。

【国际交流与合作】 加强外教招聘、与外国及台湾地区的大学合作培养学生、教师短期培训等工作。做好与台湾东吴大学法学院人才培养交流工作，已有3名教师和6名学生赴台进行学习。莫斯科柴可夫斯基音乐学院和国立俄罗斯下诺夫哥罗德格林卡音乐学院教授到学院交流访问，音乐学院共有14名学生通过以上2所音乐学府的考试被正式录取，现已选派6名学生前往学习；学院与俄罗斯下诺夫哥罗德格林卡音乐学院联合办学，实行“3+1+2”培养模式，已选派6名学生前往学习。与德国依尔姆瑙理工大学签订“3+1+2”合作项目协议。聘请外教朱海鸥在音乐学院任教、外教迈克尔和詹姆斯在外国语学院任教。

（龚春艳）

·江苏畜牧兽医职业技术学院·

【概况】 江苏畜牧兽医职业技术学院是中国南部地区唯一的高等畜牧兽医学院，是全国办学规模最大的动物科技类高校。学院占地面积200公顷，建筑面积48万平方米。设有动物科技学院、动物医学院、动物药学院、食品科技学院、宠物科技系、水产科技系、园林科技系、经济贸易系、信息工程系、机电工程系等10个院系，围绕畜牧产业链开设52个专业。有各类教职工1000多人。专任教师中，教授、副教授等高级职称130多人，具有博士、硕士学位教师300多人。2009年，学院被省教育厅评为省大学生创业教育示范校，被省农委表彰为江苏省农民培训工程先进集体。学院实施的“挂县强农富民”工程，取得阶段性成果。

【教学改革】 年内，按照江苏省示范性高职院校专业建设方案，在全面自查的基础上，有针对性选择部分专业开展教育教学改革试点。加强专业建设、课程建设、教育研究等方面的工作。畜牧兽医专业“三业互融、工学结合”人才培养模式被确定为省教育厅教学改革课题，畜牧兽医专业顺利通过江苏省品牌专业验收。《家禽生产》被评为国家级精品课程，《猪生产技术》被评为教育部动物生产类教育教学指导委员会精品课程，《宠物内科病》获江苏省高等学校优秀教材，《化学分析技术》获江苏省高等学校立项教材。食品营养与检测专业“3133”工学结合人才培养模式的研究与实践成果、江苏高职教育产学研结合与校企合作的实践成果均获江苏省高等教育成果二等奖。《动画制作项目课程网》在“蓝鸽杯”教育主题网站设计比赛中获二等奖。学院教师获全国农业职业教育优秀成果一等奖1项、二等奖2项、三等奖1项；获省教育厅优秀教育教学成果奖二等奖2项；获江苏省高职教育研究会优秀教育教学成果奖一等奖2项、二等奖1项；获江苏省高教学会优秀教育教学成果奖三等奖1项。

【师资队伍建设】 2009年，学院以教学团队建设为突破，制订《教学团队建设实施办法》，遴选17名教学骨干教师赴新加坡、加拿大等国培训，选派第三批10名教师赴企业挂职锻炼。“畜禽生产与疾病防治课程群”教学团队被省教育厅评为省级优秀教学团队。全年引进博士、硕士等各类人才21人，128名教师晋升或转评职称，其中5人次晋升正高职称，18人次晋升副高职称，教师全年发表论文345篇。3人被评为“江苏省333高层次人才培养工程”第三层次第二批中青年科学技术带头人，9人被评为“泰州市311工程培养对象”第三层次培养人才，1人被评为“江苏省优秀教育工作者”，8人被评为“江苏省优秀辅导员（班主任）”。吉文林被表彰为“新中国60年畜牧兽医科技贡献奖（杰出人物）”；徐向明作为“博士服务团”成员，受到中组部部长李源潮的接见，新华网、《人民日报》等媒体作专题报道；周新民被表彰为新中国成立60周年江苏农林系统先进人物；蒋春茂被表彰为“全国农业职业教育教学名师”；周俊被表彰为江苏省“送科技下乡促农民增收”活动优秀科技特派员。

【科研工作】加强科技开发团队建设，加大项目经费投入。年内，申报各级各类科研项目83个，成功申报项目70项，项目经费1600多万元。成功申报省高技术研究重点实验室和省级企业院士工作站，成为全省高职院校中唯一获此殊荣的单位，标志着学院科研平台建设达到新水平。全年完成省农林厅、省财政厅标准化建设项目、技改项目和农业三项工程等8个项目和泰州市9个科技项目的验收；申报专利3项，获省部级科技进步奖3项、泰州市科技进步奖6项。“仔猪大肠杆菌病的毒力因子分析及其免疫防制研究”、“法国番鸭选育与利用研究”分获江苏省科技进步二等奖和三等奖，其中二等奖是学院历史上主持获得的省科技进步奖最高奖项。参与完成的“扬州鹅培育与推广”获“2009年神农中华农业科技奖”二等奖。主持申报的“姜曲海猪新品系的选育及利用”、“动物专用抗生素硫酸头孢喹肟的研制”2个项目获泰州市科技进步一等奖，其余3项分获二等奖和三等奖。“肉脯嫩化技术的研究”通过市级成果鉴定。杨廷桂被评为江苏省优良品种培育工程水禽协作攻关组首席专家，蒋春茂被表彰为泰州市“十佳科技创新标兵”，朱善元被表彰为泰州市“十佳科技之星”。

【社会服务】围绕实施“挂县强农富民”工程，开展科技服务“三农”活动，召开科技服务“三农”推进大会，成立“挂县强农富民”工程领导小组，出台对外科技服务运行与管理的一系列文件。派遣5名教师组成专职驻滨海科技服务工作组，组建由150多名专家组成的科技服务团队，设立30万元的科技服务专项经费。为滨海县制订四大畜牧产业发展规划，建成1个苏姜黑猪扩繁场，培植1个特色产业科技示范基地和4个“一村一品”特色专业村，筛选并引进3个畜禽新品种，采用2项养殖新技术，推广3个畜牧业发展新模式，为两种农产品开辟新市场。开展农业技术集中培训26场次，促使各对接服务村主导产业的产量提升30%以上，科技示范户增产增收效果明显。先后组织教师赴高港佴庄、兴化周庄、姜堰兴泰、兴化缸顾、南通如东等地进行科技帮扶，帮助制订畜牧发展规划、养殖场设计方案，开展各种技术培训和服务。

【学生管理】学院以全面提高学生核心竞争力和保持高就业率作为人才培养的中心任务，围绕“推进学生就业、服务学生就业”主题，坚持“德育为先、全面育人、全员育人”的指导思想，做好“两课”教学，通过开展多渠道、多形式的活动加强学生的全面素质教育。建立青少年舆情监测直报点，成立大学生记者团；围绕庆祝新中国成立60周年，举办“我爱我的祖国”新诗朗诵会；开展时政宣传、爱国爱党教育、心理健康教育等系列活动，提高学生的思想道德素质。“高职学生就业创业中思想政治教育作用研究”课题获省高校思想政治教育研究会课题立项。畜牧系被市委宣传部、市委教育工委授予“思想政治教育先进集体”称号。“高职院校大学生心理社团建设与管理研究”研究课题被列为2009年省高校思想政治教育研究会重点立项课题。成功举办“第七届大学生科技文化艺术节”、“第七届大学生社团巡礼节”和校内外志愿服务等活动。在江苏省大学生跆拳道交流赛、第5届全国大学生跆拳道锦标赛、企业管理沙盘模拟赛等活动中，学院10个项目或人次获奖。在全国高职高专生物技术技能大赛中，学院获食品检验工一等奖1人、二等奖2人，获团体一等奖。在第2届全国高等职业院校农业职业技能大赛中，2人获“动物外科手术”项目一等奖，学院获优秀组织奖。开展青年志愿者活动，年内学院参加“服务西部、服务苏北、服务绵竹”的志愿者21人，居泰州市5所高校之首。滨海服务分队获省优秀志愿者服务项目资金资助。完善奖助保障体制，充实学生管理队伍，完善学生管理制度，强化学生日常管理，提高学生管理质量和服务水平。

【招生就业创业】2009年，学院面向江苏、安徽、广东、河南、黑龙江、内蒙古、新疆、西藏、四川等全国19个省、市、自治区招生，共有4287名新生报到入学，招生任务超额完成287人。成功举办第15届校内人才市场暨2010届毕业生就业洽谈会，12个省市的430多家用人单位前来为学院毕业生提供上万个就业岗位。2009届毕业生就业率97.26%，高出江苏省平均水平5个百分点。学院通过成立大学生创业社团、邀请成功人士开展就业创业讲座、组织学生参加职业创业大赛、举办校园创业周、推动大学生在院内基地创业等途径，促进学生创业教育。4名同学组成的“颇非特”创业团队，通过竞争承包宠物美容中心，成为学院在校大学生创业的典型；4名同学在教育部主办的“金蝶杯”全国大学生创业大赛华东赛区中获高职高专组二等奖。学院被省教育厅评为省大学生创业教育示范校。

【成教培训】学院制定《2009年成教工作实施意见》和《关于开展“专接本”工作的有关规定（试行）》，成功申报学院南京农业大学函授站，获动物医学、水产养殖等5个本科成人函授教育的办学许可，填补学院历史上函授本科教育的空白。学院与3所学校签订大专层次函授教育联合办学协议，与江南大学等3所本科院校签订“在校专科生接读本科”助学协议。331名学院毕业生进入本科院校深造。学院被中农大网院表彰为“招生工作先进集体”，2名教师被表彰为招生工作先进个人。全年学院自主函授招生118人，南京中医药大学函授本科首届招生55人。学院在籍成教生1888人，基本完成年度工作目标。承担部、省级培训项目5项，举办农民创业培训14期，培训学员1268人，其中获由劳动和社会保障部职业技能中心颁发的“家禽饲养工”、“果树工”、“蔬菜工”、“农产品经济人”证书482人。学院被省农委表彰为“江苏省农民培训工程先进集体”。

【对外交流与合作】 举办2009苏台高等职业教育研讨会、江苏省高职教育研讨会第四届理事会第一次会员大会暨课程改革与建设学术研讨会。选派21人次出国考察、进修，接待外国友人访问50人次，聘请4名外籍教师担任英语和日语口语教学工作。

【凤凰路校区建设】 加快凤凰路校区及数字化校园建设步伐。20600平方米的机电及食品科技系馆、18392平方米的畜牧系及园林科技系馆投入使用。完成体育馆、大学生活动中心土建工程以及10795平方米钢结构屋面施工，完成4426平方米的标本解剖馆土建工程，周边道路、管网、绿化的施工以及金鸡湖的施工等工程。完成凤凰路校区新建楼宇的网络建设，以及数字化校园软件项目的招标前期工作，为数字化校园工程的全面开展做好软件准备。完成畜牧科技示范园、倍康药业与校园主干网络的互联互通。进一步规划校园全网（包括网络架构、地址分配等）并优化校园网络，促进优质资源共建共享。

【基地建设】 逐步理顺实训基地与系部的关系，整合实训资源，提高实训教学质量。制定并完善《校内实训基地管理暂行办法》等一系列实训管理规章制度，规范实践教学的各个环节，成立实践教学管理委员会，制定基地与系部融合管理办法，将水禽繁育中心（含示范园内的水产、苗木）、宠物繁育中心（含学院宠物门诊部）、泰州市农业开发区兽医站和学院动物医院分别交由相关系负责日常生产经营管理，安排学生到实训基地开展职业技能实训。倍康药业组织2008级兽药生产与营销专业学生开展工学结合人才培养模式改革。组织药学系教师到车间锻炼，修订学生实训教材和实训管理制度，接纳3批68名学生进行3个月的顶岗实习，同时接纳常年实训学生8人。完成全省兽药、饲料280多人的培训任务和全省100多名农民培训任务。示范园接受畜牧系、园林科技系、宠物科技系22个班级、850名学生实训。学院与泰州市产品质量监督检验所和泰州市农畜水产品检测中心共建“农畜产品质量安全与检测实训基地”，基地被省教育厅评为江苏省高职实训基地建设点。

【平安和谐校园建设】 重视校园安全工作，与各部门签订安全责任状，加强安全宣传教育，加强对保安人员、校园交通的管理，把各项安全防范措施落到实处。围绕创建“市消防标准化管理单位”，加大消防经费投入，全年投入5.5万元用于购置消防设备及开展消防宣传，加强消防安全检查，提高师生员工的防火意识和自救能力。针对甲流防控形势，及时制定《学院防控甲型H1N1流感实施方案》，与市疾控中心联系进行专业防控指导，通过发放体温计、购置红外测温仪、印发防控专题宣传画等方式，强化甲流防控工作，年内，甲流未在学院发生流行。

（金爱国 窦小勇）

·泰州职业技术学院·

【概况】 学院占地面积28公顷，各类建筑面积19.83万平方米。设有机电技术、医学技术2个二级学院，电子工程、管理工程、建筑工程、环境与化学工程、社会科学、艺术、基础科学、思政教学等8个系部，开设专业37个，各类在校生15000多人（其中全日制普专在校生8793人），教职员工670多人，正高职称教师5人、副高职称126人，省333培养对象1人，省青蓝工程7人，市311培养对象15人，特聘教授16人（均为国内知名专家学者）。建成护理、口腔工艺技术、机电技术等校内实训中心7个，校内实验（实训）室70个，其中省级高职实训基地1个（护理实训中心）、省级高职实训基地建设点1个（机电技术生产性实训基地）、国家级高职实训基地建设点1个（护理实训中心）。学院与周边地区行业、企业合作，建立157家校外实习、实训基地。学院先后获省文明单位、园林式单位、节水型校园、综合治理先进单位、平安校园、和谐校园等称号，第10次获省大学生“暑期社会实践活动先进单位”称号，学院党委获泰州市“红旗党组织”称号，院团委被表彰为“全国五四红旗团委”，医学技术学院被评为“全国教育系统先进集体”。

【大爱育人】 年初，院党委以一号文件的形式下发《全面深化大爱育人工作实施意见》，成立学院“大爱育人研究中心”，组织撰写大爱育人理论专著。隆重召开教师节表彰大会，系统阐述大爱育人的科学内涵；举办大爱育人论坛，组织学习研讨，出版大爱育人学术专刊。继续巩固和深化“做同学的榜样”等“学优”活动，聘请市级机关干部、组织学院副高以上职称教师、中层以上干部一对一联系培养优秀学生163人。深化“三帮”工作，全院师生结对帮扶学生457人，2214人次获各类资助392.65万元，478名学生获助学贷款221.37万元，4149人次获各级各类奖、助学金624.48万元。开展“一滴水”回馈社会、大学生“三下乡”等志愿者服务活动，院大学生志愿者队伍注册人数达1500人，开展活动154项，组织无偿献血活动8次，组织各类捐款26万多元。2名同学参与抢救甲流危重病人行动，当选泰州市“百姓新事”；“天使红袖套”志愿者集体当选泰州市精神文明建设十大新人新事；“百姓大学堂”、“百师讲坛”的双百讲坛作用日益明显。大爱育人工作在全国、全省产生一定影响，中央电视台、《中国教育报》、《中国青年报》、《新华日报》、“新华网”、“中国教育宣传网”等多家媒体作专题报道。年内，学院应邀参加全国高校德育创新成果表彰大会和全国高职院校和谐校园建设理论研讨会，并作交流发言。学院获“全国高校德育创新发展研究成果”三等奖、首届“中华慈善新闻奖”二等奖和全省高校学生教育管理“创新奖”一等奖、全省高职院校思想政治教育“实践创新奖”一等奖等奖项；64名学生参加省级以上各类技能竞赛，获一等奖6项、二等奖20项、三等奖29项。

【招生就业】 学院面向安徽、青海、甘肃、内蒙、山西、宁夏、河南、江西、江苏等9省区招生2720人，省内投档线278分，超省控线30分，创历史新高。针对2009年严峻的就业形势，学院党委把毕业生就业工作列为学院工作的重中之重，举全院之力促进毕业生就业。专题研究大学生创业教育工作，强化毕业生就业指导，加强学生职业生涯规划指导。利用社会资源，设立创业基金，承办全市“创业指导进高校”等大型活动。搭建创业载体，与市高新技术创业服务中心共建“大学生科技创业见习基地”。2009届2453名毕业生实现就业率98.12%、协议就业率93.72%。

【教学工作】 推进工学结合、校企合作的人才培养模式改革。加强与地方政府部门及企事业单位的沟通和联系，建立校地、校企合作委员会。开拓新的校企合作基地，与江苏省高新技术企业——航宇电器公司共建校内生产性实训基地。推进渗透教育，在专业课中有机渗透思想政治和职业道德教育。加大公开课、示范课的推广力度，组织全院示范性教学公开课活动30次，组织听评课900多人次，整改落实教学督导反馈信息200多条。推进院级重点专业核心课程改革，建成省级特色专业1个、省级特色专业建设点2个、省级精品课程3门、省级精品教材3部、省级立项建设精品教材1部。获省高校优秀教学成果二等奖2项，省高校大学生实践创新训练计划项目24项。加大经费投入，保障教学。投入教学经费1174.32万元，占全年学费收入的33%。

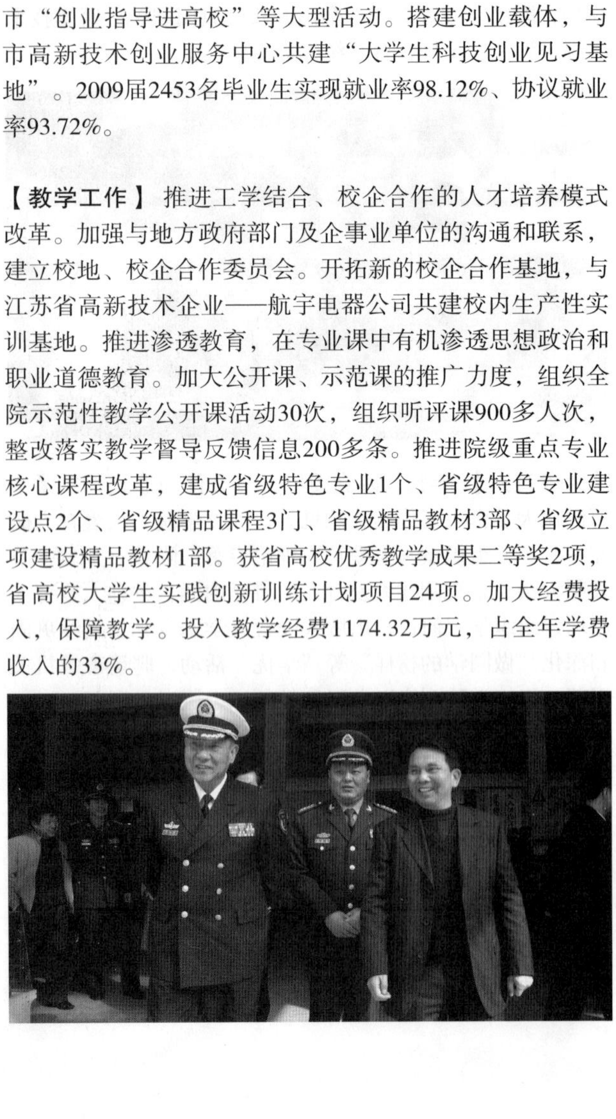

【服务地方】 围绕地方发展办学。对接泰州市重点产业发展布局，参与泰州市“十二五”规划课题研究。针对中国医药城发展、“纬创”项目落户，重点建设机电一体化、计算机应用技术、建筑装饰技术、制药技术等特色专业，新增船舶制造专业。与中国医药城、泰州开发区等政府部门和企事业单位联系，寻求合作途径，先后与中国医药城、市经贸委等单位签订一系列合作协议。延伸服务平台，与市有关部门共同成立“泰州市企业家协会”及其行业分会，发挥“泰州市中小企业培训基地”职能，培训中小企业人员400人次。以“中国医药城人才培养培训基地”、“全国护理专业紧缺人才培养培训基地”等8大基地为基础，发挥区域技术服务中心和技能培训鉴定中心功能。组织“暑期培训百日赛”、“100项科技服务项目”等活动，开展各种科技和社会服务。拓展退役士兵培训工作，发挥“泰州市退役士兵教育培训中心”职能，退役士兵“技能+学历+就业”教育培训形成“泰州模式”。国家民政部、南京军区、辽宁省军区、江苏省军区等领导先后到学院考察调研。2009级退役士兵班招生367人，现役军人职业技能首期培训36人。新增省成教特色专业建设点1个、省成教精品课程1门、申报服务外包人才培训基地1个。各类成教在校生7563人，对外培训6911人次。

【科研工作】 完成省级科研结题2项、市级3项、院级2项。获国家级科研立项1项、省级教科研立项4项、市（厅）级科研立项4项。规范《学报》编辑工作，发挥省级学术期刊的科研价值。教师在省级以上期刊发表论文238篇（其中，SCI\EI收录6篇，核心期刊20篇），主编、参编教材30人次、23种。

【师资队伍建设】 坚持“爱师如己”理念，加强师德建设。树立医学技术学院和成教处为院“科学发展标兵单位”，表彰4名优秀“双师”素质教师和4个优秀教学团队。组织观摩国家、省级示范性高职院校，组队参加“2009高等职业教育国际论坛”。落实为期3个多月的101名青年教师参加教学基本功大赛。落实访问工程师制度，组织30名教师暑期深入企业实践。加大人才引进力度，新录用研究生11人、公开招聘录用2人，新增高级职称教师19人、中级职称教师29人、初级职称教师15人。改善教师住宿条件，采取教师用餐补贴、举办健身活动等形式，关心教师生活；慰问离退休、身体伤病、家庭困难、亲属故世等教职工44人次，发放慰问金7万多元。加强学生工作队伍建设，鼓励专职学生管理干部向专业化、专家化、职业化方向发展。组织学生管理人员外出参加辅导员工作、心理健康教育、就业相关工作等各级各类培训40多人次。学院拥有职业指导师13人、创业指导师4人，心理咨询师4人。

【和谐校园建设】 围绕创建平安校园，加强校园治安管理，强化周边综合治理，开展“法治校园”建设。落实值班制度，实施舆情监测点制度，健全信息报送制度。发挥监控中心技防和威慑作用，全面排查校园安全事故隐患，开展“依法打击非法传销”等专项整治活动。加强后勤保障服务，优化改造学生食堂及教工餐厅，实施学生宿舍整修、办公实训室建设等工程。河东女生宿舍区通过省级“文明宿舍”创建验收。开展节约型校园建设，节水近9万吨。开展甲型H1N1流感群防群控工作。强化后勤服务岗位责任，提高伙食质量，稳定饭菜价格。档案管理工作顺利通过省一级标准复查验收和省高校档案行政执法检查。加快数字图书馆建设步伐，新增电子图书6万多种、纸质图书3万多册，开通VPN校外访问功能。学院门户网站被评为江苏省行业特色网站。《泰州学院报》在全省高校校报好新闻评选中居全省高职院校第一，并获全省高校校报评比优秀等级。

【合作交流】 先后选派4名骨干教师赴日本、加拿大交流培训。接待澳大利亚拉特罗布市市长一行来访。与台湾大华科技学院、圣约翰科技大学、稻江科技暨管理学院结为姐妹学校。

【党建工作】 高度重视干部队伍建设。坚持德才兼备的用人标准，分4批提任干部22人。加强作风建设，坚持领导干部联系群众制度，增强干部执行力,组织开展党委中心组学习、集中专题研讨、月度例会、干部培训班、专家学者讲学等教育培训。通过党务干部导师制、干部挂职锻炼等培养模式，开阔眼界，提高能力。加强基层组织建设，开展“党建工作示范点”创争活动。强化基层领导班子党政共同负责制，推进基层组织党务、政务公开。加强党员队伍建设，制定下发“党员先锋工程”和“党员关爱工程”实施意见，发展优秀青年教师和学生党员近300人，培训发展对象232人、入党积极分子940人。全面落实党风廉政建设责任制，加强对图书、设备、基建等招标采购及招生等重点环节的监督，推进独立财务核算单位审计。重视廉政文化对学生的渗透教育，推进校园廉政文化建设。（张明森 黄明锋）

·泰州师范高等专科学校·

【概况】 泰州师范高等专科学校占地29.2公顷，建筑面积18.8万平方米。藏书43万多册。学校设有人文科学系、数理科学系、信息科学系、外语系、实验教育系、音乐系、美术系以及财经系、预科部等9个系（部），专业和专业方向40个，主要分布在文化教育、制造、电子信息、财经等4个专业大类。年内，学校以“优秀”成绩正式通过国家教育部人才培养工作水平评估，连续5年被评为市文明单位，连续4年被评为省文明单位；先后获省文明学校、省思想政治工作优秀单位、省规范收费先进高校、省安全文明校园、省高等学校和谐校园等称号。

【党建工作】 修订、完善《党建工作考核办法》、《党费收缴使用规定》等一系列规章制度。提高党员培养质量，体现党建工作人本化理念。全年发展新党员319 人，预备党员转正80人，培养学生入党积极分子900多人，教职工入党积极分子40人。实施“党员先锋工程”，开展“两创一建”、“一岗双责三服务”，评选6个校级“党员先锋岗”、6个“最佳党日活动”。开展党建工作规律研究，承办江苏省党建研究会扬泰通盐协作片片会。

教育部领导视察泰州师专

【思想政治工作】 先后邀请全国人大代表、全国劳动模范何健忠和全国人大代表泰州中学校长蒋建华，传达全国“两会”精神。举办科学发展观专题辅导报告，举行学习实践科学发展观成果交流会。确定30项校级思想政治研究课题，2项课题被批准为省重点课题，3项为一般课题。学校“百姓阳光屋”入选泰州市十大思想道德建设品牌。

【师资队伍】 继续实施师资队伍建设“六大工程”。一是实施“高层次人才引进工程”，引进教授1人，续聘泰州籍退休专家、教授7人，新聘泰州籍退休专家、教授1人，聘用特聘教授1人。二是实施“高学历教师队伍建设工程”，鼓励教师积极参加学历进修，提升学历层次。年内1名教师考取全脱产博士，8名教师获在职硕士学位。三是实施“优秀青年骨干教师培养工程”，组织10多名青年骨干教师参加省教育厅举办的高校骨干教师培训。四是实施 “优秀中青年专家培养工程”。五是实施“优秀学术带头人培养工程”，加强对“333”、“311”对象的培养，学校新增加“311”第一层次培养对象1人、第三层次培养对象2人。六是实施“双师素质教师队伍建设工程”，提高教师的双师素质。

【专业建设】 以重点突出、梯次推进、整体发展的专业建设思路，建立国家（省）级、学校、系部三级重点专业建设体系。2009年新增表演艺术、应用德语专业。全面修订2009级各专业培养计划，以项目建设推动课程建设、教材建设，提高科研水平。学校成功申报2项省级教改课题、1项省级精品教材、10项大学生创新实践训练项目。获批市社会发展项目和科技计划项目1项、省教育科学

"十一五"规划课题1项、省高校哲学社会科学课题1项。

【教学改革】以国家（省）特色专业、精品课程和省级大学生创新项目为基础，通过组织中期评估、专项汇报、现场观摩、专题网站等多种形式，深化教学内涵建设。成功举办学校首届科技创新论坛竞赛活动。优化实践教学课程体系，以信息科学系和财经系为试点，启动基于岗位任务和工作过程的专业课程和实训教材开发。

【实验实训】根据教学需要添置实验实训耗材和仪器设备。对200多台电脑（含多媒体教室）进行升级，推进实验实训资源共享和利用。省级实验实训基地建设按计划顺利推进。5月，召开泰州师专实验实训基地联谊会一届六次会议暨换届选举工作会议。

【阳光教育行动】以人才培养为中心，发挥学生的主体教育作用，形成以科学发展观为核心的"阳光教育行动"理论与实践体系。专门聘请"阳光教育理论"提出者—武汉华中师范大学教授周宏宇担任校"阳光教育行动"总顾问，并将学校作为其阳光教育理论的实验基地。10月31日，学校召开 "阳光教育行动"专题研讨会。12月，周洪宇应邀来校进行指导。在泰州市首届"十佳大学生"评选活动中，学校4名学生入选，并包揽前三名。在教育部举办的首届"金蝶杯"大学生创业大赛中，学校代表队先后获江苏省赛区选拔赛、华东赛区半决赛的高职组冠军，全国总决赛二等奖。

【校园文化】先后举办第四届外语节、第二届大学生电脑节、第七届大学生校园文化艺术节。在泰州市2009年新创文艺节目调演中，歌伴舞《望海》获金奖，其余3个节目获银奖。在泰州市"祝福伟大祖国，建设美好泰州"庆祝新中国成立60周年群众歌会上，学校代表队以98.52分获第一名。学校大学生舞蹈团通过省级大学生艺术团考核。

【后勤保障】加强水电管理，完成春晖、迎春两校区的照明用电节能改革，着力构建节约型校园。完成春晖校区东河边绿化工程，春晖校区临街楼二、三期工程，迎春校区绿化改造工程，美化校园环境。通过省高校"文明食堂"、"文明宿舍" 创建验收。积极开展"江苏省平安校园"创建活动。

【交流合作】与南京晓庄学院、南京财经大学、南通大学联合办学，有成人函授教育在籍学员1137人。2009年承担4项省级培训，培训人数近3000人。承担泰州市远程教育千名村官大学生培养，首批培训293名村官。在德语专业建设、互派学生游学访问等方面与德国有关方面达成合作项目。

【百姓阳光屋】5月10日起，在全校范围内开展为期1个月的心理健康活动。组织分赴泰州各市区，面向学校、企事业单位等多个部门举办心理讲座，提供心理咨询服务。提升"百姓阳光屋"的硬件条件，改进原有的心理咨询室，增设心理宣泄室、心理放松室、沙盘室、团体辅导室等不同功能的心理健康教室。与泰州市看守所加强合作，共建的"心理服务站"工作。与泰州市海陵区司法局合作建立"社区矫正心理调适研究服务中心"，培训司法系统的社区矫正辅导员300多人次。

【服务文化泰州建设】2月23日，成立泰州历史文化研究所，市政协主席陈克勤和市人大常委会副主任王泓卫共同为研究所揭牌。年内，文研所举行30多场报告，宣传泰州历史文化。在泰州召开的驻江苏全国政协委员座谈会上，省政协主席张连珍给予高度评价。形成3大类、20个高质量的课题项目。（张　剑　仲　宁）

基础教育

【义务教育】1月14日，市政府印发《关于进一步推进义务教育均衡发展的意见》，提出用3年左右时间，使城乡教育差距明显缩小，让全市所有义务教育阶段学校在办学条件、师资力量、管理水平和教育质量方面实现基本均衡。年内，进一步完善义务教育经费保障机制，年生均公用经费标准达到小学350元、初中550元。在全省率先平稳实施义务教育阶段学校绩效工资。提高热点普通高中指标生比例10个百分点，引导各地办好每一所初中学校。启动"千师百校"结对帮扶工程，56所学校安排骨干教师赴盐城支教，组织三市两区20所优质资源学校跨县域与兴化对口支教，明确3年的帮扶任务。各市（区）全面开展城乡学校结对帮扶和捆绑考核，全市198所学校、1100多名教师参与县域内支教工作，促进城乡教育的均衡发展。组织泰州市特级（骨干）教师分别赴兴化市、泰兴市、泰州经济开发区等地16所薄弱学校送教，全年实现送教69人次。开展整合优化市区教育资源的专题调研，基本完成市区中小学和幼儿园中长期布局规划，新区中小学布局调整实施方案已提请市政府常务会议通过。莲花学校二期工程进展顺利，市特殊教育学校异地迁建全面完成，全市所有特校通过省合格特校评估验收。姜堰市、泰兴市分别被评为国家、省推进义务教育均衡发展先进市。

【普通高中教育】组织全市四星级普通高中制订学校三年可持续发展规划，进一步明确学校在打造特色、提升办学品位、促进学生全面发展等方面的具体目标与措施。加强对星级高中晋级、复审工作的指导。年内，3所星级高中接受复评，新创三星级高中2所。加强全市高中学生学籍备案工作，逐步规范学籍审核。建立14个市级普通高中学科基地，提高普通高中教育教学质量，全市高考成绩继续居全省前列。

【幼儿教育】 加快优质幼儿园建设步伐，年内有22所幼儿园接受省优质园的现场评估，14所幼儿园接受市优质园的现场评估，全市省优质园比例达53%。提升幼儿教育发展水平，举办全市首届幼儿园园长论坛和幼儿教师基本功大赛，承办省幼儿园活动展示暨幼教科研协进会。全面启动农村合格幼儿园建设，投入资金1.8亿元，下发幼儿园教学设备器材2.8万件。

【减负增效提质工程】 推进减负增效提质工程，组织专题调研，召开全市减负增效提质现场会，下发《关于在义务教育阶段建立减负长效监督机制的通知》，制定5项制度，建立减负增效提质的长效机制。落实省“五严”规定，召开全市“规范办学行为，深入实施素质教育工作”推进会，组织实施执行省“五严”规定的专项督导和随机督查，全市无一所学校被省教育厅通报批评，学生过重的课业负担初步得到控制。《中国教育报》用整版篇幅报道泰州开展幸福教育的经验做法。

【课程改革】 围绕“聚焦课堂”这一主题，推广洋思经验，推进课堂教学模式转变，着力打造有效课堂。召开全市普通高中课堂教学改革研讨会和城区主体参与课堂教学模式推进会，引导学校致力课堂教学改革，全市涌现出一批积极参与课堂教学改革的示范学校。泰州市构建的“主体参与课堂教学模式”被列为省教研重点课题，在省基础教育改革与发展高层论坛上进行交流，并受邀到苏南学校送课。省内10多所学校先后到泰州市学习交流。推进校本课程和校本教材建设，组织全市中小学校本教材展示和综合实践活动现场会，加强综合实践活动的指导，建成6个综合实践活动课程示范基地。

【体卫艺工作】 贯彻落实国家和省学校体育工作会议精神，召开全市大课间体育活动现场观摩会，推进阳光体育运动，学生每天锻炼一小时得到落实。出台全市学生军训工作规定，开展大中学生军训，加强国防教育和军事训练，提高学生的国防意识。加强中小学艺术教育，在全省率先实施京剧进中小学课堂工作。成功举办泰州市第三届中小学生艺术展演暨第三届少儿艺术节比赛活动和中学生个人艺术比赛。组织参加“祖国万岁”歌咏活动，获教育部优秀组织奖。

【德育工作】 发挥“家校通”平台作用，进一步完善学校、家庭、社区“三结合”德育工作网络。组织“将成功传给下一代”百场公益演讲，开展科普宣传周、廉洁文化进校园、反邪教、创建绿色学校、红十字会征文、庆祝建国60周年知识竞赛等专题活动。围绕“做一个有道德的人”主题，开展歌咏、吟诵系列活动，强化对中小学生道德信念教育。与市文明办联合开展泰州市十佳大学生、泰州市美德少年评选活动。98名学生被表彰为省三好学生、21名学生被表彰为省优秀学生干部。28所中小学、幼儿园被表彰为“江苏省和谐校园”。

【教科研工作】 组织名教师工作室和学科基地编写高三各学科“教学案”，开展高中新课程二轮培训。通过网络辅导讲座推进教研工作的信息化，完成高三9个学科、170多个课时讲座的组织工作。全年先后组织各学科教学研讨、教学评比、教师培训、学生竞赛等活动206项，参加活动的教师14000多人、学生12000多人。在各学科的优秀课评比中，全市有12名教师获全国或江苏省一等奖，18名教师获江苏省二等奖。

【中小学管理规范达标评估活动】 3月26日，市教育局印发《关于在全市开展中小学管理规范达标评估活动的通知》，启动为期两年的全市中小学管理规范达标活动。

【第3批特级(骨干)教师送教下乡活动】 3月20日，泰州市第3批特级(骨干)教师来到寺巷中心小学，开展送教下乡活动。市实验小学教师沈中健、市莲花学校教师刘琳、市城东小学教师石艳分别讲授的语文、英语和数学课。课后，省特级教师市大浦中心小学教师顾晓梅、省特级教师姜堰市实验小学教师韩银喜，省英语赛课一等奖获得者、市城东小学教师吉桂凤，分别就三堂课进行评价，并就当前教育教学新思路和新课题进行专业辅导。寺巷中心小学全体教师和开发区各校部分骨干教师参加听课。

【全国初中优质课堂教学主题研讨会暨语、数、外“同课异构”专场展示活动】 4月7日～8日，由中国教育报刊培训中心、江苏名校特色服务中心承办的“全国初中优质课堂教学主题研讨会暨语、数、外‘同课异构’专场展示活动”在江苏省泰兴市洋思中学召开。中国教育报刊社副社长张新洲、原江苏省教科所所长成尚荣等出席开幕式，全国近500名校长和骨干教师参加会议。

【全省小学、初中综合实践活动课程现场观摩研讨会】 5月6日～8日，全省小学、初中综合实践活动课程现场观摩研讨会在泰州举行。全省200多名与会人员听取省教研室领导实施综合实践活动课程的专题讲座，观摩姜堰市实验小学的“为生命亮红灯”和姜堰市第四中学的 “关注食品安全”综合实践活动成果汇报课，观看泰州市四市二区综合实践活动课程图片展以及姜堰市实验小学的“阳光下成长”专题文艺演出。

【素质教育报告会】 5月8日，市教育局举办素质教育报告会，邀请全国模范班主任、《人民教育》管理室主任任小艾作专题讲座，市教育局机关全体人员、市直学校部分校长、教师代表出席报告会。

【泰州特殊教育学校新校落成】 5月15日，泰州特殊教育学校新校落成。市长姚建华、省教育厅副厅长祭彦加出席落成仪式并揭牌，副市长曹玉梅致辞，市教育局局长宋吕银、市政府督导室副主任督学孙晓龙、市教育局副局长董健出席落成仪式。

【四星级高中可持续发展规划编制工作会议】 6月11日，市教育局召开四星级高中可持续发展规划编制工作会议。市委教育工委书记、市教育局局长宋吕银作讲话，副局长董健作工作报告，省教科所副所长王一军就如何编制可持续发展规划作专题辅导。

【“海阳杯”泰州市第3届中小学生艺术展演暨泰州市第3届少儿艺术节】 7月8日～15日，“海阳杯”泰州市第3届中小学生艺术展演暨泰州市第3届少儿艺术节在泰州举行。活动包括声乐、器乐、舞蹈、校园剧（课本剧）、绘画作品、书法（篆刻）作品、摄影作品等。市人大常委会副主任王泓卫，副市长曹玉梅，市政协副主席殷美娟，市政府副秘书长、研究室主任吴健，市委宣传部副部长、市文联党组书记曹茂良，市委教育工委书记、市教育局局长宋吕银以及文化局、广电局、泰州日报社、团市委、妇联、市关工委等部门负责人出席开幕式和闭幕式。

【全市规范中小学办学行为，深入实施素质教育工作推进会】 7月21日，市教育局召开全市“规范中小学办学行为，深入实施素质教育工作”推进会。市委教育工委书记、市教育局局长宋吕银讲话，省泰州中学校长蒋建华代表10所四星级高中宣读“严格规范办学行为、切实减轻学生课业负担”的承诺书。市教育局局长宋吕银与各市（区）教育局局长分别签订目标责任状，泰兴市教育局、江苏省姜堰中学、泰州市二附中等单位作表态发言。市委组织部副部长程秋喜、市纪委常委孔爱平、市委宣传部副部长曹茂良及市教育局领导班子全体成员以及全市300多名中小学校长参加会议。

【参加“泰州新时空·网络对话”栏目】 9月30日，副市长曹玉梅、市教育局局长宋吕银、副局长董健，省泰州中学校长蒋建华，省泰州中学附属初中校长王俊鹏走进市政府办和泰州日报社共同举办的“泰州新时空·网络对话”栏目，宣传省“五严”规定，并就“规范办学行为、推进素质教育”话题广泛听取网民意见，解释群众疑问。共解答网民近100条询问。10月9日，《泰州日报》用一个整版、分“规范办学行为不允许等待观望、打擦边球、搞变通”和“减负是规范办学行为的重点，也是推进素质教育的难点”两个部分，刊登对话的主要内容。

【全省幼儿园活动展示暨幼教科研协进会】 11月26日～28日，全省幼儿园活动展示暨幼教科研协进会在泰州举行，来自全省200多名幼教专家、教科研人员、骨干园长和教师参加活动。与会代表观摩了泰州市幼儿园《穆桂英挂帅》、《振兴京剧从娃娃抓起》等京剧表演和省教育规划立项课题《利用梅乡资源，探索京剧艺术与幼儿园教育有机结合的研究》结题现场，还参观泰州师专附属幼儿园、泰州市艺术幼儿园、泰州市欢乐亲子园、泰州市九龙中心幼儿园。南师大教授许卓娅、省幼教所副研究员张晖、省教研室博士毛曙阳、早期教育编辑部主任程晓明为全体与会代表作专题讲座。

职业教育与社会教育

【服务地方经济】 靖江职教中心校建成省高水平示范性中等职校，兴化、高港职教中心校顺利通过省四星级中等职校现场评估，泰州机电高职校通过五年制高职专业建设水平评估，全市新增4个省级示范专业、3个课改实验学校。推进“三服务”活动，出台《关于全市中等职业教育服务纬创资通项目的意见》，为纬创相关企业输送技能型人才600多人，与纬创共同组建泰州市电子信息职教集团。开展退役士兵中高级技能学历教育和技能培训。实施免费创业教育培训工程，累计培训返乡农民工5040人。开展农村劳动力转移培训、实用技术等各类培训，受训人员累计达17万人次。

【技术技能】 各职业学校举办覆盖每个专业、面向每个师生的技能竞赛节、技能运动会，选拔优秀选手参加各级技能竞赛。市教育局、劳保局举办全市职业（技工）学校技能大赛，共有600多名师生参加市级竞赛，并选拔100多人参加省技能大赛，获一等奖3人、二等奖18人、三等奖29人。在全省率先成立创新教育中心教研组；举办泰州市职业学校创新教育教师培训活动暨学生创新作品评审现场会，共有17件作品入围省创新大赛现场展评会。靖江职教中心校教师朱照红、叶琳及同学郑娇等师生科技开发团队共同开发的作品—基于无线电力传输原理的“无线电烙铁”获全国第18届发明展金奖，并被授予全国青少年发明的最高奖“宝钢”奖。全市职业教育有数十件学生作品申请国家专利。

【创业教育】 举办创业教育师资后续培训班，有22名教师通过CET认证，其中2名教师通过高级CET认证，成为全国职教系统仅有的2名高级CET。召开全市学生创业园建设推进会，全市有6所重点职业学校建立学生创业园，有40多家学生公司入园经营。通过牵线搭桥，上海华师京城高新技术有限公司捐资10万元在泰州机电高等职业技术学校建立“华师京城创业基金”，帮助贫困学生在校创业。举办泰州市职业学校商业计划书大赛。参加北京光华慈善基金会全国创业精神大奖评选，获二等奖3个、三等奖1个。年内，有4篇关于泰州创业教育的报道在《中国教育报》刊登。

【示范专业、实训基地建设】泰州机电高等职业技术学校的会计电算化专业、靖江职业教育中心的电子技术应用专业、泰州第二职业高级中学的计算机应用专业、泰兴职业教育中心的工业与民用建筑专业被确认为江苏省中等职业教育示范专业。泰兴职教中心校、姜堰职教中心校获中央财政数控实训基地立项。

【社区教育】推进乡镇（街道）教育培训资源整合工作，加快落实《关于印发〈泰州市整合乡（镇）教育培训资源，建立乡（镇）社区教育中心的意见〉的通知》进程，下发全市乡镇社区教育中心的标准。12月，与市委组织部召开全市乡镇（街道）社区教育中心建设现场推进会，加快社区教育中心建设步伐。指导省级社区教育示范乡镇、乡镇社区教育中心、农科教结合示范基地的创建工作，全市创建省级社区教育示范乡镇2个、省级乡镇社区教育中心4个、农科教结合示范基地1个。

【招生工作】加大职教招生的宣传力度，采取进校入户宣传。利用“家校通”平台给初三毕业生家长多次发送宣传职业教育的短信。各市（区）加大宣传力度，利用报刊、电视、专题片、互联网等媒体进行宣传。根据上级有关招生政策，在做好本地初中毕业生的招生以外，拓展招生范围，面向高中未升学毕业生、退役士兵、返乡农民工、进城务工农民和东西部地区合作招生。年内，全市职业教育招生总数29709人，为近年来首次完成招生计划。五年制高职招生质量好于往年。报考五年制高职考生多于往年，录取最低控制分数线首次达到中考总分的60%。

【就业工作】3月，召开全市职业学校学生就业工作座谈会，就2008届毕业生就业情况、2009届毕业生顶岗实习情况和应对金融危机对学生就业工作的影响进行交流和研讨。各职业学校加强对学生的就业指导，利用学校现有的就业网络，推进学生就业工作。年内，全市中等职业学校毕业生6963人，就业人数6919人，就业率99.37%。

【教育系统免费创业教育培训工程启动】1月6日，泰州市“教育系统免费创业教育培训工程启动仪式”在兴化举行，市教育局局长宋吕银出席启动仪式并讲话，市教育局副局长万琳主持启动仪式。

【中等职业教育专家报告会】5月25日～26日，市教育局举办中等职业教育专家报告会，副市长卢佩民、教育部新一轮课程改革小组核心专家王军伟、上海教科院研究员杨黎民、宁波市职业教育研究室主任俞冬伟等应邀作报告。

【参加国际夏令营活动】7月14日～23日，泰州机电高等职业技术学校、靖江职教中心校、泰兴职教中心校的27名师生赴韩国骊州大学，参加2009年韩国骊州大学组织的国际夏令营活动。

【全市乡镇（街道）社区教育中心建设现场推进会】12月11日，市委组织部、市教育局在泰兴市元竹镇召开全市乡镇（街道）社区教育中心建设现场推进会，各市（区）委组织部、教育局分管领导，教育局职能科室负责人，泰州经济开发区组织部、社会事业局分管领导，泰兴市所有乡镇（街道）分管领导，其他市（区）部分乡镇（街道）分管领导近80人参加会议。

师资队伍建设

【师德师风建设】编写“践行新规范 做人民满意教师”主题教育活动教育读本，开展学习讨论，对照检查，评议整改。举办优秀教师师德报告会和师德演讲比赛，组织教师爱生模范视频新闻展播，评选市第三届师德模范。强化正面引导，做好优秀教师表彰工作，8名教师获国家级表彰，20名教师被评为省优秀教育工作者，100名教师被评为市优秀教育工作者。

【师训干训工作】打造多元化培训平台，组织全市首届小学校长论坛、初中校长论坛。围绕推进教育现代化、深入实施素质教育，举办教师大学堂10期、专题报告会8场。开展班主任、初中校长等专题培训，4000多人次参加培训。启动首批中小学干部赴苏南地区挂职锻炼，27名优秀中小学干部赴苏南地区相关学校挂职，派遣87名教师和教育管理者赴国（境）外学习培训。

【名师评选机制】下发《泰州市中小学名教师工作室组建及管理办法（试行）》，成立14个中小学名教师工作室，评选聘任14个中小学名教师工作室领衔人。进一步规范评审办法，评审推荐15名教授级中学高级教师和4名江苏省人民教育家培养对象，评审通过中学高级教师686人。加大全市教坛新秀、教学能手、学科带头人三级骨干教师队伍建设力度，完善三级骨干教师库，启动首批三级骨干教师业务考核，评选第二批三级骨干教师396人。

【“践行新规范 做人民满意教师”主题教育活动】4月29

日，泰州教育系统举行“践行新规范 做人民满意教师”主题教育活动的启动仪式。市委教育工委书记、市教育局局长宋吕银，当代著名教育家洪宗礼作讲话。海陵区教育局局长凌华余、省泰州中学教师江丽丽分别发言，市人大教工委副主任、教育行风监督员徐国平，市教育局领导班子成员，各市（区）教育行政主管部门的分管负责人、人事科长、监察室主任、中小学校长代表，市直学校负责人及教师代表，市教育局机关各处室主要负责人共600多人出席启动仪式。启动仪式由市委教育工委副书记孙平主持。

【首届初中校长论坛】 12月20日，泰州市举行首届初中校长论坛。国家督学、原江苏省教育科学研究所所长成尚荣应邀出席，市委教育工委副书记孙平、市教育局副局长董健、市政府副主任督学冯明等出席论坛。论坛分为交流、主题发言和互动研讨3个板块。全市150多名初中校长参加论坛。

【首届小学校长论坛】 5月22日，泰州市首届小学校长论坛在泰兴襟江小学举行。各市（区）教育（文教）局分管局长、基教科科长以及来自全市各乡镇中心小学的校长近200人出席论坛，6名小学校长作主题发言，5名校长进行互动交流，国家督学、原江苏省教育科学研究所所长成尚荣应邀做学术讲座并对互动交流进行点评，市教育局局长宋吕银作《让“教育”与“幸福”联姻》的致辞，市教育局副局长董健对论坛进行总结。

【首届幼儿园园长论坛】 9月24日，泰州市举办首届幼儿园园长论坛。泰州四市二区的教育局分管领导、幼教科长(主任)、幼教教研员、省优质幼儿园园长等140多人参加论坛活动。6位幼儿园园长作交流发言，南京市第一实验幼儿园园长陆娴敏作专题讲座，市教育局副局长董健作《泰州幼儿教育现代化进程与园长使命》专题报告。

【全市优秀教师代表座谈会】 9月10日，市委、市政府举行全市优秀教师代表座谈会。市委书记张雷会见优秀教师代表，市委副书记、市长姚建华出席座谈会并讲话，座谈会由市委常委、宣传部长缪志红主持，市领导王泓卫、曹玉梅、黄立红等出席座谈会。座谈会上，围绕“祖国的未来与人民教师的使命”主题，6名教师代表就教师如何对学生的未来负责、怎样培养学生自主学习热情、如何以铸造师魂人格为本等问题，发表各自的意见和建议。副市长曹玉梅宣读国家、省、市教育先进集体和优秀教师的表彰决定。市教育局局长宋吕银介绍泰州市“十一五”以来教育改革与发展的主要情况。

【首批中小学优秀干部赴苏南地区挂职锻炼】 9月11日，泰州市委教育工委召开泰州市中小学优秀干部赴苏南地区挂职锻炼工作座谈会，正式启动首批中小学干部赴苏南地区挂职锻炼工作。市委教育工委书记、市教育局局长宋吕银作讲话。全市共选派27名优秀中小学干部赴苏州、无锡、常州相关学校挂职，挂职时间为两个月。座谈会由市委教育工委副书记孙平主持。

【洪宗礼入选“新中国60年江苏教育最有影响人物”】 9月27日，20位“新中国60年江苏教育最有影响人物”在南京揭晓，省泰州中学原副校长、著名教育家洪宗礼当选。

【中小学名师工作室授牌仪式】 11月26日，泰州市教育局举行市中小学名师工作室授牌仪式。市委教育工委书记、市教育局局长宋吕银参加授牌仪式并讲话。授牌仪式由市委教育工委副书记孙平主持，泰州市高中数学名师工作室领衔人朱占奎和小学语文名师工作室成员刘卫军分别作为领衔人代表和成员代表发言，市教育局师资处与14位名师工作室领衔人签订《泰州市中小学名师工作室项目研究和培养中青年骨干教师协议书》。各市（区）教育局分管局长、人事科长和泰州市14个名师工作室领衔人、成员代表以及市教育局相关处室负责人参加授牌仪式。

（陆秀勇）

科　学

科　技

【概况】 2009年，全市科技系统加快发展高新技术产业，组织科技资源，推进科技创新，推动经济转型升级，各项工作取得新进展。

【高新技术】 全市高新技术产业实现产值1137.55亿元,占规模工业总产值的30.55%，比上年提高1.65个百分点，提前一年实现“十一五”规划制订的目标。下达市重点新产品300项、市新产品试制计划600项。新增市级以上高新技术产品187个，其中省级以上155个。新认定国家高新技术企业35家、首批“江苏省创新型企业”9家、省农业科技型企业5家。兴化特种合金材料及制品等五大高新技术特色产业基地成为集聚高新技术企业和高新技术产品的重要基地，全年实现产值908亿元，比上年增长31.4%。

【创新能力建设】 全市及所辖市区全部通过全国科技进步考核，泰州市连续3年被评为全国科技进步先进市。组织开展科技创业周活动，泰州市高新技术创业服务中心被团省委、科技厅联合表彰为“全省优秀青年服务机构”，4家单位入选首批省级大学生科技创业见习基地，5人被聘任为“中国火炬江苏创业导师”。泰州医药高新技术产业园区获批为国家高新区，成为全国唯一的医药高新区。泰州市生产力促进中心被认定为国家级示范中心。3项企业科技创新成果获2009年度国家科技进步二等奖。春兰清洁能源研究院有限公司研发的动力镍氢电源系统入选首批国家自主创新产品名单。

【产学研合作】 深化校地、院地合作，与东南大学、南京航空航天大学签订全面合作协议。先进能源技术发展研究等4个分中心落户中国科学院泰州应用技术研发及产业化中心。与中科院系统的13个分院协作，共建“中科院泰州技术市场网”。泰州市与中科院合作的57项成果实现产业化，全年新增销售收入35.8亿元、利税8.68亿元。江苏省跨国技术转移泰州分中心在泰州医药高新区成立，分中心定期发布国（境）外技术转移信息，帮助医药高新区和全市其他企业寻求国（境）外合作伙伴。全年组织实施市级企业院士工作站16个、省级院士工作站8个，20多名院士签约成为院士工作站科技顾问。出台《泰州市外资研发机构认定办法（试行）》，全年共认定市级外资研发机构16家，其中3家被认定为省级外资研发机构。泰州市本土大中型企业建立研究机构的比率达88%，在全省居前列。

【科技计划】 全年组织申报国家级星火计划项目27项，34个技术项目获国家科技型中小企业创新基金立项，2个对俄合作项目被国家科技部正式立项，医药城平台建设项目获批2009年第13批国家重大科技支撑与自主创新专项引导资金。9个项目列入省重大科技成果转化资金项目、20个项目列入省自然科学基金计划、7 个项目列入省社会发展计划，7个项目获省科技支撑（农业）计划项目立项。10名专家入选“2009年度江苏省高层次创新创业人才引进计划”，每人获省财政100万元资助。

【知识产权】 泰州市成功创建为全省首家国家知识产权工作示范城市。全年全市共申请专利6265件，比上年增长34.21%。其中发明专利1043件，增长41.90%；专利授权2785件，增长80.85%。组织开展“雷雨”、“天网”活动，集中打击专利侵权、假冒专利等违法行为。实施“正版正货”示范创建工作，打造一批“正版正货”示范店。全年受理并立案专利侵权纠纷6起，结案3起，销毁涉案侵权产品说明书500多份，涉案金额400多万元。

【孵化器建设】 泰州市高新技术创业服务中心新引进入驻企业26家，毕业企业18家，实现技工贸总收入（毕业及在孵企业）10.58亿元、利税1.73亿元。新园区建设初具规模，占地面积从原来的1.33公顷增至9.07公顷，孵化用房从1.68万平方米增至3万平方米。全年新增省级孵化器3家，全市累计有国家级孵化器2家、省级以上各类孵化器7

家，提前一年实现市区省级以上科技孵化器全覆盖。

【科技宣传】 执行领导负责制、目标责任制、末位批评制等一系列考评制度，充实科技信息宣传骨干队伍，在全市营造科技创新创业的氛围。市科技局被评为2009年度江苏省科技系统信息宣传工作先进集体、2009年度泰州市政务信息工作先进单位。

【第7届中国泰州科技洽谈会】 9月19日，举行第7届中国泰州科技洽谈会开幕式。科洽会期间，共有370个项目成功签订，企业与高等院校、科研院所共建产学研联合体118个。先后举办科技及产学研优秀合作成果展、高新技术发展趋势报告会及专题洽谈活动。开通“网上中国泰州科洽会”，打造“永不落幕的科洽会”。

【千企科技服务工程】 全年先后有268人次深入近200家企业，开展以科技服务为主的“三服务活动”。举办各类培训和信息发布11期，帮助企业解决各类难题67个，辅导申报各类科技计划项目290多项。

【“送科技下乡、促农民增收”活动】 选派科技特派员，实施“短平快”项目，及时将《新农村实用科技知识简明读本》送到全市1581个行政村。姜堰市河横家禽育种有限公司被评为“送、促”活动先进单位。

2009年度泰州市获国家科技进步二等奖项目名单

表27

序号	项目名称	主要完成人	完成单位
1	节能环保型球团链篦机关键制造技术及应用	杨继昌、朱圣财、张永康、冯爱新、司乃潮、任旭东、张西良、李伯全、吴体常、吴 强	江苏宏大特种钢机械厂、江苏大学
2	混合动力城市客车节能减排关键技术	黄佳腾、罗永革、张俊智、朱禹、信继欣、陈银烛、李 峥、徐平兴、吴杰余、陈 彬	东风汽车公司、东风电动车辆股份有限公司、清华大学、湖北汽车工业学院、北京中纺锐力机电有限公司、江苏春兰清洁能源研究院有限公司
3	供电网无功电压优化运行集中控制系统	许杏桃	江苏省电力公司泰州供电公司

2009年度江苏省重大科技成果转化资金项目表(泰州市部分)

表28

序号	项目名称	承担单位	新增投资（万元）	省拨经费（万元）			验收时间
				拨款	有偿	贴息	
1	肝癌和肝炎诊断试剂盒的产业化项目	江苏默乐生物科技有限公司	4000	400		0	2012年9月
2	国家一类新药注射用重组人血小板生成因子的临床研究	江苏国健生物技术有限公司	5000	400		0	2012年9月
3	乙型脑炎纯化疫苗	江苏施耐克生物科技有限公司	7470	400		0	2012年9月
4	新型分体承压式高能效太阳能热水器关键技术研发与产业化	江苏光芒集团有限公司	8100	500		300	2012年9月
5	节能环保型发动机自主研发与产业化	江苏林海动力机械集团公司	7170	500	400	0	2011年9月
6	深海海洋工程用超高强度R5系泊链的关键技术研发及产业化	江苏亚星锚链股份有限公司	20000	500		400	2011年9月
7	国家一类新药艾拉莫德原料及片	扬子江药业集团有限公司	9750	0	1000	0	2012年9月
8	脐带间充质干细胞技术体系转化及在自身免疫性疾病治疗中的应用	江苏省北科生物科技有限公司	8000	800	400	0	2012年9月
9	新型高能环保胶体储能电池	江苏双登集团有限公司	9300	0	1500	500	2012年9月

2009年泰州市获江苏省科技进步奖项目名单

表29

序号	项目名称	主要完成单位	主要完成人	获奖等级
1	仔猪大肠杆菌病的毒力因子分析及其免疫防制研究	江苏畜牧兽医职业技术学院、扬州大学	朱善元、成大荣、王健、吉文林、徐向明、周俊、朱达文	二等奖
2	法国番鸭选育与利用	江苏畜牧兽医职业技术学院、国家级水禽基因库、江苏丰达种鸭场	杨廷桂、赵旭庭、段修军、吉文林、徐向明	三等奖
3	现代中药制剂复方无花果含片	江苏苏中药业集团股份有限公司	唐仁茂、徐柏颐、丛旭东、于汝新、王登海	三等奖
4	二聚酸聚酰胺树脂接枝交联改性技术与工程应用	江苏工业学院、仪征市热缩制品有限公司、泰兴市试剂化工厂	杜郢、陈志刚、高晓新、杨恩华、肖其平	三等奖
5	年产500吨纳米二氧化钛低温晶化、高分散生产线的研制和原位表面处理工艺	江苏河海纳米科技股份有限公司、江苏工业学院	姚超、成庆堂、徐斌海、陈志刚、吴凤芹	三等奖
6	腹腔镜多功能手术解剖器（万能杆）的研制及其在腹腔镜肝胆手术中的应用	东南大学附属中大医院、泰州普济医院、南通瑞慈医院	嵇振岭、周家华、姚捷、余艳、李俊生	三等奖
7	精氨酸加压素调节疼痛的神经基础和分子机制研究	扬子江药物研究院、第二军医大学、济宁医学院	杨俊、刘文彦、由振东、袁会峰、白波	三等奖

2009年泰州市科技进步奖获奖项目名单

表30

一等奖

序号	项 目 名 称	完 成 单 位	项 目 完 成 人
1	年产500吨纳米TiO2低温晶化、高分散生产线的研制和原位表面处理工艺	江苏河海纳米科技股份有限公司 江苏工业学院	姚超、成庆堂、徐斌海、陈志刚、吴凤芹、高国生 李为民、吴卫星
2	姜曲海猪新品系的选育及利用	江苏畜牧兽医职业技术学院 扬州大学动物科学与技术学院 江苏省畜牧总站 泰州市畜牧兽医技术指导中心 江苏姜曲海种猪场	经荣斌、吉文林、周春宝、赵旭庭、杨廷桂、王霄燕、王日君、夏新山
3	动物专用抗生素硫酸头孢喹肟的研制	江苏倍康药业有限公司 泰州市动物药品工程技术研究中心 江苏畜牧兽医职业技术学院	徐向明、李生其、贺生中、王日君、李勇军、杨海峰、戴建华、陆广富
4	猪“高热病”防控技术研究与推广	泰州市动物疫病预防控制中心（原泰州市畜牧兽医站）、泰州市海陵区畜牧兽医站、泰州市高港区动物疫病预防控制中心（畜牧兽医站）、泰州市经济开发区畜牧兽医站、姜堰市畜牧兽医站、兴化市畜牧兽医站、泰兴市畜牧兽医中心、靖江市畜牧兽医技术服务中心、江苏畜牧兽医职业技术学院	彭德旺、包祥嘉、韩祥林、孙军华、王加裕、李新宇、徐巧琴、徐根明
5	食管鳞癌的细胞周期调控及其临床研究	泰州市人民医院	黄俊星、徐洪涛、邢同京、陈平、钱荣誉、肖蔚、张立新、张好

二等奖

续表30

序号	项 目 名 称	完成单位	项 目 完 成 人
1	截污粉碎机（粉碎型格栅除污机）	江苏河海给排水成套设备有限公司	丁永芝、黄家骧、袁斌
2	TFT-LCD行业贴片用高粘性PET胶带	江苏龙海科技发展有限公司	范里红、孙建华、周静波
3	永磁直流轮毂电机	江苏三江电器集团有限公司	郑自明、刘乐俊、苏申科、唐震东、高明江、李祥志、陆震海
4	齿绕式无刷直流永磁电机	江苏宝骊集团有限公司	印辉、陆明、徐兆明、姚小华、秦永初、陈永飞、李炼、陈银凤
5	汽车齿轮近净成形及模具关键技术的应用	江苏太平洋精密锻造有限公司	夏汉关、赵红军、董义、朱正斌、张勇、莫江涛、陶立平、黄飞
6	YC系列清疵监控系统	江苏圣蓝科技有限公司	韦德怀、杨刚亮、杨敏、王周武、盛伟
7	新型可复位转臂式液压挤孔机	兴化市双湖矿山液压机械厂	李保国、范军平、李锦山、蒋义进、宋爱军
8	高感度厚膜阳图热敏CTP版材制造中试技术及产品	泰州市东方印刷版材有限公司	高丽生、罗平、张留贵、邹应全
9	超微型电缆用（7×Φ0.025mm）镀银铜包钢多股内导体	泰州中义通信器材有限公司	施义明、王立军、赖大超、戴华兰、吴为信、徐振海
10	水平式后减震器	江苏明星减震器有限公司	于桂华、刘爱红、于平、茆小元、龚双林、孙国泰
11	太阳能光伏并网发电系统的关键技术及成套设备	泰通（泰州）工业有限公司	胡成刚、眭琳晖、赵俊峰、史炜、李烽、周正松、李晓、林立松
12	B（B1、B2）、C（C1、C2）系列分体挂壁式、落地式房间空调器	江苏春兰制冷设备股份有限公司	栾爱东、师铎、宋加明、周荣杰、姚红斌、刑海斌
13	1P64F汽油机的研制	江苏林海动力机械集团公司 江苏苏美达林海动力机械有限公司	孙朋山、张荣山、栾圣峰、贾德欣、曾文华、莫祥明、杨树栋
14	大型发电机组出线板	泰州市航宇电器有限公司 泰州职业技术学院	李曙生、常小平、秦松祥、叶留芳、张亚萍、陶小建、季祥、许筱芹
15	漠斑牙鲆淡化技术研究	泰兴市天禄珍品水产有限公司	黄爱平、储军、刘道成、陆新华、叶飞、陈春才、周萍、干波
16	水稻（超）高产精确定量栽培技术集成与示范	姜堰市农业技术推广中心	肖跃成、张存銮、霍中洋、吴爱国、赵婷婷、王宝金、刁凤玲、刘俊

续表30

序号	项目名称	完成单位	项目完成人
17	农作物重大病虫害预警控制的农业气象模型研究与应用	泰州市气象台 泰州市植保植检站	袁昌洪、刘方、卞正奎、吕冬红、王海青、刘文军、王世华、鞠红霞
18	氯醚树脂聚合新工艺	江苏利思德化工有限公司	李金忠、张志德、周存林、刘明生、吴德兵、卞文忠
19	头孢曲松钠专用溴化丁基橡胶	江苏博生医用新材料股份有限公司	张恩波、张吕义、陈大红、潘正兰、魏慧敏
20	12万吨/年超高纯甲烷氯化物生产关键技术研发及产业化项目	江苏梅兰化工有限公司	高永宝、周虎宏、叶振、殷铭、王斌、吕玉华、成瑜、沈爱萍
21	联合检测血清β-HCG和孕酮对异位妊娠的早期诊断价值	江苏省兴化市人民医院	范雪梅
22	EnsiteNavX标测系统指导下环肺静脉左房线性消融治疗心房颤动	泰州市人民医院	朱莉、阮中宝、任寅、翟为洪、张宜生
23	性传播疾病（STD）患者与女性性服务工作者的心理、人格调查及心理干预措施研究	泰州市疾病预防控制中心	潘龙、杨建国、吴芸、岢青松、潘小峰、苏建国、盛宏、王建华
24	自拟活血复脉汤对缺血型心肌病心力衰竭的多参数分析研究	江苏省泰州市中医院	王靖、蒋明华、王晓洪、张顺华、曹春华、韩秋凤
25	《用药纠纷典型案例评析》	江苏省泰兴市人民医院	孙安修、刘阳晨、李文江、徐彩霞、黄雪峰

三等奖

序号	项目名称	完成单位	项目完成人
1	无泄漏小出量乳液泵	泰兴开广塑胶有限公司	丁要武
2	离心开关式干衣机用电动机	江苏三江电器集团有限公司	郑自明、苏申科、唐震东、陆建松、李祥志
3	35kV电子式电流电压互感器	江苏靖江互感器厂有限公司	陆汉兵、熊刘、杜桂芬、马明华
4	钥匙密码防盗汽车锁	江苏皓月汽车锁股份有限公司	李卫兵、戴红、朱元忠、彭寿良
5	YR系列（中心高710-1000mm）高压绕线转子三相异步电动机	江苏航天动力机电有限公司	袁留民、朱荣杰、刘广峰
6	高温熔盐泵	江苏金麟化工机械有限公司	何光国、杨敏官、朱留华、王世国、张建荣
7	HIMC型磁力驱动化工流程泵	江苏海天泵阀制造有限公司	黄佳华、王明琪
8	低碳低合金钢球化退火工艺在汽车齿轮精密成形生产中的应用	江苏飞船股份有限公司 江苏省金属材料精密成形工程技术研究中心	王欣林、仲树阳、朱武宏、龚仁春

续表30

序号	项 目 名 称	完成单位	项 目 完 成 人
9	HLH废轮胎常温全自动生产塑化橡胶粉成套专用设备	江苏虹磊橡胶有限公司	鲍国平、黄济美、张金林、沈进峰、袁运
10	新型潜水员舷梯	姜堰市船舶舾装件有限公司	陆爱臣、徐吉和、王永忠、杨社建、仇存明
11	一次轧成型φ20高速线材冷镦不锈钢	江苏明璐不锈钢有限公司	马爱明、曾连发、徐进、陈守荣、雷明吉
12	SL100条干均匀度测试分析仪	江苏圣蓝科技有限公司	韦德怀、冯亚民、耿扬、杨晓冬、顾西平
13	可轴向移动的锥形万向节精锻件	江苏威鹰机械有限公司	张华文、张太良、陈进华、万永福、张扣宝
14	H0Cr19Ni9Si2奥氏体不锈钢用焊 丝材料	江苏兴海特钢有限公司	刘庄明、计建康、黄明义、孙建平、邱爱华
15	韧性高铬铁素体合金材料	江苏星火特钢有限公司	徐华、钱镇、徐进、董明、董奇
16	智能防盗网钢丝绳	江苏亚盛金属制品有限公司	蒋东华、周江
17	NJ212微机CT过电压保护装置	江苏能建机电实业集团有限公司	郭余庆、胡森、孙曙光、许海洋、王军
18	无真空吸底前减震器	江苏明星减震器有限公司	刘爱红、贺阳、茆小元、龚双林、孙铭记
19	BLCD全周期正弦波驱动技术的应用开发	江苏春兰制冷设备股份有限公司	沈华平、刘月华、吴峻岭、栾晓凯、孙松丽
20	VF1系列分体挂壁式、落地式房间空调器	江苏春兰制冷设备股份有限公司	沈华平、吴峻岭、吉盛、何跃松、陈劲
21	水工混凝土结构耐久性智能监测技术研究	泰州市水利局 南京航空航天大学	唐勇兵、赵新铭、钱卫清、吴瑾、高俊启
22	异育银鲫“感染综合症”防治技术研究及药物开发——护肝泰	泰州市春达动物药业饲料有限公司	王松刚、陈辉、邹勇、周日东、周丽斌
23	几种长江名特水产品生态共生高效养殖技术研究与推广	泰州市高港区水产技术指导站 泰州市高港区祥丰水产园艺场	倪留山、丁恒平、缪晓燕、张凤翔、宗照明
24	银杏深加工关键技术的研究	江苏畜牧兽医职业技术学院	张焕新、唐劲松、姚芳、俞益芹、王晓梅
25	抗幽门螺杆菌高免蛋的研制	江苏畜牧兽医职业技术学院 扬州大学兽医学院 南京农业大学动物科学技术学院 泰州市海陵区畜牧兽医站	谢献胜、周新民、成宜林、张响英、周俊
26	江苏部分地区猪圆环病毒2型的检测及其免疫试验研究	江苏畜牧兽医职业技术学院 泰州市动物疫病工程技术研究中心	朱善元、刑晓玲、贺生中、曹斌、成大荣

续表30

序号	项 目 名 称	完成单位	项 目 完 成 人
27	活性深红C-D（活性红C-B、活性红C-2B）的研制与开发	泰兴市锦鸡染料有限公司	苏金奇、鞠苏华、王国民、张卫平、刘建中
28	SBTJM○R-10（缓凝、泵送）混凝土高效增强剂	姜堰市博特新材料有限公司	刘加平、沙建芳、丁寅、田倩、张伟
29	一种嫩黄色活性染料K-6G的制备方法	姜堰市东风染料化工厂	谢宗其、陈才美、叶祝金、戴春林、李兴喜
30	燃气用埋地聚乙烯（PE）管材	江苏通达科思茂塑料管材有限公司	魏孝森、黄炎、孙明礼、唐觉生、顾文奎
31	纯中药制剂清宣止咳颗粒	江苏苏中药业集团股份有限公司	唐仁茂、徐柏颐、秦林、从旭东、朱善意
32	邻氯苄基膦酸二甲酯生产工艺	泰州市天成化工有限公司	申厚宝、王泉民、尤小雯、申立斌、杨锦飞
33	环保型单组份低温固化水性油墨	泰州市美邦数码印花材料有限公司	王兆进、高云、周俊林、高乃军
34	绿色、环保、高韧性阻燃ABS	泰州高港区艳阳天塑料制品有限公司	王崇高、杨谢、钱旭、严文菊、姜文军
35	地佐辛原料及注射液	扬子江药业集团有限公司	刘江华、陆宏国、赵文镜、戚苏民、苏苗
36	胫骨平台内侧平台骨折的手术治疗	泰兴市人民医院	朱剑、叶峥、何双健、居建文、朱志军
37	TUVP及联合雄激素全阻断对晚期前列腺癌患者血PSA及转移影响临床研究	泰兴市人民医院	汪灶昆、顾继礼、戴雨梅、陈仪、王国成
38	经腹直肌皮下埋藏式结肠低平造口术	泰兴市人民医院	曹兵、徐建峰、黄建军、周斌、耿忠泽
39	尼莫地平对蛛网膜下腔出血大鼠额叶脑组织转化生长因子β1表达的影响	泰兴市人民医院	马建华、印佳、余坚、刘艺春、封林森
40	自体结膜移植治疗翼状胬肉	泰兴市第二人民医院	蒋冬红、肖向前、叶国圣、侯晓弘、钱春华
41	中西医结合配合ESWL治疗上尿路结石11268例	泰兴市广陵卫生院 泰兴市结石专科门诊部	肖其龙、马志兰、马岩松、姚洁萍、蒋美玉
42	经纤维支气管镜不同取材三步联检法对周围型肺癌的诊断影响	靖江市人民医院	刘亚双、陈静、陈瑶、季亚新、周俊
43	护理干预对浅表性膀胱肿瘤术后患者膀胱灌注依从性影响的研究	靖江市人民医院	刘惠清、环晓锋、封红英、季敏红、朱彩娣
44	经皮穿刺腰椎间盘摘除联合臭氧注射术治疗腰椎间盘突出症临床价值	靖江市人民医院	王兴华、包洪卫、王金美、邵金龙、陈新国

续表30

序号	项 目 名 称	完成单位	项 目 完 成 人
45	阿托伐他汀钙对心脑血管抗炎作用	靖江市人民医院	于建刚、季清、徐红、袁秀芬、徐丽芳
46	嵌入式铸造桩核在磨牙冠修复中的应用	靖江市人民医院	孙源东、朱继根、张涌、陈宽勇、陈丽华
47	代谢综合征合并脑卒中类型、并发症及预后临床研究	姜堰市人民医院 泰州市人民医院	丁立东、刘颖、茆华武、郭俊华、卢进
48	柴胡注射液曲池封闭治疗小儿外感发热的临床研究	姜堰市中医院	吕红粉、姜润林、陈琴、吕国芹、王秋凤
49	后腹腔镜下肾上腺肿瘤切除13例体会	兴化市人民医院	张彤、戚裕宏、金鑫、王振杰
50	球囊损伤、高脂喂养加野生型p53基因转染建立兔颈动脉易损斑块模型	泰州市高港人民医院 南通市第一人民医院	钱亚东、叶炳华、管耘园、卢辉和、盛臻强
51	有机磷中毒病人发生抑郁的相关因素分析	泰州市高港人民医院	朱晓燕
52	LASIK手术后调节及AC/A的改变及临床意义	泰州市人民医院	曹国平、许海涛、薛爱华
53	免气腹腹腔镜在普外科的应用、关键技术改进	泰州市人民医院	曹赣、高军业、臧金锋、戴翔、汪锦兰
54	护理干预对复杂心脏手术患者康复的影响	泰州市人民医院	李丽芳、蔡雷、王卫、王素珍、张志秀
55	重型乙型肝炎免疫功能评价指标的建立及其应用	泰州市人民医院	邢同京、徐洪涛、黄俊星、叶军、沈美龙
56	流式细胞术对循环内皮细胞的检测及临床应用研究	泰州市人民医院	钱晓惠、陈亚宝、王华、叶军、肖迎春
57	腹腔镜人工气腹对下肢血流的影响	泰州市中医院	毛跃、薛润喜、李萍、姚德成、秦桂跃
58	高等中医药教育临床教学质量评估体系的研究	姜堰市中医院	吴立生、沈宇清、施华平、钱建业、黄一峰

（刘月青　周　莹）

科 普 活 动

【概况】 2009年，泰州市科协及所属团体贯彻落实中共中央总书记胡锦涛在纪念中国科协成立50周年大会上的重要讲话精神，以建设“奋进、和谐”的科协为目标，按照“三服务一加强”的工作方针，着力提高全民科学素质。连续4年被评为“全省科协系统综合先进单位”。

【《纲要》实施工作】 年初，研究制定《泰州市2009年全民科学素质工作要点》和《泰州市2009年科普工作意见》，明确5大方面18项具体目标任务。年中，各市（区）分别召开专题会议，落实各项工作措施。11月，召开全市实施《纲要》工作总结表彰会。特邀中国科协调宣部部长王春法为各市（区）全民科学素质工作领导小组成员和联络员。市科协发挥《纲要》领导小组办公室的牵头、组织、协调、服务作用，协调相关牵头部门组织实施8个分计划，落实分计划确定的年度工作目标、任务、措施。拓展《纲要》宣传平台，在《泰州日报》、《泰州晚报》、泰州科普网开辟专栏(题)，普及社会公众对《纲要》的认识。

【科普宣传周】 5月，举办泰州市第13届科普宣传周活动。市委办、市政府办联合下发《泰州市第十三届科普宣传周实施方案》，围绕“创新促进发展，科普惠及民生”主题，开展科技素质报告会等10大重点科普宣传活动，市四套班子领导出席科普宣传周开幕式及相关活动。活动期间全市累计参与公众达100万人次，发放科普宣传资料近10万份，展出展板800多块，张贴挂图3000多张，编印各类科普手册3万多册，举办各类讲座、报告会、培训班100多场次。

【全国科普日】 围绕“节约能源资源、保护生态环境、保障安全健康”主题，组织开展泰州市2009年“全国科普日”活动，全市集中开展各类重点科普活动65项。

【科普创建】 强化电子科普画廊管理，投资近20万元对市区30座科普电子画廊进行联网、改版升级，提高播放质量，并制定一整套运行管理制度。华东6省1市科协科普部部长到泰调研电子科普画廊工作。开展科普教育基地评审认定工作，新命名海军诞生地纪念馆等11家单位为泰州市科普教育基地，溱湖湿地公园等3家被认定为国家科普教育基地。加强基层科普场所设施建设，先后投资30多万元将海陵区莲花社区、高港区万庄村建成基层科普活动建设示范点。推进基层“站栏员”建设，全市95%的村、100%的社区实现“站栏员”建设全覆盖，新增科普画廊8000米。丰富“科技与信息”电视栏目播放内容，泰州科普网全面改版更新，各市（区）开播“科普大篷车”、“科学时空”等广播电视节目（栏目），构成普及科学知识、弘扬科学精神、传播科学思想的平台。姜堰市科协共建科普活动站23个，科普宣传栏1849米，初步建成以科普活动站为基础、以科普宣传栏为阵地、以科普宣传员为载体的社会化科普服务体系。

【青少年科技素质教育】 组织全市中小学生参加“科普大篷车泰州行”、“节约纸张—保护环境科学调查体验”、校园科技节、科技创新大赛、“金钥匙”科技竞赛、信息学奥赛等活动，先后有近120万人次参与科技教育活动，有近1200人次获省级以上表彰奖励。年内，泰兴市科协承办第三届中国青少年创意大赛泰州赛区选拔赛。

【院士专家泰州行】 12月1日，中国工程院会同中国科学院、中国科协和科技部，组成调研组，在刘大响院士带领下，到泰州市对“院士专家泰州企业服务行”活动及“院士工作站”工作进行专题调研。泰州市企业“院士工作站”建设经验在无锡、青岛、广州会议上进行交流。与市科技局联合建设“院士工作站”16家，其中省级院士工作站8家。11月，组织开展2009“院士（专家）企业服务行”活动，杨裕生等4名院士、专家专程到泰赴林海集团、双登集团开展科技服务活动。

【千名科技专家兴农富民工程】 启动新一轮“千名科技专家兴农富民工程”，明确市级重点项目33个，市（区）级重点项目65个。制定下发《泰州市新一轮“千名科技专家兴农富民工程”实施意见》、《市级专家组考核奖励意见》、《优秀实施项目考评奖励办法》等文件，实施动态管理、追踪问效。召开新一轮泰州市“千名科技专家兴农富民工程”推进会。组织广大农技专家深入项目基地开展科技咨询、科技传播、新品种新技术推广等服务，累计解决科技难题600多条，赠送科技书籍8000多册，发放科学种养殖宣传资料近2万份，惠及农民66000人次。泰兴市长江渔业协会、兴化市万亩果蔬生产基地获国家表彰奖励，泰州市水禽业协会、海陵区苏陈镇刘国根获省级表彰奖励。姜堰市成功开展中国科协科普惠农服务站试点工作。

【科技服务经济】 年内，“金桥工程”立项68项，年增利税14亿元、新增就业2000人。其中由姜堰市申报的“风力发电变桨用超级电容器储能系统”项目，落户江苏富朗特新能源有限公司，实现年新增利税9000万元。“讲、比”竞赛活动共申报102项，预计节约资金944万元，新增销售收入25.2亿元,创汇4.02亿元。其中江苏林海集团科协申报的“LH200T-17摩托车”项目预计年产5000辆，批量生产后可创产值1000多万元。海陵区组织10多家企业开展“讲、比”活动，征集合理化建议28条，产生经济效益近500万元。“厂会协作”行动年内新立项目48项，节约资金320万元，新增销售收入8.17亿元,新增利税2.49亿元。市农学会与泰州市鑫泰花木园艺专业合作社建立厂会协作关系，组织相关林业专家，帮助合作社进行花卉苗木生产技术指导和项目规划论证等工作。泰州市科协获江苏省2007年～2008年厂会协作项目优秀组织单位称号，获江苏省2007年～2008年厂会协作优秀项目一等奖1项、二等奖3项，三等奖6项。3月15日，在靖江市科协的联系和协调下，上海交通大学副校长、研究生院院长印杰一行与靖江市数家规模企业负责人就产业发展、人才培养、院地合作等进行会谈。11月15日，泰兴市科协与市委组织部、人事局共同组织130多名海外高层次人才到泰兴市参观考察。

【学术交流和学会工作】 全年开展多层次学术交流和研讨活动100多次，参加人员1万多人次。5月31日，市牧院科协邀请中科院院士吴常信为大学生们作学术报告。市医学会、市人民医院科协、市政协等邀请美国、韩国、以色列等国的高级专家到泰讲学访问，提升行业科技水平。泰兴市济川药业集团科协承办第3届全国药学服务与研究学术论坛，来自美国、中国台湾、香港地区及国内20个省市的400多位知名药学专家出席。姜堰市农学会与省作物学会共同承办由农业部主办的“全国现代农业发展研讨会”。市科协开展国际交流与合作，实施中国科协海智计划，共统计高科技人才相关资料2705人，在库海外人才560人。市科协申报的《新失业群体的未来走势和对策研究》获中国科协调研课题立项（全国地市级科协仅有两家获立项），并完成调查问卷的发放、回收、数据统计等工作。

【服务科技工作者】 走访慰问科研一线的优秀科技工作者。组织开展泰州市第三届“十佳科技之星”和第六届“优秀科技工作者”评选表彰活动。举办泰州市“中国科协会员日”活动，来自全市的科技工作者代表200多人参加泰州市第二届科技工作者体育比赛、科技工作者联欢等活动。（谢华平）

防震减灾

【概况】 2009年，全市地震系统着力推进地震监测预报、灾害预防、应急救援等三大工作体系建设的协调发展，完成全年各项目标任务。年内，市地震局获省防震减灾工作创新奖，组织编制的泰州市地震趋势会商报告被省地震局评为第2名。

【地震活动情况】 年内，泰州市范围内共发生4次地震，分别为1月11日靖江ML2.5级、1月11日靖江ML2.0级、1月27日兴化ML1.4级和8月30日泰兴ML2.1级地震。

【地震监测台站建设】 8月，市地震台网中心建成并投入试运行，基本实现在10分钟内对泰州及周边地区1.5级以上地震三要素的速报。基本完成靖江市前兆台、泰兴市强震台的选址工作。

【震情跟踪监视】 出台《泰州市2009年度震情监视短临跟踪工作方案》，组织召开全市半年、全年地震趋势会商研讨会，预测分析泰州市2010年地震趋势，全年共记录远震、近震230个，分析处理地震波形123个、地震速报46个、水位图纸130张、气压图纸365张，编发《震情通报》5期。

【地震群测群防工作】 市政府办出台《关于进一步加强地震群测群防工作的意见》，对地震灾情速报网、防震减灾科普宣传网、地震宏观测报网和防震减灾助理员建设的目标、职能、布局、任务等进行科学界定。全市18个宏观观测点及时上报观测信息，年内及时处置非地震前兆等异常现象8起。

【依法开展抗震设防要求的行政许可】 从8月开始，凡在市民服务中心地震局窗口的项目全部在市行政权力公开网上办理。对凤城国际、京泰汽车客运站、乐购超市等工程场地进行地震安全性评价，对纬创资通等建设工程抗震设防要求进行备案审批，全年共办理建设工程抗震设防要求行政许可项目20件。

【全市防震减灾工作联席（扩大）会议】 4月30日，召开全市防震减灾工作联席（扩大）会议。各市（区）分管市（区）长、地震局（办）及建设局负责人、市防震减灾工作联席会议各成员单位负责人参加会议。会议传达全省防震减灾工作联席会议精神，通报市震情形势，布置全市防震减灾工作任务。副市长张爱平出席会议并讲话。

【地震应急预案备案管理】 年内，四市二区政府及市防震减灾联席会议成员单位的地震应急预案已汇编成册。对92个部门（单位）地震应急预案进行备案,实行动态管理。

【成立首支社区防震减灾志愿者队伍】 年内，市地震局在党建结对单位海陵区东街社区成立由16人组成的以党员为主、学历层次高、身体素质好的全市首支社区地震志愿者队伍。

【突发地震事件通信演练】 市地震局会同市应急办、市无管办开展突发地震灾害事件应急通信保障演练，市联通公司和市无线电运动协会参与现场演练。

【科普教育基地建设】 积极拓展市地震监测站功能，建成集地震监测、学生科技活动以及面向社会宣传防震减灾知识三大功能于一体的科普教育基地，基地先后被省科协、省地震局、泰州市科普工作领导小组命名为“江苏省防震减灾科普教育基地”和“泰州市科普教育基地”称号。

【防震减灾知识宣传】 会同市法制宣传教育领导小组办公室在“《防震减灾法》颁布实施日”、“5·12汶川地震纪念日”、“全国防震减灾宣传周”、“市科普宣传周”以及“7·28唐山地震纪念日”、“全国法制宣传日”期间，组织开展一系列广场、社区、学校的集中宣传活动。在《泰州日报》上刊登防震减灾专版1次，制作科普画板42块，广场集中宣传6次，社区、学校知识讲座20多次，发放防震减灾法读本1500多本，发放宣传资料近3万份。

【地震机构设置】 10月，市防震减灾预测预警中心经市编办批准挂牌成立。 （地震局）

气象工作

【概况】 2009年，全市气象部门加强气象灾害防御能力，提高公共气象服务水平，积极履行职能，完成各项工作。

【气象防灾减灾能力不断增强】 完善自动气象站网，对已建自动气象站的设备进行部分更新和升级；与泰州长江大桥建设指挥部联合建成大桥自动气象站，姜堰市建成6个“红领巾校园气象站”。加强特色农业气象监测体系建设，在江苏大洋观赏鱼基地建成特种养殖气象监测系统，在兴化市西郊镇葡萄农庄以及姜堰市沈高镇河横村千亩葡萄园建立小气候观测系统。完善预警信息发布平台，升级平台功能，气象灾害预警信息发布体系进一步加强。组织对全市气象信息员进行培训。增强防雷减灾工作，对全市防雷工作档案进行全面整理、规范，组织开展全市防雷工作大检查，联合市安监局开展防雷安全隐患排查。市政府制定下发《泰州市气象探测环境和设施保护办法》。组织举办行政许可人员培训班，完成行政权力网上公开，制定《行政处罚自由裁量权实施细则》，提升依法管理水平。加快一流台站建设步伐。泰兴市局业务楼完成外装璜，内装璜正在进行中；兴化市局业务楼内外装璜已结束；市局对业务楼外立面进行出新改造。

【新一代多普勒天气雷达建设】 年内，新一代多普勒天气雷达项目经国家发改委立项落户泰州。泰州市气象综合探测基地项目由市发改委立项，选址工作报告通过省气象局组织的专家组评审。

【气象服务】 加强决策气象服务，全年向市政府及有关部门发送重要天气报告、天气公报、专题服务材料100多期。做好公众气象服务工作，向公众免费发布预警信息200多万条，做好春运、春节、清明、“五一”、中国泰州国际旅游节、江苏省第六届园艺博览会等重大节日和重大活动的预报服务工作。市气象台被表彰为“2009年春运先进集体”。强化应急气象服务，加强与市应急办、公安、海事、港口等部门在气象应急方面的合作。组织开展汛期气象服务应急演练。

【现代高效农业气象服务】 对全市100多家现代农业基地进行气象服务需求调研，建立农业企业的动态信息库。先后收集完善西红柿、早西瓜、草莓、哈密瓜、葡萄、银杏、香芋、芦笋、香椿等种植作物全生育期服务技术指标体系，修订完善现代农业气象服务周年方案。加强局校合作，泰州和兴化建立南京信息工程大学“应用气象学院产学研基地”和“实验与就业实习基地”。在兴化市西郊镇和泰兴市新街镇建立两个现代农业气象科技示范基地，在姜堰市沈高镇河横村建立气象为新农村建设服务示范村。全年制作发布特色农业气象服务材料100多期。泰州市现代高效农业气象服务获省气象局重大气象服务二等奖。

【业务、科研工作】 加强业务培训，在全省重要天气预报技能竞赛中获团体第5名，在全省测报技能竞赛中获团体第4名，在全省气象法律法规知识竞赛中获省局通报表扬。“农作物重大病虫害预警控制的农业气象模型研究与应用”获泰州市科技进步二等奖。全年在公开发行的刊物上发表科技论文18篇，其中在核心期刊发表7篇。市局围绕气象防灾减灾自立17项科研项目。 （气象局）

社会科学

【概况】 2009年泰州市社科联、江苏省社科院泰州分院围绕改革、发展和稳定大局，加强在理论宣传、课题研究、学术交流、社科普及、学会管理、健全组织及自身建设等方面的探索。创办市级内刊《决策咨询》。在10月份举行的全国大中城市社科联第20次工作会议上，获“全国先进社科联”称号，并做经验介绍。

【理论研究服务决策】 经过课题征集、领导圈定、社会招标、专家评标等4个程序，2009年泰州市立项的23项经济和社会发展课题中有18项中标。课题完成后邀请专家对完成的课题进行评审，《泰州农村居民消费现状及其动力研究》、《加快提升泰州中心城市综合竞争力研究》、《中国医药城创新模式研究》、《长三角一体化趋势下的泰州发展对策研究》、《关于泰州打造“温泉健康休闲城”》等4项重点课题和13项一般课题通过结题评审。课题研究呈现的特点：一是围绕泰州市经济和社会发展实际，课题研究具有较强的针对性；二是委托课题和合作课题的比重加大，三是更加关注城市发展、三农问题、产业结构调整以及网络媒体等社会热点、难点问题的研究；四是在立项、中标、结题等课题组织管理方面严把质量关，课题质量未达要求者不予通过。年底，编辑出版《2009泰州发展研究报告》（蓝皮书），向"两会"代表、委员和机关、基层单位免费赠送2800本。

【创办《决策咨询》】 9月28日，创办内刊《决策咨询》。《决策咨询》弥补市级课题周期长、程序多、上报慢的不足，采取灵活、便捷的方式，及时报送市领导和相关部门，年内共出刊14期，总字数近14万字，较好地发挥市委、市政府的思想库和智囊团的作用。确定《当代中国城市发展丛书（泰州卷）》提纲并开始全书编撰工作。

【举办高层论坛】 借助联、院社科资源优势，全年先后举办全球金融危机与泰州发展高层论坛、泰州发展创新经济高层论坛、中国城河论坛、"践行科学发展观 三年实现大变化"沙龙、学习贯彻十七届四中全会精神研讨会、高校思想政治教育研讨会及课题成果发布会等7场高层次的论坛、研讨会，邀请省社科院院长宋林飞等省内外知名专家和市有关专家50多人次参会。

【社科普及】 集中资源办好科普宣传周。年内，组织参加1月全市"三下乡"活动和科普活动周活动；10月，举办泰州市第六届社科普及宣传周，参与总人数达7000人次，市四套班子领导出席开幕式，省社科联副主席廖进来活动现场讲话并充分肯定。在省社科联组织的社科普及项目评比中，泰州市"大学生演讲比赛"等4个项目入围并得到省社科联配套经费资助。泰州市申报的泰兴胜利社区获 "省级社科普及示范基地"称号。编辑出版《大众社会科学》，设立"践行科学发展观三年实现大变化"、"大众观察"等栏目，打造社会宣传和普及的平台。全年共编辑出版发行6期，总字数62万字，向机关和基层单位赠送12000本。

【学会管理】 在修订《全市社科类学会管理办法》的基础上，加强学会管理工作，规范梳理社科联业务指导工作。年内，对缺少正常活动的卫生经济学会予以注销，新成立反邪教协会，进一步充实泰州市社科学会队伍。举办培训班，对学会会长、秘书长及专职人员进行理论和业务培训，推进学会工作正常化、人员专职化、活动多元化，全市42家社科学会积极参与联院组织的各项活动。加强社科联组织建设，指导姜堰社科联召开成立大会，至年末，全市有5个市（区）成立社科联。 （陈砚秀）

"泰州发展创新型经济"高层论坛暨2009年社科课题成果发布会

文化·新闻

综　　述

【概况】2009年，市委、市政府召开文化泰州建设工作会议，全市宣传思想文化战线按照会议部署，实施年度重点项目，全面推进公共文化服务体系构建、文化艺术生产、文化体制改革、历史文化保护以及文化惠民、文化市场管理等各项工作，文化泰州建设呈现新局面。新闻舆论工作围绕市委、市政府重大部署、重点工作、重要活动，组织开展主题宣传战役、对外形象展示和网上舆论引导，服务“保增长、保民生、保稳定、促发展”大局，为实现“三年再来一个大变化”奋斗目标营造舆论氛围。

（宣传部）

文学艺术

【艺术创作与生产】根据社会各界的反映和专家意见，大型淮剧《诺言》经过进一步修改和加工，获2008~2009年度江苏省舞台艺术精品剧目，在入选的5部作品中居第2位，实现地级泰州市历史上新创精品剧目零的突破，并入选江苏省“五个一工程奖”。在全省新剧目调演中，获12项大奖，其中《诺言》获优秀剧目二等奖。市书画院成功举办“江苏当代”2009年泰州中国画邀请展和建国60周年泰州书法展，并公开向全国招聘8名画师。徐文藻作品《秋山幽居图》入选文化部主办的“中国画名家精品特展”，戴琪书法作品入选由中国书法家协会主办的“全国第六届书法、篆刻新人展”。

【重大文艺活动】成功组织策划2009中国泰州国际旅游节文艺演出。4月30日，为纪念中国人民解放军海军成立60周年，举办“光辉航程从这里启航”军民联欢晚会。为迎接第六届江苏省园艺博览会，策划大型歌舞晚会《水韵绿城·祥泰之州》。配合各部门做好建国60周年庆祝活动及其他系列活动。

【制作“和谐泰州——音乐之声”CD专辑】为歌颂新泰州建立以来改革开放取得的成果，将近几年来在各级赛事中获奖的音乐作品和具有地方特色的民歌共计15首，收集整理制作成“和谐泰州——音乐之声”CD专辑。

【组建泰州市歌舞剧院】9月22日泰州市歌舞剧院暨南师大泰州学院歌舞剧院在南师大泰州学院正式组建并举行揭牌仪式。揭牌仪式后，举行首场汇报演出，市歌舞剧院将新排演的大型民族歌剧《江姐》重新搬上舞台。

群众文化

【基层文化建设】抽查全市省补范围内的完成达标建设任务40个乡镇文化站建设和运行情况，新建文化站各功能室按要求开展文化服务和文娱活动，乡镇文化站的主阵地作用得到有效发挥。村文化室建成率90%，全市共建成“农家书屋”1438家，其中，年内完成941家，全市覆盖率92.2%。完善市民十大文化广场活动建设，举行市民文化广场活动暨广场公益电影放映启动仪式。加强社区文化建设，在主城区新建10个社区图书室。加大文化信息资源共享工程建设力度，督促各级图书馆支中心按照全省统一配置标准，进行升级达标建设。

【群众文化活动】依托市民文化广场组织各类群众文化活动，全年共举办12次“百姓大舞台”大型广场文艺演出活动，在10个市民文化广场举行每周2次公益数字电影放映活动，全年共放映公益电影580场。全市共组织送科技图书下乡12.4万册、送戏下乡912场、送电影下乡20568场，组织开展2009泰州市新创文艺节目调演和全市新创文艺节目展演活动，策划编排全国中小学生“中华诵”夏令营闭幕式汇报演出。

【图书馆建设】 市图书馆全年接待读者70多万人次，比上年新增20万人次，列苏中城市之首。新书上架2.6万册，开展各项活动28次，通过全国第4次公共图书馆评估定级，做好新图书馆设计的前期配合工作，完成10个社区图书馆室、中国医药城图书馆分馆的建设任务。

文化遗产保护

【申报国家历史文化名城】 启动泰州全国历史文化名城的申报工作，完成《泰州市历史文化名城保护规划》和泰州全国历史文化名城申报简本。结合《泰州历史文化名城保护规划》修编工作，对市区省级以上文物保护单位的保护范围和建设控制地带进行划定。兴化市沙沟镇被省政府确定为江苏省第6批历史文化名镇。

【实施重点工程】 做好海纪馆布展改造工程，4月29日，改造后的海纪馆重新开馆，并举办海军诞生60周年纪念活动。参与实施稻河古街区保护性改造和省泰中保护性改造工程，对省级文物保护单位周氏住宅、新四军东进泰州谈判旧址、市级文物保护单位戈氏住宅、钱桂森故宅、安定书院和胡公祠、华佗庙等按照文物法的有关要求履行报批手续，完善修缮方案，并组织实施修缮。跟踪北山寺大雄宝殿修缮工程，督促海陵区政府落实修缮事宜。

【文物保护基础工作】 做好泰州市第三次全国文物普查工作，完成第二阶段野外实地调查阶段的工作。全市共调查不可移动文物773处，其中复查258处，新发现515处，年内全面完成验收工作。出版人文泰州丛书《泰州馆藏珍宝》。结合《泰州历史文化名城保护规划》修编工作，划定市区各级文物保护单位的保护范围和建设控制地带，更新市区文物保护单位标志牌。做好部分文物保护单位修缮方案的编制工作。完成崇儒祠布展更新工程陈列大纲的撰写，实施崇儒祠布展更新工程。

【非物质文化遗产保护】 全面完成非物质文化遗产普查工作，并严格按照序时进度进行普查资源汇编工作。建立非物质文化遗产名录体系，积极申请国家级、省级项目补助资金，落实名录保护计划和措施。组织项目申报省级名录和“国三批”代表性传承人，并命名首批市级项目代表性传承人。在2009年“文化遗产日”系列活动启动仪式中，举办民歌、民舞、民乐调演和泰州市第二批非物质文化遗产项目图片展，公布泰州市首批非物质文化遗产项目代表性传承人名单并举行授牌仪式。强化古籍保护工作，积极申报国家、省级保护名录，全市共有14部古籍入选国家级古籍保护名录。

【纪念馆建设】 年内，市梅兰芳纪念馆举办潍坊风筝展、“中华诵夏令营”、少儿京剧联谊活动，开展送京剧知识到机关、学校、社区活动，并制作40块京剧知识展板。海军诞生地纪念馆开展送文艺进军营活动，自编自演节目与“泰州舰”官兵联欢；邀请南京陆军指挥学院专家在机关和高校举办“中国周边形势”报告会。学政试院模拟科举考试形式举办科举知识竞赛等。

【考古征集】 加强考古征集力度，丰富馆藏和展品。市博物馆配合西气东输工程进行泰州境内的考古工作，保证国家重点工程建设的顺利开展。泰州古城南门水关考古是年内泰州市考古工作重大发现。全年征集文物藏品40多件。江洲北路明墓出土40多件服饰送湖北省荆州市博物馆清理。市梅兰芳纪念馆配合新馆开馆征集梅家文物10多件和现代名家书法作品60多幅。海军纪念馆征集130多件退役装备和文字图片资料。学政试院征集古代科举考生使用的巾箱本图书9册。

文化市场、新闻出版管理

【健全文化市场管理机制】 依法明确市、区两级文化市场（新闻出版）执法管理职能，从2010年1月1日起，由区级文化部门履行执法管理职能。通过形成完善的市、县（区）两级文化市场（新闻出版）管理执法运行机制，发挥市、区两级部门的职能作用。出台“扫黄打非”工作议事制度及成员单位职能分工等文件，发挥“扫黄打非”各成员单位的职能，做到依法、依制度管理文化市场和出版物市场。举办全市文化市场综合执法办公系统培训班和出版物发行员职业技能鉴定培训班，提高行业技能水平。在全省2009年度“扫黄打非”工作年度目标考核中，泰州市“扫黄打非”工作被评为优秀。

【组织开展“扫黄打非”行动】 集中力量检查出版物市场，打击各类非法出版物，全市共出动执法人员2000多人次，组织集中行动20多次，检查经营单位2000多家次，收缴非法出版物9万多件。其中，收缴非法书报刊1.5万多件、盗版光盘6.5万余多张、盗版软件及电子出版物5000多件、淫秽色情出版物1500多件，进一步规范出版物市场秩序，营造良好的舆论氛围和社会文化环境。

【行业整顿】 加强网吧行业管理。落实净网先锋管理系统管理措施，各地网吧服务器及终端在线率进一步提高；组织开展网吧证照核定机台数与实际机台数不符及擅自增加机台数专项整治工作，加强网吧机台数管理；开展联合执法行动，取缔无证照网吧3家。从7月16日开始，全市文化、工商、公安、消防等相关职能部门开展泰州市进一步净化网吧市场，促进未成年人健康成长专项整治行动，全市累计出动检查人员5431人次，开展检查行动490多次，立案查处违规经营网吧206家，其中取缔无证经营和证照不全的“黑网吧”44家，查处违规接纳未成年人网吧33家、违规超时经营网吧25家、未落实实名登记制度网吧32家、未落实经营管理监控措施网吧41家、未落实安全管理技术措施网吧5家、存在消防治安隐患网吧26家。加强音像市场监管，组织开展出版物经营单位年检工作和针对超市音像市场及周边经营点的专项检查行动，加强对重点区域音像市场的监管，开展清缴整治低俗音像制品专项行动。加强娱乐场所的监督管理，加大对无证照经营场所的跟踪检查力度。组织参与“阳光网络伴我成长”主题活动，着手开展卡拉OK内容管理软件安装准备工作，推进电子游戏经营场所改革和发展。通过科学规划、强化监管，确保全市娱乐市场健康、有序。

【文化产业品牌】 年内，积极打造文化产业品牌。泰兴市凤灵乐器集团、溱湖里下河民俗文化产业园、兴化金东门历史街区申报成为省文化产业引导资金扶持项目，泰州凤城河创意产业园被省发改委确定为省级现代服务业集聚区，凤灵乐器集团、泰州市美画艺术品有限公司被国家商务部、文化部、广电总局、新闻出版总署评为全国文化出口重点企业。（方朝阳）

报 刊

·综 述·

【概况】 2009年，泰州日报社拥有《泰州日报》、《泰州晚报》、泰州新闻网、《泰州手机报》、《名城》、《中华文学选刊》等媒体，固定资产1亿元，职工总人数420人（其中报社326人、印务公司80人、离退休14人）。《泰州日报》每日对开12版（双休日为4版），每周68版；《泰州晚报》每日四开32版（双休日为16版），每周192版。

【事业建设】 加快发展传统产业，广告收入实现稳步增长。年内，先后举办“同一首歌”大型演唱会、“全国知名作家泰州行”、金秋房博会等10多项活动，全年完成广告利润指标4050万元。提升发行质量，两报日均发行7.3万份，晚报市区发行量占总发行量65%。印刷业务实现业务收入2600万元、利润460万元。实施多元发展。泰州报业传媒广告有限公司更名为泰州报业传媒文化发展有限公司，获文化、演艺行业经营权。与人民文学出版社联合主办《中华文学选刊》，买断刊物的广告经营权，开辟新的广告载体。成立泰州凤凰文化发展有限公司，进入出版行业。《泰州手机报》在与移动公司合作基础上，实现与联通、电信的合作，订户发展到7万户。泰州新闻网通过活动策划，提升影响力，访问量世界排名大幅上升，并入选2009年度中国百强新闻网站和江苏省地域特色网站。

【内部管理】 出台《关于进一步加强广告等经营活动内部监管工作的意见》，规范经营活动的管理。转变广告经营考核机制，确立利润考核原则，增强成本意识、节约意识。加强各项规章制度的执行力度，规范各项管理。开展学习实践科学发展观活动，强化加快发展的意识。以“三项学习教育”活动为载体，引导职工深入基层一线采访，强化务实作风。开展“一岗双责三服务”活动，加大帮扶力度，全年单位、职工共捐赠60万元。

（陈忠勋 邰小蛟）

·《泰州日报》·

【学习实践活动宣传报道】 跟踪报道市四套班子的学习调研活动、全市各条战线各个部门的活动进展情况、市学习实践活动领导小组出台的新举措等。5月，开设“践行科学发展观、我为泰州作贡献，深入开展学习实践科学发展观特别报道”专栏，重点报道各市区、各部门学习实践科学发展观的新经验、新成绩。突出“三服务”报道，把学习实践活动与推动当前工作相结合，集中破解发展难题。在学教活动动员、转段和总结阶段，刊发系列评论员文章。

【突出“保增长、促发展”主线】 为提高全市上下应对国际金融危机的信心，宣传报道突出“保增长、促发展”主线。开设“应对危机企业行”专栏，报道市企业开拓创新，应对金融危机的做法和经验。

【重点工程、重大项目的宣传报道】 围绕市委、市政府实施的一批人民群众关注的重点工程、重大项目，推出系列报道、组合报道。一是推出“园博园”系列报道。对园博园建设全程跟踪报道，重点策划《水韵绿城·印象苏中》、《文化之园，快乐之园》等5篇报道，介绍园博园的建设理念与特色。二是推出文化泰州建设系列报道。在一版相继推出江浙三市“文化兴市”系列报道3篇,并开设“聚焦文化泰州建设”专栏，为文化泰州建设营造舆论氛围。三是开设“重点工程进行时”专栏，跟踪重点工程建设。相继报道凤城河环境整治工程、泰州长江大桥建设、三水湾工程建设等。四是做好药城和纬创两大项目的宣传报道。开设“医药城高新技术企业探营”、“纬创落户泰州*之服务”、“纬创落户泰州*之动态”等专栏。

【重大活动宣传报道】 围绕纪念新中国成立60周年，在要闻版、国内版重要位置刊发新华社稿件，展现新中国60年走过的光辉历程和辉煌成就；在副刊版举办建国60周年有奖征文活动；策划组织的全省省市党报联动摄影特别报道（泰州篇）在全省13家地级市党报及《新华日报》上刊出。围绕泰州首届国际旅游节，在活动前，开设“迎接泰州国际旅游节”专栏，跟踪报道2009中国泰州国际旅游节暨经贸洽谈会各项活动筹备情况；活动期间，通过动态消息及特写、评论员文章、访谈对话、图片专版等形式，报道活动盛况。活动结束后，推出后续和总结报道，综合报道活动取得的成果。宣传报道第七届科技经贸洽谈会。会前专门开辟版面，刊登到泰高校院所发布的科技项目，每天半版，连登13天，让企业提前掌握七洽会项目动态，增强展会的针对性和服务性；推出《七洽会观展导航》，报道展会的活动安排、观展线路、票务情况、公交线路等实用资料，为企业参展做好准备。

【民生宣传】 开展日常动态报道，加强新闻策划，提高报道质量，形成舆论强势。以泰州市成为首批国家级创建创业型城市，相继出台一系列新政策为契机，推出“创业新政完全手册”系列报道，报道分政策原文、权威解读、创业故事三部分，为创业者提供服务。组织记者深入农村采访，推出《高效农业险叫好不叫座》深度报道，对农户缺少选择、保费额度过高、风险基金待建等问题进行报道，并邀请相关专家剖析其深层次的原因。稿件中提出的问题引起相关部门的重视，市政府专门召开农业保险工作会议，就高效农业险相关政策做出调整。针对猪肉价格持续下跌的市场行情，采访相关专家，提醒养殖户冷静分析市场，设法控减养殖成本、提高品种质量，及时调整养殖、繁育计划，错开低价位时段出售，减少因价格下跌带来的损失。针对甲流疫情，追踪报道全市甲流疫情发展动态、政府部门采取的相关行动等，提供甲流预防方法等多方面内容，及时消除市民的恐惧心理，引导市民正确面对甲流，科学防范疫情。

【舆论监督和热点引导】 坚持正确的舆论导向，关注舆情,特别对一些阻碍发展的人和事进行有针对性的舆论引导和监督。围绕市委、市政府以及群众关注的乱燃乱放烟花爆竹、东城河非法电鱼、秸秆焚烧等一系列社会热点、焦点问题，进行连续跟踪报道，先后刊发10多篇稿件，其中，燃放烟花爆竹系列报道促成泰州市正式出台限制燃放烟花爆竹的规定。

【改革会议和活动报道】 压缩、整合常规性的会议和领导活动报道，一版假头条位置报道市委常委会、市政府常务会议等，二版边栏位置报道领导活动情况，腾出的主要版面用来报道市委、市政府中心工作或百姓关注的热点难点问题。对各类会议蕴藏的新闻及透露出的有效信息，按照新闻规律操作，并予以写活、延伸和解读。（仇剑秋）

·《泰州晚报》·

【关注百姓民生】 围绕市委、市政府中心工作，关注百姓民生，引导社会舆论，刊发一批有影响的稿件。年内，围绕文化泰州建设刊发《看绍兴、苏州、无锡如何锻造“城市之魂”》系列报道，展示兄弟城市推进文化建设的成功经验；晚报记者先后走进泰九路、医药城、经济开发区的拆迁现场，全面反映拆迁情况，连续推出多篇整版报道；3·15前，策划系列报道，对保险、汽车等9个行业潜规则进行曝光；对交通文明，秸秆禁烧等公众关注的问题进行系列报道。

【“迎国庆 看泰州”系列报道】 为庆祝建国60周年，展示市区近年来的建设成就，6月～9月，晚报推出“迎国庆看泰州”大型系列活动，每周1次，组织市民1200多人次走访市区重大项目或重点工程。从6月14日起，先后参观园博园、医药城、凤城河风景区、泰州大剧院、泰州长江大桥、城北街区改造、拆迁安置区、城区防洪工程、文保单位、泰州港区、历史街区、市区路网、市区水网、高教园区等14项重大项目、重点工程，累计81个参观点。

【组织“心系四川，情暖拱星”活动】 汶川地震1周年之际，晚报组织“心系四川，情暖拱星”活动。3月，连续报道泰州人在拱星援建的故事，发动市区学校为灾区学生捐款、捐物。4月10日，组织“爱心车队”启程赴川，深入灾区，发回报道10多篇，图片数百张。

【贴近市民生活】 策划一系列体现贴近性、服务性的活动，提升报纸品牌。泰州国际旅游节举办期间，推出免费游泰州大型公益活动，推出20个景点，4条旅游线路，参与人数200人。围绕植树节，组织策划共植“爱心树”活动。围绕母亲节，策划“妈妈，您好”公益活动。暑假期间，组织开展新一轮“七色花”系列活动等。

【“爱心奶奶”系列活动】 11月，城北街道开展“暖心鸡汤”活动。年底，“爱心奶奶”相继推出亲情代购服务、义工结对帮扶等活动。春节前，开展“博爱送万家”活动，向困难群体送年夜饭。定期组织公益活动，每周日组织“爱心奶奶”进社区，敬老扶弱，开展便民服务，送上文艺表演。7月～8月，开展“博爱送清凉活动”，海陵区100户贫困家庭，每户获赠300元清凉物资。

【舆论监督】 开展舆论监督，全年热线版共发各类监督稿件数百篇，帮助百姓解决问题1000多件。处理读者来电、来信，力求“件件有交代，事事有答复”。针对读者反映的市区一些小区绿化受到损毁，不少树木已经死亡的情况，晚报记者调查市区新老住宅小区，于3月推出《市区部分小区绿化缺少管护》的连续报道，促使园林绿化、房管等部门采取措施，加强小区绿化管护。针对暑期学生补课问题的社会热门话题，晚报经过深入调查，于7月推出系列报道，市教育局联合相关部门突击检查，叫停市区21家补课班，并召开全市专项会，治理违规补课。

（赵双远）

·《泰州广播电视报》·

【概况】 泰州广播电视报社拥有《泰州广播电视报》和《风尚泰州》、《声屏内外》杂志。《泰州广播电视报》以“关注民生、服务家庭、娱乐大众”为宗旨，分为“新闻影视”和“生活服务”两叠周刊，4开32版，不定期推出铜版纸彩色封套，开辟“民生”、“法案”、“博客”、“明星”、“情感”等专版，融娱乐性、知识性、服务性、趣味性、实用性于一体。2009年，泰州广播电视报全年广告创收750万元，报纸期发行量最高达12万份，全年总发行量312万份。

【创优成绩】 2009年，在全国城市广电报优稿评选中，共有6件作品获奖。评论《谨防“煮蛙效应”》、专访《他给毛主席照相——访著名摄影家吕厚民》获一等奖；专访《刘世龙，不是英雄亦英雄》二等奖；专访《翰墨飘香传神韵——访泰州籍全国著名书法家张森》等3件作品获三等奖。

【兴办杂志《风尚泰州》】 从1月起，泰州广播电视报社主办的时尚杂志《风尚泰州》正式上市，每月一期，全年出版12期，以商务人士为目标读者，定位于时尚生活类杂志，内容涵盖影视、娱乐、生活、情感、美容、数码等。

（袁 菲）

·泰州日报社新媒体·

【《网络舆情摘报》创刊】 6月16日，《网络舆情摘报》创刊，《摘报》主要刊登网上的热点舆情及各种意见，每期报送市委常委和市政府主要领导，同时为两报收集有价值的新闻线索，至年末共出刊67期。

【泰州新闻网】 2009年，泰州新闻网在首页推出泰州指南版块，房产频道和分类信息频道相继改版。泰州新闻网的功能逐渐由单一型的信息服务向集成型的平台服务转化。举办泰州新闻网第一届网络模特大赛，搭建网友展示风采的平台。年内，在由省委宣传部、省通信管理局联合举办的江苏省文明办网先进单位评选活动中，泰州新闻网获2008年度地域特色网站称号。

【全国知名网络媒体泰州行】 4月，结合中国泰州国际旅游节、中国湿地旅游节等大型活动的举办，泰州新闻网组织全国知名网络媒体泰州行活动。人民网、新华网、新浪网、搜狐网、东方网、龙虎网等网络媒体派出编辑记者到泰采访、交流。

【《泰州手机报》】 年内，泰州手机报系列产品订户大幅增长，发送平台进一步扩展。短信版《大众参考报》7月1日起正式发送，《新参考报》7月7日起正式发送，《泰州手机报·电信版》10月27日起正式发送。

【新中国成立60周年系列专题】 围绕纪念新中国成立60周年，7月，泰州新闻网推出专题系列报道，报道全市各界迎接60周年大庆的动态消息。同时在泰州新闻网论坛举办征文大赛和图片大赛，选送6篇稿件（图片）参加由省委宣传部举办的“歌颂祖国·爱我家乡”网络作品大赛，选送作品获二等奖2项、三等奖2项、提名奖1项。

（姜景旸）

广播电视

【概况】 2009年，全市广播电台平均每日播音时间121.58小时，自制广播节目35917小时；电视平均每周播出时间1018.7小时，自制电视节目21130小时。全市有线电视用户122.42万户，有线数字电视用户18.37万户。周报《泰州广播电视报》全年发行量312万份。市广播电视局（台）被评为2007～2008年度泰州市文明单位（机关）和泰州市文明城市创建工作先进单位，在全市宣传文化系统“抓、树”竞赛活动中获先进集体称号。

【新闻宣传】 市台广播电视各频率频道以深入宣传贯彻党的十七届三中、四中全会和市委三届六次、七次全会精神为主线，围绕市委、市政府“三年再来一个大变化”的目标要求，重点组织实施保增长惠民生保稳定、企业“三服务”、开放型经济、医药高新区、文化泰州建设、科学发展观、国际旅游节、园艺博览会、重大工程（项目）和新中国成立60周年等重大活动的宣传报道。全年共开设主题性宣传专栏42个，推出综合、单项系列化的深度组合报道110组1032篇，摄制完成各类专题片40部。建立“三服务”宣传报道长效机制，服务全市工业企业和重大工程项目，先后开设“‘三服务’在行动”、“改进作风 服务发展”、“服务纬创在行动”等专栏。各市局（台）围绕当地党委、政府工作中心和经济社会发展大局，发挥主流媒体的舆论导向作用。靖江台围绕庆祝建国60周年、“推进二次跨越”等重大主题先后推出60多组、1200多篇稿（片）的报道。泰兴台广播电视分别推出“2008泰兴成长印记”、“抢抓机遇、克难奋进”等专栏。首次开辟新闻访谈类节目，发挥舆论引导功能。姜堰台围绕市委、市政府应对金融危机各项决策部署，全年开设新闻专栏10个，推出系列报道24组、连续报道28组；策划贯穿全年的大型新闻行动“奋进2009”，共播出新闻稿件580多篇。兴化台按照建设“富庶兴化、生态兴化、文化兴化、和谐兴化”的要求，先后组织“坚定信心迎接挑战”等一系列主题宣传活动。

【对外宣传】 全年市台广播在央广用稿28篇（其中“全国新闻联播”和“新闻和报纸摘要”各2篇）、省台用稿108篇，用稿量居地级台前5名；在海峡之声广播电台用稿31篇，其中连线报道15篇。电视在省台用片149条，在央视用片43条，其中“新闻联播”21条、“焦点访谈”2条、“道德观察”3条。配合上级媒体做好全国重大典型陈燕萍的宣传，制作电视专题片《法官陈燕萍》，推出电视4集系列报道《百姓信服的好法官陈燕萍》，广播4篇系列报道《情法辉映传正声》。靖江台在央视“新闻联播”用片1条、中央财经频道播出专题1部、黄河台用片12部、省台用片96条。泰兴台广播在央广用稿5篇、省台用稿132篇，居全省县市台第2；电视在省台用片51条。姜堰台在中央台用稿（片）24条、省台用稿（片）103条。兴化台与中央人民广播电台、上海人民广播电台、泰州人民广播电台等20多家媒体合作，策划推出《板桥风韵·绿色兴化》“长三角”走进兴化大型广播直播活动；广播在省台用稿50多篇，电视社教在省台用片13部。

【经营创收】 全市广电系统综合实力增强，实现经营创收到账收入31487.67万元，其中广告收入增长15.51%。

【广电事业建设】 全市新增有线电视用户10.26万户，用户总数122.42万户，提前一年半超额完成“十一五”规划发展目标（110万户）。推进市区数字电视整转工作，有线数字电视用户总数18.37万户，整体转换率96%以上，通过国家广电总局专家组验收，获总局颁发的“全国有线数字电视合格城市”奖牌和荣誉证书。靖江市被省广电局表彰为2009年度创建“无小耳朵社区”先进县（市、区）。

【节目创优】 市台节目创优共获国家级一等奖2个，省特等奖1个、一等奖4个，节目录制获国家金帆奖二等奖1件和省一等奖2件。由网络小说改编的儿童广播剧《等待春天》获省级政府奖一等奖，实现市台儿童广播剧创作省级奖零的突破。电视纪录片《木船村纪事》获全国第三届新农村小康电视片评选最佳作品奖一等奖并被推荐到全国各大电视台播出。在2008年省级政府奖评比中，靖江台获三等奖2件，泰兴台获二等奖1件、三等奖2件，姜堰台获三等奖1件，兴化台获二等奖1件、三等奖2件。

【泰州大剧院经营管理】 泰州大剧院是市政府投资建造的大型文化公共服务基础设施工程。从3月19日起，市广电局围绕泰州大剧院的经营管理展开考察调研活动，并形成《泰州大剧院运营模式建设方案调研报告》。5月4日，市委书记张雷对方案作出批示。6月16日，市政府召开第19次常务会议，明确泰州大剧院采取“政府授权、企业主体、市场运作、委托经营、政府补贴、社会参与”的运营模式，授权市广电局承担泰州大剧院的业主方职责。6月18日，市政府常务副市长杨峰召开会议，就市广电局与北京保利剧院管理有限公司合作运营泰州大剧院有关问题进行专题研究和协调。会议明确市广电局与北京保利剧院管理有限公司签订《泰州大剧院委托经营管理合同》，成立由市广电、财政、建设、文化等部门为成员单位的泰州大剧院业主管理委员会，并在市广电局内增设大剧院管理处，负责对泰州大剧院的资产管理和功能发挥情况进行监管和考核，协调解决相关具体矛盾和问题。会议同意由北京保利剧院管理有限公司牵头，联合泰州市广播电视台组建泰州市保利大剧院管理有限公司。7月2日，举行泰州大剧院委托经营管理签约仪式暨首次新闻发布会，北京保利剧院管理有限公司总经理任伟、市广电局（台）党委书记、局（台）长田宏胜共同签署《泰州市保利大剧院管理有限公司出资协议书》、《泰州大剧院委托经营管理合同》，大剧院委托经营管理平台正式启动。9月26日～10月1日，举办“圆明园兽首国宝走进泰州大型展览”，免费接待观众10多万人次。从10月1日开始的首演季中，大剧院组织国内外著名文艺团体演出17场次，上座率平均达77.6%。

【首届慈善晚会】 为全面提升泰州市慈善工作水平，解决慈善经费紧缺的难题，市广电局配合市慈善总会，具体策划承办“大爱倾城、情满泰州”——泰州市首届慈善晚会。先后投入近400万元改造800平方米演播大厅T型透明舞台、灯光舞美、高清电子大屏和LED彩幕墙，制作播出6部感人故事短片。晚会现场一次性认捐总额达4839万元。局（台）组织职工捐赠6万元，并从单位自有资金中捐出100万元。

【组织“辉煌六十年 泰州新跨越”大型广播新闻行动】 年内，市广播电视台和四市广播电视台联合策划、组织“辉煌六十年 泰州新跨越”大型广播新闻行动，并于9月20日正式启动。此次活动由市台广播传媒中心新闻频率联合泰州电视台、中国泰州网、凤城泰州网、各市（区）委宣传部、各市广播电台，以市县联动、户外直播为载体，采用嘉宾访谈、观众互动、记者连线报道的方式，全景展示泰州六十年来特别是改革开放以来取得的辉煌成就。活动历时近1个月，与省台新闻频率连线报道9场次，采编播发系列、现场报道38篇，上网观看视频直播的网友近1000人次，留言100多条。

【《老鸦堂的故事》获第25届江苏省电视金凤凰奖一等奖】 12月10日，泰州市广播电视台选送的《老鸦堂的故事》获第25届江苏省电视金凤凰奖短篇电视纪录片一等奖，《窑烟的记忆》获电视文艺（文学）专题片三等奖。

【首部自制广播长篇小说连播《香河》开播】 12月21日，市广电局（台）首部自制广播长篇小说连播《香河》开播，并举行新闻发布会。这是泰州广播史上首部录制的长篇小说连播，也是泰州本土作家作品与电台小说连播的首次联手。

【开设“小范帮你忙”电视栏目】 1月5日，以服务百姓、关注民生为宗旨的“小范帮你忙” 电视栏目正式开设。一年来，先后组织“有爱就有梦，带孤儿回家过年”、“暑期助学圆梦行动”等活动，全年筹集善款100多万元，直接帮助500多名群众解决各种实际困难，成为深受百姓喜爱的栏目，被评为全市宣传文化系统“改革创新成果”一等奖。

（王琪泰 朱李云）

·广电网络·

【概况】 2009年是江苏省广播电视信息网络股份有限公司泰州分公司独立完整运营的第一年。泰州分公司以“整合创造新优势、整转推进新发展、业绩实现新突破”为目标，立足“打基础、造环境、严管理、抓服务”，加快推进广电网络转型升级。数字电视整转顺利通过国家广电总局验收，泰州成为全国25个有线电视数字化整体转换合格城市之一。

【数字电视整转】 根据国家广电总局“政府领导、广电实施、社会参与、群众认可、整体转换、市场运作”的方针，推行“科学整转、和谐整转”，形成用户认可度高、整转现场感强、公共单位接入面广等泰州地方特色。4月，泰州市区数字电视整转顺利完成，至年末，泰州市区有线数字电视用户数达18.37万户，发放安装机顶盒27.29万个，整体转换率96%。

【安全传输工作】 强化安全传输制度保障、组织保障和技术保障，确保庆祝建国60周年、全国“两会”等重要保障期的安全传输。做好市台广播电视频道、频率的传输覆盖和现场直播、录播节目的传送工作。加强传输机房管理和省、市干线维护，改善和提高省干线泰州至海安光缆线路的安全等级和技术指标。加强安全传输日常管理，实现分公司安全传输“零事故”。分公司被省公司评为2009年度安全播出优秀单位，分公司数字电视部和客服中心城区运维科被评为2009年度江苏省广播电视技术维护先进集体。

【数字电视备份中心建设】 泰州分公司争取省级有线数字电视备份中心工程落户泰州，设备总投入1亿元，工程建设于3月正式启动，先后完成机房基础设施及卫星信源建设、干线改造和平台设备安装调试，6月实现数字电视备份前端信号在省干线网平稳传输，顺利完成一期工程建设。3月，启动分公司综合业务楼建设项目，与省备份中心基建工程项目同步规划、统一建设，项目建设进展顺利，已完成立项、规划、征地、设计方案评审、建筑施工图设计等工作，年底开始试桩。

【**网络资源整合**】按照省委、省政府“全省一张广电网”的决策部署，配合省公司与各市（区）签定广电网络整合与合作协议。遵循携手共进、加快发展的原则，完成台网分离后的人员、资产交接，实现平稳过渡。根据泰州市区区划调整的相关部署，与姜堰、泰兴广电局（台）签订协议，完成苏陈镇、大泗镇、罡杨镇、胡庄镇和宣堡镇的广电网络资产和人员上划。

【**市场经营**】2009年，泰州分公司新增有线电视用户2.19万户，发展互动电视用户1.31万户，有线数字电视用户总数18.37万户，营业收入超1亿元，营业收入和利润实现倍增，提前1年超额完成“十一五”规划确定的广电网络产业发展目标任务。

【**数字电视服务直通车**】4月，泰州市区数字电视整转顺利完成。5月，泰州分公司在全省率先打造“数字电视服务直通车”品牌。通过细分服务内容，制定服务流程，以统一的外形设计加上现场演示车组成用户心中概念式的“服务直通车”模式，对硬件、软件、人员等要素进行合理配置，构建一个流动的全业务服务平台，让用户不出小区大门就可享受到广电网络的服务。“数字电视服务直通车”全年共开展小区现场服务活动75场次，现场受理及上门服务3275户次。该项工作在全市宣传文化系统“改革创新成果奖”评选中获二等奖。（王　波）

文 联 工 作

【**建设和谐服务型机关**】3月18日，市文联召开第三届二次全委会，总结2008年工作情况，表彰先进市文联（县级）和优秀文艺积极分子，并对2009年的工作进行部署。市文联改进机关作风、提高办事效率、加强行政效能建设，机关工作人员大局意识得到增强，工作效率、工作水平得到提高。

【**文艺创作**】市文联根据全年总体工作目标，分艺术门类组织采风活动和创作部署，提高艺术创作的质量，提升泰州市文学艺术的整体水平，丰富群众文化生活。

文学创作：承办苏中片文学创作工作会议，邀请省作协和省著名作家到泰采风、交流，组织作者参加中国作协召开的座谈会，并向中国作协和省作协推介泰州市作者创作的文学作品。邀请《中国文学》的编辑到泰，就运用文学的形式提升泰州市的知名度和美誉度进行研讨，并促成省作家协会和兴化市人民政府联合举办“兴化文学现象研讨会”。

书画创作：为迎接全国第11届美术展览和全国书法兰亭奖大赛，市文联成立两个领导小组，分别召开动员大会；组织近40人到江西、安徽、浙江等地采风创作，同时邀请省美协、书协专家到泰举办作品研讨会，针对两个全国大展的具体要求，对泰州市作品进行现场点评。徐文藻等7人的美术作品入选江苏省建国60周年美术作品展，孙志勇等3人入选中国第三届书法“兰亭奖”。

市委书记张雷观看书画展

音舞创作：举办以《钱新民童年童趣画展》为基础素材的泰州市童年童趣儿童舞蹈大赛，全市17支队伍参赛。所有的节目从音乐到舞美要求都运用泰州本土民间文化素材进行自编自创，邀请省舞蹈家协会主席黄素嘉等艺术家现场评审，并通过电视台向全市进行现场直播。

摄影创作：市摄影家协会组织参加全国城市摄影联盟召开的2009年城市摄影发展战略研讨会。结合相关展赛，多次组织摄影家分赴江西婺源、浙江丽水、山西平遥、新疆、青海等地采风，创作出一批具有地方特色和时代气息的摄影佳作，有100多幅摄影作品在省、全国性展赛活动中入选、发表、获奖。

创作研讨：举办戏剧创作研讨会、民俗摄影创作论坛、《梅派唱腔琴谱集》的审定、《泰州民俗史略》的书稿讨论等多种形式的创作研讨活动，推动全市文艺作品的创作。

【**打造品牌活动**】根据市委、市政府制定的《文化泰州建设发展规划》，3月，市文联特邀全国著名词曲作家田歌和郑南到泰采风创作，为泰州市量身定制歌曲《我的水乡你的梦》，由总政歌舞团青年歌唱演员雷佳和黑鸭子组合演唱、亚洲爱乐乐团伴奏，做成音乐单碟，供泰州市对外宣传和形象展示，并在《歌曲》杂志刊登、推广。为展现新泰州的形象，组织全市摄影家创作出大型画册《影像泰州》。市文联与各文艺家协会发挥自身优势，组织策划“泰州市庆祝新中国成立60周年文学艺术展示月”活动，活动包括八项展（赛）事："祖国颂"庆祝建国60周年征文大赛、庆祝建国60周年书法作品展、大型美术作品展、"杰盛杯"摄影图片展、少儿京剧展演、献给泰州的歌展播、戏剧名家演唱会和少儿书画展。

【交流与展示】 加强与省内外的文艺交流，联合相关部门和单位举办 "当代江苏"09年泰州中国画邀请展。组织书画家到凤城河风景区等地举行 "喜迎国庆、欢度中秋"现场书画创作和"梅兰春"书画笔会。书画、摄影协会配合园博园开园，组织创作出一批精品。有计划地为文艺家举办个人作品研讨、展览和演出活动，定期向文艺家赠送文艺刊物，与市文化局联合举办陈德林从艺50周年戏剧名家演唱会，特邀昆剧、京剧、扬剧、越剧、锡剧、黄梅戏等众多名家助演，央视主持人白燕升主持演唱会。通过拓展活动载体增强服务效能。建成泰州市文艺作品展示厅，先后承办文艺家采风作品汇报展、夕阳红摄影作品展、庆祝人民政协成立60周年大型书画摄影展、"星光杯"硬笔书法联展和泰州市群众美术书法摄影作品展，接待参观群众1万多人次。完成文联刊物《扬子江》的改版工作，保持原有的纯文学风格，进一步强调本土性和原创性，为全市文学作品的交流和展示提供载体。（文 联）

同一首歌大型演唱会

卫　生

综　述

【概况】2009年，市卫生局围绕“三年再来一个大变化”目标，坚持科学发展，切实转变作风，努力为发展服务，为基层服务，为群众服务，各项工作取得明显成效。

【卫生民生工程】推进农村卫生工作，提高农村卫生机构的服务能力和水平，落实基本公共卫生服务，新型农村合作医疗人口参合率99.38%，保障水平逐年提升。基本公共卫生服务项目覆盖375.57万人。建成省级卫生镇村31个，完成卫生改厕7.7万座，成功承办全国农村改厕现场会。靖江市、海陵区试点基本药物制度改革，市区实行基本药物零差价。

【卫生资源布局】发展城市社区医疗服务体系，平衡卫生资源分布，重新布局并改造、新建社区卫生服务中心40个，卫生服务站500个，逐步形成15分钟健康圈，多层次的医疗保障体系实现全民覆盖。启动市人民医院周山河新址规划建设，统筹规划市妇幼保健院、市中医院和第四人民医院。

【健康保障网络】重大传染病基本得到控制，扩大儿童免疫规划全面实施，孕产妇死亡率、婴儿死亡率、出生缺陷发生率持续下降。应急医疗救治、卫生监督基础条件得到改善，突发公共卫生事件应急能力进一步增强。全力防控甲流疫情，购置负压救护车，组建负压病区，在全国率先组织2200人次开展甲流疫苗临床试验工作，累计接种疫苗10万多支。

农村卫生

【新型农村合作医疗】新型农村合作医疗制度日趋完善，出台《关于进一步加强新型农村合作医疗制度建设实施意见》、《泰州市新型农村合作医疗基本药物目录》（2009修订版）等规范性文件，提高门诊补偿最高支付金额为该户门诊资金总额的200%，最高支付金额封顶线全提高到6万元，最高达8万元。合理设置特殊病种的补偿政策，将慢性肾功能衰竭（尿毒症期）、肝硬化失代偿期、癌症（放化疗）等特殊疾病门诊补偿参照住院补偿标准，年最高限额为3万元，合理设置不同级别医疗机构的补偿比例，引导参合农民就诊流向基层卫生机构。在合作医疗计算机网络已全面开通的基础上，开展新一轮的信息化改造工作。新农合基金监督管理实行“两公示”、“一监督”制度，基金封闭运行，拨付执行“双印鉴制度”，确保基金安全和专款专用。全市参合农民受益面54.53%，当年基金结余率控制在10%左右。全市新农合平均补偿比39.66%，比上年提高5个百分点。全市参合人口数351.98万人，参合率99.37%，泰兴市、靖江市、海陵区达100%，其余各市（区）均在98%以上。泰州市区、靖江市人均筹资120元，其余各市（区）人均筹资均达100元，其中各级财政的补助水平人均不低于80元，全市筹资3.61亿元。

【农村卫生服务体系】农村基本公共卫生服务管理机制逐步完善,农村基本公共卫生服务已覆盖到全市所有农村常住人口，按人均15元安排专项资金，共落实资金5266.8万元。建成农村社区卫生服务中心107个、农村社区卫生服务站1043个，新、改、扩建30个农村社区卫生服务中心、472个农村社区卫生服务站，250个农村社区卫生服务站获省级奖补425万。制定《泰州市农村社区卫生服务站管理制度》、《泰州市35岁以上首诊测血压工作实施方案（试行）》、《泰州市慢性非传染性疾病系统管理工作技术规范（试行）》等文件，规范乡村社区卫生机构的基础管理。利用新农合进行健康体检82万人，农村居民家庭健康档案建档率90%以上，逐步为农民建立电子健康档案。联合制定《关于切实解决乡村医生养老保障问题实施意见》，稳定乡村医生队伍。年内共组织2128人参加乡村医生中专补偿学历教育考试，培训近200名教学点管理人员，组织全市30名农村卫生院院长进行管理知识培训，完成全市乡村医生全科医学知识培训工作，组织400名乡村医生参加全省结业考试。为乡镇卫生院引进4名本科毕业生，完成全市35名大专院校定向录取生的定向培养安置工作，继续实施城市医生支援农村基层卫生工作，有245人参加卫生支农工作。

公共卫生

【疾病预防】突发公共卫生事件规范处置率100%，全市报告乙类传染病9337例，传染病疫情和突发公共卫生事件网络直报率100%，法定传染病报告率98%以上，及时调查处理率100%。查螺面积3368.94万平方米，开展药物喷洒灭螺174.9万平方米。艾滋病咨询检测2867人，新发现和报告的艾滋病感染者37例。全市共报告肺结核总病人数3250例，其中新发涂阳肺结核病人1482例。计划免疫免费接种112.43万针次，儿童健康检查21.8人次。为27.27万名60岁以上老人建立健康档案，累计为9.69万名高血压、糖尿病、肿瘤等慢性病病人建立规范化档案，随访48.34万次。

【妇幼保健】市妇幼保健所建成等级妇幼保健所。全市孕产妇保健管理率96.7%，7岁以下儿童保健管理率95.28%，孕产妇死亡率18.92/10万，婴儿死亡率5.23‰。对15岁以下的人群补种乙肝疫苗，完成接种对象5.29万人次，占该年龄段应补种人数的90%。启动1.25万人农村宫颈癌和乳腺癌检查项目试点，市区实行免费妇女病普查，全市共检查43万育龄妇女，对检出的48名宫颈癌、乳腺癌、卵巢癌患者给予及时有效治疗。

【卫生监督】加强卫生监督工作，健全卫生监督体系。查处违法案件21起，案件查处结案率100%。把量化评分表与日常监管文书有机结合，形成“量化评分文书化、量化工作常规化、量化结果公示化、量化公示卡通化”的日常监管新模式。市卫生监督所在全省率先通过卫生监督体系建设评估，泰州市获全省首家“江苏省市级卫生监督体系建设达标示范单位”称号。

【卫生应急】制订下发《泰州市突发公共事件医疗卫生救援应急预案》，成立卫生应急专家咨询委员会，完善公共应急体系。甲型流感爆发后，迅速购置负压救护车，组建负压病区，投入540万元专项经费，完成五大类68种应急物资的储备工作，储备抗病毒药物“达菲”1万人份，累计接种疫苗30.3万支，发放130多万份健康教育资料，超前部署实施“外堵输入、内防扩散”防控策略，率先做好归国留学生排查工作，确保疫情不蔓延、不扩散。组织市专家组会诊20人次，邀请省专家10人次到泰指导危重病人的抢救治疗。先后组织4支医疗队28人次赴四川省绵竹市支持灾后医疗援建工作，帮助拱星镇卫生院新建医院门诊楼、修建病房3000平方米和重点专科2个，接收3名进修人员，选派8名专家开展义诊等，圆满完成援助任务。

医院管理

【资源优化】以保持区域卫生事业发展的整体性和联动性为出发点，以最低成本提供最优服务为目的，探索同质资源的合并重组，全市卫生资源逐步形成向社区、向医疗中心、向中国医药城平衡分布的态势。启动市人民医院周山河街区26.66公顷规划建设，统筹规划中医院和第四人民医院建设。以“三服务”活动为平台，引导卫生资源流向，基本实现优质卫生资源向中国医药城汇聚的目标。整合普济医院卫生资源，省公共卫生研究院、省疫苗临床试验中心和史克公司麻风腮三联疫苗的生产线落户医药城，形成苏中、苏北地区疫苗配送中心，并将逐步发展为全国疫苗配送中心。

【社区卫生】重新布局并改造、新建社区卫生服务中心40个，城市社区卫生服务网络覆盖率95%、规范化率90%，逐步形成15分钟健康圈。年内社区卫生门急诊人次占全市医疗服务总量的40%。标准化卫生院建成率87.1%，卫生室建成率87.8%，乡村卫生机构一体化管理率92%。

【惠民医疗】各地明确惠民医疗机构，二级以上医院建立惠民门诊和惠民病区，逐步建立和完善惠民医疗体系。落实特殊人群减免优惠政策，对享受城乡居民最低生活保障人员等特殊人群实行“五免五减半两优惠”政策，发放低保人群、特困人群优惠医疗卡3000多张，优惠金额近1000万元。市区社区卫生服务机构全面实行基本药物零差价，门诊和住院医药费用下降19%。推行单病种限价，全市各医疗机构累计开展义诊活动100多次，惠民门诊医疗诊疗72210人次，药品让利600多万元，减免居民医药费用近980万元。

中医药事业

【概况】新建省市级中医药特色社区卫生服务中心建设单位7家，推广省及国家级中医药适宜技术15项，临床使用中医药适宜技术病例达10万人次，为群众节省医药费用400多万元。实施中医“治未病”健康工程，开展中医“治未病”试点，8家试点单位全部挂牌。编辑出版《泰州市基层医生简明中医药手册》6000册，中医药使用率比上年上升6.24个百分点，中药饮片收入比上年增加40%以上。制订《泰州市省农村优秀中医临床人才培养工程实施方案》，遴选省农村基层优秀中医临床人才候选对象32

名，培训乡镇以上卫生单位中医药适宜技术推广骨干440多人次。

爱国卫生

【卫生城市创建】继续将卫生城市管理工作纳入对市（区）政府及市相关部门的目标考核中，市政府专门拿出100万元作为市区国家卫生城市长效管理工作考核经费，拿出60万元作为国家卫生城市长效管理的工作经费。多次与数字化城管中心对接、完善相关考核工作，每月组织一次市容环境卫生检查。结合春夏、秋季爱国卫生运动和防控甲型流感，会同市级机关工委、市监察局、市数字化城管监督指挥中心，每季度采取明查与暗访相结合的方法，对市容环境管理、农贸市场管理、建筑工地管理、城区河道环境卫生保洁、城中村、城乡结合部、单位及居民区卫生、环境保护和食品卫生工作等进行检查，对检查中发现的问题，及时下发整改通知书，限期整改。同时通过爱国卫生运动简报通报检查结果。对各县级市的创建工作，加大暗访力度，及时通报情况，督促各地加强卫生城市的巩固工作。各县级市继续在巩固省级卫生城市的基础上，积极争创国家卫生城市。年内，姜堰市顺利通过国家卫生城市省级考核。

【农村改厕改水】落实改厕资金,市及市(区)财政投入改厕专项资金1620多万元, 制订下发《泰州市农村改厕市级奖补资金管理办法》、《泰州市改厕普及镇（乡）标准及考核办法》，根据各地当年改厕目标任务和改厕配套资金落实情况，核定奖补资金基数。全市共完成农村改厕7.7万座，提前完成目标任务，卫生厕所普及率74%，成功承办全国农村改厕现场会。市财政安排60万元专项资金，完成农村改水扫尾工作。推进自来水管网延伸及入户工作，加强指导、监管，保证改水工程质量。全市新增农村自来水受益人口1.5万人，全市农村自来水普及率99.14%。

【卫生镇村创建】推进国家和省、市级卫生镇（村）创建工作，市爱卫办、建设、环保、卫生等部门配合进行指导和检查。各地将卫生镇（村）创建与环境优美乡镇、生态村、新农村建设示范村、小康村等创建活动相结合，合力互助。组织建设、环保、卫生等部门加大对卫生镇村创建的指导力度。全市建成省级卫生镇村31个，兴化市戴南镇通过国家卫生镇省级考核。

【健康教育和健康促进行动】组织开展健康教育宣传月活动，开展健康教育进社区、进农村、进企业、进学校、进机关的“五进”活动。加强社区健康专栏管理，统一更新市区57个社区专栏和农村宣传阵地。成立由市人民医院等7家单位25位专家组成的泰州市健康素养讲师团，宣讲慢性病防治、传染病预防、心理健康等知识。贯彻实施《全国亿万农民健康促进行动规划(2006～2010)》,制定泰州市“亿万农民健康促进行动”示范镇标准，全年建成6个市级“行动示范镇”。

行风建设

【概况】在全市卫生系统党员干部中开展“加强党性修养，坚持廉洁从政”教育活动，推进反腐倡廉建设。出院病人对全市二级医院窗口服务的综合满意度为88.58%。继续推进创建“无红包医院”活动，全市建成“无红包医院”91个，其中二级以上医院全部达到“无红包医院”要求。全市医务人员拒收红包644人次、金额36.91万元，上交红包597人次、金额37.89万元。加强行政权力内控机制建设，市区卫生许可、卫生处罚等法定行政权力全部实现网上公开透明运行。规范药品耗材采购，网上药品采购金额6.63亿元，比上年增长69.59%，让利患者金额达4536万元。在全市开展治理医药购销中商业贿赂行为的自查自纠活动，127人次主动上缴药品回扣43.35万元。推进“平安医院”创建活动，落实医患纠纷第三方调处机制和医疗责任保险制度，成立“泰州市海陵区医患纠纷调解中心”，促进医患关系和谐和社会稳定。

【医药卫生体制改革】按照《关于建立国家基本药物制度的实施意见》，在靖江市、海陵区全面实施基础药品零差价销售试点工作，对实施基本药物制度后所需费用进行测算，制定基本补助方案，并轨原已开展的社区药物零差价政策与基本药物目录实施，把基本药物纳入医保保险和新型合作医疗报销范围。推进公立医院试点改革工作，优化公立医院布局结构，确定靖江市作为公立医院改革的试点城市，在管理体制、运行机制、补偿机制、监管机制等重点和难点方面进行探索，为公立医院改革积累经验。促进基本公共卫生服务逐步均等化，健全基层医疗卫生服务体系，确保人均基本公共卫生服务资金不低于15元，并对各项服务所使用的资金进行测算及分配。调整全市基本公共卫生服务计算机软件管理系统，统一全市基本公共卫生服务台帐资料，使基本药物实施和基层卫生体系建设改革工作顺利开展。

（余杏敏）

体 育

综 述

【概况】 2009年，泰州体育工作以开展"全民健身与和谐同行"活动和备战、参赛第11届全国运动会为中心，全面推进群众体育、竞技体育、体育产业协调发展，为构建和谐社会服务。

群众体育。全民健身活动突出"全民健身与和谐同行"主题，结合北京奥运会后兴起的全民健身热潮，举办第5届全民健身节。在健身节期间，全市参与全民健身活动人数超过100万人次。新成立6个单项体育协会，新建90个城中村（社区）健身设施。

学校体育。举行全市中小学校"阳光体育运动"和"阳光体育冬季长跑活动"启动仪式，全市约80万名中小学生参与活动。学校体育工作纳入对各市（区）教育工作考核目标体系，每天一小时活动时间落到实处。积极改善基础设施，全市共新建400米标准田径场22片（其中塑胶场地10片）、体育馆3座，为广大中小学生参加体育锻炼提供便利。

竞技体育。年内，全市有32名运动员参加第11届全国运动会11个项目的决赛，共有5人次获3枚金牌、5人次获3枚银牌、1人次获1枚铜牌。参加江苏省年度比赛21项次，获金牌23枚、银牌30枚、铜牌39枚，总分1165分，金牌数居全省第12，奖牌数居全省第9，总分居全省第8。全年向省优秀运动队输送11人，向省体校输送16人，连续3年居全省输送前8名。

体育产业。先后承办"2009年中国乒乓球俱乐部超级联赛北大方正主场比赛"、"安踏全国男排联赛泰州赛区比赛"、"江苏省青少年柔道比赛"等重大赛事，相继承接2009年房博会、泰州市首届旅游节、纪念海军诞生60周年、"同一首歌"演唱会等18项次重大活动，实现体育场馆社会效益和经济效益最大化。体育彩票全年实现销售额3亿元，其中即开型体彩销售8000万元，销售总量比上年增长36.85%。

群 众 体 育

【第5届全民健身节】 5月～10月举办第5届全民健身节，主题是"打造全民健身品牌，提升群众体育品味"，结合8月8日全国首个"全民健身日"和国庆60周年活动，时间跨度半年，规模从往年的数十项活动扩大到200多项活动。第5届全民健身节进行各级各类活动240多项（次），直接或间接参与人数超过100万人次。市体育局连续5年获"全国全民健身活动优秀组织奖"。

【水上健身】 为庆祝全国首个"全民健身日"，8月8日泰州首次举办大型水上健身活动"畅游凤城河"活动，共有206名游泳爱好者报名参加，是当日全省唯一在水上进行健身活动的城市。

【国民体质监测】 结合"送体育下乡"、"体育进社区"、"体育进企业"等活动，组织到各基层为市民义务监测体质。全年为40多家单位近5000人进行体质监测，并选取2000多个样本进行分析并形成监测公报。

【"体育三下乡"】 1月15日，市体育局参加市委宣传部组织的全市"三下乡"启动仪式，为高港区胡庄镇赠送价值16000元的健身器材，送去数百份全民健身宣传单和体育彩票宣传品，并现场为农民开展国民体质监测服务。

【社会体育指导员培训】 全年经过各级培训考核，各市（区）新增各级社会体育指导员1648人、其中一级15人、二级188人、三级1445人。全市每1万人拥有社会体育指导员人数从上年度12人上升至14人。

【参加全国健康老人评选】 在中国老年体协、中国老龄协会、全国妇联联合举办的第7届全国健康老人评选活动中，泰州市5名年龄超过85岁的健康老人入选，分别是：91岁的佘楚风（市区）、90岁的徐世椿（市区）、90岁的陶景兰（兴化）、88岁的吕斯金（姜堰）、89岁的田德仁（泰兴）。

【获全国群众体育先进表彰】 全国第11届运动会期间，全国群众体育先进单位和先进个人表彰大会在济南召开，泰州市有7家单位和7人获表彰。泰州市体育局分管副局长潘强作为代表赴济南参会并受到中共中央总书记胡锦涛接见和合影留念。获表彰的先进单位是泰州市体育局、泰州市国家税务局、靖江市体育局、泰兴市第三高级中学、江苏姜堰农村合作银行、兴化市戴南镇、海陵区京泰路街道；先进个人是：陆支毓（靖江）、翟亚平（泰兴）、钱拥军（姜堰）、吴虎臣（兴化）、王光源（海陵）、张霁明（高港）、王建民（职大）。

【30个群众晨（晚）练点获省体育局表彰】 江苏省体育局表彰全省开展健身活动较好的500个晨（晚）练点。全市有30个晨（晚）练点获表彰，分别是：海陵区城南街道巾帼晨练点等6个；高港区老年人健身指导站等3个；开发区寺巷人民广场健身点1个；靖江市生祠镇金星村健身点等4个；泰兴市黄桥镇银杏花园健身指导站等5个；姜堰市锦宸健身点等4个；兴化市昭阳镇张阳健身点等7个。至年末，全市共有晨（晚）练点1811个，常年坚持参加健身活动的市民有20多万人。

【迎元旦万人长跑活动】 12月30日，泰州市举行迎元旦万人长跑，市四套班子领导与市级机关、驻泰部队、企事业单位、各界群众代表及高校师生10000多人参加。起跑仪式上，市长姚建华宣布长跑活动开始并鸣枪发令，副市长曹玉梅致辞。健身接力长跑途径凤凰路、东风南路、迎春路路段，市区各晨（晚）练点腰鼓等健身项目在沿途进行表演展示。

学校体育

【开展“阳光体育冬季长跑活动”】 11月，全市中小学校“阳光体育冬季长跑活动”启动仪式在全市各校陆续举行，全市80万中小学生以每天长跑一定距离参与其中，体现“阳光体育、快乐健身、冬季长跑、增强体质”的宗旨。

【两所学校被命名为“国家高水平体育后备人才基地”】 年内，国家体育总局下发《关于命名北京什刹海等310所体校为“国家高水平体育后备人才基地”的决定》，泰州市两所体校入选，分别是泰州市体育学校与姜堰市少年儿童业余体校。其中，泰州市体校先后于2005年和2009年连续两个周期获 “国家级高水平体育后备人才基地”称号，这是国家体育总局授予各级体校的最高达标等级称号。5月13日，市体育学校举行国家高水平体育后备人才基地暨泰州市城投集团柔道队冠名揭牌仪式。副市长曹玉梅出席揭牌仪式并为基地揭牌。

【市体校柔道项目被命名为高水平体育后备人才单项训练基地】 年内，省体育局下发《江苏省体育局关于命名第二轮高水平体育后备人才单项训练基地的决定》，泰州市体育学校柔道项目再次被命名为省级单项训练基地。

【两所学校被命名为省青少年奥林匹克体育俱乐部】 年内，泰州师范泰兴附属实验小学和兴化市板桥初级中学两所学校被省体育局命名为江苏省青少年奥林匹克体育俱乐部。至年末，全市共有8所国家级青少年体育俱乐部、10所省级青少年体育俱乐部。

竞技体育

【于锦获第4届国际武术搏击王争霸赛“搏击王”】 3月14日，在第4届国际武术搏击王争霸赛中，泰州籍选手于锦战胜“俄罗斯散手王”塞利赫夫·穆斯里穆，获“搏击王”称号。本届比赛取消级别限制，每场比赛都采用无差别级较量，共有来自中国、俄罗斯、美国、伊朗、法国、巴西等地的12名选手参赛。

【李嫦娥获世界赛艇青年锦标赛铜牌】 2009年世界赛艇青年锦标赛在法国布里夫拉盖亚尔德举行，泰州运动员李嫦娥与队友配合，获赛艇女子公开级四人单桨第3名，实现中国在该项目上零奖牌的突破。

【滕菲获国际武术邀请赛双料冠军】 3月6日～9日，国际武术邀请赛在新加坡举行，来自中国、加拿大、法国、马来西亚、新加坡、香港等国家和地区的50多支代表队的600多名选手参赛。姜堰籍运动员滕菲参加女子少年组少林拳、南拳两个项目的比赛，夺得两块金牌。

【朱敏获亚洲击剑锦标赛女子佩剑团体冠军】 11月17日，在卡塔尔多哈举行的2009年亚洲击剑锦标赛女子佩剑团体决赛中，泰州运动员朱敏和国家队队友配合，以45：26战胜韩国队，获得金牌。

【谢靖、侯逸凡获亚洲室内运动会2枚金牌】 在第3届亚洲室内运动会中，泰州选手谢靖、侯逸凡分别在中国象棋男子团体赛和国际象棋女子快棋赛中夺得2枚金牌。

【李茂鉴获世界柔道大奖赛第5名】 11月28日～29日，

2009年世界柔道大奖赛（中国站）在青岛举行。来自16个国家的近200名选手参加比赛。泰州市选手李茂鉴获男子组81公斤级比赛第5名。

【聂昕、刘可心获世界学校国际象棋锦标赛1金2铜】 5月5日，第5届世界学校国际象棋锦标赛在希腊萨洛尼卡皇宫大酒店闭幕，来自俄罗斯等30多个国家的700多名运动员参加比赛。代表中国参赛的兴化市小棋手聂昕，刘可心在比赛中夺得1金2铜。其中聂昕获女子13岁组超快棋赛金牌，刘可心获女子11岁组慢棋赛的铜牌。聂昕、刘可心还与队友合作，为中国队赢得快棋团体赛铜牌。

【多项目在第11届全运会获奖】 在第11届全运会击剑比赛中，泰州选手朱敏获女子个人佩剑银牌；泰州运动员朱敏、赵媛媛代表江苏队获女子佩剑团体金牌。在女子足球青年组决赛中，泰州运动员孙娟、卫瑶和李元帮助江苏女足青年队夺得江苏省历史上首枚全运会足球金牌；在女子足球比赛中，泰州运动员宋晓丽、周高萍、阮晓青、俞卫民为江苏女足夺得银牌。在男子举重94公斤级比赛中，泰州运动员袁爱军以总成绩386公斤获铜牌。

【蔡星宇、吴椒、徐春霞获全国少儿跳水冠军赛7枚奖牌】 在2009年全国少儿跳水冠军赛中，代表江苏省参赛的泰州选手共获得7枚奖牌。在儿童女子甲B组比赛中，泰兴选手蔡星宇一人获4枚奖牌，其中5米跳台获金牌，3米跳板和双人跳台获银牌，1米跳板获铜牌；靖江选手吴椒获3米跳板铜牌，同时与蔡星宇配合获双人跳台银牌；泰兴选手徐春霞获儿童女子乙B组3米跳板铜牌。

【张峰获全国室内田径锦标赛冠军】 在2009年全国室内田径锦标赛中，泰州籍运动员张峰以21秒57的成绩获冠军，继上年男子200米夺冠后又一次获金牌。

【王锦鹏获全国技巧锦标赛4枚奖牌】 5月，在浙江萧山举行的全国技巧锦标赛上，泰州选手王锦鹏在男子双人组比赛中，与队友配合获团体操金牌、第一套动作和第三套动作银牌、第二套动作铜牌。

【刘可心获全国青少年儿童国际象棋冠军】 2月，在第17届“李成智杯”全国青少年儿童国际象棋冠军赛中，兴化市棋手刘可心获女子10岁组冠军，成为兴化市继谷笑冰、侯逸凡、景姗姗、刘曼犁、聂昕、郭琦之后又一位国际象棋全国冠军。

【聂昕获全国中学生国际象棋比赛亚军】 7月，第10届全国中学生国际象棋比赛在南京举行，来自全国28所学校的160 名男女中学生棋手参加比赛。兴化市棋手聂昕代表兴化市实验中学参赛，获全国中学生国际象棋初中女子等级组亚军。

【侯逸凡、谷笑冰、郭琦、聂昕、刘曼犁、程鸣参加全国智运会国际象棋比赛获4银】 兴化棋手侯逸凡、谷笑冰、郭琦、聂昕、刘曼犁、程鸣等6名棋手参加第一届全国智力运动会，获4枚银牌。其中侯逸凡获国际象棋女子个人快棋、超快棋2块银牌，程鸣获象棋青年团体赛银牌，聂昕、刘曼犁和郭琦代表江苏参加少年女子团体慢棋赛获银牌。

【程明、朱小虎、孙逸阳获全国智运会中国象棋青年男团银牌】 11月13日～23日，第一届全国智力运动会在成都举行，泰州选手程明、朱小虎、孙逸阳代表江苏队参赛。最终，江苏队积10分获银牌。

【2009年中国乒乓球俱乐部超级联赛北大方正——山东鲁能女子比赛在姜堰举行】 7月15日，2009年中国乒乓球俱乐部超级联赛（江苏姜堰农村合作银行赛区）北大方正——山东鲁能女子比赛在姜堰中学体育馆举行。牛剑锋、李晓霞、冯天薇、李楠、彭陆洋等一批世界冠军和乒坛高手登场，最终山东鲁能队以3:2获胜。

【首届中国·兴化全国国际象棋锦标赛（个人甲组）在兴化举行】 5月26日～6月6日，由国家体育总局棋牌运动管理中心和兴化市政府共同主办的首届中国·兴化全国国际象棋锦标赛（个人甲组）在兴化市举行，来自全国24名国际象棋明星参加比赛。

【首届全国儿童象棋比赛在泰州举行】 6月28日～7月2日，由中国象棋协会主办，江苏省棋院、姜堰市体育局承办，江阴市福娃体育俱乐部、姜堰市棋院协办的2009年首届全国儿童象棋比赛，在泰州市原野大酒店举行。来自全国各地86支参赛队伍的685名小棋手参加比赛。

【五城市少儿乒乓球邀请赛在泰州举行】 4月27日～28日，五城市少儿乒乓球邀请赛在泰州举行，来自芜湖、苏州、镇江、扬州和泰州五城市的60多名少儿乒乓球选手参赛，经过两天男、女各两个年龄组别的比赛，泰州队获3

项冠军，镇江队获1项冠军。各组冠军分别为：男子10岁组管泽岳（泰州）、女子10岁组谢蒙（镇江）、男子9岁组夏宇轩（泰州）、女子9岁组顾聆聆（泰州）。

【江苏省青少年中国象棋比赛在泰州举行】 7月27日，由江苏省体育局、江苏省教育厅主办，姜堰市政府承办的江苏省青少年中国象棋比赛在泰州市原野大酒店落幕。比赛历时5天，来自全省13个地级市的近300名选手参加比赛，泰州市代表队分获男子少年乙组、男子儿童乙组、女子少年乙组第一名。

【2009年江苏省青少年柔道比赛在泰州举行】 8月3日～5日，2009年江苏省青少年柔道比赛在泰州举行，来自全省13个地级市的381名运动员参加比赛，其中泰州市派出20名选手参赛。最终，泰州市运动员共获5项第一、2项第二、3项第三。常州市、南京市、泰州市代表队获体育道德风尚奖。

【江苏省传统校小学生羽毛球夏令营在泰兴举行】 8月9日，2009年江苏省传统校小学生羽毛球夏令营比赛在泰兴落幕。来自江苏省13所学校的140多名小学生参加儿童甲、乙两个组别10个项目的比赛。

【兴化市获“国际象棋之乡”称号】 5月25日，全国国际象棋锦标赛组委会举行新闻发布会。会上，中国国际象棋协会宣布授予兴化市“国际象棋之乡”称号，同意兴化市建立“中国国际象棋高水平后备人才培训基地”，并举行授牌仪式。

2009年泰州市运动员参加全国以上比赛成绩统计表

表31

运动员	比赛名称	项目	小项	名次	属地
朱　敏	2009年亚洲击剑锦标赛	击剑	女子佩剑团体	1	靖江
朱　敏	2009年第十一届全国运动会	击剑	女子佩剑团体	1	靖江市
赵媛媛	2009年第十一届全国运动会	击剑	女子佩剑团体	1	姜堰市
卫　瑶	2009年第十一届全国运动会	足球	足球女子18岁以下组	1	姜堰市
孙　娟	2009年第十一届全国运动会	足球	足球女子18岁以下组	1	姜堰市
李　元	2009年第十一届全国运动会	足球	足球女子18岁以下组	1	姜堰市
朱　敏	2009年第十一届全国运动会	击剑	女子佩剑个人	2	靖江市
周高萍	2009年第十一届全国运动会	足球	足球女子成年组	2	姜堰市
阮晓青	2009年第十一届全国运动会	足球	足球女子成年组	2	姜堰市
俞卫民	2009年第十一届全国运动会	足球	足球女子成年组	2	姜堰市
宋晓丽	2009年第十一届全国运动会	足球	足球女子成年组	2	姜堰市
袁爱军	2009年第十一届全国运动会	举重	男子94公斤级	3	海陵区
刘雅静	中国足球超级联赛	足球	女足	1	姜堰市
周高萍	中国足球超级联赛	足球	女足	1	姜堰市
阮晓青	中国足球超级联赛	足球	女足	1	姜堰市
王付勤	中国足球超级联赛	足球	女足	1	姜堰市
周高萍	足协杯	足球	女足	8	姜堰市
阮晓青	足协杯	足球	女足	8	姜堰市
宋晓丽	足协杯	足球	女足	8	姜堰市
俞卫民	足协杯	足球	女足	8	姜堰市
卫　瑶	全国青年足球联赛	足球	女足	1	姜堰市
李　缘	全国青年足球联赛	足球	女足	1	姜堰市
孙　娟	全国青年足球联赛	足球	女足	1	姜堰市

续表31

运动员	比赛名称	项目	小项	名次	属地
孙　娟	第十届中学生运动会	足球	女足	1	姜堰市
李　缘	第十届中学生运动会	足球	女足	1	姜堰市
卫　瑶	第十届中学生运动会	足球	女足	1	姜堰市
王晓雪	全国u16女足联赛	足球	女足	1	姜堰市
毛奕橙	全国u16女足联赛	足球	女足	1	姜堰市
叶　枫	全国u16女足联赛	足球	女足	1	姜堰市
俞　晶	全国u16女足联赛	足球	女足	1	姜堰市
邱　聪	全国u16女足联赛	足球	足球	1	姜堰市
张　峰	全国室内田径锦标赛	田径	200米	1	泰兴市
张　峰	全国田径大奖赛	田径	200米	6	泰兴市
张　峰	全运会预选赛全国田径锦标赛	田径	200米	7	泰兴市
张　峰	全国田径大奖赛	田径	200米	7	泰兴市
王　磊	全国赛艇锦标赛	赛艇	单人双桨2000米	6	泰兴市
于颖睿	全国赛艇锦标赛	赛艇	四人单桨	7	泰兴市
陶林刚	全国赛艇锦标赛	赛艇	轻量级双人双桨	5	靖江市
贾　梅	全国锦标赛（女子）	摔跤	女子	1	姜堰市
贾　梅	亚洲锦标赛（女子）	摔跤	女子	2	姜堰市
蔡玉楼	青年男子自由式锦标赛（男）	摔跤	男子	3	兴化市
赵国飞	青年古典式锦标赛（男）	摔跤	男子	2	海陵区
钱建梅	全国击剑冠军赛（第三站）	击剑	团体	1	姜堰市
殷海云	全国少年击剑锦标赛	击剑	个人	1	泰兴市
殷海云	全国少年击剑锦标赛	击剑	团体	4	泰兴市
蔡晶晶	全国少年击剑锦标赛	击剑	团体	4	高港区
徐　响	全国少年击剑锦标赛	击剑	团体	4	高港区
陈　佳	全国少年击剑锦标赛	击剑	团体	4	高港区
胡鑫子	全国少儿击剑锦标赛	击剑	个人	3	泰兴市
栾润秋	全国少儿击剑锦标赛	击剑	个人	7	靖江市
黄文韬	全国少儿击剑锦标赛	击剑	个人	6	靖江市
钱建梅	全国青年击剑锦标赛	击剑	个人	5	姜堰市
钱建梅	全国青年击剑锦标赛	击剑	团体	6	姜堰市
朱　敏	世界锦标赛	击剑	个人	2	靖江市
朱　敏	世界锦标赛	击剑	团体	1	靖江市
蔡星宇	全国少年跳水冠军赛	跳水	双人台	2	泰兴市
蔡星宇	全国少年跳水冠军赛	跳水	一米板	3	泰兴市
蔡星宇	全国少年跳水冠军赛	跳水	三米板	2	泰兴市

续表31

运动员	比赛名称	项目	小项	名次	属地
蔡星宇	全国少年跳水冠军赛	跳水	跳台	1	泰兴市
吴 椒	全国少年儿童跳水冠军赛	跳水	双人台	2	靖江市
吴 椒	全国少年儿童跳水冠军赛	跳水	一米板	4	靖江市
吴 椒	全国少年儿童跳水冠军赛	跳水	三米板	3	靖江市
吴 椒	全国少年儿童跳水冠军赛	跳水	跳台	5	靖江市
王锦鹏	全国技巧、啦啦操锦标赛	技巧	啦啦操团体	1	泰兴市
王锦鹏	全国技巧、啦啦操锦标赛	技巧	男子双人第一套	3	泰兴市
王锦鹏	全国技巧、啦啦操锦标赛	技巧	男子双人第二套	2	泰兴市
王锦鹏	全国技巧、啦啦操锦标赛	技巧	男子双人第三套	3	泰兴市
钟高宇	全国少年体操比赛第三赛区	体操	男子乙组团体	1	泰兴市
钟高宇	全国少年体操比赛第三赛区	体操	男子乙组鞍马	1	泰兴市
吴 椒	全国少年儿童跳水锦标赛	跳水	女子甲B三米板	1	靖江市
吴 椒	全国少年儿童跳水锦标赛	跳水	五米台	3	靖江市
吴 椒	全国少年儿童跳水锦标赛	跳水	全能	5	靖江市
吴 椒	全国少年儿童跳水锦标赛	跳水	双人台	3	靖江市
蔡星宇	全国少年儿童跳水锦标赛	跳水	双人台	3	泰兴市
王锦鹏	全国技巧、啦啦操锦标赛	技巧	啦啦操团体	1	泰兴市
王锦鹏	全国技巧、啦啦操锦标赛	技巧	男子双人第一套	4	泰兴市
王锦鹏	全国技巧、啦啦操锦标赛	技巧	男子双人第二套	2	泰兴市
王锦鹏	全国技巧、啦啦操锦标赛	技巧	男子双人第三套	3	泰兴市

2009年江苏省少年儿童比赛各项目泰州市队成绩统计表

表32

运动员	项目	组别	小项	名次	属地
赵 凯	田径	青男	100米	7	泰兴
赵 凯	田径	青男	200米	8	泰兴
薛 宏	田径	青男	铅球	6	兴化
薛 宏	田径	青男	铁饼	3	兴化
殷广伟	田径	青男	铁饼	5	靖江
叶 萍	田径	青女	100米	6	靖江
李 阳	田径	少男甲	400米	7	兴化
朱杰/莫相知/刘洋/李阳	田径	少男甲	4×100米	5	靖/海/姜/兴
朱杰/莫相知/刘洋/李阳	田径	少男甲	4×400米	5	靖/海/姜/兴
姚小翔	田径	少男甲	铅球	7	姜堰
姚小翔	田径	少男甲	铁饼	7	姜堰

续表32

运动员	项目	组别	小项	名次	属地
杨　春	田径	少女甲	400米	8	泰兴
刘　霞	田径	少女甲	100米栏	2	泰兴
孙文/周佳/杨春/刘霞	田径	少女甲	4×100米	5	兴/泰/泰/泰
徐佳媛	田径	少女甲	标枪	4	靖江
刘　霞	田径	少女甲	五项全能	5	泰兴
周家林/景徐飞/刘佳炜/袁毅	田径	少男乙	4×100米	5	靖江
夏杰/王路/张锦文/沈文祥	田径	少男乙	4×400米	6	靖/海
陆天杰	田径	少男乙	110米栏	6	靖江
王　涛	田径	少男乙	110米栏	7	靖江
景徐飞	田径	少男乙	跳远	7	靖江
景徐飞	田径	少男乙	三级跳远	1	靖江
陆玉梅	田径	少女乙	100米	3	靖江
杨思嘉	田径	少女乙	100米	5	海陵
陆玉梅	田径	少女乙	200米	2	靖江
周　琴	田径	少女乙	200米	3	泰兴
杨思嘉	田径	少女乙	200米	5	海陵
赵　凌	田径	少女乙	200米	6	靖江
赵　凌	田径	少女乙	400米	2	靖江
黄　溪	田径	少女乙	400米	4	靖江
周琴/杨思嘉/陆佳雯/黄溪	田径	少女乙	4×100米	2	泰/海/靖/靖
叶君/黄研/朱婷/姜汉悦	田径	少女乙	4×400米	5	泰/泰/海/兴
韩　倩	田径	少女乙	跳高	5	泰兴
韩　倩	田径	少女乙	跳远	5	泰兴
徐佳琦	田径	少女乙	铅球	2	靖江
钟　丹	田径	少女乙	铅球	4	靖江
徐佳琦	田径	少女乙	铁饼	1	靖江
尤方毅	击剑	少男甲	花剑个人	1	高港
殷海华	击剑	少男甲	花剑个人	7	海陵
肖　鑫	击剑	少男甲	花剑个人	8	泰兴
肖鑫/徐进/殷海华/尤方毅	击剑	少男甲	花剑团体	2	泰/高/海/高
钱建梅	击剑	少女甲	佩剑个人	1	姜堰
周　娜	击剑	少女甲	佩剑个人	5	高港
钱建梅/王一琰/周娜	击剑	少女甲	佩剑团体	3	姜/靖/高
程卫军	击剑	少男乙	花剑个人	6	姜堰
宗金铭	击剑	少男乙	花剑个人	7	泰兴

续表32

运动员	项目	组别	小项	名次	属地
孙 航	击剑	少男乙	花剑个人	8	高港
程卫军/孙 航/宗金铭	击剑	少男乙	花剑团体	2	姜/高/泰
高 翔	击剑	儿男甲	花剑个人	1	泰兴
高 翔/张 鹏/栾润秋	击剑	儿男甲	花剑团体	4	泰兴
黄文韬/靖文宜/孙善龙	击剑	儿男甲	佩剑团体	5	泰兴
殷海云	击剑	儿女甲	佩剑个人	2	泰兴
蔡晶晶	击剑	儿女甲	佩剑个人	4	高港
蔡晶晶/方胤丽/徐响/殷海云	击剑	儿女甲	佩剑团体	2	高/交流/高/泰
李冬/沈宏宇/孙亦奇	射击	少男	气手枪40发团体	6	海陵
李冬/沈宏宇/孙亦奇	射击	少男	手枪慢射30发团体	7	海陵
谢萍萍	射击	少女	气手枪40发个人	8	泰兴
成风/蒋倩玉/谢萍萍	射击	少女	气手枪40发团体	6	泰/海/泰
钟高宇	体操	儿男乙	全能	4	泰兴
钟高宇	体操	儿男乙	自由体操	4	泰兴
钟高宇	体操	儿男乙	鞍马	1	泰兴
钟高宇	体操	儿男乙	吊环	4	泰兴
钟高宇	体操	儿男乙	跳马	8	泰兴
钟高宇	体操	儿男乙	双杠	7	泰兴
姚东城	体操	儿男丙	自由体操	3	泰兴
姚东城	体操	儿男丙	鞍马	4	泰兴
姚东城	体操	儿男丙	吊环	8	泰兴
姚东城	体操	儿男丙	跳马	4	泰兴
顾千秋	体操	儿男丙	双杠	3	泰兴
泰兴市	体操	儿男丙	团体	6	泰兴
汤 茜	乒乓球	少甲	女子单打	2	兴化
朱朝晖	乒乓球	少乙	女子单打	5	靖江
沈添添	乒乓球	少乙	女子单打	8	靖江
朱朝晖沈添添	乒乓球	少乙	女子双打	3	靖江
王泽榕张禹璐	乒乓球	少乙	女子双打	7	海陵
张禹璐/朱朝晖/沈添添/王泽榕	乒乓球	少乙	女子团体	3	海/靖/靖/海
杨周行	乒乓球	儿甲	女子单打	3	靖江
黄雨思	乒乓球	儿甲	女子单打	5	靖江
徐莫言	乒乓球	儿甲	女子单打	7	
杨周行黄雨思	乒乓球	儿甲	女子双打	2	靖江
马金泽	乒乓球	儿乙	男子单打	2	海陵

续表32

运 动 员	项 目	组 别	小 项	名 次	属 地
管泽岳	乒乓球	儿乙	男子单打		泰兴
顾翎玲	乒乓球	儿乙	女子单打	3	靖江
管泽岳/陆啸逸	乒乓球	儿乙	男子单打	3	泰兴/靖江
管泽岳/顾翎玲	乒乓球	儿乙	混双	2	泰兴/靖江
管泽岳/马金泽/吉炳尧	乒乓球	儿乙	男子团体	1	泰/海/高
刘斯雨/顾翎玲/赵安童/	乒乓球	儿乙	女子团体	4	靖/靖/海
曾佳杰	跳水	少年	男子一米板	3	靖江
袁巍斌	跳水	少年	男子一米板	6	海陵
曾佳杰	跳水	少年	男子三米板	3	靖江
袁巍斌	跳水	少年	男子三米板	6	海陵
曾佳杰	跳水	少年	男子跳台	1	靖江
袁巍斌	跳水	少年	男子跳台	6	海陵
刘玲玲	跳水	少年	女子一米板	4	靖江
鞠云钰	跳水	少年	女子一米板	5	靖江
刘玲玲	跳水	少年	女子三米板	4	靖江
鞠云钰	跳水	少年	女子三米板	5	靖江
刘玲玲	跳水	少年	女子跳台	4	靖江
鞠云钰	跳水	少年	女子跳台	5	靖江
黄　鑫	跳水	儿甲	男子一米板	8	泰兴
黄　鑫	跳水	儿甲	男子三米板	8	泰兴
黄　鑫	跳水	儿甲	男子跳台	8	泰兴
李浩然/黄 鑫	跳水	儿甲	男子双人跳台	3	海陵/泰兴
黄　鑫	跳水	儿甲	男子个人全能	8	泰兴
蔡星宇	跳水	儿甲	女子一米板	2	泰兴
吴　椒	跳水	儿甲	女子一米板	3	靖江
蔡星宇	跳水	儿甲	女子三米板	2	靖江
吴　椒	跳水	儿甲	女子三米板	3	靖江
吴椒/蔡星宇	跳水	儿甲	女子双人跳台	1	靖江/泰兴
吴　椒	跳水	儿甲	女子跳台	2	靖江
蔡星宇	跳水	儿甲	女子跳台	3	泰兴
吴　椒	跳水	儿甲	女子个人全能	2	靖江
蔡星宇	跳水	儿甲	女子个人全能	3	泰兴
徐春霞	跳水	儿乙	女子一米板	5	泰兴
徐春霞	跳水	儿乙	女子跳台	8	泰兴
徐春霞	跳水	儿乙	女子个人全能	6	泰兴

续表32

运动员	项目	组别	小项	名次	属地
潘文琴	举重	青女	58kg	3	靖江
钟仕勇	举重	少男甲	77kg	2	兴化
周陆萍	举重	少女甲	58kg	6	兴化
张馨月	举重	少女甲	75kg以上	4	交流
孙鸣泉	举重	少男乙	48kg	6	泰兴
钱俊宇	举重	少男乙	56kg	7	靖江
张志康	举重	少男乙	56kg	8	海陵
王宇星	举重	少男乙	69kg	5	海陵
张新明	举重	少男乙	77kg以上	4	海陵
姜飞翔	举重	少男乙	85kg以上	7	海陵
周亚梅	举重	少女乙	53kg	1	靖江
黄媛媛	举重	少女乙	58kg	1	靖江
章誉莹	举重	少女乙	63kg以上	7	海陵
严　伟	摔跤自由	少甲男	74kg	5	泰兴
吴　凯	摔跤自由	少甲男	96kg	2	兴化
侯　炼	摔跤自由	少甲男	96kg～120kg	3	靖江
陈　冬	摔跤自由	少乙	66kg	1	交流
万元烽	摔跤自由	少乙男	50kg	3	兴化
王　鑫	摔跤自由	少乙男	84kg	3	交流
李　琴	摔跤自由	少甲女	67kg	3	姜堰
周　蓉	摔跤自由	少乙女	49kg	2	泰兴
赵　丽	摔跤自由	少乙女	52kg	3	兴化
陈莲花	摔跤自由	少乙女	56kg	1	泰兴
丁　舟	摔跤自由	少乙女	56kg	5	兴化
廖丽萍	摔跤自由	少乙女	70kg	5	交流
李　博	柔道	少男甲	81kg	7	交流
杨　爽	柔道	少男甲	78kg	3	交流
常　波	柔道	少男乙	55kg	1	泰兴
于　雷	柔道	少男乙	60kg	1	靖江
李　浩	柔道	少男乙	60kg	3	靖江
陈　星	柔道	少男乙	66kg	2	泰兴
杨晓冬	柔道	少男乙	72kg	4	交流
洪　亮	柔道	少男乙	78kg（50）	3	靖江
卞东玲	柔道	少女乙	48kg	6	泰兴
栾　佳	柔道	少女乙	52kg	1	靖江

续表32

运动员	项目	组别	小项	名次	属地
李　敏	柔道	少女乙	57kg	1	靖江
刘　斌	柔道	少女乙	57kg	8	靖江
叶　露	柔道	少女乙	62kg	2	泰兴
梁　倩	柔道	少女乙	67kg（45）	1	兴化
丁　杰	拳击	少年	53kg	5	姜堰
吴鹏翔	跆拳道	少男甲	54kg	5	姜堰
葛　舟	跆拳道	少男甲	54kg	5	姜堰
缪　晨	跆拳道	少女甲	47kg	5	姜堰
周　伟	跆拳道	少男乙	52kg	5	姜堰
陈新泉	跆拳道	少男乙	52kg	5	姜堰
张彬彬	跆拳道	少男乙	45kg	3	姜堰
王　剑	跆拳道	少男乙	45kg	5	姜堰
张　朦	跆拳道	少女乙	42kg	5	姜堰
杨雨生	自行车	少男甲场地	1km计时	5	泰兴
杨雨生	自行车	少男甲场地	4000米个人计时	3	泰兴
杨雨生	自行车	少男甲场地	200米个人计时	6	泰兴
刘雯雯	自行车	少女甲场地	3000米个人计时	8	兴化
黄　杰	自行车	少男乙场地	行进200米	4	泰兴
唐　龙	自行车	少男乙场地	行进200米	6	姜堰
周程/唐龙/黄杰/李海翔	自行车	少男乙场地	奥林匹克竞速	2	泰/姜/泰/姜
周　程	自行车	少男乙场地	原地500米计时	5	泰兴
周程/唐龙/黄杰/丁云吉	自行车	少男乙场地	3000米团体计时	1	泰/姜/泰/泰
陈　婧	自行车	少女乙场地	行进200米	1	姜堰
周　洁	自行车	少女乙场地	2000米个人计时	5	泰兴
鲍　夕	自行车	少女乙场地	2000米个人计时	6	泰兴
陈婧/鲍夕/周洁/王海月	自行车	少女乙	2000米团体计时	2	姜/泰/泰/靖
杨雨生/潘飞/张伟豪/郑中秋	自行车	少女甲公路	30km团体	6	泰/泰/姜/海
唐龙/丁云吉/黄杰/李海翔/	自行车	少男乙公路	20km团体	6	姜/泰/泰/姜
陈婧/鲍夕/周洁/周庆云	自行车	少女乙公路	20km团体	6	姜/泰/泰/靖
王子辉	赛艇	少男甲公开级	8000米单人双桨	6	海陵
王子辉	赛艇	少男甲轻量级	2000米单人双桨	4	海陵
李凯华/万连海	赛艇	少男甲轻量级	2000米双人双桨	4	兴化
李凯华	赛艇	少男甲轻量级	8000米单人双桨	6	兴化
戴春风	赛艇	少女甲公开级	2000米单人双桨	4	兴化
顾　蓉	赛艇	少女甲公开级	2000米单人双桨	6	泰兴

续表32

运动员	项目	组别	小项	名次	属地
陈秋凤/唐璐璐	赛艇	少女甲公开级	2000米双人单桨	3	泰兴
戴春风	赛艇	少女甲公开级	8000米单人双桨	3	兴化
顾　蓉	赛艇	少女甲公开级	8000米单人双桨	6	泰兴
陈秋凤	赛艇	少女甲轻量级	8000米单人双桨	5	泰兴
孙美琳/季　欣	赛艇	少女乙	4000米双人双桨	7	靖/泰
陈诗文	艺术体操	儿丙	个人小全能	3	交流
陈诗文	艺术体操	儿丙	个人小全能	4	交流
柏玉禧	艺术体操	儿丙	个人大全能	7	交流
陈诗文	艺术体操	儿丙	绳	4	交流
柏玉禧	艺术体操	儿丙	绳	8	交流
陈诗文	艺术体操	儿丙	球	3	交流
马　妍	艺术体操	儿丙	球	6	交流
钱海军	武术套路	少男甲	（套）南拳	3	姜堰
李华添	武术套路	少男甲	（套）南拳	4	姜堰
申　东	武术套路	少男甲	（套）南拳	5	姜堰
李华添	武术套路	少男甲	（套）刀	3	姜堰
钱海军	武术套路	少男甲	（套）刀	5	姜堰
申　东	武术套路	少男甲	（套）棍	5	姜堰
豆明建	武术套路	少男乙	（套）规定拳	7	姜堰
岳彩亚	武术套路	少女乙	（套）南拳	5	姜堰
姜堰市	武术套路	少乙	集体基本功	8	姜堰
顾　亮	武术散手	少甲	（散）48kg	3	姜堰
徐　军	武术散手	少甲	（散）60kg	1	交流
张　泽	武术散手	少甲	（散）60kg	5	泰兴
李　龙	武术散手	少甲	（散）65kg	2	泰兴
邬沪泰	武术散手	少甲	（散）70kg	5	泰兴
叶　磊	武术散手	少甲	（散）75kg	3	泰兴
徐真诚	武术散手	少乙	（散）48kg	7	姜堰
鱼　波	武术散手	少乙	（散）65kg	3	兴化
靖江市	垒球	少甲	女子	4	靖江
靖江市	垒球	少乙	女子	5	靖江
吕云鹏	游泳（下）	11岁以下男子组	100米仰泳	4	海陵
吕云鹏	游泳（下）	11岁以下男子组	100米蝶泳	6	海陵
李朝晖/林润峰/吕云鹏/姚思源	游泳（下）	11岁以下男子组	4×50米混合泳接力	6	海陵
储定海	游泳（下）	13～14岁男子组	50米自由泳～100米自由泳	6	兴化

续表32

运动员	项目	组别	小项	名次	属地
张成洋	游泳（下）	13～14岁男子组	100米仰泳	3	兴化
徐　杨	游泳（下）	13～14岁男子组	100米仰泳	5	海陵
张成洋	游泳（下）	13～14岁男子组	200米仰泳	2	兴化
徐　杨	游泳（下）	13～14岁男子组	200米仰泳	8	海陵
储定海	游泳（下）	13～14岁男子组	100米蝶泳	1	兴化
储定海	游泳（下）	13～14岁男子组	200米蝶泳	1	兴化
徐杨/吴金路/储定海/张成洋	游泳（下）	13～14岁男子组	4×200米自由泳接力	4	海/海/兴/兴
张成洋/严嘉捷/储定海/徐杨	游泳（下）	13～14岁男子组	4×100米混合泳接力	3	海/兴
殷梦琳	游泳（下）	13～14岁女子组	50米自由泳、100米自由泳	7	泰兴
殷梦琳	游泳（下）	13～14岁女子组	400米自由泳	7	泰兴
殷梦琳	游泳（下）	13～14岁女子组	100米蛙泳	2	泰兴
殷梦琳	游泳（下）	13～14岁女子组	200米蛙泳	2	泰兴
殷梦琳	游泳（下）	13～14岁女子组	100米蝶泳	2	泰兴
殷梦琳	游泳（下）	13～14岁女子组	200米蝶泳	2	泰兴
殷梦琳	游泳（下）	13～14岁女子组	200米个人混合泳	4	泰兴
殷梦琳	游泳（下）	13～14岁女子组	400米个人混合泳	5	泰兴
杨　蓓	射击	飞碟	少年女子多向50靶	8	兴化
姜堰市	足球	少甲	女子	4	姜堰
姜堰市	足球	少甲	女子	8	姜堰
王杰忻	田径单项赛	少乙	男子5000米竞走	7	海陵

（周　莉）

全国男子排球联赛在泰州体育馆举行。

社 会 生 活

民　　政

【概况】至年末，全市共保障城乡低保对象6.8万户、11.29万人，所有符合条件的贫困人口全部进入低保。城乡人均低保标准分别为300元/月和170元/月，市区城乡人均低保标准分别为320元/月和185元/月，实际补差额为城乡低保标准的50.3%和50.4%。60年代精简退职老职工定期生活救济补助标准由原来的260元提高到320元，并建立自然增长机制。基本建立医疗救助与城镇医保、新农合同步结算平台，全市共救助城乡困难患者23.01万人次，支出救助资金8083.39万元。开展示范性养老机构创建活动，泰州市社会福利中心、泰州社会福利院、兴化市社会福利院等7家养老机构被评为江苏省示范性养老机构。市区两级财政投入56.9万元，为市区264名70周岁以上无保障空巢老人提供平均每天1小时的免费服务。为市区6000多名老年人办理优惠乘车证并免费组织老年人健康体检。新安置有劳动能力的残疾人2016名，市区有劳动能力、有就业意愿的残疾人就业率为100%，残疾职工月工资超过当地最低工资标准，实现“同工同酬”。352家福利企业均为残疾职工办理“五险”。福利彩票销售取得增长，全年销售额2.46亿元，超额完成年初目标任务的11.8%。巩固基层政权和社区建设，放大“三务三公”村级民主管理效应，扩大村务公开范围，充实内容，规范程序。加强社会工作人才队伍建设，社工人才工作被纳入全市六大人才发展计划，全面启动社会工作人才培养“221工程”。开展拥军优属活动，以纪念建军82周年、人民海军成立60周年为契机，举办系列庆祝活动。开展省级双拥模范城创建活动。向全市22860名重点优抚对象发放抚恤定补金8700多万元。老复员军人遗孀和老残疾军人遗孀生活补助由原来100/月元提高到270元/月。投入资金545.3万元，帮扶优抚对象4627户。按照优抚对象“五位一体”医疗保障办法，全市政策照顾减免259.9万元，小病补助600多万元，重病救助200多万元，1.6万名在乡重点优抚对象全部办理住院医疗保险。退役士兵安置实行阳光操作，创新市区退役士兵安置工作，实行属地管理、立项积分、公开选岗。退役士兵职业技能培训实现城乡一体，全年全市应参训人数1682人，实际参训人数1428人，参训率84.4%。完善民间组织监管体制，建立健全“三审一会”制度、监管员制度、集中联合年检制度、行政事项预告制度。市区相关乡镇行政区划调整到位，发展空间进一步拓宽。全市共普查上报地名条目18347条。完成与南通、扬州两市行政区域界线联合检查。打造“温馨驿站”品牌，全年共救助流浪乞讨人员1865人。全年办理结婚登记46009对、离婚登记6188对，登记合格率100%。全市整改经营性公墓2家，整顿纠正违规建墓、超面积建墓、非法经营销售的农村公益性公墓120多处。全市殡葬火化率达99.7%。　（史海春）

·社会救助和社会福利·

【城市居民最低生活保障】2009年，全市城市居民领取保障金人数由年初22647人增加到年末23154人，全年发放保障金3899.3万元，各市（区）均已提高到每人每月300元（其中市区每人每月320元）。

【农村居民最低生活保障】年内，全市共保障农村低保对象55624户、89785人，比上年净增4178人，全年发放保障金9997.2万元，比上年净增4073.94万元。

【农村五保供养】全年共为23963名五保对象落实五保供养经费5968万元。筹集资金2200万元，建设“关爱工程”项目19个。

【救灾救济】年内，泰州市遭受洪涝、龙卷风、台风、雷雨、风雹等自然灾害，灾害造成5人死亡，因灾伤病1055人。全市受灾人口48.15万人，紧急转移安置人口649人。农作物受灾面积28300公顷，绝收面积6900公顷。倒塌房屋1869间，其中民房600间；损坏房屋2555间。灾害造成的直接经济损失达7135万元。全年共投入救灾资金1000多万元，其中帮助灾民重建住房1075间。

【医疗救助】年内共救助147220人次，投入救助资金2964.81万元。其中救助住院患者13262人，投入救助资金2329.73万元；资助参保人数122946人、资金429.24万元。

（刘少峰）

【福利事业】至年末，全市有老年福利机构34家，拥有床位3977张。其中民办老年福利机构27家，拥有床位2883张。

【救助管理】 全市救助城市生活无着的流浪乞讨人员1865人。其中，市区救助808人，靖江救助409人，泰兴救助235人，姜堰救助106人，兴化救助307人。（章 强）

【福利彩票销售】 全市福利彩票销售24687万元，其中电脑型彩票销售22527万元，比上年增长30.17%；网点即开票销售2160万元，比上年增长36.3%。兴化市、泰兴市分别居全省福利彩票销售十强县（市）第9位和第10位，靖江市和姜堰市排名第18位和第22位。（毛小庆）

·基层政权和社区建设·

【基层政权建设】 开展“三务三公”活动，创新村务公开民主管理模式，全面推行“村民直评村官”制度，要求村干部在“村民直评村干部”现场会上直接报告勤廉情况，由参会村民向村干部进行质询、提出建议，现场进行测评。开展“薄弱村”治理工作，组织召开专题会议，对治理工作提出明确要求。深入基层调查研究，研究制定治理工作实施方案和认定标准，及时总结推广治理经验，为全面开展治理工作打好基础。开展村（居）务公开民主管理示范创建活动，创新村务公开民主管理形式。全市居民自治率96%，村民自治率99%，村务公开率100%，靖江市西来镇西来村等9个村被评为江苏省管理民主示范村。

【社区建设】 坚持城乡社区共同发展，推进以村级公共服务中心为重点的农村社区建设。开展以“一站式”服务为特点的农村社区公共服务中心建设与改造，普遍实现劳动保障、民政服务、卫生计生、文体教育、治安警务全覆盖。至年末，姜堰市、靖江市、海陵区农村社区建成率达60%以上，泰兴市、兴化市、高港区、经济开发区、农业开发区、周山河街区达30%以上。推进城市社区民主管理，通过政务公开、民主议事等形式扩大公众社会参与，在主城区推行建立社区民政工作站，推行民政事务“一站式”服务。至年末，主城区各社区（村）全面建成民政工作站。开展和谐社区创建活动，海陵区被命名为全国和谐社区建设示范城区，靖江市靖城街道被命名为全国和谐社区建设示范街道，兴化市文峰社区被命名为全国和谐社区建设示范社区。全市创建省级和谐社区9个、市级和谐社区14个。（沈 慧）

·双拥优抚安置·

【海军泰州舰代表参加市人代会】 1月11日，海军泰州舰舰长、泰州市荣誉市民徐彪代表泰州舰全体官兵，应邀参加市三届人大二次会议，与泰州市人大代表一起参政议政，共商军地、城舰发展大计。

【慰问驻泰部队官兵】 1月19日，市领导张雷、姚建华、陈克勤、王守法、高纪明、张本印、缪志红、杨峰、王振南、丁士宏、戴胜利、张正方、周书国及市有关部门负责人，分组走访慰问驻泰部队官兵和军、地干休所离退休老干部。

【邮资封首发仪式】 4月23日，国家邮政局发行的中国人民解放军海军成立60周年纪念邮资封首发仪式在海纪馆举行，市领导王守法、张本印、王泓卫、刘励、周书国出席首发仪式，当日销售邮资封5万枚。

【庆祝海军成立60周年】 4月29日，泰州市在海纪馆举行庆祝中国人民解放军海军成立60周年史料展览开幕仪式，海军政委刘晓江中将、省委书记梁保华为史料展揭幕。省长罗志军、南京军区副司令员王洪光中将、海军副司令员顾文根中将、海军政治部主任徐建中中将，市委书记张雷、市长姚建华等市四套班子主要负责人出席开幕式。出席开幕式的军方领导还有：南京军区副政委兼东海舰队政委岑旭少将、海军后勤部部长林永青少将、海军副参谋长张德顺少将、海军装备部政委王登平少将、海军指挥学院院长刘卓明少将、南京军区副参谋长陈卫国少将、江苏省军区副政委杨森少将、东海舰队驱三支队政委傅耀泉大校、海军泰州舰舰长徐彪大校等。

【海军举办慰问演出】 4月29日，泰州市在市体育馆举行庆祝中国人民解放军成立60周年军民联欢晚会——“光辉航程从这里起锚”，海军总部、南京军区、江苏省、省军区军地有关领导和泰州市四套班子主要领导出席晚会。海政歌舞团宋祖英、吕继宏、吕薇等先后登台演唱。

【随军家属安置】 6月18日，2009年度驻泰部队随军家属安置工作协调会在军分区召开，军分区政治部、市委组织部、市人事局、市劳动和社会保障局、市民政局、市双拥办等有关部门负责人出席会议，会议由军分区政治部主任刘益民大校主持。2009年，市本级计划安置驻泰部队随军家属21人。

【双拥文化建设】 6月28日，市双拥办、市文联联合举办双拥书画笔会，邀请花明、时彭年、贾广慧、徐文藻等泰州知名书画家现场挥毫泼墨，为“鱼水情”全国第二届双拥书画艺术展遴选精品佳作。书画笔会共征集到书画作品25幅，送展5幅，获奖及应邀参展作品5幅。其中，市书法家协会主席花明、市美术家协会秘书长时彭年、市美术家协会副秘书长贾广慧合作的美术作品《黄桥烧饼黄又黄》获三等奖。

【慰问海军泰州舰官兵】 7月30日～31日，市委副书记、市长姚建华率领泰州市党政代表团赴浙江舟山走访慰问海军泰州舰全体官兵，并赠送25万元的慰问金和慰问品。市委常委、军分区司令员张本印，副市长戴胜利，市政府秘书长王群及有关部门负责人参加慰问活动。

【双拥创建】 10月14日，泰州市召开创建省级双拥模范城（县）工作汇报会。市委副书记、市双拥工作领导小组组长王守法出席会议并讲话。市民政局局长、市双拥办主任钟鸣传达全省双拥办主任会议精神，解析《江苏省双拥模范城（县、区标准及实施办法）》。靖江市、泰兴市、姜堰市、兴化市分别汇报交流新一轮省级双拥模范城创建工作情况。会议由副市长、市双拥工作领导小组副组长丁士宏主持。靖江市、泰兴市、姜堰市、兴化市四市双拥工作领导小组组长、军地副组长，市双拥工作领导小组成员单位、各市（区）军地双拥办主任参加会议。

（倪劲松）

【走访慰问优抚对象】 国庆60周年期间，全市走访慰问优抚对象12224人，发放慰问金588.1万元，赠送收音机58台、电视机113台、棉被390条。

【调整抚恤补助标准】 年内，调整抚恤补助标准，残疾军人抚恤补助标准最高的比上年增加4469元，最低的增加447元；“三属”最高的增加2014元，最低的增加1341元。抗日、解放、建国时期在乡老复员军人定补金分别增加653元、609元、566元，一至四级残疾军人护理费比上年提高23%；义务兵家庭优待金实行城乡一体、统一标准、社会化发放，全年全市义务兵家庭优待金标准为5159元/年，共优待4936户，发放金额2654万元。

【“一助一”活动】 全年共签订“一助一”帮扶责任书4627份，采取助贫、助学、助房、助医等方式，共投入资金545.3万元，帮助解决部分优抚对象后顾之忧。

【伤残鉴定】 全年共组织98 名伤残人员在市中医院进行集中医学鉴定。经省厅审核批准，新评、补评14人，调整残疾等级53人，退役换证25人、补证17人。

【提高遗孀生活补助】 全市现有老复员军人遗孀和残疾军人遗孀6544人，按照《泰州市军人抚恤优待实施细则》规定，2009年全部按照城镇低保标准发放生活补助，由原来100元/月提高到320元/月。（顾振兴）

【退伍士兵安置】 全年共接收城乡退役士兵2596人，其中农村退役士兵1815人，城镇退役士兵781人。城镇退役士兵中，自谋职业750人，自谋职业率96%，连续7年自谋职业率高于全省平均水平。靖江、泰兴、姜堰、高港、开发区5个市（区）自谋职业率100%，兴化、海陵2个市（区）自谋职业率90%。全市除重点安置对象外，基本上实行货币安置。各市（区）利用培训机构，对1814名退役士兵进行技能培训，通过培训，433人得到就业推荐。城乡一体化全面推开，全市1815名农村退役士兵享受到城乡一体化安置改革带来的成果。（唐　杰）

·专项社会事务管理·

【行政区划调整】 1月8日，经省政府批准，姜堰市苏陈镇划归泰州市海陵区管辖；姜堰市苏陈镇的西查、东查、唐宁、杏林、军铺、三舍、小冯甸等7个村划归姜堰市姜堰镇管辖。调整后，海陵区行政区域面积266.46平方千米，人口48.34万人，辖3个镇、9个街道,其中苏陈镇行政区域面积46.28平方千米，人口4.14万人，辖1个居委会、16个村委会；姜堰市行政区域面积987.12平方千米，人口85.53万人，辖17个镇,其中姜堰镇行政区域面积96.52平方千米，人口19.23万人，辖21个居委会、37个村委会。

1月8日，经省政府批准，泰兴市胡庄镇划归泰州市高港区管辖；泰兴市宣堡镇的赵王、乔杨、明河、钱赵、管营、孔桥、蔡庄等7个村划归泰州市高港区许庄街道管理；泰兴市第二捕捞公司管理的区域划归泰州市高港区永安洲镇管辖。调整后，高港区行政区域面积305.14平方千米，人口28.09万人，辖4个镇、3个街道，其中许庄街道行政区域面积48.94平方千米，人口4.72万人，辖2个居委会、14个村委会；永安洲镇行政区域面积53.41平方千米，人口2.79万人，辖1个居委会、8个村委会以及泰兴市第二捕捞公司管理的区域。泰兴市行政区域面积1172.9平方千米，人口119.9万人，辖21个乡镇，其中宣堡镇行政区域面积32.96平方千米，人口3.17万人，辖1个居委会、12个村委会。

4月30日，经省政府批准，姜堰市罡杨镇划归泰州市海陵区管辖。调整后，海陵区行政区域面积300.46平方千米，人口50.51万人，辖4个镇、9个街道；姜堰市行政区域面积953.12平方千米，人口83.36万人，辖16个镇。

5月12日，经市政府批准，高港区许庄街道的唐家、老庄2个村划归野徐镇代管；高港区刁铺街道界牌村的5～10组划归二桥村管理，同时将刁铺街道的屠桥、二桥2个村划归泰州经济开发区寺巷镇代管；隶属泰州经济开发区管理的响林村（春兰工业园所在地）划归海陵区京泰路街道管理；泰州经济开发区寺巷镇城南村的1～3组划归海陵区城东街道高桥村代管。

11月24日，经省政府批准，姜堰市大泗镇划归高港区管辖；调整后，高港区行政区域面积335.14平方千米，人口31.14万人，辖5个镇、3个街道；姜堰市行政区域面积923.12平方千米，人口80.31万人，辖15个镇。

【地名管理】 10月14日，经泰州市地名委员会研究决定，泰高路东侧、北起永定东路的南北向道路命名为“海陵南路”；海陵南路东侧、北起永定东路的南北向道路命名为

"鼓楼南路"；西起引江河东侧规划建设的南北向道路，东止城市规划中的道路，命名为"海军路"，其中，泰高路东侧为海军东路，泰高路西侧为海军西路。（张亚平）

【**社会团体登记管理**】经各级民政部门注册登记，至年末，全市有地方性社团总数1109个，其中市直226个，县级社团659个，乡级社团224个；学术性社团259个，专业性社团248个，行业性社团348个，联合性社团103个，其他社团151个。年内审核批准社团67个，其中市直6个，县级社团61个；变更社团96个。依法注、撤销社团99个。依法对社团年检，参检率99.3%。

【**民办非企业单位登记管理**】经各级民政部门注册登记，至年末，全市有民办非企业单位1144家，其中市直66家，县级1078家；教育类345家，卫生类83家，文化类40家，科技类35家，体育类46家，劳动类187家，民政类189家，中介类93家，法律服务单位2家，其他类154家。依法对民办非企业单位年检，参检率99.4%。（陈　退）

【**婚姻登记**】全市办理结婚登记46009对、离婚登记6188对。全市婚姻登记率100%，婚姻登记合格率100%。

【**收养登记**】全市办理收养登记248人。其中，办理收养社会福利机构抚养的弃婴66人，办理收养社会弃婴168人，办理收养三代以内同辈旁系血亲的子女9人，收养社会孤儿2人。

【**殡葬改革**】全市殡仪馆共火化遗体37074具，实现营业收入2944.75万元、利润991.2万元。全市经营性公墓实现营业收入1257.51万元、利润357.97万元。（章　强）

老年人事业

【**养老服务事业**】开展示范性养老机构达标创建活动，推进社区居家养老服务。市区两级财政每月给予每个居家养老服务站工作经费补贴800元，全年共投入社区居家养老服务站工作经费补助金122.4万元。为市区264名70岁以上的空巢困难老人提供平均每天1小时的免费服务。

【**评先活动**】开展"孝亲敬老"和"老有所为"先进人物评选活动，并举办颁奖典礼，刘桂珍等10人被评选为"泰州市十大孝亲敬老之星"，任前海等10人被评选为"泰州市十大老有所为模范"。

【**基层老龄工作**】市区两级财政补助市区40家达标基层老年活动室资金38.5万元。市财政补助市区3家区域性老年活动中心资金60万元。全市95%的城市社区、90%的农村镇村建有老年活动室。

【**老年文体活动**】参加全省老年文艺调演活动，推荐上报的9个节目全部获奖，其中获金奖1个、银奖3个、铜奖5个，市老龄办获优秀组织奖。举办泰州市老年人乒乓球对抗赛，70多名老年乒乓球爱好者参加比赛。举办老年书画摄影展，200多幅书画作品展出。举办老年广场文艺演出，12支代表队的340多名演员参加演出。

2009年泰州市百岁老人分布情况表

表33　　单位：人

市区	合计	男	女
全市	428	69	359
靖江市	126	12	114
泰兴市	150	28	122
姜堰市	65	7	58
兴化市	38	6	32
海陵区	20	7	13
高港区	19	6	13
开发区	10	3	7

（唐丽飞）

残疾人事业

【**概况**】2009年，全市各级残联落实省委、省政府《关于加快残疾人事业发展的意见》精神，以建设残疾人保障和服务"两大体系"为重点，全面推进残疾人康复、教育就业、扶贫、信访维权、文体宣传等各项工作，提升残疾人参与社会生活能力，为全市残疾人事业快速发展奠定基础。

【**残疾人康复工作**】开展6岁以下残疾儿童抢救性康复工作。完善政策，市财政和各市（区）均已将配套经费列入财政预算。全市已筛查出残疾儿童2576名，有707名残疾儿童纳入抢救性康复训练。推进"三助一给"工作。创建省级白内障无障碍市（区）工作全部完成，泰兴市、姜堰市、高港区已创成全国白内障无障碍市（区）；各市（区）巩固创建成果，完善长效机制，白内障免费手术、防盲、脱盲工作基本实现全覆盖。各市（区）对有助视器、助听器需求的人员进行统计造册和验配。全年安装矫形器120个，大、小腿假肢81条。全市2265名贫困精神病患者全部按月得到免费的送药保障。创建残疾人社区康复示范（先进）市区工作取得突破。四市二区均通过省级验收，泰兴市、高港区加大创建全国示范市区工作力度。

推进泰州市残疾人康复中心建设，推动各市、（区）

残疾人康复中心的建设和运行。年内，泰州市残疾人康复中心交付使用；泰兴市、姜堰市、海陵区康复中心正常运营；靖江市康复中心与靖江市人民医院共建共管；兴化市康复中心被列为兴化市政府的"交钥匙"工程，主体工程已全部完工；高港区残疾人康复中心，正在规划设计，并被高港区政府纳入2010年为民办实事项目。

开展社区（村）残疾人康复工作。全市开展以康复指导、辅具适配、无障碍改造和康复知识普及为内容的康复服务"四进家庭"活动，做到"四落实"、"四上门"，即康复组织落实、康复对象落实、康复场所落实、康复器具落实；上门传授康复知识、上门指导康复训练、上门配送康复辅具、上门建造无障碍设施。年内，中残联副理事长孙先德考察泰兴市河失镇农村残疾人工作，该镇80%以上有康复需求的残疾人享受到服务，服务面和满意率均达100%。

【残疾人社会保障工作】 落实重残无业人员全额发放最低生活保障金工作，全年新增保障人员3426人，全市有18809名重残无业人员全额享受低保金待遇，总计发放保障资金3512万元。推进残疾人意外伤害保险工作，全市参保残疾人数39325人，占持证残疾人的38.7%，超额完成年度目标。有382名残疾人受到意外伤害，15名残疾人意外死亡，保险公司累计赔付50多万元。加强残疾人托养机构建设，研究出台《泰州市示范性残疾人托养服务机构建设工作方案》、《泰州市示范性残疾人托养服务机构建设标准》、《泰州市示范性残疾人托养服务机构考核办法》，促进托养服务机构加快建设和规范运作。全市新建残疾人托养服务机构5所，其中泰兴市、姜堰市、兴化市各建成1所省级示范性机构，海陵区、高港区各建成1所市级示范性机构，共服务残疾人113人。

【残疾人教育就业工作】 加强对残疾人的教育培训，全市各级残联投入120多万元，举办种植业、养殖业、电脑操作、家电维修等65期职业技能培训班，共培训残疾人1142人。8月26日～28日，市残联与市劳动和社会保障局联合举办全市残疾人职业技能竞赛，选出职业技术能手27人，有17人获泰州市技术能手称号。在全省残疾人职业技能竞赛中，泰州市有11名选手获奖。

开展阳光助残就业服务活动，全市共举办残疾人就业专场招聘会5场（次），印发政策宣传资料6245份，累计收集各类适合残疾人就业的岗位信息2800多条，为援助对象提供职业指导1200人次，达成就业意向586人。全年共安置残疾人就业1027人，其中按比例就业415人，集中就业300人，个体就业226人，购买公益岗位85人。

开展扶贫工作，全市新建15个残疾人扶贫基地，其中省级5个、市级8个、县级2个，安置残疾人就业159人，辐射带动残疾人家庭349户。全市有1019名贫困残疾人脱贫致富，699名残疾人得到生活救助，20户残疾人家庭的危房得到改造，72名考取中专以上学校的残疾学生和低保残疾人家庭子女获52.6万元的就学资助。全市共组织发放轮椅1460辆、助手器500辆以及微波炉、电磁炉、盲杖、收音机等用品。11月19日，市残联组织各市(区)残联赴绵竹市拱星镇开展对口支援活动，捐赠慰问金5万元、轮椅40辆和助走器60辆。

【残疾人组织联络工作】 "全国助残日"期间，全市各级残联开展走访慰问、广场活动、文艺演出、媒体宣传等活动；市、区残联共同组织牵手走进残疾人"活动，共走访慰问残疾人家庭400多户，送去慰问金、慰问品合计价值20多万元；举办"百姓大舞台"残疾人专场文艺演出。市残联与市人民广播电台合作，在"泰州新闻"栏目中增设"残疾人创业在泰州"板块，集中宣传泰州市13名残疾人自主创业的先进典型，鼓励更多的残疾人自立自强、服务社会。

【残疾人事业宣传工作】 培育残疾人先进典型，宣传残疾人先进事迹，营造有利于残疾人事业发展的社会环境。泰州市盲人协会主席、泰兴市残联理事长封红年被评为全国残疾人自强模范，受到胡锦涛总书记等党和国家领导人的亲切接见。泰州市智残人及亲友协会主席赵红钦作为残疾人工作者代表被评为"靖江市十大杰出青年"。兴化市肢残青年董炜炜身残志坚，积极投身社会公益事业，创办老年公寓的事迹，被评为"兴化市精神文明建设十大新人新事"。年内，全市各级残联向中残联报送信息50多条，向省残联报送信息224条。

【残疾人文化体育工作】 在第5届全省残疾人文艺汇演中，泰州市共获1个二等奖和3个三等奖。在全省残疾青少年田径锦标赛上，取得7金2银7铜、总分全省第4的成绩。在第2届全国孤独症儿童绘画比赛中，靖江市朱朝阳的绘画作品《多彩的梦》获优秀作品奖，并在北京展出。

【残疾人维权工作】 2009年，市残联共接待各类残疾人来访27人次，处理各类来信31件。针对残疾人信访反映的残疾人证办理、残疾人困难救助、6岁以下儿童抢救性康复、残疾人技能培训等突出问题，市残联组织开展调查研究，制定解决方案，帮助残疾人解决问题。3月，市人大常委会组织部分人大代表对全市《残疾人保障法》贯彻落实情况进行视察，4月，市政协对全市残疾人就业工作进行专题调研。市残联配合市交警支队开展交通秩序整治工作，为市区130多名残疾人进行残疾人车辆无偿置换。

【残疾人基础信息库】 推进残疾人基础信息采集工程，建立工作进展月报制度，全市共采集残疾人基础数据26万多条，占全市残疾人总数近90%。全市在办理第二代残疾人证时一律按照新的评残标准进行重新评定，坚持申领自愿、属地管理原则，严把残疾认定的第一关口，规范办证程序。至年末，全市共发放第二代残疾人证20462本。

（残 联）

关心下一代工作

【主题教育】 2009年，市关工委联合市教育局等部门，在青少年中开展“知我中华，爱我家乡”道德实践教育活动，对青少年进行以爱国主义为核心的民族精神和以改革创新为核心的时代精神教育。全市各级关工委组织编写讲稿474篇，组织报告团473个、报告员1540人，听讲青少年74.72万人次；组织开展图片展览、文艺演出、征文比赛等活动3560次，参与活动的青少年达17万多人次。市关工委与市教育局、市诗词协会等单位联合，在全市中小学生中开展 “知我中华，爱我家乡”中华诗词和家规家训吟诵活动，全市参与吟诵活动的学生有15万多人，创作搜集整理中华诗词1827首、家规家训1868篇，排演节目852个。为展示活动成果，主办单位分别于6月30日和11月7日举办 “泰州市中小学生‘知我中华，爱我家乡’中华诗词吟诵会”和“泰州市中小学生‘知我中华，爱我家乡’家规家训吟诵会”，全市有23个代表队参加吟诵会。市关工委、市教育局、市诗词协会在各市（区）推荐上报的中小学生创作的中华诗词作品中遴选出近300首，汇编成册供各地交流学习。

【预防青少年违法犯罪】 市关工委发挥关爱工作团的作用，在全市开展“关爱明天，普法先行”和“两法一例”普法教育，宣传预防和减少未成年人违法犯罪工作的先进典型，推动全市预防和减少未成年人违法犯罪工作的开展。2009年，全市共组织法制教育报告团244个，“五老”法制报告员936个，报告876场次，听讲青少年9.58万人次。建立帮教小组756个，2476名老同志参与帮教活动，结对帮教失足青少年1053人，转化失足青少年871人。全市涌现一批关爱青少年健康成长的优秀“五老”典型。姜堰市关工委顾问、离休干部叶秀芳20多年来为预防和减少青少年违法犯罪构筑防护墙的事迹，在省综治办、省预防办、省关工委召开的“‘未成年人零犯罪社区（村）’创建工作会议”上发言交流。中国关工委主任顾秀莲在叶秀芳事迹材料上作批示，《中国火炬》、《新华日报》等报刊专栏刊登叶秀芳事迹。开展“未成年人零犯罪社区（村）”创建活动。3月～4月，市关工委、市委政法委等部门联合对全市预防和减少未成年人违法犯罪工作情况进行专题调研。4月28日，在泰兴市召开会议，围绕“预防和减少未成年人违法犯罪、创建‘未成年人零犯罪社区（村）’”工作进行交流研讨，并形成调查报告。组织各级关工委和“五老”参与泰州市网吧专项整治活动，各级关工委共组织877名“五老”网吧义务监督员，对全市392家营业性网吧、313家电子游戏经营场所进行监督，先后出动“五老”网吧义务监督员23195人次，协助有关部门取缔黑网吧50个，网吧业主违规经营现象得到有效遏制。

【帮扶弱势群体】 推动关爱青少年中弱势和特殊群体的各项政策措施的落实，使关爱工作逐步正常化、制度化。兴化市、靖江市建立政协委员活动日帮扶孤残儿机制，姜堰市建立残疾儿童康复管理中心，泰兴市建立帮困扶贫基金，高港区建立孤儿帮扶机制。全市各级关工委共筹集资金399.9万多元，资助孤残青少年2210人，扶助贫困生5924人。加强留守儿童的教育管理工作。兴化市关工委配合教育部门，争取省拨资金1128万元，开展改善农村初中留守儿童食宿工程，相关14所学校的食宿设施建设工程已投入使用。姜堰、海陵等地关工委配合妇联等部门，组织“五老”、党员干部、企业女老板、各界女干部，落实7201名留守儿童的代理家长；苏陈镇关工委关爱留守儿童的活动在《人民日报》、《中国教育报》上报道。开展“学科技、奔小康”活动，加强对外出务工返乡青年、“双后生”、“退伍军人”的培训教育，共举办政治科技学校282所，组织农业科技指导咨询机构268个，培训转移农村青年劳动力61940人。

【青少年校外教育阵地建设】 市关工委与市文明办、市教育局等部门以推进校外教育辅导站建设为载体，加强校外教育阵地建设，建立和完善“三结合”教育体系。至年底，全市社区（村）已建校外教育辅导站1257个、辅导点1445个，基本达到泰州市提出的在年底前70%的社区（村）建校外教育辅导站的目标。参加办站和辅导的老教师、老干部等“五老”有6833人，接受辅导的学生有17.43万人。全市各级校外教育辅导站（点）利用节假日，对未成年人进行理想信念教育、道德和法制教育、爱国主义民族精神和时代精神教育，提高思想道德素养；进行文化辅导，提高青少年文化知识水平；开展兴趣小组活动，培养青少年多方面的才能；开展文化体育活动；开展社会实践和道德实践活动；开展心理健康辅导教育。

【自身建设】 2009年，市关工委针对乡镇、街道班子换届、内设机构和人员变动的情况，做好基层关工委组织常务副主任的调整充实工作。组织全市乡镇（街道）关工委新上岗的58名负责人学习关工委业务知识，推广兴化市“强化社区（村）关工委班子，由市、乡两级财政共同解决有关经费”的经验，全市乡镇（街道）、村（社区）关工委驻会主任的补贴问题基本得到解决，关工委活动经费由原来的实报实销逐步转变为列入当地财政预算，为基层关工委开展工作提供保障。

（关工委）

劳动保障

【概况】 全市劳动保障工作围绕“双维护、两服务”的工作要求，加大城乡统筹就业力度，突出创业带动就业，推进社会保险全覆盖，着力解决弱势群体就业和社会保障问题，建立健全维权长效机制，维护劳动者合法权益。创建国家级创业型城市、劳动保障监察“两网化”建设、社保基金监督、新农保等工作成为人保部试点工作，农民创业、劳动保障档案管理、劳动争议仲裁、劳动保障监察等工作获部和省表彰。全市城镇登记失业率控制在2.92%。全市新增就业6.1万人，实现再就业2.41万人，就业困难人员再就业2965人，确保零就业家庭持续动态为零。新增农村劳动力转移6.48万人。企业养老保险参保63.96万人，医疗保险参保92.59万人，工伤保险参保69.51万人，生育保险参保48.53万人，失业保险参保40.9万人。新农保制度建立率100%。市本级、主城区和各市（区）网络化监察覆盖率均为100%。劳动争议仲裁办事机构实体化建设完成率100 %。

【促进农民返乡创业】 贯彻落实《关于进一步做好鼓励农民返乡创业工作的意见》，放宽返乡农民创业市场准入，完善税费减免政策。在全市建立以劳动保障部门就业训练中心为主体、乡镇创业指导中心为基础、民办职业培训机构为补充的农民创业培训大网络，努力形成“一镇一品牌、一乡一特色”的创业培训新格局。把农民创业就业服务网络延伸到农村最基层，为返乡创业农民提供创业指导、信息服务、项目推介、资金扶持、创业孵化、开业指导等“十位一体”的配套服务。2009年，全市新增返乡创业农民2449人，带动就业1.06万人。泰州市促进返乡农民自主创业工作获省农村工作领导小组颁发的“2009年度农业农村政策创新奖”。省政府在泰州市召开全省促进农民创业就业现场会。

【创业孵化基地建设】 市政府制定出台《关于印发泰州市创业孵化基地认定和管理办法的通知》，培育、规范、引导和扶持创业孵化基地建设和发展，以创业带动就业。2009年，全市新增创业孵化基地35家，涉及商贸经营、铸造、建材、小提琴制作、物流等32个创业项目。通过政策扶持和综合服务，全市有2195人进入基地，其中95%的创业者走出基地，走上创业之路。

【创业项目库建设】 泰州市成为国家创建创业型城市，在82个创建创业型城市中首批建成并启动泰州市创业项目库，上网运行并与“全国创业项目索引”服务平台实现链接。全市创业项目库共征集入选项目220个，推介成功92个，新增创业936人，带动就业6400多人。

【开办“创业服务超市”】 引入超市化选购模式和快速反应机制，加快建立“一站式”创业服务场所，建成7家“创业服务超市”，并向重点中心乡镇延伸。2009年，“创业服务超市”累计服务创业者2.3万人次，为创业者解决实际问题和各种疑难问题4600多个。

【构建农村劳动力小额担保贷款推进机制】 落实国家和省就业再就业扶持政策，围绕创建国家级创业型城市活动，结合本地实际，构建农村劳动力小额担保贷款推进机制。2009年，全市累计发放农村劳动力小额担保贷款5120万元，扶持1480名农村劳动力自主创业，带动就业7150人。

【基本医疗保险普通门诊保障】 对市区城镇职工和城镇居民基本医疗保险参保人员实行门诊统筹，使基本医疗保险由“保住院大病”向“住院门诊兼顾”的全面保障模式转变。统筹范围突破职工和居民险种限制。医疗就诊突破综合医院垄断向社区引导，配套措施突破部门职能形成合力，政策设定突破原有规定利于推进个人账户改革。

【建筑施工企业实行全员参加工伤保险】 落实《泰州市建筑施工企业参加工伤保险暂行办法》，联合建设部门，实施“项目参保、建设代征、动态报备”的建筑工程项目参保政策。7月，以贯彻执行《江苏省建设工程费用定额》为契机，协调建设部门，制定《泰州市建筑工程项目社会保障费征收实施办法》，将原来建筑统筹费附加工伤保险费代征方式转变为行政规费之一的社会保障费强制征收。建筑行业意外伤害商业保险由行政规费性质转为管理成本费用，由建筑施工企业自愿选择参加。《办法》从8月1日起全面实行。至年末，全市实现项目参保人数达2.6万人，市区实现参保人数约7000人。

【工伤保险实行市级统筹】 出台《泰州市工伤保险市级统筹暂行办法》，实行“三统一、一调剂、一强化”，《办法》涵盖工伤保险登记、基金征缴、信息化管理、工伤医疗、康复与辅助器具配置管理、待遇审核与支付、财务管理、基金监督等7项内容，从业务层面规范和统一全市工伤保险经办业务，实现工伤保险业务管理的科学化、规范化、制度化。“三统一”即统一参保登记征缴、统一工伤医疗、统一待遇审核与支付；“一调剂”即基金实行风险调剂金制度；“一强化”即强化稽核监督。

【新农保经办工作】 泰州市新农保经办工作实行“三统一，一延伸”，即统一开发软件、统一业务标准、数据统一集中，推进网络延伸。新农保软件与“金保工程”、“12333”实现数据互通，老百姓在家中可利用因特网和电信网，查询新农保信息，享受社会保障服务。做到参保登记不出村、缴费领钱不出镇，提高经办效率，降低基金风险。全年全市有53.57万人通过网上办理新农保。

【社保基金专项检查】 开展社保基金专项检查活动，确保社保基金安全完整。市本级委托社会中介机构进行专项检查，强化基金的社会监督，提高专项整治工作的有效性。年内，省厅在泰州市召开全省现场会并介绍推广泰州市的做法。

【落实“五缓、四降、三补”政策】 缓解企业资金压力，通过降费率、缓缴社会保险费等措施，为困难企业减轻负担2000多万元。落实困难企业各项补贴800多万元，帮助困难企业80家，稳定就业岗位2.1万个。运用失业保险基金，全面启动职业培训特别救助活动，加大对困难劳动密集型企业和个体劳动者及小企业的贴息资金支持，对1.41万名困难职工开展特别职业培训。

【推广使用《企业实施〈劳动合同法〉实用手册》】 在全省首家制订《企业实施〈劳动合同法〉实用手册》。《手册》对企业劳动用工管理中建立规章制度、订立、变更、终止、解除劳动合同、集体合同、使用劳务派遣工、实行特殊工时等方面作出具体解释，并提供劳动规章制度、特殊工时实施方案、劳动用工管理中的各类示范文本和表格，以方便企业在劳动用工管理中采取针对性的措施，提高企业劳动用工和人力资源管理水平，促进企业劳动关系和谐稳定。共印制2000本实用手册，免费发放给用人单位，并将实用手册电子档放在市劳动保障网站上，供用人单位免费下载。

【劳动争议调处一站式服务】 整合劳动争议调处资源，创建“五位一体”调解机制，为当事人提供“咨询、援助、受理、调解、仲裁、诉讼”一体的劳动争议调处一站式服务，促进社会化大调解及争议处理全程调解格局的形成。市法律援助机构在劳动保障部门设立劳动保障法律援助站，就近为劳动争议当事人提供法律援助。成立人民法院劳动争议巡回法庭，为裁审联动提供衔接平台。完善仲裁委三方驻会制度，三方共商、共处、共调，合力化解劳动争议。整合职能，创建一站式调处服务体系。2009年，全市调解和撤诉方式结案案件占正式立案数的93%，全市调解仲裁机构立案数量比上年减少15 %。

【建成同城异地容灾备份中心】 启动金保工程容灾备份中心建设，主动积极立项，落实建设资金。项目立项后，启动项目实施工作。经过公开招标，采购IBM P570小型机2台、EMC磁盘阵列2台以及交换机、负载均衡器等设备。1月，容灾中心全部设备安装调试完成，2月，进行启用演练；4月，通过专家验收，正式建成使用。

【拓展社会保障卡功能】 全市7个社会保险基金统筹地区累计发放社会保障卡85万张，占应发人群的89%。拓展社会保障卡功能。将社会保障卡用于劳动保障业务个人信息的查询；将社会保障卡的金融功能用于个人缴纳社会保险费、领取个人养老金、医疗报销等其他劳动保障费用，将社会保障卡用于全市范围内异地就医的办理。

【建成五星级档案中心】 在全省劳动保障系统率先建成档案管理五星级单位，人保部、国家档案局在泰州市召开现场交流会。2009年，档案管理中心接待利用者突破3000人次，涉及核实工龄、学历，职称评定，企业改制，落实政策，解决财产权属纠纷等方面，提供利用档案6800多卷件。

（严良军）

慈善事业

【第2次会员代表大会】 3月26日，市慈善总会召开第2次会员代表大会，市委副书记王守法出席会议并讲话。会上，聘请市领导张雷、姚建华、王守法为名誉会长，杨峰等4人为顾问；推选张文国任会长，丁士宏、常龙福、王继武等17人任副会长，吴跃任监事会主席，唐志林等4人为监事会副主席；聘任徐洪涛为荣誉会长，鞠建中等2人为荣誉副会长。大会修改通过市慈善总会章程。

【全市慈善工作座谈会】 10月16日，市委、市政府召开全市慈善工作座谈会。会上，市委书记张雷，市委副书记、市长姚建华对全市慈善工作提出要求。座谈会由姚建华主持，市领导王守法、杨峰、丁士宏，市慈善总会会长张文国，市慈善总会副会长、秘书长常龙福及市委秘书长仲建生等出席座谈会。市建设局、国土局、人防办、人民医院、口岸船舶、三福船舶、金成房产、泰州电厂及泰州浙江商会会长王小荣等单位和个人表态募捐。市委办、市政府办、市慈善总会、市民政局向全市机关、企事业单位、社会各界发出慈善捐赠倡议书。

【首届大型慈善晚会】 10月30日，市委、市政府在市广电局演播大厅举办“大爱倾城·情满泰州”首届大型慈善晚会。省慈善总会会长俞兴德、副会长吴汉如，市四套班子领导张雷、姚建华、陈克勤、李国华、张本印、缪志红、杨峰等，市慈善总会会长张文国、副会长常龙福等出席晚会。市委书记、市人大常委会主任张雷和省慈善总会会长俞兴德分别在会上讲话，俞兴德代表省慈善总会向泰州市捐赠价值71万元的医疗设备。晚会现场共有56家单位举牌认捐，认捐善款达4539万元。

【市慈善总会组成人员会议】 12月18日，市慈善总会召开组成人员会议。会议总结2009年工作，明确2010年任务，通过2009年财务工作报告；增聘仲建生、王群为顾问，增补李志高等3人为副会长，增聘徐浩宇等3人为荣誉会长、王俊泽等9人为荣誉副会长。

【慈善救助】 6月，市慈善总会与市社保局、市人民医院联合在全市范围内开展“爱心热血”行动，计划在3年内救助儿童急性白血病、青少年风湿性心脏病等90例。至年末，接受该项目救助的有4名青少年，其中陈亚辉、王倩已康复出院。开展心蕊工程二期、视敏儿童弱视救助、爱心助孤、暖心工程、“献爱心”对口支援陕西、支援四川拱星“金秋助学”、2009圆梦助学等救助项目。全年救助项目10个，直接受益人数超过1万人，项目救助资金461.35万元，其中，市慈善总会投入救助项目资金82.4万元，上争省慈善总会、中华慈善总会项目资金182.34万元。

【慈善资金募集】 募集工作的重点是创始资金的募集和保值增值。市政府一次性拿出1000万元作为创始资金。首届慈善晚会前，市委、市政府组织参加动员和劝募会。至年末，市本级慈善资金总量达6520.26万元，其中捐赠收入4320.26万元。18家工业企业捐款1450万元，有6家企业捐款超过100万元，分别是：扬子江集团有限公司300万元，春兰集团200万元，泰州口岸船舶有限公司、泰州三福船舶工程有限公司各150万元，江苏梅兰化工集团有限公司、国电泰州发电有限公司各100万元。30家房屋开发企业捐款1350万元，有6家企业捐款超过100万元，分别是：江苏美好置地·金城房产150万元，泰州市鹏宇房地产开发有限公司、江苏盛和房地产开发有限公司、泰州宝江置业有限公司、江苏恒景置业发展有限公司、泰州市碧桂园房地产开发有限公司各100万元。部分市级机关（事业单位、直属单位）捐款、市级机关行政经费压减捐款1139.8万元。市级机关（事业单位、直属单位）慈善一日捐266.57万元。

【自身建设】 借鉴省慈善总会和外地经验，结合泰州市实际和初步实践，依据有关法律法规和《泰州市慈善总会章程》，先后起草《泰州市慈善总会资金物资管理使用办法（试行）》、《泰州市慈善总会、泰州市民政局关于企事业单位、社会团体及个人慈善捐赠的办法》、《泰州市慈善总会救助工作细则（试行）》等3个主要文件，通过公示试行和征求意见，在常务理事会上通过。制定《慈善总会例会制度》、《慈善总会财务管理制度》、《慈善总会信访接待制度》、《慈善总会印章、介绍信、各种证书、文件、档案管理制度》等4个制度和办公室、宣传联络部、项目管理部、募捐财务部四个部门的《工作职责》，以及与之相配套的各类规范性表格及协议文本、文件。落实办公用房、办公必备用品和办公经费，明确“一办三部”的工作分工，配备专职工作人员。

（张瑞峰）

消费者权益保护

【概况】 2009年，泰州市消协围绕“消费与发展”年主题，结合维权工作实际，以3·15国际消费者权益日纪念活动为契机，以各类宣传媒介为载体，开展消费维权教育宣传、消费投诉维权救助、基层网络组织建设，为改善消费环境、促进和谐泰州建设作出贡献。

【投诉受理】 全市各级消协受理消费投诉1321件，调解结案1307件，调解率98.9%；接待来电、来信、来访咨询5066人次，为消费者挽回经济损失147.9万元；收到表扬信（电话）181人次、锦旗13面。

【消费监督】 开展农村消费调查和节日商品检查。配合行政执法部门，开展元旦、春节期间的食品安全检查，对侵害消费者权益的投诉举报线索，及时调查处理，保护消费者权益。加大对不法经营者的惩治力度。开展挑战“一次性消毒碗筷不合理收费”潜规则、消费者满意度社会调查，调查的对象有金融、保险、商场超市、公用服务企业（供电、水、气、通信、邮政）及汽车品牌，调查形式有报纸、网络、发放问卷调查。

【消费教育及维权宣传】 举办“消费与发展”论坛和3·15文艺晚会。年内开展分类消费教育，分别在学校、社区、商场、农村举办消费讲座15场次，直接听课受教育人员5000多人。3月15日，泰州工商局、泰州市消协、海陵区消协在泰州市一百、文峰广场举办3·15现场宣传活动。参加活动的有工商、质监、物价、卫生、环保、农委、交通、邮政、盐务、烟草、电信、移动、联通、铁通、保险等相关部门、企业30多家，现场发放宣传资料4万多份，受理咨询服务4700多人次，咨询的主要内容包括医疗卫生、商品质量和价格等。全年编辑消费简报12期，在电台、电视上宣传消费知识、警示或提示12次，被有关媒介录用稿件95篇。

【“消费与发展”年主题宣传教育】 在市电台解读“消费与发展”年主题，动员社会各界参与年主题活动。举办“消费与发展”年主题论坛，组织相关部门、学校、企业代表围绕年主题，科学论述消费与生产、消费与发展、消费与循环经济等关系。召开消费者、经营者代表座谈会。举办“扬子江之春”3·15电视文艺晚会，以专题电视片的形式，宣传年主题及保护消费者权益方面相关法律法规。

【3·15新闻发布会】 与省消协联动，召开3·15新闻发布会，公布2008年典型维权案例、消费热点评论和分析、消费警示以及泰州消协2009年维权十项举措，对商品质量监测、“家电下乡”、“汽车摩托车下乡”市场整治和食品安全监管等情况进行通报。

【消费潜规则的征集、评议和农村消费调查活动】 通过新闻媒体、网站等多种途径，组织征集商业、餐饮、住宿、旅游、娱乐、装修、物业、美容、教育培训中介和农资等行业中社会反响强烈的潜规则。市消协与《泰州晚报》联合开展潜规则调查，连续报道餐饮、住宿、旅游、娱乐、美容等行业潜规则现象。开展对一次性消毒碗筷收费的集中整治，点评一次性消毒碗筷收费的不合理性。各市、区消协在各乡镇、村中，开展农民消费调查活动。

【婴儿问题奶粉处置工作】 与卫生部门核对患儿名单，查找患儿监护人，完成全市婴幼儿奶粉患儿赔偿金核发发放工作，对1228名患儿发放赔偿金245.6万元，全市无一患儿监护人上访。市消协等8家单位被评为奶粉处置工作先进集体，9人被评为先进个人。（陈继柏）

人口和计划生育

【概况】 2009年，全市15～49周岁育龄妇女117.19万人，其中已婚育龄妇女99.94万人，比上年分别减少5.73万人和3.11万人。独生子女累积率81.84%，比上年增长0.05个百分点。年内，全市共出生24696人，计划生育率98.96%，比省下达指标高出1.96个百分点；人口自然增长率为-0.87‰，大幅低于控制在4‰以内的指标。出生人口性别比为100：109，实现控制在基本正常值（100：110）范围以内的要求。全市财政投入人口和计划生育事业费人均28.16元，市本级财政投入经常性工作经费人均3.71元，比上年分别增加1.07元和0.31元。

【全市人口和计划生育工作会议】 2月19日，市委、市政府召开全市人口和计划生育工作会议。各市（区）政府分管市（区）长、人口计生委主任、计生协专职副会长及计生指导站站长、药具站站长，退出和新列入全市出生人口性别比重点管理的乡（镇）主要负责人，市各相关部门（单位）负责人参加会议。市委副书记、市长姚建华到会并讲话，副市长曹玉梅作工作报告。会议表彰2008年度人口计生工作10个先进部门（单位）、6个市（区）人口计生委和9个创新项目，各市（区）、市有关部门向市政府递交2009年人口和计划生育目标管理责任书，兴化、泰兴、姜堰、海陵4市（区）政府分别就优化出生性别结构、实施新农村新家庭计划、构建公共服务体系、创建人口协调发展先进区等工作作交流发言。

【领导考察】 2月11日～12日，中国计生协办公室主任王景水一行在省人口计生委副主任、计生协专职副会长戴纪生，泰州市副市长曹玉梅及市人口计生委主任、计生协常务副会长王新华的陪同下，调研考察海陵区锦绣社区物管行业计生协联合会、温泰市场计生协、姜堰市沈高镇河横村计生协及会员中心户、姜堰镇新区服装厂计生协的组织创新等工作。

5月21日～22日，省人口计生委副巡视员徐高仁到泰，先后考察兴化市计划生育药具市场专项整治行动情况，海陵区锦绣社区、京泰路街道温泰市场等城市计划生育综合改革现场。

8月12日～13日，省人口计生委主任孙燕丽率省调研组，在副市长曹玉梅、市政府副秘书长吴健、市人口计生委主任王新华的陪同下，先后考察兴化市大垛镇安民村、管阮村，海陵区锦绣社区、温泰市场、宏基花园、区指导站和城东街道高桥村计生工作，听取兴化市、海陵区党政领导、各级计生干部代表及各市（区）人口计生委主任的座谈发言。市委副书记王守法、市人大副主任王泓卫、市政协副主任殷美娟接待省调研组。

8月13日，国家人口计生委人事司司长金小桃一行2人在省人口计生委副主任戴纪生的陪同下，到泰州专题考察人口计生队伍职业化建设。市委副书记王守法、副市长曹玉梅、市人口计生委主任王新华陪同考察。

9月1日，国家人口计生委副主任江帆一行8人，在省人口计生委副主任张春延，市委副书记王守法，副市长曹玉梅的陪同下，考察海陵区锦绣社区、市及海陵区计生指导站（所）运行情况。

9月3日，省人口计生委副主任戴纪生一行3人，在市人口计生委主任王新华、兴化市副市长邓志方的陪同下，考察兴化市大垛镇管阮村、安民村及戴南镇董北村新农村新家庭计划实施情况，确定在泰州召开全省现场会。10月10日，戴纪生一行再次到泰考察现场会准备情况。

【全省现场会】 10月23日～25日，全省新农村新家庭计划推进会议在泰州召开。全省各市人口计生委主任、分管宣教工作的副主任、宣教处长和市计生协秘书长，首批和第二批实施新农村新家庭计划项目的县（市、区）人口计生委主任近200人参加会议。国家人口计生委宣教司副司长司景春、中国人口出版社社长陶庆军，省委副秘书长胥爱贵、省财政厅副厅长江建平、省新闻出版局副局长蒋国星、省人口计生委主任孙燕丽和副主任张春延、于洪军、戴纪生出席会议。市委常委、常务副市长杨峰到会致辞，副市长曹玉梅作实施“双新”计划经验介绍。胥爱贵受省委常委、副省长黄莉新委托作了讲话，戴纪生做工作报告，孙燕丽做会议总结讲话。与会人员观摩了兴化市大垛镇计生服务站和安民村、管阮村实施“双新”计划的工作现场。

11月24日，全省避孕节育生殖健康、家庭保健行动计划现场推进会在泰州市召开。全省各市和28家生殖健康检验中心宫颈细胞学筛查基地的县（市）人口计生委分管科技工作的副主任、科技科长、计生指导站站长共150人参加会议。省计生委副主任张春延到会并讲话。兴化市委、市政府作经验介绍。与会人员观摩了兴化大垛镇、管阮村和戴南镇计生服务站（室）宫颈癌筛查现场。

【人大审议计生工作】 11月23日～24日，市三届人大常委会第十二次会议听取和审议副市长曹玉梅代表市政府所做的关于贯彻实施《江苏省人口与计划生育条例》工作情况的报告。会议认为，近年来，市政府及其相关职能部门认真贯彻实施《江苏省人口与计划生育条例》，采取综合管理措施，突出工作重点，人口计生工作取得明显成效，要求进一步强化组织领导、舆论引导、重点突破、队伍建设等工作。

【改善民生工程】 *落实一次性奖励*。3月27日，市政府召开会议，专题研究省政府对持《独生子女父母光荣证》退休的企业职业实行一次性奖励政策贯彻落实问题。会议议定：成立泰州市对持证退休职工实行一次性奖励政策工作领导小组，下设办公室；市属企业持证退休职工的隶属关系的企业管理级次认定，分别由市经贸、交通、教育、建工等主管部门初审后，报领导小组办公室按省程序确认；4月份启动市区持证退休职工实行一次性奖励工作。11月6日，市政府下发《关于对持独生子女父母光荣证退休的企业职工实行一次性奖励的意见》，奖励对象为：市直属、在泰部省属和区属及以下企业一次性奖励对象为1996年1月1日～2009年12月31日期间，在泰州市按城镇企业职工基本养老保险规定办理退休手续，且退休时未享受加发5%独生子女养老金待遇的持证退休职工。奖励标准为每人3000元。资金来源为：在泰部省属企业由企业自行解决，市直属企业由市本级财政承担，区属及以下企业由区级财政承担。发放时间为2010年。《意见》对奖励对象资格确认及发放程序作出具体规定。经调查核实并确认资格，市区符合持证退休职工一次性奖励条件的共有20783人，需市、区财政投入6234万元。

兑现法定奖励。至年末，经村（居）、乡（镇、街道）、市（区）层层审核公示，年内共有35610人符合国家农村部分计划生育家庭奖励扶助制度和独生子女伤残死亡家庭特别扶助制度的条件，2630万元奖金全部通过“一卡通”发放到人。其中，农村奖扶标准由每人每年600元提高到720元。高港区、靖江市对节育手术并发症群众给予每人每年720元的生活补助。经抽样调查，全市独生子女父母和农村实行避孕节育夫妻基本享受人口计生法定的奖励和基本技术免费服务政策。

生育关怀行动。年内，经市计生协组织对全市计划生育4种困难家庭和需求进行逐村逐户调查，全市共有10933户在最低生活保障线或年纯收入低于本地平均水平。其中独生子女伤（亡）2307户，特困4704户，节育并发症3855户，亡故计生干部的家庭67户。纳入最低生活保障的有3290户，纳入帮扶的有6002户，分别占应保和应帮扶总数的70%、96%。年内，有964户通过生育关怀脱贫。

拓展民生服务。深化“和谐计生、改善民生”行动。以新婚夫妇、病残儿夫妇和健康、亚健康人群为目标，拓展孕前—围孕期风险评估、生殖健康综合防治、宫颈癌筛查等14个民生服务项目。共随访孕环情近100万人次，RTI综合防治28.5万人次，优生检测2.8万人次，宫颈癌筛查7.9万人次。

【“双新”示范创建】 1月6日，市委宣传部、市人口计生委、计生协联合下发《关于在全市开展新农村新家庭示范乡（镇、街道）村（居）家庭（中心户）创建活动的实施意见》，明确创建目标，即2009年，全市30%的乡、村、户达到示范标准，省项目县（兴化、泰兴市）均达到省新农村新家庭示范县建设标准。至年末，全市涌现出34个乡（镇、街道）、682个村（居）、1.85万个中心户长示范创建典型，示范面达30%。市政府在全省新农村新家庭计划推进会上，作题为《整合融入，统筹发展，着力推进新农村新家庭计划深入开展》的经验介绍。

【服务体系建设】 2月19日，市长姚建华与各市（区）长签订2009年创建50个“世代服务中心”的责任状。下发《关于开展争创计划生育优质服务示范站活动的通知》，计划到2010年，全市6个县级指导站、三分之二的乡级服务站建成省计生优质服务示范站。7月28日，泰州市召开人口计生优质服务体系建设推进会议。至年末，全市共投入8000万元，将市、县、乡、村四级计生服务站（室）打造成人本化、个性化、非医院化特征的世代服务品牌，改造成为宣传教育、技术服务、政策服务、信息管理、药具发放和人员培训“六位一体”的综合服务平台，提前1年实现计生服务体系全覆盖。全市共建成乡级“世代服务中心”69个，比目标多建19个。

【依法行政】 3月，市人口计生委下发《关于开展创建计划生育便民维权示范乡（镇、街道）活动的通知》，按照依法行政、程序正当、权责统一、高效便民的原则，坚持政务公开，接受群众监督，简化办事程序，提供便民服务。先后出台《泰州市计划生育便民维权活动工作规范》、《泰州市人口计生委行政处罚自由裁量权实施办法》，推进依法维权，打造“诚信计生”，畅通诉求渠道。至年末，全市70%以上的乡（镇、街道）建成“计划生育便民维权示范乡（镇、街道）”。6月～8月，市人口计生委组织开展对执法卷宗的专项检查，随机抽查各市（区）征收社会抚养费卷宗2476份，批准再生一孩卷宗3031份；将征费卷宗名单与各地上报违法生育名单进行比对，对存在问题督促其依法足额征费。全年社会抚养费征收到位率、结案率分别提高到80%和90%。

【计生村民自治】 全市在农村按自然住宅区20～30户、城市按3幢住宅楼的规模，组建计划生育中心户56842个，民主推荐户长，履行计生宣传教育、信息采集、村民议事、邻里服务等职能，落实计划生育基层群众自治工作。印发《泰州市计划生育村民自治工作规范》。开通“12356阳光计生服务热线”。编制录入市人口计生部门39项行政权力和工作流程，实现行政权力网上公开运行。

【流动人口管理】 从7月起，市人口计生委组织各级计生干部学习宣传国务院颁发的《流动人口计划生育工作条例》，共编发知识折页52万份，在流动人口集中地开展宣讲120场，召开研讨会、督查会、现场会，推进全市建成流出50万人、流进20万人的信息平台。在市、县、乡、村级计生服务站（室）增设流动计划生育免费服务点，流动人口持“避孕药具一卡通”、“避孕药具免费券”就近免费领药。泰州市以海陵区为试点，对区域内流动人口信息进行比对，掌握流动人口底数。对市外流进人口，与其户籍地签订双向管理协议，定期联系协调；对市内流动人口，督促各市（区）共同管理；对流出市外人口，做好宣传教育、《婚育证明》发放和节育措施落实等工作。全市建立流出人口计划生育协会28个。

【治理性别比问题】 2月19日，市人口计生工作领导小组根据考核评估，决定兴化市大垛镇、临城镇，泰兴市刘陈镇、珊瑚镇，姜堰市张甸镇，高港区白马镇等6个乡（镇）退出泰州市出生性别比重点管理行列；兴化市垛田镇、西鲍乡，泰兴市横垛镇，姜堰市桥头镇，高港区大泗镇等4个乡（镇）列入泰州市出生人口性别比重点管理单位。6月12日，市人口计生工作领导小组办公室在泰兴市召开出生人口性别比偏高问题重点管理乡（镇）汇报会。各市（区）加大综合治理力度，泰兴市人口计生、卫生部门首次联手，抽调14人，分成7个小组，到城乡医疗卫生、妇幼保健单位调查B超、引产、接产等资料，两部门比对相关信息，采取对策措施，制止漏报出生、错报性别事件。兴化市投入15万元开发批准再生一孩服务管理应用软件，实行从审批到生育的全程服务，并坚持市直接负责批准再生一孩妊娠妇女的定期随访工作，全市出生性别比逐年下降。

【计生药械市场专项整治】 4月29日、5月7日，市人口计生委和市公安局、卫生局、工商局、质监局、药监局、泰州海关等7部门联合下发《泰州市计划生育药械市场专项整治方案》和《泰州市人口计生系统计划生育药械市场专项整治行动实施方案》，计划用6个月的时间，整治计划生育药械和成人“性用品”生产、流通、使用环节中的突出问题，规范全市计划生育药械市场，维护群众身心健康。市及市（区）共明查暗访83次，出动2520人次，检查经营和使用计生药械、性用品单位1944家，下发督查意见287份、警告书29份、责令整改通知41份。

【信息化建设】 全市投入130万元购置16台服务器及相关网络设备，完成网络改造和升级任务。至年末，全市人口计生综合信息平台做到硬件配备、软件培训、数据转换“三到位”。经检测，泰州市综合信息平台基础信息质量居全省首位。

【计生协工作】 1月14日，市计生协召开工作会议，观摩姜堰市沈高镇河横村计生协工作现场。各市（区）计生协交流2008年工作目标任务完成情况和2009年工作打算，表彰年度工作先进市（区）。

评估定档工作。3月4日，市计生协下发《关于开展全市基层计划生育协会评估定档工作的实施意见》及《泰州市基层计划生育协会评估定档细则》，计划到2010年6月底前，全市所有村（居）、企事业（行业）、流动人口计生协全部达到基本合格及以上条件。其中，先进、合格、基本合格协会分别达到40%、50%、10%。通过整改补课、基层申报、乡级初审、县级复审、市级审核等程序评估，到年末，全市1799个村级协会中，达到基本合格以上条件的有1683个，占总数的93.55%，其中先进的584个，占32.46%；合格的869个，占48.3%；基本合格的230个，占12.78%，提前半年完成评估定档任务。

县级协会入序。3月6日、6月15日、8月12日，泰兴市、兴化市、姜堰市编委分别作出同意将计划生育协会列入群众团体序列的批复。泰州市6个县级计生协在全省率先“入序”。

会员活动日。5月29日，各市（区）计生协组织开展5·29计生协会员活动日，共组织宣传活动211场，发动会员、志愿者15075人，开展政策咨询19617人、健康检查27463人、走访慰问3504人，发动捐献生育关怀资金54.78万元，救助计生困难家庭35004户，帮助1983户计生缺劳户收割小麦、油菜。

创新组织建设。2月19日，省计生协四届五次理事会邀请泰州市作题为《创建物管行业计生协，构筑计生工作新平台》的经验介绍。5月和11月，《中国计划生育工作通讯》先后长篇报道泰州市《打造社区计生“链条”，破解城市计生难题》、《整建计生服务队，实现“养事不养人”》的两项组织建设经验。12月18日，市计生协在全省率先制定出台《泰州市计划生育协会工作规范》，《规范》共分6章27条。（姚东社　翟建军）

人 民 生 活

【市区居民生活】年内，市区城市居民家庭平均每户2.67人，其中有收入人口2.16人，就业人口1.3人，负担系数2.05。人均家庭总收入20716.07元，其中人均可支配收入19142.93元，比上年增长11.31%。在家庭总收入中，人均工薪收入12201.35元，比上年增长12.54%；人均经营净收入1787.23元，比上年增长18.54%；人均财产性收入286.62元，比上年增长23.17%；人均转移性收入6440.87元，比上年增长16.08%；离退休人员人均收入17413.34元，比上年增长20.26%。

市区居民生活消费。全年市区城市居民人均消费性支出12163.29元，比上年增长10.72%。在八大类消费支出中呈现“七升一降”态势。“七升”是食品、衣着、居住、医疗保健、交通和通讯、教育文化娱乐服务、杂项商品及服务消费类支出，分别为4835.07元、1599.72元、1186.03元、698.10元、1260.55元、1368.00元和633.44元，比上年分别增长7.54%、16.24%、18.78%、22.08%、19.63%、3.57%和12.24%；“一降”是家庭设备用品及服务消费类支出为582.38元，比上年下降3.52%。消费结构有所变动，食品支出占消费支出的比重（恩格尔系数）为39.75%，比上年下降1.18个百分点；衣着支出占13.15%，比上年上升0.62个百分点；居住支出占9.75%，比上年上升0.66个百分点；家庭设备用品及服务支出占4.79%，比上年下降0.70个百分点；医疗保健支出占5.74%，比上年上升0.53百分点；交通和通讯支出占10.36%,比上年上升0.77个百分点；教育文化娱乐服务支出占11.25%,比上年下降0.78个百分点；杂项商品及服务支出占5.21%,比上年上升0.07个百分点。

市区居民生活质量。至年末，市区城市居民人均现住房总建筑面积30.31平方米，比上年减少0.02平方米。拥有原有私房、房改私房和商品房的家庭占88.5%，安装空调器的家庭占77%,使用管道煤气和液化石油气的家庭占94.5%。每百户主要耐用消费品拥有量：洗衣机102.5台、电冰箱（含冰柜）97台、消毒碗柜6.5台、彩色电视机171台、组合音响25套、摄像机7.5架、家用电脑57.5台、钢琴2架、家用汽车6辆、摩托车45辆、空调器150台、淋浴热水器97.5台、健身器材4.5套、移动电话149.5部。

（吉泰顺）

【农民收入和农民生活】2009年，泰州市农民人均纯收入8180元，比上年增加842元，增长11.5 %。农民人均纯收入首次超过8000元，突破全面小康标准，收入和增幅比全省平均水平分别高出176元和2.7个百分点。全年农民人均生活消费支出5657元，增长11.5%。

农民收入构成及主要变化。一是工资性收入是农民收入的主要构成。2009年全市农民人均工资性纯收入4539元，比上年增加460元，增长11.3%，占农民纯收入的55.5%。其中在非企业组织中的劳动收入为588元，增加74元，增长14.4%；在本乡地域内的劳动收入为2213元，增加206元，增长10.3%；外出从业收入1738元，增加180元，增长11.5%。二是家庭经营收入是农民收入的基础，非农产业纯收入增长较快。2009年，全市农民家庭经营纯收入3085元，增加305元，增长11.0%，占农民纯收入的37.7%。其构成：第一产业纯收入为1740元，增加92元，增长5.6%，占家庭经营收入的56.4%；非农产业纯收入为1345元，增长18.8%，占家庭经营收入的43.6%，增长较快。非农产业纯收入中，文教卫生业纯收入增速最快，为48.4%；其次分别是工业、建筑业和交通运输业、邮电业收入，纯收入分别为95元、243元和323元，增幅分别为38.2%、25.6%和17.6%。三是财产性收入成为农民增收的新增长点。2009年泰州市农民人均财产性收入99元，增加30元，增长42.9%。农民财产性收入增长超过工资性收入增长速度两倍。四是转移性收入的增长成为农民增收的重要补充。2009年，泰州市农民人均转移性收入457元，增加47元，增长11.6%，占农民纯收入的5.6%。

农民增收。一是高效农业发展迅猛。高效农业项目已经覆盖全市80%以上的乡镇，成为农民增收特别是经济薄弱地区农民增收的重要渠道。二是农村合作组织发展迅速。农村合作组织成为提供社会化服务的重要载体、集体经济的有效实现形式，接受工业反哺、城市支持的良好平台。三是农业规模经营面积不断扩大。2009年，全市新增农业规模经营面积1.73万公顷，累计达7.59万公顷。四是畜禽养殖稳步增长，规模养殖趋势明显。五是农村富余劳动力转移取得成效，基本实现失业返乡农民工重新就业，农民就业渠道通畅，工资性收入在农民增收中的比重进一步提高。六是惠农政策得到全面落实。

农民生活消费。全年农民人均生活消费支出5657元，比上年增长11.5%。其中食品消费支出2024元，增长5.1%；衣着消费支出359元，增长5.5%；居住消费支出919元，增长27.9%；家庭设备用品及服务消费支出328元，增长24.1%；交通通讯消费支出541元，增长17.2%；文化教育娱乐用品及服务消费支出1041元，增长35.7%；医疗保健及服务消费支出306元，下降32.7%。在全年农民人均生活消费支出中,各项服务性支出1831元，增长13.9%。文化教育娱乐用品及服务消费支出占生活消费支出的比重为18.4%。恩格尔系数（即食品支出占生活消费总支出的比重）为35.8%。

农民生活质量。至年末，农村住户人均住房面积48.4平方米，比上年增加2.7平方米。每百户主要耐用消费品拥有量：洗衣机92台，电冰箱81台，彩色电视机142台，摩托车68辆，空调机56台,家用电脑32台，固定电话机96部，移动电话164部。人均年末金融资产余额10549元。（李永林）

民族·宗教

【概况】 全市有少数民族50个，人口1万多人，占全市总人口0.2%。各类宗教活动场所213处，市级爱国宗教团体4个，县级宗教团体12个，县级宗教团体筹委会2个，宗教教职人员611人，信教群众30万人。年内，全市民宗系统以安全稳定为第一责任，以民族团结、宗教和谐为首要目标，把握新时期的民族工作主题和党的宗教工作基本方针，完善工作机制，加强民宗干部和民宗代表人士队伍建设，推进宗教活动场所创建，宣传民族宗教政策法规，深化宗教文化建设，保障民宗界的合法权益，破解民族宗教重点难点问题，全市民宗领域保持稳定和谐。

【市委民宗工作领导小组会议】 1月22日，市委民宗工作领导小组召开全体成员会议，总结2008年民宗工作情况，部署2009年民宗工作要点。市委副书记王守法、副市长刘励、市政协副主席胡冬生及领导小组成员单位负责人参加会议。

【民宗工作宣传】 首次开展“泰州市民宗工作”专题板报宣传，加大宣传力度，提升民宗工作的影响力。全年在《江苏民族宗教》、《泰州通讯》等刊物上发表文章9篇，被《泰州日报》、泰州电视台等媒体宣传报道27次，被省民委（省宗教局）采用信息112篇。市民宗局获2009年度全省民宗系统信息工作先进单位，姜堰市基督教“三自”爱国会郁松所撰论文《基督教在经济社会中的积极作用》获首届“江苏宗教论坛”三等奖。

【民宗界爱国主义教育】 9月30日，市民宗局组织少数民族代表、宗教团体和场所负责人在光孝寺举行“升国旗、唱国歌”活动，庆祝建国60周年。10月23日，全市民宗界爱国主义教育培训班在市委党校举办，学习新修正的《江苏省宗教事务条例》，开展“民族宗教与和谐社会”专题讲座，各宗教团体和场所负责人及少数民族代表人士88人参加培训。

【农村少数民族扶贫开发】 加强农村少数民族生产示范基地建设，新增泰兴市河失镇少数民族种养业和农副产品加工、泰兴中兴有限公司球墨铸铁加工、兴化沙沟镇少数民族养殖等3个扶贫开发项目，上争省级扶贫开发资金17万元。

【民族工作进社区】 7月9日，市民宗局在海陵区春晖社区召开首次全市民族工作座谈会，总结推广春晖社区民族工作经验做法，推动民族工作向基层社区拓展延伸。省民委副主任王在郑到会并讲话。组织在泰回民和省口岸中学新疆班学生开展首次体育、清真烹饪技能比赛观摩活动。

【首家少数民族农民合作社成立】 11月1日，全市首家少数民族农民合作社“甜叶菊专业合作社”在泰兴成立。合作社由泰兴市河失镇印荡村4名少数民族妇女发起，29户少数民族家庭合股经营，总投资500万元，并安排77户农村少数民族困难家庭长期用工。

【首家少数民族法律援助中心成立】 11月20日，海陵区少数民族法律援助中心在泰州海之源律师事务所挂牌成立，成为泰州市首家为少数民族提供专业法律服务的中介机构。

【民族教育工作】 省口岸中学新疆部共有7个新疆班309名学生，首届新疆毕业班2009年高考本科录取率98%，哈萨克族学生毛安娜获全省内地新疆班高考第一名并被北京大学录取。高港职教中心新疆伊犁班共有少数民族学生76名。2009年，全市243名少数民族学生享受中、高考加分政策。省口岸中学被国务院表彰为全国民族团结进步模范集体。

【宗教文化建设】 市民宗局完成《挖掘宗教文化资源，服务文化泰州建设》专题调研，提出宗教文化建设发展规划，推进全市宗教文化建设。市民宗局组织指导泰州光孝寺、城隍庙参与“2010中国泰州市国际旅游节”，成为旅游节重点景区。11月26日～12月10日，江苏省佛协“翰墨佛缘”书画展在泰州净因寺举办。12月22日，光孝寺成功创建为国家3A级景区，被国宗局列为“海内外有重大影响寺院”。年内，光孝寺佛教史料陈列馆建成。

【“平安宗教活动场所”创建】市民宗局、公安局、文化局、旅游局、司法局、防范办等部门（单位）成立创建工作领导小组，在全市开展“平安宗教活动场所”创建活动。6月4日，省平安宗教活动场所创建工作领导小组到泰州检查。年内，全市宗教活动场所未发生影响安全稳定的责任事件。泰州光孝寺、泰州基督教堂、泰州城隍庙、靖江孤山寺、泰兴福慧寺、姜堰净土寺、兴化上方寺7处宗教活动场所被省宗教局评为“全省模范宗教活动场所”。

【宗教团体建设】2月16日，泰州市佛协召开一届三次理事会，增补常务理事10名、理事18名。3月26日，泰兴市基督教三自爱国会成立。6月9日，泰州市道教协会成立，张葛珊当选副会长兼秘书长，张云贯、黄少坤、沈宏发当选副秘书长。年内，泰兴市、靖江市佛协完成换届工作。

【解决宗教领域实际问题】上争维修款100万元用于海陵区泰山岳庙大修，解决白蚁腐蚀造成的安全隐患。为泰州市基督教堂落实0.63公顷规划用地。为在泰穆斯林租赁固定场地，解决穆斯林过宗教生活的问题。全市涉及民族宗教方面的矛盾纠纷和突发事件，均在第一时间得到妥善解决。

【宗教慈善公益活动】泰州市净因寺成立慈善功德会。兴化市戴南护国寺成立佛恩基金会。全市宗教界开展慈善活动，资助农村五保老人、少数民族困难家庭、贫困学生、重病伤残人员等弱势群体，向四川、云南、青海等经济欠发达地区捐赠棉衣棉被，全年累计捐款捐物达45万元。

【全省苏南片民宗局长会议在泰召开】12月9日，全省苏南片民宗局长会议首次在泰州市召开，省民委（宗教局）领导班子全体成员及苏南、苏中八市民宗局局长参加会议。市长姚建华，市政协副主席胡冬生，市政府秘书长王群会见与会人员。

【宗教界对外友好交往】3月18日，台湾台北市总工会代表团参观光孝寺。5月29日，到泰洽谈商贸的台商代表团参观光孝寺。9月25日，澳大利亚拉特罗布市代表团参观光孝寺。10月7日，原台湾华严莲社董事长成一长老、现台湾华严莲社董事长贤度法师等到泰礼佛讲经。11月17日，省佛协巡回讲经团到泰举办讲经法会。11月18日，新加坡原佛教总会会长隆根长老、香港鹿野苑超尘长老、台湾大诠长老等海外高僧居士参加兴化上方寺庆典活动。

年内，市民宗局获2009年度“全省民宗系统信息工作先进单位”；省口岸中学被国务院表彰为全国民族团结进步模范集体。（胡克文）

消　防

【概况】2009年，全市共发生火灾416起，死亡3人，受伤4人，直接财产损失303.96万元，火灾起数比上年下降31%，死亡人数与上年持平，受伤人数比上年增加3人，直接财产损失比上年上升40%。年内，全市火灾形势保持平稳，未发生一起较大以上火灾，连续4年未发生一次死亡3人以上群死群伤恶性火灾事故，火灾起数连续5年呈下降趋势。

【社会化消防工作】市政府分别召开消防工作会议和消防联席会议，专项督察和考评各市（区）消防工作。各级政府、人大分别开展消防工作督察、检查等活动，推进城镇消防站和车辆装备建设、重大火灾隐患整改、多种形式消防力量发展、消防经费增长、应急救援机制建立等重点工作的落实。将消防工作开展情况纳入社会治安综合治理、创建文明城市和平安创建的考评范围。年内，通过省政府组织的专项检查；高港消防大队被评为省级青年文明号，全市8个消防大队全部被评为市级文明单位和青年文明号。

【消防宣传网络化】加大新《消防法》宣传力度，提高全民消防安全意识。市消防支队先后与泰州日报社、电视台联合举办《消防法》知识竞赛、课件比赛、板报比赛及有奖知识问答。8月，市文明办、公安局、教育局等14个单位和部门联合印发《关于认真开展消防志愿者行动的通知》，成立泰州市消防志愿者行动指导委员会，组建泰州市消防志愿者服务队，开展消防志愿者行动。至年内，全市共注册志愿者7178人，建立特色消防队伍14支。逐步建设固定消防宣传阵地。年内，全市共建设消防文化广场3处、消防宣传一条街1个、消防文化社区2家、消防文化企业1家；在46个居民小区统一推广固定式消防宣传栏；兴化锁龙消防药剂有限公司被授予“全国消防科普教育基地”称号。消防支队通过举办通讯报道培训班、配齐配强宣传报道人员和装备，严格把关稿件审核关，提高通讯报道工作水平。全年有1557篇稿件被全国各级各类新闻媒体采用。其中，中央级媒体录用448篇、省级媒体录用272篇、市级媒体录用837篇。在《江苏经济报》、《泰州日报》开办消防专版25期。从11月起，市消防支队在泰州电视台法制教育频道开播《泰州消防》电视专栏节目。

【消防安全专项治理】部署开展公众聚集场所易燃可燃装修材料和高层、地下、商场市场消防安全专项整治及消防控制室专项检查。全年检查单位8000多家，督促整改火灾隐患2600多处，全市12家挂牌火灾隐患整改率达100%。研判火灾形势，推行消防监督检查“错时工作制”、“防消结合”巡防工作模式等新措施。全市受理审核项目800个、验收项目534个、消防设计备案项目307个、竣工验收备案项目290个，下发《建设工程消防设计违法通知书》12份、《建设工程竣工验收违法通知书》28份，完成火灾调查416起。

【消防队伍建设】按照“现役部队为主、多种力量为辅”的思路，探索新时期多种形式消防队伍建设途径，逐步构建城乡自防自救网络体系。加强消防力量建设，增加现役消防人员编制200名，合同制消防员总数达212人。

【重要时期、重大活动的消防安全保卫】在“两会”、元旦、春节、“五一”、国庆等重要时期和重要活动期间，全市消防部队发挥一线监督员作用，深入辖区重点单位、重点部位开展全方位检查。在“同一首歌”和“欢乐中国行”到泰举办活动期间，市消防支队提前介入，制定保卫方案，组织各参勤单位熟悉会议场所、开展灭火演练和消防安全大检查，保证活动期间的消防安全。“国庆60周年”消防保卫期间，市消防支队集中开展以“防得住、打得赢、保安全”为主要目标的消防安全检查专项行动。共开展监督检查1956人次，检查单位1720家，全市一级、二级、三级重点单位检查率达100%，实现安全检查全覆盖，全市未发生一起较大火灾。（吴 伟）

红十字事业

【组织建设】年内，市编办下发《关于调整市（区）红十字会机关机构规格的通知》，明确市（区）红十字会机关机构规格为正科级。理顺兴化、泰兴、海陵红十字会的管理体制。举办两期红十字会专职干部培训班，提升专职干部的业务能力和综合素质。市教育局将所属学校建立红十字会工作列入年度目标考核，市直6所学校和在泰的5所高校均建立红十字会组织。制定下发《泰州市街道（乡、镇）红十字会工作规范》，明确街道（乡、镇）红十字会的组织机构、工作任务、经费管理和制度建设。年内，全市新建红十字基层组织19个，新增会员8400名。

【宣传筹资】利用市区电子科普画廊和报刊、广播、电视等媒体，宣传红十字运动及其工作，提高红十字会社会关注度。组织“中国爱心城市发现之旅—新闻采风”泰州行宣传工作，泰州市两大爱心品牌“快乐从心开始”和“爱心奶奶”的事迹，被《人民日报》海外版、《环球慈善》等多家中央级新闻媒体重点宣传报道。加强市红十字会网站建设和管理，红十字会网站成为广大市民了解红十字会的重要窗口。在江苏省首届“博爱杯”红十字好新闻评奖中，市红十字会获组织奖。做好“红十字博爱万人捐”活动，5月8日举行 “博爱万人捐”暨深化爱心系列活动大型广场启动仪式，28家机关、企事业单位现场举牌捐款，“博爱万人捐”活动共募捐213万元，比上年增长100%。做好项目筹资工作，实现项目筹资86.26万。在大型超市、商场、宾馆等场所设立红十字募捐箱。全市共募集捐赠款物490万元，其中，市本级407万元。

市委书记张雷赴绵竹参加拱星小学、幼儿园竣工交付使用仪式。

【赈济救护】通过市政府四川地震灾后重建指挥部，落实绵竹市拱星镇卫生院和学校两个援建项目。捐资480万元援建的拱星镇红十字博爱卫生院于5月12日竣工，捐资1300万元援建的拱星镇红十字学校于9月1日竣工。台湾遭受莫拉克台风袭击后，全市各级红十字会募集捐款55万元，支援台湾灾后重建。组织实施5大类15项红十字博爱救助活动。

红十字助孤老活动。为市区100名贫困孤寡老人送年夜饭，举办老人重阳早茶会，为100名农村贫困老人送去价值3万元的款物。

红十字助残活动。筹资29万元用于改善市特校残疾孩子的学习、生活条件。

红十字助学活动。与南京银行联合开展 “金梅花博爱助学”活动，26名贫困大学生共获10万元资助。江苏远闻律师事务所捐资35万元，通过泰州红十字会援建南沙远闻红十字博爱小学综合楼。开展“情系学子—红十字送温暖”活动,为在泰高校贫困大学生送去价值3万元的冬衣。

红十字助医活动。筹资10万元与市中医院联合救助贫困家庭股骨头坏死患者。举办“献一份爱心、拯救一个孩子”广场募捐活动，募集4万多元救助身患尿毒症的小学生张雨馨。与市人民医院共同开展救助四川灾区先天性心脏病患儿活动，使拱星镇贫困家庭患儿刘鑫术后享受健康新生活。

红十字助困活动。为城区100户贫困家庭送去价值3万元的夏令生活必需品，为麻风病休养员送去价值6万元款物。参与市“三下乡”活动，为高港区农村贫困户送去价值7.6万元的救助物资。“七一”期间，为黄桥老区20个乡镇的435名建国前老党员送去价值22万元的救助款物。协调市首届红十字爱心形象大使群体助养重度残疾人家庭的孩子，帮助解决学习、生活困难。“红十字博爱送万家”活动为城乡1000户贫困家庭送去社会的关爱。全年市红十字会本级实现救助款物计250万元，8500多人受益。

开展救护培训进企业、进学校、进社区、进军营活动。在高港区举办两期社区救护师资培训班，培训救护师资60人。在纪念“世界急救日”活动中，海陵区巡防支队60多名巡警参加救护培训。为中海油气、泰州供电公司等企业培训救护人员400多人。在市二中和海陵区东进、城南、泰山社区开展初级救护知识讲座，1600多人参加。

【捐献造血干细胞和防艾工作】 召开全市捐献造血干细胞志愿者表彰会，表彰5名成功捐献志愿者。加强对捐献知识的宣传，培训38名宣传志愿者，向市民发放宣传资料1万多份。市红十字中心血站3辆流动献血车均实现即时报名、即时采样，靖江、泰兴、姜堰、兴化和海陵红十字会均组织集中采样活动。2009年，全市造血干细胞采样入库688人份,初配合格18人，高分辨相符6人，体检合格2人，成功捐献1人。推进无偿献血工作，39979人次参加无偿献血，献血量达58049单位，基本满足临床用血需要。联合市疾控中心等单位，在泰州火车站举行“世界艾滋病日”纪念活动，向过往旅客发放防艾、防甲流感宣传资料2000余份。在泰州职业技术学院举行“防艾宣传周”活动，400多名大学生举行宣誓，签名承诺共同抗击艾滋病；为学院大学生作防艾知识讲座，举办大学生防艾同伴教育培训班，培训师资20人。

【青少年红十字工作】 在全市学校中开展“迎国庆·红十字有奖征文”活动，全市5万多名大、中、小学生参加，160篇征文获奖。召开在泰5所高校红十字工作座谈会，各高校分管领导及团委、学工处负责人研讨推进高校红十字工作。组织全市各学校参加总会主办的“全国红十字知识网络竞赛”和“纪念汶川地震一周年全国红十字青少年防灾避险知识竞赛”，在全市青少年中普及防灾避险知识。在全国第一个“防灾减灾日”，海陵红十字会在城东小学举行地震应急综合演练，增强师生的防灾减灾意识和能力。

【红十字志愿服务和社区服务】 成立市爱心志愿者总队红十字卫生应急救援支队和市红十字志愿者服务队，在特殊教育学校建立首个市红十字志愿者服务基地。向社会招募红十字志愿者1089名。海陵区红十字会开展试点，探索社区居委会、卫生服务站共建社区红十字服务新机制，推进全市红十字社区服务工作。加强与国际红十字会合作。6月，联合国开发计划署执行机构—国际信息网组织，向靖江市红十字会无偿捐赠价值1100多万元的区域性医疗卫生和国民健康安全系统软件。（梅有宏）

泰州市举行“博爱万人捐”暨深化爱心系列活动启动仪式。

区、市（县）概貌

海 陵 区

【概况】海陵区为泰州市主城区，总面积300平方千米，其中建成区46平方千米，现辖3个镇、7个街道办事处、4个园区（海陵工业园区、城北物流园区、台商工业园区、现代农业科技示范园区）。2009年，全区户籍人口41.73万人。全区实现地区生产总值114.63亿元，比上年增长14.9%。其中，第一产业增加值3.88亿元，增长4.5%；第二产业增加值61.23亿元，增长15.8%；第三产业增加值49.52亿元，增长14.8%。

【农业与新农村建设】发挥农业科技示范园引领带动作用，推进高效农业规模化，新增高效农业面积1000公顷、设施农业面积333.34公顷。强化农产品标准化生产和质量检测，新订省级农产品地方标准2个，新增绿色无公害品牌4个、无公害农产品栽培面积266.67公顷、常年蔬菜面积940公顷，产值首次突破1亿元。加快农业产业化进程，实施500万元以上农业规模项目11个，引进总投资1200万美元的新西兰迈思可项目，为建区以来最大的农业外资项目。10家市级以上农业龙头企业实现销售收入8.75亿元、利税3433万元，比上年分别增长27.8%、25.3%。启动农村新“5+1”实事工程，推进新农村建设。建成农村道路13.2千米，完成苏陈镇、罡杨镇接引长江水达镇工程，实施农村改厕4539座，新建、维修农桥30座，疏浚河道128条，创成省农村河道疏浚整治先进区。加快全面小康村建设和“城中村”改造步伐，启动农民集中居住区建设试点，创成省级社会主义新农村示范村1个、市级以上小康示范村9个，实施莲花、斜桥、新胜3个村撤村建居工作。完成32个村庄的环境综合整治，创成省级农村环境综合整治示范村2个、卫生村2个。做好秸秆禁烧和综合利用工作，秸秆禁烧和综合利用率分别达100%、90%。成功举办海陵现代农业观光旅游节。

【工业】加快推进“工业强区”战略，加强工业经济运行监控，着力化解金融危机影响，工业经济呈现逆势上扬态势，实现保增长的目标，获全市工业经济考核二等奖。全年完成列统工业产值290.10亿元、增加值57.66亿元，比上年分别增长38.44%、19.9%，两项指标增幅均居全市第2；实现列统工业销售收入267.62亿元、利税14.36亿元、利润8.42 亿元，分别增长35.74%、44.92%和55.60%。项目建设取得进展，2009年先后两次组织重大项目集中开工，是实施项目体量最大、数量最多、推进速度最快的一年。完成工业技改投入49亿元，增长38.3%。实施38个投资3000万元以上重点项目，海阳化纤3号聚合、申视塑料复合管材、罡阳股份动力转向器等22个项目竣工投产。制定出台《关于扶持激励重点和成长型工业企业加快发展的意见》，引导企业做大做强。全年新增销售超1亿元企业21家，林海集团和海阳化纤获“市十佳企业”称号，陵光集团获“国税开票销售前十强企业”称号。

【建筑业】全年完成建筑业总产值60.2亿元,建筑业增加值15.5亿元，比上年分别增长32%和51.07%。承接建筑施工面积598万平方米，当年竣工面积246万平方米。承建10层以上高层建筑等规模工程项目28个，其中，承建29层以上超高层工程项目4个。全区建筑业从业人员3.2万人。全年完成出国营业额8800万美元。实现工程结算收入36.2亿元、利税总额3.37亿元。实现利润总额1.8亿元，比上年增长250.44%。江苏祥云建设集团有限公司由房屋建筑工程施工总承包二级资质晋升为一级资质。科宇公司、环宇公司等4家专业承包企业由三级资质晋升为二级资质。全年新增施工总承包企业3家、专业承包企业8家以及劳务企业1家。正飞公司、祥云公司分获2009年度泰州市建筑业“十强企业”和“明星企业”称号。正飞公司承建的沈阳远洋城市经典1号楼获省优质工程，华林建筑工程公司承建的“金奥迪花园1#商住楼”等12项工程获市优质工程和“梅兰杯”奖。

【民营经济】至年末，全区私营、个体工商户总量达29363户，其中当年新增私营、个体工商户3809户，新增注册资本500万元以上民营企业96户。私营、个体企业注册资本总量达135亿元，其中当年净增36.3亿元。私营、个体企业净增注册资本居全市第一。2009年，全区民营经济从业人员12.1万人，占全部就业人数的80%。

【服务业】实施“商贸兴区”战略，全区服务业持续稳定增长。2009年全年实现服务业增加值49.52亿元，比上年增长14.8%，占GDP比重提高到43.2%；实现服务业税收

10.05亿元，增长69.7%；实现消费品零售总额109.3亿元，增长17.8%；实现服务业城镇固定资产投资60.97亿元，增长31.89%。专业市场发展到54家，其中温泰小商品批发市场等成交额超1亿元的市场达11家，全年实现市场成交额80亿元，增长15.1%。总规划占地20公顷，建筑面积35万平方米的大型一站式综合市场——中嘉国际装饰城建成营业，商铺出租率达99%。服务业已成为引领主城区经济社会发展的支柱产业。

【对外经济贸易】 举办上海投资说明会、第二届科技成果信息发布会和城建专题招商活动，共签约项目62个，其中外资项目10个。全年协议利用外资2.5亿美元，实际利用外资1.11亿美元，比上年分别增长67.2%、4.7%。重大项目招引取得突破，投资14亿元的东方铁塔项目、4500万美元的东沪科技项目和1.2亿元的汇能科技项目相继落户。外经工作保持全市领先，新增境外投资企业2家，新签外经合同额9580万美元，实现外经营业额1.7亿美元，分别增长53.3%、31.2%。加强市场引导和监控服务，全年实现外贸自营出口4.01亿美元。

【财政】 财政收入持续增长。2009年实现原口径财政总收入25.96亿元，比上年增长32.1%。其中，一般预算收入12.11亿元，增长31.3%。财政支出13.52亿元，增长18.5%。财政总收入占地区总值的比重为22.65%，比上年提高1.72个百分点。

【城市建设与管理】 加快旧城改造进程。全年启动实施拆迁项目25个，拆迁面积78.1万平方米。其中，泰九路拓宽改造、唐仁地块、王氏住宅、九龙台商工业园区“四路八桥”和海陵工业园区总部经济走廊等项目拆迁工作全部结束；米厂周边街区、南通路拓宽改造等拆迁工程进入扫尾阶段；稻河古街区、凤城河青年桥以西、暮春街、三森街区一期、莲花二号区西侧改造工程拆迁工作正在实施。加大基础设施建设力度。投入资金4.3亿元，实施基础设施项目10个，建设道路总长11.04千米。通泰路、新村路于7月建成通车；森园路东段和西段、春兰路北延、三森安置区区间道路等工程于11月相继建成通车。泰九路拓宽改造工程实现年初提出的“当年拆迁、当年建设、当年通车”的目标。加快安置区项目建设。续建、扩建6个拆迁安置区，建筑面积35.3万平方米。三森安置区、鲍坝一期扩建、兴业四期等安置项目工程竣工交付，全年回迁户数3000多户。鲍坝二期、森园二期、智堡二期、高桥安置区等工程按序时进度加快推进。完成城北污水处理厂厂区建设工程，并投入试运行，污水管网正在铺设。

【固定资产投资】 固定资产投资稳步增长。全年完成全社会固定资产投资108亿元，比上年增长39.31%。全年第一产业完成固定资产投资2.2亿元，增长39.15%；第二产业完成固定资产投资39.9亿元，增长39.84%；第三产业完成固定资产投资65.8亿元，增长39%。

【科技创新及节能减排】 强化科技支撑和人才保障，重视质量与品牌建设，通过“全国科技进步先进区”和省“质量兴区”考核验收，成为“省人才工作先进区”。新建省级“院士工作站”和企业技术中心各1家，新建“博士后科研工作站”2家。新认定省级高新技术企业5家、高新技术产品19个，完成专利申请量785件。实现高新技术产业产值72.98亿元，比上年增长61.8%。“罡阳”商标被评为中国驰名商标，国家级“名标”实现零突破。新增省名牌产品3个、省著名商标2个。推进节能减排，万元GDP能耗下降5.5%，化学需氧量削减率达1%。

【文化教育】 加快文化海陵建设，开展特色文化广场系列活动，新建镇街宣传文化中心2家。实施北山寺、岳武穆祠、王氏住宅等文保修缮工程，筹建“单声文物珍藏馆”。建成便民服务信息亭10个，“农家书屋”实现全覆盖。优化教育布局，实施校舍安全工程，投入5000万元，改扩建渔行实验学校、江洲路小学。区属学校均通过“三新一亮”、“六有”、“四配套”工程以及“合格学校”省级考核验收。全区小学专任教师具有专科以上学历1171人，占总数81.43%；初中专任教师具有本科以上学历835人，占总数73.4%。通过“教育现代化先进区”省级验收。实施义务教育学校教师绩效工资。调整街道（部门）办幼儿园管理体制。城中和南园幼儿园隶属实验小学管理；城北和西仓幼儿园隶属城东中心小学管理；城西和安居幼儿园隶属大浦中心小学管理；莲花幼儿园隶属泰州市幼儿园管理；泰州市儿童教育实验中心直接隶属区教育局管理。

【人民生活和社会保障】 创建“国家级创业型城市”，建立创业孵化基地3家，成立创业指导服务中心11家，全年新增就业4218人、农村劳动力转移3275人。新办福利企业3家，安置残疾人就业116人。扩大社会保险覆盖面，新增养老、失业、医疗保险人数分别达5020人、2750人、3092人。加快医疗保险一体化进程，新型农村合作医疗筹资标准提高到每人每年120元。强化基层医疗卫生服务机构建设，加大食品、公共场所和职业病监控力度，甲型H1N1流感等疫情得到有效防控。启动省级“食品安全示范区”创建工作，设立无公害农产品直销点5个、“放心粮店”35家。强化被征地农民基本生活保障，全面实行“即征即保”。实施城乡低保提标扩面，城市低保对象人均月保障标准由280元提高到320元，农村低保对象人均年保障标准由1700元提高到2500元。以创建“劳动保障诚信企业”活动为载体，引导和规范企业用工行为，建成全市首家外来务工人员服务中心。全年实现城镇居民人均可支配收入19143元、农民人均纯收入9492元，分别增长

11.3%、11%。

【社会稳定】 推进平安海陵、法治海陵建设，创成省社会治安综合治理先进区、省社会治安综合治理基层基础建设示范区。建成区、镇街两级调处服务中心，调处各类矛盾纠纷1289件。政法综治中心“海陵模式”在全省推广。开展领导干部大接访、大下访活动，妥善解决一批疑难信访案件和历史遗留问题。完善三级巡防体系，完成30个老小区技防改造。开展“五五”普法活动，创成“省五五普法中期考核先进区”、1个国家级和18个省级“民主法治示范村”。推进“创建和谐劳动关系企业”活动，实现企业与职工互利共赢。强化公共应急管理，开展“防灾减灾日”系列活动。落实安全生产责任，实施安全隐患排查和各类专项整治行动，全年未发生较大以上安全事故。民兵预备役常态化建设成果在全省推广，征兵工作连续29年无政治和身体责任退兵。成立少数民族法律援助中心。

【海陵工业园】 完成全部工业总产值73.69亿元，比上年增长56.94%。规模以上工业完成产值56.07 亿元、销售收入54.73亿元、利税总额3.7亿元，分别增长52.96%、50.41%、66.08%。全社会固定资产投资33亿元，增长37.49%。实现财政收入3.61亿元，增长28.63%。协议注册利用外资1.716亿美元，实际利用外资9855万美元，引进内资7.23亿元。全年引进外资项目9个，总投资2.1亿美元。内资项目54个，总投资12亿元。初步形成 “三电”（电机、电子、电器）主导产业和外贸服装、特种机床、建筑材料、机电配套等传统产业以及新材料、微电子等新兴产业。

【现代城郊型特色农业】 以服务城市、致富农民为目标，推进城郊农业向高效、生态、文化、休闲、观光于一体的现代新型农业转型升级，建成一批以现代农业科技示范园区为龙头，以设施园艺生产和畜禽养殖为特色的高效现代农业基地。优化蔬菜产业结构和布局，海陵白萝卜、香莴苣、紫茄等特色品种效益优势明显，2009年全区蔬菜种植面积940公顷，产值突破1亿元。花卉苗木产业发展迅速，罡杨花卉基地每年可向城区提供草本花卉600万盆以上。建成万头规模生猪养殖小区3个、禽类养殖小区10个。发展休闲观光产业，各类特色农庄年接待游客近10万人次。2009年高效特色农业面积达3233.33公顷，亩均产值超5000元，实现特色农业增加值3.75亿元，农民人均纯收入9492元。

【打造千亿级台商工业园】 为打造千亿级产业规模的台商工业园，4月，九龙台商工业园更名为泰州台商工业园，规划面积由原来的10平方千米扩大到20平方千米。全年基础设施建设总投资额度为过去10年的总和。投入2.5亿元实施“四路八桥”工程，九龙污水处理厂投入运行，220千伏的洋桥变电所即将交付使用。一批重大项目落户园区，常发锋陵农业装备项目一期投资1.98亿元，用地16.93公顷；北京汇能储电项目，投资1000万美元， 5年内可为园区创造400亿元产能；东方铁塔项目规划用地39.87公顷，总投资14亿元，创海陵区历年投资项目新高。

【政法综治中心“海陵模式”在全省推广】 海陵区政法综治中心“大集中”模式被省综治办确定为“海陵模式”，并在全省推广。从2008年开始，海陵区推进政法综治中心“大集中”建设。由镇（街）综治办牵头，以派出所为主阵地，综治办、派出所、司法所、调处中心等基层政法综治部门集中统一办公，并吸收城管、劳动、计生等综治成员单位参与。联合各部门的工作力量，形成 “六联工作机制”，即矛盾联调机制、来访联接机制、工作联动机制、人员联勤机制、问题联治机制、平安联创机制。已建成的5家政法综治中心“大集中”，建立“四个一”的运作机制，即一个窗口服务群众、一个平台受理反馈、一个流程调解到底、一个机制考核监督。全区计划用3年实现政法综治中心“大集中”全覆盖。

【通过省教育现代化先进县（市、区）验收】 海陵区加快区域教育现代化建设。先后投入1.4 亿元用于义务教育阶段学校的校舍维护、改造和教育教学设施装备建设。推进教科研工作，现有“十一五”课题91个，其中国家级独立课题2个、省级课题19个。各行政村均建有“农家书屋”，7个街道(镇)建有泰州市党员干部现代远程教育教学点、党员电化教育播放点，建有面向社区居民的网站。12月，海陵区顺利通过省教育现代化先进县（市、区）评估验收。

（顾晓梅 陈 晨 王顺国）

2009年海陵区部分街道、乡镇简况一览表

表34

街道乡镇	土地面积（平方千米）	年末乡村人口（人）	行政村（个）	农业总产值（现价）（万元）	工业总产值（现价）（万元）	农村社会总产值（现价）（万元）	粮食产量（吨）	油料产量（吨）	水产品养殖产量（吨）
城东街道	18.72	23501	14	6515	309139	573408	1773	702	957
城西街道	18.84	11991	9	6655	563010	661790	3873	207	670
京泰路街道	36.49	35172	13	11995	736881	1139062	13990	721	1205
物流园区	2.93	2673	2	1479	63984	459873	446	36	186
九龙镇	30.90	25637	9	5858	970236	1128486	13124	515	212
苏陈镇	45.80	38910	16	13852	297052	400904	32467	1303	682
罡扬镇	34.34	21210	7	9656	320298	352666	24512	449	2307

·组织机构及负责人·

中共海陵区委员会

书　记　杨　杰
副书记　孙耀灿（2008-03-10任）
　　　　叶海波（至2009-11-21）
　　　　崔国庆（2009-11-21任）
常　委　杨　杰
　　　　孙耀灿
　　　　叶海波（至2009-11-21）
　　　　崔国庆
　　　　李卫国
　　　　李东劲
　　　　季玉平
　　　　高卫东
　　　　周雅俊
　　　　于顺华（2009-11-21任）

办公室
主　任　丁　骅（至2009-07-13）
　　　　张怀德（2009-07-13任）

研究室
主　任　袁友山（2009-05-13任）

考核办（2009-06-03成立）
主　任　夏洪根（至2009-10-26）
　　　　黄正良（2009-10-26任）

信访局
局　长　李羊喜

组织部
部　长　崔国庆（至2009-11-21）
　　　　于顺华（2009-11-21任）

组织员办
主　任　周晓晔

非公经济组织党工委
书　记　于圣筛

老干部局
局　长　黄晓玲（女，至2009-03-05）
　　　　金国栋（2009-03-05任）

宣传部
部　长　季玉平

文明办
主　任　张　森

统战部
部　长　邵冬山

台　办
主　任　熊智慧

政法委
书　记　叶海波（至2009-12-18）
　　　　崔国庆（2009-12-18任）

综治办
主　任　树爱萍

区直机关工委
书　记　丁爱民

编委办
主　任　唐祖庆

610办
主　任　费志民

农工办
主　任　毛德安

海陵区人大常委会

主　任　董有富
副主任　赵厚成

韩止章
黄 平
罗建群(女)

办公室

主 任 曹秋林

财政经济工委

主 任 吴鹤铭

教科文卫工委

主 任 夏义质（至2009－03－11）
王镇海（2009－03－11任）

法制工委

主 任 马桂琴(女)

人事代表工委

主 任 李乃功（至2009－03－11）

城乡建设工委

主 任 冯淦寿

海陵区人民政府

区 长 孙耀灿

副区长 李卫国
李东劲
张仁德
李 向（至2009－05－22）
丁和扣
朱爱俊(女)
徐 军（2009－05－22任）
李文飙（2009－12－09任）

办公室

主 任 张怀德（至2009－07－23）
徐志仓（2009－07－23任）

研究室

主 任 谭 忠（2009－05－12任）

外侨办

主 任 王镇海（至2009－03－05）
陈根源（2009－03－05任）

发改委

主 任 王俊涛（至2009－05－22）
孙远举（2009－05－22任）

经贸委

主 任 彭 俊

乡镇企业局

局 长 彭 俊（至2009－05－12）
黄明和（2009－05－12任）

中小企业局

局 长 邓庆余（2009－05－12任）

教育局

局 长 凌华余

科技局

局 长 胡文玺

知识产权局

局 长 胡文玺

监察局

局 长 栾建中

民政局

局 长 蔡秋云(女)

双拥办

主 任 王 勇（至2009－05－13）
王明忠（2009－05－13任）

司法局

局 长 葛祥龄

财政局

局 长 窦国钧

人事局

局 长 于世生

劳动局

局 长 杨明英（女，至2009－03－11）
李 林（2009－03－11任）

建设局

局 长 方 针

农 委

主 任 申泰姜

外经贸局

局 长 曹 群

卫生局

局 长 王崇山

人口和计生委

主 任 姚建中

审计局

局 长 肖 敏

统计局

局 长 周来荣

民宗局

局 长 黄 进

安监局

局 长 孙远举（至2009－05－22）
王 勇（2009－05－22任）

文体局

局 长 顾宝林

建管局

局 长 张启平

招商局

局 长 李文飙

服务业发展局

局 长 王俊涛（至2009－05－12）
孙远举（2009－05－12任）

供销总社
主　任　沈继龙
行政服务中心
主　任　夏洪根（至2009-05-31）
创建办
主　任　王其华
城管办
主　任　徐殿峰

政协海陵区委员会

主　席　叶海波
副主席　马东明
　　　　夏振宇
　　　　邵冬山
　　　　孙佳玲（女）
　　　　俞　军（2009-01-09任）
秘书长　帅宏庆
办公室
主　任　帅宏庆
社会事业委
主　任　吴明珠（至2009-03-13）
　　　　杨德基（2009-03-13任）
提案文史委
主　任　徐美德（至2009-03-13）
经济建设委
主　任　韩　兵
群团法制委
主　任　马才福（至2009-03-13）
　　　　徐美德（2009-03-13任）

中共海陵区纪律检查委员会

书　记　高卫东

法院、检察院、人武部

法　院
院　长　朱建华
检察院
检察长　沙建国
人武部
部　长　戴志勇
政　委　周雅俊

群众团体

总工会
主　席　李顺根（至2009-06-30）
　　　　丁　骅（2009-06-30任）
妇　联
主　席　薛　梅(女)
团区委
书　记　刘　燕(女，至2009-07-13）
　　　　李　明（2009-09-21任）
科　协
主　席　郑　盎
残　联
主　席　张仁德
理事长　吴和喜（至2009-04-02）
　　　　黄晓玲（女，2009-04-02任）
工商联
会　长　孙佳玲(女)
专职副会长　汪怀阳
侨　联
主　席　陈根源
文　联
主　席　顾宝林（2009-02-28任）
社科联
主　席　徐志仑（至2009-07-13）
　　　　孙广华（2009-09-15任）
红十字会（2008-08-27机构升格）
会　长　朱爱俊（女）
专职副会长　陈德梅（女）

乡镇、街道、园区

九龙镇
党委书记　史桂旺
人大主席　史桂旺（兼）
镇　　长　孙广华（至2009-11-10）
　　　　　周社明（2009-11-10任）
苏陈镇
党委书记　俞　军（至2009-07-13）
　　　　　吴松柳（2009-07-13任）
人大主席　李升让（至2009-08-07）
　　　　　刘　燕（2009-08-07任）
镇　　长　吴松柳（至2009-08-07）
　　　　　李升让（2009-08-07任）
罡杨镇
党委书记　吴国余
人大主席　祁松明（至2009-04-11）
　　　　　吴国余（2009-04-11任）
镇　　长　周社明
城东街道
党工委书记　钱增宏

人大工委主任　钱增宏（兼）
主　任　张永平

城南街道
党工委书记　林晨光
人大工委主任　林晨光（兼）
主　任　黄正良（至2009-10-26）
　　王振民（2009-10-26任）

城西街道
党工委书记　王春明
人大工委主任　王春明（兼）
主　任　陈　群

城北街道
党工委书记　解锦云
人大工委主任　解锦云（兼）
主　任　李一陵

城中街道
党工委书记　吴家宽
人大工委主任　吴家宽（兼）
主　任　王加兴

泰山街道
党工委书记　毛　捷
人大工委主任　毛　捷（兼）
主　任　蒋成云

京泰路街道
党工委书记　李东劲（兼）
人大工委主任　张根林（兼）
主　任　吴安家

工业园区（2008年3月升格为副处级）
党工委书记　李东劲
管委会主任　吴安家

城北物流园区
党工委书记　马东明
管委会主任　陆　钢

农业科技园区
党工委书记　张仁德
管委会主任　王振民（至2009-10-26）
　　周学良（2009-10-26任）

高 港 区

【概况】 高港南濒长江，北倚海陵，是泰州的主城区之一，区位和交通优势得天独厚。总面积301.7平方千米。辖4个镇、3个街道，91个行政村（居委会）。年末总人口26.14万人。全年实现（不含市直工贸企业管理体制调整后的新增部分，下同）地区生产总值93.85亿元，比上年增长15.5%。其中，第一产业增加值6.76亿元，增长4.8%；第二产业增加值54.23亿元，增长17.6%；第三产业增加值32.86亿元，增长15.1%。人均生产总值36027元。三次产业比重为7.2∶57.8∶35。城镇居民人均可支配收入18754元，农村居民人均纯收入8378元，分别增长11.9%和11%。

【农业】 全年新增高效农业面积1786.67公顷，农业园区规划总面积2000公顷，高效农业比重和增幅全市领先，被评为全省现代高效农业发展先进区；农业利用“三资”3亿元，新增规模农业项目17个；率先在全市实现镇街土地流转中心全覆盖，新增农村“三大合作组织”47家。御庐园建成国家葡萄产业技术体系综合试验站示范点。全区17个村通过市级“全面小康建设先行村”验收。

【工业】 规模以上工业完成产值236.6亿元，比上年增长50.7%，增幅居全市第一；实现销售收入236.3亿元、利税24.27亿元，分别增长56.8%和77.9%。全部工业和列统工业用电量全年均呈持续增长态势，分别增长26.4%和77.92%。引导优势产业、重点企业抢抓“谷底投入”机遇，落实国家固定资产投资增值税抵扣政策，抵扣增值税8025万元，居全市前列，为企业加快发展积蓄后劲。全年实施投资1亿元以上重大技改项目19个，工业技改财务发生数达63.4亿元，增长33.01%；净增规模以上企业27家，新增销售超过1亿元企业5家，超过10亿元企业1家。通过创建省“质量兴区”先进区考核验收。

【建筑业】 建筑业保持较快发展，完成建筑施工总产值54亿元，实现建筑企业增加值14.7亿元，分别增长47.3%和45.1%。区建安总公司承建的深圳“星河世纪”项目获国家优质工程银质奖。创“扬子杯”等省级以上奖项4项，“梅兰杯”等市优工程奖10项，分别创省级、市级文明标准化工地3个和10个。

【服务业】 实现服务业增加值32.86亿元，比上年增长15.1%，实现社会消费品零售总额19.19 亿元，增长18%，完成服务业税收收入3.51 亿元，增长58%，增幅均居全市第一。完成全社会固定资产投资93.62亿元，增长39.3%，规模以上完成投资64.77亿元，增长50.1%。自中央实施“扩内需，保增长”政策后，完成上争项目54个，到位资金4239.5万元，创历史新高。房地产业健康发展，商品房施工面积67万平方米。实施“工贸分离”，新增工贸分离企业17家。服务业增加值占GDP比重提高1个百分点。

【对外经济贸易】 全年新批外商投资项目19个，协议注册外资2.64亿美元、实际利用外资1.11亿美元，分别增长34.86%和0.07%，其中，科技创业园、永安洲工业园利用外资占全区比重达90%以上。外贸、外经保持快速增长，完成自营出口4.95亿美元，增长27.7%，新增自营进出口企业12家；完成外经营业额215万美元；实施“走出去”战略，创新电子成为全省首家在台湾设立办事处的大陆企业。

【财政】完成财政总收入25.2亿元，地方一般预算收入9.28亿元。

【审计】全年共组织实施审计项目42个，查出违纪违规金额9674.86万元，移送案件线索6条，收缴财政379万元，核减政府建设项目工程造价5399.86万元。

【城市建设与管理】城乡规划有序进行。临湖新区、滨江新城等城市片区控制性详规和柴墟水景街区、刁铺立交功能区城市设计先后通过专家评审，加快编制泰州长江大桥景观公园概念性规划；启动白马、大泗、胡庄集镇总体规划编制；完成科创园总体规划、分区规划，启动核心港区规划编制工作。城乡建设快速推进。全年城建投入46亿元，新增城建融资平台2个，区城投中心融资16亿元。推进城建动迁，累计动迁2000户60万平方米，“阳光动迁”经验在全市范围推广。港城路东延、扬子江路南延、王营河路北延建成通车，疏港路即将竣工，环港大道、迎江路、柴墟路东延、春港路东延道路施工设计方案进入专家论证阶段。红星美凯龙、大润发超市项目进入前期准备阶段，金港商业广场、市驾考中心建设全面启动，水岸帝景、龙锦华庭、格林美郡、海帝花园等房地产项目施工进度加快。加强城市管理。出台《高港区违法建设防治工作意见》，组织开展“一户一卡”回头看活动，完善违法建设防控长效机制。加大环卫设施投入，大泗、胡庄、孔桥垃圾中转站即将竣工。交通环境专项整治以及古马干河永安洲段全面整治成效明显。

【新农村建设】统筹推进农村基础设施建设，修建电灌站50座，新建农村公路62.5千米、桥梁60座。全年疏浚整治区属干河3条、中沟13条，村庄河道187条，疏浚土方135万立方米，实现农村环境综合整治合格村全覆盖。

【环境保护】位于永安洲镇的泰州“春江湿地公园”成功申报省级湿地公园。1个镇通过国家环境优美乡镇省级验收，2个村分别创成省级环境整治试点村、康居示范村，21个村建成省级村庄绿化示范村。加强夏秋两季秸秆禁烧禁抛及综合利用工作。新增绿化造林面积346.67公顷，森林覆盖率达22.96%，继续保持全市领先。全年削减化学需氧量50吨，二氧化硫排放量控制在1200吨以内，环境综合质量指数93.5分，居全市第一。全区万元GDP能耗、规模以上工业万元增加值能耗比上年分别下降11.3%和12%。

【供销】全系统实现商品销售7.9亿元，比上年增长88%；实现报表利润198万元，增长23.8%；农副产品购销额1.34亿元，农资销售额1.02亿元。推进“新农村现代流通服务网络工程”，加强再生资源回收网点标准化建设，全区连锁网点达158个。新建村级为农综合服务社13家，新创办各类专业合作社7家。

【教育】全区教师绩效工资改革实施到位。开展区域教育现代化创建工作，全年投入1131万元；执行义务教育课程设置方案，素质教育水平稳步提升；高港中等职业学校完成资源整合，通过省级四星级中等职业学校评估验收；学前教育水平显著改善，4家幼儿园建成省优质幼儿园。

【科技】全年实施省级以上科技计划项目15个，开发省级以上高新技术产品15个，新增国家高新技术企业2家、省级民营科技企业11家、工程技术研究（企业技术）中心3家，专利申请604件；实现高新技术产业产值70.82亿元，比上年增长49%，创建全国科技进步先进区工作通过省级验收。

【文化体育】新建扩建村、社区文化室（“农家书屋”）30个。开展各类文化活动，“大江放歌”成为群众文化品牌，组织庆祝建国60周年系列活动；举办第6届“长三角地区”民乐展演活动。举办全国首个“全民健身日”启动仪式暨全民健身成果展示活动，建成全民健身点7个。开展“三送”工程，全年送图书7000册，送戏28场，送电影710场。编印《高港区非物质文化遗产普查资料汇编》。

【卫生】加强卫生服务体系建设，转型社区卫生服务中心2个，新建省级标准化社区卫生服务站20个，高港人民医院成功创建二级乙等医院，第二人民医院建成省中医特色示范中心。全面启动高港中医院改扩建工程。采取措施全面防控甲型H1N1流感和手足口病疫情。加大爱国卫生工作力度，新建无害化户厕6020座，龙口、万庄、黄河3个村通过省卫生村考核验收。新划入地区引长江水达镇工程基本竣工，胡庄镇自来水增压站建成并投入使用。

【广播电视】数字电视整转工作进展顺利，高港城市频道进入市数字传输平台。对“高港新闻”、“今日扬子江”栏目改版，对频道整体包装，设计“新高度、新港城、新传媒”的频道宣传语，设计“黄金剧场”、“情感剧场”、“欢乐剧场”、“经典影院”等节目播出框架体系，播出时间从原来每天播出12小时增加到17小时。

【人口与计划生育】全年共出生人口1368人，人口自然增长率-2.69‰，计划生育率99.42%，出生人口性别比控制在正常值范围内。全年享受计生奖励政策人数2.55万人，累计发放各类计划生育奖励金274.5万元。实施RTI工程，全年共普查2.5万人，普查率90.26%。区人口计生委获省政风行风建设先进单位称号。

【工商】 开业登记企业490户、个体工商户2201户，新增注册资本22亿元；农民合作社已吸纳会员704人；调解消费纠纷198起；成功创建江苏著名商标3件；帮助企业融资7.38亿元，盘活企业资产17.65亿元。

【信访】 全年受理群众来信来访2670件（人）次，比上年下降4%。其中，来信135件，个访1459人次，下降9%和4%；集体访67 批986人次，下降11 %和9%。全国"两会"、国庆60周年庆典活动期间，无去省集访和去京上访。高港区被省信访工作领导小组表彰为2008年度信访工作"三无"区，区信访局被省信访工作领导小组表彰为国庆信访维稳工作先进集体。

【司法】 全年共调处各类民间纠纷697件，调解成功688件，调解成功率98.7%；劝阻群体性上访21起460人次，组织纠纷排查78次，有效维护社会稳定。建立社区矫正工作移动信息管理平台系统，全区在册社区矫正对象无一脱管、漏管。全区刑释解教人员帮教率和安置率均为100%，重新犯罪率为0。12个村（社区）被命名为省级民主法治示范村（社区），16个村（社区）被命名为市级民主法治示范村（社区），全区省、市、区民主法治村（社区）命名率达96%以上，命名率居全市第一。

【公安】 "无邪教地区"工作经验在全省推广，"无毒社区"创建考核连续4年居全市首位，全区公安信息化考核排名居全市第1，执法质量考核排名居全市第2，综合绩效考评主要数据排名居全市第3，其中16项主要数据增幅均超过30%，公诉、劳教、追逃等8项数据实现翻倍增长。高港区获"全国平安创建先进区" 称号。

【劳动和社会保障】 开展创业型城市创建活动，全年创业培训675人、新增创业者1166人、带动就业4500人，"双零"家庭就业实现"动态消零"，城镇登记失业率为1.88%。加大扩面征缴力度，全区企业职工养老、医疗、失业保险参保人数分别比上年增加5914人、6398人和4469人。坚持"即征即保"，全面实施被征地农民基本生活保障和城乡居民养老保险制度，探索两项保障的接轨工作，累计参保人数达43600人，其中失地农民保障14000人；城乡居民医疗保障覆盖率达99.8%。重视困难群众生活，提高城乡居民最低生活保障标准、退职老职工定补标准，及时发放老复员军人遗孀、老残疾军人遗孀生活补助；在全省率先出台低保边缘人群救助办法，临时困难群众救助资金增长50%。老年活动中心正式投入使用，完成7家敬老院规范化建设。发展残疾人事业，成功创建全省残疾人社区康复先进区。

【党建工作】 组织实施"同岗同级学习与思考"活动。出台《高层次创新创业人才引进计划实施办法》和《海外优秀人才引进计划实施意见》，区财政每年拿出700万元专项资金用于高层次创新创业人才和海外优秀人才的引进。全年共引进46名高层次创新创业人才和12名海外优秀人才。市委组织部就推广"零距离干部监督法"工作在高港区召开专题会议。依托"领导干部能力建设讲坛"，放大"学习型高港报告厅"品牌效应，集中开展"培训学习月"活动，全年共举办领导干部能力建设讲坛3期、学习型高港报告厅5期，参学人员4000多人次。下发《关于加大财政转移支付力度 加强村级组织建设的通知》，从2009年起，在落实省定村级三项资金标准的基础上，区、镇（街）财政每年按上年一般预算收入的1%，安排财政专项转移支付资金，用于提高村干部待遇、落实五保户供养经费、发展村级公用事业。

【梁保华视察中国医药城南园】 3月19日，省委书记梁保华视察中国医药城南园扬子江药业高科技园区。

【举办投资说明会】 4月28日，高港区在上海举行投资说明会，共推介项目23个，投资额近70亿美元，现场签约5个项目，分别为总投资6亿元的红星美凯龙二期项目、总投资1000万美元的大润发超市项目、总投资6000万元的船用配件项目、总投资3亿元的设备租赁交易市场及博览中心项目以及总投资1.5亿元的钢材加工剪切配送中心项目。

【举办中国人民解放军海军成立60周年史料展览】 4月29日，庆祝中国人民解放军海军成立60周年史料展览在人民海军诞生地纪念馆举办。海军政委刘晓江、江苏省委书记梁保华为史料展揭幕。江苏省省长罗志军、南京军区副司令员王洪光、海军副司令员顾文根、海军政治部主任徐建中及市区领导张雷、姚建华、王建、张小兵等出席开幕式。

【调整部分行政区域】 5月12日，泰州市政府决定，将高港区许庄街道的唐家、老庄2个村划归野徐镇代管，将调整后的野徐镇划归泰州经济开发区代管；将高港区刁铺街道界牌村的5至10组划归二桥村管理，同时将刁铺街道的屠桥、二桥2个村划归泰州经济开发区寺巷镇代管。

【高港区被评为"2005～2008年全国平安建设先进区"】 5月18日，在中央召开的全国社会治安综合治理表彰电视电话会议上，高港区被评为"2005～2008年全国平安建设先进区"，王建、张小兵、张兆洋、邱爱平受中央综治委、中组部嘉奖。

【一批重大项目落户高港科技创业园】 7月，美国科思国际有限公司投资100万美元的天然气库及管网工程项目、泰州华通消防器材有限公司投资1亿元的消防器材项目、无锡海天半导体有限公司投资6000万元的半导体封装测试项目、温州客商投资8000万元的板纸生产和纸箱包装项目、泰州奥鑫机械有限公司投资5000万元的汽车零部件项目、北京美林居装饰材料有限公司投资3000万元的高档墙纸生产项目、鸿泰环保科技有限公司投资6000万元的环保设备生产项目等7个重大项目落户区科技创业园。

【世界最大的单一开口货舱重吊船下水】 8月，世界最大的单一开口货舱重吊船—TK0301实施下水安装，货舱开口94.25米×16.2米，最大载重10400吨，配备两台450吨克林吊，具有可联吊900吨的起吊能力，是泰州口岸船舶有限公司的首制船。

【苏中地区最大的银杏收购、销售、加工、冷储集散中心项目落户高港区】 9月21日，大泗工业园区内的泰州市集泰农产品有限公司银杏冷储加工中心落成。中心占地面积近30000平方米，一期工程投资1500万元，建有银杏检测中心、银杏出口产品加工中心和1000吨冷储仓库，是苏中地区最大的银杏收购、销售、加工、冷储集散中心。市区领导丁士宏、韩亚出席庆典。

【永安洲镇通过全国环境优美乡镇省级验收】 永安洲镇加大环境规划和环保设施建设的投入力度，镇公共设施完善，自来水普及率100%，农村生活用水卫生合格率达97%，地表水、空气、声环境质量均达到环境规划要求，重点工业污染源排放达标率100%，生活垃圾无害化处理率91.6%，生活污水集中处理率74%。11月30日，永安洲镇通过全国环境优美乡镇省级验收。

【承办第6届“长三角地区”民族乐团展演】 12月25日，第6届“长三角地区”民族乐团展演活动新闻发布会在高港区举办。发布会宣布，展演地点设在高港区，为首次在长江北岸、县级区举办，展演主题是“丝竹飞音，港城新韵”。届时，省内外39支民乐团、1400多人将汇聚高港。通过表演，将一批长期散落在民间的原生态曲目呈现出来，并在全国加以普及。表演节目有松江的十锦细锣鼓、上海的城隍庙道乐、福建的文枕琴、广东五架头情景乐、浙江绍兴的浦江乱弹、上海国乐研究会和太仓的江南丝竹等，除传统曲目，还有《银烛光耀红》、《婺剧乱弹花头台》、《将军令》、《丰收情》等一批新的作品首次亮相。来自国内的20多家媒体记者参加发布会。

【开展“同岗同级学习与思考”活动】 10月中旬至12月底，高港区在第三批学习实践科学发展观活动中，创新开展“同岗同级学习与思考”活动。活动分“学习思考、交流评议、整改提高”3个阶段实施，重在引导四套班子成员、镇街、园区、部门负责人和村居党组织书记，与周边市区同岗位、与区内同级别干部进行比较学习，增强机遇意识、担当发展重任、优化工作作风，推动经济社会又好又快发展。全区291名科级以上干部和90名村居党组织书记累计明确445名同岗学习对象、762名同级学习对象，形成分析报告381份。活动被江苏卫视“江苏新时空”栏目报道，并在江苏省学习实践活动简报、《泰州日报》头版刊登。

（袁斌 王正）

2009年高港区街道、乡镇简况一览表

表35

街道乡镇	土地面积（平方千米）	人口（人）	居委会（个）	行政村（个）	农业增加值（万元）	农民纯收入（元）	工业产值（亿元）	地区生产总值（亿元）
口岸街道	70.66	68606	9	14	13200	10574	70.05	25.29
刁铺街道	26.3	24564	3	3	4460	9329	19.87	9.06
许庄街道	50.28	38808	2	12	6338	9170	55.99	17.15
永安洲镇	53.42	30361	1	9	9672	10080	92.96	14.82
白马镇	26.6	21999	2	5	5993	8012	13.5	3.59
大泗镇	32.4	30043	1	12	9487	7361	6.9	3.52
胡庄镇	58.1	47067	2	16	14046	7642	8.05	4.17

·组织机构及负责人·

中共高港区委员会

书　记　王　建
副书记　张小兵
　　　　任寿南
常　委　王　建
　　　　张小兵
　　　　任寿南
　　　　封新华
　　　　杨春宣
　　　　查学斌（女）
　　　　张兆洋
　　　　陈　军（2009-04-10任）
　　　　程荣稳（2009-04-10任）

组织部（组织员办公室、非公有制经济组织党工委与其合署）
部　长　封新华（至2009-04-08）
　　　　查学斌（女，2009-04-08任）

组织员办
主　任

非公有制经济组织党工委
书　记

宣传部
部　长　查学斌（女，至2009-04-08）
　　　　程荣稳（2009-04-08任）

办公室（研究室、考核办与其合署）
主　任　刘　鹏（至2009-07-06）
　　　　蒋向荣（2009-07-06任）

研究室
主　任　戴建斌

考核办
主　任　蒋向荣

统战部（区委台办、民宗局与其合署，挂政府台湾事务办公室牌子）
部　长　汤德荣

台　办
主　任　汤德荣

政法委（综治办与其合署）
书　记　任寿南（2009-05-16任）

综治办
主　任　邱爱平

机关党工委
书　记　封六生

老干部局
局　长　丁春枝

编委办
主　任　蔡永吉

史志档案办（挂档案局、档案馆牌子）
主　任　阙　进

机要保密局（副科级）
局　长　于　云

信访局
局　长　毛一鸣

文明办
主　任　卞晓江

610办公室
主　任　严夏明

沿江开发办
主　任　王　庆

高港区人大常委会

主　任　王　建
副主任　陈荣成
　　　　孙宝泉
　　　　曹春明
　　　　万福龙

办公室（挂研究室牌子）
主　任　周树发

研究室
主　任　李秀年

人事代表工委
副主任　张　明

财经工委
主　任　刘晓春

法制工委
主　任　徐承义

科教文卫工委
主　任　乔新国

城乡建设工委
主　任　戴凤鸣

高港区人民政府

区　长　张小兵
副区长　任寿南（至2009-04-13）
　　　　封新华（2009-04-13任）
　　　　陈　军
　　　　韩　亚
　　　　唐　驰（至2009-04-13）
　　　　邵春宁（女）
　　　　刘　玲（女，2009-02-27任）
　　　　刘　鹏（2009-04-13任）
区长助理　张卫东（至2009-04-08）

孙桂银（2009-04-08任）
办公室（政府研究室、法制局与其合署）
主 任 周法鸣
政府研究室
主 任 解中东
法制局
局 长 冷 洪
发改委（挂第三产业领导小组办公室、经济体制改革委员会办公室牌子）
主 任 李达华
物价局
局 长 张海峰
经贸委
主 任 何 进（至2009-08-24）
徐绍文（2009-08-24任）
科技局
局 长 梅 跃（至2009-08-24）
邱小平（2009-08-24任）
建设局
党组书记 万福龙
环保局
局 长 梅玉才
建管局
局 长 冯春桂
对外贸易经济合作局
局 长 孙 跃
农委
主 任 陈宝进
教育局（教育督导室与其合署）
局 长 杨海峰
教育督导室
主 任 徐亚明
文体（旅游）局（2009-08-08组建）
副局长 张霁明
监察局
局 长 陈荣亚
民政局
局 长 徐益明
财政局
局 长 包继春
人事局
局 长 仲新光
劳动和社会保障局
局 长 居山林
卫生局
局 长 徐绍文（至2009-08-24）
梅 跃（2009-08-24任）
人口和计生委
主 任 邱 健（女）
审计局
党组书记 于德宏
统计局
局 长 马步忠
水利局
局 长 吴国华
司法局
局 长 杨 勇
安监局
局 长 王晓球
机关事务局
局 长 包志明
城管办
主 任 尹晓平
供销总社
主 任 王明龙（至2009-07-29）
葛 武（2009-07-29任）
行政服务中心
主 任 李盛荣

政协高港区委员会

主 席 刘时根（至2009-01-08）
任寿南（2009-01-08任）
副主席 马 翔
张 勤（女）
汤德荣
李家生
田圣华
秘书长 乔国平
学习提案文史委
主 任 朱长顺
经济城乡建设委
主 任 戴菊芳（女）
群团法制委
主 任 陆惠章
科教文卫体委
副主任 李俊仁

群众团体

总工会
主 席 封新华（至2009-8-21）
张 琴（女，2009-08-21任）
团区委
书 记 邵剑峰（2009-03-13任）
妇 联

主　席　包国芳（女）

科　协

主　席　唐秧林

工商联

会　长　李家生

残　联

理事长　刘富庭

文　联

主　席　卞晓江

中共高港区纪律检查委员会

书　记　张兆洋

法院、检察院、人武部

法　院

院　长　胡欣荣（女）

检察院

检察长　张　蓉（女）

人武部

部　长　杨春宣

乡镇、街道、园区

口岸街道

党工委书记　刘振东

人大工委主任　邱卜雨

办事处主任　施光文

刁铺街道

党工委书记　胡万源

人大工委主任　李友荣

办事处主任　左祥生

许庄街道

党工委书记　陈　军

人大工委主任　张宏生

办事处主任　李金寿（至2009-07-29）

匡裕民（2009-07-29任）

永安洲镇

党委书记　吴　斌

人大主席　王镇静（2009-03-29任）

镇　　长　张万卿

白马镇

党委书记　葛　武（至2009-07-06）

李金寿（2009-07-06任）

人大主席　马才本

镇　　长　陈新兵（至2009-08-24）

大泗镇

党委书记　肖志勇

人大主席　程永进

镇　　长　肖志勇（至2009-02-14）

刘长军（2009-02-14任）

胡庄镇

党委书记　王国平

人大主席　王国平

镇　　长　毛照明

高港高新技术产业园区（副处级）

党工委书记　王　建

管委会主任　张小兵

办公室主任　袁　斌

招商局局长　孙　跃

企业服务局局长　李盛荣

经济发展局局长　叶　智

高港区泰州港核心港区

党工委书记　刘　鹏（2009-07-06任）

管委会主任　刘　鹏（2009-07-29任）

科技创业园

党工委书记　陈　军

管委会主任　陈　军

永安洲工业园

党工委书记　吴　斌

扬子江医药产业园

党工委书记　韩　亚（至2009-07-06）

陈　军（2009-07-06任）

管委会主任　韩　亚（至2009-07-29）

孙　跃（2009-07-29任）

垂直管理部门

公安高港分局

局　长　张卫东（至2009-0-08）

孙桂银（2009-04-08任）

国土高港分局

局　长　刘银发（至2009-02-01）

工商高港分局

局　长　吴友林

国税第二分局

局　长　顾学群

地税第三分局

局　长　陆静波（2009-05-08任）

广电高港分局

局　长　徐勤生

交通高港分局

局　长　高林海

规划高港分局

局　长　刘国圣（2009-05-31任）

人防办

主　任　李东升

交巡警二大队

副大队长　张华林

高港公安消防大队

大队长　周德元

气象高港分局

局　长　张淑慰

质量技术监督局城区（高港）分局

局　长　朱宏全

电信高港分局

局　长　路维宁

邮政高港分局

局　长　闾　飞

兴 化 市

【概况】 兴化市位于"长三角"沿江经济开发带，地处江淮之间、苏北里下河腹部，东邻大丰、东台，南接姜堰、江都，西与高邮、宝应毗邻，北与盐城隔界河相望。全市总面积2395平方千米，人口155.94万人，辖29个镇、5个乡、1个省级经济开发区，设70个居民委员会、614个村民委员会。兴化素有"鱼米之乡"的美誉，境内生态环境优越，是国家级生态示范区、省级历史文化名城。2009年，全市实现地区生产总值320.48亿元，比上年增长13.6%；完成财政收入41.12亿元，其中一般预算收入15.8亿元，分别增长23.2%和26.4%。在全国第9届县域经济基本竞争力评价中居第72位。

【农业】 农业经济保持平稳发展势头。实现一产增加值47.79亿元，比上年增长4.7%（可比价）。全年农林牧渔业总产值88.13亿元，增长9.6%。粮食总产量132.5万吨，增长4.2%，再次获"全国粮食生产先进县标兵"称号，钓鱼镇水稻超高产百亩核心方亩产创全国记录。新增高效种植业面积0.68万公顷、高效渔业面积0.67公顷，畜禽规模养殖比重提高5个百分点，兴泰公路两侧500米基本实现高效农业全覆盖。淡水产品总产量连续20年居全省第一,成功举办第3届中国生态河蟹文化节，"泓膏"等3个品牌的螃蟹入选"中国十大名蟹"。

【工业】 克服金融危机带来的不利影响，总体上保持平稳较快的发展态势。全年完成工业现价总产值863.57亿元，比上年增长24.2%；完成工业增加值133.39亿元，增长16.8%。不锈钢材料及制品业完成产值310.09亿元，增长26.9%，占全市规模以上工业总量的60.18%；农副产品加工业产值50.77亿元，其中脱水蔬菜业产值14.82亿元，增长33.5%。全市产销过亿元企业除铜材企业外达90家，比上年增加9家。江苏兴达钢帘线股份公司实现销售46.02亿元，利税突破10亿元，实现利润7.69亿元，入库税金3.5亿元，分别增长15%、40.7%、43.7%、8.5%。全市新登记注册私营企业895户、个体工商户5710户，分别占年度目标的127.9%和114.2%。新增注册资本金34.9亿元，占年度目标的158.4%。

【建筑业】 全年完成建筑业总产值130.6亿元，建筑业企业增加值35亿元，比上年分别增长18.9%和21.7%。从业人数12万人，增长10%，其中外出施工7.2万人，出省施工2.2万人，外出施工劳务收入3亿元。建筑施工企业产值过亿元企业达36家，其中超3亿元企业8家，超5亿元企业2家。

【对外经济贸易】 对外贸易平稳发展。全年完成进出口总额24401万美元。其中，自营出口额17756万美元。外资招引取得进展。全年新批外商投资企业18家，协议利用外资17747万美元，实际利用外资7706万美元，比上年增长50.13%、23.61%。新签外经合同额2080万美元，实现外经营业额1118万美元，新派人数440人，分别增长307.84%、210.56%、158.82%，增幅居泰州市首位。全市有15家和16家企业分别在春季广交会、秋季广交会上参展。成功创建江苏省脱水蔬菜出口基地。

【财税、金融】 全市实现财政总收入41.12亿元，比上年增长23.21%，财税总收入实现五年翻两番；地方一般预算收入实现15.8亿元，增长26.4%。全年一般预算支出30.54亿元，其中各类民生支出12.98亿元，占一般预算支出42.5%。全市各项存款余额255.18亿元，比年初增加43.83亿元，增长20.74%；各项贷款余额161.57亿元，比年初增加38.75亿元，增长31.55%。新引进江苏银行落户兴化市，成立兴化戴南支行。保险业迅猛发展，全年实现保费收入6.50亿元，增长24%。其中，财产保险业务收入1.15亿元、人寿保险业务收入5.35亿元，分别增长43%和33%。

【水利】 新建圩口闸135座，新建排涝站67座，改造排涝站35座，新增改善排涝流量238立方米/秒；圩堤加修完成土方120万立方米，有效提升挡排能力。强化河道疏浚，完成各级河道疏浚土方1082万立方米，其中疏浚县级河道6条，工长63.8千米，土方242万立方米；疏浚乡级河道47条，工长160.88千米，土方288万立方米；疏浚137个行政村的村庄河道，工长777.7千米，土方552.46万立方米。加快建设农村饮水安全工程，新建兴东水厂，改造戴南水厂，建设10个乡镇农村饮水安全工程主管网和加压泵站，解决24.39万人饮水不安全问题。

【城乡建设】在泰州范围内率先建成城市规划展示馆，城市规划体系日趋完善。加快城市基础设施建设，全年重点实施杭州路北延、五里东路二期等9路4桥建设，新增道路8515米，新增道路面积6万平方米。组织实施兴泰路、杭州路等23条新建、改造道路亮化配套和维修，完成八字桥广场、儒学广场等重点地段亮化景观建设，全年共安装道路路灯1731盏、修复改造路灯3078盏。推进城市公用设施配套建设，兴化自来水厂厂区建筑主体基本完成，城南污水处理厂厂区全部建成并投入正常运行，开工建设城市生活垃圾卫生填埋场。组织实施严家区、新城区、关门区防洪工程建设以及28个城区低洼地块整治，实现主城区防洪工程全覆盖。加快完善新区服务配套功能，大润发超市建成开业，新区体育馆、新区人民医院、新区幼儿园、新区农贸市场、广电信息技术中心大楼及天宝大酒店等项目有序推进。挖掘整理和开发利用城市历史文化遗存，完成东岳庙、成家大司马府、宋县署、陈五房进士第、浮沤馆等重点古建筑保护修建，整修再现八字桥文化广场、儒学广场、城内东大街等历史文化街区。推动城区危旧房屋拆迁改造，完成城市24个地段、3538户拆迁扫尾工作。加大经济适用房、廉租房、拆迁安置房建设力度，全年共建成经济适用房1440套13.7万平方米，廉租房110套5600平方米，拆迁安置房5500套60万平方米。

【旅游】推进乌巾荡风景区、缸顾千岛菜花风景区、李中水上森林公园建设，制定金东门历史街区旅游配套设施规划，打造城市生态文化旅游线路。组织首届中国兴化千岛菜花旅游节和市第9届中国兴化郑板桥艺术节，开展“万人游兴化”活动，全年接待游客超过20万人次，进一步放大水乡生态旅游和人文旅游效应。

【园林绿化】巩固省级园林城市成果，加大城市园林绿化建设力度，完成防洪堤绿化二期、沧浪河绿化、五里东路一期及东环线绿化建设，昭阳湖公园、生物公园建成开园，乌巾荡湿地公园加快建设。全年新增各类绿地面积74万平方米，城市绿地总面积756.5万平方米，城市绿地率38.8%，绿化覆盖率40.3%。打造车路河风光带、直港河风光带、中心河风光带及沧浪河风光带，营造具有水乡特色的新景观。

【交通】全年完成交通基础设施投资3.23亿元，兴泰公路兴化段扩建提前一年竣工，戴昭线戴窑以东段建成通车。大周公路桥梁主体工程基本完成，推进野行大桥建设，开工建设张周公路。共新改建农村公路203千米，新改建农村公路桥梁116座。建成达标400千米文明样板路。新建5个农村客运站，更新10辆城市豪华大巴，新增20个行政村通班车，建设100座城乡客运一体化候车亭。完成运输业入库税金8100万元，建成戴南不锈钢城物流中心。

【供电】建成投运110千伏周庄变、戴泽输变电工程、35千伏严家变升压工程、110千伏双墩至周庄线路改造以及220千伏同济、110千伏戴泽、堡东变扩建等工程。完成110千伏安丰变综自改造等18项技改任务。全年实现供电量38.16亿千瓦小时，比上年增长7.52%;售电量34.32亿千瓦小时，增长7.87%。最高负荷80.1万千瓦。

【邮政电信】全年完成邮电业务收入6.47亿元，比上年增长10.2%，其中，邮政业务收入7962万元，增长2.2%。邮政业务总量1.2亿元，增长10%。年末固定电话用户数31.08万户，移动电话用户数64.1万户，全市电话普及率237.8部/百户，计算机互联网宽带户7.02万户。

【环境保护】全市环境质量综合指数89，超过省小康社会指标大于80的考核要求。城区、农村饮用水源水质达标率分别达100%、92.9%；农村地表水环境质量综合达标率84.45%。城区区域环境噪声比上年下降1.5分贝。大气环境质量达到国家二级标准，环境空气质量良好以上天气比例达94.4%。全年实现COD减排440吨，SO2减排100吨。全市30家挂牌督办企业、54家日供水1000吨以上的集中式饮用水源地保护区整治到位。226个行政村开展环境综合整治，张郭镇创建国家级环境优美乡镇通过验收。戴南镇赵家村和董北村中日合作分散型生活污水处理示范项目顺利竣工并投入运行。

【商贸】服务业发展加快。全年实现服务业增加值117.74亿元，比上年增长15.1%，占GDP比重36.7%。实现服务业税收收入16亿元，增长132.38%。商贸服务业优势地位继续巩固，全年实现社会消费品零售总额70亿元，增长17.9%，其中，批发、零售贸易业零售额57.25亿元，增长13.8%；餐饮业零售额11.57亿元，增长45.1%。专业特色市场健康运行，全年市场成交额130亿元，增长23.8%；戴南不锈钢市场、沙沟水产品批发市场等4家重点市场成交额超10亿元。商贸运行质态进一步提升，大润发超市、时代超级购物中心、宝都国际商城、时代家居广场等一批重点项目相继建成并成功开业。

【粮食供销】发挥粮食购销主渠道作用，国有粮食购销企业全年经营总量214万吨，收购夏粮52.53万吨。推进“放心粮油”工程，建成优质稻米生产基地1000公顷，创建泰州市放心粮油店3家、兴化市放心粮油店15家，基本实现放心粮油店城乡全覆盖。完成兴化粮食产业物流集聚区建设规划论证并启动一期工程建设。新增常客隆百惠超市日用品农家店98家、苏农农资连锁店30家，校园超市基本实现全覆盖。政府“菜篮子工程”百康豆制品城乡惠及面进一步扩大，日加工黄豆量4000多千克。全市新建为农服务社 157家、农民专业合作社21家。

【质量技术监督】 围绕特色支柱产业发展需求，提高产品检验检测能力，国家不锈钢制品质量监督检验中心获国家质监总局批准筹建，建成运转农副产品检测中心。全年审核发放食品生产许可证90份；新创国家地理标志产品2个，江苏名牌产品11个（含复评5个），占泰州市新增省级名牌产品总数43%，新创泰州市级名牌产品16个。市质监局获“江苏省质量技术监督系统先进单位”称号。组织特种行业设备安全检查4次，发放安全指令书40份，安全隐患自查自纠表800多份，全年未发生特种设备安全责任事故。

【安全生产】 坚持“安全第一、预防为主、综合治理”，深入开展“安全生产年”活动，推进安全生产执法、治理和宣传教育“三项行动”，加强安全生产法制体制机制、安全生产保障能力和安监队伍“三项建设”。组织实施建筑施工、校车安全等事故危险性大、群众关注度高等6个方面的专项整治活动。加强烟花爆竹安全监管。做好安全隐患排查治理工作，全年累计关闭落后工艺、设备和不符合基本安全生产条件的化工企业8家，查处非法经营、存储、运输烟花爆竹行为250多起，排查隐患12478项，整改落实11880项。全年共发生各类事故201起，比上年下降16.6%，未发生较大以上生产安全事故。

【经济和社会事业改革】 全面完成乡镇食品站“三置换一保障”改革和乡镇卫生院“两权分离”改革。完善国有资产监管制度，加强政府投资项目招投标管理，深化“小金库”专项治理工作，国有资产监督管理工作成效明显。以政府为主导的金东门文化旅游发展有限公司和乌巾荡风景区旅游发展有限公司分别成立，以产业链为依托的江苏戴南不锈钢集团、江苏兴化大闸蟹集团相继组建。全面实施公车改革。深化教育人事分配制度改革，建立和完善以绩效工资考核为核心的教师绩效评估体系。推进学校后勤管理，“食谱进食堂”、“超市进校园”基本覆盖全市中小学校。发展农村“三大合作”经济组织，全年新增合作组织211家。

【教育】 创建省优质幼儿园7所、泰州市优质幼儿园17所。推进义务教育均衡发展，严格执行免试就近入学政策，规范热点学校招生行为，组建义务教育“学区”，积极探索校际交流合作、教师流动、资源共享的新机制。省兴化中学恢复“四星高中”称号，板桥高中接受“三星高中”专家组现场评估，周庄高中通过“三星高中”复评。市职教中心校接受四星级中等职业学校评估。落实免费教科书、减免学费、发放助学金和贫困家庭学生资助各项优惠政策，推进学校后勤管理改革，“两进两统”工作形成特色，完成14所农村寄宿制初中学校建设任务。

【科技】 兴化市被国家科技部评为全国科技进步先进市。高新技术产业快速发展，全年共组织申报省和国家级科技计划项目31项，已获批科技计划项目15项。全市完成高新技术产业产值76.02亿元，比上年增长30.9 %。戴南镇被省科技厅命名为江苏省首批创新专业镇，楚龙公司与里下河农科所共建江苏省企业院士工作站。产学研合作深入推进，成为上海高校技术市场首批成员单位，共有11家单位和企业与国内高校、科研院所达成18项技术合作意向。开展知识产权工作，全年完成专利申报量1018件，其中发明专利申报量105件，专利授权量380件，比上年分别增长77.7%、56.7%、300%，被省科技厅、知识产权局确认为江苏省知识产权示范城市。

【文化】 实现“农家书屋”全覆盖，全市614个行政村全部建有农家书屋。兴化市文化馆顺利通过复检，正式成为国家一级馆；兴化市博物馆完成升级改造，并在泰州市率先对社会免费开放；兴化市图书馆进入国家一级馆审批程序，举办郑板桥书画真迹暨全国书画摄影大赛获奖作品展，组织第二届“板桥杯”全国书画大赛。成功举办新春舞龙大赛、“国土杯”乌巾荡龙舟大赛、“幸福小城·和谐之家”第二届家庭才艺表演大赛。赵海仙洋楼、任大椿读书楼修缮工程获泰州市文物修缮优秀工程奖；东岳庙、大司马府、陈五房进士第等文保单位和文物点修缮竣工；城内东大街整治修缮、儒学广场、四牌楼移建等工程建设顺利完成；高谷故居、李鱓浮沤山庄、宋县署复建及八字桥文化广场建设等项目全面完成。做好非遗普查和申报工作，共收集非遗线索4500多条，形成调查项目859个，150项入选《兴化市非物质文化遗产资源汇编》，新增36个非遗保护项目，全市非遗保护项目总量达66个。茅山号子、沙沟板凳龙舞、施耐庵与水浒传说等成为省非遗保护项目并已申报国家级项目。在全省县级市中率先建成非物质文物遗产展示馆。竹泓镇放大国家级非遗保护项目品牌效应，建成木船文化展馆。

【卫生】 加快农村公共卫生服务机构建设，建成农村社区卫生服务中心9所、农村社区卫生服务站300所。农村基本公共卫生服务项目完成率98.3%，组织甲型H1N1流感防控和救治工作。人民医院、第四人民医院、戴南人民医院迁址建设工程进展顺利，城中社区卫生服务中心建成并正式投入运行。推进农村改厕，全年完成改厕15072户。戴南镇通过国家卫生镇省级考评，创建成“亿万农民健康促进行动”泰州市示范镇。周庄镇农兴村、新垛镇施家桥村创建为江苏省卫生村，获垛镇创建为泰州市卫生镇，获垛镇北王村、七子村等5个村创建为泰州市卫生村。

【体育】 成功举办首届中国兴化全国国际象棋锦标赛（个人甲组），中国国际象棋协会授予兴化“国际象棋之乡”称号，批准兴化成为全国国象青少年高水平后备人才培训基地。兴化籍运动员在国际、全国、全省和泰州市的游泳、举重、柔道、棋类等项比赛中获金牌32枚、银牌42枚、铜牌60枚。3月，兴化体育馆、全民健身中心开工建设，已完成土建工程，游泳馆11月土建工程开始施工。

【广播电视】 广播推出“百姓连线”、“校园之声”、“交通直达车”等互动节目，电视“兴化新闻”进行全新改版，增设和调整“经济视点”、“访谈”、“教育新时空”、“健康伴我行”等10多个栏目，电视专题制作兴化本土《板桥道情》、《茅山号子》、《板桥竹》3部MTV，年内完成制作20部专题片。在央视“朝闻天下”栏目推出兴化城市形象广告，全市新增有线电视用户2.8万户，有线电视用户总数达32.29万户，综合入户率为83.3%。全面启动有线电视“户户通”村工程，全市有108个村实现“户户通”。全面启动全市有线电视数字化整体转换工作。

【劳动保障】 推进城乡统筹就业，城乡就业总量不断扩大。全年新增就业9800人，组织各类培训3万人，转移农村劳动力1.95万人，建立10个就业实训基地、10个创业孵化基地和189个村级劳动保障工作平台，实现城镇“零就业家庭”、农村“零转移家庭”动态清零，年末城镇登记失业率3.03%。城乡居民医疗保险参保率达98%以上。企业职工养老保险、企业职工医疗保险、城乡居民养老保险、工伤保险、失业保险参保人数比上年分别新增6000人、6500人、35000人、7000人、3000人。实施参保群体各类免费健康体检15.6万人次。退休人员社区管理率100%，档案接收率100%。建成覆盖城乡的劳动监察“两网化”管理体系。

【人口与计划生育】 开展国家计划生育优质服务先进市和省人口协调发展先进市创建活动，被表彰为全国和省计划生育优质服务先进市。全市出生性别比连续3年持续下降，新建“世代服务”中心17个，实现市、乡、村全覆盖，建成全省首家县级生殖健康检验中心宫颈细胞学筛查基地。完善利益导向体系，奖扶政策兑现落实到位率100%。全市累计发放扶助金2042万元、发放无固定职业人员独生子女父母奖励金587.8万元。

【企业家队伍建设】 兴化市选送15名重点企业主要负责人参加清华大学EMBA培训，更新和提升企业家的理念、管理方法和能力；组织30家企业参加“视训365”省网线在线培训，组织企业参加省第14期中小企业管理研修班，在全市规模以上工业企业负责人中开展读书活动，提高企业家队伍素质；邀请阿里巴巴（中国）网络技术有限公司举办两期中小企业电子商务培训班，鼓励企业加入阿里巴巴“诚信通”、“出口通”服务，借助阿里巴巴网络平台进行电子商务，开拓市场。

【家电下乡】 开展家电下乡活动，全年家电产品下乡销售8079.6万元，约占泰州地区销售总额的三分之一，已发放补贴998.3万元，补贴总付率97.9%，居泰州首位、全省第8；备案家电下乡销售网点152家。开展家电以旧换新工作，备案网点5家，审核家电以旧换新产品销售9042台（件），审核发放补贴266.75万元。

【高峰论坛】 10月26日～27日，中国特钢企业协会不锈钢分会、钢铁研究总院、北京科技大学、太钢集团公司、奥托昆普（亚太）公司、台湾荣钢科技公司的专家学者参加在戴南镇举办的不锈钢高峰论坛，普及不锈钢基础知识，分析当前不锈钢发展形势，为积极应对国际金融危机影响和不锈钢产业转型升级支招，促进不锈钢产业加快做强做大。

【院企合作】 组织开展“企业院校行”、“院士兴化行”等活动。年内全市达成产学研合作意向项目16个，建立10家产学研中心，并聘请3名专家为全市不锈钢检测中心技术顾问。江苏新宏大集团与南京大学、北京化工大学、中国科学院材料研究所等多数高校及科研机构建立合作关系，研发一批拥有自主知识产权的新产品。

【首届中国兴化千岛菜花旅游节】 4月2日～25日，首届中国兴化千岛菜花旅游节在缸顾乡的千岛菜花风景区举行。旅游节期间，共吸引全国各地近10万名游客前来观光旅游。在人民网举办的“全国最美油菜花海”评选活动中，兴化千岛菜花获第2名。

【城区防洪工程全线竣工】 6月上旬，严家片区、关门片区5千米长的防洪堤和两座防洪闸建成并通过验收，至此，兴化城区防洪工程全线竣工。从2006年起，兴化市历时3年，投资6.5亿元，建成城区防洪工程，共建设防洪堤（墙）43千米、防洪闸站39座，保护范围8个片区近70平方千米，基本实现城市建成区的防洪安全。

【兴化自来水厂破土动工】 6月20日，兴化市自来水厂土建工程正式开工。位于周庄镇境内的兴化市自来水厂，设计终期规模为日供水10万吨，一期工程日供水5万吨，水厂占地面积4.8公顷，总投资1.6亿元，计划于2010年7月竣工供水。同时铺设主管道30多千米，与城区管网联通。兴化市自来水厂是兴化区域供水规划中的重点工程之一，除向兴化城区以及沿线的周庄、陈堡、临城等乡镇供水外，还向其他城郊乡镇以及城区东北部有关乡镇辐射。

2009年兴化市乡镇简况一览表

表36

乡镇	乡镇总面积（平方千米）	年末人口（人）	农业总产值（万元）	工业总产值（万元）	人均纯收入（元）	地区生产总值（万元）	棉花产量（吨）	油料产量（吨）	粮食产量（吨）
戴窑镇	94	68376	38568	348970	7627	93416	200	1618	71504
合陈镇	97	55487	28355	171359	7958	46670	254	1581	65685
永丰镇	77	49533	24566	72458	7229	37376	192	1801	57607
大营镇	50	27472	18156	45150	6350	21060	45	1957	41884
新垛镇	47	25781	15589	61980	7098	27252	487	1488	31347
老圩乡	52	27339	15109	35680	6660	22556	582	827	38579
安丰镇	95	72207	53536	501189	9155	133301	1281	2306	62638
下圩镇	49	25057	18829	105106	7512	23098	562	1092	39596
海南镇	70	36640	28817	52551	7680	34340	269	1196	52340
钓鱼镇	73	45197	21509	43560	6718	32154	478	1509	57482
大邹镇	45	27973	15700	50016	6798	21605	381	733	26108
沙沟镇	67	27599	23724	19234	7210	24793	353	1781	18992
周奋乡	56	27517	19364	10850	6896	19668	366	1938	21768
缸顾乡	39	20979	22814	42889	8193	28140	588	2153	22824
中堡镇	62	35343	31771	34700	8000	40610	469	2381	38833
李中镇	78	35207	32321	41090	7334	42723	419	1363	34139
西郊镇	69	29312	32446	133510	8680	50867	4363	945	32119
城东镇	53	30316	28153	93520	8010	40203	200	760	26046
西鲍乡	50	28747	19818	28425	6772	25060	325	616	39976
临城镇	90	55399	39845	298548	8646	95141	1214	1328	51846
林湖乡	62	38206	20537	52532	6498	23474	91	1464	40232
垛田镇	57	56953	31207	241036	7370	59195	0	795	2345
竹泓镇	62	39868	23321	145882	7231	33223	225	803	40165
沈伦镇	49	28482	16177	27880	6796	22351	816	786	32032
大垛镇	70	42763	40535	283310	8769	99537	6202	3232	56833
荻垛镇	69	46125	30175	164157	8312	57068	771	1026	59858
陶庄镇	69	46980	27789	65900	6459	43003	733	1343	30949
昌荣镇	59	36906	26230	69390	7130	38478	111	473	50534
茅山镇	43	30988	15201	82718	8019	29069	132	574	33903
周庄镇	89	55994	41268	440003	9511	156853	535	2243	69679
陈堡镇	78	45373	44102	193119	9150	76429	172	1303	56285
戴南镇	105	93593	20319	2288646	12060	801363	125	1987	60919
张郭镇	82	64065	26183	1014626	11446	345451	454	1171	51818
昭阳镇	38	159390	18619	760598	10036	243910	622	489	12925
开发区	37	22256	14104	615136	9434	162273	453	555	19541

·组织机构及负责人·

中共兴化市委员会

书　记　贾春林
副书记　李　伟
　　　　金厚坤
常　委　贾春林
　　　　李　伟
　　　　金厚坤
　　　　顾跃进
　　　　赵旭东

张育林
韩成龙
徐立华
万永良
杨　健
朱国金

办公室

主　任　刘云山

研究室

主　任

组织部

部　长　万永良

非公有制经济组织工委

书　记　曹建中

宣传部

部　长　徐立华

精神文明指导委员会办公室

主　任　李　纲

统战部

部　长　杨　健

民族宗教局

局　长　韦雁国

农工办

主　任　周福宏

政法委

书　记　张育林

综治办

主　任　杨加安

610办公室

主　任　李从德

市级机关工委

书　记　冯晓华

老干部局

局　长　曹建中

机要保密局

局　长　朱　峰

台办

主　任　吴存发

编委办

主　任　迟开元

史志档案办

主　任　谷幼农

党　校

校　长　万永良（兼）
副校长　王跃进

新闻信息中心

主　任　瞿　平

兴化中学

校　长　曹伯高(2009-04任)
邹祥龙(至2009-04)

兴化市人大常委会

主　任　贾春林
副主任　卞正祥
葛寓英（女）
王小跃
薛宏金
李如亮

办公室

主　任　茅康勇

人事代表联络工委

主　任　徐晓梅

法制工委

主　任　邹　健

财经工委

主　任　钱建忠

社会事业工委

主　任　毛　洁（女）

农村工委

主　任　王福全

兴化市人民政府

市　长　李　伟
副市长　顾跃进
梅建成
吉天鹏
顾国平
陈东义（至2009-10）
马雅斐（女）
钱　玲（女，挂职，至2009-04）
陈　浩（2009-04任）
邓志方（女，2009-12任）
市长助理　邓志方（女，至2009-12）

办公室

主　任　刘　忠（2009-06任）
蔡　莹（至2009-06）

研究室

主　任　李维干（2009-11任）
刘　忠（至2009-11）

应急办（新设立机构）

主　任　刘　忠（2009-11任）

发改委

主　任　李山庆

服务业局

局　长　李山庆

行政服务中心

主　任　王永国

经贸委

主　任　杨　杰

乡镇企业局（中小企业局）

局　长　杨　杰

安全生产监督管理局

局　长　陆维珠

兴化经济开发区管委会

主　任　李　斌

科技局

局　长　陈　阳

公安局

局　长　陈　浩

民政局

局　长　华荣辉（2009-10任）
　　　　沈贵钧（至2009-10）

司法局

局　长　马红专

财政局

局　长　盛卫东

财政监督稽查局

局　长　盛卫东

国有资产管理局

局　长　杨加平

人事局

局　长　迟开元

监察局

局　长　顾　荣

劳动和社会保障局

局　长　刘广华

环境保护局

局　长　赵诗坤

国土资源局

局　长　韩中东

城市建设投资有限公司

董事长　顾跃进

总经理　施迎春

交通局

局　长　孙家祥

农委

主　任　顾国平（兼）

农业局（农委挂牌单位）

局　长　彭瑞庆

林牧业局（农委挂牌单位）

局　长　耿永才

农业机械管理局（农委挂牌单位）

局　长　刘玉军

水产局（农委挂牌单位）

局　长　周天林

农业资源开发局（农委挂牌单位）

局　长　陈友洪（2009-11任）
　　　　陈茂旺（至2009-11）

水务局

局　长　包正琪

粮食局

局　长　蒋　林

对外贸易经济合作局

局　长　刘海山

招商局

局　长　刘海山

物价局

局　长　倪忠德

统计局

局　长　丁天方

教育局

局　长　邹祥龙

文化局（新闻出版局）

局　长　刘春龙

广电局

局　长　瞿　平

卫生局

局　长　金加余

规划局

局　长　李安康

建设局

局　长　陈学俊

建工局

局　长　陈学俊

人防办

主　任　汤　澎

人口和计生委

主　任　周金喜

体育局

局　长　余大海（2009-11任）
　　　　吴廷喜（至2009-11）

外事办、侨务办

主　任　舒桂兰（女，2009-11任）
　　　　孔　娟（女，至2009-11）

供销合作总社

主　任　张永华

城市管理局

局　长　朱春红

市级机关事务管理局

局　长　彭庆云

接待办（新设立机构）
主　任　蔡　娟（女，2009-05任）
法制局
局　长　侯洪义
信访局
局　长　于万才
审计局
局　长　顾天荣

政协兴化市委员会

主　席　范学忠
副主席　谢东洪
　　　　李显运（女）
　　　　杨宝泉
　　　　余建年
　　　　彭国良
秘书长　石益平
办公室
主　任　石益平
社会法制（提案）委
主　任　萧万茂
教卫文体委
主　任　王仪庭
经济科技委
主　任　王宇云
学习文史外联委
主　任　彭国良（兼）

中共兴化市纪律检查委员会

书　记　韩成龙

法院、检察院、人武部

兴化市人民法院
院　长　吴跃生

兴化市人民检察院
检察长　童连芳（至2009-12）

人武部
部　长　朱国金
政　委　袁祝祥（2009-03任）
　　　　陈　岷（至2009-02）

群众团体

工商联
主　席　余建年
侨　联
主　席　舒桂兰（女，2009-10任）
　　　　孔　娟（女，至2009-10）
总工会
主　席　蔡　莹（2009-05任）
　　　　倪为民（至2009-05）
团市委
书　记　周海霞（女，至2009-10）
妇联
主　席　徐秀红（女，2009-04任）
　　　　刘　玲（女，至2009-04）
文联
主　席　刘春龙
科协
主　席　王元戈
残联
理事长　梅广旺

乡　镇

昭阳镇
书　　记　翟云峰
人大主席　蒋兆兰
镇　　长　佘建东
城市社工委
主　　任　翟云峰（兼）
戴南镇
书　　记　马元连
人大主席　拜　磊（2009-01任）
　　　　　马元连（至2009-01）
镇　　长　黄寿余
张郭镇
书　　记　徐学坚
人大主席　徐学坚（2009-01任）
镇　　长　戴振涛
大垛镇
书　　记　沙顺喜
人大主席　袁春和（2009-01任）
镇　　长　王建宏
荻垛镇
书　　记　朱长才
人大主席　姚永法（至2009-12）
镇　　长　吴吉林
戴窑镇

书　　记　王宝伦
人大主席　叶长春
镇　　长　袁卫国

合陈镇

书　　记　孙　健（2009-10任）
　　　　　沈德才（至2009-10）
人大主席　孙　健（2009-12任）
　　　　　沈德才（至2009-10）
镇　　长　孙长桂

昌荣镇

书　　记　杭爱兵
人大主席　孙登峰
镇　　长　李永松

陶庄镇

书　　记　郑成洋
人大主席　郑成洋
镇　　长　徐德凤（至2009-10）

海南镇

书　　记　陈学明（2009-10任）
　　　　　赵中银（至2009-10）
人大主席　孔凡春
镇　　长　陈学明（至2009-10）

大邹镇

书　　记　陈万健
人大主席　陈万健
镇　　长　荀维荣（至2009-10）

永丰镇

书　　记　张天源
人大主席　戚云和（至2009-12）
镇　　长　孙翠华

安丰镇

书　　记　常传林
人大主席　胡泽元
镇　　长　王晓秋

老圩乡

书　　记　吉天河（2009-10任）
　　　　　张建华（至2009-10）
人大主席　浦　成（至2009-10）
乡　　长　吉天河（至2009-10）

新垛镇

书　　记　倪红香
人大主席　陆红旗
镇　　长　曹　慧（女）

钓鱼镇

书　　记　姚群印
人大主席　葛同华
镇　　长　花在鹏

大营镇

书　　记　陆炳祥
人大主席　王大琦（至2009-12）
镇　　长　张继华

下圩镇

书　　记　卞胜平（2009-10任）
　　　　　王　铎（至2009-10）
人大主席　马　骏
镇　　长　唐小进

沙沟镇

书　　记　杨成楠
人大主席　阮书凤
镇　　长　王广才

李中镇

书　　记　钮月桂
人大主席　魏冬堂（至2009-12）
镇　　长　朱学美

西郊镇

书　　记　黄满盛
人大主席　黄满盛
镇　　长　刘金鹏

周奋乡

书　　记　徐德凤（2009-10任）
　　　　　孙　健（至2009-10）
人大主席　孙　健（至2009-10）
乡　　长　赵长河

中堡镇

书　　记　张久银
人大主席　蒋　宏
镇　　长　陈　坚

缸顾乡

书　　记　荀维荣（2009-10任）
　　　　　陈友洪（至2009-10）
人大主席　瞿国平
乡　　长　刘启元

西鲍乡

书　　记　徐文鑫
人大主席　王永江
乡　　长　王洪全

城东镇

书　　记　赵桂银
人大主席
镇　　长　王永善（至2009-10）

临城镇

书　　记　吴海盈
人大主席　赵友怀
镇　　长　吴彤湘（至2009-10）

陈堡镇

书　　记　仲春瑞

人大主席　卞海元（至2009-12）
镇　　长　刘宝华

周庄镇

书　　记　唐永贵
人大主席　时育龙
镇　　长　陈新生

垛田镇

书　　记　王　铎（2009-10任）
　　　　　舒桂兰（女，至2009-10）
人大主席　舒桂兰（女，至2009-10）
镇　　长　冯春华

竹泓镇

书　　记　郑元明
人大主席　全建国
镇　　长　李玉东

茅山镇

书　　记　谭世国
人大主席　谭世国
镇　　长　赵长宏（2009-12任）
　　　　　卞胜平（至2009-10）

林湖乡

书　　记　彭中法
人大主席　吴俊富
乡　　长　李庆斌

沈伦镇

书　　记　戴荣军
人大主席　丁　宏
镇　　长　夏爱东

垂直管理部门（单位）

中国人民银行兴化市支行

行长　陈　平

中国工商银行兴化市支行

行长　张　健

中国建设银行兴化市支行

行长　许正章

中国农业银行兴化市支行

行长　王粉喜

中国银行兴化市支行

行长　顾国庆

中国农业发展银行兴化市支行

行长　汪建国（2009-04任）
　　　姚　明（至2009-04）

农村合作银行

董事长　王文林
行　长　黄锦荣

邮政银行

行　长　李曙光

中国人民财产保险股份有限公司兴化市支公司

经　理　申家岚

中国人寿保险股份有限公司兴化市支公司

经　理　许　源

国税局

局　长　张世荣

地税局

局　长　邹　鹤

工商局

局　长　唐龙础

邮政局

局　长　杭　坚

电信公司

总经理　张　忠

移动公司

总经理　杭晓明（2009-06任）
　　　　徐瑞祥（至2009-06）

联通公司

总经理　邵玉才

供电公司

总经理　张　澄

气象局

局　长　邹大林

盐务局（盐业公司）

局长、经理　陈文栋

烟草局（烟草公司）

局长、经理　朱玉乔

质量技术监督管理局

局　长　王亦波

食品药品监督管理局

局　长

靖　江　市

【概况】 靖江市位于长江下游，襟江近海，东、西、南三面临江，南与张家港、江阴等地隔江相望，东与如皋相邻，西北与泰兴相连，是苏中新兴的港口工业城市，拥有优质长江岸线54千米，水陆交通便利。锡澄、广靖高速公路通过江阴长江大桥南连沪宁高速公路，北接宁通高速公路；新长铁路从靖江过江，向南联沪宁铁路，向北通陇海铁路。总面积665平方千米。全市辖2个省级经济开发区，8个镇、1个街道办事处，设有191个行政村、57个社区居民委员会，人口66.71万人。2009年，全市实现地区生产总值364.43亿元，比上年增长15.3%；三次产业增加值分别为15.41亿元、214.69亿元、134.33亿元，分别增长

4.6%、16.7%和14.8%；完成全社会固定资产投资194.65亿元，增长34.2%；实现财政总收入68.26亿元，其中一般预算收入27.12亿元，同口径分别增长26.1%和30.1%；农民人均纯收入8976元，城镇居民人均可支配收入19526元，分别增长11.2%和11.6%。人均主要经济指标继续领跑苏中，通过江苏省全面建设小康社会达标认定。（徐常青）

【农业】农业经济稳步提升，全年实现农业总产值21.56亿元，比上年增长8.27%；实现农业增加值12.93亿元，增长4.97%。农业生产保持平稳，粮食总产33.1万吨，生猪、家禽、山羊饲养量分别为59.37万头、257.61万只、7.82万头。农民收入进一步提高，全市农民人均收入8976元，增长11.2%。现代农业加快发展。推进“6138”工程，现代农业“一区三园”格局初具雏形；全市高效种植面积0.79万公顷。生态建设稳步推进。林业绿化成绩显著，累计完成绿化造林面积0.18万公顷；农产品质量建设稳步推进，省级认定的无公害农产品产地达63个，全市无公害农产品总数达25个。农业产业化经营势头良好，16家泰州市重点龙头企业实现销售收入35.8亿元、利税1.65亿元、出口创汇3970万美元。农业生产条件得到改善。农村水利建设继续推进，疏浚镇级河道39条，完成孤山灌区节水配套改造工程和中央财政小农水项目；农业机械化水平进一步提高，年末拥有农业机械总动力25.75万千瓦，拥有大中型拖拉机325台、小型拖拉机2397台、联合收割机338台；继续实施农业综合开发项目，全年改造中低产田1333公顷。（夏羽）

【工业】全年工业实现产值、销售、利税和利润分别为1319.28亿元、1167.32亿元和142.38亿元、104.28亿元，比上年分别增长38.9%、37.4%、51.6%和83.1%。其中，631家列统工业企业实现产值、销售、利税、利润分别为900亿元、814.5亿元、124.4亿元和98.5亿元，分别增长32.3%、26.46%、57.89%和68.98%。重点企业贡献份额加大，全年工业产品销售收入超过1亿元的企业达99家，其中销售超过10亿元的企业15家。格菱动力、德桥仓储公司在境外上市。（陈伟）

【船舶业】2009年，全市船舶产业克服“交船难、接单难、融资难”等困难，实现全省三成以上的造船完工量。随着东方重工大型干船坞的建成，全市船舶产业发展规划确定的1000万吨造船能力已经形成。全年全市造船完工量近500万载重吨，交船90艘，比上年分别增长59.98%、24%，承接新船订单112.27万载重吨。新世纪、新时代、东方重工、新扬子等造船企业手持船舶订单达2062.16万载重吨。造船完工量、承接新船订单和手持船舶订单分别占世界市场份额的4%、2.6%和4.21%，占中国份额的11.77%、4.3%和10.96%，占江苏份额的32.34%、15.31%和30.12%。

【政治、经济和社会事业改革】行政管理体制改革稳步推进，市物价局、财政局等部门联合对行政事业性收费项目进行清理认证，叫停或减免211项行政事业性收费项目，惠及特殊群体59项，为企业减负1.16亿元。推行“三联”行政审批服务新机制，联办的1200件事项中有38件属重大联办件，业主满意度达100%。优化财税管理体制改革。全面实施镇级国库集中收付制度改革，全市9个行政村设立财政国库单一账户体系，189个行政村推进村级财务镇集中收付改革。税务征管年入库地方税收13.8亿元。推进工贸企业分离改革30户，实现营业收入3.1亿元，新增营业税收1000多万元。农村改革成效显著，出台《关于加快推进农民集中居住试点的实施意见》。11个试点村中，有4个集中居住点基本建成；农民合作经济组织发展迅速，全年新增农民各类专业合作组织52家。企业创新和产业结构调整势头强劲，完善企业“三置换一保障”改革3家。社会事业改革力度加大。市劳动和社会保障局、财政局、地税局、经贸委四部门联合出台《关于采取积极措施减轻企业负担稳定就业局势的实施办法》，开展各类群体的免费就业技能培训，培训工种增至31个；组织专场就业招聘会30多场。（陈明）

【建筑业】全年共完成建筑业总产值160.48亿元，比上年增长25%。实现建筑业增加值39.4亿元，利税8.6亿元，分别增长25%和26.4%。建筑施工总面积1231万平方米，其中规模工程510个。拓展海外市场14个，工程施工面积44万平方米，实现境外营业额4165万美元。江苏东南土木技术工程有限公司晋升消防设计施工专业承包贰级资质，填补全市建筑业在专业承包贰级设计资质方面的空白。品牌战略取得显著成效，全市共创省级优质工程6项，江苏省“扬子杯”奖项1项，江苏省“紫荆杯”装饰优质工程2项；创泰州市优质工程16项，获泰州市“凤凰杯”装饰优质工程3项；创省级文明工地8项，市级文明工地18项。（钱诤）

【对外经济贸易】利用外资逆势增长。全年新批外资项目12个、增资项目13个；注册协议外资6.55亿美元，实际利用外资3.15亿美元，比上年分别增长43%和13.5%。招商选资取得实效，组团参加“台湾江苏周”活动，签约2亿美元。对外贸易完成自营出口16亿美元，9家企业出口超1000万美元。加强外经合作，新签外经合同额6000万美元，完成外经营业额6000万美元；拓展境外建筑市场，成功签约卡塔尔、沙特等建筑项目。（陈伟）

【财政、金融】财政收入再创新高，全年财政总收入实现68.26亿元，比上年增长26.1%；其中一般预算收入27.12亿元，增长30.1%。全年财政总支出38.61亿元，同口径增长21.1%；其中一般预算支出23.61亿元，同口径增长25.2%。金融存贷款稳定增加，年末全市金融机构本外币各项存款余额434.8亿元，比年初增加125.4亿元；各项贷款余额246.13亿元，比年初增加104.5亿元。保险事业加快发展，全年实现保费收入9.23亿元，其中财产险保费收入1.69亿元，增长33.0%；人身险保费收入7.54亿元，增长34.0%。赔款支出退保金及各种给付金额2.36亿元。

（宋　立）

【城乡规划和建设】 发挥规划的综合调控作用，深化“一中、两小、两特、若干个农民集中居民点”的城镇结构，完善规划体系，编制骥江路商业步行街、胜利街改造修建性详规、滨江生态园规划设计方案，完成新桥镇、季市镇、生祠镇总体规划。严格规划管理，定期对在建工程进行跟踪检查，发现问题及时处理。实施老城区改造，建成骥江路商业步行街，启动胜利街地块、新汽车站对面区域拆迁改造，新建、改建桃园路、团结路西段、横港南路、新西北路等道路和路段，完成环城路以内“城中村”改造，整治玉皇殿、羊巷等7个社区，硬化道路219条，完成首期经济适用房交付。加快推进新城建设，建设新洲路等道路，完成新城污水总管铺设、泵房及附属工程，市行政中心、市人民医院顺利搬迁，江阳农贸市场投入使用，完善马洲公园配套设施。滨江生态园29万平方米安置房实现封顶，完成生态园首期启动区土地平整，通过国土资源部城乡挂钩试点项目验收。加强生态建设，西郊公园后期完善、东湖园东扩、人民公园改造等工程顺利实施，完成阳光大道、人民南路等道路绿化和十圩港等沿河绿化，新增城市绿地面积40万平方米。全面启动新桥、新港两个小城市和季市、生祠两个特色镇建设，推进徐周、孝化等4个农民集中居住点建设，建成省级农村生活污水处理试点1个、省级康居示范村1个和省级环境整治试点村3个。

【环境保护】 办理环保咨询203件(次)，审批环评文件186件(次)，完成所有重点建设项目的环保审批。以解决化工、电镀等行业的污染问题为重点，挂牌督办13家企业。完成化学需氧量和二氧化硫的减排任务，开展秸秆禁烧、重金属污染企业环境安全、集中式饮用水源专项整治等7个专项行动，新建1个机动车尾气检测中心，全市环境空气质量优良率达86.5%，饮用水源水质达标率100%，功能区环境噪声达标率100%。发放排污许可证1300多家，开展危险固废专项整治，全面实行危险废物转移联单制度。加强环境信息管理，建成江苏省首家县级市建设项目“一站式”审批系统，完成污染源在线监控系统的升级换代。开展“绿色的跨越”系列宣传活动。全市各镇全部创建成泰州市级环境优美乡镇，建成省、泰州市级生态村各2个，建成省级“绿色社区” 1个和泰州市级“绿色社区” 2个，江苏省级“绿色学校” 1个和泰州市级“绿色学校” 2个。

（钱　诤）

【国内贸易】 全社会消费品零售总额80.7亿元，比上年增长17.5 %；鼓励规模骨干企业二、三产业分离，新增营业税1000多万元。现代物流业加速发展，实现开票销售45亿元。传统商贸业态提升，文峰大世界、时代超市等知名企业进驻营业，江阳、虹桥等农贸市场建成使用。（陈　伟）

【交通】 加大交通基础设施投入，全年完成投入7.98亿元，沿江高等级公路靖江段二期工程、江平公路靖江改线段工程开工建设，西北环公路改造工程稳步推进。农村出行条件进一步改善，新建、改建农村公路80千米，改造150座农村危桥。城乡客运一体化进一步完善，建成城区公交站亭23个、农村客运站亭74个。开展出租车行业升级改造，通过参股、重组形式，成立国有控股出租车公司，实现出租车的规模化、集约化、公司化经营；对原有出租车淘汰更新，511辆旧出租车车主主动申请提前退出营运市场，450辆新出租车投入营运。加强交通行业管理，坚持依法行政，监管水平明显提升。

【电信】 实施“聚焦客户信息化创新战略”，拓展行业信息化应用，推进业务经营。强化精确管理，优化资源配置，引导企业可持续发展。固定电话用户数突破20万户，宽带用户数突破7万户，天翼用户数突破6万户，小灵通用户数5万多户。实施品牌经营，“我的e家”、“商务领航”受广大客户好评。加速传统网络改造升级，实施光进铜退工程，加快移动网络建设和优化，提升通信能力和网络质量。搭建综合信息服务平台，加强信息化镇村建设，全面加快市政府电子政务平台开发建设进程，完善乡镇权力阳光电子平台开发应用。完成国庆、“两会”以及市政府搬迁等通信保障任务。推进文明创建工作，继续保持江苏省文明行业称号。

【邮政】 完成邮政业务总收入7895.34万元，其中邮政实现业务收入4669.64万元，完成计划的107.97%，比上年增长6.41%，实现收支差328.8万元；邮储银行实现业务收入1834万元，完成年计划的100.07%，增长51.3%；速递物流实现业务收入1391.7万元，完成年计划的100.17%，增长10.5%。邮务类、速递物流类和金融类业务占邮政总收入的比重分别为21.3%、19.5%、59.2%。安装网点ATM设备3台，定期对全市24台ATM进行系统升级及设备巡检；完成邮保通各项升级、投递信息系统上线工作；在移动公司的配合下成功完成大觉等6支局2M专线割接工作。《感动督导组长的投递员》被评为江苏省邮政系统年度精神文明建设“十佳新事”、泰州邮政系统三个文明建设“十件大事”。

（钱　诤）

【供电】 全年总供电量27.43亿千瓦小时，比上年增长3.78%；总售电量25.01亿千瓦小时，增长3.78%。线损率8.8%，电费回收率100%。城市和乡村供电可靠率分别为99.93%和99.74%。

（陈　伟）

【教育】 全市有各级各类学校（含幼儿园）90所，在籍学生88825人。适龄幼儿学前三年入园率93.3%，小学适龄儿童入学率、巩固率、毕业率均为100%，7～15周岁残疾儿童入学率95.4%，初中入学率100%，巩固率99.98%，高中阶段入学率97.1%。年内新增4所省优质幼儿园，3所高中通过省星级高中复审，职教中心校成为全省首批、泰州首家四星级职校，新增省级社区教育中心和省级社区教育示范乡镇各1个。普通高中教育获泰州市考核一等奖；被评为省幼儿教育先进县（市）和省基础教育课程改革先进集体。（陈　林）

【科技】 增加科技投入，重点科技计划的实施成效显著，科技创业园3万平方米孵化厂房全部交付使用，科技创业大厦开工建设。继续深化产学研合作，新设院士工作站2家、博士后工作站4家，建成产学研联合体20家。加强知识产权保护工作，专利申请量达1115件，其中发明专利220件，比上年增加47%。高新技术产业快速发展，新认定高新技术产品37项、高新技术企业9家，实现高新技术产业产值203.1亿元，比上年增长29.8%；民营科技企业达122家，创历史新高。（赵小华）

【文化】 音乐作品《打豆号子》、《荡湖船》入选《江苏创作新歌集》。征文《最美的红—国旗红》获江苏省第3届中小学艺术展演暨第5届少儿艺术节优秀征文一等奖和2009年度泰州市“红领巾”读书征文一等奖。靖江图书馆成为国家一级图书馆，与上海市少儿图书馆成为友好合作单位。发现和保护古桥梁、古寺庙、近现代重要史迹等文物17处，在全国第3次文物普查中共发现明清古建筑372间，文物控保单位2处。推进基层文化建设，建成靖江书城、电影院、青少年活动中心。全年共建成镇文化中心3个，“农家书屋”60家。成功举办市第27届文艺节、“欢乐中国行·魅力靖江”大型演唱会等文化活动，全年“三下乡”电影2400场、戏200场、书籍3万册，丰富群众文化生活。组织开展“扫黄打非”、网吧电子游戏室接纳未成年人、校园周边文化环境等专项整治活动，净化社会文化环境。

【卫生】 加强疾病预防控制。组织疫苗接种、甲流感等重大传染性疾病防控，发病率控制在200/10万以内。实施重大妇幼卫生服务项目，为全市2500多位特困妇女免费进行妇女病普查。启动婚前医学检查“一站式”服务，全年共免费婚检4428对。巩固社区卫生服务机构建设。依托镇卫生院，成功转型城北园区等6家社区卫生服务中心。全市新建社区卫生服务中心4个。全面完成市人民医院迁址新建工程，实现成功搬迁、运行优良目标。开展爱国卫生运动。巩固省级卫生城市创建成果，新桥镇孝化村等3个村通过省级卫生村验收。全年完成改厕1万户，顺利通过省级考核。全面开展“医疗质量万里行”和医疗安全百日检查活动，完成等级医院复核评审工作。建立农村生活饮用水水质监测网络，保障全市人民群众的身体健康。（陈　林）

【人口与计划生育】 全年出生人口3401人，计划生育率99.32%，人口自然增长率为－1.69‰，出生人口性别比104.88，在基本正常值范围内。（夏　羽）

【体育】 加大对集中安置区、新农村安置点的体育基础设施的投入，年内增设室外器材30套。组织开展全民健身月活动和广场舞大赛，被评为全国群众体育先进市。竞技体育取得好成绩，全年共获省以上奖牌86枚，其中金牌33枚。靖江籍运动员朱敏获全运会女子击剑团体金牌，实现全运会金牌零的突破。承办全国城市舞蹈（国标舞）邀请赛、省柔道比赛和省三门球比赛。（陈　林）

【社会保障】 全市年末城镇集体以上单位从业人员6.56万人，比上年增加2.6%。全市各类福利机构拥有床位2125张，收养人数1909人。城乡低保覆盖面达100%，城镇居民最低保障人数3990人，农村居民最低保障人数9434人，结对帮扶农村贫困户1000户。城镇社区居委会依法自治达标率99.0%，农村村委会依法自治达标率100%。全年新增就业13858人，安置失业人员3874人；年末城镇登记失业人数3511人，城镇登记失业率为2.9%。参加城镇基本养老保险的企业职工人数13.26万人、基本医疗保险的职工14.09万人，失业保险的职工9.43万人，城镇养老、医疗、失业保险覆盖率分别达98.1%、98.1%、98.2%。全市参加新型农村合作医疗人数达35.29万人，新型农村合作医疗覆盖面达100%。（宋　立）

【靖江船舶产业集群入选省首批特色产业集群】 6月，靖江船舶产业集群入选全省第一批特色产业集群名单。船舶产业是靖江的支柱产业，占全市工业经济总量的比例超过35%。已培育形成7家造修船企业和60多家船舶配套企业，成为全国最大的民营造船基地。至2012年，集群年造船将达1000万载重吨，经济总量达1000亿元。

【实现城乡客运一体化】 全市现有公交车辆138辆，总座位数3893座，经营城乡公交线路35条，其中城区线路5条、城乡线路14条、镇村线路16条，实现市、镇、村“全覆盖”，市、镇、村基本达到“零”距离换乘的要求。

【靖江粮食产业园被命名为省级特色粮食产业园】 12月，靖江粮食产业园被省外经贸厅命名为“江苏省特色粮食产业园”，粮食产业园规划面积2万平方千米，集粮油加工、贸易、服务、物流、研发于一体。至年末，进园项目5个，总投资50亿元，平均项目投资强度达300万元/亩，项目全部建成营运后可实现开票销售100亿元，贸易额100亿元的“双百亿”目标。

【重庆钢铁物流基地项目落户靖江】11月，重庆钢铁（集团）有限责任公司与靖江市政府成功签约，投资13亿元在靖江建设钢铁物流基地，项目规划用地100公顷～120公顷，占用长江岸线约688米，内港池岸线约1000米，建设10万吨级兼靠15万吨级散货泊位2个，5000吨级散货泊位5个。基地建设将进一步推动靖江港区成为连接长江中下游的区域性物流中心。

【新添两个中国驰名商标】4月，“光芒及图”“亚星及图”被国家工商总局认定为“中国驰名商标”。江苏光芒公司已形成厨卫电器、太阳能两大产业11大系列200多个规格产品，专利技术突破200项，是国家级重点高新技术企业。江苏亚星锚链公司已发展成为年产近25万吨锚链和海洋系泊链的企业，在生产、销售和出口方面，连续多年居国内外同行第一。（施群峰）

2009年靖江市街道、乡镇简况一览表

表37

街道 乡镇	土地总面积 (平方千米)	年末人口 (人)	居委会 (个)	行政村 (个)	农业现价 总产值 (万元)	农民人均 纯收入 （元）	工业现价 总产值 (万元)	粮食产量 (吨)	油料产量 (吨)
靖城街道	58.06	134497	24	11	16315	10885	1344838	14585	292
新桥镇	61.35	60795	3	18	28900	11660	1070251	41992	870
东兴镇	35.68	34720		12	17500	8989	509247	25949	368
斜桥镇	43.98	52681	3	15	15641	9494	377033	24200	550
西来镇	46.66	48721	2	16	20317	9092	706677	31316	570
季市镇	41.63	49009	2	24	20200	9145	539381	27907	500
孤山镇	47.99	41487	2	14	13282	8150	232015	33129	437
生祠镇	70.19	50035	2	19	25700	8025	410180	54228	675
马桥镇	50.31	37222	2	18	27280	8701	247246	37807	685

·组织机构及负责人·

中共靖江市委员会

书　记　刘建国
副书记　陈明冠
　　　　尤爱民
常　委　刘建国
　　　　陈明冠
　　　　尤爱民
　　　　尤　红
　　　　薛丽莉(女，挂职，至2009-01-20）
　　　　陈燕国
　　　　钱进华
　　　　王金国
　　　　赵国庆
　　　　陶　玲（女）
　　　　孔德峰
　　　　丁少华
　　　　李　军
　　　　赵　叶（挂职）
　　　　吴永才（挂职）

办公室
主　任　丁少华
组织部
部　长　陶　玲（女）
宣传部
部　长　尤　红
政法委
书　记　陈燕国（兼）
统战部
部　长　赵国庆（兼）
农工办
主　任　钱炳兴
机要保密局（与市委办合署）
局　长　严　格（女）
老干部局
局　长　范新宏（兼）
机关工委
书　记　叶丽华（女）
非公有制经济组织工委（与市委组织部合署）
书　记　朱　靖
党　校
校　长　尤爱民（兼）

信访局
局　长　侯兴华
史志档案办
主　任　王亚平（女）
台　办（与市委统战部合署）
主　任　徐利培
侨　联（与市委统战部合署）
主　席　黄明华
综治办（与政法委合署）
主　任　孙　群
市委610办公室
主　任　陈建林
编委办（与人事局合署）
主　任　邵剑平

靖江市人大常委会

主　任　陈汉高
副主任　刘秀华（女）
　　　　范幼芳（女）
　　　　陈旭日
　　　　顾正荣
办公室
主　任　唐文勇
农村工委
主　任　卢学云
财经工委
主　任　徐建军
法制工委
主　任　杨建明
社会事业工委
主　任　朱秀堂
人事代表工委
主　任　樊兴华

靖江市人民政府

市　长　陈明冠
副市长　钱进华
　　　　王金国
　　　　薛丽莉（女,挂职，至2009-01-23）
　　　　吴永才（挂职，2009-01-06任）
　　　　范　敏（女）
　　　　王生华
　　　　顾利华
　　　　方　捷（援藏）
　　　　黄文龙
　　　　龚颂福（挂职，2009-04-10任）
　　　　丁　源（挂职，至2009-11-20）
市长助理　董维华（至2009-11-21）
　　　　陆红梅
　　　　（女，2009-02-03任；至2009-11-21）
办公室
主　任　苏　徐
市行政干部学校
校　长　王金国（兼）
发改委
主　任　殷爱华
经贸委
主　任　沈南松
教育局
局　长　罗晓东
科技局
局　长　方　欣
公安局
局　长　董维华（至2009-11-21）
　　　　王　平（2009-11-21任）
监察局
局　长　唐苏华（女）
民政局
局　长　陈小平
司法局
局　长　宋　亮
财政局
局　长　何卫东
人事局
局　长　邵剑平
劳动和社会保障局
局　长　符　平
国土资源局
局　长　张仁德
建设局
局　长　韩来春
规划局
局　长　仇　颖
城管局
局　长　印江红
交通局
局　长　朱松海
水利局
局　长　刘　放
农委
主　任　沈康华
外经贸局
局　长　王绍斌
文化局

局 长 季灿华

卫生局

局 长 吴 芳（女）

人口和计生委

主 任 叶焜宝

审计局

局 长 丁亦工

环保局

局 长 周灿荣

统计局

局 长 陈金星

安全生产监督管理局

局 长 盛正坤（至2009-06-26）

物价局

局 长 鞠桂松

粮食局

局 长 刘争鸣

民宗局

局 长 石 坤

行政服务中心

主 任 羊文华

广电局

局 长 刘振宇

体育局

局 长 朱旭良

渔业公司

经 理 刘拥政

供销合作总社

主 任 顾南林

机关行政事务管理局

局 长 陈 兴

教育督导室（与教育局合署）

主 任 褚庆前（女）

人防办

主 任 陈洪江

口岸管理办

主 任 何 靖

法制局（与市政府办合署）

局 长 李达林

侨 办

主 任 黄明华

外 办（与市政府办合署）

主 任 陆 炜

驻北京联络处

主 任 （空缺）

驻上海联络处

主 任 （空缺）

驻宁办事处

主 任 黄少培（至2009-02-12）

赵大友（2009-02-12任）

应急管理办（与市政府办合署，2009-05-21建立）

主 任 苏 徐（兼）

电管办

主 任 陆小涛（兼）

高校招生办

主 任 范崇俊

自学考试办

主 任 范崇俊（兼）

信息中心

主 任 王荣明

农村能源办

主 任 黄章坤（至2009-08-28）

钱青松（兼，2009-08-28任）

招商局

局 长 李建新

地震办

主 任 沈满松

企业上市办

主 任 王艺明

招投标采购监督管理办公室（2009-05-21建立）

主 任 （空缺）

电子政务中心（2009-05-21建立）

主 任 （空缺）

政协靖江市委员会

主 席 苏增耀

副主席 孙桂芳（女）

何晓鸽

毛雨华

王维三

庞余亮

秘书长 王宇清

办公室

主 任 王宇清

学习文史委

主 任 鞠 荣

提案委

主 任 何艳阳

经济科技委

主 任 张 平

教卫文体委

主 任 刘舰平

社会法制委

主 任 杜海钧（至2009-01-06）

中共靖江市纪律检查委员会

书　记　孔德峰

法院、检察院、人武部

法　院

院　长　何　能

检察院

检察长　何建明

人武部

部　长　李　军

政　委　薛继业

群众团体

总工会

主　席　王建新

团市委

书　记　陈　刚

妇　联

主　席　王晓东（女）

科　协

主　席　刘德基

文　联

主　席　夏林梁（兼）

哲学社会科学联合会（与市委宣传部合署）

主　席　朱新宇（兼）

工商联

会　长　毛雨华（兼）

残　联

理事长　刘震轩

归侨侨眷联合会（与市委统战部合署）

主　席　黄明华

红十字会

会　长　范　敏（女，兼）

开发区、园区、镇

经济开发区管理委员会

党工委书记、主任　钱进华（兼）

城南园区管理委员会

党委书记、主 任　徐　宁

新港园区管理委员会

党委书记、主任　刘志明

城北园区管理委员会

党委书记、主任　史骥涛

市政府城南办事处

党委书记　徐　宁

主　　任　徐玉海

江阴经济开发区靖江园区办事处

党委书记、主任　朱　俊

市政府滨江新区办事处

党工委书记　王　靖

主　　　任　刘金荣

靖城街道

党工委书记　顾正荣

人大工委主任　顾正荣

办事处主任　沈　阳

西来镇

党委书记　鞠林红

人大主席　鞠林红

镇　　长　钱明华（至2009-01-04）

　　　　　刘　强（2009-01-04任）

斜桥镇

党委书记　刘志明

人大主席　刘志明

镇　　长　陈建定

孤山镇

党委书记　史骥涛

人大主席　赵方伟

镇　　长　吴铭华

季市镇

党委书记　顾灿红

人大主席　侯孝林

镇　　长　蔡新杰

马桥镇

党委书记　黄鸿轩

人大主席　秦永琪

镇　　长　卢　杰

东兴镇

党委书记　吴一江

人大主席　程东华

镇　　长　张建斌

生祠镇

党委书记　张劲松

人大主席　张劲松

镇　　长　李江豪

新桥镇

党委书记　刘志明

人大主席　鞠景良

镇　　长　张　鹏

垂直管理部门（单位）

靖江日报社

总编辑 叶晓庆

中国人民银行靖江支行

行 长 殷荣霞

泰州银监分局靖江监管办事处

主 任 顾亚红（女）

中国工商银行靖江支行

行 长 何华南

中国农业银行靖江支行

行 长 唐建理

中国建设银行靖江支行

行 长 田振林

中国银行靖江支行

行 长 季玉生

农村商业银行（2009-11-08建立）

党委书记、董事长 刘友余

交通银行靖江支行

行 长 黄 萍（女）

中国农业发展银行靖江支行

行 长 陈履庭（至2009-04-20）

范建芳（女，2009-12-08任）

上海浦东发展银行靖江工业园区支行

行 长 贡志文（至2009-01-03）

张少华（2009-01-03任）

人民保险公司靖江支公司

经 理 王晓文

人寿保险公司靖江支公司

经 理 许 震

太平洋财产保险公司靖江支公司

经 理 张志斌

太平洋人寿保险公司靖江支公司

经 理 丁 卫

烟草专卖局

局 长 李汉洲

泰州出入境检验检疫局靖江办事处

主 任 崔 鸿

工商局

局 长 卢振岳

国税局

局 长 朱鹏亚

质监局

局 长 卢 飞

食品药品监督管理局

局 长 陆晓媚（女）

地税局

局 长 冯健男

供电公司

总经理 金纪庚

党委书记 陈祥麟

邮政局

局 长 熊建钢

电信公司

总经理 唐继东

气象局

局 长 姚 珙

盐务局

局 长 罗文武

泰 兴 市

【概况】 泰兴位于泰州市南部，东接如皋，南界靖江，西濒长江，北邻姜堰，东北与海安接壤，西北与高港毗邻。土地总面积1172平方千米、年末总人口119.7万人。辖20个镇、1个乡、1个省级经济开发区、1个省级工业园区和3个市级工业园区。2009年，全年实现地区总产值337.07亿元，比上年增长13.7%。其中第一产业增加值27.01亿元，增长4.4%；第二产业增加值193.23亿元，增长14.6%；第三产业增加值116.83亿元，增长14.7%。产业结构由上年的8.9：57.4：33.7调整为8.0：57.3：34.7，其中第三产业提高1个百分点。人均地区生产总值29923元，增长15.1%。全市财政总收入50.82亿元，增长26.7%；地方一般预算收入完成18.83亿元，增长18.9%。连续8届跻身全国县域经济基本竞争力百强县（市）行列，排名上升至第47位。

【全面小康目标总体实现】 根据江苏省全面建设小康社会进程统计监测，25项指标全部达到或超过省定目标，全面小康实现程度达100%，比上年提高2.3个百分点。百户家庭电脑拥有量54台，居民文教娱乐服务支出占家庭消费支出的比重为18%，城市绿化覆盖率40.01%。

【农业】 全市实现现价农业总产值49.56亿元，可比增幅4.93%。全年粮食总产65.94万吨，比上年净增1.29万吨，增长1.2%，再创历史新高。农作物播种面积为12.98万公顷，其中粮食作物播种面积9.24万公顷，比上年增加0.18万公顷。油料作物播种面积1.44万公顷。林业、牧业、渔业产量稳中有升。全年生猪出栏91.41万头，比上年增长9.59%；家禽出栏519.58万羽，增长0.18%；山羊出栏6.08万只，增长1.33%；肉类产量7.28万吨，增长1.53%；禽蛋总产量2.14万吨，增长0.94%；牛奶产量12112吨，增长3.78%；水产品总产量1.87万吨，增长5.1%。

农业产业化经营稳步推进。全市60家农业产业化龙头企业实现销售收入56.49亿元，比上年增长19.1%；实现利税1.86亿元，增长1.86%，其中税金1.17亿元，增长15.5%。出口创汇6067万美元，技改投入1.29亿元，收购农产品总额4.1亿元。农业利用“三资”项目54个，投资总额4.14亿元。

高效农业取得新进展。新建连片66.67公顷以上高效规模种植、6.67公顷以上设施种植项目85个，高效农业面积达2.33万公顷，设施农业面积3666.67公顷。新发展各类畜禽规模养殖场（户）115个，总数达3468个；新建9个畜禽生态健康养殖示范区。新增村庄绿化面积800公顷，建成村庄绿化示范村50个。

农业机械化水平得到提高。全市年末拥有农业机械总动力50.76万千瓦。拥有大中型拖拉机708台，联合收割机1276台，插秧机847台，农用运输机械1831台。农机跨区作业面积5046.67公顷。机插面积0.85万公顷，机播面积4.88万公顷。主要农作物农机化综合作业水平达78.62%，比上年高出2.35个百分点。其中机耕、机播、机收获、机植保作业水平分别达88.4%、53.08%、84.58%、88.4%。

农产品质量取得新成效。全市新认证无公害农产品37个、绿色食品16个、有机食品5个，新增江苏省名牌农产品2个。经省、市抽查检测，农产品合格率保持在95%以上。

【工业】 全年实现工业增加值164.75亿元，比上年增长16.6%，占GDP的比重达48.87%，比上年提高0.72个百分点。全部工业实现产值、销售、利润分别为1038.81亿元、991.86亿元、51.97亿元，增幅分别为27.54%、27.03%、57.98%。工业国税开票销售收入（所属期）344.98亿元，下降0.2%。列统工业企业完成现价工业总产值676.61亿元，增长26.9%；实现销售收入652.73亿元，增长44%；实现利税78.80亿元，增长77.9%，其中实现利润33.80亿元，增长55.1%。列统工业产销率达98%,提高0.8个百分点。新增列统企业86家。产值超1亿元的企业132家，净增40家，其中产值超10亿元的企业有4家。利税超1000万元的企业124家，净增35家，其中利税超1亿元的企业6家。品牌战略稳步推进，拥有驰名商标2个（泰隆、泰星商标），江苏省著名商标26个，比上年增加8个。

【建筑业】 全年实现建筑施工总产值230.35亿元，比上年增长12.8%，实现利税10.24亿元。全年新增各类建筑业企业15家，晋升资质9家，其中二级资质6家。江苏源丰公司、江苏金禾公司晋升为房屋建筑总承包一级资质，河海公司晋升水利水电总承包一级资质。全年市值超1亿元企业35家，其中超5亿元4家，超20亿元2家。全年未发生重大质量和等级安全事故，创省优工程14项、市优工程15项，国家级文明工地1项、省级文明工地25项。全市建筑企业承建规模工程502项，其中29层以上47幢，最高建筑达68层。建筑施工面积1901万平方米，占在建项目的82%。全市境外施工人数898人，完成营业额3400多万美元。

【固定资产投资】 全年完成全社会固定资产投资额250.68亿元，比上年增长34.21%。其中规模以上投资134.87亿元，增长43.63%。在投资总额中第二产业投资152.91亿元，增长41.46%。房地产开发投资额9.56亿元，全年房屋施工面积136.46万平方米，房屋竣工面积24.87万平方米。商品房销售面积62.32万平方米，增长15.1%；商品房销售额21.36亿元，增长17%。

【城市建设】 城市道路框架进一步拉开。鼓楼路北延、根思路东延以及长征路、济川中路、南二环、国庆西路改造等工程顺利竣工；沿江大道、南三环西延、南二环东延等工程顺利实施；振兴路、长征路北延和太平路工程正式启动。实施新区、鼓楼、济川3个街道背后街巷改造和国庆路、中兴大道、羽惠河、羌溪河等景观亮化工程。污水处理“5+2”扩容工程加快建设，首期总投资超过20亿元的虹桥新城正式开工，生活垃圾发热项目按序时推进，人民防空林项目进展顺利。全市共实施城建工程68项，完成拆迁53.8万平方米，新增建筑面积102万平方米。

【新农村建设】 重点实施的蔡港线和5个重点集镇环境整治工作整体推进，10个重点特色示范村各项工程初见成效。农村合作组织迅速发展，土地适度规模经营得到扩大。农村“6+1”实事工程累计投入资金2亿多元，全年申报泰州市全面小康建设先行村90个。全市疏浚整治干河2条、中沟147条和172个村的村庄河道，完成土方493万立方米；实施各类农村桥梁改造173座，机电泵站改造250座。全面实施以清洁田园、清洁庄园、清洁能源和村庄绿化为主要内容的农村环境综合整治。新增造林面积1066.67公顷，新建绿色通道60千米，完善绿色通道91千米，新建、完善农田林网1.6万公顷，全市森林覆盖率21.4%。

【技改投入】 全年完成技改投入143.7亿元，增长32.5%。全年实施3000万元以上工业项目75个，总投资101.8亿元，项目平均投资规模超1亿元。总投资超3亿美元的联成塑胶项目开工建设，总投资超20亿元的沙桐煤焦油深加工、扬子江拆船与金属物流加工项目相继落户。

【交通运输】 全市拥有等级公路1967.3千米（含村道），比上年净增10千米；高速公路73.4千米，净增2千米。行政村客运班车通达率85%，城市每万人拥有公交车辆3.11标台。客运车辆保持稳定，私人车辆迅猛增加。公共汽车营运车辆74辆，有营运证的出租车665辆，与上年持平。年末民用汽车拥有量30275辆，比上年净增3756辆；私人汽车拥有量20964辆，净增3756辆。

【邮电通信】 全市邮电业务收入6.82亿元，比上年增长10.5%。其中邮政收入0.76亿元，增长12.5 %；电信收入2.42亿元，增长2.7 %；移动业务收入3.64亿元，增长32.9%。固定电话用户38.5万户，其中小灵通用户6.59万户）；移动电话55.3万户。宽带数字网用户7.71万户，净增1.85万户，互联网宽带接入用户普及率达28.32%，提高4.7个百分点。

【旅游业】 全市有旅行社24家，净增2家。积极上争资金25万元，市财政配套资金170万元，对新四军黄桥战役纪念馆进行内部改造，向社会各界免费开放。

【国内贸易】 全年实现社会消费品零售总额98.78亿元，比上年增长17.7%。其中批发业实现零售额10.59亿元，增长21.3%；零售业实现零售额67.25亿元，增长10.5%；住宿业实现零售额3.19亿元，增长73.2%；餐饮业实现零售额17.64亿元，增长40.3%。城乡市场得到发展，城市实现消费品零售额66.15亿元，增长18.5%；农村实现消费品零售额32.62亿元，增长15.3%。

【专业市场】 至年末，全市有各类专业市场63个，其中工业品市场11个，商品市场成交额80亿元，成交额超1亿元的市场有4个。服务业项目开发成效显著。在建经营性服务业项目305个，其中超1000万元的55个，超1亿元的11个。引进市外服务业项目80个，总投资3.33亿元。五金机电市场、联成物流、黄桥商业广场等项目开工建设，红星美凯龙开业运营。

【外向型经济】 全市完成进出口总额82376万美元，比上年下降24.5%。其中出口总额49048万美元，下降27.0 %；进口总额33328万美元，下降20.6 %。实际到账注册外资15418万美元，下降12.4 %。新批协议注册外资55607万美元，增长57.0 %。

【私营个体经济】 全年新增私营企业1790家，其中，注册资金超500万元企业289家。新增个体户6913户，个私经济注册资金179.57亿元，净增注册资本26.05亿元。至年末，全市有私营企业8141家、个体户33010户。个私从业人员19.47万人，比上年增加16.52%。民营经济税收20.38亿元，增长16.86%，占财政收入的比重为40.09%。

【金融】 年末全市金融机构存款余额（本币）283.5亿元，比年初净增64.43亿元，增长29.4%。城乡居民储蓄继续增加，存款余额187.51亿元，比年初净增27.14亿元，增长16.9%；各项贷款增幅明显，信贷结构进一步优化。贷款余额146.76亿元，比年初净增41.51亿元，增长39.44%。其中短期贷款余额71.95亿元，中长期贷款余额59.26亿元；个人中长期消费贷款26.71亿元，占中长期贷款的比重为45.1%，同比增加6.5个百分点。

【保险】 全年实现保险业务收入9.97亿元，比上年增长16.1%，其中人寿保险收入4.39亿元，增长16.1%；人保财险收入0.65亿元，增长33.2%。保险业务支出2.67亿元，增长16.6%。

【教育】 全市共有普通中学52所，在校学生7.48万人，比上年减少0.68万人；小学55所，其中特殊学校1所，在校学生5.76万，减少0.39万人。小学毕业生升学率100%、初中毕业生升学率97.6%，高中毕业生升学率89.17%。初、高中毕业生升学率有所提高。靖江市中考成绩继续居泰州市前列，高考本二以上进线人数继续在泰州市保持总量领先，残疾儿童入学率98.6%，小学巩固率100%，初中巩固率99.9%。

【科技】 全市列入省级以上各类科技计划41项，其中省以上火炬、星火计划14项；列入国家中小企业创新基金项目2项、江苏省高新技术研究计划1项。加大企业自主创新能力，全市获国家科技进步二等奖1个，泰州市科技进步一等奖2项、二等奖4项。科技专项再创历史新高。专利总量居泰州市第一，全市申报专利1135项，比上年增长33%，其中申报发明专利171件，申报国际专利12件。百亿元GDP专利授权数150件，百亿元GDP发明专利申请数52件。全年实现高新技术产业产值238.76亿元，增长48.3%，占列统工业产值的比重达35.29%，比上年提高5.5个百分点。全市新认定和复核通过国家级高新技术企业3家、省级9家，实施国家级高新产品4个、省级高新技术产品16个、泰州市重点新产品110个。全市拥有省以上高新技术企业50家、高新技术产品176个，总量均居泰州市第一。江苏泰隆、济川、中丹3家企业列入省创新型企业58强，全市新创泰州级工程技术研究中心4家。

【文化】 以“文化惠民”为重点，加大农村文化室和“农家书屋”的建设力度，80%的行政村建成村文化室，全年共建成“农家书屋”179家,基本实现全市“农家书屋”全覆盖的目标。配合“小康泰兴”的宣传，开展“放歌泰兴”送戏下乡350场、送书1.55万册、举办“小康泰兴”发展成就巡回展览。净化文化市场，收缴非法音像制品1.3万盘（盒）、非法书报刊近5000册，查处违规网吧31家，取缔无证网吧12家。实现农村有线电视覆盖率100%、有线电视入户率89.44%，做好数字电视整转的前期工作。

【卫生】 完善卫生服务体系。年末拥有医疗卫生机构153个，其中一级医院3个，卫生院3 3个。医疗床位数2902个。医疗人员队伍得到壮大，卫生人员与人口比例上升到4.21‰，拥有各类卫生技术人员4268人，其中执业医师、执业助理医师1932人，注册护士1048人。妇幼保健工作有序开展。孕产妇保健管理率95%，住院分娩率98%；

7岁以下儿童保健管理率95%，新生儿出生缺陷发病率2.18‰，婴儿死亡率4.33‰，孕产妇死亡率控制在5/10万以下。全面推进农村社区卫生服务体系建设，建成社区卫生服务中心12个、社区卫生服务站114个，累计建成达标社区卫生服务中心27个和社区卫生服务站195个，分别占规划总数的81.82%和80.6%。新型农村合作医疗平稳运行，全市共有96.9万人参加合作医疗，参合率为100%，有16.1万人获医疗费用补偿，补偿总额7707万元，实际补偿比为33.8%，农民受益面和保障水平进一步提高。

【体育】 围绕“全民健身与五运同行”主题，构建“亲民、便民、利民”的全民健身服务体系。定向培训三级社会体育指导员342名，全市社会体育指导员总数达1961人。全市有体育社团16个。新建城区精品健身点7个，群众健身活动空间进一步扩大。全市运动员在省级以上比赛中共获金牌12枚，银牌10枚，铜牌9枚。李嫦娥参加世界青年赛艇锦标赛获女子公开级四人单桨第3名，实现中国在该项目上奖牌零的突破。加快培育体育人才。年内向省少体校输送9名运动员；举办三级裁判员培训班5期，培训三级裁判员65名，送培8名教练员参加晋升国家级裁判员培训，裁判员队伍的量和质得到提升。泰兴市被省体育局命名为江苏省体育强县（市）。

【人口与人民生活】 全年出生人口9400人，出生率7.85‰，其中女性4008人；全年死亡人口7138人，死亡率5.96‰，人口自然增长率为1.89‰。年末全市户籍人口119.72万人，男性60.78万人，男女性别比为103：100。常住人口112.92万人。年末总户数40.21万户。城镇化率为47.3%，比上年提高1.6个百分点。全年城镇居民人均可支配收入17849元，增长11.60%，其中工薪收入12931元，增长11.55%；经营性收入2017元，增长10.18%。人均消费性支出11561元，增长7.7%。全年农村居民人均纯收入8179元，比上年11.2%。人均消费支出5299元，增长10.3%。全年在岗职工工资总额15.81亿元，增长14%；在岗职工平均工资27893元，增长16.4%。

【劳动就业和社会保障】 全市城镇新增就业10232人，城镇下岗失业人员再就业6933人，其中援助就业困难人员再就业520人，新增农村劳动力转移2.7万人，年末城镇登记失业率3.05%。全市养老、医疗、失业、工伤和生育五大险种参保人数分别为13.07万人、18.34万人、8.2万人、13.96万人和9.92万人。累计参加农村社会养老保险25.4万人，覆盖率达80%。城镇年人均收入低于2500元的人口比重为1.75%；农村年人均收入低于2500元的人口比重为1.06%。

【环境保护和节能减排】 全市环境质量综合指数91.05分，比上年提高7.9%。化学需氧量排放量0.92万吨，削减12.72%。二氧化硫排放量0.685万吨，削减 6.28%。空气质量良好以上天数比重94.25%，提高7.95个百分点。水环境功能区水质达标率88%，提高2.7个百分点。国家环境保护模范城市创建工作顺利通过省级考核。万元GDP能耗下降5%，实施节能改造项目45个，竣工项目32个，节能3.45万吨标煤；淘汰高耗能设备100台（套）；重点整治化工生产企业80家，关闭小化工企业20家；对新增综合用能1000吨标煤或耗电200万千瓦小时以上的新建、扩建和改造项目，规范进行耗能评价，对不符合国家合理用能标准的，一律停止审批或上报。

2009年泰兴市乡镇简况一览表

表38

乡镇	土地总面积（平方千米）	居委会（个）	村民委员会（个）	现价农业总产值（万元）	农民人均纯收入（元）	工业现价总产值（万元）	粮食产量（吨）	油料产量（吨）
珊瑚镇	49.42	3	10	22134	7603	317633	35613	2461
分界镇	71.06	1	17	26949	6857	179590	48162	2302
古溪镇	33.64	1	8	21461	7617	232331	22067	2155
横垛镇	42.40	1	8	22239	7257	155188	24661	1885
元竹镇	47.48	2	10	25135	7036	140207	30670	1631
黄桥镇	70.45	9	23	49468	8669	439647	43318	2979
广陵镇	58.48	2	15	21269	6445	235843	38023	2112
曲霞镇	35.31	1	10	19224	7485	203881	25445	1666
张桥镇	61.76	3	15	27641	7905	281581	36788	2080
溪桥镇	64.01	2	20	27310	7900	322108	40281	2173
刘陈镇	41.49	1	12	18742	7621	135030	28400	2671
河失镇	64.41	3	17	39996	7546	250608	44468	3101
姚王镇	57.92	1	19	26946	9847	50885	35438	1647
新街镇	72.05	—	28	34580	6318	170160	43661	2533
根思乡	58.90	1	17	26514	7004	162565	38217	3183

续表38

乡镇	土地总面积（平方千米）	居委会（个）	村民委员会（个）	现价农业总产值（万元）	农民人均纯收入（元）	工业现价总产值（万元）	粮食产量（吨）	油料产量（吨）
宣堡镇	32.27	1	12	11715	7386	121773	21293	1801
七圩镇	47.40	1	8	21251	11195	870005	19275	629
蒋华镇	60.13	2	16	26980	9757	556130	44666	1306
马甸镇	29.57	2	12	10457	7441	282589	19779	727
泰兴镇	85.97	21	25	37719	10580	2407142	32070	1059
滨江镇	84.66	2	17	18913	9735	2312168	41352	2181

·组织机构及负责人·

中共泰兴市委员会

书　记　张兆江
副书记　高亚梓
　　　　张泽民
常　委　张兆江
　　　　高亚梓
　　　　张泽民
　　　　李仁国
　　　　戴仁泉
　　　　顾　萍（女）
　　　　沈惠彪
　　　　王纪良(至2009-12-14)
　　　　孙宏建
　　　　孙　云
　　　　王　越（挂职）
　　　　刘荣华（2009-04-13任）
　　　　田之本（2009-04-13任）
　　　　王彦芳（女，挂职，2009-08-31任）
　　　　陈　岷（2009-12-14任）

办公室
主　任　张国祥

组织部
部　长　顾　萍（女）

宣传部
部　长　戴仁泉

统战部
部　长　朱从云（兼）

政法委
书　记　张泽民（兼，至2009-04-13）
　　　　田之本（2009-04-13任）

农工办
主　任　费金山

610办公室
主　任　夏久炼（至2009-06-25）

台办（与市委办合署）
主　任　张国祥（兼）

机要保密局
局　长　徐旭洲（2009-06-25任）

经济环境监察中心（在纪委挂牌）
主　任　沈惠彪（兼）

研究室（在市委办挂牌）
主　任　张国祥（兼）

组织员办公室（在组织部挂牌）
主　任　尹松林

老干部局
局　长　姚新桃（至2009-06-25）
　　　　尹松林（兼，2009-06-25任）

机关党委（2009年10月16日更名为市委市级机关工委）
书　记　孟瑞林（至2009-06-25）

非公经济组织工委
书　记　钱　健（至2009-06-25）

精神文明建设委员会办公室（在宣传部挂牌）
主　任　张余华（兼）

史志档案办
主　任　李国华

党　校
校　长　顾　萍（女，兼）

泰兴市人大常委会

代理主任　张　伟（女，至2009-01-10）
主　任　张兆江（2009-01-10任）
副主任　张　伟（女）
　　　　陈培才
　　　　吕炳生
　　　　李建生
　　　　王中先

办公室
主　任　胡　凌

人事代表工委
主　任　孙建明

法制工委

主　任　严昭圣（至2009-07-10）
　　　　尤泰生（2009-07-10任）

财经工委

主　任　尹建祥

社会事业工委

主　任　赵国强

农村工委

主　任　黄秀峰（女）

泰兴市人民政府

市　长　高亚梓

副市长　孙　云
　　　　王　越（挂职）
　　　　刘荣华
　　　　田之本（至2009-04-24）
　　　　王彦芳（女，挂职，2009-09-04任）
　　　　徐闻仲（援藏）
　　　　黄红旗
　　　　耿元进
　　　　周桂香（女）
　　　　姜文湘（2009-04-24任）
　　　　林　楠（2009-04-24任）
　　　　杨晋安（挂职）

市长助理　姜文湘（至2009-04-24）
　　　　　俞秋言（女，2009-02-09任）

办公室

主　任　顾爱军

发改委

主　任　林　楠（至2009-07-10）
　　　　王先国（2009-07-10任）

经贸委

主　任　吴　斌

教育局

局　长　毛华平

科技局

局　长　张　乐

公安局

局　长　姜文湘

监察局（与市纪委合署）

局　长　王　耘（女）

民政局

局　长　潘传伦

司法局

局　长　恽志华

财政局

局　长　王克毅

人事局

局　长　肖　荣

劳动和社会保障局

局　长　张　敢

建设局

局　长　张文贵（至2009-07-10）
　　　　陈　甫（2009-07-10任）

规划局

局　长　尹辉宏

城市管理行政执法局

局　长　张金堂

交通局

局　长　黄一祥

水务局

局　长　唐紫阳（至2009-07-10）
　　　　张文贵（2009-07-10任）

农业局

局　长　俞玉龙

安全生产监督管理局

局　长　朱群智

对外贸易经济合作局

局　长　生国权

文化局

局　长　骆崇泉（至2009-07-10）
　　　　许咏诗（女，2009-07-10任）

卫生局

局　长　朱泰石

人口和计生委

主　任　叶　兵

审计局

副局长　杨　健（主持工作，至2009-07-10）
局　长　杨　健（2009-07-10任）

环保局

局　长　官新民

统计局

局　长　叶建和

物价局

局　长　董文健

粮食局

局　长　王先国（至2009-07-10）
　　　　叶亚东（2009-07-10任）

信访局

局　长　何荣富

民宗局

局　长　桂永泽

国家保密工作局（在市委办挂牌）

徐旭洲（2009-7-20任）

台办（在市委办挂牌）

主　任　张国祥

研究室（在政府办挂牌）
主　任　顾爱军（兼）
无管办（在政府办挂牌）
主　任　顾爱军（兼）
外事办（与市政府办合署）
主　任　顾爱军（兼）
综治办（与政法委合署）
主　任　鲍曙境（兼）
乡镇企业管理局（与经贸委合署）
局　长　吴　斌（兼）
中小企业局（在经贸委挂牌）
局　长　吴　斌（至2009-07-13）
　　　　王春中（2009-07-13任）
拥军优属拥政爱民领导小组办公室（在民政局挂牌）
主　任　潘传伦（兼）
老龄办（在民政局挂牌）
主　任　潘传伦（兼）
财政监督稽查局（在财政局挂牌）
局　长　王克毅（兼）
中兴国有资产经营投资有限公司
总经理　王克毅（兼）
中泰城市建设投资有限公司
总经理　赵爱军（兼）
事业单位登记管理局（在人事局挂牌）
局　长　肖　荣（兼）
编委办（与人事局合署）
主　任　肖　荣（兼）
绿化办（在林业局挂牌）
主　任　俞玉龙（兼）
人防办
主　任　陆建明
交通战备办公室（与交通局合署）
主　任　黄一祥（兼）
侨办（与市委统战部合署）
主　任　季金林
知识产权局
局　长　张　乐（兼）
新闻出版局
局　长　骆崇泉（兼，至2009-07-13）
　　　　许咏诗（女，2009-07-13任）
广电局
局　长　俞南松
体育局
局　长　王晓云（女）
农业资源开发局
局　长　刘中荣
农业机械管理局
局　长　宗加龙（至2009-1-22）
　　　　唐国平（2009-1-22任）
机关事务管理局
局　长　潘建平
行政服务中心
主　任　吉小明
地震局（委托科技局管理）
局　长　张　乐（兼）
档案局（在市史志档案办挂牌）
局　长　李国华
轻工纺织行业管理办公室（2009年10月16日机构撤销）
主　任　张留林（兼，至2009-10-16）
商业物资行业管理办公室（2009年10月16日机构撤销）
主　任　刘敏谨（兼，至2009-10-16）
机械化建行业管理办公室（2009年10月16日机构撤销）
主　任　王春中（兼，至2009-10-16）
建工局
局　长　苏国勤
经济开发区管理委员会
主　任　潘石泉
职业教育中心校
校　长　朱留荣（至2009-07-13）
　　　　汪静波（2009-07-13任）
泰兴电大（在职教中心校挂牌）
校　长　朱留荣（至2009-07-13）
　　　　汪静波（2009-07-13任）
江苏省泰兴中学
校　长　孙　钦
供销合作总社
主　任　陈新亮
接待办
主　任　吉　勇
军转办
主　任　朱连成
法制局（与市政府办合署）
局　长　尹家银（至2009-07-13）
　　　　杨建成（2009-10-13任）
农村能源办
主　任　陈　岳（2009-06-25任）
林业局
局　长　俞玉龙（兼）
农技推广中心
主　任　王迎春
畜牧兽医中心
主　任　陈　君
农业局林业技术推广中心
主　任　李　群
农业局综合执法大队
大队长　唐成进

建设工程招投标办公室
主　任　尹晓阳
房管处（房改办）
主　任　尹家斌
驻北京办事处
主　任　顾永宏（至2009-06-25）
　　　　吕天玉（2009-06-25任）
驻上海办事处（2009-06-26更名为江苏省泰兴经济开发区管委会驻上海办事处，同时挂“泰兴市人民政府驻上海办事处”牌子）
主　任　卢正龙
驻东莞办事处（2009-6-26更名为江苏省泰兴经济开发区管委会驻深圳办事处，同时挂“泰兴市人民政府驻深圳办事处”牌子）
副主任　孔德宇（至2009-09-27）
贸促会
会　长　生国权（兼，至2009-07-28）
　　　　蔡桂星（2009-07-28任）
爱卫会
主　任　田启明（兼）
城管局（挂牌）
局　长　张金堂（兼）
城市管理行政执法大队
大队长　张　荣
拆迁办
主　任　叶伯生
公安局交巡警大队
大队长　王扣发
公安局刑警大队（2008-11-24更名为市公安局刑侦大队）
大队长　苏永哲
公安局治安大队
大队长　樊金明
公安局国内安全保卫大队
大队长　杨金贵
公安局经济犯罪侦查大队
大队长　钱俊民
公安局水上警察大队
大队长　徐承国
公安局警务督察室
主　任　杭国民
公安局指挥中心
副主任　戴选民（主持工作）
公安局防控特警大队（2008-11-24更名为市公安局巡防大队）
大队长　李　剑
地方海事处
处　长　季晓河
财政集中支付中心
主　任　蒋登华（兼）
疾病预防控制中心
主　任　姚根红
卫生监督所
副所长　邵　泓（主持工作，至2009-1-9）
所　长　邵　泓（2009-1-9任）
人民医院
院　长　李文江
黄桥中学
校　长　汪静波（至2009-6-25）
　　　　黄克恭（2009-6-25任）
第一高级中学
校　长　陈民生

政协泰兴市委员会

主　席　张泽民
副主席　朱从云
　　　　张春山
　　　　吴　斌
　　　　薛晨光
　　　　刘　建
秘书长　袁进生
办公室
主　任　袁进生（至2009-08-11）
　　　　王家龙（2009-08-11任）
学习文史提案委
主　任　焦华泉（至2009-08-11）
　　　　周根生（2009-08-11任）
经济科技委
主　任　陈志军
教卫文体委
主　任　张春山（兼）
港澳台侨委
主　任　朱从云（兼）
社会法制城乡建设委
主　任　丁向群

中共泰兴市纪律检查委员会

书　记　沈惠彪

法院、检察院、人武部

法　院
代理院长　丁正明（至2009-01-10）
院　长　丁正明（2009-01-10任）
检察院

检察长 蔡红卫

反贪局

局 长 钱 飞

人武部

部 长 刘秀泰（至2009-03-01）

吕海涛（2009-03-01任）

政 委 王纪良（至2009-03-01）

陈 岷（2009-03-01任）

群众团体

总工会

主 席 刘赛龙

团市委

副书记 刘剑波（主持工作，至2009-06-25）

书 记 蒋 杰（2009-06-25任）

妇 联

主 席 许咏诗（女，至2009-06-25）

副主席 赵建华（女，2009-06-25起主持工作）

工商联

主 席 薛晨光（兼）

科 协

主 席 陈国生

文 联

主 席 陆进富（兼）

侨 联

副主席 任宏生（主持工作，至2009-06-25）

主 席 耿元进（兼，2009-06-25任）

残 联

理事长 封红年

社科联

主 席 朱桂明

乡 镇

黄桥镇

党委书记 孙宏建

人大主席 孙宏建（至2009-07-27）

钱 军（2009-07-27任）

镇 长 焦国庆

溪桥镇

党委书记 孙 群

人大主席 孙 群

镇 长 黄建云

古溪镇

党委书记 谢红官

人大主席 谢红官

镇 长 耿 进

珊瑚镇

党委书记 王家龙（至2009-06-25）

赵新元（2009-06-25）

人大主席 王家龙（至2009-06-25）

赵新元（2009-06-25）

镇 长 赵新元（至2009-08-29）

肖强华（2009-08-29任）

横垛镇

党委书记 臧荣国

人大主席 臧荣国

镇 长 曾瑞祥

分界镇

党委书记 李 飞

人大主席 李 飞

镇 长 閻月清

泰兴镇

党委书记 高寿林

人大主席 高寿林

镇 长 张银德

滨江镇

党委书记 黄红旗

人大主席 黄红旗

镇 长 冯金华

七圩镇

党委书记 董剑东

人大主席 孙晓复（2009-05-16任）

镇 长 董剑东

蒋华镇

党委书记 吴成剑

人大主席 吴成剑

镇 长 王 届（至2009-09-29）

马甸镇

党委书记 王长健

人大主席 王长健

镇 长 顾晓平

姚王镇

党委书记 顾 刚

人大主席 顾 刚

镇 长 马志刚

河失镇

党委书记 徐 进

人大主席 徐 进

镇 长 王 华

张桥镇

党委书记 陈嵘嵘

人大主席 陈嵘嵘

镇 长 王 勇（至2009-07-29）

曲霞镇

党委书记　顾为成
人大主席　顾为成
镇　　长　张华国

广陵镇

党委书记　赵培林（到2009-06-25）
　　　　　周建国（2009-06-25任）
人大主席　赵培林（至2009-06-25）
　　　　　周建国（2009-08-29任）
镇　　长　周建国（至2009-08-29）
　　　　　刘　军（2009-08-29任）

新街镇

党委书记　黄宗岳
人大主席　黄宗岳
镇　　长　何文军

元竹镇

党委书记　刘　辉
人大主席　刘　辉
镇　　长　赵建东

宣堡镇

党委书记　陈　甫（至2009-06-25）
　　　　　李宝泉（2009-06-25任）
人大主席　陈　甫（至2009-06-25）
　　　　　李宝泉（2009-07-27任）
镇　　长　李宝泉（至2009-07-27）
　　　　　杨万荣（2009-07-27任）

根思乡

党委书记　叶亚东（至2009-06-25）
　　　　　吴小平（2009-06-25任）
人大主席　叶亚东（至2009-06-25）
乡　　长　栾　路

刘陈镇

党委书记　金爱萍
人大主席　金爱萍
镇　　长　陈宏伟

黄桥工业园区

党工委书记　孙宏建
管委会主任　洪　飞

农产品加工园区

党工委书记　耿元进
管委会主任　黄宗岳

虹桥工业园区

党工委书记　刘荣华
管委会主任　刘荣华

城东工业园区

党工委书记　顾　刚
管委会主任　顾　刚

垂直管理部门（单位）

中国银行业监管会泰州监管分局泰兴办事处

主　任　李成文

中国人民银行泰兴市支行

行　长　张建华

中国工商银行泰兴市支行

行　长　李　杰

中国建设银行泰兴市支行

行　长　倪红卫（至2009-01-14）
　　　　陆新山（2009-01-14任）

中国银行泰兴支行

行　长　袁　铭

中国农业银行泰兴市支行

行　长　徐泽中

中国农业发展银行泰兴支行

行　长　陆晓明（至2009-12）
副行长　袁秋勤（2009-12主持工作）

农村信用合作联社

理事长　施正山

财产保险股份有限公司泰兴支公司

经　理　钱　俊

中国人寿保险公司泰兴支公司

经　理　李　驭

中国太平洋财保股份有限公司泰兴支公司

经　理　朱　军

太平洋人寿保险股份有限公司泰兴支公司

经　理　潘　庆（至2009-09-09）
　　　　王兆华（2009-09-09任）

泰州出入境检验检疫局泰兴办事处

主　任　沈学友

泰州海关驻泰兴办事处

副主任　胡明清

国税局

局　长　朱　勇

地税局

局　长　虞　健

国家统计局泰兴调查队

队　长　叶建和

省统计局泰兴调查局

局　长　叶建和

国土局

局　长　刘国成

质量技术监督局

局　长　王　坚

工商局

局　长　杨基全

食品药品监督管理局
局 长 何惟欢（女）
电信公司
总经理 孙建华（至2009-04-02）
王开明（2009-04-02任）
邮政局
局 长 仇小甫
供电公司
总经理 封志宏
泰兴石油分公司
经 理 孙建华
烟草专卖局
局 长 王伯楠
气象局
局 长 谢宗锦
盐务局
局 长 燕才良
泰州师范专科学校泰兴校区管理办公室
主 任 戴爱民
泰州市住房公积金管理中心泰兴分中心
副主任 李文章（主持工作）

姜堰市

【概况】 姜堰市位于泰州市中部，东邻海安县，南接泰兴市，北毗兴化、东台市，西连泰州市海陵区、高港区。全市总面积927.52平方千米，人口79.54万人。下辖15个镇、1个省级经济开发区和1个风景区。2009年，全市实现地区生产总值255.76亿元，比上年增长13.5%。其中，第一产业增加值20.24亿元，增长4.7%；第二产业增加值143.30亿元，增长14.2%；第三产业增加值92.22亿元，增长14.9%。三次产业结构比为7.9：56.0：36.1，二、三产业增加值占GDP的比重为92.1%，比上年提高0.4个百分点，产业结构更趋合理。新增私营个体经济注册资本28.07亿元，新增私营企业数和个体经营户数2837户。年末，私营个体经济注册资本达177.40亿元，私营企业数6097户，个体工商户25362户。全年民营经济实现税收16.37亿元，增长2.3%；实现增加值164.08亿元，增长13.5%，占全市GDP比重达64.15%。

【农林牧渔业】 2009年，实现现价农林牧渔业总产值36.45亿元，比上年增长9.9%。完成可比价农林牧渔业总产值34.81亿元，增长4.9%。全年粮食产量50.82万吨，增长2.8%。棉花产量0.26万吨，下降5.1%。油料产量2.65万吨，增长2.0%。全年造林面积2033.33公顷。生猪饲养量79.26万头，其中生猪出栏54.29万头。家禽饲养量1096.72万羽，增加21.49万羽。主要畜产品中，肉类总产量5.09万吨，禽蛋总产量2.10万吨。全年水产品产量3.64万吨。新增高效农业2133.33公顷、高效渔业466.67公顷、设施农业666.67公顷。实施投资50万元以上农业项目109个，新增农业适度规模经营面积3000公顷，其中流转土地2286.67公顷。发展“三大合作”组织，新增农民专业合作组织99家、土地股份合作社15家，新增无公害农产品、绿色食品、有机食品品牌19个。

【工业】 全年实现全部工业现价总产值783.69亿元，比上年增长24.4%。其中，定报企业完成产值552.33亿元，增长25.4%。全年实现全部工业增加值120.87亿元，增长15.5%，全部工业增加值占地区生产总值比重达47.3%。全市594家定报工业企业实现产品销售收入519.15亿元，增长28.1%；实现利税总额53.03亿元，增长32.3%，其中，利润34.34亿元，增长31.5%。

【建筑业】 建筑业生产平稳发展。全市建筑业注册施工人数累计10.5万人，比上年增加1.2%。其中，外出施工人数6.88万人，增加2.8%。全市建筑业累计施工面积3494万平方米，增加9.12%；竣工面积1442万平方米，增长2.9%。全年实现建筑施工总产值266.87亿元、建筑业增加值67.8亿元，分别增长8.1%、29.2%。

【固定资产投资】 2009年，全社会固定资产投资完成额197.14亿元，比上年增长40.4%。其中，城乡规模以上投资124.47亿元，增长33.8%；城乡规模以下投资50.99亿元，增长81.1%；房地产开发完成投资15.82亿元，增长14.1%；城乡居民私人建房5.86亿元，增长8.2%。全社会固定资产投资中，第一产业投资4.87亿元，第二产业投资125.29亿元，第三产业投资66.98亿元，分别增长92.3%、39.1%、40.1%，所占比重分别为2.5%、63.5%、34.0%。全年房地产施工面积167.57万平方米，下降1.7%；竣工面积54.61万平方米，下降16.2%。商品房销售面积56.8万平方米，增长6.2%，商品房销售额19.29亿元，增长16.1%。

【国内贸易】 全市社会消费品零售总额80.22亿元，比上年增长17.7%，其中个体经济零售额54.11亿元，增长13.8%。城乡市场协调发展，城市消费品零售额46.85亿元，增长18.1%；农村消费品零售额33.37亿元，增长16.1%。住宿和餐饮业同步增长。全年住宿业实现零售额0.67亿元，增长14.5%；餐饮业实现零售额7.72亿元，增长12.4%。

【对外经济贸易】 外贸出口全面下降。全市进出口总额（海关数）42357万美元，比上年下降31%，其中，进口总额6549万美元，下降20.3 %；出口总额35808万美元，下降32.6%。利用外资有增有减。全年新批外商投资企业31家，累计达191家。协议利用外资29506万美元，增长55%；实际利用外资（商务部确认数）11381万美元，下降6.8%。对外经济合作继续发展。全年完成外经营业额7880万美元，增长35.3%，新签外经合同额9468万美元，增长74.2%。

【城市建设】 加强城乡规划管理，新一轮城市总体规划启动修编。加大城市建设改造力度，完成城区31个地段21.6万平方米的房屋拆迁。城建六大系列工程有序推进，东方不夜城、城市公馆等旧城改造项目顺利实施，广盛大厦、姜堰宾馆等工程全面启动，一批高层建筑陆续建成。加快实施城区道路、绿化工程，创成省级园林城市。初步建立重心下移、权责明确的城市长效管理机制，建成数字化城管监督指挥信息平台，逐步健全市容环卫基础设施，城区垃圾无害化处理率达94.7%，电动三轮车、流动摊点、废旧品市场等专项整治成效明显。创建国家卫生城通过省级调研考核。引长江水主体工程竣工并实施供水。建设改造农村公路126千米，溱湖大道二期工程全线贯通，改造危桥100座，新、改建排涝站58座、电灌站135座。坝口广场改造顺利实施，北大街历史文化街区保护工程完成规划并正式启动。

【环境保护】 全市环境空气污染指数小于或等于100的天数为322天，空气良好天数达标率为88.2%；饮用水水质状况基本稳定，必测项目均符合《地表水环境质量标准》（GB3838－2002）中Ⅲ类水标准；市区区域环境噪声平均值54.9分贝，交通噪声66.6分贝。环境质量综合指数为84分。全年实施SO_2减排项目1个、COD减排项目7个，共实现SO_2减排997吨，COD减排869.7吨，全面超额完成年度减排各项任务。办理建设项目登记表69件、建设项目环评表117件；审批建设项目施工29件；审核发放排污许可证46家。建设项目“三同时”执行率达100%。

【交通运输】 全年完成交通运输业增加值15.89亿元，按可比价计算增长14.1%，占地区生产总值的比重为6.2% 。完成公路客运量692万人次，公路旅客周转量35270万人千米；完成公路货运量342万吨，公路货物周转量12140万吨千米；完成水路货运量1692万吨，水路货物周转量132570万吨千米，均比上年有所增长。

【邮电业】 全年完成邮电业务收入49674万元，比上年增长13.9%，其中邮政业务收入6903万元，增长37% ；电信业务收入42771万元，增长0.9%。公用通信能力进一步提高。年末局用交换机容量31.19万门，其中市内交换机容量7.5万门，农村交换机容量23.69万门。年末城乡固定电话用户21.25万户，无线市话用户9.09万户，移动电话用户40.2万户。宽带用户56836户，增加12212户。

【财政、金融、保险业】 2009年，全市财政总收入40.94亿元，比上年增长26.1%，其中，地方一般预算收入14.48亿元，增长15.2%。全年财政支出34.17亿元，增长36.2%。

金融运行总体平衡。年末全市金融机构本外币存款余额271.24亿元，比年初增加53.86亿元，增长24.8%，其中，人民币存款余额266.04亿元，比年初增加51.13亿元，增长23.8%；本外币贷款余额172.1亿元，比年初增加45.69亿元，增长36.1%；人民币贷款余额170.88亿元，比年初增加45.09亿元，增长35.8%。在人民币贷款中，短期贷款110.10亿元，比年初增加16.33亿元，增长17.4%。

全年保险业务收入49202万元，比上年增长11.9%。其中，财产险业务收入5895万元，增长23.8%；人寿险业务收入43307万元，增长10.4%。全年保险业务支出24306万元，其中，财产险业务支出3416万元，人寿险业务支出20890万元。

【教育】 全年用于添置教学设施设备、校舍建设改造经费达6000多万元。全市共有7155名学生被全国普通高校录取。姜堰市被授予“江苏省教育现代化建设先进县（市、区）”称号。学校布局调整稳步推进。根据生源变化趋势，先后撤并小学12所、初中5所。完成总投入近7000万元的罗塘高中建设任务，并于秋学期投入使用，原八中和梁徐中学高中部顺利并入该校；孔园中学停办，完成“十一五”教育事业发展规划确定的普通高中学校布局调整任务。优化职业教育资源，按照做大、做强、做优职业教育的要求，对职教中心、二职中和劳动技校进行合并。年末全市拥有普通中学30所，其中，高级中学7所，完全中学2所，初级中学15所，九年一贯制学校6所。中学毕业生人数14838人，其中，高中5584人，初中9254人。中学在校人数42836人，其中，高中16613人，初中26223人。规模职业教育学校1所，在校学生4744人。小学28所，毕业生人数6854人，在校学生数35771人。幼儿园35所，在园幼儿人数17103人。特殊教育学校1所，在校学生552人。年内，姜堰市被表彰为全国推进义务教育均衡发展工作先进地区。

【科技】 发展科技型经济，加快转型升级步伐，设立高新技术企业发展引导资金和专利专项资金，出台促进科技创新系列政策，完成科技创业中心公司化改革；科技招商和产学研合作取得进展，共申请专利1226件，申报国家重点新产品10项，创成省著名商标2件，申报各级各类科技计划项目111个，创建省级院士工作站2家、博士后工作站2家，申报省级以上高新技术企业9家，引进科技孵化项目29个，高新技术产业产值占列统工业产值比重达29.7%，比上年提高1.4个百分点。再次获全国科技进步先进市称号。

【文化、广电】 成功举办第4届中国湿地生态旅游节、溱潼会船节，溱潼镇创成全国特色村镇旅游示范点。成功举办第5届群众文化艺术节，开展10项系列文化活动。“激情三水”广场演出18场。开展“三送工程”，市镇两级送戏下乡260场、送电影1740场、送书43000册。组织开展

“公安春晚”、“河横菜花节”、“环境保护日”大型演出活动；组织开展姜堰市“国庆60周年——祖国颂”群众歌会，参加泰州市国庆60周年群众歌会并获一等奖。做好天目山西周古城遗址、姜堰城区古民居保护和利用工作，划定省级以上文保单位天目山、单塘河遗址、朱氏宅保护范围和建设控制地带；申报6个泰州级“非遗”保护名录代表性传人、整理编辑《姜堰市非遗资料汇编》；按序时进度完成全国第三次文物普查任务；做好相关文保单位（文物点）的修缮、保护、利用工作。

全年电视台、电台在中央台用稿（片）24条，省台用稿（片）103条，泰州台用稿（片）990条，在泰州市以上党报党刊用稿272篇。电台“行风热线”和电视“星期有约”栏目获泰州市优秀栏目。全年新增有线电视用户13998户，门档入户率达102.5%。全年累计投入594万元用于网络改造和基础设施建设，城区15个新建小区的有线电视网络全部采用860MHZ系统设计建设，完成近3万户有线网络的双向改造，为启动数字电视整体转换工程、推介有线电视增值业务奠定基础。乡镇完成37个村的网络升级改造和8个新建小区的管网工程，有线电视组通达率100%。

【卫生】 年末全市拥有各类卫生机构106个，其中，医院16个，卫生院15个，诊所35个，医务室15个，城市社区卫生服务站15个，疗养院1个，急救中心1个，采供血机构1个，妇幼保健所1个，专科疾病防治所1个，疾病预防控制中心1个，卫生监督所1个，医学在职培训机构1个，其他卫生机构2个。年末村卫生室187个。全市拥有床位数2209张，其中，医院1493张，卫生院640张。全市平均每万人拥有卫生技术人员33人、医生16人、床位28张。全面推行农村新型合作医疗，覆盖率达99.1%。

【体育】 开展“全民健身与和谐同行”主题活动，先后举办“迎国庆”全市职工乒乓球赛、老年门球赛、象围棋赛、乡镇篮球赛、“府西人家”市级机关运动会。8月8日，在姜堰二中举行“全民健身日”启动仪式暨全民健身展示活动。成功举办全国乒超联赛（北大方正VS山东鲁能），承办2009年“肯德基杯”全国青少年三人篮球冠军挑战赛姜堰赛区常规赛、泰州市中小学篮球赛、泰州市中小学生田径运动会、姜堰市中小学生田径运动会、姜堰市小学篮球赛。在第11届全运会上，姜堰籍选手获4金4银。

【人口与计划生育】 年末全市总户数27.51万户，比上年末减少1041户，总人口79.54万人，比上年末减少230人，其中，女性39.26万人，占49.4%。全年出生人数4970人，人口出生率为6.25‰；死亡人数7344人，死亡率为9.23‰；人口自然增长率比上年下降2.98‰。

【人民生活】 年末城镇在岗职工人数47999人，比上年增加951人。年末城镇登记失业率为3%，下降0.05个百分点。职工工资水平继续提高。全年城镇在岗职工工资总额12.82亿元，增长13.5%。城镇在岗职工平均工资26570元，增加3469元，增长15%。城镇居民人均可支配收入达18147元，增加1924元，增长11.9%。农民收入稳步增长。据农村住户抽样调查资料显示，2009年姜堰市农民人均纯收入为8003元，比上年增加832元，增长11.6%。居民储蓄存款持续增加。年末城乡居民人民币储蓄存款余额达177.03亿元，比年初增加24.32亿元，增长15.9%。发展社会保障和福利事业。年末城镇劳动保障三大保险覆盖率达97.9%，其中，参加失业保险人数5.85万人，失业保险覆盖率97.2%；参加基本养老保险人数11.99万人，基本养老保险覆盖率97.9%；参加医疗保险人数15.23万人，基本医疗保险覆盖率达98.7 %。全市享受农村最低生活保障的有8400户12227人，享受城镇最低生活保障的有1644户3260人。全年发放最低生活保障金额989万元，其中，农村727万元，城镇262万元。

2009年姜堰市乡镇简况一览表

表39

乡镇	土地总面积（平方千米）	年末人口(人)	居委会（个）	行政村（个）	农业总产值（万元）	农民人均纯收入（元）	工业总产值（万元）	粮食总产量（吨）	棉花总产量（吨）	油料总产量（吨）
姜堰镇	46.48	154929	21	20	21150	10856	1081255	16351	0	832
溱潼镇	28.13	29309	4	9	11028	8690	265397	12090	63	581
蒋垛镇	64.94	50687	1	17	30151	6962	184105	39665	0	886
顾高镇	38.2	29803	—	11	12865	6411	151178	21218	0	2223
大伦镇	55.02	42420	—	16	24996	6604	196179	32226	0	1801
张甸镇	93.58	77524	1	35	35106	7041	342803	60233	0	3270
梁徐镇	66.64	53055	—	22	23624	9297	729449	38583	0	2665
桥头镇	38.02	24563	—	7	15736	8833	144676	24334	38	544
淤溪镇	71.64	42401	2	15	20337	8280	191448	21598	1086	2829
白米镇	54.88	44946	2	17	24531	9686	1103291	35631	0	1265

续表39

乡 镇	土 地 总面积（平方千米）	年末人口(人)	居委会（个）	行政村（个）	农 业 总产值（万元）	农民人均纯收入（元）	工业 总产值（万元）	粮 食 总产量（吨）	棉 花 总产量（吨）	油 料 总产量（吨）
娄庄镇	67.91	47149	2	17	27885	10261	683448	46576	41	2061
沈高镇	56.73	35691	1	15	36792	9195	378154	35378	254	2022
兴泰镇	36.91	24817	—	8	13096	8823	291200	26687	7	1062
俞垛镇	79.77	49248	1	18	30804	8790	725718	44147	862	2147
华港镇	69.7	41250	2	17	27214	8401	327480	34387	249	1543
开发区	43.49	43050	1	17	8055	9015	651000	15119	0	729
风景区	10.47	4510	—	1	—	—	—	—	—	—
其 他	4.76	—	—	—	2097	—	—	1512	0	0

·组织机构及负责人·

中共姜堰市委员会

书　记　王仁政
副书记　蔡德熙
　　　　高永明
常　委　王仁政
　　　　蔡德熙
　　　　高永明
　　　　莫鹏程
　　　　夏月林
　　　　仲亚岭
　　　　栾立平
　　　　钱　娟（女）
　　　　戴庆柳
　　　　汪亚强
　　　　戚才俊（2009-04任）
　　　　林　伟（挂职）

办公室
主　任　张士林

研究室
主　任　张士林（兼）

组织部
部　长　戴庆柳

组织员办公室
主　任　王圣彪

非公经济组织党工委
书　记　丁如根

宣传部
部　长　钱　娟（女）

精神文明办公室
主　任　胡中华

新闻中心
主　任　陶惠林（兼）

统战部
部　长　陈文亚（兼）

政法委
书　记　钱　娟（女，至2009-04）
　　　　戚才俊（2009-04任）

综治办
主　任　张　进

农工办
主　任　许仁俊

台办
主　任　景吉跃（兼，至2009-04）
　　　　王　方（2009-04任）

编委办
主　任　黄彭赣

机要保密局（国家密码管理局）
局　长　陆　进（至2009-06）

老干部局
局　长　申忠华（兼，至2009-04）

市级机关党委
书　记　宋书圣

610 办公室
主　任　拜志强

党　校
校　长　戴庆柳（兼，2009-04任）

行政干部学校
校　长　仲亚岭（兼）

史志档案办
主　任　周建军

姜堰市人大常委会

主　任　高永明
副主任　尹　刚

张正华
张逸群
王　萍（女）

办公室

主　任　高亚军

财经工委

主　任　杨　希（女）

社会事业工委

主　任　钱忠林

法制工委

主　任　李新荣（女）

人事代表工委

主　任　曹德锋

农村工委

主　任　徐　刚

姜堰市人民政府

市　长　蔡德熙
副市长　仲亚岭
林　伟（挂职）
戚才俊（至2009-04）
钱拥军
缪　鸿
张红霞（女）
朱嘉浩（2009-02任）
钱爱社（2009-04任）
刘瑾亮（挂职）
市长助理　周如勇（2009-04任）

办公室

主任、党组书记　汤文林（至2009-04）
刘文荣（2009-04任）

研究室

主　任　刘文荣

发改委

主任、党组书记　陈以寿

经济发展局

局长、党委书记　魏玉山

乡镇企业管理局

局　长　魏玉山（兼）

中小企业局

局　长　周亚平

工业资产经营公司

董事长　魏玉山
总经理　游海涛

教育局

局　长　董　健（至2009-02）
武晓明（2009-02任）
党委书记　董　健（至2009-03）
武晓明（2009-03任）

科技局

局长、党组书记　王亚亲

知识产权局

局　长　王亚亲（兼）

公安局

局长、党委书记　周如勇
政　委　陈爱玲（女，至2009-03）
陆　进（2009-04任）

督察队

队　长　徐汉邦

指挥中心

主　任　蒋亚明
教导员　钱宏生

国内安全保卫大队

大队长　赵　林
教导员　杨　俭

治安警察大队

大队长　李　健
教导员　姜庆海

交巡警大队

大队长　陈元福

刑警大队

大队长　陈书根
教导员　叶姜生

经济犯罪侦查大队

大队长　于忠海
教导员　蔡鹏飞

水上警察大队

大队长　谢兴社（至2009-03）
教导员　孔祥欣

监察局

局　长　周益隆

经济环境监察中心

主　任　周益隆

民政局

局长、党委书记　王　跃

双拥办

主　任　颜礼明（至2009-04）
景吉跃（2009-04任）

老龄办

主　任　曹　玲（女）

司法局

局　长　陆红梅（女，至2009-02）
党组书记　陆红梅（女，至2009-03）

财政局

局长、党组书记　钱爱社（至2009-04）

尤玉华（女，2009-04任）

财政监督稽查局

局　长　朱　斌

预算外资金办公室

主　任　丁爱华

财政集中支付中心

主　任　钱忠健

国有资产管委会办公室

主　任　钱爱社（至2009-05）
　　　　尤玉华（女，2009-06任）

国投集团公司

董事长　仲亚岭（兼）
总经理　钱爱社（兼至2009-04）
　　　　尤玉华（女，2009-04任）

人事局

局　长　黄彭赣

劳动和社会保障局

党组书记　王应林
局　长　胡建华（女）

社会保险管理中心

主　任　钱友才

国土局

局长、党组书记　吴子玉

建设局

局　长　俞　进（至2009-04）
　　　　汤文林（2009-04任）
党委书记　俞　进

房产管理局

局　长　李国章(兼)

规划局

局　长　张　纯（至2009-02）
　　　　沈　梅（2009-04任）
党组书记　张　纯（至2009-03）
　　　　　沈　梅（2009-04任）

城市管理局

局　长　王　方（至2009-04）
　　　　颜礼明（2009-04任）
党组书记　夏建琪

交通局

局长、党委书记　左　明

地方海事处

处　长　朱桂凤

水利局

局长、党委书记　陈永吉

农委

主　任　张红霞(女，兼)

农业局

局长、党委书记　王玉才

农干校

校　长　孔令寿

农业技术推广中心

主　任　韩春贵（至2009-03）

农科所

所　长　张存銮（至2009-07）
　　　　钱存金（2009-07任）

对外贸易经济合作局

局长、党组书记　树桂义

企业投资服务局

局　长　树桂义

文化局

局长、党组书记　周　谅

新闻出版局

局　长　周　谅

卫生局

局长、党委书记　凌　涛

人口和计生委

主任、党组书记　王天波

审计局

局　长　马　林
党组书记　孙志远

环保局

局长、党组书记　陈中华

统计局

局长、党组书记　林俊宽

安全生产监督管理局

党组书记　张如春
局　长　沈锦云

物价局

局　长　俞扬贯
党组书记　杭春发（至2009-03）
　　　　　黄　强（2009-04任）

粮食局

局　长　薛维昌
党委书记　薛维昌

信访局

局　长　王余根

人民建议征集办公室

主　任　王余根

民宗局

局　长　许恒才

法制局

局　长　刘兆山（至2009-06）
　　　　吴俊明（2009-09任）

无管办

主　任　杨圣言

应急办

主任　（空缺）
外事办（侨办）
主　任　景吉跃
爱国卫生运动委员会办公室
主　任　蒋茂喜
机关事务管理局
局长　（空缺）
林业局
局　长　周洪祥（至2009-03）
人防办
主　任　李建胜
行政服务中心
主任、党组书记　高慈祥
体育局
局　长　陈国胜
广电局
局长、党组书记　黄跃华
农业机械管理局
局长、党委书记　赵文澜（2009-03任）
农业资源开发局
局　长　陈亮宏
建筑工程管理局
局长、党委书记　范宏甫（至2009-04）
　　　　　　　　宋　羽（2009-04任）
中江正太公司
总经理　范宏甫（至2009-04）
　　　　宋　羽（2009-04任）
贸易局
局　长　沈　梅（至2009-04）
　　　　邰　宏（2009-04任）
党委书记　邰　宏
供销总社
主　任　陈希斌（至2009-04）
　　　　邰　宏（2009-04任）
江苏省姜堰经济开发区
党工委书记　夏月林（兼）
主　任　周昌云
开发区办事处
主　任　徐　林
党政办公室
主　任　柳泽友（兼）
经济发展局
局　长　李华中（兼）
招商局（开发区经济发展局挂牌机构）
局　长　李华中（兼）
建设管理局
局　长　陈建章（兼）
社会事业局
局　长　徐　林（兼）
财政审计局
局　长　胡大明（兼）
纪工委
书　记　柳泽友
溱湖风景区
党工委书记　肖乐平（至2009-04）
　　　　　　刘志群（2009-04任）
主　任　刘志群
溱湖湿地公园管理处
主　任　秦永金（兼，2009-07任）
旅游局
局　长　刘志群（兼）
江苏省姜堰中学
校　长　高志雄
党总支书记　申忠华
姜堰市职业教育中心校
校　长　丁政国（至2009-03）
　　　　武晓明（兼，2009-03任）
姜堰市第二中学
校　长　陈余根
溱潼中学
校　长　徐树旺
张甸中学
校　长　张金华
人民医院
院　长　陈文德
党委书记　申仕海
中医院
院长、党总支书记　沈宇清

政协姜堰市委员会

主　席　莫鹏程
副主席　颜大龙
　　　　钱拥军
　　　　周　林
　　　　夏彩霞（女）
　　　　陈文亚
秘书长　张苏平
办公室
主　任　张苏平
提案委
主　任　钱元君
学习文史委
主　任　缪卫东
经济科技委
主　任　石存元

社会事业委

主　任　王　明

中共姜堰市纪律检查委员会

书　记　栾立平

法院、检察院、人武部

法　院

院长、党组书记　汤建国

检察院

检察长　苍月岚（至2009-12）
　　　　童连芳（2009-12代任）

党组书记　苍月岚（至2009-12）
　　　　　童连芳（2009-12任）

反贪局长　刘　贵

人武部

部长　汪亚强

政委　史　军

群众团体

总工会

主　席　肖乐平（2009-04任）

党组书记　夏国萍(女)

团市委

书　记　张　勇（至2009-07）

妇　联

主　席　（空缺）

工商联

会　长　周　林

党组书记 吴　彪（兼，2009-04任）

科　协

主席、党组书记　王百年

残　联

理事长、党组书记　游庆宝

侨　联

主　席　景吉跃（兼）

社科联

主　席　陶惠林（兼，至2009-07）
　　　　刁义峰（2009-07任）

文　联

主　席　陶惠林（2009-07任）

镇

姜堰镇

党委书记　尤玉华（女，至2009-04）
　　　　　戴兆平（2009-07任）

人大主席　俞扬祖（至2009-07）

镇　　长　戴兆平（兼）

溱潼镇

党委书记　肖乐平（至2009-04）
　　　　　秦永金（2009-04任）

人大主席　顾社林（至2009-03）
　　　　　秦永金（兼，2009-07任）

镇　　长　曹圣基

蒋垛镇

党委书记　莫鹏权

人大主席　莫鹏权（兼）

镇　　长　何　剑

顾高镇

党委书记　戴明亮

人大主席　戴明亮（兼）

镇　　长　孙大明

大伦镇

党委书记　吴　琼

人大主席　吴　琼（兼）

镇　　长　丁昌文（至2009-04）
　　　　　王国斌（2009-07任）

白米镇

党委书记　黄健全

人大主席　黄健全（兼）

镇　　长　周旺根

娄庄镇

党委书记　武晓明（至2009-02）
　　　　　李宝权（2009-04任）

人大主席　武晓明（至2009-03）
　　　　　章惠明（2009-07任）

镇　　长　李宝权（至2009-04）
　　　　　陈希斌（2009-04任）

沈高镇

党委书记　卜青山

人大主席　陈冬官

镇　　长　孙来扣

兴泰镇

党委书记　盛育河

人大主席　徐武庆

镇　　长　王荣明

俞垛镇

党委书记　花庆如

人大主席　袁　勤

镇　　长　赵文澜（至2009-03）
　　　　　郑洪林（2009-04任）

张甸镇

党委书记　薛金林
人大主席　薛金林（兼）
镇　　长　段厚林

梁徐镇

党委书记　丁家余
人大主席　钱兔琳（女）
镇　　长　周宏才

桥头镇

党委书记　张亚平
人大主席　单春旺
镇　　长　王国斌（至2009-07）
　　　　　俞扬祖（2009-07任）

淤溪镇

党委书记　滕宝根（至2009-12）
人大主席　滕宝根（兼，至2009-12）
镇　　长　周建华

华港镇

党委书记　秦永金（至2009-04）
　　　　　王长林（2009-07任）
人大主席　陆光华
镇　　长　王长林（至2009-07）
　　　　　张　勇（2009-07任）

垂直管理部门（单位）

国税局

局长、党组书记　王申筛

地税局

局长、党组书记　吉秋根

工商局

局长、党组书记　李国民

质量技术监督局

局长、党组书记　张建强

食品药品监管局

局　长　薛建国（至2009-01）
　　　　徐跃进（2009-01任）
党组书记　薛建国

邮政局

局长、党委书记　徐赣林（2009-12任）

邮政储蓄银行

行　长　徐向春

电信公司

总经理、党委书记　刘　洪

供电公司

总经理　刘宝生
党委书记　邹文斌

烟草专卖局

局长（经理）、党组书记　张礼伯（至2009-02）
　　　　　　　　　　　　陈　啸（2009-02任）

盐业公司(盐务局)

局长（经理）　李克通
支部书记　丁　华

气象局

局　长　朱爱国

中国人民银行姜堰市支行

行长、党组书记　刘艳霞（女）

中国工商银行姜堰市支行

行长、党委书记　束长春（2009-01¯2009-06）
　　　　　　　　刘剑平（2009-07任）

中国农业银行姜堰市支行

行长、党委书记　顾家训

中国建设银行姜堰市支行

行长、党委书记　张金和

中国银行姜堰支行

行长、党委书记　刘靖珉（至2009-04）
　　　　　　　　张建勇（2009-04任）

中国农业发展银行姜堰市支行

行　长　汪建国（至2009-02）
　　　　赵季民（2009-02任）

姜堰市农村合作银行

董事长、党委书记　洪其华
行　长　申和健

中国人民保险公司姜堰市支公司

总经理　许如宏

中国人寿保险有限公司姜堰市支公司

经　理　黄　伟

新华书店

经　理　王万军

住房公积金管理中心（正科级）

主　任　（空缺）

中石油公司

经　理　尚　闻

中石化公司

经　理　陶　潜（2009-01¯2009-04）
　　　　王旭华（2009-04任）

学习实践科学发展观活动

综　述

【概况】 全党深入学习实践科学发展观活动自上而下分三批进行，根据中央和省委统一部署，泰州市开展第二批和第三批学习实践科学发展观活动，每批半年时间，其中每批又分3个阶段——学习调研阶段、分析检查阶段和整改落实阶段。

泰州市第二批深入学习实践科学发展观活动3月23日正式启动，到8月底基本结束。列入第二批学习实践活动范围的，主要包括6个市（区）及其429个机关部门，91个市直部门（单位）和2所高校；党员65180名，其中地厅级领导干部42名，县处级领导干部732名，科级干部5601名，离退休党员11255名。在第二批学习实践活动中，泰州市突出实践特色、坚持典型引路的做法，得到省委学习实践活动办公室和省委指导检查组的充分肯定；泰州市开展"三服务"活动的有关情况，分别在中央电视台"新闻联播"、中央人民广播电台、《人民日报》、人民网、《新华日报》等中央和省主流新闻媒体报道，并被省委《快报》采用；以"四问"掀起新一轮解放思想大讨论热潮、配强督导力量促进工作落实等做法，得到省委学习实践活动办公室的肯定。泰州市医药园区和靖江市被确定为全省科学发展的先进典型。

第三批深入学习实践科学发展观活动9月16日正式启动，到2010年2月底基本结束。列入第三批学习实践活动范围的基层党组织4900个，其中乡镇87个、街道12个、村1596个、社区248个、中小学校328个、新经济组织 2414个、新社会组织36个、医院147个、其他38个；党员190276名，其中60岁及以上62716名，初中及以下文化程度98309名，流动党员5500多名。第三批学习实践活动中，全市针对农村差异、坚持分类指导的做法，得到国家副主席、中央深入学习实践科学发展观活动领导小组组长习近平以及省委、省政府主要领导同志的批示肯定，省委学习实践活动领导小组以工作通报形式向全省进行转发；泰兴等地直评村官的做法，得到了中组部部长李源潮的批示肯定；推出的先进典型靖江市法院江阴园区法庭副庭长陈燕萍被中宣部列为2010年第一个全国重大典型，靖江市开展"三联动三结对"活动确保学习实践活动取得实效的做法被中央电视台"新闻联播"、《人民日报》等中央和省主流新闻媒体集中报道。

【组织机构】 市委成立深入学习实践科学发展观活动领导小组，市委书记、市人大常委会主任张雷任组长，市委副书记、市长姚建华，市委副书记王守法，市委常委、组织部长李国华，市委常委、宣传部长缪志红，市委常委、常务副市长杨峰任副组长，市委组织部等21个部门的负责人任成员。领导小组下设办公室，李国华、缪志红兼任办公室主任，市政府秘书长王群，市纪委副书记、监察局局长张余松，市委副秘书长、研究室主任顾维中，市委组织部副部长、非公经济组织工委书记程秋喜，市委宣传部副部长、省社科院泰州分院党组书记黄林华任副主任。办公室下设组织协调组、综合材料组、学习宣传组、督导联系组等4个组。在第三批学习实践活动中，领导小组成员单位增加市委统战部。

第二批学习实践活动成立7个督导组，分别由市人大常委会副主任、党组副书记张正方，市人大常委会副主任、党组成员戈丽和，市政协副主席、党组副书记周书国，市政协副主席、党组成员王东，市人大常委会副主任、党组成员王泓卫，市政协副主席、党组成员、统战部部长胡冬生，市政协副主席、党组成员殷美娟担任组长。第三批学习实践活动成立2个巡回检查组，对各市（区）及市直有关党（工）委学习实践活动开展情况进行巡回检查和督查。

重　要　纪　事

【第二批深入学习实践科学发展观活动】 3月23日，市委召开深入学习实践科学发展观活动动员大会，对全市开展深入学习实践科学发展观活动进行全面部署。市委常委，市委学习实践活动领导小组成员，市人大、市政府、市政协党员领导同志，法院、检察院党组书记，市纪委副书记，各市（区）委书记、常委组织部长、组织部分管部长，市委各部委办、市各委办局、市各直属单位主要负责人，市委学习实践活动督导组组长、副组长出席会议。市委书记、市人大常委会主任、市委学习实践科学发展观活动领导小组组长张雷作动员讲话，市委副书记、市长、市委学习实践科学发展观活动领导小组副组长姚建华主持会议，省委学习实践活动第二指导检查组组长、省民政厅副厅长钮学兴到会并讲话。

3月24日，市委学习实践活动领导小组办公室召开办公室及督导组成员会议，市委常委、宣传部长、市委学习实践科学发展观活动领导小组副组长缪志红主持会议，市委常委、组织部长、市委学习实践科学发展观活动领导小组副组长李国华出席会议并讲话。

3月27日，市委书记张雷赴高港作科学发展观专题辅导报告，并赴联系点永安洲镇调研滨江新城和核心港区的规划建设。

4月8日～10日，省委学习实践活动第二指导检查组组长、省民政厅副厅长钮学兴带队赴泰兴市、靖江市调研学习实践活动开展情况。

4月9日，省委常委、常务副省长赵克志赴第二批学习实践活动联系点泰兴市调研学习实践活动，对泰兴市开展学习实践活动取得的成效给予充分肯定，并要求进一步深化对学习实践活动重大意义的认识，通过扎实的工作，努力在解放思想上取得新进步，在解决问题上取得新突破，在改善民生上取得新成效。

4月9日，市委书记张雷赴泰兴调研开发园区工作，要求深入开展学习实践科学发展观活动，进一步创新思路，突出重点，努力打造特色园区，不断增创竞争优势，推动经济社会又好又快发展。市委常委、组织部长李国华陪同调研。

4月10日，市委副书记、市长姚建华赴联系点扬子江药业集团和泰州市国税局调研学习实践科学发展观活动。

4月12日，中央第三巡回检查组组长徐荣凯检查泰州市学习实践活动开展情况。

4月24日，召开全市开发区及部分市属企业学习实践活动座谈会，就深入开展学习实践活动，更好地应对金融危机，进一步凸显开发区发展优势进行交流。市委常委、组织部长、市委学习实践科学发展观活动领导小组副组长李国华出席会议并讲话，副市长卢佩民主持会议。

5月6日，召开部分市级机关部门学习实践活动座谈会，就推进全市重大项目、重点工程、重要民生实事的落实进行座谈。市委常委、组织部长、市委学习实践科学发展观活动领导小组副组长李国华出席会议并讲话，市委常委、常务副市长、市委学习实践科学发展观活动领导小组副组长杨峰主持会议。

5月11日，市委中心组集中交流学习实践科学发展观心得体会。市委书记张雷主持学习交流会并讲话。市领导陈国华、何榕、王振南、卢佩民、王东等分别在学习交流会上作交流发言。

5月11日～13日，省委学习实践活动第二指导检查组组长、省民政厅副厅长钮学兴带队赴兴化、海陵、开发区、医药城检查学习实践活动开展情况。

5月14日，市委书记张雷主持召开深入学习实践科学发展观活动领导小组会议，总结学习实践活动第一阶段工作，研究部署第二阶段重点。

5月15日，全市召开学习实践科学发展观活动推进会，回顾总结学习实践活动学习调研阶段工作，部署分析检查阶段各项工作。

5月21日，市委书记张雷主持召开市级机关部门（单位）党员干部代表座谈会，征求对市委常委领导班子的意见和建议。

5月22日，市委副书记、市委学习实践科学发展观活动领导小组副组长王守法主持召开党外人士征求意见座谈会，征求对市委常委领导班子的意见和建议。

5月25日，市委副书记、市长、市委学习实践科学发展观活动领导小组副组长姚建华主持召开市（区）、乡镇（街道）、村（社区）主要负责同志征求意见座谈会，征求对市委、市政府领导班子的意见和建议。

5月26日，全省第二批学习实践活动巩固深化学习成果座谈会在泰举行。省委副书记、组织部长王国生到会讲话。市委书记张雷，市委常委、组织部长李国华参加会议。王国生充分肯定前一阶段学习实践活动取得的明显成效,要求结合解放思想深化学习，把思想认识从那些违背科学发展观要求的观念、做法和体制机制的束缚中解放出来；要联系分析检查深化学习，及时把学习成果运用到各项工作中去，做到查找问题更准、研究分析更透、发展思路更清、整改措施更实；要围绕提升能力深化学习，把学习与实践更加紧密地结合，使各级领导班子和领导干部科学发展能力有明显提升；要着眼改进作风深化学习，继续深入开展“三走进三服务”活动，组织机关党员干部在走进基层中受教育、在服务群众中增才干，以优良作风推动科学发展。

6月5日，市委常委会围绕“学习和实践科学发展观”主题，召开专题民主生活会，省委学习实践活动第二指导检查组组长、省民政厅副厅长钮学兴等到会。

6月8日～9日，中央第三巡回检查组副组长吴恒检查泰州市学习实践活动开展情况。

7月3日，全市举行“践行科学发展观 我为泰州作贡献”报告会，市委书记张雷强调，加快发展要树立紧迫意识、危机意识、责任意识、创新意识、廉政意识，勇于变革，大胆探索，奋力推进泰州科学发展、跨越发展。市领导姚建华、陈克勤、王守法、李国华、陈国华、刘建国、缪志红、何榕等出席。

7月7日，召开全市学习实践科学发展观活动整改落实工作推进会，标志第二批学习实践活动转入整改落实阶段。

7月17日，省委学习实践活动第二指导检查组一行赴泰兴和姜堰检查学习实践活动开展情况。

8月5日，省委学习实践活动第二指导检查组组长、省民政厅副厅长钮学兴带队，检查市级机关部门（单位）和高港区整改落实方案制定情况，市建设局、劳保局、民政局、财政局、物价局、卫生局、经贸委等部门分别发言。

8月13日～18日，全市组织开展市委常委会深入学习实践科学发展观活动群众满意度测评工作。参加评议的对象为：市委委员；市人大、政府、政协领导班子成员；市人大常委、市政协常委；市直各部门（单位）副处级以上领导干部，部分普通党员、群众代表；各民主党派、工商联主要负责人和无党派代表人士；各市（区）党政主要负责人；学习实践活动特邀“两代表一委员”。

8月19日，省委学习实践活动第二指导检查组就市委常委会满意度测评结果进行汇总。总体评价“满意”的占96.03%，“比较满意”的占3.97%。

8月26日～28日，市委学习实践活动7个督导组对市（区）及市级机关部门（单位）学习实践活动开展情况进行全面检查考核。

【第三批深入学习实践科学发展观活动】 9月16日，市委召开第二批学习实践活动总结暨第三批学习实践活动工作会议，市委书记张雷讲话，市委副书记、市长姚建华主持会议，省委学习实践活动指导检查组黄晓春对学习实践活动提出要求。

9月27日，市委学习实践活动领导小组办公室与教育、卫生、民政、统战等部门（单位）联合召开工作会议，并成立第三批学习实践活动专项工作小组及办公室。

10月9日，省委学习实践活动巡回检查组赴海陵区检查第三批学习实践活动学习调研阶段有关情况。

10月16日，市委学习实践活动领导小组办公室确定泰州市律师协会党委等40家非公经济组织和新社会组织党组织为市委学习实践活动领导小组办公室重点联系单位，并召开第三批学习实践活动重点联系单位动员会。

11月3日～4日，中共中央政治局常委、中央书记处书记、国家副主席、中央深入学习实践科学发展观活动领导小组组长习近平，在中央学习实践活动领导小组办公室《简报》第837期“江苏省泰州市着力解决部分村干部‘四大’认识误区”一文上批示，“保华、志军同志：江苏省泰州市针对农村差异，坚持分类指导。开展第三批学习实践活动，面向基层，务必抓得具体、因地制宜，要贯穿始终地把握好这种方法。”省委书记、省人大常委会主任梁保华，省委副书记、省长罗志军，省委副书记、组织部长王国生等领导分别批示，要求坚持分类指导，因地制宜，抓实抓具体，把泰州的经验在全省推广。

11月4日，市委书记张雷赴第三批学习实践科学发展观活动联系点高港区永安洲镇调研。张雷要求，以科学发展观为指导，进一步统一思想，振奋精神，高起点规划，大力推进核心港区建设。市委常委、组织部长李国华陪同调研。

11月9日，中共泰州市委作出在全市开展向陈燕萍同志学习活动的决定。

11月10日，江苏电视台“江苏新时空”栏目组赴泰州市就贯彻落实习近平同志批示精神进行采访报道。

11月11日，省委常委、省纪委书记冯敏刚到第三批学习实践活动联系点兴化市戴南镇，就学习实践活动开展情况进行调研。市领导姚建华、李国华、陈国华陪同。

11月18日，中共中央政治局委员、中央书记处书记、中组部部长李源潮就泰州市第三批学习实践活动中开展村民直评村官活动的做法专门作出批示，对此项工作给予充分肯定。批示内容如下：“江苏泰州探索村民直评村官的效果很好，这是在党的领导下的村级民主自治机制实行的有效监督做法之一。是否可考虑在第三批学习实践活动中让有条件的地方都试一试。”

11月26日，召开全市第三批学习实践活动推进会，整个活动由学习调研阶段转入分析检查阶段。

11月30日，召开全市重点联系单位学习实践活动推进会，市委常委、组织部长李国华出席会议并讲话，市委常委、常务副市长杨峰主持会议。

特 色 工 作

【概况】 全市两个批次学习实践活动，指导思想科学明确，各级领导高度重视，安排部署周密有序，既实现中央和省委“规定动作”要求，又突出泰州“自选动作”特色，较好地达到“党员干部受教育、科学发展上水平、人民群众得实惠”的总体要求，取得显著成效。活动中，全市始终坚持分类指导原则，紧密结合实际制定各批次、各类型工作方案，围绕群众满意目标出实招、求实效，两批联动抓好整改措施的落实，兴办一批好事、实事。群众对市委学习实践活动的满意率为96.03%，较满意率为3.97%，对第三批学习实践活动的满意率为96.2%。《群众》杂志以《用科学发展观统一思想、凝聚共识》为题，介绍泰州市开展学习实践活动的做法和经验。

【六个始终坚持】 在两批学习实践活动中，泰州市围绕“党员干部受教育、科学发展上水平、人民群众得实惠”总要求，紧密结合市情实际，科学确定“六个始终坚持”的总体思路，推动学习实践向纵深发展，不断彰显实践特色。即:始终坚持把“践行科学发展观 我为泰州作贡献”，作为学习实践活动的主题;始终坚持把“三年再来一个大变化”，作为学习实践活动的目标;始终坚持把保增长保民生保稳定，作为学习实践活动最需要取得的成效和最大的实际;始终坚持把“学习先进经验、推动科学发展”，作为学习实践活动的具体行动;始终坚持把推进全市重点工程、重大项目、重要民生实事的落实，作为检验学习实践活动成效的标准；始终坚持把强化基层组织建设作为推进学习实践活动的难得机遇，加强领导、精心组织，营造氛围、强化督查，有力有序推进深入学习实践科学发展观活动。

【分类指导】第三批学习实践活动启动后，泰州市及时成立农村学习实践活动指导组，将全市1596个村分为“十强村”、“先进村”、“中间村”及“后进村”等类型，以指导组成员为主体，采取市、市（区）联动方式，深入开展谈心走访活动，着力解决村干部不同程度存在的“不需发展、不愿发展、不敢发展、不会发展”等问题。此做法，得到了习近平同志以及省委省政府主要领导的批示肯定。新华社通稿《全国农村和城市基层第三批学习实践活动扎实有效各具特色》、央视“新闻联播”、《新华日报》、江苏电视台“江苏新时空”栏目相继对这一做法进行报道，省委学习实践活动领导小组以工作通报形式向全省进行了转发。主要做法一是注重典型引导，着力解决十强村“已经很好不需发展”的问题。通过走访、座谈等形式，找准村发展中的“薄弱点”。本着“一村一策”原则，广泛搜集一些全国知名村、特色村的成功经验，在对比中落实好“借鉴点”。通过激励谈话，引导村干部向知名村、特色村看齐，取人之长、补己之短，激发发展热情。二是注重提高认识，着力解决先进村“比下有余不愿发展”的问题。引导树立“不进则退，慢进亦退”的忧患意识、“能快则快，好中求快”的发展意识、“奋力争先，勇创一流”的竞争意识，克服固步自封、小进即喜、小富即安、小成即满的思想，做到居安思危，创大业、干大事。三是注重提振信心，着力解决中间村“缺乏胆识不敢发展”的问题。通过帮助找准发展优势中增强信心，帮助如何规避风险中壮大胆量，帮助明确发展责任中激发热情。四是注重帮扶教育，着力解决后进村“能力一般不会发展”的问题。通过传导思路、传授知识、传播信息，向村干部传递一些致富信息、致富方法，知道发展什么、怎样发展。

【村民直评村官】在第三批学习实践活动中，为着力找准查透影响和制约科学发展的突出问题，泰州市针对农村工作实际，在试点的基础上，全面开展“村民直评村官”活动，让广大镇村干部在深入联系群众中调查了解群众的所想、所怨、所盼，让全体村干部在村民面对面的质询评议中知不足、明方向、强措施。整个直评活动分述职、质询、评议、座谈四步进行，保证了村民参与的广泛性、诉求表达的直接性、问题整改的严肃性。2009年11月18日，李源潮同志专门作出批示，对此项工作给予充分肯定。批示内容如下：“江苏泰州探索村民直评村官的效果很好，这是在党的领导下的村级民主自治机制实行的有效监督做法之一。是否可考虑在第三批学习实践活动中让有条件的地方都试一试。”截至整个学习实践活动结束，在“村民直评村官”活动中，全市有1040个村的6126名村干部接受了群众直评，参加评议村民301604人，共征求群众意见17900多条，查找突出问题6847个，群众质询事项1676个，一大批农村热点、难点问题通过“直评”活动得到解决。

【“四问”大讨论】围绕“三年再来一个大变化”目标，全市扎实开展“四问”解放思想大讨论活动，努力为泰州科学发展、加快发展、跨越发展凝心聚力。一问“差距在哪里”。把大讨论的首要任务，聚焦到排找差距、认清问题上，通过采取“坐下来”学习理论、“沉下去”调查研究、“走出去”学习考察等形式，组织开展民意调查、网络媒体征集、中心组交流讨论等活动，广泛查找发展中存在的问题和差距；二问“制约有哪些”。把大讨论的核心问题，切入到查找影响泰州发展的制约因素上，共查找出省级开发区处于初级开发阶段、重大招商引资项目不多等五个发展质量等客观制约因素和发展危机感还不够强、标杆还不够高、激情还不够足、理念还不够新等六个主观制约因素；三问“优势是什么”。把大讨论的关键环节，定位在发现优势上，引导全市上下提振信心，抢抓机遇。通过深入讨论，一致认为泰州至少有三大明显优势：一是泰州长江大桥开工建设和交通条件日益完善，为泰州带来新的发展优势；二是泰州被省委省政府确定为沿江开发重点发展区和生物医药产业基地，为泰州带来新的发展空间；三是国际国内产业转移加速和长三角经济一体化步伐加快，为泰州带来新的发展机遇；四问“我们怎么干”。把大讨论的最终目的，落脚到出实招求实效上，引导全市上下敢说敢为、立说立行，并且分别形成“三年大变化，我们如何变”的详细规划，制定出“我为泰州作贡献具体行动”方案。

【“三服务”活动】泰州市在学习实践活动中，坚持从当前形势所需和发展所急出发，围绕实现全市经济社会“三年再来一个大变化”主题，紧密结合地方发展实际，扎实开展以“服务企业、服务投资者、服务项目”为主要内容的“三服务”活动，拓宽实践渠道、强化实践特色，为推动全市经济平稳较快发展注入强大动力。一是坚持部门联动，破解企业发展难题。建立由63个市级机关部门单位组成的“三服务”活动工作网络，明确工作职责，落实工作要求。启动实施“千企挂钩服务计划”，在全市范围内选择包括50强重点企业、50家高成长性企业在内的1000家规模以上企业进行挂钩服务，成立企业挂钩服务队，贴近企业、深入企业，帮助企业明方向、理思路、调结构。大力加强政银企三方携手，通过联合贷款、委托贷款和银团贷款等手段，为企业解决缺少发展资金的突出问题。构建企业疑难问题征集、处理、反馈常态机制，通过走访座谈、发放征求意见表和网络媒体收集等方式，广泛了解企业需求和亟待解决的困难。二是落实优惠政策，减轻投资者负担。根据国家和省有关规定，出台《关于进一步加强涉及企业收费管理的意见》和《泰州市涉企经营性收费优惠项目和标准》，取消和停收41项行政性事业收费，切实减轻投资者投资成本。加大国家、省、市已出台的鼓励扶持企业技术进步、中小企业发展等各方面政策措施的落实力度，研究制定相关配套政策措施，在技改项目贴息、税费减免或返还、相关奖励等方面明确优惠政策。开辟绿色通道，打破条条框框束缚，突破固定模式壁垒，采取集中会办等形式，为投资者兴立项目、兴办企业缩减手续、节省时间，切实增强投资者的投资热情。2009年，全市地方一般预算收入138.6亿元，增长37.1%，增幅列全省第二位；实现利税410亿元、利润232亿元，分别增长45%和55%，增幅居全省前列。三是主动跟踪服务，推动重大项目实施。正确把握国家宏观经济政策的最新动向，按照选好项目、选准项目、选精项目的要求，抓住省级财政专项资金优化整合契机，有针对性地开展项目挖潜、整合，确保更多企业项目进入中央、省计划的总体安排 。抓住中央“保增长、扩内需、调结构”的重大发展机遇，加强与中央企业的合作，确定了总投资近90亿元的3个中央企业在泰的投资项目。强化对重大项目的全程服务，建立重大项目联系、督查和跟踪服务制度，组织相关部门深入重点项目现场办公或召开重大项目协调会，出谋划策，跟踪帮扶，真正做到项目推进到哪里，服务跟踪到哪里，切实推动重大项目顺利实施。

【典型引路】 在学习实践活动中，全市注重将典型引路作为推动活动不断深化的重要方法，及时选树靖江市、医药园区、陈燕萍、张金文等一批先进单位和个人，并在全市积极开展“学习身边典型、争做时代先锋”主题活动。第二批活动伊始，精心筛选以靖江市等为代表的26个科学发展典型，编印《“科学发展在泰州”典型汇编》，作为必读读本。第三批学习实践活动中，把陈燕萍等同志的先进事迹作为学习实践活动的生动教材，通过组建事迹报告团、编排音乐情景剧、制作事迹专题片等形式，宣讲先进事迹、弘扬典型精神。市委坚持把学习典型活动与学习实践活动紧密结合，向全市发出“学习靖江经验，推动科学发展”的号召，组织25000多名党员干部到靖江等地参观学习，迅速掀起开展“学习优秀党员陈燕萍、我为二次跨越作贡献”大讨论活动。两个批次活动所有参学党员围绕“我与陈燕萍差距在哪里、学习陈燕萍我该怎么办”这个主题，就宗旨意识、履职能力、作风养成等方面，深入查找存在问题，深刻剖析主客观原因特别是主观原因，进一步明确努力方向。各地各单位把学习先进典型的热情转化立足岗位、创先争优的动力，在基层站所组织党员干部进行政策法规知识测试，在非公企业组织数控机床、化学检验、计算机操作等技能竞赛，在中小学校组织党员教师进行公开课评比，在医疗单位组织开展医护技能电视竞赛，努力确保学习实践活动在弘扬先进典型中体现鲜明的实践特色、取得实实在在的成效。

【加强基层组织建设】 在学习实践活动中，泰州市把加强和改进基层组织建设既作为重要目标，又作为重要保证，努力实现党组织和党的工作有效覆盖、有效管理、有效提升，切实增强基层党组织的创造力、凝聚力、战斗力。在农村基层组织建设方面：一是全力推进“能人型”基层干部队伍建设工程。针对村级发展存在缺少带头人的突出问题，探索城乡人才资源统筹使用路子，选派111名机关干部到村任党组织书记，得到省市各级组织和社会各界的一致好评，被评为“全省组织工作十大创新创优成果”。二是改革农村党组织设置形式，不断提高党组织覆盖的有效性。推动城乡基层党组织村居联建、村村联建、村企联建，全市2009年已建立这样的联建党组织152个，优化了党建资源的配置，带动了发展资源的整合，此做法得到李源潮部长的批示。三是在农村合作经济组织这一新型组织中全面推行“合作社+党支部”模式。在学习实践活动期间，全市1293个农村“三大合作社”中，新建党组织183个，选派学习实践活动指导员900多名，使党组织和党的工作在这块农村新型组织中实现全覆盖。在农村合作经济组织中开展了“5+1”行动，即：依托合作社，整合基层党组织、能人党员、农业技术人才、大学生村官、远程教育等五方面资源，有效提高了合作社党组织运转的规范化程度。在“两新”组织建设方面：一是坚持点面结合，实行重点联系。本着“宏观抓”和“重点抓”并重，市和市（区）两级分别明确了有一定规模和影响的204家“两新”组织作为重点联系单位直接抓在手上，其中，市级重点联系单位40家，由市非公企业指导组直接负责，每个环节都先行一步，抓实一点，为全市非公企业学习实践活动的开展提供了示范。二是创设实践载体。紧扣学习实践活动主题，深入开展“献计策、比技能、作贡献”、“讲诚信、树形象”活动。全市共收到各市（区）非公企业参学单位建言献策5933条，其中40家市重点联系单位1891条，各地各单位择优上报“金点子”393条；社会组织共提炼“诚信宣言”138条，指导所属党员确立“诚信格言”386条。在学校党组织建设方面：在全省率先全面推行“条块结合、双重管理”的农村学校党建管理新模式，构建学校党建工作长效机制，城乡之间、校际之间的党建差距明显缩小，促进全市中小学校党建工作均衡发展，得到了省委学习实践活动领导小组办公室和省委教育工委的充分肯定，全省中小学校学习实践活动现场推进会在泰州召开。

【创新体制机制】 从学习实践活动一开始，市委就将建立健全促进科学发展的长效机制，作为开展学习实践活动的一个重要目标。各地各单位本着“缺什么补什么、什么急建什么”的原则，按照“感性认识理性化、零碎经验系统化、成功做法制度化”的要求，修订完善一批现有制度、配套落实一批省委文件精神、探索创新一批符合泰州实际的新机制。一是建立保持和促进科学发展的经济增长机制。围绕找准和破解制约科学发展的深层次矛盾，促进经济发展方式转变，制定“大项目建设攻坚年”活动方案，建立重大项目推进落实机制，配套健全重大在建项目领导联系等制度。同时，制定出台《关于加快转变经济发展方式的实施意见》、《关于进一步加强节能减排工作促进可持续发展的实施意见》等七个政策性文件。二是建立保持和促进科学发展的作风建设长效机制。围绕建设人民群众满意的服务型机关这一目标，以进一步密切党群干群关系为核心，深化机关作风建设，完善信息反馈、快速查办、责任追究等工作机制，制定进一步改进领导方法和加强机关党员干部作风建设的意见，为促进科学发展观的贯彻落实提供作风保证。三是建立保持和促进科学发展的民生保障机制。围绕重要民生工程和实施，努力提升民生质量、促进社会和谐稳定，制定出台《关于切实加强民生工作的实施意见》、《泰州市2009～2011年创建国家级创业型城市行动计划》、《泰州市城乡居民社会基本养老保险办法(试行)实施细则》、《关于进一步推进义务教育均衡发展的意见》等文件。四是建立保持和促进科学发展的考核评价机制。围绕把各级领导班子建设成为善于领导和推动科学发展的坚强集体，把各级领导干部的积极性和创造性引导到又好又快发展的轨道上来，出台《关于促进科学发展的党政领导班子和领导干部考核评价机制的实施意见》、《关于加强科学发展评价考核工作的实施意见》等，初步构建了有利于科学发展的工作导向、利益导向、考核导向。五是建立保持和促进科学发展的“三服务”机制。围绕“服务企业、服务投资者、服务项目”这个学习实践活动的“重头戏”，研究出台《关于建立“三服务活动”长效机制的工作意见》，着力在完善企业难题征集会办机制、千企挂钩服务机制、要素协调保障机制、政策扶持落实机制、审批流程再造机制以及工作督查考核机制上狠下功夫，确保活动取得实效。（梅国华）

全市深入学习实践科学发展观活动动员大会

先进集体·先进个人

先进集体名录

全国条线系统表彰的先进集体

表40

单　　位	荣 誉 称 号	授 予 单 位	授予时间
泰州市知识产权局	全国知识产权部门和公安机关知识产权执法保护先进集体	国家知识产权局、公安部	2009-01
泰州市城管局环卫处	“安康杯”竞赛优胜班组	中华全国总工会、国家安全生产监督管理总局	2009-01
泰州市公安局海陵分局	科技强警示范城市建设工作先进集体	公安部、科技部	2009-02
中国电信股份有限公司泰兴分公司国庆东路营业厅	全国巾帼文明岗	全国妇女“巾帼建功”活动领导小组	2009-02
靖江市公安局交通巡逻警察大队新区中队女子岗	全国巾帼文明岗	全国妇女“巾帼建功”活动领导小组	2009-02
兴化市妇幼保健院	全国巾帼文明岗	全国妇女“巾帼建功”活动领导小组	2009-02
泰兴市公安局交巡警大队城区中队国庆岗	2008年度全国公安系统青年文明号	公安部、共青团中央	2009-04
中国电信股份有限公司泰州分公司	全国五一劳动奖状	中华全国总工会	2009-04
国电泰州发电有限公司运行部二值	全国工人先锋号	中华全国总工会	2009-04
泰兴市邮政局投递班	全国工人先锋号	中华全国总工会	2009-04
姜堰市人民商场有限公司毛衫经营部	全国工人先锋号	中华全国总工会	2009-04
泰州市总工会	全国工会财务工作先进单位	中华全国总工会	2009-07
靖江市妇联	全国三八红旗集体	中华全国妇女联合会	2009-09
姜堰市地税局第六分局办税服务厅	全国三八红旗集体	中华全国妇女联合会	2009-09
泰州师专泰兴附属实验小学家长学校	全国示范家长学校	中华全国妇女联合会、教育部	2009-09
江苏省口岸中学	全国民族团结进步模范集体	国务院	2009-09
武警泰州市支队	连续十二年预防事故案件工作先进单位	武警总部	2009-12
武警泰州市支队	影视发行放映工作先进单位	武警总部	2009-12
泰州市	2007～2008年度全国县（市）科技进步考核先进县（市）	国家科技部	2009-12

续表40

单　位	荣誉称号	授予单位	授予时间
中国电信股份有限公司泰州分公司	2008～2009年度中国电信集团思想政治工作优秀研究成果三等奖	中国电信集团公司	2009-12
泰州市知识产权局	全国知识产权局系统执法先进集体	国家知识产权局	2009-12

省委、省政府、省人保厅、省军区、省武警总队表彰的先进集体

表41

单　位	荣誉称号	授予单位	授予时间
武警泰州市支队靖江中队党支部	先进基层党组织	省武警总队	2009-07
泰州市广播电视新闻中心	全省广播电视系统先进集体	省人力资源和社会保障厅、省广电局	2009-09
靖江市广播电视局广告经营管理中心	全省广播电视系统先进集体	省人力资源和社会保障厅、省广电局	2009-09
泰兴市广播电视台电视中心	全省广播电视系统先进集体	省人力资源和社会保障厅、省广电局	2009-09
市建设局、市园林绿化管理局	第二届江苏省建设系统百万农民工技能竞赛先进单位	省住房和城乡建设厅、省总工会、省人力资源和社会保障厅、省建筑工程管理局	2009-12
泰州军分区	军转安置工作先进单位	省委、省政府	2009-12
泰州军分区	“双带双扶”先进单位	省军区	2009-12
泰州军分区	后勤工作先进单位	省军区	2009-12
靖江市人武部	装备工作先进单位	省军区	2009-12
泰兴市人武部	“双带双扶”先进单位	省军区	2009-12
海陵区人武部	先进旅团单位	省军区	2009-12
武警泰州市支队	“建言献策”先进单位	省武警总队	2009-12
武警泰州市支队兴化市中队	基层建设标兵中队	省武警总队	2009-12
武警泰州市支队直属中队	基层建设先进中队	省武警总队	2009-12
武警泰州市支队靖江市中队	基层建设先进中队	省武警总队	2009-12
武警泰州市支队司令部作训股	先进股	省武警总队	2009-12
武警泰州市支队政治处组织干部股	先进股	省武警总队	2009-12
武警泰州市支队后勤处军需战勤股	先进股	省武警总队	2009-12

市委、市政府表彰的先进集体

表42

单　位	荣誉称号	授予单位	授予时间
泰州市科技局	2008年度泰州市十佳人民满意机关	泰州市委、市政府	2009-01
泰州市公安局	2008年度泰州市十佳人民满意机关	泰州市委、市政府	2009-01
泰州市总工会	2008年度泰州市十佳人民满意机关	泰州市委、市政府	2009-01
泰州市委统战部	2008年度泰州市十佳人民满意机关	泰州市委、市政府	2009-01
泰州市经贸委	2008年度泰州市十佳人民满意机关	泰州市委、市政府	2009-01

续表42

单　位	荣誉称号	授予单位	授予时间
泰州市发改委	2008年度泰州市十佳人民满意机关	泰州市委、市政府	2009-01
泰州市信访局	2008年度泰州市十佳人民满意机关	泰州市委、市政府	2009-01
泰州市机关事务局	2008年度泰州市十佳人民满意机关	泰州市委、市政府	2009-01
泰州市水利局	2008年度泰州市十佳人民满意机关	泰州市委、市政府	2009-01
泰州市财政局	2008年度泰州市十佳人民满意机关	泰州市委、市政府	2009-01
市人行	2008年度泰州市十佳服务地方发展单位	泰州市委、市政府	2009-01
武警泰州市消防支队	2008年度泰州市十佳服务地方发展单位	泰州市委、市政府	2009-01
泰州银监分局	2008年度泰州市十佳服务地方发展单位	泰州市委、市政府	2009-01
泰州市地方税务局	2008年度泰州市十佳服务地方发展单位	泰州市委、市政府	2009-01
泰州市国家税务局	2008年度泰州市十佳服务地方发展单位	泰州市委、市政府	2009-01
泰州出入境检验检疫局	2008年度泰州市十佳服务地方发展单位	泰州市委、市政府	2009-01
泰州工商行政管理局	2008年度泰州市十佳服务地方发展单位	泰州市委、市政府	2009-01
建设银行泰州分行	2008年度泰州市十佳服务地方发展单位	泰州市委、市政府	2009-01
泰州供电公司	2008年度泰州市十佳服务地方发展单位	泰州市委、市政府	2009-01
泰州市国土资源局	2008年度泰州市十佳服务地方发展单位	泰州市委、市政府	2009-01
泰州市民政局	2008年度作风建设先进单位	泰州市委、市政府	2009-01
泰州市妇联	2008年度作风建设先进单位	泰州市委、市政府	2009-01
泰州市农业委员会	2008年度作风建设先进单位	泰州市委、市政府	2009-01
泰州市检察院	2008年度作风建设先进单位	泰州市委、市政府	2009-01
共青团泰州市委	2008年度作风建设先进单位	泰州市委、市政府	2009-01
泰州市劳动和社会保障局	2008年度作风建设先进单位	泰州市委、市政府	2009-01
泰州市对外贸易经济合作局	2008年度作风建设先进单位	泰州市委、市政府	2009-01
泰州市司法局	2008年度作风建设先进单位	泰州市委、市政府	2009-01
泰州市凤城河风景区管委会	2008年度作风建设先进单位	泰州市委、市政府	2009-01
泰州市人民防空办公室	2008年度作风建设先进单位	泰州市委、市政府	2009-01
泰州市工商局	泰州市文明城市创建工作先进单位	泰州市委、市政府	2009-07
泰州市卫生局	泰州市文明城市创建工作先进单位	泰州市委、市政府	2009-07
泰州市城管局	泰州市文明城市创建工作先进单位	泰州市委、市政府	2009-07
泰州市广电局	泰州市文明城市创建工作先进单位	泰州市委、市政府	2009-07
泰州市建设局（园林局）	泰州市文明城市创建工作先进单位	泰州市委、市政府	2009-11

先进个人名录

全国条线系统表彰的先进个人

表43

姓名	荣誉称号	授予单位	授予时间	工作单位
姜文湘	全国公安机关打黑除恶专项斗争先进个人	公安部	2009-01	泰兴市公安局
杨国华	全国知识产权部门公安机关知识产权执法保护先进个人	国家知识产权局、公安部	2009-01	泰州市知识产权局
陈继柏	全国消协组织保护消费者权益先进工作者	中国消费者协会	2009-01	泰州市消费者协会
尤时日	科技强警示范城市建设工作先进个人	公安部、科技部	2009-02	泰州市科技局
朱　莉	全国巾帼建功标兵	全国妇女“巾帼建功”活动领导小组	2009-02	泰州市人民医院
袁凯飞	全国机械工业劳动模范	人力资源和社会保障部、中国机械工业协会	2009-02	江苏新世纪造船有限公司
张景春	全国机械工业劳动模范	人力资源和社会保障部、中国机械工业协会	2009-02	江苏林海动力机械集团公司
巫　进	全国机械工业劳动模范	人力资源和社会保障部、中国机械工业协会	2009-02	江苏振华泵业制造有限公司
陈爱民	全国机械工业劳动模范	人力资源和社会保障部、中国机械工业协会	2009-02	江苏新宏大集团有限公司
杨　春	全国机械工业劳动模范	人力资源和社会保障部、中国机械工业协会	2009-02	泰州口岸船舶有限公司
胡自明	全国钢铁工业劳动模范	人力资源和社会保障部、中国钢铁工业协会	2009-02	江苏兴达钢帘线股份有限公司
徐道振	全国钢铁工业劳动模范	人力资源和社会保障部、中国钢铁工业协会	2009-02	靖江清渝特殊钢有限公司
刘庄明	全国钢铁工业劳动模范	人力资源和社会保障部、中国钢铁工业协会	2009-02	江苏兴海特钢有限公司
李　良	科技强警示范城市建设工作先进个人	公安部、科技部	2009-02	泰州市公安局
苏骥军	科技强警示范城市建设工作先进个人	公安部、科技部	2009-02	靖江市公安局
周根成	第四届中国技术市场协会金桥奖先进个人	中国技术市场协会	2009-08	泰州市科技局
蒋　鹏	2009年度先进个人	中国知识产权报社	2009-08	泰州市知识产权局
王晓洪	全国三八红旗手	中华全国妇女联合会	2009-09	泰州市中医院
任桂云	全国三八红旗手	中华全国妇女联合会	2009-09	江苏耀龙服饰有限公司

续表43

姓　名	荣　誉　称　号	授　予　单　位	授予时间	工　作　单　位
戎晓健	全国三八红旗手	中华全国妇女联合会	2009-09	兴化市地税局
刘爱红	全国三八红旗手	中华全国妇女联合会	2009-09	江苏明星减震器有限公司
邱晓红	全国三八红旗手	中华全国妇女联合会	2009-09	高港区老建会
胡小林	全国先进工程质量监督工作者	住房和城乡建设部	2009-09	泰州市建设工程质量监督站
赵固平	全国文化系统先进工作者	人力资源和社会保障部、文化部	2009-11	泰兴市图书馆
吉晨春	全国模范教师	人力资源和社会保障部、教育部	2009-11	姜堰中学
顾广林	全国模范教师	人力资源和社会保障部、教育部	2009-11	泰州市九龙实验学校
王　元	全国征兵工作先进个人	国防部	2009-12	泰州军分区
许书平	2007～2008年度全国县（市）科技进步工作先进个人	国家科技部	2009-12	泰州市科技局

省人保厅等单位联合表彰的先进个人

表44

姓　名	荣　誉　称　号	授　予　单　位	授予时间	工　作　单　位
江清波	全省台办系统先进工作者	省人事厅、省委台湾工作办、省政府台湾事务办	2009-01	泰州市台办
高正贵	江苏省统计系统先进工作者	省人事厅、省统计局、国家统计局江苏调查总队	2009-01	泰州市统计局
周来荣	江苏省统计系统先进工作者	省人事厅、省统计局、国家统计局江苏调查总队	2009-01	海陵区统计局
周兆明	江苏省模范军队转业干部	省军转安置小组、省委组织部、省人事厅、省军区政治部	2009-07	泰州市人防办
王志民	全省农机系统先进工作者	省人力资源和社会保障厅、省农机局	2009-09	姜堰市农机安全监理所
徐灯明	全省农机系统先进工作者	省人力资源和社会保障厅、省农机局	2009-09	泰兴市农机化技术推广服务站
王泽成	全省广播电视系统先进工作者	省人力资源和社会保障厅、省广电局	2009-09	泰州广播电视报社
谢宏年	全省广播电视系统先进工作者	省人力资源和社会保障厅、省广电局	2009-09	姜堰市广播电视局
朱康勇	全省广播电视系统先进工作者	省人力资源和社会保障厅、省广电局	2009-09	兴化市广播电视局
曹爱民	全省广播电视系统先进工作者	省人力资源和社会保障厅、省广电局	2009-09	泰兴市广播电视台
顾树信	全省海洋与渔业系统先进工作者	省人力资源和社会保障厅、省海洋与渔业局	2009-12	靖江市水产技术指导站
王文官 罗玉燕 顾礼萍	第二届江苏省建设系统百万农民工技能竞赛 嘉奖	省住房和城乡建设厅、省总工会、省人力资源和社会保障厅、省建工局	2009-12	泰州市园林局
杨　坤	第二届江苏省建设系统百万农民工技能竞赛 嘉奖	省住房和城乡建设厅、省总工会、省人力资源和社会保障厅、省建工局	2009-12	泰州市建设局

省军区、省武警总队表彰的先进个人

表45

姓　名	荣　誉　称　号	授　予　单　位	授予时间	工　作　单　位
周雅俊	优秀旅团级单位党委书记	省军区	2009-07	海陵区人武部
柏徐伟	优秀共产党员	省武警总队	2009-07	武警泰州支队兴化市中队
汪宗保	优秀党支部书记	省武警总队	2009-07	武警泰州支队直属中队
徐华	后勤工作先进个人	省军区	2009-12	泰兴市人武部
汪亚强	三等功	省军区	2009-12	姜堰市人武部
潘红星	装备工作先进个人	省军区	2009-12	兴化市人武部
王夕	装备工作先进个人	省军区	2009-12	姜堰市人武部
宋扣勤	优秀纪检干部	省武警总队	2009-12	武警泰州支队政治处
朱培六	优秀带兵干部并记三等功	省武警总队	2009-12	武警泰州支队靖江市中队
梅启军	嘉奖	省武警总队	2009-12	武警泰州支队政治处
李代明	三等功	省武警总队	2009-12	武警泰州支队后勤处
周金华	三等功	省武警总队	2009-12	武警泰州支队司令部
杨忠、孙健康	一对好主官	省武警总队	2009-12	武警泰州支队

市委、市政府表彰的先进个人

表46

姓　名	荣　誉　称　号	授　予　单　位	授予时间	工　作　单　位
王　力	泰州市“突出贡献人物”	市委、市政府	2009-09	泰州军分区离职干部休养所
王小荣	泰州市“突出贡献人物”	市委、市政府	2009-09	泰州中嘉商贸城有限公司
王兴华	泰州市“突出贡献人物”	市委、市政府	2009-09	泰通工业有限公司
叶姜生	泰州市“突出贡献人物”	市委、市政府	2009-09	姜堰市公安局刑警大队
刘绍安	泰州市“突出贡献人物”	市委、市政府	2009-09	泰兴市永安洲供销社党支部
刘锦兰	泰州市“突出贡献人物”	市委、市政府	2009-09	江苏兴达钢帘线股份有限公司
许杏桃	泰州市“突出贡献人物”	市委、市政府	2009-09	泰州供电公司信息中心
杜朋朋	泰州市“突出贡献人物”	市委、市政府	2009-09	武警泰州市消防支队特勤中队
杨根思	泰州市“突出贡献人物”	市委、市政府	2009-09	原志愿军第20军第58师第172团3连
杨善基	泰州市“突出贡献人物”	市委、市政府	2009-09	江苏双登集团
何健忠	泰州市“突出贡献人物”	市委、市政府	2009-09	泰兴市邮政局江平路支局
沈正彬	泰州市“突出贡献人物”	市委、市政府	2009-09	兴化市钓鱼镇南旺村党支部
张云泉	泰州市“突出贡献人物”	市委、市政府	2009-09	江苏省信访局
张文德	泰州市“突出贡献人物”	市委、市政府	2009-09	兴化市戴南镇董北村党委
张锦华	泰州市“突出贡献人物”	市委、市政府	2009-09	泰州石油化工有限责任公司
陆海民	泰州市“突出贡献人物”	市委、市政府	2009-09	江苏林海动力机械集团公司
陈德林	泰州市“突出贡献人物”	市委、市政府	2009-09	泰州市淮剧团

续表46

姓　名	荣　誉　称　号	授　予　单　位	授予时间	工　作　单　位
陈燕萍	泰州市“突出贡献人物”	市委、市政府	2009-09	靖江市人民法院江阴园区法庭
环一军	泰州市“突出贡献人物”	市委、市政府	2009-09	江苏三江电器集团有限公司
范朝洪	泰州市“突出贡献人物”	市委、市政府	2009-09	江苏光芒集团有限公司
洪宗礼	泰州市“突出贡献人物”	市委、市政府	2009-09	江苏省泰州中学
袁凯飞	泰州市“突出贡献人物”	市委、市政府	2009-09	江苏新世纪造船有限公司
钱厚琴	泰州市“突出贡献人物”	市委、市政府	2009-09	梅兰集团氟材料事业部
徐镜人	泰州市“突出贡献人物”	市委、市政府	2009-09	扬子江药业集团
唐正华	泰州市“突出贡献人物”	市委、市政府	2009-09	国电泰州发电有限公司
陶建幸	泰州市“突出贡献人物”	市委、市政府	2009-09	春兰（集团）公司
曹龙祥	泰州市“突出贡献人物”	市委、市政府	2009-09	江苏济川药业集团
戚俊宏	泰州市“突出贡献人物”	市委、市政府	2009-09	泰州三福船舶工程有限公司
蒋家华	泰州市“突出贡献人物”	市委、市政府	2009-09	江苏曙光集团有限公司
薛兰梅	泰州市“突出贡献人物”	市委、市政府	2009-09	泰州市体育学校

（姚俊峰）

泰州市“五一”庆祝表彰大会召开

重要文件题录

中共泰州市委重要文件题录

表47

文　号	文　件　题　名	发文日期
泰发〔2009〕1号	关于贯彻中央《决定》和省委《意见》的实施意见	2009-01-08
泰发〔2009〕2号	关于加快转变经济发展方式的实施意见	2009-01-08
泰发〔2009〕3号	关于进一步加强节能减排工作促进可持续发展的实施意见	2009-01-08
泰发〔2009〕4号	关于建立促进科学发展的党政领导班子和领导干部考核评价机制的实施意见	2009-01-08
泰发〔2009〕5号	关于加强科学发展评价考核工作的实施意见	2009-01-08
泰发〔2009〕6号	关于切实加强民生工作的实施意见	2009-01-08
泰发〔2009〕7号	关于印发《中共泰州市委常委会关于进一步改进领导方法和领导作风的若干意见》的通知	2009-01-08
泰发〔2009〕8号	关于实施2009年市区改善民生10件实事的通知	2009-01-14
泰发〔2009〕9号	关于加快推进文化泰州建设的意见	2009-02-18
泰发〔2009〕10号	关于印发《2009年泰州市党风廉政建设工作责任分解表》的通知	2009-03-02
泰发〔2009〕11号	中共泰州市委关于在全市开展深入学习实践科学发展观活动的实施意见	2009-03-17
泰发〔2009〕12号	中共泰州市委　泰州市人民政府关于对各市（区）、泰州经济开发区2009年度工作实施目标考评的意见	2009-03-19
泰发〔2009〕13号	中共泰州市委　泰州市人民政府争创经济工作“十强乡镇（街道）”和发展高效农业“十佳乡镇（街道）”活动考评办法	2009-03-19
泰发〔2009〕14号	关于进一步做好培养选拔优秀年轻干部工作的意见	2009-03-26
泰发〔2009〕15号	关于印发《2009～2010年泰州市实施“强基工程”工作规划》的通知	2009-03-26
泰发〔2009〕16号	关于庆祝中华人民共和国成立60周年在全市广泛开展群众性爱国主义教育活动的通知	2009-05-18
泰发〔2009〕17号	关于调整市区财政管理体制的通知	2009-05-20
泰发〔2009〕18号	关于推进新桥、黄桥、溱潼、戴南加快建设小城市的意见	2009-05-22
泰发〔2009〕19号	关于进一步深化文明城市创建工作的意见	2009-10-21
泰发〔2009〕20号	关于在全市开展“村民直评村官”活动的指导意见	2009-11-28
泰办发〔2009〕4号	关于转发《〈泰州年鉴（2009）〉编纂实施方案》的通知	2009-01-08
泰办发〔2009〕5号	关于印发《泰发〔2009〕1号文件责任分解方案》的通知	2009-01-15
泰办发〔2009〕6号	关于印发《2009年全市农业农村工作要点》的通知	2009-01-21
泰办发〔2009〕7号	关于表彰2008年度全市党政机要系统先进集体、先进个人的决定	2009-02-12
泰办发〔2009〕8号	关于印发《关于开展清理规范党群等系统评比达标表彰活动的实施方案》的通知	2009-02-16

续表47

文 号	文 件 题 名	发文日期
泰办发〔2009〕9号	关于转发《泰州市关心下一代工作委员会2009年工作要点》的通知	2009-02-17
泰办发〔2009〕10号	关于印发《2009～2010年文化泰州建设行动计划》的通知	2009-02-18
泰办发〔2009〕11号	关于印发《2009年全市密码工作要点》的通知	2009-02-24
泰办发〔2009〕12号	关于转发《泰州市社会稳定风险评估工作意见》的通知	2009-03-04
泰办发〔2009〕13号	关于转发市委宣传部等部门《泰州市2009年“扫黄打非”行动方案》的通知	2009-03-11
泰办发〔2009〕14号	关于明确2009年度全市重点调研课题的通知	2009-03-14
泰办发〔2009〕15号	关于印发《全市开放型经济工作目标考核奖励办法》的通知	2009-03-16
泰办发〔2009〕17号	关于印发《泰州市现代农业项目考核奖励办法》的通知	2009-03-26
泰办发〔2009〕19号	关于印发《市区脱贫攻坚工程实施方案》的通知	2009-03-24
泰办发〔2009〕23号	关于转发市级机关事务管理局、市经贸委《泰州市市级公共机构节能规划》和市级机关事务管理局《泰州市市级公共机构节能工作考评暂行办法》的通知	2009-04-07
泰办发〔2009〕24号	关于开展深入学习实践科学发展观活动的实施方案	2009-03-30
泰办发〔2009〕25号	关于转发《泰州市社会治安综合治理委员会关于开展社会治安综合治理五星级村（社区）创建活动实施意见（试行）》的通知	2009-04-08
泰办发〔2009〕26号	关于推进乡镇（街道）宣传文化中心建设的意见	2009-04-10
泰办发〔2009〕27号	转发市委宣传部、市文明办、泰州日报社、市广电局、市红十字会《关于在全市开展“博爱万人捐”活动的实施意见》的通知	2009-04-16
泰办发〔2009〕28号	关于表彰2008年度信息工作先进单位和先进个人的决定	2009-04-16
泰办发〔2009〕29号	关于印发《泰州市2009年县级人民政府教育工作督导评估和考核工作实施方案》的通知	2009-04-16
泰办发〔2009〕30号	关于转发泰州市依法治市领导小组办公室《关于进一步深化执法评议工作的意见》的通知	2009-04-22
泰办发〔2009〕31号	关于印发《2009年全市宣传思想工作要点》的通知	2009-04-23
泰办发〔2009〕32号	关于印发《泰州市第十三届科普宣传周实施方案》的通知	2009-04-24
泰办发〔2009〕33号	转发市委组织部、市人事局等10部门单位《关于进一步发挥离退休专业技术人员作用的意见》的通知	2009-04-27
泰办发〔2009〕35号	关于表彰泰州市人民满意机关处室的决定	2009-05-13
泰办发〔2009〕36号	关于印发《2009年文化泰州建设重点推进项目》的通知	2009-05-18
泰办发〔2009〕37号	关于调整市台商权益保障工作联席会议组成人员的通知	2009-05-21
泰办发〔2009〕39号	关于印发《全市“外资外贸企业服务月”活动方案》的通知	2009-05-27
泰办发〔2009〕40号	泰州市委办公室深入学习实践科学发展观活动分析检查阶段工作方案	2009-05-20
泰办发〔2009〕41号	关于市委书记信箱有关办理事项的通知	2009-05-31
泰办发〔2009〕42号	转发省委办公厅、省政府办公厅《关于认真落实党政机关厉行节约各项规定的通知》的通知	2009-06-02
泰办发〔2009〕43号	关于成立市区道路交通秩序集中整治工作领导小组的通知	2009-06-03
泰办发〔2009〕44号	关于表彰2008年度泰州市百佳基层站所的决定	2009-06-05
泰办发〔2009〕46号	印发《关于在党政机关和事业单位开展“小金库”专项治理工作的的实施意见》的通知	2009-06-09

续表47

文　号	文　件　题　名	发文日期
泰办发〔2009〕47号	关于印发市区道路交通秩序集中整治工作方案的通知	2009-06-10
泰办发〔2009〕48号	关于转发市慈善总会、市民政局《关于企事业单位、社会团体及个人慈善捐赠的办法》的通知	2009-06-15
泰办发〔2009〕49号	关于进一步加强培训促进创业就业工作的通知	2009-06-15
泰办发〔2009〕50号	关于对重点信访积案实行市领导督办的通知	2009-06-17
泰办发〔2009〕53号	转发市委组织部等六部门《关于进一步加强市管退休干部管理服务工作的意见》的通知	2009-06-22
泰办发〔2009〕54号	关于组织编纂《汶川特大地震抗震救灾志·社会赈灾志》的通知	2009-06-29
泰办发〔2009〕55号	关于认真贯彻落实中央联席会议《关于领导干部定期接待群众来访的意见》等三个文件的通知	2009-06-30
泰办发〔2009〕56号	关于成立泰州市历史文化名城保护工作领导小组的通知	2009-06-30
泰办发〔2009〕57号	关于建立“三服务活动”长效机制的工作意见	2009-07-13
泰办发〔2009〕60号	关于“践行科学发展观，三年再来一个大变化”的实施方案	2009-07-14
泰办发〔2009〕61号	关于表彰泰州市农村基层党风廉政建设示范乡（镇、涉农街道）、村的决定	2009-07-15
泰办发〔2009〕63号	关于转发《泰州市海外优秀人才引进计划实施意见》的通知	2009-07-22
泰办发〔2009〕64号	关于转发《泰州市高层次创新创业人才引进计划实施办法》的通知	2009-07-22
泰办发〔2009〕65号	关于印发《泰州市农民合作经济组织“融资通达工程”实施意见》的通知	2009-07-29
泰办发〔2009〕66号	关于切实精简会议活动和文件简报的通知	2009-08-07
泰办发〔2009〕73号	关于表彰2008年度档案工作先进集体、先进个人的决定	2009-10-12
泰办发〔2009〕74号	印发《关于开展工程建设领域突出问题专项治理工作的实施意见》的通知	2009-10-14
泰办发〔2009〕75号	关于印发《市委书记信箱来信办理工作规则（修订稿）》的通知	2009-10-26
泰办发〔2009〕76号	关于在全市建立网络新闻发言人制度的意见	2009-10-29
泰办发〔2009〕77号	关于设立网络新闻发言人的通知	2009-10-29
泰办发〔2009〕80号	转发省委办公厅、省政府办公厅《关于印发〈江苏省党政领导干部“三责联审”办法（试行）〉的通知》的通知	2009-12-02
泰办发〔2009〕81号	关于进一步加强社会治安综合治理基层基础建设的实施意见	2009-12-11
泰办发〔2009〕85号	关于2009年度党风廉政建设责任制检查考核工作的通知	2009-12-29
泰办发〔2009〕86号	关于市直工贸企业管理服务体制调整的意见	2009-12-30

泰州市人民政府重要文件题录

表48

文　号	文　件　题　名	发文日期
泰政规〔2009〕1号	关于印发泰州市规范性文件制定与备案管理办法的通知	2009-09-23
泰政规〔2009〕2号	关于公布市政府规范性文件清理结果的公告	2009-10-27
泰政规〔2009〕3号	关于印发泰州市市直行政单位国有资产管理实施办法的通知	2009-10-28
泰政规〔2009〕4号	关于印发泰州市市直事业单位国有资产管理实施办法的通知	2009-10-28
泰政规〔2009〕5号	关于对持独生子女父母光荣证退休的企业职工实行一次性奖励的意见	2009-11-06

续表48

文　号	文　件　题　名	发文日期
泰政规〔2009〕6号	关于在泰州市区限制燃放烟花爆竹的公告	2009-11-28
泰政规〔2009〕7号	关于进一步加强人防工程建设和使用管理的意见	2009-12-14
泰政规〔2009〕8号	印发关于在全市重点河流建立河长制的实施办法的通知	2009-12-21
泰政规〔2009〕9号	关于印发泰州市工伤保险市级统筹暂行办法的通知	2009-12-21
泰政规〔2009〕10号	关于加快推进市区村组（社区）股份合作制改革和加强社区建设的工作意见	2009-12-30
泰政规〔2009〕11号	关于印发泰州市区城镇生活垃圾处理费征收办法的通知	2009-12-29
泰政发〔2009〕1号	关于成立泰州市铁路建设工作领导小组的通知	2009-01-05
泰政发〔2009〕3号	关于表彰2008年度财政收入先进单位的通知	2009-01-08
泰政发〔2009〕5号	关于将泰兴市部分区域划归高港区管辖的通知	2009-01-12
泰政发〔2009〕6号	关于将姜堰市部分区域划归海陵区管辖的通知	2009-01-12
泰政发〔2009〕8号	关于进一步推进义务教育均衡发展的意见	2009-01-14
泰政发〔2009〕9号	关于表彰2008年度全市普通高中教育工作先进单位的决定	2009-01-13
泰政发〔2009〕11号	关于下达2009年全市财政收入任务的通知	2009-01-19
泰政发〔2009〕14号	关于表彰2008年度泰州市建筑业十强企业明星企业的决定	2009-02-03
泰政发〔2009〕16号	关于董健等同志任职的通知	2009-02-10
泰政发〔2009〕19号	关于实施2009年市区城市建设10大重点工程的通知	2009-02-10
泰政发〔2009〕28号	关于印发进一步加强涉及企业收费管理意见的通知	2009-02-23
泰政发〔2009〕29号	关于表彰2008年泰州市有突出贡献的中青年专家的决定	2009-02-19
泰政发〔2009〕30号	关于下达2009年度引进优秀人才指标的通知	2009-02-19
泰政发〔2009〕31号	关于下达2009年主要污染物减排工作目标任务的通知	2009-02-27
泰政发〔2009〕32号	关于表彰2008年度泰州市安全生产工作先进集体先进个人的决定	2009-02-27
泰政发〔2009〕33号	关于表彰2008年度工业经济工作先进单位和个人的决定	2009-02-27
泰政发〔2009〕34号	关于表彰2008年度泰州市科学技术进步奖获奖项目的决定	2009-02-27
泰政发〔2009〕39号	关于表彰2008年度泰州市服务业目标考核先进市（区）先进部门单位利税过1000万企业新创品牌单位的决定	2009-03-10
泰政发〔2009〕43号	关于命名2008年度泰州市十佳现代农业领军人物十佳现代农业创业之星十佳现代农业创新标兵的通知	2009-03-20
泰政发〔2009〕48号	关于表彰2008年度全市首获名牌产品等称号企业的通知	2009-03-24
泰政发〔2009〕53号	关于印发市政府2009年40项目标任务及分解落实方案的通知	2009-04-01
泰政发〔2009〕59号	关于开展2009年农业保险工作的通知	2009-04-13
泰政发〔2009〕61号	关于何榕等同志职务任免的通知	2009-04-16
泰政发〔2009〕62号	关于居锦杰等同志任职的通知	2009-04-16
泰政发〔2009〕63号	关于王洪兴等同志任职的通知	2009-04-16
泰政发〔2009〕64号	关于缪俊豪等同志任职的通知	2009-04-16
泰政发〔2009〕80号	关于调整泰州市区部分行政区划的通知	2009-05-12
泰政发〔2009〕82号	关于印发泰州市2009~2011年创建国家级创业型城市行动计划的通知	2009-05-15

续表48

文　号	文　件　题　名	发文日期
泰政发〔2009〕83号	关于贯彻落实《江苏省实施<中华人民共和国就业促进法>办法》的实施意见	2009-05-15
泰政发〔2009〕85号	关于将姜堰市罡杨镇划归海陵区管辖的通知	2009-05-15
泰政发〔2009〕96号	关于全面禁止露天焚烧秸秆的通知	2009-05-26
泰政发〔2009〕103号	关于印发加强地方税收征管保障工作意见的通知	2009-06-16
泰政发〔2009〕123号	印发关于规范生产安全事故报告和调查处理工作的意见的通知	2009-08-03
泰政发〔2009〕124号	关于印发泰州市生产经营单位安全生产主体责任规定的通知	2009-08-03
泰政发〔2009〕127号	关于朱凤才等同志任职的通知	2009-08-07
泰政发〔2009〕130号	关于加强市区违法建设防治工作的意见	2009-08-18
泰政发〔2009〕134号	关于命名2008年度泰州市应用信息技术改造产业示范企业的决定	2009-08-24
泰政发〔2009〕142号	关于依法明确市、区两级文化市场（新闻出版）行政执法管理职能的通知	2009-09-08
泰政发〔2009〕151号	关于收回泰州市城市建设投资集团有限公司投资江苏省第一建筑安装有限公司股权的通知	2009-09-30
泰政发〔2009〕161号	关于成立泰州市重大项目建设领导小组的通知	2009-10-21
泰政发〔2009〕171号	关于聘任第五届泰州市人民政府兼职督学的通知	2009-11-09
泰政发〔2009〕175号	关于下达2008年冬季城镇退役士兵安置计划的通知	2009-11-17
泰政发〔2009〕178号	关于认真做好第六次全国人口普查工作的通知	2009-11-21
泰政发〔2009〕185号	关于将姜堰市大泗镇划归高港区管辖的通知	2009-11-30
泰政发〔2009〕188号	关于刘宁等同志职务任免的通知	2009-11-29
泰政发〔2009〕189号	关于郭冬梅等同志职务任免的通知	2009-11-29
泰政发〔2009〕190号	关于张永生等同志任职的通知	2009-11-29
泰政发〔2009〕197号	关于印发泰州市行政权力网上运行管理办法的通知	2009-12-15
泰政发〔2009〕197号	关于殷荣领等同志任职的通知	2009-12-18
泰政办发〔2009〕1号	关于转发市民政局等六部门泰州市退役士兵职业技能培训工作实施方案的通知	2009-01-04
泰政办发〔2009〕4号	关于做好2009年春节运输工作的通知	2009-01-07
泰政办发〔2009〕5号	关于成立泰州市2009年春节运输工作领导小组的通知	2009-01-08
泰政办发〔2009〕6号	关于成立泰州市退役士兵职业技能培训工作领导小组的通知	2009-01-04
泰政办发〔2009〕7号	关于印发泰州市气象探测环境和设施保护办法的通知	2009-01-04
泰政办发〔2009〕8号	关于印发泰州市人民政府2009年度规范性文件制定计划的通知	2009-01-14
泰政办发〔2009〕11号	关于调整泰州市区医疗生育保险待遇的通知	2009-01-22
泰政办发〔2009〕12号	关于2009年市区城市建设10大重点工程项目分解的通知	2009-02-10
泰政办发〔2009〕13号	关于成立泰州市粮食清仓查库工作领导小组的通知	2009-02-11
泰政办发〔2009〕14号	关于成立南通路改扩建工程领导小组的通知	2009-02-11
泰政办发〔2009〕17号	关于成立泰州市市直建筑企业改革指导协调小组的通知	2009-02-17
泰政办发〔2009〕18号	关于调整泰州市全面小康进程监测统计工作协调小组成员的通知	2009-02-17
泰政办发〔2009〕20号	关于转发市监察局等部门公开监察新增投资项目实施意见的通知	2009-02-27
泰政办发〔2009〕21号	关于表彰2008年度全市项目双促工作和重点项目建设先进单位的决定	2009-02-28
泰政办发〔2009〕23号	关于印发泰州市节约用水管理办法的通知	2009-03-26

续表48

文　号	文　件　题　名	发文日期
泰政办发〔2009〕25号	关于开展政策性农机保险试点工作的实施意见	2009-03-09
泰政办发〔2009〕26号	转发市卫生局等部门关于进一步加强新型农村合作医疗制度建设实施意见的通知	2009-03-09
泰政办发〔2009〕27号	关于印发泰州市2009年血吸虫病地方病和寄生虫病防治工作意见的通知	2009-03-10
泰政办发〔2009〕29号	2009年泰州市服务业目标考核工作意见	2009-03-09
泰政办发〔2009〕30号	关于成立泰州市市区卫生资源整合工作领导小组的通知	2009-03-05
泰政办发〔2009〕31号	关于2009年市区改善民生10件实事责任分解的通知	2009-03-10
泰政办发〔2009〕32号	关于做好2009年县级人民政府教育工作督导评估和考核工作的通知	2009-03-10
泰政办发〔2009〕34号	关于调整市区搬迁补助费临时安置补助费等发放标准的通知	2009-03-09
泰政办发〔2009〕35号	关于成立全市家电下乡工作推进组的通知	2009-03-12
泰政办发〔2009〕36号	关于印发泰州市家电下乡工作实施意见的通知	2009-03-12
泰政办发〔2009〕37号	关于分解下达全市住房保障三年建设目标任务的通知	2009-03-13
泰政办发〔2009〕38号	关于印发泰州市稻河街区房屋拆迁安置实施意见的通知	2009-03-13
泰政办发〔2009〕39号	关于成立泰州市电网建设协调领导小组的通知	2009-03-16
泰政办发〔2009〕40号	关于成立泰州市稻河古街区改造复兴工程建设指挥部的通知	2009-03-17
泰政办发〔2009〕42号	关于调整泰州市无偿献血领导小组的通知	2009-03-19
泰政办发〔2009〕43号	关于进一步加强协调劳动关系三方机制建设的意见	2009-03-24
泰政办发〔2009〕44号	关于印发泰州市区创业孵化基地认定和管理办法的通知	2009-03-25
泰政办发〔2009〕45号	关于印发2009年全市行政监察工作要点的通知	2009-03-24
泰政办发〔2009〕46号	关于成立泰州市国家创建创业型城市工作领导小组的通知	2009-03-31
泰政办发〔2009〕47号	关于印发泰州市市区住宅专项维修资金管理办法的通知	2009-04-01
泰政办发〔2009〕49号	转发市总工会等部门关于提高市以上劳动模范待遇的意见的通知	2009-04-03
泰政办发〔2009〕50号	关于调整泰州市老龄工作委员会组成人员的通知	2009-04-01
泰政办发〔2009〕51号	关于积极配合省环保厅苏中督查中心开展环保督察工作的通知	2009-04-09
泰政办发〔2009〕52号	关于调整泰州市家庭教育指导委员会组成人员的通知	2009-04-09
泰政办发〔2009〕53号	关于成立泰州市持独生子女父母光荣证退休企业职工一次性奖励工作领导小组的通知	2009-04-10
泰政办发〔2009〕55号	关于成立市区农贸市场规划建设管理工作领导小组的通知	2009-04-27
泰政办发〔2009〕56号	关于调整泰州市农资打假领导小组组成人员的通知	2009-04-27
泰政办发〔2009〕57号	关于印发2009年高校毕业生就业工作意见的通知	2009-04-28
泰政办发〔2009〕58号	关于成立泰州市住房保障工作领导小组的通知	2009-04-30
泰政办发〔2009〕59号	关于印发泰州市市场主体登记注册行政许可网上并联审批实施方案的通知	2009-04-30
泰政办发〔2009〕60号	关于在高考中考期间加强环境监管的通告	2009-05-04
泰政办发〔2009〕61号	关于调整泰州市绿化委员会组成人员的通知	2009-04-30
泰政办发〔2009〕62号	关于调整泰州市防汛防旱指挥部组成人员的通知	2009-04-27
泰政办发〔2009〕63号	关于成立泰州市甲型H1N1流感防控工作领导小组的通知	2009-05-15
泰政办发〔2009〕65号	关于成立泰州市区秸秆禁烧暨综合利用工作领导小组的通知	2009-05-07
泰政办发〔2009〕67号	关于调整泰州市住房公积金管理委员会成员的通知	2009-05-08

续表48

文号	文件题名	发文日期
泰政办发〔2009〕68号	关于明确2009年市区农业项目资金上争考核办法的通知	2009-05-08
泰政办发〔2009〕69号	关于成立泰州市市级行政事业单位房地产管理工作领导小组的通知	2009-05-13
泰政办发〔2009〕70号	关于印发泰州市城乡居民社会基本养老保险办法(试行)实施细则的通知	2009-05-13
泰政办发〔2009〕71号	关于调整泰州市创建国家园林城市工作领导小组成员的通知	2009-05-14
泰政办发〔2009〕72号	关于下达十二五规划前期重点课题研究计划的通知	2009-05-14
泰政办发〔2009〕74号	关于成立泰州市引江河疏港公路工程建设指挥部的通知	2009-05-19
泰政办发〔2009〕75号	转发市劳动和社会保障局市财政局关于调整市区基本医疗保险有关规定的通知	2009-05-18
泰政办发〔2009〕78号	关于转发市教育局市文化局泰州市京剧艺术进中小学课堂实施方案的通知	2009-05-25
泰政办发〔2009〕79号	转发市劳动和社会保障局关于泰州市劳动保障监察两网化管理工作实施方案的通知	2009-05-31
泰政办发〔2009〕80号	关于印发泰州市政府门户网站内容保障工作考评办法的通知	2009-06-01
泰政办发〔2009〕81号	关于印发泰州市区农业工作考核奖励办法的通知	2009-07-15
泰政办发〔2009〕82号	关于转发泰州市物价局关于运用价格杠杆促进泰州国家医药高新技术产业开发区发展意见的通知	2009-06-01
泰政办发〔2009〕83号	关于印发2009年度全市工业经济工作目标考评办法的通知	2009-05-31
泰政办发〔2009〕84号	关于对328国道新改线段实施规划控制的通知	2009-06-01
泰政办发〔2009〕85号	关于印发泰州市甲型H1N1流感防控应急预案(试行)的通知	2009-06-02
泰政办发〔2009〕86号	转发江苏省环保委办公室关于我省近期秸杆焚烧情况通报的通知	2009-06-04
泰政办发〔2009〕87号	关于印发泰州市2009年经济体制改革要点的通知	2009-06-04
泰政办发〔2009〕88号	关于印发2009年全市对口支持工作计划的通知	2009-06-08
泰政办发〔2009〕89号	关于命名第三批泰州市康居示范村的通知	2009-06-08
泰政办发〔2009〕90号	关于成立市中小学校舍安全工程领导小组的通知	2009-06-15
泰政办发〔2009〕91号	关于调整泰州市墙改与建筑节能工作领导小组成员的通知	2009-06-16
泰政办发〔2009〕92号	关于印发泰州市中小学校舍安全工程实施意见的通知	2009-06-18
泰政办发〔2009〕93号	关于转发市国土资源局2009年执法监察基层工作联系点工作方案的通知	2009-06-19
泰政办发〔2009〕94号	关于印发构建政府投资项目监督管理制度体系实施方案的通知	2009-06-17
泰政办发〔2009〕96号	关于印发泰州市历史文化名城保护办法的通知	2009-06-25
泰政办发〔2009〕98号	关于调整泰州市名牌战略推进委员会暨泰州市质量奖审定委员会成员的通知	2009-06-25
泰政办发〔2009〕99号	关于调整泰州市战时人民防空指挥所编成人员的通知	2009-07-01
泰政办发〔2009〕100号	关于成立中国宜居城市创建工作领导小组的通知	2009-06-29
泰政办发〔2009〕101号	关于印发中国宜居城市目标责任分解落实方案的通知	2009-07-02
泰政办发〔2009〕102号	关于成立泰州市区天然气建设工程协调服务工作领导小组的通知	2009-06-29
泰政办发〔2009〕103号	关于加快推进我市TD-SCDMA建设和发展工作的通知	2009-07-03
泰政办发〔2009〕104号	关于印发泰州市市区基本医疗保险门诊统筹暂行办法的通知	2009-07-15
泰政办发〔2009〕105号	关于调整泰州市禁毒委员会组成人员的通知	2009-06-26
泰政办发〔2009〕106号	关于全面开展应收账款质押融资工作的通知	2009-07-14
泰政办发〔2009〕107号	转发市发展和改革委市财政局关于支持市区中央新增投资项目建设工作意见的通知	2009-07-14
泰政办发〔2009〕108号	关于印发2009年度泰州市银行系统工作目标考核办法的通知	2009-07-16

续表48

文　号	文　件　题　名	发文日期
泰政办发〔2009〕109号	关于调整泰州市创建节水型城市工作领导小组的通知	2009-07-16
泰政办发〔2009〕110号	关于印发申报国家历史文化名城工作方案的通知	2009-07-17
泰政办发〔2009〕111号	关于开展全市第二次地名普查工作的通知	2009-07-20
泰政办发〔2009〕112号	转发市劳保局等单位贯彻省劳动和社会保障厅关于切实解决乡村医生养老保障问题实施意见的通知	2009-07-16
泰政办发〔2009〕114号	关于做好市区农贸市场规划建设和升级改造工作的意见	2009-07-27
泰政办发〔2009〕115号	关于调整市政府消防联席会议组成人员的通知	2009-07-27
泰政办发〔2009〕117号	印发泰州市市区农贸市场建设改造标准规范的通知	2009-08-04
泰政办发〔2009〕119号	转发泰州市县级人民政府教育工作督导评估和考核组关于对各市区人民政府和泰州经济开发区管委会2008年教育工作督导评估和考核意见的通知	2009-08-05
泰政办发〔2009〕120号	关于印发第七届中国泰州科技洽谈会实施方案的通知	2009-08-07
泰政办发〔2009〕121号	关于加强应急演练工作的通知	2009-08-10
泰政办发〔2009〕122号	关于转发市民政局等部门关于加强市区殡葬管理工作的意见的通知	2009-08-14
泰政办发〔2009〕124号	关于做好市区机动电动三轮车专项整治工作的意见	2009-08-24
泰政办发〔2009〕125号	关于成立市泰州市深化医药卫生体制改革领导小组的通知	2009-08-24
泰政办发〔2009〕126号	关于成立泰州市移动通信基站规划建设工作协调小组的通知	2009-08-25
泰政办发〔2009〕127号	关于建立市级部门服务业统计联席会议制度的通知	2009-08-31
泰政办发〔2009〕128号	关于调整泰州市平安医院创建活动协调小组成员的通知	2009-08-31
泰政办发〔2009〕130号	关于印发泰州市信访求助资金管理办法的通知	2009-09-01
泰政办发〔2009〕131号	关于印发泰州市区域供水水源和供水设施保护管理暂行办法的通知	2009-09-02
泰政办发〔2009〕132号	关于印发泰州市十二五规划编制工作方案的通知	2009-09-02
泰政办发〔2009〕133号	关于成立泰州市十二五规划编制工作领导小组的通知	2009-09-02
泰政办发〔2009〕134号	关于转发省统计局等部门认真贯彻落实统计违法违纪行为处分规定意见的通知	2009-09-03
泰政办发〔2009〕135号	关于成立泰州市双低油菜生产基地建设工作领导小组的通知	2009-08-13
泰政办发〔2009〕136号	关于建立国土资源执法联席会议制度和明确各成员单位工作职责的通知	2009-09-09
泰政办发〔2009〕138号	关于认真开展泰州市第二次R&D资源清查的通知	2009-09-17
泰政办发〔2009〕139号	印发关于进一步加强地震群测群防工作的意见的通知	2009-09-22
泰政办发〔2009〕140号	关于印发2009年市本级企业职工基本养老保险基金征收目标考核办法的通知	2009-09-23
泰政办发〔2009〕141号	关于成立泰州市人民政府行政复议委员会的通知	2009-09-23
泰政办发〔2009〕142号	关于印发泰州市人民政府行政复议委员会试点工作实施方案的通知	2009-09-18
泰政办发〔2009〕144号	转发省政府关于同意泰州港靖江港区新港作业区码头（二期）对外开放的批复的通知	2009-10-14
泰政办发〔2009〕145号	关于成立泰州市创建无障碍环境建设示范城市工作领导小组的通知	2009-10-14
泰政办发〔2009〕147号	关于印发2010至2012年泰州生态市建设行动计划纲要的通知	2009-10-26
泰政办发〔2009〕148号	关于进一步做好驻泰部队干部随军随调家属子女就业就学工作的意见	2009-11-04
泰政办发〔2009〕149号	关于印发泰州食品药品监管局等七部门泰州市食品安全整顿工作方案的通知	2009-11-05
泰政办发〔2009〕151号	关于进一步加强新增中央投资项目建设管理的工作意见	2009-11-13

续表48

文　号	文　件　题　名	发文日期
泰政办发〔2009〕154号	关于成立泰州市国家级节水型社会建设领导小组的通知	2009-12-02
泰政办发〔2009〕155号	关于印发行政权力网上公开透明运行工作考核指标体系的通知	2009-12-02
泰政办发〔2009〕157号	关于成立泰州市市区烟花爆竹燃放管理工作领导小组的通知	2009-12-04
泰政办发〔2009〕158号	关于印发泰州市区加强烟花爆竹燃放管理工作方案的通知	2009-12-10
泰政办发〔2009〕160号	关于下达“十二五”专项规划编制计划的通知	2009-12-11
泰政办发〔2009〕161号	关于印发泰州市2010年度水利工作意见的通知	2009-12-15
泰政办发〔2009〕162号	关于成立泰州市加强地方税收征管保障工作领导小组的通知	2009-12-14
泰政办发〔2009〕166号	关于成立泰州市区村组（社区）股份合作制改革暨社区建设工作领导小组的通知	2009-12-18
泰政办发〔2009〕167号	关于下达对口支援四川省绵竹市灾后重建资金任务的通知	2009-12-21
泰政办发〔2009〕168号	关于印发泰州市药品安全专项整治工作实施方案的通知	2009-12-20
泰政办发〔2009〕169号	关于印发泰州市装备制造业振兴规划纲要（2009~2012年）的通知	2009-12-22
泰政办发〔2009〕170号	关于印发泰州市医药产业振兴规划纲要（2009~2012年）的通知	2009-12-22
泰政办发〔2009〕171号	关于印发泰州市新能源产业振兴规划纲要（2009~2012年）的通知	2009-12-22
泰政办发〔2009〕172号	关于印发泰州市电子信息产业振兴规划纲要（2009~2012年）的通知	2009-12-22
泰政办发〔2009〕173号	关于印发泰州市2010年重点绿色通道达标验收办法的通知	2009-12-24
泰政办发〔2009〕175号	关于印发泰州市知识产权战略纲要的通知	2009-12-22
泰政办发〔2009〕176号	关于做好2009年泰州市普通高中教育考核工作的通知	2009-12-24
泰政办发〔2009〕179号	关于印发泰州市内河航道网规划的通知	2009-12-30
泰政办发〔2009〕180号	关于调整泰州市驻军保障社会化工作领导小组成员的通知	2009-12-30

2009年7月9日，举行纬创资通（泰州）项目签约仪式。

统计资料

行政区划和土地面积

（2009年）

（一）

表49

地　区	镇（个）	乡（个）	街道（个）	居民委员会（个）	村民委员会（个）	居民小组（个）	村民小组（个）	土地面积（km^2）	建成区面积
全　市	81	6	13	315	1574	4708	33649	5787.26	155.18
市　区	9	–	12	88	190	1585	3801	639.61	60.8
海陵区（含开发区）	5	–	9	64	115	1220	2126	337.91	50
高港区	4	–	3	24	75	365	1675	301.70	10.80
兴化市	29	5	–	70	614	462	8277	2395.00	19.50
靖江市	8	–	1	58	188	1570	3681	655.58	33.00
泰兴市	20	–	–	61	320	591	13901	1169.55	22.15
姜堰市	15	1	–	38	262	500	3989	927.52	19.73

（二）

续表49

地　区	乡、镇、街道名称
海陵区(含开发区）	城东街道、城西街道、城南街道、城中街道、城北街道、泰山街道、京泰路街道、凤凰街道、农业开发区街道、九龙镇、苏陈镇、罡杨镇、寺巷镇、野徐镇
高港区	口岸街道、刁铺街道、许庄街道、永安洲镇、白马镇、胡庄镇、大泗镇
兴化市	戴窑镇、合陈镇、永丰镇、新垛镇、安丰镇、海南镇、钓鱼镇、大邹镇、沙沟镇、中堡镇、李中镇、西郊镇、临城镇、垛田镇、竹泓镇、沈伦镇、大垛镇、荻垛镇、陶庄镇、昌荣镇 茅山镇、周庄镇、陈堡镇、戴南镇、张郭镇、昭阳镇、大营镇、下圩镇、城东镇、老圩乡、周奋乡、缸顾乡、西鲍乡、林湖乡
靖江市	靖城街道、新桥镇、东兴镇、斜桥镇、西来镇、季市镇、孤山镇、生祠镇、马桥镇
泰兴市	黄桥镇、分界镇、古溪镇、横垛镇、元竹镇、珊瑚镇、广陵镇、曲霞镇、张桥镇、溪桥镇、刘陈镇、河失镇、新街镇、姚王镇、宣堡镇、马甸镇、泰兴镇、七圩镇、蒋华镇、滨江镇、根思乡
姜堰市	姜堰镇、溱潼镇、蒋垛镇、顾高镇、大伦镇、张甸镇、梁徐镇、桥头镇、淤溪镇、白米镇、娄庄镇、沈高镇、兴泰镇、俞垛镇、华港镇

泰州市市、县（市、区）社会经济基本情况表

（2009年）

表50

指 标 名 称	计量单位	泰州市	市 区	海陵区	高港区	兴化市	靖江市	泰兴市	姜堰市
一、人口、就业及土地面积									
年末总人口（户籍）	万人	503.98	82.08	41.73	26.14	155.94	66.71	119.72	79.54
#女	万人	247.50	40.84	20.95	12.87	74.91	33.55	58.94	39.26
年末常住人口	万人	466.61	80.97	40.45	26.17	132.48	65.68	112.92	74.56
#城镇人口	万人	237.97	59.42	33.61	14.66	57.89	33.23	53.41	34.02
暂住人口(一个月以上)	万人	42.21	11.70	8.63	1.10	4.66	11.83	9.02	5.00
当年出生人口	人	42813	6839	3483	2011	17674	3930	9400	4970
当年死亡人口	人	32507	5866	2734	2023	7438	4721	7138	7344
年末总户数	户	1723351	284760	154584	83901	539903	221469	402118	275101
在岗职工平均人数	人	321034	105496	23028	22204	50240	60358	56677	48265
#国有单位	人	121623	35290	6544	4941	25880	19199	24381	16873
城镇集体单位	人	31566	14248	1501	3241	4157	5208	5482	2471
港澳台商投资单位	人	20229	6009	2436	471	2932	5188	2210	3890
外商投资单位	人	40051	6700	930	662	7678	12148	3777	9748
私营企业从业人员	人	682358	182531	83576	41747	114351	136459	144737	104280
个体从业人员	人	262833	67627	37686	16646	79261	33746	51341	30858
年末城镇登记失业人员数	人	21454	5508	4900	608	4030	3511	4387	4018
行政区域土地面积	平方千米	5787.26	639.61	237.16	301.70	2395.00	655.58	1169.55	927.52
#建成区面积	平方千米	155.18	60.80	50.00	10.80	19.50	33.00	22.15	19.73
城市建设用地面积	平方千米	171.35	79.41	58.81	20.60	17.60	32.61	21.17	20.56
二、综合经济									
地区生产总值	亿元	1660.92	458.53	114.63	93.85	320.48	364.43	337.07	255.76
第一产业	亿元	133.70	11.79	3.88	6.76	47.79	15.41	27.01	20.24
第二产业	亿元	943.07	291.89	61.23	54.23	154.95	214.69	193.23	143.30
工业	亿元	825.35	255.79	51.85	47.32	133.39	199.86	164.75	120.87
建筑业	亿元	117.72	36.10	9.38	6.91	21.56	14.83	28.48	22.43
第三产业	亿元	584.15	154.85	49.52	32.86	117.74	134.33	116.83	92.22
人均地区生产总值（按常住人口计算）	元	35711	56953	36588	36027	24246	55723	29922	34395
地区生产总值(2005年价格)	亿元	1485.75	418.82	100.41	73.58	269.95	247.89	296.22	216.98
第一产业	亿元	113.27	9.75	3.75	6.39	45.31	13.92	26.67	19.71
第二产业	亿元	855.64	270.77	55.85	42.74	129.55	147.67	175.22	125.88
#工业	亿元	762.00	241.24	48.47	37.27	112.68	137.48	150.96	108.26
第三产业	亿元	516.84	138.30	40.81	24.45	95.09	86.30	94.33	71.39
地区生产总值指数(上年=100)	-	113.8	115.3	109.6	115.5	113.6	115.3	113.7	113.5
第一产业	-	104.6	104.7	119.4	104.8	104.7	104.6	104.4	104.7
第二产业	-	114.4	112.5	107.0	117.6	115.9	116.7	114.6	114.2
#工业	-	114.7	111.2	109.3	119.6	116.8	116.9	116.6	115.5
第三产业	-	115.0	122.2	112.6	115.1	115.1	115.8	114.7	114.9
三、固定资产投资									
全社会固定资产投资完成额	万元	11661970	3455704	1080001	936217	1781580	1946458	2506844	1971384
#国有投资	万元	900749	467828	104588	27466	147254	148883	39218	97566
集体经济	万元	390355	259073	147547	61195	71678	–	28820	30784
个体私营经济	万元	10156	3510	3500	10	894	–	3400	2352
城镇固定资产投资	万元	6033867	2648403	761442	570040	656884	1237939	847307	643334
#房地产开发投资	万元	1238801	657406	277198	128920	114809	212824	95591	158171
#住宅	万元	949501	536265	253399	97219	88259	152313	79298	93366
城镇固定资产投资本年资金来源									

续表50

指标名称	计量单位	泰州市	市区	海陵区	高港区	兴化市	靖江市	泰兴市	姜堰市
国家预算内资金	万元	31074	21010	1330	5801	8364	1700	–	–
国内贷款	万元	238613	170064	42250	49600	57850	–	4949	5750
利用外资	万元	76837	4607	–	–	150	–	72080	–
自筹资金	万元	4539012	1868809	409961	394769	447107	1028347	733208	461541
其他资金	万元	223185	181677	18289	11600	33448	–	–	8060
新增固定资产	万元	6361390	2251081	698211	757506	941452	928239	1133122	1107496
施工项目个数	个	2674	643	246	221	525	234	579	693
#本年新开工	个	2073	482	216	206	429	185	536	441
商品房销售面积	万平方米	407.39	156.36	67.69	16.80	64.56	67.36	62.32	56.80
#住宅	万平方米	356.68	143.24	65.24	11.87	53.87	54.93	55.66	48.99
#别墅、高档公寓	万平方米	25.25	14.80	3.88	0.00	0.00	5.99	3.14	1.32
商品房销售额	万元	1599365	652853	274564	60178	206196	334766	212644	192906
#住宅	万元	1296500	573709	259170	35644	156416	239383	180912	146080
#别墅、高档公寓	万元	113684	67773	18680	–	–	29703	9892	6316
空置面积	万平方米	75.55	36.43	20.40	1.17	17.27	3.03	4.05	14.76
#住宅	万平方米	47.92	20.94	13.77	0.14	8.50	2.56	3.45	12.47
四、财政、金融、保险									
财政预算内总收入	万元	3438397	1426977	458970	252000	411166	682589	508245	409420
上划中央收入	万元	1187173	501109	225332	111575	148899	257640	159751	119774
地方财政收入	万元	2251224	925868	233638	140425	262267	424949	348494	289646
#一般预算收入	万元	1386244	624033	201869	92790	158000	271158	188300	144753
#税收收入	万元	1018048	394515	187414	83265	133884	222253	150870	116526
地方财政支出	万元	2620586	1030407	151554	137764	419075	391662	434883	344559
#一般预算支出	万元	1729288	713609	120076	90217	305377	238937	271220	200145
社会保险基金支出	万元	296293	81382	–	17737	36246	72497	65858	40310
年末金融机构各项存款余额	万元	18853943	6534948	–	–	2551826	4271779	2835018	2660373
#企业存款	万元	5719381	2601744	–	–	417078	1564251	659417	476891
居民储蓄存款	万元	9978748	2486368	–	–	1820258	2031982	1875061	1765079
#定期	万元	7246948	1784054	–	–	1206399	1497507	1418582	1340406
年末金融机构各项贷款余额	万元	11603728	4537157	–	–	1615667	2274481	1467583	1708840
#短期贷款	万元	6238658	2124650	–	–	1089887	1203591	719500	1101030
中长期贷款	万元	4488581	2162996	–	–	410373	894744	592574	427893
#个人消费贷款	万元	1454251	536253	–	–	195108	299524	267134	156232
保费收入	万元	492077	163027	–	–	65052	92314	99738	71946
财产险	万元	98022	42249	–	–	11521	16905	14945	12402
人寿险	万元	394055	120778	–	–	53531	75409	84793	59544
赔款和给付	万元	130692	39589	–	–	20031	23643	26671	20759
财产险	万元	47575	20392	–	–	5558	7832	7650	6143
人寿险	万元	83117	19197	–	–	14473	15811	19021	14616
五、规模以上工业									
规模以上工业企业单位数	个	3566	730	272	234	774	671	736	655
1.内资企业	个	3140	609	238	207	736	577	644	574
2.港澳台商投资企业	个	167	49	14	7	16	38	34	30
3.外商投资企业	个	259	72	20	20	22	56	58	51
#高技术产业企业	个	475	133	34	51	76	97	88	81
#亏损企业	个	279	86	31	14	9	73	80	31
#国有控股企业	个	25	11	–	–	3	6	4	1
#轻工业	个	1012	277	115	80	192	140	208	195

续表50

指 标 名 称	计量单位	泰州市	市 区	海陵区	高港区	兴化市	靖江市	泰兴市	姜堰市
#大型企业	个	15	6	1	2	1	3	4	1
中型企业	个	151	52	24	9	19	42	17	21
工业总产值(当年价)	万元	37694574	10979134	2955100	2399200	5169000	9088300	6875700	5582500
1.内资企业	万元	25619645	8247111	2189000	1503100	4350000	3790900	5125600	4106000
2.港澳台商投资企业	万元	2905878	424511	118800	40800	124700	906200	682200	768300
3.外商投资企业	万元	9169051	2307612	647300	855300	694300	4391100	1067900	708200
#高技术产业企业	万元	8585088	4086081	714973	560352	682236	1740049	955044	1121677
#国有控股企业	万元	2326700	2118613	–	–	23500	119700	63500	1400
#轻工业	万元	9897457	4240118	1023300	654800	1113700	900200	2146900	1496600
#大中型企业	万元	16615781	6491434	1179500	1396300	1155400	5820900	1717500	1430600
资产合计	万元	23100977	8032014	1620200	2454000	2344900	7220500	3480200	2023400
负债合计	万元	14280991	5118104	1130500	1968600	1061600	5022600	2028600	1050100
所有者权益合计	万元	8802511	2904413	483300	485300	1283300	2193800	1450800	970200
主营业务收入	万元	36222276	10627726	2743100	2395100	5049800	8687800	6606700	5250300
#主营业务税金及附加	万元	307821	162207	9000	19100	23700	17000	72200	32700
主营业务成本	万元	30304342	8480418	2499300	2141400	4327500	7414800	5644500	4437100
利润总额	万元	2517302	581503	91400	103600	297900	955800	336000	346100
利税总额	万元	4295478	1230117	163500	242500	524600	1214500	781800	544500
本年应交增值税	万元	1470356	486409	63100	119800	203100	241700	373600	165600
全部从业人员年平均人数	人	446097	124301	36700	44700	75500	85300	95800	65200
六、交通运输、邮电通信、电力									
铁路营业里程	千米	101	21	21	–	11	23	25	21
火车站个数	个	6	2	–	–	1	1	1	1
公路里程	千米	8205.76	1044.68	415.08	587.96	2383.14	1181.98	1967.42	1628.54
#等级公路	千米	8169.14	1038.59	415.08	582.96	2353.35	1181.98	1967.42	1627.81
#高速公路	千米	201.77	11.05	–	11.05	52.65	24.42	73.39	40.25
一级公路	千米	666.52	148.06	67.19	77.85	115.73	112.61	142.24	147.88
民用汽车拥有量	辆	174171	47724	–	–	30597	33770	32554	29526
#私人汽车拥有量	辆	121920	30352	–	–	24500	22988	22890	21190
邮政局所数	处	179	31	20	11	48	29	39	32
邮政业务收入	万元	45400	11065	–	–	10261	7397	9855	6822
电信业务收入	万元	286081	73602	–	–	56715	52359	60634	42771
本地电话用户	户	1624834	352478	229595	122883	358246	270271	391014	252825
#城市电话用户	户	656939	186073	172504	13569	104384	115264	150679	100539
#移动市话用户	户	262978	64582	51013	13569	40924	52781	66038	38653
住宅电话用户	户	1111747	191426	108782	82644	285266	165502	277755	191798
#农村电话用户	户	846415	120625	37981	82644	241063	123536	217676	143515
移动电话年末用户	户	3006305	739865	–	–	641048	523369	632815	469208
国际互联网用户	户	391192	107306	–	–	73302	73197	80551	56836
全年用电量	万千瓦小时	1554314	371976	–	–	381582	287719	299272	213765
#工业用电	万千瓦小时	1247146	282488	–	–	321190	230702	239489	173277
城乡居民生活用电	万千瓦小时	169207	39392	–	–	35444	32095	38317	23959
#城镇居民	万千瓦小时	61279	22397	–	–	8232	11553	12148	6949
七、批发零售贸易、外经、旅游									
社会消费品零售总额	万元	4622925	1382409	1045161	190917	734452	789181	925102	791781
#城镇	万元	4125706	1379558	1045161	188586	640424	680251	672258	753215
农村	万元	497219	2851	0	2331	94028	108930	252844	38566
#批发和零售业	万元	3966277	1182225	878041	162699	628174	655673	772327	727878

续表50

指　标　名　称	计量单位	泰州市	市 区	海陵区	高港区	兴化市	靖江市	泰兴市	姜堰市
住宿和餐饮业	万元	656648	200184	167120	28218	106278	133508	152775	63903
限额以上批发和零售业住宿和餐饮业主要指标									
法人企业个数	个	471	132	69	34	70	124	68	77
#批发业	个	212	56	31	18	27	77	21	31
零售业	个	155	45	19	9	25	34	24	27
餐饮业	个	73	17	11	6	15	8	19	14
从业人员数	人	43316	20469	9913	8314	6146	6673	5721	4307
#批发业	人	17254	10689	3182	7015	3126	1532	1093	814
零售业	人	15603	5272	3684	683	1963	3500	2636	2232
餐饮业	人	5437	1801	1295	506	842	900	1076	818
从业人员年平均人数	人	37048	18043	8171	7829	5166	5546	4655	3638
流动资产合计	万元	1905065	1315383	742600	404233	111382	309466	88450	80384
固定资产合计	万元	291014	132276	104319	13042	35074	71804	22269	29591
主营业务收入	万元	4910701	2307581	1113093	765381	974020	961113	350994	316993
#主营业务税金及附加	万元	36346	18097	16878	619	10550	3129	2457	2113
主营业务成本	万元	4465683	2111715	1047021	712574	916685	848912	315415	272956
利润总额	万元	219644	103009	42316	13850	77316	8325	12348	18646
本年应交增值税	万元	166236	55642	42023	4784	90345	10886	4997	4366
进出口总额(海关数)	万美元	581985	237597	52802	101136	24401	195275	82376	42336
#出口总额	万美元	421541	153397	40120	49543	17755	165554	49048	35787
外国和港、澳、台地区在华直接投资									
新签项目(合同)个数	个	166	68	20	17	18	14	34	32
合同外资金额	万美元	271499	103632	24744	26431	17747	65007	55607	29506
实际到帐外资(商务部口径)	万美元	105626	39638	11121	11066	7706	31483	15418	11381
星级饭店数	个	27	10	9	1	3	5	5	4
星级饭店客房总数	间	2716	1248	1212	85	218	602	469	179
名胜风景区和文物保护区个数	个	283	142	67	5	42	12	37	50
八、市政公用事业、环境保护									
城市维护建设资金支出	万元	190947	81023	57723	23300	15097	20910	47935	25982
供水综合生产能力(包括自备水源)	万吨/日	106	57	50	7	12	18	19	
供水总量	万吨	15239	4903	3753	1150	1506	3599	3295	1936
公共汽(电)车运营车辆数	辆	594	251	–	–	96	86	88	73
出租汽车数	辆	3165	739	–	–	420	868	665	473
煤气(人工煤气、天然气)供气总量	万立方米	3476	–	–	–	278	208	2490	500
液化石油气供气总量	吨	60755	20420	16300	4120	6320	14823	13100	6092
建成区绿化覆盖面积	公顷	6258	2476	2014	462	782	1321	886	793
污水处理厂数	座	7	3	3	–	1	1	1	1
垃圾处理站数	个	6	2	2	–	1	1	1	1
污水处理率	%	72.2	83.0	94.9	37.5	65.9	69.8	57.5	76.1
#污水集中处理率	%	37.5	56.1	70.8	0.0	3.0	28.7	30.2	40.8
生活垃圾无害化处理率	%	86.8	100.0	100.0	100.0	100.0	100.0	0.0	100.0
自然保护区个数	个	31	3	1	2	8	4	15	1
自然保护区面积	公顷	37472	1869	256	1613	14847	5055	13101	2600
工业废水排放量	万吨	16449	2023	1663	360	2250	2221	7724	2231
工业废水排放达标量	万吨	16078	1856	1514	342	2219	2121	7674	2208
工业二氧化硫去除量	吨	50210	40743	40628	115	1654	1201	4814	1798
工业二氧化硫排放量	吨	57816	32273	31394	879	6514	9945	6582	2502
化学需氧量排放量	吨	16169	1974	1641	332	2011	2902	5623	3659

续表50

指标名称	计量单位	泰州市	市区	海陵区	高港区	兴化市	靖江市	泰兴市	姜堰市
工业烟尘去除量	吨	40265	12885	11635	1250	8743	9308	7286	2043
工业烟尘排放量	吨	15378	6388	5972	416	1274	1317	2844	3555
工业废气排放量	万标米	9216678	4928969	4865157	63812	1452466	660515	1588030	586698
工业固体废物产生量	万吨	263	134	130	3	32	35	51.3	11
三废综合利用产品产值	万元	53679	11786	11484	302	5488	17871	18380	155
环境噪声达标区总面积	平方千米	143.18	55.41	35.90	9.51	9.29	41.47	18.41	18.60
九、教育、科技、卫生									
学校总数	个	416	85	32	28	90	63	114	64
毕业生总数	人	171757	38599	9610	7351	40665	21817	45497	25179
招生总数	人	140853	38575	8662	6232	31144	17656	32487	20991
在校学生总数	人	573454	142890	37592	25063	132091	73734	139860	84879
专任教师总数	人	40760	9423	2851	1840	10583	5611	9542	5601
幼儿园数	个	204	52	28	12	51	27	39	35
在园幼儿数	人	105805	19133	9972	4815	29109	14036	26424	17103
学龄儿童入学率	%	100.0	100.0	100.0	100.0	100.0	100.0	100.0	100.0
小学毕业生升学率	%	100.0	100.0	–	–	100.0	100.0	100.0	100.0
初中毕业生升学率	%	98.4	98.0	–	–	95.1	95.4	97.6	98.4
各类专业技术人员数	人	254710	59330	11745	7074	48024	39445	63787	44124
#中级技术职称以上人员	人	62804	18552	5738	3740	11012	9262	14391	9587
专利申请受理量	件	6265	1618	849	560	1021	1245	1150	1231
#发明	件	1043	318	137	104	106	239	176	204
专利申请授权量	件	2785	861	346	352	398	567	504	455
#发明	件	101	26	11	6	9	15	35	16
体育场馆数	个	22	8	6	1	4	3	4	3
广播覆盖率	%	100	100	100	100	100	100	100	100
电视覆盖率	%	100	100	100	100	100	100	100	100
有线电视入户率	%	72.79	86.01	–	–	63.18	79.05	67.53	76.51
公共图书馆	个	6	2	–	1	1	1	1	1
公共图书馆图书总藏量	千册(件)	1472	493	–	50	170	330	264	165
艺术馆、文化馆(站)数	个	106	21	12	8	36	11	22	16
卫生机构数	个	597	152	134	18	103	105	131	106
#医院	个	41	14	12	2	5	3	3	16
卫生院	个	133	18	8	10	47	20	33	15
疾病预防控制中心(防疫站)	个	7	3	2	1	1	1	1	1
妇幼保健院(所、站)	个	6	2	2	–	1	1	1	1
卫生机构床位数	张	14219	3521	2814	707	3171	2410	2908	2209
#医院	张	7993	2564	2322	242	1331	1252	1353	1493
卫生院	张	5890	737	334	403	1800	1158	1555	640
卫生技术人员	人	17482	4620	3881	739	3243	3132	3825	2662
#执业(助理)医师	人	7949	1992	1641	351	1469	1428	1756	1304
注册护士	人	5557	1701	1477	224	881	941	1165	869
十、人民生活									
人均住房使用面积	平方米	–	22.7	–	34.7	27.4	35.8	27.5	23.4
人均住房建筑面积	平方米	–	30.3	–	46.3	36.5	47.8	36.7	31.2
在岗职工工资总额	万元	956899	353607	62269	69657	131007	185614	158089	128242
#国有单位	万元	527168	189032	30678	23807	81548	89772	98127	68688
城镇集体单位	万元	67744	26693	2010	6326	9305	13308	11872	6566
港、澳、台商投资单位	万元	38599	11436	4089	745	5049	9666	4794	7654

续表50

指标名称	计量单位	泰州市	市区	海陵区	高港区	兴化市	靖江市	泰兴市	姜堰市
外商投资单位	万元	91544	14927	2456	1057	18864	30556	10117	17081
城镇居民人均可支配收入	元	–	19143	–	18754	16422	19526	17860	18147
#最低20%户人均可支配收入	元	–	7199	–	8058	9582	9192	9875	9343
最高20%户人均可支配收入	元	–	43288	–	39621	29662	39485	34267	40649
城镇居民人均消费性支出	元	–	12163	–	10580	10250	11314	11561	11216
#食品	元	–	4835	–	3908	3703	4098	4112	4358
衣着	元	–	1600	–	1197	1326	1171	1361	1238
居住	元	–	1186	–	870	572	1099	996	1231
家庭设备用品及服务	元	–	582	–	670	749	654	828	496
医疗保健	元	–	698	–	467	556	576	533	663
交通和通讯	元	–	1261	–	973	822	1066	1124	697
娱乐教育文化及服务	元	–	1368	–	1698	1845	2086	2162	2172
每百户拥有									
#健身器材	台	–	5	–	6	5	8	13	4
家用汽车	台	–	6	–	6	1	12	6	5
家用电脑	台	–	58	–	60	67	80	74	64
电话数	台	–	271	–	265	293	383	295	313
移动电话数	台	–	150	–	155	134	204	190	189
互联网用户	户	–	39	–	21	40	41	68	48
城镇企业职工基本养老保险参保人数	人	633546	159905	128034	31871	90505	132597	130683	119856
城镇职工基本医疗保险参保人数	人	925920	252504	68365	43900	163240	174500	183413	152263
城镇失业保险参保人数	人	409345	124544	28415	23598	50003	94306	82026	58466
社会福利收养性单位数	人	256	21	11	8	173	20	23	19
社会福利收养性单位床位数	张	17957	1788	1228	460	8480	2125	2972	2592
社区服务设施数	个	342	155	61	94	22	49	31	85
城镇居民最低生活保障人数	人	23154	3205	2359	716	9262	3990	3452	3245
农村居民最低生活保障人数	人	89785	12115	3683	7428	27460	9434	28549	12227
农村五保供养人数	人	23963	1128	351	773	12774	1959	4798	3304
参加农村合作医疗的人数	人	3431634	305140	130920	174220	1208036	352000	969075	597383
参加农村养老保险的人数	人	832470	106473	68430	38043	208666	73405	234418	209508
十一、社会治安									
刑事案件立案数	件	2290	597	420	126	581	364	464	284
犯罪人数	人	3840	1106	768	225	946	578	778	432
#青少年（16~25岁）	件	1051	400	313	57	175	28	279	169
民事案件发案数	件	29581	8842	4833	1515	5043	6147	5869	3680
交通事故发生数	起	892	273	147	97	106	165	228	120
交通事故受伤人数	人	823	272	133	95	68	175	219	89
交通事故死亡人数	人	388	118	55	36	75	45	76	74
交通事故损失额	万元	387.78	288.60	34.92	27.46	21.76	37.00	13.37	27.05
火灾事故发生数	起	425	118	77	41	80	127	47	53
火灾受伤人数	人	4	2	2	–	–	2	–	–
火灾死亡人数	人	3	–	–	–	1	1	–	1
火灾损失金额	万元	303.74	80.51	35.56	44.95	60.53	59.59	56.83	46.28

主要年份国民经济和社会发展主要指标

表51

指　　标	单位	1996年	1997年	1998年	1999年	2000年	2001年	2002年	2003年	2004年	2005年	2006年	2007年	2008年	2009年
一、综合															
1.地区生产总值	亿元	284.17	305.90	334.24	362.32	399.08	443.87	498.70	574.05	699.17	822.26	1002.28	1201.82	1394.38	1660.92
第一产业	亿元	59.52	60.23	61.66	63.85	66.16	68.98	69.37	72.56	84.99	89.89	95.00	102.93	109.26	133.70
第二产业	亿元	133.95	145.15	160.52	174.43	197.32	223.51	262.01	313.60	398.86	476.65	585.56	700.02	808.63	943.07
工业	亿元	118.76	126.97	136.12	145.88	163.59	185.28	216.34	261.40	331.53	401.59	501.29	607.65	704.71	825.35
建筑业	亿元	15.19	18.18	24.40	28.55	33.73	38.23	45.67	52.20	67.33	75.06	84.27	92.37	103.92	117.72
第三产业	亿元	90.70	100.52	112.06	124.04	135.60	151.38	166.32	187.89	215.32	255.72	321.72	398.87	476.49	584.15
2.人均地区生产总值	元	5925	6139	6873	7380	8340	9279	10468	12102	14777	17474	21509	26085	30259	35711
二、农业															
1. 农林牧渔业总产值	亿元	119.34	114.26	120.09	125.48	129.02	133.80	138.86	135.59	158.19	166.18	171.21	178.23	203.23	213.21
#农业总产值	亿元	69.58	70.95	72.99	74.72	73.42	76.46	78.41	65.36	79.72	83.68	87.11	88.31	99.62	104.81
林业总产值	亿元	2.31	2.23	2.06	3.08	2.53	2.95	3.93	3.63	2.78	3.13	3.36	3.66	3.33	3.56
牧业总产值	亿元	32.89	24.74	26.37	27.02	30.16	30.80	31.87	34.93	41.86	43.46	42.20	44.84	54.01	56.53
渔业总产值	亿元	14.56	16.35	18.68	20.65	22.92	23.59	24.64	25.28	26.83	28.14	29.98	32.11	35.71	37.22
2.粮食产量	万吨	286.17	281.93	273.35	291.54	270.52	254.49	247.37	230.26	258.12	267.18	282.25	272.07	300.62	310.22
棉花产量	万吨	3.52	3.38	2.87	1.06	1.47	2.56	1.91	1.58	2.45	1.70	2.09	1.64	2.12	1.6

注：1. 人均地区生产总值自2000年起按常住人口计算；2. 2003、2004、2005年农林牧渔业总产值含农林牧渔服务业。

续表51

指　　标	单位	1996年	1997年	1998年	1999年	2000年	2001年	2002年	2003年	2004年	2005年	2006年	2007年	2008年	2009年
油料产量	万吨	7.28	7.06	5.40	8.51	11.23	13.75	12.25	13.66	15.93	15.19	13.76	10.09	11.94	11.73
肉类总产量	万吨	24.13	15.64	17.68	19.16	21.73	21.74	22.59	23.44	23.86	24.53	24.88	20.34	21.18	22.31
禽蛋产量	万吨	14.44	8.45	9.43	11.45	11.23	11.66	11.56	11.94	12.02	12.01	10.85	8.38	9.27	9.29
水产品产量	万吨	13.59	14.31	15.24	16.42	17.64	18.29	18.95	18.84	20.21	21.05	22.03	22.26	29.18	28.63
三、列统工业															
1.工业企业数	个	—	—	956	972	936	971	1083	1209	1492	1905	2190	2588	2849	3566
2.工业总产值	亿元	—	—	367.07	403.38	443.80	449.39	579.82	736.65	997.35	1216.80	1664.54	2266.59	2949.82	3769.46
#轻工业	亿元	—	—	167.57	185.02	220.55	239.03	269.96	311.26	402.99	480.66	595.00	732.3	828.91	989.75
重工业	亿元	—	—	199.50	218.36	223.25	260.35	309.86	425.39	594.36	736.14	1069.54	1534.29	2120.91	2779.71
#国有企业	亿元	—	—	66.23	74.05	40.32	64.83	70.24	74.89	109.92	90.73	127.64	117.57	114.64	131.39
集体企业	亿元	—	—	155.83	158.06	107.87	114.25	104.81	116.49	146.90	144.04	126.23	131.86	151.74	165.47
股份制经济	亿元	—	—	86.37	100.42	214.20	234.04	245.55	262.07	446.66	706.17	993.42	1322.4	1610.43	2123.61
外商及港澳台投资企业	亿元	—	—	64.14	55.42	72.82	68.58	78.89	105.75	153.60	180.37	315.30	554.98	818.64	1207.49
#大中型企业	亿元	—	—	220.76	244.51	268.10	307.62	347.84	409.28	508.03	642.45	856.31	1078.69	1377.38	1661.58
3.产品销售收入	亿元	—	—	317.15	350.95	387.69	433.69	495.16	651.96	879.94	1160.07	1589.57	2172.78	2794.88	3622.23
4.利税总额	亿元	—	—	35.05	38.66	44.36	51.32	47.45	67.23	86.58	107.80	139.43	199.71	287.5	429.55
#利润	亿元	—	—	17.26	19.86	23.14	26.87	21.11	33.53	43.05	54.80	73.15	101.11	152.01	251.73
5.流动资产合计	亿元	—	—	308.78	222.27	226.21	240.94	257.60	306.48	341.88	454.16	557.18	778.89	967.89	1320.33
6.固定资产净值	亿元	—	—	122.64	135.33	146.47	154.98	169.10	192.34	194.85	234.13	286.52	333.84	483.98	683.86
四、固定资产投资															
全社会固定资产投资	亿元	68.62	72.16	95.80	117.95	138.74	155.96	177.26	230.65	306.24	403.13	532.56	703.97	900.52	1166.20
# 房地产投资	亿元	4.83	4.63	7.00	8.75	12.63	17.14	19.47	31.15	39.28	47.24	63.09	92.07	111.78	123.88

注：列统工业口径为全部国有工业及年销售收入500万元以上的非国有工业企业。

续表51

指标	单位	1996年	1997年	1998年	1999年	2000年	2001年	2002年	2003年	2004年	2005年	2006年	2007年	2008年	2009年
五、对外经济															
1.自营进出口	亿美元	2.70	3.44	3.74	3.56	4.48	5.32	5.73	8.81	12.56	19.28	28.64	39.56	63.42	58.20
#出口	亿美元	2.20	2.48	2.96	2.37	3.29	3.85	4.20	6.34	9.54	13.41	22.04	29.57	48.87	42.15
进口	亿美元	0.50	0.96	0.78	1.18	1.19	1.47	1.53	2.46	3.02	5.87	6.60	9.99	14.55	16.05
2.新批外资项目个数	个	74	32	54	45	67	104	154	217	214	253	268	153	139	166
3.注册协议外资金额	亿美元	1.92	1.06	1.20	1.21	1.85	2.56	3.12	4.80	7.93	11.22	12.09	17.18	19.55	27.15
4.实际利用外资	亿美元	0.91	1.08	1.01	0.84	1.03	1.21	1.81	3.03	4.17	4.91	7.66	8.75	10.5	10.56
5.新签劳务承包合同额	亿美元	0.58	0.22	0.31	0.42	0.89	0.96	1.61	1.90	1.34	1.68	2.21	2.64	3.62	3.85
6.完成劳务承包合同额	亿美元	0.39	0.54	0.08	0.16	0.54	0.91	1.18	1.52	1.43	1.65	2.38	2.99	4.14	4.46
六、贸易业															
社会消费品零售总额	亿元	100.68	109.10	114.68	123.22	133.57	146.16	154.56	173.76	200.69	233.81	271.33	321.07	395.73	469.99
#市的零售额	亿元	61.16	70.04	73.40	78.27	86.70	95.59	103.57	117.45	136.98	161.42	189.86	226.7	287.01	344.67
县以下零售额	亿元	39.52	39.06	41.28	44.95	48.87	50.57	51.00	56.31	63.71	72.39	81.47	94.37	108.72	125.22
#批发零售贸易业	亿元	64.85	67.74	71.25	79.38	88.82	101.36	136.28	149.34	172.26	200.80	229.74	269.78	328.03	385.22
住宿餐饮业	亿元	5.44	6.94	7.67	9.46	12.16	13.93	16.11	21.50	25.35	28.95	36.53	44.84	65.24	82.14
七、财政、金融、保险															
1.财政收入	亿元	20.76	23.77	27.35	27.66	31.83	38.54	53.13	66.26	86.47	113.95	155.41	211.42	262.31	343.84
#中央收入	亿元	9.77	11.40	12.94	12.72	14.23	17.38	24.51	29.66	38.02	46.35	58.49	76.38	97.22	118.72
地方一般预算收入	亿元	10.99	11.85	14.17	14.48	17.13	20.67	21.90	26.57	34.07	46.91	61.47	85.22	101.08	138.62
2.地方财政支出	亿元	14.62	17.47	20.72	21.57	25.40	29.09	41.11	50.59	64.41	82.72	112.08	153.13	191.42	262.06
3.金融机构年末存款余额	亿元	221.40	268.90	317.09	355.93	388.82	431.46	488.61	596.33	701.17	824.90	953.88	1126.94	1402.12	1885.39
#城乡居民储蓄余额	亿元	151.95	175.35	215.73	245.41	264.07	294.53	336.00	394.99	461.46	535.67	594.45	639.8	824.87	997.87

注：2002年起协议（合同）外资金额、实际利用外资、社会消费品零售总额指标为新口径。

续表51

指标	单位	1996年	1997年	1998年	1999年	2000年	2001年	2002年	2003年	2004年	2005年	2006年	2007年	2008年	2009年
4.金融机构年末贷款余额	亿元	179.96	211.23	231.36	236.50	236.26	260.76	287.59	348.70	397.73	446.95	545.53	653.95	792.89	1160.37
5.保险费收入	亿元	1.67	2.89	4.12	4.52	5.66	8.47	12.46	17.87	20.95	23.54	27.55	29.27	40.24	49.21
八、人民生活															
1.市区居民人均可支配收入	元	5425	5630	6057	6753	7005	7439	7788	8517	9695	11122	12682	14940	17198	19143
市区居民人均消费性支出	元	4302	4488	4726	5323	5637	4945	5550	5743	6318	7556	8184	9021	10985	12163
2.农民人均纯收入	元	2951	3140	3251	3402	3549	3649	3834	4079	4574	5102	5659	6469	7338	8180
农民人均生活消费支出	元	2466	2519	2326	2527	2695	2344	2589	2606	2924	3396	4046	4459	5075	5657
3.市区居民消费价格总指数	%	107.5	101.6	100.1	98.7	100.2	101.0	99.5	101.3	104.0	101.6	101.3	103.7	104.8	99.7
市区商品零售价格总指数	%	105.4	99.6	98.7	97.5	98.3	98.8	97.4	99.6	103.0	100.9	100.7	102.6	105.9	101.1
4.城乡居民人均储蓄	元	3062	3529	4327	4896	5265	5854	6672	7840	9178	10662	11804	12778	16478	19800
九、供电、邮电															
1.全社会用电量	亿千瓦小时	30.93	31.09	31.27	33.59	38.37	43.28	51.17	62.12	80.47	95.74	113.47	134.02	145.57	155.43
#工业用电量	亿千瓦小时	18.36	18.20	17.54	19.39	22.75	26.77	37.04	47.38	63.97	77.59	92.10	109.53	117.64	124.71
城乡居民生活用电	亿千瓦小时	6.28	6.57	7.07	7.48	8.91	9.35	8.36	8.05	9.13	10.56	12.02	13.09	15.09	16.92
2.年末固定电话用户数	万户	–	39.55	–	65.21	82.21	106.69	124.70	141.20	162.47	172.45	183.54	180.81	176.89	162.48
3.固定电话普及率	户/百人	–	7.96	–	13.01	16.39	21.21	24.74	28.05	32.31	34.35	36.44	36.11	35.34	32.25
4.年末移动电话用户数	万户	1.89	3.89	6.36	13.43	31.34	46.69	66.61	94.10	96.04	118.14	149.47	195.92	234.24	300.63
5.移动电话普及率	户/百人	0.38	0.78	1.28	2.68	6.25	9.28	13.23	18.68	19.10	23.51	29.68	39.13	46.79	59.67

注：2002年起协议（合同）外资金额、实际利用外资、社会消费品零售总额指标为新口径。

泰州市主要经济指标占全省比重

（2009年）

表52

指　　标	单　位	江苏省	泰州市	泰州市占江苏省比重（%）
土地面积	万平方千米	10.26	0.58	5.7
年末常住人口	万人	7725.00	466.61	6.0
就业人数	万人	4675.00	283.81	6.1
地区生产总值	亿元	34061.00	1660.92	4.9
第一产业	亿元	2202.00	133.70	6.1
第二产业	亿元	18416.00	943.07	5.1
工业	亿元	16465.00	825.35	5.0
建筑业	亿元	1951.00	117.72	6.0
第三产业	亿元	13443.00	584.15	4.3
人均地区生产总值	元	44232	35711	80.7
规模以上工业增加值	亿元	16727.14	1005.67	6.0
规模以上工业产品销售收入	亿元	71181.32	3569.33	5.0
规模以上工业实现利税总额	亿元	6448.09	417.53	6.5
#利润总额	亿元	3865.38	244.25	6.3
全社会用电量	亿千瓦时	3313.99	155.43	4.7
#工业用电量	亿千瓦时	2631.28	124.71	4.7
全社会固定资产投资	亿元	18752.00	1166.2	6.2
#城镇投资	亿元	14123.00	564.2	4.0
#房地产开发投资	亿元	3339.00	123.88	3.7
财政总收入	亿元	8405.00	383.84	4.6
#一般预算收入	亿元	3229.00	138.62	4.3
一般预算支出	亿元	3956.00	168.86	4.3
社会消费品零售总额	亿元	11484.10	469.89	4.1
批发零售贸易业	亿元	9892.41	385.22	3.9
住宿餐饮业	亿元	1485.28	82.14	5.5
其他行业	亿元	106.40	2.53	2.4
进出口总额	亿美元	3388.32	58.2	1.7
#出口总额	亿美元	1992.43	42.15	2.1
合同外资金额	亿美元	509.81	27.15	5.3
实际利用外资	亿美元	253.23	10.56	4.2
农民人均纯收入	元	8004	8180	102.2
城镇居民人均可支配收入	元	20552	18079	88.0
城乡居民储蓄存款余额	亿元	20303.67	997.87	4.9

泰州的一天

（2009年）

表53

指　标	单位	实绩	指　标	单位	实绩
全市每天创造的财富			政府消费	万元	3239
地区生产总值	万元	45505	社会消费品零售总额	万元	12874
第一产业	万元	3663	每天其他经济活动		
第二产业	万元	25830	公路客运量	万人	20
工业	万元	22612	公路货运量	万吨	9
建筑业	万元	3225	内河港口货物吞吐量	万吨	29
第三产业	万元	16004	水上货运量	万吨	18
全社会固定资产投资	万元	31951	全社会用电量	万千瓦小时	4258
财政总收入	万元	9420	#工业用电量	万千瓦小时	3417
财政支出	万元	7018	城乡居民生活用电	万千瓦小时	464
保险费收入	万元	1348	每天对外经济		
规模以上工业总产值	万元	102020	出口	万美元	1155
规模以上工业增加值	万元	27553	协议外资金额	万美元	744
规模以上工业产品销售收入	万元	97790	实际利用外资	万美元	289
规模以上工业利税	万元	11439	接待海外旅游者人次	人次	187
规模以上工业利润	万元	6692	旅游外汇收入	万美元	19
粮食	吨	8499	每天社会治安		
肉类	吨	611	刑事案件立案数	件	6
水产品	吨	784	民事案件发案数	件	81
家用电冰箱	台	4500	交通事故发生数	起	2
房间空调器	台	339	火灾事故发生数	起	1
全市每天消费量			每天人口变动和婚姻		
最终消费	万元	16601	出生人口	人	117
居民消费	万元	13362	死亡人口	人	89
农村居民	万元	4301	结婚对数	对	126
城镇居民	万元	9061	离婚对数	对	17

泰州市市、县（市、区）全社会固定资产投资完成情况

表 54　（2009年）　单位：万元

指标名称	全市	市区					兴化市	靖江市	泰兴市	姜堰市
			市直	海陵区	高港区	开发区				
固定资产投资完成额	11661970	3455704	585765	1080001	936217	853721	1781580	1946458	2506844	1971384
城乡规模以上	7389212	2454573	439755	709833	647675	657310	1021422	1319845	1348661	1244711
房地产开发投资	1238801	657406	146010	277198	128920	105278	114809	212824	95591	158171
城乡规模以下	2532914	294519	–	80886	128636	84997	516972	249541	962006	509876
城乡居民私人建房	501043	49206	–	12084	30986	6136	128377	164248	100586	58626
一产投资	212643	39660	2007	22180	8411	7062	84650	17757	21920	48656
二产投资	6520287	1632727	159507	399428	580451	493341	1066150	1039410	1529124	1252876
#工业投资	6384113	1570867	159507	374228	547641	489491	1064350	1039410	1509021	1200465
三产投资	4929040	1783317	424251	658393	347355	353318	630780	889291	955800	669852

全市外向型经济主要指标

表55　（2009年）　单位：万元

指标	计量单位	2009年	2008年	同比±%
一、进出口总额	万美元	581985	634193	–8.2
进口总额	万美元	160444	145480	10.3
出口总额	万美元	421541	488713	–13.7
二、新批外资项目个数	个	166	139	19.4
三、注册协议外资金额	万美元	271499	185990	46.0
四、商务部确认实际外资	万美元	105626	104988	0.6
五、新签对外承包劳务合同额	万美元	38493	36174	6.4
六、对外承包劳务实际完成营业额	万美元	44620	41446	7.7
七、当年新派劳务人员	人	4286	4587	–6.6

附 录

泰州市沿江开发总体规划（修编）

序 言

为了全面指导和进一步推进泰州沿江开发，2003年泰州市政府在江苏省沿江开发战略指导下，根据沿江开发条件和需求，编制了《泰州市沿江开发总体规划（2003～2010）》。规划确定了总体开发战略和目标，提出了岸线资源开发、产业和城镇发展、基础设施和环境建设等方案，统筹了沿江开发格局，全面指导和推动了全市沿江又好又快的开发。

沿江开发历时六年多，当前面临的经济社会发展环境也发生了较大改变，特别是国家提出全面贯彻科学发展观，长三角将进入服务经济为主的发展阶段，江苏沿海开发上升为国家发展战略，经济全球化下世界性经济危机日益加深等，既为泰州沿江开发带来新的发展机遇，也带来更大挑战。同时，尚未解决的区域内结构性矛盾与问题，也加大进一步发展的难度。特别是岸线资源优势和港口经济效应没有充分发挥，园区功能和建设较为混乱，总体开发实力不强等等矛盾和问题，将极大地影响泰州未来又好又快的科学发展和竞争力的提升。为此，需要根据国内外发展的新形势和科学发展的新要求，对沿江开发战略和部署进行优化调整，为实现更好、更快的飞跃做更新、更高的谋划。

《泰州市沿江开发总体规划修编》（简称规划）针对沿江地区现有开发条件、基础和发展背景，进一步明确沿江开发的战略定位、空间格局和发展重点，重点解决沿江岸线开发利用功能分区与调整、产业发展与升级、园区和城镇建设布局、基础设施建设和环境保护等方面问题，是指导全市沿江优化开发的纲领性文件。

规划范围包括沿江地区和沿江核心区域两个层面。沿江地区包括泰州市区和泰兴、靖江两市，面积2438.6平方千米；2008年人口266.9万人，实现地区生产总值985亿元，分别占全市的51.5%和70.62%；人均生产总值达38170元，是全市平均水平的1.26倍；工业增加值达576.9亿元，地方财政一般预算收入达75.3亿元，分别占全市的73.28%和74.54%。

沿江核心区域，是沿江开发的重点区域。包括泰州国家医药高新技术产业开发区、泰州经济开发区；高港区城区及永安洲、许庄、刁铺等镇（街道），含高港高新技术产业园永安洲工业园和科技创业园；泰兴城区及马甸、滨江、蒋华、七圩等镇，含泰兴经济开发区、泰兴虹桥工业园（筹）等；靖江城区及新桥、东兴、斜桥、西来等镇，含江阴－靖江工业园区、靖江经济开发区。2008年核心区人口117.55万人，地区生产总值532.4亿元，人均地区生产总值45290元，是全市平均水平的1.5倍，地方财政一般预算收入37.21亿元，占全市的36.8%。

规划依据：

——国务院关于进一步推进长江三角洲地区改革开放和经济社会发展的指导意见（国发[2008]30号）

——《江苏省沿江开发总体规划（2003～2010）》

——《江苏省国民经济和社会发展第十一个五年发展规划》

——《江苏省沿江地区“十一五”产业空间布局规划》

——《泰州市国民经济和社会发展第十一个五年发展规划》

——《泰州市沿江开发总体规划（2003～2010）》

——《泰州港总体规划（2008～2020）》

——《泰州市沿江开发环境保护规划（2004～2015）》

规划时间期限：2009年～2020年，远景展望到2030年。

第一章 发展基础与问题

沿江开发战略实施以来，泰州沿江地区凭借其优良条件，取得了令人瞩目经济社会开发成就。但是与科学发展的要求相比，仍存在一定差距和问题。

一、沿江开发条件

泰州沿江地区拥有长江黄金水道，自古以来就是苏中特别是里下河地区通江达海的门户，区位与资源优势明显，沿江开发条件优越。

优越的交通区位。沿江地区滨江达海优势区位明显，同时紧邻上海、苏南发达地区，受其辐射带动影响突出，是长三角重要组成部分。近年来，交通区位条件不断改善，以国家一类开放口岸泰州港为主体的港口群已初具规模：宁通、宁靖盐两条高速公路和328国道、沿江高等级公路、宁盐公路、江平线、如泰线和阜扬线等六条干线公路纵横其间；新长铁路和宁启铁路跨境而过；建口线、姜十线、引江河-新通扬-泰东线和高东线、新通扬运河、如泰运河"三纵三横"六条水运主通道汇集于此。江阴长江大桥和在建的泰州长江大桥贯穿南北，沿江地区到上海、南京的可达时间在两小时左右，到苏州、无锡在一小时左右，成为苏中深度融入长三角的重要门户。

优良的岸线资源。沿江地区位于长江下游凹岸地段，深水贴岸，微冲不淤，河势稳定，腹地广阔，岸线资源量多质优。拥有长江主江岸线96.3千米，其中水深8米以上的一级宜港岸线长达46.1千米，占岸线总长度近一半，是江苏沿江八市中一级岸线最多的地区之一。截至2008年底，尚余未利用岸线44.7千米，其中深水岸线16.5千米，未来可开发利用的岸线资源相对充裕，为港口和工业项目建设提供了坚实基础。

较有力的要素支撑。沿江地区处于苏中平原，地势平坦，自然约束小，目前建设用地比例为25%，可利用土地面积潜力较大；2008年拥有各类专业技术人员近11万人，较2002年增加了17%，在岗职工平均年工资26600元，相对低廉的高素质劳动力为沿江开发提供了有力保障；自身资金积累、外来资本投资和政府财政支持力度不断增强，城乡居民储蓄存款余额为514.6亿元、实际利用外资8.65亿美元、财政总收入达到194.8亿元，分别是2002年的2.6倍、5.8倍和4.8倍，为沿江开发创造较为有力的资本环境。

较完备的设施条件。基础设施不断完善，支撑体系基本形成。供电等配套设施建设加快，国电泰州电厂一期投运，220千伏夏仕输变电工程、220千伏园区输变电工程陆续建成，预计2010年发电总装机容量可达2278兆瓦；环境污染处理能力不断提升，污水处理厂、垃圾处理厂等环保设施数目不断增加，2008年工业废水达标率和污水处理率分别达96.36%、87.48%；适应信息化需要的现代信息基础网络也基本建成。

二、沿江开发成就

自2003年沿江开发战略实施以来，泰州沿江地区工业化与城市化进程快速推进，经济实力不断提升，产业发展已具备较好基础，基本实现了预期的规划目标。

船舶重工、医药化工、物流等产业发展加快，经济实力不断增强。沿江地区是投资和产业发展的热点，2008年沿江地区规模以上企业近1722家，实现总产值2120.7亿元，占全市的比重达72%，船舶、机电、化工、医药、材料等主要行业总产值占规模以上工业总产值的比重从2002年的56%上升到2007年的58%，在全省比较优势不断增强。2007年，物流业增加值达39.3亿元，与2002年相比增长了60%，占地区生产总值的比重下降了2个百分点。其中沿江核心区集聚了大量船舶重工、医药化工、物流等临港开发项目，10亿元人民币或1亿美元以上项目31个（含在建项目），总投资达到356.3亿元。

在大项目带动和整体工业化推动下，经济实力明显提升。2008年实现地区生产总值985亿元，占全市的70.7%，比2002年的67.2%提高3.5个百分点；地方财政一般预算收入达75.3亿元，比2002年增加了2.4倍，占全市比重比2002年提高了4.3个百分点；人均地区生产总值达38170元，较2002年增加17724元，较全市平均高7914元，在全市经济增长中起到了引领作用。2002～2008年间，泰州沿江地区生产总值总增幅达189%，在江苏省沿江8个地区中居第3位，与省内其他沿江地区的经济总体实力差距不断缩小；泰州沿江对全省沿江经济的贡献不断提高，其地区生产总值占全省沿江的比重从2002年的3.1%提高到了2008年的6.5%。

岸线利用更加充分，港口实力不断提升。利用长江岸线这一不可再生的战略性资源，发展港口经济，是沿江开发的重点。沿江开发以来，岸线利用步伐明显加快，截至2008年底，全市已利用岸线51.6千米，岸线利用率从2002年的21.4%迅速升至53.6%。为了合理利用岸线资源，市政府专门印发了《关于加强长江岸线开发利用管理的通知》，严格审查利用岸线的项目，明确规定项目进入的投资强度和门槛，鼓励纵向利用布局，通过收购、取缔、参股等方式，加快岸线的整合力度和大项目建设，提高岸线利用效率。

港口实力随之不断提升。2008年共有千吨级以上生产性码头泊位57个，其中万吨级以上泊位达到25个，年通过能力达3000万吨。集装箱和货物吞吐量分别达7万TEU和5750万吨，较2002年增加6.6倍和16.5倍，其中煤炭、石油、矿建材料等主要货类占比近40%，有力支撑了临港重化工业的发展。

园区建设不断加快，沿江产业带初步形成。以临港开发为重点的园区，已成为重大项目和产业集群的主要载体。2008年，沿江地区省级及以上开发区总建成面积达79.4平方千米，进园企业超3000家，实现业务总收入1807亿元，其中38家为全市50强企业。其中拥有岸线的临江开发区建成面积和销售收入分别占67.3%和86.4%。沿江产业带格局初显，初步形成了船舶、医药、精细化工、减速机、微特电机、特种合金材料、粮油加工等7个有一定规模的产业集群或雏形。

城市化进程加快，城镇支撑能力不断增强。沿江地区城市化水平从2001年的43%增加到2008年的55%，比全市平均水平49.1%高6个百分点，年均增长1.7个百分点。

2008年城镇建设用地规模达到205平方千米，形成了“一大两中四重点”的城镇格局。一大，指中心城市规模不断扩大，城镇建成区面积和地区生产总值分别由2002年的46平方千米和141亿元增至2008年的58.5平方千米和325.4亿元；二中，指两个中等城市靖江和泰兴，城镇建成区面积和地区生产总值分别由28.3平方千米、199.4亿元增加到53.5平方千米、474.2亿元，建设用地效率和集聚程度出现较大提升；四重点，指蒋华、新桥、永安洲和斜桥镇等重点镇建设初具规模，建设用地效率从3.84亿元/平方千米上升到5.56亿元/平方千米。

三、存在问题

泰州沿江开发仍存在一些深层次矛盾和问题亟待解决，给进一步开发带来严峻的挑战。

*产业规模偏小、层次偏低。*与全省沿江其他地区相比，泰州沿江地区总体实力与其他地区差距不断缩小，但仍偏弱。2008年工业增加值占比54.5%，比2002年增加了8.2个百分比；服务业增加值占比33.4%，距离43%的发展目标仍有较大差距；大中型企业研发投入125亿元，仅为苏州沿江地区的18.9%；各类专业技术人员共15.04万人，占总人口的5.6%，该指标在全省沿江排名中，虽比2002年提升2个位次，仍排第5位。

*岸线利用仍需优化，利用效益有待提升。*生产性岸线中工业企业占用偏多，公共码头偏少。工业企业占生产性岸线比例高达75.5%，其中船舶企业所占比重近一半，而公共港口岸线不到1/4。饮用水源取水口布局过多，水源地保护区和生态岸线保护难度较大。同时，岸线利用过程中尚存在深水浅用、占而不用、岸线利用与后方陆域功能不协调等现象，岸线效益未充分发挥。

*空间开发分散，集聚程度不高。*沿江开发主体过多，拥有省级及以上开发区7家，同一开发区拥有多个园，内部竞争较为激烈；产业布局混乱，园区开发内容较为雷同，大部分均以化工、船舶为主，且停留在产业链低端，产业特色不够鲜明，竞争力偏弱；临港和腹地产业缺乏联动。空间开发效率不高，2008年单位建设用地产出为1.68亿元/平方千米，江苏沿江8地区中排名从2002年的第6位上升到第5位，但效率仍不很高。

*生态环境保护压力趋大。*伴随经济规模扩张，生态承载压力不断加大，环境治理任重道远。工业化和城市化加快，建设用地不断增多，挤占大量生态用地。单位面积工业废水、废气、固体废弃物排放强度也不断增加，2008年分别达4.7万吨/平方千米、2553万标米/平方千米、856吨/平方千米，较2002年分别增加14%、286%、229%，环境污染形势严峻，污染控制与治理能力仍需进一步提升，水污染及空气污染尤其是酸雨的高发性均亟需改善。

第二章 战略定位与发展目标

一、机遇与挑战

在新的历史条件下，泰州沿江开发面临着前所未有机遇。经济全球化与区域一体化进程深入推进，国际国内资本和产业转移和重组方兴未艾，区域合作与交流日益密切。我国仍处于工业化、信息化、城镇化、市场化、国际化的快速发展期，国家扩内需、保增长、调结构、重民生战略举措加快实施，这些都为泰州沿江开发提供有利的发展机遇。同时，国家相继提出了“树立和落实科学发展观”、“构建和谐社会”等要求，长三角力图构筑全球重要的先进制造业基地和现代服务业中心、并形成具有较强国际竞争力的世界级城市群，江苏提出了新世纪新阶段“两个率先”的奋斗目标，江苏形成江海联动态势和分工格局，都在引领泰州沿江地区未来增长模式和产业升级方向。

同时，尚未解决的区域内结构性矛盾与国内外严峻的发展环境影响交织在一起，沿江开发困难进一步加大，一些深层次问题和矛盾亟待解决。随着世界经济下行，在区域间经济社会联系日益广泛的同时也增大了经济快速增长的潜在风险，低碳经济的推行以及土地、劳动力等传统要素成本的不断上升，使得技术创新成为产业的核心竞争力，原有粗放扩张的增长模式难以维系，转型更为迫切、压力更大；江苏沿海开发上升为国家战略等等，均对泰州新一轮沿江开发和创新型经济的发展提出了更高要求与挑战。

二、沿江开发总体战略与原则

沿江开发要以科学发展观为统领，深入解放思想，推动改革创新，以港口经济发展和开发园区建设为重点，推进产业集聚升级和岸线合理集约利用，以城镇和基础设施建设、生态环境保护和政策实施为保障，坚持集聚开发、协调开发、开放开发、联动开发、可持续开发，全面推动工业化及城市化，加快形成综合实力、创新能力和可持续能力均较强的沿江产业带和城镇集聚区，带动和促进全市经济跨越发展、全面融入上海和苏南经济板块，实现泰州在苏中率先崛起的奋斗目标。

*统筹谋划，集聚开发。*以港口和园区开发为核心，对产业和城镇发展、基础设施建设、环境保护等进行全面统筹规划，促进港口、工业和城镇协调互动；打破行政分割，合理利用各种交通资源要素，科学合理布局各类生产要素，突出重点区域开发，突出产业园区分工，着力形成专业特色鲜明、规模集聚明显、产业链配套完善的产业集群。

*共生互动，协调开发。*通过壮大产业集聚规模，拉动就业需求，增加居民收入，以工业化推动城镇化；通过完善基础设施，提高从业人员技术水平，以城镇化服务工业化。以服务制造业为重点，壮大现代服务业规模，以提升现代化生产性服务业为抓手，推动制造业升级，促进工业化与城镇化、制造业与服务业共生互动、协调发展。

*开拓创新，开放开发。*积极探索政府引导、市场化运作、多元化投入的开发机制。不断以创新的思维、胆略和

举措，抓住国际、国内资本和产业转移的机遇。加快对外开放步伐，以开放促开发，以开发促发展，实现开放与开发的良性互动，开创沿江开发新局面。

跨江融合，联动开发。主动接受上海及苏南地区的经济社会辐射，通过港口、园区共建和企业资本运作带动地区联动，推进与苏南地区的经济一体化融合，实现优势互补、共同发展。同时强化沿江对腹地的辐射带动作用，实现协作互助、错位发展。

集约环保，可持续开发。按照科学发展的要求，坚持生态优先和集约集聚的原则，积极发展循环经济和低碳经济，科学合理地确定开发与保护空间，既要强化开发空间的投资强度和开发效益，又要严格保护生态空间以及长江特有的自然风貌，努力建设人与自然相协调的人居环境，做到可持续性开发。

三、战略定位与目标

根据总体思路和发展要求，充分考虑长三角发展新趋势、江苏区域发展新格局以及泰州科学发展、跨江联动等背景，未来沿江地区的发展定位为：长三角临港型先进制造业和新兴服务业的集聚区，全省沿江南北联动、创新开发的引领区，全市经济跨越发展和实现苏中率先崛起的支撑区，经济社会与资源环境协调发展的示范区。

长三角临港型先进制造业和新兴服务业的集聚区。主动承接国内外先进资本、人才、技术和产业转移；发挥宜港岸线资源优势，积极发展港口经济，不断壮大本区制造业规模，大力发展新医药、新材料和新机电等优势产业，着力引入高新技术，积极培育新能源、电子信息等行业；以生产性服务为重点，加快物流、商务服务、旅游和商贸等行业发展，形成先进制造业和现代服务业互动发展的产业结构。

全省沿江南北联动、创新开发的引领区。发挥泰州沿江地区在江苏省"承南接北"和"承东启西"的枢纽优势，突破行政障碍，加快沿江两岸经济合作与交流，促进生产要素流动。以创新开发为出发点，向更大范围、更广领域、更高层次促进沿江南北联动，实现沿江南北统筹规划、分工合理、错位发展、互利互惠的双赢目标。

全市经济跨越发展和实现苏中率先崛起的支撑区。以沿江各类开发园区、城镇集聚区为据点，通过资本、人才、技术等要素集中、产业集群、特色塑造和空间集聚，推动工业化和城镇化发展。同时，发挥沿江开发的引擎作用，向腹地纵深范围辐射经济势能，带动腹地经济共同发展，从而实现全市跨越发展，实现在苏中率先崛起。

经济社会与资源环境协调发展的示范区。坚持走新型工业化道路，在经济社会稳步发展同时，注重资源集约利用和生态环境保护，积极营造可持续发展的绿色生产生活环境，减少资源破坏和环境污染，实现沿江地区经济社会与资源环境的协调发展。

根据沿江开发战略定位，至2020年沿江地区将形成以现代化港口组群、先进制造业基地、现代服务业基地、城镇集聚区为支撑的沿江开发带。地区生产总值达到3800亿元，人均生产总值超过10万元；工业增加值达到1900亿元，服务业增加值超过1400亿元，服务业比重在40%左右。港口货物吞吐量将达到15000万吨，集装箱吞吐量将超过60万TEU。城镇化率达到65%以上，城乡居民收入年均增长10%左右，城市和农村的居民纯收入分别达24000元、15000元。其中沿江核心区生产总值接近1600亿元，人均生产总值达12万元；工业和服务业增加值分别达到850亿元和500亿元。

根据沿江开发带的发展目标要求，并结合泰州沿江地区空间开发适宜性分析，确定2020年城镇（包括产业和开发区）开发面积约445平方千米、生态保护面积270平方千米（含长江水面），农村面积约1724平方千米，占全区比例分别为18%、11%、71%左右。

四、空间开发格局

依托长江岸线资源开发、港口建设和城镇发展，形成"一带、三轴"的总体开发空间格局。

"一带"：沿江港口经济发展带是指以长江岸线资源开发和港口物流建设为依托，沿江布局重型装备、船舶修造及配套、新医药、电力能源、粮油加工等以及相关物流商贸产业。由三大板块构成：一是以泰州经济开发区滨江工业园和高港高新技术产业园永安洲工业园为主要载体的高港临港产业板块；二是以泰兴经济开发区和虹桥工业园为主要载体的泰兴临港产业板块；三是以江阴—靖江工业园和靖江经济开发区新港园区等为主要载体的靖江临港产业板块。

"三轴"：是指以高港、泰兴和靖江三大临港板块为起点，沿交通和物流走廊，依托城镇、向腹地延伸的三条发展轴。一是以高港临港产业板块为起点，沿231省道和引江河北上的泰高产业发展轴，主要集聚新医药、新材料、新能源和电子信息等产业；二是以靖江临港产业板块为起点，沿宁靖盐高速、229省道等交通走廊北上的靖姜产业发展轴，主要集聚机电、纺织轻工等产业。三是以泰兴临港产业板块为起点，沿如泰运河、334省道（改线道路），串联城东工业园、黄桥工业园等的泰兴产业发展轴，主要集聚机电、新材料、纺织轻工等产业。

五、发展途径

合理配置和整合岸线开发功能，提高岸线利用效率。根据岸线开发条件和现状，在保留足够的景观、水源、排污、防洪、湿地等生活生态岸线基础上，因地制宜，深水深用和浅水浅用，合理配置岸线利用功能，加强宜港岸线开发的准入和集约化管理，鼓励产业园区向内陆纵深方向延伸，提高岸线利用效率。

促进港口和产业联动发展，做强港口经济。优化配置港口岸线资源，重点发展公用码头，做大做优港口后方的配套设施，拓展港口对腹地的服务范围，加强港口与后方产业之间的紧密交融。同时，加强引进产业关联度高、经济效益好、环境污染少的大项目，着力强化产业链的构建，做大做强以新医药、先进装备制造业、新材料等产业为重点的先进制造业集群。围绕服务于先进制造业，重点推进以港口物流为主的大物流行业，以及商务等生产性服务业，实现港口、先进制造业、现代服务业之间的多位互动。

合理配置和整合园区、城镇空间，促进开发效益提升以及与保护空间相协调。根据空间开发适宜性，以建设空间开发和农业、生态等非建设空间保护为导向，比较城镇与开发区适宜性，合理配置城镇与开发园区的资源要素，明确开发强度与时序，在提升开发经济效益的同时兼顾社会、生态效益，确保沿江开发与保护空间协调发展。

第三章 岸线利用功能分区与调整

泰州沿江地区是江苏省岸线资源条件最优越的地区，主江岸线总长96.3千米，其中一级宜港岸线46.1千米，占岸线总长47.9%；已利用51.6千米，占岸线总长的53.6%，其中已建和在建项目利用岸线约47.4千米，占岸线资源总长的49.2%，拟建和预留岸线长4.2千米，占岸线资源总长的4.4%。洲岛岸线总长27.6千米，以三级岸线为主。通过岸线功能整合与优化，进一步提高岸线使用效益，充分发挥岸线价值，促进港口经济发展和沿江开发转型提升，加快科学发展。

一、岸线开发利用原则

综合开发、协调利用。充分依托岸线资源条件，因地制宜，综合利用，统筹布局生产、生活、生态岸线；注重上下游协调，确保取水安全；注重功能叠加，推进岸线增值。

效益优先、集约利用。坚持深水深用、浅水浅用原则，提高单位岸线投资强度和产出价值；实行公用码头建设优先，增强岸线对腹地产业的带动性；控制企业自备码头建设，引导产业向腹地纵深发展。

开发与保护并重、可持续利用。高度重视生态岸线保护和坍江段岸线的治理，加强河势演变监控、洪水防治和航道疏浚，确保港口和城市安全，促进岸线可持续开发。

近远期结合、梯次开发。明确岸线开发时序，统筹兼顾近、中、远期需要，充分预留远期发展岸线。

二、岸线功能类型分区

根据长江岸线资源条件和主要作用，主江岸线功能划分为生产、生活、生态和预留四类。

生产岸线，包括港口岸线和临水型装备制造岸线。具体岸段主要包括扬泰界—南官河、泰州长江大桥下游1千米—东夹江、东夹江—芦坝港、六圩闸—靖泰界河、上六圩港—老十圩、罗家桥港—焦港岸段。总长约56.5千米，占岸线总长的58.7%。

生活岸线，指为居民日常生活提供服务的岸线，包括过江通道岸线、城市生活旅游岸线。其中过江通道岸线包括泰州长江大桥、江阴长江大桥和新长铁路火车轮渡控制岸线，靖江至江阴长江铁路过江通道和泰常过江通道预留岸线，川心港—上四圩港之间以及六圩港—七圩港过江通道预留岸线，高港、七圩、夹港、八圩、九圩等汽渡控制岸线，夹港50万伏过江电缆岸线和九圩港—十圩港之间过江通信电缆岸线；城市生活旅游岸线包括南官河—泰州长江公路大桥下游1千米和老十圩—罗家桥港上游岸段。总长约7.5千米，占岸线总长的7.8%。

生态岸线，包括饮用水源保护岸线和在生态保护上具有重要意义、对维持岸线可持续利用具有重要功能的岸线，主要包括泰州三水厂取水口和雅桥水厂取水口保护岸线以及引江河调水水源保护区、芦坝港—六圩闸岸段以及目前尚不稳定或对河势控制有重要意义的长江洲岛岸线。总长约18.6千米，占岸线总长的19.3%。

预留岸线，指在生态保护上不具有重要意义但近期又不具备开发条件的岸线，这类岸线近期需进行控制，在条件成熟后可以适时开发。主要包括靖泰界河—美人港段、焦港—靖如界段等。总长约13.7千米，占岸线总长的14.2%。

洲岛岸线主要分为生态和预留岸线，其中天星洲外侧深水岸线为预留岸线，其余为生态岸线。

三、岸线功能定位与调整

各岸段的岸线功能定位与调整如下：

1. 扬泰界—南官河段：以港口为主的生产岸线

岸线长4.8千米，其中，扬泰界—高港闸段3.1千米岸线宜港条件为1级，保护等级为2级。高港闸—南官河段1.7千米岸线宜港等级为2级，保护等级为3级。规划为以港口为主的生产岸线。引江河两岸100米为生态保护岸线，建设引江河口生态保护区，保护高港汽渡岸线。目前已利用岸线3.49千米，使用单位为海螺水泥有限公司、港务集团杨湾分公司、海事处搜救码头、海泰油品、中海油项目、港务集团高港分公司及高港汽渡。使用岸线的单位向后方延伸小，陆域利用率低。鼓励利用岸线单位向陆域纵深布局，提高岸线利用效率。

2. 南官河—泰州长江公路大桥下游1千米：以城市生活旅游为主的生活岸线及以饮用水源保护为主的生态岸线

岸线长6.2千米。岸线宜港等级为3级，保护等级为1级。规划为饮用水源保护为主的生态岸线及以城市生活旅游为主的生活岸线，保护泰州长江公路大桥岸线。本段岸线上游段后方腹地为高港区主城区所在岸段，下游段为泰州三水厂饮用水源保护岸段。目前已利用岸线2.8千米，分别为扬子江药业、口岸船舶、三泰船厂、泰州三水厂、泰州长江公路大桥等占用。本段岸线利用中存在的问题是口岸船舶、三泰船厂等生产企业距离取水口太近，影响饮用水源安全，建议近期限制其发展，远期进行调整。

3. 泰州长江大桥下游1千米—东夹江段：以港口为主的生产岸线

岸线长9千米，宜港等级为1级，其上段约1千米为饮用水源准保护区，保护等级为2级，其余岸段保护等级为

3级。规划为以港口为主的生产岸线。已利用岸线约6.5千米，分别为海企化工仓储、梅兰集团、太平洋钢管、永安作业区一期、三福船厂、泰州电厂、中航船舶及多家小船厂使用。本段岸线利用问题是太平洋钢管等企业贴岸布局且占用岸线长；小船舶企业占用深水岸线。要引导太平洋钢管等企业向纵深方向发展和离岸布局，将企业自备码头进行公用化改造。整治搬迁小船舶企业，腾出岸线用于公用港区建设。本岸段上游1千米为饮用水源准保护区，使用本段的单位应控制污染物的排放。

4. 东夹江段—芦坝港段：以港口为主的生产岸线

岸线长8.3千米，保护等级为3级，其中跃进闸上—新段港段3.2千米岸线宜港等级为1级，新段港—洋思港段1.7千米岸线宜港等级为2级，洋思港—芦坝港段宜港等级为3级。规划为以港口为主的生产岸线。已利用岸线3.8千米，主要为泰兴经济技术开发区精细化工园区和多家小船厂使用。精细化工园区部分单位使用了长江岸线但未建设码头，鼓励这些单位后退并逐步向陆域纵深布局，并逐步整合小船厂，提高岸线使用效率。

5. 芦坝港—六圩闸段：以湿地保护为主的生态岸线和预留岸线

岸线长10.8千米，宜港条件等级和保护等级都为3级。三桥港以南800米处到六圩港北1200米段，规划为以湿地保护为主的生态岸线；其余部分用于开发港口码头、仓储物流及工业项目，坚持集约化经营和高强度投入。天星洲的开发利用，根据河势演变状况和对应岸线的开发需要，科学论证，统一规划，适机开发，分步实施。

6. 六圩闸—靖泰界河段：以港口为主、临水型装备制造业为辅的生产岸线

岸线长4.9千米，其中六圩闸—七圩闸段宜港等级和保护等级为3级，七圩闸—靖泰界河段宜港条件等级2级，保护等级上游2.8千米为3级，下游400米为1级。规划本岸段为以港口为主、临水型装备制造业为辅的生产岸线，主要为后方的虹桥工业园区提供服务。保护七圩汽渡岸线和靖泰界河口附近岸线节点。目前岸线已全部被利用，主要为中泰重工、中丹集团、七圩汽渡以及多家船厂等使用。建议逐步整合船舶企业，并集中布局，腾出岸线及空间作为港口岸线开发利用。保护七圩汽渡岸线和靖泰界河口附近岸线节点，预留泰常过江通道岸线。

7. 靖泰界河—美人港段：预留岸线

岸线长11.4千米，靖泰界河—夹港下游300米岸段宜港条件等级为2级，靖泰界河附近保护等级为1级，其他为3级。规划为预留岸线，严格保护靖泰界河口岸线节点，在夹港—美人港段保留夹港汽渡岸线以及50万伏过江电缆岸线，预留过江通道岸线和天然气管道过江岸线。目前已利用岸线约2.5千米，除了夹港汽渡及50万伏过江电缆岸线外，其他主要为小码头和乡镇水厂取水口利用，非法占用与低效开发较为严重，建议近期限制乡镇水厂取水口和小码头的发展，远期取消，为开发预留空间。

8. 美人港—老十圩段：以港口和临水型装备制造业为主的生产岸线

岸线长12.7千米，其中，美人港—头圩段3.8千米岸线宜港条件等级为1级，保护等级为3级，头圩—下四圩段2.1千米岸线宜港条件等级为2级，保护等级为3级，下四圩—老十圩段6.8千米岸线宜港条件等级为1级，保护等级上游6千米为3级，下游800米为1级。本岸段陆域腹地为靖江经济开发区新桥园区和江阴-靖江工业园区，因此，将本段岸线规划为以港口和临水型装备制造业为主的生产岸线，保护九圩港—十圩港之间过江通信电缆岸线、八圩汽渡、九圩汽渡岸线以及老十圩港附近岸线节点。预留六圩港—七圩港之间过江通道岸线和过江铁路岸线。本段岸线已基本被利用。永益物资中转有限公司、马钢冶金中转站、靖江市新生港务有限公司、正龙港务等单位存在深水浅用现象；长强钢铁公司、中泰钢结构公司等企业存在贴岸布局现象，影响岸线港口功能的有效发挥；船舶企业分散布局。整合并改造升级小码头，引导贴岸布局的企业向陆域纵深发展和离岸布局，留出陆域空间供公用港口码头开发利用，鼓励船舶企业集中布局，以提高岸线使用效率。

9. 老十圩—罗家桥港段：以城市生活旅游为主的生活岸线和以饮用水源保护为主的生态岸线

岸线长8.3千米，宜港条件等级为3级，保护等级为2、1级。本岸段上游段后方陆域规划为城市发展地区，下游岸段为雅桥水厂水源保护岸线，因此将本段岸线规划为以城市生活旅游和饮用水源保护为主的生活岸线；保护江阴长江大桥和新长铁路火车轮渡岸线；预留靖江至江阴长江铁路大桥岸线。已利用岸线约3千米，为长江玫瑰园、长盛港务、天生港码头、垃圾填埋场、新长铁路公司、饮用水源取水口使用，其中垃圾填埋场占用了饮用水源保护岸线，整治搬迁垃圾填埋场，严格保护饮用水源保护岸线。

10. 罗家桥港—焦港段：以港口和临水型装备制造业为主的生产岸线

岸线长17.2千米，保护等级为3级，其中罗家桥港—六助港段2.9千米岸线宜港条件等级为2级，六助港—焦港段14.3千米岸线宜港条件等级为1级。本岸段后方陆域为靖江经济开发区新港园区，因此，将本段岸线规划为以港口和临水型装备制造业为主的生产岸线。预留焦港上游过江通道岸线。已利用岸线约13.1千米，主要为中油长江石化、新港作业区公用码头、长荣钢铁、扬子江粮食物流中心及部分造船企业利用。预留的靖江电厂岸线、长荣钢铁有限公司、新世纪造船、新时代造船等已利用岸线过长，鼓励这些企业向陆域纵深布局，提高岸线使用效率。

11. 焦港—靖如界段：预留岸线

岸线长2.7千米，宜港条件等级和保护等级均为3级，岸线不稳定，规划为预留岸线。已利用岸线1.1千米，为造船厂利用。鼓励已利用岸线单位向陆域纵深布局，提高

岸线使用效率。对岸的民主沙岸线规划为生态保护岸线。

第四章 产业发展与升级方向

依托长江岸线资源优势和现有产业基础，把握技术进步新态势和产业升级新动向，按照“集聚集约集群”要求，重点发展新医药、新材料、先进装备制造业和物流等优势行业，强化核心竞争优势；积极培育新能源、电子信息、旅游和商务服务等新兴行业，抢占产业发展制高点；巩固提升粮油加工、纺织轻工、商贸和农业等传统行业，提高产品附加值，将泰州沿江建成以先进制造业和现代服务业为重点的现代化临港产业集聚区。

一、重点发展行业

立足优势，不断增强自主创新能力，推进产品升级换代，进一步做强做大新医药、新材料、先进装备制造业和物流等优势产业。

新医药。依托现有产业和骨干企业优势，以泰州国家医药高新技术产业开发区和国家级生物医药基地为平台，积极引进全球药业企业、研发机构和领军人才，不断增强自主创新能力，大力发展生物技术，建成布局集中、产业集聚、企业集群、发展集约的国内一流医药研发、生产、销售、康健和医疗一体的综合性基地。近期重点开发肿瘤、艾滋病、糖尿病、心脑血管疾病等基因工程类新药，以及中药现代化和产业化，积极拓展高端医疗器械、新型药包材等相关领域；中远期通过医药产业裂变式发展，向研发、物流以及康体等方向延伸。

新材料。按照循环经济和清洁生产的要求，以泰兴经济开发区、泰州经济开发区滨江工业园等为主要载体，在巩固提升现有化工产业基础上，以集中化、特色化、循环化和集约化为发展方向，加快研发创新步伐，调整优化产品结构，围绕化工新材料，重点发展功能性染料、高档有机颜料和节能环保涂料、食品添加剂、医药中间体、工程塑料等，加快上中下游系列产品开发延伸和产业集聚。

先进装备制造业。进一步壮大船舶、机电产业规模和优势，力争在大型重工设备方面取得重大突破。船舶修造业在整合现有企业的基础上，依托高港高新技术产业园永安洲工业园、靖江经济开发区新港园区、江阴-靖江工业园区和虹桥工业园，加大船舶设计建造关键技术的研发力度，大力发展绿色安全船舶、高性能特种船舶、大吨位集装箱船、大容量液化石油天然气船、大型远洋渔船及各类海洋工程船舶；配套发展船用发动机、导航设备、锅炉、甲板机械等舰船用装备配件，打造核心竞争力强、产业配套完善的现代造船基地。机电加工产业应用现代设计技术、先进制造技术和过程自动化技术，进一步提高产品研发能力和工艺制造水平，重点发展数控机床、动力机械，以及中高档电机产品。大型重工设备制造以大项目为抓手，积极引进动力机械、工程机械、石油钻探设备、输变电设备、矿山开采设备等行业，鼓励研究开发大型工程动力以及传动等关键系统和配套设备。积极发展风机制造及其配套设备，不断延伸产业链。

物流业。利用地处江苏中部的有利区位和综合交通网络，增强长江港口水水中转、水陆联运功能，形成立足苏中、辐射苏北、联结苏南，服务长江流域的新兴物流枢纽。加大物流基础设施投入，完善港口、公路、铁路、航空等多种运输方式相衔接的综合运输网络以及物流信息平台建设。引进知名物流企业，积极发展第三方物流，提升物流组织管理水平，促进物流运作方式与国际接轨。致力于满足市域乃至更大区域发展需求，构建由物流园区—物流中心—配送节点构成的网络体系，重点建设高港物流园区、城北物流园区和江阴—靖江工业园区物流园区等枢纽型物流园区，以及靖江新港港口综合物流园区、泰兴沿江化工物流园区等地方综合型物流园区；积极建设泰州市中医药及高新技术专业物流中心、虹桥物流中心、夹港物流中心和黄桥物流中心等。

二、新兴培育行业

围绕重点行业，大力推进相关延伸配套产品，把握产业发展动向，培育经济新增长点，重点发展新能源、电子信息、环保产业、旅游、商务服务和研发外包等新兴行业。

新能源。把握“低碳经济”发展契机，依托新机电、新材料等产业基础，加大自主创新能力，重点发展光伏和生物质能源产业；其中，光伏产业以降低生产成本为核心，做强硅材料、硅片、太阳能电池与组件和集成系统与设备等重点领域，延伸产业链。

电子信息。积极承接新一轮国际电子信息产业转移，加快提升电子信息产业总体规模与核心竞争力，推动产业发展由组装加工型向精密制造型转变。围绕软件、集成电路和数字视听三大成长领域，重点发展网络家电产品、家用视听设备、汽车电子、电子信息材料等产品。

环保产业。应用先进的机电仪一体化、生物及新材料等技术改造现有环保企业和优化产品结构，推动环保装备高起点、集约化、上规模发展，努力突破清洁技术、节能技术等瓶颈，加快环保科技成果的商品化和产业化，重点发展用废弃物生产复合材料、电子产品和家用废弃物的回收和处理技术及设备、电站烟气脱硫、脱销除尘成套装备、噪音控制装备以及城市垃圾处理成套设备等。

旅游。立足沿江自然禀赋和历史文化资源优势，促进水上旅游和陆上旅游、观光旅游和休闲旅游有机结合，通过资源整合、旅游线路与产品谋划，在确保水源水质的前提下，重点围绕长江水域风光、江鲜品尝、休闲度假三大主题，发展集观光、休闲、度假、美食和娱乐等于一体的沿江风光带，力争建成长三角乃至全国度假胜地。

商务服务。依托泰州城区、泰兴城区以及靖江城区，以服务本地为主要目标，重点引进国内外知名中介服务机构，发展法律财务服务、咨询策划等知识服务型市场商务组织，拓宽服务领域。开展法律咨询和顾问、法律代理、财务核算、信息咨询、企业和活动策划、管理咨询等服务。同时积极发展拍卖、企业事务代理、银行中间业务、产权交易、保险代理、证券期货等中介行业，引导规范职介公司、房介公司、旅行社等行业，提高该领域的服务能级。

研发与服务外包。依托本区医药产业优势和电子信息等新兴发展要求，以发展医药研发、软件服务为重点，建立一批专业性研发基地，整合和引进国内外知名外包企业，形成服务外包基地。

三、传统改造提升行业

充分发挥泰州沿江传统产业优势，进一步巩固和提升传统化工、纺织轻工、商贸和农业等产业。

传统化工。依托现有产业基础，延伸产业链，依托现有石化和化工企业，通过兼并重组整合中小企业，引导企业向园区集中，限制企业在园区外布局，以市场需求为导向，逐步调整产品结构，重点发展低污染、环保型化工产品。

纺织轻工。依托靖江经济开发区城南和城北园区、泰兴黄桥工业园等腹地开发区，以提高档次、打造品牌为重点，进一步巩固提升纺织服装、农产品加工等行业，鼓励发展低污染、低消耗、劳动密集型的轻工业。纺织服装以打造品牌和特色为主要手段，提高产品附加值，重点发展高档面料、装饰用纺织品、产业用纺织品和高档服装；农产品加工积极培育优势品牌，以高档面粉、脱水蔬菜、大豆食用油、银杏深加工、肉禽蛋奶制品为重点，建成长三角重要的安全有机食品生产基地。

商贸业。大力推进现代信息技术和先进管理手段的应用，以大型综合性商贸中心和专业市场为重点，建成若干具有一定区域服务功能的商业商贸中心。逐步完善区域客货运系统，吸引区外消费，重点建设中心城区商贸圈，加快培育南部行政新区、周山河、火车站、高港滨江新城等四个市级商业次中心区，建设和提升靖江、泰兴、黄桥等区县商业中心。专业市场按照“规模化、专业化”原则，提高经营效率，重点建设生产资料批发市场、农副产品批发市场，工业消费品市场，以及一批有特色的集贸市场，形成泰姜沿线、高港－泰兴沿江、靖江沿江等市场集中区。积极引进便利店、仓储商店、折扣店以及无店铺商店等新型商贸业态，推广连锁经营，通过竞争改造传统业态经营管理，提升企业效益。

农业。沿江开发对农业发展具有挤出效应。未来按照传统农业退中求稳、高效特色农业稳中求进的原则，逐步调整产业结构，重点发展水产、畜禽、银杏等特色农业，积极拓展新兴观光农业。适当有序地缩减粮油面积，主攻单产和品质，面向上海和苏南市场调优蔬菜林果种植结构。扩大特色农业生产规模，增加科技投入。

第五章 重点开发园区建设

园区是沿江开发和制造业发展的重要载体。按照集中、集聚、集约的原则，合理配置开发园区，提升园区开发水平。开发园区分为核心开发区和腹地开发区。

一、核心开发区的建设发展

发挥宜港岸线资源优势，通过码头港口建设带动临港产业发展，依托重点城镇和配套，建成泰州沿江开发乃至整个泰州经济发展的推动引擎。围绕产业集聚和集群的要求，优选进园企业，鼓励产业向高附加值方向延伸，提升产业价值链；高效合理利用长江岸线资源，鼓励园区投资建设公用化码头，预留足够的港口作业区和物流空间，禁止企业厂房贴岸布局。重点建设泰州国家医药高新技术产业开发区、泰州经济开发区、高港高新技术产业园、泰兴经济开发区、泰兴虹桥工业园（筹）、江阴－靖江工业园区、靖江经济开发区等七大重点开发园区。

泰州国家医药高新技术产业开发区。泰州医药高新技术产业园区。依托泰州医药产业基础，以原有中国医药城为主要载体，通过科技创新、产业升级和空间整合，努力接轨国际医药产业，培育一批具有核心竞争力的创新型企业，致力打造我国规模最大、产业链最完善的医和药一体的专业园区，成为“中国第一、世界有名的医药城”。

泰州经济开发区。发挥中心城市支撑和区位优势，依托现有产业基础，注重优选项目，重点发展电子信息、新机电、新材料和新能源等高新技术产业，提高产品附加值，同时积极发展金融服务、软件与信息服务、服务外包等新型服务业。特别是滨江工业园，依托港口条件和园区基础，加快推进产业升级，围绕附加值高、环境友好的新型产业，重点发展重质油沥青、润滑油化工、低碳氨系列、医药中间体等低污染新型化工产业，鼓励发展以现代生物技术为核心和符合中药现代化要求的新型医药产业，以及风电设备等新能源和新型环保建筑材料产业。同时，依托中心港区优势，积极发展现代物流产业。

高港高新技术产业园。永安洲工业园，依托岸线资源优势，积极打造泰州港核心港区，加快发展港口物流产业；积极引进临港大型企业，重点发展重工装备、新材料、粮油加工等，打造若干具有影响力的产业集群和产业链。科技创业园，积极配套国家医药高新技术产业开发区，发展制药机械和医疗器械；依托道口经济，加强市场和大型超市建设，发展现代服务业；以先进制造业和传统升级产业为基础，发展机械、电子信息和加工配套等产业。

泰兴经济开发区。依托化工产业基础，围绕核心企业延伸产业链，推动循环经济和工业绿色化，重点发展精细化工和化工新材料。以骨干企业为核心，做强氯碱化工产业链，使氯产品向精细化深加工和成品加工方向发展。积极发展医药中间体、低毒高效农药和化学助剂、环保型染涂材料等特种合成材料。加快发展机电等高新技术产业，进一步调优结构。

泰兴虹桥工业园（筹）。整合蒋华和七圩工业园区，注重集中、集聚发展和环境保护，重点发展机电、船舶修造、新材料等产业。通过产业升级和延伸，加速扩大产业规模，形成特色，与其他沿江园区错位发展。

江阴－靖江工业园区。依托岸线资源优势，进一步强化产业、港口跨江联动，更多更好地利用苏南资本与本地优势的结合，促进船舶修造、大型港机等重型装备及其配套产业群和现代物流业发展；积极培育发展高精钢构加工、高端机电等的高新技术制造业产业群。

靖江经济开发区。新港园区，依托丰富的深水岸线资源，积极打造服务产业的公用化、多功能、现代化港区，延伸物流仓储业；依托港口发展，积极壮大船舶重工、特色冶金及粮油加工等临港产业发展，促进产业延伸、聚集、集群发展。新桥园区，围绕新材料、装备制造和现代物流三大产业，重点发展设备制造、高性能特种合金材料、功能性金属材料的开发应用等，建成特种装备制造产业园区。城南园区，依托完备的基础设施和紧靠城市的区位优势，稳定发展机电一体化、轻纺服装、汽车配件、食品加工等成熟产业，积极发展与江阴－靖江工业园区产业配套的高新技术产业、现代服务业等高附加值行业。

二、腹地开发区建设

促进核心开发区与腹地开发区联动开发，积极发展高新技术、服务业等都市产业，形成与临江联动、与城镇发展相适应、集约发展的腹地开发区群。重点发展海陵工业园、泰兴城东工业园（筹）和泰兴黄桥工业园（筹）等，并将姜堰经济开发区作为沿江腹地开发区进行规划建设。

海陵工业园。发挥中心城市支撑和区位优势，重点发展电子信息、电机、数控机床等制造业，逐步形成机电产业集聚区。远期与城西北物流园片区进行整合。

泰兴城东工业园（筹）。充分发挥比较优势和交通区位优势，以机电为重点，积极发展汽摩配制造、环保设备等产业。

泰兴黄桥工业园（筹）。充分发挥资源优势，整合溪桥工业园，重点发展机电、纺织服装以及乐器制造和CO2产业。

第六章 城镇发展与布局

城镇建设是沿江开发的重要依托。根据加快推进城市化、产业协调共进等要求，以现有城镇为基础，进行空间整合和布局优化，形成“一主两副两小两重点”的沿江城镇空间多中心层次体系，共同承担沿江地区乃至更大区域的经济发展和服务职能，增强经济社会综合发展功能，加快融入苏锡常都市圈和长江三角洲沿江城市密集带。

一、中心城市建设

中心城市，即“一主”，包括海陵城区和高港城区。海陵城区主要向南、适度向东扩展，进一步增强城市综合服务功能。协调城市生活生产空间，注重与泰州国家医药高新技术产业开发区、海陵工业园的协调发展。高港城区主要向东、向南扩展，整合刁铺、口岸、永安洲和滨江工业园，统筹大泗、马甸等周边乡镇，充分利用岸线资源条件，发展港口经济，建成滨江新城。逐步将中心城市建成长三角工贸港口城市、水城一体的国家历史文化名城，为沿江开发提供重要支撑。2020年城镇人口达到120万左右。

二、副中心城市建设

泰兴城区。重点向北发展，东西适度拓展，合理规划城区各功能分区，注重协调各功能区的建设发展，积极为工业园区提供配套服务，与泰兴经济开发区、城东工业园呼应发展，建成以现代制造业为主导的沿江工贸城市。2020年城镇人口达到35万左右。

靖江城区。主要向南、适度向东扩展。合理规划城区各功能分区，充分利用港口优势和江阴长江大桥等交通区位条件，加快发展商贸物流和观光度假旅游业，形成与江阴—靖江工业园区及靖江经济开发区新港园区呼应发展的格局。进一步加强与江阴的合作发展，建成沿江现代化、综合性工贸港口城市。2020年城镇人口达到35万左右。

三、小城市建设

黄桥。主要向西、适度向北拓展，加快城镇建设步伐，完善基础设施，改善人居环境，提升服务功能，不断集聚人口，积极配套临江工业园区发展制造业，提升产业层次。合理保护老区文化，建设成为老区文化与现代文化交相辉映的集工贸、旅游、文化为一体的新兴小城市。2020年城镇人口超过10万人。

新桥。向东、向南发展。注重建成区的合理规划与建设发展，积极发展商贸等服务业，建成滨江现代化商贸、工业小城市。2020年城镇人口达到10万左右。

四、临江重点片区建设

新港片区。整合斜桥和西来镇。原斜桥镇向北、向东发展，与西来镇共同形成片区开发。注重与靖江经济开发区新港工业园联动发展，建成沿江现代化工业商贸重镇。2020年城镇人口达到8万左右。

蒋华片区。整合蒋华和七圩镇，原蒋华镇向西、适度向南扩展，原七圩镇控制发展；配套服务虹桥工业园，建设虹桥新城，成为沿江现代化工贸型重镇。2020年城镇人口达到8万左右。

第七章 港口和重大基础设施建设

以配合港口经济发展和重点产业板块建设为重点，加快港口建设，大力提升港口枢纽地位，构筑沿江核心区域连接港口、重点城镇和重点开发园区的现代综合交通网络，大力完善水利、电力等基础设施，不断提高区域基础设施的总体效益和服务水平。

一、港口建设

1. 港口功能定位与目标

长江北岸重要的地区性综合港。充分利用区位优势，加紧调整港区功能布局，整合港口岸线资源，结合腹地集疏运网络的不断完善，积极拓展港口腹地范围；拓展港口功能，推进现代港口物流园区建设，推进港口物流发展，不断强化其对腹地大宗散杂货的组织配置功能，逐步建成长江北岸重要的地区性综合港。

江苏沿江新兴的集装箱喂给港。以腹地开放型经济的快速发展为主要依托，以区域集装箱运输系统的完善为契机，加快建设高港、靖江港区专业化集装箱码头，完善集装箱码头设施，增强对苏中、苏北地区集装箱箱源的集散力度，提升区域发展的综合实力；积极开辟航线，重点加大内支线航线航班密度，适时开辟近洋挂靠航线，不断强化与区域集装箱干线港、支线港的联系，实现协调发展。

泰州及跨江联动发展的工业港。充分利用相对丰富的岸线资源优势，积极推进为临港产业服务的港口码头建设。围绕沿江临港产业的集中布局和腹地经济的运输发展需求，重点加快大型公用码头泊位建设，形成“港（区）园（区）结合、规模连片、通江达海、承南启北”的基本格局，逐步实现以港兴工、以工兴城、港城互动、联动发展。

预计2010、2015、2020年泰州港的货物吞吐量将分别达到9700万吨、12500万吨和15000万吨；集装箱吞吐量将分别达到12万TEU、30万TEU和60万TEU。

2. 港区功能分工与优化

在高港港区公用码头已初具规模、泰兴港区化学品码头相对集聚、靖江港区临港工业和船舶修造业较为发达的基础上，围绕形成“港（区）园（区）结合、集中连片”的港口发展基本格局，合理调整港区功能分工。

高港港区：泰州港核心港区，综合性枢纽公用港区，以集装箱和散杂货运输为主，主要为城市生产、生活及周边区域发挥发展提供中转运输及资源优化配置服务。

高港港区包括永安、杨湾和高港三个作业区，其中永安作业区布局在小明沟至东夹江段，未来该作业区要加快集装箱和大型通用码头泊位建设，逐步打造成泰州沿江地区集装箱和通用散杂货运输核心作业区，积极发展港口物流，主要为区域临港产业及腹地物资中转运输服务；杨湾作业区位于江都界至引江河口段，重点加快建设大型散杂货泊位，主要为临港工业及城市物资运输服务；高港作业区作为老港区，未来以调整、完善既有设施的布局和功能为主，充分挖掘现有集装箱码头潜力，集中布局大型油品码头及通用码头泊位，主要为滨江工业园及城市经济发展服务。

泰兴港区：专业化液体化工港区，以化工品运输为主，兼顾部分通用散杂货运输服务功能，主要为临江化工产业及沿江周边地区生产、生活服务。

泰兴港区包括过船和七圩两个作业区，其中过船作业区位于东夹江至洋思港之间，围绕化工园区及城市发展需求，以化工产品和散杂货运输为主，主要建设大型液体化工码头泊位和通用码头泊位；七圩作业区位于七圩闸至靖泰界河段，主要为装备制造和船舶修造的临港产业发展服务。远期建设天星洲作业区，为临港产业和城市经济发展服务。

靖江港区：新兴的多功能重要公用港区，以大宗散货、液体散货、集装箱、通用货类运输为主，主要为沿江临港产业发展及周边区域运输需求服务。

靖江港区包括夹港、八圩和新港三个作业区，其中夹港作业区位于靖泰界河口至上六圩段，主要为临港工业发展服务，围绕岸线资源整合，主要布局万吨级以上通用码头泊位；八圩作业区位于上六圩至新十圩段，围绕江阴－靖江工业园发展，整合港口岸线资源，重点布局通用泊位和集装箱码头泊位，主要为临港产业发展服务，积极发展现代物流；新港作业区位于螃蜞港至四号港，统筹现有大型企业及未来临港产业布局，重点建设通用码头泊位和散货泊位，远期结合腹地集装箱运输需求，适时开展集装箱码头建设。

统筹考虑各港区功能定位及岸线利用功能分区，未来泰州沿江港口集装箱作业泊位、通用码头泊位主要布局在以下岸段：

集装箱泊位作业岸段：集装箱泊位主要分布在永安作业区古马干河至北夹江岸段和八圩作业区下七圩至老十圩段，远景共可建设5万吨级集装箱泊位8个以及2～5万吨级集装箱泊位10个，建成后共可形成吞吐能力约750万TEU。

通用码头泊位作业岸段：主要规划布局在高港作业区高港闸至南官河口段，岸线长约1.7千米；永安作业区小明沟至古马干河岸段长约2.1千米、过船作业区如泰运下游400米至新段港，长约1.4千米；夹港作业区靖泰界河至上青龙港段预留岸线，长约3.6千米；八圩作业区下二圩至下七圩段及新港作业区罗家桥港至新和尚港段。

二、交通网络建设

完善现有交通网络体系。以加快形成综合性交通枢纽为目标，积极推进各种运输方式的协调发展，不断改造枢纽站点功能，逐步提高区域交通运输的总体效益和服务水平，构筑以中心城区为核心、各港区和重要产业板块有机联系、公铁水多种运输方式齐备且分工合理的对外联接顺畅、内部高效运转的现代交通网络。

铁路。以宁启、新长铁路复线和电气化改造工程为抓手，构筑“一纵两横”铁路运输大通道。加快新长铁路过江通道和泰州—姜堰—靖江段新长铁路支线的前期工作和建设进度。积极推进宁启（沿江）城际铁路、常新城际铁路泰州段以及沪泰城际铁路的规划建设。规划建设宁启铁路至高港港区、新长铁路至靖江、泰兴港区等铁路支线，促进铁路与港口、重点开发园区的连接。

公路。打造“一纵两横”高速公路大通道，加快江海高速公路建设，争取宁通高速扩容及稳步推进泰州长江公路大桥连接线建成。强化机场联络线建设，规划站前路西延工程，与江海高速、328国道形成一主二辅机场连接线。构建“四纵六横”干线公路网络，按照“扩大规模、优化结构、加密路网、完善路网、提高等级”的要求，加快建设沿江地区干线公路运输网建设。其中，四纵为疏港公路（引江河大道）、S231阜扬线、S229宁盐公路、省道（新建）新街—根思—滨江镇。六横为G328（含改线道路）、S334如泰线（改线道路）、S336江平线、沿江高等级公路、站前路、省道大泗—胡庄—新街。依托干线公路网，形成贯穿整个沿江核心区域的沿江开发横向主干道，打通主干道与港口、沿江核心区域重点城市、重点镇和重点开发园区之间、沿江核心区与腹地区域的联系，促进港口与城市联动、园区与城市互动、园区与园区联动。

航道。进一步开展境内长江航道的维护和疏浚工作，加强福姜沙水道整治研究，保障航运畅通。按照三级航道标准整治泰东线、六级航道标准整治如泰运河（贯通如皋段，打通宣堡港）、四级航道标准整治姜十线、六级航道标准整治夏仕港河及三级航道标准整治连申线苏北段，实现上述航道与江北水网的畅通，逐步扩大实现沿江港区腹地范围。

提升综合交通枢纽功能。以泰州港建设为龙头，整合港口资源，明确港区发展定位，加快疏港集输运网络和信息支撑平台建设，不断扩大港口腹地；加快规划建设永安核心港区，重点打造以集装箱运输为主，集装卸、仓储、物流、商贸等为一体的现代新港区；大力引进国内外相关港行企业，借助其资金、航线、航班、货源等优势，做大做强港口经济。完善泰州铁路客运站功能，加强泰州客运站的城市综合换乘枢纽建设；围绕城际轨道建设，串联泰州城区、泰兴城区和靖江城区，规划设置泰州站、高港站、泰兴站、靖江站和新港园区站。

三、电力能源基础设施建设

1996年底，泰州电网从扬州电网分割出来，其依赖性较强，电力需求主要依靠区外来电，网架结构较为薄弱，加上全省存在的用电缺口，拉闸限电现象时有发生。近年来，泰州的电力设施发展势头较强。国电泰州电厂的一期投运，打破了泰州地区无统调电厂的历史；电网建设成就显著，陆续建成了220千伏夏仕、220千伏园区等输变电工程等。随着沿江经济带的开发，工业用电成为行业用电增长的主要原因，2008年沿江地区全社会用电量达到880236万千瓦小时，比上年增长11.98%，其中工业用电占全社会用电量达78.87%，增长率达11.21%。当沿江地区的用电量出现爆发性增长，电网负荷较大。

电源点建设。积极扩建和增加电源点，提高供电能力。重点建成国电泰州电厂二期工程，力争开工建设国信靖江电厂一期。

电网建设。加快电网建设与改造，增强供电能力和供电可靠性。500KV电网项目主要有：重点建成500KV东二通道工程；尽快完成500KV泰兴变电所扩建；抓紧开展500KV泰州西输变电工程的前期工作。220KV电网项目主要有：适时实施一批220KV输变电和线路工程。新建220KV建安、六助、新街、河庄、泰常、药城变输变电工程，对220KV生祠、园区、洋桥、夏仕、黄桥等变电所进行扩建。抓紧开展沿江地区500KV变电所前期工作。

四、水利基础设施建设

近年来，泰州沿江地区水利发展成就显著，沿江防洪已经基本达到防五十年一遇洪水位加十级风浪标准，以主城区防洪排涝能力已有较大提高，其他中心城区也有所改善。但是，沿江地区受上游来水来沙的影响，长江近岸河床部分河段冲刷较为严重，坍江堤段仍然是长江防洪的主要隐患；城市的快速发展及沿江开发，需要提高对防洪排涝的设防标准。

按照“在治理中开发，以治理保开发”的要求，提高沿江开发安全度。水利基础设施建设主要包括长江节点治理、长江堤防、通江河道整治和城市及重点开发园区防洪排涝。

长江易坍段整治。实施杨湾段、引江河至南官河段、北沙段、章春港段、长江农场段、靖泰界河、新星段护岸工程，加固局部突出的岸线江堤。根据沿江开发需要，适时调整部分闸涵设施。

长江堤防。采取加筑子堰、堆置土袋、压砂围堰等多种措施，进一步提高堤防挡浪能力。重点堤段（主要为高港段）防洪标准达到100年一遇洪（潮）水位加10级风浪，远期规划全面达到100年一遇洪（潮）水位加10级风浪。

通江河道整治。实施夏仕港、上六圩、十圩港、下六圩、天星港、焦土港、过船港、古马干河、宣堡港、南官河拓浚、护坡工程，提高主要骨干河道引排能力，达20年一遇的排涝标准。

城市及重点开发园区防洪排涝。全面加强城市防洪排涝工程，重点实施泰州城区骨干河道水系综合整治和辖市城区防洪排涝控制性工程，疏浚河道，新建内河驳岸、排涝泵站和节制涵闸，实行雨污分流，市区防洪标准达100年一遇，泰兴和靖江城区达50年一遇防洪标准，发展较快好或规模较大的如黄桥、新桥等乡镇所在地达到20-50年一遇。针对沿江地区特别是临近深水岸线地区地势低洼的实际，注重沿江重点开发园区的设防，增强排涝能力。

水上公共设施建设。研究海轮锚地扩容、内河船锚地和危险品船舶专用锚地新建事宜，完善港口专用消防设备，建设泰州引航站，完善港口功能，提高海轮进出港效率，提高泰州港口的竞争力。

第八章 环境保护与生态建设

新一轮沿江开发中应继续加大力度确保饮用水源安全，控制工业和城乡生活污染，积极推进生态工业园示范工程建设，强化农村生态环境基础建设，严格保护重要生态功能区，创造良好的生态基础和宜居环境，促进沿江可持续开发。

一、污染控制

1. 水环境治理与保护

保护饮用水源。切实保护城乡饮用水源地，严格保护长江泰州调水水源保护区、泰州引江河保护区、长江泰州永安饮用水水源区、长江靖江蟛蜞港饮用水水源区、夏仕港靖江饮用水水源、季黄河泰兴饮用水水源区、南官河泰州饮用水水源、新通扬运河泰州调水保护区等水源一、二级及准保护区，控制生态岸线的使用，并做好水厂预留水源地的保护。严格监控工业废水对江河的排放，将饮用水质达标率维持在100%，长江水质保持在二类标准。

强化治污减排。实行工业废水源头控制，淘汰落后生产工艺，推行工业废水厂内处理或工业小区废水预处理，确保达标排放，2020年工业废水排放达标率争取达到100%。控制沿江船舶污染，原油以及液体化工品码头污水经污水处理厂处理后达标排放；对危险品船舶实行严格处理，防止泄露。完善污水处理系统，扩建、改建一批污水处理厂，加快完善污水收集管网。2020年污水处理率达到95%以上。

积极整治内河。理顺和整治内河水系，按河道的级别逐年清理如泰运河、古马干河、两秦官河等内河底泥，建设生态边坡，主干河流两岸建设不小于10米的绿化带。通过优化河岸边滩生态植被营造缓冲带，过滤地表营养元素流入河流对水体造成的污染，提升对污染物缓冲能力。加强清水通道维护，禁止在清水通道维护区范围内新建一切对水体、土壤有污染的项目，禁止破坏维护区植被、倾倒工业废渣、垃圾、粪便及其他废弃物。

2. 大气环境治理与保护

加快能源结构调整，推广清洁能源和新能源使用。加大供气、供热管网和配套设施建设和企业能源结构的调整力度。推广使用清洁煤、天然气、电能等清洁能源，实行资源综合利用，鼓励物料循环利用，提高原料的利用率。改变城乡居民燃料结构，推广使用液化石油气、天然气，积极发展太阳能、生物能等可再生清洁能源。

控制二氧化硫排放总量，加强酸雨污染防治。严格控制化工企业及新建电厂的二氧化硫排放量，要求配备或改进高效率脱硫设备，加强监管，减少事故性排放与逸散。在能源结构调整的基础上，以工业点源污染防治为手段，确定二氧化硫的排放总量，进行总量控制和分解。到2020年，二氧化硫等主要污染物排放量控制在55000吨以内，大气环境质量符合国家二级标准天数超过300天。

加强机动车尾气的综合治理，发展绿色交通。组织实施国家机动车污染防治法规，严格执行机动车污染物排放标准，对机动车排气污染实行统一监督管理，推广环保型汽车，鼓励发展公共交通。到2020年机动车排气污染物达标排放率达到100%。

3. 固体废弃物处理

推进工业固废集中处置，提高综合利用率。鼓励采用高新技术改造传统工业，引进和推广循环和清洁生产技术，提高原材料利用率，从源头减少工业固体废弃物的产生量；加快固体废弃物的集中处置，提高固体废弃物综合利用率；强化对化工等污染产业的危险固废管理，制定污染事故应急预案。2020年，工业固体废物排放量控制在8000吨以内，固废综合利用率达到100%。

推进城乡垃圾资源化，实施无害化处理。建立并推广以生活垃圾分类收集处理为主的管理、运输与处置体系，在分类基础上实行高效率的回收与处理，实现无害化、资源化和减量化。鼓励垃圾焚烧发电、堆肥还田等垃圾资源化措施，扶持相关产业的发展。同时加强医疗固体废弃物的管理，集中无毒化处理，避免医药物质对生态环境污染。2020年沿江城镇垃圾分类处理率达到95%，无害化处理率达100%。

加强农业面源污染控制，推进农业生态化建设。着力推进化肥减量化，推广测土配方施肥、提高有机肥料的使用比例；推广生产、使用无害可降解农膜，防止和削减白色污染；加强对规模以上养殖场畜禽粪便无害化、资源化的管理；加大力度推进农作物秸秆的综合利用，大力开发和推广秸秆还田技术，提高农作物秸秆还田率。积极引导生态农业发展，建立无公害、绿色及有机农产品生产基地。

加强船舶运输环境管理。设置与船舶装卸货物和吞吐能力相适应的船舶污染物的接收、处理设施；从事危险货物装卸作业的港口、码头，必须符合国家有关安全及防止污染规范要求，并征求海事机构的意见，经过验收后投入使用。任何船舶及有关作业活动不得违反国家规定向水域排放污染物、废弃物、压载水、生活污水、船舶垃圾或者其他有毒有害物质；按规定经处理后可以排放于水体的船舶含油污水、生活污水必须符合国家和省规定的排放标准；船舶的残油、废油、污水、货物残渣以及生活垃圾等污染物，必须按规定集中送至接收设施或委托船舶污染物接收单位接收；建立高效、快速的多级污染事故应急防范和处置体系。

二、生态建设保护

严格保护湿地生态功能。积极保育滨江区域的江滩湿地生态系统，以维持、恢复湿地功能，保护生物多样性。综合治理水土流失，提高湿地涵养水源和保持水土的生态服务功能。有条件地区建立滨江湿地自然保护区。

加强保护水生态廊道。重点保护河漫滩、滨河林地、湿地以及河流的地下水系统，维护河流生物群落和河流廊道完整性。以河流及其两侧的绿带为主体，构建绿色水生态廊道体系（水廊）。充分发挥长江及其他内河网生态服务功能，减缓经济发展带来的生态环境压力。同时，在工业园区尤其是临江工业园的周围加大生态廊道的宽度，吸收、过滤园区产生的污染物。

加快建设生态产业基地。充分发挥沿江地区特色生态农业基础优势，积极建设泰兴有机蔬菜、水果等生态农业区、靖江花木林圃、果园、养殖园等高效农业区以及沿江休闲农业、观光农业特色农业区。积极推进“三品（无公害农产品、绿色食品、有机食品）”生产。并积极结合生态旅游，发展休闲观光农业。

第九章 政策措施与规划实施

一、政策措施

岸线利用的管理政策。根据岸线利用功能分区，建立和完善岸线分区准入机制，逐步提高宜港岸线利用投资强度和岸线产出效益标准；鼓励政府国有企业进入或参与公共码头建设，逐步限制私有企业独立占用岸线建设港口码头。逐步建立岸线利用退出机制，按照市场运作的原则，积极调整功能不符和利用效率低的岸线使用状况；坚决打击违法占用岸线现象，限期收回所占岸线；对依法批准但不符合岸线规划用途或投资强度和产出强度达不到规划要求的项目，可通过政府赎回岸线使用权或企业市场化运作等方式，进行岸线功能整合和开发利用；或者通过收取岸线闲置费等经济手段，引导企业进行码头升级改造和码头公用化改造，从而提高岸线资源利用率和产出率、实现综合效益最大化。强化占用岸线项目的建设管理，严格按照批准的范围、内容实施项目建设，严禁超范围（内容）建设和擅自损坏堤防工程，确保工程安全和行洪安全。建立和完善长江岸线资源利用的动态管理信息系统，全面掌握岸线利用及变化状况。

港口建设管理政策。建立以政府引导、市场化运作、大企业加盟的港口建设与发展机制。在现有泰州港务企业基础上，鼓励引进战略联盟企业，组建以国资为主的港口建设和运营集团公司，进一步搭建港口建设的融资平台，推进公共港区投资和建设，加快集装箱码头和核心港区的建设。增强港口物流组织能力，积极引进高水平、大规模船务公司和船代企业，优先考虑能够带来丰富货源、密集航线和先进管理经验的投资者。制定和完善针对集装箱和大宗货物的港口优质服务提供和优惠政策。

鼓励创新和产业升级政策。鼓励引进符合临港产业方向、投资规模大、产业关联度高的产业以及代表未来科技方向的新产业，实行落地优先；鼓励现有规模企业，紧密围绕企业自主创新，加大科技投入，发挥科技创新的领军作用，带动其他企业提高产品升级，实现全地区产业的快速升级转换；实施必要门槛政策，要求改造或迁出低产出效益、低附加值、高能耗高污染企业。积极引导科研院所与企业之间的合作，加大人才、技术引进力度和创新资金的投入以及创新体系的完善，制定引进领军型创业和创新人才以及科技成果转化为现实生产力的奖励办法，推进科技成果转化和服务体系建设，为产业升级提供创新源。

鼓励区域合作政策。在总结江阴-靖江工业园区的经验基础上，进一步深化跨区域合作的机制体制创新尝试，在基础设施建设、产业发展、开发区合作、企业投资等方面建立定期沟通、磋商以及协同政策等机制。鼓励沿江其他地区以各种灵活方式与苏南先进开发区建立联动开发，探索多种合作模式，推动南北联动取得实质性效果。鼓励临江区域与腹地区域合作，积极发挥港口物流功能，以物流要素流动促进临江产业和腹地产业的链接化发展，引导资本、技术等先进生产要素在沿江和腹地之间双向流动，推动沿江及港口经济效益在更大范围内得到发挥。

促进园区整合政策。按照功能协调、空间临近、产业关联、分类管理等原则，综合考虑园区区位、产业基础、用地潜力以及发展意愿等因素，加强园区整合，减少开发主体。重点整合原有中国医药城、泰州经济开发区高新技术园区和民营科技园以及高港科技创业园，整体打造泰州国家医药高新技术产业开发区；整合空间临近产业相近的春兰工业园和海陵工业园，建设都市型工业园区。建立统筹有效的工业园区管理—运营机制和招商体系，促进园区合理分工与合作。

强化环保和集约政策。建立政府、企业、公众等多层面参与和推进环境保护监管机制，加大对沿江企业尤其是重化工企业的环保监管力度，制定严格的环保准入、污染排放许可及惩奖政策。鼓励企业开展循环经济和清洁生产，推进企业绿色化进程。完善环保考核制度，定期制定沿江各市（区）的污染物减排工程表，建立科学的生态环境尤其是水生态安全评价及预警预报系统。积极宣传环保生产生活方式，促进城镇与农村环保意识提升。倡导集约用地的理念，提高集约利用的控制标准，设立项目引进投资强度门槛，建立土地集约利用考核机制。对闲置的或低效利用的土地，通过法律、经济、行政等手段加以盘活。加大查处力度，遏制违法占用土地、岸线等资源现象，坚决打击违法用地行为，确保资源利用的良好秩序。

二、规划实施

统筹协调，滚动实施。本规划是统筹沿江新一轮开发的指导性文件，要强化规划的指导作用，认真组织规划的实施。市沿江开发领导小组，将负责组织制定和实施相关专项规划，协调和解决沿江开发中的重大问题，特别是涉及到基础设施建设、产业布局、岸线使用以及环境保护等方面的重大问题。同时，实行目标责任制，将沿江开发的主要目标任务及其重大建设项目分解落实到市有关部门和有关市（区）。市有关部门和有关市（区）要依据本规划制定年度实施计划，确定阶段性目标和任务，并作为年度目标任务的考核依据，以保证规划的实施和政策的落实。

广泛宣传，跟进监督。本规划经市政府和省发改委批准后将及时向社会发布。面向国内外、面向社会、面向大众广泛宣传，使海内外和全社会了解沿江开发内容和实施情况，形成关心和参与规划实施的浓烈氛围。为了及时了解和掌握规划实施情况，顺利实现和完成规划确定的主要目标和任务，市相关部门要组织对规划实施情况进行评估，找出存在问题，提出对策建议，报市政府。同时在本

规划实施期间，如遇国内外环境发生重大变化或其他重要原因导致实际运行与规划目标发生较大偏离时，由沿江开发领导小组办公室提出调整方案，报市政府审定批准。

（发改委 供稿）

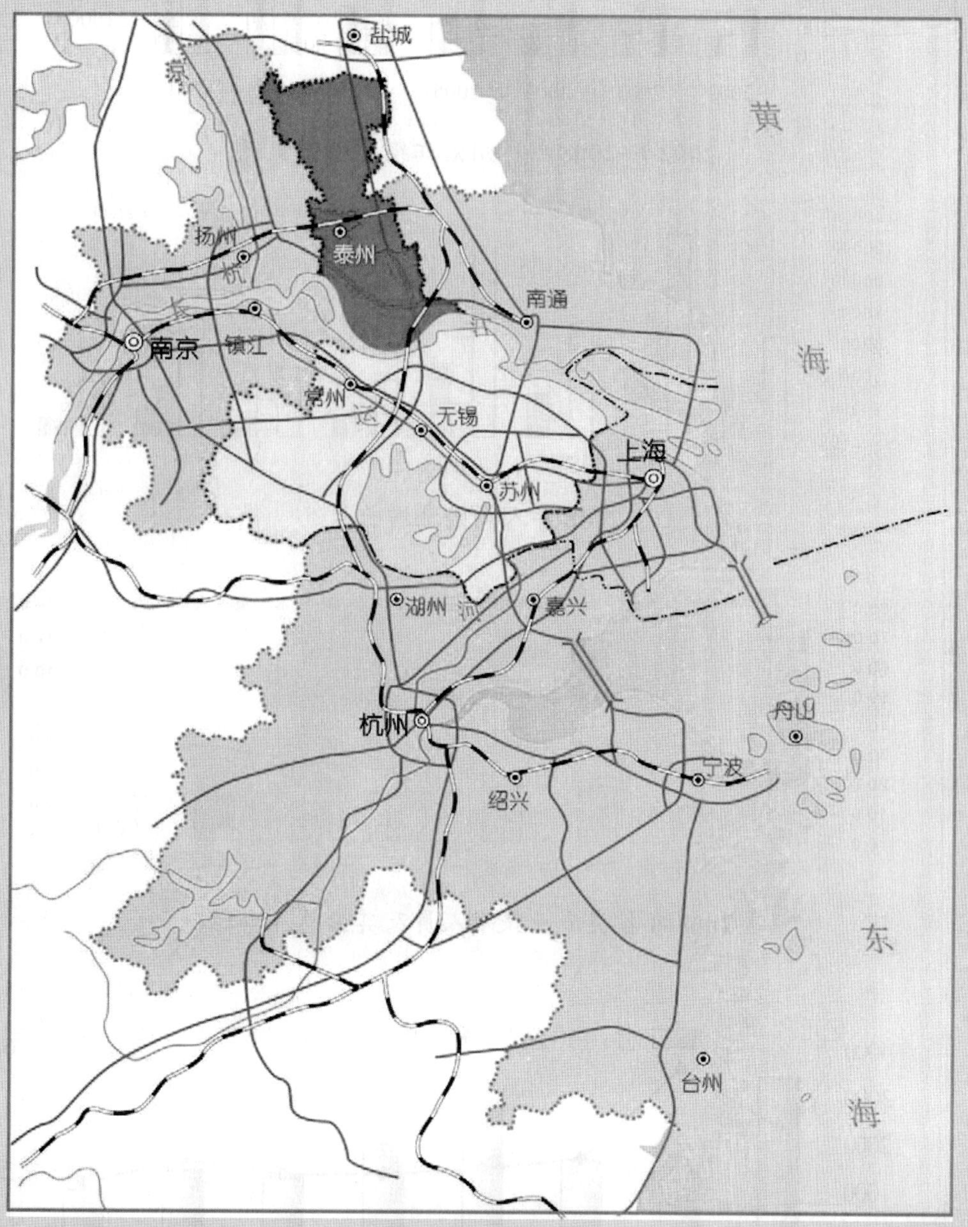

图 1 泰州沿江区位

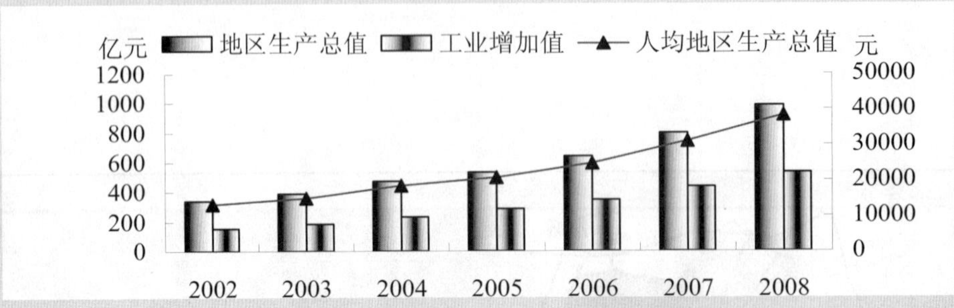

2002年~2008年泰州沿江经济增长状况

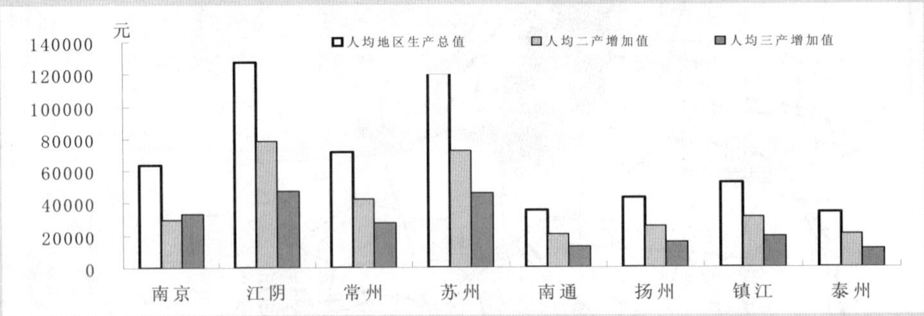

2008年人均经济增长状况

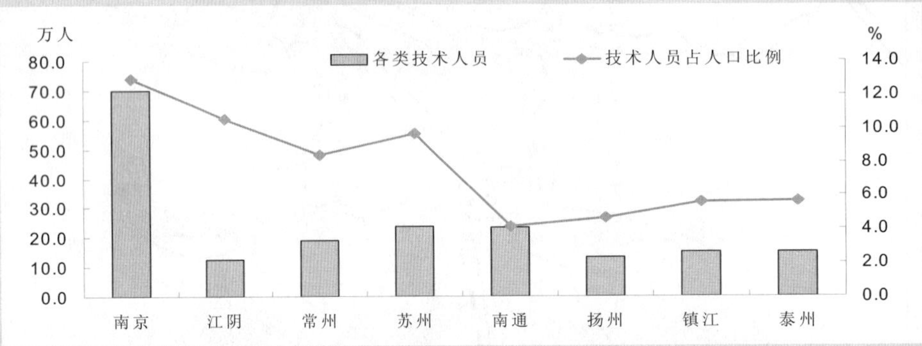

2008年各类专业技术人员及其占总人口比例

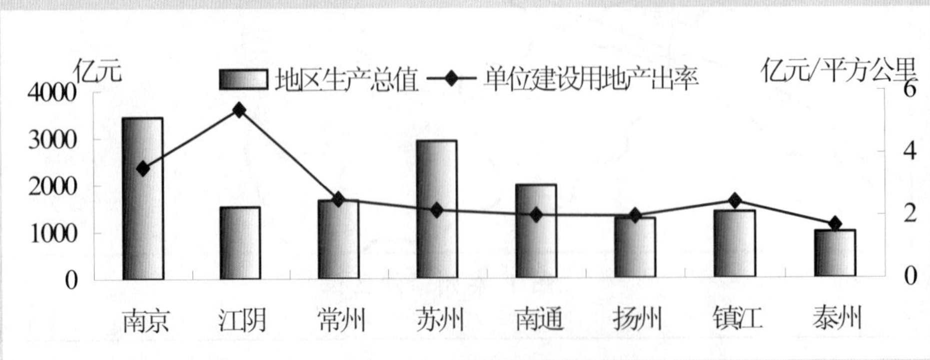

2008年单位建设用地产出率

图2 泰州沿江地区与全省沿江地区的比较

图 3 泰州沿江地区城镇、生态、农村空间分布

图 4 泰州沿江地区产业总体发展格局

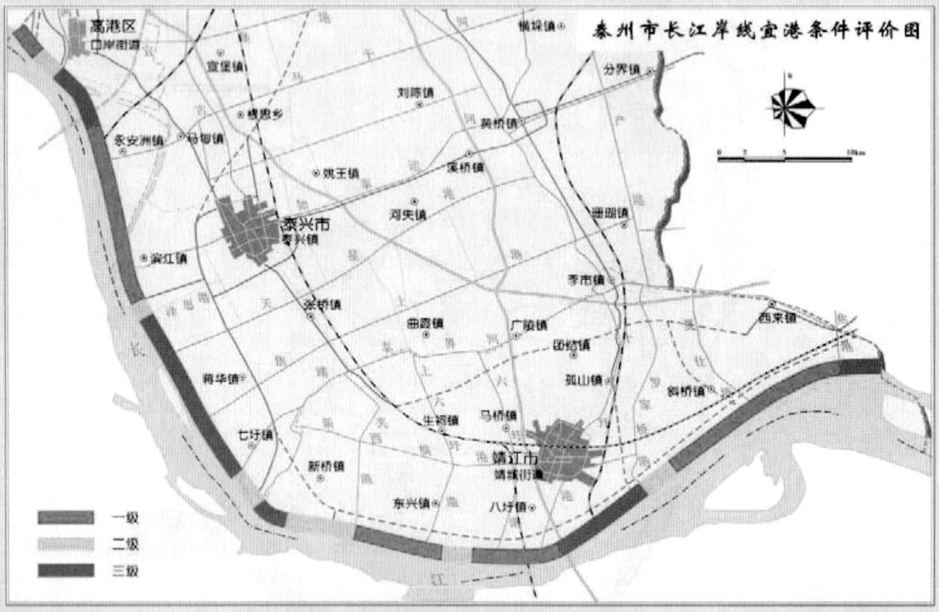

图 5 泰州长江岸线宜港条件评价

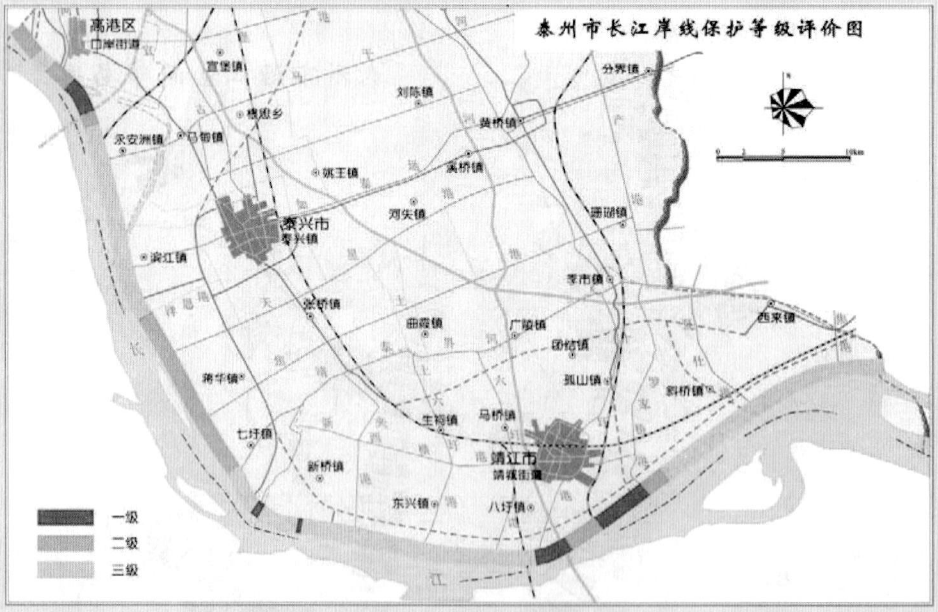

图 6 泰州长江岸线保护等级评价

图 7 泰州市岸线利用现状

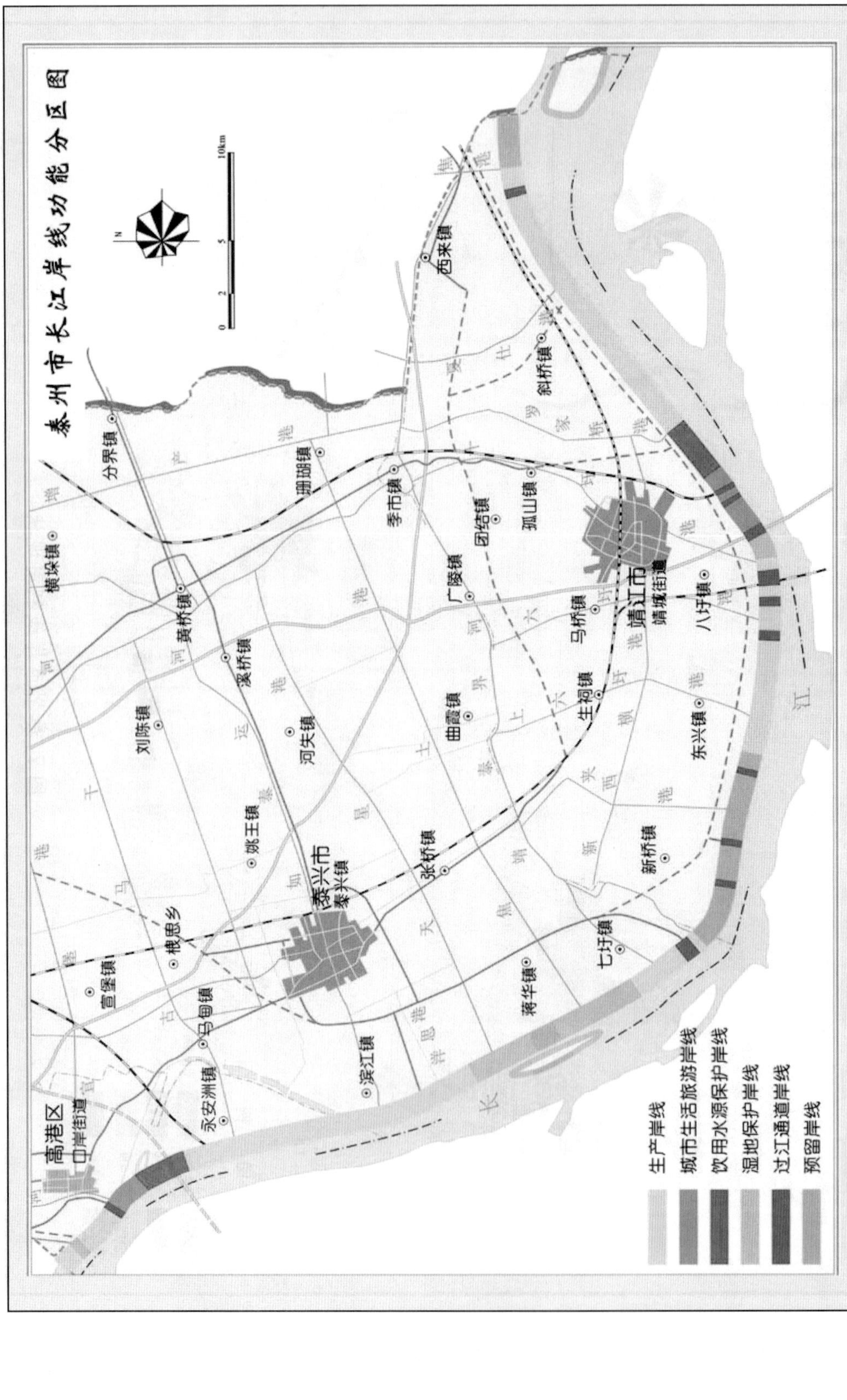

图8　泰州长江岸线功能分区

图 9 泰州沿江园区布局图

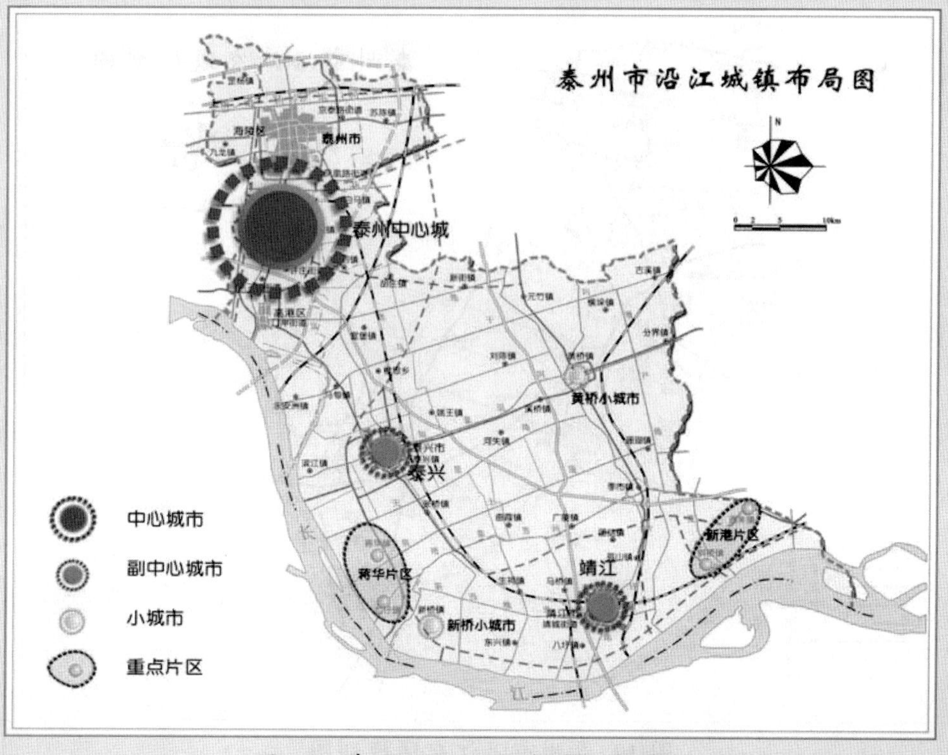

图 10 泰州沿江地区城镇发展格局

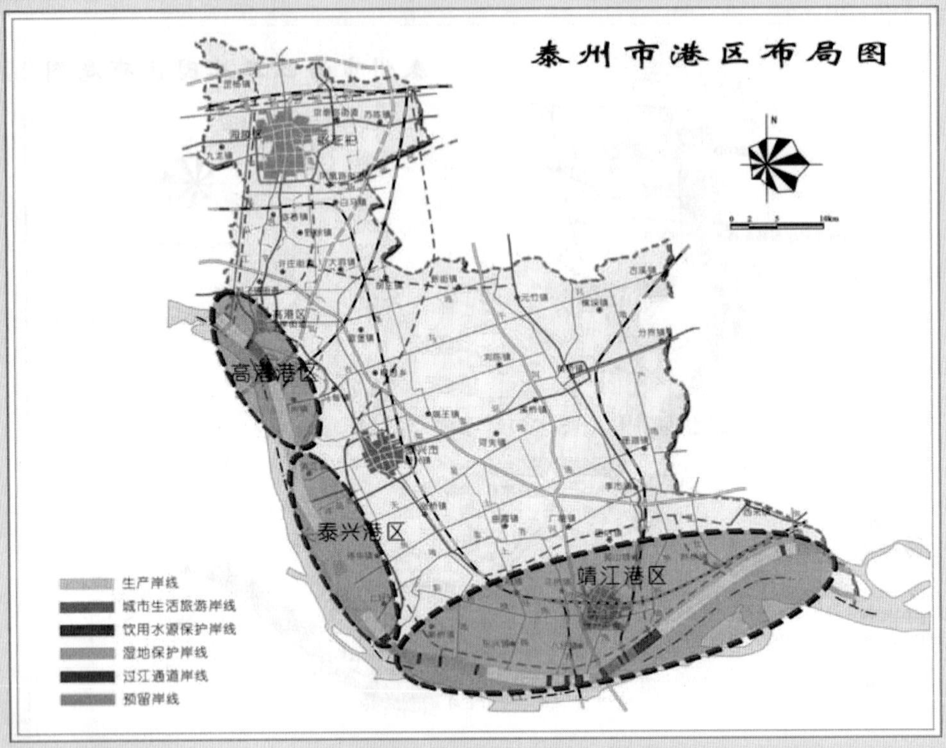

图 11 泰州港区布局图

图 12 泰州市沿江交通规划图

索 引

说 明

一、本索引采用主题分析法编制,按标引词第一个汉字的拼音字母(同音字按声调)顺序排列;同音同调,按第二字的音序排列,依次类推。

二、标引后的阿拉伯数字表示内容所在页码，数字后的拉丁字母（a、b）分别表示该页的左、右栏。

三、本年鉴的特载、大事记、专文、人物、先进集体、重要文件题录、统计资料等栏目具体内容均未作索引。

四、为便于检索，在泰州的企事业单位和泰州发生的事件名称前的“泰州”两字，除易产生歧义者外，均予省略。

A

B

C

D

H

J

K

L

M

N

P

Q

R

S

T

W

X

Y

Z

(耿 维)

老 街

泰州火车站

泰州商业步行街

江阴大桥

泰州体育馆

泰州大桥施工现场

泰州宁靖盐高速公路溱潼立交

泰州港

泰州市区域供水工程开工典礼

市民饮上洁净长江水

泰州后街背巷改造

泰州引江河水利枢纽工程

泰州市江边自来水厂

鹏欣丽都

沁莲花园

滨江花园

小区绿化

改造后的工人新村

莲花七号住宅小区

鹏欣尚城

小区内儿童活动场所

莲花一号住宅小区

景泰园小高层住宅

锦绣花园

副省长徐鸣在开幕式上讲话。　　（顾祥忠　摄）

市委书记张雷在开幕式上致辞。　　（顾祥忠　摄）

2009 年 9 月 26 日，第六届江苏省园艺博览会在泰州隆重开幕。图为省、市领导为开幕式剪彩。

省建设厅厅长周岚主持大会。

第六届江苏省园艺博览会开幕式会场。

（顾祥忠 摄）

南京展园

“健康”元素

南京园主题是“平坡晓色”，即在平地上建出南京的特色。南京园处在园博园中心位置，是一个四面环水的小岛，面积1.2万平方米，通行主要借助木栈桥。

南京园共分四个部分，分别是石城迎客、疏影绿汀、平坡翠色以及晓棹惊鸿。园门景墙上刻有“虎踞龙盘今胜昔，天翻地覆慨而慷”名句与梅花图案，与对面刻有金陵、江宁、天京、建邺、应天字样的石景，一道构筑起南京园的第一景“石城迎客”。石城迎客是用景墙以及石景形成空间开合，体现南京“石头城”的特色。

进入石城，迎面便是“疏影绿汀”。“疏影绿汀”是在四块起伏的小岛上，种植以南京红、美人梅为主的南京市花“梅花”。

“平坡翠色”则主要是通过临水大草坪上种植雪松来表现。园路曲径通幽，一头是以花岗岩冰片嵌水洗石铺至园门，另一头则是以花岗岩冰片嵌草皮铺至水边。越向内，景色越柔和。“平坡翠色”与“晓棹惊鸿”两景便是依水而建，其中“晓棹惊鸿”景点的原型是南京白鹭洲，这也是南京园最大的亮点。

鹭岛石刻

俯瞰鹭岛

生态石板路

“晓棹惊鸿”以南京白鹭洲为表现对象，堆土成洲，梅坞与鹭岛隔水相望，岛上植有紫薇、乌桕、红枫，植被葱茏，并且还有白鹭翩飞的群雕，仿佛白鹭即将展翅高飞。

平坡晓色

国庆元素

争奇斗艳

辟邪

无锡展园 山亭文会

▲ 一水云树画中收

▲ 赏石池

▲ 步移景异

▲ 黑白天地间

▲江南特色的雕塑

无锡展园的主题为“山亭文会”，取自明代无锡著名画家王绂的代表作。无锡展园结合山水交融的优势，以现代的手法营造出画中山林雅集的盛事。

无锡展园位于人工堆砌的土山，与湖面有4至5米的高差。展园内地形蜿蜒，道路曲折迂回，景观视点丰富、多变，营造出“步移景异”的景观氛围。

无锡展园由诗意传画境，强调了景观的自然情趣，在赏、玩、游、品、鉴的过程中，体味传统文化和现代风格带给人的视觉冲击和精神享受，形成“一水云树画中收”的悠远旷宁意境。

山为境，亭为景。位于无锡展园最高点的文会亭无疑是整个展园的焦点，也是主题“山亭文会”的高潮。亭名取意以文会友，可容三五友人小聚。文会亭外形简洁，将中国传统建筑结构———斗拱化繁为简，保留传统的形式作为装饰，以现代的材质来体现。亭子顶部巧妙地运用阳光，使玻璃顶棚上的文字倒映到地面，从内涵到形式上都体现“文会”的主题；亭的顶棚采取层叠的形式，不仅在竖向增加了层次，而且在内部安装回灯光，使文会亭在夜晚也别有一番景致。

无锡展园以“文字”作为设计元素来体现主题。除了文会亭上写有文字的玻璃顶棚外，展园内还设有几处印章雕塑。运用古时常用的印章形式，加以铸铁、花岗岩等现代材料，将传统文化和现代风格完美融合。

无锡展园还借鉴泰州民居青砖勾缝、坡屋顶等特点修建的景墙，不仅成为展园入口的独特风景，同时把入口广场形成一个聚合的空间。三组弧形花坛穿插在景墙之中，使高低错落的景墙在空间上或开或合，有挡有漏，增加了凝聚力。两条弧线的挡土墙不仅使入口空间感更强，而且可以使游人坐下来静静欣赏美景。有条石踏步，利用条石的长短变化，使入口形成节奏上的疏密韵律……

▲展园中的芙蓉花

▲音响、垃圾箱等别具一格。

▲山为境，亭为景。

徐州展园 落雨听琴

“琴如行云，落雨如珠”。徐州展园集山林景观、文化小品景观于一体，采用山、亭、水、小径、竹、林等多种造景手法，表现“雨中林间听琴”的意境。徐州展园占地面积6400平方米，有4个主要景点———落雨听琴、野岭滴翠、翠瀛畅谈和琴音鸣石。展园两面临水，西高东低，与园区次园路紧密相连，西面、北面有曲径从旁经过，与西面临水茶社相呼应。

“落雨听琴”是整个徐州展园的重点。该景观在山顶设立一个现代形式的休闲亭，取名观雨亭。亭中间放置琴台，亭子檐口设计积水槽，水由屋檐落入铺装在亭子周围的凹槽中，从而形成雨帘；亭子前设置景石堆砌的花池，池中栽植各种花卉；亭周围以高大乔木为背景，在蓝天绿树的衬托下，令观雨亭更富艺术魅力。亭的檐口挂上了各种铜质的风铃，即使无雨，一样可以听到“雨声”。

“野岭滴翠”以模拟山林的原生态植被为主，让人们领略大自然的独特魅力。“翠瀛畅谈”则是在观雨亭西南，几棵高大如虬龙的古槐树下，安置一大型顽石，上题“翠瀛台”三字，顽石前同时设置一雕塑棋台，使人文景观与自然景观相衬相映。

“琴音鸣石”是徐州展园又一特色。在展园入口处设置景墙，在景墙中设计了几组水帘，水帘后面的植物配置采用盆景模式，将水体、景墙等人工景观与山峦和开阔的湖面和谐艺术地融为一体，同时点名主题中的“落雨”二字。有水时，植物隐现水中；无水时，水帘成为植物的框体，形成一幅自然的景观画。

▲ 园中小径

▲ 山林的原生态植被表现得淋漓尽致。

▲ 随处体现的“雨中林间听琴”意境

▲ 观雨亭旁的坡地上栽种了各种花卉。

▲ 观雨亭上挂上了各种铜质风铃。

▲ 花海

常州展园 明净如妆

梳头女

绿坡

可以转动的“树叶”

秋叶缤纷

挡墙上的蝴蝶和梳篦体现了常州的文化特色。

色彩斑斓的花草

碎石小径

开阔的草坪

宋代山水画大师郭熙在观察四季山水时有“春山淡冶而如笑，夏山苍翠而如滴，秋山明净而如妆，冬山惨淡而如睡”的感受，常州展园由此得名。常州展园占地面积0.75公顷，位于园博园的西入口东侧，东临园区主人工湖，是一个局部隆起的小岛，小岛通过两座小桥与陆地相连，隔着一条小溪与园区西入口相望。另外，还有一缓坡一直延伸到水中。

秋天能给人带来一种清爽、干净而又附有些许色彩的感觉，这不仅是人们秋游的主要原因，也是常州展园所追求的效果。常州展园以“秋”为切入点，从“叶”和“妆”着手，主要设有“金叶迎秋”和“秋高气爽”两个景点。“金叶迎秋”作为园区西入口的对景，常州展园在主入口处设了一组树叶状可转动的装置。游人穿过时，片片树叶的装置随之转动，增加了景点与游人的互动性。在该景点周围还种有银杏、石楠、红枫等色叶乔木，充分展现秋天缤纷的色彩。进入西入口，穿过碎石小径，眼前是一片开阔的向阳草坪，这就是常州展园的另外一个景点———秋高气爽。开阔的草坪直接连接到园区最大的人工湖，草坪上没有任何建筑，一切都显得那么明净，仿佛天也变得格外蓝、格外高，游人在这里可以与自然零距离亲近。

常州以出产梳篦闻名于世，展园内也充分展现了这一点。在展园的挡墙上雕刻了富有常州特色梳篦文化的浮雕，再配植具有秋天代表性的色叶木作为背景。多彩的秋景结合富有常州传统的文化，由诗意转画境，在满足游人视觉感官的同时，更体现了常州悠久的民俗工艺。

常州展园入口

苏州展园 茂林清趣

苏州展园占地8600平方米，是一块狭长带状的陡峭坡地，西依园区主干道，东临溪涧，与西面车行道高差达8米，是园博园总体规划的背景区。如何表现“茂林清趣”的主题，同时更好地展示苏州深厚的文化底蕴和江南园林细腻婉约的韵味呢？苏州展园紧扣“现代、生态、节约、科技”的总体设计理念，结合了苏州园林的造园理念和造园方法，用尽可能少的构筑物与植物景观，结合展园地块特点，营造出了具有“茂林清趣”的自然景观。

苏州展园分为两大块，沿西面环路为密林背景区，东面坡地为疏林草地游览区。根据“茂林清趣”的主题，背景林以大型乔木为主，另外利用常绿和落叶树混搭成大片林阴。疏林草地区则根据设计需要，种植修竹、垂柳、枫树等观赏树，同时为体现“野趣”，搭配了狗尾草、芒草之类的观赏草。

“茂林清趣”描绘的是人与人、人与自然共生共存的美好画面，园区在整个大概念上从“生态”角度发挥充分想象，体现了生态、和谐的大氛围，同时更在很多细节上体现了“生态”的理念。如，运用可使雨水自然渗透的生态节约型铺装，结合地形设置成立体式场地；休息椅则运用施工剩余石料填入金属网，制作成为能让小昆虫聚居的生态长椅等。

盛开的木芙蓉

盛茂的菊花与稀疏的林木相映成趣。

陡坡上“野趣”盎然。

坡地上鲜花盛开。

简约是苏州展园的特点。

苏州展园入口处

苏州园林的元素得到充分体现。

南通展园　闲

闲亭旁边步移景异

南通展园位于园博园北部，处于整个绿地大环境的前景区。南通是我国四大风筝产地之一，南通风筝保存了古代“弦响碧空称风筝”的特点，以独特的音响效果著称为“哨口风筝”。南通展园取名“闲亭聆风”，就是撷取了这一古老的地域文化特色，将其巧妙地融入到园林艺术创作中，以营造悠然、闲适、秀若天成的园林意境。南通展园总用地面积8000平方米，其中绿地率92%。

园内采取自然流畅的线条将入口、园路与游憩场所有机结合。整个展园分为4处主要景点，除主入口及次入口的景观外，还包括位于园区重要节点位置的闲亭落英、石泉叠溪两大景点。

其中，主入口以砖墙及木框作为造型材料，巧妙地将空间分隔与景色渗透统一起来，有隔有漏、隔而不断，展示了有雨似无、有雨生趣的景观效果。旁边立有刻着“闲亭聆风”的石碑，与周边景观相互衬托，形成文景相依、富有生机的氛围。在园内主要景观“闲亭”的周边，则在明确各景点之间相互渗透的立体多重空间的同时，达到移步景异的效果，在这里，一年四季都有不一样的景色，可谓春览坡上樱花零落，花雨纷飞；夏观前方碧波荡漾，倒影婆娑；秋赏绿洲金果灿烂，落英缤纷；冬看周遭红装素裹，黄叶满枝。

整个展园注重整体的协调统一性，设计时既考虑与园博园中央水面的大关系，又兼顾了与邻近周边区域的巧于因借，充分展示了中国园林“含蓄有致、欲扬先抑”的特点。对展园外景色则采取“佳则收、俗则屏”的设计手法，营造出了多视角、多变化的景观视线。

亭聆风

这里，一年四季有着不一样的色彩。

南通展园入口

闲亭旁边步移景异

南通民俗放风筝

闲亭旁边步移景异

每个细节都体现了匠心。

▲ 庭院深深

连云港展园

连云港展园位于苏州园和徐州园之间，是一块椭圆形的南高北低的坡地，一面临水，三面与路网紧密相连，交通便利，占地面积约为0.53公顷，主题是“书庐深居”。

▲ 闲逸未必只有在林泉野径体会

小隐于野，大隐于市，连云港园的主题取意于一个“隐”字。闲逸潇洒的生活不一定要到林泉野径去才能体会得到，更高层次的隐逸生活是在都市繁华中，独辟一闲适所在，进可游走于繁华，退可消隐于闲适，结草为庐，与梅、柳为邻。这就是连云港园所追求的意境。

连云港园用地为一椭圆形，位于圆心的高地自然将连云港展园分为北区和南区。北区位于东北坡，以疏林草地为主，悠长的生态小径沿坡而设，曲折有致；南区位于基地两侧，主要以密林为背景，空间意境清幽静谧。

主要景观“书庐”以块石砌筑的景墙做“书庐”的墙体，以木删格做“书庐”的门窗和顶，用特色花坛做“书庐”的桌椅，形成一个独特的围合空间。在“书庐”景墙之间雕刻着有东方天书之称的岩画艺术，古朴而又充满文化气息，增添了几分神秘悠远的文化氛围，也反映了连云港悠久的历史文化。书庐和庭院周围布置竹林，营造“独坐幽篁中，弹琴复长啸”的意境。高大的背景林加深了小径的幽深感，秋季火红的植物鸡爪槭给古朴的石步道增加了几抹亮丽的色彩。

连云港园主要以秋季效果为主，营造秋色叶景观，并兼顾春夏季景色。

▲ 花果山石

▲ 竹林掩映，营造出清幽的意境。

在园博园13个主题展园中，盐城展园“丛篁幽音”独树一帜，它以声音为突破口，更加强调意象概念。“篁”泛指竹子，在中国古诗词中，鸟、虫、泉、雨、风、竹的声音都曾被形容为“幽音”。“丛篁幽音”即指来自竹林的声音，这里可以衍生为来自大自然的天籁之音。以“丛篁幽音”为题表现主题展园，需要游览者在游览过程中充满想像力，捕捉这些看不见摸不着，只隐约可见、可以给人带来安宁及祥和之感的声音。

▲ 听雨轩

盐城展园位于园博园北部，文化长廊南侧，紧挨主展馆及中央湖，总占地约5300平方米。展园以竹类植物为主体，采用意象性的表达手法，通过改造地形、合理布局，体现较为现代的景观效果，同时渗入了较多的人文理念。

▲ 透过竹林，你听到了什么？

展园分为3个景观节点，分别为抚琴台、览湖、听雨轩。其中抚琴台为自然的“幽音”带来另一种人为的空灵妙音；览湖采用的是借景的表现手法，即借用园博园内的中央湖大背景作为展园自身特有的景色，通过展园内10多种适合本地土壤生长的竹子，以高与低、丛生与散生的表现形式达到幽静的效果；听雨轩，顾名思义是躲雨的地方，其周边将遍植芭蕉，在雨天将出现“雨打芭蕉”的诗境。

▲ 各种类别的竹子高低错落，更增添了幽静的效果。

▲ 抚琴台

扬州展园

三友

▲ 竹影婆娑

▲ 古石诗刻是扬州展园的特色。

◀ 扬州展园入口

▲ 镇江展园入口处

▲ 展园主景听鹂亭

▲ 鲜花丛中，听鹂亭若隐若现。

◀ 菊韵

◀ 听鹂亭旁遍植菊花

泰州展园入口

▲ 木刻《茶径》

泰州展园 草堂品茗

泰州展园坐落在园博园的中轴线上，依山而居，傍水而建，占地面积6600平方米。

“苔痕上阶绿，草色入帘青”，建成后的泰州展园与刘禹锡陋室的风格可谓如出一辙。青草铺设的草堂、水迹斑斑的古井、刻满年轮的银杏树桩……每一处呈现的都是古园的景色，加上三面环山，郁郁葱葱的植被和乔木将其紧紧包围，茶山草堂风光跃然眼前，犹如画中。

泰州展园整体布局结构呈现“一核、二轴、三面、四点”的特点，“一核”即草堂，“二轴”即一横、一纵贯穿展园的园内道路，“三面”指广场、植物模纹肌理、密林，“四点”指两座柴门、古井、景观柱。草堂是整个展园的亮点，屋面用绿草满植，墙壁嵌入草花，予屋顶以生命，使整个草堂充满生机，可以容纳8至10人同时品茗。“柴门”取材传统木作门头，钢架构、草花种植搭建的绿篱、玻璃漏窗等时尚现代的外表下透出浓浓的中国味。草堂后设有一口古井，斑斑的水迹和打水木桶的绳索留下的深深印记见证了泰州的沧桑历史。园内还设有9根景观柱顶，分别有引鸟装置，吸引鸟类觅食、筑巢，为展园增添了生气。

在泰州展园草堂内，刻有《茶经》原文的艺术小品介绍了丰富的茶文化；在草堂外，各种叶乔木和绿色灌木有层次地种植在展园三面的山坡，形成了茶山的轮廓。

▲ 古朴灯饰

◀ 绿墙

◀ 品茗草堂

◀ 卵石隔断

◀ 茶园

◀ 品茗休息台

◀ 茶壶雕塑

宿迁展园　柳

宿迁展园是这届园艺博览会13展园中最“精致”的展园，其面积仅5000余平方米。

宿迁展园以“柳”、“溪”为表现主体，意图突出“渔”的田园主题，因而取名为柳溪渔隐。展园虽然面积不大，但在造园手法上始终强调一种浑然天成的画面感，即“诗中有画，画中有诗”。宿迁展园是一个四面环水的岛屿。从入口进入展园后，在环岛临水的外围，遍植湿生植物，包括芦苇、鸢尾等。整个展园在植物景观配置上以柳、桃树为主，展示了宿迁绿意盎然的景观特色。季节不同宿迁展园会出现全然不同的景观效果：春天，游人可游览到“桃红柳绿”的美景；秋天，则“秋林远岫，湖中钓舟”，让人体味到静穆的意境。

此外，展园以“闲”点题，以“水”为景观主体，利用湖岸线、浅滩、湖水等天然资源，创造独特的湿地景观，体现自然生态系统的循环与再生。同时结合汀步设计，延伸游步道至湖面，让游人可随意进入芦苇丛中，亲近湿生植物，体验渔隐乐趣。

展园表现的田园生活是富足而康乐的。整个画面笼罩着一片萧萧寒意，空灵、明净、幽寂，但又充满勃勃生机。游览宿迁展园，对都市人来讲，情不自禁就会产生回归自然的想法。用苏轼的诗句概括就是：“不知人间何处有此景，径欲往置二顷田。”

▲ 萧萧寒意中，却有着勃勃生机。

溪渔隐

▲“秋林远岫，湖中放舟”，游人在此可体味渔隐乐趣。

▲宿迁展园四面环水

▲展园有此景，欲置二顷田。

▲“柳”和“溪”是宿迁展园着重表现的主题。

▲独具特色的路灯

▲山水已入画中来

园博园主展馆外景

银杏雕塑灯

激光

喷泉

水幕电影

荷花